AF567205

Dietmar Neutatz

Träume und Alpträume

Europäische Geschichte
im 20. Jahrhundert

herausgegeben von
Ulrich Herbert

Dietmar Neutatz

Träume und Alpträume

Eine Geschichte Russlands
im 20. Jahrhundert

Verlag C.H.Beck

Mit 5 Karten
(S. 684–687, Peter Palm, Berlin, S. 688, Lutz Linke)

Umschlaggestaltung: Kunst oder Reklame, München
Umschlagabbildung: Revolutionsfeierlichkeiten in Moskau, 1988 © Carl de Keyzer/Magnum Photos/Agentur Focus
Satz: Fotosatz Amann, Aichstetten
Druck und Bindung: Druckerei C.H.Beck, Nördlingen
Gedruckt auf säurefreiem, alterungsbeständigem Papier
(hergestellt aus chlorfrei gebleichtem Zellstoff)
Printed in Germany
ISBN 978 3 406 64714 7

www.chbeck.de

Inhalt

VIERTER TEIL

Konkurrenz mit dem Westen 1953–1982

FÜNFTER TEIL

Scheitern und Neubeginn 1982–1999

ANHANG

Vorwort

Europa ist unsere Gegenwart, aber unsere Geschichte bleibt im Nationalen verwurzelt. Das hat seinen guten Grund, denn persönliche Erfahrungen und gesellschaftliche Traditionen, politische Optionen, kulturelle Orientierung und Alltagsvertrautheit beziehen sich in allen europäischen Ländern, wenn auch in unterschiedlicher Intensität, nach wie vor zuerst auf das Land, aus dem man kommt und in dem man lebt.

Aber offenkundig reicht der nationale Rahmen nicht aus, um die Geschichte des 20. Jahrhunderts zu verstehen, denn wichtige Entwicklungen erweisen sich schon beim zweiten Hinsehen nicht als national spezifische, sondern als gesamteuropäische Phänomene. Wie soll man regionenübergreifende historische Erscheinungen – vom Imperialismus bis zur Europäischen Union, von den großen Diktaturen bis zur Ausbreitung des europäischen Modells der sozialen Demokratie, von den Klassenkonflikten der 1920er bis zur Jugendrebellion der 1960er Jahre und von den Auswirkungen der Weltwirtschaftskrise bis zum Wirtschaftswunder der 1950er und zum Ölpreisschock der 1970er Jahre – in den Kategorien des Nationalstaats erklären können, wo es sich doch offenkundig eher um gemeinsame Grundprozesse und deren Varianten handelt?

Und doch dominiert in Europa nach wie vor eine Sichtweise, die den Nationalstaat als den vermeintlich natürlichen Aggregatzustand der historischen Entwicklung begreift und sich darum bemüht, nationale Differenzierungen und Sonderwege, Kontingenz und Divergenz als primäre, Konvergenz und Vereinheitlichungen hingegen eher als nachgeordnete Prozesse zu begreifen.

Europa im 20. Jahrhundert hingegen a priori als Einheit zu betrachten und seine Geschichte auch so zu erzählen, ist nicht weniger problematisch. Denn dies transponierte die Vision einer gemeinsamen europäischen Gesellschaft gewissermaßen nach rückwärts, als sei der Nationalstaat lediglich eine Verirrung der vergangenen 150 Jahre gegenüber einer ansonsten im Wesentlichen gemeineuropäischen Erfahrung gewesen. Das vernachlässigte nicht allein die national so extrem unterschiedlichen Entwicklungen, wenn man nur an Jahre wie 1917, 1933 oder 1989 denkt. Es negierte auch die daraus erwachsenen Erfahrungsdifferenzen, die sich nicht nur nach den

Kategorien Klasse und Geschlecht, sondern im 20. Jahrhundert in ganz besonderer Weise nach Nationalität und ethnischer Zugehörigkeit ordnen. Tatsächlich sind das 19. und das 20. Jahrhundert in Europa ohne die nationalstaatliche Perspektive nicht entzifferbar.

Um diesem Dilemma zu entkommen, versucht die Reihe «Europäische Geschichte im 20. Jahrhundert» einen anderen Weg: Die Geschichten der europäischen Staaten und Gesellschaften werden je für sich erzählt, aber zugleich im Kontext der europäischen Entwicklung und der globalen Verflechtungen. Um das zu verstärken, haben sich Herausgeber und Autoren auf eine gemeinsame Struktur geeinigt, die allen Bänden in stärkerer oder schwächerer Ausprägung zugrunde liegt: Die politischen, wirtschaftlichen, sozialen und kulturellen Entwicklungen werden in klassischer, diachroner Manier erzählt. An einigen, in allen Bänden etwa gleichen Zeitpunkten werden aber Querschnitte eingefügt, die es ermöglichen, Zustand und Zustände in der jeweiligen Gesellschaft synchron darzustellen und dadurch dem Vergleich mit anderen Ländern zu öffnen. Das betrifft die Zeiträume um 1900, Mitte der zwanziger Jahre, im Zweiten Weltkrieg, Mitte der sechziger Jahre und nach 1990. Abweichungen von diesem Raster ergeben sich aus spezifischen Besonderheiten in den einzelnen Ländern.

Auf diese Weise sollen im Konzert der Bände dieser Reihe Differenzen und Ähnlichkeiten, Konvergenzen und Alternativen erkennbar und die Nationalgeschichten aus ihrer Selbstbezogenheit gelöst werden, ohne die Eigendynamik und die spezifischen Traditionen der einzelnen Länder zu vernachlässigen. Bei dem Versuch, nationale Geschichte und europäische Perspektive zu verbinden, wird vielen Lesern das eine oder das andere zu kurz kommen, wie überhaupt das Unterfangen, eine Nationalgeschichte im 20. Jahrhundert in einem Band zu erzählen, einen gewissen Mut erfordert. Aber nur in dieser relativ gedrängten Form ist es möglich, diachrone Entwicklungen zu schildern und Linien durch das Jahrhundert zu zeichnen, die bei erheblich umfangreicheren Bänden angesichts der Vielzahl der Themen und Aspekte nicht erkennbar würden.

Wenn wir vom 20. Jahrhundert sprechen, so in einer spezifischen Weise. Es hat sich vielfach eingebürgert, den Ersten Weltkrieg als Wasserscheide zwischen den Jahrhunderten zu betrachten. Das hat Vorteile, weil dadurch die nachwirkenden Traditionen des «langen» 19. Jahrhunderts besser in Augenschein genommen werden können. Um die Geschichte des 20. Jahrhunderts zu erzählen, ist es aber nötig, die tiefgreifende Veränderungsdynamik der Jahrzehnte zwischen 1890 und 1914 zu berücksichtigen, die jahrzehntelang nachgewirkt hat und in kürzester Zeit eine solche Wucht entfaltete, dass alle europäischen Gesellschaften davon ergriffen und gezwungen wurden, auf diese Herausforderungen zu reagieren. So wird, wer den Aufstieg der Weltanschauungsdiktaturen und die beiden Weltkriege, den Holocaust und die Dekolonialisierung darzustellen und zu erklären hat, vor den Ersten Weltkrieg zurückgehen und die beiden Jahrzehnte vorher betrachten müssen, um die Durchsetzung des modernen Industriekapitalismus, der immer mächtiger werdenden Staatsapparate und den Aufstieg der großen radikalen politischen Massenbewegungen zu verfolgen, die im Laufe des Jahrhunderts eine so zerstörerische Wirkung entfalteten. Daher wird in diesen Bänden die Geschichte des «langen 20. Jahrhunderts» erzählt, die von den 1890er Jahren bis etwa 2000 reicht – wobei der Ausgangspunkt klarer ist als das Ende.

Schließlich hat Autoren und Herausgeber die Frage bewegt, wie man die so verschiedenen beiden Hälften des Jahrhunderts miteinander auf eine Weise verbinden kann, dass die Zusammenhänge zwischen beiden erkennbar werden, ohne den tiefen Einschnitt von 1945 zu relativieren. Hier sind die Unterschiede zwischen den einzelnen Gesellschaften unübersehbar. Aber zugleich lässt sich doch angesichts der vielfältigen politischen Entwürfe und radikalen Alternativen über Jahrzehnte hinweg das Bemühen der Zeitgenossen erkennen, gesellschaftliche Ordnungssysteme zu finden, die den Herausforderungen der modernen Industriegesellschaft angemessen sind. Das hat zu monströsen Gebilden und schrecklichen Opfern geführt.

Aber man kann doch auch erkennen, dass auf viele Herausforderungen, die sich in den beiden Jahrzehnten vor dem Ersten Weltkrieg so scharf herausgebildet hatten, in den Jahrzehnten nach dem Zweiten Weltkrieg allmählich Antworten gefunden wurden, die sich bewährten und vermehrt auf Zustimmung stießen. Das betraf sowohl die Ausprägung der politischen Ordnung im Innern wie zwischen den europäischen Staaten, das Verhältnis von wirtschaftlicher Dynamik und sozialer Gerechtigkeit oder den Umgang mit der modernen Massenkultur. Dabei wurden die westeuropäischen Gesellschaften nach den 1960er Jahren einander immer ähnlicher, und zwar in Bezug auf das politische System, die soziale Ordnung, die kulturellen Wertorientierungen ebenso wie hinsichtlich der Wirtschaftsordnung und des Alltagslebens. Solche Tendenzen gab es in Ansätzen in den ostmitteleuropäischen Ländern auch schon während der kommunistischen Herrschaft, und nach 1990 begannen sie sich rasch durchzusetzen. Mit diesen Tendenzen der Konvergenz und Homogenisierung der gesellschaftlichen Ordnungen in Europa, deren Bedeutung in historischer Perspektive deutlicher zu erkennen ist als zeitgenössisch, wuchs aber vielfach auch das Bedürfnis nach Differenz und nach Orientierung an der nationalen Geschichte.

Zugleich aber wurde nach der «goldenen Ära» der 1950er und 1960er Jahre die Brüchigkeit des industriellen Fundaments dieser Gesellschaften sichtbar, und neue Herausforderungen kündigten sich an, die unsere Gegenwart und vermutlich in noch stärkerem Maße unsere Zukunft bestimmen: das Ende der traditionellen Massenfertigungsindustrien, die ökologischen Krisen, die Ausprägung und Folgen der weltweiten Massenmigration, die neuen weltweiten ideologischen Konflikte nach dem Ende des Kalten Krieges, die zunehmende Bedeutung supranationaler Zusammenschlüsse und die globale Vernetzung wirtschaftlichen Handelns.

Soweit man es von heute erkennen kann, werden die Jahre 2000 oder 2001 keine markanten historischen Zäsuren bilden. Aber es wird doch sichtbar, dass im letzten Fünftel des 20. Jahrhunderts etwas zu Ende ging, was 100 Jahre zuvor begonnen hatte, und etwas Neues einsetzte, das wir bislang weder definieren noch historisieren können.

Ulrich Herbert

Einleitung

«Mit dem Verstand ist Russland nicht zu begreifen, mit allgemeinen Maßstäben nicht zu messen, es hat ein besonderes Wesen – an Russland kann man nur glauben.» Dieses viel zitierte Bonmot des russischen Dichters und Diplomaten Fedor Tjutčev (1803–1873) suggeriert auf den ersten Blick, dass der Historiker vor Russland resignieren müsste. Es ist schließlich nicht seine Aufgabe, ein Glaubensbekenntnis aufzuschreiben, sondern er möchte verstehen, womit ihn die Quellen konfrontieren, er möchte das, was er vorfindet, in Sinnzusammenhänge einordnen und erklären. Wenn sich aber nun der Gegenstand im Falle Russlands einem solchen rationalen Zugriff prinzipiell entzöge, dann müsste der Historiker das Feld anderen überlassen.

Nun kann es aber in einer Geschichte Russlands gar nicht darum gehen, das «Wesen» dieses Landes und seiner Bewohner zu begreifen. Die «russische Seele», die in diesem Zusammenhang häufig genannt wird, ist nicht das Thema des vorliegenden Buches. Sein Anliegen ist bescheidender: Es möchte verstehen und einordnen helfen, was sich im vergangenen Jahrhundert in Russland ereignet und welche Entwicklungen dieses Land durchlaufen hat.

Dennoch wurde Tjutčevs Aussage bewusst an den Anfang gestellt, denn sie spielt auf zwei wichtige Aspekte an, die auch den Historiker tangieren: Der erste ist die Vielgestaltigkeit Russlands. Wer sich ernsthaft mit dem Land beschäftigt, der weiß, dass eine große Kluft zwischen den beiden Hauptstädten Moskau und St. Petersburg auf der einen und dem großen «Rest» des Landes auf der anderen Seite besteht und dass sich dieser «Rest» aus sehr unterschiedlichen Regionen zusammensetzt, die von Menschen unterschiedlicher Sprache, Kultur und Religion bewohnt werden. Diese Vielgestaltigkeit des russischen Staatswesens hat sich erst durch den Zerfall der Sowjetunion verringert, besteht aber prinzipiell auch in der Russländischen Föderation weiter fort. Sie bedingt eine Parallelität von Lebenswelten, die sich mitunter gravierend voneinander unterscheiden. Im Zusammenspiel mit der sprichwörtlichen Weitläufigkeit des Landes und der daraus resultierenden erschwerten Kommunikation führte sie darüber hinaus immer wieder zu Diskrepanzen zwischen dem Wollen in der Zentrale und der Realität vor Ort. In St. Petersburg oder Moskau Dekrete zu unterzeichnen ist eine Sache, ihre Umsetzung in der Provinz eine andere und die Wahrnehmung der Folgen durch die Betroffenen eine dritte. Das ist zwar unter Russlandkennern eine Binsenweisheit, und dennoch erweckten Gesamtdarstellungen der russischen Geschichte mitunter den Eindruck, als spielte sich die Geschichte nur in den Hauptstädten ab, als wären die hauptstädtischen Elitendiskurse repräsentativ für das ganze Land.

Der zweite Aspekt ist die Frage nach dem Referenzrahmen. Mit den allgemeinen Maßstäben sei Russland nicht zu messen, sagt Tjutčev und spricht damit ein grundsätzliches Problem an, denn es gehört zum Geschäft des Historikers, an seine Gegenstände Maßstäbe anzulegen und zu vergleichen. In der Vergangenheit wurde das in Bezug auf Russland oft unreflektiert getan, indem man den westeuropäischen Entwicklungspfad stillschweigend zur Norm erklärte und dann feststellte, was es in Russland alles nicht gegeben habe. Daraus resultierte eine Defizitgeschichte von Rückständigkeit und Unzulänglichkeit. Gegen diese Sichtweise lässt sich einwenden, dass es unterschiedliche Wege der Entwicklung gibt und nicht jede Abweichung von den westeuropäischen Mustern automatisch mit «Rückständigkeit» gleichzusetzen ist. Der Referenzrahmen für die russische Geschichte kann nicht willkürlich im Sinne der klassischen Modernisierungstheorie von außen als ein mit normativen Kategorien zu messendes und mit historischer Gesetzmäßigkeit ablaufendes Fortschrittsprogramm oktroyiert werden, sondern muss sich am Selbstverständnis des Landes orientieren und seine Spezifik ernst nehmen. Das schließt allerdings nicht aus, dass man über den Umweg der russischen beziehungsweise sowjetischen Selbstreflexion wieder bei der Kategorie der Rückständigkeit landet.

Beide Aspekte, die Vielgestaltigkeit des Landes wie die Problematik des Referenzrahmens, haben als Leitmotive die kulturgeschichtliche Forschung der vergangenen zwanzig Jahre geprägt. Diese Forschung, die seit der Öffnung der russischen Archive für westliche Forscher geradezu explodiert ist, hat unseren Blick auf die Geschichte Russlands und der Sowjetunion im ausgehenden 19. und im 20. Jahrhundert erheblich erweitert. Sie angemessen zu berücksichtigen, ist eines der Anliegen dieses Buches. Es konnte nicht vorrangig darum gehen, die Ereignis- und Sozialgeschichte Russlands und der Sowjetunion ein weiteres Mal zusammenzufassen. Der Blick soll vielmehr auf Dinge gelenkt werden, die bisher auf der Ebene der Synthesen unterbelichtet waren. Das Buch beschränkt sich daher nicht darauf, politische und sozioökonomische Strukturen und Entwicklungen zu analysieren, sondern legt einen besonderen Fokus auf das, worauf uns die kulturgeschichtlichen Forschungen der letzten zwei Jahrzehnte gestoßen haben: Repräsentationen, Alltag, Verhaltensmuster und Lebenswelten im Sinne subjektiver Wahrnehmungen und Deutungen der Wirklichkeit.

Das impliziert eine Multiperspektivität, die nicht nur die hauptstädtischen Elitendiskurse, sondern auch das Leben der Menschen auf dem Land berücksichtigt. Eine gewisse Schwierigkeit stellt dabei die ethnisch-kulturelle Vielfalt des Landes dar. Eine russische Geschichte muss dem Umstand, dass es sich um ein Vielvölkerreich handelt, Rechnung tragen. Da sich das vorliegende Buch aber nicht vorrangig als eine Geschichte der nichtrussischen Peripherien versteht, musste aus Gründen des Umfangs und der Lesbarkeit davon Abstand genommen werden, bei allen untersuchten Aspekten jeweils systematisch nach den Nationalitäten beziehungsweise den Regionen zu differenzieren und Parallelgeschichten zu schreiben. Die Darstellung konzentriert sich daher bei den strukturellen Betrachtungen auf den im engeren Sinne russisch geprägten Raum und wirft zwischendurch immer wieder Schlaglichter auf die Nationalitäten. Obwohl der Verfasser selbst in früheren Arbeiten nichtrussische Milieus beschrieben hat, hätte es den Rahmen gesprengt, die Vielfalt der Lebenswelten in größerer Breite darzulegen. Was allerdings im Sinne der Multiperspektivität des Ansatzes in diesem Buch einen großen Raum einnimmt, ist die Dichotomie der Lebensverhältnisse in Stadt und Land.

Das Buch steht nicht für sich allein, sondern folgt als Teil der Buchreihe zur europäischen Geschichte im 20. Jahrhundert einem gemeinsamen Ansatz, der die Komposition der Darstellung und das ihr zugrunde liegende Erkenntnisinteresse bestimmt hat. Wie der Reihenherausgeber in seinem Vorwort ausführt, beginnt die Darstellung nicht mit dem Ende des Ersten Weltkriegs beziehungsweise im Falle Russlands mit dem Revolutionsjahr 1917, das üblicherweise als Zäsur Verwendung findet, sondern setzt um 1890 an. Der Erste Weltkrieg wird nicht als Ursache der weitreichenden Umwälzungen des 20. Jahrhunderts betrachtet, sondern als Zwischenstation und Katalysator einer größeren gesamtgesellschaftlichen Entwicklung im europäischen Maßstab, die im ausgehenden 19. Jahrhundert einsetzte. Sie verwandelte mit der Implementierung der Industriemoderne das Leben der Menschen grundlegend und stellte die Gesellschaften vor neue Herausforderungen, die mit höchst unterschiedlichen, zum Teil radikalen Konzepten beantwortet wurden, bis in den 1960er Jahren neue Herausforderungen auftauchten.

Nun fand in Russland um 1890 noch kein flächendeckender Durchbruch der Industriemoderne statt. Dennoch ist es sinnvoll, eine Geschichte Russlands im 20. Jahrhundert hier beginnen zu lassen, denn in den 1890er

Jahren beschleunigte sich auch in Russland der ökonomische, soziale und politische Wandel, formierten sich Kräfte und entstanden Problemlagen, die bereits auf die Revolutionen von 1905 und 1917 verwiesen und sich im Ersten Weltkrieg krisenhaft zuspitzten. Auch in Russland wirkte der Erste Weltkrieg als Katalysator von Problemen, die ohne ihn möglicherweise anders gelöst worden wären, die aber nicht erst 1914 entstanden. Ohne die im ausgehenden 19. Jahrhundert erfolgten Veränderungen sind die Revolutionskrisen von 1905 und 1917 nicht verständlich. Auch in Russland erzeugte die moderne Industriegesellschaft Herausforderungen, eröffnete Handlungsoptionen und verlangte nach Antworten. Im eigenen Land steckte die Industriemoderne zwar noch in den Anfängen, aber die Akteure sahen am Beispiel von England, Deutschland oder den USA, welche sozialen und politischen Auswirkungen sie zeitigte. Der Blick nach Westen und das Abschätzen der eigenen Entwicklung im Vergleich zu dem, was man dort sah, müssen für Russland im gesamten Untersuchungszeitraum stets mitgedacht werden.

Auch in Russland ist man bis ins letzte Drittel des 20. Jahrhunderts damit beschäftigt, sich an den um die Jahrhundertwende als solche erkannten Problemen abzuarbeiten, und sucht dabei zwischendurch sein Heil in gewalttätigen Konzepten. Inwieweit es dann im weiteren Verlauf in der zweiten Hälfte des Jahrhunderts in politischer, sozioökonomischer und kultureller Hinsicht zu einer Annäherung an die untereinander immer ähnlicher werdenden westlichen Gesellschaften kam, wird noch zu zeigen sein. Das Gleiche gilt für die Frage, welche Rolle die seit den 1960er Jahren im globalen Kontext auftauchenden neuen Herausforderungen für Russland beziehungsweise damals die Sowjetunion spielten und wie sie sich in der inneren Entwicklung des Landes niederschlugen.

Im Zusammenhang mit diesem Ansatz kommt der Frage nach der Moderne und nach den Antworten auf ihre Herausforderungen eine besondere Bedeutung zu. Über die Moderne ist in den letzten zwanzig Jahren viel geschrieben worden, ohne dass immer klar wurde, was im jeweiligen Kontext darunter zu verstehen sei. Grundsätzlich stehen sich zwei Betrachtungsweisen gegenüber: einerseits die Vorstellung einer einzigen Moderne, mit der Konsequenz, dass bestimmte Gesellschaften inkludiert und andere exkludiert sind, und andererseits die Vorstellung verschiedener Modernen, wie sie etwa Shmuel Eisenstadt in seinem Konzept der «multiple modernities» postuliert.[1]

Beide Varianten bergen Probleme in sich: Die erste hat bei aller Abgrenzung von der klassischen Modernisierungstheorie einen gewissen normativen Charakter. Dieser ist insofern problematisch, als die Kriterien für die eine Moderne nicht anhand einer Zusammenschau verschiedener Entwicklungswege, sondern typischerweise auf der Grundlage der liberal-demokratischen westlichen Industriegesellschaften entwickelt werden und von daher nur auf bestimmte Länder zutreffen können. Die Vorstellung der multiplen Modernen birgt umgekehrt die Gefahr der Beliebigkeit in sich: Erklärt man alles, was man an Veränderungen vorfindet, zur Moderne, dann verliert sie ihren Wert als analytische Kategorie.

Als Russland- und Sowjetunionhistoriker benötigt man ein Konzept von Moderne, das sich nicht nur auf das westeuropäisch-nordamerikanische Verlaufsmuster der Modernisierung beschränkt und dieses und ihre Ergebnisse zur Norm erhebt, sondern eines, das für unterschiedliche Varianten von Moderne offener ist. Um dem Dilemma zwischen Normativität und Beliebigkeit des Modernebegriffs auszuweichen und den Besonderheiten des russischen Falles gerecht zu werden, soll «Moderne» hier nicht als absolute Setzung verstanden werden, sondern als etwas Relationales. Im Vordergrund soll die Frage stehen, woran sich die Eliten des Landes zu verschiedenen Zeiten orientierten und maßen, wie sie für Russland beziehungsweise die Sowjetunion den Entwicklungspfad und den Fortschritt definierten, welche Ziele sie sich setzten.

Damit im Zusammenhang stellt sich die Frage nach transnationalen Prozessen, die als Erscheinungen einer übergreifenden Moderne interpretiert werden können, sowie nach Phasen der Beschleunigung, in denen wirkungsmächtige Neuerungen auftraten oder forciert wurden, in denen bis dahin langfristig stabile Strukturen in Frage gestellt oder durch neue ersetzt wurden. Dabei kann sich diese je eigene Moderne durchaus auf die westliche Moderne beziehen oder aber einen Gegenentwurf darstellen. Das offizielle Russland und der maßgebliche Teil seiner Eliten begriffen sich seit dem 18. Jahrhundert als Teil Europas und schufen sich dadurch selbst einen subjektiven Referenzrahmen, der eine Diskrepanz zu der jeweils im eigenen Land existierenden Realität erzeugte. Aus dieser Diskrepanz resultierten periodisch wiederkehrende Diskussionen über den richtigen Weg, die Angemessenheit ausländischer Modelle und die Unter- oder Überlegenheit eigener Traditionen. Auch diejenigen, die auf einem eigenen russischen Weg bestanden, maßen Russland letztlich an den Ländern West- und Mitteleuropas.

Der Aufbau des Buches folgt dem bewährten Muster der Reihe und korrespondiert gleichzeitig mit dem Anliegen, nicht die Ereignisgeschichte dominant werden zu lassen. Dieses Buch erzählt nicht vorrangig eine dramatische Geschichte, sondern lädt den Leser auf eine Reise ein, auf der es immer wieder gilt, innezuhalten, zu beobachten und zu vergleichen. Den

Querschnittskapiteln («Russland um 1900», «Die Sowjetunion um 1926», «Die Sowjetunion um 1942», «Die Sowjetunion um 1966», «Russland um 1995») kommt daher eine besondere Bedeutung zu, aber auch die sie verbindenden chronologischen Kapitel enthalten einen hohen Anteil an Beschreibung und Analyse von Lebensverhältnissen und deren Wahrnehmung. Für die Querschnittskapitel wurden analog zum Konzept der Reihe bewusst keine Jahre gewählt, die Zäsuren oder Weichenstellungen bilden, sondern solche, die mitten in einer Teilepoche liegen und somit die Gelegenheit für einen Rundblick auf die Verhältnisse der jeweiligen Zeit eröffnen.

Diese Herangehensweise ließ es sinnvoll erscheinen, einige durchgängige Fragestellungen und Leitmotive zu verfolgen, um die Vergleichbarkeit der einzelnen Teilabschnitte herzustellen. Ausgangspunkt ist die Frage nach dem jeweiligen offiziellen Selbstverständnis Russlands, wie es sich in seinen Repräsentationen auf den großen Weltausstellungen ausdrückte. Damit in engem Zusammenhang steht die Frage nach den Konzepten und Wahrnehmungen der Eliten, ihren Zukunftsvorstellungen und Visionen, ihrem jeweiligen Verständnis von Fortschritt, ihrer Positionierung zur westlichen Moderne, ihren Adaptionen der Letzteren und den Gegenentwürfen. Da die Auseinandersetzung mit dem «Westen» eine Grundkonstante der russischen und sowjetischen Eliten seit dem 19. Jahrhundert darstellt, ist es notwendig, strukturelle Vergleiche auf Westeuropa und die USA zu beziehen. Mancher mag dagegen einwenden, dass es angemessener wäre, das sich industrialisierende Russland oder die frühe Sowjetunion mit der Türkei oder mit Spanien zu vergleichen. Die russischen und sowjetischen Eliten selbst maßen sich jedoch nicht an solchen Ländern, sondern an den fortgeschrittenen Industrienationen, die es einzuholen und zeitweise auch zu übertreffen galt.

Auf die Elitendiskurse bezogen ist die Frage nach dem jeweiligen Zustand des Landes, der Entwicklungsdynamik und der Beschleunigung oder Retardierung des Wandels im Vergleich mit früheren Zeitabschnitten. So wünschenswert es ist, die viel kritisierte Dichotomie von «Fortschritt» und «Rückständigkeit» zu vermeiden, kommt man bei der Beurteilung des Entwicklungsstandes doch nicht gänzlich ohne objektive Kriterien aus. Diese Kriterien sind einerseits die von den Protagonisten des Fortschritts selbst gesetzten Ziele und in den Repräsentationen manifestierten Ansprüche. Hinzu kommen allgemeine Kriterien wie Leistungsfähigkeit, Effizienz und Nachhaltigkeit. Eine umfassende strukturelle Analyse aller zur Beurteilung dieser Kriterien in Frage kommenden Parameter hätte den Umfang der Kapitel hoffnungslos gesprengt. Es wurden daher einzelne aussagekräftige Bereiche ausgewählt und über das gesamte Jahrhundert hinweg verfolgt:

der Grad der infrastrukturellen Erschließung des Raumes mit Verkehrs- und Kommunikationsmitteln, seine politisch-administrative Durchdringung, signifikante demographische Kennziffern wie Geburtenrate, Säuglingssterblichkeit und durchschnittliche Lebenserwartung, die Wohn- und Lebensbedingungen in Stadt und Land sowie die Leistungsfähigkeit der Volkswirtschaft.

Strukturdaten und die Wahrnehmung der Gegenwart durch die Menschen klaffen häufig auseinander. Deshalb besteht ein zentrales Anliegen des Buches darin, nach den Auswirkungen der Wandlungsprozesse auf die Menschen zu fragen: Wie wurde das Elitenprojekt jeweils von der Bevölkerung aufgenommen? In welchem Maße empfanden und erlebten es verschiedene soziale Gruppen als Eingriff und Veränderung ihrer überkommenen Lebenswelten, entzogen sich ihm oder bejahten es? Die subjektive Wahrnehmung und Deutung der Wirklichkeit durch die Betroffenen ist dabei von mindestens so großer Bedeutung wie die sozio-ökonomische Realität. Was nützt es, wenn die Statistik den Bauern einen steigenden Lebensstandard bescheinigt, die Bauern selbst aber ihre Wirklichkeit als «Landnot» und Bedrückung deuten? Gerade dem ländlichen Raum wird dabei besonderes Augenmerk gewidmet, denn die absolute Mehrheit der Bevölkerung Russlands lebte bis Ende der 1950er Jahre nicht in der Stadt, sondern auf dem Dorf beziehungsweise in der Kolchose, und zwischen den hauptstädtischen und den ländlichen Lebenswelten besteht bis heute eine gewaltige Diskrepanz. Für die sowjetische Periode stellt sich zudem immer wieder die grundsätzliche Frage des Verhältnisses zwischen dem kommunistischen und dem westlichen Gesellschaftsentwurf: Was wussten die Sowjetbürger zu verschiedenen Zeiten über den «Westen» und wie war es um die Identifikation mit dem kommunistischen Projekt beziehungsweise die Attraktivität westlicher Modelle bestellt?

Da die subjektive Wahrnehmung, wenn sie aus Selbstzeugnissen Betroffener erschlossen wird, aufgrund ihrer Individualität nicht ohne weiteres verallgemeinert werden kann, wurden für alle Zeiträume auch Außenwahrnehmungen durch Reisende, Diplomaten und Journalisten herangezogen. Viele dieser Berichte haben einen hohen Quellenwert, weil Außenstehende aus einer Vogelperspektive beobachten, Vergleiche anstellen – entweder mit anderen Ländern oder mit früheren Aufenthalten – und vieles zu Papier bringen, was den Menschen im Land zu selbstverständlich ist, als dass sie darüber schreiben würden.

Ich danke dem Beck-Verlag für sein Vertrauen und seine Geduld, dass dieses Buch trotz der exorbitanten Überschreitung des ursprünglich vereinbarten Abgabetermins in seiner Reihe zur europäischen Geschichte im 20. Jahrhundert erscheinen konnte. Professoren, die ein Buch schreiben, sind ständig hin- und hergerissen zwischen den Verpflichtungen als akademischer Lehrer, Betreuer von Doktoranden und Drittmittelprojekten, Inhaber von Ämtern der universitären Selbstverwaltung und den vielen Hamsterrädern, die der heutige Universitätsbetrieb bereitstellt. Die School of History des Freiburg Institute for Advanced Studies (FRIAS) hat mir durch ein großzügiges Fellowship zwischen 2008 und 2010 den Freiraum verschafft, der es mir ermöglichte, mit der Arbeit am Manuskript entscheidend voranzukommen. Ich danke den Direktoren der School of History, Ulrich Herbert und Jörn Leonhard, sowie den Fellows, mit denen ich eine anregende Zeit verbringen durfte, für die vielen Impulse, die ich in persönlichen Gesprächen, Kolloquien und auf Konferenzen erhalten habe. Ulrich Herbert hat als Reihenherausgeber überdies das gesamte Manuskript gelesen und wertvolle Hinweise gegeben. Als kritische Leser des ganzen Buches haben sich auch Stephan Merl und Willi Oberkrome zur Verfügung gestellt, weiterführende Anmerkungen gemacht und Unstimmigkeiten aufgezeigt. Michel Abeßer, Helmut Altrichter, Victor Dönninghaus, Guido Hausmann und Julia Obertreis haben Teile des Manuskripts kommentiert, Sebastian Ullrich vom Beck-Verlag hat mit seinem Team das Buch mit großer Umsicht lektoriert und betreut. Ihnen allen gebührt mein Dank.

Während der Schreibphase habe ich das Konzept der Querschnitte in einer Vorlesung erprobt und einzelne Zeitspannen und Themen in mehreren Hauptseminaren zusammen mit den Studierenden sowie mit hospitierenden Doktoranden vertieft. In dieser gemeinsamen Auseinandersetzung mit zentralen Themen des Buches habe ich viel gelernt. Den Seminarteilnehmern und Doktoranden sei daher ebenso gedankt wie dem Lehrstuhlteam, das mich vor allem im Sommer 2012, als sich die Arbeit stark verdichtete, großartig unterstützt hat. Pavel Polian hat mir bei kniffligen demographischen Fragen weitergeholfen, Lena Radauer das gesamte Manuskript akribisch Korrektur gelesen. Christine Dehez, Christine Loran, Maria Martens, Helena Mastel, Florian Müller, Kristina Offterdinger, Laura Overhoff und Ronald Wendorf haben unter Zeitdruck mit Recherchen und dem Besorgen von Literatur entscheidend dazu beigetragen, dass das Manuskript im März 2013 an den Verlag gehen konnte. Am FRIAS hatten mich bereits Isabel Flory und Barbara Müller in gleicher Weise unterstützt. Bei den Fahnenkorrekturen unterstützten mich darüber hinaus Lena Hörger, Gregor Hofmann, Norma Ladewig, Reinhard Nachtigal und Laura Ritter.

Besonderer Dank gilt meiner Frau Nicole und unseren beiden Töchtern Katharina und Reglindis, die ich mit diesem Buch arg beansprucht habe.

Jahrelang stand das immer noch nicht fertige Manuskript ausgesprochen und unausgesprochen im Raum, wenn es um gemeinsame Sonntagsausflüge oder Urlaubsplanungen ging und der Ehemann und Vater wieder einmal «keine Zeit» hatte. Nicht zuletzt im Hinblick darauf hat auch meine Mutter die Entstehung dieses Buches aus der Ferne mit großer Anteilnahme verfolgt. Im Sommer 2011 konnte ich mich für fünf Wochen zu ihr in die Ruhe des niederösterreichischen Waldviertels zurückziehen und in dieser Zeit den Rohentwurf des Manuskripts erstellen. Der sehnliche Wunsch meiner Mutter, die Vollendung des Buches noch zu erleben, ging leider nicht mehr in Erfüllung. Ich widme das Buch ihrem Andenken.

Freiburg, im März 2013

ERSTER TEIL

Unterwegs in die Moderne 1890–1917

1. Russland um 1900

Russland auf der Pariser Weltausstellung 1900

Auf der Pariser Weltausstellung des Jahres 1900 präsentierte sich das Russländische Reich[1] mit großem Aufwand. Mehr als fünf Millionen Rubel war das der russischen Regierung und den teilnehmenden Industriellen wert, und Zar Nikolaus II. persönlich hatte mit der Konzipierung des russischen Auftritts eine hochrangig besetzte Kommission beauftragt, der unter anderem der weltberühmte Chemiker Dmitrij Mendeleev, Begründer des Periodensystems der Elemente, angehörte. Die französische Regierung hatte dem russischen Verbündeten zur Festigung der Freundschaft 24 000 Quadratmeter Ausstellungsfläche überlassen – mehr als allen anderen ausländischen Mächten. Zahlreiche russische Industrie- und Bergbaubetriebe stellten ihre Erzeugnisse aus. Am Fuße des Eiffelturms befand sich eine Wodkadestillerie, auf der Esplanade des Invalides hatten die Kaiserin-Maria-Einrichtung (eine Wohltätigkeits- und Bildungsinstitution) und verschiedene private Firmen ihre Repräsentanzen, im Bois de Vincennes standen russische Lokomotiven und Schlafwagengarnituren.[2] In fast allen Abteilungen der Ausstellung waren Errungenschaften der russischen Wirtschaft, Kunst und Wissenschaft zu sehen. Mendeleev besuchte nicht nur die Ausstellung, sondern wurde zum Vizepräsidenten der internationalen Jury gewählt, die über Preise und Auszeichnungen entschied.

Kernstück der russischen Selbstdarstellung aber war der «Pavillon der russischen Randgebiete» (*Pavil'on russkich okrain*) oder, wie die offizielle französische Bezeichnung lautete, «Pavillon de l'Asie Russe et de la Sibérie». Überraschend ist nicht nur der Name, sondern auch der Standort: Er befand sich nämlich nicht am Seineufer, wo 24 andere ausländische Staaten ihre Pavillons errichtet hatten, sondern auf dem Trocadéro, dem Teil des Ausstellungsgeländes, der ganz überwiegend den Kolonien Frankreichs und anderer Mächte gewidmet war. Die russische Repräsentanz bildete dort mit insgesamt 4400 Quadratmetern den größten Gebäudekomplex und wirkte wie ein kleines russisches Städtchen mitten in Paris. Das architektonische Erscheinungsbild war mit mehreren mächtigen Glockentürmen und einer hohen, mit Zinnen und Schießscharten verzierten Mauer dem Moskauer Kreml nachempfunden. Das Ensemble bestand aus dem «Zarenpalast», einem «Altmoskauer Bojarenwohnhaus», einem «sibirischen Restaurant» und mehreren ethnographischen Installationen, die verschiedene Kulturräume in Szene setzten: In unmittelbarer Nähe des Zarenpalasts hatte man aus Holzhäusern ein «russisches Dorf» aufgebaut, mit Figurengruppen, die zeigen sollten, wie weit das Volk in Handwerk und Heimindustrie fortgeschritten sei. Ein Saal war Zentralasien gewidmet; dort hatte man den Basar von Samarkand nachgebildet. Ein anderer Saal zeigte sibirische Völkerschaften, ein weiterer die ethnisch-kulturelle Buntheit des Kaukasus.[3] Als besondere Attraktion galt eine imaginäre Fahrt mit der Transsibirischen Eisenbahn: Die Besucher konnten in einem stilisierten Bahnhof «Moskau» eine Fahrkarte lösen, den Zug besteigen und im Speisewagen dinieren. Währenddessen gaukelte ihnen 45 Minuten lang ein vor den Fenstern vorbeirollendes Panorama eine Reise durch Sibirien vor. Am Ende stiegen sie im Bahnhof «Peking» aus und wurden von Dienstburschen in langen seidenen Gewändern und mit schwarzen Zöpfen begrüßt.[4]

Die Transsibirische Eisenbahn stand überhaupt im Mittelpunkt der Präsentation: Drei weitere Säle waren allein ihr gewidmet. Zwei veranschaulichten die technische Realisierung des Baus, im dritten wurde den Besuchern die mit dem Eisenbahnbau verbundene Erschließung, Besiedelung und Kultivierung Sibiriens vor Augen geführt.[5] Flankiert wurde die Ausstellung von einer Broschüre, die das Ministerkomitee eigens für die Ausstellung in mehreren Sprachen hatte drucken lassen. Sie schilderte die Aufbauarbeit sowie die Perspektiven für die russische und die internationale Wirtschaft in leuchtenden Farben.[6] Die Broschüre hob die Kolonisationsarbeit der russischen Regierung sowie die Tätigkeit des *Komitees der Sibirischen Eisenbahn* für die Erschließung des Landes hervor und erläuterte die ökonomische Bedeutung Sibiriens und der neuen Eisenbahn. Die Autoren waren bestrebt, dem in der ausländischen Wahrnehmung immer noch dominierenden Schreckbild von Sibirien als einem unwirtlichen Verbannungsort entgegenzuwirken und Sibirien als einen integralen Bestandteil des Reiches darzustellen: Die Bevölkerung sei zwar in ethnischer Hinsicht mannigfaltig, hieß es da, aber ungeachtet dessen weise «Sibirien heut zu Tage den Charakter eines vollständig russischen Landes auf».[7] Die Broschüre erzählte eine beeindruckende Erfolgsgeschichte und dokumentierte eine Vielzahl von Kulturleistungen, von der Fürsorge für die Ansiedler über die Trockenlegung von Sümpfen und die Bewässerung von Steppen bis hin zum Bau von Kirchen und Schulen.

Der offizielle Reiseführer, ein 600 Seiten starker und reich illustrierter Prachtband, den das russische Verkehrsministerium ebenfalls in mehreren Sprachen herausbrachte, schlug in dieselbe Kerbe und hob die mit dem Eisenbahnbau verbundenen zivilisatorischen Leistungen hervor: Die Kolonisation mit Russen, die Errichtung von Siedlungen, Schulen und Kirchen ziele auf die «Anpflanzung russischer Kultur», um «der Orthodoxie und der bürgerlichen Lebensordnung in Sibirien einen festen Halt in ihrem Kampf für Christentum und Zivilisation mit den Völkerschaften Ostasiens zu bieten». Die rasche Entwicklung der Rentabilität der Eisenbahn liefere zusammen mit dem Aufschwung Sibiriens den unwiderlegbaren Beweis «für die dem monumentalen Unternehmen innewohnende kulturelle und gewerbliche Bedeutung [...] als auch für jene Riesenmacht des slavisch-russischen Volkstums, das allen voran zum Bannerträger christlicher Gesittung und Zivilisation im fernen Osten des Asiatischen Kontinents berufen ist».[8]

Was bedeutet diese Selbstinszenierung des Russländischen Reiches um die Jahrhundertwende? Russland präsentierte sich in Paris in seiner imperialen Größe und Vielgestaltigkeit, auf Augenhöhe mit den westeuropäischen Kolonialmächten. Es beanspruchte, in Sibirien, Zentralasien und Fernost als Träger christlich-europäischer Kultur mit einer zivilisatorischen Mission aufzutreten. Man lenkte die Aufmerksamkeit des Publikums auf die asiatischen Landesteile, stellte diese in den Kontext der großen Kolonialreiche und verortete sich selbst damit gleichzeitig eindeutig in Europa. Sibirien fungierte seit dem 18. Jahrhundert als das andere, asiatische Russland, als ein Art Gegenraum zum europäischen Kernland, dessen Andersartigkeit russische Geographen und Ethnographen hervorzuheben sich bemühten. Im 19. Jahrhundert kam die Vorstellung hinzu, dass Russland berufen sei, in seine asiatischen Landesteile Kultur und Fortschritt zu bringen. Sibirien und seit den 1860er Jahren auch Zentralasien wurden von den russischen Eliten als Kontrastfolie markiert, anhand derer sie sich ihrer europäischen Identität vergewissern und diese nach außen hin demonstrieren konnten. Die vorgebliche Nichtexistenz von Zivilisation in den Gebieten jenseits des Ural gab ihnen die Möglichkeit, als überlegene Vertreter europäischer Zivilisation diese dorthin zu tragen.[9]

Bemerkenswert ist in diesem Kontext die Verwendung des Terminus «bürgerliche Lebensordnung» in der deutschsprachigen Ausgabe des Buches. In der russischsprachigen Ausgabe findet sich an dieser Stelle der Terminus *russkaja graždanstvennost'*,[10] wörtlich zu übersetzen mit «russische Bürgerlichkeit» oder «russische Staatsbürgerlichkeit». Dahinter steht ein in der zweiten Hälfte des 19. Jahrhunderts von den reformorientierten Eliten entwickeltes Konzept, die Peripherien des Imperiums über einen einheitlichen Status von Staatsbürgern zu integrieren und damit die traditionelle Schichtung der Bevölkerung in Gruppen unterschiedlichen Rechts zu überwinden. Mit dieser Vorstellung war ein kultureller Anspruch im Sinne dessen verbunden, was die westlichen Kolonialmächte als «civilité» beziehungsweise «civility»[11] bezeichneten, also «Zivilisiertheit» und kulturelle Europäisierung. «Bürgerliche Lebensordnung» trifft die Sache recht gut, da sich die *graždanstvennost'* auf ein idealisiertes Bild sozialen und kulturellen Verhaltens bezog, das sich an der bürgerlichen Kultur Westeuropas orientierte.[12]

Das Russländische Reich stellte daneben seine ökonomische Leistungsfähigkeit zur Schau, verwies auf die Errungenschaften seiner im Aufschwung begriffenen Industrie, empfahl sich als Wegbereiter der Erschließung eines ganzen Kontinents für die Weltwirtschaft und als Verbindungsbrücke zwischen dem Atlantik und dem Pazifik. Finanzminister Sergej Vitte, *Spiritus Rector* der Industrialisierung und des Eisenbahnbaus, hatte schon 1893 in seinem Ministerium einen umfangreichen Dokumentationsband erstellen lassen, in dem der Bau der Eisenbahn quer durch Sibirien zur historischen Aufgabe erhoben wurde, die Russland im Dienste der zivilisierten Menschheit trotz der immensen Kosten auf sich genommen habe.[13] Russland erschließe mit dieser Tat den riesigen ostasiatischen Markt mit 460 Millionen Menschen für Europa, indem es den Transportweg von Shanghai nach Mitteleuropa gegenüber der Route durch den Suezkanal von 45 auf 18 bis 20 Tage verkürze.[14]

Blickt man hinter die Kulissen, wird die Präsentation jedoch auch in anderer, nicht intendierter Weise symbolisch für das, was das Russländische Reich um die Wende vom 19. zum 20. Jahrhundert darstellte: Die Inszenierung auf dem Trocadéro war ein Trugbild. In Wirklichkeit konnte man 1900 mit der Transsibirischen Eisenbahn gar nicht nach Peking reisen, denn die Strecke war nur bis Irkutsk fertiggestellt.[15] Während die Ausstellung eine russisch-chinesische Idylle suggerierte, tobte in China der Boxeraufstand, in dessen Verlauf das im Bau befindliche, durch die Mandschurei führende Teilstück der Eisenbahn verwüstet wurde.[16] Dieser Kontrast verweist auf die Diskrepanz zwischen dem, was man sein wollte, und den realen Verhältnissen. Russland war ein Land auf dem Weg in die Moderne, aber noch lange nicht am Ziel angekommen; es war erst halb fertig und hatte noch große Hindernisse vor sich, die aber in der Imagination der Herrschenden bereits überwunden waren.

Die auf diese Diskrepanz zwischen dem selbst gesetzten Anspruch und der Wirklichkeit in der älteren Literatur recht unbefangen angewandte Kategorie der «Rückständigkeit» gilt in der Osteuropaforschung inzwischen fast schon als verpönt, weil man unter dem Einfluss der neuen Kulturgeschichte lieber von Andersartigkeit oder von einem Nebeneinander unterschiedlicher Entwicklungswege («multiple modernities») spricht.[17] In Bezug auf das späte Zarenreich und die Sowjetunion kommt man aber gerade aus kulturgeschichtlicher Perspektive nicht an der Kategorie der Rückständigkeit vorbei, denn sie gehörte zu den einflussreichsten Denkmustern der russischen beziehungsweise sowjetischen Eliten selbst. Seit dem 18. Jahrhundert und verstärkt um 1900 maßen sich die russischen Oberschichten an westlichen Vorbildern, sodass der Diskurs von der eigenen Rückständigkeit und der Notwendigkeit der Aneignung als modern empfundener westlicher Errungenschaften einen integralen Bestandteil russischer Politik bildete.[18]

Ausgehend von diesem Spannungsfeld soll im ersten Kapitel dargelegt werden, in welchem Zustand sich das Land an der Wende vom 19. zum 20. Jahrhundert befand. Dabei wird zunächst ein Blick auf den Raum geworfen, um den Grad seiner Durchdringung mit Siedlungen und Infrastrukturen, seiner politisch-administrativen Kontrolle sowie den Charakter des Imperiums zu bestimmen. Weiterhin stellt sich die Frage nach den Trägern und Kritikern des Modernisierungsprojektes sowie nach der Wandlungsdynamik der ländlichen und städtischen Lebenswelten.

Raum und Bevölkerung

Das Russländische Reich hatte um die Jahrhundertwende seine größte territoriale Ausdehnung. Es reichte weiter nach Westen, Nordwesten und Osten als die Sowjetunion nach dem Sieg im Zweiten Weltkrieg. Im Westen grenzte es an das Deutsche Reich und an die Habsburgermonarchie, im Nordwesten an Schweden und Norwegen, im Süden hatte es bis an die Grenzen von Persien und Afghanistan expandiert, und im Fernen Osten war es gerade damit beschäftigt, die Mandschurei in Besitz zu nehmen. Zum Herrschaftsgebiet des Zaren gehörten der größere Teil Polens, die Ostseeprovinzen und Finnland. Mit 22,4 Millionen Quadratkilometern war das Russländische Reich der größte Flächenstaat der Erde – die Vereinigten Staaten von Amerika um mehr als das Doppelte übertreffend. Eine größere Fläche nahm nur das Britische Empire unter Einrechnung seiner Kolonien ein.[19]

Auf diesem Territorium lebten laut der Volkszählung von 1897 etwa 125,7 Millionen Menschen, beinahe vier Fünftel davon im europäischen –

diesseits des Ural gelegenen – Teil des Reiches. Die riesigen Landmassen Sibiriens und Zentralasiens waren erst sehr dünn besiedelt beziehungsweise in weiten Teilen unbewohnbar. Die auf das gesamte Reich bezogene Bevölkerungsdichte war daher mit 5,8 Einwohnern je Quadratkilometer sehr gering. In Zentralrussland betrug die Bevölkerungsdichte 17,1 Einwohner je Quadratkilometer – im Vergleich der Großmächte ein geringer Wert: In der Habsburgermonarchie kamen 1910 auf einen Quadratkilometer 76 Einwohner, im Deutschen Reich 120. Innerhalb des Russländischen Reiches war die Bevölkerungsdichte am höchsten in Polen (74), in der Ukraine (53) und im Zentralen Schwarzerdegebiet Südrusslands (43).[20]

Der überwiegende Teil der Bevölkerung (86,6 Prozent) lebte auf dem Land. Nur 13,4 Prozent wohnten in Städten, wobei viele der 932 als «Städte» klassifizierten Siedlungen wenig urbanen Charakter aufwiesen, sondern lediglich aufgrund ihrer Funktion als administratives Zentrum eines Kreises oder Bezirks zu den Städten gerechnet wurden. Nur 19 Städte hatten mehr als 100 000 Einwohner:[21] Darunter waren die Millionenstädte St. Petersburg (1,3 Millionen) und Moskau (1 Million) die größten, gefolgt von Warschau (638 000), Odessa (405 000), Łódź (315 000), Riga (280 000) und Kiev (247 000). Deutlich dahinter rangierten Char'kov (175 000), Vil'na (160 000), Tiflis (161 000), Taškent (156 000), Saratov (137 000), Kazan' (132 000), Ekaterinoslav (121 000), Rostov am Don (120 000), Astrachan' (113 000), Baku (112 000), Tula (111 000) und Kišinev (109 000).[22]

Der Schwerpunkt der städtischen Siedlungen lag im europäischen Reichsteil. Abgesehen von den beiden Hauptstädten, die eine Sonderrolle spielten, befanden sich die Großstädte aber überwiegend in der nichtrussischen Peripherie, besonders in Polen und in der Ukraine. Urbanität war also im Russländischen Reich des ausgehenden 19. Jahrhunderts kein Phänomen, das vom Zentrum in die Peripherie ausstrahlte, sondern umgekehrt in der westlichen und südlichen Peripherie seinen Schwerpunkt hatte. Im Westen konzentrierten sich die Großstädte auf den Raum, der jahrhundertelang von der Zugehörigkeit zu Polen-Litauen geprägt worden war. Das sollte sich im Verlauf des 20. Jahrhunderts, bedingt durch die sowjetische Industrialisierungspolitik, grundlegend ändern.

57 Prozent der Bevölkerung des Russländischen Reiches gehörten um 1900 der Altersgruppe der 20- bis 60-Jährigen an, mehr als drei Viertel der Menschen waren jünger als 50 Jahre und fast zwei Drittel jünger als 30. Nur 2,6 Prozent der Einwohner wurden älter als 70 Jahre. Das Durchschnittsalter lag bei 25 Jahren. Die mittlere Lebenserwartung bei der Geburt betrug bei Männern 31,4 und bei Frauen 33,4 Jahre. Insgesamt hatte

das Russländische Reich also eine sehr junge Bevölkerung mit einem hohen Anteil an Personen im erwerbsfähigen Alter.[23] Nur wenig mehr als ein Fünftel der Gesamtbevölkerung konnte lesen und schreiben, wobei die Unterschiede zwischen den Geschlechtern, den Nationalitäten und den sozialen Schichten beträchtlich waren: Mehr als doppelt so viele Männer wie Frauen waren alphabetisiert, in den Ostseeprovinzen lag die Alphabetisierungsquote bei 70–78 Prozent, in Zentralrussland und in der Ukraine nur bei rund 15 Prozent. Die Verteilung der Schriftkundigkeit auf die verschiedenen Altersgruppen zeigt, dass die Verhältnisse in starker Veränderung begriffen waren: Konnten von den über 60-Jährigen nur 15 Prozent lesen, so waren es bei den 20- bis 29-Jährigen 32 Prozent und bei den 10- bis 19-Jährigen 34 Prozent. Schulbildung war stark an die Zugehörigkeit zur jeweiligen sozialen Schicht gekoppelt: Adlige, Beamte und Geistliche samt ihren Familienangehörigen waren zu etwa 85 Prozent alphabetisiert, die städtischen Mittelschichten etwa zur Hälfte, die Bauern aber nur zu einem Viertel (bezogen auf die über 10-Jährigen).[24]

Die Bevölkerung des Russländischen Reiches gliederte sich offiziell in Stände. Ein Stand (*soslovie*) fasste Menschen gleichen Rechtes zusammen. Die vier als vertikale Ordnung zu verstehenden Hauptgruppen waren Adel, Klerus, Städter und Bauern, sie unterteilten sich aber in Unterkategorien und wurden ergänzt durch Sondergruppen wie Kosaken, Juden, «Fremdstämmige» und Ausländer, die auf verschiedenen Stufen der Ständepyramide anzutreffen waren.[25] Auf den Adel entfielen ca. 1,5 Prozent der Bevölkerung, auf den Klerus ca. 0,5 Prozent, die Städter ca. 11,1 Prozent, auf die Bauern 77,1 Prozent.[26] Diese ständische Gliederung kollidierte um die Jahrhundertwende bereits mit der sozialen Wirklichkeit des sich modernisierenden Landes, denn zwischen Standeszugehörigkeit und Berufstätigkeit gab es eine große Diskrepanz.

Das gilt insbesondere für die «Städter», weil diese Kategorie nicht mit der tatsächlichen Stadtbevölkerung zusammenfiel. Nur 46,7 Prozent der städtischen Bevölkerung gehörten zur ständischen Kategorie der «Städter», während 38,8 Prozent weiterhin als «Bauern» registriert waren.[27] Der Verbleib im Bauernstand trotz erfolgter Migration in die Stadt verweist auf eine Inflexibilität der Ständeordnung im Hinblick auf die mit der Industrialisierung stark zunehmende horizontale Mobilität. Der Übertritt in einen anderen Stand war grundsätzlich möglich, dauerte aber bei den Bauern-Arbeitern häufig Jahrzehnte.[28] Außerdem zerfiel die Kategorie der Städter in mehrere mit sehr unterschiedlichen Rechten ausgestattete Untergruppen: Ehrenbürger, Kaufleute und Stadtbürger (*meščane*). Ehrenbürger und Kaufleute waren mit 0,3 beziehungsweise 0,2 Prozent der Gesamtbevölkerung sehr kleine Gruppen. In den Stand der Ehrenbürger konnten Gelehrte, Künstler und erfolgreiche Geschäftsleute erhoben werden. Für den Eintritt in den Kaufmannsstand, der sich wiederum nach dem Vermögen in zwei Gilden gliederte, war ein bestimmtes Kapital erforderlich. Die Kategorie der Stadtbürger – *meščane* wird häufig auch als «Kleinbürger» übersetzt, jedoch schwingen bei diesem Wort im Deutschen unzutreffende Assoziationen mit – war wie der Bauernstand ein Sammelbecken für alle, die von den privilegierten Ständen ausgeschlossen waren.

Der Adel bildete die staatstragende Schicht. Er verkörperte die Reichsidee und definierte sich über den Staatsdienst, zu dem er zwar seit 1762 nicht mehr verpflichtet war, der aber weiterhin seine Domäne darstellte. Jenseits der formalen Standeszugehörigkeit zerfiel der Adel allerdings zunehmend in unterschiedliche Gruppen, vom Gutsbesitzer in der Provinz bis zum hauptstädtischen Beamten, vom ungebildeten Dandy bis zum Akademiker. Die Aufhebung der Leibeigenschaft 1861 hatte dem Gutsbesitzeradel seine bisherige wirtschaftliche Grundlage in Gestalt abhängiger Bauern entzogen. Nur eine Minderheit der Adligen schaffte die Umstellung auf eine effiziente Gutswirtschaft mit Lohnarbeitern oder eine unternehmerische Tätigkeit. Viele kümmerten sich nicht um die Modernisierung ihrer Güter, verschuldeten sich und mussten am Ende ihr Land verkaufen. Bis zum Ersten Weltkrieg ging die Hälfte des Adelslandes in den Besitz von Bauern und Angehörigen anderer Stände über. 1897 hatten 71 Prozent der Adligen keinen Landbesitz mehr, sondern verdienten ihren Unterhalt im Verwaltungs- und Militärdienst oder in akademischen Berufen. Knapp die Hälfte der Adligen wohnte bereits dauerhaft in der Stadt. Da für höhere Tätigkeiten im Zuge der Professionalisierung der Behörden zunehmend der Erwerb von Bildung und Qualifikationen erforderlich war, mussten sich diese Adligen an die Regeln der städtischen Leistungsgesellschaft anpassen und konnten sich nicht wie früher auf ihre Standeszugehörigkeit verlassen. Gleichzeitig war der Staatsdienst das Tor für den Eintritt von Angehörigen anderer Schichten in den Adelsstand. Die von Peter I. 1722 eingeführte «Rangtabelle» sah 14 militärische und zivile Ränge vor. Die obersten acht waren mit der Verleihung der Adelswürde verbunden, die obersten vier sogar mit der Aufnahme in den erblichen Adel. Zum Eintritt in den Staatsdienst waren allerdings nur die männlichen Angehörigen bestimmter Gruppen berechtigt. Söhne von Bauern, Stadtbürgern und sogar von Kaufleuten waren vom Staatsdienst weitgehend ausgeschlossen. Der Staatsapparat öffnete sich somit sozialen Aufsteigern nichtadliger Herkunft nur begrenzt und beraubte sich damit eines Potenzials, das in anderen Ländern um die Jahrhundertwende schon längst eine wichtige Rolle spielte.[29]

Die Unterscheidung zwischen höheren und niederen Ständen betraf nicht nur den Staatsdienst, wenngleich die Kluft zwischen Bauern und Stadtbürgern auf der einen Seite und den privilegierten Ständen auf der anderen Seite nicht mehr so tief war wie bis zur Mitte des 19. Jahrhunderts. Damals war eine grundlegende Trennung der Bevölkerung in die kopfsteuer- und rekrutenpflichtige Masse und den von diesen Pflichten befreiten Rest kennzeichnend gewesen. Trotz der sukzessiven Abschaffung der Kopfsteuer- und Rekrutenpflicht waren Bauern und Stadtbürger um 1900 immer noch unterprivilegiert: Sie waren zwar persönlich frei, aber «dienstpflichtig», das heißt, sie konnten zu öffentlichen Arbeiten herangezogen werden. Bauern und Stadtbürger unterstanden darüber hinaus der Disziplinargewalt ihrer Standeskörperschaften (was für die Bauern bis 1904 die Prügelstrafe mit einschloss) und waren stärker als andere Stände in ihrer Mobilität eingeschränkt. Grundsätzlich benötigte jeder Einwohner des Reiches zum Verlassen seines ständigen Wohnsitzes einen Pass. Bei Bauern und Stadtbürgern war die Genehmigung oder Verlängerung eines Passes zum Wegzug vom bisherigen Wohnort an allerlei Bedingungen geknüpft. Wenn sie etwa mit ihren Steuern im Rückstand waren, erhielten sie nur einen Pass mit einer Laufzeit von maximal einem Jahr. Erst 1906 gab man Bauern und Stadtbürgern das Recht auf unbefristete Pässe.

Somit stellte sich die Ständeordnung als ein kompliziertes Regelwerk dar, das zunehmend in Widerspruch zu den Erfordernissen einer modernen Gesellschaft mit steigender sozialer Mobilität, Bildung und Professionalisierung geriet. Dabei hatten die Großen Reformen im Gefolge der Abschaffung der Leibeigenschaft 1861 eigentlich auf eine rechtliche Homogenisierung gezielt: Die Abschaffung der Kopfsteuer – für Stadtbürger 1863 und für Bauern 1886 – und die Einführung der allgemeinen Wehrpflicht 1874 hatten die rechtlichen Unterschiede zwischen den oberen und den unteren Ständen abgemildert. Während sich diese Tendenz in Bezug auf die städtische Bevölkerung fortsetzte, indem die Stadtbürger 1898 das Recht erhielten, Tätigkeiten auszuüben, die bisher dem Stand der Kaufleute vorbehalten gewesen waren, verfestigte sich die ständische Ungleichheit auf dem Land im Zuge der Reformkorrekturen unter Alexander III. (1881–1894). Der konservative Teil der Eliten hoffte nämlich, durch die Wiederbefestigung der Ständemauern die infolge der ökonomischen Modernisierung drohenden sozialen Verwerfungen aufhalten und die politische Stellung des Adels bewahren zu können. Symptomatisch für diese Perpetuierung des Ständischen war, dass Russland in der Volkszählung von 1897 die Standeszugehörigkeit erhob. Kein anderer Staat interessierte sich um die Jahrhundertwende mehr für diese Kategorie.

Trotz dieses tendenziell auf Bewahrung einer traditionellen hierarchischen Ordnung zielenden Gefüges darf die Momentaufnahme von 1897 nicht über die außerordentliche demographische Dynamik hinwegtäuschen, die dem Russländischen Reich um die Jahrhundertwende innewohnte und gravierende sozioökonomische Probleme mit sich brachte. Zwischen 1897 und 1913 erhöhte sich die Einwohnerzahl des Reiches um mehr als 52 Millionen auf 178 Millionen. Der weitaus größte Teil dieses Zuwachses (42 Millionen) verblieb auf dem Dorf, weil die Ständeordnung und die Besonderheiten der russischen Dorfgemeinde die Migration behinderten und die Schaffung von Arbeitsplätzen außerhalb der Landwirtschaft nicht mit dem Bevölkerungswachstum Schritt hielt. Das Ergebnis war eine zunehmende ländliche Überbevölkerung, die vor allem in den zentralrussischen Gouvernements als drückend empfunden wurde.

Die wenigen Großstädte waren zwar in schneller Expansion begriffen, konnten aber nur etwa ein Fünftel des Bevölkerungswachstums absorbieren. Der Anteil der Stadtbewohner stieg nur von 13,4 Prozent (16,8 Millionen) auf rund 15 Prozent (26,3 Millionen). Zwölf Städte übersprangen die Marke von 100 000 Einwohnern; die Einwohnerzahl St. Petersburgs erhöhte sich um 600 000 auf 1,9 Millionen, die Moskaus um 400 000 auf 1,5 Millionen. Die Masse der kleineren und mittleren Städte wurde, wenn sie sich nicht gerade in den wenigen Industrieregionen befanden, von der Wachstumsdynamik nur wenig erfasst. Eine gewisse Entlastung brachten großräumige Binnenmigrationen, vor allem im Zuge der staatlich geförderten Kolonisation Sibiriens, und eine bedeutende Auswanderung nach Amerika. Zwischen 1896 und 1913 migrierten 5,2 Millionen Menschen in die östlichen und südlichen Peripherien des Reiches. Mehr als drei Viertel ließen sich im asiatischen Reichsteil nieder, etwa ein Fünftel im Kaukasus, der Rest in «Neurussland» (Südukraine, Dongebiet, Krim). Die überwiegend bäuerlichen Siedler kamen zum großen Teil aus Zentralrussland und aus der Ukraine, wo viele ländliche Gebiete unter einem Bevölkerungsüberschuss litten.[30]

Grundlage des demographischen Wachstums war ein hoher Geburtenüberschuss mit einem Maximalwert von 18,1 Promille im Jahre 1907. Das war im europäischen Vergleich ein Spitzenwert, der nur von den Balkanländern übertroffen wurde. Am anderen Ende der Skala stand Frankreich mit 1,2 Promille. Wie schon das gesamte 19. Jahrhundert hindurch, nahm Russland sowohl bei der Geburten- als auch bei der Sterberate den ersten Platz in Europa ein. Kurz nach der Jahrhundertwende lag die Geburtenrate bei 46,8 Promille (europäischer Durchschnitt: 30 Promille), die Sterberate bei 30,3 Promille – doppelt so hoch wie in etlichen anderen Ländern Europas. Das Russländische Reich befand sich um 1900 im Übergang vom vormodernen Reproduktionsmuster zu demographischen Verhältnissen, wie sie in den westlichen Industrieländern schon länger vorherrschten: Das seit der Mitte des 19. Jahrhunderts zu beobachtende leichte Absinken der Geburten- und Sterberate beschleunigte sich nach 1900. Am Vorabend des Ersten Weltkriegs lag die Geburtenrate bei 41 Promille, die Sterberate nur noch bei 24,6 Promille.[31] Ebenfalls im Wandel begriffen war das Heiratsverhalten: Die Partnerwahl erstreckte sich auf einen größeren Kreis als früher, die Dauerhaftigkeit der Ehen sank, die Zahl der Scheidungen stieg, die traditionelle Großfamilie mit mehreren Generationen unter einem Dach verlor mit der Abwanderung in die Städte ihre Monopolstellung.

Die Säuglingssterblichkeit war im europäischen Vergleich noch sehr hoch: Von 1000 Neugeborenen starben um die Jahrhundertwende im europäischen Teil Russlands 270 vor Vollendung des ersten Lebensjahres und weitere 150 in den folgenden vier Lebensjahren.[32] In Moskau erlebten rund 320 von 1000 Kindern ihren ersten Geburtstag nicht, in St. Petersburg 250, verglichen mit 150 in Berlin und 105 in Paris. Um die Mitte des 19. Jahrhunderts waren die Unterschiede zu den westeuropäischen Ländern gering gewesen, aber während es dort zwischenzeitlich gelungen war, die Säuglingssterblichkeit durch die Fortschritte im öffentlichen Gesundheitswesen stark zu senken, war sie in Russland unverändert geblieben. In einer durchschnittlichen Petersburger Familie wurden neun Kinder geboren, von denen zwei das erste Lebensjahr nicht überlebten. Die hohe Säuglingssterblichkeit hatte ihre Ursachen in den schlechten Lebensbedingungen der Arbeiter, der Notwendigkeit, trotz Schwangerschaft zu arbeiten, Mangel an Zeit, sich um die Kinder zu kümmern, und fehlenden Kenntnissen über Hygiene. Die schlechten sanitären Verhältnisse förderten Infektionskrankheiten.[33] Hinzu kam, dass viele Bäuerinnen ihre Kinder allen Aufklärungsversuchen zum Trotz falsch ernährten: Anstatt sie zu stillen, fütterten sie die Säuglinge schon wenige Tage nach der Geburt mit Getreidebrei und Brot, was viele nicht überlebten.[34]

Das Russländische Reich war ein multinationales Imperium. Die Volkszählung von 1897 bestimmte die ethnische Zugehörigkeit durch die Frage nach der Muttersprache. Auf der Grundlage dieser Erhebung bezifferte die offizielle Statistik den Anteil der «Russen» an der Gesamtbevölkerung des Reiches auf zwei Drittel. Unter «Russen» wurden allerdings auch Ukrainer und Weißrussen subsumiert, deren Existenz als eigenständige Nationalitäten nicht anerkannt war, wenngleich sie über ihre «Dialekte» in den Volkszählungsergebnissen als Untergruppen aufscheinen. Hält man sich an diese Differenzierung, dann betrug der Anteil der Russen an der Gesamtbevölkerung nur 48 Prozent (55,7 Millionen). An zweiter Stelle folgten die

Ukrainer mit knapp 18 Prozent (22,4 Millionen), an dritter die Polen mit 6 Prozent (7,9 Millionen), an vierter die Weißrussen mit 5 Prozent (5,9 Millionen). Mehr als jeweils eine Million Angehörige hatten Juden (5,1 Millionen), Tataren (3,7), Kasachen (3,1), Deutsche (1,8), Litauer (1,7), Letten (1,4), Georgier (1,4), Baschkiren (1,3), Armenier (1,2), Moldawier (1,1) und Esten (1,0). Die restlichen etwa 11 Millionen verteilten sich auf zahlreiche weitere kleinere Ethnien. Insgesamt erfasste die Volkszählung von 1897 mehr als 130 Sprachen.[35] In konfessioneller Hinsicht waren die Verhältnisse übersichtlicher: Knapp 70 Prozent entfielen auf Angehörige der russisch-orthodoxen Kirche, 11,7 Prozent auf Muslime, 9,1 Prozent auf Katholiken, 4,1 Prozent auf Juden, 2,8 Prozent auf Protestanten und der Rest auf kleine religiöse Minderheiten.[36]

Der geographische Raum, den das Russländische Reich bis 1900 eingenommen hatte, war Potenzial und Hypothek zugleich. Seine geographische Lage und Ausstattung mit Ressourcen ist auf den ersten Blick mit Nordamerika vergleichbar, erweist sich aber bei näherem Hinsehen als ungünstiger: Russland liegt nördlicher, hat erheblich schlechtere Zugänge zu den Weltmeeren, eine kürzere Vegetationsperiode, ausgeprägtere Klimaextreme und längere transkontinentale Distanzen. Angesichts der Bedeutung, die der Seefahrt für die Entwicklung der Wirtschaft und des kulturellen Austauschs seit dem Mittelalter zukam und die mit entscheidend für das Aufblühen der westeuropäischen Staaten in der Frühen Neuzeit gewesen war, hatte Russland durch seine kontinentale Eingeschlossenheit einen erheblichen strukturellen Nachteil. Die Meere, die Russland im Laufe seiner Geschichte erreichte, waren zu den Ozeanen hin nicht offen (Ostsee, Schwarzes Meer) oder nicht eisfrei. Um die Jahrhundertwende versuchte Russland, sich einen ganzjährig benutzbaren Hafen am Pazifik zuzulegen (Port Arthur) – und schlitterte damit in den Krieg gegen Japan 1904/05. Im Wettstreit der europäischen Kolonialmächte war Russland somit auf die asiatische Landmasse verwiesen, zumal die Niederlage im Krimkrieg (1853–1856) gezeigt hatte, dass man eine direkte Konfrontation mit den anderen Großmächten bis auf weiteres nicht riskieren durfte. Seit den 1860er Jahren errichtete Russland eine koloniale Herrschaft über weite Teile Zentralasiens, um die Jahrhundertwende versuchte es Ähnliches in Fernost (Mandschurei). Diese Expansion orientierte sich zunächst an der Richtung des geringsten Widerstandes, stieß aber am Ende des 19. Jahrhunderts an äußere wie innere Grenzen: Im Süden schoben die Engländer in Persien und Afghanistan einen Riegel vor, im Osten die Japaner, im Inneren war man mit der effektiven Durchdringung der Territorien überfordert.[37]

Wie das Beispiel anderer Länder zeigt, entscheiden letztlich kulturelle und politische Faktoren darüber, wie geographische Vor- oder Nachteile genutzt beziehungsweise kompensiert werden. Im 15. und 16. Jahrhundert hatte sich das Moskauer Reich zu einem autokratischen Herrschaftsgebilde entwickelt, in dem der Adel und die Stadtbevölkerung eine passivere und abhängigere Stellung innehatten als in West- und Mitteleuropa. Es bildeten sich weder adlige Territorialherrschaften noch freie Städte heraus, vielmehr waren alle Untertanen dem Zaren dienstpflichtig. Eine Verrechtlichung der Beziehungen des Adels und der Städter zum Herrscher fand nicht statt. Die Dienstpflicht des Adels wurde erst 1762 aufgehoben, ein selbstbewusstes Stadtbürgertum formierte sich nicht vor dem ausgehenden 19. Jahrhundert. Diese Herrscherfixiertheit hemmte die Entwicklung von Wirtschaft und Gesellschaft.[38]

Ungeachtet der politisch-gesellschaftlichen Verfasstheit ist die Weite des Landes mit Recht als Belastung für die Entwicklung Russlands angeführt worden: Sie erforderte die Herstellung von funktionierenden Kommunikationen über große Entfernungen und zwang allen Reformen von Anfang an eine Dimension auf, bei der Fehler fatale Größenordnungen annehmen und nur mehr schwer revidiert werden konnten. In Westeuropa konnte etwa die kapitalistische Wirtschaftsweise über Jahrhunderte hinweg in überschaubaren städtischen oder territorialen Einheiten eingeübt werden. Russland hingegen sollte häufig gleich als Ganzes und innerhalb kürzester Zeit in ein neues Stadium katapultiert werden.[39] Dadurch, dass die Landreserven – anders als im kleinräumig gegliederten Westeuropa, wo schon im Mittelalter zahlreiche Herrschaftsgebilde miteinander um knappe Ressourcen konkurrierten – als schier unerschöpflich galten, war der Innovationsdruck geringer. Das verzögerte die Entwicklung einer intensiven Landwirtschaft ebenso wie die Industrialisierung und Urbanisierung. Die geringe Bevölkerungsdichte wiederum bremste die Ausdifferenzierung einer arbeitsteiligen Wirtschaft.[40]

Die Weite des Landes korrespondiert in der russischen Selbstwahrnehmung außerdem mit der über Jahrhunderte konstanten Vorstellung, Veränderungen müssten von oben durchgesetzt und könnten in ihrer Dynamik zentral kontrolliert werden. Der schon von Katharina II. formulierte Konnex von Größe und autokratischem Prinzip lässt sich in Variationen bis in die Gegenwart verfolgen. Führerpersönlichkeiten und das Bedürfnis nach solchen haben daher in der russischen Geschichte stets eine entscheidende Rolle gespielt. Dem Übergewicht der Führerfigur und der zentralen Macht stehen ein schwaches Engagement von unten sowie ein Misstrauen der Zentrale gegenüber einem ebensolchen gegenüber. Der von der Frühneuzeitforschung geprägte Begriff der «Gesellschaft als staatliche Veranstaltung»[41] verliert erst im ausgehenden 19. Jahrhundert seine Gültigkeit. Diese Kopflastigkeit Russlands, die sich auch in einem starken Gefälle zwischen den Hauptstädten und dem «Rest» äußerte, war ein Kennzeichen des Landes im 18. und 19. Jahrhundert sowie später wieder in der Sowjetzeit. Um 1900 hingegen war eine Entwicklung in Gang gekommen, die der Provinz wieder ein Eigenleben zurückgab. In den Gouvernements formierte sich eine lokale Gesellschaft, die im Begriff war, sich von der «staatlichen Veranstaltung» zu emanzipieren, bis die Bolschewiki 1917/18 zivilgesellschaftliche Initiativen abwürgten und wieder ein strikt zentralistisches Regime installierten.[42]

Durchdringung mit Kommunikations- und Verkehrsmitteln

Die Durchdringung des riesigen Raumes mit geeigneter Kommunikations- und Verkehrsinfrastruktur war und ist bis heute ein großes Problem Russlands. Bis nach dem Zweiten Weltkrieg waren die Landstraßen abseits der Hauptverkehrswege unbefestigt, das heißt, sie bestanden aus festgefahrener Erde. Daraus resultierte im Frühjahr und im Herbst, bedingt durch Schneeschmelze und Regen, die Zeit der «Wegelosigkeit», für die es im Russischen ein eigenes Wort gibt: *Rasputica* bezeichnet diesen wochen- bis monatelangen Zustand, wenn sich die Straßen in unpassierbaren Morast verwandeln.

Der Aufbau leistungsfähiger Kommunikations- und Verkehrsnetze war aber die Voraussetzung für einen funktionierenden modernen Staat, für die Entwicklung der Wirtschaft und für den inneren Zusammenhalt des Imperiums. Bis weit ins 19. Jahrhundert hinein erfolgte der Transport von Gütern über größere Entfernungen überwiegend mit Schiffen und Flößen, und auch um die Jahrhundertwende war die Flussschifffahrt – jetzt mit dem Dampfschiff – von großer Bedeutung. Allein auf der Wolga fuhren pro Jahr bis zu 10 000 Schiffe.[43] 25 000 Kilometer schiffbarer Flüsse waren mit 300 Kilometern Kanal zu einem Wasserverkehrsnetz verbunden, das allerdings nur in der eisfreien Zeit funktionierte.[44]

Nach der Niederlage im Krimkrieg trieb der russische Staat den Ausbau der Eisenbahnen und die Errichtung eines Telegrafennetzes voran. 1877 hatte Russland mit fast 100 000 Kilometern das zweitlängste Telegrafennetz der Welt hinter den USA. Der Abstand zu den USA vergrößerte sich allerdings bis in die 1890er Jahre und Russland wurde von Deutschland auf den dritten Platz verdrängt. Gemessen an der Zahl der Depeschen je Einwohner lag Russland um 1900 weit hinter den industrialisierten Ländern.[45] Zielstrebig arbeitete man daran, die Peripherien an das Zentrum anzubinden, aber bis zur Jahrhundertwende war das Telegrafennetz noch nicht flächendeckend bis an die Ränder des Reiches vorgedrungen. Zudem funktionierte das Zusammenspiel von Telegrafie und lokaler Post nur mäßig.[46] Das russische Postwesen hatte sich zwar im Laufe des 19. Jahrhunderts verdichtet und beschleunigt, war aber um 1900 von westeuropäischen Verhältnissen noch weit entfernt. Zwar bestanden auf fast allen Eisenbahnstrecken Postverbindungen, jenseits des Eisenbahnnetzes waren aber viele Siedlungen ohne Postversorgung.[47] Die Zahl der beförderten Postsendungen je Einwohner hatte sich zwischen 1865 und 1897 von 0,2 auf 4,8 stark erhöht, lag aber immer noch deutlich unter den Werten der europäischen Großmächte (8,3 in Italien, 23,3 in Österreich-Ungarn, 38,7 in Deutschland).[48]

Beim Eisenbahnbau legte Russland in den 1890er Jahren kräftig zu. Zwischen 1890 und 1900 wuchs die Streckenlänge von 29057 auf 51808 Kilometer.[49] Russland überholte, gemessen an der Streckenlänge, alle Länder Europas. Das russische Eisenbahnnetz war aber sehr viel weitmaschiger als etwa das der Habsburgermonarchie oder gar Deutschlands, und von einem Netz kann man eigentlich nur für die Gebiete westlich der Wolga sprechen. Nördlich und östlich der Wolga sowie in Zentralasien gab es nur einzelne Linien.[50] Im europäischen Russland kamen 1898 auf 1000 Quadratkilometer 7,5 Kilometer Eisenbahnen, verglichen mit 13 im Osmanischen Reich, 50 in der Habsburgermonarchie oder 96 in Deutschland. Außerdem war die Qualität des Netzes schlecht. Entgleisungen und andere Eisenbahnkatastrophen gehörten zum Alltag. Die russischen Züge fuhren durchschnittlich nur etwa halb so schnell wie in Westeuropa und den USA.[51] Motor des Eisenbahnbaus war in den 1890er Jahren der Staat. Namentlich Finanzminister Vitte kurbelte mittels staatlicher Investitionen in den Eisenbahnbau die Industrialisierung an. Für das staatliche Engagement beim Bau von Eisenbahn- und Telegrafenlinien spielten aber auch militärstrategische und politische Gesichtspunkte in hohem Maße eine Rolle. Das gilt vor allem für die Transkaspische Bahn durch die Karakum-Wüste, aber auch für die Transsibirische Eisenbahn. Wie in anderen Imperien auch betrachtete man in Russland Eisenbahnen und Telegrafenlinien unter dem Gesichtspunkt der inneren und äußeren Sicherheit und der Intensivierung von Administration und Kontrolle. Eisenbahnen ermöglichten schnelle Truppenverschiebungen. Hinzu kam ihre Bedeutung für das Kolonisationswesen und die festere Anbindung von gefährdeten Peripherien. Die Durchdringung des Landes mit Kommunikations- und Verkehrsnetzen war also neben ihrem ökonomischen Kontext Teil einer nach innen und außen gerichteten Strategie imperialer Herrschaft.[52]

Daneben begann um die Jahrhundertwende ein Transportmittel Russland zu erobern, das zum Signum des 20. Jahrhunderts werden sollte: das Automobil. Das erste in Russland nachweisbare Automobil tauchte bereits 1891 in Odessa auf, nur fünf Jahre nach seiner Erfindung durch Daimler und Benz. 1895 wurde in St. Petersburg das erste Automobil gesichtet, 1899 in Moskau, 1900 bereits in verschiedenen Provinzstädten.[53] Eine Umfrage aus dem Jahre 1913 ergab, dass sich das neue Verkehrsmittel praktisch über das gesamte Russländische Reich bis in abgelegene Provinzstädte verbreitet hatte. Die Gesamtzahl blieb allerdings gering. Sie wird für Januar 1914 auf rund 10 000 geschätzt. Zum Vergleich: Deutschland verzeichnete um diese Zeit 57 000 Automobile, Frankreich 100 000, England 245 000, die USA 1,3 Millionen.

Grundsätzlich folgte die Verbreitung und Nutzung des Automobils in Russland denselben Mustern wie in West- und Mitteleuropa. Nur wenige Jahre nach der Bildung von Automobilklubs in Frankreich und Deutschland organisierten sich auch in Russland die Autofreunde in solchen Gemeinschaften. Bereits im März 1900 wurde der Moskauer Klub der Automobilisten gegründet, 1903 in Petersburg die Russländische Automobilgesellschaft, die sich ab 1909 *Kaiserliche Russländische Automobilgesellschaft* nennen durfte. Zeitlich durchaus parallel zu anderen Ländern, wenn auch in geringerem Umfang, nahmen Autobus- und Taxiunternehmen in und zwischen russischen Städten den Passagierverkehr auf. Bemerkenswert ist die regionale Streuung: Von Archangel'sk bis Baku, von Taškent bis Vladivostok – über das ganze Land verbreiteten sich Buslinien und Taxis. Selbst abgelegene Orte erhielten Autobusanschluss, typischerweise bis zur nächstgelegenen Eisenbahnstation. In den größeren Städten wurden um die Jahrhundertwende die ersten elektrischen Straßenbahnen errichtet. Pferdestraßenbahnen hatte es schon seit den 1870er Jahren gegeben. 1901 begann die Moskauer Stadtverwaltung die erste Linie zu elektrifizieren. Seit 1897 dachte man sogar ernsthaft über den Bau einer Untergrundbahn oder Stadtschnellbahn nach dem Vorbild von London, Paris oder Budapest nach.[54]

Die Anbindung der Ortschaften ohne Bahnhof an das Eisenbahnnetz war ein gravierendes Problem Russlands, weil man das 19. Jahrhundert hindurch den Straßenbau vernachlässigt hatte. Um 1900 verfügte das Russländische Reich nur über 26 000 Kilometer gepflasterter Straßen und davon entfielen 9000 Kilometer auf Russisch-Polen. Das Gros der Straßen war unbefestigt. Völlig vernachlässigt waren die Überlandwege zwischen den Dörfern. Dadurch, dass die meisten Überlandstraßen monatelang nicht passierbar waren, konnte auch der Eisenbahnverkehr in vielen Gebieten nur saisonal abgewickelt werden, weil die Bahnhöfe von der Umgebung abgeschnitten waren.[55]

Um 1900 stand ein Verkehrsprojekt im Mittelpunkt, das nicht umsonst auch die Präsentation Russlands in Paris dominierte und – im Ausland wohl mehr als in Russland selbst – einen Mythos begründete, der bis heute seine Faszination nicht verloren hat: die Transsibirische Eisenbahn. Dieser Eisenbahnbau hatte weitreichende Folgen. Er veränderte den Stellenwert Sibiriens für das Russländische Reich ebenso wie die Wahrnehmung Sibiriens und mit ihm ganz Russlands im Ausland.

Die riesige sibirische Landmasse, die sich der russische Staat seit dem ausgehenden 16. Jahrhundert einverleibt hatte, besaß bis weit ins 19. Jahrhundert hinein de facto kolonialen Status als Objekt ökonomischer Ausbeutung. Die Regierung in St. Petersburg verschloss sich lange Zeit Vorschlägen, eine Eisenbahn quer durch Sibirien zu bauen, weil sie befürchtete, eine infrastrukturelle Erschließung des Landes könnte der Verselbständigung der Kolonie nach dem Vorbild der USA Vorschub leisten. Das 1852 gegründete Sibirische Komitee beließ das Land bewusst in seiner Rückständigkeit. Ostsibirien sollte als Waldgürtel das Reich gegenüber China und dem Pazifik abschirmen.[56] Die Motive, Sibirien schließlich doch durch eine Eisenbahn an das Reich anzubinden, waren zunächst militärischer Natur. Die Generalgouverneure von Irkutsk und des Amurgebietes wiesen 1886 auf die prekäre strategische Lage ihrer weit vom Zentrum entfernten Provinzen hin und konnten Zar Alexander III. von der Notwendigkeit einer Eisenbahn überzeugen. In Zentralasien baute man damals – ebenfalls aus militärstrategischen Gründen – an der Transkaspischen Bahn. 1891 beschloss die Regierung, den Bau der Sibirischen Eisenbahn umgehend in Angriff zu nehmen.[57]

Man baute unter immenser Kraftanstrengung und mit hohem Tempo. Um den Bau zu beschleunigen und billiger zu machen, wurden technische Vereinfachungen zugelassen: leichtere Schienen, ein schwächerer Unterbau, engere Kurven, einfache Bahnhofsgebäude. Wegen der geringen Bevölkerungsdichte litt der Bau unter einem Mangel an Arbeitskräften, den man durch den Einsatz von Sträflingen und Verbannten ausglich, denen zur Belohnung ein Teil der Strafe erlassen wurde.[58] Diese Art zu bauen nahm – samt der propagandistischen Überhöhung – schon etwas von dem vorweg, was später unter Stalin kennzeichnend für sowjetische Großbauvorhaben werden sollte.[59] Bereits 1894 wurde der Verkehr bis Omsk eröffnet, 1896 hatte man den Ob' erreicht, 1899 Irkutsk, und 1903 verkehrten die ersten Züge zwischen Moskau beziehungsweise St. Petersburg und Port Arthur beziehungsweise Vladivostok, zunächst mit einer Fähre über den Baikalsee, 1904 durchgängig auf Schienen. Dabei hatte man im Fernen Osten in Abänderung der ursprünglichen Trasse eine kürzere Linie quer durch die Mandschurei geführt. Der Bogen entlang des Amur wurde erst 1916 fertiggestellt.[60]

Mit Baubeginn wurde das zunächst strategisch motivierte Unternehmen bald zum Kern eines nationalen Entwicklungsprogramms für Sibirien. Treibende Kraft war Finanzminister Sergej Vitte. Das 1892 eingerichtete *Komitee für die Sibirische Eisenbahn*, unter dem Vorsitz des Thronfolgers Nikolaus, kümmerte sich um die Erkundung der Bodenschätze, den Ausbau von Infrastruktur, die Anlage von Produktionsstätten und betrieb eine groß angelegte Kolonisation. 1891 bis 1914 übersiedelten fünf Millionen Russen, Ukrainer und Weißrussen nach Sibirien. Die Besiedlung und Entwicklung Sibiriens sollte Zentralrussland entlasten und gleichzeitig die Gebiete jenseits des Ural fester in das Reich integrieren. Von einem «Bollwerk gegen die gelbe Rasse», also gegen das befürchtete Einströmen von Chinesen in ein sibirisches Vakuum, ist in den Quellen die Rede.[61]

Der Eisenbahnbau veränderte auch die Wahrnehmung Sibiriens im Ausland: Sibirien wandelte sich von der abschreckenden Wildnis, vom Land der Verbannten, in das sich keiner freiwillig begab – so die gängige Vorstellung im 19. Jahrhundert[62] –, zum vielversprechenden «Zukunftsland», zum «Amerika der Zukunft» oder «Neu-Amerika», zum gewaltigen Potenzial eines bisher als rückständig betrachteten Landes, das im Begriffe war, seine Ressourcen nutzbar zu machen.[63] Diese Perspektive konnte für ausländische Beobachter, je nach Blickwinkel, verheißungsvoll oder bedrohlich sein. Besonders in England verfolgte so mancher die russischen Aktivitäten mit Sorge. Nicht ohne Grund argwöhnte man, dass Russland durch den Eisenbahnbau die Kontrolle über Ostasien gewinnen wolle. Die neue Eisenbahn verbinde die 300 Millionen Einwohner Europas mit den 400 Millionen Chinas und Japans. Strategisch gebe sie Russland die Dominanz über die Mandschurei und eine starke Stellung in Nordchina südlich der Mandschurei. Die Eisenbahn markiere darüber hinaus die wachsende Bedeutung von Landwegen gegenüber den Seewegen – mit bedenklichen Folgen für das britische Empire.[64] Ein britischer Autor kam 1898 zu dem Schluss, die Transsib werde sich zu einer der größten Verkehrsarterien der Welt und zu einem politischen Instrument entwickeln. England habe geschlafen, während Russland durch den strategischen Eisenbahnbau in Fernost und Zentralasien schnell und ohne viel Aufsehen expandiere. «Die Arme des Bären schließen sich um Indien», war sein alarmierendes Fazit.[65]

Die reale Bedeutung der Transsibirischen Eisenbahn blieb hinter derartigen Befürchtungen weit zurück. Ihre Wahrnehmung im Ausland wurde durch die Luxuszüge verzerrt, die ab 1898 von der *Internationalen Gesell-*

schaft für Schlafwagen- und Expresszüge (Wagons-Lits), nach der Jahrhundertwende auch von den russischen Staatsbahnen betrieben wurden. Diese Expresszüge boten höchsten westeuropäischen Komfort und waren dementsprechend teuer. Für den innerrussischen Verkehr hatten jedoch die gewöhnlichen Personen- und Güterzüge eine viel größere Bedeutung. Die zahlenmäßig größte Gruppe von Passagieren waren die nach Sibirien übersiedelnden Bauern. Sie reisten mitsamt ihrem Hausrat in adaptierten Güterwaggons, *tepluška* genannt, von russisch *teplyj* (warm), weil man sie beheizen konnte. Zu ihrer Versorgung wurden entlang der Strecke Rastpunkte mit Baracken, Küchen, Essensausgaben und Sanitätseinrichtungen bereitgestellt.[66]

Der Eisenbahntransport über weite Strecken lohnte sich gegenüber dem Schiffstransport aufgrund der erheblich höheren Kosten vor allem bei hochwertigen oder leicht verderblichen Gütern, wie Seide, Gold, Tee und Butter. Butter wurde durch die Eisenbahn um die Jahrhundertwende zum wichtigsten Exportartikel Sibiriens. Mit Kühlwagen brachte man sie zu den Ausfuhrhäfen, von wo sie bis nach London und Hamburg verschifft wurde. Quantitativ machte jedoch der Transport von sibirischem Weizen den Löwenanteil aus, gefolgt von Fleisch, geschlachtetem Geflügel, Kohle und Holz. Eingeführt wurden vor allem Eisen und Eisenwaren, Zucker, Manufakturwaren, Maschinen und Petroleum.[67] Die Transsibirische Eisenbahn kurbelte zweifellos die Wirtschaft Sibiriens an. 1897 bis 1917 wuchs das bebaute Land auf mehr als das Doppelte an. Die Nachfrage nach landwirtschaftlichen Maschinen und Geräten stieg stark, der Viehbestand verdreifachte sich 1904 bis 1916, der Gütertransport verfünffachte sich 1896 bis 1913. Die Städte entlang der Eisenbahn verzeichneten einen Aufschwung. Insgesamt war die Leistungsfähigkeit der Sibirischen Bahn dennoch gering, da man sie nur eingleisig und auf billigste Weise gebaut hatte. Schienen, Unterbau und Brücken waren zu schwach ausgelegt, was nur ein geringes Tempo erlaubte und zu häufigen Entgleisungen führte. Allein 1901 ereigneten sich 924 Unfälle mit 93 Toten und 500 Verletzten. Die technischen Probleme und Unglücke zwangen zu einer Reduzierung der Geschwindigkeit auf 20 Werst (21,3 Kilometer) pro Stunde bei Personenzügen und 12 Werst (12,8 Kilometer) pro Stunde bei Güterzügen. Dadurch dauerte die Reise mit dem Personenzug von Moskau nach Vladivostok nicht wie geplant eine Woche, sondern einen bis anderthalb Monate.[68] Der Luxus-Expresszug schaffte die Fahrt von Moskau nach Vladivostok 1904 immerhin in dreizehn Tagen,[69] 1912 sogar in neun Tagen,[70] was aber im internationalen Vergleich immer noch langsam war. Die Transportkapazität der Güterzüge hinkte hinter der Nachfrage her. Tausende Tonnen von

Gütern lagerten monatelang, bis sie verladen werden konnten; Getreide verrottete im Freien außerhalb der Stationen.[71]

In strategischer Hinsicht, also bezüglich ihres ursprünglichen Hauptzwecks, wurde die Sibirische Eisenbahn zum Fiasko. Der Bahnbau zog die Annexion der Nordmandschurei nach sich, was die Interessen Japans in der Region verletzte und maßgeblich zum Ausbruch des Russisch-Japanischen Krieges von 1904/05 beitrug. Trotz hektischer Aktivitäten, die beinahe schon sowjetischen Zuschnitts waren – man nagelte in aller Eile ein Gleis über den zugefrorenen Baikalsee –, leistete die Bahn beim Truppen- und Nachschubtransport nicht, was man von ihr erwartet hatte.[72] Die Diskrepanz zwischen dem Wunschtraum von der schnellen Erschließung des riesigen Landes durch ein vom Staat vorangetriebenes Großprojekt und dem tatsächlich Erreichten war beträchtlich.

Außerdem zeigte sich gerade am Beispiel der Kommunikationsmittel, dass die Modernisierung für das autokratische Regime durchaus zwiespältige Effekte zeitigte. Einerseits förderte sie die Kohärenz des Imperiums. Eisenbahn und Telegraf stellten die Nachrichtenübermittlung zwischen der Petersburger Zentrale und der Administration in entlegenen Provinzen auf eine völlig neue Grundlage. Vor ihrer Einführung hatten Anordnungen und Berichte mehrere Wochen gebraucht, bis sie ihr Ziel am anderen Ende des Imperiums erreichten. Das setzte der Machtausübung und Kontrolle seitens der Zentrale in den Randgebieten enge Grenzen. Die regionale Verwaltung konnte, ja musste viele Entscheidungen selbst treffen. Am besten illustriert dies die eigenmächtige Annexion des Amurgebietes 1858 durch den ostsibirischen Generalgouverneur Nikolaj Murav'ev, von der Zar Nikolaus I. erst im Nachhinein erfuhr. Um 1900 hingegen war der Austausch von Informationen quer durch das Reich nur mehr eine Frage von Minuten. Die kommunikative Integration des Reiches durch Eisenbahn und Telegraf betraf aber nicht nur die Institutionen der Autokratie, sondern auch die Gesellschaft. Die informationstechnische Präsenz der Hauptstadt und die Einheit des Landes wurden jedem Benutzer der Kommunikationseinrichtungen schon allein dadurch bewusst gemacht, dass in allen Telegrafenbüros, Bahnhöfen und Zügen die Petersburger Ortszeit galt. Der Anschluss einer Provinzstadt an das Eisenbahn- und Telegrafennetz ließ ein Zugehörigkeitsgefühl zu einem imaginierten Ganzen entstehen. Unabhängig von der persönlichen Loyalität zum Kaiser, die traditionell das Reich zusammenhielt, konnte sich auf diese Weise allmählich eine neue, modernere gemeinsame Identität der Bewohner des Reiches herausbilden.[73]

Andererseits trug der Umstand, dass nun Millionen Menschen reisten sowie Telegramme und Briefe verschickten und empfingen, maßgeblich zur

Entstehung einer politischen Öffentlichkeit und zur Dynamisierung der Gesellschaft bei, von der liberalen Bewegung bis hin zu Revolutionären und Terroristen. Augenscheinlich wurde das in der Revolution von 1905 während des Russisch-Japanischen Krieges: Die revolutionären Ideen gelangten per Eisenbahn und Telegrafie in Windeseile aus der Hauptstadt an die Front im Fernen Osten, und entlang der Transsibirischen Eisenbahn verbrüderten sich demoralisierte Soldaten und unzufriedene Bahnarbeiter. Ebenfalls entlang der Bahnlinien verbreitete sich am 16. Oktober 1905 der Aufruf zum Generalstreik. Dieser wiederum brachte reichsweit die Kommunikation zum Erliegen, was dem autokratischen Staat seine neue Verwundbarkeit vor Augen führte. Je weiter die Industrialisierung und die infrastrukturelle Entwicklung des Landes voranschritten, umso mehr wurde es auch vom Funktionieren dieser Strukturen abhängig.[74]

Der Fortschritt auf dem Gebiet der Verkehrs- und Kommunikationsmittel drang auch in die Lebenswelt der Menschen ein. Beschleunigung und Strukturierung des Lebens durch veränderte Geschwindigkeits- und Zeitvorstellungen gelten als Kennzeichen der Moderne, und um die Jahrhundertwende war auch Russland von diesem beginnenden Bewusstseinswandel erfasst.[75] Das neue Geschwindigkeits- und Beschleunigungsparadigma war allerdings noch auf eng umrissene Bereiche beschränkt und stieß bei vielen auf Ablehnung. Das Leben auf dem Dorf war weiterhin überwiegend von Langsamkeit geprägt: Man bewegte sich zu Fuß oder mit Ochsenkarren, bestenfalls mit Pferdewagen fort. Schnelle Überwindung von Distanzen evozierte Misstrauen: «Was gut ist, ist nicht schnell», hieß es in einem Sprichwort. Bäuerliche Saisonarbeiter, die häufig über große Entfernungen zu ihren Arbeitsplätzen zogen, fuhren nur zu einem geringen Teil mit der Eisenbahn, weil sie zu teuer war. Die meisten bewegten sich mit Flößen, Fuhrwerken oder zu Fuß vorwärts.

Wenn auch – die Umsiedler nach Sibirien eingerechnet – um 1900 bereits Millionen Bauern die Eisenbahn nutzten, so betraf die veränderte Wahrnehmung von Entfernungen und der Möglichkeit ihrer Überwindung durch Geschwindigkeit doch in erster Linie die städtische Bevölkerung. Von einer allumfassenden Beschleunigung konnte in Russland noch lange nicht die Rede sein, immerhin gaben sich aber viele mit den geringen Geschwindigkeiten der Verkehrsmittel nicht mehr zufrieden und verglichen die Langsamkeit der russischen Eisenbahnen mit den Reise- und Transportzeiten im westlichen Ausland. Dabei spielte die ökonomische Konkurrenz eine große Rolle. Kritische Zeitgenossen stellten fest, dass die USA und Australien auf dem internationalen Getreidemarkt durch ihre schnelleren Verkehrsmittel gegenüber Russland einen Vorteil hätten.[76]

Imperium

Mit seiner riesigen Ausdehnung, seinem multiethnischen und multireligiösen Charakter und der hierarchischen Ordnung zwischen Kernland und Randgebieten bildete Russland ein Imperium[77] und gehörte einerseits in den Kontext der großen Vielvölkerreiche, andererseits aber auch in den der Kolonialreiche. Wenn das Ministerkomitee um die Jahrhundertwende in seinen Publikationen die Zugehörigkeit der Gebiete jenseits des Ural und Zentralasiens zum Russländischen Reich als nicht hinterfragbaren selbstverständlichen Anspruch des russischen Volkes hinstellte, dann drückte es aus, was namhafte russische Historiker seit der Mitte des 19. Jahrhunderts als das Grundprinzip der russischen Geschichte formuliert hatten: Sergej Solov'ev und Vasilij Ključevskij hatten postuliert, die russische Geschichte sei seit ihren Anfängen die Geschichte einer fortgesetzten inneren Kolonisation. Die Charakterisierung der Kolonisation als einer «inneren» implizierte die Vorstellung eines Raumes, der schon vor seiner Einnahme durch die Russen als Idee existiert habe, für das russische Volk vorbestimmt sei und den Letzteres mit historischer Gesetzmäßigkeit nach und nach eingenommen habe. Die Annexion fremder Territorien, in denen vor ihrer Eroberung nie Russen gelebt hatten, wurde auf diese Weise als legitime Fortsetzung des «Sammelns der russischen Länder» gedeutet. Die russischen Eliten betrachteten die seit dem 16. Jahrhundert eroberten oder anderweitig hinzugewonnenen Gebiete als Teil eines zusammengehörigen imaginierten Territoriums, das mit der russischen Identitätsfindung im 19. Jahrhundert untrennbar verbunden war.[78] Die Vorstellung von einer organischen Inbesitznahme des Raumes durch eine kontinuierliche bäuerliche Siedlungsbewegung steht im Widerspruch zu der machtpolitisch-militärischen Expansion, wie sie im 18. und 19. Jahrhundert betrieben wurde, und trug dazu bei, dass das Verhältnis von Nation und Imperium in Russland bis heute nicht eindeutig ist.[79] Die geodeterministische Vorstellung Ključevskijs, eine Kultur habe die Aufgabe, den ihr zugewiesenen Raum zu bewältigen, fungierte im ausgehenden 19. Jahrhundert als imperiale Strategie zur symbolischen Festigung der Reichseinheit, indem man diese auch als nationale Einheit interpretierte.[80] Da diese Strategie per se russozentrisch angelegt war, konnte sie in den Peripherien, die mehrheitlich nicht von Russen besiedelt waren, nur eine sehr begrenzte Wirkung entfalten.

Diese Strategie zur Festigung der Reichseinheit ist bisweilen missverstanden worden als das Bestreben, das Vielvölkerimperium in einen russischen Nationalstaat zu transformieren und alle Nichtrussen zu russifizieren. Die Dynastie widersetzte sich jedoch länger als in anderen europäischen Ländern der Nationalisierung des Imperiums. Der multiethnische Charakter des Reiches war eine Selbstverständlichkeit und spiegelte sich in der Zusammensetzung des Adels und der städtischen Eliten wider; eine politische Repräsentation der russischen Nation gab es ohnehin nicht. Seit der Mitte des 19. Jahrhunderts, besonders aber seit der Thronbesteigung Alexanders III. 1881, sah sich die herrschende Elite allerdings in Anbetracht der Sogkraft aus Westeuropa eindringender nationalistischer Ideen veranlasst, Elemente der russisch-nationalen Idee in ihr imperiales Konzept einzubauen. Nur ein kleiner Teil der russischen Nationalisten zielte indes auf eine Russifizierung der gesamten Bevölkerung des Imperiums, um einen russischen Nationalstaat zu schaffen. Ebenso in der Minderheit waren aber auch diejenigen, die bereit waren, die engeren Grenzen der russischen Ethnie als deren Nationalterritorium zu akzeptieren.[81]

Eine Hierarchie der Nationalitäten konnte sich im Russländischen Reich nur auf die Rolle der Russen als Staatsvolk, nicht aber auf die soziale Praxis beziehen, denn die Russen waren keineswegs die fortgeschrittenste Ethnie. Gegenüber den asiatischen Peripherien mochte man die Vorstellung der Zivilisierungsmission hochhalten, gegenüber den westlichen Randgebieten widersprach sie der Alltagserfahrung. Auch die soziale Schichtung lief nicht entlang ethnischer Linien. In Polen und den südwestlichen Gouvernements (Wolhynien, Podolien) dominierten polnische Gutsbesitzer, in den Ostseeprovinzen gab der deutschbaltische Adel den Ton an, und selbst in den östlichen und südlichen Landesteilen war der Adel nicht ausschließlich russisch. Es hatte nämlich bis ins frühe 19. Jahrhundert zur Praxis der russischen Herrschaft über neu erworbene Gebiete gehört, die lokalen Eliten nicht auszutauschen, sondern zu kooptieren.[82]

Für das Selbstverständnis des Imperiums war um 1900 neben dem dynastischen der religiöse Faktor immer noch wichtiger als der ethnische. Russland definierte sich als der Hort der Orthodoxie, der «Rechtgläubigkeit», wie der Begriff wörtlich zu übersetzen ist. Daraus leitete sich die Rolle als «Beschützer» der orthodoxen Moldawier und Balkanslawen ab, die im 19. und beginnenden 20. Jahrhundert immer wieder die russische Außenpolitik mit bestimmte. Da die Orthodoxie mit der Autokratie eine untrennbare symbiotische Verbindung eingegangen war, erwies sich das Imperium in religiöser Hinsicht empfindlicher als in ethnischer. Nichtorthodoxe Religionsgemeinschaften wurden zwar toleriert, durften aber keine Mission unter den «Rechtgläubigen» betreiben.

Trotz dieser um 1900 immer noch vorhandenen Prioritäten hatten im ausgehenden 19. Jahrhundert auch nationalistische Elemente Eingang in den imperialen Diskurs gefunden, sodass dieser ambivalent wurde: Auf der Pariser Weltausstellung 1900 präsentierte sich das Imperium einerseits in seiner kulturellen Vielfalt, andererseits aber mit einer markanten Betonung der Russen als Träger und Übermittler europäischer Kultur Richtung Asien. Die Bürokratie reicherte um die Jahrhundertwende die imperiale Idee mit einem nationalistischen Diskurs an, dem sie lange distanziert gegenübergestanden hatte. Das Phänomen war kein spezifisch russisches, sondern Teil eines europäischen Vorgangs: Das Erstarken nationaler Bewegungen veränderte Ende des 19. Jahrhunderts die europäischen Vielvölkerreiche. Die traditionellen Fundamente des Imperiums, der dynastische Reichsgedanke, die kaiserliche Autorität und die ständische Ordnung wurden unterminiert durch das moderne nationale Prinzip der die Standesgrenzen übergreifenden politischen Willens- und ethnischen Kulturgemeinschaft und die Idee der Volkssouveränität.[83]

Diese prinzipielle Verbindung von Nationalismus und politischer Emanzipation der Nation gegenüber dynastischen Autoritäten ließ das neue Prinzip aus Sicht der Autokratie mit Recht als potenziell gefährlich erscheinen. Die Revolution von 1848 hatte in Mitteleuropa gezeigt, dass dem nationalen Gedanken ein demokratisch-emanzipatorisches Potenzial innewohnte. Der zarische Staat konnte kein Interesse daran haben, dieses ihn selbst in Frage stellende Potenzial freizulegen, und stand deshalb auch dem russischen Nationalismus zunächst misstrauisch gegenüber.

Letzterer begann sich mit einigen Jahrzehnten Verzögerung unter dem Einfluss der mitteleuropäischen Nationalbewegungen und in direkter Wechselwirkung mit den Unabhängigkeitsbestrebungen der Nationalitäten in den Randgebieten, besonders der Polen, zu formieren. Das Slawophilentum der 1840er Jahre wurde zur Wiege eines großrussischen Nationalismus, der im letzten Drittel des 19. Jahrhunderts eine aggressive Rhetorik entfaltete, von seiner Motivation her aber eher defensiv angelegt war. Der polnische Aufstand 1863 wurde zum Katalysator von Ängsten, dem Reich könnten an seinen Rändern Territorien abhandenkommen, wenn die dort lebenden Nationalitäten zentrifugale Tendenzen entwickelten. Die Protagonisten des russischen Nationalismus, die sich in Presse und Publizistik lautstark zu Wort meldeten, antworteten mit der Forderung nach einer festeren Anbindung der Randgebiete an das Kernland durch Maßnahmen zur Förderung der russischen und Eindämmung der nichtrussischen Nationalitäten. Bei näherem Hinsehen ging es ihnen aber gar nicht so sehr um das eigentliche Polen, sondern um die sogenannten «Westgebiete», also die Territorien, die mehrheitlich von Weißrussen und Ukrainern bewohnt waren, aber in denen polnische Gutsbesitzer eine starke Position innehatten. Diese Polen galten den russischen Nationalisten zusammen mit den Juden als Fremdkörper, die für den «russischen» Charakter der Gebiete eine Gefahr darstellten. Großrussland, «Kleinrussland» (Ukraine) und das heutige Belarus' (Weißrussland) betrachteten sie als integrale Einheit, als einen «Körper», der nicht durch die Abtrennung oder Polonisierung der westlichen Randgebiete zerstört werden dürfe.[84]

Der russische Nationalismus war aber in seiner Reichweite beschränkt. Die große Masse der russischen Bevölkerung waren Bauern, die sich nur schwer für die nationale Sache mobilisieren ließen. Es gelang der nationalen Bewegung nicht, aus den russischsprachigen Untertanen des Reiches eine Nation zu formen.[85] Dafür waren die Widersprüche zwischen Staat und Gesellschaft, zwischen Elite und Unterschichten zu groß. Wenn man russische Bauern um die Jahrhundertwende fragte, wer sie seien, antworteten sie eher: «Wir sind die Rechtgläubigen» statt «Wir sind Russen.» Die Bauern betrachteten die europäisierten Städter, die Elite, nicht als ihresgleichen, und umgekehrt nahm der europäisierte Adel die Bauern häufig als «dunkle Masse» wahr. Nationsbildung durch kulturelle Russifizierung stieß bei den Bauern zudem auf das Problem des Analphabetismus. Die Bauern hatten eine lokale, keine auf eine russische Nation bezogene Identität.[86]

Um die Jahrhundertwende begann sich auch auf diesem Gebiet etwas zu verändern. Die Feiern zum 100. Geburtstag von Aleksandr Puškin 1899 wurden zu dessen Kanonisierung als russischer Nationaldichter benutzt und markierten eine gesellschaftliche Verbreiterung der nationalen Idee im Sinne einer gemeinsamen Nationalkultur. Die Verbreiterung war möglich, weil nun schon größere Teile der Bevölkerung lesen konnten und das Zeitunglesen einen Aufschwung erlebte. Populäre Zeitungen säten in einem Millionenpublikum nationalistisches und antisemitisches Gedankengut. Die Lesefähigkeit und die Lektüre von Zeitungen und Populärliteratur trugen dazu bei, eine neue Vorstellung davon zu verbreiten, was es bedeute, Russe zu sein. Die Leserevolution, die Russland hundert Jahre später erreichte als Mitteleuropa, förderte das Entstehen moderner Formen einer nationalen Identität, die das Potenzial in sich trugen, an die Stelle von Autokratie und Orthodoxie zu treten.[87]

Die Autokratie selbst hatte unter dem Eindruck der sich formierenden nationalen Bewegungen von Nichtrussen, die als Gefahr für die Integrität des Reiches angesehen wurden, seit dem Aufstand der Polen die Konsequenz gezogen, sich mit der russischen nationalen Bewegung zu verbünden, um den Nationalismus zur Herrschaftsstabilisierung einzusetzen: Der traditionelle Reichspatriotismus nahm unter Alexander III. und Nikolaus II. Züge eines imperialen Nationalismus an, und die bis dahin freizügige Nationalitätenpolitik wurde intoleranter. Der Höhepunkt russifizierender Tendenzen fiel in die 1890er Jahre. Dennoch blieb das Verhältnis der Autokratie zu den russischen Nationalisten ambivalent. Zu keiner Zeit verfolgte sie eine einheitliche, strategische Nationalitätenpolitik, sondern differenzierte nach Regionen und Nationalitäten. Ukrainer wurden anders behandelt als Juden, Deutsche an der Wolga anders als Deutsche in den westlichen Grenzgebieten. Die offen verfolgte kulturell-sprachliche Russifizierung zielte auf die Ukrainer, denen man eine ethnische Eigenständigkeit absprach, sowie in Reaktion auf den polnischen Aufstand von 1863 auf Polen, Weißrussen und Litauer in den «Westgebieten». Durch die Stärkung des russischen Charakters sollten die westlichen und südwestlichen Randgebiete fester an das Reich gebunden werden.[88]

Nicht alles, was von den betroffenen Nationalitäten als «Russifizierung» empfunden wurde, ist damit zutreffend beschrieben. So manche von den Betroffenen in den Randgebieten als Verletzung althergebrachter Rechte wahrgenommene Veränderung gehörte eher in den Kontext der Modernisierung und administrativen Vereinheitlichung des Reiches.[89] Bis zu den Großen Reformen der 1860er Jahre waren im Russländischen Reich weder Verwaltung noch Rechtssystem, Schulwesen oder die soziale Gliederung der Bevölkerung einheitlich gewesen. Wenn der Staat nun daran ging, sein Territorium administrativ und rechtlich zu homogenisieren, rüttelte das an alten Privilegien und provozierte Proteste, wie zum Beispiel den publizistischen Aufschrei der deutschbaltischen Ritterschaften in den 1860er Jahren gegen die «Russifizierung» der Ostseeprovinzen.

Die Unifizierung des Reiches sollte durch die allmähliche Einführung der russischen Institutionen und Gesetze, Ausdehnung des Russischen als Verwaltungssprache und Unterrichtsgegenstand in den Schulen geschehen. Die Maßnahmen konnten repressiven Charakter haben wie das Verbot der ukrainischen Sprache 1847 bis 1905, die Auflösung der polnischen Universität in Vil'na, die Schließung der deutschen Universität in Dorpat 1893 oder Einschränkungen für Juden 1882. Sie konnten den von solchen Einschränkungen nicht Betroffenen indirekt nutzen: Die Einführung russischer Gerichte und Institutionen in den Ostseeprovinzen stärkte die Position der Letten und Esten gegenüber den Deutschbalten, sodass sich die lettische und estnische Kultur in der Periode der Russifizierung stark entwickelte. Die Förderung der russischen Kultur bedeutete nicht die Auslöschung anderer Kulturen im Sinne einer homogenen russischen Nation.[90]

Im Vergleich mit den westeuropäischen Kolonialreichen fehlte die Wasserbarriere zwischen Zentrum und Peripherie. Das machte es schwerer, sich das nationale Territorium innerhalb des Imperiums vorzustellen, eröffnete aber im Gegenzug die Möglichkeit, die Expansion des Kontinentalreiches in der zweiten Hälfte des 19. Jahrhunderts fortzusetzen und Randgebiete anzuschließen, die noch weit von einer eigenen Staatsbildung entfernt waren. Im Gegensatz zu England oder Frankreich organisierte Russland seine kolonialen Erwerbungen nicht als vom Kernland separierte und zur Ausbeutung bestimmte Peripherien, sondern integrierte sie, wenngleich in unterschiedlichem Maße.[91] Dabei ging es neben der administrativen Vereinheitlichung darum, über Symbole, Institutionen, ökonomische Verflechtungen, Repräsentation von Landschaften und «lokalen Typen» in der Malerei und auf Postkarten ein Gefühl der Zusammengehörigkeit zu erzeugen, das in Russland aufgrund der weiten Ausdehnung und Vielfältigkeit des Reiches schwerer unmittelbar zu erfahren war als in kleineren Ländern. Ob beziehungsweise in welchem Maße die Aneignung der erworbenen Randgebiete auch ihre Vereinnahmung für das genuin russische Nationalterritorium nach sich zog, war im Einzelfall unterschiedlich und ist noch nicht vergleichend untersucht worden.[92]

Die koloniale Expansion Russlands hatte im letzten Drittel des 19. Jahrhunderts neue Territorien erfasst. Die Niederlage im Krimkrieg hatte den russischen Ambitionen in Richtung auf Konstantinopel und den Balkan einen Dämpfer versetzt. Um in der Konkurrenz mit den europäischen Großmächten dennoch mithalten zu können, wandte man sich verstärkt Asien zu, und zwar in drei Stoßrichtungen: im Kaukasus, in Zentralasien und im Fernen Osten. Im Kaukasus ging es um die Konsolidierung von Annexionen, die schon in der ersten Hälfte des 19. Jahrhunderts erfolgt waren. 1864 wurde der Widerstand der kaukasischen Bergvölker nachhaltig gebrochen und damit die Eroberung abgeschlossen. Die Eroberung Zentralasiens, die unmittelbar folgte, war zunächst kein in St. Petersburg geplantes Unternehmen, sondern entwickelte sich aus Grenzscharmützeln mit den zentralasiatischen Chanaten. Die russischen Generäle schufen dort ebenso vollendete Tatsachen wie 1858 in der Amurprovinz. Die Expansion nach Zentralasien kam der Regierung aber durchaus gelegen, denn durch den amerikanischen Bürgerkrieg fielen die USA als Baumwolllieferant aus und im Gegenzug gewannen die asiatischen Baumwollanbaugebiete an Bedeutung. Im imperialistischen Wettlauf um die Ressourcen Asiens kamen die Russen hier den Engländern zuvor, die von Süden her nach Afghanistan vordrangen. Dennoch ist festzuhalten, dass es sich nicht um einen Imperialismus westlich-ökonomischen Typs handelte, sondern um eine machtpolitisch-militärisch motivierte Expansion, die das ökonomische Argument nur vorschob. Es waren die Militärs, nicht Kaufleute oder Industrielle, die für eine wirtschaftliche und verkehrstechnische Erschließung Zentralasiens durch Baumwollanbau und Eisenbahnbau warben und kommerzielle Interessen wecken wollten. Das eigentliche Motiv war das Prestigebedürfnis der Machteliten und die Perspektive, auf diesem Schauplatz der Expansion Englands etwas entgegenzusetzen und nebenbei der eigenen Armee nach dem Desaster des Krimkriegs Erfolgserlebnisse zu bescheren.[93]

Mit relativ wenig Aufwand gewann das Russländische Reich ein zentralasiatisches Kolonialgebiet, das direkt mit der russischen Landmasse verbunden war: 1867 richtete man das Generalgouvernement Turkestan mit der Hauptstadt Taškent ein, 1873 gliederte man die Emirate Buchara und Chiva in Form von Protektoraten an, 1876 annektierte man das Chanat Kokand. Das Anschlussstück zum Kaspischen Meer konnte erst 1880/81 erobert werden und wurde 1885 bis 1888 durch eine strategische Eisenbahn abgesichert. In den 1890er Jahren versuchte sich Russland im Zusammenhang mit dem Eisenbahnbau quer durch Sibirien an der imperialistischen Durchdringung der Mandschurei.

Im Generalgouvernement Turkestan gerierte sich Russland als europäische Kolonialmacht und Protagonist einer zivilisatorischen Mission. Für eine ökonomische Penetration im Stile des westlichen Imperialismus gab es in Russland nicht genug Kapital, für die vollständige Eingliederung in das Reich durch eine straffe Administration und Kontrolle nicht genügend ausgebildetes Personal, zumal Letzteres ja nicht einmal für die Verwaltung des russischen Kernlandes ausreichte. Die russische Kolonialherrschaft oszillierte folglich zwischen Kolonisation mit Siedlern, Missionierung der Muslime und gewaltmäßiger Durchdringung.[94] Die nach Turkestan entsandten Offiziere und Beamten wussten über die örtlichen Verhältnisse und Traditionen nur wenig Bescheid. Die einheimische Bevölkerung genoss daher Freiräume und betrachtete im Übrigen diejenigen, die ihnen die Zivilisation bringen wollten, nicht als kulturell überlegen.[95] In Taškent entstand eine russische Kolonialgesellschaft mit einer architektonischen und zeremoniellen Machtrepräsentation, die das britische und französische Vorbild imitierte. Stadtplanung, Festrituale und Feiertage strukturierten Raum und Zeit nach neuen Parametern und stellten die russische Hoheit zur Schau. Die aus der Nachahmung imperialistischer Muster resultierende Selbststilisierung als «fortschrittlich» und «modern» trug, konfrontiert mit der diesen Anspruch immer wieder in Frage stellenden Realität, dazu bei, die Reflexion über eigene Zukunftskonzepte zu fördern.[96]

Um die Jahrhundertwende mussten die russischen Kolonialverwalter erkennen, dass die vermeintlich rückständigen Einheimischen eine selbstbewusste Tradition und in Schlüsselbereichen eine überlegene Fachkenntnis hatten. Demgegenüber erweckten eher die im Gefolge der Hungersnot von 1891/92 nach Zentralasien übersiedelnden notleidenden russischen Bauern den Eindruck von Rückständigkeit. Fortschritt und Rückständigkeit waren in dieser Gemengelage keine absoluten Kategorien, sondern in hohem Maße standortgebunden, umso mehr, als weder unter den Kolonialherren noch unter den Einheimischen Einhelligkeit über die Gestaltung der Zukunft bestand. Neben der autokratischen Militärverwaltung hatten russische Liberale wie sozialdemokratische Eisenbahner je eigene Vorstellungen von Fortschritt, und in der muslimischen Gesellschaft gab es Kontroversen zwischen Traditionalisten und Reformern.[97] Jedenfalls war die russische Herrschaft im Generalgouvernement Turkestan auf die Kooperation der einheimischen Eliten angewiesen und behandelte diese entsprechend vorsichtig. Man ging davon aus, dass der Islam früher oder später vor der Überlegenheit der christlichen Zivilisation weichen werde, und hielt sich daher mit Maßnahmen gegen religiöse Institutionen zurück. Das Know-how einheimischer Fachleute war unentbehrlich, etwa wenn es um die Steuerung und Kontrolle der diffizilen Bewässerungssysteme ging, von denen in den zentralasiatischen Steppen- und Wüstengebieten alles Wirtschaften und letztlich die Herrschaft abhingen. Die russischen Kolonialherren waren realistisch genug, sich der einheimischen Mittelsmänner zu bedienen und dafür in Kauf zu nehmen, dass Letztere die russische Herrschaft zu ihren Gunsten abmilderten.[98]

Direkte Kontakte zwischen den Kulturen ergaben sich aus der russischen Siedlerkolonisation, die sich auf das nördliche Zentralasien, die sogenannten Steppengebiete (das heutige Kasachstan), konzentrierte. Letztere führte zwar zum klassischen Konflikt zwischen Ackerbauern und Nomaden, machte die Russen aber auch zu unvermeidlichen Partnern der einheimischen Bevölkerung.[99] Bis 1916 ereignete sich kein größerer Aufstand gegen die russische Herrschaft. Die Muslime machten sich vielmehr in zahlreichen Petitionen von den Russen übernommene Formen der Kommunikation mit der Obrigkeit zu eigen.[100]

In gewisser Weise ähnelte die koloniale Situation dem Verhältnis zwischen städtischen Eliten und Bauern im russischen Kernland. Auch dort erschwerte die kulturelle Kluft die Kommunikation und führte auf beiden Seiten zu Missverständnissen und Fehlwahrnehmungen. Die städtischen Eliten blickten auf die Bauern als rückständige, barbarische Wesen herab, die wie die Eingeborenen einer Kolonie der Erziehung und Zivilisierung bedürften. Den Bauern wiederum waren die städtischen Eliten und das, was sie sagten, fremd und unverständlich.[101]

Träger und Kritiker des Modernisierungsprojekts

Die städtischen Eliten waren die Träger sowohl des Modernisierungsprojektes als auch alternativer Vorstellungen. «Städtische Eliten» kann nicht mit «Bürgertum» – ein für die russischen Verhältnisse problematischer Begriff – gleichgesetzt werden, sondern ist das terminologische Dach für sehr unterschiedliche Personen: Angehörige des Herrscherhauses, der Regierung und der zarischen Bürokratie, Adlige, Gebildete verschiedener sozialer Provenienz.

Die zarische Regierung hatte unter Alexander II. nach dem Krimkrieg mit den Großen Reformen den Weg in Richtung auf einen Rechtsstaat mit modernen Institutionen nach westeuropäischem Vorbild eingeschlagen. Beginnend mit der Aufhebung der Leibeigenschaft 1861 wurde das Russländische Reich durch umfassende Reformen von Justiz (Einführung von unabhängigen Geschworenengerichten und einer freien Anwaltschaft 1864), ländlicher und städtischer Verwaltung (1864 und 1870), Bildungswesen (1863/64) und Militär (Einführung der allgemeinen Wehrpflicht 1874) auf eine neue Grundlage gestellt. Unangetastet blieb allerdings bis 1905 die Autokratie. «Zeit der Reformen» ist eigentlich eine Verniedlichung der grundlegenden Rosskur, die Alexander II. und seine Bürokraten Russland verordneten. Der Systemwandel dieser Jahrzehnte ist mit dem vergleichbar, was Peter I. zu Beginn des 18. Jahrhunderts bewirkt hatte und was nach 1917 und nach 1991 in Russland an gesellschaftlicher und struktureller Transformation geschah.

Seit etwa 1890 kam eine ebenfalls von oben betriebene forcierte ökonomische Modernisierung hinzu. Finanzminister Sergej Vitte, der mit staatlichen Investitionen einen Industrialisierungsschub auslöste, war überzeugt, dass Russland zu einer Kolonie werde, wenn es sich nicht schnell industrialisiere und gegenüber den anderen europäischen Mächten konkurrenzfähig werde. 1899 schrieb er in einem Memorandum: «Die Wirtschaftsbeziehungen Russlands zu Westeuropa sind vergleichbar denen von Kolonialländern mit ihren Metropolen. Letztere betrachten ihre Kolonien als vorteilhafte Märkte, auf denen sie die Produkte ihrer Arbeit und ihrer Industrie frei verkaufen und von denen sie mit starker Hand die Rohstoffe holen können, die sie brauchen. […] Russland war und ist zu einem gewissen Teil immer noch so eine gastfreundliche Kolonie für alle industriell entwickelten Länder, versorgt sie großzügig mit den billigen Produkten seiner Erde und kauft teuer die Produkte von deren Arbeit. Aber es gibt einen wesentlichen Unterschied gegenüber der Situation einer Kolonie: Russland ist eine politisch unabhängige und starke Macht. Es hat das Recht und die Kraft, nicht der ewige Handlanger von Ländern zu sein, die ökonomisch entwickelter sind.»[102]

Vitte hatte sein Entwicklungsprojekt in der Überzeugung begonnen, dass die in Gang gesetzten Veränderungen mit dem autokratischen System vereinbar sein würden. Tatsächlich aber musste diese Politik in Widerspruch zum alten Regime geraten. Das autokratische Regime besaß seine soziale Basis in einer vormodernen agrarischen Elite, die durch die Industrialisierung den Boden unter den Füßen verlor. Sein Programm der schnellen und staatlich geförderten Industrialisierung musste Vitte gegen starke Stimmen in der russischen Öffentlichkeit durchsetzen. Daher war er auf die Unterstützung durch Zar Nikolaus II. angewiesen und blieb schon allein deshalb in seinem Inneren ein Anhänger der Autokratie. Die Autokratie fungierte gewissermaßen als Modernisierungsdiktatur.[103]

Die Gründung der ökonomischen Modernisierung auf autokratische Strukturen machte Vittes Politik widersprüchlich. Die Industrialisierung konnte man mit staatlichen Investitionen und Interventionen anstoßen, aber eine selbsttragende Wirtschaftsentwicklung bedurfte eines breiten unternehmerischen Engagements. Die Gesellschaftsschichten, aus denen dieses Engagement hätte kommen müssen, waren aber in Russland vor der Jahrhundertwende noch nicht stark genug. So stützte sich Vitte auf die Autokratie, um den ökonomischen Durchbruch Russlands in die Moderne zu forcieren, und unterminierte gleichzeitig, ohne es zu wollen, die soziale Basis der Autokratie. Die starke, auf Eigeninitiative gegründete Gesellschaft, die ihm als Trägerin der Industrialisierung vorschwebte und die sich tatsächlich im Gefolge der ökonomischen Modernisierung langsam formierte, geriet letztlich in Gegensatz zur überkommenen Ordnung und erzwang in der Revolution von 1905 politische Mitbestimmung. Nikolaus II. wurde von diesen Entwicklungen überholt. Er war der Herausforderung nicht gewachsen, dachte in vormodernen Strukturen und rückte um die Jahrhundertwende sichtlich von Vittes Kurs ab.

Vittes Politik führte zwangsläufig zu Spannungen innerhalb der Regierung und in der öffentlichen Meinung. In der Regierung entwickelte sich ein Machtkampf zwischen dem Finanz- und dem Innenministerium, der zum Teil darin begründet lag, dass Vitte seine Behörde zu einem übermächtigen Apparat ausbaute, zum Teil aber auch inhaltliche Ursachen hatte. Es ging um die Grundsatzfrage, ob Russland den Weg in die Industriegesellschaft beschreiten oder seine traditionellen sozialen Strukturen bewahren solle. Hier trat der Innenminister im Sinne der Interessen des gutsbesitzenden Adels auf, der sich zu Recht als Verlierer der Modernisierung betrachtete und um seine Führungsrolle bangte. Die Perspektive einer kapitalistischen Marktwirtschaft mit veränderten Kräfteverhältnissen in der Gesellschaft und sozialer Instabilität war für die adligen Konservativen nicht erstrebenswert. Das Paradoxe daran: Indem die Gutsbesitzer gegen die Wirtschaftspolitik zusammenfanden, gingen sie selbst den Weg einer Politisierung und Interessenvertretung, die einen der Ursachenstränge der Revolution von 1905 bildete.

Das Erscheinungsbild der Autokratie in den 1890er Jahren passte nicht so recht zur ökonomischen Modernisierung, denn die Monarchie orientierte sich unter Alexander III. und Nikolaus II. verstärkt an der älteren Vergangenheit Russlands und inszenierte sich in einer mythisch und religiös aufgeladenen Weise, die auf die Zeit vor Peter dem Großen Bezug nahm.[104] Eine Einschränkung der Autokratie durch Beteiligung von Kräften aus der Gesellschaft an der Macht kam für Nikolaus II. ebenso wenig in Betracht wie eine fundamentale Veränderung der ständischen Strukturen. Die Autokratie gründete sich in seiner Vorstellung nach wie vor auf den Adel, die Orthodoxie und eine Bauernschaft, die in ihrer traditionellen Dorfgemeinde lebte und dem Zaren in Liebe und Treue verbunden war.

Gesellschaftlicher Konsens war das Modernisierungsprojekt in seinen verschiedenen Ausprägungen nicht. Es polarisierte vielmehr die öffentliche Diskussion, zumal die Übernahme westeuropäischer wirtschaftlicher und rechtlicher Institutionen und Muster schon seit Peter I. immer wieder mit autoritären Mitteln von oben dekretiert wurde, sichtbar mit den gewachsenen Verhältnissen kollidierte und häufig an den Bedingungen vor Ort scheiterte. Solche Erfahrungen mit den Modernisierungsversuchen des 18. und 19. Jahrhunderts mündeten in grundsätzliche Diskurse über die Zukunft Russlands.[105]

Die Bildungsschichten standen, anders als etwa in Deutschland, in Distanz zum Regime. Allerdings müssen zwei Kategorien unterschieden werden: die sogenannte *Intelligencija* und das Bildungsbürgertum. Die *Intelligencija* war von ihrem Selbstverständnis her durch und durch unbürgerlich. Sie rekrutierte sich aus verschiedenen Gesellschaftsschichten, bemerkenswerterweise zu einem großen Teil aus dem Adel, definierte sich über die Gegnerschaft zum Zarismus und tendierte zu radikalen revolutionären Konzepten. Daneben formierte sich im ausgehenden 19. Jahrhundert ein Bildungsbürgertum, das vom Selbstverständnis her anders, eben «bürgerlich» auftrat. Diese Leute, typischerweise Professoren, Wissenschaftler, Ärzte, Rechtsanwälte – um die Jahrhundertwende noch eine schmale, aber im Wachstum begriffene Schicht –, waren meist nicht radikal-revolutionär orientiert, sondern standen eher im liberalen, manche auch im konservativen Lager. Dieses Bildungsbürgertum trug im Großen und Ganzen das Modernisierungsprojekt mit und strebte um die Jahrhundertwende die Ausweitung der Verwestlichung auf die politische Sphäre an. Sowohl im Bildungsbürgertum als auch in der *Intelligencija* setzte sich immer noch der im zweiten Drittel des 19. Jahrhunderts ausgebildete Gegensatz zwischen «Westlern» und «Slawophilen» in verschiedenen Variationen fort: Während die einen das Problem Russlands in seiner Rückständigkeit gegenüber Westeuropa sahen und das Land möglichst schnell nach westlichem Vorbild verändern wollten, lehnten die anderen – aus unterschiedlichen Motiven – gerade diesen Weg ab. Die Scheidelinie verlief quer durch das Links-Rechts-Schema der sich um die Jahrhundertwende formierenden politischen Gruppierungen.

Den Weg der Modernisierung nach westlichem Vorbild, wenngleich nicht so schematisch und unreflektiert, wie ihnen das ihre Gegner vorwarfen, verfolgten sowohl Vertreter der Autokratie als auch die liberale Opposition und die marxistischen Sozialdemokraten, wenn auch mit je unterschiedlichen politischen und gesellschaftlichen Vorstellungen. Der Zar und seine Bürokraten wollten die politischen Strukturen aus der Modernisierung ausklammern, die Liberalen bei grundsätzlicher Loyalität zum Staat diesen auch politisch mittels einer Konstitution verwestlichen; die Marxisten wiederum träumten von der Verwandlung Russlands in ein modernes Industrieland mit einer starken Arbeiterklasse, um mit dieser die Revolution herbeizuführen. Den Gegnern einer Verwestlichung wiederum waren sowohl (neo-)slawophil orientierte antiliberale und nationalistische Konservative wie auch Agrarsozialisten (Sozialrevolutionäre) zuzuordnen, die beide auf ihre Weise die russische Bauerngemeinde verklärten und für Russland einen eigenen Weg propagierten, der den Besonderheiten des Landes besser entspreche. Beiden gemeinsam war die Vorstellung, dass es für Russland nicht erstrebenswert sei, den westlichen Ländern auf ihrem Entwicklungspfad in Richtung auf die Industriemoderne nachzueifern. Die Ergebnisse dieser Modernisierung waren für sie abschreckend: Dominanz des Kapitals, Verrechtlichung, Verstädterung, Proletarisierung und all die anderen Begleiterscheinungen, die mit der Umwälzung der traditionellen Sozialbeziehungen einhergingen.

Die Sozialrevolutionäre vertraten die Ansicht, dass die russische Bauerngemeinde mit ihren starken gemeinschaftsbezogenen Elementen die geeignete Ausgangsbasis darstelle, um auf direktem Wege eine sozialistische Gesellschaftsordnung herzustellen, die den Bedürfnissen der überwiegend bäuerlichen Bevölkerung besser entspreche als kapitalistische oder marxistische Modelle. Die slawophilen Konservativen hatten ebenfalls die Bauerngemeinde im Sinn, aber nicht mit dem Ziel einer Revolutionierung des Landes, sondern im Gegenteil seiner Konsolidierung und der Wiederherstellung harmonischer Sozialbeziehungen, wie sie angeblich in Russland geherrscht hätten, bevor Peter I. und Katharina II. im 18. Jahrhundert mit den althergebrachten Traditionen gebrochen und den verhängnisvollen Weg der Nachahmung Westeuropas eingeschlagen hätten. Die Wechselbeziehung zwischen dem autokratischen Zaren und dem an Politik uninteressierten Volk beruhe seit jeher auf Vertrauen und dürfe nicht durch westliche Juristerei vergiftet werden.[106] Es sei daher falsch, Russland den westlichen Rechts- und Institutionenstaat überzustülpen und seine gewachsene harmonische Ordnung durch die Übernahme von als fremd empfundenen Prinzipien zu zerstören. Um die Jahrhundertwende war dieses Gedankengut in Teilen des Adels und der städtischen Bildungsschichten immer noch lebendig. Das Verhältnis seiner Anhänger zur Autokratie war zwiespältig: Einerseits gehörte ein autokratischer Zar zu ihrem Weltbild, andererseits beklagten sie, dass sich die Zaren in den vergangenen zwei Jahrhunderten durch ihre falsche Politik der Orientierung an Westeuropa dem Volk entfremdet hätten.

Ausgehend von der Vorstellung eines Gegensatzes zwischen dem Westen und Russland war im 19. Jahrhundert ein russisch-slawisches Sendungsbewusstsein entstanden, das auf die panslawistischen Strömungen anderer slawischer Völker Bezug nahm. Kein geringerer als der Schriftsteller Fedor Dostoevskij (1821–1881) erhob das Slawentum zu einer neuen Weltidee, die sich anschicke, die erschöpfte romanisch-katholische und germanische Idee abzulösen und der Menschheit das Heil zu bringen.[107] Etwa zeitgleich postulierte der Biologe Nikolaj Danilevskij (1822–1885) für Russland einen Zivilisationstyp, der im Gegensatz zur romanisch-germanischen Zivilisation, die ihren Höhepunkt im 16. und 17. Jahrhundert bereits überschritten habe, erst am Anfang seines Aufstiegs stehe. Von daher war es nur folgerichtig, dass Danilevskij alle Einflüsse des dekadenten Westens auf Russland als schädlich ablehnte und einen Krieg gegen Westeuropa für unvermeidlich hielt, damit sich die slawische Zivilisation selbständig verwirklichen könne. Dieses russisch-slawische Sendungsbewusstsein und die Imagination einer früher oder später kommenden Konfrontation mit dem Westen waren um die Jahrhundertwende in Teilen der Eliten lebendig und beeinflussten unter anderem die russische Politik auf dem Balkan.

Danilevskijs Ideen ablehnend, sah der einflussreiche Religionsphilosoph Vladimir Solov'ev (1853–1900) Russland als einen Teil der gemeinsamen christlich-europäischen Zivilisation. In seinem Todesjahr 1900 entwarf er in seiner «Kurze[n] Erzählung vom Antichrist» eine pessimistisch-apokalyptische Vision des kommenden Jahrhunderts, mit einem großen Krieg zwischen Europa und Ostasien, einer fünfzigjährigen Schreckensherrschaft der Mongolen über Europa, dem Auftreten des Antichrist sowie der anschließenden Vereinigung von Christen und Juden im Tausendjährigen Reich.[108] In diesem Endzeit-Szenario war weder Platz für eine messianische Rolle Russlands im Sinne von Dostoevskij oder Danilevskij noch für einen an der Industriemoderne orientierten Fortschrittsglauben. Mit seinem Pessimismus war Solov'ev keineswegs allein. Trotz der Wandlungsdynamik, die Russland um die Jahrhundertwende erfasst hatte, befanden sich Teile der Eliten mental in der Kulturkrise des Fin de Siècle, die sie aus dem Westen rezipierten. Der Schriftsteller und Arzt Anton Čechov (1860–1904) hat diese Stimmung zwischen Zeitkritik, Müdigkeit und Melancholie in seinen Dramen wie zum Beispiel im «Kirschgarten» (1903/04) dauerhaft eingefangen.

Herrscher und Staatsapparat

Das Staatsgefüge des Russländischen Reiches war um die Jahrhundertwende von einem Nebeneinander traditioneller Herrschaftselemente und sich modernisierender Behörden gekennzeichnet. An der Spitze stand der Kaiser (Imperator, Zar) als unumschränkter absoluter Monarch, der die administrative und legislative Gewalt in sich vereinigte. Er verstand sich in byzantinischer Tradition als Autokrat («Selbstherrscher»), übte den Oberbefehl über die Armee und die Flotte aus und regierte über Gesetze und Verordnungen, die er nach eigenem Ermessen erlassen konnte. Russland war um 1900 eines der letzten Länder Europas ohne Verfassung und galt in Westeuropa selbst unter vielen Konservativen als Inbegriff einer politisch rückständigen Despotie.[109] Zu Beratungen neuer Gesetze stand dem Kaiser seit 1801 immerhin der Reichsrat (*Gosudarstvennyj sovet*) zur Seite. Der Reichsrat war aber keine Volksvertretung und auch kein ständisches Vertretungsorgan; seine Mitglieder wurden vom Kaiser ernannt. Die vom Kaiser bestätigten Gesetze wurden vom Regierenden Senat, der obersten Verwaltungs- und Justizbehörde, veröffentlicht und in die Sammlung der Gesetze (*Svod Zakonov*) eingetragen. Der Regierende Senat sollte dafür sorgen, dass die Gesetze von den Behörden befolgt wurden, und ungesetzliche Handlungen der Behörden und Ämter verhindern.

Auch wenn der Senat seine Kontrollfunktion nur eingeschränkt wahrnahm und der Kaiser nicht durch eine Konstitution beschränkt war, so war der zarische Staat doch spätestens seit der Justizreform von 1864 an rechtsstaatliche Prinzipien und Verfahren gebunden, und der Einfluss des Reichsrats war trotz seiner vom Kaiser bestimmten Zusammensetzung in der Praxis nicht gering. Weiter gehende Ansätze in Richtung einer gesellschaftlichen Mitwirkung an der Gesetzgebung hatten Nikolaus II. und seine Vorgänger strikt zurückgewiesen. Dennoch war das Verhältnis zwischen Autokratie und Gesellschaft von einem gewissen Maß an Miteinander gekennzeichnet. Politische Initiativen konnten durchaus von Akteuren aus der Gesellschaft oder von nachgeordneten Behörden ausgehen und erfolgreich lokale Interessen durchsetzen. Auch unter den Bedingungen der Autokratie gab es vielfach Aushandlungsprozesse zwischen divergierenden Interessen.[110]

Der Zar herrschte mit Hilfe seines Charismas und des Anspruchs, dass ihm jeder Untertan unmittelbar durch persönliche Loyalität verbunden war. Dieses Treue- und Abhängigkeitsverhältnis über alle Hierarchien und Ämter hinweg bestand seit Jahrhunderten und behinderte die Formierung von intermediären Gewalten, selbstbewussten Institutionen und Interessenverbänden. Der zarische Staat hatte zwar im Laufe des 19. Jahrhunderts einen Behördenapparat aufgebaut, aber die Herrschaft beruhte nach wie vor auf persönlicher Autorität, informellen Netzwerken von Personen, die Verbindungen zum Hof unterhielten und den daraus resultierenden Patronage-Klientel-Beziehungen. Der Zar war symbolisch in jedem Verwaltungsgebäude durch sein Porträt präsent, und diese symbolische Präsenz war die eigentliche Machtquelle seiner Vertreter vor Ort. Wenn der Zar Provinzstädte besuchte, dann warteten ihm Vertreter aller lokalen Stände auf und verdeutlichten mit ihrer Huldigung, dass jeder, gleichgültig welchen Ranges, dem Kaiser Loyalität schulde.[111] Auch die Kirche fungierte als Stütze der Autokratie. Anders als die römische Kirche verstand sich die orthodoxe Kirche nämlich nie als Gegenpol zur weltlichen Macht. In byzantinischer Tradition galt das Prinzip der «Symphonia», also der Harmonie von Kaiser und Kirche, die in der Praxis auf die Unterordnung der Kirche unter das Kaisertum und dessen sakrale Legitimierung hinauslief.[112] Peter der Große hatte 1721 die Verbindung von Kaisertum und Kirche durch die Abschaffung des Patriarchats noch verstärkt. An der Spitze der russisch-orthodoxen Kirche stand seither der «Heilige Synod», in dem der «Oberprokuror», eine Person weltlichen Standes, als Vertreter des Kaisers fungierte.

Im Laufe des 18. und 19. Jahrhunderts war in Russland ein Verwaltungsapparat aufgebaut worden, der sich an westlichen Vorbildern orientierte und das Land um 1900 flächendeckend, aber mit geringer Dichte erfasste. Das Reich gliederte sich in Gouvernements (*gubernija*), von denen es 49 im europäischen Russland, zehn im Königreich Polen, acht im Großfürstentum Finnland, sieben in Kaukasien und vier in Sibirien gab. In einigen Randregionen hatte man die zivile Gouvernementsverfassung nicht eingeführt, sondern sie als «Gebiete» (*oblast'*) und «Generalgouvernements» (General Gubernatorstvo) organisiert. Das betraf das Gebiet der Donkosaken nördlich des Asowschen Meeres sowie je vier Gebiete in Kaukasien und Sibirien und neun in Zentralasien. Die Gouvernements und Gebiete waren wiederum in 792 Kreise (*uezd*) und Bezirke (*okrug*) unterteilt. An der Spitze der Gouvernements standen Gouverneure (*gubernator*), an der Spitze der Gebiete Militär-Gouverneure (*voennyj gubernator*) und Gebietschefs (*oblastnoj načal'nik*). Die Kreise und Bezirke wurden von Kreis- und Bezirkschefs (*uezdnyj načal'nik*, *okružnoj načal'nik*) geleitet.[113] Unterhalb der Kreise besaß der Staat keinen eigenen Verwaltungsapparat, sondern delegierte Aufgaben an die Dorfgemeinden (*obščina*, *sel'skoe obščestvo*), von denen jeweils mehrere zu einem Amtsbezirk (*volost'*) zusammengeschlossen waren.

Organe der Dorfgemeinden und Amtsbezirke waren öffentliche Versammlungen der Hausbesitzer (*sel'skij schod*, *volostnoj schod*) und Vorsteher (*starosta*, *staršina*). Auf den Versammlungen wurde über Gemeindeangelegenheiten beraten und abgestimmt, bei den Vorstehern lag die vollziehende Gewalt. Auf Ebene der Amtsbezirke bestanden auch Gerichte mit gewählten Schöffen, die Konflikte zwischen den Bauern regelten und kleinere Vergehen mit Geldstrafen, Arrest bis zu 30 Tagen oder vereinzelt auch noch Körperstrafen (Prügel, Auspeitschen) ahndeten. Diese bäuerlichen Organe waren keine reine Selbstverwaltung, sondern mussten im Auftrag der Behörden Steuern eintreiben, statistische Angaben liefern und andere Aufgaben erledigen. Die Amtsbezirksvorsteher wurden seit 1889 durch formelle Vereidigung und das Tragen von Dienstinsignien mit Gouvernementswappen und Zarenporträt als Repräsentanten der Staatsmacht markiert. Sie agierten nicht autonom, sondern unterstanden der Aufsicht der Landhauptleute (*zemskij načal'nik*). Dieses Amt war 1889 im Zuge der Reformkorrekturen unter Alexander III. eingeführt worden, um die Auswahl und Tätigkeit der Amtsbezirksvorsteher zu überwachen und die Bauern zur Respektierung der Behörden zu erziehen. Die Landhauptleute konnten Beschlüsse der bäuerlichen Selbstverwaltung aufheben. Bei den Bauern galten sie als Verkörperung von Willkür und Unterdrückung und waren dementsprechend verhasst. Die Einführung der Landhauptleute bewirkte eine gewisse Qualitätssteigerung bei den Amtsbezirksvorstehern. Laut einer Erhebung des Innenministeriums waren im Jahre 1880 40 Prozent der Amtsbezirksvorsteher und 80 Prozent der Dorfvorsteher Analphabeten gewesen. Um die Jahrhundertwende waren kaum noch Amtsbezirksvorsteher anzutreffen, die nicht lesen und schreiben konnten. Weniger erfolgreich verliefen die Anstrengungen, den Vorstehern beizubringen, sich als Beamte des Staates zu fühlen und sich an formale Verfahren zu halten, denn in ihrer Welt waren persönliche Autorität und klientelistische Bindungen wichtiger als Formalitäten.[114]

Der autokratische Staat war nominell mächtig, aber seine tatsächliche

Reichweite war gering. Von einer modernen und effektiven Verwaltung war Russland um 1900 noch weit entfernt. Auf dem Land und in der Peripherie waren die staatlichen Strukturen schwach. Staatliche Herrschaft war im Wesentlichen Herrschaft über Städte.[115] Entgegen dem in der zeitgenössischen westlichen Literatur häufig anzutreffenden Diktum vom «Polizeistaat» verfügte Russland nur über eine ineffektive Exekutive.[116] Selbst in Moskau waren die Polizisten unzureichend ausgebildet und schlecht bezahlt. Willkür, gewaltsame Übergriffe, Amtsmissbrauch, Bestechlichkeit und Erpressung waren allgegenwärtig.[117] Der beschleunigte gesellschaftliche Wandel im Gefolge der Industrialisierung überforderte die Polizei in den Großstädten. Sie versagte insbesondere im Umgang mit Massendemonstrationen und Arbeiterunruhen, sodass in solchen Fällen auf das Militär zurückgegriffen wurde. Länger als in Preußen oder Österreich blieb in Russland das Militär das wichtigste Instrument des Staates zur Durchsetzung von Ordnung in der Konfrontation mit sozialen Herausforderungen.[118] Der Einsatz militärischer Gewalt barg, wie die Revolution von 1905 erweisen sollte, das Risiko der Eskalation in sich. Die Zuflucht zu Gewalt und Einschüchterung zeigte jedenfalls nicht das Agieren eines starken Staates, sondern war vielmehr ein Symptom struktureller Schwäche.

Die Schwäche des autokratischen Staates hatte mit der Ausdehnung des Landes und den erst im Aufbau begriffenen Kommunikationsmitteln zu tun, aber auch mit Selbstverständnis und Arbeitsweise der Bürokraten. Patronage, Bestechlichkeit und die Notwendigkeit, Regeln zu verletzen, um überhaupt seine Aufgaben erfüllen zu können, waren ein Dauerproblem. Auf allen Ebenen, vor allem aber in der Provinz, konnten Beamte häufig nach eigenem Ermessen agieren oder untätig bleiben, weil die Kontrollmechanismen schwach waren. Wie die Kontrolle funktionierte, nämlich über die Entsendung von Beauftragten aus der Zentrale, deren Auftauchen die korrupten Amtsstuben für kurze Zeit durcheinanderwirbelte, hat Nikolaj Gogol' in seinem «Revisor» (1835) treffend karikiert. Das Grundproblem stellte sich auch um 1900 noch ähnlich dar: Im Prinzip war Russland ein zentralisierter Staat, dessen Fäden in St. Petersburg zusammenliefen. In der Praxis war die Zentrale aber nur unzulänglich darüber informiert, was ihre Repräsentanten vor Ort taten. Vieles von dem, was sich kluge Köpfe in St. Petersburg ausdachten, kam in der Provinz gar nicht an oder scheiterte an der Umsetzung.[119]

Dabei ist das ausgehende 19. und beginnende 20. Jahrhundert eine Phase in der russischen Geschichte, in der sich das Land mehr als davor und danach rechtsstaatlichen Standards und einer professionalisierten Administration näherte. Eine besondere Bedeutung kam dabei der Justizreform von

1864 zu. Erst seit dieser Zeit begann sich in Russland ein an abstrakten Normen orientiertes Denken durchzusetzen. Bis dahin hatte die Verwaltungskultur Russlands nach anderen Regeln funktioniert, nämlich nach den Regeln von Patron-Klient-Beziehungen und der Personalisierung von Ämtern und Macht. Nun wurden die in westlichen Ländern schon ein halbes Jahrhundert früher durchgesetzten Begriffe von Beamtenpflicht, Begünstigung und Korruption nach Russland importiert. Das war ein kultureller Bruch, der nicht überall auf Zustimmung stieß und dessen breite Verwirklichung seine Zeit benötigte.[120]

Die westlichen Vorstellungen von Rechtsstaatlichkeit und Rechtsempfinden konnten daher in Russland nur mit Friktionen und Abstrichen eingepflanzt werden. Zusätzliche Probleme gab es im ländlichen Milieu und in der nichtrussischen Peripherie, wo konkurrierende Auffassungen von Recht und Gerechtigkeit weiter wirkungsmächtig waren. Im Kaukasus und in Zentralasien machten die zarischen Bürokraten die Erfahrung, dass rechtsstaatliche Verfahren nicht ernst genommen wurden. Sie zogen daraus die Konsequenz, mit Hilfe des Ausnahmezustandes und der Militärjustiz zu herrschen. Auch in Zentralrussland mangelte es auf dem flachen Land an Personal und Institutionen, um flächendeckend rechtsstaatlich zu agieren. Zahlreiche Konflikte wurden informell oder nach den eigenen Regeln der Bauern ausgetragen.[121]

Dennoch: Mit den Großen Reformen waren Weichen in Richtung auf einen modernen Staat gestellt worden, der allgemeingültige Normen, Institutionen und Verfahren aufwertete und dessen Personal sich veränderte. In zunehmender Zahl strömten Absolventen der juristischen Fakultäten in das Justizwesen und in die Behörden. Ihr Fachwissen wurde notwendig mit der Verrechtlichung der Beziehungen zwischen den Behörden sowie zwischen Staat und Gesellschaft, und ihre Anwesenheit in den Ministerien veränderte diese von innen heraus. Die Professionalisierung der Bürokratie durch ausgebildete Juristen bewirkte einen Wandel im Selbstverständnis der Beamtenschaft und veränderte mittelfristig auch die Innenpolitik. Die Etablierung einer vom Herrscher unabhängigen Justiz kann als erster Schritt in Richtung einer Konstitution interpretiert werden, auch wenn der Kaiser bis 1905 nicht daran dachte, politische Entscheidungskompetenz abzugeben. Die Praxis im ausgehenden 19. Jahrhundert war aber insofern bemerkenswert, als Geschworenengerichte in politischen Prozessen Urteile fällten, die der Regierung nicht genehm waren, ohne dass der Zar deswegen in die Unabhängigkeit der Gerichte eingriff. Die Autokratie intervenierte in diesen Fällen nicht, sondern hielt sich an die vom Gesetz vorgeschriebenen Verfahren und Institutionen.[122]

Ein zentrales Problem des russischen Staatswesens war (und ist in gewisser Beziehung bis heute) das mangelnde Vertrauen in Institutionen. Vertrauen bezog sich grundsätzlich auf Personen und auf die Dichotomie zwischen den «eigenen» und den «anderen» Menschen. Damit verbanden sich doppelte moralische Standards: Im Umgang mit den Eigenen galten andere Normen als gegenüber Außenstehenden. Der Mangel an Vertrauen in Institutionen war einerseits eine Reaktion auf die fehlende Professionalität und die Bestechlichkeit der Vertreter der Staatsmacht, mit denen die Menschen im Alltag in Berührung kamen. Sie kann aber auch mit den Spielregeln der Bauerngemeinde in Verbindung gebracht werden. Die Bauerngemeinde beruhte auf dem Prinzip der solidarischen Kollektivhaftung (*krugovaja poruka*),[123] das die Mitglieder der Gemeinde gegenüber der Obrigkeit schützte. Die Gruppe haftete für die Verpflichtungen der Gemeinde und für die Handlungen jedes Einzelnen, während umgekehrt auch jeder Einzelne für die Verpflichtungen und Handlungen der Gruppe haftete. Diese Solidarität war mit einem starken Gruppenzwang zur Konformität und mit der Abgrenzung gegenüber der Außenwelt verbunden. Bei der Bauernbefreiung wurde der Grundsatz beibehalten, dass die Verantwortung für die Entrichtung der Steuern bei den Gemeinden als Ganzes liege. Wenn ein Bauer seine Steuern nicht zahlte und die Gemeinde den Fehlbetrag nicht ausglich, wurde die Gemeinde bestraft, nicht der säumige Steuerzahler.

Gegen Ende des 19. Jahrhunderts war das Prinzip der Solidarhaftung problematisch geworden. Viele Gemeinden hatten so hohe Steuerrückstände, dass die traditionellen Mechanismen keine Abhilfe mehr schaffen konnten. 1903 wurde daher per Gesetz festgelegt, dass fortan nicht mehr die Gemeinden, sondern die Haushaltsvorstände die Grundeinheit für die Steuerzahlung bildeten. 1907 wurde das Prinzip der Kollektivhaftung reichsweit abgeschafft. Die jahrhundertelange Praxis hatte sich allerdings so eingeprägt, dass sie nicht mit einem Federstrich zu beseitigen war. Der eingeübte Mechanismus, dass Gemeinden die Organe des Staates als etwas Bedrohliches empfanden, vor dem man sich durch Solidarität schützen müsse, sollte noch lange lebendig bleiben. Die Aufgabe der Solidarhaftung war Ausfluss einer um 1900 zu beobachtenden Tendenz, das Individuum mehr zu beachten. Mit der Jahrhundertwende fand der Begriff «Persönlichkeit» Eingang in die öffentlichen Debatten und in die Programmatik der entstehenden politischen Parteien.[124]

An der Wende vom 19. zum 20. Jahrhundert befand sich das Russländische Reich somit im Hinblick auf seine Verwaltung und seinen Beamtenapparat in einem ambivalenten Zustand. Die Verwaltung war im Vergleich zu den anderen europäischen Großmächten ineffektiv und ihre Repräsentanten in den Ämtern waren für westliche Verhältnisse korrupt. Verrechtlichung und Professionalisierung wurden staatlicherseits vorangetrieben, stießen aber an Grenzen, die kulturell und lebensweltlich bedingt waren. Dass man um 1900 von einer westeuropäischen Rechtsstaatlichkeit und modernen Bürokratie noch weit entfernt war, muss nicht als prinzipielle Reformunfähigkeit gedeutet werden. Das zu dieser Zeit immerhin erreichte Professionalisierungsniveau lässt jedenfalls das, was die Bolschewiki zwanzig Jahre später anrichteten, als Rückfall in ein bereits überwundenes Entwicklungsstadium erscheinen. Wie immer man die Anpassungsfähigkeit des zarischen Regimes beurteilt – es erwies sich nicht als starr, sondern als wandelbar. Freilich musste sich früher oder später die politische Frage nach der Verteilung der Macht im Staat und somit nach der Legitimität der Autokratie stellen. Diejenigen Kräfte, die 1905 einen Vorstoß in diese Richtung unternahmen, waren um 1900 in ihrer Formationsphase.

Ein wesentlicher Teil dieser Kräfte entsprang einem Milieu, das in vielerlei Hinsicht maßgeblich zur Wandlungsdynamik beitrug. Die Einführung der Landschaftsorgane (*zemstvo*) hatte 1864 den Nukleus für ein neuartiges zivilgesellschaftliches Engagement geschaffen. Das Zemstvo war eine Selbstverwaltungskörperschaft auf Gouvernements- und Kreisebene. Es wurde nach einem ständischen Proporz gewählt, konnte eigene Steuern erheben und war zuständig für Landwirtschaft, Ernährung, Gesundheit, Bildung, Veterinärwesen, Straßen und Brücken. Ähnlich wie die 1871 reformierten städtischen Selbstverwaltungsorgane (Stadtduma) hatte das Zemstvo nur begrenzte Kompetenzen, musste sich mit der parallel bestehenden staatlichen Administration arrangieren, war aufgrund der komplizierten Wahlordnung keineswegs repräsentativ, setzte aber nichtsdestoweniger gesellschaftliche Energien frei, mit denen die Autokratie so nicht gerechnet hatte. Die Zemstvoämter entfalteten nach einer längeren Anlaufzeit in den letzten beiden Jahrzehnten des 19. Jahrhunderts eine vielfältige Aktivität, kümmerten sich um die Einrichtung von Schulen und Krankenhäusern, die Verbesserung der Verkehrswege und die Modernisierung der Landwirtschaft. Daneben entwickelten sie sich schnell zu einem Forum für die liberale Intelligenz. Zemstvoärzte, Lehrer, Agronomen und Statistiker engagierten sich mit dem Ziel, die Lebensverhältnisse auf dem Land zu verbessern. Sie bildeten zusammen mit liberalen Adligen ein Reservoir an Kräften, die in den 1890er Jahren auch politische Ambitionen zeigten. Diese politischen Aktivitäten bildeten einen der Handlungsstränge, die in die Revolution von 1905 führten.

Aufgrund der Wahlordnung dominierten in den Zemstvoversammlungen die Adligen und Gutsbesitzer. Das Zemstvo kann aber nicht als Instrument der Gutsbesitzer betrachtet werden, denn auch die Bauern wirkten konstruktiv mit. Sie lernten in diesen Versammlungen, ihre Interessen zu artikulieren, mit Angehörigen anderer Stände zu kooperieren und Allianzen zu bilden. Trotz der Gegensätze zwischen Gutsbesitzern und Bauern fand hier eine Zusammenarbeit zum Wohle des Ganzen statt. Die von den Zeitgenossen viel beschriebene Unmündigkeit der Bauern und die auch in der neueren Literatur hervorgehobene Gewaltkultur des russischen Dorfes werden durch das Bild, das die Bauern im Zemvsto abgaben, ein wenig relativiert.[125]

Eine der bleibenden Leistungen des Zemstvo war eine detaillierte statistische Bestandsaufnahme der Gouvernements und Kreise. Vor allem die Landwirtschafts- und Bevölkerungsstatistiken, die in den 1870er und 1880er Jahren zusammengetragen, mit Auswertungen versehen und publiziert wurden, sind bis heute eine einzigartige Quelle. Schon Lenin hat viele seiner Analysen auf dieses Material gestützt. Die Zemstvostatistik verweist auf ein neues Interesse der Gesellschaft und der Behörden am Zählen, Beschreiben, Systematisieren und Kartographieren. Dieses Interesse, das für den modernen Staat kennzeichnend ist, erlebte im letzten Drittel des 19. Jahrhunderts in Russland einen bemerkenswerten Aufschwung. Was in westeuropäischen Ländern schon im 18. Jahrhundert begonnen worden war, wurde hier nun ebenfalls mit großer Energie in Angriff genommen. Gleichzeitig begann der Staat das Sammeln von statistischen Daten zu professionalisieren und zu monopolisieren. Misstrauisch gegenüber den Idealisten in den statistischen Komitees der Zemstvoeinrichtungen, zog das Innenministerium in den 1880er Jahren die Bevölkerungsstatistik an sich und trocknete die Zemstvostatistik aus.[126]

1858 hatte das Innenministerium im Zusammenhang mit den Vorbereitungen auf die Bauernbefreiung ein Zentrales Statistisches Komitee eingerichtet. An der Spitze des Komitees stand von 1863 bis 1875 der Geograph Petr Semenov-Tjan-Šanskij (1827–1914), eine herausragende Persönlichkeit, die für grundlegende Dokumentationen verantwortlich zeichnete: 1863 bis 1885 gab er das fünfbändige Geographisch-statistische Wörterbuch des Russländischen Reiches heraus, 1861 bis 1885 43 Bände einer Ortschaftsstatistik des Reiches, 1880 bis 1886 die achtbändige Statistik des Landbesitzes und der bewohnten Ortschaften des europäischen Russland, 1899 bis 1913 sein elfbändiges Monumentalwerk «Russland. Vollständige geographische Beschreibung unseres Vaterlandes».[127] Seit 1866 erschien ein statistisches Jahrbuch für das Russländische Reich. Parallel zu den Publikationen des Zentralen Statistischen Komitees ließ auch der

Generalstab zwischen 1859 und 1869 ein 25-bändiges Werk über die Geographie und Statistik Russlands anfertigen und betrieb seit 1865 eine systematische militärtopographische Landesaufnahme. Die genaueste Militärkarte im Maßstab von ca. 1 : 1 Million (3 Werst auf 1 Zoll) deckte um 1900 allerdings erst das westliche europäische Russland ab. Die erste Übersichtskarte über das Eisenbahnnetz des Reiches wurde 1901 auf Anordnung des Verkehrsministers publiziert.[128]

Die russischen Statistiker und Geographen waren international bestens vernetzt und genossen im Ausland ein hohes Renommee. Wissenschaftler wie Petr Semenov-Tjan-Šanskij, Nikolaj Prževal'skij (1839–1888) oder Dmitrij Mendeleev (1834–1907), der neben seiner Tätigkeit als Chemiker auch wegweisende demographische und wirtschaftsgeographische Forschungen betrieb, setzten nicht nur im eigenen Land Maßstäbe. Der Internationale Statistische Kongress 1872, der grundlegende Empfehlungen für die Konzipierung von regelmäßigen Volkszählungen verabschiedete, fand in St. Petersburg statt. Dennoch zeigt gerade das Beispiel der Volkszählungen, dass Russland im internationalen Vergleich hinterherhinkte. Zusammen mit China war es das einzige große Land, das erst kurz vor der Jahrhundertwende (1897) eine umfassende und wissenschaftlichen Ansprüchen genügende Volkszählung durchführte. Bis dahin hatte es nur unzureichende Erhebungen gegeben. Selbst das Osmanische Reich hatte anderthalb Jahrzehnte früher (1881) seine erste wissenschaftliche Volkszählung abgehalten.[129] Das Engagement einzelner Persönlichkeiten darf nicht darüber hinwegtäuschen, dass die russische Statistik unterentwickelt war und vom Staat nur zögerlich und mit geringen finanziellen und personellen Mitteln betrieben wurde.[130] Die Volkszählung von 1897 war eine Antwort auf die im Rahmen der Internationalen Statistischen Kongresse sichtbar gewordene Rückständigkeit Russlands und die Einführung der allgemeinen Wehrpflicht (1874). Federführend bei der im selben Jahr anlaufenden Vorbereitung war abermals Semenov-Tjan-Šanskij, der sich zum Ziel setzte, die international vereinbarten Standards in die Praxis umzusetzen. Dabei musste er gegen Widerstände der beteiligten Ministerien und des Reichsrates ankämpfen, die das Vorhaben aus Desinteresse und Sorge vor zu weit gehenden gesellschaftlichen Folgen einer derart umfassenden Transparenz von Daten verschleppten. Entgegen Semenovs Absichten wurde die Volkszählung dann auch nach ihrer ersten Durchführung 1897 nicht im Zehnjahresrhythmus verstetigt. Ihre Durchführung war immerhin eine beeindruckende organisatorische Leistung. Die Verarbeitung der Daten erfolgte nach damaligem Stand der Technik mit Lochkarten und elektrischen Hollerith-Zählmaschinen. Die Publikation der Ergebnisse dauerte erheblich länger als in anderen Ländern und war erst 1905 abgeschlossen. Immerhin lag am Ende mit 89 Bänden eine monumentale Dokumentation vor.

Landwirtschaft und ländliche Lebenswelten

Das Russländische Reich war um 1900 noch überwiegend agrarisch strukturiert. Drei Viertel der Bevölkerung bestritten ihren Lebensunterhalt aus der Landwirtschaft. Aufgrund des starken Bevölkerungswachstums blieb dieser hohe Anteil trotz der fortschreitenden Industrialisierung bis zum Ersten Weltkrieg fast unverändert.[131] In dieser bäuerlich-dörflichen Grundstruktur gab es zwar bereits Inseln der Urbanität und der Industrialisierung, es hieße aber ein verzerrtes Bild zeichnen, stellte man die städtisch-industrielle Perspektive in den Vordergrund. Auf dem Lande zu leben bedeutete etwas völlig Anderes als in der Hauptstadt zu wohnen – ganz abgesehen von den Unterschieden zwischen Kernrussland und muslimisch geprägten Gebieten. Die Kluft zwischen den Lebenswelten war so tief, dass auch die Kommunikation über sie hinweg gestört und von Missverständnissen geprägt war: Die Bauern verstanden nicht, was die städtischen Intellektuellen von ihnen wollten, und umgekehrt verstanden die Städter nicht, in welchen Kategorien die Bauern dachten. Die hauptstädtischen Elitendiskurse geben daher kein repräsentatives Bild von Russland. Wer Russland verstehen will, darf sich nicht mit St. Petersburg und Moskau begnügen, sondern muss einen Blick auf das flache Land werfen.

Das erkannten schon Russland-Reisende des 19. Jahrhunderts. Einer von ihnen war der russisch-deutsche Sozialdemokrat Alexander Parvus, eigentlich Israel Helphand [Gel'fand], der später vor allem dafür bekannt wurde, dass er 1917 Lenins Fahrt im plombierten Eisenbahnwaggon nach Russland organisierte. 1898 bereiste er zusammen mit dem Arzt Dr. Carl Lehmann Russland und fuhr dabei gezielt in Gebiete, die von Hungersnöten heimgesucht wurden. Die Eindrücke von dieser Reise publizierten die beiden als Buch und schrieben darin gegen die geschönte Selbstdarstellung des offiziellen Russland an. «Das hungernde Russland» (Stuttgart 1900) war eine direkte Antwort auf die Präsentation Russlands auf der Pariser Weltausstellung.[132] Es zeichnete ein trostloses Bild von Bauern, die unter erbärmlichen Bedingungen lebten und Hunger litten. Das vernichtende Urteil über den Zustand Russlands war sicherlich überspitzt und einseitig. Parvus und Lehmann hatten die ärmlichsten Gegenden Russlands bereist und suggerierten, dass es überall so sei, was nicht stimmte. Ihre Beobachtungen an sich waren jedoch glaubwürdig.

John Foster Fraser, ein bekannter britischer Reiseschriftsteller, der im Herbst 1901 mit der Eisenbahn durch Sibirien gereist war, beschrieb das russische Dorf ebenfalls in herbem Kontrast zu der Selbstdarstellung Russlands als prosperierendes und die europäische Zivilisation nach Asien tragendes Gemeinwesen. Fraser sprach den russischen Bauern jegliche Zivilisation ab und charakterisierte sie als primitiv, kulturlos und nur wenig über den «Wilden» stehend:[133] «Nirgends in den Vereinigten Staaten – und Sibirien wird ja oft als ein neues Amerika bezeichnet – sind so riesige, prachtvolle, für den Ackerbau wie geschaffene Länderstrecken vorhanden, die nur des Bebauers und seines Pflugs harren. Und doch ist wenig Aussicht vorhanden, dass Sibirien durch die Hilfe und Arbeit russischer Farmer in Zeit von einigen Generationen wenigstens von seinem Überfluß an den Rest der Welt abgeben wird. Denn Thatsache ist, dass der Russe einer der schlechtesten Farmer auf dem gesamten Erdenrund ist. Es ist wahrscheinlich der stark tartarische Zug in seinem Wesen, welcher ihn so faul und unthätig macht. Er ist sicherlich kein geborener Ackerbauer. [...] Die Häuser sind so schmutzig, dass einem beim bloßen Anblick übel werden kann; sie sind alle halbverfallen und wenn ein Zaun zusammenbricht, so bleibt er für immer liegen. Das Land selbst ist vernachlässigt, und der Ertrag ist jämmerlich. Das einzige, wofür der ‹Muschik› [Bauer] Interesse hat, ist die Befriedigung seiner tierischen Bedürfnisse, die Woche über genügend zu essen und soviel Kopeken zu verdienen, um sich am Sonntag mit Wodki betrinken zu können.»[134]

Dieses verheerende Urteil spiegelt die Sicht des westlichen Reisenden, der, was er sah, an unreflektierten Maßstäben maß und für die Bedingtheiten russischen Wirtschaftens und Lebens wenig Verständnis an den Tag legte. Aus der Perspektive der russischen städtischen Eliten konnten sich die Verhältnisse im Dorf ähnlich darstellen, oder aber als romantisch-idealisierende Verklärungen des Dorfes daherkommen. – Wie so oft werden auch hier eindimensionale Pauschalurteile der Wirklichkeit nicht gerecht, ganz abgesehen davon, dass das Russländische Reich viel zu groß und regional wie ethnisch-kulturell zu vielgestaltig war, als dass man etwas über *den* Bauern und seine Wirtschaftsweise aussagen könnte.

Insgesamt betrachtet lässt sich konstatieren, dass in Russland die Landwirtschaft um 1900 überwiegend noch extensiv und auf einem niedrigen technologischen Niveau betrieben wurde. Sie befand sich auf einem Entwicklungsstand, wie er in den westlichen Industrieländern bereits im Laufe des 19. Jahrhunderts überwunden worden war. Das zeigt sich deutlich an ihrer im internationalen Vergleich niedrigen Produktivität: Der mittlere Ertrag der russischen Getreideproduktion lag im Jahre 1910 bei 800 Kilogramm je Hektar. Damit nahm die russische Landwirtschaft in Europa den vorletzten Platz ein. Nur in Serbien war die Produktivität noch niedriger.

In England und Deutschland war sie dreimal höher; Österreich-Ungarn, Frankreich, Italien und die USA erzielten etwa 50 Prozent mehr Ertrag.[135] Das hatte verschiedene Gründe, über deren Gewichtung kontroverse Meinungen bestehen: Nur ein kleiner Teil Russlands eignet sich überhaupt für die ackerbauliche Nutzung. In vielen Regionen ist die Vegetationsperiode deutlich kürzer als in Mitteleuropa und wichtige Getreideanbaugebiete sind für Dürren und daraus resultierende Missernten anfällig. Die geringere Produktivität war allerdings auch technologisch, rechtlich und kulturell bedingt.

In Russland wurde zu Beginn des 20. Jahrhunderts überwiegend noch die Dreifelderwirtschaft praktiziert. Das heißt, man nutzte nur zwei Drittel des Bodens und ließ das restliche Drittel brachliegen, damit es sich regenerieren konnte. An diesem System konnte man so lange nichts ändern, bis man dem Boden nicht durch Düngung diejenigen Nährstoffe wieder zuführte, die ihm die Fruchtkulturen entzogen. Düngung wurde aber bis zum Ende des 19. Jahrhunderts in den meisten Gebieten Russlands nicht praktiziert. Den Stallmist brauchte man als Brennmaterial oder hatte gar keinen, weil das Vieh auf der Weide gehalten wurde. Mineraldünger – die eigentliche Grundlage für die agrarische Revolution im 19. Jahrhundert – war in Russland so gut wie unbekannt.[136]

Umstritten waren und sind die ökonomischen Auswirkungen der russischen Landumteilungsgemeinde (*mir*, *obščina*). Die Bauern hatten kein Privateigentum an Grund und Boden, sondern nur ein Nutzungsrecht, über das die Gemeinde entschied. Diese führte von Zeit zu Zeit Umverteilungen durch, je nach der Zahl der arbeitsfähigen Familienmitglieder. Dieses System wurde seit der Mitte des 19. Jahrhunderts immer wieder für die geringe Leistungsfähigkeit der russischen Landwirtschaft verantwortlich gemacht. Durch das Anrecht auf Bodenzuteilung blieb die dauerhafte Abwanderung in die Städte geringer als in anderen Ländern. Die Landanteile pro Kopf wurden immer kleiner und die periodische Umverteilung verringerte den Anreiz, das Land zu pflegen. Dagegen lässt sich einwenden, dass nach 1861 vielerorts gar keine oder nur mehr wenige Umteilungen stattfanden. Einzelne neuere Untersuchungen rütteln daher an der Kausalbeziehung von Umteilungsgemeinde und niedriger Produktivität. Das Gemeindeeigentum an Land konnte unter Umständen sogar die Übernahme von Innovationen beschleunigen, denn wenn die Gemeinde den Übergang zu einer besseren Fruchtfolge beschloss, mussten alle Bauern mitziehen.[137]

Die kurze Vegetationszeit hatte zur Folge, dass sich die Feldarbeit auf wenige Monate zusammendrängte und die Bauern in der übrigen Zeit für Außenstehende den Anschein erweckten, faul und ständig betrunken zu sein.[138] Zu diesem Bild trug die immense Zahl der kirchlichen Feiertage bei, die mit so reichlichem Wodkagenuss begangen wurden, dass viele Bauern auch am Folgetag nicht arbeitsfähig waren. Das Problem der Feiertage wurde um die Jahrhundertwende intensiv diskutiert und mit der geringen Produktivität in Zusammenhang gebracht.[139] Die meisten Feiertage fielen allerdings in die Zeit zwischen November und Februar, in der ohnehin keine Feldarbeit möglich war. Von April bis September musste hingegen so viel Arbeit bewältigt werden, dass für Feste kaum Zeit blieb. In dieser Zeit wurde auch selten geheiratet und wurden nur wenige Kinder gezeugt.[140]

Mit den Feiertagen eng verbunden war das Problem des Alkoholismus. Um ihn einzudämmen und den Gesundheitsschäden vorzubeugen, die aus dem Konsum von verunreinigtem Fusel resultierten, errichtete der Staat 1893 ein Alkoholmonopol. In der Realität hatte das Alkoholmonopol jedoch zur Folge, dass in den Dörfern zwar viele Kneipen schließen mussten, an ihre Stelle aber staatliche Schnapsbuden traten, die manchmal sogar gegen den Willen der Gemeinde eröffnet wurden.[141] Der Alkoholkonsum stieg weiter an, und der Staat verdiente an der Alkoholsucht seiner Untertanen gut. Um die Jahrhundertwende entfiel nicht weniger als ein Viertel der gesamten Staatseinnahmen auf den Verkauf von Wodka.

Untersuchungen von Landwirtschaftsexperten brachten um 1900 eine gegenüber biologischen und landwirtschaftlichen Gesetzmäßigkeiten ignorante Grundhaltung des russischen Bauern zum Vorschein. Die neuere Forschung sieht darin die eigentliche Ursache für die Rückständigkeit der russischen Landwirtschaft. Die Bauern richteten sich häufig nach fragwürdigen Volksweisheiten und kannten einfache Sachverhalte nicht: etwa, dass man als Saatgut das beste und nicht das schlechteste Getreide beiseite legt oder dass man das Korn vor der Vollreife schneiden muss, um nicht Gewichtsverluste hinnehmen zu müssen. Solche fundamentalen Fehler konnten Ernteeinbußen von bis zu 50 Prozent zur Folge haben.[142] Die um die Jahrhundertwende von Behörden und Zemstvo unternommenen Bemühungen, Neuerungen in den Dörfern zu propagieren, stießen dort auf Misstrauen. Trotz der Einrichtung von landwirtschaftlichen Versuchsanstalten und Musterwirtschaften verbreiteten sich effektivere Wirtschaftsmethoden und zeitgemäße Agrartechnik nur langsam. Das lag nicht nur an der Ignoranz der Bauern und mangelnden Investitionsmitteln. Es zeigte sich vielmehr, dass man Methoden, die sich in anderen Ländern bewährt hatten, nicht einfach übertragen konnte, sondern erst adaptieren musste, damit sie für die Klima- und Bodenbedingungen Russlands taugten und nicht etwa das Austrocknen oder die Erosion des Bodens verschlimmerten.[143]

Viele Bauern produzierten nicht für den Markt, sondern um ihre eigenen Bedürfnisse zu decken. Das war nicht nur ökonomisch, sondern auch kulturell bedingt, denn im orthodoxen Wertesystem bestand das Ziel der Arbeit in der Deckung der lebensnotwendigen Bedürfnisse, während das Streben nach Reichtum als Habsucht und somit als Sünde gebrandmarkt wurde.[144] Wer die orthodoxen Feiertage nicht einhielt, musste mit Sanktionen sowohl der Kirche als auch der Bauerngemeinde rechnen, die bis zu Geld- und Körperstrafen und der Zerstörung von Eigentum reichten, das durch «unrechte» Arbeit erworben wurde.[145] Um die Jahrhundertwende war zwar die Einstellung zu Eigentum und Leistung im Wandel begriffen, aber die alten Denkmuster waren weiterhin präsent und behinderten die Umstellung von der Eigenbedarfs- auf die Marktwirtschaft.[146]

Das traditionelle Bild von der Landwirtschaft des späten Zarenreiches war das von einer sich fortschreitend verschlechternden Lage der Bauern und einer sich verschärfenden Agrarkrise. Die neuere Forschung hat gezeigt, dass dieses Bild zu stark von den zeitgenössischen und sowjetischen Diskursen beeinflusst ist. Die Landnot der Bauern entpuppt sich bei näherem Hinsehen mehr als ein subjektiv empfundener Landhunger. Die Landausstattung der russischen Bauern war im Schnitt nicht schlechter als die der Bauern in West- und Mitteleuropa. Um die Jahrhundertwende betrug der durchschnittliche Landanteil einer Bauernwirtschaft zehn Hektar, wobei fünf Hektar als Existenzminimum galten.[147] Der Reinertrag und die Produktivität bei den wichtigsten Erzeugnissen (Getreide und Kartoffeln) stiegen kontinuierlich und auch die Qualität des Getreides wurde besser.[148] Zu berücksichtigen ist überdies, dass der in manchen Regionen verzeichnete Rückgang der Getreideproduktion Ausdruck eines ökonomisch zweckmäßigen Verhaltens sein konnte, wenn sich die Bauern im Einzugsbereich von Städten auf den Anbau von Kartoffeln, Gemüse, Hanf oder Tabak verlegten.[149] Dennoch gab es zweifellos Regionen, in denen ein beträchtlicher Teil der Bauern auf Höfen wirtschaftete, deren Landausstattung nicht zum Überleben ausreichte.[150]

Dabei sind aber zwei Dinge zu beachten: Erstens waren ausschließlich von der eigenen Landwirtschaft lebende Bauern in Russland eher die Ausnahme. Charakteristisch war die Mischung von eigener Landwirtschaft und Nebentätigkeiten verschiedenster Art,[151] die per se nicht als Indikator für Armut gelten kann, zumal es bei der kürzeren Vegetationsperiode sinnvoll war, die Arbeitskraft anderweitig einzusetzen. Zweitens verschoben sich die Besitzverhältnisse im ausgehenden 19. Jahrhundert massiv zugunsten der Bauern und zu Lasten der Adligen, weil viele Adlige ihre verschuldeten Güter an Bauern verkauften. 1905 besaßen Bauern, Kosaken und

Stadtbürger (*meščane*) 70 Prozent des nicht dem Staat gehörenden Bodens, dem Adel gehörten nur mehr 22 Prozent. Hinzu kam, dass die Gutsbesitzer in den 1890er Jahren unter dem Druck der niedrigen Getreidepreise viel Land an Bauern verpachteten, weil ihnen die Eigenbewirtschaftung nicht rentabel genug erschien. Nach 1900 kehrten sich allerdings die günstigen Trends für die Bauern um: Steigende Getreidepreise ließen die Gutsbesitzer profitieren und weniger Land verkaufen und verpachten. 1899 und 1901 kam es infolge von Missernten in einigen Regionen zu Hungersnöten. Diese krisenhafte Entwicklung war eine der Ursachen für die Agrarunruhen der Jahre 1905 bis 1907. Hinter den Rebellionen der Bauern seit 1900 stand also eine relative Verschlechterung der Lage, nicht unbedingt eine Notlage.[152] Trotz der Krise befand sich die russische Landwirtschaft in einer Phase des beschleunigten Wandels. Unter dem Einfluss der amerikanischen Produktion waren die Weltmarktpreise für Getreide zwischen 1875 und 1895 um die Hälfte gesunken. Verbunden mit starker Bevölkerungszunahme erzeugte das auf dem Land einen wachsenden Druck, sich auf Marktbeziehungen einzulassen. Zudem eröffnete die steigende Nachfrage der Städte nach Agrarprodukten neue Anreize und Möglichkeiten.[153]

Obwohl Landwirtschaft und ländliches Handwerk zwischen 1861 und 1913 einen Bevölkerungszuwachs (ohne Polen und Finnland) von 60 Millionen Menschen auffangen mussten – die Industrie stellte nicht einmal zweieinhalb Millionen zusätzliche Arbeitsplätze bereit –, stieg der bäuerliche Lebensstandard. Der Pro-Kopf-Lebensmittelkonsum der Bauern erhöhte sich zwischen 1885 und 1913.[154] Dies bestätigen auch anthropometrische Daten. Sie belegen für den Zeitraum zwischen 1860 und 1910 eine Zunahme von Körpergröße und Gewicht der zur Musterung erschienenen jungen Männer. Seit 1885 verbesserte sich der Ernährungs- und Gesundheitszustand der ländlichen Bevölkerung.[155] Getrübt wird dieses Bild durch den Umstand, dass viele Bauern nicht über genügend Reserven verfügten, um die periodisch auftretenden Missernten kompensieren zu können. So kam es weiterhin zu Hungersnöten.[156] Im Gegensatz zu dem, was Parvus und Lehmann suggerierten, blieben diese Hungersnöte jedoch um 1900 regional beschränkt. Die letzte überregionale Missernte hatte sich 1891/92 ereignet und markierte den Übergang zu Wirtschafts- und Infrastrukturen, die es ermöglichten, den Hungernden wirksamer als früher Hilfe zu leisten. Diese letzte große Hungersnot des Zarenreiches forderte schätzungsweise an die 400 000 Todesopfer – eine im Vergleich mit mitteleuropäischen Verhältnissen immense Zahl, die jedoch von den Hungersnöten, die sich in der Sowjetunion 1921/22, 1932/33 und 1946/47 ereigneten, um ein Vielfaches übertroffen werden sollte.[157]

Im Vergleich mit den Jahrzehnten davor erscheint die Situation weniger krisenhaft, als die zeitgenössischen Äußerungen suggerieren. Das Problem war auch eines der subjektiven Wahrnehmung. Die Bauern waren seit der Aufhebung der Leibeigenschaft latent unzufrieden. Sie hatten schon damals nicht eingesehen, warum sie den Gutsbesitzern das Land teuer ablösen mussten. Zwar waren die Zahlungsraten 1881 reduziert worden, sie stellten aber dennoch eine schwere Belastung dar. Erlassen wurden sie erst als Ergebnis der Revolution von 1905.[158] Im Rechtsempfinden der Bauern gab es ohnehin kein Privateigentum an Land, sondern wer das Land bebaute, hatte das Nutzungsrecht. In ihren Augen saßen die Gutsbesitzer auf Bauernland.

Aus dieser Wahrnehmung einer grundsätzlichen Ungerechtigkeit resultierten die bäuerliche Deutung ihrer Situation als «Landnot», «Unterdrückung» und «Ausbeutung» sowie ein Hass auf die Gutsbesitzer, der sich in Übergriffen äußerte. Bäuerlicher Sozialprotest gehörte in Russland seit Jahrhunderten zu den tradierten kollektiven Handlungsmustern. In den 1890er Jahren ist hier eine deutliche Steigerung der Aggressivität festzustellen, die auf die Erfahrung der Hungersnot von 1891/92 zurückgeführt wird. Freien Lauf ließen die Bauern ihrer Wut im Zuge der Revolution von 1905.[159] In den Jahren 1905 bis 1907 verwüsteten sie benachbarte Adelsgüter, brandschatzten und mordeten in einer Weise, die zeigt, wie viel Hass sich angestaut hatte. Ähnlich motiviert waren die Judenpogrome (von russ. *gromit'* – zerstören), die zwischen 1881 und 1907 stattfanden, denn auch die Juden, die im Südwesten vielerorts den Getreidehandel dominierten, waren in den Augen der Bauern Unterdrücker und Ausbeuter.

Die Lebenswirklichkeit der Bauern war nicht nur eine Frage des Landbesitzes, sondern auch der materiellen Lebensumstände und der Verhaltensweisen. Typisch für russische Dörfer war die Weiträumigkeit. Die Häuser gruppierten sich in großen Abständen unregelmäßig entlang einer breiten Straße. Letztere war üblicherweise weder befestigt noch irgendwie begrenzt, sondern bestand einfach aus Erdboden. Fußgänger, Vieh und Fuhrwerke bewegten sich auf einem großen unstrukturierten Gebiet, das von Grasflächen und Wassertümpeln unterbrochen war. Zur Zeit der Schneeschmelze oder nach Regenfällen verwandelte sich diese «Straße» in eine Schlammwüste. Fotografien aus der Zeit vor dem Ersten Weltkrieg erwecken für mitteleuropäische Betrachter häufig den Eindruck von Verwahrlosung und Trostlosigkeit. «Wir haben keine Blumengärten gesehen», bemerkten Parvus und Lehmann bei ihrer Reise durch die Dörfer.[160] Ihre Beschreibung der Bauernhäuser stimmt mit dem überein, was auch aus anderen Quellen überliefert ist:

«Die Bauernhäuser in Zentral-, Nord- und Ostrussland sind ausnahmslos aus Holz gebaut. Nur in Südrussland und an der unteren Wolga sind Lehmhütten die Regel. [...] Gewöhnlich besteht das Haus aus einem Zimmer, selten trifft man einen Nebenraum. [...] Wie man eintritt, sieht man gleich rechter Hand den gewaltigen Ofen. Es gibt in den großen Bauernhäusern Ungetüme von Öfen, die eine Grundfläche von über zehn Quadratmetern haben. Aber auch gewöhnlich hat der Ofen eine Grundlage von fünf bis sechs Quadratmetern und, da sein breiter Rauchfang durch die ganze Zimmerhöhe geht, nimmt er einen beträchtlichen Teil des Luftraums weg. [...] Auf dem warmen Ofendach ist im Winter der Lieblingsplatz der Greise, der Kranken und der Kinder. [...] Gerade gegenüber der Türe ist gewöhnlich die schöne oder auch heilige Ecke. Denn hier sind ein oder mehrere Heiligenbilder angebracht, je nach dem Wohlstand, in mehr oder weniger mit Bronze beladenen, versilberten oder vergoldeten Rahmen. An Messingschnüren hängt vor ihnen das brennende Öllämpchen aus buntem Glas. In dieser Ecke steht der große Tisch. An den Wänden laufen breite Pritschen, die als Sitzbänke und nachts als Lager dienen.»[161]

Die hygienischen Verhältnisse waren primitiv. In den Häusern gab es keine Möglichkeit, sich zu waschen. Das Wasser zum Kochen wurde in Eimern vom Brunnen geholt. Immerhin hatte jedes Dorf ein gemeinschaftliches Dampfbad (*banja*), wo sich die Dorfbewohner samstags wuschen und ausschwitzten.[162] Die Kleidung war einfach und grob, meist im Dorf selbst hergestellt. Um die Jahrhundertwende liefen die meisten Bauern noch barfuß, was bei warmer Witterung und verschlammten Wegen auch zweckmäßig war. Im Winter wickelten sie die Füße in Lappen, die mit einer Schnur festgebunden waren. Richtiges Schuhwerk (Leder- und Filzstiefel) hatte nur, wer es sich leisten konnte. In den Häusern lebten Großfamilien auf engstem Raum; dementsprechend stickig war es darin. Das Leben in den Dörfern war für die meisten Bauern weit entfernt von der Idylle slawophiler Verklärungen. Nur wenige Bauern konnten sich einen prächtigen Hof mit drei Etagen, mehreren Zimmern und kunstvoll verziertem Mobiliar bauen, wie ihn Touristen heute beispielsweise im Freilichtmuseum der Insel Kiži im Onegasee (Karelien) bestaunen.[163]

Die Dorfgemeinde war eine Welt für sich, die nach eigenen Regeln funktionierte. Gegenüber Außenstehenden verhielten sich die Bauern tendenziell misstrauisch bis ablehnend – eine Verhaltensweise, die sie über Jahrhunderte eingeübt hatten, denn Einmischungen von außen verhießen erfahrungsgemäß nichts Gutes.[164] Die Rekrutierung zum Militär hatte trotz der Umstellung auf die allgemeine Wehrpflicht ihren Schrecken behalten;[165] der Landhauptmann (*zemskij načal'nik*) kontrollierte die lokale Selbstverwaltung; die Polizei war auf dem flachen Land nur schwach vertreten, schlecht qualifiziert und bestechlich. Die Bauern fühlten sich von ihr nicht geschützt, sondern bedrückt. Die Dorfgemeinde mit der Dorfversammlung verkörperte Patriarchalismus, Sozialkontrolle sowie einen starken Zusammenhalt und ein auf die Gemeinschaft bezogenes Denken, das für individualistisches Ausscheren wenig Platz ließ.[166] Der prinzipiell demokratischen Struktur mit der Dorfversammlung stand eine Dominanz von Schreibern und wenigen mächtigen Bauern gegenüber, von denen die anderen abhängig waren, weil sie bei ihnen Geräte oder Arbeitstiere ausliehen oder in Notzeiten Hilfe bekamen.[167]

Arm und Reich konnte sich allerdings in diesem System schnell ändern, bedingt durch die von der Dorfversammlung in periodischen Abständen beschlossene Umverteilung des Ackerlandes auf der Grundlage der Leistungsfähigkeit der Familien – ein System, das noch aus der Zeit stammte, als das zu bearbeitende Land als Belastung betrachtet wurde, die so verteilt werden musste, dass die Gemeinde ihre Steuern aufbringen konnte. Viele Bauern erfuhren dieses Auf und Ab im Laufe ihres Lebens. Die soziale Schichtung im Dorf war keine klassenspezifisch-dauerhafte, sondern vielmehr eine zyklische Auf- und Abwärtsbewegung, die durch die Zahl der Arbeitskräfte in der Familie bestimmt wurde.[168] Die wohlhabenderen und mächtigen Bauern wurden entgegen dem Sprachgebrauch der Bolschewiki, der sich seit den 1920er Jahren verfestigt hat, im Dorf eher nicht als «Kulaken» (russ. *kulak* – Faust) bezeichnet. Dieser pejorative Begriff galt vielmehr solchen Dorfbewohnern, die selbst gar keine Landwirtschaft betrieben, sondern sich als Geldverleiher, Getreidehändler oder Landverpächter in den Augen der Bauern auf Kosten anderer bereicherten. Es war Lenin, der 1899 in seiner Schrift über die Entwicklung des Kapitalismus in Russland in Umkehrung der bis dahin üblichen Anwendung der Bezeichnung den negativ belegten Begriff des Kulaken auf die wohlhabenderen Bauern übertrug, denen er eine kapitalistische Wirtschaftsweise unterstellte.[169]

Der soziale Ausgleich war ja gerade ein wesentliches Kennzeichen der *obščina* – und der Grund, warum die Regierung bis 1906 an diesem Modell festhielt, denn man wollte einer Entwicklung, wie man sie in den westlichen Ländern mit Sorge beobachtete, vorbeugen: Die Dorfgemeinde sollte die Risiken der Industrialisierung abfedern und die Entstehung eines Heeres von Proletariern bremsen, von dem man – mit Recht – die Destabilisierung der Autokratie befürchtete. Die *obščina* verlangsamte die soziale Differenzierung innerhalb des Dorfes und minderte den Abwanderungsdruck. Dazu standen ihr neben der periodischen Umverteilung, die in der Praxis gar nicht mehr so häufig praktiziert wurde, eine Reihe von weiteren ausgleichenden Mechanismen zur Verfügung: von der gegenseitigen Hilfe über die Wahl von bessergestellten Bauern in zeitraubende und damit kostspielige Ämter bis hin zur Abschiebung der sozialen Problemfälle zum Militär und der Befreiung der Reichen vom Militärdienst gegen Zahlung einer Abgabe an die Gemeinde.[170] Mit einer kapitalistischen Wirtschaftsweise, die auf Individualismus und sozialer Differenzierung beruhte, war die *obščina* nicht vereinbar. Deshalb geriet sie im ausgehenden 19. Jahrhundert unter heftige Kritik. Die Regierung konnte sich allerdings erst nach der Revolution von 1905 dazu durchringen, dieses traditionelle Element der Sozialordnung aufzugeben. Die Agrarreform von Ministerpräsident Petr Stolypin zielte von 1906 an auf eine völlige Neuordnung der Agrarverfassung in Richtung einer Individualisierung ab.

Der starke soziale Zusammenhalt des Dorfes machte es resistent gegen äußere Einflüsse. Die Gemeinde bestimmte neben der Landnutzung auch andere Lebensbereiche. Dieser innere Zusammenhalt, verbunden mit einer starken internen Sozialkontrolle, bewirkte eine Isolierung nach außen hin, ein Misstrauen gegenüber Fremden, einen Zusammenhalt gegen andere, auch gegen andere Dörfer.[171] Im engen Zusammenhang damit steht die Diskrepanz zwischen dem bäuerlichen Rechtsempfinden und den staatlichen Gesetzesnormen.[172] Die moralischen Verhaltensnormen der Bauern erstreckten sich zu einem guten Teil nur auf den Umgang mit den eigenen Dorfgenossen, weniger mit Auswärtigen und kaum mit dem Staat. Den Nachbarn zu hintergehen, war unmoralisch, den Staat oder den Gutsbesitzer zu betrügen oder zu bestehlen, war hingegen nicht verwerflich.[173] Die Übertragung westlicher Vorstellungen von Rechtsstaatlichkeit im Gefolge der Justizreform von 1864 kollidierte im bäuerlichen Milieu mit konkurrierenden Auffassungen von Recht und Gerechtigkeit. In der bäuerlichen Gesellschaft wurden Vergehen und Verbrechen nach gewohnheitsrechtlichen Prinzipien geahndet, die oftmals den geltenden Gesetzen widersprachen. Die Bauern regelten vieles unter sich, ohne sich um die Regeln der staatlichen Justiz zu kümmern.[174] Selbstjustiz war weit verbreitet, konzentrierte sich allerdings in der Regel auf solche Tatbestände, bei denen die Bauern das Gefühl hatten, vom Staat nicht vor existenziellen Bedrohungen geschützt zu werden (Pferdediebstahl, Brandstiftung).[175]

Das Bild von der gewalttätigen Selbstjustiz und den ständigen Konflikten zwischen der staatlichen Justiz und dem bäuerlichen Gewohnheitsrecht beruht zum Teil auf der verzerrten Wahrnehmung des Dorfes durch die städtischen Eliten, denen die Lebenswelt der Bauern fremd war. Daraus resultierten Zuschreibungen wie «barbarisch», «rückständig» oder «roh». Neuere Arbeiten konnten zeigen, dass die Bauern durchaus eine rationale Rechtskultur hatten und das Recht zielstrebig zur Durchsetzung ihrer Interessen einsetzten.[176] Hier scheint sich auch um die Jahrhundertwende etwas verändert zu haben, denn der ökonomische Wandel ging an der Dorfgemeinde nicht spurlos vorüber. Die Isolation des Dorfes wurde durch eine verstärkte Mobilität zunehmend aufgebrochen.[177] In größerer Zahl als früher zogen die Bauern zur Saisonarbeit oder für längere Zeiträume in die Stadt und lernten dort die urbane Lebensweise kennen. Das konnte nicht ohne Rückwirkungen auf das Dorf bleiben, zumal der typische Arbeitsmigrant die Verbindung zu seinem Heimatdorf aufrechterhielt.

Ein großer Teil der Bauern verdiente neben der eigenen Landwirtschaft zusätzliches Geld. In manchen Gegenden entwickelte sich eine bedeutende Heimindustrie (*kustarničestvo*). Millionen weiterer Bauern verließen jedes Jahr für mehrere Monate das Dorf, um sich in anderen Regionen als Landarbeiter zu verdingen, während die Frauen, Jungen und Alten zu Hause die Wirtschaft bestellten. Größer war der lebensweltliche Bruch für diejenigen, die zur Lohnarbeit in die Stadt oder in ein Bergwerk gingen. Sie kehrten in der ersten Generation häufig zur Ernte ins Dorf zurück und holten die Familie erst nach, wenn die Existenz halbwegs gesichert war.[178]

Die Verhältnisse zwischen den Geschlechtern und Generationen innerhalb der bäuerlichen Großfamilien waren grundsätzlich patriarchalisch. An der Spitze der Hierarchie stand der Haushaltsvorstand (*chozjain*). Seine Frau, die *chozjajka* oder *bol'šucha,* war ihm zwar untergeordnet und vielfach Objekt von sexueller und anderer körperlicher Gewalt. Betrunken nach Hause zu kommen und die Ehefrau zu verprügeln oder zum Beischlaf zu nötigen war gang und gäbe. Die *chozjajka* hatte aber ihrerseits gegenüber den jüngeren Frauen im Familienverband eine starke Machtstellung, die sie besonders gegenüber den eingeheirateten Schwiegertöchtern ausspielte. In der russischen und ukrainischen Volkskultur sind zahlreiche Klagelieder überliefert, die vor der Hochzeit gesungen wurden und darauf hindeuten, dass die Eheschließung von den jungen Frauen als der Beginn eines Martyriums empfunden wurde.[179]

Die patriarchalische Struktur wurde unterminiert, sobald der auswärtige Verdienst der jüngeren Männer zur wichtigsten Einkommensquelle für die ganze Familie wurde. Die Älteren verloren an Autorität und es kam zu Generationenkonflikten, zumal diejenigen jungen Männer, die in die Stadt gegangen waren, sich an das dortige Leben gewöhnten, unzufrieden über die Verhältnisse im Dorf waren und ihre Pflichten in der Landwirtschaft ohne Lust verrichteten. Aus der Sicht der im Dorf Gebliebenen bedeutete die Arbeitsmigration in die Stadt eine moralische Gefährdung, zumal sich die jungen Leute dort außerhalb der Reichweite der familiären und dörflichen Überwachungsmechanismen befanden.[180] Migration und Kontakt mit der Stadt wirkten sich auch auf die Geschlechterbeziehungen aus. Männer, die auswärts arbeiteten, waren bei den Frauen begehrter, denn von ihnen konnte man erwarten, dass sie Geld schickten, einen höheren Lebensstandard bieten konnten und sich kultivierter benahmen. Während der langen Abwesenheiten des Mannes fiel zwar für die Frau mehr Arbeit an, aber ihr Leben war insgesamt eher leichter. Die Zahl der Schwangerschaften war geringer und der Gesundheitszustand der Frauen besser. Außerdem erhöhte sich ihr Status, wenn sie über Monate hinweg de facto die Wirtschaft führten. Mancherorts nahmen sie sogar auf der Dorfversammlung die Plätze ihrer Männer ein.[181]

Dabei war Land-Stadt-Migration keineswegs ein männliches Phänomen. Besonders die beiden Hauptstädte mit ihrem hohen Bedarf an Hauspersonal und Industriearbeiterinnen zogen viele Frauen an. Um die Jahrhundertwende waren 65 Prozent der Dörfler in Moskau und 37 Prozent in St. Petersburg Frauen, mehrheitlich verheiratet. Viele befanden sich mit dem Ehemann in der Stadt, viele waren aber auch vor ihren gewalttätigen Ehemännern geflüchtet. Um einen Pass zu erhalten, benötigten verheiratete Frauen grundsätzlich die Erlaubnis ihres Ehemannes. Seit 1888 waren allerdings die lokalen Behörden vom Innenministerium angewiesen, Frauen, die von ihren Ehemännern misshandelt wurden, auch ohne deren Zustimmung einen Pass auszustellen.[182]

Der Kontakt mit der Stadt und die Erwirtschaftung verfügbaren Kapitals führten zu Veränderungen der bäuerlichen Konsumkultur. Für die jüngere Generation wurde es erstrebenswert, einen urbanen Lebensstil anzunehmen. Die Stadt übte mit ihrem Warenangebot eine Anziehungskraft aus und weckte Wunschträume. Daraus resultierten ein Wandel der Geschmäcker und eine veränderte Einstellung zu Geld und Reichtum. Hatte man früher seinen Wohlstand verborgen, weil er als unanständig galt, so stellte man ihn nun zur Schau. Selbst in armen Familien wurden Konsumgüter, etwa ein Samowar oder eine Petroleumlampe, angeschafft, um nicht in der Achtung zu sinken. Junge Männer, die in der Stadt arbeiteten, gerierten sich im Dorf als Dandys, liefen in absonderlichen Aufzügen herum und wurden bewundert. Neben der Kleidung veränderte sich unter dem Einfluss der Stadt auch die Einrichtung und Bauweise der Häuser (Rauchabzug, Glasfenster mit Verzierungen), die Ernährung wurde durch den Zukauf von Produkten vielfältiger. Wer es sich leisten konnte, trug nun statt Bastschuhen im Winter Filzstiefel und im Sommer Lederstiefel. Es entstand ein neues Bewusstsein für Zeit und Freizeit, das sich zum Beispiel in der

Anschaffung von Uhren niederschlug. Teehäuser und Kneipen wurden zu Orten, wo man mit anderen diskutieren und Zeitung lesen konnte, wobei Letzteres meist ein Vorlesen mit Zuhörern war. Das Zeitunglesen korrespondierte mit einem neuen Interesse an überregionalen Themen. Das pauschale Bild des uninteressierten Bauern trifft auf die Situation um 1900 nicht mehr zu.[183] Zunehmend erkannten die Bauern nämlich auch den Wert von Bildung. Zwar verzeichnete die Volkszählung von 1897 unter der Landbevölkerung noch eine Analphabetenquote von 77 Prozent, aber die Versorgung des flachen Landes mit Elementarschulen hatte sich stark verbessert und viele Bauern hatten den Nutzen des Lesenkönnens in einer Welt, in der sie immer mehr mit Schriftlichkeit konfrontiert waren, erkannt. Am Vorabend des Ersten Weltkriegs besuchten 75 Prozent der Kinder eine Schule.[184]

Ein zusammenfassendes Gesamturteil über *den* Bauern und seine Lebenswelt ist nur begrenzt sinnvoll, weil es innerhalb des Russländischen Reiches große Unterschiede gab. Das ländliche Leben im näheren Umkreis St. Petersburgs und Moskaus gestaltete sich anders als in einem entlegenen Gouvernement. Im übervölkerten und bis 1861 von der Leibeigenschaft geprägten Zentralen Schwarzerdegebiet unterschied sich das Lebensgefühl von dem in den Kolonisationsgebieten Westsibiriens. Ganz zu schweigen von den ethnischen und religiösen Unterschieden: Lebensverhältnisse, Alltagskultur, Normen und Werte differierten erheblich, je nachdem, ob man sich in einem russisch-orthodoxen, kaukasisch-muslimischen oder deutsch-protestantischen Kontext befand. Diese Unterschiede wurden von den Betroffenen selbst so empfunden, konnten Gefühle des Neids oder der Überlegenheit verursachen und bedingten eine Gleichzeitigkeit des Ungleichzeitigen.[185] Während das Leben in manchen Dörfern um 1900 noch weitgehend so war wie bei der Aufhebung der Leibeigenschaft, hatten sich andere nicht nur ökonomisch, sondern auch kulturell bereits grundlegend verändert. Insgesamt war der ländliche Bereich um die Jahrhundertwende noch nicht von der Moderne durchdrungen, aber er war unübersehbar in ihren Sog geraten.[186]

Industrialisierung und städtische Lebenswelten

Der Motor des Wandels war die Industrialisierung, die seit etwa 1885 die Phase des selbsttragenden Wachstums erreicht hatte und vor allem in den 1890er Jahren große Fortschritte machte. Aufgrund des anfänglichen Mangels an Kapital und an unternehmerischer Initiative, der ursächlich mit dem historisch bedingten Fehlen eines Bürgertums zusammenhing, übernahm der Staat wesentliche Funktionen bei der Akkumulation des

Kapitals und als Nachfrager von Industriegütern, begünstigte Unternehmer durch Kredite, Subventionen und Privilegien und schützte gleichzeitig die heimische Produktion durch hohe Einfuhrzölle, deren Last vor allem die inländischen Konsumenten trugen. Die für diese Politik erforderlichen staatlichen Ausgaben wurden durch hohe indirekte Steuern und in hohem Maße durch das 1893 errichtete Alkoholmonopol aufgebracht. Kernstück der staatlichen Investitionen war der Eisenbahnbau, der die Schwerindustrie stimulierte. Die Textilindustrie, die für eine frühere Phase der Industrialisierung wichtig gewesen war, trat eher in den Hintergrund. Damit verschoben sich auch die regionalen Gewichte von den traditionellen Standorten der Textilindustrie hin zu neuen beziehungsweise expandierenden Kohle- und Stahlrevieren.[187]

Die staatlichen Maßnahmen zur beschleunigten Industrialisierung und Wirtschaftslenkung beruhten maßgeblich auf den Konzepten und Initiativen von Finanzminister Sergej Vitte. Sein Entwicklungsprogramm resultierte aus der Wahrnehmung, dass die Rückständigkeit Russlands gegenüber den anderen Großmächten bedrohliche Ausmaße angenommen habe. Dabei lässt sich ein Muster ausmachen, das in Russland unter Peter I. erstmals praktiziert wurde und sich in den 1890er Jahren sowie in der Sowjetunion unter Stalin sinngemäß wiederholte: Der Staat führte zur Überwindung von Rückständigkeit eine ökonomische Modernisierung herbei, mobilisierte die dazu erforderlichen Ressourcen und vernachlässigte dabei die Bedürfnisse der Bevölkerung – eine Strategie, die nur im Rahmen autokratischer oder diktatorischer Strukturen funktionierte.[188]

Diese Interpretation muss allerdings dahingehend ergänzt werden, dass der Staat bei der Industrialisierung des späten Zarenreiches zwar eine wichtige, aber nicht die alleinige Rolle spielte, und der Aufschwung der 1890er Jahre in einem längerfristigen Wachstumskontext zu sehen ist. Der Anstieg der Industrieproduktion war in diesem Jahrzehnt mit durchschnittlich 5,45 Prozent jährlich besonders steil,[189] aber er begann nicht plötzlich und beschränkte sich nicht auf die staatlichen Investitionen. Zwar entfielen die stärksten Zuwächse auf den staatlichen Eisenbahnbau, aber gleichzeitig traten auch private Unternehmer auf den Plan. Um die Jahrhundertwende begann sich im Russländischen Reich ein Unternehmertum zu formieren, das markt- und profitorientiert agierte und ab 1905 auch mit eigenen politischen Ansichten selbstbewusst auftrat. Die Spitzengruppe dieser neuen Unternehmerschicht war durchaus vergleichbar mit den großen Industriemagnaten in Deutschland oder Frankreich.[190]

Daneben engagierten sich zahlreiche ausländische Unternehmer in Russland. Aus ihrer Perspektive bildete Russland einen Zukunftsmarkt, auf dem große Gewinne lockten. Russland war damals weltweit eine der am schnellsten wachsenden Volkswirtschaften. Besonders im Bergbau, in der Elektroindustrie, aber auch in der Eisen- und Stahlerzeugung waren russische Unternehmen aufs engste mit dem Ausland vernetzt. Den Zufluss ausländischen Kapitals nach Russland zu fördern, war Teil der Industrialisierungsstrategie Vittes und mit ein Motiv für seine Reorganisation der Finanzpolitik, in deren Kontext er 1897 die Golddeckung des Rubels einführte.[191] Um 1900 waren 37 Prozent des Aktienkapitals in Russland im Besitz von Ausländern. An der Spitze standen Franzosen, gefolgt von Briten, Deutschen und Belgiern. Franzosen und Belgier dominierten im Hüttenwesen, die Briten in der Öl- und Goldförderung, Franzosen und Deutsche hatten eine starke Stellung in der Maschinenbauindustrie und in der chemischen Industrie, die Belgier gemeinsam mit den Deutschen in der Elektrobranche. Fast die Hälfte aller Neuinvestitionen in industriellen Aktiengesellschaften entfiel 1893 bis 1914 auf Ausländer. Dabei verteilten sich diese Investitionen auf alle Branchen und konzentrierten sich auf Betriebe, die für den russischen Markt produzierten. Viele Aktiengesellschaften vereinten russische und verschiedene ausländische Investoren, sodass eindeutige nationale Zuordnungen häufig gar nicht möglich waren. Bei den ausländischen Investitionen handelte es sich nicht um Kapitalexporte des kolonialen Typs, die abgesonderte Enklaven bildeten und deren Gewinne ins Ausland abflossen. Sie kamen vielmehr der russischen Wirtschaft zugute, indem sie den neuesten Stand der Technik sowie industrieller Produktions- und Organisationsmethoden nach Russland transferierten.[192]

Um die Jahrhundertwende wurde die stürmische Industrialisierung Russlands durch eine Wirtschaftskrise unterbrochen. Die Krise ging vom Weltmarkt aus und war ein Symptom dafür, wie stark die russische Volkswirtschaft inzwischen mit der Weltwirtschaft verflochten war. Infolge einer internationalen Finanzkrise und eines Überangebotes von Getreide gingen große russische Handelshäuser bankrott und zogen fast 3000 Betriebe mit in den Ruin. Besonders stark betroffen war die Schwerindustrie, während die Konsumgüterindustrie dank der ungebrochenen Binnenkaufkraft weniger Schaden erlitt. Die Krise verschärfte die sozialen Konflikte, die sich 1905 in der Revolution entluden. Ab 1909 ging es mit der industriellen Konjunktur wieder steil bergauf.[193]

Das Wirtschaftswachstum Russlands betrug zwischen 1885 und 1913 durchschnittlich 3,25 Prozent pro Jahr. Damit übertraf es das durchschnittliche Wachstum der westlichen Industrieländer (1870–1913: 2,7 Prozent pro Jahr), lag aber knapp unter dem Wert der USA (3,5 Prozent). Die hohen

Wachstumsraten dürfen nicht darüber hinwegtäuschen, dass die russische Pro-Kopf-Wirtschaftsleistung auch am Vorabend des Ersten Weltkriegs noch weit unter den führenden westlichen Ländern lag. Der Anteil Russlands an der Weltindustrieproduktion belief sich 1896 bis 1900 auf 5 Prozent (USA: 30 Prozent, Großbritannien: 20 Prozent, Deutschland: 17 Prozent, Frankreich: 7 Prozent). Bis zum Ersten Weltkrieg konnte Russland seinen Anteil nur geringfügig auf etwa 5,3 Prozent steigern. Die Struktur des russischen Außenhandels spiegelt das Entwicklungsgefälle: Importiert wurden Konsumgüter und Maschinen, exportiert überwiegend Getreide und Holz.[194] Russland war strukturell immer noch ein Agrarland. Um die Jahrhundertwende entfielen rund 51 Prozent der ökonomischen Wertschöpfung auf die Landwirtschaft, 31 Prozent auf Industrie, Verkehr und Kommunikation und 18 Prozent auf Handel und Dienstleistungen.[195]

Die Industrialisierung war nicht mit einer flächendeckenden Urbanisierung verbunden, denn sie konzentrierte sich auf wenige verdichtete Regionen (St. Petersburg, Moskau, zentrales Gewerbegebiet an der Oberen Wolga, Kohlerevier im Donecbecken, Montanindustrie im Südural) und schuf gemessen am Bevölkerungswachstum zu wenig Arbeitsplätze. Während zwischen 1860 und 1913 die Bevölkerung (ohne Polen und Finnland) um mehr als 60 Millionen anstieg, erhöhte sich die Zahl der Arbeitsplätze in Industrie und Bergbau gerade einmal von 0,86 auf 3,1 bis 3,9 Millionen. Der weitaus größere Teil des Bevölkerungszuwachses musste somit anderwärtig Beschäftigung finden.[196] Außerdem befanden sich um 1900 die meisten neu gegründeten Großbetriebe gar nicht in der Stadt, sondern auf dem Land – in bestehenden Dörfern oder auf der grünen Wiese. Daneben gab es große Gewerbedörfer, in denen sich schon seit dem 17. Jahrhundert eine proto-industrielle Entwicklung vollzogen hatte. Die Industrialisierung auf dem Dorf und die proto-industriellen Gewerbedörfer schufen in ländlichen Regionen Lebenswelten mit urbanen Zügen.[197] Manche Gewerbedörfer wandelten sich im ausgehenden 19. Jahrhundert aber auch zu regulären Städten. Das bedeutendste Beispiel ist das 250 Kilometer nordöstlich von Moskau gelegene Handels- und Gewerbedorf Ivanovo, ein traditionelles Zentrum der russischen Textilindustrie. Ursprünglich von Manufakturen geprägt, in denen Leibeigene arbeiteten, fand in der zweiten Hälfte des 19. Jahrhunderts eine Mechanisierung statt, in deren Verlauf die proto-industrielle Handweberei von moderner Fabrikproduktion mit importierten Maschinen verdrängt wurde. Das Dorf wurde 1872 mit vier anderen Siedlungen zur Stadt Ivanovo-Voznesensk vereinigt und verzeichnete hinter Odessa die stärkste Zuwanderung, verbunden mit einer urbanen Verdichtung. 1897 hatte die Stadt 54 000 Einwohner, 1914 bereits an die 170 000. Der Durchbruch in die industrielle Moderne war hier nicht dem Staat, sondern den ortsansässigen Unternehmern zu verdanken.[198]

Städtische Lebenswelten hatten in Russland um die Jahrhundertwende sehr unterschiedliche Ausprägungen. St. Petersburg und Moskau, die beiden Hauptstädte des Reiches, waren mit Abstand die größten urbanen Zentren, die eigentlichen «Laboratorien der Moderne»[199] mit einem europäisch-großstädtischen Treiben – und zugleich im Gesamtkontext Sonderfälle. Hinsichtlich der Urbanität waren mit ihnen nur die Großstädte in Polen, im Baltikum und in der Ukraine annähernd vergleichbar. Schon die größten Gouvernementshauptstädte des russischen Kerngebietes wie Saratov, Kazan' oder Tula waren hinsichtlich der Einwohnerzahl und der Urbanität weit abgeschlagen. Die meisten Gouvernementshauptstädte hatten nur um die 50 000 Einwohner und bezogen ihre Bedeutung als Stadt vorwiegend aus den administrativen Funktionen. Nur einzelne Industrieagglomerationen wie eben Ivanovo-Voznesensk oder die nach dem britischen Unternehmer Hughes benannte Bergbausiedlung Juzovka im Donecbecken expandierten aufgrund ihres ökonomischen Potenzials stark.[200] Die überwiegende Zahl der als Städte geführten Siedlungen bewegte sich um die Jahrhundertwende in der Größenordnung von circa 1000 bis 10 000 Einwohnern.[201]

Die Industrialisierung unterlief die ständische Gliederung der Bevölkerung und erzeugte parallel zu ihr eine neue Gliederung nach Besitz und Beruf. Damit wurden in Russland soziale Gegensätze virulent, wie sie anderswo schon länger bestanden. Auf der einen Seite formierten sich eine bürgerliche Unternehmerschicht und eine technische Intelligenz, auf der anderen Seite eine Arbeiterschaft. Zuunterst standen die sogenannten «Barfüßler» (*bosjaki*) in Gestalt von Obdachlosen, Landstreichern und Gelegenheitsarbeitern, denen Maksim Gor'kij 1901 in seinem Drama «Nachtasyl» ein eindrückliches literarisches Denkmal setzte.[202] Bettler, Obdachlose, Prostituierte und Kriminelle wurden von den Zeitgenossen als Verkörperung der durch die Industrialisierung hervorgerufenen Probleme begriffen. In St. Petersburg erhöhte sich die Zahl der von der Polizei verhafteten Bettler von circa 8000 im Jahre 1884 auf mehr als 23 000 im Jahre 1903. Der zentrale Anlaufpunkt für Bettler, Kriminelle und Prostituierte war der mitten in der Stadt gelegene Heumarkt (*Sennaja ploščad'*). Rund um den Heumarkt war ein von der Polizei nicht mehr kontrollierbares Armenviertel entstanden, über das Schauergeschichten von Mord, Totschlag und lasterhaften Orgien kursierten. Slums gab es aber um die Jahrhundertwende in St. Petersburg auch schon anderswo und die Bettler waren sogar auf der Flaniermeile, dem Nevskij Prospekt, ein alltäglicher Anblick geworden.[203]

Verelendung und Zustrom vom Land erzeugten bei den eingesessenen Stadtbewohnern Ängste. Die Zeitungen waren voll mit erschreckenden Berichten über ausufernde Kriminalität, Gewalt und Alkoholismus. Die Behörden und die städtische Selbstverwaltung mussten Antworten auf die neuen Probleme finden. Das betraf nicht nur die Polizei, sondern auch die Verkehrsmittel und die sanitäre Infrastruktur. Abseits des Stadtzentrums war die Versorgung mit beidem völlig unzureichend. Die Stadtverwaltungen mussten praktische Maßnahmen der Sozialfürsorge und besseren Ausstattung der Städte ergreifen und wurden dabei von einer neuartigen Öffentlichkeit unterstützt, in der sich Angehörige verschiedener Stände im Sinne des städtischen Gemeinwohls engagierten.[204] Gleichwohl war die Bereitschaft der Stadtväter, sich um die Belange der Arbeiter und Mittellosen zu kümmern und Geld in die Infrastruktur am Stadtrand zu investieren, begrenzt, denn die städtische Selbstverwaltung (Stadtduma) repräsentierte aufgrund des Zensuswahlrechts nur eine kleine Minderheit von etwa einem Prozent der Einwohner. Der Bürgermeister unterlag der Bestätigung durch den Gouverneur, in Moskau und St. Petersburg sogar durch den Zaren, und auch sonst hatte die Regierung Möglichkeiten der Einflussnahme und Kontrolle über die Kommunalpolitik. Besonders nach der Jahrhundertwende resultierten daraus zahlreiche Konflikte und gegenseitige Blockaden.[205]

In kultureller Hinsicht veränderten sich die großen Städte, indem der Kommerz und ein neuartiges Konsumverhalten Einzug hielten. In Moskau lebten 1902 21 Prozent der Bevölkerung vom Handel. Traditionell wurden Waren auf offenen Märkten, in Handwerkerläden oder durch Hausierer feilgeboten. Mitten in Moskau gab es bis in die 1920er Jahre offene Märkte. Um die Jahrhundertwende kamen zudem Geschäfte und Kaufhäuser westlichen Stils auf. Das große, bis heute bestehende Kaufhaus auf dem Roten Platz, ein dreistöckiges Gebäude von 260 Metern Länge mit einer modernen Dachkonstruktion aus Stahl und Glas, wurde 1893 eröffnet. Kaufhäuser und Geschäfte waren die Orte, wo die neuen bürgerlichen Schichten ihren Geschmack und über Konsum-Statussymbole ihre Gruppenidentitäten formten. Aber auch die unteren Schichten blieben davon nicht unbeeinflusst, schon allein deshalb, weil sie als Verkäufer(innen) mit der aktuellen Mode in Berührung kamen. Arbeiterinnen gaben viel Geld aus, um sich bedruckte Baumwollkleidung zu kaufen. Männliche Arbeiter kauften sich Anzüge, um sich von denjenigen zu unterscheiden, die noch in der Bauernkluft herumliefen.[206]

Wenn Zeitgenossen über den Verlust der russischen Volkskultur klagten, dann hatten sie ein solches Konsumverhalten sowie die «Boulevardisierung» der Unterhaltungskultur vor Augen. Letztere war aber kein Phänomen, das um die Jahrhundertwende plötzlich aufgetreten wäre. Schon im 18. und 19. Jahrhundert waren laufend Anregungen aus dem Westen übernommen und in die russische Unterhaltungskultur eingebaut worden. Im 19. Jahrhundert entstanden in den größeren Städten Theater, Konzerthallen, Zirkusse, Clubs, Freilichtbühnen in Parks sowie ab 1896 auch Kinos. Operetten waren ebenso beliebt wie Zigeunerromanzen und Schlager, die ein Idealbild von urbanem Lebensgenuss transportierten.[207]

In sozialer Hinsicht bestand die sichtbarste Veränderung in den Städten im Anwachsen der Industriearbeiterschaft. Im Verhältnis zur Gesamtbevölkerung des Reiches war die Zahl der Industriearbeiter noch sehr klein. Von einer «Arbeiterklasse» kann nicht die Rede sein, denn dieser Begriff suggeriert eine geschlossene soziale Kategorie mit einem Klassenbewusstsein. Weder das eine noch das andere trifft auf die russische Arbeiterschaft um die Jahrhundertwende zu. Der Übergang zwischen Bauern und Arbeitern war noch fließend. «Arbeiter» sein konnte in Russland sehr Unterschiedliches bedeuten. Allerdings hatte die in den 1890er Jahren auf Hochtouren laufende Industrialisierung hier Veränderungen in Gang gesetzt. In den großen Industriezentren, wo die Zahl der Arbeiter rasant anstieg, formierten sich Inseln eines Industrieproletariats, das unter erbärmlichen Bedingungen existierte und zunehmend für eine Politisierung durch sozialistische Revolutionäre empfänglich wurde. Die Trennung zwischen Bauern und Arbeitern war noch lange nicht vollzogen, aber sie hatte begonnen.[208]

Dass sich die Arbeiter aus dem ländlichen Bevölkerungsüberschuss rekrutierten, war nichts spezifisch Russisches. Eine Besonderheit Russlands war aber die lange Pendelphase zwischen Feld und Fabrik, die aus den Bindekräften der Dorfgemeinde resultierte. Bauernsöhne, die das Dorf verlassen hatten, unterbrachen die Arbeit in der Stadt, um ihrer Familie bei der Feldbestellung und der Ernte zu helfen. In Ermangelung eines staatlichen Systems der Sozial- und Krankenversicherung war die Option, im Krankheitsfall oder im Alter ins Dorf zuruckzukehren und dort versorgt zu werden, überlebenswichtig. Aus diesem Grund gaben viele Arbeiter ihre Ansprüche im Dorf nicht auf. Außerdem ergänzten sich aufgrund der niedrigen Löhne für viele Bauern-Arbeiter die gewerblich-industrielle und die landwirtschaftliche Existenzgrundlage. Unter diesen Verhältnissen waren eindeutige Zuordnungen zu sozialen Kategorien schwierig.

Unstrittig ist, dass die Zahl der Lohnarbeiter im ausgehenden 19. Jahrhundert stark anstieg, von etwa 3,3 bis 4 Millionen in den 1860er Jahren auf 15 bis 18 Millionen am Vorabend des Ersten Weltkriegs. Das entspricht einem Anteil an der Gesamtbevölkerung von 10 bis 11 Prozent.[209] Unter diesen Lohnarbeitern waren allerdings 4,5–6,5 Millionen Landarbeiter und etwa 4,5 Millionen in städtischen und dörflichen Kleinbetrieben sowie in der Bauwirtschaft Beschäftigte. Die Zahl der Arbeiter in den Großbetrieben von Industrie und Bergbau sowie bei den Eisenbahnen wird für 1913 mit nur 3,1–3,9 Millionen beziffert (1,9–2,4 Prozent der Bevölkerung).[210] Die Landarbeiter waren überwiegend Landlose oder Nebenerwerbsbauern, die sich neben ihrer eigenen Landwirtschaft auf Gütern oder bei anderen Bauern verdingten. Die Bau- und Transportarbeiter waren ebenfalls zu einem sehr großen Teil bäuerliche Wanderarbeiter.[211] Selbst unter den Industriearbeitern waren viele, die auf dem Dorf einen kleinen Acker bestellten und Kontakte zum Dorf pflegten. Noch 1907 gab die Hälfte der Moskauer Arbeiter an, dass ihre Familien im Dorf Äcker bestellten, 90 Prozent schickten Geld an Angehörige im Dorf. In St. Petersburg unterhielt selbst von den Druckern, die immerhin als Kern der Arbeiterschaft und der Arbeiterbewegung galten, jeder zweite derartige Beziehungen zum Dorf. Die Rückbindung der Arbeiter an das Dorf war politisch erwünscht. Die konservativen Staatsmänner wollten auf diese Weise der Entstehung eines Industrieproletariats vorbeugen, das sie als Verfallserscheinung der europäischen Zivilisation begriffen.[212] Erreicht haben sie dieses Ziel letztlich nicht. Die Bindung an das Dorf verzögerte nur die Herausbildung einer Arbeiterklasse. Am Ende war es doch das städtische Proletariat, das die Revolutionen von 1905 und 1917 trug.

Dabei muss festgehalten werden, dass das Milieu der Arbeiter hochgradig fragmentiert war. Während die einen sich noch zwischen Feld und Fabrik befanden, gab es auch Facharbeiter, die aus dem Handwerk kamen, deren Väter schon nicht mehr landwirtschaftlich tätig gewesen waren und die daher mental bereits stärker urbanisiert waren.[213] Je nach Region und Branche war der Anteil derjenigen, die sich schon in zweiter oder dritter Generation in der Stadt befanden, größer oder kleiner. In der Druck- oder Elektroindustrie, wo höher qualifizierte Facharbeiter benötigt wurden, formierte sich eher ein Klassenbewusstsein als im Milieu der ungelernten Arbeitskräfte auf Baustellen.

Diese Unterschiede äußerten sich nicht nur im Bewusstsein, sondern auch in der Alltagskultur und Lebensweise. Für die Migranten aus dem Dorf bedeuteten die Arbeit und das Leben in der Stadt eine große Umstellung. Selbst wenn sie über Erfahrung aus dem Heimgewerbe verfügten, mussten sie sich an den industriellen Arbeitstakt, die technischen Anforderungen der Fabrik und das im Vergleich zum Dorf anonyme Leben in der Stadt gewöhnen. Eine häufig praktizierte Strategie zur Bewältigung dieser Herausforderungen war der Transfer dörflicher Sozialbeziehungen und Lebensgewohnheiten in die Stadt. Landsmannschaftliche Zusammenschlüsse (*zemljačestvo*) fungierten bis weit ins 20. Jahrhundert hinein als Brücken vom Land in die Stadt: Migranten aus demselben Dorf oder aus einer Region zogen als Gruppe in die Stadt oder unterstützten einander gegenseitig bei der Suche nach Arbeitsplätzen und Wohnmöglichkeiten. Wer sich in der Stadt bereits etabliert hatte, holte Freunde und Verwandte nach und half ihnen, sich in der neuen Umgebung zurechtzufinden. Auf diese Weise entstand in den Randgebieten der Industriestädte oder rund um Fabriken eine Übergangszone vom dörflichen zum städtischen Leben.[214] Man hauste in einfachen selbstgebauten Unterkünften, hielt Hühner und Kaninchen, traf sich an Feiertagen auf der Straße und trug Faustkämpfe aus – so wie man es aus dem Dorf gewohnt war. Zusammen mit den kulturellen und ökonomischen Rückwirkungen auf das Dorf bewirkte die Land-Stadt-Migration also eine Annäherung der städtischen und der ländlichen Lebenswelten. Die zwischen beiden Sphären pendelnden Arbeiter fungierten als Mittler. Der krasse Gegensatz zwischen Stadt und Land wurde dadurch etwas abgemildert. Den urbanen Kultureinflüssen stand die «Verbäuerlichung» der Städte gegenüber – ein Prozess, der sich in den folgenden Jahrzehnten fortsetzen sollte.[215]

Von den schon länger in der Stadt ansässigen und fabrikerfahrenen Arbeitern wurden die Neuankömmlinge häufig verspottet. Diejenigen, die eine Ausbildung als Facharbeiter in der Fabrik absolviert hatten, fühlten sich gegenüber den weniger qualifizierten und den Zuzüglern vom Land überlegen. Handwerkliche Fähigkeiten, die Letztere vielleicht ebenfalls mitbrachten, zählten in dieser Hierarchie weniger. Manche Facharbeiter, die besonders anspruchsvolle Tätigkeiten verrichteten, wie etwa Setzer in den Druckereien, Werkzeugmacher oder Elektriker, pflegten ein regelrechtes Elitebewusstsein als Arbeiter-Aristokratie. Bei Konflikten mit dem Arbeitgeber unterliefen solche gelebten Hierarchien die Solidarität der Arbeiter und damit ihre Fähigkeit zu organisiertem Handeln.[216]

Beeinträchtigt wurde solidarisches Handeln auch durch die Arbeitsbedingungen in den russischen Fabriken, die noch stark frühindustrielle Züge trugen. Die vom Dorf gekommenen Arbeiter mussten ihre Pässe abgeben und waren damit abermals an den Ort und Arbeitsplatz gebunden. Die Behandlung durch die Fabrikleitungen war vielfach menschenunwürdig und stand teilweise sogar im Widerspruch zu den ohnehin weitmaschigen Gesetzen. Verletzungen der Arbeitsdisziplin wurden mit Lohnabzug geahndet; zur Vorbeugung von Diebstahl wurden Leibesvisitationen durchgeführt; um die Arbeiter daran zu hindern, zur Ernte nach Hause zu fahren, wurden Löhne einbehalten. Die Unterkünfte waren primitiv und dicht belegt, die hygienischen Verhältnisse schlecht. Die Arbeiter hatten bis 1905 kaum Möglichkeiten, auf legale Weise ihre Interessen kollektiv zu vertreten. Streiks waren verboten, Gewerkschaften gab es noch nicht, die Fabrikgesetzgebung des Staates war unzureichend. Immerhin hatte der Staat in den 1880er und 1890er Jahren gewisse Mindeststandards gesetzlich geregelt, die Arbeit von Kindern unter zwölf Jahren und die Nachtarbeit von Jugendlichen und Frauen verboten sowie eine Fabrikinspektion eingeführt. Seit 1897 war die tägliche Arbeitszeit auf zwölf Stunden, bei Samstags- und Nachtarbeit auf zehn Stunden begrenzt. 1903 wurden die Unternehmer verpflichtet, bei Betriebsunfällen den halben Lohn weiter zu bezahlen.[217] Auch wenn die Arbeiter infolge der mehrfachen Fragmentierung als Klasse noch nicht handlungsfähig waren, so braute sich doch mittelfristig in diesem Milieu ein soziales Unruhepotenzial zusammen, das die Gefahr in sich barg, außer Kontrolle zu geraten. Um die Jahrhundertwende äußerte sich das bereits in Streiks und Protesten. Wenige Jahre später sollte sich die aufgestaute Unzufriedenheit in den Massenkundgebungen der Revolution von 1905 ihren Weg auf die Straße bahnen.[218]

Die Industrialisierung veränderte die städtische Gesellschaft nicht nur im unteren, sondern auch im oberen Bereich. Die Zahl der Unternehmer, Rechtsanwälte und Ärzte stieg stark an, und es bildete sich eine neuartige Schicht heraus, die jenseits ihrer rechtlichen Standeszugehörigkeit zunehmend ein bürgerliches Bewusstsein entwickelte. Mit der wachsenden ökonomischen Bedeutung und dem erzieltem Wohlstand hielt in diesem Milieu ein bürgerlicher Lebensstil Einzug. Er äußerte sich in der Architektur, in der Einrichtung der Wohnungen, in der Kleidung, aber auch im Besuch kultureller Veranstaltungen, der Gründung von Vereinen und Gesellschaften, dem Engagement in der städtischen Selbstverwaltung, der Herausgabe von Zeitungen und im Mäzenatentum. Der Nevskij Prospekt, die Prachtstraße St. Petersburgs, spiegelte die europäische Modernität mit ihrer Aneinanderreihung von Banken und Versicherungen, eleganten Geschäften, Restaurants, Kaffeehäusern und Delikatessenhandlungen.[219]

Der Stand der Kaufleute wuchs von 1850 bis 1900 von 246 000 auf 600 000. Viele seiner neuen Angehörigen verstanden sich als moderne kapitalistische Industrielle und Bankiers. Ein eindrucksvolles Beispiel für den Aufstieg durch unternehmerischen Erfolg ist die Familie Gučkov. Fedor Alekseevič Gučkov hatte am Ende des 18. Jahrhunderts als Leibeigener in Moskau eine Weberei gegründet und sich freigekauft. Seine Söhne machten aus dem Betrieb eine der größten Textilfabriken Russlands. Seine Enkel waren bereits moderne Geschäftsleute, die sich westlich kleideten, westliche Erziehung genossen und Europa bereist hatten. Die vierte Generation war um 1900 in der obersten Gesellschaftsschicht angekommen und engagierte sich gesellschaftlich und politisch: Ivan Gučkov übernahm Posten in der Verwaltung, Nikolaj wurde Bürgermeister von Moskau, Aleksandr wurde Führer der Oktobristenpartei in der Duma und Kriegsminister in der Provisorischen Regierung.[220]

Am Beispiel der 300-Jahr-Feier der Stadt Saratov ist gezeigt worden, wie über ein öffentlich inszeniertes Jubiläum eine kulturelle Vergesellschaftung der städtischen Eliten stattfand, mit einem Wirgefühl und einem gemeinsamen Habitus der Bildungs- und Besitzbürger. Die Honoratioren zelebrierten Stolz und Selbstbewusstsein. Zumindest im städtisch-lokalen Bereich begann sich die Gesellschaft vom Staat zu emanzipieren. Über das Lokale hinaus waren dieser Emanzipation enge Grenzen gesetzt und gegenüber der Autokratie wurde demonstrativ Loyalität bekundet.[221] Als «Proto-Bourgeoisie»[222] und «Gesellschaft als lokale Veranstaltung»[223] ist dieser Wandel treffend etikettiert worden.

Die städtische Elitenbildung verzeichnete um die Jahrhundertwende in den größeren Städten eine bemerkenswerte Dynamik, im europäischen Vergleich führte sie dennoch nicht zu derart verdichteten sozialen Beziehungen, dass man von einem Bürgertum als ausgereifter Klasse sprechen könnte, und zahlenmäßig war der Personenkreis noch sehr klein.[224] Das lag auch an der Affinität zwischen Unternehmertum und Adel: Viele Unternehmer waren Angehörige des Adels, und auch die, die es nicht waren, strebten nach adligen Statussymbolen, bauten sich repräsentative Stadtpaläste, kauften Sommerresidenzen, verbrachten den Sommer nach Gutsherrenart auf dem Lande. Das allein unterschied sie zwar nicht von den Industriemagnaten in anderen europäischen Ländern, es gewann aber dadurch eine etwas andere Bedeutung, dass sich diese Schicht der Großunternehmer ganz überwiegend aus den obersten Ständen rekrutierte und einen ungewöhnlich hohen Ausländeranteil aufwies.[225] Bei einem Anteil von drei Prozent an der Bevölkerung Moskaus stellten etwa die Deutschen um 1900 13 Prozent der Kaufleute der ersten Gilde, also der größten Unternehmer. Die ständische und nationale Fragmentierung war der Herausbildung eines starken inneren Zusammenhaltes im Sinne eines Bürgertums hinderlich.[226]

Zwischenbilanz

Für das ausgehende Zarenreich sind drei Interpretationsmuster verbreitet: Die ältere klassische Deutung kommt in Buchtiteln und Kapitelüberschriften zum Ausdruck, die da typischerweise lauten: «Der Untergang des Zarenreiches» oder «Der Verfall des Reiches».[227] Dahinter steht die Vorstellung, das Russländische Reich sei nach der Niederlage im Krimkrieg dem Untergang geweiht gewesen. Die immerhin sechzig Jahre, die noch folgten, werden als Vorgeschichte der Revolutionen von 1917 verstanden. Die Oktoberrevolution erscheint als logischer und unvermeidlicher Endpunkt einer sich fortlaufend zuspitzenden Krise und Überforderung. Seit den 1870er und 1880er Jahren wurde diese beinahe schon fatalistische Interpretation in Frage gestellt.[228] Man hat die Großen Reformen, die nach dem Krimkrieg unternommen wurden, ernster genommen und auf die späte, aber rasante Industrialisierung seit etwa 1890, den damit verbundenen Strukturwandel und die politischen Veränderungen hingewiesen: Aus dieser Perspektive bietet sich nämlich kein Bild des Niedergangs, sondern einer dynamischen Veränderung mit Entwicklungspotenzialen und Zukunftschancen. Was «verfällt», ist nicht Russland, sondern der traditionelle Zarismus. Die Februarrevolution 1917 erscheint somit als konsequente Fortführung des Strukturwandels mit der Perspektive auf eine demokratisch-industrielle Entwicklung im Sinne der westlichen Moderne, die Machtergreifung der Bolschewiki hingegen nicht als logischer Endpunkt eines auf die Oktoberrevolution zulaufenden historischen Prozesses, sondern eher als Unglücksfall, der durch die konkreten Umstände des Jahres 1917 bedingt war. Eine dritte Interpretation, die in den 1990er Jahren formuliert wurde, verweist auf die inneren Widersprüche im Russländischen Reich und betrachtet die Reformversuche der liberalen Elite als eine übereilte Übertragung westlicher Konzepte, ohne dass dafür die kulturellen und gesellschaftlichen Voraussetzungen bestanden hätten. Die Modernisierung erfolgte demnach nicht zu zaghaft, wie das die Vertreter der beiden anderen Deutungsmuster suggerieren, sondern zu schnell. Sie überforderte die Bevölkerung und verschärfte auf diese Weise die Krise, statt sie zu beheben. Die Oktoberrevolution erscheint in dieser Perspektive als der Kulminationspunkt von Konflikten zwischen den Ansprüchen und verfehlten Konzepten einer westlich orientierten Elite und den weiterhin bestehenden vormodernen Strukturen Russlands.[229]

Unstrittig ist heute, dass das Russländische Reich seit 1861, insbesondere aber seit 1890 von einer gegenüber den westlichen Industrieländern um einige Jahrzehnte phasenverschobenen Wandlungsdynamik erfasst wurde. Die Großen Reformen unter Alexander II., die Bevölkerungsexplosion und die Industrialisierung bewirkten grundlegende ökonomische, gesellschaftliche und kulturelle Veränderungen, sie erzeugten Konflikte und Widersprüche, die um 1900 keineswegs bewältigt waren. Die Wandlungsdynamik konnte auch nicht verdecken, dass Russland in soziokultureller Hinsicht gegenüber Westeuropa noch immer im Rückstand war – ein Befund, den die russischen Eliten teilten und dessen Überwindung sie sich auf die Fahnen schrieben. Die Masse der Bevölkerung lebte weiterhin eher traditionell auf dem Dorf. Sie war von den Veränderungen zwar betroffen, adaptierte sich in gewissem Maße, aber man kann nicht sagen, dass in der russischen Provinz oder gar auf den Dörfern um die Jahrhundertwende «die Welt neu erfunden wurde». Die moderne Industriegesellschaft war näher gerückt, jedoch immer noch ein gutes Stück entfernt. Die «Beschleunigung», die als das Kennzeichen der industriellen Moderne gilt, war in Russland um 1900 vorhanden, beschränkte sich aber auf begrenzte Bereiche, war noch keine dominante Erscheinung.

Das Entwicklungspotenzial Russlands um 1900 wird nach wie vor kontrovers beurteilt, je nachdem wie stark man jeweils die Elemente des Aufschwungs und diejenigen der Krise gewichtet. Die Tatsache, dass die praktische Umsetzung des Modernisierungsprojekts offensichtlich unzulänglich war und letztlich scheiterte, muss keineswegs bedeuten, dass das Projekt per se grundsätzlich ungeeignet war und an sich selbst zugrunde ging. Eine solche Sicht würde in letzter Konsequenz jede Politik, die historisch gewachsene Strukturen aufbrechen und Neuerungen gegen Widerstände durchsetzen will, als realitätsfremd und abwegig abqualifizieren. In der Konstellation des Jahres 1900 war (ebenso wenig wie 1913) der Zivilisationsbruch des Oktober 1917 keineswegs als wahrscheinlich angelegt. Es bedurfte erst der Verwerfungen, die durch die Überforderung Russlands im Ersten Weltkrieg entstanden, um das katastrophale Ergebnis zu zeitigen.

2. Neue Herausforderungen 1890–1905

Politisierung der Gesellschaft

1891/92 waren 16 zentralrussische Gouvernements von einer schweren Hungersnot betroffen. Unter der durch die Unterernährung geschwächten Bevölkerung brach zusätzlich eine Choleraepidemie aus. Hungersnöte und Epidemien an sich waren in Russland nichts Ungewöhnliches. In Gebieten, in denen die Landwirtschaft aufgrund von Dürren oder anderen Naturkatastrophen anfällig für Missernten war, traten sie regelmäßig auf. Der

Hungersnot von 1891/92 kommt aber besondere Bedeutung zu, weil sie sich als ein Katalysator gesellschaftlicher Dynamik erwies. Die Missernte hatte überwiegend klimatische Ursachen: Ein strenger Winter hatte die Herbstsaaten erfrieren lassen und im darauffolgenden heißen und trockenen Sommer war das verbliebene Getreide in weiten Teilen des Landes verdorrt.[1] Dennoch geriet die Regierung ins Schussfeld öffentlicher Kritik. Man warf ihr vor, dass die Finanz- und Industrialisierungspolitik zu Lasten der Bauern gehe. Finanzminister Ivan Vyšnegradskij (1887–1892) hatte zum Zwecke der Währungs- und Haushaltskonsolidierung die Getreideexporte gefördert, gleichzeitig den Binnenkonsum durch hohe direkte Steuern und Einfuhrzölle gedrosselt und damit das einprägsame Bild von «Hungerexporten» provoziert. Aus heutiger Sicht sind diese Vorwürfe so nicht haltbar, denn die Verbrauchssteuern trafen die städtische Bevölkerung weitaus stärker als die Bauern, aber in der damaligen öffentlichen Wahrnehmung stellte sich das anders dar.[2] Zugleich entstand während der Hungersnot der Eindruck, die zarische Bürokratie sei unfähig, den vom Hunger Betroffenen schnell und wirksam zu helfen. Der Staat hatte zwar als Reaktion auf frühere Hungersnöte Getreidevorräte und Hilfsfonds anlegen lassen, aber in der Krise von 1891/92 erwiesen sich die Maßnahmen als nicht effektiv genug.[3] In dieser Situation wurde die russische Gesellschaft in neuartiger Weise aktiv. Vor allem die ländlichen Selbstverwaltungsorgane auf Kreis- und Gouvernementsebene (Zemstvo), aber auch Privatleute und kirchliche Gruppen organisierten Spendensammlungen, Lebensmitteltransporte und medizinische Hilfe für die Hungernden und Kranken. Über diese humanitären Aktivitäten kam es zu einer Politisierung breiterer Kreise, da sich die Gesellschaft erstmals ihres Potenzials zur Selbstverwaltung und Mitbestimmung bewusst wurde.[4]

Hier hatte sich gegenüber früheren Jahrzehnten etwas verändert. Die Dynamisierung und Politisierung beschränkte sich nicht wie früher auf die revolutionäre Intelligencija, sondern sie betraf den Adel, die städtischen Bildungsschichten, die noch kleine, aber wachsende Schicht der Arbeiter, die Nationalitäten in den Peripherien und zu einem gewissen Teil sogar die Bauern, wenngleich man bei Letzteren hinsichtlich des Begriffs «politisch» vor 1905 und selbst noch während der Bauernunruhen von 1905–1907 große Vorsicht walten lassen muss. Die soziale Basis politischer Aktivität war durch die Tätigkeit der Zemstva, die Industrialisierung und die schnelle Entwicklung des Dienstleistungssektors deutlich breiter geworden. Hinzu kamen neue Möglichkeiten der Mobilität und Kommunikation durch Eisenbahn, Post, Telegraf und Telefon, die den Austausch von Informationen und die Einberufung von überregionalen Treffen erleichterten. Mittelfristiges Ergebnis war eine Selbstorganisation in politischen Gruppierungen, die als Vorstufen von Parteien gelten können. Diese Politisierung stand aber auch in einem Wechselverhältnis mit dem Staat, denn seit den Großen Reformen war es zu einem massiven Ausbau der staatlichen Institutionen gekommen. Missstände konnten nun nicht mehr bloß auf lokale Gegebenheiten und Einzelpersonen geschoben werden, sondern fielen auf die zuständigen staatlichen Behörden zurück.

Als wichtigster Nukleus gesellschaftlich-politischer Aktivierung erwiesen sich in den 1890er Jahren die Zemstva. Deren Emanzipationsbestrebungen reichten bis in die Zeit der Großen Reformen zurück. Teile des Adels hatten sich damals mehr Mitbestimmung in der örtlichen und regionalen Verwaltung sowie die Schaffung eines Vertretungsorgans auf Reichsebene erhofft. Die Selbstverwaltungskompetenzen der 1864 eingerichteten Zemstva blieben jedoch auf wenige Bereiche und vor allem auf die Ebenen der Gouvernements und Kreise beschränkt. Die Autokratie unterband systematisch alle Ansätze, einen überregionalen Zemstvodachverband zu gründen. Zu Recht argwöhnte man hinter solchen wiederholt artikulierten Vorschlägen konstitutionelle Tendenzen in Richtung auf eine Volksvertretung. Alexander III. hatte sogar im Zuge der Reformkorrektur von 1890 das Zemstvo-Statut verändert, um die Zemstva berechenbarer zu machen: Die Zusammensetzung der Versammlungen wurde zugunsten des Adels und zu Lasten der Bauern verschoben und die staatliche Aufsicht verstärkt.

Das Zemstvo barg in sich ein doppeltes politisches Potenzial: Zum einen wurden die Zemstva von der Bevölkerung der Gouvernements und Kreise gewählt. Das Wahlrecht bevorzugte zwar Adlige und Landbesitzer, gemeinsam mit deren Abgeordneten saßen aber auch Vertreter der Bauern in der Zemstvoversammlung. Letztere wurde also zu einer Plattform, auf der staatsbürgerliches Engagement im Interesse des Gemeinwohls und demokratische Verfahrensweisen eingeübt wurden. Zum anderen entstand bei den Zemstva ein wachsender Apparat von Angestellten, die über höhere Bildung verfügten (Ärzte, Veterinäre, Lehrer, Agronomen, Ingenieure, Statistiker). Diese Zemstvo-Intelligencija, häufig auch – neben den Abgeordneten und Amtsträgern – als «Drittes Element» des Zemstvo bezeichnet, war Anfang der 1890er Jahre auf mehrere Zehntausend Personen angewachsen und erwies sich wegen ihrer alltäglichen Konfrontation mit den Verhältnissen auf dem Land als besonders empfänglich für eine Politisierung. Seit 1893 fanden illegale überregionale Zusammenkünfte von Zemstvovertretern statt, sogenannte Zemstvokongresse. Diese politisierende Zemstvobewegung vereinte reformorientierte Adlige, das «Dritte Element» und Angehörige der städtischen Bildungsschichten im Streben nach politischer Teilhabe der Gesellschaft. Damit war ein erster Brückenschlag zwischen dem Adel und den Bildungsschichten erfolgt. Die Zemstvobewegung ersetzte den fehlenden «Dritten Stand», der in anderen Ländern die Basis der liberalen Opposition bildete. Die Kaufmannschaft und die neue industrielle Unternehmerschicht waren immer noch stark vom Staat abhängig, sodass von dieser Seite bis 1905 keine Unterstützung einer oppositionellen Bewegung zu erwarten war.[5]

Alexander III. hatte mehrmals klargemacht, dass er keinerlei Aktivität, die auf eine Beschränkung der Autokratie hinauslaufen könnte, dulden werde. Als er 1894 starb und sein Sohn Nikolaus II. den Thron bestieg, keimten Hoffnungen auf eine Lockerung des Regimes und eine Wiederaufnahme der Reformpolitik. Aus Anlass der Krönungsfeierlichkeiten 1896 kamen die Zemstvovorsitzenden der Gouvernements in Moskau zusammen, nutzten die Gelegenheit, sich mehrmals zu treffen und über verschiedene Sachfragen zu beraten, und sondierten bei Nikolaus II. die Möglichkeit, ein allrussländisches Repräsentativorgan einzurichten. Nikolaus II., den als Kind die Ermordung seines Großvaters Alexander II. 1881 nachhaltig geprägt hatte, reagierte strikt ablehnend und riet den Zemstvovertretern, sich die «sinnlosen Träume» von einer Konstitution aus dem Kopf zu schlagen.[6] Die Zemstvoleute trafen sich weiterhin am Rande der Illegalität zu ihren Kongressen. Für ihre Zusammenkünfte wählten sie unverfängliche Anlässe wie die jährliche Messe in Nižnij Novgorod oder Veranstaltungen in St. Petersburg und Moskau, zu denen sie ohnehin anreisen mussten. Zusätzlich zu den Vorsitzenden nahmen auch Angehörige der Zemstvo-Intelligencija teil. Beraten wurde über unpolitische zemstvointerne Probleme, zunehmend aber auch über das Verhältnis zwischen Autokratie und Gesellschaft. Die Methoden waren gemäßigt: Man agierte nicht in revolutionärer Manier, sondern verfasste Bittschriften, Adressen, Reden, führte Gespräche und gab Trinksprüche aus.[7]

Die Zemstvobewegung vereinigte Personen, die auf die sich wandelnden Verhältnisse in Russland sehr unterschiedliche Antworten entwickelten. Den gemeinsamen Nenner bildete die Unzufriedenheit mit der bestehenden politischen Ordnung. Man war sich darin einig, dass Russlands Herrschaftssystem einer Korrektur bedürfe. Darüber, wie diese Korrektur aussehen sollte, gingen die Meinungen aber auseinander: Viele adlige Angehörige der Zemstvobewegung standen in der Tradition der Slawophilen. Diese Neoslawophilen wollten die Autokratie keineswegs durch eine Konstitution abschaffen, sondern sie vielmehr auf ihren angeblich ursprünglichen Kern einer volksverbundenen Zarenherrschaft zurückführen. Daneben gab es unter den Zemstvoleuten aber auch Liberale, denen die Umwandlung der Autokratie in eine konstitutionelle Monarchie nach dem Vorbild westeuropäischer Verfassungen vorschwebte.[8] Der Gegensatz zwischen den konservativen Neoslawophilen und den liberalen Konstitutionalisten sollte zum Grundproblem der Zemstvobewegung werden. Er machte es äußerst schwer, eine gemeinsame Linie zu finden, und bot außerdem der Autokratie einen Hebel, um die einen gegen die anderen auszuspielen.

1899 entstand im Milieu der Zemstvobewegung mit dem sogenannten *Beseda*-Zirkel (von russ. *beseda* – Gespräch) eine erste politische Organisation. In der *Beseda* gaben die Konservativen den Ton an, angeführt vom Vorsitzenden des Moskauer Zemstvo, Dmitrij Šipov. Ganz im Sinne slawophiler Ideen wollten sie dem Zaren eine beratende Reichsversammlung (*Zemskij sobor*) zur Seite stellen und damit die Autokratie auf ihre vorpetrinischen Traditionen zurückführen.[9] Mit einer Konstitution westlichen Typs hatte dieses Konzept jedoch nichts gemein.

Um die Jahrhundertwende gelang der Brückenschlag zwischen der Zemstvobewegung und liberalen städtischen Gebildeten. Ivan Petrunkevič, adliger Gutsbesitzer und Zemstvoabgeordneter im Gouvernement Tver', nahm Kontakt mit Intellektuellen auf, um eine Zeitschrift zu gründen. Er traf sich unter anderem mit dem Historiker Pavel Miljukov (1859–1943), der schon als Student und später als Privatdozent an der Moskauer Universität in Konflikt mit den Behörden geraten war und sich längere Zeit im Ausland (England und Bulgarien) aufgehalten hatte. Miljukov sagte zwar seine Beteiligung zu, wollte sich aber nicht sichtbar exponieren und damit seine Zukunft in Russland aufs Spiel setzen. Als Redakteur für die Zeitschrift konnte schließlich Petr Struve (1870–1944) gewonnen werden, ein Ökonom, Historiker und Philosoph, der in den 1890er Jahren für die russischen Marxisten publizistisch tätig gewesen war, 1900 aber mit ihnen gebrochen hatte.[10] Da es in Russland aufgrund der Zensur unmöglich war, eine autokratiekritische politische Diskussion öffentlich zu führen, erschien die Zeitschrift ab 1902 unter dem Namen *Osvoboždenie* («Befreiung») in Stuttgart.

Die ersten Nummern der *Osvoboždenie* enthielten programmatische Artikel, in denen sogleich der konzeptionelle Unterschied zwischen dem linken und dem rechten Flügel deutlich wurde: Die «Konstitutionalisten» – so das Pseudonym, hinter dem sich Miljukov und andere westlich orientierte Liberale verbargen – forderten die Garantie der Grundfreiheiten: Unantastbarkeit der Person, Gleichheit aller vor dem Gesetz, Presse-, Versammlungs- und Koalitionsfreiheit. Sie traten dafür ein, in Russland eine nicht-ständische und klassenlose Volksvertretung mit legislativer Gewalt und Budgetrecht einzurichten. Den Weg dorthin stellten sie sich evolutionär vor: Der Kaiser sollte die bürgerlichen Freiheiten verkünden und Vertreter der Zemstva und der Städte beauftragen, ein Wahlgesetz für das Parlament auszuarbeiten. Das vom Volk gewählte Parlament sollte dann alle weiteren Regelungen treffen.[11] Dem konservativen Flügel der Zemstvobewegung gingen solche Forderungen viel zu weit. Sie erklärten nur ihre Solidarität mit der allgemeinen Richtung der Zeitschrift und schrieben verklausuliert von einem Staatsaufbau, in dem die Vertreter der Regierung und des Volkes einander nicht feindlich gegenüberstehen, sondern gemeinsam an der Erfüllung der wahren Bedürfnisse des Volkes arbeiten sollten.[12]

Wenige Monate später schrieb Pavel Miljukov in der *Osvoboždenie*, dass die Zeit für die Gründung einer liberalen Partei gekommen sei. Es habe aber keinen Sinn, in eine solche Partei die «unverbesserlichen Slawophilen» einzubeziehen, denn mit ihnen gemeinsam sei keine wirkliche konstitutionelle Reform möglich. Unmittelbar darauf, im November 1903, spalteten sich diejenigen Mitglieder der Zemstvobewegung, die einen Verfassungsstaat im Sinn hatten, von der *Beseda* ab und organisierten sich im *Bund der Zemstvo-Konstitutionalisten*. Die liberal-demokratisch orientierten städtischen Intellektuellen fanden sich etwa gleichzeitig im *Bund der Befreiung* zusammen, dessen Gründungskongress im Januar 1904 in St. Petersburg stattfand. Miljukov selbst war nicht anwesend, weil er gerade eine Vortragsreise durch die USA und England absolvierte. Die beiden Bünde waren personell eng miteinander verflochten, aber organisatorisch nicht direkt verbunden. Das Programm des *Bundes der Befreiung* forderte die Beseitigung der Autokratie, die Einführung eines konstitutionellen Regimes, allgemeine, gleiche, geheime und direkte Wahlen sowie das Selbstbestimmungsrecht der Nationalitäten.[13]

Somit hatte sich um die Jahrhundertwende im rechtlichen Graubereich die Vorstufe einer liberalen politischen Partei gebildet. Parallel dazu kam es auch im revolutionären Lager zu einer institutionellen Verdichtung. Die Marxisten organisierten sich zwischen 1898 und 1903 in der *Russländischen Sozialdemokratischen Arbeiterpartei*, die Agrarsozialisten gründeten 1901/02 die *Sozialrevolutionäre Partei*. Beide Gruppierungen hatten auf die Herausforderungen des sozioökonomischen und kulturellen Wandels, in dem sich Russland befand, radikale Antworten. Eine wie auch immer geartete Kooperation mit der Autokratie kam für sie nicht in Frage, vielmehr forderten sie einen kompromisslosen Bruch mit dem Vorgefundenen. Damit standen sie in der Tradition der revolutionären Bewegung der 1860er und 1870er Jahre, die in der Konfrontation mit dem autokratischen Regime eine Radikalität entwickelt hatte, die sie von den Demokraten Westeuropas unterschied. In diesem Radikalismus warfen sie letztlich aber auch die geistigen, politischen und rechtlichen Errungenschaften der westlichen Zivilisation über Bord. Die russische revolutionäre Bewegung fiel somit aus dem europäischen Kontext des 19. Jahrhunderts heraus und stellte sich in Opposition zur Leitidee des Liberalismus. Was man aus dem Westen übernommen hatte, war der Sozialismus, der jedoch in Russland eine andere Gestalt annahm: Sozialismus war hier nicht Sache einer Arbeiterbewegung, sondern das Anliegen von Angehörigen der prinzipiell staatsfeindlichen Intelligencija, die ihm eine radikal-revolutionäre Gestalt gab, während er sich zur gleichen Zeit in Westeuropa als linker Flügel in eine demokratische Reformbewegung eingliederte.[14]

Nachdem es dem autokratischen Staat unter Alexander III. in den 1880er Jahren gelungen war, die revolutionäre Bewegung, deren Aktivität in der Ermordung seines Vaters 1881 kulminiert war, zu unterdrücken, erlebte sie in den 1890er Jahren einen Neubeginn. In der Tradition der *narodniki*, die in den 1870er Jahren vergeblich versucht hatten, die Bauern mit revolutionären Gedanken zu mobilisieren, standen die Agrarsozialisten, die auf der Grundlage der russischen Dorfgemeinde mit ihrem Prinzip des Gemeindeeigentums einen nichtmarxistischen russischen Sozialismus errichten wollten. Sie glaubten an die Möglichkeit, in Russland dank der kollektivistischen Züge der *obščina* zum Sozialismus zu gelangen, ohne vorher den westlichen Kapitalismus künstlich nach Russland verpflanzen und an ihm zugrunde gehen zu müssen. 1901/02 schlossen sich unter der Führung des Agrartheoretikers Viktor Černov (1873–1952) verschiedene agrarsozialistische Gruppen zur Partei der Sozialrevolutionäre zusammen. Die Sozialrevolutionäre versuchten, Bauern und Arbeiter für ihre Sache zu mobilisieren und die Autokratie durch einen systematischen politischen Terror aus den Angeln zu heben. 1902 fiel ihnen Innenminister Sipjagin zum Opfer; ein erfolgloses Attentat wurde auf Konstantin Pobedonoscev verübt, der als Oberprokuror des Heiligen Synod eine Symbolfigur der Reaktion war.[15]

Von den agrarsozialistischen Vorstellungen grenzten sich die Marxisten seit den 1880er Jahren ab. 1883 gründete Georgij Plechanov (1856–1918), bis dahin ein *narodnik*, zusammen mit Pavel Aksel'rod, Vera Zasulič und anderen im Genfer Exil die Gruppe *Befreiung der Arbeit*. Sie gaben eine «Bibliothek des modernen Sozialismus» heraus, zu deren ersten Bänden Schriften von Marx und Engels gehörten. Plechanov machte sich in Broschüren an die Widerlegung der Lehre vom russischen Agrarsozialismus und rezipierte statt dessen den Marxismus. Die organisatorische Formierung der sozialdemokratischen Bewegung im Russländischen Reich selbst ging von den polnischen Gouvernements aus, wo sich die Industrie schon früher verdichtet hatte. 1889 bildete sich die *Union polnischer Arbeiter*, 1892 die *Polnische Sozialistische Partei* und 1893 die *Sozialdemokratie des Königreichs Polen und Litauen*. In St. Petersburg entstanden seit 1892 konspirative Zirkel, die sich 1895 unter der Führung von Lev Martov (Pseudonym für Julij Cederbaum, 1873–1923) zum *Kampfbund für die Befreiung der Arbeiterklasse* vereinigten. Zu dieser Zeit schloss sich auch der Rechtsanwalt Vladimir Ul'janov (1870–1924) den Sozialdemokraten an. Sein Deckname «Lenin» nahm auf den sibirischen Fluss Lena Bezug. Er legte ihn sich 1901 nach der Rückkehr aus Sibirien zu, wo er drei Jahre in der Verbannung zugebracht hatte.[16]

Die politische Aktivität der revolutionären Gruppen spielte sich in der Illegalität ab. Der autokratische Staat sah die Existenz von politischen Parteien nicht vor, unterband über die Zensur eine politische Publizistik und verfolgte die Revolutionäre mit harter Hand. Die Mitglieder der revolutionären Gruppierungen vereinte die Erfahrung von einem ständig bedrohten Leben im Untergrund, Verhaftungen, Hausdurchsuchungen und Aufenthalten im Gefängnis, in der Verbannung oder im ausländischen Exil. Die ständige Furcht vor eingeschleusten Polizeispitzeln und vor Verrat leistete im revolutionären Untergrundmilieu einem grundsätzlichen Misstrauen gegenüber jedermann Vorschub. Persönliches Vertrauen und Freundschaftsnetzwerke gewannen in diesem Kontext ebenso eine besondere Bedeutung wie die Vorstellung von klaren Feindbildern. Dieser in der Zeit der Verfolgung eingeübte Umgang mit einer festen Freund-Feind-Dichotomie prägte die Revolutionäre so stark, dass sie auch noch Jahrzehnte später, als sie selbst in Russland die Macht erobert hatten, das Entlarven und Bekämpfen von Feinden als grundsätzliches Handlungsmuster beibehielten.[17]

Nachdem 1897 als erste überregionale sozialdemokratische Organisation der *Allgemeine jüdische Arbeiterbund in Litauen, Polen und Russland* (kurz «Bund») gegründet worden war, versammelte sich 1898 eine Handvoll Sozialdemokraten in Minsk, um die *Russländische Sozialdemokratische Arbeiterpartei* (RSDRP) aus der Taufe zu heben. Diese Gründung war zunächst eher armselig. Ganze neun Personen waren zum Gründungskongress erschienen – die wirklich maßgeblichen Figuren waren nicht darunter, denn sie befanden sich in der sibirischen Verbannung oder im Ausland. Nach wie vor gab es zahlreiche sozialdemokratische Grüppchen, die erst noch organisatorisch zusammengefasst werden mussten. Über die Grundprinzipien der politischen Arbeit bestanden unterschiedliche Meinungen. Lenin bekämpfte die von einigen vertretene Auffassung, man solle den Arbeitern Raum zur Selbstentfaltung gewähren. Er sah darin die Gefahr, dass die Sozialdemokraten im Augenblick der Revolution nicht über ausreichende Schlagkraft verfügen würden, und strebte eine zentralistisch organisierte Partei von Berufsrevolutionären an. Zusammen mit Martov, Plechanov, Aksel'rod, Zasulič und anderen gründete er 1901 in München die Zeitschrift *Iskra* («Funke»), die als zentrales Publikationsorgan den reichsweiten Zusammenschluss der Sozialdemokratie beförderte. In seiner programmatischen Schrift «Was tun?» (in Stuttgart 1902 erstmals publiziert) lehnte Lenin die Konzeption einer Massenpartei ebenso ab wie eine föderative Organisationsstruktur. Terror als Mittel des politischen Kampfes bejahte Lenin grundsätzlich, betrachtete ihn aber in der gegenwärtigen Situation als verfrüht. Er träumte vielmehr davon, dass zunächst über eine systematische Agitation der Berufsrevolutionäre unter den Arbeitern «ein stehendes Heer gesammelt, organisiert und mobilisiert werde». Es gehe darum, «jeden Funken des Klassenkampfes und der Volksempörung zu einem allgemeinen Brand anzufachen», damit «aus unseren Arbeitern russische Bebels emporsteigen und hervortreten, die sich an die Spitze der mobilisierten Armee stellen und das ganze Volk aufrütteln würden zur Abrechnung mit der Schmach und dem Fluche Rußlands». Die revolutionäre Organisation müsse zielstrebig auf den «allgemeinen bewaffneten Volksaufstand» hinarbeiten.[18]

Es gelang nicht, die Meinungsverschiedenheiten unter den sozialdemokratischen Führern zu überwinden. Daher kam es auf dem zweiten Kongress der RSDRP, der 1903 in Brüssel und London stattfand, auch gleich zur Spaltung der eigentlich jetzt erst wirklich gegründeten Partei in die Fraktionen der Bolschewiki («Mehrheitler») um Lenin und die Menschewiki («Minderheitler») um Martov. «Mehrheit» und «Minderheit» bezogen sich auf die Abstimmung über eine nachrangige Detailfrage, bei der die Gruppe um Lenin nur deshalb in der Mehrheit war, weil die Delegierten des jüdischen Bundes den Kongress vorzeitig verlassen hatten. In der für die Spaltung maßgeblichen Streitfrage, nämlich der Definition des Parteimitglieds, hatten Lenins Bolschewiki mit seiner Formel von der Notwendigkeit einer zentralistisch geführten Kaderpartei von Berufsrevolutionären nicht die Mehrheit verkörpert. Martov und die Menschewiki traten für eine Partei ein, die sich weniger hermetisch-elitär verstand, sondern im Sinne der anderen sozialdemokratischen Parteien Europas für breitere Kreise offen und demokratisch strukturiert sein sollte.[19]

Das gemeinsame Minimalprogramm, das der Parteikongress verabschiedete, bezog sich auf eine fiktive bürgerlich-demokratische Republik nach dem Sturz der Autokratie und konzentrierte sich auf die Arbeitsschutzgesetzgebung. Die Interessen der bäuerlichen Bevölkerungsmehrheit – so die Rückgabe von Landstücken, die die Bauerngemeinden 1861 bei der Aufhebung der Leibeigenschaft hatten abgeben müssen – berücksichtigte dieses Programm nur am Rande und völlig unzureichend. Bolschewiki und Menschewiki waren sich einig, dass es zu früh für den Übergang zum Sozialismus sei und Russland erst das historisch notwendige Stadium der bürgerlichen Gesellschaft durchlaufen müsse. Wann und wie in Russland bei dem extrem geringen Anteil des Industrieproletariats an der Gesamtbevölkerung überhaupt eine sozialistische Gesellschaftsordnung funktionieren solle, lag völlig im Dunkeln. Insofern hatten weder Bolschewiki noch Menschewiki ein durchdachtes Entwicklungskonzept, das den Bedürfnissen des Landes angemessen war. Ihre theoretischen Projektionen bezogen sich auf eine utopische Ferne und hatten wenig realen Bezug zur tatsächlichen Situation Russlands.[20]

Autokratie, Orthodoxie und Nationalismus

Da waren selbst die Antworten des autokratischen Staates handfester, wenngleich die Diskrepanz zwischen der neuen Qualität gesellschaftlich-politischer Dynamik und dem hartnäckig aufrechterhaltenen Machtmonopol des Kaisers größer wurde. Alexander III. und sein Nachfolger Nikolaus II. verweigerten sich beharrlich allem, was auf eine Beschränkung der Autokratie hätte hinauslaufen können, und bemühten sich vielmehr, die Autokratie zu festigen.

Ein Element dieser Politik bestand in der Abmilderung der Großen Reformen. Alexander III. machte einige Maßnahmen seines Vaters rückgängig beziehungsweise änderte sie ab. Diese Reform der Reform erweckte auf den ersten Blick den Eindruck einer konservativen Gegenbewegung. Darin liegt ein wahrer Kern, aber die in der älteren Literatur geläufige Gegenüberstellung von «liberalem» Reformstreben unter Alexander II. und «reaktionärer» Reformfeindlichkeit unter Alexander III. wird heute differenzierter gesehen. So manche Neuerung, die der russischen Gesellschaft in den 1860er und 1870er Jahren von oben verordnet worden war, erwies sich nämlich in der Konfrontation mit der russischen Wirklichkeit als problematisch, vor allem in der Provinz und auf dem Land. Verwerfungen und Konflikte zeitigte vor allem der Versuch, die aus dem Westen übernommenen Rechtsnormen im ländlichen Bereich zu implementieren.[21] Die «Gegenreformen» Alexanders III. können daher nicht bloß als konservative Reaktion auf eine liberale Politik, sondern auch als realpolitische Korrekturversuche gesehen werden, die kein Abgehen vom Grundsatz bedeuteten.

Freilich verkörperte Alexander III. auch einen anderen Herrschertypus als sein Vater.[22] Er war als Heranwachsender zunächst gar nicht auf die

Thronfolge vorbereitet worden, sondern erst durch den Tod seines älteren Bruders Nikolaus 1865 aufgerückt. Seine Ausbildung hatte er im Wesentlichen auf dem Exerzierplatz erhalten und von seinem Naturell her drängte es ihn nicht nach tiefschürfender intellektueller Betätigung. Komplizierte Sachverhalte und die inhaltliche Auseinandersetzung mit seinen Ministern und Beratern bereiteten ihm Schwierigkeiten, Entscheidungen fällte er häufig über deren Köpfe hinweg nach eigenem Gutdünken. Alexander III. war eine imponierende Erscheinung, ein großer und stattlicher Mann, geeignet, seine Untergebenen einzuschüchtern. Dennoch mangelte es ihm an Selbstvertrauen, wahrscheinlich wegen der zurückgesetzten Stellung während seiner Kindheit. Es hieß, er sei so schüchtern gewesen, dass er seinen Ministern bei Meinungsverschiedenheiten nicht in die Augen sehen konnte. Es gelang ihm allerdings, diese Schüchternheit zu überspielen und eine Aura von Autorität und Macht zu erzeugen.

Ein Mann, der vor der Thronbesteigung großen Einfluss auf ihn ausübte, war der Oberprokuror des Heiligen Synod, Konstantin Pobedonoscev, der sich von einem Vertreter der liberalen Reformbürokratie zum Inbegriff der Reaktion gewandelt hatte.[23] Er wirkte auf Alexander zunehmend in diesem Sinne ein und brachte ihn in Kontakt mit Panslawisten und einflussreichen konservativen Publizisten. Alexander III. ließ deren konservativen Zeitungen großzügige finanzielle Unterstützung im Kampf gegen die «Nihilisten und Konstitutionalisten» zukommen. Er bestieg den Thron 1881 unter dem Eindruck der Ermordung seines Vaters und der Erschütterung der Autokratie durch revolutionäre Umtriebe und Terroranschläge. Von daher war für ihn das Festhalten an der uneingeschränkten Autokratie ein eisernes Prinzip, zumal schwer einzuschätzen war, wie stark die Bedrohung durch Revolutionäre und Terroristen wirklich war.

1882 wurde die Zensur verschärft, 1884 die Autonomie der Universitäten zurückgenommen, 1889 die Institution der Landhauptleute (*zemskij načal'nik*) eingeführt. Die Landhauptleute bildeten ein neues Element der staatlichen Kontrolle über die ländliche Selbstverwaltung und wurden vom Gouverneur aus den Reihen des Adels ernannt. In logischer Ergänzung änderte man 1890 auch das Wahlrecht zu den Zemstva zugunsten des Adels und verstärkte die Kontrollbefugnisse der staatlichen Aufsichtsbehörden über die Zemstvo-Aktivitäten. 1892 wurden analoge Maßnahmen auch gegenüber den Städten ergriffen. Das Wahlrecht zu den Stadtdumen wurde noch weiter zum Vorteil der Vermögenden modifiziert und die städtische Selbstverwaltung durch eine Ausweitung der Rechte der Gouverneure und des Innenministers geschwächt.[24] Die Reformkorrekturen zielten auf die Stärkung des Staates gegenüber den Kräften aus der Gesellschaft und auf eine Verschiebung der Gewichte in den Selbstverwaltungsorganen in die Hände des Adels und der Vermögenden. Damit wollten Alexander III. und Innenminister Dmitrij Tolstoj, dessen Vorschläge noch radikaler waren als die letztlich dekretierten Maßnahmen, das komplexer gewordene System berechenbarer und kontrollierbarer gestalten. Die Überlegung, die unter Alexander II. verabschiedeten Reformen zu korrigieren, wo sie mit der Wirklichkeit kollidierten, entsprang an sich einem rationalen Kalkül. Die Richtung der Änderungen verwies allerdings auf ein rückwärtsgewandtes restauratives Denken. Die erwachenden gesellschaftlichen Kräfte ließen sich damit höchstens vorübergehend eindämmen. Ihre Energien konstruktiv für das Gemeinwohl zu mobilisieren hätte anderer Signale bedurft. Auf diese Weise stellte sich die Autokratie den durch die Industrialisierungspolitik verursachten gesellschaftlichen Wandlungsprozessen in den Weg, anstatt das ihnen innewohnende Potenzial zu nutzen.[25]

Als Alexander III. 1894 unerwartet im Alter von 49 Jahren starb, hatte er gerade erst damit begonnen, seinen Sohn und Nachfolger Nikolaus II. in die Regierungsarbeit mit einzubeziehen. Nikolaus II. verfügte durchaus über die erforderlichen intellektuellen Fähigkeiten für sein Amt sowie über eine profunde Bildung. Dennoch zeigt sich, dass er den Herausforderungen seiner Zeit nicht gewachsen war. Bis zu seiner Abdankung begriff er im Grunde nicht die Tragweite der Veränderungen, die sein Land durchmachte, sondern lebte mental noch in einer vergangenen Epoche. Sowohl was die Inhalte als auch die prinzipielle Herangehensweise an die Politik betraf, stand er wie sein Vater unter dem Einfluss von Konstantin Pobedonoscev. Nikolaus hatte eine vormoderne, mystisch-religiös geprägte Auffassung von Herrschaft, verbunden mit einer in konservativen Kreisen verbreiteten Tendenz, politische Meinungen und politisches Agieren in den Kategorien von Wahrheit, Lüge oder Sünde zu beurteilen. Die Herrschaftsausübung war für ihn mehr eine Frage von Moral und Gewissen als von politischen Interessen und Konzepten. Die Realität der Verhältnisse im Russländischen Reich nahm er durch den doppelten Filter solcher Vorprägungen und eingeschränkter Kontakte zur Welt außerhalb des Hofes wahr. Stärker noch als seine Vorgänger glaubte er aufrichtig an die Güte und Zarentreue der Bauern. Seine eigene tiefe Religiosität übertrug er auf das Volk und vertraute auf die Orthodoxie als feste emotionale Klammer zwischen ihm und seinen Untertanen.[26]

Im Umgang mit seinen Ministern war Nikolaus weicher als sein Vater. Er scheute Konflikte, hatte in vielen Fragen keine dezidierte Meinung und zog es vor, politische Entscheidungen nicht argumentativ begründen zu müssen. Wenn er mit der Arbeit eines Ministers unzufrieden war, vermied er unangenehme Auseinandersetzungen, indem er den Betreffenden ohne vorherige Aussprache entließ. Das trug ihm den Ruf der Unaufrichtigkeit ein. Ein politisches Programm, das über die Bewahrung der Autokratie hinausgegangen wäre, hatte Nikolaus bei der Thronbesteigung nicht. In Ermangelung eigener Ideen setzte er zunächst fort, was sein Vater begonnen hatte, und beließ auch dessen Regierungsmannschaft im Amt. Er spürte, dass die Autokratie nicht mehr unangefochten war, und klammerte sich umso fester an das Machtmonopol, das er als von Gott gegeben auffasste. Symptomatisch für dieses Festhalten an der persönlichen Macht war, dass er das kaiserliche Siegel persönlich in seiner Schublade aufbewahrte.[27]

Nikolaus II. liebte öffentliche Inszenierungen der Loyalität des einfachen Volkes zur Autokratie und Rituale der Verbundenheit. Er sah sich gerne als «Väterchen Zar», dem die Bauern zur Begrüßung nach alter Sitte Brot und Salz darboten, und verkannte über solche Ehrerweisungen das Unruhepotenzial, das auch in der ländlichen Bevölkerung vorhanden war.[28] Für sein Verständnis der Autokratie, in dem mystisch-emotionale Bindekräfte und die Nähe zum Volk eine zentrale Rolle spielten, war es ein katastrophaler Auftakt, dass ausgerechnet die Krönungsfeierlichkeiten im Mai 1896 von einem schweren Unglück überschattet wurden: Der Einsturz einer Tribüne verursachte eine Massenpanik, als deren Ergebnis 1282 Tote und 500 Verletzte zu beklagen waren.[29] Dass Nikolaus noch am selben Abend einen Ball des französischen Botschafters besuchte, brachte die Stimmung gegen ihn auf. Die Nähe zum Volk, die in seiner Vorstellung ein wichtiger Pfeiler der Autokratie sein sollte, erwies sich nicht nur in dieser Situation als prekär.[30]

Die Inszenierungen der Autokratie wurden durch die Einbindung der orthodoxen Kirche sakral aufgeladen. Die Dreiheit von Autokratie, Orthodoxie und Volksverbundenheit war zwar schon in der ersten Hälfte des 19. Jahrhunderts zum Programm erklärt worden, allerdings wurde das Spirituelle unter Nikolaus II. stärker betont als unter seinen Vorgängern. Nikolaus stilisierte sich öffentlichkeitswirksam zum frommen Zaren: Gegen Bedenken des Heiligen Synod betrieb er die Heiligsprechung des Wundertäters Serafim von Sarov und unternahm zu diesem Anlass im Sommer 1903 mit der kaiserlichen Familie eine Wallfahrt ins Gouvernement Tambov, um dort mit Hunderttausenden Pilgern gemeinsam zu beten. Hinzu kam die Empfänglichkeit des Kaiserpaares für spiritistische Scharlatane. 1902 durfte ein französischer Okkultist namens Philippe bei Hofe Séancen abhalten, wenige Jahre später begann das Treiben des Wunderheilers Grigorij Rasputin.[31]

Die sakrale Untermauerung wurde mit altrussisch-nationalen Bezügen kombiniert. Die Symbolsprache der Monarchie nahm um die Jahrhundertwende in einer geradezu slawophilen Weise auf die vorpetrinische «Heilige Rus'» Bezug. Das ging so weit, dass die Zarenfamilie in alt-moskowitischen Kostümen auftrat.[32] Diese Rückbindung an eine vermeintlich heile altrussische Welt wirkt vordergründig wie eine in merkwürdigem Kontrast zu der sozioökonomischen Modernisierung des Reiches stehende Demonstration von Vergangenheitsorientiertheit. Sie kann aber auch als Antwort auf die Herausforderungen durch den in der russischen Publizistik zunehmend spürbaren Nationalismus verstanden werden. Ein moderner Nationalismus eignete sich nicht als Legitimationsstrategie für eine Dynastie, die ein Vielvölkerimperium autokratisch regierte. Insofern war ein Rückgriff auf eine in weiter Vergangenheit liegende Projektionsfläche aus dynastischer Sicht nicht völlig unsinnig. Dort, wo die Autokratie partiell auf russisch-nationale Konzepte einschwenkte, erwiesen sich diese nämlich nicht als erfolgreich: Unter Alexander III. und Nikolaus II. wurde zwischen 1881 und 1905 eine tendenziell – aber nicht konsequent – intolerantere Politik gegenüber den nichtrussischen Nationalitäten betrieben. Diese von den Betroffenen vielfach als «Russifizierung» wahrgenommene Episode erreichte ihr Ziel nicht. Anstatt die erwachenden nichtrussischen Nationalbewegungen einzudämmen und die Nationalitäten fester in das Imperium zu integrieren, provozierte sie im Gegenteil erst recht deren nationale Bewusstwerdung.

Bei den Polen war aufgrund ihrer Nähe zum Westen und ihres sozioökonomischen Entwicklungsstandes das Nationalbewusstsein am weitesten entwickelt. Sie hatten schon 1830 und 1863 bewaffnete Aufstände unternommen, deren Scheitern den Nationalismus nicht bremste, sondern eher noch anfachte. Im letzten Drittel des 19. Jahrhunderts wandelte sich die polnische Adelsnation durch die Integration der anderen sozialen Schichten zu einer modernen Nation, die es schaffte, soziale Gegensätze zu überwölben.[33] Nachdem die russischen Behörden wiederholte Versuche zur Gründung einer polnischen revolutionären Partei vereitelt hatten, wichen die Aktivisten nach Paris aus, um dort 1892 die *Polnische Sozialistische Partei* (PPS) zu gründen. Bereits im Jahr darauf konstituierte sich die *Nationale Liga*, aus der die *Nationaldemokratische Partei* hervorging.[34] Damit spielten die Polen im Hinblick auf nationale und politische Mobilisierung im Russländischen Reich eine Vorreiterrolle und strahlten nicht nur auf die benachbarten Ukrainer, Weißrussen und Litauer, sondern auch auf die Russen aus.[35]

Eine annähernd vergleichbare nationale Integration gelang den Finnen, Esten, Letten, Armeniern und Georgiern. Armenier und Georgier verfügten wie die Polen über geschlossene Territorien mit ehemaliger Eigenstaatlichkeit sowie über relativ stark ausdifferenzierte Sozialstrukturen. Die nationalen Aktivisten der Finnen, Esten und Letten hatten es hingegen mit einer überwiegend bäuerlichen Bevölkerung zu tun, die einer andersnationalen Oberschicht gegenüberstand, keine lebendige Staatstradition besaß und von daher ungünstigere Voraussetzungen für die nationale Mobilisierung mitbrachte. Die Protagonisten der nationalen Idee konzentrierten sich zunächst auf kulturelle Ziele. Bei den Finnen, Esten und Letten begannen sie seit der Mitte des 19. Jahrhunderts mit einer Agitation, um das nationale Gedankengut in breitere Bevölkerungsschichten zu tragen, und erreichten um die Jahrhundertwende das Stadium der Massenbewegung. 500 000 Finnen – die Hälfte der erwachsenen männlichen Bevölkerung – unterzeichneten 1899 eine Petition an den Kaiser, die Einschränkungen der Autonomie Finnlands zurückzunehmen. Esten und Letten veranstalteten große Sängerfeste, formierten sich in nationalen politischen Parteien und kämpften gegen die Dominanz der Deutschbalten an.

Unter den Litauern, Weißrussen und Ukrainern fasste die nationale Idee erheblich langsamer Fuß. Es handelte sich um Bauernvölker mit polnischer und russischer Oberschicht, die von Polen und Russen nicht als eigenständige Nationen akzeptiert wurden. Die Phase der kulturellen Identitätsbildung dauerte daher länger, die politische Agitation setzte erst später und mit geringerem Erfolg ein. Zwar bildeten sich auch hier um 1900 politische Parteien mit nationaler und sozialer Zielsetzung, aber ihre Breitenwirkung blieb gering. Der Weg zu modernen Nationen war noch weit. Das galt noch mehr für die christianisierten Ethnien an der Mittleren Wolga, im Ural sowie in Nordrussland und Sibirien. Die muslimischen Bevölkerungsteile des Reiches waren ethnisch und kulturell sehr heterogen. Wolgatataren, Aserbaidschaner, Kasachen und Turkmenen hatten völlig unterschiedliche Traditionen und Lebensweisen. Die Sprachverwandtschaft über das Türkische spielte für die Identitätsbildung eine untergeordnete Rolle; wichtiger waren Religion, Lebensform und verwandtschaftliche Netzwerke. Die Nationsbildungen unter den Muslimen erfolgten über religiöse Reformbewegungen.

Gemeinsam war allen nationalen Bewegungen, dass sie über ein starkes emanzipatorisches Potenzial verfügten, das die Autokratie in Frage stellte, und dass sie durch die als Russifizierung empfundene Nationalitätenpolitik zwischen 1881 und 1905 zusätzliche Impulse erhielten. Die Politik der St. Petersburger Zentrale reagierte ihrerseits auf die nichtrussischen Nationalbewegungen, die sie als Bedrohung der Integrität des Imperiums betrachtete und folglich zu unterdrücken suchte. Der russische

Nationalismus – der es im Übrigen bis 1917 nicht bis zur Herausbildung einer modernen, alle Schichten der Bevölkerung integrierenden Nation brachte – war zu einem guten Teil ein reaktiver, der sich aus der Auseinandersetzung mit den Nationalbewegungen der Nichtrussen nährte.

Die Krise nach der Jahrhundertwende

«Lieber Bruder, diese Anrede hielt ich für die angemessenste, weil ich mich mit diesem Brief nicht so sehr an den Zaren wie an den Menschen – den Bruder wende. Außerdem auch noch deswegen, weil ich Ihnen gleichsam aus jener Welt schreibe, fühle ich doch den Tod nahen. Ich wollte nicht sterben, ohne Ihnen gesagt zu haben, was ich über Ihr gegenwärtiges Wirken denke und darüber, wie es sein könnte, welch großes Glück es Millionen Menschen und Ihnen bringen und welch großes Unheil es den Menschen und Ihnen bringen kann, wenn es die Richtung fortsetzt, in der es jetzt verläuft. Ein Drittel Russlands befindet sich im Zustand verschärfter Überwachung, das heißt außerhalb des Gesetzes. Die Armee der Polizisten – der öffentlichen und der geheimen – vergrößert sich ständig. Die Gefängnisse, die Orte der Verbannung und der Sträflingsarbeit sind neben Hunderttausenden Krimineller mit politischen Häftlingen überfüllt, zu denen jetzt auch die Arbeiter gerechnet werden. Die Zensur hat eine Unsinnigkeit der Verbote erreicht, wie es in der schlimmsten Zeit der vierziger nicht der Fall gewesen war. Die religiösen Hetzjagden sind nie so häufig und grausam gewesen wie jetzt, und sie werden immer grausamer und häufiger. Überall in den Städten und Fabrikzentren sind Truppen konzentriert, und sie werden mit scharfer Munition gegen das Volk ausgeschickt. An vielen Orten ist es schon zu brudermörderischem Blutvergießen gekommen, und neues und noch grausameres Blutvergießen wird überall vorbereitet und wird unweigerlich stattfinden. Und als Ergebnis all dieser angespannten und grausamen Tätigkeit der Regierung, versinkt das bäuerliche Volk [...] in Not, so dass der Hunger zu einer normalen Erscheinung geworden ist.»[36]

Mit dieser drastischen Schilderung der Lage wandte sich der damals 83-jährige Schriftsteller Lev Tolstoj im Januar 1902 an Nikolaus II. Was er beschrieb, waren die Symptome einer Krise, die das Russländische Reich kurz nach der Jahrhundertwende in mehreren Bereichen gleichzeitig erfasste. Das rapide Industriewachstum der 1890er Jahre endete um 1900 abrupt in einer weltweiten Rezession, infolge derer sich die Lebensverhältnisse der Arbeiter und Bauern verschlechterten. 1902 kam es zu Bauernunruhen und im Jahr darauf zu einer Streikwelle in den Industriezentren. Die Wirtschaftskrise destabilisierte das politische System der Autokratie, die immer weniger in der Lage war, Ressourcen zu mobilisieren, in eine ernste Legitimationskrise geriet und zu repressiven Maßnahmen Zuflucht nahm.[37]

Die vom internationalen Geld- und Getreidemarkt ausgehende Rezession trieb im Russländischen Reich fast 3000 Industriebetriebe in den Bankrott. Betroffen war vor allem die Schwerindustrie,[38] aber auch die Landwirtschaft, da die Weltmarktpreise für Getreide verfielen. Die wegbrechenden landwirtschaftlichen Einkommen hatten zur Folge, dass das System des Finanzministers Vitte kollabierte, das vom Kapitaltransfer aus der Landwirtschaft abhing. Vitte hatte durch hohe Steuern Kapital aus der Landwirtschaft abgeschöpft, um die staatlichen Investitionen in die Industrie finanzieren zu können. Dass er im August 1903 als Finanzminister entlassen wurde, lag aber weniger an den wirtschaftlichen Problemen, sondern daran, dass er sich mit der Akkumulation von Kompetenzen im Finanzministerium Feinde gemacht hatte, einige seiner Reformvorschläge auf Ablehnung stießen und er mit seiner Ansicht, die Politik habe sich an den Bedürfnissen der Wirtschaft auszurichten, in Widerspruch zur Wertehierarchie der Autokratie geraten war. Dabei war Vitte kein Liberaler: 1899 schrieb er in einem Memorandum über «Autokratie und Zemstvo», dass dem Zemstvo eine Tendenz zum Konstitutionalismus innewohne, der nicht auf das Vielvölkerreich angewendet werden könne, ohne es zu zerstören. Ihm schwebte vielmehr vor, die Autokratie in ein modernes bürokratisches Regime umzuformen, das die Entwicklung des Landes effizient kontrolliere und plane: «Die Regierung, die ihren Finger am Puls der Gesellschaft hat, gerät nicht unter das Kommando der Gesellschaft.» Damit verkannte Vitte allerdings die Möglichkeiten des autokratischen Staates. Andere Vorschläge, die er um die Jahrhundertwende etwa zur Agrarreform unterbreitete, waren praktikabler, stießen aber auf Widerstand und wurden nicht realisiert. Der Kaiser beauftragte Vitte im Januar 1902 mit dem Vorsitz einer Konferenz zur Verbesserung der Lage der Bauern, entzog ihm diese Kompetenz aber kurz darauf, als klar wurde, dass Vittes Vorschläge mit den Vorstellungen des Innenministers kollidierten. Das Manifest, mit dem Nikolaus II. 1903 ein paar Reformen dekretierte, war völlig unzureichend, um die Krise zu bewaltigen.[39]

Die Wirtschaftskrise fiel mit der sich um die Jahrhundertwende intensivierenden Politisierung der Gesellschaft zusammen. Ein Teil des gesellschaftlichen Engagements hatte sich in den 1890er Jahren gegen die Vittesche Industrialisierungspolitik gerichtet. 1895 hatte der Allrussländische Kongress der Landbesitzer Förderung und Schutz der Landwirtschaft nach dem Muster der Industrie gefordert; die Zemstva verlangten die Abschaffung der hohen Schutzzölle, weil sie den Import landwirtschaftlicher

Maschinen verteuerten. Gegen die Schutzzollpolitik wandten sich 1896/97 auch der Allrussländische Handels- und Industriekongress, auf dem die Industrie in der Minderheit war, und die Kaiserliche Freie Ökonomische Gesellschaft. Unter dem Eindruck der Wirtschaftskrise nach 1900 wurden solche politischen Bekundungen häufiger und mündeten in eine breite politische Mobilisierung von Schichten, die nicht ihr eigenes ökonomisches Interesse, sondern das Wohl des Ganzen im Auge hatten. Die Gesellschaft dynamisierte und emanzipierte sich, weil die Regierungspolitik und die Autokratie infolge der Krise an Glaubwürdigkeit und Autorität verloren. Dabei ging die Kritik durchaus in gegensätzliche Richtungen: Während die einen dem Festhalten an den autokratischen Strukturen die Schuld zuwiesen, sahen konservative Kritiker das Problem in der zu hastigen Modernisierung, die mit den russischen Verhältnissen nicht kompatibel sei.

Für alle sichtbar war, dass die Regierung der sozialen Unruhen im Land nicht mehr Herr wurde. Seit den Studentenprotesten von 1899 rissen die Demonstrationen, Streiks und Bauernrevolten nicht ab. Innenminister Pleve versuchte, die Wut der Arbeiter und Bauern von der Regierung auf die Juden umzulenken. Die staatlich betriebene Judenhetze trug dazu bei, dass zu Ostern 1903 in Bessarabien ein Judenpogrom stattfand.[40] Als direkte Reaktion auf den Pogrom von Kišinev organisierte eine sozialrevolutionäre Terrororganisation die Ermordung des verhassten Innenministers. Wie schon sein Vorgänger Sipjagin zwei Jahre zuvor, fiel Pleve im Juli 1904 einem Attentat zum Opfer. Alle Versuche der Regierung, die Aufwallungen zu dämpfen, etwa mit der Verbesserung der Arbeiterschutzgesetzgebung, verpufften ergebnislos. Die Obrigkeit wusste sich nicht anders zu helfen, als polizeistaatliche Mittel und das Militär einzusetzen. Unter dem Eindruck dieser Ohnmacht verlor das autokratische Regime selbst bei den loyalen Teilen der Gesellschaft an Vertrauen. – Es war dies die Konstellation, in der die Zemstvoliberalen und die Bildungsschichten in der Forderung nach der Umwandlung der Autokratie in eine konstitutionelle Monarchie zusammenfanden.[41]

Außenpolitik

Krisenhaft entwickelte sich nach 1900 auch die russische Außenpolitik. Das war in den 1890er Jahren so nicht abzusehen gewesen: Im letzten Jahrzehnt des 19. Jahrhunderts erfolgten zwar wichtige außenpolitische Weichenstellungen, die sich aber im Rahmen des normalen diplomatischen Kräftespiels bewegten. Dazu zählte der militärische Beistandspakt, den Russland 1894 mit Frankreich schloss. Damit besiegelte es eine bündnispolitische Umorientierung, die 1878 mit der Enttäuschung über den Ausgang des Berliner Kongresses begonnen hatte. Die bis dahin freundschaftlichen Beziehungen zwischen den Höfen in St. Petersburg und Berlin waren damals schwer beeinträchtigt worden, weil man russischerseits Bismarck vorwarf, seiner Rolle als «ehrlicher Makler» nicht gerecht geworden zu sein und Russland gegenüber England und Österreich-Ungarn benachteiligt zu haben. Hinzu kamen wirtschaftliche Differenzen: Die deutsche Zoll- und Finanzpolitik schadete der russischen Wirtschaft, indem sie die Einfuhr russischen Getreides und den Kapitalexport nach Russland erschwerte. Russland sah sich genötigt, auf den französischen Kapitalmarkt auszuweichen, und als Deutschland 1890 den Rückversicherungsvertrag nicht verlängerte (ein Neutralitätsabkommen, das Bismarck 1887 mit Russland geschlossen hatte, um die Beziehungen nicht völlig in die Brüche gehen zu lassen), folgte auch die außenpolitische Annäherung an Frankreich. Mit dieser schwerwiegenden Veränderung war im Verhältnis der drei Mächte zueinander bereits diejenige Konstellation geschaffen, die bis zum Ende des Ersten Weltkriegs bestimmend bleiben sollte.

Im Westen verfolgte die russische Außenpolitik nach wie vor das langfristige Ziel, die Kontrolle über die Meerengen des Bosporus zu erlangen. Außenminister Murav'ev ging in einer Ende 1899 verfassten Denkschrift davon aus, dass es möglich sei, sich mit Deutschland über die beiderseitigen Interessen im Osmanischen Reich zu verständigen. Eine Übereinkunft mit England über Einflusssphären in Persien und in Afghanistan hielt er demgegenüber nicht für sinnvoll, weil er Englands Stellung in Südpersien als schwach einschätzte und nicht unnötig den Handlungsspielraum Russlands einschränken wollte.[42]

Eine neue Qualität gewann die russische Politik in Fernost. In den 1890er Jahren versuchte sich Russland hier in Nachahmung der Kolonialpolitik der übrigen Großmächte an der imperialistischen Aneignung einer asiatischen Peripherie und an der langfristigen Erschließung von Absatzmärkten. Initiator des Unternehmens war Finanzminister Vitte, der in der Mandschurei im Zusammenhang mit dem Bau der Transsibirischen Eisenbahn unter Umgehung des Außenministeriums sein eigenes Imperium aufbaute. Russland zwang, gemeinsam mit Frankreich und Deutschland, 1895 Japan im Präliminarfrieden von Shimonoseki, die Halbinsel Liaotung zu räumen, die Japan kurz davor im Krieg gegen China gewonnen hatte. Ein Jahr später verschaffte sich Russland von China im Moskauer Bündnisvertrag eine Eisenbahnkonzession durch die Mandschurei nach Vladivostok und schloss 1898 nun seinerseits einen Pachtvertrag über die Halbinsel Liaotung mit dem eisfreien Hafen Port Arthur.[43]

Von der Eisenbahnkonzession durch die Mandschurei erwartete Vitte zweierlei Nutzen: Erstens verkürzte die Bahnlinie die Verbindung zum Hafen von Vladivostok gegenüber der Streckenführung der Transsibirischen Eisenbahn entlang der Grenze am Fluss Amur. Zweitens sollte die Konzession als Instrument der wirtschaftlichen Durchdringung der Region dienen, um Russland Monopolrechte zu sichern und der russischen Industrie einen Absatzmarkt zu öffnen. Die asiatischen Außenräume, also Nordchina, Korea, Persien, die Zugänge zum Schwarzen Meer, zum Indischen Ozean und zum Pazifik, sollten allmählich systematisch auf friedlichem Wege durchdrungen werden. Mit französischem Kapital gelang es, die Russisch-Chinesische Bank zu gründen, die die ökonomische Penetration in Fernost finanziell absichern sollte. Diese Politik ist zutreffend als «geborgter Imperialismus» bezeichnet worden.[44]

Hier machte sich ein moderner imperialistischer Denkstil bemerkbar, der aber daran scheiterte, dass Russland ökonomisch noch gar nicht in der Lage war, in kolonialen Räumen mit den anderen Mächten auf der Grundlage einer Politik der offenen Tür zu konkurrieren. Die russische Wirtschaftskraft reichte schlichtweg nicht aus, um China an sich zu binden, zumal sich die russischen Großindustriellen am Fernen Osten weitgehend desinteressiert zeigten. Da Konzept und Praxis der friedlichen ökonomischen Durchdringung weit auseinanderklafften, verlegten sich die Russen auf militärischen Druck. Aus Anlass des Boxeraufstandes 1900 besetzten russische Truppen die Mandschurei und erpressten auf diese Weise von China wirtschaftliche Rechte.[45] Schon die erzwungenen Konzessionen und Pachtverträge hatten eigentlich nicht dem Konzept Vittes entsprochen, der auf friedliche Penetration im Sinne des klassischen Eisenbahn-Imperialismus setzte. Die militärischen Aktionen entsprangen nicht den ursprünglichen Planungen, sondern einer Eigendynamik, die zunehmend außer Kontrolle geriet und mit einer fatalen Fehleinschätzung Japans einherging. Der Einsatz militärischer Drohmittel in Fernost war Ausdruck ökonomischer Schwäche, nicht überschießender Kraft.[46] Mit seinem Engagement in Fernost geriet Russland in Konflikt mit Japan, das seine Interessen in China zunehmend in Gefahr sah. Auch Großbritannien beobachtete mit Sorge die russischen Aktivitäten in Asien und schloss 1902 ein Bündnis mit Japan. Damit war die russische Position in der Mandschurei prekär geworden. Ökonomisch war die Rechnung ohnehin nicht aufgegangen: Das Unternehmen verschlang große Summen, und die Kalkulation, der russischen Industrie einen Exportmarkt zu öffnen, erwies sich als Illusion.

Vitte erkannte immerhin um die Jahrhundertwende, dass Russland der ökonomischen Konkurrenz mit den anderen imperialistischen Mächten nicht gewachsen war und eine offene Konfrontation vermeiden müsse.

Auch Kriegsminister Aleksej Kuropatkin war kein Freund militärischer Interventionen in China. Er riet zu einer defensiven Politik im Osten, zumal er Deutschland als den eigentlichen Feind betrachtete.[47] Nach der Entlassung Vittes 1903 entgleiste das von ihm initiierte Fernost-Abenteuer vollends. Nun bestimmten der Kaiser, die Militärführung und das Außenministerium die Fernostpolitik – und realisierten nicht, wie sehr sie die Japaner, die ihrerseits Richtung China expandierten, mit dem Engagement in China provozierten. Die russische Außenpolitik war nun gänzlich von Selbstüberschätzung und konzeptioneller Überforderung gekennzeichnet.[48]

Die japanische Regierung brach daraufhin die diplomatischen Beziehungen ab und unternahm im Februar 1904 einen für Russland überraschenden Präventivschlag. Ähnlich wie vierzig Jahre später gegen die US-Flotte in Pearl Harbour griffen die Japaner die russischen Kriegsschiffe vor Port Arthur überfallartig an. In weiterer Folge entbrannte ein Krieg, der für Russland, das den japanischen Gegner völlig unterschätzt hatte, ungünstig und verlustreich verlief. Er endete mit der berühmten Seeschlacht bei Tsushima im Mai 1905, in der die russische Ostseeflotte nach ihrer Fahrt um die halbe Welt von den Japanern vernichtend geschlagen wurde.

Wenn die Regierung darauf spekuliert hatte, durch einen «kleinen erfolgreichen Krieg» von den innenpolitischen Problemen abzulenken, wie es Innenminister Pleve optimistisch gehofft hatte, so wurde sie bitter enttäuscht. Nicht nur, dass die koloniale Expansion in Fernost in der russischen Gesellschaft auf keine Begeisterung stieß, der Krieg offenbarte auch strukturelle Schwächen Russlands und beschleunigte die gesellschaftliche Gärung. Petr Struve hatte in der liberalen Zeitschrift *Osvoboždenie* gleich nach dem Ausbruch des Krieges eine Parallele zum Krimkrieg gezogen und darauf verwiesen, dass die Niederlage damals Reformen erzwungen hatte, und auch im konservativen Lager fehlte es nicht an Warnungen, dass der Krieg selbst bei einem siegreichen Verlauf der revolutionären Bewegung Auftrieb verleihen könnte. Die patriotische Identifikation mit diesem Krieg hielt sich in engen Grenzen und flaute nach anfänglichen Manifestationen schnell ab. Im Zusammenwirken mit der ökonomischen Krise, die immer noch andauerte und sich in Arbeitslosigkeit und Lohnkürzungen äußerte, bewirkte der Krieg ab Herbst 1904 – zunächst in den Industriestädten Polens, dann auch in Russland – Arbeiterdemonstrationen und gewaltsame Protestkundgebungen, und auch die liberale Opposition begann sich zu regen. Die Aktivitäten mündeten schließlich in die Revolution von 1905.[49]

Unter dem Eindruck der Niederlagen und der schweren inneren Probleme blieb Nikolaus II. nichts anderes übrig, als das Vermittlungsangebot des amerikanischen Präsidenten anzunehmen und mit Japan in Friedensverhandlungen zu treten. Mit der Leitung der russischen Delegation beauftragte er den abgesetzten Vitte. Dieser schaffte es, im Frieden von Portsmouth (23. August / 5. September 1905)[50] für Russland glimpfliche Bedingungen auszuhandeln: Russland musste die japanischen Interessen in Korea anerkennen, auf die Pachtrechte in Port Arthur und Liaotung verzichten und den Südteil der Insel Sachalin abtreten. Durch ein geschicktes Auftreten als Repräsentant der zivilisierten Welt gegenüber den auf dem internationalen Parkett noch unerfahrenen Japanern und einen offensiven Umgang mit den amerikanischen Zeitungen war es Vitte gelungen, die öffentliche Meinung in den USA auf seine Seite zu bringen.[51]

Trotz dieser diplomatischen Teilerfolge stand das zarische Regime vor einem außen- und innenpolitischen Scherbenhaufen. Das imperialistische Abenteuer war gescheitert, Russland hatte eine blamable Niederlage gegen einen bis dahin als inferior geltenden asiatischen Gegner einstecken müssen. Damit waren auch die Zivilisierungsmission im Osten und der Großmachtanspruch beschädigt. Indem der Krieg gegen Japan – wie seinerzeit der Krimkrieg – die Defizite in der Leistungsfähigkeit des Staates sichtbar machte, stellte er den Modernitätsanspruch, mit dem sich Russland fünf Jahre zuvor in Paris präsentiert hatte, in Frage.

Ökonomisch befand sich das Land in einer Krise, die jedoch in einem internationalen Kontext zu sehen ist und die Phase der beschleunigten Industrialisierung nur vorübergehend unterbrach. Gerade die Wirtschaftskrise erhöhte die gesellschaftliche Dynamik, die in den 1890er Jahren Russland erfasst hatte. Unter dem Eindruck der durch die Rezession hervorgerufenen sozialen Probleme und der als immer unüberbrückbarer empfundenen Kluft zwischen dem Machtmonopol der überforderten Autokratie und den sich formierenden gesellschaftlichen Kräften erlebte die Politisierung der Letzteren einen Qualitätssprung. Die kumulierte Krise von 1904/05 erzeugte für mehrere Monate eine Situation, in der sich Handlungsmöglichkeiten eröffneten, die bis dahin nur in den Träumen der Akteure existiert hatten. Da die Akteure je unterschiedliche Antworten auf die Probleme zu bieten hatten, war zunächst nicht klar, wie die Zukunft Russlands aussehen würde, ob die Autokratie, die konservative Opposition, die Liberalen oder die Revolutionäre den Sieg davon tragen würden.

3. Politisierung und Polarisierung 1905–1917

Die Revolution von 1905

Der ungünstig verlaufende Krieg gegen Japan führte dazu, dass die Autokratie in allen Bevölkerungsschichten an Vertrauen einbüßte und der Reihe nach die Kontrolle über die Öffentlichkeit, die städtischen Arbeiter, die Nationalitäten in den Randgebieten und die Bauern verlor. Der Nachfolger des ermordeten Innenministers Pleve, Fürst Svjatopolk-Mirskij, versuchte die angespannte Lage durch kleinere Zugeständnisse wie die Lockerung der Pressezensur und die Entlassung von Oppositionellen aus der Verbannung zu entschärfen. Bei Hofe war man solchen versöhnlichen Signalen gegenüber misstrauisch – nicht zu Unrecht, da sie in der Tat die Opposition ermutigten, ihre Ziele offensiver zu verfolgen.[1]

Die Zemstvobewegung organisierte im November 1904 einen Kongress in St. Petersburg. Die Organisatoren unterliefen im Einvernehmen mit Svjatopolk-Mirskij das offiziell immer noch geltende Versammlungsverbot, indem sie den Kongress als private Zusammenkunft deklarierten. De facto handelte es sich aber bei der Versammlung, die Anfang November 1904 in Privathäusern von St. Petersburger Adligen stattfand, um eine Art Vorparlament: 105 Zemstvodelegierte waren aus 33 Gouvernements angereist, um über einen Verfassungsentwurf zu beraten. Damit hatte die Aktivität der Zemstvobewegung eine neue Qualität erreicht. Im Zuge der Konkretisierung der politischen Forderungen wurde aber nun auch die innere Spaltung der Bewegung deutlicher sichtbar. Einigkeit herrschte nämlich nur bezüglich des Grundrechtekatalogs.[2] In der Frage der anzustrebenden politischen Struktur verhärtete sich hingegen der Gegensatz zwischen den Liberalen und den Neoslawophilen. Die liberale Mehrheit trat für ein Parlament mit Legislativgewalt und Kontrolle über das Budget ein. Der neoslawophilen Minderheit ging das zu weit. Sie betonte ihren Glauben an ethische Prinzipien statt an Gesetze und an den Unterschied des russischen Volkes gegenüber dem Westen und bestand auf einer unverbindlicheren Beschreibung der Kompetenzen des zu bildenden Vertretungsorgans.[3]

Angesichts der spürbar erodierenden Macht der Autokratie wurde auch die liberale Bewegung aktiv. Der *Bund der Befreiung* legte seinen konspirativen Charakter ab und ging an die Öffentlichkeit. Die im Ausland erscheinende Zeitung *Osvoboždenie* wurde durch das legale Wochenblatt *Pravo* («Recht») ersetzt, und Ende 1904 hatten die Liberalen bereits die Kontrolle über zwei russische Tageszeitungen.[4] Unmittelbar nach dem Kongress der Zemstvokonstitutionalisten, den Mitglieder des *Bundes der*

Befreiung aktiv mitgestaltet hatten, begann der Bund seine «Bankettkampagne». Das Veranstalten von Banketten war nicht verboten und stellte dennoch eine höchst wirksame Form von Öffentlichkeit dar, die einer politischen Kundgebung gleichkam. Den Anfang machte im November 1904 ein Bankett in St. Petersburg, zu dem praktisch die gesamte liberale Intelligenz erschien und ihre politischen Forderungen artikulierte. Es folgten Bankette in anderen Städten, auf denen ein demokratischer Rechtsstaat sowie eine frei, gleich und geheim gewählte Verfassunggebende Versammlung gefordert wurden.[5]

Der nächste Schritt war die Organisierung der Gesellschaft, die innerhalb weniger Wochen ein erstaunliches Ausmaß annahm: Im Anschluss an die Bankettkampagne bildeten sich seit Dezember 1904 gewerkschaftsähnliche Berufsverbände (sogenannte «Bünde») der Bildungsberufe, beginnend mit dem *Allrussländischen Bund der Ingenieure und Techniker*. Nach seinem Beispiel organisierten sich Ärzte, Agronomen, Rechtsanwälte, Journalisten, Lehrer, Professoren und Angestellte verschiedener Sparten. In den Stadtdumen fanden sich Mehrheiten für liberale Forderungen und wurde die Einberufung eines allrussländischen Kongresses von Vertretern aller städtischen Selbstverwaltungen gefordert.[6] Auch die Zemstvokonstitutionalisten gründeten einen Bund. Anfang Mai 1905 schlossen sich alle 14 Vereinigungen mit insgesamt 50 000 Mitgliedern zu einem Dachverband, dem *Bund der Bünde*, unter dem Vorsitz von Pavel Miljukov zusammen. Der *Bund der Bünde* verabschiedete ein Programm, in dessen Mittelpunkt die Einberufung einer Verfassunggebenden Versammlung stand.[7]

Mit diesen Aktionen hatten die Zemstvobewegung und der *Bund der Befreiung* sowie die städtischen Bildungsschichten eine politische Öffentlichkeit geschaffen, wie es sie in Russland noch nie zuvor gegeben hatte, und ihre politischen Anliegen auf eine breite organisatorische Grundlage gestellt. Zemstvoaktivisten und Bildungsschichten erwiesen sich somit als die bahnbrechenden Kräfte der politischen Veränderung. Dass diese gewaltfreien Anfänge in eine regelrechte Revolution übergingen, war aber das Resultat des Aufbegehrens der städtischen Industriearbeiter. Die liberalen Intellektuellen bewegten sich zwar am Rande der Legalität, agierten aber grundsätzlich dialogorientiert. Ihre Aktivitäten allein reichten nicht aus, um Nikolaus II. zu einer substanziellen Reaktion auf die gesellschaftliche Unzufriedenheit zu veranlassen: Nach Anhörung einer Abordnung des Zemstvokongresses legte der Innenminister dem Zaren im Dezember 1904 eine Denkschrift vor, in der er «zur Beruhigung der öffentlichen Meinung» vorschlug, den gesetzesberatenden Reichsrat mit gewählten Zemstvovertretern aufzustocken, um auf diese Weise die Forderung nach einem

Vertretungsorgan zu zähmen. Mit polizeilichen Maßnahmen allein könne man die gesellschaftliche Entwicklung nicht aufhalten, argumentierte er. Nikolaus II. schien sich zunächst auf den Gedanken einzulassen, unterzeichnete aber am 12. Dezember einen Erlass, der die Unverletzlichkeit der Autokratie betonte und allen Wünschen nach Beteiligung einer Volksvertretung an der Macht eine klare Absage erteilte. In einer Presseerklärung missbilligte der Zar die Kompetenzüberschreitung der Zemstvodeputierten: Sie würden über Probleme diskutieren, für die sie nicht zuständig seien, und Meinungen vertreten, die dem russischen Volk fremd und für Russland schädlich seien.[8]

Wenige Wochen später änderte sich allerdings die Lage, als im Januar 1905 erstmals die Arbeiter in großer Zahl auf die Straße gingen, um gegen ihre miserablen Lebensbedingungen zu protestieren. Damit gewann das Aufbegehren eine neue, für die Autokratie gefährlichere Qualität. Es begann mit einer mächtigen Arbeiterdemonstration in St. Petersburg, die zunächst keinen revolutionären Charakter hatte, aber durch ihren tragischen Verlauf ungewollt den Auftakt zur Revolution bildete: Ein friedlicher Demonstrationszug von 100 000 Arbeitern unter der Führung eines Priesters war Richtung Winterpalast aufgebrochen, um dem Zaren eine Petition zu überreichen. Die Wachmannschaften verloren angesichts der heranmarschierenden Arbeitermassen die Nerven und schossen panikartig in die Menge. Mindestens 130 Menschen – nach anderen Angaben bis zu 200 – starben, an die 1000 wurden verletzt. Das Massaker wurde als «Blutsonntag» zum Fanal der brutalen Unterdrückung des Volkes durch den zarischen Machtapparat und bewirkte in den darauffolgenden Wochen und Monaten eine die sozialen Schichten und Regionen des Reiches übergreifende Aktivierung der Gesellschaft. In den Städten und Industriezentren streikten und demonstrierten die Arbeiter, und die politischen Emanzipationsansprüche der adligen und intellektuellen Opposition verbanden sich nun mit einer für das Regime bedrohlichen sozialen Revolte der städtischen Unterschichten. Hinzu kamen Terroranschläge von Berufsrevolutionären und das Aufbegehren von nationalen Befreiungsbewegungen in den nichtrussischen Randgebieten.[9]

Unter dem Eindruck der seit dem «Blutsonntag» eingetretenen Eskalation gelangte Nikolaus II. im Januar 1905 zu der Einsicht, dass der Einsatz von Polizei und Militär allein nicht mehr ausreiche, um wieder geordnete Verhältnisse herzustellen. Er ging von seiner starren Haltung ab, berief mit Aleksandr Bulygin einen neuen Innenminister und signalisierte Bereitschaft, den Beschwerden der Arbeiter auf den Grund zu gehen. Ein Attentat, dem der Onkel des Zaren zum Opfer fiel, und die prekäre militärische Lage veranlassten Nikolaus zu weiteren Zugeständnissen. Während er wenige Wochen davor die Beteiligung von Volksvertretern an der Gesetzgebung noch rundweg abgelehnt hatte, verkündete er am 18. Februar 1905, er «habe beschlossen, die würdigsten, mit dem Vertrauen des Volkes ausgestatteten, von der Bevölkerung gewählten Männer zur Teilnahme an der vorbereitenden Ausarbeitung und Diskussion von Gesetzesprojekten heranzuziehen», und wies den neuen Innenminister an, «eine Sonderberatung zur Diskussion einzuberufen, wie dieser Mein Wille verwirklicht werden kann».[10] Hinter dieser kryptischen Umschreibung verbarg sich der im Ministerrat erörterte Gedanke, ein gewähltes Vertretungsorgan mit gesetzesberatender Funktion zu schaffen, um die viel weiter gehenden Forderungen nach einer konstituierenden Versammlung und einem Parlament mit Legislativgewalt abzufedern.[11]

Der Entwurf für die «Bulygin-Duma», den der Innenminister im Mai 1905 vorlegte, konnte diese Erwartungen nicht erfüllen, denn das darin umrissene Vertretungsmodell sah keine substanzielle Beschränkung der Autokratie vor, sondern nur ein vom Adel dominiertes Beratungsorgan. Schon die Bezeichnung «Duma» barg eine Abgrenzung gegenüber einem Parlament westlichen Typs in sich: *Duma* (wörtlich etwa «Rat» oder «Beratung») rekurrierte auf eine gleichnamige altrussische Institution, die eine rein beratende Funktion gehabt hatte, deren Kompetenzen nirgendwo schriftlich fixiert gewesen waren und die nur nach Bedarf zusammengetreten war. Der bei der Ausarbeitung des Entwurfs federführende Beamte im Innenministerium war sich dieser Beschränktheit der Institution bewusst und verfolgte bei der Wahl des Terminus eine doppelte Absicht: Zum einen sollte den Volksdeputierten nur ein Minimum an Kompetenzen zugestanden und der Regierung ein Lavieren zwischen zwei gesetzesberatenden Organen, dem Reichsrat und der Duma, ermöglicht werden. Zum anderen ging es auch darum, gegenüber Nikolaus II. dem Vorwurf des Kopierens westlicher Vorbilder vorzubeugen und das Projekt als auf genuin russischen Traditionen beruhend darzustellen. In ähnlicher Weise hatte schon Innenminister Svjatopolk-Mirskij im Dezember 1904 gegenüber dem Zaren argumentiert.[12]

Die Liberalen hatten in ihren Verfassungsentwürfen mitunter zwar ebenfalls den Terminus «Duma» verwendet, ihn aber taktisch zur Tarnung und pseudo-historischen Absicherung der Forderung nach einer Volksvertretung benutzt.[13] Ihre Vorstellungen von den Befugnissen der Volksvertretung unterschieden sich substanziell von dem, was die Autokratie zuzugestehen bereit war: Auf seinem dritten Kongress im März 1905 forderte der *Bund der Befreiung* die unverzügliche Einberufung einer konstituierenden

Versammlung auf der Grundlage des allgemeinen, freien, gleichen und geheimen Wahlrechts. Die von der Konstituante zu verabschiedende Verfassung müsse die bürgerlichen Grundrechte garantieren und die Legislative in die Hände der Volksvertretung legen.[14] Die Ansichten des *Bundes der Befreiung* über die Konstituante setzten sich auch auf dem Zemstvokongress, der im April in Moskau tagte, durch. Diese klare Festlegung auf das liberale Programm führte zur endgültigen Spaltung der Zemstvobewegung. Die in der Abstimmung deutlich unterlegene Gruppe um den neoslawophil orientierten Vorsitzenden des Moskauer Zemstvo, Dmitrij Šipov, war nicht mit allgemeinen Wahlen einverstanden, sondern wollte die Volksvertretung über die Zemstva wählen lassen.[15] Von nun an gingen die Liberalen und die Anhänger Šipovs getrennte Wege.

Die Bulygin-Duma blieb weit hinter den liberalen Forderungen zurück. Als sie am 6. August 1905 durch ein Manifest des Zaren offiziell verkündet wurde, stieß sie bei den Liberalen und den Gruppierungen links von ihnen auf Ablehnung. Dass sich die meisten, bis hin zu den Menschewiki, dennoch gegen einen Boykott entschieden, in der Erwartung, dass die Volksvertretung, einmal eingeführt, zu einem vollwertigen Parlament weiterentwickelt werden könne, hing mit der Zuspitzung der inneren Lage im Reich zusammen: Die sozialen Proteste waren nicht abgerissen, sondern hatten sich verschärft, sodass im Falle einer weiteren Eskalation ein Blutbad zu befürchten war. Die liberalen Adligen und Intellektuellen zielten auf eine Überwindung der autokratischen Strukturen ab, nicht auf Bürgerkrieg und Anarchie. Von daher hatten die Meldungen aus der Provinz auch für sie etwas Beunruhigendes. Das gesamte Reich schien außer Kontrolle zu geraten. In der Industriestadt Ivanovo-Voznesensk streikten 40 000 Arbeiter zehn Wochen lang von Mai bis Juli 1905 und wählten einen Deputiertenrat (*Sowjet*), über den sie nach außen hin geschlossen auftraten. Im Juni 1905 ereignete sich im Hafen von Odessa ein blutiges Massaker, als sich aufständische Arbeiter mit den meuternden Matrosen des Panzerkreuzers «Fürst Potemkin von Taurien» solidarisierten. Die Niederschlagung der Unruhen forderte 1260 Todesopfer. Im Sommer 1905 spitzte sich die Lage in den Randgebieten des Imperiums zu. Besonders bedrohlich war es dort, wo sich soziale und nationale Bewegung miteinander verbanden, wie in Polen, im Kaukasus und in den Ostseeprovinzen.[16]

Viele Menschen erlebten die Revolution als Zeit der Unsicherheit und Gefahr. Straßenschlachten, Barrikadenkämpfe, Massenstreiks und Bombenanschläge waren an der Tagesordnung.[17] Die Wirkung solcher Schreckensmeldungen und eigener Erlebnisse auf die Akteure war erheblich. Das Diskutieren über Verfassungsentwürfe war nur eine Seite der Revolution – Anarchie, Chaos und Gewalt die andere, und für die meisten Zeitgenossen die sehr viel einprägsamere. In den Zeitungen der Jahre 1905 und 1906, besonders in der Provinz, waren Raubüberfall, Mord und Totschlag, Brandstiftung und Plünderung allgegenwärtig. Die Berichte machen es auch in rückblickender Betrachtung schwer, zwischen «revolutionären» Aktionen und dem schlichten Ausufern von Gewaltkriminalität zu unterscheiden. Der anarchisch-chaotische Charakter dessen, was sich da abspielte, verweist auf die Vielfalt der Akteure, ihrer Ziele und die vor allem von unten kommende Initiative. Entgegen späteren Geschichtsklitterungen waren die Sozialdemokraten und die Sozialrevolutionäre 1905 keineswegs die treibende und organisierende Kraft. Erst im Spätherbst 1905 gelang es den revolutionären Parteien, eine gewisse Führungsrolle über die autonom agierenden Arbeitergruppen zu übernehmen.[18] Die eigentlichen Triebkräfte der Revolution waren nicht die Parteien, sondern Einzelpersonen, die an Ort und Stelle Streiks und Aufstände organisierten.[19] Dabei liefen die Aktionen keineswegs auf ein gemeinsames Ziel hinaus, sondern bildeten eine Gemengelage nebeneinander ablaufender Revolutionen, die nicht einfach als folgerichtige Antworten auf soziale und politische Missstände begriffen werden können. Die revolutionäre Gewalt entsprang nämlich nicht unbedingt dem Verlangen nach Erreichung eines bestimmten Zieles, sondern aufgestauten Hassgefühlen und der spezifischen mentalen Lage von entwurzelten Menschen, die zwischen den Normensystemen des Dorfes und der Stadt hin- und hergerissen waren.[20]

Die revolutionären Parteien erwiesen sich zwar in gewisser Weise als Getriebene, waren aber ihrerseits nicht untätig. Die Sozialrevolutionäre hatten sich schon seit der Jahrhundertwende als Terroristen betätigt und trugen auch 1904/05 mit zahlreichen Attentaten auf Repräsentanten der Autokratie zur Radikalisierung bei. Entgegen ihrer eigentlichen Präferenz als Agrarsozialisten hatten sie unter den Arbeitern mehr Rückhalt als im Dorf, wo es schwierig war, Zugang zu den Menschen zu finden und sie organisatorisch zu erfassen. Mit ihrer Militanz und Kühnheit gewannen die Sozialrevolutionäre in den Gewerkschaften und Streikkomitees viele Anhänger. Noch stärker konnten sich im Milieu der protestierenden Arbeiter die Sozialdemokraten positionieren, wenngleich sie mit autonomen Gewerkschaften ein prinzipielles Problem hatten, denn sie entsprachen nicht Lenins Vorstellungen von einer straffen und hierarchischen Parteiorganisation. Bis zum Herbst 1905 konnten die Sozialdemokraten zwei Drittel der Gewerkschaften unter ihre Kontrolle bringen.[21]

Anfang Oktober spitzte sich die revolutionäre Entwicklung zu, als der

Bund der Eisenbahner zum Generalstreik aufrief. Mitte Oktober waren das städtische Leben und die Kommunikation weitgehend lahmgelegt, denn es kam zu einer breiten Solidarisierung über die sozialen Schichten hinweg. Nikolaus II., der eigentlich für die gewaltsame Niederschlagung der Proteste plädierte, ließ sich von seinen Ratgebern widerwillig überzeugen, dass man die Lage durch politische Zugeständnisse entschärfen müsse. Die entscheidende Rolle spielte in dieser Situation der ehemalige Finanzminister Sergej Vitte. Gestärkt durch seinen Verhandlungserfolg in Portsmouth, stellte er Nikolaus II. in einer Denkschrift vor die Alternative, entweder auf die Forderungen der liberalen Opposition einzugehen oder die Unruhen niederzuschlagen, was nur mit einer Militärdiktatur möglich sei. Kurz darauf machte er ihm klar, dass die militärischen Mittel nach Einschätzung der Minister für eine Niederschlagung der Revolution nicht ausreichten. Er entwarf den Text für ein Manifest, das Nikolaus am 17. Oktober 1905 notgedrungen unterzeichnete.[22] Darin versprach Nikolaus II. grundlegende bürgerliche Freiheiten (so die Unantastbarkeit der Person, Freiheit des Gewissens, des Wortes, der Versammlung und der Koalition), erweiterte das Wahlrecht der einzuberufenden Duma auf die Arbeiter (der Entwurf Bulygins hatte die Arbeiter noch vom Wahlrecht ausgeschlossen) und stellte «als unerschütterliche Regel» fest, «dass kein Gesetz ohne Genehmigung der Reichsduma Geltung erhalten kann und dass den vom Volke Erwählten die Möglichkeit wirklicher Teilnahme an der Aufsicht über die Gesetzmäßigkeit der Akte der von Uns eingesetzten Behörden gesichert ist.»[23]

Das Oktobermanifest sprach weder von einer Verfassung noch von einer konstituierenden Versammlung und erwähnte das allgemeine Wahlrecht nur als mögliche Option für die weitere Zukunft. Es beinhaltete aber immerhin die Festlegung, dass die Volksvertretung an der Legislativgewalt beteiligt werde, also nicht bloß beratenden Charakter haben würde. Mit dieser vagen Absichtserklärung, die noch der Präzisierung bedurfte, gelang es der Regierung, die Front der Opposition aufzubrechen. Der konservative Flügel der Zemstvobewegung unter der Führung von Šipov sah seine Wünsche erfüllt, scherte aus der Opposition aus und machte das Oktobermanifest zum Programm der im November 1905 gegründeten Partei *Verband des 17. Oktober* (auch als *Oktobristenpartei* bekannt). Die Zemstvokonstitutionalisten und der größere Teil der liberalen Intelligenz gründeten ebenfalls im Oktober 1905 die *Partei der Konstitutionellen Demokraten* (genannt «KD» oder «Kadetten»). Ihre Vorstellungen gingen eigentlich über das Zugestandene hinaus, aber sie hofften, dass sich eine weiter gehende Demokratisierung auf friedlichem Wege über die nun zu bildende

Volksvertretung erreichen lasse. Während sich der linke Flügel der liberalen Intelligenz den Konstitutionellen Demokraten nicht anschloss, hatten Letztere in Gestalt der Zemstvoleute eine starke konservative Komponente.[24]

Anders als die Konservativen und ein Teil der Liberalen ließen sich die Arbeiter und Bauern mit den vagen Ankündigungen des Oktobermanifests nicht so einfach beruhigen. Die städtischen Arbeiter organisierten sich nach dem Vorbild der Pariser Kommune von 1871 in einem ersten *Rat (Sowjet) der Arbeiterdeputierten* unter dem Vorsitz des Sozialdemokraten Lev Trockij (1879–1940). Ein neuerlicher Aufruf zu einem Generalstreik zeitigte allerdings wenig Erfolg. Als der Petersburger *Sowjet der Arbeiterdeputierten* Anfang Dezember 1905 verhaftet wurde, unternahmen die Arbeiter in Moskau noch einmal einen bewaffneten Aufstand, der aber nach einer Woche niedergeschlagen werden konnte. Damit war die Revolution im Wesentlichen beendet.

Die bäuerliche Bevölkerungsmehrheit spielte für den politischen Verlauf der Revolution eine untergeordnete Rolle, denn sie reagierte erst auf den Autoritätsverlust der zarischen Obrigkeit, als die städtischen Unruhen schon voll im Gange waren. Die Masse der Bauern wusste mit den Verfassungsdiskussionen der Liberalen nichts anzufangen. Die Bauern träumten nicht von politischen Institutionen, sondern von einer Landreform, die ihren Vorstellungen von Gerechtigkeit entsprach. Das Oktobermanifest interpretierten sie so, wie sie in der Vergangenheit Reformankündigungen verstanden hatten: als Anbruch der lange ersehnten Umverteilung des Landes zu ihren Gunsten. Als ihnen klar wurde, dass sich diese Hoffnung nicht erfüllte, reagierten sie mit dem ebenso traditionellen Mittel der Rebellion gegen die Gutsbesitzer, um das Land, auf das sie einen legitimen Anspruch zu haben glaubten, selbst in Besitz zu nehmen. Sie überfielen die benachbarten Adelsgüter, plünderten und mordeten – und die Staatsgewalt antwortete mit harter Hand: 48 000 Todesopfer hatten die Bauern zwischen Mitte Oktober 1905 und Ende April 1906 zu verzeichnen. Weite Gebiete Russlands versanken in Anarchie, die vielerorts bis ins Jahr 1907 andauerte.[25]

Dennoch griffe es zu kurz, das bäuerliche Handeln nur auf kurzsichtige und eigennützige Gewaltausübung zu reduzieren. Es gab durchaus Bauern, die nicht nur für Landzuteilung petitionierten, sondern auch für bürgerliche Freiheiten, Verwaltungsreformen und für eine Konstitution – was immer sie sich darunter vorstellten. Neben politischer Organisiertheit war auch die Kooperation mit anderen sozialen Gruppen zu beobachten; örtlich bildeten sich Allianzen zwischen den Bauern und Zemstvoliberalen. Im

August 1905 hatte sich ein *Allrussländischer Bauernbund* gebildet, der politische Forderungen artikulierte, zu denen die Einberufung einer Verfassunggebenden Versammlung gehörte. Auch wenn in diesem Bauernbund Angehörige der Intelligencija eine maßgebliche Rolle spielten, kann er nicht bloß als ihr Werkzeug betrachtet werden. Im Herbst 1905 hatte der Bauernbund bereits 200 000 Mitglieder in 111 Volost'- und 359 Dorforganisationen.[26] Gewaltsamer bäuerlicher Protest musste aber gar nicht zwangsläufig im Kontext der Landfrage oder politischer Progressivität stehen, sondern konnte daneben auch Ausdruck eines rückwärtsgewandten Widerstandes gegen die als negativ wahrgenommenen Auswirkungen der ökonomischen Modernisierung auf das eigene Leben sein. Plünderung und Brandschatzung von Gutshöfen scheint vor allem von solchen Dörfern ausgegangen zu sein, die wenig Anzeichen gezeigt hatten, an den Veränderungen aktiv teilzuhaben.[27]

Auf dem Höhepunkt der Unruhen in Moskau gab die Regierung am 11. Dezember 1905 das neue Wahlgesetz heraus. Gegenüber dem Wahlgesetz zur Bulygin-Duma vom August 1905 stellte das neue Dokument einen wichtigen Fortschritt dar. Die Wählerbasis der Volksvertretung verbreiterte sich erheblich: Stimmrecht hatten nun auch Industriearbeiter sowie alle Personen, die Haus- und Wohnsteuer zahlten. Ausgeschlossen blieben Frauen, Arbeiter in Betrieben mit weniger als 50 Beschäftigten, Handwerker, Gelegenheitsarbeiter und landlose Bauern. Ein kompliziertes Kurienwahlsystem sorgte dafür, dass die Unterschichten nur schwach vertreten waren: Ein Wahlmann kam auf 2000 Landbesitzer, 4000 Stadtbürger, 30 000 Bauern und 90 000 Arbeiter.[28]

Am 23. April 1906 erließ Nikolaus II. die sogenannten «Staatsgrundgesetze»[29] – de facto die erste russische Verfassung, die jedoch bewusst nicht als solche bezeichnet wurde. Die Staatsgrundgesetze konkretisierten die Ankündigungen des Oktobermanifests und entwerteten sie zugleich. Erstens handelte es sich um ein Oktroi der Regierung, zweitens blieben die Befugnisse der zu bildenden Volksvertretung weit hinter den Erwartungen der Liberalen zurück. Das Parlament («Staatsduma») musste seine legislative Macht mit einem reorganisierten Reichsrat teilen, den das Oktobermanifest nicht erwähnt hatte. Die Kompetenzen der Duma waren beschränkt. Die Grundgesetze standen außerhalb ihrer Befugnisse, sie konnte daher keine konstituierenden Funktionen wahrnehmen.[30] Die oberste Macht im Staat verkörperte weiterhin der Kaiser. Er berief das Parlament ein, löste es auf, hatte bei allen Gesetzen ein Vetorecht, bestimmte die Außenpolitik und über Krieg und Frieden. Die Duma durfte Minister vorladen, konnte aber ihre Entlassung nicht durchsetzen. Sie konnte das Budget bewilligen, wobei sich allerdings ein Drittel des Haushalts ihrer Kontrolle entzog.[31]

Der Reichsrat wurde nun von einem Beratungsgremium zum Oberhaus des Parlaments aufgewertet, um ein Gegengewicht zum Unterhaus zu bilden. Indem der Kaiser die Hälfte des Reichsrats jeweils für ein Jahr ernannte, konnte er stets für eine loyale Zusammensetzung sorgen. Die andere Hälfte beschickten die Gouvernementszemstva, die Adelsversammlungen, die Orthodoxe Kirche, die Akademie der Wissenschaften, die Universitäten sowie die Handelskammern.[32] Der Reichsrat verfügte über die gleichen Rechte wie die Duma. Damit ein Gesetz in Kraft treten konnte, musste es von beiden Häusern und vom Kaiser bestätigt werden.[33] Gegen den Willen des Reichsrates und des Kaisers konnte die Duma somit keine Gesetze verabschieden. Der Reichsrat nahm gegenüber der Volksvertretung anfangs eine Blockadehaltung ein. Nach der Wahlrechtsänderung von 1907 (siehe unten) arbeitete er besser mit ihr zusammen, galt aber weiterhin, besonders in der öffentlichen Wahrnehmung, als reaktionärer Bremser.[34] Die Regierung konnte außerdem die Duma umgehen, denn sie verfügte über die Möglichkeit, Gesetze über den Notverordnungsartikel 87 zu verabschieden, und praktizierte dies in einer Weise, die dem Geist der Staatsgrundgesetze widersprach: Eigentlich sollte der Artikel 87 die Handlungsfähigkeit der Regierung gewährleisten, wenn außerordentliche Umstände zwischen den Sessionen der Duma sofortige Maßnahmen erforderten.[35] In der Praxis beendete der Kaiser aber mehr als einmal die Dumasession, damit die Regierung weichenstellende Gesetzeswerke, für die in der Duma mit keiner Mehrheit zu rechnen war, als Notverordnungen auf den Weg bringen konnte.

Dieser durch die Staatsgrundgesetze von oben oktroyierte konstitutionelle Rahmen entsprach nicht den Hoffnungen, die das Oktobermanifest bei den Liberalen geweckt hatte. Die Konstitutionellen Demokraten reagierten mit Empörung, mussten aber einsehen, dass es nun für eine Wiederaufnahme der Verfassungskampagne zu spät war. Sie setzten darauf, die Duma allmählich von innen heraus aufwerten zu können,[36] obwohl eine formale Abänderung der Staatsgrundgesetze und der Statuten über die Duma und den Reichsrat nur auf Initiative des Kaisers möglich war.[37]

Das durch die «Staatsgrundgesetze» von 1906 geschaffene politische System hat der deutsche Soziologe Max Weber, ein interessierter und kritischer Beobachter der Vorgänge in Russland, mit dem Verdikt des «Scheinkonstitutionalismus» belegt.[38] Dabei muss man allerdings berücksichtigen, dass Weber zwar die Verhältnisse in Russland beschrieb, zwischen den Zeilen aber auf das politische System Deutschland zielte. Sein hartes Urteil verstellt den Blick darauf, dass sich durch die Staatsgrundgesetze trotz ihrer ganzen Beschränktheit die politische Kultur Russlands in einer Weise änderte, die sich nicht mehr rückgängig machen ließ und die mittelfristig ihre eigene Dynamik entfaltete.[39] Immerhin hatte das Russländische Reich nun eine Verfassung als konstitutionelle Monarchie, mit einer Garantie der bürgerlichen Grundrechte. Parteien konnten sich formieren, die Presse entfaltete sich rasant, hatte eine große Reichweite und wurde nicht länger der bis 1905 üblichen Vorzensur unterworfen. Auf diese Weise entstand eine für Russland neue Qualität von politischer Öffentlichkeit. Die Existenz der Duma und der Umstand, dass in ihr über alle Gesetzesvorlagen verhandelt wurde, schufen für die zarische Regierung ungekannte Begründungszwänge. Die Zeitungen konnten über alles, was in der Duma debattiert wurde, berichten. Selbst radikale Gegner des Zarismus hatten so eine legale Möglichkeit, die Meinungsbildung zu beeinflussen.[40] Massen- und Boulevardblätter brachten regelmäßig politische Berichte und Kommentare. Die geltenden Gesetze ließen außerdem zahlreiche Lücken für politische Aktivitäten, die an sich vom System nicht vorgesehen waren. Parteien, gesellschaftliche Organisationen und die Presse umgingen erfolgreich unliebsame Bestimmungen.[41]

Russland als konstitutionelle Autokratie

Zwischen 1906 und 1917 wurden vier Staatsdumen gewählt. Die erste Staatsduma trat am 27. April 1906 zusammen. Von 524 Abgeordneten waren 191 Bauern, 123 Adlige, 64 Handwerker, 20 Arbeiter und 13 Geistliche. Stärkste Fraktion waren die Konstitutionellen Demokraten mit 40 Prozent der Sitze, zweitstärkste Fraktion mit 23,8 Prozent die Trudoviki (von russ. *trud* – Arbeit), ein Zusammenschluss von Abgeordneten der Bauern. Die Oktobristen hatten nur um die drei Prozent der Sitze erzielt.[42]

Symptomatisch für das Verhältnis des Zaren zur Duma war die Eröffnungszeremonie: Die Duma konstituierte sich nicht selbst und nicht in dem für sie vorgesehenen Gebäude, dem Taurischen Palast in St. Petersburg, vielmehr bestellte Nikolaus II. die Volksvertreter in den Thronsaal des Winterpalasts ein, wo sie neben den in goldbrokatene Uniformen gekleideten Mitgliedern des Reichsrates und flankiert von Würdenträgern des kaiserlichen Hofes seine Eröffnungsrede anhören mussten. In dieser Ansprache beschränkte sich der Kaiser auf Gemeinplätze und sprach die entscheidenden Probleme nicht an. Die Kernbotschaft dieser Inszenierung bestand darin, den Abgeordneten ihre Abhängigkeit von der Gnade des Herrschers vor Augen zu führen. Die Abgeordneten ließen sich jedoch nicht einschüchtern und forderten am 5. Mai 1906 unter Führung der Konstitutionellen Demokraten in einer Protestnote das allgemeine Wahlrecht, die Verantwortlichkeit der Minister vor dem Parlament, die Abschaffung des Reichsrates, die Aufhebung der Todesstrafe und eine Agrarreform. Nikolaus II. dachte jedoch nicht daran, sich auf solche Diskussionen einzulassen, und verweigerte jeden weiteren Dialog. Der von ihm ernannte Ministerpräsident Goremykin wies alle Forderungen barsch zurück.[43]

Als sich die Duma Anfang Juli mit einem Aufruf an die Bevölkerung wandte und die Verteilung von Privatland an die Bauern versprach, verletzte sie formell ihre Kompetenzen. Auf Anraten von Innenminister Petr Stolypin löste Nikolaus II. die Duma am 8. Juli 1906 auf und kündigte Neuwahlen an. Der Taurische Palast wurde verschlossen und mit Soldaten umgeben. Somit hatte die erste russische Volksvertretung nur 72 Tage bestanden. Etwa 200 Abgeordnete, Kadetten und Trudoviki fuhren nach Vyborg, einer etwa 150 Kilometer nordwestlich von St. Petersburg auf dem Territorium Finnlands gelegenen Stadt, und riefen dort in einem Manifest das russische Volk auf, die Zahlung von Steuern und die Einberufung zum Militär zu verweigern, bis die Duma wieder zusammengetreten sei. Die meisten Unterzeichner wurden verhaftet und zu Gefängnisstrafen verurteilt.[44]

Die zweite Staatsduma tagte ebenfalls nur kurz, nämlich vom 20. Februar bis zum 2. Juni 1907. Sie war in ihrer Zusammensetzung noch radikaler, weil nun auch die sozialistischen Parteien, die die Wahlen zur ersten Duma boykottiert hatten, vertreten waren. Stärkste Fraktion waren die Trudoviki, gefolgt von den Konstitutionellen Demokraten. Die von Pavel Miljukov geführten Konstitutionellen Demokraten setzten ihre moderate Politik fort, änderten aber unter dem Eindruck des Verlusts von 80 Sitzen zugunsten der extremen Rechten und Linken ihre Taktik. Sie konzentrierten sich nun auf konstruktive legislative Arbeit und vermieden Provokationen der Regierung, damit die Duma nicht neuerlich aufgelöst werde. Obwohl sie aus diesem Grund brisanten und zugleich wichtigen Themen wie der Agrarfrage auswichen und obwohl der Reichsrat häufig die von der Duma verabschiedeten Gesetze vereitelte, glaubten die Liberalen weiterhin daran, dass die Volksvertretung in sich den Keim zur Weiterentwicklung trage.[45] Ihre enttäuschten Erwartungen mündeten nicht in eine Radikalisierung, sondern im Gegenteil in ein zunehmend vorsichtiges Agieren, um nicht den Vorwand für die Zerstörung des bereits Erreichten zu liefern. Anders war das auf Seiten der radikalen Linken, wo sich ein Gewaltpotenzial anstaute. Die Abgeordneten der Rechten wiederum arrangierten laufend Zwischenfälle und Skandale, um die Auflösung der Duma zu provozieren. Eine konstruktive Zusammenarbeit zwischen dieser radikalisierten Volksvertretung und der Regierung war nicht möglich. Der neue Ministerpräsident Stolypin beschloss daher im Einvernehmen mit Nikolaus II., auch diese Duma aufzulösen. Den Vorwand dazu lieferte die Verwicklung von sozialdemokratischen Abgeordneten in eine Konspiration.[46]

Stolypin zog aus der Erfahrung mit der zweiten Duma die Konsequenz, durch eine Wahlrechtsänderung dafür zu sorgen, dass die Duma künftig eine Zusammensetzung habe, die eine Kooperation mit der Regierung möglich machte. Vor der Wahl zur dritten Duma änderte Ministerpräsident Stolypin daher am 3. Juni 1907 mit Hilfe des Notverordnungsartikels 87 das ohnehin schon ungleiche Wahlrecht noch weiter zugunsten der adligen Gutsbesitzer. Das kam einem Staatsstreich gleich, denn eine Abänderung des Dumastatuts auf dem Wege des Notverordnungsartikels war in Letzterem explizit ausgeschlossen. Die Ungerechtigkeiten des Kurienwahlrechts wurden mit dem neuen Wahlgesetz drastisch verschärft: Um einen Wahlmann zu entsenden, waren nun die Stimmen von 230 Grundbesitzern so viel wert wie die von 125 000 Arbeitern. Daneben wurde die nichtrussische Peripherie gegenüber den russischen Kerngebieten benachteiligt.[47]

Die Zusammensetzung der nach dem neuen Wahlrecht gewählten dritten (1907–1912) und vierten (1912–1917) Staatsduma war demzufolge arg nach rechts verzerrt und spiegelte somit in keiner Weise die politischen Verhältnisse wider.[48] In der dritten Duma, die vom 1. November 1907 bis zum 9. Juni 1912 tagte, bildeten die Oktobristen die stärkste Fraktion, gefolgt von der gemäßigten Rechten und den Nationalisten. Es dominierten die adligen Gutsbesitzer. In der vierten Staatsduma, die vom 15. November 1912 bis zum 6. Oktober 1917 bestand, war die rechte Mehrheit noch stärker ausgeprägt. Die vierte Duma setzte sich zu mehr als der Hälfte aus Adligen zusammen. Das Parlament wurde zudem mit Routinearbeit überfrachtet und vom Reichsrat blockiert, wenn es unliebsame Gesetze verabschiedete. Ab 1910/11 breitete sich unter den Abgeordneten die Wahrnehmung aus, dass die bestehende Konstellation keine produktive Gesetzgebungstätigkeit erlaube und Anwesenheitsdisziplin wie Arbeitsbereitschaft ließen stark nach.[49]

Mit dem Staatsstreich vom Juni 1907 beendete Stolypin das Experiment, die Monarchie mit Hilfe einer überwiegend bäuerlich zusammengesetzten Volksvertretung zu stabilisieren. Er stellte die Regierbarkeit auf Kosten der Duma wieder her, wenngleich sich die in der Konstitution verankerte gegenseitige Abhängigkeit von Duma, Reichsrat und Kaiser weiterhin als lähmend erwies. Stolypin fand nun zwar in der Duma für wichtige Anliegen Unterstützung, stieß aber dafür im Reichsrat auf Widerstand.[50] Das «System des 3. Juni» mündete 1913/14 in gegenseitiger Obstruktion und Frustration von Regierung und Duma.[51] Dennoch ist zu Recht darauf verwiesen worden, dass der Verfassungsbruch von 1907 das Rad nicht mehr grundsätzlich zurückdrehen konnte und Stolypin nicht die Restauration des vorkonstitutionellen Regimes anstrebte. Trotz ihrer manipulierten Zusammensetzung verwirklichte die Duma auch nach 1907 parlamentarische Mitsprache, änderte Regierungsvorlagen ab und strebte bis ins konservative Lager hinein nach Ausweitung ihrer Befugnisse. Die 1906 geschaffene neue Qualität in der russischen Politik und politischen Kultur ließ sich nicht mehr aus der Welt schaffen, sondern hatte sich dauerhaft etabliert.[52]

Auch wenn sich die Regierung über die Voten der Duma hinwegsetzen konnte, nahm sie doch in der Praxis immer wieder Rücksicht. Die dritte Duma konnte ihre Kontrollfunktion und ihren Einfluss über die Budgetdebatten mit der Zeit ausbauen und die Minister durch demonstrative Zurückweisung von Haushaltsentwürfen kooperationsbereit machen. Zwar gelang es der Duma nicht, die Ministerverantwortlichkeit gesetzlich zu verankern, aber sie erzeugte de facto ein Klima der Ministerverantwortlichkeit. Trotz der Überschwemmung mit Nebensächlichkeiten wirkte die Duma gestalterisch an wichtigen Gesetzen mit, vor allem was die Sozial- und Wirtschaftspolitik betrifft. Auch ihr Einfluss auf die Verteidigungs- und Außenpolitik war zeitweise beträchtlich. Die zuständigen Minister suchten ausdrücklich die Zustimmung des Parlaments.[53] Die durch die Duma hergestellte Öffentlichkeit von Politik förderte auch die Herausbildung einer Zivilgesellschaft. Insbesondere im Milieu russischer Provinzstädte begann sich eine neue Bürgerlichkeit zu entwickeln, verbreiteten sich bürgerliche Werte und die Idee der Gemeinwohlverpflichtung, formierten sich Vereine und eine «Kultur des Engagements».[54]

Nach der Jahrhundertwende emanzipierte sich die Selbstverwaltung der Städte zu einer selbstbewusster auftretenden Kommunalpolitik. Besonders nach 1905 agierte in den Stadtdumen eine neue Generation von gesamtstaatlich und politisch denkenden und meist liberal gesinnten Abgeordneten. In der Bevölkerung wuchs das Interesse für die Kommunalpolitik und bildeten sich politische Lager heraus.[55] Vereine und gesellschaftliche Organisationen wandelten sich aus obrigkeitlichen Hilfs- und Auftragsvereinen zu Zusammenschlüssen, die auf gemeinsamen Interessen der Mitglieder beruhten, autonomer auftraten und nach demokratischen Regeln funktionierten. Ihre sich ändernde soziale Zusammensetzung verweist auf die Entstehung eines liberalen Milieus durch die schwindende Verbindlichkeit ständischer Kriterien.[56]

Damit im Zusammenhang fand ein Wertewandel statt: Die lokale städtische Gesellschaft pflegte Bürgersinn, Bürgerpflicht, Engagement für das

Gemeinwohl und bürgerliches Selbstbewusstsein als neue Tugenden. Das städtische Milieu war in einem Wandel begriffen, der geeignet war, ein langsam breiter werdendes Fundament für ein liberal-demokratisches System zu bilden. Allerdings war dieses Fundament, gesamtstaatlich betrachtet, schmal, denn es beruhte auf einem kleinen Segment der Gesellschaft. Von einer entfalteten Zivilgesellschaft kann daher ebenso wenig die Rede sein wie von einer freien politischen Öffentlichkeit. Die liberale Presse dominierte zwar das städtische publizistische Milieu, aber ihr fehlte der rechtliche Schutz, um sich gegenüber dem Staat selbstbewusst etablieren zu können.[57] Außerdem gelang der Brückenschlag in die Milieus der Bauern und Arbeiter nicht. Die Bevölkerungsmehrheit dachte und handelte somit in anderen Kategorien. Das erwies sich spätestens im Revolutionsjahr 1917.[58]

Dabei wurde die Veränderung der politischen Strukturen von den Bauern durchaus wahrgenommen. Sie interessierten sich lebhaft für die Wahlen zur Duma 1906 und nutzten das Parlament als Forum zur Vertretung ihrer Interessen. Während der mehrstufigen Dumawahlen trafen die Bauern Absprachen und verhandelten mit Parteienvertretern, damit die richtigen Kandidaten genügend Stimmen erhielten.[59] Sie hatten die Spielregeln begriffen und sich eine Taktik zurechtgelegt, um trotz des tückischen indirekten Wahlrechts erfolgreich zu sein. Die Bauern zählten zwar zu den Hauptverlierern der Wahlrechtsreform von 1907, beteiligten sich aber eher stärker als die anderen Gruppen an den Wahlen – im Gegensatz zu den Arbeitern, die das Interesse verloren und die Duma boykottierten.[60] Ihre Tätigkeit in der Duma erlebten die bäuerlichen Abgeordneten allerdings als frustrierend, denn gerade in der Agrarfrage missachtete die Regierung die Meinungsäußerungen der Bauern in eklatanter Weise. Zweimal wurde die Duma aufgelöst, weil sich in der Agrarfrage eine Mehrheit für radikale Lösungen abzeichnete. Als die Abgeordneten der Bauern merkten, dass ihre Wünsche und Gerechtigkeitsvorstellungen nicht durchzusetzen waren, beteiligten sie sich nur mehr sporadisch.[61] Die Bauern gingen mit anderen Vorstellungen an die Duma heran als die liberalen Intellektuellen. Für sie waren die Wahlen und die damit verbundene Beteiligung an der politischen Macht kein Wert an sich, sondern sie betrachteten die Teilnahme an den Wahlen eher im Sinne eines Kosten-Nutzen-Verhältnisses und gaben den von ihnen Gewählten imperative Mandate in Gestalt der traditionellen *nakazy* (Aufträge) mit. In der Überzeugung, die Duma sei der Ort, an dem lokale Interessen unmittelbar umgesetzt würden, verfassten Bauern eine Flut von Bittschriften und schickten Kundschafter in die Hauptstadt, die von den Dorfversammlungen beauftragt wurden, sich über die Arbeit ihres

Abgeordneten und den Stand der Agrargesetzgebung zu informieren und die *nakazy* zu überbringen.[62] In logischer Konsequenz der mit der Duma gemachten Erfahrungen beschritten die Bauern in der Krise des Jahres 1917 wieder den traditionellen Weg der direkten Selbsthilfe – losgelöst von der staatlichen Gesetzgebung und unabhängig von der staatlichen Exekutive.

Modernisierung von oben

Stolypins Staatsstreich von 1907 war Teil eines politischen Gesamtkonzepts, das auf eine Transformation des Russländischen Reiches in einen modernen, effektiven und ökonomisch leistungsfähigen Staat abzielte – bei gleichzeitiger Eindämmung der revolutionären und liberalen Kräfte, Aufrechterhaltung der monarchischen Ordnung und Stärkung der staatlichen Strukturen. Stolypin war kein Reaktionär, der den Zustand von vor 1905 wiederherstellen wollte. Er war konservativ im Sinne des Respekts vor den historischen Traditionen und Institutionen Russlands, und er legte großen Wert auf Stabilität, war aber andererseits überzeugt, dass substanzielle Veränderungen erforderlich seien, damit die bestehende Ordnung nicht in einer neuerlichen Revolution untergehe.[63] Bei der Begründung seiner Reformpläne nahm er häufig auf die Erfahrung Westeuropas Bezug. Besonders aber bewunderte er Deutschland, nicht nur wegen seiner Effizienz, sondern auch wegen der kontrolliert vollzogenen Transformation zur konstitutionellen Monarchie. Modernität bedeutete für Stolypin die Überwindung des traditionellen Ständesystems, die Schaffung von Rahmenbedingungen für eine gewinnorientierte und konkurrenzfähige bäuerliche Landwirtschaft und die Integration des Russländischen Reiches zu einer Nation.

Kernstück seines Programms war eine Agrarreform, die darauf abzielte, die traditionelle *obščina*, die von Wirtschaftsfachleuten zunehmend als Hemmnis für die Entwicklung einer produktiveren Landwirtschaft identifiziert wurde, zu überwinden. Es griffe aber zu kurz, Stolypins Reform nur auf den Agrarbereich zu beziehen. Sie erfasste darüber hinaus viele andere Bereiche und muss als Gesamtkonzept verstanden werden, zu dem auch das Gefügigmachen der Duma, die Einführung der allgemeinen Schulpflicht oder die Festigung der Reichseinheit in den westlichen Randgebieten zu Lasten des Eigenlebens nichtrussischer Nationalitäten zählten. Die Zeitgenossen bezeichneten Stolypin als Russlands Bismarck, als einen Mann von «Blut und Eisen», der sich mit großer Energie und Durchsetzungsstärke an die Verwirklichung seiner Ideen machte und dem Land für einige Jahre seinen Stempel aufdrückte. Ähnlich wie Bismarck musste er seine Politik gegen Anfeindungen von rechtsaußen und von links absichern und bediente sich bei ihrer Durchsetzung durchaus auch repressiver Methoden. Diese autoritäre Modernisierungspolitik von oben stand in gewisser Weise in der Tradition von Peter I., Katharina II. und Alexander II. Mit Letzterem hatte Stolypin auch gemein, dass er einem Anschlag zum Opfer fiel. Am 14. September 1911 wurde er in der Kiever Oper von einem Sozialrevolutionär angeschossen und erlag wenige Tage später seinen Verletzungen.

Die Stolypinsche Agrarreform war ein radikaler Bruch mit den bis dato gültigen Prinzipien der russischen Bauernpolitik. Hatte man bisher die Agrarverfassung des *mir* mit kollektivem Gemeindebesitz und die soziale wie räumliche Bindung der Bauern an die *obščina* als genuin russisches Rezept zur Vorbeugung einer Proletarisierung der Bevölkerung hochgehalten, so sollten nun der Übergang zum individuellen Privateigentum und die Mobilität gefördert werden. Stolypin hatte die Reform allerdings bei seinem Amtsantritt als Ministerpräsident als weitgehend fertiges Konzept vorgefunden. Es war seit 1902 von Regierungskommissionen entwickelt worden. Die Verwirklichung war aber erst möglich, nachdem Nikolaus II. unter dem Eindruck der Revolution dem Ministerpräsidenten die erforderliche Handlungsfreiheit einräumte.[64]

Das Gesetz vom 9. November 1906 verfügte die faktische Aufhebung der Zwangsgemeinschaft der Bauern in der Landgemeinde. Der einzelne Bauer erhielt das Recht, aus der Gemeinde auszutreten und seinen Landanteil als persönliches Eigentum zu bewirtschaften. Außerdem waren Flurbereinigungen vorgesehen, um die extreme Streulage der Ackergrundstücke zu beseitigen und eine rationellere Bewirtschaftung zu ermöglichen. Die Reform unterlief damit die stabilisierende und kontrollierende Funktion der Dorfgemeinde und stellte dem bis dahin dominierenden kollektivistischen, auf die Solidargemeinschaft des Dorfes orientierten Prinzip ein neues individualistisches, auf ökonomische Effizienz und Profit zielendes Denken gegenüber. Damit griff die Agrarreform weit über das Ökonomische hinausgehend in das dörfliche Leben ein.[65] Auf längere Sicht sollte so die bäuerliche Eigeninitiative gestärkt und tüchtigen Landwirten eine sinnvolle wirtschaftliche Perspektive geboten werden. Für den Landaufkauf und den Aufbau lebensfähiger bäuerlicher Betriebe wurden günstige Kredite der Bauernbank angeboten. Ergänzt wurde die Reform durch ein groß angelegtes Kolonisationsprogramm für Sibirien: Zwischen 1906 und 1913 übersiedelten drei Millionen Bauern mit staatlicher Förderung nach Sibirien. Auf diese Weise sollten die Dörfer im europäischen Russland entlastet werden. Der bisher durch die *obščina* künstlich im Dorf gehaltene Arbeitskräfteüberschuss sollte nun anderwärtig genutzt werden, und die im Dorf verbleibenden Bauern sollten eine rentable und marktorientierte moderne Landwirtschaft betreiben.

Das war eine kühne Vision und zugleich ein epochaler Versuch, in der Agrarfrage neue Wege zu beschreiten. Die Erfolgsperspektiven lassen sich schwerlich einschätzen, denn das Experiment wurde durch den Ausbruch des Ersten Weltkriegs beendet. Stolypin selbst rechnete damit, dass die Umstrukturierung 30 Jahre erfordern werde. Grundsätzlich leuchtet ein, dass die Reform langfristig eine ähnliche Entwicklung der Landwirtschaft ermöglicht hätte, wie sie sich in den westlichen Industrieländern vollzog.[66] Allerdings konnte die Entlastung der übervölkerten Dörfer nur funktionieren, wenn die Industrie genügend neue Arbeitsplätze bereitstellte. Der Wirtschaftsaufschwung ab 1909 brachte zwar einen neuerlichen Industrialisierungsschub, aber die Expansion der Industrie reichte trotz hoher Wachstumsraten nicht, um den ländlichen Bevölkerungsüberschuss zu absorbieren und volkswirtschaftlich produktiver zu nutzen. Die Pro-Kopf-Wirtschaftsleistung Russlands betrug 1913 nur 42 Prozent derjenigen Deutschlands, und zu England war der Abstand noch größer.[67]

Zu berücksichtigen ist auch, dass der Übergang zum Individualbesitz auf große Hindernisse stieß: Die Vorstellung von Privateigentum an Land war vielen Bauern fremd und widersprach dem Gewohnheitsrecht. Der Erfolg der Reform hing in den Dörfern in großem Maße davon ab, wie geschickt die mit der Durchführung betrauten Amtspersonen im Umgang mit den Bauern waren und ihnen den Sinn und Zweck vermitteln konnten. Viele Gemeinden waren prinzipiell ablehnend eingestellt, und wenn das nicht der Fall war, so entstand dennoch häufig bei der Abgrenzung der Grundstücke Streit um deren Größe, Lage und Qualität, an dem die gesamte Neueinteilung des Bodens scheitern konnte. Den Austritt aus der *obščina* empfanden viele als Verlust an Sicherheit. Die Regierung lernte aus den Problemen und modifizierte die Reform 1910 dahingehend, dass neben der Schaffung von Individualwirtschaften auch die sogenannte Gruppenkonsolidierung ermöglicht wurde, das heißt eine Flurbereinigung zur Entflechtung des Grundbesitzes von Dörfern und zur Rationalisierung der *obščina*.[68]

Grundsätzlich krankte jedoch die gesamte Reform an dem Grundproblem, das den von oben dekretierten Reformen in Russland meistens anhaftete: Die auf dem Schreibtisch von Experten entworfenen und in sich durchaus schlüssigen Ideen sollten die Bauern beglücken und ihnen Fortschritt bringen, kollidierten aber mit lokalen Bedürfnissen und Wahrnehmungen der Betroffenen, und die Art und Weise ihrer Implementierung führte den Fortschrittsanspruch ad absurdum:[69] Das Gesetz vom 9. November 1906 wurde nicht auf dem Wege der regulären Legislative, sondern an der Duma vorbei über den Notverordnungsartikel 87 erlassen. Die Duma bestätigte das Gesetz erst 1910, nachdem ihre Zusammensetzung durch die neue Wahlordnung massiv manipuliert worden war. Hauptverantwortlich für die Umsetzung vor Ort waren die Landhauptleute (*zemskij načal'nik*). Sie sollten die Bauern über die Rechtslage aufklären, fanden sich aber häufig in den komplizierten Bestimmungen selbst nicht zurecht und agierten in der gewohnten selbstherrlichen Manier. Die mangelnde Kompetenz führte in Verbindung mit den weitreichenden Machtbefugnissen der Landhauptleute und dem Interesse der Behörden an einer möglichst großen Zahl von Austritten aus den Bauerngemeinden dazu, dass das Gesetz vielerorts nicht korrekt vollzogen wurde. Willkürliche Entscheidungen zugunsten von Austrittswilligen waren ebenso an der Tagesordnung wie Drohungen, Verhaftungen, behördlich angeordnete Ausweisungen und das Ignorieren unerwünschter Beschlüsse der Dorfversammlungen. Die Landeinrichtungskommission des Gouvernements Saratov etwa berichtete über «Fehler und allerlei Kuriositäten bei der Umsetzung des Gesetzes [...], die einen völlig ratlos machen».[70] Willkür und obrigkeitliches Auftreten wiederum provozierten bei den Bauern Feindseligkeit und Widerstand, zumal viele in den Reformversuchen keinen Sinn erblickten, solange nicht das Gutsbesitzerland aufgeteilt werde. Den Rechtsweg zu beschreiten und gegen die Entscheidung eines Landhauptmannes zu klagen, war wenig aussichtsreich und konnte weitere Repressionen nach sich ziehen. Die Konflikte beschränkten sich aber nicht auf das Verhältnis zwischen Bauern und Obrigkeit, sondern entbrannten auch innerhalb der Gemeinden zwischen den Austrittswilligen und den übrigen Mitgliedern der Dorfversammlung.[71]

Gemessen daran, dass der Reform nicht einmal zehn Jahre zur Verfügung standen, waren die Ergebnisse dennoch beachtlich: Von 9,5 Millionen Bauernhaushalten im europäischen Teil des Russländischen Reiches, die einer *obščina* angehört hatten, beantragten bis 1915 2,7 Millionen die Umwandlung des Besitzes in erbliches Eigentum. Zusammen mit den Bauern, die schon vorher über Privatbesitz an Land verfügt hatten, befand sich 1917 mehr als die Hälfte der Bauernhöfe in Privateigentum. Etwa zehn Prozent der Höfe hatten eine Flurbereinigung («Konsolidierung») durchlaufen.[72]

Russland am Vorabend des Ersten Weltkriegs

Die Politik Stolypins hatte auch eine großrussisch-nationalistische Komponente, die auf die Homogenisierung des Imperiums und die Festigung des «einheitlichen und unteilbaren» Russland abzielte. Letztere Formel gewann in den Jahren vor dem Ersten Weltkrieg immer mehr an Bedeutung und war schon in den Staatsgrundgesetzen vom 23. April 1906 verankert worden.[73] Sie bildete eine russische Antwort auf die Unabhängigkeitsbestrebungen der Nationalitäten, wie sie sich in der Revolution von 1905 manifestiert hatten. Die Revolution von 1905 war nämlich auch eine der nationalen Emanzipation in den Randgebieten gewesen. Besonders in Polen, in den Ostseeprovinzen und im Kaukasus hatte sich der soziale Protest mit nationalem Aufbegehren verbunden, was im Sommer 1905 zu bürgerkriegsähnlichen Zuständen führte. Die Revolution an der Peripherie erreichte früher als im Kernland einen kritischen Zustand und trug maßgeblich zur Destabilisierung des Regimes bei.[74]

Die Regierung hatte unter dem Eindruck dieses Aufbegehrens zunächst eine pragmatische Richtung eingeschlagen und russifizierende Maßnahmen, wie sie seit den 1880er Jahren ergriffen worden waren, zurückgenommen oder abgemildert. Man machte den Nationalitäten Zugeständnisse in der Sprachenpolitik, im Schulwesen und in religiöser Hinsicht. Das Oktobermanifest schuf die legale Grundlage für die Bildung nationaler Interessenverbände. Die neuen Spielräume wurden von den verschiedenen Nationalitäten genutzt, um Vereine, Parteien oder Zeitungen zu gründen und an ihrer Selbstorganisation zu arbeiten. Die nationale Mobilisierung nahm zu und erreichte breitere Schichten.

Das galt aber auch für die Russen. Russische Nationalisten bedienten sich der Duma und der neuen Öffentlichkeit, um ihr Gedankengut in die Bevölkerung zu tragen und den Bestrebungen der nichtrussischen Nationalitäten entgegenzuwirken. Das Aufbegehren der Nationalitäten im Verbund mit der als Blamage empfundenen Niederlage gegen ein asiatisches Land im Russisch-Japanischen Krieg rief bei der russischen Elite einen starken nationalistischen Reflex hervor, der sich sowohl nach innen wie nach außen richtete. Die Größe Russlands und sein ruhmreicher Name, der in der Mandschurei befleckt worden sei, müsse erneuert werden, forderte der Führer der Oktobristenpartei Aleksandr Gučkov 1906. Rechts von den Oktobristen formierte sich unter der Führung des Arztes Aleksandr Dubrovin und des bessarabischen Gutsbesitzers Vladimir Puriškevič in der *Union des russischen Volkes* ein die verschiedenen sozialen Schichten integrierender völkisch-antisemitisch-antiliberaler russischer Nationalismus, der aggressiv gegen die «nichtrussischen Verräter» auftrat und die Integrität des Reiches beschwor.[75] Während die extremen Nationalisten vor allem im Südwesten eine größere Breitenwirkung entfalteten, fand nationalistisches Gedankengut in gemäßigterer Form auch bei den Oktobristen und Konstitutionellen Demokraten Widerhall. Die Publikationen von Petr Struve legen Zeugnis davon ab, wie empfänglich auch die Liberalen für solche Gedanken waren.[76]

Nach dem Staatsstreich von 1907 suchte die Regierung die Unterstützung des russischen Nationalismus und machte die den Nationalitäten gewährten Zugeständnisse schrittweise wieder rückgängig. Es wäre zwar übertrieben, von einer konsequent nationalistischen und die Nationalitäten unterdrückenden Politik zu sprechen, denn die Tradition des vornationalen dynastischen Reichspatriotismus war in den höchsten Kreisen noch ebenso lebendig wie ein gewisses Misstrauen gegenüber den extremen russischen Nationalisten. Dennoch ist nicht zu übersehen, dass die Regierung unter Stolypins Führung den Druck auf die nichtrussischen Völker verstärkte. Schon das Wahlgesetz vom 3. Juni 1907 traf diesbezüglich klare Aussagen: «Die Staatsduma, die zur Festigung des Russischen Staates geschaffen worden ist, muss auch ihrem Geist nach russisch sein. Die anderen Völkerschaften, die zu unserem Reich gehören, sollen in der Staatsduma Vertreter ihrer Bedürfnisse haben, aber sie sollen und werden nicht in einer Zahl erscheinen, die ihnen die Möglichkeit gibt, in rein russischen Fragen ausschlaggebend zu sein. In den Grenzmarken des Reiches aber, in denen die Bevölkerung noch nicht die genügende staatsbürgerliche Entwicklung erlangt hat, müssen die Staatsdumawahlen zeitweilig sistiert werden.»[77]

Ethnisch und religiös definierte Sonderbestimmungen des Wahlgesetzes bewirkten, dass der Anteil nichtrussischer Abgeordneter stark zurückging. 1907 wurde der polnische Schulverein (*Macierz Szkolna*) verboten und in den Folgejahren auch die ukrainische Nationalbewegung durch Vereins- und Zeitungsverbote eingeschränkt. 1910 wurde die Autonomie Finnlands, dem 1906 in den Staatsgrundgesetzen als einzigem Territorium eine Sonderstellung gewährt worden war, durch die Beschneidung der Befugnisse des finnischen Landtags ausgehöhlt. 1911 dehnte die Regierung das Zemstvo-System auf die sogenannten «Westgebiete» (Teile der heutigen Westukraine und Weißrusslands) aus. Diese auf den ersten Blick als liberal erscheinende Maßnahme hatte eine nationalistische Stoßrichtung gegen den polnischen Adel: Die betroffenen Gouvernements waren überwiegend von Nichtrussen bewohnt und erhielten nun Selbstverwaltungsstrukturen, die nicht ihren eigenen lokalen Traditionen entsprachen, sondern aus dem russischen Kernland übertragen und darüber hinaus in einem ethnischen Sinn zugunsten des russischen Bevölkerungsteils modifiziert wurden. Damit die neuen Zemstvoversammlungen nicht von den polnischen Gutsbesitzern dominiert würden, schuf man ein System von ethnischen Kurien. Der Entwurf dieses Gesetzes stieß im Reichsrat auf entschiedenen Widerspruch der Konservativen, weil er das Prinzip der ständischen Repräsentation verletzte, wurde aber dennoch in Kraft gesetzt.

Anstatt die Nichtrussen stärker an das Reich zu binden, bewirkten all diese Maßnahmen das Gegenteil und führten bei den Betroffenen eher zu Entfremdung und weiterer Abgrenzung. Kritischen russischen Beobachtern blieb das nicht verborgen. So stellte der frühere Ministerpräsident Vitte in seinen zwischen 1906 und 1915 verfassten Memoiren fest, dass man ein Vielvölkerreich nicht nach der Devise regieren könne, aus allen Bewohnern wahre Russen zu machen.[78] Die von Stolypin angestrebte nationale Integration des Reiches stieß aber nicht nur an der Peripherie, sondern auch unter den Russen selbst an ihre Grenzen, denn die Bauern erwiesen sich weiterhin als wenig empfänglich für nationale Ideen. Die seit 1874 bestehende allgemeine Wehrpflicht, Eisenbahnen, Telegraf und nicht zuletzt das seit 1906 explodierende Zeitungswesen sowie die Wahlen zur Staatsduma hatten zwar auch die Bauern nicht unberührt gelassen, aber eine über die Treue zum Zaren hinausgehende Identifikation mit der Nation war bei ihnen nur schwach ausgeprägt.[79]

Der russische Nationalismus bedurfte der Projektionsfläche von Feindbildern in Gestalt der Juden und von Nationalitäten, die man der Illoyalität und Gefährlichkeit für die Integrität des Reiches bezichtigte. Aber auch diese Feindbilder verliehen dem Nationalen keine ausreichende Integrationskraft. Das war mit ein Grund, warum das Regime und die Rechten sich in hohem Maße auf die orthodoxe Kirche stützten. Bei Staatsakten, offiziellen Feiern, ja selbst bei Dumawahlen griff der Staat auf die rituelle Verstärkung durch den Klerus zurück, weil religiöses Gepränge und kirchliche Rituale auf die Bevölkerung mehr Wirkung entfalteten als die nationale Rhetorik.[80] Nach der Niederlage gegen Japan suchte die Autokratie über massenwirksam inszenierte öffentliche Feiern anlässlich der Jahrestage von großen Siegen und von dynastischen Jubiläen das Volk hinter sich zu versammeln. Den Höhepunkt bildeten die Hundertjahrfeier des Sieges über Napoleon 1912 und die Dreihundertjahrfeier der Thronbesteigung des ersten Zaren aus der Dynastie der Romanovs 1913. Bei diesen und den zahlreichen anderen Feierlichkeiten, die im Jahrzehnt vor 1914 begangen wurden, fällt auf, dass der Staat an der traditionellen Indienstnahme der Kirche festhielt und nicht, wie in anderen europäischen Ländern inzwischen üblich, auf die suggestive Militarisierung der Massen setzte. Statt großer Paraden und Aufmärsche fanden in Russland Prozessionen und prunkvolle Gottesdienste statt. Damit entging dem Staat ein wirksames Mittel der modernen Massenmobilisierung.[81]

Die orthodoxe Kirche, auf die sich die Autokratie weiterhin stützen wollte, befand sich ihrerseits in einer Krise und vertrat gegenüber der Staatsmacht keine einheitliche Haltung. In der Revolution von 1905 hatte der niedere Klerus vielerorts Sympathien für die Revolutionäre bekundet.

Vier der dreizehn orthodoxen Geistlichen, die in der zweiten Duma als Abgeordnete saßen, gehörten den Sozialrevolutionären an. Auch die Würdenträger der höheren Hierarchie demonstrierten Veränderungswillen. Seit Februar 1905 wurden unter den Bischöfen Forderungen laut, die staatliche Bevormundung durch den von Peter dem Großen eingeführten Heiligen Synod abzuschaffen, ein Konzil einzuberufen und einen Patriarchen zu wählen. Diese Forderung machten sich sogar die kirchlichen Mitglieder des Heiligen Synod zu eigen, scheiterten aber am Widerstand des Oberprokurors Pobedonoscev und des Kaisers. Dass auch konservative Kirchenmänner auf Distanz zum Staat gingen, hatte damit zu tun, dass Nikolaus II. im April 1905 zur Besänftigung der religiösen Minderheiten ein Manifest über die Gewissensfreiheit erlassen und damit die Deutungshoheit der orthodoxen Kirche erschüttert hatte.[82]

Das Militär spielte in Russland auch als «Schule der Nation» eine geringere Rolle als anderswo. Zwar war die Armee diejenige Institution, die direkten Zugriff auf die Bauern im Sinne einer staatsbürgerlich-nationalen Beeinflussung hatte; zudem verkörperte der Generalstab im Jahrzehnt vor dem Ersten Weltkrieg das modernisierende Bestreben, die nationale Integration zu fördern.[83] Der Effekt dieser Nationsbildung via Militärdienst blieb aber gering. Das für Frankreich oft bemühte Bild von «Peasants into Frenchmen»[84] lässt sich auf Russland nicht übertragen.[85] Anders als in Deutschland, wo Reservistenverbände und Kriegervereine flächendeckend populär waren und über die Militarisierung der Gesellschaft dem Nationsgedanken Vorschub leisteten, lassen sich vergleichbare Erscheinungen für das Russländische Reich nicht nachweisen. «Gedient zu haben» war in Russland – anders als in Deutschland oder Frankreich – kein Kriterium gesellschaftlicher Anerkennung. Die Armee und der Militärdienst wurden im bäuerlichen Milieu weithin immer noch als oktroyierte Last empfunden. Sich dieser Last durch allerlei Kniffe zu entziehen, galt nicht als anstößig, sondern war gängige und in Jahrhunderten eingeübte Praxis.[86]

Das Verhältnis der Bauern zum zarischen Staat hatte sich durch die Erfahrung der Revolution von 1905 und der brutalen Unterdrückung der in ihrem Gefolge ausgebrochenen Bauernaufstände massiv verschlechtert. Regionale Behörden stellten am Vorabend des Ersten Weltkriegs im Vergleich zu früher einen tiefgreifenden Wandel des bäuerlichen Bewusstseins fest: Die Situation sei «kaum mit den Jahren vor den revolutionären Erschütterungen zu vergleichen, als die Dorfbewohner nicht nur die Anweisungen der Dorfverwaltung, sondern auch die der Dorfpolizei befolgten. Die Landbevölkerung hat sich radikal verändert.»[87] Gendarmen meldeten 1911, dass landarme Bauern im Zusammenhang mit Gerüchten über einen bevorstehenden Krieg mit China erklärt hätten, sie würden nicht in den Krieg ziehen, weil sich alles Land in den Händen der Gutsbesitzer und Herren befinde.[88] Polizei, Landhauptleute und Gouverneure empfanden 1912/13 die öffentliche Ruhe und Ordnung als prekär, weil das Verhältnis der Bauern zum Staat zerrüttet sei und diese davon träumten, bei nächster Gelegenheit das Land der Gutsbesitzer unter sich zu verteilen. «Meinen Beobachtungen zufolge sind in den Siedlungen des Gouvernements mit einem hohen Anteil an landarmen Bauern von außen initiierte Raubzüge und Pogrome jederzeit möglich», schrieb der Gouverneur von Saratov im Oktober 1913 an das Innenministerium.[89] Der Landhunger der Bauern resultierte vor allem aus dem Umstand, dass der Bevölkerungszuwachs zu einem großen Teil im Dorf blieb und die landwirtschaftliche Nutzfläche durch Zukauf und Pacht nur begrenzt erweiterbar war. Die Wut der Bauern auf die adligen Gutsbesitzer korrespondierte aber paradoxerweise nicht mehr mit den realen Besitzverhältnissen, denn schon 1905 hatte der Adel nur noch 22 Prozent des nicht dem Staat gehörenden Bodens besessen und sein Anteil verringerte sich fortlaufend.[90] Am Vorabend des Ersten Weltkriegs gehörten den Bauern an die 80 Prozent der gesamten Saatfläche. Einschließlich des gepachteten Landes bewirtschafteten sie im europäischen Reichsteil 86,5 Prozent der Anbaufläche, während auf die Gutswirtschaften nur noch 13,5 Prozent entfielen.[91]

Die mangelnde nationale Integration und soziale Kohärenz betraf neben den Bauern auch die Arbeiter und die Intelligencija. Im Hinblick auf das, was sich 1917 ereignen sollte, ist besonders die Frage der Industriearbeiter von zentraler Bedeutung. Die Ereignisse der Jahre unmittelbar vor dem Ersten Weltkrieg zeigen, dass die wachsende Zahl der Arbeiter nach einer vorübergehenden Beruhigung wieder radikaler wurde. 1911 beteiligten sich 105 000 Arbeiter an Streiks, 1912 waren es 725 000, 1913 861 000 und allein in den ersten sieben Monaten des Jahres 1914 1,45 Millionen. Im Juli 1914 marschierten im St. Petersburger Stadtzentrum Kosaken auf, um die Flaniermeile am Nevskij Prospekt vor dem Ansturm der aus den Vororten in Massen anrückenden Arbeiter zu schützen. Im April 1912 hatte eine Versammlung streikender Arbeiter der Goldminen an der Lena in Sibirien unter dem Gewehrfeuer des Militärs mit 270 Toten geendet. Dumawahlen und die Zusammensetzung von Gewerkschaften verwiesen auf einen zunehmenden Trend der Arbeiter hin zu revolutionären Parteien.[92]

Diese Radikalisierung der Arbeiter hing mit der gerade in diesen Jahren stark anwachsenden Zahl der Arbeiter und dem Strukturwandel der Arbeiterschaft zusammen. Hatte die ältere Forschung vermutet, dass die mit dem Konjunkturaufschwung seit 1909 zu Hunderttausenden in die Städte migrierenden neuen Arbeiter aufgrund ihrer Entwurzelung besonders anfällig für revolutionäre Agitation gewesen seien, so konnte in neueren Arbeiten nachgewiesen werden, dass die radikale Aktivität nicht von ihnen ausging, sondern von dem mittlerweile etablierten proletarischen Milieu, von dem größer gewordenen Anteil selbstbewusster Arbeiter, die schon in der Stadt geboren waren, lesen und schreiben konnten und mit Formen organisierter Interessenvertretung vertraut waren. Dass die Streikwelle ausgerechnet mit der Phase der Hochkonjunktur zusammenfiel, lässt sich mit unerfüllten Erwartungen erklären. Die Zugeständnisse der Regierung von 1906 – so die Zulassung von Gewerkschaften – hatten Hoffnungen geweckt, die nach dem Staatsstreich von 1907 wieder zunichtegemacht wurden.[93] Der Versuch Stolypins, die Arbeiterfrage im Bismarckschen Stil über ein 1912 erlassenes Krankenversicherungsgesetz zu entschärfen, erwies sich als unzulänglich. – Dennoch: Trotz der sich im Sommer 1914 zuspitzenden Krise ist es eher unwahrscheinlich, dass sich damals eine Revolution ereignet hätte, wenn der Weltkrieg nicht ausgebrochen wäre. Anders als 1905 kam es 1914 nicht zu einer Allianz zwischen den streikenden Arbeitern und der liberalen Intelligenz, und auch die Bauern verhielten sich ruhig.[94]

So widersprüchlich die Entwicklung Russlands im Jahrzehnt vor dem Ersten Weltkrieg war, so widersprüchlich wurde sie auch von den russischen Eliten wahrgenommen. Während in Wirtschaftskreisen der Konjunkturaufschwung gefeiert und die ökonomische Entwicklung Russlands enthusiastisch mit derjenigen Amerikas verglichen wurde, war unter den Intellektuellen die Wahrnehmung verbreitet, an einer krisenhaften Epochenwende zu stehen.[95] Dabei befand sich Russland am Vorabend des Ersten Weltkriegs nicht nur ökonomisch, sondern auch kulturell und wissenschaftlich in einer Hochphase. Das «Silberne Zeitalter» der russischen Kultur glänzte mit Künstlern und Wissenschaftlern, die international ein hohes Renommee genossen, im fruchtbaren Austausch mit den geistigen Strömungen Westeuropas standen und die abendländische Kultur mitprägten. Das Marientheater in St. Petersburg gehörte zu den führenden Opernhäusern der Welt, die Konservatorien in St. Petersburg und Moskau standen international in hohem Ansehen. Kazimir Malevič und Vasilij Kandinskij bereiteten der abstrakten Malerei den Weg und gestalteten die klassische Moderne mit; Aleksandr Skrjabin ging gleichzeitig mit Arnold Schönberg zur atonalen Musik über, während Igor' Stravinskij ebenfalls eine völlig neue Tonsprache entwickelte und weltweit als einer der bedeutendsten Komponisten seiner Zeit galt.[96]

Ungeachtet dieser kulturellen Blüte lebte die Generation der um 1880 geborenen Künstler im Gefühl einer sich verschärfenden Krise und einer nahenden Katastrophe. Die Vertreter des «Silbernen Zeitalters» verkörperten unmittelbar vor dem Ersten Weltkrieg das Bewusstsein einer Krise des Denkens, der Sprache und der Lebensformen.[97] Diese Krisenwahrnehmung äußerte sich in einer heftigen Diskussion über das Selbstverständnis der Intelligencija. Ausgelöst wurde die Diskussion 1909 durch einen Sammelband mit dem Titel «Vechi» («Wegzeichen»).[98] Die Autoren der «Vechi» (unter ihnen waren die Philosophen Nikolaj Berdjaev und Sergej Bulgakov sowie der Politiker und Publizist Petr Struve) übten massive Kritik an der revolutionären Intelligencija und forderten eine Umkehr des Denkens. Sie warfen der Intelligencija vor, in ihrer negativen Fixiertheit auf den verhassten Zarismus die Schuld an allen Missständen allein diesem anzulasten, statt sich um die positive Veränderung des geistigen Lebens Russlands zu kümmern. Die Intelligencija habe sich in weltfremde Tagträume und Utopien geflüchtet, den Bezug zur Realität verloren und würde mit ihrem Habitus der Fundamentalopposition, des Lamentierens und der Selbststilisierung zu Märtyrern und Helden nichts zur Überwindung der Rückständigkeit Russlands beitragen. Sie rede über alles nur «prinzipiell» und destruktiv, statt in die Komplexität der Wirklichkeit einzudringen und konstruktiv an der Verbesserung der Verhältnisse zu arbeiten. Der typische Angehörige der Intelligencija sei ein «militanter Mönch einer nihilistischen Religion».[99] Dass diese Fundamentalkritik den Nerv der revolutionären Intelligencija traf, zeigten die Reaktionen. In mehr als 250 Rezensionen und Repliken und einem Dutzend Aufsatzbänden meldeten sich die profiliertesten Vertreter aller ideologischen Richtungen zu Wort. Auch wenn die «Vechi» von der nicht-konservativen Öffentlichkeit fast einhellig verurteilt wurden, hatten sie zweifellos eine innere Krise derjenigen Kräfte, die nach der Überwindung des «rückständigen» und «despotischen» Russland strebten, zum Ausdruck gebracht.

Die eigentliche Krise, die das Zarenreich am Ende aus den Angeln heben sollte, war allerdings nicht im Bereich der Kultur zu suchen, sondern entstand dadurch, dass sich Russland mit seiner Balkanpolitik in den Ersten Weltkrieg manövrierte. Infolge des Desasters gegen Japan hatte sich die russische Außenpolitik nach 1905 wieder mehr nach Westen orientiert und ihre traditionellen Interessen auf der Balkanhalbinsel aufgegriffen, nicht zuletzt, weil die Solidarität mit den Balkanslawen bei der Bevölkerung auf mehr Resonanz stieß als das Abenteuer in der Mandschurei. Der Faktor Öffentlichkeit hatte für die russische Außenpolitik schon in der Balkankrise der 1870er Jahre eine große Rolle gespielt und gewann nach 1905 an Bedeutung, da die Duma und die mit ihr verbundene stärkere Präsenz politischer Themen in der Presse hinzugekommen waren.

Diese Rückbindung an die Presse war mit dafür verantwortlich, dass die russische Außenpolitik zwischen 1905 und 1914 stark von nationalistischen und panslawistischen Motiven beeinflusst war. Als Gegenpol fungierte zunehmend die «deutsche Gefahr», die sich auch innenpolitisch als Bindemittel einsetzen ließ, zumal die großen Dumaparteien einschließlich der Konstitutionellen Demokraten dafür empfänglich waren. Sowohl Nationalisten als auch Liberale gingen wie selbstverständlich davon aus, dass Russland aus seiner angeblichen «geschichtlichen Verantwortung» nicht entlassen sei und folglich die Balkanpolitik Vorrang genieße.[100] Um auf dem Balkan agieren zu können, musste zuerst die Lage auf den asiatischen Schauplätzen geklärt werden, wo die russischen Expansionsbestrebungen mit denen Großbritanniens und Japans kollidiert waren. Außenminister Aleksandr Izvol'skij gelang es 1907 tatsächlich, mit Großbritannien und Japan einen Ausgleich zu erzielen. Russland einigte sich mit Japan vertraglich über die Abgrenzung von Interessensphären in der Mandschurei und mit Großbritannien in Persien und Afghanistan. Damit waren die englisch-französische *Entente cordiale* und die russisch-französische Allianz zur *Tripelentente* erweitert und die Bündniskonstellation hergestellt, wie sie 1914 zum Tragen kommen sollte.[101]

Die Wiederaufnahme der Balkanpolitik im Sinne eines Engagements für die orthodoxen Balkanslawen musste zwangsläufig zu Störungen im Verhältnis zur Habsburgermonarchie führen. Trotz beiderseitiger Bemühungen um einen Interessenausgleich entstand 1908 ein Konflikt, als Österreich-Ungarn Bosnien und die Herzegowina annektierte. Die beiden Länder waren der Habsburgermonarchie 1878 im Berliner Kongress zur militärischen Besetzung, aber nicht zur Annexion zugesprochen worden. Die Verletzung dieser Abmachung durch die Österreicher und deren Rückendeckung durch das Deutsche Reich bewirkten in der russischen Presse und in der Duma einen Aufschwung patriotischer, gegen Österreich und Deutschland gerichteter Emotionen. Auch wenn die diplomatische Krise um Bosnien und die Herzegowina beigelegt werden konnte, riss sie doch tiefe Wunden und trug zur Verfestigung des Bildes von einer historischen Frontstellung zwischen Russland und den mit ihm verbündeten Slawen gegen Deutschland und Österreich wesentlich bei.

In die Balkankriege 1912 und 1913 war Russland zwar nicht direkt involviert, aber der Umstand, dass dieser sensible Bereich in Bewegung geraten war, ließ die bereits vorhandene Kriegsstimmung weiter ansteigen und führte zu einer Verschärfung der Spannungen mit Österreich-Ungarn. In der russischen öffentlichen Meinung gewann die Vorstellung an Gewicht, dass man für den unvermeidlichen Kampf mit dem Germanentum und für die Abwehr des «deutschen Drangs nach Osten» gerüstet sein müsse. Antiösterreichische Revanchegelüste wegen Bosnien-Herzegowina verbanden sich mit einer irrationalen Germanophobie und bereiteten der Regierung Probleme. Das nationale Selbstwertgefühl war durch die Misserfolge der russischen Außenpolitik beschädigt und die russischen Diplomaten gerieten zunehmend unter Erfolgszwang. Gesteigert wurde der Unmut durch die kostenaufwändige Rüstung, die in der Öffentlichkeit seit 1912 den Eindruck erweckte, Russland könnte offensiv auftreten, wenn die Diplomaten nicht so zögerlich und nachgiebig wären. Umgekehrt bot Russland in der Außenwahrnehmung jener Jahre das Bild eines im Aufschwung begriffenen und mit Macht nach oben drängenden Riesen. Beschleunigtes Industriewachstum, gepaart mit steigenden Militärausgaben und tendenziell expansiver Großmachtpolitik erzeugten in Deutschland und Österreich Russlandängste.[102]

Die russische Regierung beurteilte die Lage am Vorabend des Ersten Weltkriegs nüchterner als die Presse, die einen Bedrohungskomplex «deutsche Gefahr» an die Wand malte. In der Regierung ging man davon aus, dass das Osmanische Reich in absehbarer Zeit kollabieren werde und Russland dann die Meerengen in Besitz nehmen müsse. Außerdem werde es zu einem serbisch-österreichischen Konflikt kommen, in dem Russland gegen Österreich Stellung beziehen müsse. Ein solcher Krieg könne aber wegen der Bündnissysteme nicht lokal begrenzt bleiben. Da man davon ausging, dass Russland erst 1917/18 kriegsbereit sein werde, sollte bis dahin eine defensive, ab dann eine offensive Politik verfolgt werden. Durch beschleunigte Rüstungsanstrengungen wollte man die öffentliche Meinung beschwichtigen.[103]

Die russische Führung verfolgte also 1914 durchaus ein mittelfristig offensives Konzept, hatte aber zum gegebenen Zeitpunkt keinen Anlass, den Krieg herbeizuwünschen, zumal die Erinnerung an die Ereignisse von 1905 noch wach war und es auch in Regierungskreisen warnende Stimmen gab, dass ein Krieg die sozialen und innenpolitischen Spannungen verschärfen würde. Eine Präventivkriegsstrategie wie Österreich und Deutschland verfolgte Russland nicht. Warum der Zar dennoch am 17./30. Juli 1914 seine Truppen mobilisierte und damit zur Eskalation des österreichisch-serbischen Krieges zum Weltkrieg beitrug, lässt sich mit der Einschätzung erklären, dass Deutschland seinen Bündnispartner Österreich-Ungarn nicht zurückhalten werde und dass man Serbien unterstützen müsse, damit die russische Balkanpolitik nicht vollends ihre Grundlage verliere. Hinzu kamen die militärtechnische Sorge, dass Deutschland seine Truppen schneller mobilisieren könne und man daher einen Zeitvorsprung brauche, sowie das Vertrauen, einen Krieg gegen Deutschland und Österreich-Ungarn nicht allein ausfechten zu müssen, sondern über mächtige Bündnispartner zu verfügen. Gegenüber Deutschland teilte die russische Regierung mit, dass die Mobilmachung keine Kriegserklärung bedeute und russische Truppen die Grenze nicht überschreiten würden, solange die Verhandlungen zwischen Österreich und Serbien andauerten.[104]

Ein nach innen gerichtetes gegenrevolutionäres Krisenmanagement war der Entschluss zur Mobilmachung nicht, auch wenn die Zuspitzung der sozialen Konflikte im Frühsommer 1914 diesen Gedanken als naheliegend erscheinen lässt. Dennoch können in der Situation der Julikrise Innen- und Außenpolitik nicht völlig getrennt voneinander betrachtet werden. Nikolaus II. und seine Regierung waren eingebunden in die von ihnen selbst gepflegten Diskurse von nationaler Größe, «historischer Sendung» und Verpflichtung gegenüber den orthodoxen «Brüdern» auf dem Balkan. Diese Diskurse hatten von der öffentlichen Meinung Besitz ergriffen und übten eine Macht aus, die sich nicht ignorieren ließ. Sie erzeugten eine Konstellation, in der Nikolaus II. zwar kein Getriebener der Presse war, wie er in einem Brief an Wilhelm II. glauben machen wollte, wohl aber damit rechnen konnte, bei einer klaren Parteinahme zugunsten der Serben in der russischen Gesellschaft Beifall zu ernten.[105] Mit modernem Imperialismus hatte diese Politik nichts zu tun. In der Balkanpolitik agierte Russland nicht auf der Grundlage ökonomischer Interessen, sondern geleitet von irrationalen Bedrohungs- und Sendungsgefühlen. Diese Gefühle siegten 1914 über eine realistische Beurteilung der strategischen Lage und der Fähigkeit Russlands, den Belastungen eines großen Krieges standzuhalten.[106]

Der Erste Weltkrieg

Der Erste Weltkrieg ist ein entscheidender Wendepunkt in der russischen Geschichte, da er maßgeblich zum Zusammenbruch des zarischen Regimes beitrug. Das Zarenreich erwies sich als diesem Krieg militärisch, ökonomisch und politisch nicht gewachsen.[107] Zunächst schienen sich die Erwartungen der Regierung zu bestätigen. Unmittelbar nach Kriegsausbruch ging eine patriotische Aufwallung durch das Land. Als sich jedoch abzeichnete, dass der Krieg nicht mit einem schnellen Sieg beendet sein würde, und sich schwerwiegende Probleme offenbarten, kippte die Stimmung in der Bevölkerung, und der Krieg verschärfte und beschleunigte die bestehenden inneren Konflikte.[108] Der Krieg veränderte das Bewusstsein von großen Teilen der Bevölkerung. Mit der Mobilisierung von Millionen jungen Männern, vornehmlich Bauernsöhnen, in die Armee trat das Russländische Reich in eine Ära ein, in der die Wahrnehmungen, Einstellungen und das Verhalten der «Massen» eine Rolle spielten wie nie zuvor in der Geschichte des Landes. Die Mobilisierung zur Armee führte zu einer breiten Politisierung zumindest der männlichen Bevölkerung, die bis in die Dörfer ausstrahlte und eine sich kumulativ steigernde Radikalisierung zur Folge hatte.[109]

Zu Beginn des Krieges fand eine germanophobe Erregung in der russischen Gesellschaft statt. Das gemeinsame Feindbild überwölbte ein Stück weit die inneren Gegensätze. Die Deutschen erschienen nun in Übersteigerung einer nationalistischen Propaganda, die schon vor dem Krieg von manchen Zeitungen und Publizisten geführt worden war, als der «ewige Feind» Russlands. Diese Wahrnehmung bezog sich nicht nur auf den Kriegsgegner, sondern auch auf die deutsche Bevölkerung des Russländischen Reiches, die unter den Generalverdacht der Spionage und Parteinahme für Deutschland gestellt wurde. Den Kampf gegen Deutschland ergänzte der «Kampf gegen die deutsche Übermacht» im Inneren, der nicht auf die Hetzkampagne in der Presse beschränkt blieb, sondern in handfeste politische Maßnahmen mündete: Der Immobilienbesitz deutscher Bauern in einer mehr als 100 Kilometer breiten Zone entlang der Westgrenzen und der Küsten wurde enteignet, Personen mit deutschen Familiennamen wurden aus frontnahen Gebieten präventiv deportiert und deutsche Firmen unter Regierungsaufsicht gestellt. Aus dem kulturellen und öffentlichen Leben wurde die vor dem Krieg omnipräsente deutsche Sprache verbannt, die Hauptstadt von «Sankt-Peterburg» in «Petrograd» umbenannt. Ende Mai 1915 fanden in Moskau antideutsche Pogrome statt, die drei Tage andauerten, ohne dass die Polizei eingriff. Erst als die Plünderungen und Brandschatzungen deutscher Geschäfte und Betriebe nach der Erstürmung von Spirituosenlagern in allgemeine Krawalle umzuschlagen begannen und schon an einigen Orten in der Stadt Barrikaden errichtet wurden, schritten die Behörden ein und stellten die Ordnung wieder her.[110]

Der Umstand, dass sich die antideutschen Ausschreitungen nach kurzer Zeit mit sozial motivierten Unruhen verbanden, die mit der Verschlechterung der Versorgungslage in Zusammenhang standen und sich im weiteren Kriegsverlauf dramatisch steigerten, zeigt, dass die nationalistische Mobilisierung dem zarischen Regime nicht nur zum Vorteil gereichte. Es dauerte nicht lange, bis auch die Gemahlin von Nikolaus II. als «Deutsche» diffamiert wurde. Aleksandra Fedorovna, geboren als Alix von Hessen-Darmstadt, war eine Kusine des deutschen Kaisers Wilhelm II., und obwohl internationale Heiraten im europäischen Hochadel und insbesondere in der Romanov-Dynastie eine lange Tradition hatten und nichts über ethnische Loyalitäten aussagten, verbreiteten sich Gerüchte, die Zarin sei eine deutsche Spionin.[111]

Die russischen Armeen profitierten zunächst von der frühzeitigen Mobilmachung und überschritten die Grenze nach Ostpreußen und nach Galizien. In Ostpreußen wurden sie allerdings bereits im August 1914 bei Tannenberg vernichtend geschlagen. 1915 mussten die russischen Truppen auf breiter Front zurückweichen und Polen sowie Teile des Baltikums aufgeben. General Brusilov gelang es 1916 noch einmal, in der nach ihm benannten Offensive beträchtliche Geländegewinne zu erzielen, aber eine Kriegsentscheidung zugunsten Russlands konnte er nicht herbeiführen.

Die Verluste der russischen Armee waren immens. Bis Anfang 1917 waren 1,7 Millionen Soldaten gefallen, 8 Millionen verwundet, 2,5 Millionen in Gefangenschaft geraten. Die verhältnismäßig gut ausgebildeten Offiziere und Mannschaften von 1914 waren dezimiert. An ihre Stelle waren hastig angelernte neue Rekruten und Offiziere getreten, die mit den kriegsmüden Bauernsoldaten nicht umgehen konnten. Demoralisierend wirkten sich die Niederlagen und die schlechte Versorgungslage an der Front aus: Schon im ersten Kriegsjahr hatten die Gewehre nicht gereicht, um alle Soldaten auszurüsten. 1915 fehlte es in manchen Frontregimentern einem Drittel der Männer an Gewehren. Sie warteten, bis Kameraden getroffen waren und übernahmen dann deren Waffen. Ähnlich schlecht stand es um die Ausstattung mit warmer Kleidung und mit Stiefeln. 1916 hatte sich die Versorgung etwas gebessert, aber die Kampfmoral blieb auf einem niedrigen Niveau. Das Verhältnis zwischen Offizieren, die in der Regel dem Adel oder städtischen Schichten entstammten, und den Bauernsoldaten war angespannt. Um die Jahreswende 1916/17 war die Demoralisierung der Truppen weit fortgeschritten. Die Soldaten widersetzten sich Anordnungen, provozierten und bedrohten die Offiziere, sodass diese häufig handlungsunfähig waren, aus Angst, von den eigenen Männern umgebracht zu werden. In großer Zahl liefen die Soldaten zu den gegnerischen Truppen über oder desertierten.[112]

Russland litt im Ersten Weltkrieg unter seiner relativen Rückständigkeit. Mit dem Kriegseintritt des Osmanischen Reiches waren die Meerengen geschlossen und Russland von seinen Industrieimporten abgeschnitten worden. Das Eisenbahnsystem verkraftete die zusätzliche Belastung durch die militärischen Transporte nicht. Die Bauern brachten empfindlich weniger Getreide auf den Markt als vor dem Krieg, weil sie es angesichts niedriger Aufkaufpreise zurückhielten und der Selbstversorgung wieder mehr Bedeutung beimaßen. Die russische Industrie konnte nicht genügend Waffen, Munition, Kleidung und Schuhe für die Armee produzieren. Sie steigerte ihre Produktion zwar 1916, aber diese Anstrengung für die Front verschärfte die Probleme im Hinterland. Die Versorgung konzentrierte sich auf die Armee, in den Städten wurde die Lage immer schwieriger.[113] Die Güterknappheit, die auch Grundnahrungsmittel betraf, gepaart mit einer galoppierenden Inflation und den schlechten Nachrichten von der Front, sorgte besonders in den städtischen Unterschichten für Missmut, Kriegsmüdigkeit, Protest und die Wahrnehmung von Inkompetenz und Unfähigkeit der offiziellen Stellen. Ab dem Sommer 1915 häuften sich in den Städten und Industriezentren wieder Streiks und Demonstrationen von Arbeitern. Auf dem flachen Land hingegen entspannte sich die soziale Lage, weil die Zahl der Esser durch die Einberufungen zur Armee (insgesamt 11 Millionen) und die fortdauernde Abwanderung zu den Fabriken geringer wurde. Bis ins Frühjahr 1917 fand kein breiter Bauernprotest statt. Wenn die Bauern unruhig wurden, dann nicht wegen des latenten Zornes auf die Gutsbesitzer, sondern wegen der Teuerung und der Versorgungsengpässe.[114]

Der Krieg verschärfte nicht nur die sozialen Verhältnisse. Er erzeugte daneben eine Dynamik beschleunigten Wandels, wodurch Entwicklungen in Gang gesetzt wurden, welche die Zäsur des Jahres 1917 überdauern sollten. Abgestimmt auf die Bedürfnisse der Armee setzte sich die Industrialisierung nicht nur quantitativ fort, es entstanden auch neue Industriezweige. So wurde etwa 1916 mit staatlichen Krediten und in Kooperation mit den Firmen Renault und FIAT der Grundstein für eine leistungsfähige russische Automobilindustrie mit mehreren, auf das Land verteilten großen Fabriken gelegt, deren Fertigstellung nur durch die Wirren des Revolutionsjahres 1917 verhindert wurde.[115] (Die Bolschewiki konnten an diese Anfänge anknüpfen, brauchten aber bis 1924, um den ersten Lastwagen aus dem Werk rollen zu lassen, und konnten die Moskauer Automobilfabrik erst Anfang der 1930er Jahre zu einer der größten der Welt ausbauen.)[116] Auch andere Branchen profitierten von Investitionen und Innovationen. Der Krieg ermutigte außerdem (nicht nur in Russland) den Glauben an die Notwendigkeit zentraler wirtschaftlicher Koordination und Planung. 1915 wurde ein *Zentrales Kriegswirtschaftliches Komitee* ins Leben gerufen, um die Versorgung der Armee durch geplante Allokation von Ressourcen und koordinierte Vergabe von Aufträgen sicherzustellen. Einflussreiche Angehörige der Eliten riefen nach einer organisierten Modernisierung; in der Akademie der Wissenschaften bildete sich ein *Komitee für die Entwicklung der Produktivkräfte Russlands*. Wissenschaftler, Ingenieure, Statistiker und Agronomen drangen auf Modernisierung, die mit institutionellen Veränderungen verbunden war, zum Beispiel die Schaffung eines

Gesundheitsministeriums, die Elektrifizierung des Landes oder die Verbesserung des Verkehrswesens.[117] Dies waren Konzepte, an die man in den 1920er Jahren unter sowjetischen Vorzeichen anknüpfen konnte.

Für den unmittelbaren Fortgang der Ereignisse wichtiger war allerdings die politische Dynamisierung. Sie resultierte aus dem zunehmenden Autoritätsverlust des zarischen Regimes, der nicht nur die Bevölkerungsmassen, sondern auch die Eliten erfasste. Diesen Vertrauensverlust nutzten die Zemstva und die Staatsduma, um gegenüber den autokratischen Strukturen an Boden zu gewinnen. Bereits im August 1914 bildeten sich der *Allrussländische Zemstvoverband für die Pflege der kranken und verwundeten Soldaten* und der *Allrussländische Städtebund*, die sich später zu einer gemeinsamen Organisation zusammenschlossen. Damit hatten die Selbstverwaltungsorgane eine überregionale Institution geschaffen, wie sie zu Friedenszeiten vom Zaren stets abgeblockt worden war. Das gesellschaftliche Engagement hatte eine neue Qualität erreicht, indem es Defizite der staatlichen Strukturen kompensierte und sich eigenmächtig Kompetenzen aneignete. Gegen den Widerstand der staatlichen Bürokratie stellte die neue Organisation Programme zur Versorgung verwundeter Soldaten und zur Unterstützung Hungernder in ganz Russland auf die Beine. 1915 gingen der Zemstvobund und der Städtebund zu unverhohlener politischer Aktivität über und übten offene Kritik an den Versäumnissen der Regierung.[118] Die Duma unternahm ebenfalls Anstrengungen, um sich gegenüber der Regierung zu emanzipieren. Als Reaktion auf die Niederlagen Russlands und die offensichtliche Unfähigkeit der Regierung, den Krieg politisch zu bewältigen, schlossen sich im Juli 1915 unter der Führung von Pavel Miljukov drei Viertel der Abgeordneten der Staatsduma zum fraktionsübergreifenden *Progressiven Block* zusammen. Die Bildung dieser ungewöhnlich breiten Koalition bewies die grundsätzliche Fähigkeit der Duma, eine konstruktive Rolle in der Krise zu spielen.[119]

In dieser Situation näherten sich Duma und Reichsrat einander an. Die Gemäßigten beider Kammern einigten sich auf ein gemeinsames Programm, dessen Kernforderung in der Bildung einer dem Parlament verantwortlichen Regierung bestand. Mit Ausnahme des alten Ministerpräsidenten Goremykin akzeptierten die Minister das Programm des Blocks. Goremykin plädierte hingegen bei Nikolaus II. erfolgreich für das übliche Verfahren im Konfliktfall: die Beendigung der Dumasession. Obwohl die Abgeordneten Kampfgeist demonstriert und für den Fall einer Auflösung der Duma angekündigt hatten, die Kriegsanstrengungen zu boykottieren, ließen sie am 3. September 1915 die Vertagung der Duma widerstandslos geschehen. Angesichts des Fait accompli gab der *Progressive Block* klein bei. Nur wenige Abgeordnete plädierten dafür, sich Unterstützung durch eine öffentliche Kampagne zu verschaffen. Die Mehrheit hatte gegenüber dieser Option Skrupel.[120]

Im November 1916 unternahmen die Dumapolitiker einen zweiten, energischeren Anlauf. Den Auftakt machte der Führer der Konstitutionellen Demokraten, Pavel Miljukov, am 1. November 1916 mit einer eindringlichen Rede in der Duma, in der er die Versäumnisse der Regierung anprangerte und jeden der aufgelisteten Punkte mit der rhetorischen Frage «Dummheit oder Verrat?» abschloss. Das war ein Frontalangriff gegen die Regierung und gegen das Herrscherhaus, denn zu den Missständen, die Miljukov – ohne dass der Dumavorsitzende eingriff – ausbreitete, gehörte auch der Skandal um Grigorij Rasputins Rolle bei Hofe, der schon jahrelang schwelte und nun unter den Bedingungen des Krieges besondere Brisanz und größte Öffentlichkeitswirksamkeit erhielt.

Rasputin war ein sibirischer Bauer, der als Wanderprophet in St. Petersburg aufgetaucht war und seit 1907 einen skandalösen Einfluss auf die kaiserliche Familie ausübte. Der Thronfolger Aleksej litt an Hämophilie (Bluterkranheit) und Rasputin konnte angeblich mit hypnotischen Kräften Ausbrüche der Krankheit zum Stillstand bringen. In der Öffentlichkeit verbreiteten sich während des Krieges Gerüchte, dass sich das Kaiserpaar, korrumpiert durch eine sexuelle Affäre der Zarin mit Rasputin, zunehmend von dessen verhängnisvollen Einflüsterungen leiten lasse. Diese Gerüchte kursierten in allen Kreisen der Bevölkerung und spielten für die Entwicklung in Richtung auf die Februarrevolution eine große Rolle, indem sie maßgeblich dazu beitrugen, dass die Menschen ihren Respekt vor der Monarchie und vor dem Zarenhaus verloren.[121] Um Russland von dem Unheilbringer zu retten, taten sich der Dumaabgeordnete Puriškevič, Fürst Feliks Jusupov und ein Neffe des Zaren im Dezember 1916 zusammen und ermordeten Rasputin. Der Umstand, dass Nikolaus II. ausgesprochen schwach auf den Mordanschlag reagierte, die Attentäter unbehelligt blieben und Puriškevič sogar weiter sein Dumamandat ausübte, wurde allgemein als Zeichen dafür interpretiert, dass nun «alles erlaubt» und der Zar als Autorität erledigt sei.[122]

Die Krise, die sich während des Krieges zuspitzte, ist überzeugend als «doppelte Polarisierung» beschrieben worden: einerseits zwischen der zarischen Regierung und der Duma und der in ihr repräsentierten «Gesellschaft», andererseits zwischen dieser «Gesellschaft» und den städtischen Unterschichten.[123] Letztere hatten nichts gemein mit den Professoren, Unternehmern und Adligen des *Progressiven Blocks*, während für diese wiederum soziales Aufbegehren in Gestalt von Arbeiterprotesten und Revolution der Straße ein Schreckgespenst darstellte. Obwohl beide in der Autokratie denselben Gegner hatten, agierten sie unabhängig voneinander und im gegenseitigen Misstrauen. Damit war die merkwürdige Konstellation schon angelegt, die das Jahr 1917 kennzeichnen sollte.[124]

Von der Autokratie zur Demokratie?

Zu Beginn des Jahres 1917 geriet die Lage in der Hauptstadt außer Kontrolle. Die eigentlichen Triebkräfte der Revolution waren die städtischen Arbeiter. Im Januar begannen sie eine Streikwelle, die sich im Februar zu Massenprotesten steigerte. Es war dies eine Bewegung von unten, die von keiner der revolutionären Parteien gesteuert wurde und Letztere mit ihrer Spontaneität geradezu überraschte. Sie erfasste zunächst die Hauptstadt und in weiterer Folge die übrigen Großstädte, während das Dorf – ähnlich wie 1905 – erst mit Verzögerung reagierte, als der Umsturz längst vollzogen war.[125]

Den kritischen Punkt erreichten die Proteste am 23. Februar 1917 (dem 8. März neuer Zeitrechnung), als Textilarbeiterinnen von der Vyborger Seite, dem Petrograder Industrievorort, anlässlich des Internationalen Frauentags streikten und demonstrierten. Innerhalb kurzer Zeit schlossen sich die Arbeiter zahlreicher Fabriken den Kundgebungen an, die eine auffällige Militanz und gleichzeitig politischen Charakter annahmen: Hatten die Frauen anfangs nach Brot gerufen, forderten die Demonstranten nun bereits den Sturz der Monarchie. In den darauffolgenden Tagen weiteten sich die Proteste aus und mündeten am 25. Februar in den Generalstreik. In der Hauptstadt brach Anarchie aus, es kam zu Plünderungen und Zerstörungen. Die Polizei war nicht mehr in der Lage, Ordnung herzustellen, zumal die wie üblich herbeigerufenen Soldaten den Gehorsam verweigerten, sich mit den Demonstranten verbrüderten und teilweise sogar den Plünderungen anschlossen. Der Befehlshaber des Petrograder Militärbezirks reagierte kopflos und unternahm keine ernsthaften Maßnahmen zur Niederschlagung der Unruhen.[126]

Am 27. Februar trat die Regierung geschlossen zurück. Unter dem Eindruck des völligen Zusammenbruchs der staatlichen Autorität beeilten sich nun im Gefolge des Volksaufstandes auch politische Akteure im engeren Sinne, die Revolution mitzugestalten: Unter der Leitung des Dumapräsidenten konstituierte sich noch am selben Tag ein *Provisorisches Komitee zur Wiederherstellung der öffentlichen Ordnung*. Mit diesem revolutionären Akt erklärte sich das Parlament, das sich am Vortag seiner Auflösung widersetzt hatte, zum Souverän. Gleichzeitig schuf sich jedoch auch die Revolution der Straße ihr eigenes Vertretungsorgan in Gestalt des

Petrograder Rates (Sowjet) der Arbeiter- und Soldatendeputierten, der ein Provisorisches Exekutivkomitee wählte, das ebenfalls Regierungsgewalt beanspruchte. Die Bildung des Petrograder Sowjets war der Punkt, an dem sich die revolutionären Parteien unter Wiederaufnahme eines in der Revolution von 1905 erprobten Modells einschalteten. Vor allem Menschewiki und Sozialrevolutionäre trieben diesen politischen Organisationsprozess voran.[127]

Die Minister der zarischen Regierung ließen sich am 28. Februar widerstandslos festnehmen. Nikolaus II. eilte aus seinem Fronthauptquartier in Richtung Petrograd, resignierte aber, als sein Generalstabschef ihm mitteilte, dass keiner der obersten Generäle bereit sei, die Revolution mit Gewalt niederzuschlagen. Am 3. März 1917 dankte der Zar ab. Damit war die Autokratie beseitigt und das Russländische Reich de facto zur Republik geworden. Die Revolution war mit 433 Toten und knapp über 1500 Verletzten vergleichsweise glimpflich abgelaufen.[128] In der Provinz bestand die Revolution nicht aus Kämpfen, sondern aus Festen, nachdem per Telegraf die Nachricht über die Ereignisse in der Hauptstadt eingetroffen war.[129] Ein Augenzeuge berichtete über die Ereignisse in Kiev: «Es war ein ununterbrochenes Fest. Die Menge strömte auf die Straßen. Einer beglückwünschte den andern wie am Ostersonntag. Überall sah man rote Bändchen und Rosetten, die kurz zuvor noch verbotenen Embleme der revolutionären Freiheit.»[130]

Sowohl in der Hauptstadt als auch in der Provinz stellten sich die Revolutionäre des Februar in die Tradition der Französischen Revolution und übernahmen deren Symbolik: Sie sangen die Marseillaise in einer russischen Version – die «Internationale» kannten damals nur wenige –, trugen rote Armbinden und Tücher, verglichen sich selbst mit den Helden von 1789, redeten einander mit «Bürger» an und riefen nach «Freiheit, Gleichheit und Brüderlichkeit». Die Sozialisten sahen sich selbst als die «Jakobiner», nannten die Liberalen «Girondisten» und waren sich mit ihnen einig in der Warnung vor der «Gegenrevolution». Das Geschehen war hochgradig emotional.[131]

Nach Verhandlungen mit dem Petrograder Sowjet ging am 2. März 1917 aus dem Dumakomitee eine neue Regierung hervor. Sie stand unter der Führung des Fürsten Georgij L'vov, eines renommierten Zemstvoaktivisten, und nannte sich «provisorisch», weil noch keine demokratischen Wahlen stattgefunden hatten. Vorgestellt wurde das Kabinett vom Führer der Konstitutionellen Demokraten, Pavel Miljukov, im Taurischen Palast, dem Sitz der Duma. Der Ort des Geschehens und die Zusammensetzung der Provisorischen Regierung sollten deutlich machen, dass die Macht von der Autokratie auf das Parlament übergegangen war.[132] So klar waren die Verhältnisse allerdings nicht, denn die Provisorische Regierung verfügte nicht unangefochten über die Macht. Das Ergebnis der Februarrevolution war – ganz im Sinne der «doppelten Polarisierung» – vielmehr eine merkwürdige Doppelherrschaft von Provisorischer Regierung und Petrograder Sowjet, wobei weder die eine noch der andere durch allgemeine Wahlen legitimiert war. Der Petrograder Sowjet konnte nur die Vertretung der hauptstädtischen Arbeiter und Soldaten für sich beanspruchen, die Provisorische Regierung war das Kind einer auf der Basis eines höchst undemokratischen Wahlrechts gewählten Volksvertretung. Nicht zuletzt wegen ihrer mangelhaften Legitimierung verlor die Duma auch den Einfluss auf die weiteren Ereignisse, reduzierte ihre Präsenz auf «private» Treffen und wurde am 6. Oktober 1917, also noch vor der Machtergreifung der Bolschewiki, von der Provisorischen Regierung entlassen.[133]

Die Provisorische Regierung versäumte es, durch die rasche Einberufung einer verfassunggebenden Versammlung eine neue Rechtsgrundlage für die Machtverteilung zu schaffen. Sie selbst agierte im rechtsfreien Raum, weil die Staatsgrundgesetze von 1906 mit dem Sturz des Zaren hinfällig geworden waren. Russland hatte keine Verfassung und keine über alle Bevölkerungsschichten hinweg anerkannten Institutionen. Die ungeklärte Machtfrage und die fehlende Legitimation führten dazu, dass die Regierung alle wichtigen Probleme vor sich herschob und in den zentralen Fragen des Landes keine Entscheidungen traf. Weder wurde über den Staatsaufbau entschieden noch über die drängende Agrarfrage, noch wurde das Verhältnis zu den Nationalitäten geklärt. Die Versorgung der Bevölkerung blieb prekär und der unpopuläre Krieg wurde fortgesetzt. Begründen ließ sich das Verschieben gravierender Entscheidungen mit den noch ausstehenden Wahlen zur Verfassunggebenden Versammlung, die allein befugt gewesen wäre, die Weichen neu zu stellen, doch die Wahlen wiederum wurden mit Verweis auf den Krieg mehrfach vertagt. Das Agieren der Provisorischen Regierung zeugt daneben von einer Überforderung der Eliten im Umgang mit der gewandelten Gesellschaft. Die durch den Krieg erzeugte Politisierung und Radikalisierung der Massen erzeugte eine neuartige Situation, mit der die meisten Politiker nicht zurechtkamen.[134]

Die bäuerliche Bevölkerungsmehrheit hatte an der Februarrevolution keinen direkten Anteil. Die Nachricht von der Abdankung des Zaren nahmen die Bauern mit Erleichterung auf und veranstalteten Dankgottesdienste. Ihren Glauben an den «guten Zaren» hatten sie zwar schon während des Krieges verloren, wurden aber in nennenswerter Weise erst aktiv, als Nikolaus II. gestürzt war. Gravierender als die Verzögerung ihres

Handelns war dessen Richtung: Was die Bauern nach dem Wegfall der zarischen Obrigkeit in Anbetracht der geschwächten staatlichen Strukturen unternahmen, kam einer Verabschiedung aus dem Staat gleich. Wieder einmal aufs Neue kam die Kluft zwischen dem Denken und der Sprache der Liberalen und Revolutionäre und derjenigen der Bauern zum Tragen. Die Intelligenz versuchte mit missionarischem Eifer den Bauern die Inhalte ihrer politischen Debatten nahezubringen und sie über Zeitungen und Agitatoren in die Sprache der Bauern zu übersetzen. In der Vorstellung der Bauern vermischte sich allerdings die Rede von der «Republik» mit dem Wunsch nach einer Art Bauernkönig, einer starken Befreierfigur.[135]

Die Provisorische Regierung ersetzte die bei den Bauern ungeliebten und als staatliche Bevormundung empfundenen Volost'-Ältesten und Landhauptleute durch Dorf- und Volost'-Komitees. In der lokalen Praxis lief diese Verwaltungsreform aber auf eine Wiederbelebung der Dorfgemeinde hinaus, die das Dorfkomitee als ihr ausführendes Organ betrachtete. «Land und Freiheit» war das eigentliche Anliegen der Bauern, und unter dieser Devise organisierten die Dorf- und Volost'-Komitees eine eigenmächtige Agrarreform: Sie registrierten den Großgrundbesitz und verteilten ihn. Dabei kam eine prinzipielle Abneigung gegen den Privatbesitz an Grund und Boden zum Ausdruck, die sich darin äußerte, dass im Zuge der Umverteilung auch die Ergebnisse der Stolypinschen Reform rückgängig gemacht wurden und das Land wieder in den Besitz der Gemeinden kam.[136] Dieses Handeln der Bauern im Frühjahr und Sommer 1917 ist häufig als Argument gegen die Akzeptanz der Stolypinschen Agrarreform angeführt worden. Dabei wird allerdings die besondere Situation des Jahres 1917 außer Acht gelassen. Angesichts der Krise der staatlichen Strukturen und der allgemeinen Ungewissheit über die künftigen Entscheidungen der Regierung suchten die Bauern Sicherheit in ihrer eigenen traditionellen Institution der *obščina*, die von ihrem historischen Ursprung her genau diese Schutzfunktion hatte. Dieses Verhalten in der Krise lässt nicht unbedingt Rückschlüsse auf die prinzipielle Haltung der Bauern zum Privateigentum zu.[137]

Scherten die Bauern gewissermaßen im Inneren des Reiches aus dem Staat aus, so kam es in den Randgebieten zu einer noch offensichtlicheren Verselbständigung. Die Februarrevolution gab den nationalen Bewegungen einen ungeahnten Schub. Die Provisorische Regierung unterschätzte deren Sprengkraft und vertagte auch hier die Entscheidungen auf die noch zu wählende Verfassunggebende Versammlung.[138] In der Ukraine konstituierte sich bereits eine Woche nach der Februarrevolution ein Vorparlament, das im Juni 1917 eine Regierung, die Zentralrada, einsetzte. Die Zentralrada erklärte am 10. Juni 1917 die Autonomie der Ukraine, die von der Provisorischen Regierung in Petrograd anerkannt wurde. Unter dem Eindruck dieses Erfolgs gründeten weißrussische Aktivisten einen Monat später ebenfalls eine Rada. In den Ostseeprovinzen forderten Letten und Esten Autonomie und sympathisierten in großen Teilen mit den Bolschewiki, weil sie von ihnen die Verwirklichung ihrer nationalen Wünsche erhofften. Finnland erhielt seine frühere Autonomie zurück, geriet aber über deren Ausgestaltung in Konflikt mit der Provisorischen Regierung. Die Moldawier Bessarabiens gründeten eine moldawische Nationalpartei und forderten ebenfalls ihre Unabhängigkeit beziehungsweise den Anschluss an Rumänien. Autonomie strebten auch die Krimtataren an. Während in Transkaukasien die Lage 1917 eher ruhig blieb, traten die Kasachen, die schon 1916 einen Aufstand unternommen hatten, massiv für Autonomie und ein Ende der russischen Kolonisation ein.

All diese Autonomiebewegungen rieben sich an der Unbeweglichkeit der Provisorischen Regierung, die grundsätzlich am Ideal des «einen und unteilbaren Russland» festhielt, während Bündnisse mit den Bolschewiki angesichts deren Parole vom Selbstbestimmungsrecht attraktiv schienen. Die Hinhaltetaktik der Provisorischen Regierung hatte, in Verbindung mit Versorgungsproblemen und der allgemeinen Kriegsmüdigkeit, eine Radikalisierung an der Peripherie zur Folge. Erst im September 1917 konnte sich die Regierung dazu durchringen, unter dem Vorbehalt der Bestätigung durch die Konstituante den Völkern des Reiches das Selbstbestimmungsrecht zuzugestehen, aber zu diesem Zeitpunkt war sie schon nicht mehr glaubwürdig.

Dieser Glaubwürdigkeits- und Machtverlust betraf nicht nur die Nationalitätenfrage, sondern die gesamte Politik. Seit dem Frühsommer 1917 verlor die Provisorische Regierung massiv an Vertrauen in der Bevölkerung. Die Verbreiterung ihrer Basis durch die Bildung einer Koalitionsregierung unter Beteiligung von sechs Vertretern des Petrograder Sowjets im Mai änderte daran nichts. Immer häufiger ereigneten sich Streiks, und die Arbeiter wurden radikaler. In den ersten Wochen nach der Februarrevolution hatte es vorübergehend so ausgesehen, als hätten die Arbeiter begonnen, eine neue Identifikation mit der Nation und Russland als Ganzem zu entwickeln. In auffälliger Weise sprachen und schrieben Angehörige der Unterschichten von der «Freiheit» und «Rettung» der «Rus'» oder sogar von der «Heiligen Rus'» und beschworen die Erneuerung von «Heimat» und «Vaterland».[139] Im Frühsommer 1917 wurden diese integrativen Töne allerdings zunehmend von klassenkämpferischen verdrängt. Die Sprache der Arbeiter war nun wieder eine von sozialer Differenz und Feindschaft gegenüber der «Bourgeoisie» und mündete in eine moralisch-politische

Dämonisierung der Regierenden.[140] Die Unzufriedenheit nährte sich vor allem aus der anhaltend schlechten Versorgungslage und der Fortsetzung des Krieges. Sowohl in der Bevölkerung als auch unter den Soldaten breitete sich zunehmend Kriegsmüdigkeit aus. Die Soldaten wollten nicht mehr in einem nun als sinnlos empfundenen Krieg sterben. Die nach dem Kriegsminister Kerenskij benannte Offensive im Juni 1917 wurde zu einem Debakel. Die Truppen meuterten und weigerten sich anzugreifen. In direkter Folge kam es zu dem vor allem von Soldaten getragenen Juliaufstand in Petrograd. Die Provisorische Regierung schaffte es zwar noch, mit durchgreifenden Maßnahmen die Disziplin wiederherzustellen, aber kurze Zeit später brach in der Armee im Zusammenhang mit dem Putsch des Generals Kornilov endgültig das Chaos aus. Die Soldaten waren der festen Überzeugung, dass der Krieg vor Einbruch des Winters beendet sein würde, richteten keine Winterquartiere mehr ein und verkauften ihre Winterkleidung.[141]

Nutzen aus dieser Situation zogen die Bolschewiki – zum einen, weil sie Zulauf seitens der unzufriedenen Arbeiter erhielten, zum anderen, weil viele Soldaten mit ihnen sympathisierten und die Armee aufgrund ihrer Paralyse nicht gegen sie eingesetzt werden konnte. In den Februartagen waren die Bolschewiki noch relativ bedeutungslos gewesen.[142] Anfang April traf Vladimir Lenin in Petrograd ein. Er war mit Unterstützung der deutschen Reichsleitung, die auf eine Schwächung des Kriegsgegners Russland durch weitere Revolutionierung setzte, in einem plombierten Zug aus seinem Schweizer Exil nach Russland geschleust worden. In seinen Aprilthesen hielt er dem Zaudern der Provisorischen Regierung plakative Parolen entgegen: Sturz der Provisorischen Regierung, Errichtung einer Räterepublik, Beendigung des Krieges, Enteignung des Großgrundbesitzes und der Banken, Kontrolle der Arbeiter über die Industrie.

Im Juli unternahmen die Bolschewiki einen Umsturzversuch, scheiterten jedoch damit. Lenin, der die Aktion für verfrüht gehalten hatte, aber die Arbeiter nicht kontrollieren konnte, musste nach Finnland fliehen, die Bolschewiki wurden verboten, ihre Mitglieder gingen in den Untergrund.[143] Das Blatt wendete sich jedoch wenige Wochen später: Der neue Ministerpräsident Kerenskij hatte für Ende August 1917 eine «Moskauer Staatskonferenz» einberufen. Sie versammelte etwa 2500 Vertreter aller Schichten und sollte der Regierung einen stärkeren Rückhalt geben. Genau das Gegenteil trat jedoch ein, als der Oberbefehlshaber der Armee, General Kornilov, einen Putschversuch unternahm, denn es waren ausgerechnet die bolschewistischen Roten Garden, welche die Provisorische Regierung verteidigten. Diese erlitt damit den endgültigen Autoritätsverlust, während sich die Bolschewiki als Retter der Revolution präsentieren konnten und im August und September 1917 bei den Wahlen zu den Stadtsowjets große Stimmengewinne verbuchten.[144]

Nicht nur die Arbeiter wandten sich von der Provisorischen Regierung ab. Mit den militärischen Niederlagen, der sich auflösenden Armee und den über den Sommer hin zunehmenden Anzeichen von Anarchie schwand auch bei den Liberalen die Revolutionseuphorie. Unter dem Eindruck der sich häufenden Gewalt auf der Straße und der allgemeinen Unordnung wurde der Ruf nach einer «starken Hand» laut. Wenn immer häufiger von «Diktatur» gesprochen wurde, dann war dies nicht nur mit Ängsten, sondern auch mit Hoffnungen verbunden.[145] Aleksandr Kerenskij, der nach der Julikrise das Amt des Ministerpräsidenten von Fürst L'vov übernommen hatte, war jedoch alles andere als ein «starker Mann». Er ließ sich zwar in napoleonischer Pose fotografieren, inszenierte sich als «Ritter der Revolution» oder «Prometheus» und konnte mitreißende Reden halten, aber diese Selbstdarstellung, bei der ihm seine Schauspielausbildung zugutekam, schlug in Lächerlichkeit um, als seine Führungs- und Organisationsschwäche offensichtlich wurde. Bald gingen Gerüchte um, er schlafe im Bett Alexanders III., habe eine Affäre mit der Zarentochter, sei drogensüchtig, Transvestit und Syphilitiker. Seine Fistelstimme und seine Ohnmachtsanfälle bei Redeauftritten symbolisierten in der Wahrnehmung der Zeitgenossen die Schwäche der Provisorischen Regierung.[146]

Russland befand sich im Herbst 1917 in einer labilen Situation. Der Optimismus vom Februar, als die Liberalen den Umsturz als eine zweite Französische Revolution gefeiert hatten, war nicht in entschlossenes politisches Handeln gemündet. Seit der Jahrhundertwende hatten die Demokraten von der Überwindung der Autokratie geträumt. In dem Moment, als der Zar gestürzt war, erwiesen sie sich aber als überfordert. Indem es die Provisorische Regierung versäumte, durch Neuwahlen rasch eine demokratische Legitimation herzustellen und auf deren Grundlage in den drängenden Problemen des Landes Entscheidungen zu treffen, überließ sie das Feld denjenigen, die klare Antworten auf diese Probleme gaben. Währenddessen löste sich die staatliche Ordnung auf und erodierte die Autorität der Regierung, die zu keinem Zeitpunkt für die gesamte Gesellschaft sprechen konnte. Hier wirkte sich aus, dass es weder vor 1914 noch während des Krieges gelungen war, Russland im Sinne einer Nation zu integrieren. Mochten die städtischen Eliten einen auf das Ganze bezogenen staatsbürgerlichen Gemeinsinn entwickelt haben, so galt das keineswegs für die Bauern und die Arbeiter. Die mangelnde nationale Integration und soziale

Kohärenz entzogen der demokratischen Ordnung im Sommer 1917 den Boden: Die Bauern machten ihre eigene Revolution, und die städtischen Arbeiter wandten sich den Bolschewiki zu und wurden nun trotz ihres immer noch sehr kleinen Anteils an der Gesamtbevölkerung zur entscheidenden Gruppe der Gesellschaft.

ZWEITER TEIL

Utopie und Kompromisse 1917–1928

4. Richtungswechsel und Katastrophe 1917–1921

Machtergreifung und Machtbehauptung der Bolschewiki

Im Oktober 1917 hatte die Stimmung einen Tiefpunkt erreicht: Der fortdauernde Krieg, die Wirtschaftskrise, der Niedergang der kommunalen Dienste, Versorgungsschwierigkeiten, ausufernde Kriminalität und Epidemien sorgten für allgemeine Unzufriedenheit. Die staatliche Autorität war weitgehend kollabiert und es kursierten Gerüchte über einen bevorstehenden Aufstand der Bolschewiki.[1] Die Situation unterschied sich jedoch insofern von der im Februar, als nur wenige Streiks stattfanden und es nicht nach einer bevorstehenden Volkserhebung aussah. Was wenig später als «Oktoberrevolution» in die Geschichte eingehen sollte, war keine spontane Bewegung von unten, sondern ein von Lenin und Trockij geplanter und zielgerichtet ausgeführter Coup. Der Entschluss dazu resultierte aus Lenins Beurteilung der Lage: Für November waren die lange verschobenen Wahlen zur Konstituierenden Versammlung angesetzt, und die Bolschewiki konnten nicht damit rechnen, eine Mehrheit zu erlangen. Es mussten daher vor den Wahlen durch den Sturz der Regierung und die Ausrufung einer Räterepublik vollendete Tatsachen geschaffen werden, zumal sich die Bolschewiki gerade in einer starken Position befanden und in Petrograd und Moskau die Mehrheit der Räte hinter sich hatten. Auf Drängen Lenins beschloss das Zentralkomitee der Bolschewiki am 10. Oktober, den bewaffneten Aufstand vorzubereiten.[2]

Die Gelegenheit zum Staatsstreich bot sich, als am 25. Oktober der zweite Allrussländische Kongress der Arbeiter- und Soldatendeputierten zusammentrat. Aus allen Landesteilen waren Vertreter der Arbeiter- und Soldatenräte nach Petrograd angereist und tagten im Smol'nyj-Institut, dem Sitz des Allrussländischen Zentralexekutivkomitees. Der Smol'nyj beherbergte somit eine zweite Regierung und quasi eine zweite Volksvertretung – die reguläre in Gestalt der Duma war inzwischen aufgelöst worden. Als Instrument nutzten die Bolschewiki das Militärische Revolutionskomitee, das am 15. Oktober zur Verteidigung der Hauptstadt gegen die im Baltikum vorrückenden deutschen Truppen gebildet worden war. Trockij sorgte dafür, dass die Bolschewiki das Komitee dominierten, und verschaffte sich durch Letzteres die Kontrolle über die Petrograder Garnison. In der Nacht auf den 25. Oktober ließ das Revolutionskomitee alle strategisch wichtigen Punkte in der Hauptstadt besetzen, während Lenin vom Smol'nyj aus den Umsturz organisierte und am nächsten Morgen in der Stadt ein Manifest plakatieren ließ, in dem er den Übergang der Macht von der Provisorischen Regierung auf das Revolutionskomitee verkündete. Zwei Stunden bevor die Revolutionäre das Gelände um den Winterpalast besetzten, in dem die Provisorische Regierung amtierte, setzte sich Ministerpräsident Kerenskij in einem Auto der amerikanischen Botschaft ab, um von der nahen Front loyale Truppen zur Unterstützung herbeizuholen. Während sich die Erstürmung des Winterpalasts verzögerte, erklärte Lenin im Allrussländischen Rätekongress die Regierung für gestürzt. Die Bolschewiki waren zwar die größte Partei im Sowjetkongress, verfügten aber nicht über die absolute Mehrheit, sodass zunächst unklar war, wie es weitergehen würde. Die Menschewiki und der rechte Flügel der Sozialrevolutionäre forderten eine friedliche Lösung und die Bildung einer breiten Koalitionsregierung. Aus Protest gegen das eigenmächtige Vorgehen der Bolschewiki verließen sie die Versammlung und ermöglichten damit Lenin, zusammen mit den Linken Sozialrevolutionären in den frühen Morgenstunden des 26. Oktober eine Resolution zu verabschieden, mit der der Sowjetkongress die Macht im Staat usurpierte. In der Zwischenzeit waren die Belagerer, ohne auf Widerstand zu treffen, in den Winterpalast eingedrungen und hatten die Minister der Provisorischen Regierung verhaftet. Kerenskijs Versuch, mit Truppen der Nordfront die Revolutionäre aus Petrograd zu vertreiben, scheiterte.[3]

Die Vorgänge des 25. und 26. Oktober (des 7. und 8. November neuer Zeitrechnung) waren – rückblickend betrachtet – von großer Tragweite, entsprachen aber keineswegs dem, was man sich gemeinhin unter einer großen Revolution vorstellt. Der «Sturm» auf den Winterpalast ist erst später durch die filmische Inszenierung von Sergej Ėjzenštejn zu einem spektakulären Ereignis geworden. Der Sturz der Provisorischen Regierung war zunächst nur ein Putsch einer kleinen militanten Minderheit, keine Massenrevolution. Was in den Wochen und Monaten nach der Machtergreifung folgte, stellte sich allerdings als ein grundlegender, gewaltsamer Umsturz der politischen, wirtschaftlichen und sozialen Verhältnisse heraus und rechtfertigt in der Gesamtschau durchaus die Bezeichnung «Revolution».[4]

Der Allrussländische Sowjetkongress erließ noch am 26. Oktober zwei grundlegende Dekrete, die das zum Gesetz erklärten, womit die Bolschewiki viel Zustimmung erzielt hatten: Das Dekret über den Frieden forderte eine sofortige Beendigung des Krieges ohne Annexionen und Kontributionen sowie ein Ende der Geheimdiplomatie, kündigte die Veröffentlichung aller Geheimverträge der zarischen Regierung an und forderte das Selbstbestimmungsrecht der Völker. Das Dekret über den Boden legalisierte die von den Bauern eigenmächtig vollzogene Bodenreform. Der gesamte Grundbesitz von Privatpersonen, Staat und Kirche wurde konfisziert und unter die Verwaltung der Volost'-Komitees gestellt. Mit der Sozialisierung, nicht der Nationalisierung des Bodens hatte Lenin einen wichtigen Punkt aus dem Programm der Sozialrevolutionäre aufgegriffen.[5]

Da offiziell der Allrussländische Sowjetkongress die Macht übernommen hatte, hätte die Regierungsgewalt eigentlich bei dessen Exekutivkomitee liegen müssen. Stattdessen setzte er am 26. Oktober, gesondert vom Exekutivkomitee, eine provisorische Arbeiter- und Bauernregierung ein, den *Rat der Volkskommissare*, der die Zeit bis zur Verfassunggebenden Versammlung überbrücken sollte. Er bestand zunächst ausschließlich aus Bolschewiki, bis Lenin einige Wochen später mit den Linken Sozialrevolutionären eine Koalitionsregierung bildete, um die soziale Machtbasis zu verbreitern. Sich in einem Land, dessen Bevölkerung überwiegend aus Bauern bestand, nur auf die städtischen Arbeiter zu stützen, war zu riskant. Die Bildung des Rates der Volkskommissare war in zweierlei Hinsicht bedeutsam: Erstens begründete seine Schaffung die Doppelung der Exekutive, die bald dazu führte, dass Lenin die Rätestrukturen aushebelte und eine Diktatur der Partei – eigentlich: seiner Gefolgsleute – errichtete. Zweitens symbolisierte die Terminologie den Anbruch einer neuen Zeit. Bewusst wählte man eine Bezeichnung, die sich von allem Bisherigen unterschied. Es gab nun keine Minister mehr, sondern *Volkskommissare* und keine Regierung, sondern eben einen *Rat der Volkskommissare*.[6]

Bald nach diesen plakativen Dekreten ergriffen die Bolschewiki weitere einschneidende Maßnahmen, die auf eine sozialistische Umgestaltung von Wirtschaft und Gesellschaft hinausliefen: Am 2. November verkündeten sie das Selbstbestimmungsrecht für alle Völker Russlands, am 14. November stellten sie die Fabriken unter die Kontrolle von Arbeiterkomitees. Mit weiteren Dekreten schafften sie eine Reihe von Institutionen ab, die für die alte Ordnung standen, so das Beamtentum, die Dienstgrade in der Armee, die Privilegien der Offiziere, die Ränge und Orden, den Senat und die Zemstva. Von der Idee der Planwirtschaft überzeugt, setzten sie im Dezember 1917 einen Obersten Volkswirtschaftsrat ein und statteten ihn mit weitreichenden Befugnissen aus, um die Wirtschaftsorgane zu koordinieren. In weiterer Folge wurden die Banken verstaatlicht. An die Stelle der regulären Gerichte traten Revolutionstribunale, und im Februar 1918 wurde auch die Zeitrechnung umgestellt: Der bisher geltende Julianische Kalender wurde durch den Gregorianischen ersetzt. Letzteres war ein Akt der Verwestlichung und der Säkularisierung zugleich, denn es war die orthodoxe Kirche gewesen, die den von der römischen Kirche 1582 in Kraft gesetzten neuen Kalender abgelehnt hatte. Die Kirche wurde nun vom Staat getrennt, ihr Eigentum konfisziert, der Religionsunterricht verboten und das Schulwesen ebenso aus ihrem Einfluss herausgelöst wie die Familie.[7]

Die Machtergreifung der Bolschewiki breitete sich von der Hauptstadt ausgehend schnell im ganzen Land aus, wobei die Bolschewiki kaum auf Widerstand stießen. Die Aufrufe loyaler Kräfte, die Provisorische Regierung gegen die Usurpatoren zu verteidigen, hatten bei den breiten Massen kaum Widerhall. Nur in wenigen Städten formierte sich Gegenwehr. In Moskau war die Lage zehn Tage lang in der Schwebe, bis die Bolschewiki in den Straßenkämpfen die Oberhand gewannen.[8] In Saratov fanden sich immerhin 3000 Personen beim Gebäude der Stadtduma ein. Unter dem Eindruck aufmarschierender Truppen des örtlichen Sowjets schmolz die Zahl der potenziellen Verteidiger der Republik aber schnell zusammen und nach kurzem Schusswechsel kapitulierten sie.[9] Dabei waren die Bolschewiki in der Provinz, abgesehen von den Industriezentren, bei weitem nicht so schlagkräftig organisiert wie in den beiden Hauptstädten. In Voronež etwa, einer Gouvernementshauptstadt mit 100 000 Einwohnern, zählten sie im Oktober 1917 nur 1000 Mitglieder, von denen nach dem Zerfall der Garnison zwei Monate später nur noch 200 übrig waren. Im gesamten Gouvernement machten sie nur 0,2 Prozent der Bevölkerung aus und waren in organisatorischer Hinsicht schwach.[10] Dennoch konnten sie ungehindert auf lokaler Ebene die Macht übernehmen, weil ihnen die kriegsmüden Soldaten im entscheidenden Moment den nötigen Rückhalt gegen konkurrierende Parteien verliehen. Nach dem vollzogenen Umsturz verließen die Soldaten ihre Einheiten, um nach Hause zu gehen, und die Exekutivgewalt fiel an Arbeitermilizen. Deren Willkürregime, das auf einer Mischung von revolutionärer und krimineller Energie basierte, entwickelte eine Eigendynamik, die nur partiell von den Bolschewiki kontrolliert werden konnte.[11] So war der Umsturz vielerorts mit Plünderungen, Lynchjustiz und ungezügelter Gewalt verbunden.[12] Fast überall wurden die Alkohollager geleert, worauf große Trinkgelage und Ausschreitungen folgten.[13] Während des Krieges hatte die Regierung ein Alkoholverbot verhängt, das äußerst unpopulär gewesen war und mit zur sozialen Unzufriedenheit beigetragen hatte.[14] Zur Überwindung der staatlichen Autorität gehörte daher auch die Abschüttelung der Prohibition.

Das eigentlich Bemerkenswerte an der Oktoberrevolution ist nicht die Machtergreifung, sondern die Machtbehauptung durch die Bolschewiki, denn auch wenn sie in den Städten großen Zulauf hatten, so galt dies keineswegs für das flache Land. Die Masse der Bauern fühlte sich eher von den Sozialrevolutionären angesprochen. Die Wahlen zur Verfassunggebenden Versammlung, von den Bolschewiki notgedrungen zugelassen, weil sie noch vor ihrem Putsch für November anberaumt worden waren, legten davon Zeugnis ab: In Russlands ersten allgemeinen, gleichen, direkten und geheimen Wahlen errangen die Sozialrevolutionäre 380 von 703 Mandaten, die Bolschewiki 175, die Linken Sozialrevolutionäre 39. Völlig abgeschlagen waren die Konstitutionellen Demokraten mit 17 Sitzen.[15] Sie konnten sich lediglich in den Städten einigermaßen behaupten.[16] In den Gouvernementshauptstädten kamen sie im Durchschnitt auf 23,9 Prozent der Stimmen, mancherorts gewannen sie sogar eine absolute Mehrheit. Die Bolschewiki hatten nur 22,5 Prozent der Stimmen erhalten und kamen nicht einmal zusammen mit ihrem Koalitionspartner, den Linken Sozialrevolutionären, auf eine Mehrheit. Sie dachten aber nicht daran, die Macht wieder aus den Händen zu geben, sondern setzten sich kurzerhand über das Wahlergebnis hinweg und lösten die Konstituante am 6. Januar 1918 nach eintägiger Session gewaltsam auf. Damit war das demokratische Zwischenspiel der russischen Geschichte, das nicht einmal ein Jahr gedauert hatte, beendet.

Dass die Bolschewiki die Macht ergreifen und behaupten konnten, lag einerseits daran, dass es ihnen im Laufe des Jahres 1917 gelang, mit suggestiven Parolen eindeutige Antworten auf die anstehenden Kernprobleme zu geben und sich auf diese Weise in den Städten und bei den Soldaten eine Massenbasis zu schaffen. Der Wankelmütigkeit und Unfähigkeit der Provisorischen Regierung, die zentralen Probleme des Landes anzupacken, stand die Entschlossenheit und Zielstrebigkeit Lenins gegenüber, der mit sicherem Machtinstinkt handelte. Eine wichtige Rolle spielte aber daneben die Gewalt. Lenin betrachtete sie als legitimes Mittel zur Durchsetzung revolutionärer Ziele und setzte sie skrupellos ein. Wie er in einem Artikel vom Juli 1917 schrieb, sei es sinnlos, sich an die Spielregeln einer demokratischen Verfassung zu halten, wenn nicht schon vorab wichtige Weichenstellungen (so die Aufhebung des Privateigentums an Grund und Boden) vorgenommen, die «Klassenfeinde» als politische Kräfte ausgeschaltet worden seien und das Proletariat eine Diktatur errichtet habe. Ohne diese Voraussetzungen werde die Konstituierende Versammlung «ebenso ohnmächtig und unnütz wie die erste Duma» und lediglich eine «Frankfurter Schwatzbude» sein.[17] In einer revolutionären Zeit sei nicht der Wille der Mehrheit entscheidend, sondern eine besser organisierte und besser bewaffnete Minderheit zwinge der Mehrheit ihren Willen auf. «In letzter Instanz werden bekanntlich die Fragen des gesellschaftlichen Lebens durch den Klassenkampf in seiner heftigsten, schärfsten Form, nämlich in der Form des Bürgerkriegs entschieden.»[18] Eine Unterordnung der Diktatur des Proletariats und des Klassenkampfes unter eine «falsch» zusammengesetzte Konstituierende Versammlung kam nicht in Frage. «Große Fragen werden im Leben der Völker nur durch Gewalt entschieden», hatte Lenin schon 1905 geschrieben.[19]

Die Entschlossenheit des Handelns, verbunden mit der Gewaltanwendung aus der Position einer Minderheit heraus, resultierte aus der theoretisch-ideologischen Überzeugung, den gesetzmäßigen Verlauf der Weltgeschichte zu kennen. Marx und Engels hatten die proletarisch-sozialistische Revolution als die zwangsläufig eintretende Vollendung der von den bürgerlich-demokratischen Revolutionen in Gang gesetzten Entwicklungen prophezeit und vorausgesagt, dass die kapitalistische Ordnung weltweit von der kommunistischen Gesellschaft abgelöst werde. Lenin gelangte während des Ersten Weltkriegs zu der Überzeugung, dass das bürgerlich-kapitalistische Staatensystem dem Untergang geweiht sei. Er modifizierte die Annahme von Marx und Engels, die «Weltrevolution» müsse ihren Ausgang von den fortgeschrittenen Industrienationen nehmen, dahingehend, dass sie unter den Bedingungen der schweren nationalen Krise auch in einem «halbfeudalen» Land wie Russland beginnen könne. Statt die Phase des Kapitalismus zu durchlaufen, müsse in Russland sofort die «Diktatur des Proletariats» errichtet werden, um auf diese Weise schnellstmöglich die Rückständigkeit zu überwinden.[20] Die Bolschewiki agierten somit im Bewusstsein einer Ideologie, die ihnen die Überzeugung gab, über die Wahrheit zu verfügen und aus dem historischen Prozess zwangsläufig als Sieger hervorzugehen. Die Bedeutung dieser Einstellung ist zentral und darf als handlungsleitender Faktor nicht unterschätzt werden. Das gilt für das Jahr 1917, den Bürgerkrieg und auch später für das rücksichtslose Vorgehen der Bolschewiki gegen Bevölkerungsteile, denen sie eigentlich zahlenmäßig weit unterlegen waren.

Die Gegner der Bolschewiki hatten dem nichts Vergleichbares entgegenzusetzen. Ihnen war der Rückhalt in der Bevölkerung abhandengekommen, weshalb der Oktoberputsch weder große Aufregung noch eine Protestbewegung hervorrief. Die Lage in der Hauptstadt blieb ruhig, das Alltagsleben ging abseits der lokal begrenzten Kämpfe seinen Gang, als wäre nichts Wichtiges geschehen. Der amerikanische Kommunist John Reed, der sich damals in Petrograd aufhielt, schilderte eine geradezu paradoxe Normalität am Morgen des 26. Oktober: «Äußerlich war alles ruhig. Hunderttausende waren zeitig zu Bett gegangen, standen früh auf und gingen ihrer Arbeit nach. In Petrograd fuhren die Straßenbahnen, die Warenhäuser und Restaurants waren geöffnet, die Theater in vollem Betrieb. Sogar eine Gemäldeausstellung war angezeigt. Der Alltag – langweilig selbst in Kriegszeiten – ging seinen gewohnten Trott.»[21] Viele Zeitgenossen sahen im Oktoberputsch nur eine der sich ablösenden politischen Aktionen des Jahres 1917, keineswegs eine epochale Wende, und rechneten nicht damit, dass sich die Bolschewiki lange an der Macht halten würden.[22] Als Reaktion auf die Aussperrung der Verfassunggebenden Versammlung kam es zwar zu einer großen Demonstration, aber es waren überwiegend Staatsbedienstete, Angestellte, Studenten und Angehörige der Intelligenz, die auf die Straße gingen. Arbeiter, Bauern und Soldaten ließen sich nicht mobilisieren.[23] Demokratie und Konstitution waren als Werte für sich noch nicht stark genug in der Bevölkerung verwurzelt, um sich vorrangig für sie einzusetzen. Das gilt umso mehr, wenn man den Blick von den Städten, die bei der Betrachtung des Revolutionsjahres meist im Vordergrund stehen, auf das flache Land lenkt: Die Bauern hatten sich schon im Frühsommer 1917 von der gesamtgesellschaftlichen Entwicklung abgekoppelt und schieden als Machtfaktor zunächst weitgehend aus.

Friede von Brest-Litovsk und Desintegration des Reiches

Voraussetzung für jede weitere Politik war die Beendigung des Krieges. Im Dekret über den Frieden hatte die neue Sowjetregierung alle kriegführenden Staaten aufgerufen, den Krieg so schnell wie möglich und «ohne Annexionen und Kontributionen» zu beenden. Zwei Wochen später appellierte sie an die westlichen Verbündeten, einen Waffenstillstand zu schließen, und als diese nicht darauf eingingen, wandte sie sich an die Mittelmächte. Am 23. November / 5. Dezember 1917 wurde ein Waffenstillstand unterzeichnet und am 9. / 22. Dezember begannen in Brest-Litovsk die Verhandlungen über einen Separatfrieden.

Die Bolschewiki waren zunächst in revolutionär-naiver Weise an die Außenpolitik herangegangen. Sie zählten darauf, dass die Revolution bald auf die anderen Länder Europas überspringen und sich dann im Zeichen der proletarischen Solidarität jede konventionelle Machtpolitik erübrigen werde. In Brest-Litovsk mussten sie aber die Erfahrung machen, dass ihre Verhandlungspartner nüchtern kalkulierend agierten und sich von den revolutionären Parolen nicht beeindrucken ließen. Die Mittelmächte wollten vielmehr die Gelegenheit nutzen, um den geschwächten Kriegsgegner in seine Bestandteile zu zerlegen. Die deutsche Delegation in Brest-Litovsk forderte den Verzicht Russlands auf die mehrheitlich nicht von Russen bewohnten Randgebiete im Westen und schloss am 28. Januar / 9. Februar 1918 einen Separatfrieden mit der Ukraine, die sich kurz zuvor für unabhängig erklärt hatte. Die Begründung für diese Forderungen hatten die Bolschewiki selbst geliefert, indem sie das Selbstbestimmungsrecht der Völker Russlands verkündet hatten. Diesen Grundsatz machten sich die Deutschen zunutze, um die künftige strategische Position und das militärische Potenzial Russlands zu schwächen und im Gegenzug eine deutsche Einflusssphäre im östlichen Europa zu schaffen. Der Leiter der deutschen Verhandlungsdelegation in Brest-Litovsk, Staatssekretär Richard von Kühlmann, schrieb in seinen Erinnerungen ungeschminkt, es sei darum gegangen, «auf dem Selbstbestimmungsrecht der Völker fußend, den Punkt des annexionslosen Friedens zu unterhöhlen. [...] Mein Plan war, Trotzki in eine rein akademische Diskussion über das Selbstbestimmungsrecht der Völker und seine mögliche praktische Anwendung zu verstricken, und was wir an territorialen Zugeständnissen durchaus brauchten, uns durch das Selbstbestimmungsrecht der Völker hereinzuholen.»[24] Dabei kam den Deutschen zugute, dass sich Anfang Januar 1918 nach der Auflösung der Konstituierenden Versammlung die zentrifugalen Tendenzen der Randgebiete verstärkt hatten und die Unabhängigkeitsbewegungen der westlichen Völker bei den Mittelmächten Unterstützung gegen die Moskauer Sowjetregierung suchten. Innerhalb weniger Wochen erklärten Finnland, Estland, Litauen, die Ukraine und die Moldawische Republik ihre Unabhängigkeit. Im März 1918 folgte Weißrussland, im April die Transkaukasische Föderation. Für autonom erklärten sich Regierungen in Turkestan, Kasachstan, Baschkirien und dem Nordkaukasus.[25]

Auf sowjetischer Seite kam es angesichts der für Russland unerwartet harten Forderungen der Mittelmächte zu heftigen Auseinandersetzungen. Der sowjetische Repräsentant Trockij unterbrach die Verhandlungen und versuchte – auf den baldigen Ausbruch der Revolution in Deutschland spekulierend – auf Zeit zu spielen. Lenin hingegen sprach sich für die Annahme der Bedingungen aus. Als die deutschen und österreichischen Truppen im Januar auf die Verzögerungstaktik Trockijs mit einem großräumigen Vormarsch antworteten, mussten die Sowjets klein beigeben und den Vertrag unterschreiben.

Durch den Frieden von Brest-Litovsk verlor Russland fast ein Drittel seiner Bevölkerung und einen wesentlichen Teil seines Rohstoff- und Industriepotenzials: 89 Prozent seiner Kohlebergwerke, 73 Prozent seiner Eisenindustrie, 26 Prozent seines Eisenbahnnetzes. Es musste auf fast alle territorialen Gewinne verzichten, die es seit der Mitte des 17. Jahrhunderts erzielt hatte. Bis zum Sommer 1918 lösten sich die Randgebiete im Westen, Norden und Süden von Russland: Polen, Litauen und die Ukraine als neue Nationalstaaten unter deutschem Protektorat; Estland, Lettland und der größere Teil Weißrusslands ebenfalls unter deutscher Besetzung; Finnland (unter deutschem Schutz), Bessarabien (jetzt als Teil Rumäniens); Georgien, Armenien und Aserbaidschan (nach der Auflösung der Transkaukasischen Föderation). Unübersichtlich war die Lage im nördlichen Kaukasus, in Mittelasien und Sibirien, wo sich nationale Autonomiebewegungen, Bolschewiki und russische gegenrevolutionäre Kräfte gegenüberstanden.[26] Damit befanden sich die Bolschewiki in einer prekären Situation, denn sie hatten mit der Ukraine die Kornkammer des Reiches verloren, und ohne Energie und Rohstoffe kam die industrielle Produktion weitgehend zum Erliegen. Das Ergebnis waren Massenarbeitslosigkeit und Hunger. Bis zum Mai 1918 mussten in Petrograd zwei Drittel der 400 000 Industriearbeiter entlassen werden. Die Arbeitslosen strömten zusammen mit anderen Stadtbewohnern, die Hunger litten, auf das flache Land, während gleichzeitig Millionen demobilisierter Armeeangehöriger auf den Arbeitsmarkt drängten.[27] Der Separatfriede mit den Mittelmächten hatte aber auch noch andere schwerwiegende Konsequenzen: innenpolitisch, weil er der Popularität der Bolschewiki auch bei den Arbeitern großen Schaden zufügte und weil er die Linken Sozialrevolutionäre veranlasste, aus der Koalitionsregierung auszutreten und den Kampf gegen die Bolschewiki aufzunehmen; außenpolitisch, weil nun die Alliierten in Russland militärisch intervenierten. Die Bolschewiki hatten zwar für Russland den Weltkrieg beendet, aber das Territorium des ehemaligen Russländischen Reiches versank unmittelbar darauf in Chaos und Gewalt.

Bürgerkrieg und Intervention

Der Bürgerkrieg war keine Naturkatastrophe, die über die Bolschewiki hereinbrach, sondern Letztere hatten ihn unter Lenins Führung bewusst herbeigeführt.[28] Schon 1905 hatte Lenin an einen Bürgerkrieg in großem Maßstab gedacht. Die Diktatur, die er anstrebte, definierte er als «unbeschränkte Staatsmacht, beruhend auf Gewalt im buchstäblichen Sinne des Wortes, und nicht auf Gesetzen». Festgeschrieben wurde dieses Prinzip im Juli 1918 in der Verfassung der Russländischen Sozialistischen Föderativen Sowjetrepublik (RSFSR). Darin hieß es, eine fundamentale Aufgabe bestehe in der gnadenlosen Zermalmung der Ausbeuter, ihrem Ausschluss von allen Machtorganen, der Bewaffnung der Werktätigen und der Entwaffnung aller besitzenden Klassen, der Errichtung einer Diktatur des städtischen und ländlichen Proletariats mit dem Zweck der kompletten Zerstörung der Bourgeoisie.[29] Der Entschlossenheit zur Gewalt wohnte insofern eine Logik inne, als das bolschewistische Projekt der kompletten Umgestaltung des Landes friedlich gar nicht umzusetzen war. Die Bolschewiki standen nach ihrer Machtergreifung vor einem grundsätzlichen Dilemma: Ihre Vorstellungen von der künftigen sozialistischen Gesellschaftsordnung waren in keiner Weise kompatibel mit dem, was sie vorfanden. Die Kluft zwischen der Zielvision und dem gegenwärtigen Zustand des Landes war riesig. Da die Bolschewiki aber nicht Jahrzehnte warten, sondern ihr Programm möglichst sofort realisieren wollten, errichteten sie eine Gewaltherrschaft. Bereits wenige Wochen nach der Machtergreifung wurde die «Außerordentliche Kommission zur Bekämpfung von Konterrevolution und Sabotage», nach den russischen Anfangsbuchstaben kurz «ČK» genannt, gegründet – eine Geheimpolizei, die mit terroristischen Methoden gegen politische Gegner vorging. Ende 1917 wurden die Konstitutionellen Demokraten verboten, im April 1918 die Anarchisten, im Juni 1918 wurden Menschewiki und Sozialrevolutionäre aus dem Allrussländischen Zentralen Exekutivkomitee ausgeschlossen, im Juli drängten die Bolschewiki sogar ihre früheren Partner, die Linken Sozialrevolutionäre, in die Illegalität.[30]

Diese zielstrebige, auf ein Machtmonopol und die kompromisslose Ausschaltung aller politischen und sozialen Gegner zielende Politik forderte den Widerstand der Betroffenen heraus. Dabei handelte es sich um sehr unterschiedliche Gruppierungen, die zum Teil nichts miteinander zu tun haben wollten: Monarchisten, Demokraten, Sozialrevolutionäre und Anarchisten. Hinzu kamen die Alliierten, die mit Interventionstruppen im Norden und Süden (Briten, Franzosen, Amerikaner) und im Fernen Osten (Japaner) landeten. Ihnen ging es darum, die bolschewistische Revolution einzudämmen und die Etablierung einer starken deutschen Position in Russland zu verhindern. Das Eingreifen der Alliierten war durch den Überraschungserfolg motiviert, mit dem die nur 40 000 Mann starke tschechoslowakische Legion – die während des Krieges aus österreichischen Kriegsgefangenen formiert worden war, um gegen die Mittelmächte zu kämpfen, und seit Januar 1918 offiziell als Teil der französischen Armee galt – Anfang Juni 1918 die gesamte Strecke der Transsibirischen Eisenbahn in ihre Hand gebracht hatte. Außerdem hatte die Sowjetregierung durch den Friedensschluss mit den Mittelmächten, die Nichtanerkennung der Staatsschulden des Zarenreiches und die Enteignung ausländischer Industriebetriebe wesentliche Interessen der Westmächte verletzt.

Der Bürgerkrieg lässt sich in drei Phasen gliedern: Die erste Phase umfasst die zweite Hälfte des Jahres 1918 und hatte ihr Zentrum an der Mittleren Wolga. Viele ausgesperrte Delegierte der Konstituierenden Versammlung hatten sich in Samara eingefunden, um den Sturz der Bolschewiki zu organisieren. Führend waren die Sozialrevolutionäre. Nach Drängen der Briten und Franzosen wurde im September 1918 in Ufa ein Direktorium ins Leben gerufen, allerdings erwiesen sich die Bolschewiki als stärker. Der Roten Armee gelang es, organisiert durch Trockij, die Mittlere Wolga zu erobern. Die zweite Phase, das Jahr 1919, brachte die Ausweitung des Bürgerkriegs. Die «weißen» Truppen griffen von drei Seiten an: Im Osten stieß Admiral Kolčak gegen die Wolga vor, wurde aber entlang der Transsibirischen Eisenbahn bis weit nach Sibirien zurückgetrieben. Im Süden formierte sich die größte Streitmacht unter dem Oberbefehl von General Denikin. Sie stieß durch die Ukraine bis nach Zentralrussland vor, musste sich dann aber wieder zurückziehen. Im Norden operierten Verbände unter General Judenič sowie alliierte Interventionstruppen. Sie waren aber zu schwach, um Petrograd zu erobern. In der dritten Phase, 1920, erweiterte die Rote Armee sukzessive den Machtbereich der Bolschewiki.

Als Komplikation kam ein Krieg mit Polen hinzu, das die Schwäche Russlands nutzte, um nach Osten auszugreifen und sein ehemaliges frühneuzeitliches Territorium zurückzuerobern. Nach wechselhaftem Verlauf endete der Polnisch-Sowjetische Krieg am 18. März 1921 im Frieden von Riga mit der Abtretung von Teilen Weißrusslands und der Ukraine an Polen. Ansonsten gelang es den Bolschewiki jedoch, die nichtrussischen Peripherien wieder in ihren Machtbereich einzugliedern. Das lag nicht nur an militärischen Erfolgen, sondern auch an einer integrativen Nationalitätenpolitik. Im Endergebnis konnte der territoriale Bestand des Russländischen Reiches – mit einigen Abstrichen – wiederhergestellt werden. Außerhalb des Sowjetstaates verblieben Polen, Finnland, Estland, Lettland, Litauen und Gebiete, die an Polen und Rumänien abgetreten werden mussten.[31]

Dass die Bolschewiki trotz der bedrängten Ausgangslage, als sie rundum von Feinden umgeben waren, am Ende den Sieg erringen konnten, hat mehrere Gründe: Sie beherrschten mit Zentralrussland das dicht besiedelte Kernland mit seinen nach wie vor überlegenen Ressourcen; sie übernahmen die administrativ-politischen und militärischen Machtapparate; dem Kriegskommissar Trockij gelang es, die Rote Armee zu disziplinieren und zu einer schlagkräftigen Truppe zu machen, die von 200 000 Mann im April 1918 auf fünf Millionen Ende 1920 anwuchs. Sie hatten im Clausewitzschen Sinne den strategischen Vorteil der inneren Frontlinie auf ihrer Seite – kürzere Versorgungs-, Bewegungs- und Kommunikationswege – und schließlich profitierten sie von dem wenig attraktiven Programm sowie der mangelnden politischen und militärischen Kooperation ihrer Gegner, die von der Bevölkerung häufig pauschal als Monarchisten wahrgenommen wurden. Die Verteidiger der Februarrevolution, Menschewiki und Sozialrevolutionäre, die einen «dritten Weg» anzusteuern versuchten, wurden zwischen den beiden Extremen von «Rot» und «Weiß» aufgerieben. Vor die Alternative einer Restauration der Monarchie oder der neuen bolschewistischen Herrschaft gestellt, erteilten die Bauern der Wiederherstellung der adligen Gutswirtschaft eine klare Absage.[32]

Das hatte auch damit zu tun, dass die «weißen» Gegenregierungen zunehmend ins Diktatorische abglitten und in ihren Methoden nicht zimperlich waren. Der «rote» und der «weiße» Terror wurden von den Betroffenen als Zwillingsbrüder wahrgenommen. Unterdrückung und Gewalt kompensierten auf beiden Seiten die Schwäche und Ineffizienz der staatlichen Strukturen, wobei die Bolschewiki den Terror mit dem Ziel, Kooperation zu erzwingen und Ressourcen zu beschaffen, systematischer anwendeten. Er äußerte sich in Geiselnahmen, Massenerschießungen, der Ausplünderung der Bauern oder der Rekrutierung zur Zwangsarbeit. Die «Weißen» rechtfertigten den Einsatz von Gewalt mit patriotischen Parolen und konzentrierten ihn auf Personen, die sie als Bolschewiki oder deren Helfershelfer identifizierten.[33]

Am schlimmsten war die Situation für die Menschen in den Gebieten, in denen die Herrschaft mehrmals wechselte. Das war zum Beispiel im Ural der Fall, wo sich die Frontlinien zwischen den Bürgerkriegsparteien von 1918 bis 1921 ständig verschoben und die Lage zeitweilig völlig unüberschaubar war: Rote Armee der Bolschewiki, Weiße Armee des Admirals Kolčak, Tschechoslowakische Legion, Kosakenverbände, baschkirische Truppen, aufständische Bauern und Arbeiter – wer hier gegen wen kämpfte, änderte sich mehrmals. Hinzu kamen pogromartige Ausschreitungen in den Städten und Dörfern sowie die systematische Ausplünderung der Bevölkerung durch marodierende Soldaten und rote Beschaffungsbrigaden.[34] Wer diese schrecklichen Umstände ertragen musste, lernte der Obrigkeit zu misstrauen, stumpfte ab oder griff selbst zur Gewalt. «Die Schrecken des Lebens haben uns zu Egoisten gemacht, von Tag zu Tag und von Stunde zu Stunde erwarten wir grobe Gewalt und blutige Abrechnung. Unter solchen Bedingungen hat der Großteil aufgehört sich für irgendetwas zu interessieren außer für das eigene, teure Leben und dessen Erhalt, und man wäre bereit, sich sowohl den Bolschewiki als auch den Schwarzhundertschaften zu ergeben, Hauptsache, man hat Rettung und lebenswichtiges Brot», charakterisierte im Sommer 1918 ein Zeitgenosse die Lage im Ural.[35]

Kriegskommunismus

Die Schrecken des Bürgerkriegs stehen in krassem Gegensatz zu den sozialutopischen Vorstellungen, welche die Bolschewiki zwischen Herbst 1917 und Frühjahr 1918 entwickelt hatten und wie sie von Nikolaj Bucharin und Evgenij Preobraženskij 1919 in ihrem «ABC des Kommunismus» erläutert wurden. Sie träumten von einer klassenlosen Gesellschaft mit sozialer Gleichheit und Gerechtigkeit, in der alle einmütig an einem Strang ziehen, in der es keine Konkurrenzkämpfe, keine Konflikte und keine Ausbeutung mehr gebe. Um sie zu verwirklichen, bedürfe es der Abschaffung des Privateigentums an Produktionsmitteln, einer zentralen Wirtschaftsplanung und der Übergangsphase einer Diktatur des Proletariats. Die sozialistische Utopie sah ein Zurücktreten des Individuums vor dem Kollektiv vor, die Abschaffung des Marktes und des Geldes zugunsten der freien Verteilung aller Güter nach jedermanns Bedürfnissen sowie das Überflüssigwerden des Staates.[36] Nach innen hin verstand sich dieses Programm als Alternative zur alten hierarchischen Gesellschaftsordnung und als Antwort auf die sozialen Probleme, die im Gefolge der Industrialisierung aufgetreten waren. Die Vision der kommunistischen Gesellschaft entfaltete aber auch eine Ausstrahlungskraft, die über Russland hinaus reichte. Ihr Feindbild war der Kapitalismus, aber hinter dieser Metapher verbarg sich mehr: Der Kommunismus versprach den Menschen die Erlösung von all dem Unbehagen und den Verwerfungen, die durch die Implementierung der Industriemoderne verursacht worden waren oder als Zukunftsängste existierten, verbunden mit der Aussicht auf ein friedliches Zusammenleben der Völker, wofür gerade vor dem Hintergrund der im Ersten Weltkrieg gemachten Erfahrungen viele Menschen empfänglich waren.

In der Situation von 1917/18 lag die Verwirklichung dieser Vision ausgerechnet in Russland bei realistischer Betrachtung in weiter Ferne, denn die Wirtschaft war infolge der chaotischen Verhältnisse, der ständigen Streiks und Unsicherheit in völliger Auflösung begriffen. Nichtsdestotrotz versuchten die Bolschewiki, den Übergang zum Sozialismus zu forcieren. Unter den Bedingungen des Bürgerkriegs erwies sich dieser Versuch – der «Kriegskommunismus» – als eine Mischung aus Utopie und Notstandsprogramm: Die Bolschewiki setzten auf die Ausschaltung der Kapitalisten als Machtfaktor in der Gesellschaft und auf staatliche Planung. Sie enteigneten die Unternehmer, schufen den privaten Handel zugunsten eines staatlichen Verteilungs- und Versorgungsapparates ab und gingen zur Tausch- und Naturalwirtschaft über. Gefeiert als Überwindung des Kapitalismus und Beginn der geldlosen Gesellschaft war letztere Maßnahme jedoch in Wirklichkeit eine improvisierte Notlösung, um die Arbeiter trotz der galoppierenden Inflation entlohnen zu können. Parallel zu Eingriffen in die Wirtschaft sollte die Gesellschaft durch die Umkehr von Oben und Unten neu geordnet werden. Diejenigen Bevölkerungsgruppen, die vor 1917 über Einfluss und Vermögen verfügt hatten (Adlige, Offiziere, Priester, Unternehmer, «Kulaken», Angehörige der «Bourgeoisie» und des Bildungsbürgertums, ehemalige Beamte), wurden ausgegrenzt und zu Tausenden umgebracht, während Arbeiter und ländliches Proletariat nun an der Spitze der gesellschaftlichen Hierarchie standen.[37]

Die für die Masse der Bevölkerung spürbarsten Elemente des «Kriegskommunismus» waren der Zusammenbruch der Industrieproduktion und die ausufernde Getreiderequirierung. Zur Versorgung der Städte und der Roten Armee pressten die Bolschewiki den Bauern unter Einsatz von Gewalt das Getreide ab, ohne sie dafür zu bezahlen. In der Folge versteckten die Bauern ihr Getreide, verkauften es auf dem Schwarzmarkt, brannten Wodka, bauten insgesamt weniger an und wehrten sich mit Waffengewalt. Zwischen 1920 und 1921 erhoben sich die Bauern des Uralgebietes gegen die brutalen Getreidebeschaffungsaktionen der Bolschewiki in einem großen Bauernaufstand.[38] Ähnliches ereignete sich im Wolgagebiet, in den Gouvernements Voronež und Tambov, in der Ukraine, in Westsibirien, Dagestan und Turkestan. Die bedeutendsten dieser zahlreichen als «grüne Bewegung» apostrophierten Bauernaufstände waren diejenigen im Gouvernement Tambov und in der Ukraine, nach ihren Anführern Aleksandr Antonov und Nestor Machno auch als *antonovščina* und *machnovščina* bezeichnet. Der bäuerliche Protest richtete sich nicht unbedingt gegen die Bolschewiki an sich, sondern vor allem gegen die Getreiderequirierungen, die das Überleben der Bauern bedrohten. Doch auch die aufständischen Bauern beschafften sich, was sie brauchten, durch Ausplünderung der Dörfer. Es kostete die Bolschewiki große Anstrengungen, die Aufstände niederzuschlagen.[39]

Kulturrevolution

Die bolschewistische Revolution hatte neben dieser Gewalteskalation auch ein ganz anderes Gesicht. Sie verstand sich neben der politischen, ökonomischen und sozialen Umwälzung als Protest gegen tradierte Lebensweisen, Normen und Kulturformen. Das gesamte Leben der Menschen sollte von Grund auf verändert werden.[40] Eines der wichtigsten Anliegen war die Überwindung des Analphabetismus. «Ein so zurückgebliebenes Land, in dem die Massen des Volkes der Bildung, des Lichts und des Wissens derart beraubt sind – ein solches Land gibt es in Europa, außer Russland, nicht wieder», klagte Lenin, um daraus seine Forderung abzuleiten: «Lernen, lernen und nochmals lernen!»[41]

Das Dekret über die «Liquidierung des Analphabetismus» vom 26. Dezember 1919 verpflichtete alle Bürger im Alter zwischen acht und 50 Jahren zum Besuch von Alphabetisierungskursen. Die im Juni 1920 geschaffene «Außerordentliche Kommission zur Bekämpfung des Analphabetismus» organisierte landesweit ein Netz von mehr als 40 000 «Liquidationspunkten». Das Bildungswesen wurde komplett reformiert, von der Kirche getrennt und mit der im Oktober 1918 eingeführten einheitlichen «Arbeitsschule» polytechnisch und antiautoritär ausgerichtet. Die Universitäten wurden im September 1919 für Arbeiter geöffnet. Ein Dekret vom Dezember 1917 definierte die Zivilehe als die einzig gültige und verfügte die rechtliche Gleichstellung der Ehepartner. Scheidungen wurden erleichtert, nichteheliche Lebensgemeinschaften legalisiert und außereheliche Kinder gleichgestellt. Die 1917/18 als Volkskommissarin für Sozialfürsorge und 1920–1922 als Leiterin der Frauenabteilung des Zentralkomitees amtierende Feministin Aleksandra Kollontaj propagierte eine völlige Neuordnung des Zusammenlebens von Mann und Frau mit Befreiung der Letzteren von der Hausarbeit und Kinderbetreuung durch die Bereitstellung kollektiver Einrichtungen. Harter Verfolgung unterlag seit Januar 1918 die Kirche, denn sie galt zu Recht als eine der Stützen des alten Regimes und als einflussreicher Hort von Normen und Werten, die durch andere ersetzt werden mussten. Die Bolschewiki schlossen und plünderten Kirchen, beschlagnahmten Vermögenswerte und übten physischen Terror gegen Priester aus. Mindestens 28 Bischöfe wurden zwischen 1918 und 1920 ermordet. Im öffentlichen Raum wurden kirchliche und zarische Symbole und Feste durch bolschewistische ersetzt, orthodoxe Rituale und Prozessionen in Gegenveranstaltungen karikiert. Um die breite Bevölkerung zu erreichen, bauten die Bolschewiki rasch einen Propagandaapparat auf, der ihre Ideen über Zeitungen, Plakate, Eisenbahn-Agitationszüge und Filme verbreitete.

Die «Proletarische Kulturbewegung» (*Proletkul't*), die schon vor der Machtergreifung der Bolschewiki gegründet worden war, unternahm Anstrengungen, um eine neue proletarische Kultur zu schaffen. Kunst und Kultur sollten nicht wie früher nur einer kleinen gebildeten Elite, sondern den proletarischen Massen dienen und von ihnen selbst mitgestaltet werden. Hinter dieser Idee stand eine kleine Gruppe von Intellektuellen unter der Führung des Arztes, Schriftstellers und Revolutionärs Aleksandr Bogdanov, der 1909 nach einer Kontroverse mit Lenin aus der Partei ausgeschlossen worden war, aber die Unterstützung des Volkskommissars für Bildung, Anatolij Lunačarskij, genoss. Arbeiterchöre und Straßentheater wurden ins Leben gerufen und man experimentierte mit Massenspektakeln und neuen Ausdrucksformen. Die Proletarische Kulturbewegung zählte 1920 400 000 Mitglieder und 80 000 Aktivisten und gab 16 Zeitschriften heraus. Sie gründete proletarische Klubs und Zirkel, Literaturstudios und «Arbeiteruniversitäten». Lenin wandte sich jedoch gegen die Vorstellung einer von Partei und Staat unabhängigen kulturrevolutionären Bewegung. Für ihn war nicht akzeptabel, dass *Proletkul't*, noch dazu unter der Führung seines ehemaligen Widersachers Bogdanov, in einer Art Arbeitsteilung autonom neben der Partei existieren und die Hoheit über die Kultur beanspruchen wollte. Im Oktober 1920 bezeichnete Lenin das ganze Unterfangen als «kompletten Unsinn» und machte sich über die «selbsternannten Fachleute für proletarische Kultur» lustig. Bald darauf wurde die *Proletkul't*-Organisation auf einen Beschluss des Zentralkomitees hin durch Eingliederung in das Volkskommissariat für Bildung erstickt.[42]

Die Jahre unmittelbar nach der Revolution waren generell eine Zeit der kulturellen Experimente. Das revolutionäre Russland erschien vielen avantgardistischen und futuristischen Künstlern als der Ort, an dem die kulturelle Moderne nun ungeahnte Entfaltungsmöglichkeiten habe und an keine überkommenen bürgerlichen Konventionen mehr gebunden sei. Die Bolschewiki ließen die Vielfalt gewähren, wenngleich Lenin und mit ihm andere hohe Parteiführer für allzu radikale kulturelle Neuerungen wenig empfänglich waren. Sie hegten Misstrauen gegenüber einer abgehobenen elitären Esoterik, die der Masse des Volkes nicht verständlich sei.[43] Das offizielle bolschewistische Kulturverständnis lief weniger auf die komplette Neuerfindung, sondern auf die Aneignung und Ergänzung der europäischen Hochkultur hinaus. Ein typisches Konzertprogramm der ersten Jahre der Sowjetmacht bestand aus Stücken von Beethoven, Čajkovskij und Glinka, gepaart mit revolutionären Arbeitergesängen.[44] Die vorrevolutionäre «bürgerliche» Kultur wurde nicht über Bord geworfen, ihre Einrichtungen wurden nicht geschlossen, sondern vielmehr den Proletariern zugänglich gemacht.

Ergebnisse des Bürgerkriegs

Die Bolschewiki begriffen sich als Erneuerer des rückständigen Russland, aber ihr Modernisierungsprojekt stellte einen Bruch mit der bis dahin verfolgten Modernisierung dar. Die Bolschewiki wollten nicht den Weg des demokratischen Rechtsstaates und des Kapitalismus einschlagen, sondern in Russland etwas völlig Neues aufbauen, auf der Grundlage der marxistischen Ideologie. Den Entwicklungsweg der westlichen Industrieländer empfanden sie, gerade unter dem Eindruck des Ersten Weltkriegs, als eine Sackgasse. Das neue Russland sollte anders werden. Die Bolschewiki wollten aus dem immer noch überwiegend agrarischen Russland eine moderne Industriegesellschaft machen, allerdings keine kapitalistische, sondern eine andere, sozialistische. Ihre Visionen vom Sozialismus und vom «neuen Menschen» waren jedoch keine durchdachten Handlungskonzepte und in der Gesamtschau keine adäquate Antwort auf die realen Probleme des Landes. Der Versuch, sie unter den Bedingungen des Bürgerkriegs sofort umzusetzen, endete in Chaos und Gewalt.

Die ersten Jahre der Sowjetherrschaft brachten keinen Fortschritt, sondern Tod, Zerstörung und eine Regression zu früheren Formen sozialer Organisation: Sieben bis acht Millionen Menschen kamen ums Leben, weitere fünf Millionen fielen der dem Bürgerkrieg folgenden Hungersnot zum Opfer, zwei Millionen emigrierten. Die rechtsstaatlichen und administrativen Strukturen, die das späte Zarenreich zu etablieren begonnen hatte, wurden radikal zerstört, die politischen Eliten umfassend ausgetauscht, die zivilgesellschaftlichen Ansätze, die es seit 1905 gegeben hatte, beiseitegefegt. Obrigkeitliche Disziplinierung und Bevormundung sollten für die kommenden 70 Jahre die Sowjetherrschaft kennzeichnen.[45] An die Stelle des im Zarenreich zwar nicht flächendeckend implementierten, aber doch immerhin als Ziel anvisierten Rechtsstaates mit geordneten Institutionen und berechenbaren Regeln traten nun Herrschaftsstrukturen, die auf persönlicher Durchsetzungskraft, Loyalität, Patronagenetzwerken und der kommunistischen Ideologie als oberster Rechtfertigung beruhten. Ob eine Handlung rechtens war oder nicht, war irrelevant.

Regression kennzeichnete auch die Wirtschaft, die einen katastrophalen Niedergang erlebte. Revolution und Bürgerkrieg erzeugten ein ökonomisches Chaos. Unternehmer, Manager und Fachkräfte flüchteten oder wurden aus den Fabriken und Betrieben vertrieben, Arbeiter und nichtqualifizierte bolschewistische Funktionäre übernahmen die Kontrolle, Fabrikanlagen wurden im Zuge der Kriegshandlungen zerstört. Die Produktion kam weitgehend zum Erliegen, die Geldwirtschaft brach zusammen und die ökonomischen Beziehungen fielen auf das Niveau des Naturaltauschs zurück. Das Land wurde im Bürgerkrieg in beispielloser Weise verwüstet. Hunger und Seuchen dezimierten die Bevölkerung. Flüchtlingsströme zogen durch das Land. Selbst die größten Städte waren in einem unbeschreiblichen Zustand, wie ein Bericht vom Mai 1919 illustriert: «In ganz Moskau sind alle Läden bis auf einige Lebensmittelläden geschlossen. Die Straßenbahn funktioniert nicht. Die Straßen werden nicht von Dreck und Schnee gereinigt. Die öffentlichen Toiletten sind verschmutzt und zugenagelt; deswegen sind alle Plätze, Gärten, Tore und Höfe mit Abfällen und Mist verdreckt. Auf den Straßen hinter dem Gartenring liegen Pferde- und Hundekadaver. Die Bürgersteige stehen unter Wasser, das in der Nacht einfriert. […] Man trifft auf Verhungernde und Irre. Auf der Tverskaja-Straße, in der Černyšov-Gasse sind wir auf eine Kinderleiche gestoßen, die von Raben zerfetzt worden war.»[46]

Wegen der zusammenbrechenden Versorgung kam es vorübergehend zu einer Entvölkerung der Städte, weil die Menschen aufs Land flüchteten, wo sie leichter an Nahrungsmittel gelangen konnten. Viele Arbeiter hatten noch Beziehungen ins Dorf, sodass sie bei ihren Verwandten unterschlüpfen konnten. 1921 spitzte sich aber auch auf den Dörfern die Misere zu. In der Not wurde geraubt, gemordet und geplündert. Die Berichte von Zeitzeugen evozieren Bilder, wie wir sie heute aus dem Kongo kennen: Leichen auf den Straßen, ausufernde Gewaltkriminalität, Heerscharen von Obdachlosen und verwahrlosten Kindern. Etwa sieben Millionen elternlose Kinder und Jugendliche zogen in Banden übers Land, übernachteten auf Bahnhöfen oder auf freier Straße, ernährten sich von Abfällen oder lebten von Bettelei, Prostitution, Diebstahl und Raubüberfällen.[47]

Dass das Aufwachsen unter solchen Bedingungen nicht ohne Folgen bleiben konnte, liegt auf der Hand. Der Bürgerkrieg hatte weitreichende mentalitätsgeschichtliche und kollektivbiographische Konsequenzen. Die Jugendlichen dieser Zeit sollten in den 1930er Jahren als menschenverachtende Schergen des stalinistischen Terrors agieren und das Töten von Mitbürgern als Alltagshandlung vollziehen. Große Teile der Bevölkerung wurden durch den Bürgerkrieg und seine Auswirkungen traumatisiert. Andere, die in ihm kämpften, lernten dabei, die eigene Realität auf eine ganz spezifische Weise wahrzunehmen, nämlich als von Feinden eingekreist, gegen die man mit Waffengewalt kämpfen, die man töten musste. Das Bild vom äußeren verschob sich auf den inneren Feind, was ein Schwarz-Weiß-Denken und eine permanente Klassifizierung der Menschen in «Freund» und «Feind» bewirkte. Das mittelfristige mentale Resultat war für diejenigen, die sich den Bolschewiki anschlossen, eine radikale Militanz, die Verherrlichung von Kampf und Gewalt, ein Sich-bewähren-Wollen im Kampf gegen innere und äußere Feinde. Das sind Auswirkungen des Bürgerkriegs, die in den 1930er Jahren wieder zum Tragen kamen, als diejenige Generation, die während des Bürgerkriegs ihre Jugend und ihren Aufstieg erlebt hatte, in mittlere und höhere Positionen aufgerückt war.[48]

5. Umgestaltung mit Kompromissen 1921–1928

Kapitalismus und Planwirtschaft

Am Beginn des Jahres 1921 mussten sich die Bolschewiki eingestehen, dass sie zwar den Bürgerkrieg gewonnen hatten, aber das Land in Chaos und Elend zu versinken drohte. Der militärische Sieg gegen die «Weißen» allein reichte nicht für eine nachhaltige Verankerung der Herrschaft, denn im Zuge der großen Bauernaufstände waren ganze Landstriche außer Kontrolle geraten. Die Rote Armee ging brutal gegen die Bauern vor und setzte dabei Artillerie und sogar Giftgasgranaten ein.[1] Vollends bedenklich wurde es für das Regime, als auch die Petrograder Arbeiter gegen die Kürzung der Brotrationen demonstrierten und streikten und im März 1921 sogar die Matrosen der vor Petrograd liegenden Festung Kronstadt, die 1917 zu den radikalsten Revolutionären gezählt hatten, mit politischen Forderungen revoltierten. Ähnliches ereignete sich auch in Saratov an der Wolga, wo ebenfalls Anfang März 1921 die Arbeiter offen in Opposition zum Regime traten, sich den Sozialrevolutionären zuwandten und freie Wahlen, unabhängige Gewerkschaften, Rede-, Presse- und Versammlungsfreiheit forderten.[2]

Lenin ließ die Aufstände mit Truppen niederkämpfen und diffamierte die Beteiligten als «Konterrevolutionäre». Etwa 100 000 Personen wurden verhaftet, 15 000 erschossen.[3] Die schwere Krise, die sich in den Rebellionen offenbarte, gab aber gleichzeitig den Anlass zu einer politischen Kursänderung. Lenin hatte erkannt, dass sich mit Repression allein die Lage nicht stabilisieren ließ, und verkündete im März 1921 die «Neue Ökonomische Politik» (NÖP, russ. NĖP) als taktischen Rückzug zur Wiederherstellung des inneren Friedens und als Erholungspause für die Wirtschaft.[4]

Die Grundidee der Neuen Ökonomischen Politik bestand darin, ohne grundsätzlich vom Ziel der sozialistischen Planwirtschaft abzugehen, in einer Übergangsphase durch die kontrollierte Wiederzulassung von Elementen des Marktes die Wirtschaft zu konsolidieren und sich auf diese Weise den Kapitalismus für eine begrenzte Zeit nutzbar zu machen. Die willkürlichen Getreiderequisitionen wurden durch eine feste Naturalsteuer ersetzt. Diese war zwar nicht niedriger als die Requisition des Vorjahres, aber im Voraus fixiert und daher berechenbar. Den Bauern wurde damit ein Anreiz gegeben, wieder mehr zu produzieren, als sie selbst brauchten; den Überschuss sollten sie verkaufen dürfen. Ähnliche Konzessionen gewährte man Handwerkern und Gewerbetreibenden. Auch sie durften wieder frei über die Produkte ihrer Arbeit verfügen. Wer Glück hatte, erhielt seinen verstaatlichten Kleinbetrieb wieder zurück oder konnte einen neuen gründen. Größere Unternehmen konnten immerhin gepachtet werden. In staatlicher Hand verblieben jedoch die sogenannten «Kommandohöhen» der Volkswirtschaft: die Banken, der Außenhandel, die große und mittlere Industrie.

Die erhoffte Stabilisierung trat allerdings 1921 noch nicht ein, sondern das Land erlebte im Gegenteil die bis dahin schlimmste Hungersnot seiner Geschichte. Ausgesaugt von den Getreiderequisitionen während des Bürgerkriegs wurden die Bauern von zwei aufeinanderfolgenden Dürreperioden getroffen, die in Missernten mündeten. Zwischen Schwarzem Meer und Ural hungerten 20 bis 24 Millionen Menschen, verließen in ihrer Verzweiflung auf der Suche nach Lebensmitteln die Dörfer, aßen Brot, das mit Ersatzstoffen gestreckt wurde, die zwar den Magen füllten, aber keinen Nährwert hatten. In den vom Hunger besonders stark betroffenen Gebieten ereigneten sich Fälle von Kannibalismus, als die Menschen in auswegloser Lage Fleisch von Verstorbenen aßen.[5] Angesichts der Katastrophe schloss die sowjetische Regierung ein Abkommen mit der *American Relief Administration* (ARA), die nach dem Ersten Weltkrieg schon in anderen europäischen Ländern Hilfsaktionen durchgeführt hatte. In einer beeindruckenden logistischen Leistung (und bewusst inszenierten Demonstration amerikanischer Effizienz) organisierte die ARA vorwiegend an der Wolga und in der Ukraine öffentliche Essensausgaben und medizinische Hilfe für zehn Millionen Menschen.[6] Neben der ARA versuchten auch andere Hilfsorganisationen die Not zu lindern, darunter auch deutsche, die sich vor allem um die russlanddeutschen «Brüder in Not» kümmerten. Trotz der umfangreichen ausländischen Hilfe forderte die Hungersnot von 1921/22 ein Vielfaches an Todesopfern als jede frühere Hungersnot. Die Schätzungen reichen von vier bis 14 Millionen.[7]

Während sich die Hungergebiete gerade erst vom Schlimmsten erholten, bewirkte die Neue Ökonomische Politik durch die Wiederherstellung der Marktbeziehungen eine rasche Belebung des privaten Handels und Gewerbes. Allerorten entstanden Märkte, Verkaufsläden, Restaurants und kleine Gewerbebetriebe. Die Versorgung wurde besser und allmählich gelang es auch, die ruinierten Fabriken wieder in Betrieb zu nehmen. 1925/26 war in den wichtigsten Wirtschaftsbereichen das Vorkriegsniveau wieder erreicht. Der Lebensstandard der Bevölkerung stabilisierte sich um 1925 etwa auf dem Stand von 1913, ausgenommen die Wohnverhältnisse, die sich infolge des völlig unzureichenden Wohnungsbaus verschlechterten.

Die Kehrseite der Neuen Ökonomischen Politik waren massive Strukturprobleme: Erstens öffnete sich aufgrund der zu geringen und zu schlechten Industrieproduktion eine Schere zwischen sinkenden Agrar- und steigenden Industriepreisen. Diese Scherenkrise von 1922/23 bewirkte, dass die Bauern für ihr Geld nichts kaufen konnten und daraufhin ihr Getreide zurückhielten. Zweitens beruhte die Wiederherstellung der Produktion im Wesentlichen auf den vor 1917 aufgestellten Anlagen. Für Neuinvestitionen mangelte es an Kapital, und zwar besonders an Devisen, denn die Sowjetunion hatte noch keine leistungsfähige eigene Maschinenbauindustrie, sondern musste den Großteil der Industrieausrüstungen importieren. Hinzu kam, dass viele überzeugte Bolschewiki in der Neuen Ökonomischen Politik einen Verrat an der Revolution erblickten und es auf die Dauer unerträglich fanden, dass Kommerz, zur Schau gestellter Wohlstand und «bürgerlicher» Lebensstil das Bild der Städte prägten.[8]

Noch während des Bürgerkriegs hatten die Bolschewiki begonnen, über eine mittelfristige Wirtschaftsplanung nachzudenken. Beeinflussen ließen sie sich dabei von der deutschen Kriegswirtschaft. 1920 ließ Lenin seinen berühmten «Gesamtplan für die Elektrifizierung Russlands» erstellen und zu seiner Umsetzung eine Kommission einrichten, die GOĖLRO (*Gosudarstvennaja komissija po ėlektrifikacii Rossii*).[9] Die Elektrifizierung sollte die Grundlage für den Wiederaufbau und die wirtschaftliche Modernisierung Russlands bilden; «Kommunismus – das ist Sowjetmacht plus Elektrifizierung des ganzen Landes», lautete die Losung. Im Verlauf von zehn bis 15 Jahren sollten 20 Heiz- und zehn Wasserkraftwerke errichtet werden. Das größte Projekt war der Staudamm am Dnepr bei Zaporož'e, das damals größte Wasserkraftwerk der Welt.[10] Tatsächlich gelang es, bis 1933 das Programm des mehrfach revidierten Plans zu erfüllen. Die diskursive Koppelung von Sowjetmacht, Elektrifizierung und Kommunismus war von hoher symbolischer Strahlkraft. Elektrizität stand sowohl für Energie als auch für Licht und damit gleichzeitig für Tatkraft, Modernität, Fortschritt und Aufklärung. Ein bekanntes Propagandafoto der 1920er Jahre trägt den Titel «Lampočka Il'iča» – zu deutsch «Iljitschs [Lenins] Lämpchen» – und zeigt einen Bauern, der vor den ehrfurchtsvoll weit aufgerissenen Augen einer alten Frau (und unter dem strengen Blick eines unter den Ikonen an der Wand angebrachten Porträts des Bürgerkriegshelden Michail Frunze) vorsichtig eine Glühbirne in die Fassung dreht. Das professionell gestellte Foto macht die starke sakrale Komponente deutlich, die der Elektrifizierung innewohnte.[11]

Den Gedanken einer zentralen Wirtschaftsplanung ließ Lenin trotz des Übergangs zur Neuen Ökonomischen Politik nicht fallen, denn er gehörte zu den mittelfristigen Voraussetzungen auf dem Weg zur sozialistischen Wirtschaftsweise. Investitionen und Produktion sollten nicht wie im Kapitalismus von den Profitinteressen der Unternehmer und vom Markt abhängen, sondern von einer staatlichen Institution rational geplant und auf die Bedürfnisse der Gesamtwirtschaft und der Bevölkerung abgestimmt werden. Folglich ging man daran, den Elektrifizierungsplan zu einem Gesamtentwicklungsplan für die Volkswirtschaft zu erweitern und schuf zu diesem Zwecke einen Obersten Volkswirtschaftsrat (VSNCh). Unter seinem Dach bestand die staatliche Planungsbehörde *Gosplan*, in der die Elektrifizierungskommission aufging. *Gosplan* erstellte zunächst Jahrespläne und in weiterer Folge Fünfjahrespläne für einzelne Branchen. Der 14. Parteitag im Dezember 1925 verkündete die Absicht, einen gesamtwirtschaftlichen Entwicklungsplan auszuarbeiten. Zwar galten weiterhin die Prinzipien der Neuen Ökonomischen Politik, doch war ein gewisser Stimmungsumschwung unverkennbar. Im März 1926 mündeten die Arbeiten von *Gosplan* und des Obersten Volkswirtschaftsrates in einen ersten Entwurf für einen Fünfjahresplan zur Entwicklung der Volkswirtschaft, der in den Folgemonaten in der Partei und in den Wirtschaftsbehörden kontrovers diskutiert wurde. Die Debatten drehten sich nicht um das Prinzip der Wirtschaftsplanung an sich, sondern um die Wachstumsziffern und Prioritäten. Der 15. Parteitag im Dezember 1927 stellte schließlich endgültig die Weichen in Richtung Planwirtschaft, indem der Grundsatzbeschluss gefasst wurde, die Industrie auf der Basis von Fünfjahresplänen unter Betonung der Schwerindustrie zu entwickeln.[12]

Parallel zur Konkretisierung der Wirtschaftsplanung vollzog sich seit 1926/27 die allmähliche Abwendung von der Neuen Ökonomischen Politik. Privatunternehmer hatten zunehmend mit Schikanen und ruinösen Steuern zu kämpfen, wohlhabendere Bauern wurden ab 1926 ebenfalls mit hohen Steuern belegt. Auf dem Oktober-Plenum des Zentralkomitees 1927 sprach sich bereits die Mehrheit der Funktionäre dafür aus, die Agrarpolitik im Sinne eines Angriffs auf die «Kulaken» und die Durchsetzung der Kollektivwirtschaften zu revidieren.[13] Die Partei sandte unmissverständliche Signale aus, dass die Zeit der Zugeständnisse an den Kapitalismus ihrem Ende zugehe. Mit dem Anlaufen des ersten Fünfjahresplans 1929 und der Kollektivierung der Landwirtschaft war dann endgültig kein Platz mehr für privatwirtschaftliches Engagement. Nun setzte sich die administrative Kommandowirtschaft konsequent und rücksichtslos durch.

Neue Ordnung und «neuer Mensch»

Die sozialistische Umgestaltung betraf auch die gesellschaftliche Ordnung, zumal die Verhältnisse, welche die Bolschewiki vorfanden, weit von ihrer Utopie der sozialistischen Gesellschaft entfernt waren. Die Lebensweise der bäuerlichen Bevölkerungsmehrheit war in den Augen der Bolschewiki rückständig und verabscheuungswürdig. Sie wollten daher den Menschen das bisherige Denken austreiben, ihnen ein sozialistisches Bewusstsein einimpfen und sie dem Einfluss der alten Autoritäten entziehen. Mit dem Ziel, die alte Ordnung der Gesellschaft durch eine bolschewistische zu ersetzen, teilten sie die Bevölkerung nach neuen Kategorien ein und begannen damit, sie von «sozial fremden Elementen» zu «säubern». Angehörige von Personenkategorien, die als «schädlich» oder «feindlich» etikettiert worden waren – ehemalige Gutsbesitzer, Offiziere und Angehörige der vorrevolutionären Eliten, «Kulaken», «Kapitalisten», Priester –, wurden ausgegrenzt, diskriminiert und verfolgt. Die Sprache und Bilder der Propaganda verweisen deutlich auf das hinter dieser «Säuberung» stehende Denken, indem sie die Betroffenen nicht als Menschen, sondern als Parasiten und Schädlinge beschrieben. Dieses Ordnung-Schaffen kann als Teil des Strebens der Bolschewiki verstanden werden, im Sinne eines modernen Staates zu agieren.[14]

Im Dorf schufen die Bolschewiki eine künstliche Klasseneinteilung in «Armbauern» (*bednjaki*), «Mittelbauern» (*serednjaki*) und «Kulaken». Ihre Versuche, über diese Zuschreibungen den Klassenkampf auf dem Dorf in Gang zu bringen, scheiterten an ihrem geringen Bezug zur Realität innerhalb der Dorfgemeinschaft. Die Bauern verwendeten zwar den Begriff «Kulak», aber sie verstanden darunter etwas anderes als die Bolschewiki. Nicht der Wohlstand oder der Besitz von Pferden und Maschinen war für sie entscheidend, sondern das Verhalten, gemessen am moralischen Code des Dorfes. Als «Kulak» konnte in der bäuerlichen Wahrnehmung gelten, wer geizig war und sich nicht an die Feiertage hielt, manchmal aber auch – in völliger Umkehr der offiziellen Bedeutung – jemand, der wegen Faulheit und Alkoholismus verarmt war und der Dorfgemeinschaft zur Last fiel.[15] «Sozial fremden Elementen» und «Ehemaligen» hatten die Bolschewiki 1918 das Wahlrecht entzogen und damit die stigmatisierte Kategorie der *lišency* (von russ. *lišit'* – entziehen, wegnehmen) geschaffen. Ein *lišenec* zu sein, war mit gravierenden Auswirkungen verbunden, denn der Entzug des Wahlrechts ging mit Diskriminierungen beim Zugang zu Arbeit und Ressourcen wie Wohnraum, Gesundheitsfürsorge und höherer Bildung einher. Bis etwa 1927 war nur ein kleiner Teil der Bevölkerung von dieser Stigmatisierung betroffen. Ab 1928, mit dem Übergang zum beschleunigten sozioökonomischen Wandel, wurden die Kategorien ausgeweitet und offensiv eingesetzt.[16]

Die Menschen lernten, dass es von großer Bedeutung war, welcher Kategorie man zugeschrieben wurde, und bedienten sich dieser Einteilung und der bolschewistischen Sprache zum eigenen Vorteil. Vielfach wurden Techniken des «Maskierens» angewendet, das heißt, Menschen nahmen durch falsche oder zurechtgebogene biographische Angaben eine vorteilhaftere soziale Identität an, verschleierten ihre Abstammung – und riskierten dabei im Gegenzug, beim Bekanntwerden der Täuschung öffentlich «entlarvt» zu werden.[17] Viele *lišency* versuchten, mit Petitionen ihr Stigma loszuwerden und verwendeten dabei genau die Kategorien, die zu ihrer Ausgrenzung geführt hatten: Wem die Zugehörigkeit zu einer Ausbeuterklasse bescheinigt worden war, der präsentierte sich als Kind armer Eltern.[18] Auch sonst zeigen die zahllosen Bittbriefe an hohe Sowjetfunktionäre, dass sich die Menschen geschickt der moralisch aufgeladenen offiziellen Sprache bedienten, wenn es darum ging, Vorteile zu erlangen oder jemanden anzuschwärzen. Da stilisierte man sich selbst zum alten Revolutions- und Bürgerkriegskämpfer oder diffamierte den Nachbarn, mit dem man im Streit lag, als «Schädling».[19]

Ausgrenzung allein konnte nicht genügen, um die sozialistische Gesellschaft herzustellen. Letztere forderte vielmehr einen neuen Menschentypus, der erst herangezogen werden musste. Die Visionen der Bolschewiki vom «neuen Menschen» sind Teil eines internationalen Diskurses, der schon um die Jahrhundertwende eingesetzt hatte, in den Kontext der Suche nach Antworten auf das Maschinenzeitalter gehört und die modernen totalitären Systeme insgesamt kennzeichnete.[20] Der schon in anderem Zusammenhang erwähnte Aleksandr Bogdanov hatte bereits 1907 in seinem utopischen Roman «Der Rote Stern» den «neuen Menschen» anschaulich beschrieben: Kinder würden nicht von den Eltern, sondern im Kollektiv erzogen; die biologischen Unterschiede zwischen den Geschlechtern hätten sich angeglichen: Frauen hätten breite Schultern und seien muskulöser, weil ihre körperliche Entwicklung nicht durch die häusliche Sklaverei beeinträchtigt werde; Arbeiter seien in einen total automatisierten Ablauf eingebunden, empfänden sich als Teil ihrer Maschinen und wollten mit dem Arbeiten gar nicht aufhören. Überhaupt lief Bogdanovs Beschreibung des «neuen Menschen» darauf hinaus, dass dieser einer rational funktionierenden Maschine immer ähnlicher werde.[21]

In Bogdanovs Utopie findet sich bereits das Paradigma von der Mechanisierung und damit auch körperlichen Neugestaltung des Menschen, das in den 1920er Jahren auf geradezu absurde Weise perfektioniert wurde.

Der Dichter und Wissenschaftler Aleksej Gastev gründete 1920 das Zentralinstitut für Arbeit und führte dort Bewegungsstudien und Experimente zur rationalen Organisation industrieller Arbeitsplätze durch. Inspiriert war Gastevs Ansatz von der in den USA entwickelten «wissenschaftlichen Arbeitsorganisation» (*scientific management*), einer logischen Weiterentwicklung der Fließbandarbeit, die in der Sowjetunion begeistert rezipiert wurde. Es ging darum, die Arbeit großindustriell zu organisieren und alle Arbeits- und Bewegungsabläufe so zu optimieren, dass die menschliche Arbeitskraft bestmöglich ausgenutzt werden könne. Bei Gastev mündeten diese Vorstellungen in ein bizarres Konzept vom Maschinen-Menschen, der als «Nerven-Muskel-Automat» optimal auf die zu bedienende Maschine abgestimmt war.[22]

In eine andere Richtung wiesen die utopischen Konzepte, die Trockij entwarf: Er ging davon aus, dass die politisch-ökonomische Weiterentwicklung auch eine biologische Evolution zur Folge haben werde. Als neuer Menschentyp werde sich der sozialistische Übermensch herausbilden: «Der Mensch wird unvergleichlich viel stärker, klüger und feiner; sein Körper wird harmonischer, seine Bewegungen werden rhythmischer und seine Stimme wird musikalischer werden. Die Formen des Alltagslebens werden dynamische Theatralität annehmen. Der durchschnittliche Menschentyp wird sich bis zum Niveau des Aristoteles, Goethe und Marx erheben. Und über dieser Bergkette werden neue Gipfel aufragen.»[23] Trockijs Reflexionen über den «neuen Menschen» standen auch unter dem Einfluss des amerikanischen Fordismus. Trockij benutzte 1926 das Bild des Fließbandes als Metapher für die Transformation des Menschen im Sozialismus: Das Fließband bestimmt den Rhythmus des Lebens, die Bewegungen der Hände, die Gedanken. Der Sozialismus müsse den Fordismus sozialisieren und von seinen schädlichen Elementen säubern, so Trockijs Schlussfolgerung.[24]

Trockijs Spielart des «neuen Menschen» als einer biologischen Weiterentwicklung der menschlichen Spezies verband sich eine Zeitlang auch mit ernstzunehmenden naturwissenschaftlichen und medizinischen Forschungen. So kam es, dass der Mediziner Ivan Pavlov trotz seiner bürgerlichen Herkunft und zur Schau gestellten Autonomie offiziell gefördert wurde, denn seine Forschungen über Reflexe und die Konditionierung des Verhaltens schienen einen wissenschaftlichen Weg zur Formung des «neuen Menschen» zu weisen.[25] Der Genetiker und Spezialist für künstliche Besamung I. Ivanov erhielt 1926 und 1927 sogar die Genehmigung, in Französisch-Guinea und danach auf einer Affenfarm in Georgien Kreuzungsversuche zwischen Menschen und Schimpansen durchzuführen.[26] In den Kontext von Züchtungsversuchen gehört auch das 1927 in Moskau feierlich eröffnete Institut für Hirnforschung. Beginnend mit dem Gehirn Lenins sammelte man dort unter der Leitung des deutschen Anatomen Oskar Vogt systematisch die Gehirne verstorbener Genies, um dem Geheimnis von Hochbegabung auf die Spur zu kommen. Die Räume des Instituts für Hirnforschung beherbergten von 1927 bis 1933 auch das in deutsch-sowjetischer Kooperation betriebene Moskauer Institut für Rassenforschung, dessen wissenschaftliches Interesse allerdings nicht der Züchtung, sondern der vergleichenden Völkerpathologie galt, wie der maßgeblich beteiligte Freiburger Pathologe Ludwig Aschoff betonte.[27]

Neue Lebensweisen

Zum «neuen Menschen» gehörte die Überwindung traditioneller und von den Bolschewiki als rückständig empfundener Lebensweisen. Das betraf als erstes das Verhältnis der Geschlechter, denn die sozialistische Gesellschaft sollte eine der Gleichberechtigung von Mann und Frau sein. In rechtlicher Hinsicht wurde die Gleichberechtigung rasch hergestellt: Das Ehegesetzbuch vom April 1918 beseitigte die Vorrechte des Ehemannes und erleichterte die Scheidung. Das Familienstatut vom Herbst 1918 schaffte die rechtliche Diskriminierung außerehelicher Kinder ab, im November 1920 wurde die Abtreibung freigegeben, im November 1926 die uneheliche Lebensgemeinschaft als «faktische Ehe» anerkannt und die Scheidung zu einem reinen Verwaltungsakt heruntergestuft, der per Postkarte vollzogen werden konnte, wenn einer der beiden Partner es wünschte.[28]

Die Praxis schien zunächst mit der Gesetzgebung in Einklang zu stehen: Nach der Revolution stieg die Abtreibungs- und Scheidungsrate und Lebensgemeinschaften hatten häufig nur vorübergehenden Charakter. Diese Erscheinungen waren bei näherem Hinsehen allerdings weniger die Konsequenz einer staatlich verordneten «sexuellen Revolution» als die Folge von materieller Not und moralischer Desorientierung. Der kommunistische Diskurs der 1920er Jahre hatte eine familienfeindliche Tendenz, indem er die Familie häufig mit den Attributen «bourgeois» und «patriarchalisch» versah. Unregistriertes Zusammenleben und sexuelle Freiheit galten als modern, die Einbeziehung der Frauen in die industrielle Produktion als gesellschaftlich erwünscht, das Hausfrauendasein hingegen als Schande. Innerhalb der Partei herrschte aber diesbezüglich keine Einigkeit. Die älteren Kommunisten (einschließlich Lenins) dachten deutlich konservativer, als es die Propaganda vermuten ließe. Die revolutionären Gedanken von Aleksandra Kollontaj zur Frauenfrage blieben praktisch weitgehend bedeutungslos, weil sie weder den Vorstellungen der obersten Führung noch denjenigen in der Bevölkerung entsprachen. Kritik an der neuen Gesetzgebung übten häufig Frauen, denn die erleichterte Scheidung kam weniger ihnen als denjenigen Männern zugute, die sich der Verantwortung für Kinder entzogen oder ihre Frau verließen, um sich eine jüngere und attraktivere Partnerin zu suchen. Trotz der hohen Scheidungsraten büßte die Familie ihre Funktion als Versorgungs- und Solidargemeinschaft keineswegs ein. Die Erwerbstätigkeit von Frauen wurde oft dadurch ermöglicht, dass die Großmütter sich um den Haushalt und um die Kinder kümmerten.

Trotz der Gesetzesänderungen und des Diskurses zur Gleichberechtigung bestanden die Geschlechterhierarchien fort. Die hohen Führungspositionen der Partei waren fast ausschließlich mit Männern besetzt. Im Politbüro war unter Lenin und Stalin keine einzige Frau vertreten.[29] Auch das Bild vom «neuen Menschen» war ein überwiegend männliches. Gleichberechtigung der Frau hieß Erwerbstätigkeit und Vermännlichung der Frau. Propagandaplakate der 1920er Jahre zeigen muskulöse Arbeiterinnen mit harten Gesichtern und schwach ausgeprägten weiblichen Attributen. Die Dominanz der männlichen Leitbilder resultierte aus der fortdauernden Einschätzung, dass Frauen rückständig seien und sich an die männlich definierten Erfordernisse anzugleichen hätten.[30]

Die Forderung nach der Befreiung der Frauen von der Hausarbeit und «Vergesellschaftung der Lebensweise» mündete in Visionen von völlig neuen Wohnformen. Gemeinsamer Nenner dieser Vorschläge war die Formel «Kommunehaus». Seit Mitte der 1920er Jahre wurden in der Sowjetunion Entwürfe von Kommunehäusern diskutiert. Grundidee war die Vereinigung von individuell und von kollektiv genutzten Räumen innerhalb eines Gebäudes. Das Kommunehaus sollte helfen, die bürgerliche Lebensweise zu überwinden, sich von traditionellen Familienstrukturen zu emanzipieren sowie Hausarbeit und Kinderbetreuung als gesellschaftliche Dienstleistung zu organisieren. Architekten und Stadtplaner machten sich in den 1920er Jahren intensiv Gedanken über die geeigneten baulichen Rahmenbedingungen für eine neue Lebensweise und die Lenkung sozialer Prozesse im Sinne der Erziehung des «neuen Menschen».[31]

Unabhängig von der Art seiner Behausung sollte sich der «neue Mensch» in seiner Lebensweise vom bisherigen Typus abheben. Es galt für Kommunisten als unschicklich, eine schöne Wohnung und überhaupt materiellen Besitz anzustreben. Vielmehr war ein spartanischer Lebensstil angesagt, Minimalismus und Funktionalität waren das Ideal. Die Wohnung beziehungsweise das Zimmer eines Bolschewiken sollte frei von Nippes, Blumentöpfen, Häkeldeckchen und anderen Zeichen «kleinbürgerlicher»

Häuslichkeit sein. Das Gleiche galt für die äußere Erscheinung der Menschen: Verpönt waren alle Attribute des Individualismus wie modische Kleidung, auffällige Frisuren, Schmuck oder Kosmetika.[32]

Ein besonderes Problem stellte die Freizeit und Unterhaltungskultur dar, denn die Bolschewiki mussten mit Unbehagen feststellen, dass die von ihnen als bürgerlich-dekadent empfundene Unterhaltungsmusik weiterhin und gerade unter den Arbeitern populär war. Besonders der damals beliebte Foxtrott galt den Bolschewiki als Inbegriff des «verwesenden Europas», des «verfaulten Emigrantengesindels, das völlig vom Kokain durchtränkt und moralisch wie physisch verdorben» sei, als «Puls der kapitalistischen Gesellschaft» und «Tanz verblödeter und gehorsamer Sklaven». Die weiterhin beliebten «Zigeunerromanzen» wurden von den sowjetischen Kulturideologen als vulgär, «prostitutionsartig» und Begleiterscheinung «der spelunkenhaften Sitten des herrschaftlich-kaufmännischen Russland» identifiziert. Der ebenfalls weit verbreitete Tango wurde mit seinen «erotischen Neckereien und Zuckungen» als «Musik der Schwachen und Impotenten» lächerlich gemacht.[33] Die Ideologen empfanden diese Art von Unterhaltungskultur als krank und sahen in ihr ein gefährliches Instrument des Klassenfeinds zur Zersetzung der Arbeiter. Besonders gegen Ende der 1920er Jahre, im Zusammenhang mit der Abwendung von der Neuen Ökonomischen Politik, verdichteten sich die Forderungen nach einer eigenen, besseren Unterhaltungskultur, die auch eine Erziehungsfunktion erfüllen könne. Wie das funktionieren sollte, wusste aber keiner so recht. 1926 und 1928 hatte man es mit der Einrichtung von «Music Halls» (*m'juzik choll*) in Moskau und Leningrad versucht, um die Unterhaltungsmusik wenigstens aus dem anrüchigen Nachtklubmilieu herauszuführen. Schon bald nach der Eröffnung der Music Halls war aber Kritik laut geworden, dass statt eines sowjetischen Kulturhauses ein Abklatsch westlich-bourgeoiser Vorbilder herausgekommen sei. Gelöst war das Dilemma jedenfalls nicht und es sollte sich bis zum Ende der Sowjetunion nicht lösen lassen.

Neuauflage des Vielvölkerimperiums

Das zarische Vielvölkerreich hatte Lenin vor der Revolution als «Völkergefängnis» und Kolonialmacht charakterisiert. Während des Ersten Weltkriegs erhob er die Forderung nach dem Selbstbestimmungsrecht der Völker, unter anderem in der Hoffnung, damit die Verbindung zwischen der sozial-revolutionären und der national-revolutionären Bewegung herzustellen. Eigentlich war Lenin der Ansicht, dass die Nation in langfristiger Perspektive ähnlich wie der Staat zum «Absterben» verurteilt sei und die Völker zu einer Weltnation verschmelzen würden. Auf dem Weg dorthin müssten sie sich aber in einer Übergangsphase erst einmal frei entfalten können, um dann aus eigenem Wunsch Bestandteil eines einheitlichen Weltkollektivs zu werden.[34]

Unter dem Selbstbestimmungsrecht verstand Lenin das Recht auf territoriale Sezession. Innerstaatliche Autonomiemodelle hielt er für ungeeignet, weil der damit verbundene Föderalismus seinen Vorstellungen von einer straff zentralistischen Kaderpartei zuwiderlief. Die «Deklaration der Rechte der Völker Russlands»,[35] die der Rat der Volkskommissare im Herbst 1917 verabschiedete, sollte die nichtrussischen Völker mit dem Versprechen der nationalen Selbstbestimmung für die Revolution gewinnen. Außerdem waren die Bolschewiki überzeugt, dass sich die Völker des Reiches nach einer sozialistischen Revolution freiwillig der sozialistischen Republik anschließen würden. Als dies nicht geschah, sondern der Staat 1918 in seine Bestandteile zerfiel, erklärte der damalige Volkskommissar für Nationalitätenfragen Iosif Stalin die Forderung nach Lostrennung im «gegenwärtigen Stadium der Revolution» als «durch und durch konterrevolutionär».[36] Dass es ihm mit dieser Äußerung ernst war, bewies er 1921, als er die von den Menschewiki geführte, demokratisch legitimierte und international anerkannte Republik Georgien mit militärischer Gewalt in den Bestand des Imperiums zurückzwang.

Dennoch: Grundsätzlich erwiesen sich die Bolschewiki schon während des Bürgerkriegs im Umgang mit den Nationalitäten als flexibler und attraktiver als die Weißen, die sich mit ihrer russisch-nationalen Politik jede dauerhafte Koalition mit nichtrussischen Nationalbewegungen verbauten.[37] Es wurde ihnen auch schnell klar, dass die Vision von der Verschmelzung der Völker kein geeignetes Rezept für die unmittelbar zu lösenden Probleme darstellte. Als 1918 die Frage der staatlichen Organisation Russlands anstand, ließ sich Lenin auf einen überraschenden Kompromiss ein und proklamierte Russland zur Sozialistischen Föderativen Sowjetrepublik (RSFSR). Damit griff er das Prinzip des Föderalismus auf – eigentlich ein Konzept der von ihm erbittert bekämpften Sozialrevolutionäre.[38]

Die RSFSR umfasste keineswegs das gesamte frühere Russländische Reich. Abgesehen davon, dass die Bolschewiki nur über das Kernland des von ihnen beanspruchten Landes die Kontrolle ausübten, hatten sich Polen, die baltischen Staaten und Finnland dauerhaft in die Unabhängigkeit verabschiedet. Die Ukraine, Weißrussland und die Föderative Transkaukasische Republik wurden erst nach dem Bürgerkrieg am 30. Dezember 1922 mit der RSFSR zur Union der Sozialistischen Sowjetrepubliken (UdSSR) vereinigt. Damit kam eine weitere föderative Ebene hinzu. Die UdSSR bestand nun aus vier Republiken, deren größte, die RSFSR, sich ihrerseits aus acht sogenannten Autonomen Republiken und 13 Autonomen Regionen zusammensetzte.[39] 1924 wurden Turkmenien und Usbekistan als eigene Unionsrepubliken aus der RSFSR ausgegliedert, 1929 geschah das Gleiche mit Tadschikistan, 1936 mit Kasachstan und Kirgisien. Ebenfalls 1936 wurde die Transkaukasische Föderation aufgelöst und in die drei Unionsrepubliken Georgien, Aserbaidschan und Armenien umgewandelt.

Die Unionsrepubliken erhielten eigene Volkskommissariate des Inneren, der Justiz, der Landwirtschaft und der Volksaufklärung, während die Union für Außenpolitik, Militär, Kommunikation und Außenhandel zuständig war. In der Herrschaftspraxis war der Föderalismus allerdings stark eingeschränkt, denn die Sowjetbehörden handelten im Auftrag der Kommunistischen Partei und diese war streng zentralistisch und hierarchisch aufgebaut.[40] Von der laut Verfassung bestehenden Eigenständigkeit der Volkskommissariate in den Republiken blieb in der politischen Praxis nicht viel übrig.

Der (formal) föderative Staatsaufbau korrespondierte mit einer neuen Nationalitätenpolitik. Konfrontiert mit einer komplizierten Vielfalt von Sprachen, Religionen, Traditionen, Wirtschafts- und Lebensweisen strebten die Bolschewiki nach der Herstellung von homogenen Ordnungen, die sie als Kennzeichen eines fortschrittlichen Staates begriffen.[41] Da dies kurzfristig unmöglich war, wollten sie das unübersichtliche Geflecht wenigstens kategorisieren und vereinfachen. Das Ordnungsprinzip des neuen Staates war das der sprachlich-ethnisch definierten Territorien. Es ließ sich mit der vielerorts anzutreffenden ethnischen Gemengelage nur schwer in Einklang bringen und erforderte dort, wo sich Identitäten entlang anderer als sprachlich-ethnischer Linien herausgebildet hatten, erst die Neukonstituierung von Nationen.

Die nichtrussischen Nationalitäten erhielten territoriale Verwaltungseinheiten: die großen eigene Sowjetrepubliken, die kleineren sogenannte Autonome Republiken und Regionen beziehungsweise, wenn die geschlossenen Siedlungsgebiete dafür nicht groß genug waren, nationale Gebiete, Rayons oder Dorfsowjets. In diesen territorialen Einheiten förderte das Regime Bildung und Kultur in der jeweiligen Sprache und bemühte sich, Führungs- und Verwaltungspositionen mit Vertretern der jeweiligen Nationalität zu besetzen. Diese Politik der Ethnisierung und Nationsbildung zielte nicht darauf ab, die Sowjetunion von innen heraus in Nationalstaaten aufzulösen, sondern war als Übergangsstadium auf dem Weg der gesamtsowjetischen Nationsbildung gedacht. Ideologisches Fernziel blieb die «Verschmelzung» der Nationen. Die nichtrussischen Völker sollten aber zunächst eine Periode der «Befreiung» und «Entwicklung» durchlaufen.[42]

Die Bezeichnung dieser Politik als Indigenisierung (russ. *korenizacija*, wörtlich übersetzt «Einwurzelung»)[43] verweist auf das neben dem Ordnung-Schaffen zweite zentrale Anliegen: die Einwurzelung des Sowjetsystems bei den nichtrussischen Nationalitäten. Die Indigenisierung war eine Herrschaftsstrategie, ausgehend von der Erkenntnis der Bolschewiki, dass sie trotz des Sieges im Bürgerkrieg in vielen Regionen keineswegs fest im Sattel saßen und die Strukturen ihrer Herrschaft vielerorts überhaupt erst richtig etablieren mussten. Beschlossen wurde diese Linie zusammen mit der Neuen Ökonomischen Politik auf dem 10. Parteitag im März 1921. In der Begründung hieß es, man könne den Nationalitäten die Sowjetmacht nur über Funktionäre aus ihren eigenen Reihen nahebringen, denn nur sie würden die Sprache, Lebensweise, Sitten und Gebräuche der Einheimischen gut genug kennen.[44] Großrussischer Chauvinismus war ausdrücklich verpönt. Angehörige der russischen Nationalität sollten sich vielmehr zurücknehmen, damit die Sowjetmacht das Vertrauen der unter dem Zarismus unterdrückten Nationalitäten gewinnen könne.[45]

Hinzu kam das Motiv der zivilisatorischen Mission: Die Resolution des Parteitags hielt fest, die Aufgabe der Partei bestehe darin, «den werktätigen Massen der nichtrussischen Völker zu helfen, das weiter entwickelte Zentralrussland einzuholen, und ihnen zu helfen [...] ein Pressewesen, Schulen, Theater, Klubs und überhaupt Kultur- und Bildungseinrichtungen in der Muttersprache zu entwickeln; ein Netz von Kursen und Schulen sowohl allgemeinbildender als auch beruflich-technischer Art in der Muttersprache einzurichten und weiterzuentwickeln».[46] Die Indigenisierungspolitik war im Selbstverständnis der Bolschewiki eine Art Entwicklungshilfe für nichtrussische Bevölkerungsteile, die sie als «rückständig» wahrnahmen und denen sie nun die europäische Moderne in sowjetischer Gestalt vermitteln wollten. Das betraf vor allem die asiatischen Landesteile. Dazu gehörten die Bekämpfung des Analphabetismus durch die Einrichtung von muttersprachlichen Schulen, der Aufbau eines Publikationswesens und kultureller Einrichtungen sowie die Schaffung von 48 neuen Schriftsprachen für Ethnien, die ihre Identität bis dahin zum Teil nicht einmal ethnisch-sprachlich definiert hatten.

Die Politik der Indigenisierung wurde bisweilen in der Literatur als Sympathie für nationale Bewegungen, als eine Förderung von nationaler Autonomie und Selbstbestimmung missverstanden. In den sogenannten Autonomen Republiken konnte jedoch von Autonomie keine Rede sein.[47] Die Politik wurde in Moskau gemacht, die lokalen Kader hatten die Direktiven aus Moskau auszuführen und wurden ausgetauscht, wenn sie das nicht in befriedigender Weise taten. Der Status einer Autonomen Republik änderte nichts daran, dass man in einer zentralistischen Diktatur lebte. Territorialautonomie war in Wirklichkeit eine Scheinautonomie,[48] ein Instrument der Herrschaftsausübung und der Sowjetisierung durch ideologisch-kulturelle Beeinflussung und Einbindung der nichtrussischen Eliten in das Sowjet- und Parteisystem. Vor diesem Hintergrund wird verständlich, warum die lokale Bevölkerung mitunter der Einrichtung eines nationalen Rayons ablehnend gegenüberstand und sich für die zu besetzenden Posten nur wenige Aktivisten fanden. Der nationale Rayon oder Dorfsowjet bedeutete eine Präsenz der Sowjetmacht, die viele lieber vermieden hätten. Die «Autonomie» bezog sich lediglich auf den Gebrauch der Muttersprache. In kultureller Hinsicht war die sowjetische Nationalitätenpolitik auch in der Phase der Indigenisierung intolerant und beinhaltete den Kampf gegen als rückständig diffamierte Traditionen und Kulturformen der Nationalitäten. Die Devise «national in der Form, sozialistisch im Inhalt» war im Grunde ein Konzept zur kulturellen Entnationalisierung und Assimilierung an eine sowjetische Einheitskultur. Deutlich zeigte sich das in der Religionspolitik, vor allem gegenüber den muslimischen Völkern. Bei diesen – aber auch bei anderen Nationalitäten – definierte sich die kulturelle Identität zu einem Gutteil über die Religion. Die Sowjetmacht führte schon früh einen Kampf gegen die Religion und die von religiösen Gemeinschaften unterhaltenen Bildungseinrichtungen[49] – und damit im Grunde gegen die Kultur vieler Nationalitäten. Man war zwar bis zum Ende der 1920er Jahre eher vorsichtig und zurückhaltend mit starken repressiven Mitteln, um die Bevölkerung nicht gegen das Regime aufzubringen, aber an der grundsätzlichen Feindschaft gegenüber den religiösen Gemeinschaften und Institutionen und ihrem kulturellen Einfluss bestand von Anfang an kein Zweifel.

Weltrevolution und Außenpolitik

Klassische Außenpolitik schien für die Bolschewiki unmittelbar nach der Machtergreifung ihren Sinn verloren zu haben. Sie verabscheuten die imperialistische Geheimdiplomatie und träumten – ausgehend vom erwarteten Überspringen der Revolution auf andere Länder – von der Brüderlichkeit befreiter Völker im Geiste des proletarischen Internationalismus. Als sie kurze Zeit später in Brest-Litovsk erleben mussten, dass sie auf diesem Gebiet die Spielregeln nicht bestimmen konnten, im darauffolgenden Bürgerkrieg völlig isoliert waren und auch die Aussicht auf den baldigen Eintritt der Weltrevolution dahinschwand, blieb ihnen nichts anderes übrig, als sich den herkömmlichen Methoden der Diplomatie anzupassen. Mit der Errichtung der *Kommunistischen Internationale* (Komintern) im März

1919 nahmen sie eine Arbeitsteilung vor: Die Komintern war zuständig für die weltrevolutionäre Propaganda und die Steuerung der kommunistischen Parteien anderer Länder, ohne jedoch als Organ des Sowjetstaates zu agieren. Dessen außenpolitische Interessen vertrat vielmehr das Volkskommissariat für Äußeres. Mit dem Übergang zur Neuen Ökonomischen Politik wandte sich die sowjetische Außenpolitik vollends wieder den traditionellen Methoden der Diplomatie zu.[50] Allerdings war die Zweigleisigkeit, mit der die Sowjets nach außen hin auftraten, ihrer Glaubwürdigkeit nicht förderlich, denn die westlichen Regierungen misstrauten den auf Kooperation zielenden Signalen der sowjetischen Diplomatie, solange die Auslandsaktivitäten der Komintern einen anderen Eindruck von den eigentlichen Zielen sowjetischer Politik vermittelten. Als sich Mitte der 1920er Jahre abzeichnete, dass der Revolutionsexport fürs erste gescheitert war und sich auch innenpolitisch diejenigen durchgesetzt hatten, die statt auf die Weltrevolution auf den Aufbau des «Sozialismus in einem Land» setzten, musste sich die Komintern den Interessen der sowjetischen Außenpolitik unterordnen. Sie fungierte ab 1928 als ein Instrument der Außenpolitik.

Damit wurde die sowjetische Politik in der Außenwahrnehmung berechenbarer. Welche langfristigen Ziele sie verfolgte, blieb dennoch ein Gegenstand misstrauischer Spekulationen, die im Grunde bis in die 1980er Jahre andauerten. Den Grund dazu lieferten theoretische Aussagen von Lenin und Stalin, von denen bis heute nicht wirklich klar ist, welches Gewicht ihnen in der Außenpolitik der Sowjetunion zukam. So hatte Lenin im November 1920 erklärt: «Das Wesentliche [...] vom politischen Standpunkt ist jene Regel, die wir nicht nur theoretisch erfasst, sondern auch praktisch angewandt haben, und die für uns lange Zeit bis zum endgültigen Sieg des Sozialismus in der ganzen Welt die Grundregel bleiben wird, nämlich: dass man die Gegensätze und Widersprüche zwischen zwei kapitalistischen Mächten, zwischen zwei Systemen kapitalistischer Staaten ausnutzen und sie gegeneinander hetzen muss. Solange wir nicht die ganze Welt erobert haben, solange wir wirtschaftlich und militärisch schwächer sind als die übrige, die kapitalistische Welt, solange haben wir uns an diese Regel zu halten.»[51] – Wie auch immer man die in diesem Zitat enthaltenen Aussagen gewichtet und das Fernziel der Weltrevolution ernst nimmt oder als abstrakte Zukunftsprojektion auffasst: Der Herstellung vertrauensvoller Beziehungen der Sowjetunion zu anderen Ländern waren solche Äußerungen nicht förderlich, und das Ausspielen der Gegensätze zwischen den kapitalistischen Ländern zieht sich tatsächlich als ein Leitmotiv durch die sowjetische Außenpolitik der folgenden Jahrzehnte.[52]

Genau diese Herstellung von Vertrauen war jedoch die Voraussetzung für eine erfolgreiche Außenpolitik. Deren erstes Ziel bestand darin, dem Sowjetstaat internationale Anerkennung zu verschaffen, ihn aus der Rolle des Parias herauszuführen und die durch den Bürger- und Interventionskrieg abgerissenen diplomatischen Beziehungen wieder aufzubauen. Nicht zuletzt die katastrophale wirtschaftliche Lage zu Beginn der 1920er Jahre machte die Wiederaufnahme von Wirtschaftsbeziehungen zu einer Überlebensfrage. Durch geschickte Ausnutzung des Handelsinteresses der westlichen Länder am großen, brachliegenden Absatzmarkt Russland gelang es Außenkommissar Čičerin von seinem Büro in Kopenhagen aus, der ersten inoffiziellen Sowjetvertretung im westlichen Ausland, mit einer Reihe von Staaten Kontakte anzuknüpfen. Zunächst wurden Wirtschaftskontakte hergestellt, um sie dann nach einer gewissen Zeit in offizielle diplomatische Beziehungen zu überführen.

Frankreich, mit dem das Zarenreich die engsten Beziehungen unterhalten hatte, schied zunächst als Partner aus, denn Frankreich sympathisierte mit dem wiedererstandenen Polen, das gerade erst gegen Sowjetrussland Krieg geführt hatte. In logischer Konsequenz bot sich eine Verständigung mit Frankreichs Kriegsgegner, dem besiegten Deutschland an, zumal sich Deutschland nach dem verlorenen Weltkrieg in einer ähnlich isolierten Lage befand wie das seit der Machtergreifung der Bolschewiki international geächtete Russland. Die Kooperation zwischen Moskau und Berlin sollte ein wesentlicher Faktor der sowjetischen Außenbeziehungen in den 1920er und beginnenden 1930er Jahren werden.

Die erste Verständigung erfolgte allerdings nicht mit Deutschland, sondern mit Großbritannien. Großbritannien hatte zwar mit der Landung von Truppen in Murmansk den Auftakt zum Interventionskrieg gegen die Bolschewiki gegeben, aber schon bald nach dem Ende des Bürgerkriegs Sondierungen unternommen. Die britische Regierung verfolgte ihre traditionelle Politik der *balance of power* und hatte kein Interesse daran, in Osteuropa ein Machtvakuum entstehen zu lassen und Sowjetrussland aus der internationalen Politik auszugrenzen. Die britische Wirtschaft war überdies am großen russischen Absatz- und Investitionsmarkt interessiert, so wie umgekehrt die Sowjets das britische Potenzial für den Wiederaufbau ihres Landes nutzen wollten. Bereits am 16. März 1921 schlossen die Briten ein erstes Handelsabkommen mit Sowjetrussland ab. Nach dem Wahlsieg der Labourpartei folgten 1924 ein erweiterter Handelsvertrag und die Aufnahme diplomatischer Beziehungen. Es war dies die erste diplomatische Anerkennung der Sowjetunion durch eine westliche Siegermacht, ein gefeierter Erfolg für die sowjetische Außenpolitik. In den Folgemonaten und -jahren nahmen wichtige Länder Beziehungen mit der Sowjetunion auf. Eines der letzten Länder waren die USA, die erst 1933 nach dem Amtsantritt von Präsident Roosevelt das Regime der Bolschewiki anerkannten.[53]

Ungeachtet der ökonomisch motivierten Verständigung mit England bot sich in der Mächtekonstellation nach dem Ersten Weltkrieg weiterhin die Kooperation mit Deutschland an, denn beide Länder hatten das Bedürfnis, den Zustand der Isolation und Ausgrenzung zu überwinden. Aus sowjetischer Perspektive war es außerdem überlebenswichtig, eine antisowjetische Blockbildung der potenten kapitalistischen Staaten zu verhindern. Drei Monate nach dem sowjetisch-britischen Wirtschaftsabkommen kam es am 6. Mai 1921 zu einer ähnlichen Übereinkunft mit Deutschland. Ein Jahr später einigten sich die Vertreter beider Länder am Rande der Konferenz von Genua darauf, beiderseitig auf Reparationsansprüche zu verzichten, diplomatische Beziehungen aufzunehmen und einander im Handel Meistbegünstigung einzuräumen. Der am 16. April 1922 in Rapallo unterzeichnete Vertrag schlug wie eine Bombe ein, denn nun hatte Russland seinen Platz im Konzert der europäischen Mächte wieder eingenommen, einen Partner mit großem ökonomischem Potenzial gewonnen und zudem Deutschland neue Handlungsfreiheiten eröffnet.[54] In der Tat erwies sich der Vertrag von Rapallo in den Folgejahren als tragfähiges Fundament für eine breite Zusammenarbeit zwischen Deutschland und der Sowjetunion, die auch den militärischen Bereich mit einschloss. Die Deutschen konnten die Bestimmungen des Versailler Vertrags unterlaufen, indem sie verbotene Militärtechnik auf sowjetischem Territorium erprobten, während umgekehrt die Rote Armee vom deutschen Know-how profitierte und Kommandeure ausbilden ließ.[55]

Getrübt wurde die deutsch-sowjetische Partnerschaft durch die Beteiligung der Komintern am Aufstandsversuch der KPD 1923 und durch die von Stresemann Mitte der 1920er Jahre erreichte Verständigung zwischen Deutschland und Frankreich. Die Verträge von Locarno und der Beitritt Deutschlands zum Völkerbund wurden von der sowjetischen Führung mit Sorge beobachtet, denn damit drohte wieder eine geschlossene Front kapitalistischer Staaten. Die Sowjetunion hatte ein Interesse daran, die Sonderbeziehungen mit Deutschland aufrechtzuerhalten, um die Einbeziehung des deutschen Potenzials in ein antisowjetisches Bündnis zu verhindern. 1925 und 1931 wurden zwei Wirtschaftsabkommen mit Deutschland als dem wichtigsten Handelspartner der Sowjetunion geschlossen. Als weiteren Erfolg verbuchte die sowjetische Führung den Berliner Vertrag vom 24. April 1926, der beide Seiten für den Fall eines Krieges zur Neutralität und zum Verzicht auf Boykottmaßnahmen verpflichtete. Ein gleichzeitig angebahnter deutscher Kredit über 300 Millionen Reichsmark ermöglichte den Sowjets den Import dringend benötigter Industrieausrüstungen.[56]

Ungeachtet der fortgesetzten Kooperation mit Deutschland zeichnete sich ab 1927 ein allmähliches außenpolitisches Umdenken ab. Den Anlass bildeten Krisen in den Beziehungen zu England, Frankreich und Polen, das gescheiterte Engagement der Komintern in China sowie die Notwendigkeit, den vom 15. Parteitag im Dezember 1927 beschlossenen «Aufbau des Sozialismus in einem Lande» außenpolitisch abzusichern. Stalin ersetzte den Außenkommissar Georgij Čičerin durch Maksim Litvinov und ließ diesen für die nächsten zehn Jahre eine Politik der «kollektiven Sicherheit» verfolgen. Diese zielte darauf ab, die Sowjetunion in ein System multilateraler Vertragsstrukturen einzubinden, ohne die bestehenden bilateralen Verträge zu verwerfen, um ihr für die Phase der inneren Umgestaltung die nötige äußere Sicherheit zu geben. Einer der ersten Marksteine dieser Politik war das «Litvinov-Protokoll» vom 9. Februar 1929, in dem sich die Sowjetunion und ihre westlichen und südlichen Nachbarstaaten zu den Prinzipien des Briand-Kellogg-Paktes bekannten, der im Jahr zuvor den Krieg als Mittel der Politik geächtet hatte.[57]

Der Kompromiss mit den Bildungsschichten

Einen Kompromiss mussten die Bolschewiki im Hinblick auf die Bildungsschichten eingehen, denn ohne die bürokratischen, kulturellen und wissenschaftlichen Eliten konnte auch der revolutionäre Staat nicht funktionieren. Deren Beteiligung oder zumindest Sich-nicht-Widersetzen gehörte zu den Voraussetzungen für den Bestand des Herrschaftssystems.[58]

Die bolschewistisch-revolutionäre Intelligencija beanspruchte nun die geistige Führungsrolle. Die Mehrheit der Intellektuellen – Angehörige der bildungsbürgerlichen Schichten ebenso wie ein Teil der Intelligencija – hatte 1917 jedoch nicht mit den Bolschewiki sympathisiert, sondern mit der Provisorischen Regierung oder dem konservativen Lager. Selbst unter der linken Intelligencija hatten vor 1918 viele im Lager der Sozialrevolutionäre und Menschewiki gestanden. Verzichten konnte man auf das Fachwissen der Bildungsschichten so lange nicht, bis genügend «rote» Fachleute ausgebildet waren, aber ihr Wirken wurde auf die Ausführung der ihnen zugedachten funktionellen Aufgaben beschränkt. Beiträge zur politischen und gesellschaftlichen Diskussion waren nicht erwünscht, ihre Identität als Mitgestalter des geistigen Lebens wurde gebrochen.[59] «Die Intelligencija ist komplett zerschlagen oder im Gefängnis inhaftiert», kommentierte ein aus Russland geflüchteter Rechtsanwalt die Lage 1921.[60]

Während sich viele der jüngeren Schriftsteller und Maler den Bolschewiki zuwandten, galt für die wissenschaftliche und professionelle Intelligenz das Gegenteil.[61] Die Bolschewiki hatten zwar Anhänger unter Wissenschaftlern, Ingenieuren, Technikern und Bürokraten, aber sie bildeten in diesem Milieu eine geächtete Minderheit.[62] Grundsätzlich erschienen sie als die Partei der städtischen Unterschichten und der Straße; man verband sie mit gewaltsamem Umsturz, aber nicht unbedingt mit Fortschritt. Die Angehörigen der Bildungsschichten hatten 1917 überwiegend davon geträumt, dass Russland nach der Abschüttelung der Autokratie die Integration in die westlich-europäische Moderne vollenden könne. Ein bolschewistischer Sonderweg konnte ihnen kaum erstrebenswert erscheinen. Der 1870 geborene Geograph Veniamin Semenov-Tjan-Šanskij etwa, der in der Sowjetunion weiterhin wissenschaftlich tätig war, beschrieb in seinen Memoiren die Zeit nach 1917 als «moralischen Niedergang und Verrohung der Menschheit».[63] In den Tagen der Februarrevolution hatte er in seinem Umfeld verbreiteten Optimismus beobachtet, die Oktoberrevolution empfand er als die Machtergreifung der Ungebildeten. Was er als Zuschauer einer Versammlung im Smol'nyj mitbekam, stieß ihn ab: «Es ekelte mich an, ich ging nach Hause.»[64]

Das Verhalten der Bildungseliten nach der Machtergreifung der Bolschewiki war recht unterschiedlich: Ein Teil flüchtete beziehungsweise emigrierte ins Ausland, andere verharrten im Bewusstsein ihrer Unersetzbarkeit in der «inneren Emigration» und hofften auf eine Niederlage der Bolschewiki im Bürgerkrieg oder zumindest auf eine Kursänderung nach seinem Ende. Die überwiegende Mehrheit der Hochschullehrer und Akademiemitglieder lehnte ebenso wie die Staatsangestellten die Machtergreifung der Bolschewiki ab. Der Protest – genährt durch ideologische Anfeindungen und unerträgliche Arbeitsbedingungen – gipfelte im Januar 1922 in einem Streik der Professoren der Moskauer Universität. Das Regime reagierte auf die Unbotmäßigkeiten mit der Unterstellung der Universitäten und der Akademie der Wissenschaften unter das Volkskommissariat für Bildung. Bildungskommissar Lunačarskij und sein Stellvertreter, der bekannte marxistische Historiker Pokrovskij, der dem Ressort der Wissenschaften vorstand, hatten große Probleme, den liberal-bürgerlichen Korpsgeist der akademischen Elite zu brechen. Herausragende Gelehrte, meistens Naturwissenschaftler, konnten es sich sogar leisten, während des Bürgerkriegs für die Weißen Partei zu ergreifen, ohne ihren Arbeitsplatz zu verlieren.[65] In der Sowjetunion öffneten sich angesichts von Technikeuphorie und Fortschrittsoptimismus besonders für Techniker, Ingenieure und Naturwissenschaftler große Perspektiven. Bürgerliche Geistes- und Sozialwissenschaftler galten hingegen als überflüssig, was so weit ging, dass ihre prominenten Vertreter in den ersten Jahren nach der Revolution ausgewiesen wurden. Die zu «bürgerlichen Spezialisten» umdefinierte technische Intelligenz musste sich allerdings der politischen Kontrolle von Aufsteigern unterwerfen und politischer Aktivität enthalten.[66]

Die Abhängigkeit von den sogenannten bürgerlichen Spezialisten war dem Regime von Anfang an ein Dorn im Auge. Lunačarskij und Pokrovskij bemühten sich daher, möglichst schnell die institutionellen Grundlagen für die Heranziehung neuer, «sozialistischer» Kader in der Wissenschaft zu schaffen. Im Juni 1918 wurde die sogenannte Sozialistische Akademie gegründet (1924 umbenannt in Kommunistische Akademie), die dem Regime als wissenschaftliches Aushängeschild diente. Die Ausbildung neuer Hochschullehrer übernahm das 1921 gegründete Institut der Roten Professur. Solange die an diesen Institutionen auszubildenden Kader noch nicht in größerer Zahl einsetzbar waren, mussten sich die Bolschewiki mit den aus der vorrevolutionären Zeit übernommenen Wissenschaftlern, Professoren und Fachleuten arrangieren, wenn sie nicht den Zusammenbruch des wissenschaftlichen und ökonomischen Lebens riskieren wollten. Die ehemalige Kaiserliche Akademie der Wissenschaften konnte in der ersten Hälfte der 1920er Jahre selbst in den Geisteswissenschaften eine beträchtliche Autonomie bewahren, weil sich der Staat mit Interventionen zurückhielt. Der renommierte Historiker Platonov, der vor der Revolution Hauslehrer des Thronfolgers gewesen war und noch 1917 die Bolschewiki als Bande von Fanatikern beschimpft hatte, durfte die sowjetische Geschichtswissenschaft auf internationalen Kongressen repräsentieren. Auch der Neurophysiologe und Nobelpreisträger Pavlov konnte es sich ungestraft leisten, über die Bolschewiki zu lästern.[67]

Ab 1927, als man über einen ersten Grundstock an Absolventen der neuen sowjetischen Ausbildungsstätten verfügte, setzte der Angriff der Partei auf die «bürgerlichen» Wissenschaftsinstitutionen ein. Die Akademie der Wissenschaften wurde sowjetisiert und gezwungen, kommunistische Wissenschaftler zu kooptieren, ihre Institute wurden unter die Kontrolle von Funktionären gestellt. Vor allem unter den Geisteswissenschaftlern fanden umfangreiche Säuberungen statt.[68] Auch die «bürgerlichen Spezialisten» gerieten Ende der 1920er Jahre im Zuge der Einführung der Planwirtschaft unter Druck. Die maßgeblichen Stellen im Management wurden mit hastig ausgebildeten neuen Kräften besetzt, denen das Regime mehr Vertrauen entgegenbrachte und dafür Qualifikationsmängel in Kauf nahm. Im Zusammenhang mit einer großangelegten Bildungsoffensive vollzog sich seit Ende der 1920er Jahre ein atemberaubender Elitentausch:

Junge Aufsteiger aus der Arbeiter- und Bauernschaft traten an die Stelle älterer bürgerlicher Spezialisten.

In kultureller Hinsicht waren die 1920er Jahre, verglichen mit dem, was folgte, noch eine Zeit der Vielfalt. Emigrierte Künstler, wie zum Beispiel Maksim Gor'kij oder Sergej Prokof'ev, kehrten wieder in die Sowjetunion zurück, im Lande verbliebene wie Michail Zoščenko, Michail Bulgakov oder Osip Mandel'štam konnten ihre Werke publizieren, auch wenn sie nicht unbedingt bolschewistisch ausgerichtet waren. Der überzeugte Kommunist und Vorzeigedichter Vladimir Majakovskij durfte ausgedehnte Auslandsreisen unternehmen. Kazimir Malevič entwickelte seine abstrakte Malerei weiter, konnte 1927 ebenfalls ins Ausland reisen, hatte aber daneben auch immer wieder Akzeptanzprobleme.

Die kulturrevolutionären Experimente der unmittelbar auf die Revolution folgenden Jahre waren zwar eingedämmt worden – eine regimekritische künstlerische Betätigung war ohnehin undenkbar –, aber ein allseits wirksamer Konformitätsdruck wurde noch nicht ausgeübt, und es war durch die Existenz kleiner privater Verlage auch noch möglich, abseits der offiziellen Kulturförderung zu publizieren. Partei und Regierung bevorzugten eine Kunst, die im marxistischen Sinne ausgerichtet war, aber nicht jeder, der nicht in dieses Schema passte, wurde ausgegrenzt. Die Kulturpolitik des zuständigen Volkskommissars für Bildung, Anatolij Lunačarskij, ließ es zu, dass sich ein Kultur- und Kunstleben entfaltete, das mit seiner Kreativität und Originalität auch ins Ausland ausstrahlte und in den Gesamtkontext der europäischen Moderne gehört. Aus diesen Gegensätzen heraus formierten sich in den 1920er Jahren mehrere Richtungen in der sowjetischen Literatur, die sich befehdeten, eigene Zeitschriften herausgaben und gegeneinander polemisierten. Grundsätzlich waren Kontrolle und Reglementierung von Kunst und Kultur aber schon angelegt. Eine der ersten, die das zu spüren bekamen, war die Lyrikerin Anna Achmatova, deren Werke ab 1922 nicht mehr gedruckt wurden. Ende der 1920er Jahre verstärkte sich die Tendenz zur Nivellierung des Kulturlebens. Die 1920 gegründete *Allrussländische Assoziation Proletarischer Schriftsteller* (VAPP) entwickelte sich ab 1928 zur monopolistischen Organisation der Literaten.[69] Zahlreiche Kulturschaffende mussten nun Einschränkungen hinnehmen oder litten sogar unter Verfolgungen. Bulgakovs Werke wurden ab 1930 nicht mehr veröffentlicht, Malevič wurde 1930 festgenommen und wochenlang verhört.

Von Lenin zu Stalin

Vor dem Hintergrund der strukturellen Probleme wurde während der 1920er Jahre über den richtigen Weg der künftigen Politik diskutiert. 1922 erlitt Lenin zwei Schlaganfälle und war fortan so geschwächt, dass ihm die Zügel entglitten. Als er 1924 starb, waren in der Partei schon längst Machtkämpfe entbrannt. Als wichtigster Akteur trat nun Iosif Stalin auf den Plan. Hinter dem Pseudonym «Stalin», das so viel wie «der Stählerne» bedeutet, verbarg sich der Georgier Iosif Vissarionovič Džugašvili (1879–1953). Er hatte sich früh der revolutionären Bewegung in Georgien angeschlossen und war um 1900 bei den von Lenin geführten Sozialdemokraten gelandet. Zehn Jahre lang war er als sozialdemokratischer Agitator und Organisator im Kaukasus tätig gewesen, unterbrochen durch Aufenthalte im Gefängnis und in der sibirischen Verbannung.[70] Sein Hauptbetätigungsfeld waren die kaukasischen Industriestädte Tiflis, Baku und Batum, wo er Streiks und Demonstrationen organisierte. Obwohl er bei den Ereignissen des Jahres 1917 eine untergeordnete Rolle spielte, katapultierten sie ihn doch nach oben. Lenin berief ihn in den Rat der Volkskommissare, wo er das Volkskommissariat für Nationalitätenfragen, ab 1919 auch das Volkskommissariat für Staatskontrolle leitete. Als 1919 das Politbüro und das Organisationsbüro des Zentralkomitees geschaffen wurden, wurde Stalin in beide Gremien berufen. Im April 1922 wurde er dann auch noch Generalsekretär des Zentralkomitees der Partei und baute diese Position in den Folgejahren zu einer Machtbasis aus, die ihn am Ende zum Alleinherrscher über Partei und Staat werden ließ.

Bis 1922 war Lenin die unumstrittene Führungspersönlichkeit. Im Dezember 1922 erlitt er allerdings seinen zweiten und im März 1923 einen dritten Schlaganfall und konnte danach nicht mehr sprechen. Bis zu seinem Tod im Januar 1924 war er politisch nicht mehr handlungsfähig. Die Führung lag nun in den Händen des Triumvirats («Trojka») Stalin, Zinov'ev und Kamenev, das sich als maßgebliche Gruppe im Politbüro formierte. Geeint wurden die drei durch das gemeinsame Misstrauen gegenüber Trockij. Dieser verfügte außer seinem Posten als Kriegskommissar über keine weiteren hohen Ämter, dafür aber über Charisma. Ihn umgab die Aura desjenigen, der zusammen mit Lenin die Revolution gemacht hatte. Für die meisten Mitglieder der Partei wie auch in seinen Augen war er der natürliche Nachfolger Lenins. In den innerparteilichen Auseinandersetzungen nach dem Tode Lenins ging es nicht nur um einen reinen Machtkampf um die Nachfolge, vielmehr wurden grundlegende Meinungsverschiedenheiten im Hinblick auf die einzuschlagende Politik ausgetragen. Allerdings erwies sich Stalin in diesen Auseinandersetzungen als äußerst flexibel. Er verfolgte keine durchgehende inhaltliche Linie, sondern manövrierte zwischen den verschiedenen Strömungen und nutzte den Kampf der Fraktionen in der Partei, um alle Konkurrenten zu schwächen und seine eigene Macht und seinen Einfluss zu stärken.

Die beherrschenden Themen in der Auseinandersetzung waren die Entwicklung der Partei und die Wirtschaftspolitik, verbunden mit der Frage, ob die Sowjetunion ihr Experiment allein fortsetzen könne oder ob für den Erfolg erst die Revolutionierung anderer Länder Voraussetzung sei. Stalins «Aufbau des Sozialismus in einem Land» stand gegen Trockijs «Theorie der permanenten Revolution». Trockij bestand weiterhin darauf, dass der Sozialismus in Russland nur im Gleichklang mit der internationalen Entwicklung errichtet werden könne und man daher die Weltrevolution anstreben müsse. Ein sozialistisches Land, als Insel umgeben von feindlichen kapitalistischen Ländern, könne nicht überleben. Dem setzte Stalin seine These vom «Aufbau des Sozialismus in einem Lande» entgegen. Er vertrat die Ansicht, der Aufbau des Sozialismus sei trotz der Rückständigkeit Russlands auch ohne vorherige Weltrevolution möglich. Diese These und die daraus abgeleitete Politik gingen von der Einschätzung aus, dass nach dem Scheitern der deutschen Kommunisten nicht mit einem baldigen Sieg der Revolution in den wichtigen Industrieländern des Westens zu rechnen sei.

Entscheidend für den Ausgang des Konflikts wurde die Kontroverse in der Wirtschaftspolitik, besser bekannt als die «Industrialisierungsdebatte».[71] Es ging dabei um die Frage, mit welcher Strategie man die Sowjetunion am besten industrialisieren sollte: Die Mehrheit innerhalb der Führung, allen voran die «Trojka» Stalin, Kamenev und Zinov'ev, unterstützt von Bucharin, räumte der wirtschaftlichen Erholung der Bauern Vorrang ein. Man müsse den Bauern Anreize geben, mehr zu produzieren und zu verkaufen. Durch diese Belebung des Marktes sollten das Kleingewerbe und die Konsumgüterindustrie angeregt werden. In weiterer Folge werde der Bedarf der Konsumgüterindustrie an Maschinen und Geräten auch die Schwerindustrie stimulieren. Mit den ideologischen Zielvorstellungen war diese Politik, die auf den bestehenden Besitzverhältnissen und den überkommenen sozialen und wirtschaftlichen Strukturen des russischen Dorfes basierte, freilich auf Dauer nicht vereinbar. Hier konnten Trockij und seine Anhänger mit ihrer Kritik ansetzen. Sie wollten dem Aufbau der Industrie den Vorrang geben, mit der Begründung, im Zentrum der Aufmerksamkeit sozialistischer Politik müsse der Industriearbeiter stehen. Trockij erklärte in seinen Thesen zum 12. Parteitag 1923: «Nur die Entwicklung der Industrie schafft eine unerschütterliche Grundlage für die proletarische Diktatur.» Trockij forderte eine konsequente Planwirtschaft und gezielte Subventionen für die Schwerindustrie.

Stalin benutzte den innerparteilichen Streit, um seine Konkurrenten um die Macht zu diskreditieren und der Reihe nach auszuschalten. Zunächst verteidigte er die Neue Ökonomische Politik gegen ihre Gegner von links. Trockij, Zinov'ev und Kamenev wurden 1927 aus der Partei ausgeschlossen. Im Januar 1928 wurde Trockij nach Kasachstan verbannt, Zinov'ev und Kamenev nach Kaluga, eine Provinzstadt unweit von Moskau. Zinov'ev und Kamenev wurden zwar nach einigen Monaten wieder in die Partei aufgenommen, hatten aber nichts mehr zu sagen und wurden 1936 im Zuge des Großen Terrors erschossen. Trockij, der 1929 des Landes verwiesen wurde, fiel 1940 in seinem mexikanischen Exil einem Mordanschlag durch einen sowjetischen Agenten zum Opfer.

Kurz nach der Entmachtung der «Linken» schlug Stalin eine Politik ein, die weitgehend den Forderungen der eben erst Diffamierten entsprach, nämlich in Richtung auf den forcierten Aufbau der Schwerindustrie und die Kollektivierung der Landwirtschaft. Als Bucharin im Herbst 1928 ein gemäßigteres Tempo forderte und auf Distanz zu Stalins gewandelter Politik ging, diffamierte ihn dieser als «Rechtsabweichler». Obwohl Stalin derjenige war, der von der Linie abgewichen war, gelang es ihm, Bucharin zusammen mit dem Vorsitzenden des Rates der Volkskommissare Rykov und dem Gewerkschaftschef Tomskij als «rechte Opposition» an den Pranger zu stellen und aus dem Politbüro ausschließen zu lassen. Bucharin und seine Genossen unterwarfen sich Stalin und durften zur Belohnung in weniger wichtigen Ämtern verbleiben – bis sie 1938 in Schauprozessen zum Tode verurteilt und erschossen wurden.

6. Die Sowjetunion um 1926

Die Sowjetunion auf der Pariser Weltausstellung 1925

Auf der Pariser Weltausstellung des Jahres 1925 gab es zwei architektonische Attraktionen: den «Pavillon de l'Esprit Nouveau» des französischen Architekten Le Corbusier und den Pavillon der Union der Sozialistischen Sowjetrepubliken. Es war dies das erste Mal seit der Revolution, dass sich der junge Sowjetstaat auf einer Weltausstellung präsentierte, und wie schon 1900 trieb man großen Aufwand, um sich in Szene zu setzen.

Im November 1924 war die Sowjetunion von Frankreich diplomatisch anerkannt worden. Die Franzosen verbanden die Aufnahme diplomatischer Beziehungen mit der Einladung, an der Weltausstellung teilzunehmen. Aus dem daraufhin in der Sowjetunion veranstalteten Architektenwettbewerb ging der Entwurf des jungen Architekten Konstantin Mel'nikov siegreich hervor. Mel'nikov hatte sich bereits mit zwei realisierten Projekten einen Namen gemacht: 1923 hatte er für die Allrussländische Industrieausstellung den Pavillon der Russischen Tabakindustrie entworfen, im Jahr darauf den Sarkophag für das Lenin-Mausoleum. Die Jury wurde von Bildungskommissar Lunačarskij persönlich geleitet, ihr gehörte unter anderem der bekannte Schriftsteller Majakovskij an. Im Januar 1925 reiste Mel'nikov mit seiner Familie nach Paris, um dort den Pavillon aufzubauen.[1]

Das Gelände, das die Organisatoren für die Präsentation der Sowjetunion zur Verfügung gestellt hatten, maß nur knapp 325 Quadratmeter. Damit war es gegenüber den 24 000 Quadratmetern, die das Russländische Reich bei der Weltausstellung des Jahres 1900 zur Verfügung gehabt hatte, sehr klein. Damals war Russland eine Großmacht und mit Frankreich verbündet gewesen. Jetzt war die Sowjetunion gerade erst darin begriffen, vom Paria wieder in die Position eines gleichberechtigten Mitglieds der Staatengemeinschaft aufzusteigen. Die Eröffnung des Pavillons geriet zu einer politischen Demonstration: Französische Arbeiter waren aufmarschiert, begrüßten den anwesenden sowjetischen Botschafter mit den Rufen «Es leben die Räte» und sangen die Internationale. Die Polizei veranlasste den Botschafter daraufhin, im Pavillon zu verschwinden und zerstreute die Menge.[2]

Das architektonische Erscheinungsbild und das Innere des Pavillons, der mit einem Grand Prix ausgezeichnet wurde, standen für die Stilrichtung des Konstruktivismus: Das Gebäude bestand aus Glas und Holz und stach durch eine phantasievolle geometrische Linienführung, Leichtigkeit und Transparenz hervor. Es stand in völligem Kontrast zu dem Bau, der 25 Jahre zuvor das Russländische Reich in Paris repräsentiert hatte: Gegenüber dem historisierenden, «russisch» und schwer wirkenden Bau von damals hatte man jetzt eine avantgardistische luftige Konstruktion gewählt, die äußerlich nur durch die rote Farbe und den Fahnenmast mit der Aufschrift «SSSR» den Bezug zu Sowjetrussland herstellte. Die Sprache dieser Architektur war eindeutig: Wir verkörpern etwas Internationales, Modernes, Revolutionäres, wir lassen alte Strukturen hinter uns, wir verwenden neue Formen und neue Materialien – und wir tun das für unsere Arbeiter. Den Kern des Pavillons bildete nämlich ein Arbeiterklub, dessen Interieur der bekannte Designer und Künstler Aleksandr Rodčenko entworfen hatte.[3]

Die Vision von der sozialistischen Stadt

Die Präsentation der Sowjetunion in Paris spiegelte das Selbstverständnis des jungen Staates wider und verwies auf Zukunftsvorstellungen, wie sie zu dieser Zeit diskutiert wurden. Es ging darum, wie die sowjetischen Städte künftig sein und wie die «neuen Menschen» fortan im Sozialismus leben sollten. Konstruktivistische Arbeiterklubs wie der in Paris präsentierte wurden in der Sowjetunion der 1920er Jahre tatsächlich gebaut. Konstantin Mel'nikov entwarf mehrere solcher Klubs. Der bekannteste ist der für die Gewerkschaft der Moskauer Kommunalarbeiter («Rusakov-Klub»), ein in den Jahren 1927 bis 1929 errichtetes markantes Gebilde aus Beton, Glas und Stahl.[4]

Der russische Konstruktivismus verstand sich als die Architektur der neuen kommunistischen Gesellschaft. Er suchte nach neuen Formen der Gestaltung, des Bauens und Wohnens, die dem neuen sozialistischen Menschen angemessen seien. Dabei bewegten sich die sowjetischen Architekten innerhalb der Formensprache der europäischen Moderne und verstanden sich als Teil einer internationalen Gemeinschaft fortschrittlicher Architekten. Sowjetische Avantgardisten reisten nach Deutschland, um sich Anregungen zu holen. Was Bruno Taut, Ernst May und Walter Gropius in Deutschland bauten, war aus sowjetischer Perspektive attraktiv, weil es technisch-funktionelle mit sozialen Aspekten verband.[5] «Das ist gebauter Sozialismus», meinte der sowjetische Bildungskommissar Lunačarskij begeistert, als er die von Bruno Taut konzipierte «Hufeisensiedlung» in Berlin-Britz besichtigte.[6]

Seit 1922 wurde in der Sowjetunion heftig über Städtebau, Stadtplanung und Wohnen diskutiert. Den gemeinsamen ideologischen Nenner dieser Diskussion bildeten drei Prinzipien, die man wiederum auf Marx und Engels zurückführte: Der im Kapitalismus bestehende Gegensatz zwischen Stadt und Land sollte aufgehoben werden; die Frau sollte von der Hausarbeit befreit und in die Produktion einbezogen werden; der «neue Mensch» sollte zu einer vergesellschafteten Lebensweise übergehen. Zwei Richtungen zeichneten sich in dieser Debatte ab: Auf der einen Seite standen die Traditionalisten, die auf der Grundlage der vorhandenen städtebaulichen Substanz planten, auf der anderen die Avantgardisten, die sich nicht an gewachsene Strukturen gebunden fühlten und völlig neue sozialistische Städte errichten wollten. So entstanden utopische Entwürfe einer neuartigen Stadt mit viel Luft, Grün, Beton, Glas, Stahl und einer futuristisch-technisierten Infrastruktur.[7]

Die Utopien fanden auch Eingang in Literatur, Malerei und Film. Der Schriftsteller Aleksej Tolstoj, 1923 aus der Berliner Emigration nach Moskau zurückgekehrt, beschreibt in seiner Science-Fiction-Erzählung «Die blauen Städte» aus dem Jahr 1925 folgende Vision: «Pflanzen und Blumen bedecken die stufenartigen Terrassen der Häuser mit Spiegelfenstern. Keine Schornsteine, keine Leitungen über den Dächern, keine Straßenbahnleitungsmasten, keine Litfasssäulen, keine Kutschen auf den breiten Straßen, die mit dichtem, bläulich grünem Rasen bedeckt sind. Das ganze Nervensystem der Stadt wurde unter die Erde befördert. [...] Wir haben das Gewicht von uns abgeschüttelt, das wir auf unseren krummen Rücken geschleppt haben. Wir haben uns ausgestreckt. Menschen von gestern werden diese neuen Gefühle der Freiheit, Kraft und Jugend nicht begreifen können.»[8]

Die sozialistische Stadt sollte als Gegenentwurf zur kapitalistischen Stadt eine bessere Variante der Moderne verkörpern. Diesem Gegenentwurf lagen keine eigenen Erfahrungen mit der verteufelten kapitalistischen Stadt zu Grunde, sondern er hatte mehr mit ideologischen Vorurteilen und Phantasien zu tun und beruhte bestenfalls auf der Übernahme der Großstadtwahrnehmungen sozialkritischer westeuropäischer Schriftsteller. Die «sozialistische Stadt» war die Antwort auf das in der fiktionalen Literatur gespiegelte Schreckbild vom westlichen «Moloch Großstadt», den es in Russland noch gar nicht gab. Losgelöst von den eigentlichen Problemen der sowjetischen Städte lassen sich die städtebaulichen Visionen der sowjetischen Architekten der 1920er Jahre daher als literarisch-architektonische Phantasien interpretieren. Man plante meist gar nicht für die Realisierung, denn eine Umsetzung der kühnen Lösungen lag ökonomisch und technisch jenseits des Möglichen.[9]

Zwischen 1925 und 1932 erschienen zahlreiche Publikationen zum Gegensatz zwischen der «kapitalistischen» und der «sozialistischen» Stadt. Sie hatten unverkennbar eine pädagogische Funktion und dienten der Selbstvergewisserung: Das Bild von der grauen Großstadt mit ihren finsteren Straßenschluchten und schmutzigen Armenquartieren als Hort von Verelendung, Dekadenz, Prostitution, Verbrechen und Krankheit verdeutlichte, wo man nicht landen wollte, und suggerierte die prinzipielle Überlegenheit des Sozialismus. «Die Zukunft gehört der grünen und sonnigen kommunistischen Gartenstadt!», verkündete der Publizist Pavel Lopatin.[10] Er stellte die westeuropäische Großstadt als nicht erstrebenswerte Sackgasse der Entwicklung hin und beschrieb als Gegenentwurf das Moskau des Jahres 1970: im Zentrum Wolkenkratzer «amerikanischen Typs aus Beton und Zement» sowie repräsentative öffentliche Gebäude, die an griechische Tempel und die Prachtbauten Roms erinnerten, auf den Anhöhen über der Moskva ein weithin sichtbares imposantes Leninmonument, rund um den Stadtkern aber weitläufige Parks und Wohngebiete mit zwei- bis dreistöckigen Häusern inmitten von viel Grün, Sonne und Luft, und zur Überwindung der innerstädtischen Entfernungen modernste Technik (Autos, Untergrundbahnen, Laufband-Gehsteige und Zeppeline).[11] Dieses kunterbunte Mosaik von antiker Ästhetik, amerikanischem Fortschritt, englisch-deutscher Gartenstadtbewegung und technischen Innovationen illustriert, dass die sowjetischen Zukunftsprojektionen der 1920er Jahre bei aller Ablehnung des Kapitalismus nicht frei von einer Faszination für ausgewählte Errungenschaften desselben waren.

Die unterschiedlichen Gesichter Moskaus

Das reale Moskau der 1920er Jahre hatte mit derartigen Visionen wenig zu tun. Mit der Aufhebung des Privateigentums an Grund und Boden hatten die Bolschewiki zwar eigentlich in rechtlicher Hinsicht ideale Voraussetzungen für die Stadtplanung geschaffen, denn diese brauchte nun nicht mehr auf die Partikularinteressen einflussreicher Haus- und Grundbesitzer Rücksicht nehmen. Nach mehr als einem Jahrzehnt bolschewistischer Herrschaft musste das Zentralkomitee allerdings 1931 feststellen, dass die Bebauung und das Wachstum der Hauptstadt des Sozialismus bisher «spontan» und planlos erfolgt waren.[12] Der Neubau von Wohnungen blieb infolge des Mangels an Investitionsmitteln weit hinter dem Bedarf zurück. Er konzentrierte sich in der ersten Hälfte der 1920er Jahre auf den Siedlungsbau mit kleinen Einzel- und Reihenhäusern, denn nach der Revolution hatte man zunächst die Gartenstadt zur offiziellen städtebaulichen Doktrin erklärt. Wohnanlagen mit großen Grünflächen boten neben dem Erholungswert auch die Möglichkeit der Selbstversorgung mit Gemüse und Kartoffeln sowie der Kleintierhaltung, was unter dem Eindruck der Versorgungsengpässe ein gewichtiges Argument war. Nach dem Vorbild der in England und Deutschland schon seit der Jahrhundertwende entstandenen Gartenstädte wollte man im Weichbild Moskaus neue Arbeitersiedlungen schaffen.[13] 1923 entstand im Nordwesten von Moskau die Gartenstadt «Sokol», eine Genossenschaftssiedlung, in deren Häuser jedoch weniger Arbeiter als vielmehr Angehörige der Intelligenz einzogen.[14] Das Konzept der Gartenstadt war allerdings umstritten, denn es entsprach nicht der Forderung nach neuen kollektiven Wohnformen und konnte nur für eine kleine Zahl von Personen Wohnraum schaffen. Ab 1925 ging man dazu über, in den innerstädtischen Randgebieten und Industrievierteln Wohnkomplexe aus drei- bis fünfgeschossigen Häuserblocks mit dazugehörigen Versorgungseinrichtungen zu bauen.[15]

1925 fand der Plan für «Groß-Moskau» von Sergej Šestakov bei den

Behörden Resonanz. Der Plan ging von der historisch gewachsenen Stadt aus und sah, in Anlehnung an das Gartenstadtkonzept, konzentrische Kreise verschiedener Zweckbestimmung vor.[16] Moskau sollte zur größten Metropole der Welt wachsen, mit einem weitläufigen grünen Gürtel zwischen dem Zentrum und den außerhalb neu zu errichtenden Wohngebieten. Der Plan wurde eine Zeitlang berücksichtigt, wenn es um die Standortfestlegung von Bauvorhaben ging, aber letztlich nie offiziell bestätigt,[17] sodass die Stadt keinen gültigen Raumordnungsplan hatte. Vor diesem Hintergrund agierten zahlreiche Wirtschaftsverwaltungen und Kommissariate beim Bau von Fabriken und Betrieben unkoordiniert und selbstherrlich. Zu dieser Unordnung trug bei, dass die Sowjetunion keine kommunale Selbstverwaltung kannte. Gemäß dem Stadtstatut von 1925 fiel die Verwaltung der städtischen Angelegenheiten zwar den Stadtsowjets zu, aber die wichtigen Entscheidungen wurden nicht in diesem Gremium getroffen, sondern im Stadtparteikomitee, und daneben agierten Zentralbehörden des Staates und mächtige Betriebe auf kommunaler Ebene, ohne sich mit der Stadtverwaltung abzustimmen.[18] Im Falle Moskaus kam erschwerend hinzu, dass die Stadt bis 1931 nicht einmal einen eigenen Verwaltungskörper bildete, sondern unmittelbar durch die Gebietsverwaltung und das Gebietsparteikomitee regiert wurde, was für eine Stadt dieser Größenordnung völlig unangemessen war. Dahinter stand die ideologische Wunschvorstellung, die Überwindung des Gegensatzes zwischen Stadt und Land zu fördern. So kam es, dass sich Moskau auf eine chaotische, jeder sozialistischen Musterplanung spottende Weise entwickelte. Behörden, Betriebe, Organisationen und Einzelpersonen errichteten Produktionsstätten und mehr oder weniger provisorische Unterkünfte. Das alles erfolgte unkoordiniert, ohne Gesamtkonzept und ohne eine entsprechende Versorgung mit Infrastruktur. Die Peripherie der Stadt hatte weder Wasserleitung noch Kanalisation und auch die Verkehrsanbindung an das Zentrum war dürftig.[19] Dabei war Moskau eine der größten und am schnellsten wachsenden Städte Europas. 1917 hatte die Bevölkerungszahl mehr als zwei Millionen betragen. Während des Bürgerkriegs hatte sie sich vorübergehend fast auf die Hälfte reduziert, weil die Menschen aufs Land flüchteten oder dem Hunger und Seuchen zum Opfer fielen. Ab 1920 setzte jedoch neuerlich ein starkes Wachstum ein, denn Moskau hatte nun von Petrograd die Hauptstadtfunktion übernommen, bot Lebens- und Aufstiegschancen wie keine andere sowjetische Stadt und übte dadurch eine hohe Anziehungskraft auf Zuwanderer aus. 1926 war der Stand von vor der Revolution in der Bevölkerungszahl und in der Wirtschaft wieder erreicht.[20]

Das Bevölkerungswachstum ging mit sozialen Veränderungen einher. Im

Gefolge der Oktoberrevolution wurde die Kaufmannsschicht, die das alte Moskau geprägt hatte, zerschlagen. Es begann eine bis zum Zweiten Weltkrieg anhaltende «Verbäuerlichung» durch den massenhaften Zustrom von Arbeitskräften ländlicher Herkunft, die vielfach am Stadtrand in selbst gebauten Behelfsunterkünften oder Fabriksbaracken hausten.[21] In den Baracken- und Hüttenstädten waren städtische und staatliche Macht kaum präsent. Auf diese Weise bildete sich am Rande von Moskau eine Zone des Übergangs von der ländlichen zur urbanen Lebensform heraus und selbst dem Stadtzentrum drückten die vielen Migranten aus dem Dorf, denen man in Kleidung und Verhalten immer noch ihre Herkunft ansah, ihren Stempel auf.[22] Walter Benjamin, der sich 1926/27 mehrere Monate in Moskau aufhielt, fiel auf, wie sehr die Stadt dörfliche Züge trug und von Kleinhändlern dominiert wurde:

«Moskau ist die stillste von allen Großstädten und im Schnee ist sie es doppelt. Das Hauptinstrument im Orchester der Straße, die Autohupe, ist hier schwach besetzt; es gibt wenig Autos. [...] Mit diesen Straßen ist eins sonderbar: das russische Dorf spielt in ihnen Versteck. Tritt man durch irgend eine der großen Torfahrten – oft sind sie durch schmiedeeiserne Gitter verschließbar, aber ich habe nie eines versperrt gefunden – dann steht man am Beginn einer geräumigen Siedlung, die oft so breit und ausladend angelegt ist, als ob der Raum in dieser Stadt nichts kostet. So öffnet sich ein Gutshof oder ein Dorf. Der Grund ist uneben, Kinder fahren in Schlitten, schaufeln den Schnee, Schuppen für Holz, Gerät oder Kohlen füllen die Winkel, Bäume stehen herum, primitive Holzstiegen oder Anbauten geben der Seitenfront oder Rückfront von Häusern, die nach der Straße sich sehr städtisch präsentieren, das Äußere eines russischen Bauernhauses. So wächst die Straße um die Dimension der Landschaft. – Moskau sieht freilich überall nicht recht wie die Stadt selbst aus sondern eher wie ihr Weichbild. Der aufgeweichte Grund, die Bretterbuden, lange Transporte von Rohmaterialien, Vieh, das zum Schlächter getrieben wird, dürftige Schenken trifft man in den zentralsten Teilen der Stadt an.»[23]

Vor dem Hintergrund der Neuen Ökonomischen Politik bildete Moskau einen Mikrokosmos einer halb sozialistischen, halb kapitalistischen Stadt: Das Straßenbild prägten nicht nur die Symbole der Sowjetherrschaft und uniformierte Repräsentanten des Regimes, sondern auch die unzähligen kleinen Läden, Cafés, Restaurants sowie Händler und Bauern, die auf den großen Märkten und auf den Straßen ihre Waren feilboten.[24] Ausländische Besucher beschreiben für die Mitte der 1920er Jahre ein reges Nachtleben auf der Tverskaja-Straße, mit Bars, Nachtklubs, Kasinos und amerikanischer Musik. Geschätzte 15 000 Prostituierte gingen in Moskau ihrem Gewerbe nach. Laut einer Umfrage des Volkskommissariats für Gesundheitswesen leistete sich fast ein Drittel der einfachen Arbeiter und die Hälfte der qualifizierten Metallarbeiter von Zeit zu Zeit eine Prostituierte.[25]

Der Satiriker Michail Zoščenko hat diese Ambivalenz und Uneindeutigkeit in seinen Erzählungen auf eine wunderbare Weise eingefangen.[26] Die Protagonisten dieser satirischen Geschichten sind proletenhafte Personen, die auftreten, als seien sie die neuen Herren im Lande, sich aber letztlich stets als unbeholfen, desorientiert und labil entpuppen: Sie sind ungebildet und beschränkt in ihrer Wahrnehmung, reden zwar großspurig und scheinbar selbstbewusst daher, lassen sich aber in der Konfrontation mit Vertretern der «Bourgeoisie» und «Aristokratie» (oder was sie dafür halten) leicht verunsichern. Dabei wird deutlich, dass im Nebeneinander zweier einander widersprechender Normensysteme noch keine Klarheit herrscht und das proletarische Überlegenheitsgefühl schnell in einen Minderwertigkeitskomplex umschlagen kann gegenüber denen, die über Bildung und Geld verfügen, besser gekleidet sind und sich kultiviert zu benehmen wissen. «Eigentlich aber hat sich mir bei der Einführung der NÖP das Herz zusammengekrampft», sagt der Protagonist einer dieser Erzählungen. «Ich hab sozusagen ein paar jähe Veränderungen vorausgefühlt. Und wirklich, unterm Kriegskommunismus, wie frei ging's da zu in bezug auf Kultur und Zivilisation. Wollen mal sagen, im Theater brauchte man sich nicht auszuziehen – sitz doch, in was du hergekommen bist. Das war eine echte Errungenschaft. [...] Stimmt ja, nichts gegen zu sagen, ohne Mantel hebt sich das Publikum vorteilhafter ab, sieht schöner aus, eleganter. Aber was in den bourgeoisen Ländern gut ist, geht bei uns doch manchmal daneben.»[27]

Die Bevölkerung profitierte insgesamt von der wirtschaftlichen Belebung und der durch die privaten Anbieter verbesserten Versorgung. Die Schaufenster waren voll mit Waren, allerdings zu hohen Preisen. Da die mittlere und große Industrie stagnierte, war die Arbeitslosigkeit seit 1922 im Ansteigen begriffen. 1927 belief sich die Zahl der Arbeitslosen in der Sowjetunion auf 1,47 Millionen, wobei die Großstädte besonders betroffen waren. In Moskau lag die Arbeitslosenquote bei 20 Prozent.[28] Zudem waren die sozialen Folgen des Bürgerkriegs noch nicht überwunden. Zahllose Bettler und verwahrloste Kinder bevölkerten die Straßen der Innenstadt und in den Außenbezirken trieben Banden von «Hooligans» ihr Unwesen.[29] Die Arbeiter in den Fabriken hatten sich damit abfinden müssen, dass sie es nach dem Zwischenspiel des Kriegskommunismus wieder mit Chefs und Unternehmern zu tun hatten, denen sie ablehnend gegenüberstanden. Zum Unmut trugen außerdem die hohen Preise für Konsumgüter, die Wohnungsnot, Verzögerungen bei der Lohnauszahlung und die häufigen Produktionsstillstände und Entlassungen infolge des chronischen Materialmangels bei. All dies äußerte sich in zahlreichen Streiks und anderen Formen des Arbeiterprotests. Besonders schlecht war die Stimmung unter den Arbeitslosen.[30] Die eigentlichen Nutznießer der Neuen Ökonomischen Politik waren die sogenannten NEP-Leute (*nėpmeny*) – kleine Unternehmer, Händler und Spekulanten, die geschickt die sich bietenden Freiheiten ausnutzten, gut verdienten, teuren Vergnügungen nachgingen und häufig am Rande oder jenseits der Legalität agierten. Der Schriftsteller Joseph Roth, der 1926 als Korrespondent der Frankfurter Zeitung die Sowjetunion bereiste, hat diesen Typus anschaulich beschrieben. Er nennt ihn den «auferstandenen Bourgeois»:

«Aus den Trümmern des zerstörten Kapitalismus steigt der neue Bürger hervor (nowij burjui), der NEP-Mann, der neue Händler und der neue Industrielle, primitiv wie in den Urzeiten des Kapitalismus, ohne Börse und Kurszettel, nur mit Füllfeder und Wechsel. Aus dem absoluten Nichts entstehen Waren. [...] Das Proletariat steht vor seinen Schaufenstern und kann seine Waren nicht kaufen – als wär's ein kapitalistischer Staat. An vielen Gefängnissen streift der neue Bürger vorbei – in mehreren hat er schon gesessen. Der Verlust der ‹bürgerlichen Ehrenrechte› kann ihm gleichgültig sein; denn er besitzt gar keine. Er will nicht befehlen, er will nicht regieren, er will nur erwerben. Und er erwirbt. [...] So spielt sich unter der Decke ein regelloses kapitalistisches Leben ab, ein Kaufen und Verkaufen, ein Borgen und Verzinsen, ein gefahrvolles Leben, das dem modernen tüchtigen NEP-Mann die wesentlichen Züge eines Räuberhauptmanns verleiht. [...] ‹Es ist eine Übergangszeit›, sagen die Arbeiter. Sie meinen, es wäre ein Übergang zum sozialistischen Staat. Aber auch die Bürger sagen: ‹Es ist eine Übergangszeit› – und sie meinen, es wäre ein Übergang zur kapitalistischen Demokratie. Beide warten auf das Kommende und stören einander vorläufig nicht merkbar.»[31]

Ein gravierendes Problem bildete die Wohnungsnot, die sich durch die Zuwanderung ständig verschärfte. Sie wurde durch die dichtere Belegung der vorhandenen Wohnungen, die Umwidmung von Klöstern, Adelspalästen und allem, was sich nur irgendwie als Unterkunft eignete, sowie die Errichtung von behelfsmäßigen Massenunterkünften «gelöst». Die durchschnittliche Wohnfläche pro Person sank in Moskau zwischen 1912 und 1940 von 7,4 auf 4,1 Quadratmeter.[32] Die Normalität des Wohnens war nicht das avantgardistische Kommunehaus, sondern die berüchtigte «Kommunalka», die Gemeinschaftswohnung, in der auf engstem Raum eine große Zahl von Personen wohnte und sich Küche und Sanitäreinrichtungen teilte. Sie war in den 1920er und 1930er Jahren die Regel und wurde erst ab dem Ende der 1950er Jahre allmählich durch die Einzelwohnung verdrängt. Die Kommunalka war dadurch entstanden, dass die Bolschewiki unmittelbar nach der Revolution den Wohnraum in der Innenstadt beschlagnahmt und in jede herrschaftliche Wohnung mehrere Arbeiterfamilien einquartiert hatten, die jeweils ein Zimmer bewohnten und sich die Küche und die Sanitäreinrichtungen teilten. Auch die Mietskasernen wurden nach derselben Methode dichter belegt. Auf diese Weise entstanden außerordentlich beengte Wohnverhältnisse, in denen nur ein sehr eingeschränktes Privatleben möglich war und in denen es häufig aufgrund der heterogenen sozialen Zusammensetzung der Mitbewohner zu Spannungen kam. Die gemeinsame Nutzung von Küche und Bad – sofern es überhaupt fließend Wasser gab – erforderte Regeln. Morgens standen die Menschen vor der Toilette Schlange und wer sie länger als fünf Minuten blockierte, musste mit wütendem Klopfen an der Tür rechnen. Mittelpunkt der sozialen Interaktion war die Küche, wo die Frauen zwangsläufig gleichzeitig am Werk waren. Da sie sich beim Kochen am Gemeinschaftsherd gegenseitig im Wege standen, wurde dieser bereits Anfang der 1920er Jahre durch individuelle Kerosinkocher ersetzt. Typischerweise stand in der Küche für jede Familie ein solcher Kocher, der sogenannte «Primus», benannt nach der schwedischen Firma, die ihn herstellte. Die Zubereitung der Mahlzeiten dauerte auf diesen Geräten sehr lange und die Gefahr von Unfällen war groß. Sie verschwanden erst in den 1950er Jahren aus den Wohnungen, als die großen Städte mit Gas versorgt wurden.[33]

Anlässlich des zehnjährigen Jubiläums der Oktoberrevolution wurde in der Sowjetunion 1927 eine Zwischenbilanz gezogen. Vor dem Hintergrund der bei dieser Gelegenheit wieder stärker in Erinnerung gerufenen Idee von der sozialistischen Gesellschaft erschienen vielen überzeugten Kommunisten die von der Neuen Ökonomischen Politik bewirkten Zustände als verstörend. Man hatte schließlich im Bürgerkrieg nicht dafür gekämpft, dass sich die NEP-Leute und der Kapitalismus breit machten. «Die Straßen sind krank durch Taugenichtse. Ich habe mir sogar kurz vorgestellt, dass es das zaristische Russland wäre, und hier spazierten Gräfinnen, Fürstinnen, Fürsten und übriger Unrat herum. Und wissen Sie, es klappt ... für ein paar Minuten mit geschlossenen Augen.» – Mit diesen vernichtenden Worten beschrieb ein Besucher aus der Provinz seine Eindrücke in Moskau[34] und sprach damit vielen aus der Seele.

Unzufrieden mit dem Erreichten, gingen die Bolschewiki ab 1926/27 wieder in die Offensive. Sie holten Revolution und Bürgerkrieg zurück ins Bewusstsein und bekämpften alles, was in ihrer Wahrnehmung «bürgerlich», «kapitalistisch» und «rückständig» war. Sie verschärften den Kampf gegen die Kirche, verdrängten Kinder bürgerlicher Abstammung aus dem höheren Bildungswesen, um Platz für Proletarier zu machen, und schikanierten die privaten Gewerbetreibenden, Händler und Unternehmer. Gleichzeitig machten sie sich an die Umerziehung der mit «rückständigen» Einstellungen und Lebensweisen behafteten Migranten aus dem Dorf, denn die «Verbäuerlichung» des städtischen Milieus wurde als genauso misslich empfunden wie die sichtbare Präsenz der «Bourgeois». «Schau nach links und nach rechts, bevor Du die Straße überquerst!», mahnten Schilder, die zu dieser Erziehungskampagne gehörten.[35]

Das Dorf

Das noch viel größere Problem für die Bolschewiki stellte die Bevölkerung in den Dörfern dar, denn sie stand dem, was sich die Bolschewiki unter der sozialistischen Gesellschaft vorstellten, reichlich fern. Häuser, Kleidung und Lebensweise der Bauern hatten sich gegenüber der Zeit vor der Revolution kaum verändert und auch das Leben in der Bauerngemeinde funktionierte in den 1920er Jahren noch weitgehend nach denselben Regeln wie vor 1917.[36] Allein schon die riesigen Entfernungen, gepaart mit unzulänglichen Verkehrsverhältnissen und einem Mangel an geeignetem Personal, erschwerten wie schon zur Zarenzeit den Zugriff des Staates auf die ländliche Bevölkerung.[37]

Noch Mitte der 1920er Jahre lebten mehr als 80 Prozent der Bevölkerung auf dem Land und 75 Prozent waren in der Landwirtschaft tätig. Die Bauern waren es gewohnt, ihr Leben in der traditionellen Landgemeinde weitgehend selbst zu regeln. Auch unter den neuen Herren hegten sie ein Misstrauen gegenüber Vertretern der staatlichen Macht. Wie vor der Revolution reichte die staatliche Administration nur bis zu den Ebenen der Gouvernements und Kreise. Unterhalb der Kreise, also in den Amtsbezirken (*volost'*) und Dörfern, war der Staat nur mit wenigen Funktionsträgern präsent. Die Bauern betrachteten die Bolschewiki als ferne Obrigkeit und kommunizierten mit ihnen, so wie sie es mit den zarischen Behörden getan hatten: Wenn sie etwas wollten oder unzufrieden waren, dann schickten sie Bittsteller in die Hauptstadt oder schrieben Beschwerdebriefe an höhere Funktionäre und an Zeitungen. Die Bauernzeitung (*Krest'janskaja gazeta*) erhielt pro Jahr mehr als 500 000 Zuschriften. Die Unzufriedenheit entzündete sich vor allem an den hohen Steuern, den unerschwinglichen Preisen für Industriewaren und niedrigen Preisen für landwirtschaftliche Produkte.[38] Wo sie sich von Repräsentanten der Obrigkeit bedrängt fühlten, wehrten sie sich. Ein britischer Diplomat berichtete 1925, die Lage auf dem Land sei für die Bolschewiki alarmierend. Die Presse schreibe fast täglich von Morden an kommunistischen Agitatoren und Kommissaren.[39]

Den Bolschewiki gelang es immerhin, in den Dörfern Fuß zu fassen, indem sie sogenannte Dorfsowjets und Parteizellen auf dem Land installierten. In der Praxis vereinten diese Dorfsowjets aber Vorstellungen der Kommunisten mit überkommenen Spielregeln der Dorfversammlung oder sie bestanden nur neben den traditionellen Dorfversammlungen.[40] Diese hießen zwar jetzt «Bürgerversammlungen» und es durften nun im Unterschied zu früher auch Frauen und Besitzlose teilnehmen, aber an den traditionellen Entscheidungsmechanismen im Dorf änderte sich dadurch wenig, zumal es unter den Bauern nur wenige Kommunisten gab. Die sich in den Dörfern als Kommunisten betätigten, waren entweder Auswärtige und hatten als solche unter den Bauern einen schweren Stand, oder sie waren Angehörige des ländlichen Proletariats und spielten von daher in der Dorfgemeinschaft eine untergeordnete Rolle. Es konnte jedenfalls keine Rede davon sein, dass die Kommunisten den Ton angaben oder im Dorf als Führungspersönlichkeiten akzeptiert waren. Sie versuchten, durch sogenannte *Komitees der Dorfarmut* einen Keil in die Dorfgemeinschaft zu treiben und die ärmeren Bauern und Landarbeiter gegen die anderen Bauern zu mobilisieren, hatten damit aber wenig Erfolg. Die Beteiligung an den Wahlen zu den Dorfsowjets war gering. Der dörfliche Alltag wurde nicht von Fragen der Politik bestimmt, sondern drehte sich um Felder und Vieh, Aussaat und Ernte, Besitz und Besitzteilung, Verwandtschaft und Sippe, Dorfalltag und Festlichkeiten, Liebe und Heirat, Krankheit und Tod.[41] Wenn sich die Bauern auf Versammlungen äußerten, dann klagten sie über die Benachteiligung des Dorfes gegenüber der Stadt, den schlechten Zustand des Schulwesens und der medizinischen Versorgung, die hohen Preise für Industriewaren und die Steuerlast. Den Jahresablauf strukturierten weiterhin die kirchlichen Feste. Die Feierlichkeiten zum 1. Mai und zur Oktoberrevolution stießen bei den Bauern hingegen auf Desinteresse und wurden mancherorts sogar gestört. Überhaupt berichtete die Geheimpolizei 1926 über «stark entwickelten Hooliganismus im Dorf, der vielfach kriminell-banditischen Charakter hat und eine politische Richtung annimmt, indem ihn antisowjetische Elemente im Dorf zum Kampf gegen die sowjetische Öffentlichkeit benutzen». Weiter hieß es, die Vertreter der Sowjetmacht würden unter dem «Terror» der «Kulaken» und deren Anwendung von «faschistischen Pogrom-Methoden» leiden.[42]

Unter den Bedingungen der Neuen Ökonomischen Politik konnten die Bauern relativ frei wirtschaften und ihre Überschüsse auf dem Markt verkaufen. Die Schere zwischen niedrigen Preisen für Agrarprodukte und hohen Preisen für das geringe Angebot an Industriewaren bewirkte allerdings eine chronische Unzufriedenheit der Bauern und mündete im Laufe der 1920er Jahre wiederholt in Engpässe bei der Getreideversorgung, weil die Bauern sich mit Verkäufen zurückhielten.[43] Bezüglich der Agrarverfassung orientierten sich die Bauern vielfach am alten Modell der Umteilungsgemeinde (*obščina*). In sozioökonomischer Hinsicht hatte dies eine egalisierende Wirkung, denn die Unterschiede im Besitz glichen sich aus. Typisch wurde der Kleinlandwirt mit einem Pferd und zwei bis drei Kühen. Das von den Bolschewiki systematisch aufgebaute Feindbild vom «Kulaken» als dem reichen Bauern, der das Dorf dominiert und die Armen ausbeutet, ohne sich selbst körperlich anstrengen zu müssen, war eine arge propagandistische Verzerrung und der ideologischen Kategorienbildung geschuldet.

Die Bolschewiki teilten die bäuerliche Bevölkerung nach Kategorien ein, die an der komplexen Realität vorbeigingen und die soziale Schichtung des Dorfes umkehrten: Auf der sozialen Leiter des Dorfes ganz unten, aber in der Wertung der Bolschewiki ganz oben stand der besitzlose Landarbeiter oder Knecht (*batrak*). Er galt als Proletarier und damit als Stütze der Partei. Dem Batraken stellte man den «Armbauer» (*bednjak*) zur Seite. Damit waren Bauern gemeint, die zwar über Land, aber über keine Zugtiere verfügten und somit darauf angewiesen waren, sich bei anderen Bauern Zugtiere zu leihen. Die Batraken machten in der Klassifizierung der Bolschewiki etwa zehn Prozent der in der Landwirtschaft tätigen Bevölkerung aus, die Bednjaken etwa 25 Prozent. Beide Gruppen versuchte man in den *Komitees der Dorfarmut* zusammenzuspannen und gegen die übrigen Bauern zu instrumentalisieren. Die übrigen Bauern waren in der Klassifizierung der Bolschewiki die «Mittelbauern» (*serednjak*) und die «Kulaken». Als Mittelbauer galt, wer selbständig wirtschaftete, aber keine abhängigen Arbeitskräfte beschäftigte. Als Kulak wurde bezeichnet, wer in größerem Umfang Arbeitskräfte beschäftigte, wer Zugtiere oder Geräte gegen Geld verlieh, wer einen Gewerbebetrieb wie zum Beispiel eine Mühle besaß. Mitte der 1920er Jahre wurden etwa zwei bis vier Prozent der Bauern als Kulaken eingestuft.

Entgegen den ursprünglichen Absichten war es nicht gelungen, die Kleinbauern mit ausreichender Gerätschaft auszustatten. Viele von ihnen waren daher gezwungen, bei größeren Bauern Geräte zu leihen oder aber ihr Land zu verpachten und sich bei einem «Kulaken» als Lohnarbeiter zu verdingen. Häufig war es aber auch so, dass der «Kulak» mit seinem Pferd zu den Kleinbauern ging und bei ihnen pflügte, also als «Arbeiter» tätig war und als Gegenleistung einen Teil der Ernte oder Arbeitsleistungen auf den eigenen Feldern verlangte.[44] Diese Ambivalenz der Beziehungen zwischen Arm und Reich verweist auf den Zusammenhalt des Dorfes über die sozialen Unterschiede hinweg und die nur äußerst begrenzte Tauglichkeit der von den Bolschewiki vorgenommenen Kategorisierung.[45]

Die Beharrungskraft des Dorfes darf nicht darüber hinwegtäuschen, dass das Regime prinzipiell den Herrschaftsanspruch erhob. Die Bolschewiki statteten die Dörfer flächendeckend mit einem Minimum an Einrichtungen aus, die als Brückenköpfe der propagandistischen Beeinflussung fungieren sollten: Mitte der 1920er Jahre hatte so gut wie jedes Dorf einen Dorfsowjet, manche auch schon einen zentralen Radioempfänger mit Lautsprecher, eine «Lesehütte», einen «Klub», und größere Siedlungen verfügten zusätzlich über ein Kino und eine Zelle der Kommunistischen Jugendorganisation (*Komsomol*).[46] Während sich die ältere Generation weitgehend resistent gegenüber diesen Angeboten verhielt, wurden sie von einem Teil der Jugendlichen wahrgenommen, denn sie verhießen neben ihrem politischen Zweck auch Abwechslung und Bildung. Ab 1926/27 wurden die Weichen wieder stärker hin auf «Klassenkampf» gestellt. Damit reagierte das Regime auf die enttäuschenden Ergebnisse der Getreidebeschaffung im Winter 1925/26. Das Vorurteil von den Bauern als «Saboteuren» kam aufs Neue zum Tragen. 1927 warf man den Bauern sogar vor, einen «Getreidestreik» zu praktizieren. Es zeichnete sich ab, dass die Parteiführung wieder auf die Methoden des Bürgerkriegs zurückgreifen könnte, um die Bauern unter ihre Kontrolle zu bringen.[47]

Die Jugend

Der Kommunistische Jugendverband (*Komsomol*) war im November 1918 gegründet worden, um die Jugend direkt anzusprechen und organisatorisch zu erfassen. Die Bolschewiki verstanden sich insgesamt als eine junge Bewegung, hatten ein niedriges Durchschnittsalter und suchten die Nähe zur Jugend, um deren Begeisterungsfähigkeit, Spontaneität und Leichtsinnigkeit auf die Revolution und den Aufbau der kommunistischen Zukunft zu lenken. Die Vorstellungen vom «neuen Menschen» waren stets auf die Jugend bezogen, nur sie war genügend formbar, um diesen neuen Typus hervorzubringen.[48] Der Komsomol war insofern für Teile der Jugend attraktiv, als er revolutionäre Dynamik und Tatkraft ausstrahlte, den Jugendlichen ein Gemeinschaftserlebnis und einen Betätigungsraum anbot. Gleichzeitig formte und disziplinierte der Komsomol aber auch seine Mitglieder, denn er erzeugte einen hohen Gruppendruck und funktionierte nach denselben Befehlsprinzipien wie die Parteiorganisation. Die Satzung des Verbandes brachte das unmissverständlich zum Ausdruck: «Ein Komsomolze darf nie vergessen, dass er ein künftiges Mitglied der proletarischen Avantgarde, der Russischen Kommunistischen Partei ist, und er muss sich für die würdige Erfüllung dieser großen und schweren Pflicht vorbereiten. Immer und überall, in der Industrie und auf dem Lande, in der Roten Armee und im Staatsdienst, muss der Komsomolez der Erste aller Ersten, der Leistungsfähigste, Energischste, Redlichste und Mutigste sein und so als Beispiel für die ganze übrige Jugend und für alle Werktätigen dienen. [...] Strengste Disziplin ist die wichtigste Pflicht aller Komsomolzen und ihrer Organisationen. Die Beschlüsse von oben müssen rasch und genau ausgeführt werden.»[49]

Mitte der 1920er Jahre hatten die meisten derjenigen Mitglieder, die noch am Bürgerkrieg teilgenommen hatten, den Komsomol aus Altersgründen schon wieder verlassen. Die nun das Gros des Verbandes stellten, hatten die Revolution und den Bürgerkrieg als Kinder erlebt. Ihre kollektive Lebenserfahrung und Selbststilisierung lief darauf hinaus, einer Generation anzugehören, die den Bürgerkrieg verpasst hatte und nun auf andere Weise danach streben musste, sich im Kampf für die Sache der Revolution zu bewähren und der historischen Aufgabe gerecht zu werden, den Kommunismus aufzubauen. Das äußerte sich in hektischer Aktivität und dem Bewusstsein, stets wichtige Dinge zu erledigen und eine Avantgarde der Gesellschaft darzustellen. Ihr Feindbild waren die NEP-Leute und die Bürokraten, die sie mit den ständig gleichen Attributen wie «fett», «fressen», «weiche Sessel», «gelackte Schuhe» und «modischer Fummel» karikierten, um sich selbst über das Gegenteil zu definieren.[50] In logischer Konsequenz kleideten sie sich bewusst nachlässig, trugen abgewetzte Lederjacken, rauchten – obwohl der Jugendverband das offiziell ablehnte – und pflegten eine derbe, mit ordinären Flüchen gespickte Sprache. Komsomolzinnen erkannte man an ihrem ungepflegten Äußeren und der schäbigen Kleidung.[51]

Viele Komsomolzen lehnten die Neue Ökonomische Politik ab und waren enttäuscht von diesem Rückzug der Partei. Ihrem Selbstverständnis und jugendlichem Ungestüm entsprach mehr der Bürgerkrieg mit seiner direkten Konfrontation und der klaren Frontstellung. Der Anblick von «bürgerlichen Kapitalisten», die mit elegant gekleideten Begleiterinnen und prall gefüllten Geldbörsen teure Restaurants und Casinos besuchten, machte sie zornig:[52] «Wenn man auf der Straße geht und die satten, dicken Fressen und ihre lackierten Schuhe sieht», schrieb ein Komsomolze im Oktober 1925 an Trockij, «und das vergleicht mit den Arbeiterjugendlichen, von denen 90 Prozent Tuberkulose haben, dann könnte man aus der Haut fahren, der Anblick tut weh. Es kann doch nicht sein, dass wir den Oktoberumschwung gemacht haben, in dessen Verlauf so viele junge

Leben umgekommen und darunter auch zwei meiner Brüder gestorben sind, um jetzt zum Alten zurückzukehren?»[53] Die Unzufriedenheit richtete sich auch gegen die Komsomolorganisation, der man Trägheit und den Verlust der Bürgerkriegsmentalität vorwarf. Trockij und der linken Opposition brachten die radikalen Jugendlichen Sympathien entgegen, mussten aber zusehen, wie diese Vertreter eines revolutionäreren Kurses von Stalin entmachtet wurden. Trockij nach seinem Parteiausschluss offen zu unterstützen, wagten dann doch nur wenige.[54]

Die überschießende Energie und Militanz der radikalen Jugendlichen wurde von der Partei in eine allgemeine Militarisierung der Gesellschaft gelenkt. Partei und Komsomol stellten sich seit Mitte der 1920er Jahre die Aufgabe, das Land für den erwarteten Krieg zu rüsten und die Bevölkerung zu militarisieren. Die *voenizacija* («Bellifizierung») der Bevölkerung umfasste vielfältige Aktivitäten: Jeder sollte eine militärische Grundausbildung erhalten, Presse und Radio propagierten die Kriegsbereitschaft, in den Schulen gab es eine militärische Erziehung, und möglichst viele sollten in einschlägigen Massenorganisationen, wie der 1925 gegründeten *Gesellschaft zur Förderung der Flugzeug- und Chemieindustrie* (*Aviachim*, ab 1927 *Osoaviachim*) aktiv werden, die Schießübungen und körperliche Ertüchtigung veranstaltete und 1927 drei Millionen Mitglieder zählte.[55]

Die sowjetische Jugend darf allerdings nicht mit dem Kommunistischen Jugendverband gleichgesetzt werden. Sie bildete keinen monolithischen Block, sondern setzte sich sehr heterogen zusammen. Die systemkonformen Komsomolzen, die sich in den Dienst des sozialistischen Aufbaus stellten, waren nur eine Minderheit unter den Jugendlichen, auch wenn sie selbst und die Propaganda den Anschein zu erwecken suchten, als seien sie die typischen Vertreter ihrer Generation. Die Autosuggestion vom Komsomol als der Vorhut des Fortschritts und der revolutionären Umgestaltung der Gesellschaft prallte auf die Realität einer Jugend, die zum größeren Teil nicht dem Ideal des Komsomol entsprach.[56]

Das gravierendste Problem war die große Zahl von verwahrlosten und obdachlosen Kindern, die im Bürgerkrieg oder in der Hungersnot ihre Eltern verloren hatten und sich, häufig in Banden organisiert, mit Betteln, Diebstahl und Prostitution durchschlugen und keine Schule besuchten. Diese *besprizorniki* («Unbeaufsichtigte») waren Mitte der 1920er Jahre auf den Straßen, Märkten und Bahnhöfen allgegenwärtig. Der britische Geschäftsträger in Moskau, Sir Robert Hodgson, berichtete im Mai 1926, dass sich in den großen Städten Russlands und entlang der Bahnstrecken Horden von obdachlosen Kindern herumtrieben, in Lumpen gekleidet, schmutzig, ohne Schulbildung und kaum in der Lage, sich verständlich auszudrücken. In periodischen Abständen – typischerweise vor der Ankunft einer ausländischen Delegation oder hoher Funktionäre – würden Tausende dieser Kinder eingefangen und in Heime verbracht, landeten aber nach kurzer Zeit wieder auf der Straße. Die meisten seien durch Obdachlosigkeit, Drogenkonsum und Prostitution körperlich und mental geschädigt. Häufig komme es unter ihnen zu Mord und Totschlag und auch gegenüber Außenstehenden hätten sie eine niedrige Tötungshemmung. Ausländische Besucher würden in Vorzeige-Kinderheime geführt, um sie mit der Fortschrittlichkeit der sowjetischen Fürsorge zu beeindrucken. Hinter dieser Fassade seien die Zustände in den Kinderheimen jedoch katastrophal. Hodgson fügte die Übersetzung eines Artikels aus der zentralen Parteizeitung *Pravda (Wahrheit)* an, der die Zustände in den 41 Kinderheimen des Gouvernements Tula drastisch beschrieb: Schmutz, Misswirtschaft, schlechte Verpflegung, Vernachlässigung, ein Klima der Gewalt und Angst sowie daraus resultierende Revolten der Heiminsassen würden den Alltag kennzeichnen.[57]

Mit den *besprizorniki* eng verbunden war das Problem der «Hooligans» (*chuligany*). Das Phänomen hatte es schon vor der Revolution gegeben, aber in den 1920er Jahren nahm es bedrohliche Ausmaße an. Als Hooligans im engeren Sinne wurden junge Männer bezeichnet, die gegen die öffentliche Ordnung verstießen, randalierten, ohne erkennbares Motiv Personen- und Sachschäden verursachten. Im weiteren Sinne wurde auch Straßenkriminalität darunter subsumiert. Nach dem Bürgerkrieg, besonders zwischen 1923 und 1926, erlebte dieses Phänomen einen sprunghaften Anstieg. In Leningrad, wie das ehemalige St. Petersburg beziehungsweise Petrograd seit dem Tod Lenins 1924 hieß, entfiel 1926 fast ein Fünftel aller Strafverfolgungen auf den Tatbestand des Hooliganismus. Öffentlichkeit und Politik empfanden das Problem als alarmierend und gefährlich. In den Städten herrschte ein Gefühl der Unsicherheit vor allgegenwärtigen Übergriffen von Hooligans. Die Zeitungen der 1920er Jahre waren gefüllt mit einschlägigen Berichten. 1922 schrieb die *Petrogradskaja Pravda*: «In der breiten Masse der Bevölkerung entsteht die Vorstellung, dass das Betreten von Straßen nach 12 Uhr abends nicht möglich sei – man würde ausgezogen werden. Die Verbrecher werden immer frecher. Vor wenigen Tagen gab es einen Aushang – bis neun Uhr gehört der Mantel Euch, danach – uns.»[58] Hooligans agierten häufig in organisierten Gruppen und sorgten an öffentlichen Plätzen, in Kinos und auf Veranstaltungen für Ärger. Banden von Halbstarken griffen abends Passanten an, belästigten Frauen und lieferten sich Schlägereien um die Vorherrschaft in einzelnen Stadtbezirken. Am freiesten agierten sie in Arbeitersiedlungen am Rand der Städte, wo die Miliz (Polizei) nur schwach präsent war. Erst zu Beginn der 1930er Jahre gelang es der Staatsmacht, das Problem in den Griff zu bekommen.[59]

Wie sowjetische Kriminologen Mitte der 1920er Jahre konstatierten, war der typische «Hooligan» ein männlicher städtischer Arbeiter im Alter von 18 bis 25 Jahren, der seine Tat unter Alkoholeinfluss am Wochenende verübte. Als Ursachen für den «Hooliganismus» benannten die Experten in erster Linie Erfahrungen der Kriegsjahre, Verwahrlosung und Alkoholismus. Erst im weiteren Verlauf wurde das Phänomen ideologisch aufgeladen und als «Überbleibsel der alten Ordnung» identifiziert.[60] Die Maßnahmen zur Lösung des Problems reichten von kultureller Arbeit mit Jugendlichen bis zur Todesstrafe. Das eine Extrem waren die pädagogischen Experimente von Anton Makarenko mit seiner Erziehungskommune,[61] das andere ein politisch aufgeladener Schauprozess gegen die Beteiligten einer Massenvergewaltigung, der 1926 mit der Vollstreckung von fünf Todesurteilen und langjährigen Freiheitsstrafen für die übrigen Angeklagten endete.[62]

Der Hooliganismus muss im Kontext einer generellen Zunahme der Kriminalität nach der Revolution gesehen werden. Diese hing damit zusammen, dass die staatlichen Rechtsorgane schwach und ineffektiv waren, das Normen- und Wertesystem sich im Umbruch befand und dass die Massenarbeitslosigkeit und die Verschlechterung der Lebensmittelversorgung während des Kriegskommunismus materielle Not erzeugt hatten. Viele Menschen waren gezwungen, halblegale oder illegale Wege zu beschreiten, um im Alltag überleben zu können. Nach den Jahren des Krieges waren auch psychologische Veränderungen bei den Menschen zu beobachten. Eine große Zahl von an Gewalt gewöhnten und durch Gewalterfahrungen traumatisierten Männern kehrte ins zivile Leben zurück. Es waren Männer, für die Gewalt und Tod zum Alltag gehörten. Das menschliche Leben galt wenig und das Eigentum anderer noch weniger.

Das Phänomen Hooliganismus hatte aber auch eine kulturell-politische Dimension. Hooligans pflegten einen speziellen Habitus, sie kleideten sich in besonderer Weise, nämlich mit Matrosenhemd, Matrosenjacke und umgeschnalltem Finnendolch, sie redeten in einem eigenen Jargon und sie verkörperten teilweise eine eigentümliche revolutionäre Romantik in dem Sinne, dass überschießende jugendliche Energie in eine Sehnsucht nach revolutionärer Aktivität mündete, die aber nach dem Ende des Bürgerkriegs deplatziert war. «Lasst mich kämpfen, lasst mich meine Kräfte zeigen, ich brauche keine Messer und keine Knüppel, ich werde es euch mit der Faust zeigen», sangen die Hooligans auf den Straßen von Leningrad.[63] Dieses revolutionäre Selbstverständnis stieß bei den Machthabern anfangs noch auf Sympathie. Darauf Rücksicht nehmend differenzierte die sowjetische Justiz in der ersten Hälfte der 1920er Jahre zwischen nützlichen und schädlichen Hooligans. «Bürgerliche Elemente» einzuschüchtern war grundsätzlich erwünscht und selbst die Vergewaltigung von Mädchen «sozial fremder» Herkunft konnte straffrei bleiben. Noch 1927 sprach Bildungskommissar Lunačarskij von einem der sozialistischen Gesellschaft nützlichen Hooligan-Typus.[64] Dieser «gute» und «revolutionäre» Hooligan stellte gewissermaßen eine Brücke dar zwischen der während des Bürgerkriegs im Namen des Regimes verübten und damit legitimierten Gewalt und den Exzessen, die aus den Städten in die Dörfer abkommandierte jugendliche Arbeiter 1929 bis 1931 im Zuge der Kollektivierung und «Entkulakisierung» veranstalteten.

Der Raum und die Kommunikation

Die Sowjetunion hatte sich nach den Bürgerkriegswirren zu Beginn der 1920er Jahre territorial konsolidiert. Nachdem im Zuge der Revolution, des Friedens von Brest-Litovsk und des Bürgerkriegs vorübergehend große Gebiete durch die Unabhängigkeitserklärungen von Nationalitäten verloren gegangen waren, war es den Bolschewiki gelungen, das Imperium wieder zusammenzufügen. Anders als die Habsburgermonarchie und das Osmanische Reich zerfiel das Russländische Reich nach dem Ersten Weltkrieg nicht dauerhaft in neue Nationalstaaten, sondern konstituierte sich aufs Neue als Vielvölkerimperium.

Auf einige Territorien hatten die Sowjets allerdings verzichten müssen: Im Norden bestand nun Finnland als souveräner Staat. An der Ostseeküste hatten sich die unabhängigen Nationalstaaten Estland, Lettland und Litauen konstituiert. Im Westen war Polen nach mehr als einem Jahrhundert wieder als Staat gegründet worden und hatte 1920/21 einen Krieg gegen Sowjetrussland geführt, der für die Polen beinahe zur Katastrophe geworden wäre. Letztlich gingen sie aber doch als Sieger hervor und konnten das Territorium des polnischen Staates um große Landstriche erweitern, die in der Frühen Neuzeit einmal zu Polen gehört hatten, deren ethnographische Zusammensetzung aber eher für eine Zugehörigkeit zu Weißrussland und zur Ukraine sprach. Im Südwesten hatte Rumänien das überwiegend von rumänischsprachigen Moldawiern bewohnte Bessarabien (heute Moldawien) annektiert. Mit diesen Territorien gingen dem Sowjetstaat große Teile der ökonomischen Ressourcen des Russländischen Reiches verloren. Die westlichen Randgebiete waren am dichtesten besiedelt, am stärksten urbanisiert und teilweise (im Fall von Polen) am stärksten industrialisiert gewesen. Mit dem Baltikum und Polen verlor der Sowjetstaat auch Gebiete, die in der Vergangenheit eine kulturelle Brücke zwischen Mitteleuropa und Russland dargestellt hatten. Auf der anderen Seite war mit Polen der große Unruheherd des 19. Jahrhunderts ausgegliedert. Die Polen hatten nun ihren lange ersehnten eigenen Staat wieder und waren außerdem im Westen mit Deutschland beschäftigt.

In Bezug auf die Durchdringung des Raumes mit Kommunikations- und Verkehrsmitteln war in der Sowjetunion des Jahres 1926 kein Fortschritt gegenüber der Vorkriegszeit auszumachen – im Gegenteil. Im Bürgerkrieg waren 60 Prozent des Eisenbahnnetzes, 90 Prozent der Lokomotiven und 80 Prozent des Waggonbestandes zerstört worden. 1926 war die Wiederherstellung noch im Gange, das Vorkriegsniveau aber noch nicht erreicht. Erst 1928 befand sich das Transportwesen wieder auf dem Stand von 1913. Der einzige Fortschritt auf dem Gebiet der Eisenbahnen bestand darin, dass man 1926 begann, einzelne Linien im Umkreis der Großstädte zu elektrifizieren. Nach wie vor in katastrophalem Zustand war der Überland-Straßenverkehr. Der überwiegende Teil der Straßen hatte wie vor dreißig Jahren keinen festen Belag. Eine Statistik für 1928 beziffert das Straßennetz der gesamten Sowjetunion auf 1,5 Millionen Kilometer. Davon hatten nur 32 000 Kilometer einen festen Belag aus Schotter oder Pflastersteinen. Der Bau von asphaltierten Straßen begann erst 1930. Fast 80 Prozent der Schotter- und 60 Prozent der Pflasterstraßen konzentrierten sich auf die Gebiete Moskau, Leningrad, Weißrussland und Transkaukasien. Außerhalb dieser Regionen gab es so gut wie keine befestigten Straßen, vielmehr fuhr man weiterhin auf «natürlichen Erdstraßen».[65]

Wenn Überlandwege monatelang wegen tiefen Schlamms nicht passierbar sind, sind gravierende Auswirkungen auf die Wirtschaft unvermeidbar. Das blieb auch den Verantwortlichen in der Sowjetunion nicht verborgen, und so verpflichtete der 5. Sowjetkongress 1928 die Sowjetorgane im ganzen Land, alle Anstrengungen auf den Kampf gegen die Wegelosigkeit zu konzentrieren. In Ermangelung verfügbarer Arbeitskräfte und Investitionen wurde die Bevölkerung in organisierter Weise zu Straßenbauarbeiten herangezogen. Die Aktion dauerte bis in die 1930er Jahre hinein an: 1934 nahmen mehr als 16 Millionen Menschen an diesen kampagnenartigen Straßenbauarbeiten teil.[66]

Der Straßenbau stand in Wechselwirkung mit der Notwendigkeit, das Automobil stärker als Transportmittel ins Spiel zu bringen. Im ausgehenden Zarenreich hatte sich eine bescheidene Automobilindustrie zu entwickeln begonnen, die Ansätze waren aber mit der Vertreibung der Unternehmer und Manager 1917/18 erst einmal zum Erliegen gekommen. Es dauerte sieben Jahre, bis die ersten zehn Kleinlaster 1924 die Moskauer

Automobilfabrik verließen und sogleich mit großem propagandistischen Getöse auf eine Rundfahrt durch das Land geschickt wurden, um die neue Errungenschaft kundzutun. Dass es sich um ein nachgebautes FIAT-Modell aus dem Jahre 1915 handelte, für dessen Lizenzproduktion während des Ersten Weltkriegs aus Italien vorgefertigte Bausätze geliefert worden waren, tat dem Stolz keinen Abbruch.[67]

Um 1926 wurden in den Wirtschaftsbehörden Stimmen laut, die darauf hinwiesen, dass die Sowjetunion im Begriffe sei, bei der Revolutionierung des Straßenverkehrs durch das Automobil hoffnungslos ins Hintertreffen zu geraten. Dabei spielte auch die militärische Bedeutung der Motorisierung eine Rolle: Man hatte erkannt, dass der Krieg der Zukunft von motorisierten und mechanisierten Armeen geführt werden würde. «Soll die Rote Armee mit dem russischen Bauernwagen gegen das amerikanische oder europäische Automobil kämpfen?», fragte der Leiter der Zentralen Statistikverwaltung, N. Osinskij, und forderte den Aufbau einer leistungsfähigen Automobil- und Panzerindustrie. Er stand damit nicht allein, denn auch hohe Parteifunktionäre sahen in der technisch-industriellen Rückständigkeit eine Gefahr. Unter den Bedingungen der Neuen Ökonomischen Politik lag es nahe, mit ausländischen Firmen in Kontakt zu treten, um deren Know-how zu nutzen. Man versuchte, den amerikanischen Autohersteller Ford für eine Kooperation zu gewinnen, und konnte im Mai 1929 einen Vertrag über eine Lizenzproduktion abschließen, auf dessen Grundlage in Nižnij Novgorod eine große Automobilfabrik errichtet wurde, die 1932 immerhin 23 900 Kraftwagen ausstieß. Die 1929 angestrebte Kapazität von 130 000 Stück wurde erst 1937 erreicht.[68] Der Motorisierungsgrad der Sowjetunion war 1926 äußerst gering und blieb auch in den Folgejahrzehnten weit hinter den westeuropäischen oder gar amerikanischen Werten zurück. Im Unterschied zu den kapitalistischen Ländern konzentrierte sich die Motorisierung in der Sowjetunion auf Lastkraftwagen. In den 1920er Jahren waren in den sowjetischen Städten nur wenige PKWs anzutreffen: Sie gehörten Geschäftsleuten oder waren Dienstwagen von hohen Funktionären. 1925 begonnene Versuche mit der Produktion eines Kleinwagens wurden Ende der 1920er Jahre eingestellt.[69]

Nicht nur die physische, sondern auch die virtuelle Überwindung der großen Entfernungen im Land war ein Problem. Dabei hatte Lenin schon früh die Bedeutung des Radios als eines Kommunikationsmittels erkannt, über das man schnell und massenwirksam die Bevölkerung ansprechen konnte. «Hallo! Hallo! Hört die gesprochene Zeitung!», tönte es im Juni 1921 erstmals aus Lautsprechern auf sechs öffentlichen Plätzen in Moskau.[70] 1922 installierte man in Moskau einen starken Sender, der die Signale bis weit in das Land hinein zu tragen vermochte. Es mangelte aber an Empfangsgeräten, weil die sowjetische Industrie nicht in der Lage war, sie in ausreichender Zahl und Qualität herzustellen. Anleitungen zum Eigenbau von Rundfunkempfängern stellten keine geeignete Abhilfe dar. Im Oktober 1925 gab es in der gesamten Sowjetunion ganze 25 000 Radioempfänger. Im Laufe des Jahres 1926 stieg die Zahl auf 83 000, wovon 15 000 für kollektives Hören genutzt wurden. Das war eine im internationalen Vergleich extrem schlechte Versorgung: In den USA gab es zu dieser Zeit 6,5 Millionen Radios, in Deutschland 1,46 Millionen. Noch dazu entfiel die überwiegende Mehrheit der Empfangsstationen auf die Städte und besonders auf Moskau. In den Dörfern gab es nicht mehr als 5000 Empfangsstationen, obwohl man gerade in Bezug auf die Beeinflussung der Bauern große Erwartungen in das Medium setzte. Über *radiofikacija* wurde in den 1920er Jahren viel geschrieben – das Ziel lag aber noch in weiter Ferne.[71]

Erfolgreicher war die *kinofikacija* verlaufen. Das sowjetische Kino der 1920er Jahre hatte nicht nur qualitativ einige auch im internationalen Vergleich hochwertige Produktionen zu bieten – Sergej Ėjzenštejn gilt bis heute als Ikone der Filmkunst –, sondern erreichte auch ein großes Publikum. Allerdings war auch das Kino im Wesentlichen auf die Städte begrenzt. Außerdem liefen Mitte der 1920er Jahre deutlich mehr ausländische als sowjetische Filme, weil die staatlichen Kinos noch mit privaten konkurrieren mussten und die sowjetische Filmindustrie zu wenig Filme auf den Markt brachte. Waren 1913 in Russland noch 115 Spielfilme produziert worden, so schaffte man 1925 nur mehr 77. Die kommerziellen Kinos waren durch eigene Verleihkontore von der staatlichen Filmproduktion und dem staatlichen Filmverleih weitgehend unabhängig. «Die sowjetische Leinwand ist […] eine Kolonie des amerikanischen und deutschen Kinokapitals geblieben», klagte 1923 ein hoher Kinofunktionär.[72] Der Zustand des Kinos Mitte der 1920er Jahre wurde von Kritikern als ähnlich katastrophal wahrgenommen wie die Misere mit der Unterhaltungsmusik. Bourgeoiser Schund bringe das Proletariat von der Revolution ab und vernebele die Hirne der Menschen, unter der Dominanz ausländischer Filme drifteten sogar die wenigen sowjetischen Produktionen in die kleinbürgerliche Ideologie ab.[73]

1926 gab es in der Sowjetunion rund 7000 Kinos, davon 2300 in Städten. Am Vorabend des Ersten Weltkriegs waren es etwa 1400 Kinos gewesen, deren Zahl während des Krieges auf 2000 bis 4000 gestiegen war. Das war ein quantitativer Fortschritt, der jedoch immer noch Tausende ländliche Siedlungen unberührt ließ. Die große ländliche Versorgungslücke erzeugte zusammen mit der geringen Zahl eigener Filmproduktionen eine Krisenwahrnehmung. Man musste sich eingestehen, dass man weit davon entfernt war, die Bevölkerung mit Hilfe des Kinos im sozialistischen Geist zu erziehen. Der im Jahre 1929 gefasste Beschluss, keine ausländischen Filme mehr ins Land zu lassen, war Ausfluss dieser Krisenwahrnehmung, gleichzeitig aber auch die notgedrungene Konsequenz eines technischen Unvermögens: Während sich nämlich außerhalb der Sowjetunion bereits der Tonfilm gegen den Stummfilm durchsetzte, gab es 1930 in der Sowjetunion ganze drei Kinos (zwei in Leningrad, eines in Moskau), die in der Lage waren, Tonfilme vorzuführen.[74]

Die Bevölkerung

Im Dezember 1926 fand die erste umfassende Volkszählung der Sowjetunion statt. Gegenüber 1897 war die Gesamteinwohnerzahl trotz der Gebietsverluste von 125,7 auf 147 Millionen gestiegen. Zieht man allerdings in Betracht, dass die Einwohnerzahl des Russländischen Reiches am Vorabend des Ersten Weltkriegs etwa 178 Millionen betragen hatte, dann ergeben sich auf das Territorium der Sowjetunion umgerechnet für die Jahre 1914 bis 1922 gewaltige Bevölkerungsverluste von 12 bis 18,6 Millionen Menschen.[75] Dadurch veränderte sich das Verhältnis der Geschlechter, das 1914 ausgeglichen gewesen war, gravierend. Nach dem Bürgerkrieg gab es in der RSFSR einen Frauenüberschuss von 55 Prozent, bei den 18-Jährigen von 61 Prozent und bei den 20- bis 24-Jährigen sogar von 72 Prozent. Besonders stark waren die Bauern betroffen: In der Altersgruppe der 20- bis 24-Jährigen bestand die ländliche Bevölkerung zu mehr als drei Vierteln aus Frauen. Weltkrieg, Bürgerkrieg und Hunger hatten die Männer auf dramatische Weise dezimiert.

Die Reproduktionskennziffern von 1926 ähnelten noch denen von 1897: Die Geburtenrate war mit 45 Promille (1897: 46 Promille) fast gleich, wobei aber zu berücksichtigen ist, dass die Jahre 1923 bis 1928 ein vorübergehendes Geburtenhoch verzeichneten, wie es nach Katastrophen typischerweise zur Kompensation eintritt. Die Säuglingssterblichkeit war von 326 auf 200 von Tausend gesunken, blieb aber im europäischen Vergleich sehr hoch. Die mittlere Lebenserwartung der Männer war von 31,4 auf 42 Jahre und die der Frauen von 33,4 auf 47 Jahre gestiegen. Zum Vergleich: Die mittlere Lebenserwartung in Deutschland lag Mitte der 1920er Jahre für Männer bei 56, für Frauen bei 59 Jahren. Die Bevölkerung der RSFSR war 1926 sehr jung: Zwei Drittel der Einwohner waren jünger als 30 Jahre – ähnlich wie um 1900.

Die Bevölkerungsdichte hatte sich kaum verändert: Auf einem Quadratkilometer lebten durchschnittlich 6,9 Einwohner in der gesamten Sowjetunion und 5,1 Einwohner in der RSFSR (1897 im Russländischen Reich: 5,8). Den höchsten Wert verzeichnete mit 45,8 Einwohnern das zentrale Gewerbegebiet. Mit der geringen Dichte korrespondierte ein weiterhin niedriger Urbanisierungsgrad: Der Anteil der städtischen Bevölkerung betrug in der gesamten Sowjetunion 17,9 Prozent, in der RSFSR 17,3 Prozent und selbst im zentralen Gewerbebiet nur 25,6 Prozent. Lediglich in den Gouvernements Moskau und Leningrad machte die städtische Bevölkerung mehr als 50 Prozent aus; in den Gouvernements Ivanovo-Voznesensk, Murmansk, Archangel'sk, Krim und im Fernen Osten lag sie über 20 Prozent. Der höhere Anteil der Stadtbevölkerung in diesen Gouvernements rührte allerdings daher, dass sie mit Ausnahme der Industrieregion Ivanovo-Voznesensk außerhalb der wenigen Städte extrem dünn besiedelt waren. In den meisten anderen Gouvernements lag der Anteil der städtischen Bevölkerung bei weniger als zehn Prozent. Nur 31 Städte hatten mehr als 100 000 Einwohner. Die zehn größten waren Moskau (2 Millionen), Leningrad (1,6 Millionen), Kiev (rund 514 000), Baku (rund 453 000), Odessa (rund 421 000), Char'kov (rund 417 000), Taškent (rund 324 000), Rostov (rund 308 000), Tiflis (rund 294 000) und Dnepropetrovsk (rund 233 000). Der Alphabetisierungsgrad war gegenüber 1897 gestiegen, blieb aber immer noch niedrig: Nur 40,7 Prozent der über Fünfjährigen konnten lesen und schreiben (52,3 Prozent der Männer, aber nur 30,1 Prozent der Frauen). Unter der ländlichen Bevölkerung hatte sich der Anteil der Lese- und Schreibkundigen von 22 auf 35 Prozent erhöht.

Infolge der Gebietsverluste im Westen hatte sich der Anteil der Russen an der Gesamtbevölkerung von 48 auf 53 Prozent erhöht. Das entsprach 77,8 Millionen Menschen. Polen, Esten, Letten und Litauer stellten nur noch kleine Minderheiten und auch die Zahl der Juden hatte sich fast halbiert. Ansonsten hatte sich die Reihenfolge der Nationalitäten hinsichtlich ihrer zahlenmäßigen Stärke kaum verändert: An zweiter Stelle lagen die Ukrainer (31,2 Millionen), gefolgt von Weißrussen (4,7 Millionen), Usbeken (4,0 Millionen), Kasachen (4,0 Millionen), Tataren (3,3 Millionen), Juden (2,7 Millionen), Georgiern (1,8 Millionen), Aserbaidschanern (1,7 Millionen), Armeniern (1,6 Millionen), Mordwinen (1,3 Millionen), Deutschen (1,2 Millionen), Tschuwaschen (1,1 Millionen) und Moldawiern (1,1 Millionen). Alle anderen Nationalitäten zählten weniger als eine Million Personen.[76]

Staatsaufbau und politisches System

Das von der Revolution hervorgebrachte System der Räte (*sovety*) der Arbeiter-, Bauern- und Soldatendeputierten mit dem *Allrussländischen Rätekongress* (ab 1922, nach der Gründung der Sowjetunion: *Allunionsrätekongress*) an der Spitze bildete den Kern des politischen Systems der UdSSR. Im Rätesystem sah Lenin die Keimzelle des neuen Arbeiterstaates. In den Sessionspausen des Rätekongresses lag die oberste gesetzgebende, verfügende und kontrollierende Gewalt in den Händen des *Zentralen Exekutivkomitees*. Diese Kombination aus Rätekongress und Zentralem Exekutivkomitee bestand bis 1936. Die Verfassung von 1936 ersetzte dann den Rätekongress durch einen direkt vom Volk gewählten *Obersten Sowjet*, zwischen dessen Sitzungsperioden ein *Präsidium des Obersten Sowjet* die größte Macht ausübte. Als höchstes exekutives Organ, dem zunächst auch gesetzgeberische Funktionen eingeräumt wurden, definierte der Unionsvertrag von 1922 den *Rat der Volkskommissare*. Damit existierte in der Sowjetunion im Prinzip die Doppelherrschaft zwischen Räten und Regierungen fort, wie sie nach der Februarrevolution von 1917 zustande gekommen war, allerdings ohne deren politischen und ideologischen Antagonismus.[77]

Auf dem Papier war die Sowjetunion ein Rätestaat mit demokratischen Prozeduren. Letztere waren allerdings nur eine Fassade, denn die Entscheidungen wurden nicht in den gewählten Sowjets getroffen, sondern in der Partei. Die *Russländische Sozialdemokratische Arbeiterpartei (der Bolschewiki)* hatte sich im März 1918 einen neuen Namen gegeben, um sich von den Sozialdemokraten Westeuropas abzusetzen. Sie nannte sich von 1918 bis 1925 *Russländische Kommunistische Partei (der Bolschewiki)*, von 1925 bis 1952 *Allrussländische Kommunistische Partei (der Bolschewiki)*, abgekürzt VKP(b). Die Erweiterung des Namens auf «allrussländisch» trug dem Umstand Rechnung, dass die Sowjetunion ein Vielvölkerstaat war. Die Kommunistische Partei der Bolschewiki bildete das Gehäuse für die Herrschaftspraxis. Innerhalb dieses Gehäuses waren es einzelne Führungspersönlichkeiten mit ihrer Gefolgschaft, die die wirkliche Macht ausübten. Die mehrstufige Parteiorganisation diente nicht der Entscheidungsfindung, sondern dem Durchreichen der Entscheidungen von oben nach unten. Mit dieser Funktion als Transmissionsriemen der Macht korrespondierte ihre Wandlung von der revolutionären Kaderpartei zur Massenorganisation. Vor der Revolution hatte die Partei um die 10 000 Mitglieder gehabt. Nach der Machtergreifung war die Zahl bis März 1919 auf 250 000 angestiegen, im Laufe des Jahres 1919 aber wieder auf 150 000 reduziert worden, weil man Trittbrettfahrer und Karrieristen aussonderte. Das Spiel von Aufnahme und Ausschluss wiederholte sich zwischen 1919 und 1923 (März

1921: mehr als 730 000 Mitglieder, Januar 1923: 485 000).[78] Nach dem Tod Lenins 1924 verstärkte Stalin die Parteibasis im Zuge einer Anwerbungskampagne («Lenin-Aufgebot») wieder um 500 000 Arbeiter und weitete 1926 die Anwerbung auf Bauern und Angehörige nichtrussischer Nationalitäten aus. Das Ziel war, die Partei zu proletarisieren. Ungebildete Arbeiter und Bauern schienen Stalin berechenbarer und als gehorsames Fußvolk der Partei geeigneter zu sein als Angehörige der Intelligencija.[79] Bis Januar 1928 schwoll die Partei auf 1,3 Millionen Mitglieder an,[80] die sich in Parteikomitees von der Betriebs- bis zur Unionsebene regelmäßig versammelten, um die Beschlüsse der obersten Führung zu hören, ihnen zuzustimmen und Rituale der Loyalität, Disziplin und Geschlossenheit einzuüben, denn seit dem 10. Parteitag (März 1921) galt ein striktes Fraktionsverbot.

Sowohl die Partei als auch die Räte waren in zentralistisch-hierarchischer Form strukturiert. Von dem ursprünglichen revolutionären Selbstverständnis der Sowjets als Organe der proletarischen Selbstverwaltung und der direkten Demokratie war nur noch wenig übrig. Die Parteiorganisation war nach dem Prinzip des «demokratischen Zentralismus» aufgebaut, das heißt, die jeweils höheren Organe wurden (formal) durch die unteren gewählt, die gewählten Funktionsträger waren den Vollversammlungen Rechenschaft schuldig, aber von oben kommende Beschlüsse und Weisungen mussten von den untergeordneten Organisationen bedingungslos ausgeführt werden. Die parteiinternen Wahlen waren bereits Mitte der 1920er Jahre zur Farce geworden, weil die Sekretäre der regionalen und lokalen Parteikomitees vom Sekretariat des Zentralkomitees ernannt wurden. Gegen den Willen Stalins, der das Sekretariat des Zentralkomitees seit 1922 leitete und gezielt zum Ausbau seiner Macht nutzte, konnte kein Parteisekretär ins Amt gelangen. Die Parteisekretäre in der Provinz befanden sich auf diese Weise in einer doppelten Abhängigkeit: Sie benötigten nicht nur eine Hausmacht in Form einer Klientel von Gefolgsleuten, sondern auch das Vertrauen Stalins, gegenüber dem sie in einem Loyalitäts- und Klientelverhältnis standen. Verloren sie die Gunst und das Vertrauen Stalins, konnte er sie kurzerhand ihres Amtes entheben.[81]

Die Parteiorganisation wiederum dominierte die Rätestruktur und die Administration des Staates. Sie war dazu in der Lage, weil es auf allen Ebenen des Staates, der Verwaltung und der Wirtschaft parallel zu den Räten und zum staatlichen Behördenapparat eine Parteistruktur gab. Von der Werksabteilung bis zur Unionsebene stand dem Management beziehungsweise der staatlichen Administration überall eine Parteiorganisation zur Seite. Ihre Aufgabe bestand nicht darin, die herkömmliche Leitung zu ersetzen, sondern sie zu kontrollieren. Der grundsätzliche Anspruch der Partei, alles unter Kontrolle zu haben, und die Wirklichkeit der Machtausübung klafften allerdings oft weit auseinander, vor allem, je weiter man sich von der Zentrale entfernte. Infolge der Größe des Landes, der schwach entwickelten Verkehrs- und Kommunikationsmittel und des einer überwiegend bäuerlichen Bevölkerung innewohnenden Selbstbeharrungsvermögens brauchte es allein etliche Jahre, bis eine flächendeckende funktionierende Verwaltungsstruktur eingerichtet war. Selbst in den Städten dauerte es nicht selten Jahre, bis in einem Betrieb eine Basisorganisation aufgebaut war. Im Sowjetstaat der 1920er Jahre konnte von einer umfassenden Machtausübung oder Kontrolle also noch nicht die Rede sein.[82]

Gemäß dem Parteistatut war das 1919 als ständiges Organ geschaffene Politbüro (neben dem Organisationsbüro und dem Sekretariat) formell eine exekutive Instanz des Zentralkomitees, das zwischen den Sitzungen des Letzteren die Geschäfte führen sollte. Das Politbüro wurde vom Zentralkomitee gewählt und war ihm rechenschaftspflichtig. Diese formale Konstruktion verschleiert allerdings die wirklichen Machtverhältnisse, wie sie sich zu Beginn der 1920er Jahre herausbildeten. Das Politbüro wurde faktisch zum höchsten Machtorgan, während das Zentralkomitee als ein Akklamationsgremium betrachtet werden kann, das über die wirklich heiklen Entscheidungen häufig gar nicht informiert wurde.[83] Das Politbüro übernahm nach der Gründung der Sowjetunion die eigentliche Regierungsgewalt, weil es – anders als der Rat der Volkskommissare – direkt in die einzelnen Unionsrepubliken hineinregieren konnte. Das Politbüro bestimmte alle Hauptrichtungen der Entwicklung des Landes, es fungierte als oberstes Schiedsgericht, wenn gegensätzliche Positionen verschiedener staatlicher Behörden in Übereinstimmung zu bringen waren, es kümmerte sich um die Durchführung zahlreicher eigener Beschlüsse und war sorgsam darauf bedacht, das gesamte System der Macht unter Kontrolle zu halten. Viele prinzipielle Entscheidungen und Maßnahmen, die formell von den höchsten staatlichen Organen beschlossen wurden, waren de facto ein Ergebnis der Tätigkeit des Politbüros.

Der Charakter des Politbüros veränderte sich im Laufe der 1920er Jahre gravierend. Bis um die Mitte der Dekade fanden im Politbüro Diskussionen, ja scharfe Auseinandersetzungen zwischen führenden Mitgliedern statt. In logischer Konsequenz des Fraktionsverbots endeten aber die Kontroversen in Grundsatzfragen mit dem Ausschluss der Unterlegenen und einer sukzessiven politischen Vereinheitlichung. Ende der 1920er Jahre präsentiert sich das Politbüro bereits als ein um Stalin gescharter Kreis und diese Ausrichtung auf die eine, stets mächtiger werdende Führerperson verstärkte sich in den Folgejahren immer mehr.

Der Sowjetstaat funktionierte nicht nach den Prinzipien von Rechtsstaatlichkeit und geregelten Verfahren. Die Bolschewiki kamen aus dem Untergrund und waren es gewohnt, konspirativ und gestützt auf persönliches Vertrauen zu agieren. Als sie an die Macht gelangten, mochten sie sich nicht auf die alte zarische Bürokratie verlassen, waren aber auch nicht in der Lage, sie durch neues Personal zu ersetzen. Folglich errichteten sie eine Parallelstruktur aus eigenen Leuten, denen zwar die fachliche Kompetenz fehlte, die aber eine Atmosphäre der Kontrolle erzeugten, um die Loyalität der Administration zu gewährleisten. Die neue Partei- und Sowjetstruktur beruhte daher in hohem Maße auf Vertrauensnetzwerken. Die Parteiführer holten ihre Schwestern, Brüder, Ehefrauen, Schwäger und alten Freunde in die Apparate.[84] Unter den Bedingungen des Zusammenbruchs der alten Autoritäten unmittelbar nach der Revolution konnten starke Persönlichkeiten, die Autorität und Charisma ausstrahlten, Orientierung und Sicherheit geben.[85] Informelle Netzwerke substituierten in der Anfangszeit die noch schwachen offiziellen administrativen und politischen Infrastrukturen. Die Netzwerke beruhten auf Gefolgschaftsbeziehungen, die während des Bürgerkriegs entstanden waren.[86]

Mitte der 1920er Jahre hatte der Sowjetstaat bereits ein neues Institutionengefüge, aber die persönlichen Loyalitätsbeziehungen spielten weiterhin eine wichtige Rolle. Da die Bolschewiki ein Land übernommen hatten, das sie als rückständig betrachteten und von Grund auf transformieren wollten, fühlten sie sich – in Fortsetzung dessen, wie sie vor 1917 im Untergrund agieren mussten – in einem beständigen Kampf gegen Feinde und nahmen ihre Macht als prekär wahr. Wer dem eigenen Netzwerk nicht angehörte, war ein potenzieller Feind, gegenüber dem man wachsam sein musste. Und diese Feinde saßen überall: in den noch nicht hinreichend von eigenen Leuten durchdrungenen Institutionen, in den Betrieben, in den Dörfern, ja selbst im Politbüro, wie man es im Laufe der 1920er Jahre vorgeführt bekam. Die Loyalität musste daher ständig aufs Neue bewiesen werden. Unterfüttert war sie einerseits mit Privilegien, andererseits mit einer latenten Gewaltandrohung. Wer seine Loyalität unter Beweis stellte, profitierte selbst davon, bei wem es Zweifel an der Loyalität gab, der riskierte, als Feind und Saboteur aus der Gefolgschaft ausgeschlossen und gegebenenfalls umgebracht zu werden. In dieser Wahrnehmungswelt waren die 1920er und 1930er Jahre keine Friedenszeit, sondern nur die zeitweilige Abwesenheit eines offenen Kampfes. Mental dauerte der Kriegszustand an und ging nahtlos in den Zweiten Weltkrieg über. Erst nach dessen siegreicher Beendigung konnte eine Demobilisierung stattfinden.

DRITTER TEIL

Kriegszustand 1928–1953

7. Der große Umbruch 1928–1941

Stalins Revolution von oben

Zehn Jahre nach der Oktoberrevolution befand sich die bolschewistische Führung an einem krisenhaften Wendepunkt. Gravierende Probleme bei der Getreidebeschaffung machten ihr im Winter 1927/28 einmal mehr bewusst, dass die angestrebte Industrialisierung in hohem Maße vom Marktverhalten der Bauern abhängig war und sich der wirtschaftliche Abstand zu den führenden Industrieländern gegenüber 1917 nicht verkleinert, sondern vergrößert hatte.[1] Außerdem empfanden viele Bolschewiki die Neue Ökonomische Politik längst als unerträglich. Die Zurückdrängung der privatwirtschaftlichen Elemente hatte zwar schon begonnen, aber wichtige Bereiche der Wirtschaft entzogen sich immer noch dem Zugriff. Das galt vor allem für das Dorf, aber auch in den Städten herrschten Verhältnisse, die vielen Kommunisten zuwider waren.

Die Krise mündete 1928/29 in eine Radikalisierung der Innenpolitik. Der Gegensatz zwischen den «linken» und den «rechten» Ideologen spielte dabei gar nicht die zentrale Rolle, denn im Grunde waren sich alle über das Ziel der schnellen Industrialisierung einig. Auch den «Rechten» um Bucharin ging es nicht bloß um eine Bewahrung der Neuen Ökonomischen Politik. Während der Auseinandersetzungen um den richtigen Weg hatte keine der beiden Gruppierungen eine realistische Vorstellung von der praktischen Umsetzung und den volkswirtschaftlichen Folgen der jeweils propagierten Politik. Ihre simplifizierenden Modelle beruhten mehr auf ideologischen Vorannahmen als auf ökonomischem Sachverstand. Stalin benutzte die Gegensätze, um seine Konkurrenten im Politbüro gegeneinander auszuspielen und nacheinander zu entmachten. Dass ihm die Inhalte der Diskussion gar nicht wichtig waren, zeigt sich daran, dass er nach der Ausschaltung der «Linken» wesentliche Elemente aus deren Konzepten übernahm und das Land mit Brachialgewalt in die Kollektivierung der Landwirtschaft und die beschleunigte Industrialisierung hetzte. Diese Politik hatte zum Ziel, möglichst schnell und unter Anwendung von Methoden aus dem

Bürgerkrieg Rückständigkeit zu überwinden, die Gesellschaft irreversibel zu verändern und gleichzeitig eindeutige Machtverhältnisse herzustellen.[2] Sie entfernte sich in ihrer Radikalität von dem, was die Wirtschaftsfachleute an Plänen ausgearbeitet hatten. Folgerichtig wurden die Volkskommissariate und Wirtschaftsbehörden von den in rationalen Kategorien denkenden Experten «gesäubert». Die international renommierten Ökonomen Nikolaj Kondrat'ev und Aleksandr Čajanov etwa wurden im Zuge dieser Politik 1928 als «schädliche Elemente» diffamiert, 1930 verhaftet, 1932 zu Gefängnisstrafen verurteilt und 1937 erschossen.[3]

Die Radikalität der Politik begründete Stalin mit der Rückständigkeit der Sowjetunion, die er als existenzbedrohend hinstellte, zumal die Führung seit 1927 wieder verstärkt die Gefahr einer Einkreisung durch die kapitalistischen Mächte und eines imperialistischen Krieges am Horizont aufziehen sah:[4] «Wir sind in einem Lande zur Macht gelangt, dessen Technik furchtbar rückständig ist», erklärte Stalin im November 1928 vor dem Zentralkomitee und leitete daraus die Notwendigkeit ab, «daß wir die fortgeschrittene Technik der entwickelten kapitalistischen Länder einholen und überholen.»[5] Obwohl sich bereits 1930/31 abzeichnete, dass der «große Umbruch» (Stalin) massive ökonomische und soziale Verwerfungen verursachte, hielt Stalin am Prinzip des forcierten Tempos fest. In einer Rede vor Industriemanagern am 4. Februar 1931 wiederholte er seine Warnung vor der Rückständigkeit mit noch eindringlicheren Worten:

«Zuweilen wird die Frage gestellt, ob man nicht das Tempo etwas verlangsamen, die Bewegung zurückhalten könnte. Nein, das kann man nicht, Genossen! Das Tempo darf nicht herabgesetzt werden! Im Gegenteil, es muß nach Kräften und Möglichkeiten gesteigert werden. [...] Das Tempo verlangsamen, das bedeutet zurückbleiben. Und Rückständige werden geschlagen. Wir aber wollen nicht die Geschlagenen sein. Nein, das wollen wir nicht! Die Geschichte des alten Rußland bestand unter anderem darin, daß es wegen seiner Rückständigkeit geschlagen wurde. [...] Wegen seiner militärischen Rückständigkeit, seiner kulturellen Rückständigkeit, seiner staatlichen Rückständigkeit, seiner industriellen Rückständigkeit, seiner landwirtschaftlichen Rückständigkeit. [...] Wir sind hinter den fortgeschrittenen Ländern um 50 bis 100 Jahre zurückgeblieben. Wir müssen diese Distanz in zehn Jahren durchlaufen. Entweder bringen wir das zustande, oder wir werden zermalmt.»[6]

Eine Vorentscheidung in Richtung auf den beschleunigten Ausbau der Schwerindustrie war schon im Dezember 1927 getroffen worden. Die politischen Vorgaben an den Fünfjahresplan wurden im Laufe des Jahres 1928 immer höher geschraubt, bis man im April 1929 den Plan in einer völlig übersteigerten Fassung für verbindlich erklärte. Parallel dazu verschärfte sich die Bauernpolitik, denn die forcierte Industrialisierung erforderte die Bereitstellung von genügend Lebensmitteln, Arbeitskräften und vor allem Kapital, das nur über Agrarexporte aufgebracht werden konnte. Die unbefriedigenden Getreidekampagnen von 1928 und 1929 zeigten der Führung, dass sie sich nicht auf das Markt- und Produktionsverhalten der Bauern verlassen konnte und bestärkten sie darin, durchzugreifen. Die Getreidebeschaffungskampagne des Jahres 1928 mündete bereits in eine Welle von Gewalt gegen die Bauern, und als die staatliche Getreidebeschaffung im Herbst 1929 abermals enttäuschend verlief, beschloss das Politbüro im November 1929 die durchgängige Zwangskollektivierung der Landwirtschaft. Die Überwindung der kleinbäuerlichen Struktur zugunsten von größeren Wirtschaftseinheiten sollte die Modernisierung der Landwirtschaft erleichtern, ihre Produktivität steigern und endlich die vollständige Kontrolle über das Dorf und die Agrarproduktion herstellen, um über Getreideexporte die Industrialisierung finanzieren zu können.[7] Gleichzeitig brachen die Bolschewiki mit der Beseitigung des Bauerntums und seiner Umwandlung in eine Klasse von Landarbeitern die gewachsenen Verhältnisse auf dem Dorf auf, die der Implementierung der sozialistischen Gesellschaft im Wege standen.

Die Umwälzungen, die ab 1928 stattfanden, gingen weit über das rein Ökonomische hinaus. Sie betrafen die Gesellschaft als Ganzes, die Lebensweise, Normen und Werte der Menschen. Für sie hat sich deshalb die Bezeichnung «Revolution von oben» eingebürgert. Stalin und seine Männer diktierten den Untertanen, wie sie künftig zu leben hätten, und setzten dieses Diktat rücksichtslos durch. Sie führten einen Krieg gegen die eigene Bevölkerung, um ihr mit Gewalt das aufzuzwingen, was sie als fortschrittlich empfanden. Zu der Revolution von oben gehörte eine «Kulturrevolution»[8] in Gestalt einer auf die Jahre 1928 bis 1931 eingrenzbaren verschärften sozialistischen Offensive, die zwei Hauptelemente umfasste: die beschleunigte Ausbildung von Fachleuten, um die «bürgerlichen Spezialisten» mittelfristig ersetzen zu können, und das Wiederaufgreifen von radikalen revolutionären Konzepten zur Umgestaltung der Lebensweise, wie sie während des Bürgerkriegs vorübergehend verfolgt worden waren. Die Zeit schien nun reif zu sein, die 1921 stecken gebliebene Revolution zu vollenden.

Den Auftakt zu einer neuen Politik gegenüber den alten Funktionseliten gab 1928 die Aufdeckung einer angeblichen konterrevolutionären Verschwörung in den Kohlebergwerken von Šachty im Donecbecken. Mit dem Šachty-Prozess begann eine Hetzjagd auf «bürgerliche» Ingenieure, Manager und Fachleute. Nach der Revolution hatte man sie umworben, weil man ihre Kenntnisse für den Aufbau der Wirtschaft dringend benötigte, nun mussten sie als Sündenböcke für Fehlentwicklungen herhalten.[9] Die Prozesse dienten der Einschüchterung. Ersetzen konnte man die «bürgerlichen Spezialisten» vorläufig noch nicht, dafür mussten erst neue Kräfte ausgebildet werden. Zu diesem Zwecke beschloss das Zentralkomitee im Juli 1928 als Sofortmaßnahme, 1000 Kommunisten an die technischen Hochschulen zu beordern. Ausgewählt wurden die Studenten nach Gesinnung und sozialer Herkunft: 80 Prozent stammten aus Arbeiterfamilien, die meisten hatten im Bürgerkrieg gekämpft. Der Anteil von Arbeiterkindern an den Hochschulen erhöhte sich zwischen 1927/28 und 1932/33 von 25 Prozent auf über 50 Prozent bei gleichzeitigem Ansteigen der Studentenzahlen von 160 000 auf 470 000. Man baute die Hochschulen aus, verkürzte die Studiengänge, ermöglichte Arbeitern über Vorbereitungskurse den Zugang zum Studium, mit dem Ergebnis, dass die Zahl der Besitzer von Ingenieurdiplomen 1928 bis 1941 von 47 000 auf 290 000 hochschnellte. Unterfüttert wurden die Ausbildungsmaßnahmen durch die Fortsetzung der schon nach der Revolution begonnenen Alphabetisierungskampagne und einen regelrechten «Kulturfeldzug». 1930 wurde die allgemeine Schulpflicht für die acht- bis elfjährigen Kinder eingeführt. Sogenannte «Kulturarmisten» zogen aufs Land, um den Bauern eine fortschrittliche Lebensweise beizubringen.[10]

Im Zusammenhang mit dieser Bildungsoffensive vollzog sich seit Ende der 1920er Jahre ein atemberaubender Aufstieg aus der Arbeiter- und Bauernschaft. Allerdings waren die neuen Fachleute nur dürftig ausgebildet und auf ihren Posten häufig überfordert. Im Oktober 1930 wurde daher die gezielte Beförderung von Arbeitern auf höhere Verwaltungsposten vorläufig eingestellt. In einer programmatischen Rede vor Wirtschaftsfachleuten, die einen deutlichen Kurswechsel markiert, sprach Stalin im Juni 1931 von «neuen Verhältnissen» nach der definitiven «Niederschmetterung» der «Schädlinge», von der Notwendigkeit größerer persönlicher Verantwortung und neuer Wertschätzung für Leistung. Stalin formulierte in dieser Rede seine «Sechs Punkte für den Wirtschaftsaufbau», deren Botschaft sinngemäß lautete: Die Partei kann sich nun auf die neue proletarische und loyale technische Intelligenz stützen. Die parteilosen bürgerlichen Spezialisten sind unschädlich gemacht worden und können wieder in die Produktion integriert werden. Man muss ihr Know-how nutzen, solange es nicht genügend neue Spezialisten gibt. Die exzessive Berufung von Arbeitern in Führungspositionen muss einer kontrollierten, auf Leistung und Treue beruhenden Rekrutierung weichen.[11]

Mit diesen integrativen Tönen beendete Stalin die Einschüchterung der bürgerlichen Spezialisten. Um sie für den sozialistischen Aufbau zu gewinnen, wurden sie ab 1931 sogar finanziell und materiell privilegiert und durch Aufnahme in die Partei integriert.[12] In dem Maße, wie junge Kräfte ihre Ausbildung absolvierten, ersetzte man aber während der 1930er Jahre sukzessive die ältere Generation der Fachleute. Dieser Wandel spiegelte sich in der Struktur der Parteimitglieder: Bis zum Großen Terror war der Anteil der Parteimitglieder in den Intelligenzberufen minimal. Nach dem Ende des Großen Terrors wurde die nun neue sowjetische Intelligenz, hervorgegangen aus den Angehörigen alter und neuer Bildungsschichten, offiziell in die Elite des Sowjetstaates kooptiert. Später war keine Schicht so stark in der Kommunistischen Partei vertreten wie die Bildungsberufe.[13] Die neue Sowjetintelligenz war – bedingt durch den Bedarf der Fünfjahrespläne – in hohem Maße eine technisch-ökonomische. Darin zeigt sich nicht nur die Priorität der Industrialisierung und der darauf ausgerichteten Kaderausbildung, sondern auch eine ganz bestimmte Auswahl bei der Besetzung von politischen Führungspositionen: Der stalinistische Staat brauchte pragmatische Gehilfen, keine kritischen Geister.[14]

Den zweiten Bestandteil der Kulturrevolution im engeren Sinn bildete eine vorübergehende Konjunktur revolutionär-radikaler Ideen, die darauf abzielten, das Leben in der Sowjetunion als eine attraktive Alternative zum Kapitalismus zu gestalten. Eines der Felder, auf denen zwischen 1928 und 1931 grandiose Visionen entworfen wurden, war die Stadtplanung. Die Diskussionen der 1920er Jahre auf die Spitze treibend, wurden radikale Entwürfe für die Umgestaltung bestehender und den Bau neuer Städte präsentiert.[15] Auch ausländische Stadtplaner und Architekten fuhren in die Sowjetunion, als sie die Chance witterten, in großem Stil von Grund auf neu planen und Ideen verwirklichen zu können, die in Westeuropa unter den Bedingungen des Privateigentums und demokratischer Entscheidungsstrukturen nicht umsetzbar waren. Man debattierte lebhaft darüber, was das Wesen der sozialistischen Stadt im Unterschied zur kapitalistischen ausmache.[16] Konstruktivistische Architekten traten mit revolutionären Entwürfen für «Kommunehäuser» auf den Plan. Sie verbanden die Begeisterung für moderne Technik, Rationalisierung und Vereinheitlichung mit ideologischen Kategorien und dem *scientific management*. Beispielhaft seien zwei in der Zeitschrift *Sovetskaja architektura* 1929 und 1930 vorgestellte Entwürfe skizziert.[17]

Der erste sah ein aus drei Teilen bestehendes Gebäude für 1000 Erwachsene, 320 Schulkinder und 360 Vorschulkinder vor. Im Keller sollten Versorgungseinrichtungen untergebracht sein und mit Hilfe von Loren das Essen bereitstellen und die Schmutzwäsche sammeln. Im Gebäudeteil der

Erwachsenen waren die unteren vier Etagen für gemeinschaftliche Nutzung, die oberen sechs Etagen für Schlafkabinen vorgesehen. Diese Kabinen zu sechs Quadratmetern für je eine Person konnten auf Wunsch paarweise miteinander verbunden werden. Sie waren mit Dusche, Wandschrank, Tisch, einem ausklappbaren Bett und pro zwei Kabinen mit Toilette und Waschbecken ausgestattet. Einen gemeinsamen Speisesaal sollten Erwachsene und Schulkinder zu verschiedenen Zeiten benutzen. Die Essensausgabe sollte aus dem Keller mit Hilfe zweier Aufzüge erfolgen, die in horizontale Fließbänder übergingen und an den Tischen entlang liefen. Ein Lichtsignal sollte aufleuchten, wenn das Essen auf dem Fließband ankam. Der Gebäudeteil für die Vorschulkinder war nach Altersgruppen aufgeteilt, je 30 Kinder sollten als Gruppe in einem Saal schlafen. Der Gebäudeteil für die Schulkinder sah Schlafsäle für je 28 Kinder sowie nach Geschlechtern getrennte Toiletten und Waschräume vor. Der zweite Entwurf griff in das Zusammenleben von Mann und Frau noch stärker ein: 1000 Erwachsene sollten entweder zu sechst, nach Geschlechtern getrennt, in einem Raum, oder zu zweit wie «ehemals Mann und Frau» schlafen. Die Kinder sollten räumlich getrennt von den Eltern leben, Mütter und Väter zu festgesetzten Zeiten zu ihren Kindern gehen, sie stillen, sich mit ihnen unterhalten und auf diese Weise an der Kindererziehung teilnehmen.

Gebaut wurden diese Monsterkomplexe nicht. Es gab einige Realisierungen im kleinen Maßstab, aber nach kurzer Zeit begannen die Bewohner, das Haus im konventionellen Sinne umzuorganisieren. Ein großes Kommunehaus in Moskau, das bis heute steht und immer wieder als Beispiel herhalten muss, war in Wirklichkeit von diesen radikalen Entwürfen weit entfernt. Es handelt sich um das Wohnhaus für Mitarbeiter des Volkskommissariats für Finanzen, das zwischen 1928 und 1930 errichtet wurde. In diesem Haus war zwar der spätere Übergang zum kollektiven Leben eingeplant, aber es gab neben den Gemeinschaftseinrichtungen konventionelle Familienwohnungen. Fünf solcher «Übergangshäuser» entstanden in Moskau, Sverdlovsk und Saratov. Sie verkörpern das Bestreben, einen realistischen Kompromiss zwischen den gewachsenen Strukturen und der Zukunftsvision zu finden. Gleichzeitig stehen sie auch für eine politische Wende: Während der 1920er Jahre hatte sich die Partei indifferent zu den Diskussionen der Architekten und Stadtplaner verhalten. 1930/31 bezog die Parteiführung Position – und zwar gegen die radikalen Utopien. Architekten und Stadtplaner wurden zur Ordnung gerufen und aufgefordert, bei ihren Planungen auf die realen Verhältnisse und Möglichkeiten Rücksicht zu nehmen.[18] Im Mai 1930 verwarf das Zentralkomitee die radikalen Vorschläge zur Sozialisierung der Lebensweise als «völlig unbegründete, halbphantastische und daher äußerst gefährliche experimentelle Bestrebungen».[19] Eine endgültige Abfuhr erhielten die kulturrevolutionären Konzepte im Juni 1931, als Lazar' Kaganovič auf dem Plenum des Zentralkomitees im Namen des Politbüros eindeutig klarstellte, dass man heute noch gar nicht wisse, wie die endgültigen Lebensformen im Kommunismus aussehen würden, und dass man sie nur schrittweise schaffen könne. Die Befreiung der Frau von den Tätigkeiten des Kochens, des Haushalts und der Kinderbetreuung durch den Bau von Wäschereien, Kantinen und Kinderkrippen sei wünschenswert, aber in den nächsten Jahren nicht realisierbar. Dringlicher sei die Schaffung von Wohnraum und die Verbesserung der städtischen Infrastrukturen. Die Forderungen nach Kommunehäusern seien zum gegenwärtigen Zeitpunkt «linke Phrasen, die Schaden anrichten».[20]

Dieses Zurückdrängen der Kulturrevolution durch die Parteiführung deutet darauf hin, dass es sich bei ihr zum guten Teil um ein Produkt spontaner Initiative von unten gehandelt hatte, im Sinne eines revolutionären Aufbegehrens gegen das Establishment und die traditionelle Kultur. Die Partei stellte dieses Aufbegehren in ihre Dienste, solange es ihr nützlich schien, um die alten Strukturen aufzubrechen, die durch die Neue Ökonomische Politik konserviert worden waren, aber letztendlich passte es nicht in das kommandowirtschaftliche System, das Stalin Anfang der 1930er Jahre installierte. Folgerichtig wurden die Kulturrevolutionäre 1931 in ihre Schranken verwiesen.

Industrialisierung und Kollektivierung der Landwirtschaft

Die Ausarbeitung des Wirtschaftsplans oblag eigentlich den Experten der staatlichen Planbehörde *Gosplan*, doch agierten diese unter starkem politischen Druck, ein möglichst schnelles industrielles Wachstum zu gewährleisten. Obwohl die Wirtschaftsfachleute vor unrealistischen Planvorgaben warnten, mussten sie 1928/29 auf Druck von oben hin die Entwürfe mehrmals nach oben korrigieren. Sie legten den Plan schließlich in einer «Normal»- und einer «Optimalvariante» vor. Obwohl schon die «Normalvariante» mit einer Steigerung der gesamtwirtschaftlichen Investitionen um 250 Prozent unrealistisch war, setzte die Parteiführung im Mai 1929 die «Optimalvariante» in Kraft. Die darin vorgesehene Erhöhung der Investitionen um 320 Prozent, in der Schwerindustrie sogar um 440 Prozent, hatte mit rationaler Wirtschaftsplanung nichts mehr zu tun, sondern verkörperte den von der politischen Führung gewollten Gewaltakt zur Modernisierung des Landes.[21]

«Wir gehen mit Volldampf den Weg der Industrialisierung – zum Sozialismus, unsere uralte ‹reußische› Rückständigkeit hinter uns lassend», verkündete Stalin im November 1929. «Wir werden zu einem Lande des Metalls, einem Lande der Automobilisierung, einem Lande der Traktorisierung. Und wenn wir die UdSSR aufs Automobil und den Bauern auf den Traktor gesetzt haben – mögen dann die ehrenwerten Kapitalisten im Westen, die sich mit ihrer ‹Zivilisation› brüsten, uns einzuholen versuchen. Wir werden noch sehen, welche Länder man dann unter die rückständigen und welche unter die fortgeschrittenen wird ‹einreihen› können.»[22] Als wären die Planziele nicht schon phantastisch genug gewesen, gab man auch noch die Parole aus, den Fünfjahresplan in vier Jahren zu erfüllen. Der industrielle Aufbau geriet auf diese Weise zu einem halsbrecherischen Wettlauf, angetrieben von berauschenden Erfolgsmeldungen, die mit einem zunehmenden Realitätsverlust einhergingen, denn in Wirklichkeit wurden die Planziele gar nicht erreicht. Häufig wurde mit dem Bau von Fabriken begonnen, noch ehe die Projektierung abgeschlossen war. Die Qualität des unter unglaublichem Zeitdruck mit schlecht ausgebildetem Personal Gebauten ließ zu wünschen übrig, die Arbeitsproduktivität war niedrig und das Verhältnis zwischen Aufwand und Ertrag katastrophal. Die nur notdürftig angelernten Arbeitskräfte kamen mit der modernen Fließbandarbeit und den importierten Maschinen nicht zurecht. Unfälle waren an der Tagesordnung, Maschinen versagten nach kurzer Zeit infolge unsachgemäßer Bedienung und die Erzeugnisse erwiesen sich vielfach wegen ihrer miserablen Qualität als unbrauchbar.[23]

Dennoch steht außer Frage, dass die Sowjetunion in diesen Jahren in technisch-ökonomischer Hinsicht einen gewaltigen Modernisierungsschub erlebte. Sie erhielt eine neue Basis bei der Energiegewinnung, in der Schwerindustrie und in der Anwendung moderner Technik. Die ersten beiden Fünfjahrespläne 1928 bis 1937 machten aus dem Agrarland ein Industrieland, mit durchaus eindrucksvollen quantitativen Erfolgen. Im Volumen der Produktion überholte die Sowjetunion die westeuropäischen Industriestaaten und belegte am Ende der 1930er Jahre hinter den USA den zweiten Platz. Ungeachtet dessen, dass man am Gegenentwurf zur kapitalistischen Gesellschaft baute, bediente man sich des Know-hows und der Technik der großen westlichen Industrieländer, die ihrerseits unter dem Eindruck der Weltwirtschaftskrise die Großaufträge aus der Sowjetunion gerne annahmen und mit Krediten zwischenfinanzierten. Vor allem aus den USA und Deutschland wurden Industrieanlagen importiert und Ingenieure angeworben. Im Unterschied zur Industrialisierung um die Jahrhundertwende fand allerdings kein Kapitalimport statt, denn für ausländisches Eigentum an Produktionsmitteln gab es in der staatlichen Planwirtschaft keinen Platz mehr.[24]

Typisch waren gigantomanische Projekte: der Dnepr-Staudamm mit dem damals weltgrößten Wasserkraftwerk, das buchstäblich auf der leeren Steppe in der Nähe eines großen Eisenerzvorkommens errichtete Stahlwerk von Magnitogorsk im Südural, mit einer dazugehörigen, gleichnamigen und ebenfalls neu gegründeten Stadt, das Stalingrader Traktorenwerk, das größte europäische Landmaschinenkombinat in Rostov am Don, die Automobilwerke in Nižnij Novgorod und Moskau, die Moskauer Untergrundbahn. Diese Leuchttürme der ersten beiden Fünfjahrespläne standen für die schwerpunktmäßige Konzentration der Ressourcen auf herausgehobene Projekte. Sie sollten als Brückenköpfe des Fortschritts Vorbild- und Signalwirkung entfalten. Auf diese Weise entstanden isolierte Inseln industrieller und technischer Modernität. Erkauft wurde der sektorale Sprung nach vorn durch eine einseitige Ausrichtung der Volkswirtschaft auf die Schwerindustrie, während die dort konzentrierten Mittel anderswo fehlten. Hinzu kamen die enorme Verschwendung von Ressourcen und der erzwungene Konsumverzicht der Bevölkerung. Die Propaganda suggerierte den Menschen, sie müssten jetzt alle Kräfte zusammennehmen und sich für einige Jahre maximal anstrengen, damit es danach besser werde.

Integraler Bestandteil der ersten Fünfjahrespläne war der Einsatz von Zwangsarbeit. Der *GULag* (eigentlich die Abkürzung für «Staatliche Verwaltung der Lager») hatte seinen Anfang im Sommer 1918 genommen, als die Geheimpolizei unter Feliks Dzierżyński damit begann, Regimegegner in Konzentrationslager zu sperren. Ende 1920 gab es bereits 107 derartige Lager, die neben dem traditionellen System von Haftanstalten existierten.[25] Um die politischen Häftlinge von der Außenwelt zu isolieren, errichtete man 1923 auf den abgelegenen Soloveckie-Inseln im Weißen Meer in einer ehemaligen Klosteranlage den ersten großen Lagerkomplex. 1925 befanden sich dort schon 6000 Gefangene. Ab 1929 wuchs das System der Straflager zu einem riesigen «Archipel» (Solženicyn) an, dem ökonomische Aufgaben zugewiesen wurden. Zwischen 1928 und 1930 erhöhte sich die Zahl der von der Geheimpolizei festgehaltenen Gefangenen von 30 000 auf mehr als 300 000.[26] Der Arbeitseinsatz von Häftlingen konzentrierte sich auf Regionen und Tätigkeiten, für die freiwillige Arbeitskräfte nur schwer zu gewinnen waren. Der hohe Norden Russlands und unwirtliche Gegenden Sibiriens, in denen es Rohstoffvorkommen oder Holz gab, wurden regelrecht mit Arbeitslagern kolonisiert.

Das zu Beginn der 1930er Jahre größte Arbeitslager befand sich in Karelien: Bis zu 170 000 Häftlinge wurden beim Bau des Weißmeer-Ostsee-Kanals (*Belomorkanal*) eingesetzt. Mit primitiven Mitteln wurde eine 227 Kilometer lange Wasserstraße gebaut, die am Ende ökonomisch nutzlos war, weil sie nur von flachen Kähnen befahren werden konnte. Mindestens 25 000 Häftlinge kamen auf der Baustelle ums Leben.[27] Die zeitgenössische Propaganda feierte den Bau hingegen als eine «Schmiede des neuen Menschen». Ein sogar in englischer Übersetzung herausgegebenes Buch glorifizierte 1934 das Unternehmen zu einem einzigartigen Umerziehungsprojekt, das aus Verbrechern ehrbare Sowjetbürger geformt habe. – Das war nicht nur Zynismus. Der Umstand, dass Maksim Gor'kij, Aleksej Tolstoj und 34 weitere Schriftsteller an diesem Buch mitwirkten, zeigt, dass hier auch Menschen am Werk waren, die an die Erziehungsfunktion von Arbeitslagern glaubten. «Die Errichtung dieses Kanals ist einer der brillantesten Siege menschlicher Energie über die wilde Natur», schrieb Gor'kij, «aber sie ist noch mehr: Sie ist der glänzend geglückte Versuch, Tausende ehemalige Feinde der Sowjetgesellschaft zu transformieren.»[28]

Eng mit der forcierten Industrialisierung verbunden war das zweite Element der radikalen Umgestaltung des Landes – die Kollektivierung der Landwirtschaft. Im Hinblick auf die längerfristigen strukturellen Entwicklungen bildet die Zwangskollektivierung die eigentliche Zäsur für das Russland außerhalb der großen Städte – mehr noch als die Oktoberrevolution. Erst jetzt wurden die historisch gewachsenen Strukturen nachhaltig zerstört. Die härtere Gangart gegenüber den Bauern hatte sich bereits 1928 abgezeichnet. «Das Leben wurde ungewollt bitter, kummervoll, zwanghaft, unfreiwillig, aussichtslos», schrieb ein Bauer 1928 nach dem Eintritt in die Kolchose in sein Tagebuch. «Der ganze häusliche Besitz ist verloren, die neuen Äcker und Heuwiesen sind verloren, alle kirchlichen Feiertage, feierlichen Messen und Vergnügungen sind verloren, für immer und unwiderruflich. Geblieben ist ausweglose Zwangsarbeit, für die es keine Ausreden gibt [...]. Die Befehlenden behandeln uns grob, doch es ist klar, dass es jenseits der Kolchose keinen anderen Weg gibt, ja sogar, dass ein Ausweg aus der Kolchose nicht existiert.»[29]

Nach dem Beschluss des Politbüros vom November 1929 über die durchgängige Kollektivierung wurden die Bauern gezwungen, sich zu Kollektivwirtschaften zusammenzuschließen. Um diesen Prozess zu beschleunigen, schickte man 25 000 Arbeiter in die Dörfer, die als Leiter der Kolchosen vorgesehen waren und zusammen mit den Exekutivorganen massiven Druck auf die Bauern ausübten. Die Kollektivierungsbrigaden schüchterten die Bauern ein und trieben sie unter Anwendung von Gewalt in die Kolchosen. Die wohlhabenderen Bauern, als «Kulaken» gebrandmarkt, wurden zum Ziel eines systematischen Terrors, denn ihr Einfluss im Dorf sollte ein für allemal beseitigt werden. Ein geheimer Beschluss des Politbüros vom Januar 1930 teilte die Kulaken in drei Kategorien ein: «Konterrevolutionäre Aktivisten» sollten in Konzentrationslager gesperrt und bei Gegenwehr auf der Stelle erschossen werden. «Reiche Kulaken» sollten in den hohen Norden, den Ural, nach Kasachstan und Sibirien deportiert werden. Die Übrigen sollten enteignet und innerhalb des Dorfes oder in der Umgebung auf die schlechtesten Böden umgesiedelt werden.[30] Wer als «Kulak» zu gelten hatte und welcher Kategorie er zuzuordnen war, entschieden Dreierausschüsse, bestehend aus dem regionalen Parteisekretär, einem Vertreter des Sowjets und dem Bevollmächtigten der Geheimpolizei. Jeder, der nicht völlig arm war, musste damit rechnen, als «Kulak» deportiert zu werden. Dementsprechend groß war die Angst in den Dörfern, sodass die Kollektivierung im Winter 1929/30 schnelle Fortschritte machte.

Im Zuge der Entkulakisierung wurden fünf bis sechs Millionen Menschen enteignet und von ihren Höfen vertrieben. Am schlimmsten traf es die erste und die zweite Kategorie. 1930/31 wurden mehr als 380 000 Familien mit insgesamt 1,8 Millionen Personen in entlegene Gebiete deportiert. 1932/33 folgten in einer zweiten Welle weitere 340 000 Personen. Sie wurden zum nächsten Bahnhof gebracht und in wochenlanger Fahrt in Viehwaggons nach Sibirien und in den hohen Norden verfrachtet. In der Ankunftsregion kamen die Deportierten in ein Verteilungslager, wo sie unter Bewachung auf freiem Feld campierten. Von dort brachte man sie in die «Sondersiedlungen». Diese waren lagerähnlich organisiert und bestanden überwiegend aus Baracken, die die Ankömmlinge erst bauen mussten.[31]

Die Insassen der Sondersiedlungen mussten sich einmal im Monat bei der Miliz melden. Die Männer leisteten Schwerarbeit beim Holzfällen und in Bergwerken, den Frauen und Kindern wurden leichtere Tätigkeiten zugewiesen. 1930 bis 1932 kamen Hunderttausende ums Leben. Besonders im Winter waren die Überlebensbedingungen schwierig: Die meist abgelegenen Siedlungen waren wochenlang eingeschneit, ohne Lebensmittelversorgung und ohne Medikamente, sodass der Typhus die geschwächten Menschen reihenweise niederstreckte. Die Zahl der Toten war in manchen Siedlungen so groß, dass die Kommandanten sie gefroren im Schnee liegen ließen, weil das Aufhacken von Gräbern zu viel Arbeitszeit gekostet hätte. Im Frühjahr wurden die Leichen in einen Fluss geworfen. Im zweiten Winter war die Versorgung noch schlechter, weil es nun keine mitgebrachten Vorräte mehr gab. Die Deportierten aßen Baumrinde und Kartoffelkeime, erkrankten an Durchfall und starben dahin.

Angesichts dieser Bedingungen versuchten viele, aus den Sondersiedlungen zu entkommen. Überall im Land waren Menschen mit gefälschten Papieren unterwegs, fanden hier und da Unterschlupf und Arbeit, wurden verhaftet, in die Sondersiedlungen zurückgebracht, flüchteten abermals.

Für viele war das ein jahrelanges Leben auf der Flucht, stets mit der Angst im Nacken, denunziert und verhaftet zu werden.[32] Von der ersten Welle der Deportierten verschwanden bis zum Jahresende 1931 500 000. Sie waren entweder geflohen oder ums Leben gekommen. Zwischen 1932 und 1940 starben 390 000 und flüchteten 630 000.[33] Die Zahl der Todesopfer unter den «Kulaken» während der Deportation und in der Verbannung bis 1953 wird insgesamt auf 530 000 bis 600 000 geschätzt.[34]

Die als «Kulaken» ausgegrenzten Bauern begriffen anfangs gar nicht, warum sie plötzlich Opfer von Repressionen wurden. Im Glauben, es handle sich um Übergriffe lokaler Instanzen, wandten sich Tausende 1929 mit Beschwerden an die übergeordneten Behörden. Widerstand gegen die Kollektivierung hielt sich hingegen in engen Grenzen. Für die ersten neun Monate des Jahres 1929 sind rund 1000 Fälle dokumentiert, in denen Bauern ihre Peiniger verprügelten oder erschlugen. Im weiteren Verlauf der Kollektivierung steckten die Bauern Kolchosgebäude in Brand, plünderten Getreidelager, verübten Gewalt gegen Protagonisten der Staatsmacht. Auffällig viele Widerstandsaktionen wurden von Frauen begangen: Weil Bäuerinnen der Sowjetmacht als unmündig galten und daher normalerweise nicht von Verhaftungen und Erschießungen bedroht waren, wurden sie von den Männern vorgeschickt oder organisierten selbst einen «Weiberaufruhr» (*babij bunt*) und attackierten Funktionäre und Kolchosniki mit Sicheln, Mistgabeln und Spaten. Anfang 1930, als damit begonnen wurde, den Bauern auch die für das Überleben der Familie unentbehrliche Kuh wegzunehmen, schlug der Frauenprotest in eine Massenbewegung um, sodass ganze Regionen außer Kontrolle gerieten. Im Winter 1929/30 gab es eine Reihe von regionalen Bauernaufständen, die mit Waffengewalt niedergeschlagen wurden.[35]

Angesichts dieser bedrohlichen Situation und der Gefährdung der Frühjahrsaussaat korrigierte Stalin den Kurs. Am 2. März 1930 schrieb er in der Parteizeitung *Pravda* unter der die Krise verklausulierenden Überschrift «Vor Erfolgen von Schwindel befallen», dass es bei den Enteignungen zu «Übertreibungen» gekommen und das Prinzip der Freiwilligkeit verletzt worden sei. Die Schuld an den Fehlern lud er den örtlichen Funktionären auf. Eine Resolution des Zentralkomitees ordnete am 10. März an, den Bauern die Kuh, das Geflügel und die Kleintiere sowie das Grundstück beim Haus zurückzugeben, die gewaltsame Kollektivierung einzustellen und die Schließung von Kirchen zu beenden.[36] Diese Reaktion zeigt, dass Stalin im Moment der akuten Krise den Bogen nicht mit weiterem Gewalteinsatz überspannte, sondern Zugeständnisse machte. Es gelang ihm auf diese Weise, den bäuerlichen Widerstand, der ohnehin zu keinen organisierten Formen gefunden hatte, wie es sie 1921/22 gegeben hatte, zu beruhigen. Die Bauern traten unter Berufung auf das Prinzip der Freiwilligkeit wieder aus den Kolchosen aus, sodass der Kollektivierungsgrad von fast 60 Prozent (März 1930) auf 20 Prozent (September) sank. Nachdem die Ernte eingebracht und die Lage stabilisiert war, kehrte das Regime aber im August 1930 wieder zu den Methoden des Vorjahres zurück und trieb die Bauern innerhalb weniger Monate fast vollständig in die Kolchosen. Diese zweite Welle der Gewalt stieß nur noch vereinzelt auf Gegenwehr. Der gegen sie angewandte Terror hatte die Widerstandskraft der Bauern gebrochen. «Ich habe schon drei Nächte nicht geschlafen und immer darauf gewartet, dass sie zu mir oder zu meinen nahen Verwandten kommen. Das Schlimmste ist, dass sie nicht wissen, wohin man sie deportiert. Jetzt sind die Leute gleichgültig, was auch mit ihnen geschieht. Früher führten zwei Milizionäre einen Arrestierten und jetzt einer mehrere Personen. Die Leute gehen ruhig mit und flüchten nicht.»[37] – Diese Äußerung eines Bauern, von der Geheimpolizei als typisch eingestuft, verweist auf eine Resignation vor dem harten Zugriff der Staatsmacht.

In der ersten Hälfte des Jahres 1931 wurden zwar in ungefähr 34 000 der fast 220 000 Kolchosen des Landes Anschläge registriert,[38] aber es gab keine Aufstände mehr. Meistens handelte es sich um Brandstiftungen, Sachbeschädigung und das Abschlachten des Nutzviehs, um der Kolchose Schaden zuzufügen. In manchen Gebieten war bereits Ende 1929 die Hälfte des Nutzviehbestandes vernichtet worden, um es dem staatlichen Zugriff zu entziehen.[39] Nicht nur deswegen war die Bilanz der Kollektivierung katastrophal. Die wirtschaftlich leistungsfähigsten Bauern waren von ihren Höfen vertrieben, die gewachsenen Strukturen im Dorf zerstört und durch neue ersetzt worden, die sich entgegen den Versprechungen nicht als effektiv erwiesen. Die Landwirtschaft wurde damit auf Jahrzehnte hinaus schwer getroffen.

Zur Einschätzung der Kollektivierung gehören aber nicht nur ökonomische Faktoren: Die Kollektivierung war die Geburtsstunde des Massenterrors. Zu Hunderttausenden wurden Menschen aufgrund der Zugehörigkeit zu einer willkürlich konstruierten sozialen Kategorie deportiert und zu Tode geschunden. Die Kulakenverfolgung brach der Menschenverachtung und Skrupellosigkeit Bahn, die zum Signum des Stalinismus werden sollte. Funktionäre erklärten, man solle widerspenstige Bauern wie Katzen ersäufen, Kulaken seien Schweine oder Welpen, man solle aus ihnen Seife machen, die ganze «Kulakenbrut» erschießen.[40] Aus solchen Äußerungen sprechen die Verachtung und der Hass, den die Bolschewiki dem Dorf entgegenbrachten. Der eigentliche Feind, gegen den sie ankämpften, war das alte Russland, die Rückständigkeit, die bäuerliche Lebensordnung, die ein für allemal beiseitegefegt werden sollte, um auf ihren Trümmern eine neue Gesellschaft aufzubauen.

Die schlimmste Folge der Kollektivierung war aber die große Hungersnot von 1932 bis 1934. Die Produktivität war gesunken und die Motivation der Bauern, für die Kolchosen zu arbeiten, war gering, denn sie wussten, dass das Getreide nach der Ernte vom Staat konfisziert wurde. Der Hunger begann 1931 und nahm 1932 ein verheerendes Ausmaß an, weil das Regime den Bauern die letzten Vorräte abpresste, um die Städte und die Armee versorgen und Getreide zur Erwirtschaftung der für die Industrialisierung benötigten Devisen exportieren zu können.[41] Stalin verschärfte die Hungersnot vorsätzlich, denn sie bot die Gelegenheit, den Widerstand der Bauern endgültig zu brechen und die Ergebnisse der Kollektivierung unumkehrbar zu machen. Aus den Korrespondenzen Stalins und hoher Funktionäre wird deutlich, dass sie 1932/33 die Bauern als Feinde betrachteten, die einen Angriff gegen die Sowjetmacht führten. Am 21. November 1932 telegrafierte Stalin an die kasachische Parteiführung, angesichts der zusammenbrechenden Getreideaufbringung sei es notwendig, zu Repressionen überzugehen und «gegen die Kommunisten in den Rayons einen Schlag zu führen, die sich vollständig im Banne kleinbürgerlicher Elemente befinden und auf die Gleise der Kulaken-Sabotage abgeglitten sind».[42] Der kasachische Parteichef Gološčekin antwortete tags darauf, der «Klassenfeind» sabotiere die Getreidekampagne mit seinem «Terror».[43]

Stalin schickte im November und Dezember 1932 außerordentliche Kommissionen in die wichtigsten Getreideregionen, um systematisch Getreidevorräte aufzuspüren und abzutransportieren. Die Bauern wurden gezwungen, ihre Überlebensvorräte preiszugeben und damit dem Hungertod ausgeliefert. «Das Jahr 1933 brach an, und sie hatten uns schon alles weggenommen», erinnerte sich später ein Bauer aus dem Wolgagebiet. «Uns war nichts mehr geblieben. Wir aßen Gras und unsere Bäuche schwollen an.»[44] Im Januar 1933 ließ Stalin die Haupthungergebiete mit einem Sperrkordon abriegeln, um die Bauern daran zu hindern, anderswo ein Auskommen zu suchen, zumal der Zustrom von Hungernden die angespannte Versorgungslage in den Städten weiter verschärfte. Die Hungersnot wurde zudem verheimlicht und gegenüber dem Ausland geleugnet, damit der Bankrott der Kollektivierungspolitik nicht zutage trete. Das Ergebnis war eine humanitäre Katastrophe gigantischen Ausmaßes, die zwischen fünf und acht Millionen Todesopfer forderte. Am schlimmsten waren die Ukraine, der Nordkaukasus und Kasachstan betroffen. Dass die Politik auf einen Genozid am ukrainischen Volk abzielte, wird außerhalb der Ukraine nur von wenigen Historikern angenommen. Dagegen spricht, dass neben der Ukraine auch mehrheitlich von Russen bewohnte Gebiete ähnlich stark betroffen waren. Dass die Ukraine und der Nordkaukasus so viele Tote zu verzeichnen hatten, lag daran, dass sie mit Abstand die wichtigsten Getreidelieferanten der Sowjetunion waren und daher von dort besonders viel Getreide für den Export requiriert wurde. Zudem hatten sich die dortigen Bauern als besonders ablehnend gegen die Kolchosen erwiesen. In Kasachstan war die Hungersnot eine Folge der Sesshaftmachung der Nomaden in Kombination mit den Getreiderequirierungen.[45]

Die Auswirkungen auf die Bauern waren einschneidend. Innerhalb weniger Monate starb in vielen Dörfern die Hälfte der Menschen an Entkräftung. Eine Frau aus dem Gebiet Saratov erinnerte sich: «Was war das Schrecklichste in meinem Leben? Das war der Hunger. Die Menschen fielen um wie die Küken im Inkubator. Mein Vater und ich kauften einmal auf dem Markt Sülze, und als wir sie zu Hause essen wollten, stellte sich heraus, dass es Menschenfleisch war, wir fanden einen Fingernagel darin. Meine Großmutter lag fast das gesamte Hungerjahr bewegungslos da. Jeden Tag warteten wir, dass sie stirbt.»[46] Die Berichte der Geheimpolizei vom Frühjahr 1933 sind voll von Nachrichten über das massenhafte Sterben in den Dörfern und die verzweifelten Versuche der Verhungernden, an Lebensmittel zu kommen. Manche aßen das Fleisch von Verstorbenen; verbreiteter waren der Verzehr von Katzen, Hunden, Ratten und verendeten Pferden sowie der Versuch, das knappe Mehl mit Gräsern und Kräutern zu strecken.[47] Die Zuflucht zu Ersatznahrungsmitteln führte in Kombination mit der Schwächung des Körpers durch den monatelangen Hunger zu Typhus und anderen schweren Erkrankungen, die häufig mit dem Tod endeten. Die Toten wurden am Höhepunkt der Hungersnot nicht mehr begraben, sondern auf den Friedhöfen oder in Scheunen zu Hunderten aufgeschlichtet.[48] «Ich war damals Komsomolze», erzählte später ein Augenzeuge. «Sie beriefen eine Versammlung ein, und es hieß: ‹Morgen karren wir die Toten auf den Friedhof›. Also haben wir sie dorthin gekarrt.»[49]

Ähnlich wie 1921/22 entstand durch die Hungersnot von 1932/33 ein Millionenheer von Waisenkindern und obdachlosen Jugendlichen. Schon während der Kulakendeportationen hatten viele Väter und Mütter ihre Kinder zurückgelassen, aus Angst, dass diese die Deportation nicht überleben würden. 1934/35 griff die Miliz fast 850 000 obdachlose Kinder auf. Ende 1934 waren rund 330 000 in Waisenhäusern Russlands, der Ukraine und Weißrusslands untergebracht. Um die mit den obdachlosen Kindern in Zusammenhang stehende Kriminalität einzudämmen, wurde das Strafmündigkeitsalter im April 1935 auf 12 Jahre gesenkt, mit dem Ergebnis, dass bis 1940 mehr als 100 000 Minderjährige im Alter von 12 bis 16 Jahren von Gerichten verurteilt wurden.[50]

Die Kolchosbauern

Aus der Hungersnot resultierten zwei Maßnahmen, die fortan auf Jahrzehnte hinaus das Leben der Kolchosbauern prägten. Die erste beschränkte die Freizügigkeit der ländlichen Bevölkerung. Zwischen 1930 und 1932 hatten fast zehn Millionen Menschen fluchtartig ihre Dörfer verlassen. Die Städte waren nicht in der Lage, diese unkontrollierte Zuwanderung zu verkraften. Damit nicht noch mehr Hungernde diesen Weg wählten, wurde im Dezember 1932 der sogenannte Inlandspass eingeführt. Der Besitz eines solchen Dokuments war Voraussetzung für einen Wechsel des Aufenthaltsortes. Kolchosbauern bekamen grundsätzlich keine Pässe und waren somit – wie früher die Leibeigenen – an die Scholle gebunden. Diese Form der Diskriminierung und Migrationskontrolle blieb bis 1974 in Kraft: Aus der Kolchose (legal) wegziehen durfte nur, wer dazu die Genehmigung erhielt.[51]

Die zweite Maßnahme zielte darauf ab, die Verhältnisse in den Kolchosen zu stabilisieren und die Bauern mit ihrer neuen Lage zu versöhnen. Auch wenn die Hungersnot Stalin dienlich gewesen war, so war doch klar, dass diese ruinöse und für Millionen Menschen tödliche Art des Ressourcentransfers aus der Landwirtschaft in die Industrie keine Dauerlösung sein konnte. Ohne den Anspruch auf das von der Kolchose produzierte Getreide aufzugeben, musste also ein Weg gefunden werden, den Kolchosbauern das Überleben zu sichern. Die Lösung bestand in dem Zugeständnis, dass jeder Kolchosnik auf dem maximal 0,25 Hektar großen Landstück bei seinem Wohnhaus eine Hoflandwirtschaft betreiben und über deren Produkte nach Ablieferung einer festgesetzten Quote selbst verfügen durfte. Damit hatten die Kolchosbauern eine eigene Ernährungsgrundlage und konnten Überschüsse auf dem Markt frei verkaufen. Im Ergebnis bildete sich heraus, was als «Kolchossystem» bezeichnet wird und 1935 im neuen Kolchosstatut festgeschrieben wurde:[52] Hauptkennzeichen war die Arbeitsteilung zwischen der eigentlichen Kolchose, die Getreide und Industriepflanzen für den Staat erzeugte, und dem privaten Hofland, auf dem Kartoffeln, Gemüse und Obst angebaut sowie eine Kuh und Kleintiere gehalten werden durften. Außerdem wurden für die Produktion der Kolchose feste Ablieferungsnormen eingeführt. Die Kolchosniki erhielten sofort nach dem Dreschen 10 bis 20 Prozent des Getreides als Abgeltung für ihre Arbeitsleistung, je nach der Zahl der bis dahin erbrachten Tagewerke (*trudoden'*).

Dieses System funktionierte für die nächsten Jahrzehnte, wenn auch nicht im Sinne der ursprünglichen Idee der Kollektivierung, denn die Kolchosbauern verteilten ihre Arbeitskraft sehr einseitig zugunsten des privaten Hoflandes. Für die Arbeit in der Kolchose erhielten sie nur die Getreidezuteilung, aber in der Regel kein Geld. Die Arbeitsleistung auf dem privaten Hofland hingegen lohnte sich doppelt, denn sie bestimmte das Ernährungsniveau der Familie und ermöglichte die Erwirtschaftung von Geldeinkommen durch den Verkauf der Produkte auf dem Markt. Die Wunschvorstellung, die kleinbäuerliche russische Landwirtschaft durch die Zusammenfassung zu großen kollektivierten Betrieben zu rationalisieren und effektiver zu machen, um mit dem erzielten Gewinn die Industrialisierung zu finanzieren, erfüllte sich daher nicht. Die Versorgung der Städte mit Gemüse, Fleisch und Eiern beruhte zu einem beträchtlichen Teil auf dem privaten Hofland, also genau auf jener «rückständigen» Wirtschaftsform, die man eigentlich hatte liquidieren wollen. Überhaupt stellte sich heraus, dass die Kollektivierung nicht die erwünschten Modernisierungseffekte zeitigte: Die staatliche Forderung nach maximaler Getreideproduktion zwang die Kolchosen zur Monokultur und verhinderte die Einführung verbesserter Fruchtfolgen, mit denen man höhere Erträge bei geringerer Belastung des Bodens hätte erwirtschaften können. Die Kolchose war überdies verpflichtet, die in den ländlichen Siedlungen anwesende Bevölkerung zu beschäftigen, gleichgültig ob sie sie als Arbeitskräfte überhaupt benötigte. Auf diese Weise perpetuierte sich das Problem der ländlichen Überbevölkerung. Auch die Mechanisierung der Landwirtschaft war nur ein scheinbarer Fortschritt, denn die große Zahl von Traktoren und Mähdreschern, mit denen die sowjetische Propaganda eine moderne Landwirtschaft amerikanischen Stils suggerierte, konnte nicht darüber hinwegtäuschen, dass es in Wirklichkeit an Zugkraft mangelte. Der Pferdebestand war nämlich im Zuge der Kollektivierung stark dezimiert worden und die Traktorenlieferungen reichten nicht einmal aus, um diesen Verlust zu kompensieren, geschweige denn die Produktivität zu erhöhen. In den Augen der Bauern bedeutete die Kolchose ohnehin einen Rückschritt ins 19. Jahrhundert, eine Neuauflage der Gutswirtschaft mit Leibeigenschaft und unbezahlter Fronarbeit. Auf sich allein gestellt, hätten die Bauern die Kolchosen bei erstbester Gelegenheit aufgelöst und das Land unter sich verteilt, so wie sie es bei der Revolution 1917 mit dem Gutsbesitzerland gemacht hatten.[53]

Die Kolchosen bewirkten eine Umwertung der zu verrichtenden Tätigkeiten. In der Hierarchie ganz oben standen Leitungs-, Kontroll- und Verwaltungsposten, denn sie galten als erstrebenswert. Ohne sich körperlich anstrengen zu müssen sammelte man am Schreibtisch seine Tagewerke leichter und in größerer Zahl als auf dem Feld, wo in der kalten Jahreszeit monatelang keine Arbeiten anfielen. Analog zur fortdauernden Hierarchie der Geschlechter konnten sich vor allem Männer die begehrten Schreibtischposten sichern, während die Feld- und Stallarbeiten überwiegend von Frauen, Jugendlichen und Alten verrichtet wurden. In dem Maße, wie die Kolchosniki die Spielregeln durchschauten, passten sie ihr Verhalten an. Dabei erwies sich das System der Entlohnung als ausgesprochen schädlich für die Produktionsleistung. Theoretisch sollte am Ende jedes Jahres eine Gewinnausschüttung der Kolchose stattfinden, an der jeder gemäß seiner in Tagewerken bemessenen Arbeitsleistung teilhaben sollte. Normalerweise hatte die Kolchose aber nach der Erfüllung ihrer Ablieferungspflichten keinen Gewinn mehr zu verteilen, sodass der vorläufige Lohnabschlag, den die Kolchosniki nach der Ernte in Form vom Getreide erhielten, die einzige Abgeltung der Arbeitsleistung darstellte. Die nach dem Dreschen gesammelten Tagewerke waren somit wertlos und dementsprechend hielten sich die Kolchosniki im Herbst mit dem Arbeiten zurück.

Offenen Widerstand leisteten sie nach 1932 nicht mehr. Der gegen sie angewandte Terror und der Hunger hatten sie zermürbt.[54] Sie waren mit dem täglichen Überlebenskampf beschäftigt und verlegten sich auf geeignete Alltagspraktiken, um mit dem System zurechtzukommen, nur das Nötigste für die Kolchose zu arbeiten, sich die Dinge, die sie dringend brauchten, abzuzweigen, Anforderungen, die sie für ungebührlich hielten, zu unterlaufen und Unzufriedenheit zum Ausdruck zu bringen.[55] «Wir haben gestohlen, was geht!», erinnerte sich ein Kolchosnik. «Alles haben wir gestohlen! Kerosin haben wir gestohlen, Getreide haben wir gestohlen, Viehfutter haben wir gestohlen, ist doch klar.»[56] Um die Ablieferungsquote zu erfüllen oder zu drücken, vergrößerte man einvernehmlich das Gewicht des Getreides durch die Zugabe von Wasser, meldete falsche Zahlen über die erzielte Ernte, verheimlichte einen Teil der Anbauflächen oder hielt übermäßig viel Getreide als angebliches Saatgut zurück. Die Kolchosbauern agierten bei solchen Praktiken nicht nur als Individuen, sondern auch als Dorfgemeinschaft. Die Handlungen wurden oft von Aussagen und Gesten begleitet oder waren gegen Ziele gerichtet, die zeigten, dass es sich um Feindlichkeit gegenüber dem Regime handelte. Jugendliche, die sich der Stachanovbewegung anschlossen (der nach dem Kohlenhauer Aleksej Stachanov benannten Jagd nach individuellen Produktionsrekorden), wurden häufig ausgegrenzt, verprügelt oder gar erschlagen, weil sie mit ihrem Verhalten die Normen in die Höhe trieben und sich damit unbeliebt machten. Auf sie wurden regelrechte Hetzjagden veranstaltet, denn sie galten als

Vertreter des verhassten Regimes und waren leichter anzugreifen als die Inhaber von Ämtern.[57] Zuschriften an die Bauernzeitung (*Krest'janskaja gazeta*) dokumentieren in großer Zahl die bäuerliche Unzufriedenheit.[58] Immer wieder machten Gerüchte die Runde, dass die Kolchosen bald wieder abgeschafft würden, weil es sich nur um eine vorübergehende Maßnahme zur Überwindung einer Notlage gehandelt habe. In periodischen Abständen wurde verbreitet, dass demnächst ein Krieg ausbrechen und dann das Regime der Bolschewiki ein Ende haben werde oder dass in den Fabriken gestreikt werde und sich ganze Provinzen im Aufstand befänden. Solche Gerüchte waren häufig von Äußerungen begleitet, man werde bald mit den Bolschewiki abrechnen.[59]

Die Arbeiter

Der Übergang zur forcierten Industrialisierung erzeugte einen Mangel an Arbeitskräften. Bei der nun notwendigen Erschließung der ländlichen Arbeitskräftereserven erwiesen sich die staatlichen Steuerungsmechanismen als ineffizient. Entwurzelt durch die Kollektivierung, strömte die ländliche Bevölkerung ungeregelt in die Städte. Insgesamt migrierten zwischen 1926 und 1939 nicht weniger als 23 Millionen Menschen vom Land in die Städte, der Großteil davon zwischen 1928 und 1933.[60] Das Passgesetz schob dieser unkontrollierten Wanderung zwar einen rechtlichen Riegel vor, konnte sie aber nur verringern. Wer in die Stadt ziehen oder trotz fehlender Aufenthaltsberechtigung dort bleiben wollte, fand auch weiterhin Mittel und Wege dazu.[61] Bis zum Ende der 1930er Jahre gelang es dem Regime nicht, die angestrebte Kontrolle über den Arbeitsmarkt herzustellen, da die starke Nachfrage der Industrie nach Arbeitskräften diesen zahlreiche Möglichkeiten eröffnete, die gesetzlichen Regelungen zu unterlaufen.[62]

Die Fluktuation war hoch, denn der Wechsel des Arbeitsplatzes war in einem System, das Streiks kriminalisierte und in dem die Gewerkschaften gleichgeschaltet waren, die einzige Möglichkeit, bessere Bedingungen oder höheren Lohn zu suchen. Durchschnittlich wechselte jeder sowjetische Industriearbeiter zwischen 1929 und 1932 fünfmal den Arbeitsplatz.[63] Die Fluktuation stand in direktem Zusammenhang mit der Wohnungsnot. Da die Stadtverwaltungen überfordert waren, wälzten sie die Verantwortung auf die Großbetriebe ab, die für ihre Arbeiter Barackensiedlungen errichteten. 1935 entfielen fast 70 Prozent des Wohnungsbaus auf Industriekommissariate und Unternehmen. Der durchschnittliche Wohnraum in den Baracken betrug zwei Quadratmeter pro Person. Viele mussten auf dem Boden schlafen oder sich ein Bett im Schichtbetrieb teilen. Auch sonst waren die Lebensumstände und sanitären Bedingungen meist erbärmlich. Für

1933 wird berichtet, dass Kohlenkeller, Warenlager und Treppenhäuser als Wohnraum adaptiert wurden. Mancherorts bauten sich die Zuzügler auch Erdhüttensiedlungen.[64]

Schwierig gestaltete sich auch die Versorgung der Arbeiter mit Lebensmitteln und Gütern des täglichen Bedarfs. 1928/29 mussten in Leningrad, Moskau und anderen Großstädten die Grundnahrungsmittel und einige Konsumgüter rationiert werden. Die Höhe der Rationen wurde nach einem abgestuften System festgelegt. Die Versorgungshierarchie spiegelte die Wichtigkeit von Städten und Personenkategorien für die Industrialisierung. Einem allgemeinen Zusammenbruch der Versorgung Ende des Jahres 1930 folgte 1931 die Einführung «geschlossener Verteiler» mit einem System von Bezugsscheinen für Lebensmittel und Konsumgüter.[65] Von 1928 bis 1932 sank in den Moskauer Arbeiterfamilien der Verbrauch von Fleisch um 60 Prozent, von Milchprodukten um 50 Prozent.[66] Moskau war zwar von der großen Hungersnot 1932/33 nicht annähernd so stark betroffen wie die Ukraine und der Nordkaukasus, aber durch die Straßen zogen Scharen von Bettlern.[67] Ein amerikanischer Kommunist, der im Moskauer Elektrowerk arbeitete, berichtete, dass 1932 täglich Arbeiter an der Werkbank vor Entkräftung ohnmächtig zusammenbrachen.[68]

Im Winter 1932/33 ließ Stalin kommerzielle Geschäfte einrichten, in denen man die anderswo nicht mehr erhältlichen Lebensmittel zum zehnfachen Preis kaufen konnte. Davon profitierten vor allem technische Spezialisten und Angestellte, die keinen geschlossenen Verteiler hatten und genug verdienten, um die hohen Preise bezahlen zu können. 1932 bis 1935 gab es außerdem sogenannte *Torgsin*-Läden (russ. *magazin dlja torgovli s inostrancami* – «Geschäft für den Handel mit Ausländern»), in denen man nur mit Edelmetallen oder Devisen einkaufen konnte.[69] Daneben existierte ein System geschlossener Geschäfte für Funktionäre, wichtige Ingenieure, Schriftsteller und andere Privilegierte. Sie waren bewacht und durften nur mit einem Berechtigungsausweis betreten werden. Der gewöhnliche Arbeiter konnte weder dort noch im *Torgsin,* noch in den kommerziellen Läden einkaufen. Ihm blieb neben den Kooperativläden daher nur die Möglichkeit, zu hohen Preisen auf den Märkten Lebensmittel aufzutreiben.[70] 1932 gab es in Moskau 43 Märkte, auf die 15 Prozent der Kartoffel- und 60 Prozent der Milch- und Eierversorgung entfielen. Daneben bestand während der gesamten 1930er Jahre ein Schwarzmarkt mit Lebensmitteln, die aus den Kolchosen gestohlen wurden.[71] Erst 1933/34 stabilisierte sich die Lebensmittelversorgung. Eine gewisse Entlastung kam dadurch zustande, dass viele Stadtbewohner nun mit Kleingärten ausgestattet wurden, aus denen sie sich selbst mit Kartoffeln und Gemüse versorgen konnten. In den «drei guten Jahren», 1934 bis 1936, stieg der Lebensstandard vorübergehend an, erreichte aber bis zum Zweiten Weltkrieg nicht das Niveau der späten 1920er Jahre.[72]

Trotz der schlechten Lebensbedingungen gelang es dem Regime, die Millionen Zuzügler vom Land in die Städte zu integrieren, ohne dass es zu einer sozialen Explosion kam. Dazu trugen mehrere Faktoren bei: Gerade durch die massive Zuwanderung zerfiel die sowjetische Arbeiterschaft der 1930er Jahre in Gruppen, die aufgrund ihrer je unterschiedlichen Erfahrungen auf die Verhältnisse und die Identifikationsangebote des Regimes unterschiedlich reagierten. Die Arbeiterschaft war somit zersplittert und zu gemeinsamem Handeln nicht in der Lage.[73] An organisierten Widerstand war in Anbetracht des Machtapparates ohnehin nicht zu denken. Stalin hatte gegenüber den Bauern eindrücklich vorgeführt, wie er mit Widersetzlichkeiten umging. Ein großer Teil der neuen Arbeiter hatte den Kollektivierungsterror in den Dörfern noch gut in Erinnerung. Unter ihnen waren untergetauchte «Kulaken», die in ständiger Angst lebten, «entlarvt» zu werden, und sich schon allein deshalb bemühten, möglichst unauffällig zu bleiben und sich konform zu verhalten.[74] Der Übergang zum städtischen Leben wurde dadurch erleichtert, dass in den Außenbezirken der Städte weiterhin eine Übergangszone mit wenig urbanem Charakter bestand, in der sich ein hohes Maß an Nonkonformität in Form von aus dem Dorf mitgebrachten Gewohnheiten ausleben ließ und der Zugriff des Regimes schwach blieb.[75]

Auch am Arbeitsplatz taten sich Freiräume auf, die von den Arbeitern in ähnlicher Weise genutzt wurden, wie das in den Kolchosen der Fall war, und die eine Ventilfunktion erfüllten: Nach außen hin spielten die Arbeiter die Rollen, die von ihnen erwartet wurden,[76] entwickelten aber gleichzeitig effektive Techniken, um die Arbeitsanforderungen zu reduzieren: Dazu gehörten das häufige Wechseln des Arbeitsplatzes, Blaumachen, langsames Arbeiten, Rauchen, Plaudern, Zeitunglesen oder Werkzeugholen. Wenn diese Verhaltensweisen auch für die Betriebsleitungen und das Regime unangenehm waren, so wirkten sie dennoch indirekt systemstabilisierend, indem sie das Protestpotenzial in eine für das Regime verhältnismäßig harmlose Richtung ableiteten. Eine ähnliche Ventilfunktion erfüllten die Möglichkeiten, auf legale Weise Kritik an Missständen und Vorgesetzten zu üben und sich zu beschweren. Das geschickt institutionalisierte Ritual von «Kritik und Selbstkritik» half dem Regime, die Unzufriedenheit auf Sündenböcke zu projizieren und auf diese Weise strukturelle Schwächen zu verschleiern.[77]

Eine wichtige Funktion bei der Integration kam den Betrieben zu, denn unter den Bedingungen der ersten Fünfjahrespläne kümmerten sich große Fabriken um alle Lebensbereiche der Arbeiter: von der Unterbringung und Kantinenverpflegung über Erholungsheime, Kinderlager, Kinderkrippen und Kindergärten, Theater- und Kinokarten bis hin zu Schachklubs und Fußballmannschaften. All das konnte den Bedarf kaum decken, trug aber zum Entstehen eines Gemeinschaftsgefühls bei. Die Arbeiter einer Fabrik und ihre Familien fühlten sich als «wir», Außenstehende waren Fremde. Lohndifferenzierung und Ausbildungsmaßnahmen bewirkten, dass die ursprünglich die Belegschaften gliedernden Trennlinien nach Herkunft allmählich an Bedeutung verloren und durch eine neue Gliederung nach Lohnstufen und Qualifikationen ersetzt wurden, innerhalb derer man durch individuelles Verhalten auf- und absteigen konnte.[78]

Aufbruch in die sozialistische Moderne?

Die Integrations- und Motivationskraft des Aufbruchs in den Sozialismus, die vielfach das Bild von der Sowjetunion während der ersten Fünfjahrespläne geprägt hat, erfordert eine differenzierte Betrachtung. Die sowjetische Propaganda und spätere Darstellungen suggerierten eine Aufbruchsstimmung im ganzen Land. Die Menschen hätten sich enthusiastisch an den Aufbau des Sozialismus gemacht und bereitwillig Entbehrungen erduldet, in der Überzeugung, am historischen Durchbruch in eine bessere Welt teilzunehmen. Erinnerungen von Zeitgenossen legen davon Zeugnis ab, dass die damalige Lebenswirklichkeit mit Terror, Hunger und Wohnungsnot nicht zur Gänze abgebildet ist, sondern sich ins Gedächtnis auch ganz andere, positive, Eindrücke eingeschrieben haben: «Das Jahr 1932 lebt in meiner Erinnerung im Glanz freudiger Gefühle, selbstbewußter Jugend und zahlloser Hoffnungen. Dort im Ausland wütete die Wirtschaftskrise. In Deutschland gab es sieben Millionen Arbeitslose. In den USA waren es noch viel mehr. [...] Tagtäglich berichteten unsere Zeitungen von Streiks in den kapitalistischen Ländern, von Hunger und Elend [...]. Wie anders sah es dagegen bei uns aus! Die Zeitungen veröffentlichten Telegramme und Artikel über unsere neuen Fabriken, Hochöfen und Maschinen-Traktoren-Stationen, von immer neuen und noch größeren Erfolgen und Errungenschaften, von immer grandioseren Plänen. [...] Als das Traktorenwerk Stalingrad begann, täglich 120 Schlepper fertigzustellen, durchpulste mich Freude.»[79] – Als Lev Kopelev 1978 diese Zeilen schrieb, war er schon lange auf Distanz zum sowjetischen Regime gegangen. Als junger Agitator in Char'kov hatte er jedoch 1932 voller Überzeugung an den der Hungersnot vorausgehenden Getreidebeschaffungskampagnen teilgenommen. Obwohl Kopelev mit eigenen Augen die Hungerkatastrophe sah, änderte das damals nichts an seiner positiven Einstellung zur Kommunistischen Partei. Er glaubte nach eigenem Eingeständnis blind der Propaganda, die die Schuld für die Hungersnot den «Kulaken» zuschob.

Marschall Georgij Žukov beschreibt in seinen 1970 publizierten Memoiren für die Jahre vor dem Krieg einen «unwiederholbaren, eigentümlichen Stimmungsaufschwung, einen Optimismus, eine Art Begeisterung und gleichzeitig Tatkraft, Bescheidenheit und Einfachheit im Umgang der Leute. Gut, sehr gut hatten wir zu leben begonnen», resümierte er rückblickend.[80] Bei Kopelev spiegeln sich die berauschenden Erfolge der Industrialisierung, die Suggestion von der Sowjetunion als dem einzigen Land, in dem es aufwärts geht, während die kapitalistischen Länder in der Weltwirtschaftskrise versinken, sowie die Gewissheit, an einer Gemeinschaft teilzuhaben, die im Besitz der allein selig machenden Ideologie mit historischer Gesetzmäßigkeit siegen würde. Aus Žukovs Sätzen sprechen Optimismus, Begeisterung und die Zufriedenheit über einen beginnenden Wohlstand.

Die Frage, inwieweit in der stalinistischen Diktatur der 1930er Jahre neben den repressiven auch solche integrativen Faktoren wirksam waren, erfordert ein sorgfältiges Abwägen widersprüchlicher Quellen. Hinzu kommt, dass auch für die Sowjetunion gilt, was für das nationalsozialistische Deutschland schon länger gezeigt wurde: Zwischen den Polen «Enthusiasmus» und «Widerstand» gab es ein breites Kontinuum von abgestuften Einstellungen und Verhaltensweisen.[81] Partielle Zustimmung und partielle Ablehnung konnten durchaus in einer Person vereint sein.[82] Sich über die Misswirtschaft der örtlichen Parteizelle zu ärgern schloss die Möglichkeit nicht aus, dennoch an den Aufbau des Sozialismus zu glauben. Umgekehrt ließen sich auch Personen, die nicht dem Kommunismus anhingen, von der Faszination eines Massenfestes anstecken oder bejubelten die Inbetriebnahme eines großen Werkes als Sieg. Wie auch in anderen Diktaturen entfalteten in der Sowjetunion Feste, Feiertage und die Unterhaltungskultur eine integrative Wirkung. Sie setzten keine Zustimmung zum System voraus, sondern boten eine erbauliche Ablenkung vom Alltag und den zeitweiligen Rückzug auf eine Insel der Normalität an. Die Zeitgenossen lebten in einem mehrschichtigen Kontinuum zwischen Ablehnung und Integration, in dem auf mehreren Ebenen beide Phänomene jeweils partiell zum Tragen kamen.

Die Integrationskraft des «sozialistischen Aufbaus» darf nicht an den inszenierten Massenkundgebungen und den hohen Tönen der damaligen Publizistik gemessen werden. Der zur Schau gestellte «Enthusiasmus» traf höchstens auf Teile der städtischen Bevölkerung und nur auf eine kurze

Zeitspanne zu. Zu Beginn des ersten Fünfjahresplans scheint unter den Arbeitern tatsächlich eine Aufbruchsstimmung vorhanden gewesen zu sein.[83] Die Vision von der raschen Industrialisierung und Überwindung der Rückständigkeit und von einem baldigen Leben in Wohlstand entfaltete eine Ausstrahlungskraft, die aber möglicherweise maßlos überschätzt wurde.[84] Die in den Quellen erwähnten «Enthusiasten» entpuppen sich jedenfalls bei näherem Hinsehen als Komsomolzen und andere Aktivisten, die nicht als repräsentativ für die Mehrheit der Arbeiter gelten können.[85] Die Alltagspraxis des «sozialistischen Wettbewerbs», der Stachanovbewegung und anderer aktionistischer Arbeitsformen, die immer wieder als Indiz für den Enthusiasmus der Massen herhalten mussten, war hingegen ernüchternd.[86]

Die Aufbruchsstimmung – so es sie überhaupt in nennenswertem Umfang gab – hielt nicht lange an. Bereits ab 1930/31 machte sich Enttäuschung über die Verschlechterung der Lebensbedingungen breit. Die Geheimpolizei fand Flugblätter, die zum Aufstand aufriefen, in einer Reihe von Städten gingen Frauen auf die Straße und Arbeiter boykottierten die obligatorischen Versammlungen.[87] Der deutsche Botschafter berichtete im Sommer 1931 aus Moskau, es komme täglich zu Zwischenfällen vor den Lebensmittelläden. Die wartende und schimpfende Menge müsse von Milizionären in Schach gehalten werden.[88] Ein deutscher Ingenieur, der in einer Fabrik in Char'kov tätig war, vermerkte 1931 in seinem Tagebuch eine außerordentliche Unzufriedenheit und Unruhe der Arbeiter sowie Arbeitsniederlegungen wegen verspäteter Lohnzahlungen und Versorgungsengpässen.[89] Eine englische Kommunistin, die zehn Jahre in der Sowjetunion lebte, datierte den Einbruch auf das Jahr 1932: Bis dahin habe die Regierung auf die Begeisterung eines Teils der Arbeiterschaft zählen können. Nach 1932 habe die Mehrheit erschöpft und unzufrieden den Glauben verloren.[90] Der Moskau-Korrespondent der *United Press* beurteilte das genauso: Die Propaganda habe die Menschen mit der Perspektive motiviert, dass man fünf Jahre lang hart arbeiten und Entbehrungen auf sich nehmen müsse, dann aber die Früchte des Aufbaus genießen könne. Nun seien die Arbeiter enttäuscht und selbst Funktionäre sprächen im privaten Kreis verbittert von Planlosigkeit und Vergeudung der Ressourcen.[91]

Im April 1932 traten in der Stadt Vičuga im Gebiet Ivanovo 17 500 Textilarbeiter in den Streik und stürmten die Gebäude der Geheimpolizei und der Partei, weil sie den Fünfjahresplan als Verrat an der Oktoberrevolution betrachteten.[92] Die Katastrophe der Kollektivierung blieb auch für die Stimmung in den Städten nicht folgenlos, denn die Millionen bäuerlicher Migranten, die in jenen Jahren in die Städte zogen, kannten die Misere, die das Regime in den Dörfern angerichtet hatte. Aber auch viele ältere Arbeiter fragten sich, wofür sie eigentlich im Bürgerkrieg gekämpft hatten. Dass die Arbeiter dennoch politisch ruhig blieben und sich nach 1933 keine nennenswerten Streiks mehr ereigneten, lag an der Aussichtslosigkeit eines solchen Unterfangens und dem Wunsch, endlich normal leben zu können und in Ruhe gelassen zu werden. Im Vordergrund standen die Sorge um das tägliche Brot und das Streben nach Glück und Wohlergehen für sich und die Angehörigen.[93]

Mit der vorübergehenden Besserung der Versorgung ab 1934 trat eine gewisse Entspannung ein. 1935 konnte die Brotrationierung aufgehoben werden und wenn Stalin verkündete «Das Leben ist besser, das Leben ist froher geworden», dann stimmte das im Vergleich zum Vorangegangenen sogar.[94] Die Berichte der Geheimpolizei und der Partei deuten darauf hin, dass ab 1936/37 die Unzufriedenheit wieder stieg. Die Arbeitsmoral sank 1937 auf ein katastrophales Niveau, sodass die Regierung im Dezember 1938 drakonische Strafen für Verletzungen der Arbeitsdisziplin einführte.[95] Mit Kriegsbeginn 1939 verschlechterte sich die Versorgungslage, weil die Transportkapazitäten für militärische Zwecke benötigt wurden.[96] Im Juni und Juli 1940 verschärfte die Regierung die Arbeitsgesetze nochmals und erhöhte die tägliche Arbeitszeit. Hunderttausende Arbeiter landeten wegen geringfügiger Verletzungen der Arbeitsdisziplin im Straflager. Die Monate zwischen den Arbeitsdekreten vom Sommer 1940 und dem deutschen Überfall 1941 waren von ungewöhnlichen Meldungen über politischen Protest gekennzeichnet: Es gab offene politische Reden, Arbeiter riefen zum Streik auf. Man fand Flugblätter mit Inhalten wie «Nieder mit der Regierung der Unterdrückung, der Armut und der Gefängnisse».[97]

Vor diesem Hintergrund relativiert sich das Bild von den Bevölkerungsmassen voller Optimismus stark, sowohl zeitlich als auch quantitativ. Es bezieht sich auf eine kleine, aber mutige, gut organisierte und schlagkräftige Minderheit, die den Rest der Bevölkerung vor sich her trieb. Für das Funktionieren des Systems genügte es, diese Minderheit zu motivieren. Als «Transmissionsriemen» sorgten die Aktivisten in ihrem engeren Umfeld dafür, dass ein gewisses Minimum an Kooperation und Leistung erbracht und allzu deviante Verhaltensweisen sanktioniert wurden.[98] Das Netz der Partei-, Komsomol- und Gewerkschaftsorganisationen war so dicht gestrickt, dass auf diese Weise ein beträchtlicher Teil der Bevölkerung erreichbar war.

Eine gewisse Ausstrahlungskraft entfalteten die prestigeträchtigen Großprojekte und technischen Errungenschaften. Technikeuphorie und Faszination des Fortschritts waren in der Sowjetunion der 1930er Jahre zweifellos präsent, und die Propaganda tat alles, um technologische Großprojekte massenwirksam in Szene zu setzen.[99] Die Bürger der Sowjetunion sollten stolz sein auf Leistungen der Superlative, und man kann davon ausgehen, dass nicht wenige diese Identifikationsangebote annahmen. Ausländische Beobachter maßen der Technikbegeisterung jedenfalls eine große Bedeutung bei.[100]

Die Vision einer gerechteren Gesellschaft als Alternative zum Kapitalismus und selbst die Versprechung, die kapitalistischen Länder zu überholen, waren in den 1930er Jahren ebenfalls lebendig.[101] Nur wenige Bürger der Sowjetunion kannten die Verhältnisse in den westlichen Ländern aus eigener Anschauung. Die große Mehrheit hatte das eigene Land nie verlassen und war unter den Bedingungen der zunehmenden Abschottung gegenüber Informationen aus dem Ausland auf das angewiesen, was die sowjetische Propaganda verbreitete. Diese nutzte die Weltwirtschaftskrise aus, um ein Bild des totalen Niedergangs und Elends in den kapitalistischen Ländern zu zeichnen – die ideale Kontrastfolie für das eigene Aufbauprogramm. Ein russischer Emigrant, der im Sommer 1931 fünf Wochen lang die Sowjetunion bereiste, um sich einen Eindruck von den Stimmungen in der Bevölkerung zu verschaffen, hörte die Menschen in der Provinz davon sprechen, dass in Deutschland eine Hungersnot herrsche und in Amerika ein Massensterben unter den Bauern im Gange sei. Er beobachtete, dass die Menschen das eigene Erleben von Engpässen und Not mit dem Hinweis auf die noch viel schlimmere Lage im Ausland relativierten.[102]

Das Regime förderte die positive Sicht auf die seit 1917 eingetretenen Veränderungen, indem es bei jeder Gelegenheit Vergleiche mit der Zeit vor der Revolution anstellte und die damaligen Verhältnisse in den düstersten Farben malte. Wer keine eigene Erinnerung mehr an die Jahre vor dem Ersten Weltkrieg hatte, konnte diesen suggestiven Bildern erliegen. 1931 begann man damit, die sozialistische Aufbauleistung mit einem Geschichtsprojekt zu begleiten. In dem auf Anregung des Schriftstellers Maksim Gor'kij im Oktober 1931 von der Parteiführung beschlossenen Projekt «Geschichte der Fabriken und Werke» dokumentierten Historiker und Literaten gemeinsam mit Tausenden von Arbeitern die Industrialisierung der Sowjetunion. Das Unternehmen sollte dazu beitragen, den Arbeitern bewusst zu machen, welcher Fortschritt seit 1917 erzielt worden sei. Die Geschichte des Industrieaufbaus wurde dabei aufs engste mit den Lebensgeschichten der Arbeiter verknüpft. Angeleitet von den Schriftstellern erzählten die Beteiligten ihren persönlichen Aufstieg vom rückständigen Analphabeten zum qualifizierten und selbstbewussten Facharbeiter und koppelten diese Erfolgsgeschichte an die Errungenschaften der Revolution. Auf diese Weise ergab sich eine doppelte Sinnstiftung: Der eigene Aufstieg erschien als Teil des sozialistischen Aufbaus und der Überwindung von Rückständigkeit, als aktiver Beitrag zu einem Vorgang von historischer Bedeutung, denn als solchen begriffen die Beteiligten das, was um sie herum vorging.[103]

Auch diejenigen, die unter dem Eindruck der verschlechterten Lebensbedingungen den Versprechungen vom «Einholen und Überholen» nicht mehr glaubten, standen dennoch vielfach den sozialen Veränderungen, die als Errungenschaften der Revolution galten, positiv gegenüber. Das *Harvard Interview Project*, das in den 1950er Jahren mit ehemaligen Sowjetbürgern durchgeführt wurde, die nach dem Zweiten Weltkrieg als «Displaced Persons» nicht mehr in die Sowjetunion zurückgekehrt waren, förderte eine bemerkenswert hohe Zustimmung zu den zentralen Anliegen des sozialistischen Projekts zutage – trotz der Tatsache, dass die Befragten nicht mehr unter stalinistischer Herrschaft leben wollten.[104] Die Menschen lebten in einer doppelten Realität: der selbst erfahrenen und der höheren, vom offiziellen Diskurs definierten Wahrheit. Je länger sie dem offiziellen Diskurs ausgesetzt waren, desto stärker machten sie sich dessen Sprache und Denkkategorien zu eigen. In den Kategorien der virtuellen Realität zu denken, konnte den Problemen des täglichen Lebens einen höheren Sinn verleihen und somit bei ihrer mentalen Bewältigung helfen.[105] Wie weit die Übernahme des bolschewistischen Diskurses («speaking bolshevik») in die Gesellschaft reichte und über ein nach außen hin Konformität zur Schau stellendes Rollenspiel hinausging, ist in Ermangelung repräsentativer Quellen kaum zu ermitteln. Von einzelnen Personen ist eindrucksvoll in Tagebüchern dokumentiert, wie sie «an sich arbeiteten», um sich dem Ideal des «neuen Menschen» anzuverwandeln,[106] große Teile der Bevölkerung übernahmen den Diskurs in den 1930er Jahren jedoch nicht oder verwendeten ihn nur zu taktischen Zwecken. Jedenfalls sind konkurrierende Diskurse und abweichende Sinnstiftungen (religiöse, nationalistische, antisemitische) in den Dossiers der Geheimpolizei dokumentiert.[107] Viele Arbeiter zogen eine Grenze zwischen «denen da oben» und «uns hier unten» und fühlten sich weiterhin als Unterdrückte und Betrogene, anstatt sich mit dem Regime zu identifizieren.[108]

Mobilisierung und Kriegszustand

Der Stalinismus war eine Mobilisierungsdiktatur. Die Mobilisierung erforderte einen harten Kern von Aktivisten, die bereit waren, sich zu exponieren, Opfer auf sich zu nehmen und sich ganz in den Dienst des sozialistischen Aufbaus zu stellen. Dieser harte Kern fand sich unter den Parteimitgliedern und Komsomolzen. Hunderttausende Komsomolzen wurden im Laufe der ersten Fünfjahrespläne zur Arbeit an Brennpunkten «mobilisiert». Sie organisierten den «sozialistischen Wettbewerb», überwachten die Leistung und das Verhalten der anderen Arbeiter und sorgten über verschiedene Arten der Druckausübung dafür, dass diese nicht zurückblieben.[109] Die Komsomolzen pauschal als «Enthusiasten» zu charakterisieren, wäre zu einfach, denn viele betrachteten die Zugehörigkeit zum Kommunistischen Jugendverband als Mittel zum Aufstieg. Am Beispiel des Baus der Moskauer Untergrundbahn, der zum Inbegriff des selbstlosen Engagements der enthusiastischen Jugend erhoben wurde, lässt sich zeigen, wie differenziert die Rolle der Komsomolzen zu sehen ist:[110] Von den in den Jahren 1933 und 1934 «mobilisierten» 20 000 Komsomolzen arbeiteten im Juni 1934 nur rund 9000 auf den Baustellen. Mehr als die Hälfte der Jugendlichen hatte sich der Mobilisierung widersetzt oder war nach wenigen Tagen wieder davongelaufen. Die schließlich auf dem Bau blieben, waren auch nicht alle «Enthusiasten», sondern von unterschiedlichen Motiven getrieben: Wollten manche tatsächlich mit eigenen Händen beim Aufbau des Sozialismus mithelfen, so meldeten sich viele gar nicht auf eigenen Wunsch, sondern weil sie dazu verpflichtet wurden und ihnen der Ausschluss aus dem Verband drohte. Andere machten mit, weil sie nicht vor ihren Freunden als Schwächlinge dastehen wollten oder weil sie den Einsatz auf einer gefährlichen Baustelle als Bewährungsprobe betrachteten und ein Kampf- und Kriegserlebnis suchten als Ersatz für die versäumte Teilnahme an Revolution und Bürgerkrieg.

Die Komsomolzen stilisierten sich gerne als Krieger und Kämpfer, mit dem Presslufthammer im Anschlag, dem wie ein Gewehr geschulterten Werkzeug oder dem Spaten bei Fuß. Sie arbeiteten nicht, sondern waren «im Einsatz». Dieser Einsatz-Aktionismus ist Teil eines Habitus und einer Autosuggestion, die über die Komsomolzen hinaus für das Verständnis dessen, was sich in der Sowjetunion zwischen 1917 und 1953, besonders aber in den 1930er Jahren ereignete, von zentraler Bedeutung ist: Das ganze Land befand sich in einem künstlich herbeigeführten inneren Kriegszustand.[111] Allerorten wurde gekämpft, gestürmt, wurden Fronten eröffnet, Feinde ausgemacht und besiegt, Feldzüge unternommen, Schlachten geschlagen. Die Propaganda der 1930er Jahre war in Sprache und Inhalt Kriegsberichterstattung, mit spezifischen Konsequenzen: Wenn um die Errichtung von Hochöfen oder die Kollektivierung der Landwirtschaft Schlachten geschlagen wurden und die daran Beteiligten folgerichtig als Helden kämpften, dann war mangelnde Arbeitsdisziplin gleichbedeutend mit Verrat oder Desertion, mutierten Fehler zu Sabotageakten und ihre Urheber zu Feinden und Diversanten. Die Wiederbelebung des Kämpferischen Ende der 1920er Jahre stieß im Komsomol auf große Resonanz. Viele Jugendliche, die Revolution und Bürgerkrieg nur als Kinder miterlebt hatten, sehnten sich nach eigenen Heldentaten, um nicht hinter der Vätergeneration zurückzustehen.[112]

Die Tatsache, dass die ersten Fünfjahrespläne im Stil eines militärischen Feldzugs abliefen, war Ausdruck einer tiefer liegenden Mentalität. Wer in der Begrifflichkeit des Krieges sprach, dachte auch so und nahm seine Welt in den Kategorien des Krieges und des Kampfes gegen Feinde wahr. Die Quellen geben zuhauf Zeugnis von einem spezifischen Arsenal an Wahrnehmungsweisen der Realität und Verhaltensweisen, die eher in einen Krieg als in einen zivilen Alltag passen. Der aktivistische Kern der Gesellschaft befand sich mental im Krieg und handelte in der Suggestion, sich an der «Front» zu befinden und gegen Feinde kämpfen zu müssen. Diese Suggestion war geeignet, mit den Zumutungen des Alltags fertig zu werden. Wenn man sich vorstellte, an der Front zu sein, dann gehörte eben dazu, in äußerst beengten und hygienisch primitiven Verhältnissen zu wohnen, in jeder Hinsicht Entbehrungen auf sich zu nehmen und sich unter Extrembedingungen ohne Rücksicht auf die eigene Gesundheit für die gemeinsame Sache zu opfern.

Dieser mentale Kriegszustand hatte zwei Bezugspunkte. Einerseits bildete der Bürgerkrieg den Referenzrahmen für das Denken und Handeln der Aktivisten in den 1930er Jahren. Immer wieder wird auf ihn rekurriert, werden die damaligen Heldentaten als Vorbilder beschworen. Der zweite Bezugspunkt lag in der Zukunft und spiegelte den ersten: Die Bolschewiki lebten seit Ende der 1920er Jahre in der Erwartung eines bevorstehenden Krieges der vereinigten Imperialisten gegen die Sowjetunion. Lev Kopelev hat in seinen Memoiren dieses sehr reale Gefühl eines unausweichlichen finalen Krieges beschrieben, auf den er und seine damaligen Gesinnungsgenossen schon seit Jahren warteten und der ihnen Kraft und Motivation verlieh. Über eine Probemobilmachung, die er im Sommer 1932 miterlebte, schrieb er rückblickend: «In jenen Stunden spürte ich fieberhaft eine alarmierende und zugleich freudige Erregung, ähnlich wie neun Jahre später am 22. Juni 1941. Endlich Krieg. Jener unausweichliche Krieg, auf den wir seit langem gewartet hatten. Er wird schrecklich sein, es wird Unglück und Not geben. Aber dafür ist alles klar: wofür man kämpft, wofür man lebt und stirbt, wer Feind, wer Freund ist... Und dann natürlich: wir werden siegen! Die lustvolle freudige Neugier war stärker als alle Furcht. Vier Tage später ging die Probe-Mobilmachung zu Ende. Die Einberufenen kehrten in die Werkhallen zurück. Aber der Krieg schien dennoch unausweichlich bevorzustehen.»[113]

Kopelevs Beschreibung macht deutlich, welche Funktion die Suggestion des Kriegszustandes neben den Effekten der Kräftemobilisierung, Legitimierung, Motivierung und Disziplinierung noch haben konnte: Sie definierte Gut und Böse und sorgte durch die scharfe Trennung zwischen Freund und Feind für klare Verhältnisse. In einer Gesellschaft, deren Machthaber seit 1917 die traditionellen Werte und die Religion als moralische und sinnstiftende Autorität diffamiert hatten und in der gerade zu Beginn der 1930er Jahre Millionen Menschen infolge des totalen Umsturzes der Wirtschafts- und Sozialverfassung entwurzelt waren und nach neuer Orientierung suchten, war dieses Identifikationsangebot mit seiner Eindeutigkeit ein Faktor von großer Attraktivität. Die während der 1930er Jahre in der sowjetischen Presse durchgängig beschworene Kriegsgefahr war für die gesamte Gesellschaft identitätsbildend. Die Wahrnehmung einer existentiellen äußeren Bedrohung in Gestalt der Kapitalisten, der Japaner und der Faschisten – verdichtet seit 1936/37 infolge des Spanischen Bürgerkriegs und der japanischen Invasion in China – gab dem ab Mitte der 1930er Jahre propagierten Sowjetpatriotismus den nötigen Rückhalt.[114]

Die Fortwirkung des Bürgerkriegs lässt sich auch biographisch fassen.[115] Viele Parteifunktionäre der 1930er Jahre hatten im Bürgerkrieg ihre entscheidende Sozialisierung erfahren. Damals waren sie durch den Krieg aufgestiegen, hatten ihre Schlüsselqualifikationen im Krieg erworben, hatten gelernt, die Welt in Freunde und Feinde einzuteilen und die Feinde erbarmungslos zu bekämpfen. In den 1930er Jahren griffen sie auf dieses Wahrnehmungs- und Handlungsschema zurück, denn der allgegenwärtige Diskurs von den versteckten Feinden, die nur auf die Gelegenheit warteten, das sozialistische Aufbauwerk zu zerstören, entsprach ihren Erfahrungen. Wenn diese Männer in späteren Jahren mit ihrer meist nur notdürftig nachgeholten Ausbildung auf mittleren und hohen Posten bei der Leitung von Behörden oder Wirtschaftsorganisationen fachlich überfordert waren, und die Dinge aufgrund ihrer eigenen Unfähigkeit und derjenigen des ganzen Systems nicht so liefen, wie sie es sich vorgestellt hatten, griffen sie auf das im Bürgerkrieg eingeübte Erfolgsrezept zurück: Sie suchten nach «Feinden» und «Saboteuren», die angeblich den Aufbau hintertrieben, und bekämpften sie. Diese Art der Wahrnehmung und des Handelns war mit ein Grund für die Gewaltbereitschaft und Skrupellosigkeit der Träger des stalinistischen Systems und ihre Geringschätzung von Menschenleben. Die Vorstellung, sich im Krieg zu befinden, veränderte das Wertegefüge und die Handlungsmuster und senkte die Hemmschwelle bei der Gewaltanwendung. Man hatte es schließlich nicht mit Mitmenschen zu tun, sondern mit «Feinden».

Entscheidend für diese mentale Haltung war die Gewissheit des Sieges. Diese Siegesgewissheit beruhte auf der kommunistischen Ideologie, die mit wissenschaftlichem Anspruch die Suggestion einer unabwendbaren historischen Gesetzmäßigkeit erzeugte und damit dem aktivistischen harten Kern der Kommunisten und Komsomolzen die Kraft und den manchmal geradezu frappierenden Mut verlieh, als kleine Minderheiten gegen widersetzliche Mehrheiten anzutreten. Sei es im kleinen Maßstab in der Brigade oder im großen Maßstab beim Kollektivierungskrieg gegen das Dorf – immer wieder traten einzelne Aktivisten oder kleine Gruppen mit Energie und Unverfrorenheit auf, rissen die Initiative an sich und trieben die Mehrheit der Bevölkerung vor sich her.

Räume der Beschleunigung und Verdichtung

Damit das wohlgeordnete, moderne und fröhliche Leben im Sozialismus nicht nur eine abstrakte Utopie blieb, schufen die Bolschewiki abgegrenzte Räume, in denen die zu durchlaufende Entwicklung beschleunigt und verdichtet vorgeführt wurde. Auf diese Weise entstanden zeitlich oder räumlich abgegrenzte Kostproben des künftigen Lebens im Sozialismus.

Die einfachste und von Anfang an praktizierte Möglichkeit, solche Räume zu schaffen, war die Festlegung von sozialistischen Feiertagen und ihre Zelebrierung als öffentliches Massenspektakel. Die sozialistischen Feste traten an die Stelle der kirchlichen Feiertage, drückten wie diese dem öffentlichen Raum visuell und akustisch ihren Stempel auf, waren Teil der Erziehung zum «neuen Menschen» und boten Gelegenheiten zur Einbeziehung der Bürger in das sozialistische Gemeinwesen. Das Regime überließ daher die Gestaltung von Festen und die in ihrem Rahmen präsentierten Partizipationsangebote nicht dem Zufall, sondern unterzog sie einer sorgfältigen Planung und Inszenierung.[116]

Die Feste waren weit mehr als nur Zerstreuung und Ablenkung der Bevölkerung vom tristen Alltag. Sie stellten Legitimität durch emotionale Mobilisierung her und waren für das Regime Gelegenheiten, den Menschen ihre Botschaften über alle Sinneswahrnehmungen nahezubringen. Die großen Feiern zum Ersten Mai und zum Jahrestag der Oktoberrevolution hatten schon bald im Kalender der Menschen einen festen Platz. Freilich zeigte sich auch hier, was in vielen Bereichen zu beobachten war: Die Menschen fanden neben den offiziellen Paraden, Aufmärschen und den übrigen, von oben durchgeplanten Massenveranstaltungen durchaus auch ihre eigenen Formen, die sozialistischen Feste zu begehen. Letztere nahmen einen hybriden Charakter an, denn auf den offiziellen Teil folgte die volkstümliche Adaptierung mit Formen des Feierns, die nicht immer dem Ideal des «neuen

Menschen» entsprachen, sondern auf Althergebrachtes verwiesen: ausgiebiger Alkoholkonsum, Verwandtenbesuche, Beisammensitzen im kleinen, nicht öffentlichen Kreis. Orthodoxe religiöse Praktiken bestanden in den 1930er Jahren fort, vor allem auf dem Land. Das Bemühen des Regimes, die Macht der religiösen Feiern durch Gegenveranstaltungen zu brechen, mündete in eine synkretistische Mischung aus traditionellen und sowjetischen Mustern, wenn etwa das Osterfest mit den Maifeiern verschmolz oder Stalin 1935 den «Neujahrsbaum» einführte.

Kennzeichnend für die 1930er Jahre waren die Militarisierung und Standardisierung der Feste und ihre Gestaltung als nach einem festen Schema organisierte Massenveranstaltungen. Die Teilnahme wurde nicht der individuellen Entscheidung überlassen, sondern man sorgte für den nötigen Gruppendruck, indem die Belegschaften der Betriebe, Schulklassen und Organisationen geschlossen aufzumarschieren hatten. Das Ergebnis bestand nicht nur im Zwang zur Konformität, sondern auch in einem ästhetisch-emotionalen Erlebnis mit Musik, zur Schau gestellter Geschlossenheit und geschmückten Straßen. Zu sowjetischen Feiertagen gehörte auch eine vorübergehend bessere Versorgung: In den Geschäften tauchten plötzlich Waren auf, die es sonst nicht oder nur in unzureichender Menge gab, bis hin zu Sekt und Kaviar. Die Choreographie der Aufmärsche setzte den «neuen Menschen», eingebettet in eine Rangordnung, in Szene: Die Propagandabilder zeigen Menschen mit vor Kraft und Gesundheit strotzenden, athletischen Körpern und frohen, entschlossenen Gesichtern, die in sauberer, uniformähnlicher Kleidung exakte Marschblöcke bilden und dabei eine Hierarchie verkörpern: an der Spitze die Stoßarbeiter und Stachanovisten, dahinter die Werksabteilungen in der Reihenfolge ihrer Leistung – die höheren Funktionäre und Parteiführer aber nicht im Marschblock, sondern auf der Tribüne.

1928 wurde in Moskau der «Zentrale Kultur- und Erholungspark» (seit 1932: «Gor'kij-Park») eröffnet.[117] Er stellte den ersten Versuch einer räumlichen Manifestation des Sozialismus dar und wurde zum Vorbild vieler ähnlicher Einrichtungen in sowjetischen Großstädten. Im Kultur- und Erholungspark vereinigten sich der Erziehungsanspruch des Stalinismus, die sozialistische Stadtplanung sowie das Bemühen, eine den sozialistischen Ansprüchen genügende Freizeitkultur zu schaffen. Mit seiner den Regeln des sozialistischen Realismus folgenden Ästhetik und funktionierenden Infrastruktur bildete der Park, der täglich von 30 000 Besuchern frequentiert wurde, einen Mikrokosmos inmitten von Moskau. Ursprünglich nach dem Muster des Berliner Lunaparks als Erholungs- und Vergnügungsanlage gedacht, wie sie seit dem 19. Jahrhundert in vielen westlichen

Großstädten existierten, wurde der Park um 1930 ideologisch aufgeladen. Er sollte Kultiviertheit (*kul'turnost'*) vermitteln. *Kul'turnost'* war damals in aller Munde. Man meinte damit die Überwindung der als rückständig gebrandmarkten dörflichen Lebensweise, die Millionen von Migranten in die Großstädte mitgebracht hatten. *Kul'turnyj* zu sein, hieß, sich zivilisiert zu benehmen, auf Hygiene zu achten, sich durch Sport gesund und leistungsfähig zu halten, sich ordentlich zu kleiden, über eine gewisse Allgemeinbildung zu verfügen, die wichtigsten Werke der Literatur, Musik und Malerei zu kennen, ein angepasstes und leistungsbereites Glied der Gesellschaft zu sein. Für all dies stellte der Kultur- und Erholungspark Angebote bereit: Man konnte Sport treiben, vom Fallschirmturm springen, ins Kino gehen, Theateraufführungen beiwohnen, Attraktionen bewundern, sich in Restaurants und Cafés versorgen lassen, aber eben auch Bücher ausleihen, Vorträge, Konsultationen und Kurse zu verschiedenen Themen besuchen, an Diskussionsrunden teilnehmen, sich über die politische Lage im Ausland informieren oder nach dem Duschbad beim Friseur sein Äußeres in Ordnung bringen lassen und einen Tanzkurs absolvieren. Dabei war durchaus nicht alles banal und seicht: Neben halbgebildeten Instruktoren, die den Spanischen Bürgerkrieg schlecht und recht erklärten, neben Stars der sowjetischen Unterhaltungsmusik traten im Kulturpark auch Künstler von internationalem Rang wie David Ojstrach oder Artur Rubinštejn auf.

Der Kulturpark war kein Ort der Flucht aus der Realität, sondern Bestandteil des stalinistischen Herrschaftssystems: Er verkörperte Ordnung, er diente der Indoktrination und er erzeugte einen sozialen Druck, sich gemäß den Erwartungen zu verhalten. Kollektivität und Massenerlebnis waren das Ziel, nicht individuelle Vergnügung. Allerdings zeigte sich auch hier, dass sich die Besucher nicht immer den vorgegebenen Normen unterwarfen, sondern sich den Park auf ihre Weise aneigneten. Klagen über «Hooligans» und übermäßigen Alkoholkonsum legen davon Zeugnis ab. Die für ihren treffenden Humor bekannten zeitgenössischen Satiriker Il'f und Petrov vermittelten 1932 in einem – in der Parteizeitung *Pravda* publizierten – Feuilleton das Bild eines armseligen, plump-bürokratisch ideologisierten und an den Bedürfnissen der Besucher völlig vorbeigehenden Angebots.[118] In der zweiten Hälfte der 1930er Jahre wurden die erzieherischen Ansprüche zunehmend von einer konsumorientierten Massenunterhaltung verdrängt. Die Angebote des Parks sanken zur standardisierten Routine ab und nach dem Zweiten Weltkrieg fungierte er überwiegend nur noch als Ort der Erholung und des inhaltslosen Amüsements.

Im Sinne eines Schaufensters der sozialistischen Zukunft kam der Stadt Moskau insgesamt eine besondere Bedeutung zu, denn sie war der Ort, den nicht nur die Sowjetbürger, sondern auch die meisten ausländischen Besucher der Sowjetunion zu Gesicht bekamen. 1930/31 war die Parteiführung zu der Überzeugung gelangt, dass in Bezug auf Moskau dringender Handlungsbedarf bestehe, denn die Zustände im Hinblick auf Wohnraum, Verkehr, Bebauung und kommunale Infrastrukturen waren unerträglich geworden. Man löste die Stadt aus dem Gebiet heraus, gab ihr eine eigene Verwaltung und ein eigenes Parteikomitee und setzte als dessen Leiter das Politbüromitglied Lazar' Kaganovič ein.[119] Kaganovič trieb unverzüglich die Ausarbeitung eines Aktionsprogramms voran, um Moskau zur sozialistischen Musterstadt zu machen. Das Programm wurde im Juni 1931 als Resolution des Zentralkomitees verabschiedet, was auf seine hohe Priorität und grundsätzliche Bedeutung für das gesamte Land verweist.[120] Es formulierte Leitlinien für die künftige Entwicklung der Kommunalpolitik in der Sowjetunion und umriss ein Maßnahmenpaket für die Stadt Moskau. Die zentralen Bestandteile dieses Maßnahmenpakets waren die Ausarbeitung eines Bebauungsplanes für Moskau und der Bau einer Untergrundbahn.

Der «Generalplan für die Rekonstruktion Moskaus» hatte wegweisende Funktion für den Städtebau der Sowjetunion.[121] Seine Ausarbeitung begann im November 1931 mit dem Auftrag an sieben Architektenbrigaden, Vorentwürfe zu erstellen. Neben führenden sowjetischen waren auch drei prominente deutsche Architekten vertreten: der ehemalige Stadtbaurat von Frankfurt, Ernst May, der 1930 wegen kommunistischer Betätigung entlassene Direktor des Dessauer Bauhauses, Hannes Meyer, und der ehemalige Stadtbaumeister von Köln, Kurt Meyer, ebenfalls ein KPD-Mitglied.[122] Die von den Brigaden vorgelegten Entwürfe liefen auf eine radikale Neugestaltung Moskaus hinaus. Sie waren zum Zeitpunkt ihrer öffentlichen Präsentation in sowjetischen Zeitschriften eigentlich schon hinfällig, denn Kaganovič bekräftigte 1932 seine Ablehnung kulturrevolutionärer Ansätze und beauftragte 1933 zehn andere Projektwerkstätten mit der Erstellung neuer Entwürfe, die von den historisch gewachsenen Gegebenheiten auszugehen hatten. Nach wiederholten Interventionen des Politbüros wurde der Generalplan für die Rekonstruktion Moskaus schließlich im Juli 1935 verabschiedet.[123]

Der Generalplan behielt die radial-konzentrische Struktur Moskaus bei und veränderte die Stadt nicht grundsätzlich, sondern teilte sie in Zonen ein, in denen jeweils unterschiedliche Nutzungen dominieren sollten. Trotz der Absage an eine komplette Neugründung der Stadt sollte der Plan das Gesicht Moskaus gründlich verändern. Die zeitgenössische Propaganda bezeichnete ihn als «Angriff auf das alte Moskau» und auch Kaganovič apostrophierte ihn als «Kriegsplan».[124] Dabei sollten die vorgesehenen Eingriffe im historischen Stadtzentrum in erster Linie eine visuelle Umcodierung auf die Hierarchie des Sowjetstaates bewirken: Die verfallenen Geschäftsfassaden der Hauptstraßen rund um den Kreml sollten eindrucksvollen Regierungsgebäuden weichen. Neue Magistralen sollten angelegt, ganze Viertel abgerissen und über die Stadt verteilt große Monumentalbauten errichtet werden, allen voran der Palast der Sowjets, ein gigantisches Bauwerk, den man an die Stelle der 1931 gesprengten Christerlöserkathedrale setzen und mit ihm alle Wolkenkratzer der Welt in den Schatten stellen wollte.[125]

Der Plan wurde allerdings nur mit Abstrichen verwirklicht. Die bekannten Hochhäuser im stalinistischen «Zuckerbäckerstil», die heute das Stadtbild prägen und gerne mit dem Generalplan in Verbindung gebracht werden, sind ein Werk der Nachkriegszeit und waren ursprünglich so nicht vorgesehen. Sie ersetzten vielmehr den grandiosen Palast der Sowjets, der nicht über die Baugrube hinauskam. (Man machte schließlich ein Freiluftschwimmbad daraus, und nach dem Ende der Sowjetunion wurde die Christerlöserkathedrale wieder rekonstruiert.) Dem Roten Platz blieben der Abriss des berühmten, 1893 errichteten Warenhauses GUM und der Bau eines gigantischen Gebäudes für das Volkskommissariat für Schwerindustrie erspart. Nur wenige der geplanten Schneisen wurden geschlagen. Die wichtigste davon war die auf den Roten Platz zulaufende Tverskaja-Straße (1933–1991: Gor'kij-Straße), die auf 60 Meter verbreitert wurde und einen völlig neuen Charakter erhielt.[126]

Zweifellos veränderte sich in diesen Jahren das Gesicht Moskaus: Die enge, verwinkelte Innenstadt wich großzügigen Plätzen und Straßen. Die imperiale Architektur demonstrierte, dass an die Stelle der alten, von Kaufleuten geprägten Stadt etwas Neues, Autoritäres getreten war. Verkehrssystem und Infrastruktur wurden modernisiert, am Stadtrand entstanden große neue Wohnkomplexe. Die vorgesehene Raumordnung wurde jedoch nicht eingehalten. Man baute weiterhin Fabriken, wo sie laut Bebauungsplan nicht errichtet werden durften. Weder die städtische Wirtschaftsplanungsbehörde noch die zentralen Branchenministerien hielten sich an den Generalplan.[127]

Der Generalplan gilt als der Inbegriff stalinistischen Städtebaus, enthält aber bei näherem Hinsehen zentrale Elemente frühneuzeitlicher Hauptstadtarchitektur und bürgerlicher Stadterneuerung des ausgehenden 19. und beginnenden 20. Jahrhunderts. Die optische Verstärkung des radialkonzentrischen Straßennetzes mit symmetrisch auf den Sitz des Herrschers zulaufenden Achsen steht in der Tradition der Symbolisierung von absolutistischer Macht. Das Abreißen von engen und verwinkelten Stadtvierteln und die großzügige Neustrukturierung des Raumes erinnern an die Planungen von Baron Haussmann für Paris, Otto Wagners Generalplan für Wien (1911) oder die Planungen von Daniel Burnham und Edward Bennett für Chicago (1909). Anleihen nahm man auch bei der Hauptstadtsemantik von Washington, beim deutschen Städtebau der 1920er Jahre und beim 1931 verabschiedeten Generalplan für Rom. Aus den sowjetischen Diskussionen über die sozialistische Stadt übernahm der Generalplan die Bedeutung des Stadtgrüns, einer modernen Verkehrsplanung und der großzügigen Ausstattung mit Einrichtungen der sozialen, gesundheitlichen und kulturellen Infrastruktur.[128]

Die Vision von der sozialistischen Stadt stand auch bei den Generalplänen für neue Industriestädte Pate, die während der ersten beiden Fünfjahrespläne errichtet wurden. Auch hier versuchten sich die ausländischen Architekten einzubringen. Ernst May war 1930 an den Planungen für die Stadt Magnitogorsk im Ural beteiligt und seine Ideen von der sozialistischen Stadt flossen 1933 auch in die Entwürfe für Groß-Prokop'evsk im westsibirischen Kohlerevier (Kuznecker Becken) ein.[129] In beiden Fällen hatte das, was am Ende herauskam, wenig zu tun mit den Utopien der Planer. Die Realität in den neuen Industriestädten war vielmehr von Improvisation und Unvermögen gekennzeichnet. «Das Ergebnis [...] ist geradezu niederschmetternd», schrieb der Architekt Walter Schwagenscheidt 1932 nach einer Besichtigung von Magnitogorsk. «Ohne Wasserleitung, ohne Kanalisation, [...] Klosetts vor dem Haus und auf der ‹Straße›, letztere ist selbstverständlich nicht da, sondern nur furchtbar zertrampelter und zerfahrener Matsch bei Regen und bei Trockenheit Staub.»[130] Erst ab Mitte der 1930er Jahre verbesserten sich die katastrophalen Verhältnisse durch die Errichtung von Wasserleitungen, Kanalisation und zusätzlichem Wohnraum, doch von sozialistischen Musterstädten konnte weiterhin nicht die Rede sein.

Eine reale Kostprobe der sozialistischen Stadt brachte man nur in Moskau und unter äußerster Konzentration aller Kräfte zustande: Die 1935 eröffnete Moskauer Metro wurde als Aufbruch in den Sozialismus überhöht. «Wir bauen die beste Metro der Welt», lautete die Parole. In ihrer Eigenschaft als schnelles und modernes Fortbewegungsmittel war die Untergrundbahn ein Symbol für das Sich-Zubewegen des Landes in Richtung auf den Sozialismus. Der Metrobau stand für Tempo, Zielstrebigkeit, Disziplin, Enthusiasmus und die Bewältigung modernster Technik. In Wirklichkeit war der Bau von allerlei Pannen und Friktionen gekennzeichnet gewesen, aber das tat der Propaganda keinen Abbruch.[131] Die Eröffnung der ersten beiden Linien war ein sorgfältig ausgedachtes Spektakel, das sich über vier Monate hinzog, um maximale Wirkung auf die Menschen zu zeitigen. Noch bevor die ersten Strecken offiziell dem Verkehr übergeben wurden, wurden ausgewählte Gruppen der Bevölkerung zu Probefahrten eingeladen. Die ersten waren eine Gruppe von Bauarbeitern, gefolgt von den Delegierten des 7. Sowjetkongresses im Februar 1935. Einige Tage später durften die Delegierten des in Moskau tagenden Kolchoskongresses fahren. Die Zeitungen berichteten, wie die aus der gesamten Sowjetunion versammelten Kolchosbauern das Wunderwerk bestaunten. Im April 1935 durften 500 000 Stoßarbeiter als Belohnung für ihre Leistung mit ihren Familien Besichtigungsfahrten mit der Metro unternehmen. Zwischendurch waren ausländische Diplomaten eingeladen, fuhr Stalin mit seinen engsten Gefolgsleuten, unternahmen Schulen Exkursionen in die Metro.

Die offizielle Inbetriebnahme erfolgte am 15. Mai 1935 im Rahmen eines dreitägigen Volksfestes. Lazar' Kaganovič bezeichnete in seiner mehrfach von stürmischem Beifall unterbrochenen Rede die Untergrundbahn als «Sieg des Sozialismus» und Beweis für die neue Kultur des «neuen Menschen», den die Bolschewiki inzwischen hervorgebracht hätten. Die Sowjetunion habe nun schon damit begonnen, den kapitalistischen Westen zu übertreffen. Moskau habe sich von der «alten, schwerfälligen Kaufmannsstadt» in eine dynamische sozialistische Industriestadt verwandelt, konnte man in den zur Eröffnung gedruckten Broschüren lesen. 350 000 Menschen fuhren am ersten Betriebstag mit der Metro. Viele waren in Festtagskleidung und mit ihrer Familie gekommen. Das Bauwerk wurde der Bevölkerung als unterirdischer Gegenentwurf zur noch rückständigen oberirdischen Welt präsentiert, als Schaufenster für das, was bald im ganzen Land geschaffen werde: ein wohlgeordnetes Gemeinwesen, auf dem neuesten Stand der Technik, hell, sauber, effektiv und dabei gleichzeitig ein ästhetischer Genuss, denn bei der Architektur der Stationen und Eingangsvestibüle hatte man Wert auf Pracht und Repräsentation gelegt. Zeitungsreportagen suggerierten dem Leser, dass in diesem Mikrokosmos «Metro» nun das sozialistische Zeitalter begonnen habe: «Hier zeigen sich schon solche Ordnung und kristallisieren sich solche Verhaltensnormen heraus, die völlig frei sind von groben Sitten, die in unserem oberirdischen Leben noch lange nicht abgelegt sind», schrieb die Zeitung *Rabočaja Moskva*, und die *Komsomol'skaja pravda* zitierte einen Passagier mit den Worten: «Hier rauchst du dir keine an, hier spuckst du nicht aus».[132]

Kaganovič resümierte in seiner Eröffnungsrede 1935 den Unterschied zu den Ingenieursbauten des Kapitalismus: «Die Untergrundbahnen in kapitalistischen Städten werden dunkel, einförmig, trostlos gebaut. Der

Mensch kommt müde von der Arbeit, steigt hinunter in das Düster der Gruft, setzt sich in den unterirdischen Zug und spürt keine Erholung, sondern wird noch müder. Wir haben eine andere Gesellschaft. [...] Der sozialistische Staat kann sich ein Bauwerk für das Volk erlauben, das mehr kostet, aber dafür Bequemlichkeit gibt, besseres Befinden, künstlerischen Genuss für die Bevölkerung. Wir wollen, dass dieses Bauwerk, das größer ist als irgendein anderer Palast, ein Theater, Millionen Menschen bedient, dass dieses Bauwerk den Geist des Menschen beflügelt, sein Leben erleichtert, ihm Erholung und Vergnügen verschafft. Unser Arbeiter, der in der Metro fährt, soll sich in diesem Bauwerk munter und froh fühlen [...]. Darum, Genossen, haben wir solch eine Untergrundbahn gebaut, wo der Mensch, der sich in die Station begibt, sich wie in einem Palast fühlt.»[133]

Der «neue Mensch» hatte sich ein würdiges Bauwerk geschaffen, und das Bauen an diesem Werk hatte wiederum «neue Menschen» hervorgebracht. Die Arbeit an der Metro war nämlich regelrecht zur «Schmiede des neuen Menschen» hochstilisiert worden. Sie war der Ort, wo dieser Typus nicht Wunschvorstellung blieb, sondern bereits im Hier und Jetzt Gestalt annahm: «Während ich bei der Metro arbeitete, vergaß ich nicht eine Minute mein kulturelles Wachstum. Die Schicht arbeitete ich im Schacht, dann ging ich in die Arbeiterfakultät studieren. [...] Die Arbeiterfakultät habe ich noch nicht abgeschlossen, aber dafür habe ich die große Universität Metrostroj [Metrobau] durchlaufen, die mich viel gelehrt hat. Ich kann jetzt unter beliebigen Bedingungen arbeiten.»[134] So schrieb ein Arbeiter im Mai 1935 unter der Überschrift «Bei der Metro bin ich gewachsen» in der Betriebszeitung seiner Baustelle, und derartige Äußerungen wurden damals in großer Zahl zu Papier gebracht.[135]

Hinter diesem Diskurs von der Transformation standen durchaus praktische Maßnahmen, mit denen man versuchte, auf die Arbeiter im Sinne einer Umerziehung und Verhaltensmodifikation einzuwirken. Diese Maßnahmen reichten vom «sozialistischen Wettbewerb» über die «politische Massenarbeit», die Erziehung zu kultiviertem Leben bis hin zu Alphabetisierungskursen und Freizeitangeboten, um die Arbeiter vom Trinken, Raufen und Kartenspielen abzuhalten. Auch bei diesen Einwirkungsversuchen kam den Mitgliedern von Partei und Komsomol eine wichtige Rolle zu, denn von ihnen wurde erwartet, ihre Arbeitskollegen am Arbeitsplatz und in den Baracken zu beobachten, zu beeinflussen und unter Druck zu setzen. Die praktische Umsetzung all dessen war eher kläglich, aber der Anspruch wurde nichtsdestoweniger aufrechterhalten. Das Reden und Schreiben von der Transformation zum «neuen Menschen» war ohnehin eine Projektion stereotyper Idealvorstellungen und erscheint vor dem Hintergrund der Probleme des realen Lebens als ein Mittel der Krisenbewältigung.

Traditionalistische Wende

Das offizielle Leitbild der persönlichen Lebensführung war Mitte der 1930er Jahre einem Wandel unterworfen. Nicht mehr der hemdsärmelig-proletenhafte Habitus, wie ihn die Bolschewiki der 1920er Jahre gepflegt hatten, war angesagt, sondern ein gepflegtes Äußeres und Kultiviertheit in einem geradezu bürgerlichen Sinn. Ein guter Kommunist lief nun nicht mehr in der geflickten Bauernbluse mit dem Revolver am Gürtel herum, sondern in Anzug und Krawatte, selbstverständlich glatt rasiert und mit ordentlicher Frisur. Das neue Ideal galt gleichermaßen für Männer wie Frauen. Das weibliche Geschlecht sollte wieder attraktiv sein, adrette Kleidung tragen, Parfüm und Schminke benutzen. Diese Veränderung war Teil eines kulturellen Wandels, der mit dem 17. Parteitag im Februar 1934 einsetzte. Stalin verkündete nun, dass mit dem Abschluss des ersten Fünfjahresplans und der Kollektivierung der Kapitalismus endgültig beseitigt und die Grundlagen für die sozialistische Wirtschaft geschaffen seien. Er leitete damit eine Phase der Konsolidierung und Stabilisierung ein, die eine gewisse Rückkehr zur Normalität brachte.[136] Die Kulturrevolution gehörte nun endgültig der Vergangenheit an. Früher als «bürgerlich» diffamierte Werte kamen wieder zu Ehren. Der Wandel hing zusammen mit dem Aufkommen einer neuen, schnell ausgebildeten und häufig aus einfachsten Verhältnissen stammenden Schicht von Funktionären und Fachleuten, die sich bei ihrem sozialen Aufstieg am bürgerlichen Lebensstil der älteren Generation von Spezialisten orientierten.

Indem die Planwirtschaft und die Sowjetbürokratie ein riesiges und stetig anwachsendes Heer von Mitarbeitern erzeugten, formierte sich die Gesellschaft in einer neuen Hierarchie, die mit großen Einkommensunterschieden und einem abgestuften System materieller Privilegien einherging. Den Kern der Gesellschaft bildete eine neue Mittelschicht aus Funktionären, Fachleuten, Akademikern, hohen Militärs und gut bezahlten Bestarbeitern. Diese neue Mittelschicht hatte einen anderen Charakter als die Revolutionäre von 1917. Ihre Angehörigen wollten die Früchte ihrer Ausbildung und Arbeit ernten, ihren Familien einen gewissen Lebensstandard bieten, in ordentlichen Verhältnissen wohnen, als kultivierte Menschen auftreten. In politischer Hinsicht waren die neuen Bürokraten und Fachleute absolut loyal, sie zweifelten nicht an den Verheißungen des Kommunismus. In kultureller Hinsicht waren sie konservativ und auf materiellen Wohlstand ausgerichtet.

Die kulturellen Veränderungen lassen sich einerseits als Manifestation dieses neuen Funktionärstyps verstehen, der auf allen Ebenen Einzug hielt, andererseits als ein Entgegenkommen des Regimes, um die Zufriedenheit und dauerhafte Loyalität eben dieser Schicht zu befördern. Als «Big Deal» des Regimes mit den Mittelschichten und als «Großer Rückzug» ist diese Politik charakterisiert worden.[137] Teil des Entgegenkommens waren die im zweiten Fünfjahresplan (1933–1937) vorgesehenen höheren Investitionen in der Konsumgüterindustrie. Die Schaufenster der Geschäfte füllten sich mit Waren, die es jahrelang nicht gegeben hatte. Neben erschwinglichen Produkten für die Mittelschicht tauchten nun auch wieder Luxusgüter für Angehörige der Elite auf, denn wer gut verdiente, erwartete, dafür auch etwas kaufen zu können. Im Oktober 1934 wurde auf der Moskauer Gor'kij-Straße im ehemaligen Eliseev-Palast ein prachtvoller Feinkostladen (das «Gastronom Nr. 1») eröffnet und in einer aufwändigen Kampagne beworben. Zeitschriften informierten die Sowjetbürger über Mode und Wohnungsausstattung. Tanzschulen – viele Jahre als Ausfluss einer dekadenten Bürgerlichkeit verfemt – wurden nun allerorten eröffnet. Diese neue sowjetische Konsumkultur – besser gesagt: die Inszenierung einer solchen, denn es herrschte nach wie vor Mangelwirtschaft – unterschied sich von dem spartanischen Lebensstil, den die Bolschewiki nach der Revolution gepredigt hatten. «Sozialismus bedeutet nicht Elend und Entbehrungen, sondern die Beseitigung von Elend und Entbehrungen, die Organisierung eines kulturvollen Lebens im Wohlstand für alle Mitglieder der Gesellschaft», erklärte Stalin 1934. «Der Mensch ist ein Mensch. Er möchte etwas für sich haben», sagte er 1935 auf einer Kolchoskonferenz und wandte sich gegen die Vorstellung, das Streben nach Privateigentum sei etwas Verbrecherisches. Es werde noch lange dauern, die Psyche der Menschen so umzugestalten, dass sie diese natürlichen Instinkte überwänden und sich dem kollektiven Leben zuwendeten.[138]

Das Entstehen der neuen Mittelschicht ging einher mit einer Veränderung in der Familienpolitik. Sie spiegelte die Werthaltungen der neuen Funktionärselite, war Ausdruck des Scheiterns der in den 1920er Jahren propagierten Utopien von neuen kollektiven Lebensformen, aber auch schlichtweg eine Antwort der Führung auf die demographische Krise, die als Folge der Stalinschen Revolution von oben eingetreten war: Millionen Menschen waren verhungert oder Opfer des Terrors geworden. Um die Geburtenrate zu erhöhen, propagierte die Parteiführung nun Mutterschaft als zentralen Lebensinhalt und änderte die Ehe- und Familiengesetzgebung zugunsten von mehr Stabilität der Beziehungen. 1936 wurde die Ehescheidung erschwert, die Abtreibung verboten und das Kindergeld erhöht.

Eine bloße Rückkehr zu traditionellen Vorstellungen von Familie und weiblicher Mutterrolle war das allerdings nicht. Von den Frauen wurde neben der Mutterschaft auch Berufstätigkeit erwartet, und die Familie sollte nicht der Hort eines von der Gesellschaft abgesonderten Privatlebens und der individuellen Selbstverwirklichung sein, sondern Pflichten gegenüber der sozialistischen Gesellschaft erfüllen: Von der Familie wurde erwartet, dass sie dem Staat körperlich und moralisch gesunde Kinder schenkte und sie im sozialistischen Geiste zu guten Bürgern der Sowjetunion erzog.[139] Grundsätzlich sollte das Verhalten des Individuums der Kontrolle durch die Gesellschaft unterliegen, aber man gestand den Menschen eine familiäre Sphäre zu. Zeichen dieses Wandels war der Bau von Privatwohnungen. Diese waren allerdings für den Normalbürger noch unerreichbar und stellten ein Privileg für Funktionäre und Angehörige der neuen Mittelschicht dar. Die wichtigen Ministerien errichteten in Moskau Wohnanlagen mit Einzelwohnungen für ihre leitenden Mitarbeiter. Die Masse der städtischen Bevölkerung musste weiterhin mit Baracke oder Kommunalka vorlieb nehmen.

Leitbild war nicht mehr die Aktivistin, die wegen der ständigen Versammlungen ihre Familie vernachlässigte, sondern die Arbeiterin, die ihren Beitrag zur Volkswirtschaft mit der Mutterrolle vereinbarte. Stalin selbst besuchte unter großer propagandistischer Aufmachung im Oktober 1935 seine alte Mutter in Tiflis. Mit dieser Aufwertung von Familie und Elternschaft korrespondierte die Selbstdarstellung des Regimes mit Familienmetaphern, wobei man an ältere russische Traditionen anknüpfen konnte: Stalin als «Vater des Sowjetvolks» war eine Neuauflage des «Väterchen Zar». Die Stärkung der Familie war auch eine Stärkung der traditionellen Autoritäten. Während noch vor kurzem der gegen seine rückständigen Eltern rebellierende revolutionäre Jugendliche propagiert wurde, hieß es ab 1935, dass die Kinder und Jugendlichen ihren Eltern Respekt erweisen sollten.[140] In den Schulen waren schon ab 1931 die Experimente der 1920er Jahre beendet und die Prinzipien Autorität, Hierarchie und Wissensvermittlung wieder eingeführt worden.[141]

Die traditionalistische Wende wirkte sich zwangsläufig auf die Kulturpolitik aus. Diese wurde rigider, würgte die avantgardistischen und kulturrevolutionären Strömungen seit Anfang der 1930er Jahre ab und zielte auf eine Normierung und Kontrolle des Kulturbetriebs. Nicht mehr kreative Vielfalt, sondern Gleichschaltung war angesagt. Futuristische Experimente waren nicht mehr erwünscht; Literatur, bildende Kunst, Musik und Film sollten von nun an volksnah und für die breiten Massen verständlich sein und den Aufbau der sozialistischen Gesellschaft durch eine positive Grundstimmung, Parteilichkeit und vorbildliche Helden unterstützen. «Sozialistischer Realismus» hieß die Formel, die 1932 für die Kulturschaffenden zur verbindlichen Norm erklärt wurde. Der «sozialistische Realismus» integrierte unterschiedliche kulturelle Strömungen, kann aber insgesamt als antimodern charakterisiert werden.[142] Er forderte, wie das ZK-Mitglied Andrej Ždanov 1934 auf dem Gründungskongress des sowjetischen Schriftstellerverbandes ausführte, dass der Künstler «Wahrhaftigkeit und historische Konkretheit» mit der «ideologischen Umformung und Erziehung der Werktätigen im Geiste des Sozialismus» verbinden müsse.[143] Das hieß gerade nicht, dass die Künstler ein realistisches Abbild der Wirklichkeit produzierten, wie der Terminus «Realismus» suggerieren könnte, sondern dass sie eine idealisierte Wirklichkeit zeigen sollten. In der Praxis lief das auf die harmonisierende Beschreibung eines Soll-Zustandes von Glück, Zufriedenheit und sozialistischem Einklang hinaus.[144]

Um die Konformität der Künstler zu gewährleisten, wurden einheitliche Kulturverbände gegründet, beginnend 1934 mit dem Schriftstellerverband. Diese Verbände wurden zwar erst ab 1946 zu bürokratischen Apparaten ausgebaut, die eine wirksame Kontrolle über den gesamten Kulturbetrieb ausüben konnten, aber in den 1930er Jahren war das Regime dennoch schon in der Lage, die Kulturschaffenden zu lenken und einen erstickenden Konformitätszwang zu erzeugen. Instrumente der Lenkung waren die Zensur und die Abhängigkeit der Künstler von öffentlichen Aufträgen, Publikations- und Aufführungsmöglichkeiten.[145] Intellektuelle und Künstler wurden von der Geheimpolizei intensiv überwacht. Die oberste Führung war daran interessiert, was auf Treffen gesprochen wurde, und mischte sich selbst in Kleinigkeiten ein: Das Politbüro befasste sich etwa mit der Teilnahme sowjetischer Geiger an einem Wettbewerb in Brüssel, dem Spielplan einzelner Bühnen oder der Entfernung moderner Malerei aus der Tret'jakov-Galerie.[146] Konformität war allerdings nicht nur das Ergebnis von Überwachung und Gängelung. Viele Kulturschaffende dienten sich dem Regime an. Maksim Gor'kij, Il'ja Ėrenburg, Aleksej Tolstoj, um nur die prominentesten Schriftsteller zu nennen, überschlugen sich geradezu in Lobpreisungen der neuen Rolle, die der Kunst im Sozialismus zukomme.[147] Andere bedeutende Künstler hingegen wurden ausgegrenzt. Michail Bulgakov konnte nicht mehr publizieren, Anna Achmatova wurde durch die Verhaftung ihres Sohnes und ihres Ehemannes eingeschüchtert, Osip Mandel'štam wurde verhaftet und starb 1938 im Arbeitslager, Dmitrij Šostakovič geriet wegen der angeblich «formalistischen» und «chaotischen» Musik seiner (vor dem Publikum erfolgreichen) Oper «Lady Macbeth von Mzensk» 1936 unter Beschuss, nachdem Stalin eine Aufführung angewidert verlassen hatte. Šostakovič passte sich allerdings in weiterer Folge an und wurde 1937 wieder in den offiziellen Kulturbetrieb integriert.

Neben der Hochkultur richtete die Politik ihr Augenmerk auch auf die Populärkultur. Diese konnte ab Mitte der 1930er Jahre mit größerem Erfolg als davor in den Dienst des sozialistischen Aufbaus gestellt werden. Ein Markstein war der Film «Die fröhlichen Jungs» aus dem Jahre 1934, für den Isaak Dunaevskij ein Lied komponierte, das zum Prototyp des sowjetischen Massenliedes werden sollte: den «Marsch der fröhlichen Jungs». Dieses überaus populäre Lied entsprach den Erfordernissen des «sozialistischen Realismus» und war ein wichtiger Beitrag zur sowjetischen Identitätsstiftung: Massenhaft gespielt und gesungen, transportierte es Optimismus, Freude und Durchhaltevermögen. Dunaevskijs Musik spielte einen wichtigen Part in der Verkündung märchenhafter gesellschaftlicher Idealzustände. Sie vermochte zu begeistern, Glauben und Zuversicht zu vermitteln und war im Grunde eine Variation von Stalins berühmt-berüchtigtem Diktum «Das Leben ist besser, das Leben ist froher geworden.» Das Massenlied neuen Typs schaffte es zwar nicht, die als dekadent verpönten sentimentalen Zigeunerromanzen, Tangos und Foxtrotts völlig zu verdrängen, aber es war unzweifelhaft erfolgreich und ist zusammen mit anderen Kompositionen Dunaevskijs bis heute in Russland populär.[148]

Sowjetpatriotismus

In den Kontext des kulturellen Wandels und der Rückbesinnung auf Traditionen gehören auch eine Wiederbelebung von Patriotismus und Geschichtsbewusstsein sowie eine Umwertung des Verhältnisses zwischen Russen und den anderen Nationalitäten. In den 1920er Jahren hatten die Bolschewiki Wert darauf gelegt, dass ihr Auftreten in der Peripherie nicht den Anschein von Russifizierung erweckte. In den 1930er Jahren verschob sich die Wertung: Als Problem wurde nun weniger der «großrussische Chauvinismus» als vielmehr der partikulare Nationalismus der anderen empfunden. Im Sommer 1934 begann die Propaganda damit, den sogenannten Sowjetpatriotismus zu verkünden, der den partikularen Nationalismus der Völker der UdSSR überwölben sollte. War der Sowjetpatriotismus anfangs auf das «internationalistische Vaterland» und die Liebe zur gesamtsowjetischen Heimat zugeschnitten, so kam ab 1937 eine russisch-nationale Komponente hinzu. Das russische Volk war nun in der Propaganda das «große» russische Volk, das «erste unter gleichen», dem die anderen Freundschaft, Liebe und Dankbarkeit entgegenbrachten, weil es den «zurückgebliebenen Nationen» beim Aufbau des Sozialismus half.[149]

Eine Kommission des Politbüros stellte 1934 fest, dass der Geschichtsunterricht in den Schulen zu sehr auf die sozialen Verhältnisse ausgerichtet sei, und forderte eine stärkere Berücksichtigung der politischen Ereignisse. In den 1937 fertiggestellten neuen Schulbüchern kamen die großen Figuren der russischen Geschichte, die man zwischendurch an den Rand gedrängt hatte, wieder zu Ehren. 1937/38 befürwortete das Politbüro die Produktion von Spielfilmen über Peter den Großen und über den russischen Nationalhelden Aleksandr Nevskij, der 1242 die deutschen Ordensritter geschlagen hatte, sowie über Minin und Požarskij, die 1612 die Polen aus Moskau vertrieben hatten. Stalin würdigte 1937 sogar die Zaren dafür, dass sie das Reich zusammengehalten hatten.[150] Im selben Jahr wurde der 100. Todestag von Aleksandr Puškin mit aufwändigen offiziellen Feiern begangen. Puškin wurde zu einem Protagonisten der Freiheit und der Revolution stilisiert, aber es ging auch darum, ihn als russischen Nationaldichter für die Sowjetunion zu vereinnahmen.[151]

Die Rückbesinnung auf die Russen als tragendes Staatsvolk war die Konsequenz aus negativen Erfahrungen mit der Indigenisierungspolitik. Spätestens um 1930 war den Bolschewiki klar geworden, dass diese Politik nicht die erwarteten Erfolge gezeitigt, sondern sich in mancher Hinsicht sogar als kontraproduktiv erwiesen hatte: Die nationalen Eliten beteiligten sich nicht im erhofften Ausmaß am Aufbau der sowjetischen Strukturen, religiöse Bindungen waren weiterhin wirksam, und die Etablierung der Sowjetmacht hatte in den Peripherien oft nur den Charakter einer Fassade, hinter der traditionelle Strukturen fortbestanden. Außerdem argwöhnte die Moskauer Führung, dass die Förderung der jeweiligen Nationalkultur mit separatistischen und «konterrevolutionären» Bestrebungen der nationalen Intelligenz einhergehe. Die Geheimpolizei lieferte dafür schon Mitte der 1920er Jahre aus etlichen Republiken besorgniserregende Hinweise. In der Ukraine, in Weißrussland und auf der Krim gingen die Bolschewiki daher um 1930 dazu über, die nationale Intelligenz durch Repressionen einzuschüchtern und wieder die russische Sprache zu fördern. Das war in diesen Regionen nicht schwierig, weil ohnehin fast alle das Russische verstanden und viele Ukrainer und Weißrussen es auch im Alltag gebrauchten.[152]

Auch in Zentralasien und in Transkaukasien fürchtete Stalin nationale Sezessionsbestrebungen. Eine Russifizierung erschien dort allerdings aussichtslos, weil die Titularnationen eine erdrückende Mehrheit bildeten und keine sprachliche Affinität zum Russischen bestand. In diesen Republiken hielt man daher notgedrungen an der Indigenisierung fest und konzentrierte sich darauf, über die Heranziehung einheimischer Funktionäre eine Zivilisierung im Sinne der sozialistischen Gesellschaftsordnung zu bewirken und die traditionelle Lebensweise und muslimische Kultur zu bekämpfen. Damit versuchte man dem entgegenzusteuern, was in den 1920er Jahren unbeabsichtigterweise eingetreten war. Die Indigenisierungspolitik hatte nämlich bei den islamischen Völkern im Kaukasus dazu geführt, dass ein in der traditionellen muslimischen Kultur wurzelnder Nationalismus entstand, der zudem im Falle der Aserbaidschaner ein pantürkisches Element beinhaltete. In Bezug auf die transkaukasischen Muslime zogen die Bolschewiki bereits 1928 die Schlussfolgerung, dass eine gewaltsame Intervention notwendig sei, um die «rückständige» Lebensweise der Einheimischen an die Erfordernisse der sozialistischen Gesellschaft anzupassen.[153]

Selbst unter den zahlenmäßig kleinen Streuminderheiten in der RSFSR erbrachte eine 1930 durchgeführte Revision ein katastrophales Bild: In den Dörfern hatten wie vor der Revolution die lokalen Oberschichten (im bolschewistischen Sprachgebrauch: die «Kulaken») und die Geistlichen das Sagen, während die Präsenz der Sowjetmacht ausgesprochen dürftig war und die Behörden einen hilflosen Eindruck machten. Sie beschrieben in ihren Berichten eine Misere, ohne ihrer Herr werden zu können, ja ohne überhaupt ein Konzept zu haben.[154] Die Heranziehung örtlicher Kader war vielerorts ein Misserfolg. Die wenigen Parteimitglieder in den Dörfern waren häufig Zugezogene oder aus der Zentrale Abgeordnete. Partei und Komsomol hatten größte Schwierigkeiten, unter den Minderheiten Fuß zu fassen. Funktionärsposten konnten häufig nicht mit Ortsansässigen besetzt werden, weil sich niemand dazu bereit fand. Die kommunistischen Organisationen mussten mit religiösen konkurrieren. In manchen deutschen Dörfern Sibiriens etwa hatte zum großen Ärgernis des Komsomol der baptistische Jugendverband «Bapsomol» großen Zulauf.[155]

Als die Bolschewiki um 1930 dazu übergingen, durch Kollektivierung und Kulturrevolution massiver in die sozioökonomischen und kulturellen Verhältnisse einzugreifen, stießen sie in den Peripherien auf besonders starke Gegenwehr. Der Kulturkampf gegen die muslimischen Traditionen, die Kampagnen zur Entschleierung der Frauen, die Vernichtung der nomadischen Lebensweise der Kasachen – all das traf auf hartnäckigen Widerstand der betroffenen Bevölkerung. In Zentralasien, im Nordkaukasus, in Transkaukasien nahmen die Bolschewiki diesen Widerstand als einen von Nationalitäten wahr.[156] Den Widerstand von Ukrainern, Weißrussen, Polen und Deutschen gegen die Kollektivierung erklärten sie sich zusätzlich als das Ergebnis der Aufstachelung durch Agenten aus Deutschland und Polen.[157] Solche Interpretationen leisteten der Einschätzung Vorschub, dass bestimmte Nationalitäten, die besonders negativ auffielen und geradezu als gefährlich erschienen, bekämpft werden müssten. Die Folge waren Säuberungen unter den nichtrussischen Eliten, die Liquidierung von nationalen

Rayons und Dorfsowjets der Streuminderheiten und ein festerer Zugriff der Moskauer Zentrale auf die Partei- und Sowjetorgane der Unionsrepubliken.[158]

Gefolgschaft und Terror

Im Mittelpunkt des stalinistischen Systems stand Stalin selbst. Lange Zeit sind die Beziehungen zwischen dem Generalsekretär der Partei und den Politbüromitgliedern unter dem Primat des Politischen und der mit Ämtern verbundenen Machtstrukturen analysiert worden. Damit ist das Wesen der stalinistischen Herrschaft aber nicht adäquat erfasst, denn Letztere zeichnete sich gerade dadurch aus, dass neben den Institutionen des Sowjetstaates und der Parteiorganisation persönliche Nahbeziehungen eine wichtige Rolle spielten. Wenn Stalin von seinen engsten Mitstreitern anlässlich seines 50. Geburtstags 1929 zum «Führer» (*vožd'*) ausgerufen wurde, dann war das mehr als eine propagandistische Floskel, denn die Beziehungen an der Spitze der Partei stellten sich tatsächlich zunehmend als die zwischen einem Führer und seiner Gefolgschaft dar.

Führer und Gefolgschaft verweisen auf Patron-Klient-Beziehungen, persönliche Loyalität, Treue und Freundschaft, also auf Grundprinzipien vormoderner Herrschaft. Die Herrschaft der Bolschewiki beruhte in hohem Maße auf personalen Netzwerken und Vertrauensverhältnissen. Das war schon seit der Machtergreifung 1917 so, verstärkte sich aber in den 1930er Jahren in dem Maße, in dem Stalin seine Stellung als «Führer» ausbaute. Formal war weiterhin das Politbüro die höchste Instanz der Partei und damit auch im Staat.[159] De facto kam es jedoch im Verlauf der 1930er Jahre zu einer Ent-Institutionalisierung und Personalisierung der Macht. Das Politbüro als Institution verlor sukzessive an Bedeutung, als seine Mitglieder zu einer Gefolgschaft Stalins wurden, deren Zusammenhalt auf persönlicher Treue beruhte. Die Entscheidungen wurden zunehmend zwischen den Sitzungen des Politbüros getroffen, entweder von Stalin allein oder in Absprache mit einzelnen Politbüromitgliedern.[160]

Zu Beginn der 1930er Jahre war das noch anders gewesen. Damals hatte das Politbüro als kollektives Führungsorgan agiert und Stalin war auf die Unterstützung der anderen Mitglieder angewiesen gewesen. Seine Gefolgsleute konnten wichtige Themen im Politbüro zur Sprache bringen, ohne Stalin vorher um Erlaubnis zu fragen, und die Resolutionen herbeiführen, die sie zur Verfolgung ihrer Interessen brauchten. Stalin musste noch zu langen Erklärungen und Ultimaten Zuflucht nehmen, wenn er etwas durchsetzen wollte.[161] Er hatte gerade erst nach langwieriger Auseinandersetzung seine Konkurrenten an den Rand gedrängt und verfügte noch nicht über ausreichende Macht, um alleinherrlich über alles zu bestimmen. Außerdem stand noch keineswegs fest, dass der «große Umbruch» erfolgreich verlaufen würde, sodass Stalin seinerseits ein Interesse daran hatte, die Verantwortung mit anderen zu teilen, um nicht am Ende als Alleinschuldiger für ein etwaiges Desaster dazustehen.

1930 bis 1935 fungierten zuerst Molotov und dann Kaganovič als Stellvertreter Stalins in der Partei. Häufig entschied einer der beiden wichtige Fragen zu zweit mit Stalin. Nach Molotovs Wechsel vom Zentralkomitee in den Rat der Volkskommissare nahm Kaganovič formal seinen Platz ein. Molotov blieb allerdings weiterhin der Stalin persönlich am nächsten stehende Politiker.[162] Mitte der 1930er Jahre wurde das Politbüro reorganisiert. Stalin sorgte durch die Kooptation von Andreev, Ežov und Ždanov dafür, dass Molotov und Kaganovič nicht zu mächtig wurden. Der Posten des Zweiten Sekretärs und Stellvertreters von Stalin, den Kaganovič innehatte, wurde abgeschafft, seine Befugnisse gingen auf mehrere Personen über. Kaganovič war weiterhin eine wichtige Figur, aber es fällt auf, dass er demonstrativ alle Entscheidungen mit Stalin abstimmte und in seinen Briefen geradezu unterwürfig wurde. Darin spiegelte sich der Verlust an Selbständigkeit, den das Politbüro seit der zweiten Hälfte der 1930er Jahre erlitt.[163] In den 1920er Jahren hatte Stalin seine Gefolgsleute ermuntert, sich in ihrem Zuständigkeitsbereich eine Klientel aufzubauen. Ab Mitte der 1930er Jahre, als seine Autorität gefestigt war, machte er diese Hausmachten stärker von seiner Gnade abhängig, indem er solche intermediären Patronagestrukturen selektiv zerschlug.[164]

Zur Festigung seiner Macht griff Stalin in der zweiten Hälfte der 1930er Jahre gegenüber hohen Funktionären der Partei zu terroristischen Methoden. Den großen Schauprozessen der Jahre 1936 bis 1938 fielen so prominente Parteiführer wie Kamenev, Zinov'ev, Pjatakov, Radek, Bucharin und Rykov zum Opfer. Die Vorwürfe gegen sie waren absurd: Bildung terroristischer Organisationen, Sabotage im Auftrag kapitalistischer Mächte, verräterische Beziehungen zu Deutschland und Japan, Mordkomplotte gegen Stalin und höchste Würdenträger.[165] Skrupellos und kaltblütig ließ Stalin diejenigen umbringen, die unmittelbar nach der Revolution gleichrangig mit ihm in Lenins Politbüro gesessen hatten, nämlich Kamenev, Zinov'ev, Bucharin und 1940 sogar den längst ins Exil vertriebenen Trockij, sowie diejenigen älteren Bolschewiki, die seinen Aufstieg miterlebt und in den Fraktionskämpfen der 1920er Jahre vorübergehend seine Rivalen unterstützt hatten. Von den zwölf Männern, die Lenins Politbüro angehört hatten, starben nur drei eines natürlichen Todes: Stalin selbst, Molotov und Kalinin.[166] Von einem Tag auf den anderen wurden Spitzenpolitiker zu

Volksfeinden erklärt – und niemand von den einst mächtigen Männern half ihnen, denn sie lebten inzwischen alle in Furcht vor Stalin. Dieser versetzte sie in Angst und Schrecken und demonstrierte an Exempeln, was mit jemandem geschah, der es wagte zu widersprechen.[167]

Um sich der bedingungslosen Treue seiner Gefolgsleute zu versichern, stellte Stalin sie auf die Probe, indem er ihre Ehefrauen und Brüder verhaften oder erschießen ließ. Wenn sie in dieser Situation wankelmütig geworden wären, hätte er sich auch ihrer entledigt. Betroffen waren Personen, die sich als Stalins engste Freunde fühlten: Ordžonikidzes Bruder wurde 1937 erschossen, seine Klientel im Volkskommissariat für Schwerindustrie wurde dezimiert; Kaganovič wurde von Stalin persönlich verhört, seine Klientel im Volkskommissariat für Verkehrswesen durch Verhaftungen eingeschüchtert; einer seiner Brüder wurde als Volksfeind diffamiert und entging nur durch Selbstmord der Verhaftung.[168] Molotovs selbstbewusstes Auftreten als sein ältester Freund war Stalin ein Dorn im Auge und er verwies auch ihn in die Schranken, indem er Molotovs Klientel bedrohte, seine Ehefrau unter Spionageverdacht stellte und ihn zwang, sich von ihr scheiden zu lassen.[169] Die Ehefrau des nominellen Staatsoberhauptes Kalinin ließ Stalin ebenso verhaften wie zwei von Mikojans Söhnen und eine Schwiegertochter Chruščevs. Die Ehefrau seines Privatsekretärs Poskrebyšev ließ er erschießen.[170] Die Gefolgsleute wehrten sich nicht gegen diese Ungeheuerlichkeiten, sondern unterwarfen sich bedingungslos. Sie hatten begriffen, dass die Gunst des Führers nur dem erhalten blieb, der unbedingte Treue und Verlässlichkeit über das Mitgefühl mit Angehörigen stellte. Der Einzige, der versuchte, seine Klientel vor Repressalien zu schützen, war Sergo Ordžonikidze, aber auch er kämpfte nicht ernsthaft gegen Stalin, sondern versuchte nur, ihn umzustimmen, und beging Selbstmord, als er die Aussichtslosigkeit der Lage erkannte. Von den anderen Politbüromitgliedern erhielt er keinerlei Unterstützung.

Das brutale Handeln markiert den Wandel Stalins vom Primus inter Pares zum unumschränkten Diktator. Er brauchte nun keine Kompromisse mehr einzugehen, um Entscheidungen durchzusetzen.[171] Das skrupellose Vorgehen gegen Gefolgsleute, zu denen er jahrelang enge freundschaftliche Beziehungen unterhalten hatte, kann zugleich als ein Element zynischer Herrschaftstechnik wie mangelnden Vertrauens erklärt werden. Stalin brachte jedem, auch wenn das Verhältnis noch so freundschaftlich schien, Misstrauen entgegen. Ein unbewiesener Verdacht reichte aus, um den Betreffenden zum Feind mutieren zu lassen. Diese ständige Furcht vor Verrat war bei Stalin krankhaft ausgeprägt, aber grundsätzlich ein gemeinsames Merkmal der Alt-Bolschewiki. Sie resultierte aus den Erfahrungen in der

Illegalität vor 1917, als sie in permanenter Bedrohung und in ständigem Misstrauen vor einer Unterwanderung durch feindliche Agenten gelebt hatten. In Kombination mit der absoluten Priorität der Gruppe vor dem Individuum erklärt dieses Misstrauen, wie schnell und konsequent jemand zum Feind deklariert werden konnte. Für Männer wie Bucharin, Kaganovič oder Molotov stand die Partei über allem Persönlichen. Das Leben von Individuen, eingeschlossen das eigene, hatte für sie keine hohe Priorität.[172]

Terror und Repressionen waren konstitutive Merkmale der Herrschaft Stalins. Dabei stellt der Terror innerhalb der Parteiführung nur die Spitze des Eisbergs dar. Quantitativ viel bedeutender waren die Repressionen gegen andere Gruppen der Bevölkerung, die 1937 mit dem Massenterror den absoluten Kulminationspunkt erreichten. Den Auftakt für die Phase des Terrors gab im Dezember 1934 der Mord am Leningrader Parteichef Sergej Kirov. Die Umstände sind bis heute nicht völlig geklärt. Der Mörder wurde als angeblicher Anhänger Trockijs identifiziert und zum Tode verurteilt. Damit war die Angelegenheit aber nicht beendet, denn Stalin benutzte den Mordanschlag als Vorwand für eine Säuberung der Partei und eine immer weitere Kreise ziehende Suche nach Terroristen, Saboteuren und «Schädlingen», die sich angeblich überall versteckt hielten. Zwischen 1936 und 1938 wurden in einem fort fiktive Verschwörungen «aufgedeckt», gewöhnliche Bürger ohne erkennbaren Grund verhaftet, irrwitzige Geständnisse erpresst und Schauprozesse veranstaltet, in denen man der Bevölkerung die bisherigen politischen Vorbilder und gefeierten Helden der Revolution als gewissenlose Volksfeinde und Verräter präsentierte.

Dieser Terror war grundsätzlich unberechenbar. Niemand konnte sicher sein, nicht verhaftet und erschossen zu werden. Selbst der linientreueste Kommunist konnte von einem auf den anderen Tag zum «Volksfeind» mutieren. Diese Unkalkulierbarkeit war Teil der Herrschaftstechnik, denn sie versetzte alle, bis hinauf zu den Politbüromitgliedern, in Angst. Neben dieser Unberechenbarkeit fokussierte der Terror aber auch auf bestimmte Gruppen, die in den einzelnen Phasen des Terrors jeweils vorrangig betroffen waren. Dabei handelte es sich erstens um Angehörige der Funktionseliten (Funktionäre in Partei und Administration, Verantwortliche in der Wirtschaft und in den Behörden, Kommandeure der Roten Armee). Sie wurden in großer Zahl verhaftet und erschossen und durch neues Personal ersetzt. Innerhalb weniger Monate wurde auf diese Weise der größte Elitentausch in der russischen Geschichte vollzogen. Stalin nahm dabei Qualitätseinbußen in Kauf, denn Vorrang hatte die Sicherstellung absoluter Loyalität. «Jetzt haben wir Führungskräfte, die jeden Befehl, den ihnen Genosse Stalin aufträgt, akzeptieren werden», resümierte Kaganovič im

März 1939 den kompletten Austausch des leitenden Personals in der Schwerindustrie.[173] Zweitens zielte der Terror auf soziale und ethnische Gruppen, die als potenziell gefährlich eingestuft und daher durch partielle Vernichtung unschädlich gemacht wurden. Diese Vernichtungsoperationen des NKVD (*Volkskommissariat des Inneren*) machten den Massenterror der Jahre 1937 und 1938 aus.

Eingeleitet wurde der Massenterror mit dem Politbürobeschluss vom 2. Juli 1937, der die Parteisekretäre in den Republiken und Gebieten aufforderte, mit Hilfe des NKVD die aus der Verbannung zurückgekehrten ehemaligen «Kulaken» und Kriminellen zu registrieren und nach dem Grad ihrer Gefährlichkeit in die Kategorien «Erschießen» und «Verbannen» einzuordnen. Im Zuge der Ausführung dieser Anordnung kam die Leitung des NKVD zu dem Schluss, dass der Kreis der feindlichen Elemente weiter zu ziehen sei, und erstellte einen 15 Seiten langen Befehl «Über die Operation zur Repression ehemaliger Kulaken, Krimineller und anderer antisowjetischer Elemente». Dieser Befehl wurde am 31. Juli 1937 vom Politbüro gebilligt und als Nr. 00447 unter strenger Geheimhaltung in Kraft gesetzt.[174] Er zählte systematisch diejenigen Gruppen auf, die bekämpft werden müssten: ehemalige «Kulaken», die aus ihren Verbannungsorten in ihre früheren Wohnorte zurückgekehrt oder in den Städten untergetaucht seien und zu terroristischen Verbrechen gegen die Sowjetmacht anstiften würden, ehemalige Sozialrevolutionäre, Soldaten der «weißen Armeen» des Bürgerkriegs, ehemalige zarische Gendarmen und Beamten, ehemalige Mitglieder nationaler Unabhängigkeitsbewegungen der kaukasischen und mittelasiatischen Republiken, Priester und Kirchenmitglieder, Angehörige von Sekten, kriminelle Rückfalltäter, Obdachlose und Personen, die keiner gesellschaftlich nützlichen Tätigkeit nachgingen. Der Befehl gab, aufgeschlüsselt nach Regionen, genaue Planziffern vor, die aber im Verlauf der Aktion übertroffen wurden, weil die Zuständigen in den Republiken und Gebieten von der Möglichkeit, die Erhöhung der Erschießungskontingente zu beantragen, regen Gebrauch machten, um nicht in den Verdacht mangelhafter Wachsamkeit zu geraten.[175]

Die aufgezählten Kategorien lassen drei Zielrichtungen erkennen: «Kulaken», «Ehemalige» und soziale Randgruppen. Es ging demnach nicht nur um politische Loyalität, sondern auch um die Reinigung der Gesellschaft von kriminellen und marginalisierten Existenzen, die als nicht integrierbar eingeschätzt wurden. Der Massenterror war somit zu einem erheblichen Teil auch ein Instrument des *social engineering*. Er griff damit einen Ansatz auf, der schon im Winter 1932/33 im Zusammenhang mit der Einführung des Inlandspasses verfolgt worden war. Schon damals hatte die

Führung beschlossen, die Städte von «kulakischen», «parasitären» und «sozial gefährlichen Elementen» zu säubern. «Kulaken», die in den Städten Unterschlupf gefunden hatten, waren damals zusammen mit Bettlern, Landstreichern, Straßenkindern, Kleinkriminellen, Gewohnheitsverbrechern und «Ehemaligen» nach Westsibirien und Kasachstan abtransportiert und in Sondersiedlungen untergebracht worden. Dort sollten sie einen nützlichen Beitrag zur Volkswirtschaft leisten.[176] Dieselben Gruppen waren 1937 wieder betroffen, mit dem Unterschied, dass es jetzt nicht mehr um ihre ökonomische Nutzbarmachung, sondern um ihre Vernichtung ging.

Eine ähnliche Größenordnung wie die «Operation gegen Kulaken und Kriminelle» erreichten die ebenfalls 1937 durchgeführten «nationalen Operationen» des NKVD. Seit den ausgehenden 1920er Jahren hatte sich in der bolschewistischen Führung und in der Geheimpolizei die Einschätzung verfestigt, dass einzelne Nationalitäten ein Bedrohungspotenzial in sich bargen. Es handelte sich dabei vor allem um Diasporanationalitäten, die in den Grenzgebieten siedelten oder ein Mutterland jenseits der Grenzen hatten. Ihnen unterstellte man Illoyalität und «Vergiftung» von außen. Die Machtergreifung Hitlers in Deutschland 1933, der Nichtangriffspakt zwischen Deutschland und Polen 1934, das Vordringen der Japaner in China und der Antikominternpakt 1936 ließen diese nationalen Minderheiten als Teil der äußeren Bedrohung der Sowjetunion und somit als «Feinde» erscheinen.[177] Daher deportierte man Angehörige von Diasporanationalitäten aus den Grenzgebieten ins Landesinnere, um sie von ihren Konationalen abzuschneiden und aus den militärisch sensiblen Regionen zu entfernen. Diese Deportationen erfolgten 1935/36 und erfassten schätzungsweise 260 000 Personen. Der größte Anteil entfiel auf Koreaner (172 000). Die übrigen 88 000 verteilten sich auf Polen, Finnen, Deutsche, Chinesen, Kurden, Iraner und Armenier.[178]

Im Zuge der «nationalen Operationen» des Jahres 1937 wurden diese Nationalitäten abermals massiven Repressionen unterworfen. Bei einem Anteil von 1,6 Prozent an der Gesamtbevölkerung stellten sie etwa ein Drittel aller Sowjetbürger, die damals deportiert, verhaftet oder erschossen wurden. Die meisten Erschossenen entfielen auf Polen (112 000) und Deutsche (56 000).[179] Betroffen von den Repressionen waren nun aber auch bestimmte indigene Nationalitäten ohne Verbindung ins Ausland, denen man unerwünschte Charaktereigenschaften zuschrieb. Das betraf nordkaukasische Nationalitäten wie Tschetschenen und Inguschen, die als geborene Widerständler und Banditen galten, aber auch Roma, die bei der «Säuberung» der Städte von Kriminellen, «Parasiten», Prostituierten und anderen «sozial fremden Elementen» bevorzugte Ziele des Zugriffs darstellten. Stalinistische Massendeportationen und Verhaftungen waren in dieser Hinsicht kategorisierend und prophylaktisch. Die Zugehörigkeit zu einer stigmatisierten Gruppe erhöhte das Risiko, verhaftet oder gar erschossen zu werden, beträchtlich.[180]

Was sich 1937/38 in der Sowjetunion abspielte, lässt sich kaum adäquat beschreiben. Die Massaker erreichten eine Größenordnung, die das Beseitigen der Leichen und die Geheimhaltung zum Problem werden ließ. Zehntausende wurden über das sogenannte «Albumverfahren» liquidiert, das heißt, der örtliche NKVD stellte ein Album zusammen, mit einer Kurzcharakteristik von Personen, die kollektiv verurteilt und erschossen wurden.[181] Die Exekutionen erfolgten in Wäldern und in Erschießungsanlagen außerhalb der Städte, wo man die Leichen an Ort und Stelle in Massengräbern entsorgen konnte. Fast anderthalb Jahre lang dauerte diese Form des Terrors an, bis Stalin im November 1938 die Massenarreste und Erschießungen abrupt einstellen ließ. So wie er die Gewalt entfesselt hatte, gebot er dem Treiben nun Einhalt, da es die Gesellschaft und die Wirtschaft zu paralysieren drohte – ähnlich wie 1930, als er die Kollektivierung zwischenzeitlich gestoppt hatte, um die Lage wieder zu stabilisieren. Der Terror war eine Herrschaftsmethode, aber er musste unter Kontrolle gehalten werden, um nicht kontraproduktiv zu werden. Die letzte Säuberungswelle traf daher nicht zufällig die Geheimpolizei samt ihrem Chef: Nikolaj Ežov – ein exzessiver Alkoholiker und perverser Sadist – wurde im Dezember 1938 seines Amtes enthoben, einige Monate später verhaftet und im Februar 1940 erschossen. Sein Nachfolger Lavrentij Berija ließ das Volkskommissariat des Inneren von den Vertrauten Ežovs säubern.[182]

Große Teile der Bevölkerung lebten 1937/38 in Angst. Wenn es nachts an der Tür klingelte, dann schien der Augenblick gekommen, dass man abgeholt werde.[183] «Ich wache morgens auf und denke mechanisch: Gott sei Dank, heute nacht haben sie mich nicht verhaftet, tagsüber verhaften sie nicht, und was in der kommenden Nacht sein wird, weiß man nicht», schrieb die Malerin Ljubov' Šaporina am 22. November 1937 in ihr Tagebuch. «Wie bei Lafontaines Lamm gibt es bei jedermann alle Gründe für eine Verhaftung und Deportation mit unbekanntem Ziel. Wie gut, daß ich absolut ruhig und gleichgültig gegenüber alledem bleibe. Aber die meisten Menschen leben in wahnsinniger Angst.»[184] Der Verhaftung von Nachbarn, Freunden und Verwandten standen die Menschen hilflos gegenüber. Es war sinnlos, irgendetwas zu unternehmen, man musste froh sein, nicht selbst als nächster an der Reihe zu sein, und rätselte über die Gründe der

Verhaftungen. In der Petrovka-Straße Nr. 38, dem Sitz der Moskauer Kriminalabteilung, standen die Menschen Schlange, um sich über den Verbleib von Angehörigen zu erkundigen. «Jeden Tag kommen mehr als 1000 Menschen zum mühseligen Schlangestehen. Die Hälfte von ihnen geht abends ergebnislos fort, weil sie es nicht bis zum Auskunftsfenster geschafft haben», heißt es in einem Tagebucheintrag vom 19. Dezember 1937. «Die andere Hälfte erfährt zwar den Aufenthaltsort des betreffenden Menschen, kann ihm aber in keiner Weise helfen [...]. Natürlich wird viel diskutiert, weshalb die Leute sitzen [...] viele wissen aber überhaupt nicht, weshalb. ‹Sie haben ihn abgeholt, und jetzt sitzt er – wieso, weiß ich nicht.› Vielleicht weiß es der, der sitzt, und wenn er es nicht weiß, dann muß es der wissen, der seinen Fall leitet oder den Haftbefehl unterschrieben hat. [...] In einem alten Sprichwort heißt es: ‹Wir alle sind in Gottes Hand.› Heute hat man das Sprichwort abgewandelt: ‹Wir alle sind in des NKWD Hand.› Ach du mein unglückliches Leben, wie wenig Erfolg hast du mir beschert! Wann haben diese Qualen nur ein Ende?»[185]

Die Kampagnen zur Entlarvung von «Volksfeinden» und «Spionen» erzeugten ein Klima der gegenseitigen Verdächtigungen und trugen die Vorstellung, dass sich überall Saboteure und Verräter versteckt hielten, sogar in Familien, die selbst vom Terror betroffen waren.[186] «Ich glaube nicht, dass er ein Volksfeind war», erinnerte sich später eine Frau an die Verhaftung ihres Vaters. «Natürlich hielt ich ihn für unschuldig. Doch gleichzeitig hatte ich keinen Zweifel daran, dass es Volksfeinde gab. Ich war absolut überzeugt davon, dass gute Menschen wie mein Vater durch deren Schädlingsarbeit zu Unrecht ins Gefängnis kamen. Die Existenz dieser Feinde lag für mich auf der Hand. [...] Ich las in der Presse über sie und stand in meinem Hass niemandem nach. Mit dem Komsomol nahm ich an Demonstrationen teil, um gegen die Volksfeinde zu protestieren. Wir riefen: ‹Tod den Feinden des Volkes!› Solche Parolen lieferten uns die Zeitungen. Der Kopf schwirrte uns von den Schauprozessen. Wir lasen die fürchterlichen Geständnisse von Bucharin und anderen Parteiführern und waren entsetzt. Wenn solche Leute Spione waren, dann mussten die Feinde überall sein.»[187]

Die Reaktionen der Menschen waren sehr unterschiedlich. Manche reimten sich Erklärungen zusammen, um dem Unfassbaren einen Sinn zu verleihen. Sie übernahmen die offiziellen Schuldzuweisungen im Glauben, dass sie nicht erfunden sein konnten, oder redeten sich ein, dass die Verhaftung des nahen Freundes ein Missverständnis sein müsse. Nicht wenige wandten sich in dieser naiven Vorstellung mit Bittgesuchen an Stalin, damit er diese «Versehen» aufkläre. Manche versteckten von der Verhaftung

Bedrohte und riskierten dabei selbst ihr Leben. Verbreiteter war jedoch das Bestreben, den Kontakt mit Leuten, die unter Verdacht geraten waren oder in deren Familie jemand verhaftet worden war, zu meiden. Man sprach nicht mehr mit ihnen, ließ sie als Freunde und Verwandte fallen, beteiligte sich auf Versammlungen an der Ausgrenzung von «Entlarvten», um sich selbst und die eigene Familie zu schützen. Wieder andere gingen sogar offensiv mit den Möglichkeiten um, die der Terror eröffnete: Den Mitbewohner einer Kommunalka zu denunzieren bot die Chance, nach seiner Verhaftung in den Genuss eines zusätzlichen Zimmers zu kommen.[188]

Den Schauprozessen gegen führende Bolschewiki begegneten viele mit Gleichgültigkeit, weil sie darin einen Familienstreit unter den neuen Herren sahen. Die Verhaftung von Funktionären, die sich bei der Kollektivierung hervorgetan hatten, wurde oft mit Genugtuung aufgenommen. Ein Nebeneffekt des Terrors bestand durchaus darin, die Unzufriedenheit über Missstände auf angeblich «Schuldige» abzuleiten.[189] Aleksandr Solženicyn beschrieb im «Archipel Gulag» seine eigene Haltung so: «Ein Vierteljahrhundert später könnte man meinen: Na ja, ihr habt begriffen, was an Verhaftungen um euch brodelt, was an Torturen in den Gefängnissen praktiziert wird, in welchen Sumpf man euch zerren will. Nein!! Die Gefängniswagen, die Schwarzen Raben, die fuhren doch bei Nacht, und wir gehörten zu der bei Tageslicht fahnenschwenkenden Schar. Woher hätten wir über die Verhaftungen wissen und warum darüber nachdenken sollen? Daß alle Honoratioren des Gebietes abgesetzt, abgelöst wurden – es war uns entschieden gleichgültig. Daß zwei, drei Professoren eingesperrt wurden, na und?! Sind wir mit ihnen tanzen gegangen? Die Prüfungen würden nur noch leichter werden. Wir, die Zwanzigjährigen, marschierten in der Kolonne der Oktobergeborenen, und als Oktobergeborene erwartete uns die allerlichteste Zukunft.»[190]

Die Stimmungsberichte der Geheimpolizei deuten darauf hin, dass gewöhnliche Kolchosniki und Arbeiter den Terror von 1937/38 als weniger einschneidend wahrnahmen als die Hungersnot von 1932/33 und die Verschärfung der Arbeitsgesetze 1940.[191] Der Massenterror betraf Millionen, aber nicht alle, und er fokussierte auf die im Befehl Nr. 00447 und in den nationalen Operationen definierten Zielgruppen. Die übrige Bevölkerung konnte sich zwar nicht in Sicherheit wiegen, verdrängte aber häufig die Bedrohung, zumal sich das Leben auch 1937 nicht auf die Repressionen beschränkte und das, was hinter den Mauern des NKVD und in den Lagern geschah, sorgfältig geheim gehalten wurde. Die Menschen lebten in zwei Wirklichkeiten: Die eine waren die nächtlichen Verhaftungen, Erschießungen, die Gefängnisse und Lager. Die andere waren die Preissenkungen, die

Feiern zum 100. Todestag von Puškin, die spektakuläre Nordpolexpedition, der erste Polflug nach Amerika, die feierliche Eröffnung des Moskva-Volga-Kanals. Im Juli 1938 wurde im Gor'kij-Park der 4. Moskauer Karneval eröffnet: 100 000 Menschen nahmen teil, tanzten, sangen, amüsierten sich bei Operettenmusik und Zirkusdarbietungen. Die Versorgung war besser als zu Beginn der 1930er Jahre, man wurde satt, es gab keine Lebensmittelkarten mehr.[192]

Die Dimensionen des stalinistischen Terrors konnten die Zeitgenossen nur erahnen. Erst Jahrzehnte später gaben die Archive Zahlen preis. Allein in den Jahren 1937 und 1938, auf dem Höhepunkt des Massenterrors, ließ Stalin mehr als 3,14 Millionen Menschen verhaften, davon 1,57 Millionen wegen angeblicher politischer Verbrechen. Mehr als 1,34 Millionen wurden aus politischen Gründen verurteilt, davon rund 682 000 zum Tode und rund 663 000 zu Lager- oder Gefängnishaft oder Verbannung.[193] Auf den höheren Ebenen erreichte die absolute Zahl der Getöteten nicht solche Größenordnungen, aber die anteiligen Verluste waren immens: 98 von 139 Mitgliedern des Zentralkomitees fielen dem Terror zum Opfer, 1108 von 1966 Delegierten des 17. Parteitags (1934), fünf Mitglieder und Kandidaten des Politbüros.[194] Mehr als ein Drittel der Volkskommissare wurde erschossen sowie etwa die Hälfte ihrer Stellvertreter und Abteilungsleiter.[195] Das höhere Führungspersonal der Roten Armee wurde fast komplett liquidiert.[196] Dass eine Regierung ihrer eigenen Bevölkerung in Friedenszeiten ohne Notwendigkeit so viel Leid auferlegte und die eigentlich dringend benötigten Funktionseliten dermaßen dezimierte, war bis dahin in der Geschichte ohne Präzedens.

Der stalinistische Terror entzieht sich einer monokausalen Erklärung. In ihm das alleinige Werk Stalins zu sehen, griffe zu kurz. Damit die von Stalin befohlene Jagd auf «Volksfeinde» stattfinden konnte, bedurfte es Personen, die sie in die Praxis umsetzten, die den Terror in den entlegensten Provinzen ausführten, ja sogar verschärften. Es ist davon auszugehen, dass bei den Vollstreckern des Terrors mentale Dispositionen vorlagen, die sie empfänglich machten für die Suggestion, versteckte Feinde aufspüren und vernichten zu müssen. Es handelte sich bei ihnen um die Generation, die als Jugendliche und junge Erwachsene von der Gewalterfahrung des Bürgerkriegs geprägt worden waren und damals gelernt hatten, die Welt in Freunde und Feinde einzuteilen. Im Krieg antrainierte Verhaltensweisen werden zwar üblicherweise nach dem Ende des Krieges schnell wieder abgelegt, weil die Menschen in eine geordnete Existenz zurückfinden, die auf zivilen Normen basiert. In der frühen Sowjetunion funktionierte diese Domestizierung jedoch nur eingeschränkt, denn das Normensystem befand sich im Umbruch, der zivile Rechtsstaat war außer Kraft gesetzt und die Bolschewiki perpetuierten den Kriegszustand. Die Propaganda hielt das Bild von den allgegenwärtigen Feinden lebendig und entmenschlichte Letztere systematisch. Die Zerrbilder von abscheulichen Bestien und von Parasiten, mit denen die Zeitungen 1937/38 die Schauprozesse illustrierten, konnten auf Motive von Plakaten aus der Bürgerkriegszeit zurückgreifen. Wenn der Gegner aber kein Mensch mehr war, sondern ein wildes Tier oder Ungeziefer, dann war auch die Hemmschwelle zu töten niedriger. Die hassgeladenen Plädoyers von Staatsanwalt Andrej Vyšinskij, die aus den Angeklagten der Schauprozesse «tollwütige Hunde», «verfluchtes Gewürm» und «Typhusläuse» machten, spiegeln dieses Denken wider.

Die notwendige Berücksichtigung der Dispositionen in der sowjetischen Gesellschaft soll allerdings nicht den Blick auf den entscheidenden Akteur verstellen: Es kann kein Zweifel daran bestehen, dass Stalin persönlich die Hauptverantwortung für die Eskalation des Terrors trug. Er ordnete ihn an und er beendete ihn auch wieder. Erzeugung von Angst durch angedrohte und vollzogene tödliche Gewalt war ein wesentlicher Bestandteil seiner Herrschaftstechnik. Der Terror bildete eine Maßnahme zur Durchsetzung von Macht, zur Sicherstellung von persönlicher Treue und Unterwerfung sowie zur Eliminierung potenzieller Gegner, die Stalin als latente Gefahr betrachtete. Stalin setzte den Terror funktional ein, wo er ihm zweckmäßig schien. Neben dem zynischen Einsatz des Terrors mit dem Zweck, Angst zu erzeugen, und der bei der «Operation gegen Kulaken und Kriminelle» deutlich gewordenen sozialpolitischen Zielsetzung spielten auch Bedrohungsszenarien eine Rolle, die sich 1937/38 verdichteten: Das eine bestand in der immer akuter werdenden Erwartung, dass ein großer Krieg unmittelbar bevorstehe.[197] In dem Bewusstsein, bald einen Existenzkampf gegen äußere Feinde führen zu müssen, hatte es eine gewisse Logik, sich im Vorfeld der inneren Feinde zu entledigen und alle Personengruppen, die potenziell ein Risiko darstellten, unschädlich zu machen. Das andere Bedrohungsszenario entstand im Zusammenhang mit der 1936 verabschiedeten neuen Verfassung der Sowjetunion. Im Einklang mit ihr sollten im Dezember 1937 erstmals unionsweit geheime und allgemeine Wahlen stattfinden. Eine Neuverteilung der Macht stand zwar nicht zur Debatte, weil es gar keine Wahl zwischen verschiedenen Kandidaten gab, aber die Nachrichten, die 1936/37 in Moskau eintrafen, waren beunruhigend: Unter Berufung auf die neue Verfassung baten Gläubige um die Wiedereröffnung von Kirchen, forderten zurückgekehrte Kulaken die Rückgabe ihres enteigneten Besitzes. Aus Bittbriefen wurde deutlich, dass ein beträchtlicher Teil der Bevölkerung Ansichten vertrat, die als gefährlich eingeschätzt wurden, zumal man befürchten musste, dass solche Ansichten während der Wahlkampagne offen geäußert werden könnten. Hinzu kamen alarmierende Informationen über Bandenbildungen und die erschreckenden Ergebnisse der im Januar 1937 durchgeführten Volkszählung, die unter anderem zeigten, dass die Mehrheit der Bevölkerung weiterhin religiös eingestellt war. Angesichts dieser Umstände zum Mittel der Gewalt zu greifen, um die Herrschaft zu sichern, entbehrt nicht jeglicher Rationalität.[198] Molotov sprach noch in den 1970er Jahren achselzuckend und ohne innerliche Distanzierung von der Notwendigkeit, damals, am Vorabend des Krieges gegen die inneren Feinde erbarmungslos durchzugreifen: «Das Jahr 1937 war nötig [...]. Wir verdanken dem Jahr 1937, dass es bei uns während des Krieges keine Fünfte Kolonne gab.»[199] Selbst Bucharin, der auf der Grundlage absurder Anklagepunkte zum Tode verurteilt worden war, dachte in diesen Kategorien. Sein verzweifelter Brief an Stalin vom 10. Dezember 1937, geschrieben aus dem Gefängnis in Erwartung der bevorstehenden Exekution, legt Zeugnis ab von seiner prinzipiellen Zustimmung zur Durchführung von Säuberungen im Zusammenhang mit dem «Übergang zur Demokratie» und in Erwartung des nahenden großen Krieges.[200]

«Kollektive Sicherheit» und Krieg

Das Schreckgespenst eines existenzbedrohenden Krieges gegen eine übermächtige Koalition von Feinden bestimmte auch die Außenpolitik der Sowjetunion in den 1930er Jahren. Noch vor der Machtergreifung Hitlers in Deutschland war die sowjetische Außenpolitik in eine Phase der Umorientierung getreten, weil sie auf die fortschreitende Westausrichtung Deutschlands und das durch den Umbruch im Inneren verstärkte Sicherheitsbedürfnis reagieren musste. Der Ausgleich Deutschlands mit den Westmächten drohte dem bisherigen Konzept, die Gegensätze zwischen Siegern und Verlierern des Ersten Weltkriegs auszunutzen, den Boden zu entziehen.[201] Außenkommissar Maksim Litvinov verfolgte seit 1929 zielstrebig eine Neuorientierung in Richtung auf eine Annäherung an die Westmächte. Dazu musste die Sowjetunion erst einmal Vertrauen schaffen, indem sie Friedenswillen demonstrierte: Seit 1927 nahm sie an den Abrüstungsverhandlungen des Völkerbundes teil und exponierte sich dort sogar mit dem Vorschlag einer allgemeinen und vollständigen Abrüstung. Im Sommer 1928 folgte der Beitritt zum Briand-Kellogg-Pakt, der den Krieg als Mittel zur Lösung von Streitfragen verurteilte. Um ihren guten Willen zu beweisen, drängte die Sowjetunion ihre Nachbarstaaten sogar, den Pakt vorzeitig in Kraft zu setzen («Litvinov-Protokoll» vom 9. Februar 1929), und schloss beziehungsweise erweiterte Nichtangriffspakte mit der Türkei, Afghanistan, Litauen und Persien, 1931/32 auch mit Finnland, Lettland, Estland, Polen und Frankreich, 1933 mit Italien. Im November 1933 konnten auch endlich diplomatische Beziehungen mit den USA aufgenommen werden.

Die Ernennung Hitlers zum deutschen Reichskanzler spielte für diese Umorientierung zunächst eine untergeordnete Rolle. Die sowjetische Außenpolitik war schon Jahre vorher durch eine Zweigleisigkeit gekennzeichnet. Die Unterzeichnung des Nichtangriffspaktes zwischen Frankreich und der Sowjetunion am 29. November 1932 (paraphiert bereits am 10. August 1931) deutete die Kursänderung an. Wenngleich Moskau bestrebt war, diesen Vertrag nicht als Spitze gegen Deutschland zu interpretieren, so war dennoch einem künftigen Bündnis mit Frankreich der Boden bereitet. Trotzdem verfolgte Moskau auch nach der Machtergreifung Hitlers 1933 einen Kurs der freien Hand. Der Berliner Vertrag von 1926 wurde verlängert, im Mai 1933 sogar vom inzwischen nationalsozialistisch dominierten Deutschen Reichstag ratifiziert. Die Sowjetführung wollte nicht voreilig mit Deutschland brechen. Der Erfolg Hitlers hatte sie überrascht, die KPD hatte im Auftrag der Komintern seit 1928 in erster Linie die Sozialdemokraten und nicht die Nationalsozialisten bekämpft – sicherlich nicht in der Absicht, Hitler an die Macht zu bringen, aber offensichtlich in Unterschätzung der Gefahr, die durch das nationalsozialistische Deutschland entstand.[202] Zunächst unterlag die sowjetische Führung sogar der Vorstellung, die Regierung Hitlers sei eine letzte Verkrampfung des Kapitalismus, auf die bald der Klassenkampf, sprich die sozialistische Revolution folgen werde.[203] Stalin sah jedenfalls Anfang 1933 keine Veranlassung, den bisherigen Kurs gegenüber Deutschland aufzugeben. Litvinov meinte am 23. März 1933 in einem Gespräch mit dem polnischen Gesandten Łukasiewicz, die Beziehungen mit Deutschland blieben ungeachtet der Zeitungspolemiken wohl die alten, obwohl man die ideologischen Positionen der neuen deutschen Führung nicht beiseiteschieben könne. «Auf jeden Fall stören unsere Beziehungen zu Deutschland in keiner Weise die weitere Annäherung an Frankreich und Polen.»[204]

Polen wurde dann in einem anderen Kontext zum Katalysator der sowjetischen Außenpolitik. Als Hitler-Deutschland und Polen im Januar 1934 überraschend einen Nichtangriffspakt schlossen, waren die sowjetisch-französischen Pläne, Deutschland in ein System der kollektiven Sicherheit einzubinden, ebenso gescheitert wie die Rapallo-Politik. Eine deutsch-polnische Verständigung war aus sowjetischer Sicht etwas Bedrohliches. Die Sowjets wechselten nun endgültig den Partner und setzten auf ein Zusammengehen mit Frankreich und England gegen Deutschland. Das hatte zur

Folge, dass die Sowjetunion ab Ende 1933 nicht mehr wie früher gegen das Versailler System, sondern für die Erhaltung des Status quo in Europa eintrat. Symbolischer Akt dieser Neubewertung der Nachkriegsordnung war im September 1934 der Beitritt zum Völkerbund, den die Sowjetunion bis dahin als Produkt des Versailler Systems abgelehnt hatte.[205]

Als neue Strategie entwickelte die sowjetische Führung ein Konzept der «kollektiven Sicherheit». Es lief darauf hinaus, multilaterale Beistandspakte abzuschließen, um den Status quo zu sichern. Dieses Konzept prägte die sowjetische Außenpolitik bis 1939.[206] Der Beschluss des Zentralkomitees vom 12. Dezember 1933 verkündete das Prinzip der «Unteilbarkeit des Friedens» und seiner «kollektiven Verteidigung». Die Sowjetunion erklärte sich einverstanden, dem Völkerbund beizutreten, und sprach sich für die Schaffung eines Regionalpaktes in Osteuropa aus, an dem auch Frankreich teilnehmen sollte. Die betroffenen Staaten sollten einander im Falle eines Angriffes Beistand leisten.[207] Bereits im Oktober 1933, nach dem Austritt Deutschlands aus dem Völkerbund, hatte Frankreich der Sowjetunion zusätzlich zum Nichtangriffspakt von 1932 einen Beistandspakt vorgeschlagen. Am 28. Dezember 1933 übergab der sowjetische Vertreter in Paris Außenminister Paul-Boncour den Entwurf für einen Regionalpakt. Teilnehmen sollten die Sowjetunion, Frankreich, Belgien, die Tschechoslowakei, Polen, Litauen, Lettland, Estland und Finnland. Paul-Boncour äußerte sich positiv dazu, die Verhandlungen wurden aber erst am 20. April 1934 aufgenommen. Der neue französische Außenminister Barthou schlug vor, Deutschland in den Pakt einzubeziehen, um dem deutschen Argument der Einkreisung zu entgehen. Er arbeitete einen neuen Entwurf aus: Am sogenannten Ostpakt sollten die Sowjetunion, Deutschland, Polen, die Tschechoslowakei und die baltischen Länder teilnehmen. Zusätzlich sollten Frankreich und die Sowjetunion einen Beistandspakt unterzeichnen. Der Ostpakt (ein Nichtangriffs- und Beistandspakt) sollte eine Art «Ost-Locarno» darstellen und den Status quo in Ostmitteleuropa garantieren. In den darauffolgenden Verhandlungen stellte sich heraus, dass Deutschland den Ostpakt ablehnte und bilaterale Verträge nach dem Muster des deutsch-polnischen Nichtangriffsvertrages vorzog. Polen machte seine Teilnahme am Ostpakt von derjenigen Deutschlands abhängig. Interesse an dem Pakt zeigte die Tschechoslowakei. Ab Herbst 1934 war klar, dass der Ostpakt ohne die Teilnahme Deutschlands und Polens auskommen musste.

Angesichts des Scheiterns der Ostpaktpläne belebten Frankreich und die Sowjetunion 1935 wieder den ursprünglichen Gedanken, zumindest untereinander einen Beistandspakt zu schließen. Dieser konnte am 2. Mai 1935 unterzeichnet werden. Litvinov betrachtete ihn aber nur als Notlösung, deren Bedeutung in erster Linie eine politische war. Die Sowjetunion trat durch diesen Vertrag zwar endgültig aus ihrer Isolation heraus, aber in Bezug auf militärische Hilfe im Kriegsfall maß Litvinov dem Beistandspakt keinen großen Wert bei.[208] Die Tschechoslowakei, ebenfalls und mit Recht misstrauisch gegenüber der deutsch-polnischen Verständigung, zeigte Interesse an einem gleichlautenden Pakt mit der Sowjetunion. Zwei Wochen später, am 16. Mai 1935, wurde der tschechoslowakisch-sowjetische Beistandspakt unterzeichnet. Er entsprach dem Beistandspakt mit Frankreich, enthielt allerdings die Klausel, dass nur dann Beistand geleistet werden sollte, wenn auch Frankreich dem jeweiligen Opfer eines Angriffes militärisch zu Hilfe komme.[209] Die sowjetische Seite wollte vermeiden, auf sich allein gestellt Krieg gegen Deutschland führen zu müssen. Es ist auch zweifelhaft, ob Stalin überhaupt jemals ernsthaft daran dachte, die Tschechoslowakei im Kriegsfall militärisch zu unterstützen. In der sowjetischen Presseberichterstattung während der Sudetenkrise im Sommer 1938 wurde jedenfalls die Beistandsverpflichtung nicht erwähnt, und der deutsche Botschafter berichtete aus Moskau, dass eine militärische Intervention der Sowjetunion nicht auf der Tagesordnung stehe.[210]

Diese Zurückhaltung, in Verbindung mit dem Bemühen der sowjetischen Diplomatie, die angestrebten multilateralen Beistandspakte mit Bündnisautomatismen auszustatten, welche die Paktteilnehmer verpflichtet hätten, bei Vorliegen bestimmter Kriterien einer Aggression militärisch tätig zu werden, sorgte schon bei Zeitgenossen für ein gewisses Misstrauen hinsichtlich der wirklichen Absichten der sowjetischen Außenpolitik. Bündnisautomatismen, die bei ihrer Aktivierung auf einen Krieg hinausliefen, passten immerhin zu Lenins Diktum, dass man die kapitalistischen Mächte gegeneinander hetzen müsse, um sicher vor ihnen zu sein. Wenn man Stalins Aussage von 1925 ernst nahm, die Sowjetunion werde im Falle eines Krieges als Letzte auftreten und den Ausschlag geben,[211] dann ließen sich die vorgeschlagenen multilateralen Verpflichtungen sogar als Strategie mit letztlich expansiven Zielen interpretieren.

Dennoch spricht nach heutigem Wissensstand vieles dafür, die sowjetische Außenpolitik der Zwischenkriegszeit zumindest in ihrem kurzfristigen Horizont als eher defensiv zu interpretieren. Die Sowjetunion befand sich in einer Umbruchsphase und war in hohem Maße verwundbar. Einem Krieg gegen eine Großmacht wäre sie Mitte der 1930er Jahre nicht gewachsen gewesen. Das bedrohlichste Szenario für die Sowjetunion war die Vorstellung, einer geschlossenen Front kapitalistischer Staaten gegenüberzustehen. Oberstes Ziel der Politik musste also sein, eine solche Konstellation zu verhindern. Ausgehend von dieser Prämisse lässt sich die Politik der kollektiven Sicherheit sinngemäß als eine Fortsetzung der Politik der 1920er Jahre, nur mit umgekehrten Vorzeichen, interpretieren. Hatten die Sowjets in dieser Dekade mit Deutschland kooperiert, um seine Einbindung in eine antisowjetische Allianz zu verhindern, so suchten sie nun, da das nationalsozialistische Deutschland als der gefährlichste Akteur eingeschätzt wurde, die Kooperation mit den Westmächten. Für den Fall, dass Hitler einen Krieg herbeiführte, musste aber eine Konstellation geschaffen werden, in der es nicht zu einem Krieg zwischen Deutschland und der Sowjetunion, sondern zwischen Deutschland und anderen kapitalistischen Ländern käme. In jedem Fall musste verhindert werden, dass die Westmächte sich mit Hitler verständigten und sich gemeinsam gegen die Sowjetunion wandten.[212]

Dieses strategische Denkmuster verleiht der abrupten Wende der sowjetischen Außenpolitik vom Sommer 1939 Sinn, als Stalin mit Hitler einen Nichtangriffspakt schloss und sich mit ihm im geheimen Zusatzprotokoll über die Aufteilung Polens und die Abgrenzung von Interessensphären in Osteuropa einigte. Zwischenzeitlich war nämlich genau die Situation eingetreten, die es zu vermeiden galt: In der Sudetenkrise vom Sommer und Herbst 1938 hatten sich die Westmächte mit Hitler vertraglich geeinigt, und die Sowjetunion war trotz ihrer Beistandspakte mit Frankreich und der Tschechoslowakei nicht in die Verhandlungen mit einbezogen worden. In dieser Situation war es sinnvoll, sich direkt mit Hitler zu verständigen und darauf zu spekulieren, dass Deutschland mit seinem Angriff auf Polen zunächst einmal in einen Krieg mit Polens Garantiemächten England und Frankreich verwickelt würde, der ihn daran hindern würde, die Sowjetunion anzugreifen. Nebenbei ergab sich sogar die Gelegenheit zur Annexion Ostpolens, der baltischen Länder und Bessarabiens. Chruščev beschreibt in seinen Memoiren, dass Stalin nach der Vertragsunterzeichnung den Politbüromitgliedern in bester Laune mitteilte, dass er Hitler überlistet habe: Die Sowjetunion habe territoriale Gewinne erzielt, während sich Deutschland mit dem Angriff auf Polen Krieg mit England und Frankreich einhandeln werde.[213]

In einer Rede vor dem 18. Parteitag kritisierte Stalin am 10. März 1939 sowohl die aggressive Politik Deutschlands als auch die Haltung Englands und Frankreichs. Letztere bezeichnete er als «die Kriegsprovokateure, die gewohnt sind, den Brand mit fremden Händen zu legen». Die Rede wurde im Westen als die «Kastanienrede» bekannt, da der Übersetzer die Formulierung «die Kastanien aus dem Feuer holen» benutzte.[214] Schon im Januar 1939 hatte das Politbüro einen Beschluss gefasst, mit Deutschland Verhandlungen über eine Intensivierung der Wirtschaftsbeziehungen aufzunehmen, nachdem deutsche Diplomaten seit Juli 1938 erste Sondierungen in diese Richtung unternommen hatten. Deutschland war in der Phase der Aufrüstung an Rohstoffimporten interessiert, die Sowjetunion benötigte Industrieausrüstungen. Im Februar 1939 übermittelten die Sowjets den Deutschen ihre Listen mit Bestellwünschen. Von sowjetischer Seite hatte es schon 1934 bis 1936 Bemühungen gegeben, mit Deutschland ein Wirtschaftsabkommen zu schließen. Stalin hatte den sowjetischen Handelsvertreter in Berlin, Kandelaki, mit Sondierungen beauftragt, denen das Politbüro neben dem vordergründigen ökonomischen Zweck auch einen hohen politischen Stellenwert beimaß. Die Gespräche mündeten in bescheidene Wirtschaftsabkommen. Auf politische Gespräche ließen sich die Deutschen nicht ein.

Im Frühjahr 1939 war das anders. Hitler verstand Stalins Rede vom März als Signal und zeigte ernsthaftes Interesse an den wirtschaftlichen und politischen Gesprächen, die in den Folgemonaten geführt wurden. Die Anstöße zum Abschluss eines politischen Vertrags kamen sogar überwiegend von der deutschen Seite, während Stalin eher vorsichtig agierte und eine Zeitlang parallel mit den Westmächten verhandelte. Er setzte aber im Mai 1939 ein weiteres Signal, indem er Litvinov von seinem Posten als Außenkommissar entband und Molotov zu seinem Nachfolger ernannte. Litvinov eignete sich als Jude und Protagonist der Eindämmung Deutschlands durch Sicherheitspakte nicht für eine Politik der Annäherung an Hitler.

Der in der Nacht vom 23. auf den 24. August 1939 in Moskau vom deutschen Außenminister Joachim von Ribbentrop und dem sowjetischen Außenkommissar Vjačeslav Molotov unterzeichnete Nichtangriffspakt gab Hitler freie Hand für den Krieg gegen Polen und eröffnete Stalin im geheimen Zusatzprotokoll[215] die Aussicht auf bedeutende Gebietsgewinne, ohne dass er einen Krieg gegen eine Großmacht riskieren musste. Stalin wartete zunächst ab, bis Hitler seinen Angriff begonnen hatte und im Gegenzug die Kriegserklärungen Englands und Frankreichs erfolgt waren. In der zweiten Septemberhälfte, als sich bereits die Niederlage Polens abzeichnete, ließ Stalin die Rote Armee in Polen einmarschieren und die östlichen Landesteile okkupieren. Entsprechend der mit Hitler im geheimen Zusatzprotokoll vereinbarten Abgrenzung der beiderseitigen Interessensphären nutzte Stalin den von Hitler angezettelten Krieg zu eigenen Annexionen. Die besetzten ostpolnischen Territorien wurden Anfang November 1939 der Sowjetunion einverleibt. Mit der Okkupation wurde auch das Herrschaftssystem nach Polen getragen. Die besetzten Gebiete wurden mit Terror überzogen, es fanden Erschießungen und Deportationen statt. Die Mittel, mit denen die Bolschewiki gegen die Polen vorgingen, ähnelten denen der Nationalsozialisten. Beide hatten es darauf abgesehen, die polnischen Eliten zu dezimieren, um den polnischen Staat nachhaltig auszulöschen.[216] Die baltischen Staaten Estland, Lettland und Litauen wurden Ende September/Anfang Oktober 1939 gezwungen, der Roten Armee militärische Stützpunkte zu gewähren, im Juli 1940 in Sowjetrepubliken umgewandelt und im August 1940 der Sowjetunion angegliedert.

Finnland widersetzte sich den sowjetischen Forderungen und wurde daraufhin ab Ende November 1939 das Opfer eines sowjetischen Angriffskriegs. Während die Besetzung Ostpolens ohne größere Kampfhandlungen vonstattengegangen war, befand sich die Sowjetunion nun im regulären Krieg. Der Winterkrieg gegen Finnland verlief aufgrund der überraschend effektiven Gegenwehr der Finnen für die Sowjetunion blamabel und verlustreich. Er kostete etwa 127 000 Rotarmisten das Leben, während die Finnen 23 000 Gefallene zu verzeichnen hatten. Im März 1940 wurde der Krieg mit einem Kompromissfrieden beendet. Der Krieg gegen Finnland erwies sich rückblickend trotz des glimpflichen Ausgangs für die Sowjetunion insofern als verhängnisvoll, als das Fiasko der Roten Armee gegenüber dem kleinen Finnland Hitler und die deutschen Generäle in ihrem Glauben bestärkte, die Sowjetunion sei militärisch so schwach, dass man sie in einem Blitzfeldzug niederwerfen könne.

Im Juni 1940 forderte Stalin von Rumänien in einem Ultimatum die Abtretung Bessarabiens und der Nordbukowina. Da die rumänische Regierung nicht darauf einging, marschierte die Rote Armee in beiden Gebieten ein, nachdem sich Stalin vorher der Billigung Hitlers versichert hatte. Damit hatte Stalin die ihm laut dem geheimen Zusatzprotokoll zum deutsch-sowjetischen Nichtangriffspakt zustehende Interessensphäre in Besitz genommen und gleichzeitig die Grenzen seines Herrschaftsbereichs so weit nach Westen verschoben, dass er beinahe dem territorialen Bestand des Zarenreiches vor dem Ersten Weltkrieg entsprach. Über die abgegrenzten Interessensphären hinausgehende Wünsche Stalins in Richtung auf Bulgarien und die Türkei, die sein Außenkommissar Molotov im November 1940 bei einem Besuch in Berlin anmeldete, wurden von Hitler abgewiesen. Auch diese Wünsche entsprachen alten hegemonialen Bestrebungen russischer Außenpolitik. Stalin respektierte jedoch die ablehnende Haltung Hitlers und vermied in den Folgemonaten bis zum Juni 1941 alles, was geeignet gewesen wäre, die deutsche Seite herauszufordern. Ihn plagten keine Skrupel, wenn es um Annexionen oder um die Druckausübung auf andere Länder ging, aber er riskierte – im Gegensatz zu Hitler – dafür keinen großen Krieg. Dass dieser große Krieg dann schließlich doch eintrat, geschah nicht deswegen, weil Stalin ihn mit seinen Annexionen provoziert hätte, sondern weil Hitler ihn zielstrebig herbeiführte.

8. Existenzkampf 1941–1945

Der deutsche Überfall und sein Scheitern

Die Frage, ob Stalin im Frühjahr 1941 einen Präventivkrieg vorbereitete, wurde in der Forschung heftig und kontrovers diskutiert. Was auch immer er im Schilde führte – der Angriff Hitlers im Juni 1941 überraschte ihn. Möglicherweise hatte Stalin darauf spekuliert, dass sich Deutschland, England und Frankreich gegenseitig so schwächen würden, dass die Sowjetunion irgendwann später mit geringem Risiko in den Krieg eintreten könne, um sich Beute zu holen. Einiges spricht sogar dafür, dass Stalin mit einer Beilegung des Krieges ohne weitere Eskalation rechnete. Die Verhandlungen Molotovs in Berlin im November 1940 deuten jedenfalls darauf hin, dass Stalin den Eindruck gewonnen hatte, Hitler habe mit der Zerschlagung Polens und den daraus resultierenden Annexionen seine Ziele in Osteuropa erreicht und man könne sich nun dauerhaft mit ihm arrangieren.

Die Forderungen, die Molotov in Berlin präsentierte, liefen darauf hinaus, dass die Sowjetunion die seit Katharina II. verfolgten alten Ziele der russischen Außenpolitik wieder aufgriff und die Kontrolle der Meerengen und die Herstellung einer sowjetischen Einflusssphäre in Südosteuropa anstrebte.[1] Eine diesbezügliche Einigung mit Hitler hätte die Sowjetunion in eine stärkere Position gebracht, als sie das Russländische Reich jemals gehabt hatte – und das alles ohne einen verlustreichen Krieg führen zu müssen. Auch nachdem Hitler die sowjetischen Wünsche in Bezug auf Südosteuropa zurückgewiesen hatte, schloss Stalin die Möglichkeit einer Verständigung weiterhin nicht aus. Noch im Mai 1941, nach der deutschen Niederwerfung Jugoslawiens, strebte Stalin eine Vertragsregelung mit Deutschland an und vermied penibel alles, was die Deutschen hätte provozieren können.[2] Dass er im Juni 1941 drauf und dran war, gegen Deutschland loszuschlagen, ist unwahrscheinlich. Der Generalstab der Roten Armee unter der Führung der Generäle Žukov und Timošenko drängte zwar angesichts der richtig erkannten Angriffsabsichten Deutschlands auf einen Präventivkrieg, aber selbst wenn Stalin einschlägige Vorbereitungen treffen ließ, wofür es gewisse, allerdings nicht eindeutige Indizien gibt, dann rechnete er mit großer Wahrscheinlichkeit mit einem weiteren Zeithorizont und nicht mit einem Krieg im Sommer 1941.[3] So ist zu erklären, dass die Rote Armee am 22. Juni 1941 von der angreifenden Wehrmacht überrascht wurde und trotz ihrer zahlenmäßigen Überlegenheit und massiven Dislozierung in den westlichen Grenzgebieten in den ersten Monaten des Krieges katastrophale Niederlagen hinnehmen musste.

Die deutsche Kriegsplanung war von einem schnellen Sieg bis zum Wintereinbruch ausgegangen. Innerhalb der ersten Woche stießen die deutschen Truppen bereits 500 Kilometer weit vor. Der deutsche Generalstabschef Halder notierte am 3. Juli 1941 in sein Kriegstagebuch, dass der Feldzug in 14 Tagen gewonnen worden sei. Auch die sowjetische Führung zweifelte im Sommer 1941 an ihrer Widerstandskraft. Molotov hatte zwar die Parole ausgegeben «Unsere Sache ist gerecht. Der Sieg wird unser sein», aber Stalin sprach Ende Juni nach der Einnahme von Minsk davon, dass die Sowjetunion verloren sei. Anfang Oktober 1941, als die Einnahme Moskaus bevorzustehen schien, ließ er über den bulgarischen Botschafter die Möglichkeit eines Sonderfriedens mit Deutschland sondieren. Auch die Engländer und Amerikaner beurteilten die Lage ähnlich und gaben der Sowjetunion nur noch wenige Monate bis zur Kapitulation. In Wirklichkeit hatte der Krieg erst begonnen. Die Rote Armee erlitt zwar in den ersten Monaten gigantische Verluste und musste weiträumig zurückweichen, während die Wehrmacht bis vor die Tore Leningrads und Moskaus vordrang und die gesamte Ukraine eroberte. Die eigentliche Feldzugsplanung, das Blitzkriegskonzept, scheiterte aber, weil die Rote Armee nicht zerschlagen werden konnte, sondern im Gegenteil im Winter 1941 mit aus Sibirien nach Westen verlegten frischen Divisionen zum Gegenangriff ansetzte.

Danach arbeitete die Zeit für die Sowjetunion: Die deutsche Wehrmacht hatte lange Versorgungswege und eine überdehnte Front, die Ressourcen erschöpften sich zunehmend. Die Rote Armee konnte sich konsolidieren, die sowjetische Rüstungsproduktion steigerte sich nach der erfolgreichen Evakuierung vieler Betriebe hinter den Ural, zudem erhielt die Sowjetunion massive Hilfe aus den USA. Den endgültigen Wendepunkt markierte der sowjetische Sieg bei Stalingrad im Winter 1942/43. Er war vor allem psychologisch wichtig, denn die Rote Armee hatte nun bewiesen, dass sie in der Lage war, der Wehrmacht empfindliche Niederlagen beizubringen. Die Initiative ging jetzt auf die sowjetische Seite über – vollends nach der gescheiterten deutschen Offensive bei Kursk im Sommer 1943. In großen Umfassungsschlachten – der von den Deutschen gelernten Strategie – drängte die Rote Armee die Wehrmacht bis Herbst 1944 aus dem Land, im Süden schneller als im Norden. Leningrad blieb bis Anfang 1944 belagert, dann mussten die Deutschen auch hier zurückweichen. Ende Januar 1945 stand die Rote Armee an der Oder und setzte im April 1945 zum Angriff auf Berlin an. Am 2. Mai 1945 kapitulierte Berlin, am 7. Mai die gesamte Wehrmacht in Reims. Der Kapitulationsakt wurde auf Verlangen der Sowjets am 8. Mai im sowjetischen Hauptquartier in Berlin-Karlshorst wiederholt, um die Eindeutigkeit des Sieges in der beiderseitigen Konfrontation und die überragende Bedeutung des Kriegsbeitrags der Sowjetunion im Rahmen der Anti-Hitler-Koalition zu bekräftigen.[4]

«Heiliger Krieg» und Loyalitätskrise

Die Schilderung des militärischen Kriegsverlaufs sagt nur wenig aus über das, was sich in diesen Jahren auf dem Territorium der Sowjetunion ereignete. Der deutsch-sowjetische Krieg war kein Krieg wie andere, sondern ein fundamentaler Existenzkampf. «Steh auf, gewaltiges Land, / Steh auf zum Kampf auf Leben und Tod / Mit der dunklen faschistischen Macht, / Mit der verfluchten Horde! // Edler Zorn soll / Wie eine Woge aufbrausen, / Ein Volkskrieg ist entbrannt, / Ein heiliger Krieg!» – Mit diesen Worten beginnt das populärste sowjetische Kriegslied, das bei keiner Jubiläumsfeier zum Sieg im «Großen Vaterländischen Krieg» (*Velikaja Otečestvennaja Vojna*), wie der deutsch-sowjetische Krieg bis heute im russischen Sprachgebrauch heißt, fehlen darf. Dieses Lied vermittelt in eindringlicher Weise, was der deutsche Überfall auf die Sowjetunion am 22. Juni 1941 bedeutete und was die Qualität dieses Krieges ausmacht. «Volkskrieg» und «Heiliger Krieg» sind Metaphern für einen hasserfüllten Kampf gegen einen Aggressor, dem man keine menschlichen Züge mehr zubilligte, sondern den man (in den Folgestrophen des zitierten Liedes) als stinkendes Ungeziefer, als Abschaum, als Verkörperung des Bösen verteufelte. Sowjetische Kriegsplakate brachten die im Lied produzierten Bilder auch visuell eindringlich ins Bewusstsein: Grobschlächtige, widerliche Gestalten mit bluttriefenden Bajonetten beschmutzen mit ihren Füßen den Heimatboden, bedrohen schutzlose Frauen und Kinder und fordern grausame Rache heraus: «Tod dem faschistischen Scheusal!», «Töte die deutschen Bestien!», lauten die Parolen auf den Plakaten, aber auch: «Mutter Heimat ruft!» – Das war die elementare Antwort der Sowjetunion auf den nationalsozialistischen Eroberungs- und Vernichtungskrieg.[5]

Das Lied vom «Heiligen Krieg» und das berühmte, millionenfach gedruckte Plakat von der Mutter Heimat, die ihren Söhnen den Fahneneid entgegenhält und sie an ihre Beschützerpflicht gemahnt, suggerieren eine patriotische Eindeutigkeit: Das Volk der Sowjetunion stellt sich geschlossen gegen die deutschen Eroberer. Bei näherem Hinsehen liegen die Dinge allerdings keineswegs so eindeutig. Die Bilder vom einmütigen Kampf im

«Großen Vaterländischen Krieg» gegen die Hitlerfaschisten und von der Einheit zwischen Volk und Führung haben sich zwar im kollektiven russischen Gedächtnis verfestigt, aber sie sind das Ergebnis der damaligen Kriegspropaganda und der sowjetischen Geschichtspolitik der 1960er Jahre, die in Russland bis heute äußerst wirksam ist. Die Realität des Krieges war komplizierter. Die Bevölkerung der Sowjetunion leistete gegen die Deutschen nicht nur Widerstand, sondern es kam auch in erheblichem Ausmaß zu Kollaboration – bis hin zur Formierung von Freiwilligenverbänden, die an der Seite der Wehrmacht gegen Stalin kämpfen wollten. In den von der Wehrmacht besetzten Gebieten sind die Verhältnisse mit der Dichotomie Besatzungsmacht versus Zivilbevölkerung nur unzureichend beschrieben, denn vor allem in Weißrussland und in der Ukraine vermischte sich die Auseinandersetzung mit der Besatzungsmacht mit einem erbitterten Bürgerkrieg zwischen verschiedenen Formationen der Einheimischen.

In denjenigen Territorien, die 1939/40 von der Sowjetunion annektiert und sogleich mit Terror überzogen worden waren, sowie in Teilen der Ukraine, deren Einwohner die Entkulakisierung und die Hungersnot von 1932/33 besonders einprägsam erfahren hatten, wurden die einrückenden Wehrmachtssoldaten im Sommer 1941 als Befreier begrüßt. Insbesondere die bäuerliche Bevölkerung war froh, die verhassten Kommunisten los zu sein und erwartete nun die baldige Auflösung der Kolchosen. Ukrainische Nationalisten träumten davon, wie seinerzeit 1918 mit deutscher Hilfe einen unabhängigen ukrainischen Staat zu errichten. Selbst in Kiev und im ostukrainischen Industrierevier, wo der russische Bevölkerungsanteil groß war, verhielt sich die Bevölkerung beim Einmarsch der Wehrmacht freundlich und suchten viele den Kontakt zu den deutschen Soldaten.[6] In der Anfangsphase des Krieges gestaltete sich aber auch im russischen Kernland das Verhältnis zwischen der Bevölkerung und dem stalinistischen Regime vor dem Hintergrund des raschen deutschen Vormarsches ambivalent. 3,9 Millionen Rotarmisten gerieten bis Dezember 1941 in Gefangenschaft. Die Zahl derjenigen, die dem Einberufungsbefehl nicht Folge leisteten, desertierten oder zu den Deutschen überliefen, war hoch. Viele Sowjetbürger waren unter dem Eindruck der katastrophalen Niederlagen der Roten Armee demoralisiert und sahen keinen Sinn darin, für ein Regime zu kämpfen, das ihnen in den Jahren davor Not und Terror beschert hatte. Der Großteil der Rotarmisten stammte aus den Kolchosen und empfand keine oder nur eine geringe emotionale Bindung an das stalinistische Regime.

Aus diesen Befunden auf eine allgemeine Demoralisierung zu schließen und die raschen Erfolge der Deutschen mit mangelndem Kampfwillen der sowjetischen Soldaten zu erklären, wäre allerdings zu einfach. Der Grund für die Niederlagen und die hohen Verluste an Gefangenen lag nämlich bei näherem Hinsehen weniger im Verhalten der Soldaten als im Überraschungsmoment und der schlechten Führung. Entgegen den sowjetischen Erwartungen blieb der Roten Armee keine Zeit zu einem Gegenangriff, weil die Panzerkeile der Wehrmacht sofort mit voller Wucht tief ins Landesinnere vorstießen. Die in Grenznähe massierten sowjetischen Truppen wurden überrollt, bevor sie gefechtsbereit waren. Ein großer Teil der Flugzeuge wurde in den ersten Stunden des Krieges auf den Flugplätzen zerstört, ohne dass sie zum Einsatz gekommen wären. Die ersten Kriegswochen waren auf sowjetischer Seite von Chaos und Führungslosigkeit gekennzeichnet. Nun rächte sich, dass Stalin das Offizierskorps der Roten Armee im Großen Terror weitgehend vernichtet hatte. Die nachgerückten Kommandeure waren schlecht ausgebildet und überfordert. Die hohe Zahl der Gefangenen war in erster Linie ein Ergebnis der großen Kesselschlachten, wo die militärische Lage für die eingeschlossenen Truppenteile so aussichtslos war, dass ihnen gar keine andere Wahl blieb als zu kapitulieren. Vielfach waren die Deutschen sogar erstaunt über den hartnäckigen Widerstand, den die Rote Armee leistete, wenn sie aus Verteidigungsstellungen heraus kämpfen konnte. Die Wehrmacht verlor infolge der sowjetischen Gegenwehr in den ersten sechs Monaten immerhin 300 000 Gefallene und 600 000 Verwundete.[7]

Stalin wollte den deutschen Angriff zunächst nicht wahrhaben. Die ersten Meldungen über den deutschen Überfall hatte er noch für Versuche gehalten, die Sowjetunion mit Fehlinformationen in einen Krieg gegen Deutschland zu hetzen. Nachdem der deutsche Botschafter die Kriegserklärung formell übermittelt hatte, gab sich Stalin einige Tage lang der Illusion hin, dass die Rote Armee sofort zum Gegenangriff übergehen und die Deutschen zurückwerfen werde. Seine Angriffsbefehle hatten allerdings mit der Realität des Rückzugs wenig gemein und vergrößerten nur das Chaos, indem zahlreiche Divisionen hastig an die Front geschickt und dort sofort aufgerieben wurden, anstatt weiter hinten eine geordnete Verteidigung aufzubauen. Am 28. Juni realisierte Stalin das Ausmaß der Katastrophe. «Lenin hat uns ein großes Erbe hinterlassen, und wir, seine Nachfolger, haben alles vermasselt», sagte er nach einer Besprechung im Generalstab und zog sich für zwei Tage auf seine Datscha vor den Toren Moskaus zurück. Das Besucherbuch Stalins verzeichnet für den 29. und 30. Juni keine Gespräche im Kreml. Molotov, Malenkov, Vorošilov, Berija, Mikojan und Voznesenskij berieten am 30. Juni angesichts der verzweifelten Lage in Abwesenheit Stalins über die Schaffung eines *Staatlichen Komitees für Vertei-*

digung (GKO), das die Funktionen von Regierung, Oberstem Sowjet und Zentralkomitee in sich vereinigen sollte. Sie fuhren daraufhin zu Stalin in seine Datscha, um ihm die Führung dieses Notstandsgremiums anzutragen. Nach dem Zeugnis von Mikojan trafen sie ihn in verstörtem und nervösem Zustand an. Es schien, als habe er darauf gewartet, abgeholt und erschossen zu werden. Als er merkte, dass seine Autorität intakt war, fasste er sich aber schnell und fand sogleich wieder in seine Führungsrolle zurück.[8]

Nach der Rückkehr in den Kreml trat Stalin am 3. Juli 1941 erstmals mit einer Rundfunkansprache an die Öffentlichkeit. In dieser Ansprache schlug er ungewöhnlich offene und integrative Töne an: Er begrüßte die «Genossen», aber auch die «Bürger», «Brüder und Schwestern». Er beschrieb die militärische Lage ungeschminkt in ihrem ganzen Ernst und nannte als das höchste Gut, das es nun mit allen Kräften zu verteidigen galt, nicht den Sozialismus, sondern die Heimat (*rodina*). Dabei verglich er den Kampf gegen Hitler mit dem siegreichen Kampf gegen den Deutschen Orden und gegen Napoleon. Er rief zur Bildung einer Volkswehr und zur Bekämpfung aller Panikmacher, Deserteure, Spione und Diversanten auf und schloss seine Rede mit dem eindringlichen Hinweis, dass es sich nicht um einen «gewöhnlichen Krieg», sondern um «einen Krieg des gesamten sowjetischen Volkes» handele, einen «vaterländischen Volkskrieg», der über Freiheit oder Sklaverei entscheide.[9] Mit dem Rückgriff auf die Liebe zur Heimat und die Einbettung des Kampfes in die Tradition des bis dahin bedeutendsten Verteidigungskrieges der russischen Geschichte, nämlich den gegen Napoleon 1812, mobilisierte Stalin den Widerstandswillen der Menschen. Der Aufruf zur Bildung einer Volkswehr (*narodnoe opolčenie* – die Bezeichnung rekurrierte auf die Vertreibung der Polen aus Moskau im Jahre 1612) stieß auf ein großes Echo. In Leningrad meldeten sich fast 160 000 Freiwillige, in Moskau 120 000.[10]

Da der deutsche Vormarsch jedoch ungebremst weiterging und die Wehrmacht sich im Oktober anschickte, Moskau einzunehmen, kam es im Herbst 1941 zu einer schweren Krise. Vielerorts ereigneten sich unter dem Eindruck der herannahenden Wehrmacht Unruhen und Übergriffe gegen Funktionäre. Die Sowjetmacht drohte die Kontrolle zu verlieren. Selbst aus Moskau und Leningrad dokumentierte die Geheimpolizei im Sommer und Herbst 1941 verbreitete Hoffnungen auf eine Befreiung durch die Deutschen.[11] Viele Sowjetbürger waren unschlüssig, ob es nicht besser sei, die Deutschen würden die Sowjetunion besetzen und dem stalinistischen Terrorregime ein Ende bereiten. Schlimmer als Stalin würde Hitler auch nicht sein können, dachte so mancher.[12] Außerdem sah alles danach aus, als würde die Wehrmacht die Sowjetunion überrennen, so wie sie davor Polen und Frankreich überrannt hatte. Unter diesen Umständen war nicht jeder bereit, sein Leben unnötig in einem aussichtslosen Kampf für ein ungeliebtes Regime aufs Spiel zu setzen.

Als Stalin am 1. Oktober 1941 anordnete, die Regierung aus Moskau nach Kujbyšev (heute wieder: Samara) an der Wolga zu evakuieren, brach in der Hauptstadt Panik aus. Die Bahnhöfe quollen von Menschen über, die einen Zug nach Osten erreichen wollten. Vor den Geschäften bildeten sich lange Schlangen und es kam zu Plünderungen. Im Industriegebiet von Ivanovo traten Arbeiter in den Streik und protestierten gegen die Methoden der Mobilisierung. Die Regierung schien die Kontrolle verloren zu haben, zumal nun öffentlich Wut und Zorn auf die Machthaber artikuliert wurden. «Die Funktionäre laufen davon und wir sollen hier bleiben», konnte man verbreitet hören.[13] Die Wende brachte Stalins Rede vom 17. Oktober, in der er ankündigte, die Stadt nicht zu verlassen. Das weckte den Selbsterhaltungstrieb der Menschen. Weniger aus Treue zum Regime als aus einem auf die Familie und die Stadt bezogenen Überlebenswillen meldeten sich Zehntausende zur Volkswehr und Hunderttausende packten mit an, um Schützengräben und Panzerhindernisse zu errichten. Als aus Sibirien Entsatz eintraf und Stalin trotz der vor den Toren der Stadt verlaufenden Front die Parade zum Jahrestag der Oktoberrevolution auf dem Roten Platz abhalten ließ, war das Vertrauen in die Fähigkeit, den Angreifer zurückzuschlagen, wiederhergestellt.[14] Mit seinem Appell an den Patriotismus und seinem demonstrativen Verbleib in der bedrohten Hauptstadt gelang es Stalin, einen bemerkenswerten Schulterschluss zwischen der Bevölkerung und dem Regime herzustellen. Mit der patriotischen Linie konnte Stalin auf der seit der Mitte der 1930er Jahre betriebenen Aufwertung des Russentums und dem neuen Geschichtsbewusstsein aufbauen. Erstaunlich war allerdings die Konsequenz, mit der Stalin in der Bedrohungssituation auf den nationalen Selbsterhaltungswillen des Volkes setzte und die kommunistische Ideologie hintanstellte.

Deutscher Vernichtungskrieg

Dass der Appell an den Patriotismus funktionierte und sich die Bevölkerung nach den Erfahrungen von Kollektivierung, Hungersnot und Großem Terror hinter diejenigen stellte, die das alles zu verantworten hatten, und den Krieg als einen Existenzkampf empfand, in dem es um das Überleben der eigenen Nation ging, ist eine direkte Folge der nationalsozialistischen Vernichtungspolitik. Die Deutschen schafften es nämlich innerhalb weniger Monate, durch ihre brutale Besatzungs-, Ausbeutungs- und Vernichtungspolitik eine Wende im Verhältnis der sowjetischen Bevölkerung zu ihrem eigenen Regime und zu den Okkupanten herbeizuführen. Vor die Alternative gestellt, von einem eigenen oder von einem fremden Regime terrorisiert zu werden, entschieden sich die meisten für das eigene Regime und gegen die Besatzer.

Hitler führte den Krieg nicht, um die Völker der Sowjetunion vom Kommunismus zu befreien, sondern um mit dem Kommunismus zugleich auch das russische Staatswesen zu vernichten, Kolonialraum zu gewinnen und die einheimische Bevölkerung zu versklaven. Bei den Russen handelte es sich in der Wahrnehmung Hitlers ohnehin nur um «Untermenschen», die von einer jüdisch-bolschewistischen Intelligenzschicht beherrscht würden. Westlich des Urals sollte künftig kein russischer Staat mehr existieren. Weite Teile Osteuropas sollten vielmehr von Deutschen beherrscht und kolonisiert werden. Anders als die militärische Neutralisierung Frankreichs im Westen war der Ostfeldzug von Beginn an als ideologischer Weltanschauungs- und rassebiologischer Vernichtungskrieg konzipiert. Im Vordergrund standen perspektivisch die Eroberung von «Lebensraum» und kurzfristig die wirtschaftliche Ausbeutung der okkupierten Gebiete, die Ermordung der jüdischen Bevölkerung und der sowjetischen Führungsschicht. Für die betroffenen Menschen bedeutete das Hunger, Zwangsarbeit, Repressalien und millionenfachen Tod.[15]

Die deutsche Besatzungspolitik betrachtete die besetzten Gebiete als Reservoir zur Versorgung des Reiches mit Lebensmitteln und ab 1942 auch mit Arbeitskräften. Die deutschen Feldzugplanungen gegen die Sowjetunion zielten darauf ab, so viele Lebensmittel wie möglich aus den eroberten Territorien abzuziehen und die besetzten Städte nur mit einem Minimum an Lebensmitteln zu versorgen. Dabei wurde der Hungertod von Millionen Menschen nicht nur in Kauf genommen, sondern vorsätzlich geplant, denn die nationalsozialistischen Perspektiven für die langfristige Beherrschung der eroberten Gebiete sahen die Existenz von Großstädten und einer slawischen Intelligenzschicht nicht vor.[16] In diesen Kontext gehört auch die Entscheidung, Leningrad nicht zu erobern, sondern durch eine Belagerung auszuhungern: Es lag nicht im deutschen Interesse, eine Millionenstadt ernähren zu müssen. Leningrad und Moskau sollten, so hatte Hitler schon im Juli 1941 beschlossen, «dem Erdboden gleichgemacht» werden.[17]

Zwar gelang es den Deutschen nicht, die flächendeckende Kontrolle der Lebensmittelproduktion sicherzustellen, denn sie konnten weder jede Kolchose besetzen noch die Städte vom Umland abriegeln.[18] Dennoch waren die Folgen für die städtische Bevölkerung verheerend. Im belagerten Leningrad verhungerte eine Million Menschen und auch in den übrigen Städten war die Sterblichkeit besonders im Winter 1941/42 extrem hoch. Besser ging es der ländlichen Bevölkerung, da sie selbst an der Quelle saß und die Besatzer ihre Arbeitskraft zur Aufrechterhaltung der Lebensmittelproduktion benötigten. Ähnlich wie die Bolschewiki die Lebensmittelversorgung nach der Zugehörigkeit zu sozialen Gruppen und nach der Nützlichkeit ihrer Tätigkeit hierarchisiert hatten, verfuhren die Deutschen unter Anwendung rassistischer und sozialer Kriterien: Juden, Russen und generell Stadtbewohner ließ man verhungern, Ukrainer, Weißrussen und Bauern sollten auf niedrigem Niveau überleben können.[19] Das führte zu der paradoxen Situation, dass die ukrainischen Bauern während des Krieges im Schnitt über mehr Lebensmittel verfügten als vor dem Krieg.[20] Die städtische Bevölkerung hingegen befand sich in einer verzweifelten Lage. Wer keinen eigenen Kleingarten hatte, in dem er Kartoffeln anbauen konnte, versuchte seine Not durch Flucht aufs Land und durch Tauschhandel mit den Kolchosniki zu lindern. Scharen von Städtern zogen auf der Suche nach Lebensmitteln bettelnd über das Land.[21]

Die Städte waren auch der Ort der bevorzugten Rekrutierung von Arbeitskräften für die deutsche Kriegswirtschaft. Ursprünglich war aus rassenideologischen Gründen nicht geplant gewesen, Sowjetbürger als Arbeitskräfte nach Deutschland zu bringen. 1942 war der Bedarf an Arbeitskräften im Reich aber so groß, dass man die ideologischen Vorbehalte hintanstellte. Mehr als zwei Millionen «Ostarbeiter» wurden in den Jahren 1942 bis 1944 aus den besetzten Gebieten der Sowjetunion, vornehmlich aus der Ukraine, nach Deutschland verbracht. Vor dem Hintergrund des Hungers in den Städten mangelte es Anfang 1942, als die Anwerbung von Arbeitskräften für das Reich begann, nicht an Interessenten. Der Arbeitseinsatz in Deutschland schien vielen als eine Chance, dem Elend zu entrinnen. Als jedoch die ersten Briefe von «Ostarbeitern» aus Deutschland eintrafen, meldete sich kaum noch jemand freiwillig und die Besatzer gingen zur Zwangsrekrutierung über.[22] Die Transport- und Lebensbedingungen der «Ostarbeiter» waren nämlich katastrophal. Die Menschen litten Hunger und wurden vernachlässigt. Das Einzige, was zählte, war ihre Arbeitskraft. Mindestens 100 000–200 000, möglicherweise sehr viel mehr, überlebten den Arbeitseinsatz in Deutschland nicht.[23]

Am schlimmsten traf der Vernichtungskrieg die jüdische Bevölkerung. Die Juden waren in den Augen Hitlers die Träger des bolschewistischen Systems. Ihre systematische Ermordung sollte den Bolschewismus und den sowjetischen Staat nachhaltig zerstören. Daneben spielte für die Mordaktionen gegen die jüdische Bevölkerung auch das zynische Kalkül der

Aussonderung «überschüssiger Esser» eine Rolle.[24] In der Sowjetunion hatten vor dem Krieg etwa drei Millionen Juden gelebt. Mit den Annexionen von 1939/40 gerieten weitere 1,86 Millionen in den Machtbereich Stalins. Etwa 80 Prozent dieser insgesamt fast fünf Millionen Juden waren in den Gebieten ansässig, die von den Deutschen und ihren Verbündeten 1941/42 besetzt wurden. Das betraf vor allem Weißrussland, Litauen, die Ukraine, Bessarabien und die Krim. Unmittelbar mit Beginn des deutschen Überfalls auf die Sowjetunion wurde diese jüdische Bevölkerung Opfer einer auf ihre Vernichtung zielenden Politik. Bereits im Juli 1941 begannen die Einsatzgruppen der SS im Rücken der Front mit systematischen Mordaktionen, vielfach unter dem vorgeschobenen Deckmantel der Bekämpfung von «Partisanen». Die Juden wurden in Lagern und Ghettos zusammengefasst und in Massenerschießungen umgebracht, ihre Siedlungen wurden zerstört. Etwa 2,5 Millionen überlebten den Krieg nicht. Die größten Einzelmassaker ereigneten sich in der Schlucht von Babij Jar bei Kiev, wo im September 1941 an die 34 000 Juden erschossen wurden, sowie in Odessa und Dnepropetrovsk, wo jeweils etwa 70 000 Juden umgebracht wurden.[25]

Unter der nichtjüdischen einheimischen Bevölkerung fanden sich genügend Handlanger, die Juden und Kommunisten anzeigten und die Gelegenheit nutzten, ebenfalls Jagd auf Juden zu machen. Besonders in den ersten Wochen des Krieges und in den von der Sowjetunion 1939/40 annektierten Gebieten bedienten sich die Deutschen des einheimischen Antisemitismus und stachelten zu Pogromen an. Andererseits gewannen die Ukrainer und Russen angesichts der Massenmorde einen deutlichen Eindruck davon, wozu die Okkupanten imstande waren, denn der Judenmord spielte sich vor ihren Augen ab. «1942 wurden die Juden bei uns erschossen. Alle. Auch die Kinder», erinnerte sich eine Bewohnerin der weißrussischen Stadt Barysaŭ (Borisov). «Sie holten sie mit LKW aus dem Ghetto und brachten sie an einen Ort außerhalb der Stadt. Da gibt es einen steilen Berg und Steinbrüche. [...] Wir sind natürlich nicht hingegangen. Drumherum war alles abgeriegelt, da standen Wachen – Deutsche und auch Weißrussen. Aber wir hörten MG-Salven. Zwei, drei Tage lang ging das so. Schrecklich.»[26]

Schrecklich war auch das Schicksal der sowjetischen Kriegsgefangenen, denn im deutsch-sowjetischen Krieg war das Kriegsvölkerrecht außer Kraft gesetzt. Die Bolschewiki hatten nach ihrer Machtergreifung die von der zarischen Regierung unterzeichnete Haager Landkriegsordnung von 1907 aufgekündigt und waren auch der Genfer Konvention über die Kriegsgefangenen nicht beigetreten – vermutlich aus Spionagefurcht, denn die Konvention sah Inspektionsrechte von Drittstaaten in den Kriegsgefangenenlagern vor. Das nationalsozialistische Deutschland nahm dieses Fehlen von formalen internationalen Verpflichtungen zum Vorwand, um sich seinerseits gegenüber der Sowjetunion nicht an das Kriegsvölkerrecht gebunden zu betrachten. Im Juli 1941 erklärte die Sowjetregierung in Beantwortung einer Anfrage Schwedens, sie sei bereit, die Haager Landkriegsordnung auf der Basis der Gegenseitigkeit anzuerkennen, aber das Deutsche Reich lehnte dies am 21. August 1941 ab. In weiterer Folge weigerten sich beide Seiten, das Kriegsvölkerrecht anzuwenden. Hitler wollte seine Handlungsfreiheit nicht beschränken und Stalin hatte kein Interesse an einer humaneren Kriegführung, um für die eigenen Soldaten den alternativlosen Kampf auf Leben und Tod aufrechtzuerhalten. Er ging sogar so weit, die eigenen Soldaten, die in Kriegsgefangenschaft gerieten, mit strengen Strafen zu bedrohen.[27]

Dieser beiderseitige Rückschritt hinter zeitgenössische Konventionen der Kriegführung hatte für die Sowjetunion, auf deren Boden sich der Krieg die längste Zeit abspielte, verheerende Folgen. Auf keinem anderen Schauplatz des Zweiten Weltkriegs kamen mehr Soldaten und Zivilisten ums Leben, wurden größere Zerstörungen angerichtet, mehr Verbrechen begangen. Die Wehrmacht verwüstete das Land und beutete seine Ressourcen ohne Rücksicht auf die Bewohner aus. Sie führte einen erbarmungslosen Krieg gegen die Partisanen, mit Repressalien, die unter der Zivilbevölkerung zahllose Opfer forderten. Die sowjetischen Kriegsgefangenen vernachlässigte sie dermaßen, dass von den in deutsche Gefangenschaft geratenen Rotarmisten mehr als die Hälfte an Hunger und Krankheiten starb.[28] Die sowjetische Seite agierte ähnlich brutal und brauchte dabei nicht einmal die Deutschen nachzuahmen, sondern nur auf die bereits vor dem Krieg eingeübten eigenen Praktiken zurückzugreifen. Auch sie hielt sich nicht an das Völkerrecht, auch sie ließ Kriegsgefangene verhungern, wenn auch nicht so systematisch und vorsätzlich, wie das die Deutschen machten. Was auf sowjetischer Seite als Besonderheit gegenüber allen anderen kriegführenden Mächten hinzukam, aber eben in der Kontinuität der Vorkriegspolitik steht, war eine unglaubliche Rücksichtslosigkeit gegenüber der eigenen Bevölkerung und den eigenen Soldaten. Das Zusammenfallen von deutschem Vernichtungskrieg und stalinistischer Geringschätzung der eigenen Bevölkerung verursachte die immensen Verluste, die sowohl die Rote Armee als auch die sowjetische Zivilbevölkerung erlitten.[29]

Patriotismus und Disziplinierung

Eine zusätzliche Tragik des Krieges liegt darin, dass die nationalsozialistische Vernichtungspolitik die Sowjetbürger geradezu zwang, für Stalin und die Bolschewiki zu kämpfen, wenn sie ihr Land und ihre Familien nicht dem Untergang ausliefern wollten. Der Verteidigungskrieg, den die sowjetischen Soldaten und Partisanen gegen die Wehrmacht führten, war unausweichlich auch ein Kampf für das stalinistische System. Wer sich dem Kampf für Stalin verweigerte und mit der Motivation, sein Land von der Diktatur der Bolschewiki zu befreien, mit den Deutschen kooperierte, musste früher oder später erkennen, dass ihm die deutsche Politik den Boden für sein Handeln entzog, denn sie hatte eben nicht das Wohlergehen des Landes im Auge. So kam es, dass die erfolgreiche Mobilisierung patriotischer Gefühle zur Abwehr des deutschen Eindringlings und der Sieg im «Großen Vaterländischen Krieg» Stalin und dem sowjetischen System eine neue Legitimation und einen Rückhalt verschafften, die sie vor dem Krieg nicht gehabt hatten. Die existenzielle Bedrohung durch die Deutschen und ihre siegreiche Abwehr stabilisierten das vor dem Krieg noch durchaus fragile Regime der Bolschewiki und lenkten von seinem verbrecherischen Grundcharakter ab. Nach dem gewonnenen Krieg saß der «Generalissimus» Stalin so fest im Sattel wie nie zuvor. Sein neuer Nimbus als Retter des Vaterlandes machte ihn unantastbar und verlieh ihm eine Popularität, die seine Verbrechen gegen das eigene Volk relativierte. Davon zehrte fortan auch die Kommunistische Partei. Nicht umsonst baute Leonid Brežnev 20 Jahre nach dem Sieg den gewonnenen Krieg gezielt als Legitimationsstrategie in Form einer ritualisierten Erinnerungskultur auf.

Dabei stellte die patriotische Mobilisierung auch während des Krieges nur eine Seite der Medaille dar. Daneben war stets auch die disziplinierend-repressive Herrschaftstechnik, die sich aus Sicht Stalins in den 1930er Jahren bewährt hatte, präsent. Stalin praktizierte während des Krieges ein raffiniertes Wechselspiel zwischen den beiden Polen und schob abwechselnd das eine und das andere Element in den Vordergrund.

Der patriotische Appell funktionierte vor allem über historische Bezüge, Emotionen, Symbole und begrenzte Liberalisierungsmaßnahmen, die darauf abzielten, die Kooperation von wichtigen «Multiplikatoren» wie Kulturschaffenden und der orthodoxen Kirche sicherzustellen. Die Propaganda stellte den Krieg gegen Hitler in eine Reihe mit den Kriegen gegen den Deutschen Orden und die Mongolen im Mittelalter, gegen die Polen 1612 und gegen Napoleon 1812. Filme und Bücher beschworen die heroische Geschichte des russischen Volkes. Der Sozialismus trat in der Propaganda hinter den Patriotismus zurück, wobei Letzterer mit fortschreitender Dauer des Krieges eine immer deutlichere großrussische Färbung annahm. Stalin selbst erklärte im September 1941 gegenüber einem amerikanischen Diplomaten, das russische Volk kämpfe «für sein Heimatland, nicht für uns». Die Rote Armee rekrutierte sich überwiegend aus Bauernsöhnen, die wenig Grund hatten, Stalin und den Kommunisten gegenüber loyal zu sein. Sie kämpften für ihre Familien, für ihre Dörfer, für das, was sie unter «Heimat» verstanden. Darauf nahm die Propaganda klug Rücksicht und arbeitete weniger mit sowjetischen Vokabeln als mit «Mutter Russland» und Appellen an den Beschützerinstinkt der Männer. Erst nach der Kriegswende 1943 tauchte Stalins Porträt wieder häufiger auf den Plakaten auf, sodass man ihn und die Partei nicht mit den Niederlagen, sondern mit den Siegen verband.[30]

Ein wichtiges Element der Propaganda bestand im Wecken von Emotionen durch Plakate, Lieder und Gedichte. Das Lied vom «Heiligen Krieg» erzeugte nach Aussagen von Zeitgenossen die stärksten Gefühle, daneben waren aber auch sentimentale Liedchen und Gedichte geeignet, über die Artikulation von Menschlichkeit inmitten des Grauens eine positive Identifikation herzustellen. Auf seine Weise ein sowjetisches Pendant zu «Lili Marleen» ist das berühmte Gedicht «Wart' auf mich» («*Ždi menja*») von Konstantin Simonov. Die im Sommer 1941 verfassten und 1943 in einen gleichnamigen Spielfilm in vertonter Form eingebetteten Verse drückten die Hoffnung eines Frontsoldaten aus, lebend zu seiner Frau zurückzukehren, und eroberten in ihrer unpolitischen und ergreifenden Schlichtheit sogar die Herzen der antisowjetischen Emigranten.[31] Derselbe Simonov verfasste im Juli 1942 das blutrünstige Hassgedicht «Töte ihn!» – einen eindringlichen Aufruf an die Rotarmisten, an den Deutschen Rache zu üben: «Wenn du deine Mutter liebst [...], dann töte einen Deutschen – töte ihn! Töte ihn, sobald du kannst!»[32]

Staat und russische Traditionen wurden durch symbolische Akte aufgewertet. Im Januar 1943 erhielten die Offiziere wieder die breiten Schulterstücke und auffälligen Rangabzeichen, die 1917 als Symbol des alten Regimes abgeschafft worden waren. Im Juli 1943 wurde die Anrede von «Genosse» auf «Genosse Offizier» geändert. Offiziere genossen nun wie früher in der zarischen Armee Privilegien, wie etwa eine von den Mannschaften getrennte Verpflegung mit besserem Essen. Millionen Orden und Medaillen wurden verliehen, um den Soldaten und Offizieren sichtbare Symbole ihrer Tapferkeit zu geben und sie an historische Vorbilder zu erinnern.[33] 1943 ließ Stalin die Internationale, die bis dahin anstelle einer Nationalhymne gespielt worden war, durch eine «Hymne der Sowjetunion» ersetzen, die erstmals am Neujahrstag 1944 im Radio gespielt wurde.[34]

Die orthodoxe Kirche signalisierte vom ersten Kriegstag an ihre Kooperationsbereitschaft. Der Patriarchiatsverweser Sergij erinnerte in einem Sendschreiben alle Gläubigen an ihre «heilige Pflicht gegenüber der Heimat und dem Glauben» und bemühte sich, die durch die Revolution zerstörte traditionelle *Symphonia* zwischen Kirche und Staat wieder herzustellen. Am Jahrestag der Oktoberrevolution 1942 grüßte er Stalin als «göttlich gesalbten Führer». Stalin griff das Angebot auf und baute die Kirche in seine Integrationsstrategie ein. Im September 1943 empfing er die obersten Würdenträger der orthodoxen Kirche im Kreml und erlaubte die Wahl eines Patriarchen. Schon 1941 waren viele Kirchen wieder geöffnet und Gottesdienste gestattet worden. Die Kirche genoss während des Krieges einen Betätigungsspielraum wie seit 1917 nicht mehr.[35]

Neben der Kirche gewährte Stalin besonders der Wissenschaft und dem Kulturbetrieb vorübergehend mehr Freiheit. Manche Intellektuelle bezeichneten den Krieg später als die «beste Zeit unseres Lebens». Man fühlte sich freier, dem Land und seiner Führung verbundener, hatte weniger Angst vor Verfolgung als vorher und nachher, handelte im subjektiven Empfinden selbstbestimmter. Ein Wissenschaftler erklärte rückblickend: «Damals fühlten wir uns alle mit der Regierung eins, wie später nie wieder. Es war nicht ihr Land, sondern unser Land. Nicht die Regierung sagte, was geschehen sollte, sondern wir. Es war nicht ihr Krieg, sondern unser Krieg; es war unser Land, das wir verteidigten, wir brachten die Opfer.» Die Not und der Tod konnten nun beim Namen genannt werden, denn sie wurden von einem äußeren Feind verursacht. Dmitrij Šostakovič schrieb, dass der Krieg das Leiden zu einem gemeinschaftlichen Erleben machte. Schon vor dem Krieg hatte praktisch jede Leningrader Familie einen Verlust zu beklagen, aber sie musste das heimlich tun. Nun wurde gemeinsam und öffentlich gelitten. Der Krieg erzeugte ein neuartiges Gefühl der Zusammengehörigkeit, der persönlichen und kollektiven Verantwortung. Zum ersten Mal konnte man sich als Bürger des Landes fühlen, nicht bloß als Teil einer amorphen Masse von Untertanen. Dieses Gefühl entstand als Antwort auf die Bedrohung von außen, das Versagen der Führung in den ersten Kriegsmonaten und den weitgehenden Zusammenbruch der stalinistischen Infrastrukturen 1941/42. Den Menschen wurde bewusst, dass es nun auf sie selbst ankam, dass sie selbst Entscheidungen treffen mussten und konnten und dass die Führung auf sie angewiesen war.[36]

Der Krieg war eine Zeit, in der sich die Sowjetbürger weniger vor dem Regime fürchteten, denn der Krieg war der eigentliche Schrecken, nicht der NKVD. Auf diese Weise entstanden ein neuer Bürgergeist und eine neue nationale Identität.[37] Die Bedrohung von außen veränderte das Verhalten der Menschen, denn sie betraf jeden und weckte den Selbsterhaltungstrieb. Viele Sowjetbürger legten plötzlich Eigeninitiative an den Tag, engagierten sich für die Verteidigung ihrer Heimat. Die Atmosphäre von 1943/44 unterschied sich deutlich von derjenigen der 1930er Jahre. Die Menschen dachten und sprachen freier, hatten weniger Angst vor Repressionen, hofften auf dauerhafte Veränderungen des Regimes nach dem Krieg. Gerüchte gingen um – vermutlich von «oben» lanciert, um solche Hoffnungen zu nähren –, dass Stalin nach dem gewonnenen Krieg die Kolchosen auflösen werde. Führende Manager wie der Direktor der Moskauer Automobilfabrik Lichačev traten für eine ökonomische Liberalisierung ein – ohne dass es ihnen schadete. Dermaßen von der offiziellen Leitlinie divergierendes Denken öffentlich zu bekunden, wäre in den 1930er Jahren unvorstellbar gewesen. Die Gesellschaft gewann durch ihre Teilnahme am Krieg ein neues Selbstbewusstsein, emanzipierte sich innerlich ein Stück weit von der Bevormundung.[38] Ohne diesen starken inneren Antrieb, die Heimat zu verteidigen, ist nicht zu erklären, warum Millionen Menschen mit solcher Verbissenheit gegen die Deutschen kämpften und arbeiteten.[39]

Parallel zur integrativen Linie gab es aber stets auch eine repressive. Der Terror als konstitutives Element stalinistischer Herrschaft war während des Krieges in hohem Maße präsent. Einschüchterung und Disziplinierung durch Verhaftungen, Straflager und Erschießungen spielten für den Sieg gegen die Deutschen vermutlich eine vergleichbar große Rolle wie der Patriotismus, wobei sich Phasen der Intensivierung von Repressionen mit solchen der Lockerung abwechselten. Stalin rechnete zu Beginn des Krieges nicht damit, dass sich die Bevölkerung hinter das Regime stellen würde, sondern befürchtete einen Umsturz und setzte zunächst auf repressive Methoden. Er ließ in den Gefängnissen und Arbeitslagern Häftlinge exekutieren, private Radioempfänger beschlagnahmen und Telefonanschlüsse abklemmen. Zwischenzeitlich wurden im November 1941 mehr als 600 000 Häftlinge aus den Lagern entlassen und 175 000 von ihnen sofort zur Armee eingezogen. Nach den ersten Rückeroberungen im Winter 1941/42 ließ Stalin allerdings sogleich 100 000 Mann NKVD-Truppen stationieren, um die zurückgewonnenen Städte von «antisowjetischen Elementen» zu säubern.[40] Die Repressionen intensivierten sich gegen Kriegsende. In dem Maße, in dem der stalinistische Staat sein Territorium zurückeroberte, zeigte er wieder sein früheres Gesicht: In den befreiten Gebieten wurde mit harter Hand «gesäubert», allein 1943 verhaftete der NKVD fast eine Million Menschen, denn wer unter deutscher Besatzung gelebt hatte, war des

Verrats verdächtig. Anfang 1943 hatte die Zahl der Lagerinsassen den niedrigsten Stand seit 1935 erreicht, aber in der Folgezeit füllten sich die Lager wieder.[41]

Der Kampfwille der Truppe beruhte nicht nur auf Patriotismus, sondern zu einem guten Teil auf Angst, denn die Soldaten wussten, dass die Front nicht nur vor, sondern auch hinter ihnen war. Im Juli 1941 ließ Stalin auf Divisionsebene «Besondere Abteilungen» des NKVD einrichten, die den Auftrag hatten, einen erbarmungslosen Kampf gegen Spione, Verräter und Deserteure zu führen. Die NKVD-Leute erschossen in großer Zahl Soldaten wegen Fahnenflucht und Selbstverstümmelung. Im September 1941 wurden bei den Divisionen «Absperrabteilungen» formiert, die hinter der Kampflinie auf der Höhe der Artilleriestellungen einen Kordon bildeten und auf zurückweichende Rotarmisten schossen.[42] Im Juli 1942, als die Wehrmacht im zweiten Anlauf zu siegen schien, erließ Stalin den berüchtigten Befehl «Keinen Schritt zurück!» und verstärkte die Absperrabteilungen. Vor Stalingrad wurden auf diese Weise innerhalb weniger Wochen 13 500 Soldaten erschossen. Daneben sorgte eine harte Militärjustiz für Disziplin. 158 000 Soldaten wurden zum Tod durch Erschießen verurteilt, eine weitaus größere Zahl wurde ohne Gerichtsverfahren erschossen. 436 000 wurden verhaftet, 422 000 landeten in Strafeinheiten, wo sie zum Räumen von Minenfeldern oder bei besonders verlustreichen Aktionen eingesetzt wurden.[43]

Da Stalin den Offizieren misstraute, erneuerte er im Juli 1941 das zwischenzeitlich abgeschaffte Institut der «Kriegskommissare». Damit stellte er den Kommandeuren politische Kontrolleure an die Seite, um die strikte Befolgung der von oben kommenden Durchhalte- und Angriffsbefehle zu gewährleisten. Die Entscheidungsgewalt der Offiziere war drastisch eingeschränkt, denn jeder Befehl bedurfte der Gegenzeichnung durch den Kommissar. Die Kommissare waren befugt, jeden Soldaten und Offizier auf der Stelle zu erschießen, wenn er Anzeichen von Feigheit oder Panikmache zeigte.[44] Im Oktober 1942 erhielten die Offiziere im Zuge ihrer allgemeinen Aufwertung wieder die volle Kommandogewalt und an die Stelle der Kommissare traten die «Stellvertreter des Kommandeurs für den politischen Teil» (*zampolit*). Mit ein Grund für die Abschaffung der Kommissare war der Mangel an Führungspersonal infolge der hohen Verluste.

Die Kommissare und Polit-Stellvertreter sorgten zusammen mit anderen Funktionären für die flächendeckende Präsenz der Partei in der Armee. Sie erklärten, motivierten, beruhigten, nötigten und prangerten Fehlverhalten an – so wie es die unteren Parteiorganisationen in den 1930er Jahren im

Umgang mit Arbeitern auf Großbaustellen und Fabriken eingeübt hatten. Die Mechanismen der Mobilisierung, Erziehung und Kontrolle aus dem imaginären Krieg der Kollektivierung und der ersten Fünfjahrespläne konnten fast unverändert auf die nun reale Kriegssituation übertragen werden und erwiesen sich als wirksam. Die Aufzeichnungen von Gesprächen, die sowjetische Historiker im Winter 1942/43 mit Stalingradkämpfern führten, vermitteln ein eindrucksvolles Bild vom allgegenwärtigen Einsatz der Partei sowie von der ideologischen Konditionierung der Soldaten und ihrem Eingebundensein in ein System von Motivation und Zwang.[45]

Verbanden sich in der Armee Motivation und Zwang, so war die Nationalitätenpolitik klar von Repressivität gekennzeichnet. Hier setzte Stalin an, wo er 1937/38 mit den «nationalen Operationen» aufgehört hatte. Der Verdacht der Unzuverlässigkeit traf nun als Erste die Deutschen, weil die sowjetische Führung davon ausging, dass sie mit der heranrückenden Wehrmacht kollaborieren würden. Im Sommer und Herbst 1941 ließ Stalin etwa 905 000 Deutsche aus dem europäischen Teil der Sowjetunion und dem Kaukasus präventiv nach Kasachstan, Zentralasien und Sibirien deportieren. Die Deportation sollte an sich die Deutschen in ihrer Gesamtheit erfassen, konnte aber in der Ukraine wegen des schnellen Vormarsches der deutschen Wehrmacht nur partiell realisiert werden. In den Jahren 1943/44, als die Rote Armee sukzessive das Land zurückeroberte, folgte etwa eine Million Angehörige weiterer als «unzuverlässig» eingestufter kaukasischer und turksprachiger Ethnien, darunter Tschetschenen, Krimtataren, Kalmücken, Mes'cheten-Türken, Inguschen, Karatschaier und Balkaren. Insgesamt waren von 1941 bis Ende 1945 ca. 2,3 Millionen Menschen von ethnisch definierten Deportationen betroffen. Die Autonomen Republiken und Gebiete der deportierten Völker wurden aufgelöst. Die Deportierten mussten bis in die 1950er Jahre unter lagerähnlichen Bedingungen in Sondersiedlungen leben und Zwangsarbeit verrichten.[46] Dieselben Nationalitäten, die 1937/38 im Rahmen der «nationalen Operationen» dezimiert worden waren, wurden nun als Ganze aus ihren Siedlungsgebieten entfernt, zerstreut und als nationale Einheit zerstört. Bei den zusätzlichen nordkaukasischen Deportationsopfern handelte es sich um widerspenstige Bergvölker, die sich der Kollektivierung und anderen Maßnahmen der 1930er Jahre widersetzt hatten. Die angebliche Kollaboration mit den Deutschen bot den Vorwand, diese aufsässigen Völker endgültig zu unterwerfen.[47]

9. Die Sowjetunion um 1942

Kriegslage und Kontrolle über den Raum

1942 befand sich der Zweite Weltkrieg auf seinem Höhepunkt. Im Januar hatte die Rote Armee mit der Durchbrechung der Front zwischen den deutschen Heeresgruppen Nord und Mitte einen Rückzug der Wehrmacht auf eine Winterstellung westlich von Moskau erzwungen und bei Demjansk in der Nähe von Novgorod sechs deutsche Divisionen eingekesselt. Im Frühjahr konnte die Wehrmacht allerdings den Kessel öffnen und die Front wieder nach Osten vorschieben. Im April 1942 endete ein von Stalin angeordneter Angriff auf den wichtigen Eisenbahnknoten Char'kov in der Ukraine mit der Einkesselung und Gefangenschaft von drei sowjetischen Armeen. Drei weitere Armeen wurden beim Versuch, die Krim zurückzuerobern, aufgerieben. Nachdem die Sowjetunion seit Beginn des Krieges mehrere Millionen Gefangene und Gefallene verloren hatte, schien sie im Frühjahr 1942 vor dem militärischen Zusammenbruch zu stehen. Ihre Panzer und Flugzeuge waren stark dezimiert und die für die Lebensmittelversorgung und Industrieproduktion wichtigsten Gebiete standen unter deutscher Kontrolle. In den nicht von den Deutschen besetzten Landesteilen mussten die Lebensmittelrationen stark gekürzt werden. Teile der Bevölkerung fielen aus der staatlichen Versorgung ganz heraus und waren auf Selbsthilfe angewiesen.[1]

Alles schien darauf hinzudeuten, dass die deutsche Sommeroffensive die von Hitler angestrebte Entscheidung bringen würde. Stalin hatte sich auf einen Vorstoß Richtung Moskau eingestellt und dort die Verteidigungskräfte konzentriert. Hitler befahl aber eine raumgreifende Offensive Richtung Kaukasus, um die Ölfelder von Baku in Besitz zu nehmen und damit die prekäre Treibstoffversorgung der deutschen Truppen zu verbessern. Der ab Ende Juni 1942 geführte Schlag brachte große territoriale Gewinne und versetzte die sowjetische Bevölkerung erneut in Panik. Als Reaktion auf den überstürzten Rückzug aus Rostov am Don und auf Auflösungserscheinungen in der Armee, die an Zustände im Ersten Weltkrieg erinnerten, erließ Stalin am 28. Juli 1942 den berüchtigten Befehl Nr. 227 «Keinen Schritt zurück!». Damit verbot er jeden weiteren Rückzug und drohte allen «Panikmachern» und «Feiglingen» mit der sofortigen Exekution oder Versetzung in ein Strafbataillon – was einem Todesurteil gleichkam. In den Kontext der Krise vom Sommer 1942 gehört auch die Aufstellung der Sperrabteilungen hinter der Front.[2]

Ähnlich wie im Jahr zuvor verbanden sich diese repressiven Elemente mit dem Willen der Soldaten, die Heimat zu verteidigen. Im Sommer und Herbst 1942 fand das Bündnis des Regimes mit der russischen Tradition seinen stärksten symbolischen Ausdruck: Im Juli 1942 stiftete das Präsidium des Obersten Sowjets den Suvorov-Orden, den Kutuzov-Orden und den Aleksandr-Nevskij-Orden. Diese drei Auszeichnungen waren geschichtspolitische Signale ersten Ranges, denn mit ihnen verabschiedete sich die Führung von der internationalistischen Legitimation und wandte sich demonstrativ den Kriegshelden der russischen Geschichte zu: Suvorov und Kutuzov waren berühmte Feldherren in den Kriegen gegen das revolutionäre Frankreich und gegen Napoleon gewesen; Aleksandr Nevskij hatte 1215 in der Schlacht auf dem Peipussee den Deutschen Orden besiegt. In überhöhter Parallele zum «Vaterländischen Krieg» von 1812 gegen Napoleon wurde der Krieg jetzt endgültig zum «Großen Vaterländischen Krieg». Im Oktober 1942 folgte die Aufwertung der Offiziere, indem das Präsidium des Obersten Sowjets den Kommandeuren der Roten Armee wieder ihre volle Befehlsgewalt zurückgab und sie von der Bevormundung durch die Kriegskommissare befreite.

Die deutsche Offensive von 1942 markiert trotz ihrer anfänglichen Raumgewinne die Wende des Krieges, denn die Wehrmacht erreichte ihre strategischen Ziele nicht und wurde im Winter 1942/43 in die Defensive gedrängt. Deutsche Gebirgsjäger erklommen zwar den Elbrus, die Ölfelder von Baku blieben jedoch außer Reichweite. Auch das Ziel, die für die Sowjetunion wichtige Wasserstraße Volga zu blockieren, konnte nicht erreicht werden, weil die Rote Armee den deutschen Vormarsch in Stalingrad (heute: Volgograd) aufhalten konnte. Im Ergebnis entstanden für die Wehrmacht eine noch weitere Überdehnung der Front und extrem lange Nachschubwege, die zudem den Angriffen von Partisanen ausgesetzt waren. Im Laufe des Jahres 1942 wurde der Partisanenkrieg im Rücken der deutschen Front zu einem ernstzunehmenden Problem für die deutsche Wehrmacht. Große Landstriche, vor allem in Weißrussland und in der Ukraine, entzogen sich als Partisanengebiete weitgehend der Kontrolle durch die Besatzungsmacht.

Obwohl die Front 1942 weiter im Landesinneren verlief als 1941 und die Sowjetunion immer noch hart bedrängt war, arbeitete Stalin bereits an der außenpolitischen Absicherung der Annexionen, die er 1939/40 getätigt hatte, und trat dabei selbstbewusst auf. Bereits Ende 1941 hatte Stalin den Westmächten zu verstehen gegeben, dass er nach dem Krieg die sowjetische Westgrenze vom Juni 1941 wiederherstellen werde, sich die Westmächte also mit der Amputation der polnischen Ostgebiete und der Annexion der baltischen Staaten abfinden müssten. Dass Großbritannien und die USA diesen Forderungen zustimmen würden, konnte Stalin nicht voraussetzen, denn Großbritannien hatte 1939 Polens Integrität garantiert. Briten und Amerikaner waren 1942 noch nicht bereit, die sowjetischen Ansprüche auf Ostpolen und das Baltikum zu akzeptieren. Erst im November 1943 erreichte Stalin auf der Konferenz von Teheran die Zusage der Westalliierten, die annektierten polnischen Ostgebiete als zur Sowjetunion gehörig zu betrachten. Rechtfertigen ließ sich das aus der Sicht der Briten und Amerikaner mit dem Umstand, dass die im Hitler-Stalin-Pakt vereinbarte Grenze weitgehend mit der nach dem damaligen britischen Außenminister benannten Curzon-Linie übereinstimmte, die 1919 als polnisch-russische Grenze vorgeschlagen worden war und sich an ethnographischen Kriterien orientierte.

Der gemeinsame Krieg Großbritanniens und der Sowjetunion gegen Deutschland stellte eine ungewöhnliche Konstellation dar und war nur durch den deutschen Überfall auf die Sowjetunion zustande gekommen. Die Briten hatten Sowjetrussland seit der Machtergreifung der Bolschewiki großes Misstrauen entgegengebracht. Wenige Jahre nach der Aufnahme diplomatischer Beziehungen hatte sich das Verhältnis zwischen den beiden Staaten bereits 1926/27 wieder verhärtet, weil in Großbritannien der Eindruck entstanden war, die Sowjetunion arbeite mit der Unterstützung der streikenden britischen Bergleute auf eine Revolutionierung des Landes hin.[3] Der deutsche Angriff auf die Sowjetunion veränderte die Lage von Grund auf. Im Juli 1941 schlossen Großbritannien und die Sowjetunion ein Hilfeabkommen, im Mai 1942 fuhr Außenkommissar Molotov nach London, um den sowjetisch-britischen Bündnis- und Freundschaftsvertrag zu unterzeichnen. Die Briten standen den Sowjets jedoch weiterhin distanziert gegenüber. Der Kampf gegen den gemeinsamen Gegner Deutschland brachte beide vorübergehend zusammen, allerdings machten die Briten wie auch die Amerikaner wenig Anstalten, die von Stalin geforderte Entlastungsfront im Westen zu eröffnen. Die Kämpfe in Nordafrika waren aus Stalins Sicht kein Ersatz für eine echte zweite Front.

Von den USA erhielt die Sowjetunion seit November 1941 Hilfslieferungen im Rahmen des *Lend-Lease Act*, den der US-Kongress im Februar 1941 verabschiedet hatte, um trotz der formalen Neutralität der Vereinigten Staaten die Kriegsgegner Deutschlands materiell unterstützen zu können. 1942 wurden diese Lieferungen stark ausgeweitet und trugen erheblich zum Durchhaltevermögen der Sowjetunion bei. Die Sowjetunion erhielt über die Häfen von Murmansk und Vladivostok aus den USA Lebensmittel, Lastkraftwagen, Jeeps, Benzin, Stahl, Aluminium, Kupfer, Stiefel und andere wichtige Güter, die im eigenen Land nicht oder nicht in der nötigen Quantität hergestellt werden konnten. Im Juni 1942 wurde ein förmlicher Beistandspakt zwischen der Sowjetunion und den USA unterzeichnet.

So wie Stalin ging umgekehrt auch die deutsche Führung 1942 davon aus, den Krieg zu gewinnen und mit territorialen Veränderungen zu besiegeln. Scheinbar auf dem Höhepunkt der Macht, entwarfen die deutschen Besatzer Pläne für die dauerhafte Beherrschung des osteuropäischen Raumes. Im Juni 1942 billigte der Reichsführer SS Heinrich Himmler den «Generalplan Ost». Dieser lief auf die langfristige Herrschaft Deutschlands über die Gebiete bis zum Ural hinaus und sah Umsiedlungen von Millionen Menschen und die Versklavung der verbleibenden slawischen Bevölkerung vor.[4] Die Realisierung dieses Plans musste zwar aufgeschoben werden, doch gaben die Methoden der deutschen Besatzungsherrschaft einen Vorgeschmack auf das, was der Bevölkerung der Sowjetunion geblüht hätte. Hinter dem Heeresgebiet entlang der Front unterstanden die von den Deutschen besetzten Territorien der Sowjetunion dem von Alfred Rosenberg geleiteten Reichsministerium für die besetzten Ostgebiete. Innerhalb dieses Territoriums wurden zwei staatliche Gebilde eingerichtet, das *Reichskommissariat Ostland*, das die baltischen Länder und die westlichen Teile Weißrusslands umfasste, sowie das *Reichskommissariat Ukraine*, bestehend aus den westlichen, zentralen und südlichen Teilen der Ukraine. In den beiden Reichskommissariaten hatten die ökonomische Ausbeutung und die Vernichtung der Juden Priorität.

Den Wendepunkt des Krieges markiert die Schlacht um Stalingrad, die im Juli 1942 begann. Bis Anfang September kämpften sich die deutschen Truppen bis auf acht Kilometer an den Stadtkern heran, wurden aber im November im Zuge einer sowjetischen Großoffensive eingekesselt. Der Versuch der Wehrmacht, den Kessel von außen aufzusprengen, scheiterte kurz vor Weihnachten 1942 an den Gegenangriffen der Roten Armee. Anfang Februar 1943 mussten die völlig erschöpften und aufgeriebenen Reste der 6. deutschen Armee kapitulieren. 164 000 Gefallene, 40 000 Verwundete und etwa 100 000 Gefangene kostete diese Niederlage die Deutschen und ihre Verbündeten, und von den Gefangenen sollten am Ende nur 6000 überleben. Das entsprach zwar in absoluten Zahlen nur etwa der Hälfte aller Verluste, die die Rote Armee in Stalingrad verzeichnen musste, allerdings konnte diese eine halbe Million Mann leichter ersetzen.[5] Außerdem wog die symbolische und moralische Bedeutung des Sieges schwer, denn die Wehrmacht hatte den Nimbus der Unbesiegbarkeit verloren. Zwar gelang es der deutschen Heeresgruppe Don unter Generalfeldmarschall Erich von Manstein im Februar und März 1943 durch die Rückeroberung von

Char'kov die Front im Süden zu stabilisieren, aber nach dem Scheitern der Großoffensive bei Kursk im Sommer 1943 («Unternehmen Zitadelle») übernahm die Rote Armee die strategische Initiative. Ab nun marschierte sie kontinuierlich nach Westen, hatte aber noch einen weiten Weg vor sich und der Sieg sollte das Land noch gewaltige Opfer kosten.

Bevölkerung

Die Opfer des Krieges spiegeln sich in der katastrophalen demographischen Entwicklung. Da zwischen 1939 und 1959 keine Volkszählung stattfand, können alle demographischen Angaben für die Kriegszeit nur Annäherungswerte darstellen. Das gilt auch für die Bevölkerungszahl der Sowjetunion am Vorabend des deutsch-sowjetischen Krieges, deren genaue Bestimmung zusätzlich durch die Gebietsveränderungen, Deportationen und Migrationen von 1939/40 erschwert wird.

Die Gesamteinwohnerzahl der Sowjetunion betrug 1939 167,6 Millionen (1926: 147 Millionen) und im Juni 1941 – einschließlich der annektierten Gebiete – geschätzte 196 Millionen. Immer noch lebte die Mehrheit der Bevölkerung auf dem Land, nämlich etwa zwei Drittel. Der Großteil der städtischen Bevölkerung entfiel auf das europäische Russland und die annektierten Gebiete, östlich davon gab es nur im Ural eine nennenswerte städtische Bevölkerung. Die Urbanisierung hatte dennoch Fortschritte gemacht: 1926 hatte die Sowjetunion 31 Großstädte mit mehr als 100 000 Einwohnern gezählt, nun waren es allein in der RSFSR 52. Die Geburtenrate war 1940 gegenüber 1926 von 45 auf 33 Promille gesunken, die Säuglingssterblichkeit hatte sich von 200 auf 214 Promille erhöht. Die mittlere Lebenserwartung der Männer war von 42 auf 35,7 Jahre und diejenige der Frauen von 47 auf 41,9 Jahre gesunken.[6] In diesen erschreckenden Werten noch vor Beginn des deutsch-sowjetischen Krieges spiegeln sich die Verschlechterung der Versorgungslage in den 1930er Jahren und die vielen Todesopfer der stalinistischen Politik.

Ein günstigeres Bild vermitteln die Angaben zur Bildung. Die Alphabetisierungs- und Bildungskampagnen hatten Früchte getragen: Am Vorabend des Krieges besuchte praktisch jedes Kind ab dem Alter von acht Jahren eine Schule. 1939 konnten in der RSFSR 90 Prozent der 9- bis 49-Jährigen lesen und schreiben, bei den Männern 96 Prozent, bei den Frauen 84 Prozent. Allerdings verfügten nur 7,7 Prozent der Bevölkerung über eine mittlere Schulbildung (Siebenjahresschule) und lediglich 0,7 Prozent über eine höhere Bildung. Klammert man die älteren Jahrgänge aus, so verbessern sich die Werte deutlich, aber es verblieb immer noch viel zu tun.[7]

Der Beginn des deutsch-sowjetischen Krieges brachte dramatische Veränderungen mit sich. Die Kriegsverluste der Roten Armee summierten sich bis Ende 1942 bereits auf mehr als sechs Millionen Gefallene, Vermisste und Gefangene sowie fünf Millionen Verwundete.[8] Die Sterblichkeit stieg auch bei der Zivilbevölkerung bis Herbst 1942 stark an. Der Hunger schlug sich vor allem in einer extrem hohen Säuglingssterblichkeit nieder, die im August 1942 einen ungewöhnlichen Höhepunkt erreichte. Sechs von zehn Kindern überlebten damals in den nicht von den Deutschen besetzten Gebieten das erste Lebensjahr nicht. Für die besetzten Gebiete liegen keine Zahlen vor, aber der Hunger war dort eher noch schlimmer. In den nicht besetzten Landesteilen war die Sterblichkeit dort am höchsten, wo viele Evakuierte eintrafen, denn in diesen Gebieten grassierten Typhus und schwere Infektionskrankheiten (Scharlach, Masern, Diphtherie). Auf den wochenlangen Eisenbahntransporten in Viehwaggons steckten sich die Menschen aufgrund der primitiven hygienischen Bedingungen massenhaft an und verbreiteten die Krankheiten in den Ankunftsgebieten auch unter der dortigen Bevölkerung, zumal es vielerorts an sauberem Wasser mangelte. Im Ural, in Westsibirien und an der Mittleren Wolga wurde Anfang 1942 ein katastrophales Ansteigen der Infektionskrankheiten registriert. Das medizinische Personal war an die Front mobilisiert worden und auch Medikamente wurden vorrangig dorthin geschickt.[9]

Während bei der Sterblichkeit 1942 der Höhepunkt überschritten wurde, erreichte die Geburtenrate erst 1943 mit 9,9 Promille ihren Tiefpunkt. In den nicht besetzten Gebieten war die Bevölkerungsbilanz in den Jahren 1942 bis 1945 negativ. Der Staat reagierte auf diese Entwicklungen im Juli 1944 mit einem Gesetz, das Anreize für mehrfache Mutterschaft gab: Gestaffelt nach der Kinderzahl erhielten Mütter Orden und hohe Prämien für die Geburt von Kindern und eine monatliche Zahlung für die Zwei- bis Fünfjährigen. Der Schwangerschaftsurlaub wurde deutlich verlängert. Die Arbeitsbestimmungen für stillende Mütter wurden verbessert, die Lebensmittelrationen für Schwangere und Stillende angehoben, die Gebühren für die Unterbringung von Kindern in Krippen gesenkt. Die Versorgung mit Kinderkrippen und Kindergärten wurde ausgebaut, und der Staat übernahm die Sorge für uneheliche Kinder. Im Gegenzug belegte er Kinderlose und Familien mit weniger als drei Kindern mit höheren Steuern und degradierte außereheliche Lebensentwürfe zur unerwünschten Ausnahme. Damit verstärkten sich die Mitte der 1930er Jahre begonnenen Tendenzen. Ehen mussten fortan in den Pass eingetragen werden, die Ehescheidung wurde erschwert. Nun war ein öffentliches Gerichtsverfahren erforderlich, mit Nennung von triftigen Gründen, Einbeziehung auch des anderen Ehegatten und von Zeugen sowie Bekanntgabe des Scheidungsverfahrens in der örtlichen Zeitung. Das Gerichtsverfahren selbst war mehrstufig und kostete viel Geld.[10]

In den Jahren 1941 und 1942 wurden etwa 17 Millionen Menschen zusammen mit dem Hauptteil der industriellen Ressourcen und landwirtschaftlichen Ausrüstungen vor der herannahenden Front nach Osten evakuiert. In den besetzten Gebieten verblieben 63 bis 65 Millionen Einwohner.[11] Die östlichen Gebiete erlebten einen Urbanisierungsschub, weil die evakuierte ländliche Bevölkerung in den neuen Produktionszentren der Rüstungsindustrie angesiedelt wurde. In den vom Krieg betroffenen europäischen Landesteilen hingegen ging die städtische Bevölkerung zurück. Die Einwohnerzahl Moskaus verringerte sich bis Januar 1943 von 4,4 auf 2,7 Millionen. In der Ukraine und in Weißrussland erreichte die Zahl der Industriearbeiter bis 1950 nicht den Wert von 1940. Die Bevölkerung Leningrads war noch 1959 geringer als vor dem Krieg.[12]

Herrschaft, Wirtschaft und Versorgung in den nicht besetzten Gebieten

In Bezug auf die Herrschaftsausübung bewirkte der Krieg eine Bündelung der Kompetenzen in wenigen handlungsfähigen Gremien. Bereits am 22. Juni 1941 hatte Stalin der Bildung einer militärischen Kommandozentrale zugestimmt. Die Bezeichnung *Stavka* (Hauptquartier) erinnerte an die gleichnamige Institution im Ersten Weltkrieg. Seit Juli 1941 fungierte Stalin als Vorsitzender der *Stavka* und zugleich als Verteidigungskommissar. Der *Stavka* gehörten außerdem der Außenkommissar Molotov und die Generäle Timošenko, Budennyj, Vorošilov, Šapošnikov und Žukov an.[13] Auch im staatlichen Bereich drängten zunehmend außerordentliche Organe die regulären Institutionen beiseite und wurden mit umfassenden Vollmachten ausgestattet. An der Spitze dieser Sonderorgane stand das *Staatliche Verteidigungskomitee* (GKO). Es bestand anfangs aus Stalin, Berija, Molotov, Malenkov und Vorošilov. 1942 kamen Mikojan, Kaganovič und Voznesenskij hinzu. Das GKO verstärkte den Trend zur Personalisierung der Herrschaft und zur Aushebelung der regulären institutionellen Strukturen, wie er sich schon in den 1930er Jahren beim Politbüro gezeigt hatte. Jedes Mitglied des GKO war für einen Aufgabenbereich zuständig und regierte an den Volkskommissariaten vorbei mit Bevollmächtigten, die persönlich vor Ort die Anweisungen durchsetzten. Die eigentliche Regierung, der Rat der Volkskommissare, verlor ebenso an Bedeutung wie die obersten Parteiorgane. Zwischen März 1939 und Oktober 1952 fand kein Parteitag statt und das Zentralkomitee tagte während des Krieges nur ein einziges Mal, im Januar 1944. Das Politbüro war personell eng mit dem GKO verflochten.

Die Handvoll Männer, die beiden Institutionen angehörten, bildete den engsten Führungskreis, der sich um Stalin scharte. Stalin war der eigentliche Inhaber der Macht, entschied nach seinem Gutdünken, mit wem er sich worüber beriet, und traf in allen wichtigen Angelegenheiten die letzte Entscheidung.[14]

Was das Funktionieren des Systems betrifft, so überwiegen die Kontinuitäten, denn im Grunde hatte sich das Land schon seit Ende der 1920er Jahre innerlich im künstlichen Kriegszustand befunden. So konnte man im realen Krieg auf die längst eingeübte Praxis des Mobilisierens und der außerordentlichen Maßnahmen zurückgreifen, und auch für die Bevölkerung waren Versorgungsengpässe und die Präsenz von Gewalt im Alltag nichts Neues.[15] Die im Chaos der ersten Fünfjahrespläne und als Antwort auf die systemimmanenten Widersprüche der Planwirtschaft notwendigerweise erlernten Verhaltensweisen erwiesen sich unter den Bedingungen des Krieges als vorteilhaft. Das gilt für die Manager und Betriebsleiter wie für die Bevölkerung. Ein wiederkehrendes Motiv in den Berichten deutscher Soldaten aus der Sowjetunion ist die Beobachtung, dass «der Russe» in frappierender Weise zu Improvisationen fähig war. Er hatte eben schon davor den Mangel an funktionierenden Infrastrukturen und benötigten Materialien und Werkzeugen durch Einfallsreichtum kompensieren müssen.

Dennoch spürten die Sowjetbürger bereits im Herbst 1939, dass sich etwas veränderte. Die Kriege gegen Polen und Finnland banden Transportkapazitäten für das Militär und hatten eine Priorisierung der Kriegsindustrie zur Folge. Schon wenige Tage nach dem sowjetischen Angriff auf Finnland kam es im Dezember 1939 zu stundenlangen Verspätungen und Ausfällen im Eisenbahnverkehr. Versorgungsengpässe und Gerüchte über eine drohende Brotknappheit führten dazu, dass sich in Moskau vor den Lebensmittelläden Schlangen bildeten.[16] Die Regierung ergriff harte Maßnahmen, um die Produktivität zu erhöhen und die Herstellung kriegswichtiger Güter auszuweiten. Ein chronisches Problem waren die vielen Arbeitsausfälle durch Verspätungen und die geringe Arbeitsdisziplin. Bereits im Dezember 1938 hatte man jede Verspätung um mehr als 20 Minuten zur Abwesenheit vom Arbeitsplatz erklärt und mit sofortiger Entlassung geahndet. Ein Dekret vom 26. Juni 1940 erhöhte die Regelarbeitszeit von 40 auf 48 Stunden in der Woche und stellte das Verlassen der Betriebe durch die Arbeiter und Angestellten unter Strafe. Jede eigenmächtige Kündigung sollte mit einem Lohnabzug oder mit der Einweisung ins Arbeitslager bestraft werden. Ein weiteres Dekret vom 22. Juli 1940 verordnete für Verspätungen von 20 Minuten die Einweisung ins Straflager. Das Gesetz hatte verheerende Folgen, massenhaft wurden Arbeiter abgeurteilt. Damit kriminalisierte man ein Verhalten, das oftmals bloß die Reaktion auf die Schwierigkeiten war, Lebensmittel und Konsumgüter aufzutreiben, da die Leute während der Arbeitszeit vor den Geschäften Schlange standen. Die drakonischen Disziplinierungsmittel vom Sommer 1940 wurden von der sowjetischen Bevölkerung als eine gravierende Beeinträchtigung empfunden.[17] Da Arbeitskraft Mangelware war, konnten jedoch weder drohende Strafen noch Leistungsanreize Arbeitsdisziplin und Produktivität nennenswert erhöhen.

Der deutsche Überfall 1941 und der schnelle Vormarsch der Wehrmacht beraubten die Sowjetunion innerhalb weniger Wochen der wichtigsten Getreideanbau- und Industriegebiete in der Ukraine. Es gelang der sowjetischen Führung allerdings in erstaunlicher Weise, eine große Zahl von Industriebetrieben samt ihren Produktionsanlagen sowie das landwirtschaftliche Inventar der Kolchosen aus den frontnahen Gebieten über Tausende Kilometer nach Osten zu evakuieren. Ende Juni befahl die Regierung, beim Rückzug alle beweglichen Güter nach Osten abzutransportieren, damit dem Feind nichts in die Hände falle. Die Kolchosniki hatten das Vieh wegzutreiben und alle Vorräte den staatlichen Stellen abzuliefern, damit sie ins Hinterland abtransportiert werden konnten. Wertvolle Güter, die nicht transportiert werden konnten, mussten vernichtet werden.[18] Obwohl die Städte an der Wolga, im Ural und in Westsibirien mit Flüchtlingen und Evakuierten überfüllt waren, schaffte man es trotz der rückständigen Verkehrsinfrastruktur, innerhalb weniger Monate mehr als 1500 Fabriken zu zerlegen, auf Eisenbahnwaggons zu verladen, hinter die Wolga oder hinter den Ural zu transportieren und dort wieder in Betrieb zu nehmen. Jetzt kamen den damit befassten Funktionären die Erfahrungen aus den Massendeportationen zugute. Wer schon einmal den Abtransport der «Kulaken» oder ganzer Nationalitäten organisiert hatte, der konnte die dabei gelernte Routine auf das Verladen und Abtransportieren von Industrieanlagen samt Bedienungspersonal erfolgreich anwenden.

In Anbetracht des schon in Friedenszeiten immensen Verschleißes in der sowjetischen Industrie erscheint es allerdings zweifelhaft, ob die Evakuierung der Industrieanlagen im Chaos des Sommers 1941 so planmäßig und reibungslos verlief, wie es manche Darstellungen suggerieren. Wie viele Verluste es bei der Aktion aber auch gegeben haben mag: Unterm Strich verlief sie erfolgreich und bildete eine wichtige Grundlage dafür, dass die Sowjetunion 1942 dem zweiten Ansturm der Wehrmacht standhielt. Bis zur Jahresmitte 1942 hatten 1200 evakuierte Fabriken den Betrieb wieder aufgenommen.[19] Obwohl die Sowjetunion das Industrierevier im Donecbecken verloren hatte, gelang es ihr, im Jahr 1942 die Rüstungsproduktion gegenüber 1940 auf fast das Doppelte zu steigern und das Jahr 1941 deutlich zu übertreffen. 1942 wurden 24 400 Panzer produziert (1941: 6600) sowie 25 400 Flugzeuge (1941: 15 400) und 127 000 Geschütze (1941: 42 300). Damit stellte die Sowjetunion die deutsche Rüstungsproduktion in den Schatten, obwohl ihre schwerindustrielle Kapazität deutlich niedriger als die deutsche war und die Gesamtindustrieproduktion 1942 auf etwa drei Viertel des Niveaus von 1940 abgesunken war.[20] Zu bedenken ist allerdings, dass die Qualität der Produktion von Kriegsgerät nicht besser war als die von zivilen Gütern in der Vorkriegszeit, sodass nur etwa zwei Drittel des statistischen Ausstoßes einsatzfähig waren.[21] In waffentechnischer Hinsicht war die Sowjetunion jedoch der Wehrmacht keineswegs unterlegen: Der legendäre Panzer «T-34», die robuste Maschinenpistole «PPŠ-41» und der auf Lastwagen montierte Mehrfachraketenwerfer («Stalinorgel») erwiesen sich als effektive und gefürchtete Waffen.

Die das Jahr 1942 kennzeichnende Diskrepanz zwischen stark gesunkener Gesamtwirtschaftsleistung und gesteigerter Rüstungsproduktion verweist auf eine konsequente und rücksichtslose Ausrichtung der Volkswirtschaft auf die Erfordernisse der Front. Was sich im ersten Fünfjahresplan in gesamtökonomischer Hinsicht als schwerwiegendes Problem erwiesen hatte, nämlich die Konzentration aller Anstrengungen auf wenige ausgewählte Schwerpunkte, war unter den Bedingungen des Krieges ein struktureller Vorteil. Die Bevölkerung war – anders als in Deutschland – Konsumverzicht und Mangelwirtschaft gewöhnt. Wenn nun alle Anstrengungen auf die Front konzentriert wurden, die Industrie für die Zivilbevölkerung fast nichts mehr produzierte und die Arbeitskräfte gnadenlos ausgebeutet wurden, so war das nichts prinzipiell Neues und konnte daher von der Führung ohne Rücksicht auf Befindlichkeiten der Bevölkerung realisiert werden. In den Fabriken und Kolchosen, die für die Front produzierten, waren in der Mehrzahl Frauen, Jugendliche und Alte beschäftigt. Sie arbeiteten zehn bis zwölf Stunden am Tag, sieben Tage in der Woche, ohne Urlaub und unter einem strengen Arbeitsregime, das millionenfach schwere Strafen für Verletzungen der Arbeitsdisziplin verhängte. Viele Arbeiter verließen die Fabriken nicht einmal zum Schlafen. 7,5 Millionen Menschen wurden während des Krieges wegen Verstößen gegen das Arbeitsdekret von 1940 verurteilt.[22]

Die ökonomische Leistungsfähigkeit der Sowjetunion beruhte zu einem guten Teil auch auf Zwangsarbeit. Mehr als zwei Millionen Insassen zählte das System der Arbeitslager, Strafkolonien und Gefängnisse im Jahre 1942.[23] Nicht inbegriffen in dieser Zahl sind die Sondersiedler und die zur sogenannten «Arbeitsarmee» (*trudarmija*) Einberufenen, die ebenfalls zu Hunderttausenden Zwangsarbeit verrichteten. Gulag-Arbeit war das Mittel erster Wahl, um neue Industrie- und Bergbaustandorte in unwirtlichen Gegenden zu erschließen. Ein extremes Beispiel ist der Nickel-, Platin- und Kupferabbau im Gebiet Noril'sk am Polarkreis. Die Region ist gekennzeichnet von extremer Kälte mit Schneestürmen im Winter sowie einem unerträglichen feucht-warmen Sumpfklima mit unzähligen Mücken im Sommer und gilt eigentlich als unbewohnbar. Die Erschließung von Noril'sk, die der NKVD schon in den 1930er Jahren begonnen hatte, wurde während des Krieges forciert. 1944 waren allein dort 100 000 Zwangsarbeiter im Einsatz.[24]

Die landwirtschaftliche Produktion in den nicht besetzten Teilen der Sowjetunion erreichte 1942 nur 38 Prozent des Niveaus von 1940, verblieb im Folgejahr auf diesem niedrigen Stand und konnte erst ab 1944 langsam gesteigert werden. 1945 betrug sie 60 Prozent von 1940.[25] Die besten landwirtschaftlichen Gebiete in der Ukraine waren 1941/42 durch die deutsche Besetzung verloren gegangen. Nur einen Teil des Viehs und der Landmaschinen hatte man nach Osten evakuieren können. Die Dörfer in den nicht besetzten Landesteilen litten zudem unter einem Mangel an Arbeitskräften, da die Männer an die Front einberufen waren. Die Regierung ergriff verschiedene Maßnahmen, um die Lebensmittelversorgung und die Loyalität der bäuerlichen Bevölkerung zu sichern: Die Kolchosen wurden im Herbst 1941 unter eine verschärfte Kontrolle gestellt, indem man auf den Dörfern sogenannte «politische Abteilungen» bei den Maschinen-Traktoren-Stationen einrichtete. Im April 1942 wurden die Leistungsnormen für die Kolchosen erhöht. Auch Minderjährige wurden zur Arbeit verpflichtet. Wie in fast allen Ländern während des Krieges griff man verstärkt auf Frauen zurück, die in Leitungspositionen aufrückten und noch stärker in die Produktion eingegliedert wurden, als es ohnehin schon der Fall war. Die Maßnahmen hatten nur begrenzte Wirkung, denn auch bei größter Anstrengung ließen sich die zeitweilig verlorenen landwirtschaftlichen Produktionsflächen im Westen des Landes nicht ersetzen. Industrieanlagen konnte man nach Osten verpflanzen, Kolchosen nicht.

Entscheidend für die Aufrechterhaltung der Lebensmittelversorgung wurden nicht die erwähnten Zwangsmaßnahmen, sondern die gleichzeitige Duldung und sogar Ermunterung privater Produktion. Die Führung rief die Stadtbevölkerung dazu auf, die schon seit 1933/34 wichtig gewordene Selbstversorgung durch Kleingärten zu intensivieren, und stellte dafür Land in den Randbezirken und Grünanlagen der Städte zur Verfügung. Auch auf dem Land wandte man dieses Prinzip an. Obwohl der Staat noch 1939 die privaten Landanteile der Kolchosbauern beschnitten hatte, gestattete er während des Krieges eine erhebliche Erweiterung der bäuerlichen Privatparzellen. Auf den Kolchosmärkten, die weiterhin geduldet wurden, konnten die Kolchosniki ihre geringen Überschüsse zu spekulativen Preisen verkaufen. Ein Drittel der Nahrungsmittelversorgung der Städte stammte während des Krieges aus privater Produktion und die Selbstversorgung war entscheidend für das Überleben.[26]

Leben und Sterben der Rotarmisten

Der Alltag und das Kriegserleben der Rotarmisten unterschieden sich wesentlich von dem anderer Soldaten.[27] Die Überlebenschancen eines sowjetischen Frontsoldaten waren deutlich niedriger als die eines deutschen oder gar amerikanischen. Die immensen Verluste der Roten Armee lagen unter anderem daran, dass ihre Führung auf Menschenleben wenig Rücksicht nahm. Typischerweise wurde gegen gut befestigte Stellungen die Taktik der «menschlichen Dampfwalze» angewendet, bei der man in sturer Abfolge eine Welle Soldaten nach der anderen vorwärtstrieb, bis entweder alle tot oder die gegnerischen Stellungen eingenommen waren. In einem Gespräch mit General Eisenhower erläuterte Marschall Žukov, dass die sowjetische Infanterie über ein Minenfeld hinweg genauso angreife, als wenn dieses nicht vorhanden wäre. Eisenhower schrieb dazu in seinen Memoiren: «Ich konnte mir lebhaft vorstellen, was mit einem amerikanischen oder britischen Befehlshaber geschehen würde, der sich an solche Methoden halten wollte, und ich konnte mir sogar noch besser ausmalen, was die Männer in unseren Divisionen dazu gesagt haben würden, hätten wir versucht, eine solches Verfahren in unsere taktischen Vorschriften aufzunehmen.»[28] Auch deutsche Soldaten waren immer wieder frappiert über das, was sich vor ihren Maschinengewehren abspielte.

Keine andere Armee trieb ihre Soldaten so rücksichtslos in den Kampf wie die Rote Armee. Selbst in der Endphase des Krieges 1945, als der Sieg nur noch eine Frage der Zeit war, wurden Hunderttausende Soldaten sinnlos geopfert, um den Vormarsch maximal zu beschleunigen. Von Januar bis Mai 1945 verlor die Rote Armee noch einmal mehr als 800 000 Tote und 2,3 Millionen Verwundete.[29] Die Geringschätzung des Lebens der eigenen Soldaten hatte zu einem gewissen Teil in Russland Tradition, weil die Armee gewohnt war, über ein schier unerschöpfliches Menschenreservoir zu verfügen, war aber zum größeren Teil der von Stalin erzeugten Angst der Kommandeure geschuldet, wegen Nichterfüllung der Befehle von oben selbst erschossen zu werden. «Wenn einmal die Durchführung befohlen ist und sich die Durchführbarkeit des Befehls als unmöglich herausstellt, so werden trotz höchster Verluste die Rotarmisten immer wieder in den Kampf an derselben Stelle gejagt», schilderten zwei in deutsche

Gefangenschaft geratene Offiziere diese Handlungszwänge.[30] Außerdem waren die Mannschaften zu 70 Prozent Kolchosbauern.[31] Auf sie hatte die Führung schon vor dem Krieg keine Rücksicht genommen, denn sie standen in der sozialen Hierarchie ganz unten.

Auch in aussichtsloser Lage durfte ein Rotarmist nicht kapitulieren. Ein Befehl Stalins vom 16. August 1941 kriminalisierte jeden, der sich in Gefangenschaft begab, als Verräter und bedrohte die Familienangehörigen mit Repressalien. Wer dennoch in Gefangenschaft geriet oder zu den Deutschen überlief, und das waren insgesamt 5,2 bis 5,7 Millionen, hatte nur geringe Überlebenschancen, weil die Deutschen mit den sowjetischen Kriegsgefangenen im Sinne ihrer Vernichtungspolitik umgingen. Bis in das Jahr 1942 hinein ließ die Wehrmacht ihre Gefangenen in Frontnähe in Lagern vegetieren, versorgte sie nur dürftig mit Nahrungsmitteln, sodass sie massenhaft auf dem nackten Erdboden verhungerten, erfroren oder an Seuchen starben. Schätzungsweise 2,5 bis 3,3 Millionen sowjetischer Soldaten kamen in deutscher Gefangenschaft ums Leben, die meisten davon 1941 und 1942.[32] Ab 1942 ahnten die Rotarmisten, was sie in Gefangenschaft erwarten würde, und hatten große Angst vor einem qualvollen Tod, denn seit dem Herbst 1941, als die ersten aus deutscher Gefangenschaft geflüchteten Soldaten eintrafen, verbreiteten sich in Windeseile Horrorgeschichten. «Es ist schlimm, dass man das sagen muss», meinte 1942 ein Oberst der Roten Armee, «aber die Deutschen helfen uns dadurch, dass sie unsere Gefangenen schlecht behandeln und verhungern lassen.»[33]

Hinzu kam der Umstand, dass die Rote Armee im Gegensatz zu allen anderen Streitkräften keinen Urlaub kannte. Ihre Soldaten kämpften so lange, bis sie entweder tot oder verwundet waren. Verwundungen wurden oft als Erleichterung empfunden, weil man dann zumindest für einige Zeit Ruhe hatte. Die sowjetischen Soldaten waren somit ununterbrochen von zu Hause weg und hatten wegen der schlecht funktionierenden Post auch kaum Verbindung mit den Angehörigen. All das bedeutete extreme psychische Belastungen, die mit Alkohol kompensiert wurden. Die Wodkaration betrug die enorme Menge von 100 Gramm pro Mann und Tag. Sie wurde nicht täglich verteilt, sondern in den Einheiten angespart, damit die Offiziere vor und nach Einsätzen große Mengen davon an ihre Männer ausgeben konnten – vor dem Angriff zur Betäubung, danach zur Belohnung. Trunkenheit wurde zu einem Massen- und Dauerphänomen und war mit ein Grund für die hohen Verluste, da die Soldaten, benebelt vom Alkohol, dicht aufgeschlossen ins gegnerische Feuer rannten.

Abgesehen von der üppigen Wodkazuteilung war die Verpflegung und Versorgung der Rotarmisten schlecht. Sie lebten überwiegend von Suppe,

Buchweizengrütze und Brot und litten häufig Hunger. Ähnlich wie in der deutschen Wehrmacht, die ihre Soldaten ohne Winterausstattung in den Feldzug schickte, mangelte es auch in der Roten Armee an warmer Kleidung. Ohne die 15 Millionen Stiefel, die während des Krieges aus Amerika eintrafen, hätte ein beträchtlicher Teil der Rotarmisten ohne richtiges Schuhwerk kämpfen müssen. Statt Socken wurden Fußlappen benutzt, die zwar umständlich zu wickeln waren, aber den Vorteil hatten, schnell zu trocknen. Außerdem konnte man durch geschickte Wickelung die häufig nicht passende Stiefelgröße ausgleichen.

Die Soldaten der Roten Armee hatten angesichts des vorn und hinten drohenden Todes gar keine andere Wahl, als den Befehlen Folge zu leisten und auch in aussichtslosen Situationen vorwärtszustürmen. Daneben wirkten wie in allen Armeen auch die Bindekräfte der Kameradschaft, die Angst, allein völlig verloren zu sein, sowie der innere Antrieb, die Heimat und die eigene Familie vor der Vernichtung zu retten und sich am Feind zu rächen. Aus Feldpostbriefen geht hervor, dass der Wunsch nach Vergeltung eines der stärksten Motive für die Rotarmisten war. Hatten viele in der Anfangsphase der eigenen Propaganda misstraut, weil sie gewohnt waren, belogen zu werden, so sahen sie im Winter 1941/42, als die Wehrmacht zurückweichen musste, mit eigenen Augen, was die Deutschen angerichtet hatten: «Was sie auch in den Zeitungen über ihre Gräueltaten schreiben, die Realität ist viel schlimmer», schrieb ein Rotarmist im Februar 1942 an seine Frau. «Ich war an einigen der Orte, wo die Bestien zuschlugen, habe die verkohlten Städte und Dörfer gesehen, die Leichen von Frauen und Kindern, die armen ausgeplünderten Einwohner, aber auch ihre Freudentränen, sobald wir auftauchten.»[34] Rachegefühle und der Wunsch, die Angehörigen vor diesem grausamen Feind zu schützen und ihn wieder aus dem Land zu vertreiben, ließen das vor dem Krieg vom eigenen Regime zugefügte Leid verblassen. Den einzigen Halt boten in dieser furchtbaren Situation die Armee und eben dieses Regime. Wenn man wenigstens daran glauben konnte, dass Stalin und die Regierung das Land vor den Faschisten retten würden, dann verlieh das dem Leiden und Sterben immerhin einen Sinn.

Frauen

In der Roten Armee und bei den Partisanen diente mehr als eine Million Frauen. Zu Beginn des Krieges waren Frauen in traditioneller Weise als Sanitäter, Fernmelder, beim Nachschub und beim Nachrichtendienst tätig. Ab Mitte 1942 wurden sie auch in den Kampftruppen eingesetzt. Damit unterschied sich die Sowjetunion von den anderen kriegführenden Staaten.

In der Anfangsphase des Krieges hatte man noch nicht die Kämpferin propagiert, sondern wie überall anders auch die Frauen aufgerufen, die Männer in Industrie und Landwirtschaft zu ersetzen. Frauen, die sich 1941 freiwillig zur Armee meldeten, wurden abgewiesen. Erst unter dem Eindruck der gewaltigen Verluste akzeptierte die Rote Armee ab 1942 weibliche Rekruten, allerdings mit beträchtlichem Zögern und Misstrauen. Die Propaganda hob einzelne Heldinnen hervor, vermied es aber ansonsten in geradezu auffälliger Weise, den Einsatz von Frauen in der Armee zu thematisieren. Der sowjetische Staat betrachtete den massenhaften Kampfeinsatz von Frauen nicht als wünschenswert. Die Art, wie damit umgegangen wurde, zeigt ein männliches Unbehagen an der kämpfenden Frau. In seiner Rede zum Jahrestag der Revolution 1945 erwähnte Stalin nur die Frauen an der Heimatfront.[35]

Die Heimatfront war von der Heranziehung der Frauen für die Kriegswirtschaft gekennzeichnet. Im Vergleich mit anderen Ländern stellte das keinen so deutlichen Bruch mit der Vorkriegszeit dar, weil in der Sowjetunion Frauen schon seit den 1930er Jahren in hohem Maße in die Industrieproduktion einbezogen worden waren. 1940 betrug der Frauenanteil unter den Industriearbeitern 41 Prozent, in der Metallverarbeitung bemerkenswerte 31,5 Prozent. Der Krieg erscheint weniger als Zäsur denn als Beschleuniger einer schon vorhandenen Tendenz. Das gilt auch für den Übergang vom Krieg zur Nachkriegszeit. Während in den kapitalistischen Ländern die Frauen aus ihren neuen beruflichen Positionen wieder verdrängt wurden, sobald die Männer aus dem Krieg heimkehrten, stieg in der Sowjetunion ihre Erwerbstätigkeit weiter an.[36] Allerdings propagierten Staat und Partei bereits ab 1944 verstärkt das Ideal zahlreicher Mutterschaft: Reproduktion und Kinderaufzucht sollten nun im Zentrum der Lebensplanung stehen. In der Propaganda verdrängte die berufstätige Mutter die Arbeiterin als Leitbild. Nach 1945 erfuhr Frauenarbeit eine ideologische Abwertung gegenüber der Mutterschaft – eine logische Folge der dramatischen Menschenverluste, die durch Geburten wieder ausgeglichen werden sollten.

Die eigentliche Domäne der weiblichen Arbeit war die wenig angesehene Kolchosarbeit. In den Kolchosen stieg der Anteil der Frauen zwischen 1940 und 1944 von 52,5 auf 80 Prozent. Daraus folgt, dass ein bloßes Mehr an weiblicher Erwerbsarbeit allein noch keine gleichberechtigte Einbeziehung der Frauen in die Volkswirtschaft bedeutete. Industriearbeiterinnen stellten unter den erwerbstätigen Frauen eine Minderheit dar. Überdurchschnittlich hoch blieb der Frauenanteil im schlecht bezahlten Gesundheits- und Schulwesen und in der Landwirtschaft. Auch innerhalb der Industrie konzentrierten sich die Frauen auf die schlechter bezahlte Leichtindustrie. Durch den Krieg kam es nur zu einer begrenzten Aufweichung der Dichotomie von Männer- und Frauenberufen. Sowohl vertikal als auch horizontal setzte sich die Trennung zwischen männlichen und weiblichen Arbeitsbereichen fort, wobei die Frauen die schlechter bezahlten und weniger angesehenen Tätigkeiten ausübten. Der Arbeitseinsatz der Frauen in den Betrieben hatte – ähnlich wie in den westlichen Industrieländern – den Charakter eines Ersetzens der an die Front gegangenen Männer. Die Arbeit der Frau blieb «Unterstützung» für die Front und für die Männer, die Frau war die «Helferin».

Zivilbevölkerung und Partisanen in den besetzten Gebieten

Während für die sowjetischen Frontsoldaten 1942 völlige Klarheit herrschte, wer Feind und wer Freund war, und das Eingebundensein in die militärischen Befehlsstrukturen keine Handlungsspielräume ließ, war diese Eindeutigkeit für die Zivilbevölkerung in den besetzten Gebieten und auch für die Kriegsgefangenen nicht gegeben. Der Einzelne fand sich häufig inmitten einer mehrschichtigen Konfliktlage zwischen Besatzungsmacht, roten Partisanen, nationalistischen und antikommunistischen Formationen. Wer in dieser unübersichtlichen Situation die «Guten» und die «Bösen» waren, war nicht immer zu erkennen, denn alle traten mit Ansprüchen auf und bedienten sich gegenüber der Zivilbevölkerung ähnlicher Methoden. Um unter diesen Bedingungen zu überleben, konnten unterschiedliche Optionen zweckmäßig sein. Die Entscheidung zwischen «Kollaboration» und «Widerstand» stellte sich für die meisten Bewohner der besetzten Gebiete so nicht, sondern es gab eine breite Grauzone von Überlebensstrategien und Anpassung an die sich wandelnden Umstände und realen Handlungsoptionen.[37]

Trotz der harten deutschen Herrschaft kollaborierten Hunderttausende Sowjetbürger mit den Besatzern als sogenannte «Hilfswillige», Bürgermeister oder Hilfspolizisten und formierten sich Freiwilligenverbände, die an der Seite der Deutschen gegen das stalinistische Regime kämpfen wollten. Etwa 1 bis 1,2 Millionen Sowjetbürger ließen sich für Wehrmacht und Polizei anwerben, weitere Hunderttausende arbeiteten im Verwaltungsapparat.[38] Der Terminus «Kollaboration» suggeriert eine freie Entscheidung, die häufig nicht gegeben war, weil die Umstände gar keine Wahl ließen oder die Betroffenen abwägen mussten, welches Verhalten das eigene Überleben und das der Angehörigen wahrscheinlicher machte. Eine verbreitete Einschätzung lautete: «Wenn ich bei den Deutschen bleibe, werden mich die Bolschewiki töten, wenn sie kommen. Sollten die Bolschewiki nicht kommen, werden mich die Deutschen früher oder später töten.»[39] In den Dienst der Besatzungsmacht zu treten, musste keineswegs bedeuten, mit ihr zu sympathisieren: «Wir hassten diejenigen, die während der Besatzungszeit für die Deutschen arbeiteten», erzählte später eine Zeitzeugin aus Weißrussland. «Ich selbst musste ebenfalls viele Monate für sie arbeiten. Das hatte ich mir nicht ausgesucht – ich war mit Gewalt dazu gezwungen worden. Aber trotzdem lag mir das schwer auf dem Herzen. Auch wenn nicht alle dieser Deutschen mich schlecht behandelt haben: Ich hatte Angst, und es war mir zutiefst widerwärtig.»[40]

Hitler hatte zwar zu Beginn des Krieges erklärt, dass niemand außer den Deutschen Waffen tragen dürfe, aber es wurde bald klar, dass die Besatzungsherrschaft nicht ohne bewaffnete einheimische Kräfte auskam. In den von Stalin 1939/40 annektierten Territorien bildeten sich aus den antikommunistischen Untergrundbewegungen Milizen und regelrechte Armeen, die danach strebten, nach dem Rückzug der Sowjetmacht die Kontrolle zu übernehmen. Die deutsche Militärverwaltung wollte jedoch selbst die Fäden in der Hand behalten und stellte eine eigene Hilfspolizei auf, die sich aus als zuverlässig eingeschätzten Einheimischen rekrutierte. Im weiteren Verlauf wurde die Hilfspolizei als «Schutzmannschaft» in die Befehlsgewalt des SS- und Polizeiapparates übernommen.

Als Hilfspolizist mit der Besatzungsmacht zu kollaborieren, musste nicht mit antikommunistischer oder prodeutscher Einstellung verbunden sein. Viele erhofften sich davon eher eine bessere Versorgung oder den Schutz vor der Deportation zur Zwangsarbeit nach Deutschland. Ab Sommer 1942 wurde die Hilfspolizei zudem von Untergrundkämpfern unterwandert, die mit der erhaltenen Ausrüstung das Weite suchten und sich den Partisanen anschlossen. Ansonsten waren die Angehörigen der «policaj» unter der Bevölkerung verhasst und ein bevorzugtes Ziel von Anschlägen der Partisanen.[41] Dort, wo die deutsche Besatzungspolitik mit lokalen Interessenkonflikten zwischen unterschiedlichen Partisanengruppen zusammentraf, trug die einheimische Polizei zur Eskalation der Gewalt maßgeblich bei.[42]

Zahlenmäßig bedeutender als die Hilfspolizei, die sich auf einige Zehntausend Mann belief, waren die innerhalb der Wehrmacht beschäftigten «Hilfswilligen» sowie die als geschlossene Einheiten organisierten «Ostlegionen». Man rekrutierte beide vor allem aus entlassenen Kriegsgefangenen, setzte dabei zunächst auf Freiwilligkeit, ging aber 1942 zunehmend zur Zwangsverpflichtung über. Die «Hilfswilligen» versahen Wach- und Hilfsdienste. Seit Oktober 1941 wurden zusätzlich ganze Einheiten aus Einheimischen aufgestellt, bevorzugt aus Ukrainern, Kosaken und Muslimen, weil man bei ihnen von einer sowjetfeindlichen Einstellung ausging. Hitler genehmigte den Einsatz dieser Formationen erst im August 1942, als der Partisanenkrieg hinter der Front seinen ersten Höhepunkt erreichte. Die Masse dieses aus Sowjetbürgern rekrutierten Personals wurde hinter der Front eingesetzt, ein Teil auch zum Kampf gegen die Partisanen.[43] Im weiteren Verlauf des Krieges wurden zwei ukrainische Divisionen aufgestellt, eine turkestanische Division, eine galizische SS-Division und mehrere Kosakendivisionen. Viele Kosaken hatten im Bürgerkrieg gegen die Bolschewiki gekämpft und ihre antisowjetische Einstellung beibehalten. Die Männer gruben nach der Ankunft der Deutschen ihre Waffen wieder aus und boten im traditionellen Kriegsgewand zu Pferd ihre Dienste an. Die Zahl der auf deutscher Seite kämpfenden Kosaken stieg bis 1944 auf 250 000.[44]

Während sich Hitler überzeugen ließ, Ukrainer, Muslime, Kaukasier und Kosaken mit Waffen auszurüsten, verweigerte er sich beharrlich der Kooperation mit Russen. Die nichtrussischen Nationalitäten und die Kosaken ließen sich gegen Russland instrumentalisieren, aber eine nationalrussische Befreiungsbewegung passte nicht in das nationalsozialistische Konzept der Zerstörung und Unterjochung Russlands. General Andrej Vlasov, der im Juli 1942 in Gefangenschaft geriet, bot den Deutschen an, eine russische Befreiungsarmee aufzustellen und gemeinsam mit der Wehrmacht gegen die Sowjetherrschaft zu kämpfen. Trotz Hitlers Ablehnung einer Kooperation konnte Vlasov im Dezember 1942 mit Rückendeckung deutscher Diplomaten und Offiziere eine russische Befreiungsbewegung ins Leben rufen. Sein Wunsch, gegen Stalin zu kämpfen, erfüllte sich jedoch erst im September 1944, als die militärische Lage schon aussichtslos war.[45]

Eine Gratwanderung mussten diejenigen vollziehen, die sich für die lokale und regionale Verwaltung zur Verfügung stellten. Das sowjetische Verwaltungspersonal war mit der Roten Armee abgezogen und die deutsche Besatzungsmacht war personell nicht in der Lage, alle notwendigen Posten mit eigenen Leuten zu besetzen. Die Aufrechterhaltung einer Administration lag nicht nur im Interesse der Deutschen, sondern war auch für das Überleben der Zivilbevölkerung notwendig. Das Personal rekrutierte sich aus Angehörigen der Bildungsberufe, die nicht evakuiert worden waren, sowie aus Volksdeutschen und Emigranten. In den Dörfern wurden Ortsälteste (*starosta*) und neue Kolchosvorsitzende eingesetzt. Die Situation der Verwalter war prekär, denn sie konnten nicht im Interesse der Bevölkerung agieren, sondern erhielten ihre Anweisungen von der Besatzungsmacht. Sie mussten Ortsfremde anzeigen, die Stellung von Zwangsarbeitern und Hilfspersonal organisieren und wurden von der Besatzungsmacht auf vielfältige Weise in Verbrechen hineingezogen.[46]

Insgesamt vollzog sich 1942 ein Wandel in der Einstellung der Bevölkerung zu den Besatzern. Die vor allem in der Ukraine verbreiteten anfänglichen Hoffnungen auf ein besseres Leben als unter Stalin waren schnell enttäuscht worden. Die Deutschen behielten die verhassten Kolchosen bei, benutzten sie als Instrumente zur Kontrolle über die Agrarproduktion und erwiesen sich nicht als Befreier, sondern als brutale Besatzer. Die Ermordung der Juden, die Ausplünderung des Landes und die Repressalien gegen die Zivilbevölkerung hatten eine nachhaltige Wirkung auf die Menschen. In Interviews mit Zeitzeugen, die ein halbes Jahrhundert später gemacht wurden, erzählten fast alle Befragten von Gräueltaten, die sie hatten erleben oder mit ansehen müssen, und etliche verwiesen darauf, dass die Deutschen erst mit dieser Besatzungspolitik den Widerstand der Bevölkerung provozierten, zumal sie die Gewalt offen und demonstrativ ausübten.[47] «Während meiner Arbeitszeit hatte ich oft Gelegenheit, als Augenzeuge zu sehen, wie die Hitler-Henker zum Schacht [...] sowjetische Bürger brachten, sie dort töteten und ihre Leichen in den Schacht warfen», berichtete ein Arbeiter aus dem ostukrainischen Kohlerevier. «Die Erschießung sowjetischer Bürger haben die Faschisten am Tage durchgeführt. [...] Täglich kamen mehrere Lastwagen an. [...] Die Hitler-Leute zwangen ihre Opfer am Schacht, mit dem Gesicht zum Schacht niederzuknien, und schossen sie in den Hinterkopf. Männer und Frauen, Alte und Kinder wurden erschossen.»[48]

Angesichts des Verhaltens der Besatzer entschieden sich im Laufe des Jahres 1942 immer mehr Bewohner der besetzten Gebiete für den Widerstand, schlossen sich den Partisanen an oder unterstützten sie.[49] Der Partisanenkrieg ist in der sowjetischen Erinnerung an den Zweiten Weltkrieg stark überhöht worden, weil er den Kampf des Volkes gegen die Okkupanten zu verkörpern schien. Dabei war gerade das Verhältnis zwischen Partisanen und Zivilbevölkerung ein sehr komplexes. Die Partisanen waren 1941 aus versprengten Rotarmisten sowie aus sowjetischen Funktionären, denen nicht rechtzeitig die Flucht gelungen war, entstanden. Ab 1942 erhielten sie Verstärkung durch jüdische Flüchtlinge und junge Männer, die sich dem Arbeitseinsatz in Deutschland entziehen wollten. In der Anfangsphase handelte es sich weder um eine «Bewegung», noch war an einen Kampf gegen die Besatzungsmacht zu denken, da die Versprengten kaum über militärische Ausrüstung verfügten, Hunger litten und froren. Sie zogen sich in unwegsame Waldgegenden zurück und schlossen sich zu kleinen Gruppen zusammen, um den Winter zu überleben. In Ermangelung eigener Lebensmittelgrundlagen waren sie auf die Unterstützung der Dorfbevölkerung angewiesen. Diese war anfangs dazu bereit, aber überfordert, als die Partisanen immer zahlreicher wurden, zumal sich die Partisanen ortsfest in den großen Wäldern aufhielten, sodass immer dieselben Dörfer betroffen waren. Die Partisanen waren bis zum Sommer 1942 nicht in der Lage, die Bevölkerung vor den Deutschen zu beschützen, sondern traten im Gegenteil als zusätzliche Landplage in Erscheinung. Plünderungen und gewaltsame Übergriffe gegen die Zivilbevölkerung standen auf der Tagesordnung.[50]

Im Winter 1941/42 begann die Moskauer Führung die Partisanen unter ihre Kontrolle zu bringen. 30 000 Parteimitglieder und Komsomolzen wurden durch die deutschen Linien geschleust – die Front war aufgrund ihrer Überdehnung an vielen Stellen durchlässig – oder mit dem Fallschirm in Partisanengebieten abgesetzt, um die Gruppen militärisch zu organisieren.[51] Im Laufe des Jahres 1942 wurden die Partisanengruppen von Moskau aus zu militärischen Einheiten zusammengefasst und dem Kommando des Ende Mai 1942 geschaffenen *Zentralen Stabes der Partisanenbewegung* unterstellt. Der an der Spitze des Stabes stehende weißrussische Parteisekretär Ponomarenko unterwarf die Partisanen einer strengen Disziplinierung und Zentralisierung. Jede Partisaneneinheit erhielt einen Offizier, und auch der NKVD war präsent, um mit den üblichen Mitteln für die Linientreue und die Einhaltung der aus Moskau kommenden Befehle zu sorgen.

Erst jetzt wurden die Partisanen zu einer militärisch relevanten Größe, indem sie die rückwärtigen Einrichtungen der Besatzungsmacht und die Versorgungslinien der Wehrmacht überfielen. Wehrmacht und Polizei konterten mit einer systematischen Bekämpfung der Partisanen, die regelmäßig in Massenmorde mündete, weil die Deutschen auf Abschreckung durch Terror setzten und die Zivilbevölkerung durch massive Repressalien davon abzuhalten versuchten, Partisanen Unterschlupf zu gewähren oder zu versorgen. Die Partisanenverbände hatten ihre Stützpunkte vor allem in den großen Wald- und Sumpfgebieten Weißrusslands, die von den Deutschen nicht kontrolliert werden konnten.[52] Ihr militärischer Wert im Kampf gegen die Besatzungsmacht wird heute eher skeptisch beurteilt. Sie störten die Nachschubwege, ermordeten Funktionsträger der Verwaltung und banden deutsche Sicherungstruppen. Vielerorts beschränkten sie sich aber auf die Herrschaftsausübung in den von ihnen kontrollierten Gebieten, ohne die Deutschen anzugreifen, verübten Anschläge auf Kollaborateure in der eigenen Bevölkerung und unternahmen Raubzüge.[53] Zur Strategie der Partisanen gehörte es auch, mit Attentaten Vergeltungsaktionen der Deutschen zu provozieren, um einen Keil zwischen Zivilbevölkerung und Besatzungsmacht zu treiben. Auf diese Weise trugen sie vorsätzlich dazu bei, dass die Gewalt der Besatzungsmacht gegen die Zivilbevölkerung weiter eskalierte. Das Schicksal der von den Vergeltungsaktionen betroffenen Bauern war den Kommandeuren der Partisanenabteilungen und dem Stab in Moskau gleichgültig.[54]

Besonders unübersichtlich waren die Verhältnisse in der Ukraine und in Weißrussland, wo neben den aus Moskau gelenkten Partisanen auch nationalistische Formationen agierten. Letztere kooperierten zeitweise mit den Deutschen, kämpften aber am Ende sowohl gegen die Besatzungsmacht als auch gegen die kommunistischen Partisanen, sodass der Partisanenkrieg den Charakter eines Bürgerkriegs annahm.[55] Die Bauern waren mit «roten», «weißen» und jüdischen Partisanengruppen konfrontiert und differenzierten zwischen ihnen, je nachdem wie bedrängt sie sich jeweils fühlten. Manche Dörfer stellten Milizen auf, um sich vor Angriffen der Partisanen zu schützen. In diesem Wirrwarr von kämpfenden Parteien eskalierte die Gewalt besonders grausam.[56]

Der Alltag der Partisanen war hart. Vor allem der erste Winter machte ihnen schwer zu schaffen, da sie in selbst errichteten Hütten und Erdlöchern und ohne medizinische Versorgung leben mussten. Mit der Bildung der Partisanengebiete konnten sie ab 1942 auf bestehende Dörfer zurückgreifen. Dennoch plagten sie Infektionskrankheiten, Läuse, Skorbut und andere Mangelerscheinungen. Der Terror des NKVD erzeugte ein ähnliches Klima der Angst, wie es in den regulären Einheiten der Roten Armee herrschte, denn wer einen Verdacht auf sich zog, konnte schnell erschossen werden.[57] Was die Partisanen motivierte durchzuhalten, war vor allem die grausame deutsche Besatzungsherrschaft. Ein Partisanenführer formulierte das so: «Wir im Wald glauben, dass uns der Kommunismus (den siebzig bis achtzig Prozent von uns hassen) zumindest am Leben lässt, wohingegen die Deutschen mit ihrem Nationalsozialismus uns entweder erschießen oder aushungern würden.»[58] Eine nicht unbeträchtliche Rolle spielte natürlich auch die Kriegswende. Mit der erfolgreichen Gegenoffensive der Roten Armee seit dem Herbst 1942 wurde es immer wahrscheinlicher, dass die Deutschen den Krieg verlieren würden. Wie Stalin nach dem gewonnenen Krieg mit Verrätern und «Volksfeinden» umgehen würde, konnte man sich nach den Erfahrungen der 1930er Jahre unschwer ausmalen.

10. Neufundierung und Ernüchterung 1945–1953

Großmacht und Kalter Krieg

Nach dem Zweiten Weltkrieg war die Sowjetunion nicht nur weithin verwüstet, sondern es zeichnete sich 1947/48 ab, dass die Rückkehr zum Frieden nur eine bedingte war, weil sich das Verhältnis zwischen der Sowjetunion und den Westalliierten rasch verschlechterte und in den Kalten Krieg mündete, zu dessen Entstehung die Sowjetunion mit ihrer Politik in den

Ländern Ostmitteleuropas entscheidend beitrug. Der Kalte Krieg verhinderte, dass die Sowjetunion vom Westen Wiederaufbaukredite und Hilfen erhielt, wie sie Deutschland und anderen Ländern zugute kamen. Die Amerikaner hatten schon wenige Monate nach der deutschen Kapitulation die kostenlosen Lieferungen des *Lend-Lease*-Programms eingestellt.[1] Die Sowjetunion bediente sich zwar des Einsatzes von Zwangsarbeitern und Kriegsgefangenen aus Deutschland, sie demontierte in ihrer Besatzungszone und in begrenztem Umfang anfangs auch in den westlichen Besatzungszonen ganze Fabriken und Eisenbahnanlagen und holte sich deutsche Fachleute ins Land, sie beutete ihren neu hinzugewonnenen Machtbereich in Ostmitteleuropa gezielt aus – aber trotzdem gestaltete sich der Wiederaufbau der zerstörten Städte und Infrastruktur als schwierig.

Die Sowjetunion war durch den Sieg über Deutschland zur Großmacht geworden. Sie hatte die 1918 erlittenen Gebietsverluste weitgehend wieder ausgeglichen und beherrschte darüber hinaus das ganze östliche Europa bis zur Elbe. Das Trauma von 1941 hatte allerdings ein hohes Sicherheitsbedürfnis verursacht. Aus sowjetischer Sicht musste die neue Friedensordnung die Garantie bieten, dass Deutschland niemals wieder in der Lage sein würde, die Sowjetunion anzugreifen. Aus diesem Sicherheitsbedürfnis resultierten die Schaffung eines Glacis von Satellitenstaaten und die Beibehaltung der sowjetischen Militärpräsenz mitten in Deutschland. Großmacht zu sein und halb Europa besetzt zu halten, hieß jedoch nicht nur, dass man der eigenen Bevölkerung vor Augen führen konnte, welchen Ruhm die Sowjetunion erlangt habe, sondern auch, dass man ein Millionenheer unterhalten und die Produktion weiterhin auf Rüstungsgüter konzentrieren musste. Die Bedürfnisse der Bevölkerung blieben dabei zwangsläufig auf der Strecke.[2] Die neue Rolle als Großmacht und Mittelpunkt eines Imperiums von Satellitenstaaten veränderte die Rahmenbedingungen nicht nur der sowjetischen Außenpolitik, sondern ihrer gesamten Entwicklung. Fast alles, was sich zwischen 1945 und 1991 ereignete, sei es im ökonomischen, sozialen oder kulturellen Bereich, hatte in irgendeiner Weise einen Bezug entweder zum Ost-West-Konflikt oder zum Verhältnis zwischen der Sowjetunion und den anderen kommunistischen Ländern.

Die Koalition mit den Westmächten war durch die Umstände diktiert gewesen und dementsprechend brüchig, als der Krieg gewonnen war. Die ideologischen Gegensätze hatten sich durch das Bündnis nicht vermindert. Auf den Kriegskonferenzen von Teheran (1943) und Jalta (Januar 1945) konnte Stalin den Westalliierten große Zugeständnisse abringen. Sie bestätigten die sowjetischen Gebietsgewinne aus dem Hitler-Stalin-Pakt und kompensierten Polen auf Kosten Deutschlands durch die Verschiebung seiner Westgrenze an Oder und Neiße. Der Vorbehalt, dass die völkerrechtlich verbindliche endgültige Grenzregelung erst später durch den noch auszuhandelnden Friedensvertrag erfolgen sollte, war rhetorischer Natur, zumal die Potsdamer Konferenz im August 1945 die Vertreibung der deutschen Bevölkerung aus den von Polen angeblich nur vorläufig verwalteten Gebieten genehmigte. Durch die Westverschiebung Polens sicherte sich Stalin einen erheblichen territorialen Gewinn auf Kosten Polens und installierte Polen mit einer strategisch günstigen, gut zu verteidigenden Westgrenze als Pufferstaat, der eine Wiederholung des deutschen Überfalls für alle Zeiten unmöglich machen sollte. Die Westalliierten ließen zu, dass die Sowjetunion auf Kosten ihrer westlichen Nachbarn expandierte und das gesamte östliche Europa von Bulgarien bis Polen unter ihre Kontrolle brachte. Das lag nicht, wie häufig vermutet wurde, an einer naiven Fehleinschätzung Stalins durch Roosevelt und Churchill, sondern vielmehr an der Macht des Faktischen. Die Rote Armee hatte die größte Last des Krieges getragen und stand nun in Mitteleuropa. Die militärische und politische Lage der Sowjetunion hatte sich damit gegenüber der Vorkriegszeit grundlegend verändert.

Nach der Kapitulation Deutschlands wurden schnell die Gegensätze innerhalb der Koalition der Sieger deutlich. Schon auf der Konferenz von Potsdam im Juli und August 1945 konnten wichtige Fragen nicht einvernehmlich entschieden werden. In den folgenden beiden Jahren verhärteten sich auf beiden Seiten die Standpunkte, sodass sich ab 1948 zwei Machtblöcke gegenüberstanden und der Kalte Krieg mit der Blockade Berlins seinen ersten Höhepunkt erreichte.

Die Entstehungsgeschichte des Kalten Krieges ist Gegenstand kontroverser Deutungen, die nach wie vor unter dem eingeschränkten Zugang zu den die außenpolitischen Entscheidungen Stalins betreffenden Akten leiden. Was die über das vordergründig Erreichte hinausgehenden Absichten und Wünsche Stalins betrifft, so ist die Forschung weiterhin auf Mutmaßungen und Indizien angewiesen. Fest steht, dass die Sowjetunion nach der Erfahrung des ihre Existenz bedrohenden Krieges ein starkes Sicherheitsbedürfnis hatte, dass sie aus Gründen des Wiederaufbaus, aber auch der nachhaltigen Schwächung Deutschlands, auf Reparationen aus ganz Deutschland, nicht nur aus ihrer Besatzungszone bestand, dass sie in den von ihr kontrollierten Ländern sowjetfreundliche Regierungen haben wollte und den Westmächten zunehmend misstrauisch gegenüberstand. Alles Übrige ist recht unsicher. Auch wenn die Entwicklung letztlich in scheinbar unaufhaltsamer Stringenz in diese Richtung verlief, ist keineswegs klar, dass Stalin von Anfang an auf die Sowjetisierung Ostmitteleuropas und der sowjetischen Besatzungszone Deutschlands hinarbeitete und mit seiner Politik zielstrebig die Teilung

Deutschlands und Europas herbeiführte. Die Teilung Deutschlands erscheint nach heutigem Kenntnisstand eher als Notlösung. Den Interessen der Sowjetunion hätte ein Gesamtdeutschland, aus dem man Reparationsleistungen hätte pumpen können, mehr entsprochen. Auch die letztendlich erfolgte Einbeziehung des westdeutschen ökonomischen und militärischen Potenzials in ein gegen die Sowjetunion gerichtetes Bündnis, die NATO, konnte kein von Stalin angepeiltes Ergebnis sein. Die Politik der ersten zwei Jahre nach Kriegsende deutet vielmehr darauf hin, dass Stalin kein von vornherein feststehendes Konzept verfolgte, sondern offenbar mehrere Optionen parallel laufen ließ und auf die Politik der Westmächte reagierte.[3]

Schon während des Krieges hatte Stalin ein Interesse an festen territorialen Absprachen erkennen lassen – im Sinne der um die Jahrhundertwende zwischen Russland und England erzielten Konfliktvermeidung. Da sich die USA nicht darauf einließen, mit der Sowjetunion eine formale Abgrenzung der Einflusssphären zu treffen, sondern sich prinzipiell vorbehielten, Demokratie, freie Marktwirtschaft und Freihandel auch in Osteuropa zu fördern, ging Stalin dazu über, die Sicherheitssphäre in Eigenregie durch die Schaffung von Fakten zu realisieren. Zweifellos provozierte er mit seiner repressiven Politik in den von der Sowjetarmee kontrollierten Ländern das Misstrauen und die Besorgnis des Westens, dass die Sowjetunion ihre militärische Präsenz ausnutzen werde, um den besetzten Ländern ihr System aufzudrücken, und es möglicherweise in einem weiteren Schritt auf andere Länder ausdehnen werde. Die sowjetischen Quellen lassen aber den Schluss zu, dass es nicht vorrangig um «Revolutionsexport», sondern um imperiale Macht- und Sicherheitspolitik ging. Die kommunistischen Regime in Osteuropa sollten vor allem die Funktion des dauerhaft von Moskau abhängigen und zuverlässigen Sicherheitsgürtels erfüllen.[4]

Eine entscheidende Weichenstellung vollzog sich im Zusammenhang mit dem europäischen Wiederaufbauprogramm, das der amerikanische Außenminister George Marshall am 5. Juni 1947 ankündigte. Der Marshallplan – seinerseits die Reaktion der Amerikaner auf die Einschätzung, dass ein ökonomisch daniederliegendes Europa anfällig für kommunistische Umstürze sein würde – provozierte eine Verhärtung der sowjetischen Politik. Die sowjetische Führung hatte nicht von Anfang an ausgeschlossen, am Marshallplan teilzunehmen, und Molotov führte im Juni 1947 mit Frankreich und Großbritannien darüber Gespräche. Seine Forderungen, dass Deutschland nicht einbezogen werden dürfe, solange die Reparationen nicht bezahlt und kein Friedensvertrag unterzeichnet sei, und dass die amerikanische Hilfe in eigenverantwortlich und in voller Souveränität der einzelnen Länder realisierte nationale Wiederaufbaupläne überführt werden solle, stießen jedoch auf Ablehnung. Die sowjetische Wahrnehmung war nicht falsch, dass die Annahme der Finanzhilfe nicht nur die Beibehaltung der Marktwirtschaft, sondern auch westlichen politischen Einfluss in den betroffenen Ländern nach sich gezogen hätte. Beides lag nicht im sowjetischen Interesse. Stalin lehnte daher die Teilnahme der Sowjetunion am Marshallplan ab, zwang die ostmitteleuropäischen Länder, die amerikanische Hilfe ebenfalls zurückzuweisen, und forcierte im Machtbereich der Sowjetarmee in den Jahren 1947 und 1948 die gesellschaftlich-politische Umgestaltung in Richtung auf eine Übernahme des sowjetischen Systems.[5]

Daraus und aus der von den Westmächten zielstrebig verfolgten Weststaatsgründung resultierte auch die Teilung Deutschlands. Möglicherweise hielt sich Stalin nach 1949 noch andere Optionen offen, wenngleich die berühmte Stalin-Note vom 10. März 1952 heute überwiegend als taktisches Manöver interpretiert wird, mit dem er die Westintegration der Bundesrepublik Deutschland stören wollte.[6] Dass Stalin damals wirklich gewillt war, die DDR aus dem sowjetischen Machtbereich zu entlassen und die gesellschaftspolitische Umgestaltung rückgängig zu machen, ist nach neuesten Erkenntnissen unwahrscheinlich. Eine völlig absurde Option war es jedoch nicht, denn ein neutrales, sowjetfreundliches Deutschland ohne amerikanische militärische Präsenz hätte zwar die Lage in Europa unberechenbarer gemacht, aber die sowjetische Position eher gestärkt als geschwächt.

Folgen des Krieges

Die Sowjetunion ging als Sieger aus dem Krieg hervor, aber sie hatte für den Triumph einen hohen Preis gezahlt: Die menschlichen und materiellen Verluste waren immens, die Aufbauarbeit einer ganzen Generation war ruiniert. Die materiellen Verluste ließ Stalin penibel dokumentieren – zur Untermauerung von Reparationsforderungen und weil man mit dem Bild eines komplett verwüsteten Landes eine Zeitlang ökonomische Probleme und Mängel in der Versorgung erklären konnte.[7] Die Verluste an Menschenleben spielte er herunter. Sieben Millionen Sowjetbürger hätten im Krieg ihr Leben verloren, behauptete Stalin 1948. Erst sein Nachfolger Chruščev erhöhte die Zahl auf 20 Millionen, seit Gorbačev spricht man offiziell von 27 Millionen (genauer: 26,6).[8]

Die Frage der sowjetischen Kriegsopfer ist neuerdings zum Gegenstand einer kontroversen Diskussion unter russischen Historikern und Demographen geworden, die es problematisch macht, die bisher in der Literatur weithin gebräuchlichen Zahlen als scheinbar feststehende Größen fortzuschreiben. Die offizielle Gesamtzahl von 26,6 Millionen Kriegsopfern ist das Ergebnis der Differenz zwischen den Bevölkerungszahlen vom Juni 1941 und Dezember 1945 unter Abzug der in diesem Zeitraum geborenen Kinder und einer auf der Grundlage der Sterbeziffer von 1940 extrapolierten Zahl von 11,9 Millionen Personen, die auch ohne den Krieg eines natürlichen Todes gestorben wären. Die Eckdaten dieser Bilanz, nämlich die Zahlen für Juni 1941 und Dezember 1945, beruhen nicht auf Volkszählungen, sondern auf der zwischen den Volkszählungen von 1939 und 1959 fortgeschriebenen amtlichen Bevölkerungsstatistik. Den Anteil der militärischen Verluste errechnete eine vom Verteidigungsministerium eingesetzte Kommission unter Generaloberst Grigorij Krivošeev zu Beginn der 1990er Jahre mit 8,668 Millionen (einschließlich der ums Leben gekommenen Kriegsgefangenen). Damit würde der Großteil der Todesopfer, nämlich 17,9 Millionen, auf die Zivilbevölkerung entfallen.[9]

Neuere russische Arbeiten ziehen diese Zahlen in Zweifel, sehen darin den Versuch des Militärs, die Verluste der Roten Armee kleinzurechnen, und verweisen darauf, dass sie sich nicht mit anderen Befunden in Einklang bringen lassen. Zum einen war die Regierungskommission, die 1946 im ganzen Land mit großem Aufwand die Kriegsschäden dokumentiert hatte, zu einer Zahl von 6,8 Millionen zivilen Opfern gelangt und hatte dabei vermutlich sogar viele Personen als tot registriert, die geflüchtet oder untergetaucht waren und erst in den darauffolgenden Monaten wieder an ihre Wohnorte zurückkehrten.[10] Zum anderen lassen voneinander unabhängige Berechnungsmethoden heute eine Gesamtzahl der militärischen Verluste (einschließlich der ums Leben gekommenen Kriegsgefangenen) in der Höhe von 19,4 bis 20,6 Millionen realistisch erscheinen.[11] Hält man die demographische Gesamtbilanz von 26,6 Millionen Kriegsopfern aufrecht, reduzieren sich demnach die zivilen Opfer auf 6–7,2 Millionen, was den Ergebnissen der Kommission von 1946 entspräche. Die Berechnungsmethode der Gesamtbilanz wird allerdings inzwischen ebenfalls angezweifelt. Je nachdem, in welche Richtung sie die Zahl der natürlichen Todesfälle korrigieren, beziffern seriöse Autoren die demographischen Gesamtverluste der Sowjetunion im Zweiten Weltkrieg auf Werte zwischen 16 Millionen (11,5 Millionen militärische und 4,5 Millionen zivile)[12] und 38,5 Millionen (20,6 Millionen militärische und 17,92 Millionen zivile).[13]

26,6 Millionen Tote entsprächen dem Verlust von 13 Prozent der Gesamtbevölkerung. Das wäre in etwa die gleiche prozentuale Größenordnung der demographischen Verluste, die Deutschland im Zweiten Weltkrieg zu verzeichnen hatte. Im Vergleich dazu waren die Gesamtverluste der Westalliierten gering: England verlor 0,9 Prozent seiner Bevölkerung, Amerika einschließlich des asiatischen Kriegsschauplatzes nur 0,3 Prozent.[14] Diese Zahlen machen deutlich, wo der Zweite Weltkrieg vorrangig stattfand und wo er entschieden wurde, nämlich an der Ostfront, das heißt bis 1944 auf dem Boden der Sowjetunion. Die militärischen Verluste der Sowjetunion waren selbst bei Annahme der offiziellen Zahlen deutlich höher als die des Kriegsgegners. Die deutschen militärischen Verluste beliefen sich nach heutigem Kenntnisstand auf 5,3 Millionen, davon 3,6 Millionen gegenüber der Sowjetunion,[15] zuzüglich mindestens 360 000 in sowjetischem Gewahrsam verstorbener Kriegsgefangener.[16] Hält man die Größenordnung der sowjetischen militärischen Verluste von 20 Millionen für realistisch, dann beträgt das Verhältnis der Verluste etwa vier zu eins, was durchaus mit dem in Einklang steht, was über die Kriegführung der Roten Armee aus anderen Quellen bekannt ist.

Drei Viertel der Menschenverluste der Sowjetunion während des Krieges entfielen auf Männer. 1940 war das Verhältnis zwischen Männern und Frauen annähernd ausgeglichen gewesen. 1946 lag die Zahl der Männer um mehr als 20 Millionen unter derjenigen der Frauen. Das Ungleichgewicht war besonders ausgeprägt in der Altersgruppe der 20- bis 44-Jährigen. Der Wiederaufbau wurde in vielen Bereichen zu einer Sache der Frauen, viele Kinder und Jugendliche wuchsen vaterlos auf. Bereits während des Krieges waren Halbwüchsige in die Produktion einbezogen worden und hatten maßgeblich zum Unterhalt von Familien beigetragen. Daran änderte sich 1945 zunächst nichts. Die schlechten Lebens- und Arbeitsbedingungen führten zu hohen Krankheitsraten, körperlichen Mangelerscheinungen und zu einer hohen Jugendkriminalität. Weder der Staat mit Kinderheimen und Schulen noch die durch den Krieg zerrissenen oder zerstörten Familien boten einen Rückhalt.[17]

Millionen Menschen fanden, als sie in ihre Dörfer und Städte zurückkehrten, nur mehr abgebrannte Ruinen vor. Die Wohnungsnot war schlimmer als in Deutschland, wo die Ausgebombten und Flüchtlinge immerhin in den ländlichen Gebieten untergebracht werden konnten. In der Sowjetunion aber waren nicht nur die Städte, sondern auch die Dörfer zerstört. Die sowjetische Landwirtschaft hatte sich vor dem Krieg gerade erst halbwegs von den katastrophalen Folgen der Kollektivierung erholt und war jetzt in den westlichen Landesteilen zusätzlich geschwächt durch die Zerstörung der Gebäude, den Verlust von Vieh und nicht zuletzt durch die Millionen Kriegstoten, die überwiegend auf die Landbevölkerung entfielen. Zu allem Überfluss kam es 1946 zu einer Dürrekatastrophe, die eine Missernte und eine Hungersnot zur Folge hatte.[18]

Nicht jeder Sowjetbürger konnte sich 1945 als Sieger fühlen. Für die Bewohner derjenigen Länder und Gebiete im Westen, die Stalin 1939/40 annektiert hatte, bedeutete der sowjetische Sieg, dass die unfreiwillige Einverleibung in die Sowjetunion auf absehbare Zeit besiegelt wurde. In der Wahrnehmung der dort lebenden Menschen wurde ihre Heimat 1944/45 von der Roten Armee nicht (oder nicht nur) befreit, sondern zurückerobert. Zehntausende flüchteten aus der Westukraine und aus dem Baltikum nach Westen, um der sowjetischen Herrschaft und Verfolgung zu entrinnen. In Lettland und Litauen wurde noch bis in die 1950er Jahre ein Partisanenkrieg gegen die Sowjetarmee geführt. Ähnlich war es in den von Polen abgetrennten Gebieten. Der Partisanenkrieg der Ukrainischen Aufstandsarmee gegen die Sowjetmacht dauerte ebenfalls bis in die 1950er Jahre.[19]

Die Wiederherstellung der Sowjetmacht in den zurückeroberten Gebieten war mit der Rückkehr des stalinistischen Terrorapparates verbunden und in den 1939/40 annektierten Territorien zusätzlich mit der nachholenden Zwangskollektivierung der Landwirtschaft.[20] Wer sich während des Krieges im besetzten Gebiet aufgehalten hatte, galt als potenzieller Verräter, erhielt einen Eintrag in die Personalpapiere und wurde häufig noch Jahre später diskriminiert. Die Organe des NKVD folgten der Roten Armee auf dem Fuß und nahmen Hunderttausende Personen fest, um sie zu überprüfen.[21] Schon 1939/40 hatten im Baltikum und in der Westukraine Säuberungen und Deportationen stattgefunden. Dieser gewaltsame Zugriff des Staates auf die Bevölkerung wiederholte sich nun 1945 und abermals 1948/49 im Zuge der Kollektivierung. Die Repressionen zielten auf die Austrocknung der antikommunistischen Widerstandsbewegungen und die Entfernung sozial unerwünschter Personen. Von der Deportation betroffen waren bis zum Beginn der 1950er Jahre etwa 200 000 Ukrainer, 140 000 Litauer, 42 000 Letten, 20 000 Esten und 36 000 Moldawier.[22] Schwerlich als Sieger konnten sich auch die 2,3 Millionen Angehörigen der während des Krieges geschlossen deportierten Nationalitäten fühlen. Sie waren kollektiv als Verräter und Kollaborateure stigmatisiert und leisteten bis Mitte der 1950er Jahre in Sondersiedlungen und in der Arbeitsarmee Zwangsarbeit. Erst unter Chruščev wurde dieses diskriminierende Sonderregime aufgehoben.

Besondere Probleme bereiteten der Nachkriegsgesellschaft die Gewalterfahrungen und die Brutalisierung der Kriegsteilnehmer, die Integration der demobilisierten Rotarmisten und die Ausgrenzung der Heimkehrer aus Kriegsgefangenschaft und Zwangsarbeitseinsatz in Deutschland. Viele hatten in der Vorstellung gekämpft, nach dem Krieg werde alles besser sein. Während des Krieges und unmittelbar nach dem Krieg gingen Gerüchte um, Stalin werde die Kolchosen auflösen und den Bauern ihr Land zurückgeben, denn die Kolchosen seien unter den Bedingungen des Friedens nicht mehr notwendig.[23] «In der Armee haben wir oft darüber geredet, was nach dem Krieg sein würde», erinnerte sich ein Journalist, «wie wir am Tag nach dem Sieg leben würden, und je näher das Ende des Krieges rückte, um so öfter dachten wir daran, und vieles erschien uns in rosigem Licht.»[24] Doch das erwartete Fest blieb aus. Die Träume und Sehnsüchte wichen einer Ernüchterung, als die Frontheimkehrer merkten, dass sie in ein Land zurückkehrten, in dem Not herrschte, und dass ihnen die Eingliederung ins Zivilleben schwerfiel. Das betraf besonders die zwischen 1923 und 1927 Geborenen, denn sie kannten häufig außer dem Dienst an der Waffe kein Handwerk. Mit der Lösung der Probleme im Alltag überfordert, neigten viele zu Gewaltanwendung. Die Zahl der Raubüberfälle und Vergewaltigungen stieg in der unmittelbaren Nachkriegszeit stark an.[25]

Ausgesprochen schäbig war der Umgang des Staates mit dem Heer der Kriegsversehrten. Ihnen wurde nur zu einem geringen Teil die erforderliche medizinische und psychologische Betreuung zuteil. Der Staat zielte in geradliniger Fortsetzung der in den 1930er Jahren verfolgten Politik darauf, ihre Arbeitskraft maximal auszunutzen und das Thema Invalidität ansonsten zu tabuisieren. Die offizielle Zahl von nur zwei Millionen Kriegsinvaliden ist vor dem Hintergrund der Gesamtzahl von 34 Millionen Soldaten, die während des Krieges mobilisiert worden waren, und mehr als 18 Millionen Verwundeten[26] viel zu tief gegriffen und spiegelt die restriktiv gehandhabte Anerkennungspraxis wider. Die staatliche Pension reichte zum Überleben nicht aus. Die einen wurden vom Arzt trotz erheblicher Kriegsverletzungen für arbeitsfähig erklärt, andere hatten Probleme, eine geeignete Arbeit zu finden. Bettelnde Invaliden gehörten zum normalen Erscheinungsbild städtischer Plätze und Bahnhöfe des ersten Nachkriegsjahrzehnts. Aus den Helden waren über Nacht Aussätzige geworden, denen es bis 1956 sogar verboten war, sich in Verbänden zu organisieren.[27]

Eine besondere Tragödie ist das Schicksal der aus Deutschland heimgekehrten sowjetischen Kriegsgefangenen und Zwangsarbeiter. Die Kriegsgefangenen wussten seit Stalins Befehl vom 16. August 1941, dass sie als Verräter kriminalisiert waren und man ihre Angehörigen, besonders bei Offizieren, stellvertretend bestraft hatte. Sie wurden erst 1995 rehabilitiert und als Kriegsteilnehmer anerkannt. Wer sich als Hilfswilliger, Polizist oder gar Mitglied eines Kampfverbandes mit den Deutschen eingelassen hatte, war in noch gravierenderer Weise straffällig geworden. Nicht einmal «Ostarbeiter», die gegen ihren Willen nach Deutschland verschleppt worden waren, wurden als Opfer des Krieges betrachtet, sondern unter den Generalverdacht der Kollaboration gestellt.[28] Bis zum 1. März 1946 wurden 4,2 Millionen Sowjetbürger repatriiert, davon 2,7 Millionen Zivilpersonen und 1,5 Millionen Kriegsgefangene. Bis 1952 folgten noch 100 000 Nachzügler.[29] Etwa eine halbe Million entzog sich der Repatriierung und verblieb im Westen. Dabei handelte sich vor allem um Einwohner der 1939/40 annektierten Gebiete und um Russlanddeutsche, die vor der herannahenden Roten Armee nach Westen evakuiert worden waren und es geschafft hatten, in den westlichen Besatzungszonen Deutschlands unterzutauchen. Der größere Teil der Russlanddeutschen befand sich bei Kriegsende im «Warthegau» und wurde nach Kasachstan, Zentralasien und Sibirien deportiert. Sich in die westlichen Besatzungszonen geflüchtet zu haben, war kein Schutz vor der Repatriierung, denn die Westalliierten lieferten Sowjetbürger auch gegen deren Willen an die sowjetischen Repatriierungskommissionen aus.

Für die Überprüfung der Repatrianten wurden in der sowjetischen Besatzungszone Deutschlands und in den sowjetischen Häfen «Filtrierlager» errichtet, wo man sie in Kategorien einteilte und ihre weitere Behandlung festlegte. 2,4 Millionen, die meisten von ihnen ehemalige «Ostarbeiter», wurden direkt nach Hause entlassen, lebten aber noch jahrzehntelang mit dem Stigma der Minderwertigkeit und Unzuverlässigkeit. Von den Kriegsgefangenen wurden 800 000 sofort wieder in die Armee eingegliedert, allerdings im Zuge der allgemeinen Demobilisierung ab 1946 entlassen. 608 000 Repatriierte landeten in Arbeitsbataillonen, 273 000 wurden dem NVKD übergeben und mussten in Speziallagern und Sondersiedlungen Zwangsarbeit leisten. Letzterer Kategorie wurden alle Personen zugerechnet, denen man unmittelbare Kollaboration vorwarf, aber auch 123 500 Offiziere, die die deutsche Gefangenschaft überlebt hatten. Der NKVD beschuldigte sie der Spionage und antisowjetischen Verschwörung. Von 57 repatriierten Generälen wurden 23 erschossen, fünf zu Lagerhaft verurteilt, zwei starben in der Untersuchungshaft, 27 wurden wieder in die Armee eingegliedert. Diejenigen Offiziere, die zunächst wieder in den Dienst übernommen oder in die Reserve entlassen worden waren, wurden zwischen 1946 und 1952 Opfer von Repressionen. Das galt auch für viele andere ehemalige Kriegsgefangene und zivile Repatrianten. Den Hintergrund bildete das im Zusammenhang mit dem entstehenden Kalten Krieg wachsende Misstrauen gegen Spione und Verräter.[30] Der Großteil derjenigen, die in der deutschen Armee oder in antisowjetischen Kampfformationen als gemeine Soldaten gedient hatten, kam für sechs Jahre in Sondersiedlungen. Die Offiziere wurden als politische Verbrecher verurteilt. General Vlasov und einige exponierte Offiziere der Russischen Befreiungsarmee wurden 1946 zum Tode verurteilt und hingerichtet.[31] 1952 wurden die meisten der etwa 96 000 Vlasov-Leute aus den Sondersiedlungen entlassen, die Übrigen in den Jahren 1953 bis 1955. Im September 1955 erließ das Präsidium des Obersten Sowjets eine Amnestie über die Sowjetbürger, die mit der Besatzungsmacht kollaboriert hatten.[32]

Hatten die Heimkehrer es geschafft, unbehelligt nach Hause zu gelangen, so waren sie häufig entsetzt über die Zustände, die sie vorfanden. Ein Offizier schilderte, wie er die Ankunft bei der Mutter erlebte: «Auf dem Bahnhof sah ich Bettler in absoluter Armut, zerlumpte Menschen und barfüßige Kinder. Ich dachte: ‹Mein Gott, wofür haben wir gekämpft? Der Krieg ist doch schon zwei Jahre zu Ende.› Ich wollte nach Hause zu meiner Mutter, aber da gab es keine Straße, nur einen Fußweg durch den Wald. [...] Nahe dem Sowchos (Staatsgut) sah ich eine kleine Lehmhütte, ungefähr zwei Meter hoch. Ich dachte ‹Was ist das, für das Vieh?› Ich frage einen alten Mann, der da stand. Er antwortete: ‹Nein, da leben Menschen.› Es war schrecklich. [...] Ich blieb einen halben Monat dort und hielt es dann nicht mehr aus, ging in die Stadt. Meine Mutter weinte: ein Sohn an der Front gefallen, der Vater im Gefängnis, und wir leben schlechter als Hunde.»[33] Viele demobilisierte Soldaten wollten nicht mehr in den Kolchosen leben und zogen nach kurzem Aufenthalt im Heimatort in eine Stadt. Sie waren schockiert vom Zustand der Dörfer – auch in den Gebieten, die nicht von den Deutschen besetzt gewesen waren – und enttäuscht über das Fortbestehen des Kolchossystems.[34]

Für die Art und Weise, wie Kriegsheimkehrer die Verhältnisse in der Sowjetunion wahrnahmen, spielte eine Rolle, dass sie in Deutschland und den anderen mitteleuropäischen Ländern gesehen hatten, um wie viel besser die Menschen dort lebten. Das war eine völlig neue Erfahrung, denn vor dem Krieg hatte außer Funktionären und Fachleuten kaum ein Sowjetbürger Gelegenheit gehabt, außerhalb der Landesgrenzen Eindrücke zu sammeln. Nun konnten Millionen Menschen Vergleiche anstellen. «Der Kontrast zwischen dem Lebensstandard in Europa und unserem eigenen in der Sowjetunion versetzte ihnen einen emotionalen und psychischen Schock und änderte die Einstellung von Millionen Soldaten», meinte rückblickend der Schriftsteller Konstantin Simonov.[35] «Generell hat uns, als wir nach Deutschland gelangten, dort vieles verblüfft. Das hatte auch etwas mit der sowjetischen Propaganda zu tun», erzählte ein Heimkehrer. «Vor dem Krieg hatte man uns mit Plakaten vorgegaukelt, dass unser Land blühe und gedeihe, während anderswo die Menschen mehr oder weniger im Elend dahinvegetierten. Natürlich hat man das alles verglichen. Die Menschen verfügten über bessere Kleidung. Auf den Speichern gab es

Räume zum Wäschetrocknen. Selbst in den Kellern stand elektrisches Licht zur Verfügung, und sie waren so sauber, und die Einmachgläser standen da in Reih und Glied.»[36] Briefe sowjetischer Soldaten vom Frühjahr 1945 zeigen zwar, dass sich viele den unerwartet hohen Lebensstandard, den sie beim Einmarsch in Deutschland antrafen, mit der Ausbeutung Europas durch die Nationalsozialisten erklärten.[37] Dennoch kam so mancher ins Nachdenken und begann an der sowjetischen Propaganda zu zweifeln, denn selbst im Zustand der Kriegszerstörungen boten die Dörfer und Städte Deutschlands ein Bild des Wohlstands. «In Finnland, Polen und Deutschland sah ich, dass es den meisten Menschen besser ging als uns. Die sowjetische Propaganda hatte uns das Gegenteil gesagt. Die Sowjetregierung hatte uns belogen», schrieb ein Parteimitglied und Offizier, der nach dem Krieg nicht mehr in die Sowjetunion zurückkehrte.[38]

Unter dem Eindruck solcher Erfahrungen sehnten sich Millionen Sowjetbürger nach einem besseren und ruhigeren Leben. Während Stalin das politische und ökonomische System der Vorkriegszeit – mit gewissen Modifikationen – restaurierte und die im Krieg zugestandenen Freiräume beseitigte, gingen in der Gesellschaft Veränderungen vor sich. Die Hoffnungen, die in die siegreiche Beendigung des Krieges gesetzt worden waren, schufen einen besonderen psychologischen Rahmen für die Nachkriegsjahre. Auch wenn sie sich als Illusionen erwiesen, hatte sich die Art und Weise, wie die Menschen ihre Realität wahrnahmen und mit ihr umgingen, verändert.[39] Ähnlich wie nach den Feldzügen gegen Napoleon machten Offiziere Vorschläge für Veränderungen im eigenen Land. Was sie in Deutschland gesehen hatten, wurde durch den Kontakt mit westlichen Waren, Filmen und Musik ergänzt, die über die amerikanischen Hilfslieferungen während des Krieges ins Land gekommen waren. Das alles weckte die Erwartung, dass es nach dem Krieg eine große Öffnung gegenüber dem Ausland und allgemeine Liberalisierung geben werde.[40] Der Krieg hatte einen Gemeinschaftsgeist geweckt (das gilt vor allem für die ehemaligen Soldaten, die vielfach weiter untereinander Kontakt hielten), ein neues Bewusstsein für die eigene Verantwortung und das Recht, im öffentlichen Leben eine aktive Rolle zu spielen, in einer Sphäre, die das Regime bis dahin für sich allein beansprucht hatte. All das zusammen bewirkte eine gewisse staatsbürgerliche Emanzipation und moralische Kraft, die mit Streikwellen in den Straflagern in Verbindung gebracht wurde, wie sie in den letzten sechs Jahren von Stalins Herrschaft auftraten, und mit der nach seinem Tod einsetzenden kritischen Auseinandersetzung. Vorläufig konnten die Menschen an den vom System vorgegebenen Verhältnissen nichts ändern, ihre Hoffnungen mussten sie auf später verschieben, aber sie waren selbstbewusster geworden.[41] Das gilt insbesondere für die Frontkämpfer. Die Erfahrung, dass das Regime in einer Situation der Not von ihnen abhängig gewesen war, verband sich mit dem Stolz, selbst Großes geleistet zu haben, und der Durchsetzungsfähigkeit, die sie an der Front gebraucht und gelernt hatten. Viele junge Offiziere nahmen nach ihrer Demobilisierung leitende Posten in der Partei und in den Verwaltungsapparaten ein. Der Kontrast zwischen durchsetzungsstarken, dynamischen Frontkämpfern und müden Apparatschiks war ein beliebter Topos der Nachkriegsliteratur, beispielhaft etwa in Valentin Ovečkins Erzählung «Mit Grüßen von der Front» (1946) oder in Semen Babaevskijs Roman «Der Ritter des Goldenen Sterns» (1947/48). Die Helden dieser Geschichten sind Männer, die als Kolchosniki in den Krieg gezogen und dort zu Offizieren aufgestiegen waren und nach ihrer Rückkehr ins Zivilleben den Habitus des Frontoffiziers beibehielten, in Uniform auftraten und sich als selbstbewusste und effiziente Organisatoren erwiesen, die jedes Problem lösen konnten und alles für machbar erklärten.[42]

Das hohe Ansehen der Kriegsveteranen verband sich mit einer mythischen Überhöhung des Krieges, die den Menschen half, mit den schrecklichen Erlebnissen und Verlusten fertig zu werden. Der Sieg überstrahlte rückblickend alles, was sich auf dem Weg dorthin und vor dem Krieg ereignet hatte, und er verlieh den schweren Opfern einen Sinn. Die Mehrheit der Sowjetbürger betrachtete den Krieg als den entscheidenden Bezugspunkt in der eigenen Lebensgeschichte. Die Sinnstiftung durch den Sieg im Existenzkampf betraf auch die Leiden der 1930er Jahre. Das offiziell gepflegte Geschichtsnarrativ, das die Anstrengungen und Reinigungen der Vorkriegszeit als Voraussetzungen für den Sieg benannte, erleichterte den Menschen die Bewältigung der eigenen Traumata.[43] Sie verinnerlichten diese Rechtfertigung und näherten sich auf diese Weise dem Regime mental an. Der Krieg war nach Revolution, Bürgerkrieg, Kollektivierung und Terror die neue formative Erfahrung, welche die vorhergehenden überschattete oder sogar auslöschte. Zum ersten Mal konnten sich auch Menschen, die vorher unter dem Sowjetregime gelitten hatten, als Teil eines triumphalen Epos, als Helden fühlen.

Die individuelle Kriegserfahrung wurde somit zusammen mit dem Mythos vom «Großen Vaterländischen Krieg» zum Kristallisationspunkt einer «sowjetischen» Identität.[44] Das gilt auch für die nichtrussischen Nationalitäten. Die offizielle Darstellung überhöhte zwar den Anteil der Russen am Sieg. Anlässlich eines Empfangs im Kreml brachte Stalin am 24. Mai 1945 einen Toast auf das russische Volk als die führende Nation in der Sowjetunion aus – die Szene ist verewigt in einem bombastischen Ölgemälde von Michail Chmel'ko aus dem Jahre 1947, das zu Propagandazwecken in großer Auflage reproduziert wurde. Daneben achtete man aber darauf, dass sich in Geschichten und Filmen über den Krieg stets auch Angehörige anderer Nationalitäten wiedererkennen konnten. Unter der Führung der Russen hatte das Sowjetvolk als Ganzes in gemeinsamer Anstrengung und unter der Führung Stalins den Feind bezwungen – das war die integrative Botschaft, die nicht durch eine offene Auseinandersetzung mit den inneren Frontlinien, die sich während des Krieges aufgetan hatten, gestört werden durfte. Dazu passt, dass die Aburteilung von General Vlasov nicht in einem Schauprozess, sondern unbemerkt von der Öffentlichkeit erfolgte und seine Hinrichtung eher beiläufig in der Zeitung erwähnt wurde. Der eigentliche Grund seiner Verurteilung wurde dabei geflissentlich nicht genannt, sondern es war verschleiernd von «aktiver Spionage-, Diversions- und Terrortätigkeit» die Rede. Kollaboration und das Engagement in antisowjetischen Kampfeinheiten waren für die nächsten Jahrzehnte tabuisiert.[45]

Gleichzeitig stabilisierte diese Sinnstiftung die politische und sozioökonomische Ordnung, denn im Nachhinein schien der Sieg die Richtigkeit der stalinistischen Politik der 1930er Jahre zu bestätigen. «Das heilige Blut dieses Krieges reinigte uns von dem unschuldigen Blut der Entkulakisierten und vom Blut des Jahres 1937», schrieb der Schriftsteller Vasilij Grossman.[46] Der Sieg über Deutschland verlieh dem Sowjetregime und besonders dem «Generalissimus» Stalin eine neue Legitimation. Stalin war zu einem unantastbaren Übervater geworden. Er stand bis 1953 im absoluten Mittelpunkt der offiziellen Erinnerung an den Krieg. Niemand durfte Stalin die führende Rolle bei der Erringung des Sieges streitig machen – weder der gefährlich populäre Marschall Žukov, der schon 1946 auf den Posten eines Oberkommandierenden des Odessaer Militärbezirks abgeschoben wurde und aus der Öffentlichkeit verschwand, noch das Volk. Von daher wird verständlich, dass bis zu Stalins Tod nur vereinzelte Memoiren von Generälen erschienen und kaum Denkmäler errichtet wurden. Die wenigen Filme, die den Krieg thematisierten, waren eigentlich Filme über Stalin und gehören in den Kontext des Stalinkultes. Der 9. Mai, der 1945 als «Tag des Sieges» zum Feiertag erklärt worden war, wurde bereits 1948 zu einem nicht arbeitsfreien Gedenktag abgestuft. Für den Krieg an sich war neben Stalin kein Platz in der offiziellen Erinnerung.[47]

Gestaltungsvisionen

Die Jahre 1945 bis 1953 waren nicht nur eine Zeit der Restauration und als «Spätstalinismus» eine zu Ende gehende Ära, sondern zugleich der Anfang einer neuen Epoche, mit Trends, die über 1953 hinaus bereits auf die Chruščev- und Breženvzeit verweisen. Rekonstruktion und Neuerfindung waren ineinander verschränkt. Die neuere Forschung stellt die Nachkriegszeit daher nicht nur in die Kontinuität der 1930er, sondern auch der späten 1950er und 1960er Jahre.[48] In die Nachkriegszeit fallen etwa neue Anläufe zur beschleunigten Erreichung der kommunistischen Gesellschaft, die Chruščev fortführte. Der gewonnene Krieg hatte die Kommunisten darin bestärkt, dass sie als Vollstrecker einer historischen Gesetzmäßigkeit handelten und keine noch so starke Macht sie auf diesem Weg aufhalten könne. Den Funktionären und der Bevölkerung wurde suggeriert, dass man bald im Stadium des Kommunismus angekommen sein werde. 1947 hieß es in einem Entwurf für ein neues Parteiprogramm, die kommunistische Gesellschaft könne innerhalb von 20 bis 30 Jahren erreicht werden. Das Parteiprogramm ging davon aus, dass die Sowjetunion aufgrund gesteigerter Produktivität und Investitionen in der Schwerindustrie die Pro-Kopf-Produktion der führenden kapitalistischen Länder einschließlich der USA übertreffen werde.

Der Philosoph und Ideologe Colak Stepanjan schrieb 1948: «Wenn es möglich war, innerhalb von 20 Jahren seit dem Moment des Triumphes der Sowjetmacht unter den schwierigsten Bedingungen eine sozialistische Gesellschaft aufzubauen, dann ist es absolut möglich anzunehmen, dass nach der triumphalen Beendigung des Vaterländischen Krieges und der Wiederherstellung der ruinierten Nationalökonomie zwei weitere Dekaden ausreichen werden, um im Kern die höchsten Stadien des Kommunismus zu erreichen.» Die Aufsatzsammlung, in der dieser Beitrag erschien, wurde 1948 und 1949 in 120 000 Exemplaren gedruckt und Stepanjans Aufsatz 1951 in 200 000 Exemplaren neu aufgelegt, was die politische Bedeutung unterstreicht. Der Erste Sekretär des Komsomol versicherte den Delegierten des 11. Komsomolkongresses im März/April 1949, man stehe bereits unmittelbar vor der «kommunistischen Harmonie», dem Ende des Unterschieds zwischen geistiger und körperlicher Arbeit sowie zwischen Stadt und Land. Die «überwältigende Mehrheit» der sowjetischen Jugend, merkte ein anderer Sekretär an, besitze schon jetzt «alle Charakterelemente von Menschen der kommunistischen Gesellschaft». Die Blutsverwandtschaft, die an der Front zwischen Parteimitgliedern und Parteilosen geschmiedet worden sei, zeige sich nun im gemeinsamen Kampf beim Aufbau des Kommunismus.[49]

Derartige Aussagen griffen den Transformationsdiskurs der ersten Fünfjahrespläne wieder auf. Das Gleiche gilt für den «Stalin-Plan zur Umgestaltung der Natur», der im Oktober 1948 verabschiedet wurde. Hatten die Großprojekte der 1930er Jahre nur kleine exemplarische Inseln des Fortschritts dargestellt, so kündigte die Führung nun eine großflächige Transformation ganzer Landesteile an. Der «Stalin-Plan zur Umgestaltung der Natur» war das gigantischste Projekt der Stalinzeit, gewissermaßen der Inbegriff des Bewusstseins, das Land von Grund auf zu verändern und sich zum Herrn über die Natur aufzuschwingen. Er sah vor, innerhalb von 15 Jahren riesige Waldgürtel mit einer Gesamtfläche von 5,7 Millionen Hektar entlang der Flüsse im Süden der Sowjetunion anzupflanzen. Die Waldgürtel sollten die trockenen Ostwinde auffangen und das Klima der Steppenregionen in der südlichen Sowjetunion kühler und feuchter machen und die Bodenerosion verringern.[50]

Den Stalin-Plan zur Umgestaltung der Natur ergänzten fünf Großprojekte, die 1950 als die «Stalinschen Großbauten des Kommunismus» bezeichnet und zwischen 1948 und 1967 realisiert wurden: der Wolga-Don-Kanal, die damals weltgrößten Flusskraftwerke an der Wolga bei Kujbyšev und Stalingrad/Volgograd, der Kachovsker Stausee am Dnepr und der Turkmenische Hauptkanal. Flankierend kamen noch große Kraftwerke in Sibirien am Ob' bei Novosibirsk und an der Angara bei Irkutsk hinzu. Diese Kanal- und Staudammbauten sollten den wachsenden Bedarf an elektrischer Energie decken, in der Karakum-Wüste und in der Kaspischen Tiefebene durch Bewässerung den Baumwollanbau ermöglichen und das Klima der Südukraine, der kasachischen Steppe und Sibiriens im Sinne besserer Bedingungen für die Landwirtschaft verändern.[51] Etwa gleichzeitig entwarf der Hydrologe Mitrofan Davydov einen gigantischen Plan zur Umleitung der sibirischen Flüsse nach Süden. Statt nutzlos nach Norden zu fließen, sollte ein Teil der gewaltigen Wassermassen Sibiriens in die Steppen- und Wüstengebiete Zentralasiens und Kasachstans gelenkt werden. Während der Stalin-Plan und die Stalinschen Großbauten in Angriff genommen und bis in die 1960er Jahre hinein (mit Abstrichen) verwirklicht wurden, gab es über den Plan zur Umleitung der sibirischen Flüsse zwar immer wieder Diskussionen, aber er wurde nie umgesetzt.[52]

Unmittelbarer Auslöser für diese Projekte war die Dürrekatastrophe von 1946. Sowjetische Wissenschaftler nahmen sie zum Anlass, um darüber nachzudenken, wie man die traditionelle Anfälligkeit der Landwirtschaft für Missernten infolge von trockenen Sommern beseitigen könne. Dieses Bestreben traf sich mit dem stalinistischen Umgestaltungswillen und dem Bewusstsein, nach dem Sieg über Deutschland zu allem in der Lage zu sein.

Die Propaganda visualisierte den Stalin-Plan und die Stalinschen Großbauten in Plakaten und Gemälden, deren Bildsprache die Feldherrensemantik des Krieges aufgriff: Stalin in Marschallsuniform im Vordergrund oder mit dem Bleistift in der Hand an einem Kartentisch, hinter ihm beziehungsweise auf dem Tisch eine große Landkarte, auf der die zu schaffenden Waldgürtel, Staudämme und Kraftwerke wie Truppenverbände eingezeichnet waren, und auf der sich Wüsten und Steppen schon in blühende Landschaften verwandelten. Dazu die Bildüberschrift: «Auch die Dürre werden wir besiegen!» Die Botschaft war klar: Der Generalissimus hatte den Krieg gegen die Deutschen gewonnen, nun werde er auch den Krieg gegen die Natur gewinnen.

Die Projekte transportierten nach innen und außen eine Fortschrittsbotschaft und sind in einem globalen Kontext zu sehen. Große Staudammbauten und Aufforstungsprojekte zur Bekämpfung von Dürrekatastrophen und Bodenerosion waren in den 1930er Jahren auch in den USA mit hoher Priorität vorangetrieben worden. Weltweit ging von Wasserkraftwerken eine besondere Faszination aus. Insofern repräsentierten die sowjetischen Planungen ein damals international übliches Denken und wurden daher von den Zeitgenossen im Westen ernst genommen und bewundert. Nicht nur in der Sowjetunion blühte damals der Glaube an die Wasserkraft als saubere und unerschöpfliche Energiequelle, zumal der Bau von Staudämmen nebenbei verführerische Möglichkeiten eröffnete: Man konnte neben der Stromerzeugung Überschwemmungen vermeiden, die Trinkwasserversorgung verbessern, landwirtschaftliche Flächen bewässern und rund um die Stauseen neue Erholungsgebiete schaffen. Staudämme wurden nicht nur in der Sowjetunion als Inbegriff des Fortschritts und «Kathedralen der Elektrizität» überhöht und als Brückenköpfe der Moderne begriffen. Stromnetze und Kraftwerke wurden zu gesellschaftlichen Integrationsfaktoren, zu Symbolen von Macht und Tatkraft, zum Mittel der Durchdringung von Peripherien und Kolonien durch den Staat, zum Instrument der kulturellen Homogenisierung. Die Sowjetunion lässt sich diesbezüglich in das von der internationalen Umweltgeschichte entwickelte Konzept des «1950er-Syndroms» einordnen, gemäß dem die durch den Zweiten Weltkrieg angestauten Entwicklungspotenziale der Industrienationen sich in den 1950er Jahren entfalten konnten und zu einer Beschleunigung und einem tiefen Einschnitt im Umgang mit Energie, Natur und Technik führten. Bis zur Ölkrise von 1973 gab es einen internationalen Hang zu Großprojekten, verbunden mit dem Traum fortwährender Prosperität.[53]

Daneben benutzte die stalinistische Führung die Vision von den blühenden Landschaften als Mobilisierungsstrategie. Das Jahr 1948, in dem der

Stalin-Plan verkündet wurde, markierte den Beginn einer neuen Beschleunigungsphase im Stil des ersten Fünfjahresplans. Die «Stalinschen Großbauten des Kommunismus» sollten eine neue Aufbruchsstimmung erzeugen. Das Programm wurde zu einem Zeitpunkt verkündet, als viele Sowjetbürger ihre mit dem gewonnenen Krieg und dem Wiederaufbau gehegten Hoffnungen enttäuscht sahen.[54] Der propagandistische Aufwand war enorm. Eine Flut von Broschüren, Artikeln, Büchern, Plakaten, Filmen und Wochenschauberichten trug die Vision von der Umgestaltung des Landes ins Volk. Dmitrij Šostakovič komponierte 1949 ein Oratorium «Das Lied von den Wäldern».[55]

Die Umgestaltungseuphorie war typisch für das grundsätzliche Verhältnis der Bolschewiki zur Natur. Sie waren von der Vorstellung durchdrungen, dass der Mensch in der Lage sei, mit technischen Mitteln alles nach seinen Bedürfnissen zu verändern. Kommunistische Funktionäre, aber auch Ingenieure sahen nach der Revolution die Zeit gekommen, dass sich der sozialistische Mensch «mit der Umgruppierung der Berge und Flüsse befassen und die Natur ernstlich und wiederholt korrigieren» werde.[56] «Es gibt keine Festung, die die Bolschewiki nicht erobern könnten», lautete schon in den 1920er und 1930er Jahren eine beliebte Parole – und sie war nicht nur auf den Kampf gegen Feinde gemünzt, sondern wurde ausdrücklich auch im Kontext von technischen Herausforderungen und des Kampfes gegen die sich dem Umgestaltungswillen entgegenstellende Natur gebraucht. Der Wunsch, die Rückständigkeit Russlands zu überwinden, verband sich mit der marxistischen Philosophie zu einem anthropozentrischen Weltbild, das die Natur zum Objekt von Ausbeutung und technischer Eingriffe machte, verbunden mit einer Technikeuphorie und einem Machbarkeitswahn. Den Menschen von den Zwängen der Natur zu befreien und die Ressourcen der Natur immer umfassender zu nutzen, sich die Natur zu unterwerfen, war das Ziel. Die Natur war ein «Feind», der besiegt werden musste. Dieses Denken war schon in den 1930er Jahren allgegenwärtig gewesen und hatte auch in den Werken der Schriftsteller Maksim Gor'kij und Aleksej Tolstoj Ausdruck gefunden.[57] Nach dem Zweiten Weltkrieg wurden solche Ideen von der politischen Führung in großem Maßstab angepackt. Nun schien die Zeit reif für die Umsetzung der Visionen. Die neue Weltmacht Sowjetunion sollte auf diese Weise ein modernes Gesicht erhalten. Die Großbaustellen sollten die stalinistische Moderne sichtbar machen und fungierten als Ersatzschlachtfelder des Kalten Krieges, auf denen die Sowjetunion Überlegenheit und Siegeswillen zur Schau stellte und den Übergang zum Kommunismus vorbereitete.

Dabei war es aber – im Gegensatz zum Zahlenrausch des ersten Fünfjahresplans – nicht auf allen Gebieten die politische Führung, die als Erste visionäre Ziele formulierte. Die Großprojekte gewannen vielmehr eine Eigendynamik, da die politischen Entscheidungsträger angesichts der Komplexität der Systeme in zunehmende Abhängigkeit von den Experten gerieten. Die sowjetischen Politiker konnten in der Nachkriegszeit nicht mehr alles diktieren, sondern mussten sich mit Wissenschaftlern und Ingenieuren abstimmen, die Gestaltungs- und Führungsansprüche anmeldeten. Einzelne Forschungseinrichtungen stiegen zu Großorganisationen auf und akkumulierten viel Macht. Die Stalinschen Großbauten stellen das Ergebnis langwieriger Aushandlungsprozesse dar. Die Initiative kam nicht von Stalin, sondern von Experten, die auf drohende Stromengpässe hinwiesen. Möglich war die Realisierung aber nur, weil sich bei Stalin etwa gleichzeitig ein Stimmungsumschwung zugunsten der zwischenzeitlich wegen des Krieges gestoppten Großprojekte vollzog.[58]

Das neuerliche Akutwerden von Gestaltungsvisionen und der Anspruch auf Verkörperung von Modernität und Fortschritt schlugen sich auch im Städtebau nieder. Hier konnte man direkt an die 1930er Jahre anknüpfen. In Moskau schrieben sich die Nachkriegsjahre mit den markanten Hochhäusern im stalinistischen «Zuckerbäckerstil» in das Stadtbild ein. Während des Krieges hatte man die Arbeiten am Palast der Sowjets eingestellt und danach wegen der schwerwiegenden technischen Probleme, die der sumpfige Untergrund verursachte, bis auf weiteres zurückgestellt. Anlässlich des 800-jährigen Stadtjubiläums modifizierte man 1947 den Generalplan von 1935 und sah die Errichtung von acht Hochhäusern vor, die sich auf das Stadtgebiet verteilt ringförmig um den Palast der Sowjets gruppierten. Tatsächlich gebaut wurden zwischen 1948 und 1957 sieben davon. Sie waren deutlich kleiner als der Palast der Sowjets, aber mit ihrer signifikanten Turmarchitektur weithin sichtbare Zeichen und unterstrichen die Rolle der Sowjetunion als Siegermacht.

Die «sieben Schwestern», wie die Stalinhochhäuser auch genannt werden, schufen als Gegenstück zur Metro ein oberirdisches Orientierungssystem. Die sowjetischen Planer ließen sich bei ihrer Errichtung von amerikanischen Wolkenkratzern inspirieren. Amerika, nicht Europa, galt seit den 1920er Jahren als Symbol ökonomischer und technischer Effizienz, der es nachzueifern galt. In ästhetischer Hinsicht wollte man jedoch neue Maßstäbe setzen – immerhin hatte man schon in den 1930er Jahren den Anspruch erhoben, besser und schöner zu bauen als die Kapitalisten, und unter den Bedingungen der mit dem Kalten Krieg verbundenen Systemkonkurrenz durfte in Moskau auf keinen Fall die Skyline von New York kopiert werden. Die Hochhäuser mussten vielmehr nach innen und außen etwas originär Sowjetisches repräsentieren.[59] Man baute sie daher zwar technisch nach dem Vorbild amerikanischer Wolkenkratzer der 1920er und 1930er Jahre als mit Ziegelsteinen ausgefachte Stahlskelettkonstruktionen, verlieh ihnen jedoch die Optik massiver Steinbauten, indem man sie außen mit Naturstein- und Keramikplatten verkleidete, und übernahm markante Gestaltungselemente aus dem Entwurf für den Palast der Sowjets. Den charakteristischen turmförmigen Abschluss sahen ursprünglich nicht alle Entwürfe vor. Er war das Ergebnis einer Intervention Stalins, der Wert darauf legte, dass ein Bezug zu den Kreml-Türmen zu erkennen sei. Ansonsten orientierten sich die Hochhäuser an der russischen Neogotik des 18. Jahrhunderts, am «nationalen Stil» um 1900 und an neoklassizistischen Formen.[60] Sie gelten seither als Inbegriff des stalinistischen Eklektizismus und strahlten in die Satellitenstaaten aus. Nach ihrem Beispiel erhielten auch Warschau, Riga, Bukarest und Prag ähnliche Repräsentativbauten.

Mehr städtebauliche Gestaltungsfreiheit als in Moskau gab es in den vom Krieg stark zerstörten Städten. Schon 1944 hatte der Vorsitzende des Obersten Sowjets, Michail Kalinin, darauf hingewiesen, dass die Kriegszerstörungen die einmalige Chance zur «Schaffung authentischer sozialistischer Städte» böten. Ein Beispiel für den Versuch, auf dem Trümmerfeld des Krieges eine sozialistische Stadt zu bauen, ist Minsk, die Hauptstadt Weißrusslands. Unmittelbar nach dem Abzug der Deutschen begannen die Planungen, die in den Generalplan von 1946 mündeten. Analog zu den Diskussionen der 1920er und 1930er Jahre verstand man die zu schaffende sozialistische Stadt als Antithese zum westlichen Großstadt-Moloch und zur vorrevolutionären russischen Stadt mit ihren engen, krummen Straßen und dem Wildwuchs an Holzhäusern. Es dürfe keine Elendsviertel und keinen Gegensatz zwischen Zentrum und Peripherie geben. Den Arbeitern seien «normale Lebensbedingungen» (eine Formulierung Stalins) zu bieten. – Entkleidet man die Inhalte der in diesen Diskussionen anvisierten «sozialistischen Stadt» ihrer ideologischen Hülle, so bleiben als wesentlicher Kern die Prinzipien «Grün, Luft und Licht» sowie die Trennung der Bereiche Arbeit, Wohnen und Freizeit übrig. Damit entsprach die «sozialistische Stadt» weitgehend der von den Protagonisten der Internationalen Kongresse für moderne Architektur 1933 verabschiedeten Charta von Athen und stellt sich gar nicht so sehr als eine kommunistische Utopie, sondern als gemeinsamer Nenner internationaler Diskussionen dar.[61]

Wesentliche Elemente des Minsker Generalplans waren ein großer zentraler Platz mit repräsentativen Bauten, der sich für Paraden und Aufmärsche eignete, eine offene Bebauung mit Magistralen und Grünflächen, eine

Radial-Ring-Struktur nach Moskauer Vorbild und die großzügige Erweiterung des Stadtgebietes. Wichtigstes gestalterisches Element war die 48 Meter breite «Sowjetstraße» (1952 in «Stalin-Prospekt», 1961 in «Lenin-Prospekt» umbenannt). Sie bildete die Orientierungsachse der Stadt, an ihr befanden sich alle großen Plätze, öffentlichen Gebäude und wichtigen Geschäfte. Ihre architektonische Gestaltung mündete nach jahrelangen Querelen und Interessengegensätzen zwischen den zuständigen Behörden in eine banale Beliebigkeit und veranschaulicht zusammen mit der Überdimensionalität und Öde des zentralen Platzes das Scheitern der Idee der «sozialistischen Stadt». Konkreten Nutzen für die Bevölkerung hatten die prächtigen Wohnhäuser, die – ähnlich wie in Moskau – im Zentrum und entlang der Ausfallstraßen errichtet wurden. Arbeiter sollten nicht am Rand der Stadt, sondern im Zentrum wohnen und alle Vorzüge wie elektrisches Licht, Zentralheizung, WC und Warmwasser genießen – so hatte es Stalin gefordert. Freilich konnte in diesen Häusern nur eine Minderheit der städtischen Bevölkerung untergebracht werden. Die Mehrheit wohnte wie vor dem Krieg in der Kommunalka und in privaten Holzhütten, die sich die Zuzügler am Stadtrand und sogar auf innerstädtischen Freiflächen bauten. Die mit Türmchen und Ornamenten geschmückten Fassaden der massiven und in strenger Symmetrie entlang der Magistralen errichteten Wohnkomplexe dienten in Minsk ebenso wie in Moskau mehr der Beeindruckung der Vorbeifahrenden und der Zurschaustellung von Macht und Größe, als dass sie einen gewichtigen Beitrag zur Linderung der Wohnungsnot geleistet hätten.[62]

Lebensverhältnisse

«Überhaupt befinden sich alle Gebäude in Moskau, mit Ausnahme der im Kreml gelegenen und einiger neuer Monumentalkonstruktionen, in einem für unsere Verhältnisse einfach undenkbaren Zustande der Verlotterung. Teilweise sind die Nebenstraßen mit Steinpflaster belegt, zum großen Teil bestehen sie aber nur aus Löchern und Wasserpfützen. Man darf wohl behaupten, dass es in diesen Vierteln keine einzige ganze Hausmauer gibt; überall ist der Kalkverputz weggefallen, die Ziegelmauer angebrochen, einzelne Häuser sind in Ruinen zerfallen, ein Bild vollständiger Verwüstung.»[63] So schilderte ein Schweizer Diplomat 1946 die Zustände in Moskau. Im Zentrum und entlang der Magistralen ließ Stalin das äußere Erscheinungsbild der Großstädte bald verbessern. Von diesen kosmetischen Korrekturen abgesehen blieb jedoch der Zustand der sowjetischen Städte bis in die 1950er Jahre hinein erbärmlich.

Extreme Wohnungsnot und katastrophale sanitäre Verhältnisse kennzeichneten nach dem Krieg das Leben in den Städten. Das lag zum einen an den Kriegszerstörungen, zum anderen aber am völlig unzureichenden Wohnungsbau und an der Vernachlässigung der kommunalen Infrastrukturen seit der Revolution. In Moskau hatte die durchschnittliche Pro-Kopf-Wohnfläche bereits vor dem Krieg (1940) mit 4,1 Quadratmetern den absoluten Tiefpunkt erreicht und blieb bis in die 1950er Jahre auf diesem Niveau.[64] In den übrigen Städten war die Lage nur geringfügig besser. Der städtische Pro-Kopf-Wohnraum betrug 1950 im Schnitt 4,67 Quadratmeter. Die Bebauung der Städte hatte abseits des Zentrums wenig urbanen Charakter. Sie bestand überwiegend aus ein- oder zweistöckigen privaten Holzhäusern ohne Anschluss an die Kanalisation sowie aus Holzbaracken. Viele Menschen lebten 1950 immer noch in Erdlöchern und primitiven Hütten. Infolge dieser ungesunden Wohnverhältnisse breiteten sich Typhus, Ruhr und Tuberkulose aus und die Säuglingssterblichkeit blieb auf einem sehr hohen Niveau. Tuberkulose war um 1950 die Haupttodesursache bei Männern unter 50 und Frauen unter 40 Jahren.[65]

Außerhalb Moskaus lebte die Mehrheit der Bevölkerung in Häusern ohne Kanalisation, Wasserleitung und Zentralheizung – unabhängig davon, ob sich die Städte im deutschen Besatzungsgebiet befunden hatten oder nicht. Die Menschen holten das Wasser von öffentlichen Pumpen und Brunnen und verrichteten ihre Notdurft außerhalb der Häuser. Geheizt wurde mit Holzöfen in den Zimmern. Die hygienischen Verhältnisse verbesserten sich, als die Städte in den 1950er Jahren sukzessive an das Gasnetz angeschlossen und die Häuser mit Wasserleitung und Kanalisation ausgestattet wurden. Nun konnte man in der Wohnung heißes Wasser bereiten, sich waschen und musste sich die Toilette nur mit den (immer noch zahlreichen) Mitbewohnern teilen.

Ein großes Problem stellten die völlig veralteten und desolaten Kanalisationsanlagen dar. Viele Städte hatten gar keine Kanalisation, andere nur im Stadtzentrum und mit ungenügender Kapazität. Selten führten die Kanäle zu Kläranlagen, sondern mündeten direkt in Oberflächengewässer, sodass in manchen Städten das Trinkwasser mit Keimen verseucht war. Besonders gravierend war die Situation im Ural, weil die dortigen Städte durch die kriegsbedingte Verlagerung der Industrien geradezu explodiert waren und die stalinistische Kommunalpolitik der städtischen Hygiene keine hohe Priorität einräumte. Das galt auch für die Abfallbeseitigung. Selbst Moskau konnte 1946/47 nur zwei Drittel des Mülls und weniger als die Hälfte der Exkremente beseitigen. In anderen Städten war es noch viel schlechter. Der Müll wurde nicht abtransportiert, Jauchegruben wurden nicht geleert, Innenhöfe quollen vor Müll und Dreck über. Die öffentliche

Hand war überfordert und wusste keinen anderen Ausweg, als die Bevölkerung im Frühjahr an den Wochenenden zur Reinigung der Höfe und Straßen und zum Abtransport des Mülls zu mobilisieren. Unter diesen Bedingungen war das Leben in den Städten ein täglicher Überlebenskampf. Wasserholen, Wäschewaschen und Körperhygiene gerieten zur mühseligen und zeitaufwändigen Tätigkeit. Auch in den öffentlichen Wäschereien gab es kaum Waschmaschinen, sondern die Wäsche musste von Hand gewaschen werden. Für die Körperpflege waren die Menschen auf öffentliche Badehäuser angewiesen, die sich aber häufig in einem desolaten Zustand befanden und bis 1947 nur mangelhaft mit Seife versorgt waren.[66]

Die Lebensverhältnisse auf dem Land unterschieden sich nicht wesentlich von denen der 1930er Jahre. Die Kolchosniki konzentrierten ihre Arbeitskraft auf das private Hofland und minimierten ihren Aufwand für die Kolchose. Zugtiere waren knapp und die versprochene Mechanisierung der Landwirtschaft fand nur partiell statt. Während das Pflügen um 1950 schon überwiegend mit Traktoren vonstattenging, erfolgten die Aussaat und die Ernte immer noch von Hand. Infolge der schlechten Kommunikationsmittel konnten die Behörden und die Partei das Alltagsleben der Bauern in sehr viel geringerem Maße kontrollieren als das der Städter. Ein beträchtlicher Teil der ländlichen Bevölkerung befand sich immer noch außerhalb der Reichweite der Massenmedien, entweder weil sie nicht lesen konnten oder weil es in der Kolchose kein Radio und keine Zeitung gab. Viele Siedlungen hatten 1953 noch keinen Anschluss an das Stromnetz.[67]

Eine 1946 veranstaltete Kampagne zur Verringerung der privaten Anbauflächen verpuffte ergebnislos. Die privat bewirtschafteten Flächen wuchsen vielmehr und die Kolchosniki verteilten ihre Arbeitskraft noch geschickter als früher. Eine Taktik, um an mehr privates Hofland zu kommen, war die vorgetäuschte Aufsplitterung von Familien. Trotz der prinzipiellen Schollenbindung der Kolchosniki durch das Passgesetz von 1932 gab es aufgrund der Einkommensunterschiede eine Fluktuation zwischen den Kolchosen und eine starke Abwanderung in die Städte. Da die Industrie Arbeitskräfte benötigte, waren Kolchosvorsitzende angehalten, die Kolchosniki nicht am Weggang zu hindern. Individuell fanden die Kolchosniki Wege, ihr Los zu verbessern und die strengen gesetzlichen Regelungen zu unterlaufen, in ihrer Gesamtheit hatten sie aber keine Perspektive und lebten weiterhin am unteren Rand der Gesellschaft.[68] Die trostlose Situation in den Kolchosen der Nachkriegszeit fand auch ihren Weg in die Literatur. Fedor Abramov hat sie in seiner Novelle «Zwei Winter und drei Sommer» (1968) in bedrückender Weise beschrieben.[69]

Die südlichen Landesteile waren 1946/47 von einer schweren Hungersnot betroffen. Die unmittelbaren Ursachen lagen in einer dürrebedingten Missernte in den Hauptgetreideanbaugebieten, aber auch im Export von Getreide ins Ausland. 1946/47 gab es eine globale Nahrungsmittelknappheit. England musste das erste Mal in seiner Geschichte die Brotrationierung einführen.[70] West- und Mitteleuropa hatten 1945/46 unter einer schlechten Ernte gelitten, und Stalin hatte Anfang 1946 Polen, Bulgarien, Rumänien, aber auch Frankreich und 1947 noch der Tschechoslowakei auf deren Ersuchen hin vertraglich Getreidelieferungen zugesagt, um die Verlässlichkeit der Sowjetunion als Bündnispartner zu demonstrieren. Trotz der sich ab Mai 1946 abzeichnenden Dürre im eigenen Land erfüllte die Regierung ihre Lieferverträge, sodass für die eigene Bevölkerung zu wenig Getreidereserven übrig blieben.[71] In längerfristiger Perspektive fügt sich die Hungersnot von 1946/47 in ein Grundmuster sowjetischer Hungersnöte ein, das sich zwischen 1918 und 1947 dreimal wiederholte. Probleme bei der Versorgung der städtischen Bevölkerung mit Lebensmitteln resultierten 1918–1922, 1928–1933 und 1941–1947 in einer übermäßigen Belastung der ländlichen Bevölkerung mit Getreideablieferungen, sodass nicht genügend Vorräte angelegt werden konnten, um Ernteausfälle aufzufangen.[72]

Die Hungersnot von 1946 forderte zwischen einer und anderthalb Millionen Todesopfer und veranlasste fünf Millionen Menschen zur Flucht aus den Hungergebieten. Offiziell wurde die Katastrophe verschwiegen und in der Sowjetunion erst 1988 in der Perestrojka publik gemacht. Im Oktober 1946 reduzierte die Regierung das für die ländlichen Siedlungen verfügbare Getreide um 70 Prozent und entzog generell allen erwachsenen Familienmitgliedern, die selbst nicht berufstätig waren, den Anspruch auf eine Lebensmittelkarte. Das traf besonders die Familien der Arbeiter in den Kolchosen und hatte zur Folge, dass die Landbewohner auf der Suche nach Brot in die Städte strömten. Die Städte wimmelten im Frühjahr und Sommer 1947 von Bettlern. Dennoch scheint die Todesrate in den Städten höher gewesen zu sein als auf dem Land, weil ein Teil der Landbevölkerung auf Kartoffeln und Milch aus dem privaten Hofland zurückgreifen konnte. Durch Schlachtungen und Futtermangel verringerte sich 1946/47 der Bestand an Rindern, Schweinen, Schafen und Ziegen um mehrere Millionen Tiere. Mehr als zwei Drittel der Bauern in den Haupthungergebieten hatten 1947 keine Kuh mehr. Ab 1948 verbesserte sich die Versorgungslage, aber bis weit in die 1950er Jahre hinein war der Ernährungszustand der städtischen Bevölkerung schlecht.[73]

Nonkonformität

Der größte Teil der Bevölkerung war in der Nachkriegszeit mit dem Überleben beschäftigt. Umso erstaunlicher ist das Auftreten von Nonkonformität unter sowjetischen Jugendlichen seit Ende der 1940er Jahre. Ein Teil der städtischen Jugend provozierte mit öffentlich zur Schau gestellten nonkonformen Verhaltensweisen, auffälliger Kleidung und dem Tanzen zu amerikanischer Musik – und das ausgerechnet in den Jahren, in denen alles Amerikanische verpönt war. Jugend-Subkulturen traten auf, die sich über ihr Erscheinungsbild und den Musik- und Tanzgeschmack definierten. Konsum, nicht Ideologie, wurde die zentrale Identifizierungskategorie für einen Teil der Jugend. Trotzdem sahen sich die meisten dieser Jugendlichen nicht in Opposition zum System, sondern integrierten die neuen Praktiken in ihre sowjetische Identität. Sie erweiterten das Verständnis dessen, was als sowjetisch galt.[74] Es gab aber auch politische Nonkonformität in Gestalt von Untergrundgruppen, die sich in ihrer Opposition zum Stalinismus auf den Leninismus beriefen, obwohl ihre Mitglieder in den 1930er Jahren geboren waren, und ihre Legitimität aus Werten und Normen des sowjetischen Systems ableiteten.[75]

So entstanden fragmentierte Jugendkulturen und Identifikationsmuster von Individuen, die immer findiger darin wurden, zwischen den offiziellen und konkurrierenden Normen zu navigieren. Die Diskrepanz zwischen dem privaten und dem öffentlichen Leben war groß, allerdings blieben beide aufeinander bezogen. Die Jugendlichen schafften es, die widersprüchlichen Normen und Praktiken in einer Person zu vereinbaren. Sie pickten sich aus dem sowjetischen Vokabular Stücke heraus, die sie brauchen konnten, und ignorierten den Rest. Sie bejahten das Sowjetsystem in dem Sinne, dass sie seine Grundlagen nicht in Frage stellten, aber sie gingen mit ihm zynisch um, spielten die von ihnen erwarteten Rituale mit. Es war mehr die Performanz, die das System aufrechterhielt, weniger der innere Glaube. Auf diese Weise nahmen die Jugendlichen vorweg, was später unter Brežnev «entwickelter Sozialismus» genannt wurde, und erschienen als Vorboten einer neuen Ära. Sie waren die erste Generation, die Sowjetischsein nicht als Utopie, sondern als Beschreibung der Realität des Lebens begriff, offizielle Normen und Konventionen auf breiter Front ignorierte und dem Individualismus huldigte.[76]

Die auffälligste Subkultur der Nachkriegszeit waren die sogenannten Stiljagi. Mit diesem von «Stil» abgeleiteten Wort bezeichnete die sowjetische Presse junge Männer, die sich in provokanter «amerikanischer» Kleidung auf der Moskauer Gor'kij-Straße trafen und dort die Abende in der 1940 eingerichteten «Cocktail-Hall» oder im teuren georgischen Restaurant «Aragvi» verbrachten. Diese jungen Männer hatten keine Erinnerung an den Terror von 1937 und waren im Krieg Kinder gewesen. Ihnen fehlten somit zentrale Erfahrungen der älteren Generationen. Sie grenzten sich von den Frontkämpfern ab, die stolz ihre Kriegsauszeichnungen trugen, und definierten sich über Individualität, Konsum und Genuss: Modische Kleidung tragen, tanzen, Musik hören, amerikanische Filme ansehen (die als Kriegsbeute in großer Zahl in die Sowjetunion gelangt waren) – diesen *way of life* stellten sie provozierend öffentlich zur Schau. Die meisten von ihnen waren Kinder höherer Funktionäre, denn nur als solche hatten sie überhaupt Zugang zu den begehrten Konsumgütern. Das Phänomen war nicht nur in Moskau, sondern in vielen Städten anzutreffen und gewann in der Chruščevzeit noch erheblich an Bedeutung. Typischerweise wurde von den Jugendlichen die zentrale Straße der Stadt zum «Broadway» umcodiert, wo sie mit engen Hosen, bunt gefärbten Plateauschuhen, grellen Krawatten und Jacketts und «Tarzan-Frisur» flanierten (1951 waren Tarzan-Filme in sowjetischen Kinos gezeigt worden, und der Hauptdarsteller Johnny Weissmüller wurde zu einer Kultfigur der Jugendlichen), Tanzlokale und Bars bevölkerten und einen mit englischen Ausdrücken durchsetzten Jargon pflegten. Das Provokante an den Stiljagi bestand darin, dass sie demonstrativ unpolitisch waren und mit ihrer Kleidung und ihrem Verhalten die offizielle Leitkultur konterkarierten. In der Presse wurden sie verhöhnt und als Müßiggänger und Schmarotzer diffamiert. Auch bei vielen Bürgern stießen sie auf Ablehnung, wurden auf der Straße verspottet und angerempelt.[77]

Die Stiljagi können als Teil einer Rebellion von Jugendlichen interpretiert werden, die am Ruhm der Kriegsheimkehrer keinen Anteil hatten und nach Alternativen suchten, um sich persönlich zu profilieren, von der Masse abzuheben und interne Kohäsion herzustellen. Da Politik und Ideologie unter den Bedingungen des stalinistischen Systems völlig tabu waren, landeten sie bei amerikanischer Kleidung und Unterhaltungskultur.[78] Bemerkenswert dabei ist, dass diese Verhaltensweisen trotz der Anfeindungen möglich waren und die Jugendlichen nicht im Gulag landeten. Das spätstalinistische System erwies sich somit zwar nicht als prinzipiell tolerant, aber es gewährte bei allem Konformitätszwang gewisse Freiräume. Ohne das Vorhandensein eines Nachtlebens mit Bars und Tanzlokalen, in denen sich die Ober- und Mittelschicht amüsieren konnte, hätten die Stiljagi gar nicht aufkommen können.[79] Grundsätzlich gab das Regime den totalen Anspruch auf alle Bereiche des Lebens nicht auf und duldete offiziell keinen Rückzug in Privatheit und Individualität. In der Praxis konnte es diese Tendenzen nicht verhindern und unternahm auch keine Anstalten, gegen jede individuelle Abweichung die ganze Härte des Repressionsapparates einzusetzen. Diese Duldung konsumorientierten und individualistischen Verhaltens lässt sich in den Kontext des schon seit Mitte der 1930er Jahre zu beobachtenden Zugehens auf die Bedürfnisse der «verbürgerlichten» Mittelschichten («Big Deal») stellen, das sich auch in der spießigen heilen Welt des sowjetischen Literatur- und Filmschaffens der Nachkriegszeit spiegelte.[80]

Die Stiljagi hatten große Ähnlichkeit mit den gleichzeitig in England auftauchenden *Teddy Boys*. Ihre hartnäckige Existenz verdeutlicht, dass die Sowjetgesellschaft nach dem Krieg nicht mehr abgeschottet von der Außenwelt lebte, sondern internationale Trends mitvollzog. In fast allen Industrieländern bildeten sich in den 1950er Jahren jugendliche Subkulturen, die sich mit einem hedonistischen Lebensstil von der Kriegsgeneration, ihrem Geschmack und ihrem Wertesystem abgrenzten.[81] Das Sowjetregime konnte das Überschwappen von Unterhaltungskultur und Moden aus dem westlichen Ausland nicht mehr unterbinden. Das war der Preis für die Präsenz von Hunderttausenden sowjetischen Soldaten in Ost- und Mitteleuropa, denn es waren vor allem die sowjetischen Kriegsheimkehrer und Besatzungssoldaten, die Konsumgüter, Kleidung, Schallplatten und andere erstrebenswerte Dinge nach Hause transferierten. Einfache Soldaten durften monatlich acht Kilogramm, Offiziere 16 Kilogramm Beute aus Deutschland nach Hause schicken. Als Marschall Žukov im März 1946 nach Moskau zurückkehrte, füllten seine persönlichen Trophäen sieben Güterwaggons.[82] Schallplatten mit Jazzmusik wurden bald von findigen Privatproduzenten illegal auf benutzte Röntgenfilme kopiert, die man sich aus Krankenhäusern abzweigte, und fanden so ihren Weg zu den Liebhabern amerikanischer Musik. In Ost-Berlin und Wien waren die Besatzungssoldaten in den Nachkriegsjahren dem direkten Kontakt mit westlicher Unterhaltungs- und Konsumkultur ausgesetzt. Außerdem strahlten die *BBC* und die *Voice of America* im Rahmen des Kalten Krieges Propagandaprogramme in russischer Sprache aus, die viele Sowjetbürger erreichten. Der Verbreitung westlicher Spielfilme schließlich leistete das Regime selbst Vorschub: Da die sowjetische Filmindustrie nach dem Krieg die Nachfrage bei weitem nicht decken konnte, beschloss das Politbüro 1948, einige in Deutschland erbeutete Filme zu zeigen. Der Erfolg war so groß, dass weitere 50 solcher Filme deutscher, französischer und amerikanischer Provenienz freigegeben wurden – mit der Konsequenz, dass westliche Musik und die Anschauung westlicher Kleidung und Verhaltensweisen weit ins Volk getragen wurden. Was die Sowjetbürger in diesen Beutefilmen sahen, war zwar nicht mehr der aktuelle Stand, aber dennoch ein Fenster nach Westen.[83]

Der Komsomol versuchte, den unerwünschten Neigungen der Jugendlichen entgegenzuwirken, konnte aber gegen die Attraktivität amerikanischer Filme und Tanzmusik wenig ausrichten. Die Stiljagi an sich waren nur eine kleine marginalisierte Minderheit, aber sie erwuchsen aus einer allgemeinen Tendenz der Nachkriegsjugend zu unpolitischer Unterhaltung und neugieriger Rezeption von allem, was die Kriegsheimkehrer und Besatzungssoldaten aus dem Westen mitbrachten. Komsomolfunktionäre klagten über die große Verbreitung und Beliebtheit westlicher Musik in beinahe allen Jugendklubs. Jugendliche bevorzugten Kleidung, die sich an dem orientierte, was sie sich unter westlicher Mode vorstellten. Der Anspruch des Komsomol, die sowjetische Jugend zu repräsentieren und ihre Identität zu definieren, erwies sich somit zu Beginn der 1950er Jahre nur noch als imaginär.[84] Besonders wenig Erfolg hatte der Komsomol bei den Studenten. Die Studenten aus bessergestellten Familien entzogen sich weitgehend der politischen Beeinflussung, indem sie nicht in den Wohnheimen lebten und sich in der Freizeit in Bars, Restaurants und im privaten Milieu aufhielten.[85] Die Studentengeneration, die während des Krieges herangewachsen war, legte zum Teil ein stärkeres Selbstbewusstsein als diejenige vor dem Krieg an den Tag. Das äußerte sich in einer Distanz gegenüber der Propaganda und der konformistischen Kultur des Komsomol. Dabei konnte man dennoch an die Verheißungen des Kommunismus glauben und dem Regime loyal gegenüberstehen. Eine ehemalige Studentin beschrieb rückblickend diese Ambivalenz der Werte unter den Mitstudenten am Polytechnischen Institut in Leningrad Ende der 1940er Jahre:

«Wir waren unzweifelhaft patriotisch im Geist jener Zeit: Unsere Heimat war großartig, wir hatten den Krieg gewonnen, hielten uns selbst für die Junge Garde und gründeten sogar einen so benannten Klub. Doch wir reagierten auch auf das, was wir für die Korruption der Gesellschaft hielten: etwa auf das Mädchen, das schlecht lernt, doch gute Noten bekommt, weil es die Tochter eines Musterarbeiters oder -ingenieurs ist, und so weiter. Es gab viele ähnliche Dinge, die uns missfielen: die obligatorischen Vorlesungen über die Parteigeschichte; den Dozenten, der von uns verlangte, unsere Komsomolmitgliedsnummer auf den Umschlag unseres Übungshefts zu schreiben; den Mangel an Aufrichtigkeit, den wir aus der Propaganda herausspürten, mit der wir in eine bestimmte Richtung gelenkt werden sollten. Uns erschien der Komsomol als Karrieristenverein, und wir hielten uns von ihm fern. Stattdessen gründeten wir unseren eigenen Kreis am Institut, in dem wir uns trafen, um miteinander zu trinken und über politische Ideen zu diskutieren. Wenn jemand unsere Gespräche belauscht hätte, wären wir verhaftet worden, doch unsere gefährlichen Unterhaltungen schlossen uns nur noch fester zusammen. In unserem Kreis war es ein Zeichen der Zugehörigkeit, gegen den Stalinkult zu sein. Nach ein paar Gläschen konnte der eine oder andere sehr kühn werden und einen sarkastischen Trinkspruch ausbringen: ‹Auf den Genossen Stalin!› Dann lachten wir alle.»[86]

Spätstalinismus

Die Existenz nonkonformer Jugendsubkulturen steht im Kontrast zu der 1946 in ideologischer und kultureller Hinsicht angebrochenen Eiszeit, die die relative Duldsamkeit der Kriegsjahre beendete. Auf die beginnende Ost-West-Konfrontation reagierte die sowjetische Führung mit einer Verschärfung der Kulturpolitik, um das Eindringen schädlicher Einflüsse aus dem Ausland zu verhindern und diejenigen, die Kontakt mit dem Ausland gehabt hatten, wieder umzuerziehen und gegen die Verlockungen westlicher Kultur zu immunisieren. Die Methoden dieser Politik bestanden in der Gleichschaltung der sowjetischen Kulturproduktion auf das vage definierte Ideal des «sozialistischen Realismus», in der Verunglimpfung amerikanisch-westlicher Kultur und all derer, die sie sich zu eigen machten, und in der Herausstellung der Überlegenheit Russlands. Der Ost-West-Konflikt wurde von Anfang an als eine umfassende System- und Kulturkonkurrenz empfunden, mit der Konsequenz, dass es keinen Bereich gab, der ausgespart blieb, und der Kalte Krieg mitten in die Sowjetunion hineingetragen wurde. Die entsprechende ideologische Unterfütterung lieferte der Leningrader Parteisekretär und für Ideologie und Kultur zuständige Sekretär des Zentralkomitees, Andrej Ždanov, im September 1947 mit seiner außenpolitischen Rede von den «zwei Lagern».

Ždanov war die Schlüsselfigur dieser Jahre. Seit Mitte der 1930er Jahre unterhielt er ein Nahverhältnis zu Stalin, wurde von ihm gefördert und galt als sein «Kronprinz». Die «Ždanovära» (*ždanovščina*) in der Kulturpolitik begann mit einer Rede des ZK-Sekretärs, die am 14. August 1946 in einen Beschluss des Zentralkomitees mündete. Ždanov griff darin die Schriftsteller Michail Zoščenko und Anna Achmatova an und schmähte sie als «Abschaum» und «Schmierfinken». Er warf ihnen vor, durch zersetzenden Negativismus den Sowjetstaat zu diskreditieren und durch Formalismus der Konterrevolution Vorschub zu leisten. Die Verlage wurden angewiesen, solche schädlichen Werke nicht mehr zu publizieren.[87]

Unter den Schriftstellern und Künstlern machte sich Angst breit. Es wurde zwar niemand zum Tode verurteilt, aber Achmatova und Zoščenko wurden im September 1946 aus dem Schriftstellerverband ausgeschlossen und moralisch-gesellschaftlich geächtet. Sie konnten fortan nicht mehr publizieren, verloren ihre Einkünfte und sogar die Lebensmittelkarten. Wie ihnen erging es in der Folge auch anderen Kulturschaffenden. Die unmissverständliche Botschaft Ždanovs lautete: Mit dem Liberalismus ist es nun zu Ende, Literatur und Kunst haben nicht zu kritisieren, sondern den Sozialismus zu preisen und positive Helden als Vorbilder zu präsentieren. Alles, was nicht dem offiziellen Idealbild entsprach, wurde als dekadent, widerlich, volksfremd oder pornographisch diskreditiert. In der Folge wurde das gesamte Kulturleben reglementiert. Parallel zu den Literaten gerieten die Theater und die Filmschaffenden in Bedrängnis: Im August 1946 kritisierte das Zentralkomitee, dass die sowjetischen Theater zu viele ausländische Stücke im Repertoire hätten. Kurz darauf wurden die Filmproduzenten angegriffen, weil sie entweder den Alltag in der Sowjetunion nicht rosig genug zeigten oder sich – wie der berühmte Sergej Ėjzenštejn – durch ihre künstlerischen Ausdrucksmittel angeblich vom Volk entfernt hatten. Auch die Wissenschaften wurden gegängelt, und zwar nicht nur die Geistes-, sondern auch die Naturwissenschaften.[88]

Die strenge Reglementierung der sowjetischen Filmindustrie in der Nachkriegszeit bewirkte einen qualitativen Niedergang, der aber vom Publikum nicht unbedingt so wahrgenommen wurde. Die wenigen sowjetischen Spielfilme, die damals produziert wurden, zogen Millionen Zuschauer an. Die heile Welt, die ihnen die Filme vorgaukelten, besaß inmitten des Nachkriegselends durchaus ihre Anziehungskraft. Ein typisches Produkt dieser Jahre war der Film «Die Kubankosaken» (1950), ein Folklore-Musical, das vor dem Betrachter einen phantastischen Popanz vom glücklichen Leben in der Kolchose erschuf: Vor Kraft und Gesundheit strotzende, gut gekleidete, unbeschwerte und fröhliche Kolchosbauern, die im Überfluss leben, von Lebensmitteln und hochwertigen Konsumgütern überquellende Marktstände, rauschende Feste – das alles war völlig absurd und hatte mit der Realität auf dem Land nichts gemein, aber der Film war ein Riesenerfolg, weil er den Menschen die Möglichkeit bot, wenigstens für zwei Stunden in eine Traumwelt einzutauchen und sich vorzustellen, wie es einmal sein könnte.[89]

Die Gleichschaltung des Kulturbetriebs machte auch vor der Musik nicht Halt. Im Februar 1948 rügte das Zentralkomitee den Komponisten Vano Muradeli für seine Oper «Die große Freundschaft», die er zum dreißigsten Jahrestag der Oktoberrevolution geschaffen hatte. Die Kritik richtete sich nicht gegen die Qualität der Musik, sondern gegen die Handlung, denn sie stellte den Bürgerkrieg im Kaukasus «falsch» dar. Massiv betroffen waren auch international anerkannte Komponisten wie Dmitrij Šostakovič, Sergej Prokof'ev oder Aram Chačaturjan. Hatte man sie bis kurz davor noch mit Ruhm überschüttet und ihnen Preise verliehen, so warf man ihnen nun vor, «unrussisch», «atonal» und «formalistisch» zu komponieren, sich von dem, was das Volk verstand und hören wollte, entfernt zu haben. Neben der ernsten Musik war auch die Unterhaltungsmusik betroffen. Swing und Jazz, die man während des Krieges geduldet hatte, galten nun als gefährliches Instrument des amerikanischen Imperialismus. Die Bezeichnung «Jazz» (*džaz*) wurde nun verboten und man hinderte die Musiker durch Verhaftungen und die Beschlagnahme von Saxophonen an der Ausübung ihrer Tätigkeit. In allen Bereichen der Kultur verliefen die Kampagnen nach dem gleichen Schema: Das Zentralkomitee verabschiedete eine Resolution, die Presse flankierte sie mit scharfen Artikeln gegen einzelne Künstler, der zuständige Kulturverband berief eine Sitzung ein, auf der die Angegriffenen öffentlich ihre Sünden bekennen und sich von ihren Werken distanzieren mussten. Danach wurden sie häufig von ihren Posten entfernt und ihre Werke wurden nicht mehr öffentlich aufgeführt.[90]

Ždanov selbst starb im August 1948, aber die rigorose Kulturpolitik dauerte unvermindert an. Der Kampf gegen alles Fremde, gegen Modernität, gegen Kritik ging nahtlos in eine Kampagne gegen «Kosmopolitismus» über, in deren Verlauf die Institute und Universitäten von Personen «gesäubert» wurden, die verdächtig waren, dem Einfließen schädlicher Ideen aus dem Ausland, vornehmlich aus Amerika, Vorschub zu leisten. Die antiwestliche Stoßrichtung verband sich im Laufe der Kampagne mit einer immer stärkeren antisemitischen Komponente. Letztere baute auf einer latent vorhandenen Gesinnung auf und stand in Zusammenhang mit der Gründung des Staates Israel im Mai 1948. Stalin hatte die Staatsgründung unterstützt und gehofft, damit einen Brückenkopf im Nahen Osten zu erhalten. Als sich Israel aber auf die Seite der USA stellte, wurden die zwei Millionen sowjetische Juden im Sinne der zuvor an anderen Nationalitäten eingeübten Kategorisierung zu einer potenziell feindlichen Nationalität. Der Eindruck einer «fünften Kolonne» verstärkte sich, als im Herbst 1948 Golda Meir bei ihrem Eintreffen als Botschafterin Israels in Moskau von sowjetischen Juden jubelnd empfangen wurde und viele den Wunsch äußerten, nach Israel auszureisen. Daraufhin ließ Stalin im November 1948 das 1942 gegründete *Jüdische Antifaschistische Komitee* auflösen, zumal es die Herausgabe eines «Schwarzbuches» über den nationalsozialistischen Mord an den sowjetischen Juden vorbereitete und für eine herausgehobene Dokumentation des Genozids an den Juden in der sowjetischen Sicht auf den Krieg kein Platz war. Daher wurde der bereits erstellte Drucksatz zerstört und die Publikation des Buches verhindert. Das Buch konnte in Russland erst nach dem Ende der Sowjetunion veröffentlicht werden.[91]

Der Antisemitismus steigerte sich im Laufe der folgenden Jahre und gipfelte Anfang 1953 in der letzten und absurdesten Inszenierung des stalinistischen Terrors, dem sogenannten «Ärztekomplott». Schon im Dezember 1952 hatte Stalin im Zentralkomitee erklärt, dass «jeder Jude ein potentieller Spion der Vereinigten Staaten» sei. Im Januar 1953 beschuldigte er die Kreml-Ärzte einer «zionistischen Verschwörung». Sie hätten den Tod von Ždanov verschuldet und planten die Ermordung hoher sowjetischer Funktionäre. Die von langer Hand vorbereitete Kampagne deutet darauf hin, dass Stalin die Deportation der Juden aus dem europäischen Teil der Sowjetunion in den Fernen Osten plante und es nur durch seinen Tod nicht zur Realisierung kam.[92]

Die Kultur- und Wissenschaftspolitik und die Kampagnen gegen «Kosmopoliten» und «Zionisten» fügten der Sowjetunion großen Schaden zu. Einige der fähigsten Wissenschaftler wurden entlassen und das Land schottete sich für einige Jahre so hermetisch gegenüber der Außenwelt ab, dass es den Anschluss an internationale wissenschaftliche und kulturelle Entwicklungen verpasste.[93] Die Furcht vor Ausländern beziehungsweise vor Verfolgung, wenn man Kontakte mit Ausländern unterhielt, erfasste die gesamte Gesellschaft. Als der amerikanische Journalist Harrison E. Salisbury 1949 als Korrespondent nach Moskau kam, wollte keiner der Russen, die er von einem früheren Aufenthalt während des Krieges kannte, mit ihm zu tun haben. Hotels, Restaurants und Botschaftsgebäude wurden überwacht und sowjetische Frauen, die sich mit ausländischen Männern trafen, gemaßregelt. Ehen zwischen Sowjetbürgern und Ausländern waren seit Februar 1947 verboten.[94]

Die Abschottung nach außen ging mit einer übersteigerten Betonung der Errungenschaften sowjetischer (eigentlich: russischer) Kultur und Wissenschaften einher. Jetzt war nicht mehr, wie noch zu Beginn der 1930er Jahre, von Rückständigkeit gegenüber den westlichen Industrieländern die Rede, sondern von Überlegenheit. Stalin wandte sich mit Beginn des Kalten Krieges ausdrücklich gegen die Auffassung, dass Russland vom Westen lernen könne, und projizierte dieses Urteil auch in die Vergangenheit: Die Orientierung der russischen Bildungsschichten an Westeuropa seit dem 18. Jahrhundert bezeichnete er als eine «Krankheit», die man jetzt auskurieren müsse. Die Autosuggestion der Überlegenheit mündete in ein groteskes Prioritätsstreben, das alle wichtigen Erfindungen russischen Urhebern zuschrieb. Obskure Russen, von denen niemand vorher etwas gehört hatte, wurden der überraschten Öffentlichkeit als Erfinder des Flugzeugs, der Dampfmaschine, des Radios oder der Glühbirne präsentiert.[95] Nur unter diesen Bedingungen war es möglich, dass ein Scharlatan wie Trofim Lysenko als Genie gefeiert werden konnte. Lysenko, seit 1940 Leiter des Instituts für Genetik der Akademie der Wissenschaften, verwarf 1948 die geltenden Prinzipien der Genetik und die Evolutionstheorie Darwins als Irrlehren und verkündete eine neue sowjetische Genetik auf der Basis der schon im 19. Jahrhundert empirisch widerlegten, aber zur Ideologie von der Heranbildung des «neuen Menschen» passenden Milieutheorie. Lysenko zufolge würden neue Arten durch die Anpassung der Individuen an Umweltfaktoren und die Vererbung dieser erworbenen Eigenschaften entstehen. Unter günstigen Umweltbedingungen würde sich Roggen in Weizen umwandeln, behauptete er. Sein Hauptarbeitsgebiet war die Agrarbiologie. Zur Beschleunigung der im «Stalin-Plan zur Umgestaltung der Natur» vorgesehenen Aufforstungen entwickelte er die Methode der «Nestersaat», der zufolge dicht beieinanderstehende Jungpflanzen sich gegenseitig helfen würden, sich gegen Unkräuter durchzusetzen und in weiterer Folge ihre Energien solidarisch auf eine Pflanze konzentrieren würden, damit diese besonders gut gedeihe.[96] Mit dieser Art von ideologisierender Pseudowissenschaft, die grundlegende Regeln empirischer Forschung ignorierte, stellte sich die sowjetische Genetik und Biologie auf Jahre hinaus international ins Abseits, denn Lysenko genoss die Gunst Stalins, wurde mit Preisen ausgezeichnet und seine Theorien standen bis Mitte der 1950er Jahre in der Sowjetunion in hohem Ansehen.

Die Repressivität des spätstalinistischen Systems war nicht auf «Kosmopoliten» und «Zionisten» beschränkt. Willkür, Überwachung und Verfolgung gehörten auch nach dem Krieg zu den tragenden Pfeilern der Herrschaft. In der Nachkriegszeit erreichte die Zahl der Insassen von Arbeitslagern, Gefängnissen und Sondersiedlungen ihren absoluten Höhepunkt. Während des Krieges war die Zahl der Lagerinsassen vorübergehend gesunken, nach dem Krieg füllten sich die Lager wieder, vor allem durch die Heimkehrer aus Deutschland. Den Höchststand erreichte die Zahl der Gulaghäftlinge 1950 mit 2,76 Millionen. Bis zum Tode Stalins sank sie nur geringfügig: Zum 1. Januar 1953 befanden sich 2,66 Millionen Häftlinge in Lagern, Strafkolonien und Gefängnissen sowie 2,75 Millionen Deportierte in den Sondersiedlungen. Berücksichtigt man, dass es unter den Inhaftierten eine ständige Fluktuation durch Entlassungen, Todesfälle und Neuzugänge gab, ergibt sich eine Gesamtzahl von 14 Millionen Menschen, die während des Krieges und in der unmittelbaren Nachkriegszeit das Gulagsystem durchliefen und somit eine direkte persönliche Erfahrung mit dem Repressionsapparat machten.[97] Im Unterschied zum Vorkriegsterror fiel immerhin die Zahl der zum Tode Verurteilten mit 12 155 Personen deutlich geringer aus. Die Todesstrafe war im Mai 1947 abgeschafft, aber im

Januar 1950 wieder eingeführt worden.[98] Die Repressionen der Nachkriegszeit waren weniger mörderisch als die der 1930er Jahre und sie fokussierten stärker auf bestimmte Zielgruppen. Abgesehen von den Kriegsheimkehrern waren die breite Masse der Bevölkerung und die Funktionäre auf den unteren und mittleren Ebenen weniger betroffen als vor dem Krieg.[99]

Wie schon in den 1930er Jahren war auch die Parteiorganisation wieder das Ziel von Säuberungen. Die markanteste Aktion war die sogenannte Leningrader Affäre: Der Leningrader Parteisekretär Andrej Ždanov hatte sich durch skrupellose Intrigen und die Akkumulation von Einfluss innerhalb der obersten Führung Feinde geschaffen. Der ZK-Sekretär Georgij Malenkov und NKVD-Chef Lavrentij Berija waren wegen Ždanovs Anschwärzungen vorübergehend bei Stalin in Ungnade gefallen. Im Frühjahr 1948 wendete sich das Blatt, Stalin verstieß nun Ždanov, der kurze Zeit später unter ungeklärten Umständen verstarb, während Malenkov und Berija sich nun an der Klientel Ždanovs rächten und im Auftrag Stalins in der Leningrader Parteiorganisation eine «Verschwörung» entlarvten. 1949 bis 1952 fand dort eine Säuberung statt, der Tausende Funktionäre zum Opfer fielen. Viele wurden erschossen, die Übrigen in Lager gesperrt.[100]

Jede Reflexion über den Spätstalinismus wäre unvollständig, setzte man sich nicht mit Stalin selbst, seinem Herrschaftssystem und dem Stalinkult auseinander. Stalin war als die unangefochtene und mit dem Nimbus des Sieges über die Deutschen ausgestattete Führer- und Vaterfigur aus dem Krieg hervorgegangen. Sein Bildnis war allgegenwärtig, häufig in der leuchtend weißen Uniform des Generalissimus, mit der Pfeife in der Hand und freundlichem Lächeln staatsmännische Überlegenheit und Ruhe ausstrahlend. Stalin war aber nicht nur auf Bildern präsent. Seine kultische Verehrung durchdrang in der Nachkriegszeit alle Bereiche der Gesellschaft und erreichte groteske Formen und Ausmaße. In Plakaten, Filmen, Gedichten, Reden und Vorworten zu Büchern wurde Stalin überschwänglich gehuldigt. Er war der «große Führer» und «weise Steuermann», «Vater der Völker», das «Genie unserer Epoche», das «Banner der Völkerfreundschaft», der «Titan der Weltrevolution», der «große Baumeister» und vor allem der große «Schöpfer»: der Schöpfer der Verfassung, des Glücks, der «Inspirator großer Siege». Die Propaganda bezeichnete ihn zwar nie als «Gott», aber manche der ihm zugeschriebenen Attribute waren durchaus gottähnlich.

Begonnen hatte der Stalinkult 1929 anlässlich von Stalins 50. Geburtstag. Damals riefen ihn seine engsten Gefolgsleute zum «Führer» (*vožd'*) aus und inszenierten ihn vor allem nach dem 17. Parteitag 1934 als genialen und allwissenden Lehrmeister der Nation. Die kultische Verehrung Stalins begann – so wie die Lenins – nicht als spontane Volksbewegung, sondern wurde aus der Parteispitze heraus erfunden und organisiert und im weiteren Verlauf von Stalin selbst überwacht. Ohne seine Zustimmung konnte kein Bild von ihm veröffentlicht werden.[101] Sie stieß aber auf Dispositionen in der Bevölkerung, die eine gewisse Empfänglichkeit der Menschen für die Verehrung einer Führerfigur erkennen lassen. Wenn Stalin einen öffentlichen Auftritt hatte, was nicht oft vorkam, oder wenn andere prominente Parteigrößen wie Kaganovič, Molotov oder Ždanov das Podium einer Massenveranstaltung betraten, wurden ihnen stürmische Ovationen entgegengebracht, Arbeiter standen auf und gaben überschwängliche Lobpreisungen von sich – auf die anwesenden Parteiführer, aber stets auch auf den über allen stehenden Genossen Stalin. Hunderttausende Menschen machten diese kultische Verehrung mit.

Die Entwurzelung und Desorientierung von Millionen Menschen durch die extreme Mobilität und die Umkehr des Normensystems seit 1917 förderten das Bedürfnis der Menschen nach einer Führerperson, die wie früher der Priester feste Werte und absolute Wahrheiten vorgab, und zu der man als Vaterfigur aufsehen konnte. Dabei kam Stalin sicherlich auch die traditionelle Ehrfurcht vor dem «Väterchen Zar» und die Heiligenverehrung der orthodoxen Kirche zugute. Auf der anderen Seite ist jedoch zu bedenken, dass die Beteiligung der Volksmassen an der kultischen Verehrung Stalins keine individuelle Entscheidung, sondern ein organisiertes kollektives Verhalten war. Bei Aufmärschen kontrollierten die Parteisekretäre und Gewerkschaftsvorsitzenden die Anwesenheit ihrer Belegschaften, und wer nicht erschien, hatte mit Bestrafung zu rechnen. Stalin huldigende Auftritte von Arbeitern auf Versammlungen waren selten spontan, sondern samt dem zu verlesenden Text am Vortag in der Parteizelle der Fabrik beschlossen worden. Sich an den Lobreden zu beteiligen, war auch ein Stück Überlebensstrategie in einer gewalttätigen Diktatur, eine Performanz, die die Identifikation mit den Inhalten nicht zwingend voraussetzte.

So wie auf allen bildlichen Darstellungen der Nachkriegszeit Stalin stets als ruhender Pol im Mittelpunkt stand, umgeben von zu ihm aufblickenden Menschenmassen, die auf seine Anweisungen warteten, so stellt sich auch das Herrschaftssystem Stalins in diesen Jahren dar. Die höchsten Entscheidungsgremien der Partei hatten weitgehend ihre politische Funktion eingebüßt und waren zu ausführenden Organen dessen geworden, was der große Führer befahl. Der Krieg hatte Stalins Stellung gestärkt und ihn mit unumschränkter Machtfülle und Autorität ausgestattet. Alle wichtigen Fragen entschied er selbst und kümmerte sich dabei nicht um formale Institutionen, sondern beriet sich nach eigenem Gutdünken mit ausgewählten Politbüromitgliedern und Fachleuten. Seine Grundsatzentscheidungen stellte niemand in Frage. Trotz der Auflösung des Staatlichen Verteidigungskomitees im September 1945 vereinigte er weiterhin alle höchsten Kompetenzen in seiner Hand. Auf den Ebenen unterhalb des Führers begann sich allerdings die Struktur der Entscheidungsprozesse gegenüber den 1930er Jahren zu verändern – ebenfalls eine Entwicklung, die bereits auf die Chruščev- und Brežnevzeit verweist. Die während des Krieges geschaffenen Sonderorgane hatten die Rolle der Partei in den behördlichen und ökonomischen Abläufen zurückgedrängt. Davon profitierten nach dem Krieg die regulären staatlichen Instanzen. Hinzu kam, dass die verstaatlichte Wirtschaft inzwischen einen riesigen Leitungsapparat erzeugt hatte, an dessen Spitze zahlreiche Branchenministerien standen, die im Ministerrat zahlenmäßig bei weitem überwogen. Solche riesigen Apparate waren von der Partei zunehmend weniger zu kontrollieren, da die Entscheidungen ein spezialisiertes Expertenwissen erforderten. Das Fachpersonal hatte nun eine bessere Qualifikation als die eilig herangezogenen Spezialisten der 1930er Jahre und somit einen Wissensvorsprung gegenüber den Repräsentanten der Partei, der sich in den Entscheidungsprozessen niederschlug. Das spezialisierte Wissen versetzte die Fachleute in den Ministerien und Wirtschaftsorganisationen immer häufiger in die Lage, die Interessen der eigenen Institution wirkungsvoll vertreten zu können. Auf diese Weise fand eine allmähliche Professionalisierung der Wirtschaftsverwaltung statt, die der totalitären Herrschaft Grenzen setzte.[102]

Seit Ende der 1940er Jahre zog sich Stalin immer öfter auf seine vor Moskau gelegene Datscha zurück, wohin er die engsten Gefolgsleute nach Lust und Laune bestellte, um mit ihnen zu zechen, Informationen zu hören und Beschlüsse zu diktieren. Dabei zwang Stalin den Politbüromitgliedern seinen Lebensrhythmus auf, der die Nacht zum Tag machte – mit dem Unterschied, dass er sich tagsüber ausschlafen konnte, während die Gäste ihren Regierungsgeschäften nachgehen mussten. Im Kreml hielt er sich kaum noch auf. Die wichtigen politischen Entscheidungen wurden auf seiner Datscha getroffen.[103] Chruščev, Mikojan und Molotov beschreiben die abendlichen Gelage als anstrengende Rituale einer Männerrunde, die dem Führer ihre Loyalität ständig aufs Neue beweisen und ihn bei Laune halten musste, während der Führer ihnen grundsätzlich misstraute und sie demütigte, etwa indem er den dicken Chruščev schwitzend und keuchend tanzen ließ.[104] Niemand wagte zu widersprechen, denn alle hatten Angst vor Stalin,[105] und auch die Gefolgsmänner beobachteten einander misstrauisch. Stalin hatte sein Vergnügen dabei und sorgte dafür, dass seine Tischgenossen viel Alkohol tranken, damit ihre Zungen locker wurden und sie offen aussprachen, was sie dachten.[106] Bei Stalin ging das Misstrauen so weit, dass er sich vor der eigenen Geheimpolizei fürchtete. In den letzten Jahren hegte er die Vermutung, Berija würde ebenfalls Material sammeln. Das war nicht einmal falsch, denn in Stalins Arbeitszimmer wurde später tatsächlich eine Abhöranlage entdeckt. Umgekehrt sammelte Stalin in seinem persönlichen Archiv kompromittierendes Material über die führenden Funktionäre[107] und ließ in der Wohnung von Berijas Mutter eine Abhöranlage installieren.[108] In den Jahren vor seinem Tod lebte Stalin in ständiger Angst, vergiftet zu werden. Bei den gemeinsamen Abendessen in seiner Datscha mussten Chruščev, Mikojan, Berija und andere Gäste jedes Getränk und jede Speise kosten, bevor Stalin selbst zugriff.[109]

Nach einem dieser Gelage erlitt Stalin am 29. Februar 1953 einen Schlaganfall, an dessen Folgen er am 5. März 1953 starb. Als am nächsten Tag die Nachricht von Stalins Tod über den Rundfunk verbreitet wurde, fiel das Land in eine Schockstarre. Stalin war so sehr zum Inbegriff des Führers geworden und hatte praktisch den gesamten Staat in seiner Person absorbiert, dass sich zunächst viele eine Sowjetunion ohne Stalin nicht vorstellen konnten. Bei einer im Jahr 1998 durchgeführten Befragung von Zeitzeugen aus den Wolgastädten Saratov und Samara gaben alle bis auf einen an, dass Stalins Tod seinerzeit bei ihnen Trauer ausgelöst habe, und wechselten beim Sprechen über dieses Ereignis vom «Ich» zum «Wir», weil sie sich als Teil einer kollektiven Emotion fühlten. Ein Einziger sagte, er habe den Tod Stalins gefeiert.[110] Viele Menschen brachen beim Eintreffen der Nachricht in Tränen aus. Der polnische Schriftsteller und Arzt Janusz Bardach, der sich damals in Moskau aufhielt, beobachtete, wie Männer und Frauen auf der Straße weinten.[111] Das mochten vereinzelt Freudentränen gewesen sein, aber in der Regel waren sie das eben nicht, denn trotz aller Leiden, die Stalin über die Menschen gebracht hatte, verkörperte er eine Überfigur, deren Existenz in drei Jahrzehnten so selbstverständlich geworden war, dass ihr plötzliches Verschwinden eine Leere erzeugte, die viele Zeitgenossen verunsicherte: Was würde nun geschehen? Wie würde es weitergehen? Man hatte unter Stalin gelitten und seinen Repressionsapparat gefürchtet, aber eben auch den Krieg gewonnen und empfand nun eine Mischung aus Trauer, Lähmung, Furcht und Unsicherheit.[112] «Wir hatten Angst vor der Regierung, denn wir wussten nicht, was von ihr zu erwarten war, und befürchteten, dass sie sich für Stalins Tod mit weiteren Verhaftungen rächen werde», erinnerte sich eine Frau später an die Stimmung in ihrer Familie.[113]

VIERTER TEIL

Konkurrenz mit dem Westen 1953–1982

11. Höhenflüge und Rückschläge 1953–1964

Von der kollektiven Führung zur Dominanz Chruščevs

Mit dem Tode Stalins entstand zunächst eine ähnliche Situation wie nach dem Ableben Lenins: Wie damals waren in den letzten Herrschaftsjahren des «großen Führers» bereits Rivalitäten innerhalb der engeren Gefolgschaft im Gange. Wie damals war keine Regelung für die Nachfolge getroffen worden. Der Tod des übermächtigen Diktators erzeugte nicht nur beim Volk, sondern auch unter Stalins Leuten Unsicherheit. Zunächst installierten sie eine kollektive Führung, denn im Frühjahr 1953 war keiner von ihnen mächtig genug und das gegenseitige Misstrauen innerhalb der Gefolgschaft war zu groß, als dass einer allein die Nachfolge Stalins hätte beanspruchen können. Georgij Malenkov übernahm als Erster Sekretär des Zentralkomitees und Ministerpräsident formal die Leitung der Partei und der Regierung; Lavrentij Berija, langjähriger Chef der Geheimpolizei und damit Herr über einen mächtigen Apparat und gefährliches Wissen, kontrollierte die Ministerien für Inneres und Staatssicherheit; als Vorsitzender des Präsidiums des Obersten Sowjets und damit als nominelles Staatsoberhaupt fungierte Marschall Kliment Vorošilov; das Außenministerium leitete Vjačeslav Molotov, das Verteidigungsministerium Nikolaj Bulganin.

Stalins Nachfolger waren sich einig, dass der Terror beendet werden müsse. Sie stoppten die Kampagne gegen die «Ärzteverschwörung». Nur drei Wochen nach Stalins Tod verkündete Berija am 27. März 1953 eine partielle Amnestie und entließ eine Million Gefangene aus den Arbeitslagern. Der Erlass betraf Häftlinge mit einem Strafmaß von weniger als fünf Jahren, Verurteilungen wegen Wirtschaftsverbrechen, Bagatelldelikten, Verstößen gegen die Arbeitsdisziplingesetze, Frauen mit Kleinkindern, Jugendliche und Personen im Rentenalter, aber keine politischen Gefangenen. Besonders in den Regionen rund um große Straflagerkomplexe, wie etwa an der Kolyma im Fernen Osten, erzeugte die Freilassung von Zigtausenden Häftlingen schwerwiegende soziale Probleme und wurde auch sonst von der Bevölkerung durchaus ambivalent aufgenommen – nicht nur, weil sich unter den Freigelassenen viele Kriminelle befanden.[1] Berija hatte ursprünglich beabsichtigt, eine Generalamnestie zu verkünden, war aber damit bei den Mitregenten auf Widerstand gestoßen, denn sie misstrauten ihm und hatten kein Interesse daran, dass sich ausgerechnet der Hauptvollstrecker des Stalinschen Terrors Popularität verschaffte.[2]

Berija, der gut über die Zustände im Land und die Stimmungen in der Bevölkerung informiert war, versuchte sich mit Reformen zu profilieren. Er erkannte als Erster, dass die unter Stalin eingetretene Erstarrung durch sichtbare Veränderungen aufgebrochen werden musste.[3] Zusammen mit Malenkov unternahm er einen Vorstoß zur Stärkung der staatlichen Strukturen gegenüber der Partei. Ein Dekret vom 11. April 1953 reduzierte die Zahl der Ministerien von 51 auf 25 und erweiterte die Entscheidungsbefugnisse der Minister und Abteilungsleiter. Wenig später wurde eine Wende in der Nationalitätenpolitik verkündet. Künftig sollten die Schlüsselpositionen in den Republiken wieder verstärkt mit Einheimischen besetzt werden. Da die Zeitungen in den Republiken zeitgleich über beide Maßnahmen berichteten, entstand der Eindruck, dass grundlegende politische Veränderungen bevorstünden. Besonders im Baltikum und in der Westukraine interpretierten viele die Reformen als Bankrotterklärung des Regimes und als Vorboten für das Ende der Sowjetherrschaft. In Litauen verbreiteten sich Gerüchte, dass die Kolchosen abgeschafft würden, die Russen abzögen und das Land seine Unabhängigkeit zurückerhalte. Ähnlich besorgniserregend waren die Reaktionen in der Westukraine, wo die örtliche Bevölkerung vom baldigen Ende der «Okkupation» sprach. «Russen raus aus der Ukraine», war in Transkarpatien zu vernehmen, wo die Reaktionen am heftigsten ausfielen, weil das Land vor 1945 nie zu Russland gehört hatte.[4]

Diese für die Moskauer Zentrale schockierenden Reaktionen schadeten Berija genauso wie der Arbeiteraufstand vom 17. Juni 1953 in Ost-Berlin. Berija hatte der SED-Führung eine Reihe von Reformen nahegelegt, deren schleppende Umsetzung den Protest der Arbeiter auslöste. Aufstände gab es im Frühjahr 1953 auch in den Arbeitslagern von Noril'sk und Vorkuta, weil die Häftlinge darauf gehofft hatten, nach Stalins Tod freigelassen zu werden, und nun enttäuscht waren. Der Aufstand von Noril'sk war mit 20 000 Teilnehmern der größte in der Geschichte des Gulag.[5] Das Zusammentreffen dieser destabilisierenden Ereignisse wurde Berija zum Verhängnis und legte den Grundstein für den Aufstieg Chruščevs. Nikita Chruščev, Mitglied des Präsidiums des Zentralkomitees, wie das Politbüro zwischen 1952 und 1966 hieß, und Parteisekretär der Stadt Moskau, gehörte nach dem Tode Stalins zunächst nicht dem innersten Machtzirkel an, nutzte aber die Angst der anderen vor Berija, um diesen zu entmachten. Er gewann Malenkov, Bulganin, Molotov und Marschall Žukov für ein handstreichartiges Vorgehen: Am 26. Juni 1953 wurde Berija während einer Sitzung des ZK-Präsidiums verhaftet. Auf dem Juli-Plenum des Zentralkomitees warf man ihm vor, den Gegensatz zwischen den Unionsrepubliken angeheizt, die DDR aufs Spiel gesetzt und die Existenz der Sowjetunion gefährdet zu haben. Seine eigentlichen Verbrechen als Exekutor des Massenterrors kamen nicht zur Sprache. Berija wurde in einem Geheimprozess im Dezember 1953 zum Tode verurteilt und zusammen mit sechs engen Vertrauten erschossen.[6] Mit der Beseitigung Berijas war die von ihm begonnene Entstalinisierung fürs Erste wieder zu Ende. Die Reformen vom Frühjahr wurden wieder rückgängig gemacht, denn aus den Reaktionen der Bevölkerung hatten die Männer im Kreml gelernt, dass die Kommunistische Partei die unverzichtbare Klammer darstellte, die das Vielvölkerimperium zusammenhielt. Ohne diese die Republiken und Nationalitäten übergreifende Institution erschien die Sowjetunion als ein gewöhnliches Imperium mit vielfachen Bruchlinien.[7]

Im September 1953 gab Malenkov die Stelle des Ersten Sekretärs des Zentralkomitees an Chruščev ab. Damit war dieser de facto auf den zweiten Platz in der kollektiven Führung aufgerückt. Er nutzte die Stellung im Zentralkomitee geschickt, um wichtige Posten mit loyalen Männern aus seiner Klientel zu besetzen und am Stuhl des Ministerpräsidenten zu sägen. Malenkov senkte im Rahmen des «Neuen Kurses» die Einzelhandelspreise und traf Maßnahmen zur Erhöhung der Konsumgüterproduktion. Diese Politik zielte ebenso auf eine Verbesserung der Lebensverhältnisse wie die von Chruščev gleichzeitig in Angriff genommenen Veränderungen in der Agrarpolitik. Während sich die Anreize zur Erhöhung der landwirtschaftlichen Produktion bereits 1954 auswirkten, erwies sich Malenkovs Wirtschaftspolitik als wenig erfolgreich. Chruščev diffamierte Malenkovs Ideen in der Parteizeitung *Pravda* als ein «Rülpsen» «rechter Abweichungen» aus den 1920er Jahren.[8] Im Februar 1955 musste Malenkov zurücktreten. Nachfolger wurde Nikolaj Bulganin, aber das Ruder hatte fortan eindeutig Chruščev in der Hand. Bulganin und Chruščev hatten schon in den 1930er Jahren ein Gespann gebildet, als Chruščev Chef der Moskauer Stadtparteiorganisation und Bulganin Vorsitzender der Stadtverwaltung (*Mossovet*) gewesen war. Die Rollen waren damals schon ähnlich verteilt wie nun in den 1950er Jahren: Chruščev gab den Ton an und Bulganin kümmerte sich um die Ausführung. Chruščev selbst war seit Dezember 1953 stellvertretender Ministerpräsident und seit November 1954 Vorsitzender des ZK-Präsidiums.[9]

Nikita Sergeevič Chruščev (1894–1971) war im Donecbecken aufgewachsen, dem großen Bergbau- und Industriegebiet in der Ostukraine, wo er als Jugendlicher in Fabriken und Bergwerken arbeitete. Den Bolschewiki schloss er sich 1918 an. Nach einer Ausbildung an der Moskauer Industrie-Akademie rückte er schrittweise in der Partei auf und wurde 1939 als treuer Gefolgsmann Stalins Mitglied des Politbüros. Stalin schickte ihn in die Ukraine, wo er sich zwischen 1938 und 1947 um die Säuberungen, die Eingliederung der annektierten Gebiete, den Wiederaufbau und den Kampf gegen die nationalukrainischen Partisanen kümmerte. 1949 wechselte er wieder zurück an die Spitze der Moskauer Parteiorganisation und ins Zentralkomitee. Bei der Ausschaltung von Berija und Malenkov verfolgte Chruščev eine ähnliche Taktik wie seinerzeit Stalin in den 1920er Jahren. So wie damals ging es nicht um die Inhalte der Politik, sondern um die Macht. Nachdem Berija beseitigt und Malenkov neutralisiert worden war, griff Chruščev deren politische Ansätze partiell selbst auf.

Chruščev war ein origineller Politikertyp: volksnah, bauernschlau, hemdsärmelig, impulsiv. Mit diesen Eigenschaften hob er sich von seinen Vorgängern und Nachfolgern ab, sie brachten ihm bei der Bevölkerung und auch international Sympathien ein, konnten aber in Kombination mit seiner Sprunghaftigkeit und seinen überschießenden Emotionen auch gefährlich werden oder ins Lächerliche umschlagen. Hinzu kam, dass er zwar intelligent war, aber nur eine unzureichende Bildung genossen hatte und den «gesunden Menschenverstand» dem Expertenrat vorzog. Differenzieren war nicht seine Sache. Chruščev war rastlos auf der Suche nach Lösungen von realen oder vermeintlichen Problemen und zutiefst von der Richtigkeit des sowjetischen Weges und dem Sieg des Kommunismus überzeugt. Fast die Hälfte seiner Regierungszeit verbrachte er außerhalb von Moskau. Es zog ihn nicht nur in die Provinzen des eigenen Landes, wo er mit den Menschen das Gespräch suchte, sondern auch ins Ausland. Chruščev war der erste sowjetische Parteichef, der die wichtigsten kapitalistischen Länder einschließlich der USA besuchte. Auch in der Dritten Welt war er präsent, warb etwa in Indien oder in Ägypten um Sympathien für die Sowjetunion.[10]

«Friedliche Koexistenz»

Probleme waren nicht nur im Inneren der Sowjetunion zu lösen, sondern auch auf dem Feld der Außen- und Sicherheitspolitik. Die Sowjetunion befand sich beim Tode Stalins mitten in der ersten Hochphase des Kalten Krieges. In Korea tobte ein blutiger Krieg, an dem die Sowjetunion mit Rüstungslieferungen und Fliegerkräften beteiligt war, und die Deutschlandfrage war immer noch ungelöst. Nachdem der Aufstand in der DDR niedergeschlagen, im Juli 1953 der Koreakrieg mit einem Waffenstillstand beendet werden konnte und die Sowjetunion im August 1953 mit der Zündung einer Wasserstoffbombe in der nuklearen Rüstungstechnik mit den USA gleichgezogen hatte, nahm die sowjetische Außenpolitik Kurs auf eine Konsolidierungsphase.[11]

1954/55 signalisierte die Sowjetunion gegenüber dem Westen Gesprächsbereitschaft. 1954 trafen sich die Außenminister der vier Siegermächte zu Konferenzen in Berlin und Genf, um über die Deutschlandfrage und über Korea zu verhandeln. Die Probleme konnten zwar nicht gelöst werden, aber immerhin hatte man nach langer Pause das Gespräch wieder aufgenommen. An der grundsätzlichen Lage hatte sich seit Beginn der Konfrontation nichts geändert: Die Sowjetunion hatte seit dem Zweiten Weltkrieg in Europa ein erhöhtes Sicherheitsbedürfnis und wollte den durch die Niederlage Deutschlands und die Sowjetisierung der ostmittel- und südosteuropäischen Länder erreichten Status quo bewahren. Die USA misstrauten allen Friedensbekundungen der Sowjetunion, denn die Sowjetunion war in den Augen der meisten westlichen Politiker auf Expansion und Export des kommunistischen Systems ausgerichtet. Der seit 1953 amtierende amerikanische Präsident Dwight D. Eisenhower vertrat zusammen mit seinem Außenminister John Foster Dulles das Prinzip des «Rollback», zielte also mit seiner Politik grundsätzlich auf die Zurückdrängung des sowjetischen Einflusses und des kommunistischen Systems.[12]

Chruščev setzte dem «Rollback» die Devise der «friedlichen Koexistenz» entgegen. Die «friedliche Koexistenz» basierte auf der Einsicht, dass beide Supermächte inzwischen über Atomwaffen verfügten und daher eine direkte militärische Konfrontation das Risiko der gegenseitigen Vernichtung barg. Folglich musste ein Atomkrieg vermieden werden, was wiederum voraussetzte, dass die USA und die Sowjetunion jeweils die Einflusssphäre des anderen respektierten.[13] In Europa ging es der Sowjetunion nicht um weitere Expansion, sondern um die Absicherung des Status quo. Wo die Gefahr bestand, dass ein Land aus dem sowjetischen Staatensystem im östlichen Europa ausscherte, wie es 1953 in der DDR und 1956 in Ungarn der Fall war, griff die Sowjetunion militärisch ein. Diese Interventionspolitik konterkarierte die «friedliche Koexistenz» in ihrer Außenwahrnehmung, auch wenn sie ihr prinzipiell nicht widersprach. Außerhalb Europas hatte die sowjetische Politik durchaus die Ausbreitung des Kommunismus und des sowjetischen Einflusses im Visier. Die Überzeugung von der Überlegenheit des Kommunismus im globalen Wettstreit der Systeme war einer der Eckpfeiler der Politik Chruščevs.

Seine Außenpolitik zielte auf die Einheit der kommunistischen Länder, auf Gleichrangigkeit der Sowjetunion mit den USA und auf die Konsolidierung der sowjetischen Sicherheitssphäre in Europa. Im Interesse der Einheit im kommunistischen Lager war er zu Zugeständnissen bereit. So reiste er im Herbst 1954 nach Peking, um die chinesischen Genossen, die in der Koreafrage abweichende Interessen verfolgten, durch die Rückgabe von Port Arthur günstig zu stimmen. Im Frühjahr 1955 besuchte er Tito in Belgrad, um die seit 1948 gestörten Beziehungen zu verbessern. In den Kontext der «friedlichen Koexistenz» gehörten der Staatsvertrag mit Österreich im Mai 1955 mit anschließendem Abzug aller Besatzungstruppen, das Gipfeltreffen mit Eisenhower und Dulles in Genf (Juli), die Einladung des deutschen Bundeskanzlers Adenauer nach Moskau im September 1955 und die aus den Gesprächen resultierende Aufnahme diplomatischer Beziehungen mit der Bundesrepublik Deutschland, die Rückgabe des Flottenstützpunktes Porkkala-Udd an Finnland ebenfalls im September, die Teilnahme an der Außenministerkonferenz in Genf (Oktober/November), ein Abkommen mit Norwegen im November 1955, aber auch die Unterzeichnung eines Freundschafts- und Beistandspaktes mit den osteuropäischen Satellitenstaaten in Warschau im Mai 1955.[14]

Entstalinisierung

Die wichtigste innenpolitische Leistung Chruščevs war der dauerhafte Bruch mit den terroristischen Herrschaftsmethoden Stalins, wenngleich er nicht als der Initiator dieses Bruches gelten kann, sondern fortsetzte, was Berija gleich nach Stalins Tod mit der Amnestie für Lagerhäftlinge begonnen hatte. Der staatliche Terror gegen die eigene Bevölkerung war mit dem Tode Stalins beendet. Straflager, Geheimpolizei und Verhaftungen aus politischen Gründen gab es weiterhin, aber sie kamen nun nach kalkulierbaren Regeln zum Einsatz und hatten damit den größten Teil ihres Schreckens eingebüßt. Wer sich systemkonform verhielt, brauchte nach 1953 nicht fürchten, verhaftet oder gar erschossen zu werden. Im Gegensatz zur stalinistischen Praxis der Verurteilung auf der bloßen Grundlage von Anschuldigungen und erpressten Geständnissen wurde unter Chruščev die Schuld nun über eine Beweisaufnahme ermittelt. Zwischen 1956 und 1964 wurden immerhin mehr als 5300 Personen wegen «antisowjetischer Propaganda» verurteilt, davon drei Viertel in den Jahren 1957 und 1958.[15]

Weniger eindeutig verlief die Distanzierung von Stalin als Person und von seinen Verbrechen. Chruščev war wie alle Mitglieder der kollektiven Führung selbst stalinistisch sozialisiert worden und als Mittäter tief in die Verbrechen Stalins verstrickt. Aber gerade deshalb gebot es der Selbsterhaltungstrieb, rechtzeitig die Verbindung zu Stalin zu kappen und sich von seinen Verbrechen und Misserfolgen zu distanzieren. Zu Recht hatten Chruščev und seine Mitstreiter Angst davor, dass die Tausenden von entlassenen politischen Häftlingen die Fragen nach der Schuld an ihrem Schicksal in die sowjetische Gesellschaft hineintragen würden und sich eine eigendynamische Entstalinisierung entwickeln könnte. Das war der Hintergrund der berühmten «Geheimrede» auf dem 20. Parteitag im Februar 1956, die gemeinhin als der Beginn der Entstalinisierung im Sinne einer kritischen Auseinandersetzung mit Stalin gilt.

Die «Geheimrede» war eine Gratwanderung zwischen denjenigen Kräften in der Partei, die mit dem Stalinismus abrechnen wollten, und denjenigen, die das ablehnten. Sie war keineswegs ein Überraschungscoup Chruščevs, wie man das früher vermutet hatte, sondern das Ergebnis von Beratungen im Präsidium des Zentralkomitees.[16] Den Anstoß scheint Anastas Mikojan gegeben zu haben. Er drängte Chruščev im Herbst 1955, auf dem kommenden Parteitag eine offizielle Erklärung zu Stalins Verbrechen abzugeben, denn das Thema liege in der Luft, und wenn es auf dem ersten Parteitag nach Stalins Tod nicht zur Sprache gebracht werde, dann «hätte jeder das Recht, uns für die Verbrechen voll verantwortlich zu machen».[17] Im Oktober 1955 kündigte Chruščev an, dies tun zu wollen, und das Zentralkomitee beauftragte im Dezember eine Kommission unter dem Vorsitz des ZK-Sekretärs Petr Pospelov, «Verletzungen der sozialistischen Legalität» zu untersuchen. Die Wahl war auf Pospelov, den ehemaligen Herausgeber der *Pravda*, gefallen, weil er als Erzstalinist bekannt war und niemand ihm Übertreibungen unterstellen würde.[18]

Anfang Februar 1956 legte Pospelov einen schockierenden Bericht vor: Von 1,9 Millionen Verhaftungen und 688 503 Erschießungen zwischen 1935 und 1940 war darin die Rede, von den NKVD-Befehlen, die ihnen zugrunde lagen, von den «nationalen Operationen», von der systematischen Fabrikation fiktiver Verschwörungen und der Erpressung unsinniger Geständnisse durch die Anwendung von Folter.[19] «Wir müssen den Mut haben, die Wahrheit zu sagen», war Chruščevs Reaktion. Molotov, Kaganovič und Vorošilov sprachen sich dagegen aus, den Bericht den Delegierten des Parteitags bekanntzugeben, aber die Mehrheit des Präsidiums folgte Chruščev.[20] In weiterer Folge einigte man sich darauf, dass Chruščev dem Parteitag berichten solle, und stimmte den Wortlaut seiner Rede innerhalb des Präsidiums ab. Der endgültige Text wurde vorab allen Mitgliedern und Kandidaten des Präsidiums zur Billigung vorgelegt und repräsentiert somit den Konsens der Präsidiumsmitglieder im Hinblick auf den Umgang mit den Stalinschen Verbrechen.[21]

Neben dem Text an sich war der Parteiführung wichtig, die Kontrolle über den Ablauf zu behalten. Der Parteitag war ein wichtiges Forum, denn neben den mehr als 1400 Delegierten aus allen Teilen der Sowjetunion waren auch Abgesandte von 55 ausländischen kommunistischen Parteien anwesend.[22] Es musste eine Situation vermieden werden, in der Delegierte eine Diskussion über die Verbrechen Stalins beginnen und möglicherweise die Mitschuld der hohen Funktionäre thematisieren konnten. Die Mitglieder des Präsidiums waren sich ihrer Mitverantwortung sehr wohl bewusst und wollten vermeiden, dass andere die Verbrechen untersuchten, an denen sie beteiligt gewesen waren. Sie überlegten sich daher ein Drehbuch, das die begrenzte Verbreitung der ausgewählten Informationen gewährleistete und eine allgemeine Diskussion verhinderte. So teilte man zu Beginn des Parteitags überraschend mit, dass Chruščev nach dem offiziellen Ende der Veranstaltung außerhalb der Tagesordnung eine Rede «über den Personenkult» halten werde. Damit hatte die Führung selbst das Thema besetzt und behielt die Fäden in der Hand.[23]

Abgesehen davon, dass die Rede reinen Mitteilungscharakter hatte, repräsentierte ihr Inhalt eine äußerst selektive Abrechnung mit Stalin. Der Text thematisierte den Massenterror von 1937/38 nur in sehr vager Form, unterschlug die Zahlen und Konkretisierungen zu den Massenoperationen des NKVD, die einen wesentlichen Kern des Pospelov-Berichtes ausgemacht hatten, komplett und stilisierte die Partei zum eigentlichen Opfer der Stalinschen Repressionen. Chruščev prangerte einige Verbrechen Stalins an, wies ihm schwerwiegende Fehler in der Anfangsphase des Krieges zu und entlarvte den Personenkult als ein unwürdiges Theater. Ihm und den übrigen Mitgliedern des Präsidiums lag es jedoch völlig fern, die Politik Stalins insgesamt zu kriminalisieren, denn damit hätten sie die gesamte innere Entwicklung der Sowjetunion seit 1928 und ihr eigenes Wirken in Frage gestellt. Die Kollektivierung der Landwirtschaft und die Grundprinzipien des Sowjetsystems, wie es seit den 1930er Jahren entstanden war, wollten sie überhaupt nicht antasten. Ihnen ging es darum, einige ausgewählte Auswüchse des Stalinismus anzuprangern, und zwar solche, die untrennbar mit Stalin und Berija verbunden waren: die Repressionen gegen unschuldige Parteimitglieder, den Personenkult und Stalins Fehler in der Anfangsphase des Krieges. Damit waren Dinge benannt, die Stalin als persönliches Versagen angelastet werden konnten, die Partei und ihre Funktionäre waren gleichzeitig nicht nur exkulpiert, sondern erschienen sogar als Opfer.[24]

Obwohl die Rede nur die halbe Wahrheit enthielt, schlug sie ein wie eine Bombe. Niemals zuvor war derart schonungslos über Dinge gesprochen worden, die Millionen Menschen bewegten. Auch wenn viele eine ungefähre Ahnung von den Verbrechen der Stalinzeit hatten, waren sie dennoch erschüttert, die schlimmen Wahrheiten offiziell aus höchstem Munde bestätigt zu erhalten. Aleksandr Jakovlev, der spätere Berater Gorbačevs, erinnerte sich, wie er damals als Parteitagsdelegierter die Szene miterlebte: «Ich saß oben auf dem Balkon. Ich erinnere mich gut an die tiefe Unruhe, ja Verzweiflung, die nach Chruschtschows Rede von mir Besitz ergriff. Im Saal herrschte drückendes Schweigen. Kein Stuhl knarrte, kein Husten oder Flüstern war zu vernehmen. Niemand schaute seinen Nachbarn an – entweder weil das, was sich gerade abgespielt hatte, so unerwartet war oder aus Nervosität und Furcht ... Wir verließen den Konferenzsaal mit gebeugten Köpfen.»[25]

Die Rede wurde nach dem Parteitag an die Parteikomitees der Republiken und Gebiete verschickt, mit der Aufforderung, sie in den Parteiversammlungen sowie in Fabriken und Instituten vorzulesen. Im Laufe des März und April 1956 wurden Zehntausende Parteimitglieder, Ingenieure, Arbeiter und Studenten über den Inhalt der Rede informiert. Die Parteisekretäre verlasen den Text und beendeten häufig im Anschluss die Veranstaltung, damit keine Diskussion stattfinden konnte.[26] Die Reaktionen der Parteimitglieder in der Provinz zeigten der Führung schnell, dass das Interesse gewaltig war und der Auseinandersetzung mit der Rede eine gefährliche Eigendynamik innewohnte. Es blieb nämlich an der Basis häufig nicht bei der selektiven Kritik am «Personenkult» und den ausgewählten Verbrechen Stalins, sondern es wurden Stimmen laut, die allgemeine Kritik am sowjetischen System übten. Angesichts solcher beunruhigender Berichte wies das Zentralkomitee die regionalen Parteikomitees an, die Diskussionen besser zu steuern und antisowjetische Äußerungen zurückzuweisen.[27] Um die Interpretationen der Rede in die richtige Richtung zu lenken, lieferte die *Pravda* am 28. März und am 15. April 1956 Anleitungen, wie die Rede zu verstehen sei.[28] Besorgt war man auch über den spontanen Bildersturm, der vielerorts einsetzte. Arbeiter, Schüler und Studenten entfernten Stalinporträts aus Fabriken, Schulen und Instituten, beschmierten, enthaupteten und stürzten Stalindenkmäler.[29] Aus den Reaktionen der Parteiführung auf die Regungen in der Gesellschaft wird deutlich, dass die sich neu formierende öffentliche Meinung (diese Bezeichnung tauchte nun auch wieder auf) als bedrohlich, weil nicht wie gewünscht steuerbar, wahrgenommen wurde.[30] Ein Brief der Parteiführung an die lokalen Organisationen definierte im Dezember 1956 strikt die Grenzen des Erlaubten.[31]

Auch wenn das ganze Ausmaß der stalinistischen Verbrechen nicht annähernd offengelegt wurde, so wurde die Rede doch als klare Absage an die repressiven Herrschaftsmethoden Stalins verstanden, zumal ab März 1956 Sonderkommissionen zu den Lagern fuhren, um in Schnellverfahren politische Häftlinge und Personen, die als Kinder inhaftiert worden waren, freizulassen. Die meisten politischen Häftlinge waren bereits 1954/55 ohne großes Aufsehen entlassen worden, indem man mit Stalins Tod die bis dahin übliche Praxis beendete, sie vor Ablauf der Haftzeit erneut zu verurteilen. Auch die Sondersiedlungen der deportierten Nationalitäten wurden 1955/56 aufgehoben.[32] Durch die Entlassungen sowie durch die Schließung von Lagern verringerte sich die Zahl der Häftlinge kontinuierlich, wenngleich nicht so sprunghaft wie im Zuge der Amnestie Berijas: Von 1952 bis 1954 war die Zahl der Häftlinge von 2,66 auf 1,47 Millionen gesunken. Zwischen 1955 und 1959 belief sie sich mit geringen Schwankungen ziemlich konstant auf etwa eine Million.[33]

Da im Staats- und Parteiapparat genügend Täter saßen, die nun Angst hatten, von ihren Opfern angeklagt zu werden, wurde den Freigelassenen auferlegt, über die Umstände ihrer Festnahme und über die Haft zu schweigen. Die meisten kehrten ohnehin als gebrochene Menschen aus dem Lager zurück und sprachen nicht einmal innerhalb der Familie über das Erlittene. Rehabilitierungen fanden nur auf Antrag statt und hatten nur dann Aussicht auf Erfolg, wenn die Verurteilung nach 1935 und nicht wegen «Trotzkismus» oder Zugehörigkeit zur «linken» oder «rechten» Opposition erfolgt war. Die Entschädigung für das erlittene Unrecht beschränkte sich auf zwei Monatslöhne und Bevorzugung bei der Vergabe von Wohnungen.[34]

Dennoch war unübersehbar, dass sich das Verhältnis zwischen Regime und Bevölkerung grundlegend verändert hatte. Erstmals seit 1917 konnten die Menschen in der Sowjetunion beginnen, ein normaleres Leben zu führen, ohne ständige Angst vor dem eigenen Staat. Harrison E. Salisbury, der 1944–1954 als Korrespondent amerikanischer Zeitungen in Moskau gearbeitet hatte, besuchte 1959 nach fünfjähriger Abwesenheit die Sowjetunion und war frappiert über die Unterschiede. Er stellte fest, dass sich nicht nur das Erscheinungsbild der Stadt verändert hatte – Wohnungsbau in großem Stil, ausländische Literatur in den Buchhandlungen, ein internationales Kulturprogramm –, sondern sich auch die Menschen anders verhielten. Alles war freier, ungezwungener, offener geworden. Passanten sprachen ihn und andere Ausländer an und erkundigten sich über die Verhältnisse in den USA:

«Bei meinen Spaziergängen durch die Straßen blieb ich oft stehen, um eine Aufnahme zu machen oder eine Notiz niederzuschreiben. Es war für jedermann offenkundig, daß ich ein ausländischer Journalist war. Aber jetzt war das kein Hindernis mehr für Unterhaltungen. Im Gegenteil, es war eine Aufforderung. Mein Spaziergang wurde zu einer Wanderung von einer Unterhaltung zur anderen. Zuerst Gespräche über amerikanische Bücher und Autoren. Dann Erstaunen darüber, daß ein Amerikaner eine japanische Kamera benutzt. Bauern, die sich nach dem Weg in der Stadt erkundigen. Annäherungsversuche von Jugendlichen, die sich im Englischsprechen üben wollten. Ein weiterer Jugendlicher, der deutsch sprechen wollte. Ein Junge auf der Buchausstellung, der schüchtern anfragte, ob ich amerikanische Bücher hätte, die ich entbehren könnte. Moskau war nicht mehr eine schweigende Stadt. Es war auf dem besten Wege, eine Plaudertasche zu werden. [...] Ebenso wie die Moskauer Straßen zu Stalins Lebzeiten unverkennbar die unerfreulichen Anzeichen der Unbeugsamkeit, Fremdenfeindlichkeit, Sterilität und des Terrors der Stalin-Herrschaft offenbarten, so spiegelten jetzt die Straßen eine innere Ungezwungenheit und Sorglosigkeit wider, die Rußland zu Stalins Zeiten nie besessen hatte. [...] Die Stadt und ihre Bürger betrachteten jetzt das Ende der Schreckenszeit als Tatsache. Sie glaubten es, weil sie mit ihren eigenen Augen gesehen hatten, wie die Macht der Polizei immer mehr beschnitten wurde. Sie hatten ihre überlebenden Freunde und Verwandten aus den Lagern zurückkommen sehen. Sie hatten feststellen können, wie die Einflußnahme der Geheimpolizei auf Gerichtsverfahren unterbunden wurde, und sie hatten gesehen, daß die Schreckenslager geschlossen wurden.»[35]

Wenn Salisbury von «innerer Ungezwungenheit» und «Sorglosigkeit» schrieb, dann war das sicherlich eine Verklärung der Verhältnisse und nur im Kontrast zur Stalinzeit verständlich. So frei, wie Salisbury die Atmosphäre in Moskau schilderte, war sie keineswegs, aber der Grundtenor seiner Aussage trifft zweifellos zu: In die Gesellschaft kam wieder Bewegung.

Die mit der Entstalinisierung verbundene Lockerung des Regimes hatte für Chruščev auch unangenehme Folgen, denn sie wurde in den ostmitteleuropäischen Ländern als Signal aufgefasst, dass nun nicht mehr so hart durchgegriffen würde. Es ist kein Zufall, dass sich ausgerechnet 1956 in Ungarn und in Polen Aufstände ereigneten. Sie kamen Chruščev höchst ungelegen, denn in der Logik des sowjetischen Sicherheitsdenkens konnte er ein Ausscheiden dieser Länder aus dem sozialistischen Lager nicht dulden. Die Sowjetunion musste folglich in Ungarn, wo sich die Lage dramatisch in Richtung auf eine politische Neuorientierung des Landes zuspitzte, militärisch intervenieren. Die militärische Gewaltanwendung war zwar erfolgreich, aber sie fügte dem internationalen Ansehen der Sowjetunion Schaden zu.

Die Nebenwirkungen der Geheimrede im Inneren und die Aufstände in

Ungarn und Polen schwächten Chruščevs Position in der kollektiven Führung. Im Juni 1957 versuchten seine Gegner im Präsidium, Molotov, Kaganovič und Malenkov, ihn zu stürzen. Molotov, langjähriger Außenminister, war einer der ältesten und treuesten Gefährten Stalins gewesen, Kaganovič und sein Gefolgsmann Malenkov hatten in den 1930er und 1940er Jahren als brutale Exekutoren der stalinistischen Politik gewirkt.[36] Am 18. Juni 1957 votierte das Präsidium des Zentralkomitees in Abwesenheit von Chruščev mit sieben zu vier Stimmen für seine Ablösung vom Posten des Ersten Sekretärs. Chruščev war aber nicht gewillt, sich dieser Entscheidung zu beugen. Er sprach dem Präsidium die Kompetenz zu einem solchen Beschluss ab und forderte die Einberufung eines ZK-Plenums. Unterstützt von Verteidigungsminister Žukov, der mit dem Einsatz der Armee drohte und Anhänger Chruščevs mit Militärflugzeugen nach Moskau bringen ließ, bereitete Chruščev seinen Gegnern auf dem ZK-Plenum eine Niederlage. Molotov, Kaganovič und Malenkov wurden als sogenannte «Anti-Partei-Gruppe» aus dem Präsidium des Zentralkomitees ausgeschlossen. Der ebenfalls involvierte Bulganin erhielt einen Verweis und musste im März 1958 zurücktreten.[37] Chruščevs Schachzug, das Plenum des Zentralkomitees über die Parteiführung entscheiden zu lassen, veränderte die politische Struktur der höchsten Institutionen. Das Plenum des Zentralkomitees war unter Stalin kein Ort von Entscheidungen gewesen, sondern ein Akklamationsgremium, das dazu gedient hatte, die Beschlüsse der obersten Führung kundzutun und Rituale der Zustimmung und Loyalität gegenüber dem Führer zu zelebrieren. Das Plenum des Zentralkomitees hatte niemals zuvor dem Politbüro beziehungsweise dem Präsidium widersprochen. Der Coup von 1957 hatte nun erstmals die Machtverhältnisse umgedreht und einen Superioritätsanspruch des Zentralkomitees über das Präsidium geschaffen. Chruščev war seit dem Juni 1957 ein vom Zentralkomitee gewählter Parteichef.[38]

Die Entstalinisierung erlebte auf dem 22. Parteitag 1961 ihre Fortsetzung. Sie wurde nun auch symbolisch vollzogen, indem man Stalins Mumie aus dem «Lenin-Stalin-Mausoleum» holte und beerdigte. Die Art und Weise, wie das geschah, ist allerdings bezeichnend für die letztliche Uneindeutigkeit: Erstens erfolgte die Aktion nicht als ein offizieller öffentlicher Akt, sondern unauffällig in der Nacht. Am nächsten Morgen lautete die Aufschrift auf dem Mausoleum plötzlich nicht mehr «Lenin – Stalin», sondern nur noch «Lenin». Zweitens symbolisiert auch der Ort, an dem man Stalin beerdigte, die Inkonsequenz der Lossagung: Er wurde an der Kremlmauer beigesetzt, wo sich die Ehrengräber des Sowjetregimes befinden. Immerhin kam es im Zuge des zweiten Entstalinisierungsanlaufs zur weitgehenden Entfernung Stalins aus der Topographie der Sowjetunion. Bis dahin hatte er in der ganzen Sowjetunion (und bis in die Innenstadt von Berlin) als Namengeber von Straßen, Plätzen, Kolchosen und vor allem der Stadt Stalingrad («Stalinstadt») fungiert. Letztere wurde 1961 in Volgograd umbenannt.

Die Reaktionen der Bevölkerung auf den 22. Parteitag waren systemkonformer als 1956, was auch daran lag, dass das Regime den Menschen nun reguläre Möglichkeiten der Artikulation bot und auf ihre Bedürfnisse stärker einging. Die privaten Leidensgeschichten erhielten ihren Platz in der Erinnerungskultur. Überlebende des Terrors und ehemalige Häftlinge konnten ihre Geschichte erzählen. Viele Bürger meldeten sich in Briefen an das Zentralkomitee zu Wort und schilderten Ereignisse aus ihrem Leben. Die Familien der Opfer schöpften Hoffnung, dass die soziale Stigmatisierung und Ausgrenzung ein Ende finden werde. Weiterhin nicht erwünscht waren eigenmächtige Aktionen zur Entfernung von Denkmälern und Bildern aus dem öffentlichen Raum. Hier behielt sich der Staat die Entscheidungsgewalt vor, wie er überhaupt die kollektive Erinnerung an die Stalinzeit manipulierte und kontrollierte. Die Auseinandersetzung mit der Vergangenheit blieb selektiv.[39] Das Regime vermied weiterhin das offizielle Eingeständnis, dass Millionen Menschen Opfer des Terrors geworden waren. Die im Pospelov-Bericht beschriebenen Dimensionen des Massenterrors wurden erst in den 1980er Jahren unter Gorbačev publik gemacht.[40]

«Tauwetter»

Die Chruščevzeit wird häufig mit der Metapher «Tauwetter» versehen, in Anlehnung an den gleichnamigen Roman von Il'ja Ėrenburg aus dem Jahre 1954. Das Bild vom «Tauwetter» steht für die Befreiung von den Ängsten und Zwängen der stalinistischen Ordnung. Es ist als Epochenbezeichnung nicht unumstritten, denn es suggeriert eine kontinuierliche Erwärmung des gesellschaftlichen Klimas, die so nicht stattfand – auch nicht im kulturellen Bereich, auf den das «Tauwetter» in einem engeren Sinne bezogen ist.[41] Das Jahrzehnt nach dem Tode Stalins war in kultureller Hinsicht vielmehr von einem Wechselspiel liberaler und restriktiver Phasen gekennzeichnet.

Ėrenburgs Roman handelte vom Auftauen des verarmten Innenlebens, vom Bewusstwerden der Persönlichkeit, vom aufkommenden Zweifel an den gültigen Normen. Schon einige Monate vorher hatte der Schriftsteller Vladimir Pomerancev 1953 in der Literaturzeitschrift *Novyj mir* («Neue Welt») einen programmatischen Artikel «Über die Aufrichtigkeit in der Literatur» publiziert. In Form eines fiktiven Gesprächs zwischen Autor und Leser übte er substanzielle Kritik am sowjetischen Kulturbetrieb: Der Leser warf dem Autor vor, seine Helden lebensfremd und schablonenhaft positiv darzustellen, worauf der Autor entgegnete, das sei nur die Folge seines Opportunismus und seiner Schwäche gegenüber den Kritikern und dem Schriftstellerverband. Auf diesen Artikel, der im Grund die Prinzipien des «sozialistischen Realismus» und der Gleichschaltung der Kulturschaffenden durch die Verbände in Frage stellte, folgte eine heftige Diskussion, wobei die *Literaturnaja gazeta* («Literaturzeitung») und die *Pravda* eine regelrechte Kampagne gegen die Zeitschrift *Novyj mir* führten, in der noch mehrere kritische Artikel erschienen. Im August 1954 verurteilte der Schriftstellerverband die Redaktion von *Novyj mir* und setzte den Chefredakteur Aleksandr Tvardovskij ab. Immerhin wurde er nicht aus dem Verband ausgeschlossen, und sein Nachfolger, Konstantin Simonov, galt als moderat.[42] Die Auseinandersetzung hatte gezeigt, dass mit dem Tode Stalins Bewegung in den Kulturbetrieb gekommen war und ein Teil der Schriftsteller nach Befreiung von den engen Vorgaben strebte, die stalinistischen Strukturen aber gleichwohl noch intakt waren und öffentliche Kritik nur in Grenzen geduldet wurde.

Der 20. Parteitag 1956 weckte unter den Kulturschaffenden Hoffnungen auf eine Liberalisierung und löste eine breite Diskussion aus. Auf dem Parteitag selbst hatte Michail Šolochov, prominenter Protagonist des «sozialistischen Realismus», eine Rede zur Literatur gehalten und Kritik am autoritär-bürokratischen Führungsstil des früheren Verbandsvorsitzenden geübt.[43] Für Aufsehen sorgte dann im Sommer 1956 der in *Novyj mir* abgedruckte Roman «Der Mensch lebt nicht vom Brot allein» von Vladimir Dudincev. Der Autor zeichnete darin ein negatives Bild der stalinistischen Bürokraten und zog sich den Vorwurf zu, die Errungenschaften der Sowjetgesellschaft zu verleumden und die individualistische Isolierung des Helden vom Kollektiv zu propagieren.[44] Chruščev persönlich mischte sich 1957 in die Diskussion ein und kritisierte Dudincev dafür, dass er in tendenziöser Weise zu viel Negatives in seinen Roman gepackt habe. Chruščev waren auch im kulturellen Bereich die Folgewirkungen der Geheimrede nicht geheuer. Er hielt 1957 einige Reden zu Literatur und Kunst, die darauf abzielten, die Schriftsteller und Künstler wieder zu disziplinieren. Die Zensurbehörde erhielt 1957 sogar noch größere Macht als unter Stalin.[45]

Das prominenteste Beispiel für die Grenzen der Liberalisierung ist die Affäre um den Roman «Doktor Živago» von Boris Pasternak. Da *Novyj mir* die ungekürzte Veröffentlichung des 1956 fertiggestellten Romans ablehnte, übergab Pasternak das Manuskript einem italienischen Verlag. Allein schon diese Umgehung der Zensur war eine Provokation. Hinzu kam der Inhalt des Romans, denn Pasternak stellte darin die Revolutions- und Bürgerkriegszeit kritisch dar. Als er dann auch noch im Oktober 1958 den Literaturnobelpreis erhielt, setzte eine üble Kampagne gegen ihn ein, die sich des Arsenals an Vorwürfen und Vokabeln bediente, wie man sie aus der Ždanov-Zeit kannte. Pasternak wurde aus dem Schriftstellerverband ausgeschlossen und genötigt, die Annahme des Preises zu verweigern und in Reuebriefen an Chruščev und die *Pravda* seine Schuld zu bekennen. Als er 1960 starb, wurde seine Beerdigung zu einer großen Solidaritätsdemonstration, wie es sie bis dahin in der Sowjetunion nicht gegeben hatte – genauso wie kein Autor gewagt hatte, an der Zensur vorbei im Ausland zu publizieren. Insofern hatte der Fall Pasternak wegweisenden Charakter.[46]

Im Kontext der zweiten Entstalinisierung öffnete sich zwischen dem 22. Parteitag (Oktober 1961) und dem Frühjahr 1963 für die Schriftsteller abermals ein Fenster neuer Möglichkeiten. In der Novemberausgabe von *Novyj mir* konnte Aleksandr Solženicyn seine Lagererzählung «Ein Tag im Leben des Ivan Denisovič» publizieren. Tvardovskij, der seit 1958 wieder die Zeitschrift herausgab, hatte monatelang darum gekämpft. Am Ende hatte Chruščev selbst die Druckerlaubnis gegeben, weil ihm die Thematisierung des Lagerlebens in dieser Phase ins Konzept passte. Ein ähnlicher Meilenstein war die Veröffentlichung des Gedichtes «Die Erben Stalins» von Evgenij Evtušenko in der *Pravda* am 21. Oktober 1962, in dem der Verfasser seiner Sorge Ausdruck verlieh, dass der Stalinismus noch nicht wirklich überwunden sei:[47] «[...] Aber vom Sarge stieg auf ein geringer Rauch, / Atem, der durch seine schmalen Ritzen gelangt war, / als man ihn durch die Tür des Mausoleums hinaustrug. / [...] Ich aber wende mich an die Regierung mit Sorge, / weist meine Bitte nicht ab: / Verdoppelt die Wachen, / verdreifacht sie / vor diesem Grab! / [...] Sicher, wir haben ihn / aus dem Mausoleum / glücklich herausgebracht. / Wer aber / expediert Stalin nun aus den Herzen der Erben? / Da gibt es noch einige, die / im Ruhestand Rosen beschneiden und glauben im Stillen, / das sei Ruhestand auf Abruf. / Andere, / hoch von Tribünen aus, / Stalin verwünschend, / dieselben sind's, / die sich nachts gern des Alten erinnern. [...]»[48]

Dass die zentrale Parteizeitung ein Gedicht mit derart deutlichen Zweifeln an der Aufrichtigkeit der Distanzierung höchster Funktionäre von Stalin abdruckte, war ein absolutes Novum. Wenige Monate später schlug das Pendel aber schon wieder in die andere Richtung aus. Funktionäre der Kulturverbände, denen die Liberalisierung zu weit ging, fädelten eine raffinierte Provokation ein, um Chruščev in ihrem Sinne zu aktivieren. Anlässlich einer Jubiläumsausstellung des Künstlerverbandes in der Moskauer Manege wurden in der ersten Etage abstrakte Bilder und Skulpturen junger zeitgenössischer Künstler platziert. Als Chruščev am 1. Dezember 1962 die Ausstellung besuchte, geriet er – ganz im Sinne der Initiatoren – völlig außer sich, als er die für seinen Geschmack abscheulichen Machwerke erblickte. Vor laufender Kamera schrie er die anwesenden jungen Künstler an, beschimpfte sie in vulgärer Weise («Scheiße!», «Arschlöcher!») und drohte ihnen mit der Ausweisung in den Westen, wo sie mit ihrem «Schund» besser hinpassten als in die Sowjetunion. Ähnlich aufgebracht reagierte Michail Suslov, seit 1946 Leiter der Abteilung für Agitation und Propaganda des Zentralkomitees und Chefideologe der Partei. «Man sollte sie ersticken!», schrie er mit erhobenen Fäusten und redete ständig auf Chruščev ein.[49] Bemerkenswerter als der vorhersehbare Wutausbruch Chruščevs sind allerdings die Reaktionen der jungen Künstler, denn sie demonstrieren, wie sehr sich das Verhältnis zu der Obrigkeit geändert hatte: Die Filmaufnahmen zeigen junge Männer, die das Donnerwetter beinahe belustigt über sich ergehen lassen und den tobenden Chruščev nicht wirklich ernst nehmen. Der Bildhauer Ėrnst Neizvestnyj stellte sich Chruščev sogar in den Weg, als er weitergehen wollte, und bat ihn, ihm seine Kunst erklären zu dürfen und ihn dabei nicht zu unterbrechen. Namhafte Künstler und Schriftsteller, die nicht direkt betroffen waren, reagierten auf den Skandal mit einem Brief an Chruščev, in dem sie ihn baten, den frischen Wind in der Kultur weiterhin wehen zu lassen und nicht zu den alten Methoden zurückzukehren.

Auf den Skandal in der Manege folgte eine Pressekampagne, die das altbekannte stalinistische Vokabular von «Formalismus», «volksfremdem Abstraktionismus» und «Modernismus» aktivierte. Neizvestnyj und andere Künstler wurden aus dem Künstlerverband ausgeschlossen, erhielten zwar weiterhin Aufträge, sogar von der öffentlichen Hand, mussten aber daneben auch anderweitig Geld verdienen.[50] In der Bevölkerung wurde die Manege-Ausstellung äußerst heterogen wahrgenommen. Die Gästebücher verzeichnen eine große Bandbreite divergierender Kommentare, die eindrucksvoll belegen, inwieweit es inzwischen zu einer Entstalinisierung des Zuschauers im Sinne der Pluralisierung von schriftlich geäußerten Meinungen gekommen war.[51]

Auch in der Literatur wurden nun wieder «ungesunde Entwicklungen» angeprangert. Evtušenko musste sich im März 1963 für die Veröffentlichung seiner Autobiographie in einer französischen Zeitung nach schwerer Kritik im Literaturverband entschuldigen, Solženicyn wurde angegriffen, und im Februar 1964 begann ein Prozess gegen den Lyriker Iosif Brodskij, der mit der Verurteilung zu fünf Jahren Verbannung mit Arbeitseinsatz endete. Angeklagt war Brodskij auf der Grundlage des im Mai

1961 verabschiedeten «Parasitengesetzes» – als «Parasit» galt, wer keiner geregelten Arbeit nachging –, den eigentlichen Anstoß bildeten aber seine Gedichte, die als «pessimistisch», «dekadent» und «modernistisch» diffamiert wurden. Es war dies das erste Mal seit Stalins Tod, dass ein Schriftsteller belangt wurde, aber mit dem großen Unterschied, dass sich zahlreiche namhafte Literaten und Künstler für den Angeklagten einsetzten. Eine Schriftstellerkollegin fertigte heimlich Protokolle des Prozesses an, dic anschließend vervielfältigt, in der Sowjetunion verbreitet und sogar im Ausland veröffentlicht wurden.[52] – Auch dieser Vorgang zeigt, dass das Regime zwar weiterhin die Oberhoheit über die Kultur beanspruchte und zu repressiven Mitteln griff, aber nicht mehr zum Äußersten bereit war. Die Kulturschaffenden begannen die Spielräume systematisch auszureizen und sich offen zu widersetzen. Unter Stalin wäre so ein Verhalten undenkbar gewesen.

In den Kontext dieser Auseinandersetzung zwischen dem Regime und einer aktiver gewordenen Gesellschaft gehört auch die Schaffung eines quasi autonomen Literaturforums auf dem Majakovskij-Platz (1935–1992, heute wieder Triumphplatz) mitten in Moskau. Dort war im Frühjahr 1958 ein Denkmal für den Dichter errichtet worden. Die offizielle Zeremonie war von den zahlreichen Besuchern spontan bis in die Nacht hinein verlängert worden, indem junge Leute Gedichte vortrugen. Von diesem Zeitpunkt an wurde das Majakovskij-Denkmal ein Ort informeller Lesungen und Zusammenkünfte vorwiegend von Studenten. Besonders zwischen September 1960 und Oktober 1961 fanden am «Majak» («Leuchtturm»), wie der Platz in einem Wortspiel genannt wurde, inoffizielle Dichterlesungen vor großem Publikum statt. Als Evtušenko auftrat, erschienen 5000 Zuhörer.[53] Weder dem Komsomol noch den Behörden gelang es, die Kontrolle über die Veranstaltungen zu erlangen. Die sowjetische Presse feindete die dort Auftretenden an, schrieb von «bärtigen», «hühnerbeinigen» und «windelweichen» «Schwächlingen» und «Arbeitsscheuen», konnte aber nicht verhindern, dass bekannte Dichter dort auftraten. Der «Majak» wurde zu einer Art Hyde-Park, wo jeder, der etwas vor Publikum sagen wollte, dies tun konnte. «In den Gedichten ging es um Menschen, um Gefühle, nicht um Klassen», erzählte die spätere Dissidentin Natal'ja Sadomskaja. «Das war für uns etwas ganz Neues, der Mensch als Persönlichkeit, als Mann und Frau, nicht als Staatsbürger. Für uns hieß Individualismus, als freie Menschen leben zu können. Das war unsere Revolte.»[54] Im Oktober 1961, als die Behörden im Zusammenhang mit dem 22. Parteitag in alter Manier das Stadtbild von unerwünschten Elementen säuberten, gingen sie auch gegen das Publikum auf dem «Majak» vor. Einige Studenten wurden aus den Instituten relegiert, drei junge Männer wurden wegen «antisowjetischer

Agitation und Propaganda» zu langen Lagerstrafen verurteilt. Mit diesem Durchgreifen der Obrigkeit endeten die Versammlungen am Majakovskij-Platz just zum selben Zeitpunkt, als die zweite Entstalinisierungswelle begann. In den Folgejahren vereinzelt unternommene Versuche, an die Tradition anzuknüpfen, wurden konsequent unterbunden. Erst in der Perestrojka erhielt der Platz seine Funktion als inoffizieller Versammlungsort zurück.[55] Der Komsomol verfolgte in Bezug auf die nicht konformen Jugendlichen eine zweigleisige Strategie: Einerseits beteiligte er sich zum Beispiel mit Patrouillen an der Unterdrückung devianter Lebensstile; andererseits eröffnete er im zeitlichen Zusammenhang mit der «Säuberung» des Majakovskij-Platzes nicht weit davon das erste Jazzcafé (das «Molodežnoe»).[56]

Beschleunigter Aufbau des Kommunismus

In Bezug auf die Herrschaftsmethoden ging Chruščev auf Distanz zu Stalin. In gesellschaftspolitischer Hinsicht sind jedoch die Kontinuitäten zwischen der Stalin- und der Chruščevära unverkennbar. So wie Stalin in zwei Anläufen, 1928/29 und 1947/48, versucht hatte, den Weg zum Kommunismus zu beschleunigen, so tat dies Chruščev aufs Neue. Die sozioökonomischen Strukturen, die Stalin durch Kollektivierung und forcierte Industrialisierung geschaffen hatte, stellte Chruščev nicht in Frage, sondern baute sie weiter aus. Er erneuerte den Angriff auf die privatwirtschaftlichen Elemente, führte die Kollektivierung der Landwirtschaft durch die Bildung von Großkolchosen weiter fort und hielt strikt am Konzept der staatlichen Kommandowirtschaft fest.[57] Die Utopie von der kommunistischen Gesellschaft war in den Köpfen Chruščevs und seiner Mitstreiter nach wie vor lebendig, und Mitte der 1950er Jahre gelangte er zu der Überzeugung, dass die Zeit reif sei, zum beschleunigten Aufbau des Kommunismus überzugehen. Dabei griff er auf das zurück, was eine Kommission unter der Leitung von Ždanov schon 1947 im Entwurf für ein neues Parteiprogramm formuliert hatte. Stalin war allerdings damals zu vorsichtig gewesen, um sich auf die Erreichung des Kommunismus innerhalb einer konkreten Frist und auf handfeste Konsumversprechen festzulegen, während Chruščev nun genau dies tat. Schon 1953 erinnerte er daran, dass der Kommunismus eine Gesellschaft des Überflusses sein sollte.[58]

Obwohl er ein Gespür für Systemmängel und Probleme hatte, glaubte Chruščev an die Überlegenheit von Kommunismus und Planwirtschaft. Das hatte mit seiner Sozialisierung, aber auch mit den Erfolgen zu tun, die er in den 1950er Jahren miterlebte: Die Sowjetunion hatte nicht nur den Wiederaufbau geschafft, sondern gerade in einem Bereich, der als Inbegriff des technischen Fortschritts galt, spektakuläre Erfolge erzielt: Im Oktober

1957 schickte die Sowjetunion den ersten künstlichen Satelliten in eine Erdumlaufbahn. Der «Sputnik» (wörtlich: «Mitreisender») beeindruckte und schockierte die westliche Welt zugleich, denn er demonstrierte, dass die Sowjetunion vor den USA die Führungsrolle in der Raketentechnik übernommen hatte. Im November 1957 folgte ein zweiter Satellit, mit der Hündin Lajka an Bord, und 1959 landete eine unbemannte sowjetische Raumsonde auf dem Mond. Am 12. April 1961 gelang dem Kosmonauten Jurij Gagarin als erstem Menschen eine Erdumkreisung außerhalb der Atmosphäre. Diese Erfolge erzeugten in der Sowjetunion eine Fortschrittseuphorie. Immerhin war man 30 Jahre zuvor noch ein Agrarland gewesen – und befand sich jetzt technisch an der Spitze der Menschheit. In dieser Euphorie verkündete Chruščev 1958, dass die Sowjetunion im Begriffe sei, in die Phase des Übergangs vom Sozialismus zum Kommunismus einzutreten. In 20 Jahren werde sie einen Zustand erreicht haben, in dem alle zur Befriedigung der menschlichen Bedürfnisse erforderlichen Dinge im Überfluss vorhanden seien. Jeder werde dann alles nach seinen Bedürfnissen erhalten, der «neue Mensch» werde in der klassenlosen Gesellschaft leben, die Gegensätze zwischen geistiger und körperlicher Arbeit würden durch größtmögliche Technisierung ebenso überwunden wie diejenigen zwischen Stadt und Land.[59]

In Chruščevs Kommunismusvision verband sich die kommunistische Utopie auf eigentümliche und sehr konkrete Weise mit der amerikanischen Konsumgesellschaft. Expertenkommissionen der staatlichen Planungsbehörde wurden damit beauftragt, in Anlehnung an das amerikanische Vorbild Normen für die Pro-Kopf-Verbrauchswerte von Lebensmitteln und Konsumgütern im Kommunismus zu erstellen. Die Experten gingen bei ihren Berechnungen davon aus, dass die USA krisenhaft stagnieren würden, die Sowjetunion aber jährliche Wachstumsraten von zehn Prozent erzielen werde. Die internen Dokumente zeigen, dass Ende der 1950er Jahre nicht nur Chruščev, sondern auch Wirtschaftsfachleute in der Sowjetunion von der Überlegenheit der Planwirtschaft überzeugt waren, gleichzeitig aber das führende kapitalistische Land in materieller Hinsicht als Maßstab heranzogen. Der materielle Lebensstandard des Westens, kombiniert mit den Heilsversprechen des Kommunismus – mit diesem Rezept würde man den Wettbewerb mit dem Kapitalismus gewinnen.[60]

Das Parteiprogramm von 1961 goss die Wiederbelebung des sozialistischen Projekts in eine für alle Bürger sichtbare Papierform. Es ersetzte das Parteiprogramm von 1919 und wurde auf dem 22. Parteitag verabschiedet. Seine Kernaussage bestand in der Ankündigung, den Aufbau der kommunistischen Gesellschaft zu verwirklichen, während der Kapitalismus in seiner Verfallskrise begriffen sei: «Die neuen Erscheinungen in der Entwicklung des Imperialismus bestätigen Lenins Schlussfolgerungen über die grundlegenden Gesetzmäßigkeiten des Kapitalismus in seinem letzten Stadium, über seine zunehmende Fäulnis. [...] Hunderte Millionen begreifen, dass der Kapitalismus eine Ordnung der wirtschaftlichen Anarchie und periodischer Krisen, der chronischen Arbeitslosigkeit, des Massenelends und des Raubbaus an den Produktivkräften ist, eine Ordnung, die eine ständige Kriegsgefahr in sich birgt.»[61] Neu gegenüber früheren programmatischen Texten war die Perspektive, dass sich der Kommunismus in der «friedlichen Koexistenz» aufgrund seiner Überlegenheit gegen den Kapitalismus durchsetzen werde und daher eine gewaltsame Zerstörung des Letzteren nicht notwendig sei, sondern im Gegenteil das Ziel jeder Politik in der Vermeidung eines Krieges liegen müsse.[62] Der größte Teil des Programms war den «Aufgaben der KPdSU beim Aufbau der kommunistischen Gesellschaft» gewidmet. Er beschrieb die wirtschaftliche und soziale Entwicklung der Sowjetunion für die kommenden 20 Jahre: «Im ersten Jahrzehnt (1961–1970) wird die Sowjetunion beim Aufbau der materiellen und technischen Basis des Kommunismus die USA – das mächtigste und reichste Land des Kapitalismus – in der Produktion pro Kopf der Bevölkerung überflügeln.» Bis dahin werde jede Familie über eine Wohnung verfügen, die schwere körperliche Arbeit verschwunden und der Arbeitstag verkürzt sein. Im zweiten Jahrzehnt (1971–1980) werde dann «für die gesamte Bevölkerung ein Überfluss an materiellen und kulturellen Gütern» gewährleistet, der sich unter anderem in der kostenlosen Benutzung der öffentlichen Verkehrsmittel und der kommunalen Dienste sowie in mietfreiem Wohnen auswirken werde.[63]

Der Optimismus dieses «wissenschaftlich begründeten» Programms, wie es im Text hieß, beruhte auf dem Glauben, die hohen Wachstumsraten des Nachkriegsjahrzehnts, die sich vor allem durch das niedrige Ausgangsniveau errechneten, beibehalten zu können. Dies war jedoch bereits in den Jahren, in denen man das neue Parteiprogramm erstellte, nicht der Fall. Indem Chruščev das kommunistische Heilsversprechen in Form von steigendem Lebensstandard und materiellem Konsum konkretisierte, verschaffte er sich zunächst eine breite Zustimmung, lud dem System aber auch eine schwere Hypothek auf, an der es unter seinen Nachfolgern letztlich zerbrechen sollte. Seit den späten 1950er Jahren gründete sich nämlich die Legitimität des Regimes in zunehmendem Maße auf das Konsumversprechen und steigenden Lebensstandard. Was unter Stalin eine Belohnung für wenige und für den Rest der Gesellschaft ein vager Zukunftstraum gewesen war, wurde nun zum Anspruch aller.[64] Zu Beginn der 1960er Jahre zeichnete sich bereits das Scheitern der Ankündigungen ab, denn die sowjetische

Wirtschaft verkraftete den Versuch, den Kommunismus beschleunigt aufzubauen, nicht. Der Widerspruch zwischen den Erwartungen und den tatsächlichen Verhältnissen wurde immer eklatanter. Rückblickend lässt sich feststellen, dass mit Chruščev der letzte Versuch scheiterte, die sowjetische Moderne schnell in die Realität umzusetzen. Dieses Scheitern war mit ein Grund dafür, dass Chruščev 1964 abgelöst wurde und seine Nachfolger auf Konsolidierung statt auf beschleunigte Entwicklung setzten.[65]

Die Herstellung der kommunistischen Gesellschaft war allerdings kein rein ökonomisches und auf Konsum orientiertes Projekt. Sie beinhaltete auch Elemente der Moral und der «Reinigung», die ebenfalls 1961 kodifiziert wurden. Der 22. Parteitag verabschiedete einen «Moralkodex der Erbauer des Kommunismus», bestehend aus zwölf Grundsätzen der zwischenmenschlichen Beziehungen. Die kommunistische Moral beinhaltete Hingebung an den Kommunismus, Liebe zum sozialistischen Vaterland und zu den sozialistischen Ländern, Freundschaft und Respekt gegenüber den anderen Völkern der Sowjetunion, Ehrlichkeit und Vertrauen, anständigen Lebenswandel, Fleiß, Bescheidenheit, gegenseitigen Respekt innerhalb der Familie und Verantwortung für die Kinder.[66] «Das tägliche Leben ist keine Privatangelegenheit», lautete der Titel einer der vielen Broschüren, die zu Beginn der 1960er Jahre unters Volk gebracht wurden. In diesen Handreichungen erhielten die Sowjetbürger Instruktionen für ihr Privatleben, von Benimmregeln bis zu normativen Anleitungen für den Umgang mit Sexualität, Ehe und Kindererziehung. Partei, Komsomol, Kameradschaftsgerichte, Hauskomitees und ähnliche Institutionen der Sozialkontrolle sollten für anständiges Benehmen und einen ordentlichen Lebenswandel sorgen und die der kommunistischen Moralvorstellung entsprechende Übereinstimmung zwischen persönlichem und gesellschaftlichem Leben gewährleisten.[67]

Im Prinzip war das eine stärkere Reglementierung des Privatlebens als unter Stalin, die in Wechselwirkung mit der faktisch sich vollziehenden Pluralisierung der Gesellschaft zu sehen ist. Die Regierenden empfanden die immer sichtbarer werdende Nonkonformität und die Renaissance von Privatleben und Individualismus als Problem. Besonders in Bezug auf die Jugendlichen klagten die Behörden über «Materialismus», eine Abneigung gegen körperliche Anstrengungen, ein Ansteigen des Konsums von Alkohol und Drogen sowie einen Aufschwung von Subkulturen wie den Stiljagi.[68] Bedrohlich erschienen der Führung auch die seit 1956 zu beobachtenden Tendenzen unter den Studenten, unter Berufung auf Lenin die Kritik am Personenkult auf das Gesamtsystem zu übertragen und Forderungen nach mehr Freiheit und Individualismus zu artikulieren. Das Regime antwortete mit einer Reideologisierung, mit normativem Konformitätsdruck und einer stärkeren Interventionsbereitschaft gegenüber Abweichungen. Die bevorzugte Methode bestand allerdings nicht in der Lagerhaft, sondern in öffentlicher Demütigung und in Versuchen zur Umerziehung und zur Schaffung eines Klimas der gegenseitigen Überwachung. Insbesondere der Komsomol versuchte, nonkonformistische Jugendliche durch Bloßstellung zur Räson zu bringen und zum «richtigen» Lebensentwurf zu bekehren. Patrouillen des Komsomol stellten «Hooligans» und Stiljagi zur Rede und verhöhnten diejenigen, die sich nicht an die sozialen Normen hielten. Obwohl sie am längeren Hebel der Macht saßen, hatten sie damit aber nur begrenzten Erfolg und stießen auf Gegenwehr. Die sich abweichend verhaltenden Jugendlichen wurden nicht reintegriert, sondern die Kluft zwischen ihnen und der offiziellen Jugendkultur vertiefte sich. Razzien des Komsomol endeten häufig in gewaltsamen Auseinandersetzungen. Renaissance des Privaten und verstärkte Repression existierten somit nebeneinander.[69]

In Bezug auf die «Reinigung» der Gesellschaft griff Chruščev auf Ansätze seines Vorgängers zurück. Dieser hatte seit den 1930er Jahren die großen Städte in periodischen Abständen von Bettlern, Landstreichern, Obdachlosen, Prostituierten und anderen «sozial fremden Elementen» säubern lassen. 1951 waren die Volksgerichte ermächtigt worden, fünfjährige Verbannungen auszusprechen. Eine 1953 erlassene Regelung machte es möglich, Personen, die mehr als drei Monate arbeitslos waren, für zwei Jahre zu verbannen. 1957 wurde diese Befugnis auf «asoziale und parasitäre Elemente» ausgedehnt. Eine Kommission des Zentralkomitees beschäftigte sich zwischen 1957 und 1961 mit dem Problem der sozialen Randgruppen, mit dem Ergebnis, dass im Mai 1961 das sogenannte «Parasitengesetz» verabschiedet wurde.[70] Chruščev schwebte vor, die Bürger selbst in die Reinigung der Gesellschaft mit einzubeziehen. Bürgerversammlungen sollten «asoziale und parasitäre Elemente» ausfindig machen und zu Verbannung und Zwangsarbeit verurteilen können. Sowjetische Juristen hatten dagegen Bedenken, weil auf diese Weise die gerade erst wieder etablierte Justiz erneut unterlaufen werde. Ein Entwurf des Gesetzes wurde 1957 publiziert und löste eine breite öffentliche Diskussion aus. Sie machte deutlich, dass es der Bevölkerung und den lokalen Behörden vor allem um Sicherheit und öffentliche Ordnung ging. Unter «Parasiten» verstanden sie Bettler, Landstreicher, Daueralkoholiker, Prostituierte, arbeitsscheue Jugendliche, die sich auf der Straße herumtrieben und sich «antisowjetisch» gebärdeten, sowie Männer, die sich von Frauen aushalten ließen. Die Kommission des Zentralkomitees verschob den Fokus hingegen mehr auf Korruption und Schattenwirtschaft.[71] Diese Phänomene wurden in der Bevölkerung wiederum ambivalent wahrgenommen, denn korrupte Praktiken und das Beziehen von Mangelware aus nicht offiziellen Quellen waren unverzichtbarer Teil der Überlebensstrategie in der staatlichen Kommandowirtschaft. Das 1961 verabschiedete Gesetz war ein Kompromiss: Die Definition des «Parasiten» wurde auf Spekulanten, Betrüger und Empfänger von Schmiergeldern ausgeweitet. Die Verbannungen durften nicht von Bürgerversammlungen, sondern nur von Volksgerichten ausgesprochen werden, allerdings in einem eingeschränkten Verfahren ohne Verteidigung und ohne Berufungsmöglichkeit. Die Wirkung des Gesetzes blieb gering, weil die gesamte Gesellschaft einschließlich der Bürokratie und der Wirtschaftsorganisationen auf korrupte Praktiken und die Schattenwirtschaft angewiesen war und im Übrigen die zeitweilige Verbannung der «Parasiten» das Problem nur räumlich und zeitlich verlagerte. Die örtlichen Behörden in Sibirien protestierten gegen die Zuweisung solcher Personen, weil sie von ihnen einen schlechten Einfluss auf die einheimische Bevölkerung befürchteten. 1965 wurde das Gesetz stark abgemildert.[72]

In den Kontext der «Reinigung» der Gesellschaft gehörte auch die antireligiöse Kampagne der Jahre 1958 bis 1964. Sie zielte besonders auf den ländlichen Bereich, in dem immer noch alte Traditionen weiterlebten und den Chruščev einer forcierten sozialistischen Umgestaltung unterwerfen wollte. Die Kirche galt dem Regime als Teil der ländlichen Rückständigkeit und als inkompatibel mit der kommunistischen Gesellschaft und geriet daher ins Visier einer aggressiven Politik: Die Kirchengemeinden wurden mit hohen Steuern belegt, durften keine Jugendarbeit mehr machen, kleinere Gemeinden wurden ebenso wie Pilgerstätten geschlossen, Religion wurde als Aberglaube lächerlich gemacht. Chruščev verstand seinen Kampf gegen die Kirche als Teil der Entstalinisierung und Rückkehr zum richtigen sozialistischen Weg. Folgerichtig griff er auf die Methoden des militanten Atheismus aus den 1920er Jahren zurück. Auch diese Kampagne erreichte ihr Ziel nicht. Zwar wurde die Kirche geschwächt, aber es gelang nicht, die Religion aus dem Leben der Sowjetbürger zu verbannen. Vielen Kirchenbesuchern leuchtete es gar nicht ein, warum Religion und Kommunismus nicht zusammen existieren können sollten.[73]

Parallel zur Religionspolitik wurde auch die Nationalitätenpolitik ab 1958 intoleranter. Nach dem Tode Stalins 1953 waren die Sondersiedlungen der Deportierten aufgelöst und Hunderttausende aus der Zwangsarbeit entlassen worden. Angehörige nichtrussischer Eliten wagten wieder, Wünsche und Probleme zu artikulieren, und sogar in der Presse konnte man Klagen über Russifizierung und Diskriminierung lesen. Unter den Nationalitäten formierten sich von der offiziellen Linie abweichende Diskurse und Netzwerke, die von den Behörden und Sicherheitsorganen zwar eingedämmt und verfolgt, aber nicht mehr völlig unterdrückt werden konnten. Ausdruck dieser neuen Entwicklung waren Petitionen und Demonstrationen sowie Widersprüche innerhalb der Partei.[74] Die von Chruščev in der Wirtschaftspolitik betriebene Dezentralisierung wurde zusammen mit den Beschlüssen des 20. Parteitags zur Nationalitätenpolitik als Rückgriff auf die Indigenisierungspolitik der 1920er Jahre verstanden. In den Parteitagsdokumenten hieß es, der Sozialismus beseitige nicht die nationalen Unterschiede und Besonderheiten, sondern sichere im Gegenteil die allseitige Entwicklung und das Aufblühen der Wirtschaft und Kultur aller Nationen und Völkerschaften.[75]

1958 erfolgte jedoch eine Kurskorrektur: Zum einen waren die Nationalitäten von der antireligiösen Propaganda betroffen. Viele Kirchen, Moscheen und Synagogen, die die Stalinzeit überdauert hatten, wurden nun geschlossen. Zum anderen brachten die Schulreformgesetze der Jahre 1958/59 eine Änderung der Sprachenpolitik, durch die sich das Regime wieder von den Beschlüssen des 20. Parteitags entfernte: Die Stellung der russischen Sprache in den Schulen wurde ausgebaut und die nichtrussischen Unterrichtssprachen wurden fast völlig aus den allgemeinbildenden Schulen der RSFSR verdrängt. In den anderen Unionsrepubliken sollten die Eltern wählen können, ob ihre Kinder Unterricht in der Muttersprache oder in der russischen Sprache erhielten. In der Praxis änderte das nicht viel, aber die Leitlinie der Sprachenpolitik war klar. Wenn die KP Lettlands 1956 noch einen Beschluss gefasst hatte, wonach leitende Funktionäre in der Lettischen SSR neben dem Russischen auch Lettisch sprechen müssten, dann entsprach das nun nicht mehr den Vorstellungen des Moskauer Politbüros.[76] Das neue Parteiprogramm von 1961 erklärte, dass die «neue Etappe» in den nationalen Beziehungen «durch die weitere Annäherung der Nationen und die Erreichung ihrer völligen Einheit» charakterisiert sein werde. Der Aufbau des Kommunismus werde mit der Herausbildung von «gemeinsamen Zügen der Kultur, der Moral und der Lebensweise» einhergehen und eine allen Sowjetbürgern gemeinsame «internationale Kultur» hervorbringen, die durch die russische Sprache integriert werde. Die Verschmelzung der Völker zu einer kommunistischen Einheitsnation mit einer gemeinsamen Sprache werde allerdings länger dauern als das Verschwinden der Klassenunterschiede. Zur Beschleunigung dieses Vorgangs wurde das Russische zur «zweiten Muttersprache» aller nichtrussischen Sowjetbürger erklärt.[77]

Wirtschaftspolitik

Chruščevs Wirtschaftspolitik war Teil seines Strebens, den Kommunismus beschleunigt zu erreichen, und gekennzeichnet von einem Experimentieren mit Reformen, die ständig abgeändert wurden und am Ende ihre Ziele nicht erreichten. Unter den Nachfolgern Stalins herrschte Einigkeit, dass der Konsumindustrie mehr Aufmerksamkeit gewidmet werden müsse, um die Lebensverhältnisse der Menschen zu verbessern und die Volkswirtschaft ausgewogener zu machen – eine Erkenntnis, die in die späte Stalinzeit zurückreichte. Schon bald nach Stalins Tod dekretierte Malenkov Preissenkungen, die er im August 1953 mit der Ankündigung ergänzte, die Investitionen in die Konsumgüter- und Lebensmittelindustrie zu erhöhen. Das «Staatliche Universalgeschäft» GUM am Roten Platz in Moskau wurde 1953/54 wieder in ein Warenhaus umgewandelt, nachdem es unter Stalin 25 Jahre als Bürogebäude gedient hatte.[78]

Chruščev ergänzte die auf die Bedürfnisse der Menschen mehr als früher Rücksicht nehmende Politik durch eine Dezentralisierung der Wirtschaftsplanung. Er hatte aus der Entwicklung der vergangenen Jahrzehnte den Schluss gezogen, dass zu viel Zentralismus die Eigeninitiative ersticke und Inflexibilität erzeuge. 1955 gliederte er die laufende Wirtschaftsplanung aus der Planbehörde *Gosplan* aus und übertrug sie einer neuen Staatswirtschaftskommission. *Gosplan* war weiterhin für die Vorausberechnung der Fünfjahrespläne zuständig. 1957 machte Chruščev diese Reform wieder rückgängig zugunsten einer räumlichen Dezentralisierung. Die Entscheidungskompetenzen wurden von den Branchenministerien auf neu geschaffene regionale Volkswirtschaftsräte (*sovnarchoz*) übertragen. Dahinter stand das politische Ziel, der Tendenz der Ministerien entgegenzuwirken, sich eigene Imperien aufzubauen und untereinander um die Ressourcen zu konkurrieren.[79] Auf den Ebenen der Union und der Republiken wurden 143 Industrieministerien aufgelöst und stattdessen 105 Wirtschaftsgebiete gebildet, die jeweils von einem Volkswirtschaftsrat geleitet wurden. Diese komplette Reorganisation der staatlichen Kommandowirtschaft endete im Chaos. Außerdem trat nun an die Stelle des Egoismus der Ministerien die Konkurrenz regionaler Interessen. Lokalpatriotismus und Autarkietendenzen derjenigen Regionen, die gut mit Rohstoffen ausgestattet waren, konterkarierten eine ausgewogene Wirtschaftspolitik im Sinne des Gesamtstaates. Die Koordination und Abstimmung wurde nicht leichter, sondern komplizierter. Angesichts der schwerwiegenden Probleme, die die Reform erzeugt hatte, beschritt man ab 1960 wieder den Weg der Rezentralisierung. 1960 wurden für Russland, die Ukraine und Weißrussland Volkswirtschaftsräte auf der Ebene der Republiken gebildet, um die regionalen Räte zu koordinieren. 1962 reduzierte Chruščev die Zahl der regionalen Räte auf 47 und teilte den Parteiapparat in einen Industrie- und einen Landwirtschaftszweig. Ein Unionsvolkswirtschaftsrat war nun für die Umsetzung der Pläne zuständig, die von der 1960 abermals geteilten staatlichen Planbehörde *Gosplan* erstellt wurden. – Auf diese Weise verging kaum ein Jahr, in dem der staatliche Wirtschaftsapparat nicht gravierend umstrukturiert wurde – mit dem Ergebnis, dass der sechste Fünfjahresplan (1956–1960) widerrufen werden musste. Der eilig außerplanmäßig einberufene 21. Parteitag erließ 1959 als Ersatz einen neuen, nunmehr auf sieben Jahre angelegten Wirtschaftsplan.

In seiner Rede auf dem 21. Parteitag formulierte Chruščev als das übergeordnete Ziel für den Siebenjahresplan, die USA sowohl in der absoluten als auch in der Pro-Kopf-Produktion und in der Höhe des Lebensstandards bis 1970 zu überholen. Die im Siebenjahresplan (1959–1965) vorgesehenen Wachstumsraten waren mit den vorhandenen Investitionsmitteln nicht alle gleichzeitig zu schaffen. Im industriellen Bereich waren sie nicht völlig realitätsfern und wurden teilweise sogar erreicht. Den Pferdefuß bildete aber die Landwirtschaft. Sie blieb weit hinter den Erwartungen zurück, sodass die versprochene schnelle Verbesserung der Lebensmittelversorgung nicht eintrat. Von dem Ziel, die USA zu überholen, war die sowjetische Wirtschaft am Ende des Siebenjahresplans weiter entfernt als zu seinem Beginn, weil die für die USA prognostizierte Stagnationskrise nicht eintrat.[80]

Auch wenn die Führung der Sowjetunion von der Überlegenheit ihres Systems überzeugt war, so hatte sich doch die zentrale Kommandowirtschaft als defekt erwiesen. Schon seit den 1930er Jahren bedurfte sie eines privaten Sektors und einer Schattenwirtschaft, um funktionieren zu können. An diesem grundlegenden Konstruktionsfehler änderten die Reformversuche Chruščevs nichts. Damit die Betriebe die ihnen zugewiesenen Produktionspläne erfüllen konnten, mussten sie sich Rohstoffe, Ersatzteile und andere dringend benötigte Dinge, die sie über die offiziellen Kanäle nicht oder nicht rechtzeitig erhielten, «organisieren». Zu diesem Zwecke schickten sie sogenannte *tolkači* (von russ. *tolkat'* – vorwärtsstoßen, schieben) zu anderen Betrieben, um unter Einsatz von Schmiergeldern und zu erhöhten Preisen Produkte zu besorgen, die dort wiederum außerhalb des offiziellen Produktionsplans erzeugt wurden. Auf diese Weise wusch eine Hand die andere, korrupte Praktiken wurden angewendet, um den Plan erfüllen zu können und nicht bestraft zu werden. Für einige Fabrikdirektoren und Mitarbeiter hatte das außerdem den angenehmen Nebeneffekt von inoffiziellen Zusatzeinkommen.[81]

Mit der Landwirtschaft war Chruščev schon unter Stalin als Parteichef der Ukraine befasst gewesen. Er hatte 1946 angesichts der Hungersnot vergeblich versucht, von Stalin eine Senkung der Getreideablieferungspläne zu erreichen.[82] Nach Stalins Tod war er der Erste, der die miserablen Lebensbedingungen der ländlichen Bevölkerung thematisierte. Mit großer

Wahrscheinlichkeit stand er hinter Maßnahmen, die Malenkov im August 1953 verkündete und mit denen der Staat die Lage der Kolchosbauern verbesserte: Die vom Staat festgesetzten Erzeugerpreise wurden erhöht und die vom privaten Hofland zu leistenden Naturalabgaben verringert. Diese Politik trug maßgeblich dazu bei, dass in den Folgejahren die Produktion von Milch und Fleisch stark anstieg.[83]

Ebenso dringlich wie die Verbesserung der ländlichen Lebensverhältnisse war die Steigerung der Agrarproduktion, denn die Versorgung mit Getreide war immer noch angespannt. Im Januar 1954 legte Chruščev dem Zentralkomitee ein Konzept vor, das so verblüffend einfach wie riskant war: Die großen Steppengebiete in Nordkasachstan sollten als «Neuland» (*celina*) für den Getreideanbau erschlossen werden – eine Idee, die auf den «Großen Stalinplan zur Umgestaltung der Natur» von 1948 zurückgriff und handstreichartig in die Tat umgesetzt wurde. Die Risiken waren beträchtlich, denn es handelte sich um Regionen, in denen man jedes dritte Jahr mit einem dürrebedingten Totalausfall der Ernte rechnen musste. Die Kampagne lief ganz im Stil eines stalinistischen Großprojekts ab. Chruščev organisierte und inszenierte sie so, wie er es in den 1930er Jahren im Auftrag Stalins als Stadtparteisekretär von Moskau beim Bau der Untergrundbahn eingeübt hatte: Ohne profunde Vorbereitungen abzuwarten, wurde sofort mit der Realisierung begonnen und das Instrument der «Mobilisierung» kam aufs Neue zum Einsatz. Wie seinerzeit im ersten Fünfjahresplan versuchte Chruščev noch einmal den revolutionären Enthusiasmus zu wecken, um in einem heroischen Kraftakt dem Sozialismus wieder ein Stück näherzukommen. Es gelang ihm tatsächlich, die Begeisterungsfähigkeit der Jugend zu aktivieren. Eine Million Freiwillige meldete sich, und 1954/55 wurden 650 000 Menschen in Nordkasachstan angesiedelt, die zunächst ohne Infrastruktur in Zeltstädten hausten, so wie zu Beginn der 1930er Jahre die ersten Bewohner von Magnitogorsk. Viele verließen bald wieder frustriert die Neulandgebiete, aber das kurzfristige Ziel wurde erreicht: Bereits in den ersten drei Jahren konnten 36 Millionen Hektar kultiviert werden – mehr als die gesamte landwirtschaftliche Nutzfläche des Deutschen Reiches 1914. Insgesamt wurde die Anbaufläche zwischen 1953 und 1964 von 157,2 auf 212,8 Millionen Hektar gesteigert. Mittelfristig waren die Ergebnisse allerdings enttäuschend: Nach wenigen guten Jahren gingen die Ernteerträge rapide zurück, weil der fruchtbare Steppenboden von starker Winderosion betroffen war. Erst Mitte der 1960er Jahre gelang es durch den Übergang zu der den Umweltbedingungen Kasachstans besser angepassten Methode des Trockenfeldbaus mit einer anderen Pflugtechnik die Erträge zu stabilisieren, allerdings auf einem viel niedrigeren Niveau als ursprünglich erhofft.[84]

Nicht weniger aktionistisch verlief Chruščevs Kampagne zur Ausweitung des Anbaus von Futtermais. Sie resultierte aus dem Willen, die unzureichende Versorgung mit Milch und Fleisch zu verbessern und sie unabhängig von der privaten Hoflandwirtschaft zu machen, sowie aus dem Eindruck, dass sich in den USA der Mais als das effektivste Futtergetreide erwiesen habe. Der Futtermais sollte nun in der Sowjetunion die Grundlage schaffen, um die USA in der Fleischproduktion einzuholen. 1955 bezeichnete Chruščev in einer Rede den Maisanbau als die wichtigste Aufgabe der Partei und ließ die Maisanbaugebiete bis in den Norden Russlands und nach Ostsibirien ausdehnen. Die in den Mais projizierten Wunschvorstellungen waren irrational und wurden fast zwangsläufig enttäuscht.[85]

1958 verfügte Chruščev einschneidende Agrarreformen, die in den Kontext seiner Kommunismus-Offensive gehören. Noch unter Stalin hatte er 1951 die Vision von Agrostädten formuliert und damit Ideen aufgegriffen, die schon in den 1920er Jahren diskutiert worden waren, im Zusammenhang mit der ideologisch begründeten Forderung nach Aufhebung der Gegensätze zwischen Land und Stadt. 1951 hatte ihn Stalin in die Schranken verwiesen, ab 1958 versuchte er den Gedanken energisch in die Praxis umzusetzen. Die Umwandlung von Dörfern in «Siedlungen städtischen Typs» mit modern eingerichteten Wohnhäusern, kommunalen Dienstleistungsbetrieben, Kultur- und Gesundheitseinrichtungen fand auch Eingang in das Parteiprogramm von 1961.[86]

Die erste Änderung, die im Januar 1958 wirksam wurde, schien zunächst dem privaten Sektor des Kolchossystems neuen Spielraum zu verschaffen, hatte aber nicht diese Absicht, sondern zielte lediglich darauf, die Kolchosniki von einer ungeliebten, aus der Stalinzeit stammenden Zwangsabgabe zu befreien: Die auf das private Hofland bezogenen Naturalabgaben wurden gänzlich abgeschafft – eine Maßnahme, welche die Kolchosniki mit Jubel aufnahmen, denn dadurch erhöhten sich ihre Einkommen spürbar. Bis zu diesem Zeitpunkt waren sie verpflichtet gewesen, Fleisch, Milch und Eier von ihrem Hofland abzuliefern, gleichgültig, ob sie überhaupt Tiere besaßen oder nicht. So mancher hatte diese Produkte zukaufen müssen, um die Ablieferungspflicht erfüllen zu können. Im Juni 1958 wurde auch die Zwangsablieferung der Kolchosen an sich durch einen staatlichen Aufkauf des Getreides ersetzt, was nun auch die Einkommen der Betriebe deutlich steigerte.[87]

Die eigentliche Stoßrichtung der Reformen von 1958 zielte auf die Stärkung des sozialistischen Elements der Landwirtschaft durch die Schaffung von Agrargroßbetrieben. Die Zusammenlegung von Kolchosen zu größeren Einheiten sowie die Umwandlung von Kolchosen in Staatsgüter (Sowchosen) war schon seit 1949/50 im Gange und wurde 1958/59 intensiviert. Damit wurden die gewachsenen ländlichen Strukturen noch weiter zerstört, denn viele der bisherigen Kolchosen, die in der Regel ein ehemaliges Dorf umfassten, wurden nun zu anonymen Produktionseinheiten zusammengefasst, in denen es keine dörfliche Einheit mehr gab. Die Großbetriebe erleichterten einerseits die staatliche Kontrolle und sollten andererseits den Übergang zur urbanen Lebensweise einleiten. In den Kontext der Schaffung von großen Produktionseinheiten gehörte die ebenfalls 1958 realisierte Auflösung der sogenannten Maschinen-Traktoren-Stationen (MTS). Die MTS waren in den 1930er Jahren ins Leben gerufen worden. Sie waren Staatseigentum und verfügten über Maschinen und landwirtschaftliche Geräte, mit denen sie gegen Bezahlung das Kolchosland bestellten – und somit eine Kontrolle über die Kolchosen ausübten. Das Verhältnis zwischen Kolchosen und MTS war aufgrund der unterschiedlichen Interessen konfliktreich. Chruščev löste die MTS auf, unter der Vorgabe, dass die Kolchosen den Maschinenpark kaufen mussten. Die Bewirtschaftung des Landes sollte künftig in der Hand des einheitlichen Agrargroßbetriebs liegen. Ein weiteres Motiv lag in der Absicht, aus der Landwirtschaft Geld abzuschöpfen, um das Weltraumprogramm zu finanzieren. Die Liquidierung der MTS wurde in vielen Kolchosen mit Freudenfeiern begangen, hatte jedoch negative Auswirkungen, denn die Kolchosen mussten sich verschulden, um Traktoren, Mähdrescher und andere Maschinen zu überhöhten Preisen zu kaufen. Viele Kolchosen wurden zahlungsunfähig und mussten die Auszahlungen an die Mitglieder weiter reduzieren. Im Endeffekt enttäuschten die Reformen von 1958 die anfänglichen Hoffnungen der Kolchosniki auf eine Verbesserung ihrer Lage und fügten der Landwirtschaft Schaden zu.[88]

Lebensverhältnisse

Dem Versprechen, in Kürze das Stadium des Kommunismus zu erreichen, standen in den 1950er Jahren Reallohnsteigerungen gegenüber. Davon profitierten allerdings überwiegend die nicht in der Landwirtschaft Beschäftigten, denn die Kolchosniki erhielten weiterhin keinen festen Lohn, sondern nur den Naturalvorschuss nach der Ernte und einen Anspruch auf den in der Regel fiktiven Überschuss am Ende des Jahres. Chruščev sprach zwar 1958 das Problem der Entlohnung nach Tagewerken an und empfahl die Umstellung auf einen monatlichen Festlohn, aber die Umsetzung dieser Ankündigung erwies sich angesichts der angespannten finanziellen Lage der Kolchosen als schwierig. Naturalvergütung blieb bis über Chruščevs Amtszeit hinaus ein wesentlicher Bestandteil der Entlohnung.[89]

Das Lohnsystem des Stalinismus hatte sich durch große Unterschiede zwischen den Lohngruppen innerhalb eines Berufes und zwischen den Berufen ausgezeichnet. «Gegen die Gleichmacherei» hatte eine Parole Stalins 1931 gelautet. Die damals eingeführte starke Lohndifferenzierung hatte darauf abgezielt, die Arbeiter zu mehr Leistung und besserer Ausbildung anzuspornen. Die Mitte der 1950er Jahre durchgeführten Lohnreformen veränderten dieses System in Richtung auf eine Nivellierung bei Anhebung des Durchschnittslohnes. Diese Tendenz, die sich bis in die 1980er Jahre fortsetzte, hatte hauptsächlich zur Folge, dass die Unterschiede zwischen Einkommen aus körperlicher und geistiger Tätigkeit und zwischen Durchschnitts- und Spitzenlöhnen geringer wurden. Um gut zu verdienen, lohnte es sich nicht unbedingt, ein Studium zu absolvieren, denn in gut bezahlten Branchen verdienten Industriearbeiter mehr als das leitende Personal in schlecht bezahlten Branchen. In der zweiten Hälfte der 1950er Jahre wurden zudem regionale Lohnkoeffizienten eingeführt. Sie waren die Konsequenz daraus, dass man zur Arbeit in unattraktiven Gebieten nicht mehr wie unter Stalin auf Sträflinge und Sondersiedler zurückgriff, sondern Arbeiter und leitendes Personal mit Geld motivieren musste, dort eine Stelle anzunehmen.[90]

Durch den noch von Malenkov veranlassten höheren Ausstoß von Konsumgütern verbesserte sich ab Mitte der 1950er Jahre die Ausstattung der Haushalte mit langlebigen Konsumgütern. Unter Stalin hatte kaum jemand einen Kühlschrank oder eine Waschtrommel besessen. Nun hielten diese Errungenschaften allmählich in die städtischen Wohnungen Einzug. Gleichzeitig trat erstmals seit den 1920er Jahren das Phänomen auf, dass die Geschäfte auf minderwertigen oder am Bedarf vorbei produzierten Waren sitzen blieben. Die Produktionsplanung musste ab nun mit dem Faktor der Nachfrage kalkulieren und etwa bei der Produktion von Kleidung auf die benötigten Konfektionsgrößen achten.[91]

Ein deutscher Journalist bemerkte 1958 in Moskau die ersten Selbstbedienungsgeschäfte. Sie blieben allerdings Ausnahmen.[92] Von einem Überfluss an Waren konnte keine Rede sein. Selbst auf der Gor'kij-Straße im Zentrum Moskaus, wo sich die bestversorgten Geschäfte des Landes befanden, gehörte Schlangestehen zum Alltag. Paul Thorez, Sohn des französischen Kommunistenführers Maurice Thorez, beschrieb eine typische Szene der späten Chruščevzeit: «Im Geschenkehaus an der Gor'kijstrasse stehen die Kunden etwa über 100 Meter Schlange. Sie beginnt im ersten Stock, geht über die Treppe, durchläuft das Erdgeschoss und wird auf dem Gehsteig immer länger. Man verkauft italienische Pullover. Sie kosten durchschnittlich 50 Rubel, was sehr teuer ist. Die Neuigkeit hat sich in

Windeseile in der Stadt verbreitet, und innerhalb von zwei Stunden war die Menge da, sah gleichgültig über die soliden, aber weniger eleganten einheimischen Waren zu 10 bis 50 Rubel hinweg.»[93]

Fotografien dieser Jahre zeigen in der Moskauer Innenstadt große Geschäfte mit Neonreklame und hell erleuchteten Schaufenstern. Auf den breiten Straßen fahren einige Autos, auf den Gehsteigen sind ordentlich gekleidete Passanten unterwegs, junge Frauen flanieren bisweilen sogar in schicken Kleidern, mit Hochfrisur und Stöckelschuhen – so wie es damals auch in Westeuropa und den USA modern war.[94] Modisch gekleidet zu sein, war Ende der 1950er Jahre kein Verstoß mehr gegen die kommunistische Moral. Das Regime bediente sogar den Wunsch der sowjetischen Damen, gegenüber Ausländerinnen nicht zurückzustehen. 1959 wurde die französische Firma Dior eingeladen, in Moskau eine Modenschau zu veranstalten. Dior zeigte die gleiche Kollektion wie in Paris, dazu wurde französische und amerikanische Unterhaltungsmusik gespielt. Harrison Salisbury mischte sich in die Veranstaltung und berichtete: «Für jede Vorführung standen nur achthundert Plätze zur Verfügung. Die Moskauer Frauen lieferten sich buchstäblich Schlachten um die Eintrittskarten. Die meisten Karten erhielten Frauen aus der Bekleidungsindustrie und ihre Freundinnen. Aber es waren auch viele junge Schauspielerinnen da, und manches Mädchen sah aus wie die Tochter eines prominenten Sowjet-Funktionärs. Und wie reagierten sie? Ich sah Zuschauerinnen, die völlig hingerissen waren. Das erste halbe Dutzend Modelle skizzierten sie ab, und dann vergaßen sie das Zeichnen, die flimmernde Pariser Eleganz gaukelte ihnen Träume vor, die nie in Erfüllung gehen würden. […] Es dauerte nur ein oder zwei Wochen, da konnte man auf der Gorkij-Straße schon Imitationen der einfacheren Dior-Modelle sehen. Hochhackige Schuhe mit Pfennigabsätzen zu horrenden Preisen tauchten in dem neuen ‹Haus der Schuhmode› auf. Die Nachfrage nach Nylonstrümpfen aus dem Westen stieg gewaltig. In den Strandbädern sah man Russinnen mit hautengen Lastex-Badeanzügen guter Qualität.»[95]

Anastas Mikojan, dem die Konsumgüterindustrie besonders am Herzen lag, erklärte 1959 auf einem Diplomatenempfang stolz, dass die Menschen jetzt besser gekleidet seien als früher und man sie manchmal nicht mehr von Amerikanern unterscheiden könne. «Einen Tag nach dieser Unterhaltung ging ich die Gorkij-Straße entlang», schrieb Harrison Salisbury. «Ich sah viele Jugendliche, auf die seine Beschreibung zutraf. Die Jungen in Hose und Sporthemd, die Mädchen in leichten Sommerkleidern. Sie wären in einer amerikanischen Stadt wirklich nicht aufgefallen. Das war eine Veränderung. Ich kann mich an die Zeit erinnern, da man nur auf die Schuhe zu sehen brauchte, um einen Menschen unfehlbar als Russen zu erkennen. Tatsächlich sahen auch die Russen zuerst auf die Schuhe, wenn sie im Zweifel waren, ob sie einen Ausländer vor sich hatten. Das war also heute kein untrügliches Zeichen mehr. Ich sah sogar Russen in Blue Jeans und mit dem Bürstenhaarschnitt amerikanischer College-Studenten – ein weiter Weg von den flatternden Seemannshosen und den kahlrasierten Schädeln, die vor ein paar Jahren so verbreitet waren. Die Russen sind also auf dem besten Wege, wie Amerikaner auszusehen. Was wird der nächste Schritt sein, frage ich mich? Cola? Durchaus möglich. [...] Mikojan hat sich schon eine ganze Weile um die Einfuhr bemüht. Er hat bereits an den Hauptstraßen rot-emaillierte Ausschankautomaten für alkoholfreie Getränke aufstellen lassen, genau wie die Cola-Automaten, die er in Amerika sah.»[96]

Die im Jahre 1956 erzielte Agrarproduktion verleitete Chruščev zu der Ankündigung, die Sowjetunion werde in drei bis vier Jahren so viel Fleisch, Milch und Butter produzieren wie die USA. Seine Versuche, die Fleischproduktion schnell und in großem Umfang zu steigern, führten dazu, dass zu viele Tiere geschlachtet wurden und daraufhin zu Beginn der 1960er Jahre die Fleischversorgung einbrach. Das wirkte sich umso stärker aus, als Arbeitern und Angestellten 1959 verboten worden war, in ihren Selbstversorgergärten am Stadtrand (1955: 20 Millionen Parzellen) Tiere zu halten.[97] Als die Regierung am 1. Juni 1962 den Markt durch eine empfindliche Anhebung der Preise für Fleisch und Milch zu regulieren suchte, kam es in den Städten zu Unmutskundgebungen. In der südrussischen Industriestadt Novočerkassk traten am selben Tag die Arbeiter der Lokomotivfabrik in den Streik und demonstrierten für «Fleisch, Milch und höhere Löhne». Mehrere Anläufe der örtlichen Sicherheitsorgane, auf das Fabrikgelände vorzudringen und den Streik zu beenden, wurden von den Arbeitern erfolgreich verhindert. Als am 2. Juni mehrere Tausend Demonstranten mit Leninporträts und roten Flaggen ins Stadtzentrum zogen und einige versuchten, in die Polizei- und KGB-Zentrale einzudringen, um die am Vortag verhafteten Arbeiter zu befreien, eröffneten eilig zusammengezogene Truppen das Feuer. Bei den darauffolgenden Zusammenstößen zwischen der aufgebrachten Menge und den Truppen des Innenministeriums und der Armee wurden 50 bis 100 Demonstranten getötet. Die Anführer des Streiks wurden zum Tod durch Erschießen verurteilt und zahlreiche andere eingesperrt. Die Ereignisse von Novočerkassk markieren das endgültige Scheitern der Chruščevschen Wirtschaftspolitik und das Ende seiner Popularität in der Bevölkerung.[98]

Große Anstrengungen unternahm Chruščev auf dem Sektor des Wohnungsbaus, denn hier war die Not groß. In einem Dekret von 1957 versprach Chruščev, bis 1960 215 Millionen Quadratmeter neuen Wohnraum zu schaffen und innerhalb von zehn bis zwölf Jahren die Wohnungsnot zu beenden.[99] Zwischen 1956 und 1960 entfiel fast ein Viertel der staatlichen Investitionen auf den Wohnungsbau. Nie zuvor hatte das Sowjetregime der Versorgung seiner Bürger mit Wohnraum so hohe Priorität eingeräumt. Chruščevs Ziel war, jede Familie mit einer eigenen Wohnung auszustatten. An den Rändern der großen Städte ließ er standardisierte Wohnblocks mit fünf Etagen ohne Fahrstuhl errichten, im Volksmund *chruščevka* oder ironisch *chruščoba* (gebildet aus *Chruščev* und *truščoba* – Elendsviertel) genannt. Diese Wohnblocks beherbergten kleine Ein- bis Dreizimmerwohnungen mit Badezimmer und Küche, die im Schnitt knapp über 40 Quadratmeter groß waren.[100] Chruščev hatte schon 1954 die aufwändige und für den Massenwohnungsbau nicht geeignete stalinistische Bauweise kritisiert und gefordert, zu einer billigeren und schnelleren standardisierten Bauweise überzugehen.[101] Zur Linderung der Wohnungsnot trug in erheblichem Maße der private Eigenheimbau bei. Etwa 30 Prozent des in den Städten zwischen 1956 und 1958 neu geschaffenen Wohnraums entfiel auf den privaten Bereich. Seit 1948 hatte jeder Sowjetbürger das Recht, sich ein Haus mit maximal fünf Zimmern zu bauen. Die für den Bau erforderlichen Grundstücke konnte man unbefristet pachten. 1962 wurde die maximale Wohnfläche mit 60 Quadratmetern festgelegt und beschlossen, den Bau von Einfamilienhäusern schrittweise durch genossenschaftlich finanzierte Wohnhäuser abzulösen, die in das gemeinsame Eigentum der Bewohner übergehen sollten.[102]

Zwischen 1957 und 1965 bezogen fast 100 Millionen Sowjetbürger, also fast die Hälfte der Gesamtbevölkerung, eine eigene Wohnung.[103] Für die Familien, die in der Regel bis dahin in einer Kommunalka, einem Arbeiterwohnheim oder einer Baracke gewohnt hatten, bedeutete das eine gravierende Veränderung ihres Lebens. Der Umzug in eine eigene Wohnung wurde wie ein Ritual begangen und war häufig ein Anlass, die Familie vor dem neuen Heim von einem Fotografen porträtieren zu lassen. Ein Zeitgenosse beschrieb das Glücksgefühl, das mit diesem lange ersehnten Schritt verbunden war: «Sie feiern das, als wäre es eine Hochzeit. Es ist der Beginn eines neuen Lebens für sie, frei von der Aufdringlichkeit der Nachbarn. Sie werden zu Herren ihres Haushalts und entdecken Bequemlichkeiten und Freuden, die ihnen bei gemeinschaftlicher Nutzung einer Wohnung mit anderen verwehrt waren.»[104]

Durch den Wohnungsbau an der Peripherie der Großstädte entstanden die sogenannten Mikrorayons, die fortan zu einem Merkmal des sowjetischen Städtebaus wurden: Wohnblocksiedlungen für 5000 bis 20 000 Personen mit Grünanlagen und einer eigenen Versorgungsinfrastruktur. In der Regel dauerte es allerdings einige Jahre, bis die neuen Wohnviertel an das öffentliche Verkehrsnetz angeschlossen und mit allem Nötigen ausgestattet waren.[105] Der Mikrorayon entsprach weitgehend dem, was zur gleichen Zeit in westlichen Ländern als Trabantenstadt gebaut wurde. Den sowjetischen Planern erschien das Konzept auch insofern als passend, als man glaubte, mit geeigneten Maßnahmen dadurch einen kollektiven Lebensstil begünstigen zu können. Diese ideologische Komponente war nicht unwichtig, denn mit dem Umzug in die Einzelwohnung endete die in der Kommunalka oder im Wohnheim zwangsläufig praktizierte kollektive Lebensweise, und ein völliger Rückzug auf die Familie konnte nicht erwünscht sein. Die Mikrorayons sollten vielmehr mit Einrichtungen für gemeinsames Kochen und Waschen und für gemeinsame kulturelle Aktivitäten das kommunistische Bewusstsein fördern.[106] Demselben Zweck dienten die Hauskomitees und Kameradschaftsgerichte, die auch in den neuen Wohnblocks ihrer Erziehungsmission nachkamen. Trunkenheit, unsittliches öffentliches Auftreten, grober Umgang mit Frauen oder Eltern, Vernachlässigung der Kinder, Beschädigung von Gemeinschaftseigentum, Verstöße gegen die Hausordnung – all das konnten die Kameradschaftsgerichte ahnden.[107]

Die Fortschritte bei der Linderung der Wohnungsnot waren unter Chruščev so groß wie nie zuvor in der Sowjetunion. Dennoch erwiesen sich seine vollmundigen Versprechungen auch auf diesem Gebiet als unhaltbar. Trotz der hohen Investitionen konnten die Pläne nicht erfüllt werden, und die Qualität des Gebauten war mangelhaft. Häufig wurden nicht fertige Häuser für bezugsreif erklärt, vielerorts waren schon nach kurzer Zeit Reparaturen notwendig, und für einen großen Teil der Menschen blieb die eigene Wohnung vorerst nur ein Wunschtraum.[108] Dieser Traum wurde durch die vielen Berichte in den Zeitungen und im Fernsehen genährt, in denen man die Baustellen, die fertigen Häuser, die glücklichen Familien beim Einzug und die Möblierung der neuen Wohnung bewundern konnte.[109] Dmitrij Šostakovič schrieb 1958 sogar eine Operette über den Mikrorayon Čeremuški im Süden von Moskau. «Das wirkliche Tscheremuschkij [sic!] sieht ganz anders aus», kommentierte Harrison Salisbury die märchenhafte Idealisierung einer Traumwelt. «Aber das Märchen spiegelt genau das wider, was Tscheremuschkij für Moskau und seine Bürger bedeutet. Es ist Moskaus unverwirklichter Traum von Tscheremuschkij.»[110] Da die kleinen Wohnungen häufig nicht nur von einer Kernfamilie, sondern zusammen mit den Großeltern bewohnt wurden, waren die Lebensverhältnisse weiterhin extrem beengt. Der durchschnittliche Wohnraum pro Kopf erhöhte sich in der Sowjetunion bis 1965 nur auf 4,97 Quadratmeter, in Moskau auf 5,7 Quadratmeter. Diese Werte lagen deutlich unterhalb der 1931 behördlich festgelegten «sanitären Norm» von neun Quadratmetern. 1964 hausten allein in Moskau immer noch 2,3 Millionen Menschen in unzulänglichen Unterkünften.[111]

Wettbewerb und Wechselwirkung mit dem Westen

Mit den Verheißungen Chruščevs nahm die sowjetische Führung den Wettbewerb mit dem Westen in einer so direkten Weise und mit so konkreten und leichtsinnigen Ankündigungen auf, wie das nie zuvor eine russische Regierung getan hatte. Die Frage, wie es um die Glaubwürdigkeit dieser Ankündigungen in der Sowjetunion bestellt war, ist schwierig zu beantworten. Gemäß einer in den 1990er Jahren unternommenen retrospektiven Befragung – gegen die Tauglichkeit dieser Methode lassen sich gewichtige Argumente einwenden – glaubte zu Beginn der 1960er Jahre die knappe Mehrheit der Befragten grundsätzlich an das Versprechen, das Stadium der kommunistischen Gesellschaft zu erreichen. Allerdings war nur ein Drittel von denjenigen, die grundsätzlich an den Kommunismus glaubten, überzeugt, dass die gesetzten Ziele in der von Chruščev behaupteten kurzen Zeitspanne erreicht würden. Nur eine Minderheit von weniger als einem Fünftel der Befragten gab an, damals nicht an den Kommunismus geglaubt zu haben. Die restlichen 30 Prozent sagten aus, sie hätten zwar den Kommunismus als Ideal bejaht, aber nicht daran geglaubt, dass das Parteiprogramm verwirklicht werden könne.[112] In Anbetracht des Umstandes, dass die Befragung zu einem Zeitpunkt erfolgte, als das Scheitern der Chruščevschen Versprechungen längst bekannt war, kann man davon ausgehen, dass der Anteil derer, die damals daran geglaubt hatten, eher größer als kleiner war. In diese Richtung weisen auch die Ergebnisse einer Studie über die Intelligenz in den 1960er Jahren: Auch wenn niemand an die Zahlen glaubte, so fand doch jeder im Parteiprogramm etwas, was er für erstrebenswert hielt. Das Programm bewies, dass die Distanzierung vom Stalinismus echt war, und es repräsentierte die Wünsche und Träume vieler Menschen.[113] Die ältere Generation der Parteifunktionäre scheint skeptischer gewesen zu sein. Aleksandr Tvardovskij, der sich im Sommer 1961 in einem Sanatorium für Parteifunktionäre aufhielt, fiel auf, dass dort niemand das Wort «Kommunismus» im Munde führte, außer im ironischen Sinn.[114]

Eine Analyse autobiographischer Narrative brachte zutage, dass Personen mit einem Studienabschluss die frühen 1960er Jahre als einen Neubeginn erinnerten. Die Eroberung des Kosmos und des Neulandes verband sich in ihrer Erinnerung mit einer von Stalin emanzipierten Erneuerung der kommunistischen Idee, aber auch mit Individualisierung. Angehörige bildungsferner Schichten erinnerten sich hingegen nicht an eine Erneuerung der Werte, sondern an die bessere Versorgung mit Schuhen und anderen knappen Gütern.[115] Der deutsche Journalist Günther Specovius, der sich zwischen 1957 und 1963 mehrmals für längere Zeit in der Sowjetunion aufhielt und mit viel Sachverstand über das Land berichtete, gewann den Eindruck, dass die meisten Jugendlichen gar nicht über die politische Ordnung oder den «Kommunismus» reflektierten, sondern die Verhältnisse als selbstverständlich betrachteten. «Einer solch freudigen Bejahung des Kommunismus bin ich selten begegnet», resümierte er ein Gespräch mit einer vom Kommunismus überzeugten Studentin. «Immer wieder fand ich jedoch, daß die Grundvoraussetzungen des Sozialismus, die Vergesellschaftung der Produktionsmittel, vor allem der industriellen, nicht nur akzeptiert, sondern als selbstverständlich betrachtet wurde. Die Sowjetmenschen, mit denen ich sprach, konnten sich gar nicht vorstellen, daß jemand sich in seiner Freiheit und Würde nicht dadurch verletzt fühlt, daß er in einem Privatunternehmen angestellt ist.»[116]

Solche Befunde relativieren das verzerrte Bild von der sowjetischen Gesellschaft der Chruščevzeit, das sich einstellen mag, wenn nonkonformistische Grüppchen wie die Stiljagi in zeitgenössischen Berichten und in der Forschungsliteratur wegen ihrer interessanten Auffälligkeit ein viel größeres Gewicht erhalten, als ihnen in der Realität zukam. Das gilt auch für die sowjetischen Studenten. Unter ihnen mögen nach 1956 kritische Reflexionen und ein Aufbegehren gegen die Generation der Väter verbreitet gewesen sein,[117] aber auch sie waren eine kleine Minderheit. Mit ihrer Lebenswelt hatte die breite Bevölkerung, von der etwa die Hälfte auf dem Land wohnte, wenig gemein.

Gleichzeitig ist jedoch auch festzuhalten, dass sich seit dem Krieg und besonders unter Chruščev die Rahmenbedingungen für den Glauben an die Überlegenheit des Sowjetsystems gewandelt hatten, denn die Sowjetbürger waren nun gegenüber der Außenwelt nicht mehr so abgeschottet wie noch in den 1930er Jahren. Im Hinblick auf die Erweiterung des Horizonts und das Eindringen von Informationen über das Ausland erwiesen sich vor allem die sozialistischen Länder Osteuropas als Mittler von Informationen, Ideen und internationalen Trends. Zusammen mit westlichen Radiosendungen und finnischem Fernsehen bildeten sie ein Fenster nach außen, das nicht effektiv kontrolliert und schon gar nicht geschlossen werden konnte. Die während der Weltwirtschaftskrise der 1930er Jahre plausible Behauptung vom Niedergang der kapitalistischen Länder ließ sich unter diesen Bedingungen nur schwer aufrechterhalten.[118] «Es schien mir immer seltsam, warum sie dort so ein hohes Niveau von Wissenschaft und Technologie und so einen hohen Lebensstandard hatten, wenn sie alle so schreckliche Kapitalisten waren», erinnerte sich ein Einwohner der Wolgastadt Saratov an seine Kindheit unter Chruščev. «Es war unmöglich, das vor uns zu verbergen», auch wenn die sowjetische Propaganda ständig von Streiks und der immer ärmer werdenden amerikanischen Arbeiterklasse schrieb.[119]

Der eigentliche Westen war für die überwiegende Mehrheit der Sowjetbürger weiterhin außerhalb der Reichweite, aber nach Polen, Ungarn, in die Tschechoslowakei oder die DDR konnten sie nun reisen. Das Regime begleitete diese partielle Öffnung und den Kulturkontakt zum Westen mit der Erziehung seiner Bürger. Sowjetische Filme sollten die kapitalistische Konsumkultur domestizieren und relativieren, indem sie etwa Moskau als eine dynamische, moderne Großstadt voller Autos und Konsumgüter zeigten oder junge Menschen karikierten, die auf alberne Weise mit absurden Kleidungsstücken und Requisiten «amerikanisch» erscheinen wollten. Damit war immer auch ein Stück Kulturkritik am dekadenten Westen verbunden.[120] Umgekehrt betrieben die USA in den 1950er Jahren eine systematische Kulturpolitik, die auf die Durchsetzungskraft des *American way of life*, der amerikanischen Unterhaltungskultur und der Konsumgüter setzte. Eindeutig als «amerikanisch» codierte Konsumgüter wurden im Zuge der «Cocakolonisierung» geschickt vermarktet und transportierten Bilder von Wohlstand, Glück und Fortschritt. Wirkte diese Politik zunächst vor allem auf die Verbündeten in Westeuropa, so konnte sie Ende der 1950er Jahre auch auf die Sowjetunion ausstrahlen.[121]

Die erste große Begegnung zwischen Sowjetbürgern und der Außenwelt fand im Juli und August 1957 anlässlich der Weltjugendspiele in Moskau statt. Etwa 34 000 Gäste aus 131 Ländern hielten sich für zwei Wochen in Moskau auf. Die Bevölkerung der Hauptstadt und die aus der Provinz angereisten Jugendlichen gerieten auf eine neue Weise in Kontakt mit Ausländern und mit ausländischer Kultur. Die sowjetische Seite wollte mit diesem Festival ihren Friedenswillen demonstrieren, ihr Image im Westen verbessern und im Sinne des friedlichen Systemwettbewerbs die Überlegenheit der sowjetischen Kultur und Lebensweise zeigen. Das Festival sollte keine interne kommunistische Veranstaltung sein und die Dekoration Moskaus war nicht von roten Fahnen, sondern von Friedenssymbolen dominiert. Ausländer durften den Kreml betreten, wo sogar ein internationaler Ball stattfand, auf dem die Jugendlichen mit Chruščev und den höchsten Funktionären zusammentrafen. Die Sowjets investierten viel Mühe in das Anliegen, die ausländischen Besucher zu beeindrucken, und installierten gleichzeitig ein System der Überwachung, um die für sie neue Situation einer massenhaften Begegnung unter Kontrolle zu halten. In alter Manier wurden unmittelbar vor den Feierlichkeiten Obdachlose, Prostituierte und «Hooligans» aus Moskau entfernt. Für die ausländischen Gäste wurden Besichtigungsprogramme vorbereitet, die ihnen einen möglichst vorteilhaften Eindruck von der Sowjetunion bieten sollten. Allzu enge Kontakte zwischen den Ausländern und der einheimischen Bevölkerung waren unerwünscht, aber die Polizei hielt sich eher zurück und beschränkte sich auf das Beobachten und Berichten. Immerhin wurden 107 sowjetische Frauen während der Spiele festgenommen, weil sie sich mit Ausländern eingelassen hatten.[122]

Die USA und ihre westeuropäischen Verbündeten boykottierten das Festival wegen der Niederschlagung des Ungarnaufstandes von 1956, und die katholische Kirche organisierte in Rom eine Gegenveranstaltung. Dennoch waren auch Delegationen aus westlichen Ländern vertreten. Obwohl die sowjetische Seite ihre Bürger auf das Zusammentreffen mit den Ausländern vorbereitete und sie vor negativen Einflüssen etwa der westlichen Unterhaltungsmusik warnte, erwies sich das Festival gerade im Hinblick auf Letztere als kulturelle Tauschbörse und als Wendepunkt.[123] Der damals fünfzehnjährige spätere Dissident Vladimir Bukovskij erinnerte sich an die Atmosphäre nach den Weltjugendspielen: «Es war lächerlich geworden, vom ‹verfaulenden Kapitalismus› zu sprechen. In Bezug auf ihre Bedeutung kann man diese Ereignisse mit der Entlarvung Stalins vergleichen. [...] Moskau verwandelte sich vor unseren Augen: An die Stelle der kriminellen Stadt meiner Kindheit mit ihren Elendsvierteln und ihren Banden von Halbstarken in Regenmänteln und Stiefeln war eine Stadt getreten, deren Bewohner sich in Buchläden drängten, die Säle füllten, in denen Dichterlesungen stattfanden, die das Theater ‹Sowremmenik› stürmten, während aus den Fenstern der Häuser abends nicht mehr die Stimme Utjossows drang, sondern heimlich, unter der Hand gekaufte Jazzmusik und Rock n' Roll.» Jugendliche sprachen auf der Straße ausländische Touristen an, um ihnen Nylonhemden oder italienische Schuhe abzukaufen.[124]

Obwohl solche Erscheinungen darauf hindeuteten, dass weniger der Kommunismus nach außen ausstrahlte, als sich die Sowjetbürger empfänglich für die Verlockungen des Kapitalismus zeigten, beschritt Chruščev weiter den Weg des direkten Wettbewerbs der Systeme durch die Intensivierung von Kontakten. 1956 schloss die Sowjetunion mit Frankreich und Großbritannien Abkommen über kulturellen und technischen Austausch, im Januar 1958 ein ebensolches mit den USA, im Mai 1959 mit der Bundesrepublik Deutschland. Im Sommer desselben Jahres fanden zwei sensationelle Ausstellungen statt: von 29. Juni bis 10. August eine Ausstellung über die «Errungenschaften der UdSSR in Wissenschaft, Technik und Kultur» in New York und von 24. Juli bis 5. September 1959 die «Amerikanische Nationalausstellung» im Moskauer Sokol'niki-Park, die von Vizepräsident Richard Nixon eröffnet wurde, der am 1. August auch eine Ansprache im sowjetischen Rundfunk und Fernsehen halten durfte. Im September 1959 folgte eine zwölftägige Reise Chruščevs in die USA.

Die parallelen Ausstellungen in New York und Moskau wurden von beiden Seiten als Höhepunkte im ökonomischen, wissenschaftlichen und kulturellen Wettbewerb aufgefasst. Jenseits dieser in die Öffentlichkeit getragenen Konkurrenz hatte man sich beiderseits schon vorher begutachtet. 1955 waren sieben Journalisten der *Pravda* einen Monat lang durch die USA gereist. Sie berichteten von komfortablen Häusern, modernen Küchen und Bädern sowie dem hohen Grad der Automobilisierung. Der Konsumstandard der USA wurde allerdings in der sowjetischen Wahrnehmung durch einen Mangel an Kultur relativiert: Amerika sei modern, aber ungebildet, lautete das Verdikt – ganz in der Tradition europäischer Überheblichkeit gegenüber der Neuen Welt. Umgekehrt waren 1958 unter dem Eindruck des «Sputnik»-Schocks amerikanische Erziehungswissenschaftler in die Sowjetunion gereist, um das sowjetische Schulsystem zu untersuchen. Sie waren beeindruckt von der guten personellen Ausstattung und dem hohen Niveau der naturwissenschaftlichen Ausbildung.[125]

Der sowjetischen Ausstellung in New York wurde vorgehalten, sie täusche einen Lebensstandard vor, der in Wirklichkeit gar nicht existiere. «Der Besucher kann hier in zwei Stunden weit mehr sehen als ich als Korrespondent in zwei Jahren in der Sowjetunion sah», schrieb Max Frankel in der *New York Times*.[126] Im Gegenzug beschuldigte die sowjetische Regierungszeitung *Izvestija* («Nachrichten») die USA, sie zeigten in ihrer Ausstellung nur die schönen Seiten, nicht aber die Slums und das soziale Elend. «Zu luxuriös und wahrscheinlich viel zu teuer», zitierte *Radio Moskau* die Kommentare sowjetischer Ingenieure zu den amerikanischen Autos. Während die sowjetischen Ausstellungsführer in New York sich Fragen über Gott, die geteilte Stadt Berlin oder die Lage der sowjetischen Juden anhören mussten, wurden die amerikanischen Guides in Moskau nach der Lage der Schwarzen in den USA, den Rassenunruhen in Little Rock (1957) und der Arbeitslosigkeit befragt.[127] Harrison Salisbury fiel auf, dass die sowjetische Propaganda bemüht war, die amerikanische Präsentation zu relativieren: «In den Wochen kurz vor und nach der Eröffnung der amerikanischen Ausstellung in Moskau begann die sowjetische Presse ein ungewöhnliches

Interesse für die Schattenseiten des amerikanischen Lebens zu zeigen. Aus allen möglichen Quellen wurden Artikel veröffentlicht, die sich mit der amerikanischen Arbeitslosigkeit, den schlechten Wohnverhältnissen, den Schwächen der amerikanischen Schulen, den Mängeln der ärztlichen Betreuung und der Verschlimmerung der Lebensbedingungen in Amerika befassten.»[128]

Einen direkten Schlagabtausch, allerdings in beiderseits heiterer Atmosphäre, lieferten sich Chruščev und Nixon auf der amerikanischen Ausstellung. Während Nixon stolz und mit dem Habitus des besser Informierten und Überlegenen am Beispiel einer mit technischen Raffinessen ausgestatteten Küche das hohe Lebensniveau in den USA herausstellte und mit modernster Farbfernsehtechnik auftrumpfte, konterte Chruščev, die Amerikaner hätten es nicht geschafft, die Ausstellung bis zur Eröffnung fertigzustellen, und kommentierte alle von Nixon präsentierten Errungenschaften zur Belustigung der Amerikaner mit dem Hinweis, das gäbe es in der Sowjetunion schon längst. Trotz dieser Konkurrenz-Show war der Duktus der Gespräche freundlich. Sie endeten mit weit ausholendem Händeschütteln, ungewöhnlich engen Körperkontakten zwischen den beiden Kontrahenten und dem gemeinsamen Konsum von Pepsi-Cola.[129]

Während die Sowjets in New York den «Sputnik» in den Mittelpunkt ihrer Präsentation gerückt hatten, ging es den Amerikanern darum, ein Bild vom Alltagsleben zu vermitteln über Einbauküchen, Autos, Modenschauen und einen Dokumentarfilm über «einen Tag im Leben der USA», der auf sieben Leinwänden parallel zeigte, wie Amerikaner arbeiteten, einkauften, wohnten, sich fortbewegten und ihre Freizeit verbrachten.[130] Sie setzten darauf, dass der *American way of life* die größte Anziehungskraft entfalten würde. Beide Ausstellungen waren Publikumserfolge. Die sowjetische Ausstellung in New York zählte eine Million Besucher, die amerikanische in Moskau 2,7 Millionen.[131] Die Reaktionen der sowjetischen Besucher auf die amerikanische Ausstellung waren durchaus ambivalent und keineswegs nur begeistert.[132] Die Sowjets waren bewusst das Risiko einer Kontamination mit amerikanischer Propaganda eingegangen, um sich ihrerseits in Amerika präsentieren zu können. Außerdem ging Chruščev davon aus, dass die genauere Kenntnis der USA die Sowjetunion befähigen würde, den Kontrahenten zu überholen.[133]

In der Tat fanden nach den Ausstellungen und Chruščevs Amerikareise in der Sowjetunion Veränderungen statt, die amerikanische Inspirationen erkennen lassen. Obwohl die sowjetische Propaganda nach wie vor den Westen als das grundsätzlich Schlechtere, Feindliche und im Niedergang Befindliche konstruierte,[134] nahm man in der Sowjetunion auch von offizieller Seite Anregungen aus dem Westen auf und integrierte sie in das kommunistische Projekt. Kurz nach Chruščevs Rückkehr aus Amerika beschloss das Zentralkomitee im Oktober 1959, die Quantität, Vielfalt und Qualität der Konsumgüter zu steigern, weil sie den Wünschen der Bevölkerung nicht gerecht würden.[135] Hinzu kamen mittelfristige Vorhaben, die erst unter Brežnev im Laufe der 1960er Jahre ihren Abschluss erlebten. So wurde 1960 mit dem Bau des Fernsehturms von Ostankino im Norden Moskaus begonnen und ein unionsweites zentralisiertes Fernsehnetzwerk errichtet, um das gesamte Land versorgen zu können. Die Bedeutung des Mediums Fernsehen war Chruščev während seiner Amerikareise bewusst geworden. Er erkannte, dass man mit seiner Hilfe die eigenen Botschaften in jede Wohnung tragen konnte, es eben darum aber auch unter strenger Kontrolle halten müsse, damit es nicht zum Sprachrohr feindlicher Propaganda werde.[136] Bei der Ausstattung der Haushalte mit Fernsehgeräten befand sich die Sowjetunion zu Beginn der 1960er Jahre weltweit auf dem vierten Platz. Fernsehen galt nicht als Luxusgut, sondern als Notwendigkeit, weil es für das Regime eine zusätzliche Möglichkeit darstellte, die Menschen zu erreichen.[137] Um 1960 ist auch in der visuellen Selbstdarstellung der Sowjetunion ein Bruch zu beobachten. Zeitschriften veränderten ihr Design, die Dekoration der Schaufenster, der Schnitt der Kleider und nicht zuletzt die Architektur wandelten sich: Alles sah nun bunter, windschnittiger, flotter und irgendwie «amerikanisch» aus.[138] 1963 begann man in Moskau mit der Anlage einer modernen Konsummeile. Mit dem «Kalinin-Prospekt» (heute «Novyj Arbat») wurde eine neue Magistrale vom Zentrum nach Westen angelegt und in den Folgejahren mit Hochhäusern bebaut. Die dazugehörigen Skizzen in Architekturzeitschriften sind in einer Formensprache gehalten, die wenig mit dem bis dahin in der Sowjetunion üblichen, aber viel mit amerikanischem und westeuropäischem Design der 1960er Jahre gemein hatte: symmetrisch angeordnete Hochhausscheiben, verbunden über einen 850 Meter langen Sockelbau, großzügige Geschäftsbauten mit Flachdächern und riesigen Schaufenstern, Neonreklame, elegante Straßenkreuzer mit Heckflossen.[139] Das Architekturensemble, bei dem moderne industrielle Baumethoden zum Einsatz gelangten, erhielt 1966 den Grand Prix des Pariser *Centre de recherches architecturales*. Mit seinen schmucklosen geradlinigen Hochhäusern bildete der Kalinin-Prospekt einen krassen Gegensatz zur Gor'kij-Straße und ihren massiven stalinistischen Ornamentfassaden. Er stellte optisch einen Fremdkörper im Moskauer Stadtbild dar, wurde aber schnell von den Bewohnern angenommen, weil er attraktive Geschäfte und das größte Kino der Stadt beherbergte.[140]

Die moderne Urbanität des Kalinin-Prospekts schlug eine brutale Schneise durch ein gewachsenes altes Stadtviertel. In der Anfangsphase des Baus war dort das Dorf noch präsent, musste aber bald den Hochhäusern weichen. Paul Thorez beschrieb die Gegend 1964: «Wir überqueren den Platz, biegen in die Arbatstrasse ein und fahren am Wolkenkratzer des Außenministeriums vorbei. [...] Erste Strasse rechts, ein schon schlafendes Sträßchen, und ich bin angekommen. Habe ich geträumt? Mir schien, als hörte ich im Morgengrauen Hähne krähen. Aber ich wohne doch ganz in der Nähe der Sadowaja, deren Lärm dank dem Außenministerium nicht bis zu mir dringt, und nur 100 Meter von der Arbatstrasse entfernt, wo es undeutlich rumort. [...] Der Blick aus meinem Fenster bestätigt mir, dass ich vorhin nicht geträumt habe: Das Stadtviertel besteht aus Gärten und hübschen Häusern aus dem 18. Jahrhundert, die sich hinter dem riesigen Wolkenkratzer verbergen. Gegenüber befindet sich ein vornehmes Haus, das heute in mehrere Wohnungen aufgeteilt ist [...] Vom Hinterhof schlängelt sich ein Fußweg eine Hecke entlang bis zur Sadowaja, der Bus- und Untergrundbahnhaltestelle. Hinter den wurmstichigen, losen Brettern wachsen Johannisbeer- und Stachelbeersträucher und Gurken, darüber hängt schüchtern und bebend das Blattwerk einiger Birken. In einer Ecke ein eingezäunter Hühnerstall, aus dem leises Gegacker dringt, und zwischen den Brettern und einem wunderlichen Verschlag ist eine Wäscheleine aufgespannt, auf der Unterwäsche hängt, wie man sie nur in der Sowjetunion sieht: schwarze oder blaue Unterhosen, die auch als Shorts oder Badehose dienen. Im Hintergrund erinnern Hochhäuser immer wieder an die Wirklichkeit: die windschiefen Zäune, Werkzeugschuppen und die Holunderbüsche müssen bald das Feld räumen. Im Plotnikow Pereulok fangen die Bagger schon mit dem Niederreißen an, und das geht in Moskau rasch und schmerzlos vor sich.»[141]

Die Veränderungen, die in der zweiten Hälfte der 1950er Jahre eintraten, waren nicht nur optischer, sondern auch akustischer Art, denn die Wechselwirkungen mit dem Westen schlugen sich in der Unterhaltungskultur nieder. Das stalinistische Massenlied wurde weiterhin viel gespielt, seit Mitte der 1950er Jahre blühte aber daneben eine neuartige sowjetische Popularmusik, die sich durch ihren unpolitischen Charakter auszeichnete.[142] Das bekannteste Produkt dieses Wandels war das sentimentale Lied von den «Moskauer Nächten», das bald weit über die Sowjetunion hinaus populär wurde. Etwa gleichzeitig begründeten Bulat Okudžava und andere «Barden» (*bardy*) mit schlichten, zur Gitarre gesungenen Chansons eine neue Gattung, die im größtmöglichen Kontrast zum politischen Massenlied stand und sich in den 1960er Jahren zur «Folklore der städtischen Intelligenz» entwickelte. Neben diesen inländischen Neuerungen kamen die Sowjetbürger nun auch verstärkt in Berührung mit ausländischer Musik. Auf den Weltjugendspielen 1957 wurde in Moskau erstmals öffentlich ausländische Rock- und Jazzmusik gespielt, 1959 durfte Max Greger mit seiner Bigband als erstes westliches Unterhaltungsorchester eine fünfwöchige Tournee durch die Sowjetunion unternehmen, und 1962 erhielt das Benny Goodman Orchestra als erste amerikanische Bigband die Genehmigung zu einer Gastspielreise.[143]

Die westlichen Klänge, Rhythmen und Moden sprachen vor allem die Jugendlichen an, da sie eine Möglichkeit boten, sich habituell von der Elterngeneration abzusetzen. Der Trend zur Individualisierung und zur Herausbildung von Subkulturen, der schon unter Stalin in den Nachkriegsjahren begonnen hatte, verstärkte sich in der Chruščevzeit durch die vielfältigen neuen Anregungen aus dem Westen. Viele junge Menschen suchten auch einfach bloß den Kontakt mit Ausländern und interessierten sich für westliche Produkte. Im Stadtzentrum von Moskau hielten sich junge Männer auf, die von den Moskauern «Businessmen» genannt wurden. Sie waren modisch gekleidet und sprachen Touristen an, um mit ihnen Geschäfte zu machen. Sie tauschten Geld, besorgten Ikonen oder Fälschungen von solchen und interessierten sich ihrerseits für westliche Kleidung, Kosmetika, Kriminalromane, Kugelschreiber, Zigaretten, Modezeitschriften und Schallplatten. Was aus dem Westen kam, galt bei den jungen Leuten grundsätzlich als schick und erstrebenswert.[144]

Die Stiljagi wirkten mit ihrem absonderlichen pseudo-amerikanischen Aufzug inzwischen schon antiquiert. Sie waren zwar in der *Komsomol'skaja pravda* und in anderen sowjetischen Presseorganen als Projektion arbeitsscheuer und genusssüchtiger Modegecken weiterhin präsent, ausländische Beobachter trafen sie aber gegen Ende der 1950er Jahre kaum noch im Stadtbild an. Dafür tauchten jetzt junge Leute mit Kinnbärten und Beatnik-Klamotten auf.[145] Sowohl die Vertreter des Regimes als auch westliche Besucher der Sowjetunion deuteten die Veränderungen unter den Jugendlichen als Einflüsse aus dem Westen. Der jugendliche Nonkonformismus und Individualismus, die Orientierung an Konsumgütern, modischer Kleidung und bestimmten Musikstilen waren daneben aber auch Teil einer mentalen Urbanisierung und Abgrenzung von der ländlichen Kultur der Zugewanderten sowie eines Generationenkonflikts, wie es auch anderswo in der Welt stattfand.[146] Für die Geburtsjahrgänge 1930 bis 1945, die in den späten 1950er und frühen 1960er Jahren in jugendlichem Alter waren, hat sich die Bezeichnung «Sechziger» (*šestidesjatniki*) eingebürgert. Damit sind insbesondere diejenigen Jugendlichen gemeint, deren Eltern der Funktionärsschicht (*nomenklatura*) angehörten oder einen intellektuellen Hintergrund hatten und sich in irgendeiner Weise durch nonkonforme Verhaltensweisen auszeichneten und von der Elterngeneration abgrenzten. Diese Abgrenzung und die Nonkonformität mussten zunächst gar nicht mit dem Glauben an den Kommunismus kollidieren. Im Laufe der 1960er Jahre wurden allerdings einige von ihnen zu Dissidenten.[147]

Außenpolitische Turbulenzen

Der «friedliche Wettbewerb» der Systeme sah eigentlich keine direkte militärische Konfrontation zwischen der Sowjetunion und den USA vor. Dennoch spitzte sich in der zweiten Hälfte der 1950er und zu Beginn der 1960er Jahre der Ost-West-Konflikt mehrmals krisenhaft zu, sodass eine militärische Eskalation unmittelbar bevorzustehen schien. Das hatte mit Chruščevs Impulsivität und Sprunghaftigkeit, aber auch mit einem prinzipiellen gegenseitigen Wahrnehmungsproblem zu tun.

Unmittelbar nach dem Flug des «Sputnik» bekräftigte Chruščev im Herbst 1957 in einem Interview mit der *New York Times* seine Idee von der «friedlichen Koexistenz» der beiden Gesellschaftssysteme und schlug vor, auf der Basis der Gleichberechtigung ein Rüstungsabkommen zu schließen. Er glaubte, aus einer Position der Stärke heraus agieren zu können, und argumentierte, die Sowjetunion sei nun den USA überlegen, weil sie über Langstreckenraketen verfüge. Die auf beiden Seiten vorhandenen Atombomben seien aber eine so vernichtende Bedrohung für die Menschheit, dass man einen Krieg vermeiden müsse.[148] Seine Worte über «friedliche Koexistenz» und Abrüstung konterkarierte Chruščev jedoch durch seine eigene Politik und durch das Festhalten an alten ideologischen Positionen. Wenn er in alter Manier von den sich verschärfenden Gegensätzen zwischen den kapitalistischen Staaten und dem künftigen weltweiten Sieg des Kommunismus sprach, dann perpetuierte er im Grunde das alte Problem der Doppelbödigkeit der sowjetischen Außenpolitik, das die Westmächte schon vor dem Krieg misstrauisch gemacht hatte. Was sollte das für eine «friedliche Koexistenz» sein, wenn man nicht wusste, ob die Sowjetunion nicht heimlich an der Revolution zündelte? Die Militärführung und die Sowjetunionexperten der USA waren im November 1957 jedenfalls überzeugt, dass die Sowjetunion expansiv orientiert sei und für die zweite Hälfte der 1960er Jahre zielstrebig eine militärische Überlegenheit auf allen Gebieten anstrebte. Die USA reagierten auf die wahrgenommene Bedrohung mit dem Ausbau des Universitätssystems (*National Defense Education Act* 1958), dem Bau einer atombombensicheren Kommandozentrale und massiven Investitionen in die Weltraumforschung.[149]

Seit 1956 unternahmen amerikanische Spezialflugzeuge des Typs U2, die in großer Höhe außerhalb der Reichweite der sowjetischen Luftabwehr und Jagdflugzeuge fliegen konnten, Spionageflüge über das Territorium der Sowjetunion, um das sowjetische militärische Potenzial zu erkunden. Auf der Grundlage der von den U2 aufgenommenen Fotos gelangten Präsident Eisenhower und die amerikanische Militärführung 1959/60 zu der Einschätzung, dass die Raketenstreitmacht, von der Chruščev sprach, nur vorgetäuscht sei. Sie hatten ganze sechs Abschussrampen für Langstreckenraketen ausmachen können, und da die Sowjets zwanzig Stunden benötigten, um eine Rakete startklar zu machen, hätten sie im Kriegsfall gegen die sofort einsatzbereiten amerikanischen Langstreckenbomber keine Chance gehabt. Aus dieser Beurteilung resultierte die amerikanische Überzeugung, dass Chruščev keine Eskalation riskieren werde. «Wir besitzen eine Zweitschlagsfähigkeit, die mindestens so groß ist wie das, was die Sowjets bei einem Erstschlag einsetzen können. Deshalb sind wir zuversichtlich, dass die Sowjets keinen großen atomaren Konflikt provozieren werden», ließ der neue amerikanische Präsident John F. Kennedy 1961 über seinen Sprecher verkünden, obwohl er ein Jahr zuvor im Wahlkampf noch die «Raketenlücke» beklagt hatte, die sein Vorgänger hinterlassen hätte.[150]

Inzwischen hatte die heiße Phase des Kalten Krieges mit einem Vorstoß Chruščevs in der Berlinfrage begonnen. Am 10. November 1958 erklärte er, es sei an der Zeit, «eine normale Situation in der Hauptstadt der Deutschen Demokratischen Republik herzustellen». Die Sowjetunion würde der DDR ihre Hoheitsrechte in Berlin übertragen und im Gegenzug sollten die USA, Großbritannien und Frankreich mit der DDR eine Übereinkunft über Berlin treffen, wenn sie weiterhin an der Stadt Interesse hätten. Im Klartext bedeutete dies, die Westmächte sollten ihre Besatzungsrechte in Berlin aufgeben und die DDR anerkennen. Am 27. November folgte eine diplomatische Note, in der die Sowjetunion den Abschluss eines Friedensvertrags mit Deutschland und die Umwandlung West-Berlins in eine entmilitarisierte «Freie Stadt» innerhalb von sechs Monaten forderte, andernfalls würde sie alle Hoheitsrechte auf die DDR übertragen.[151] Die Motive für diesen überraschenden Vorstoß sind unklar. Möglicherweise spielte eine Rolle, dass Chruščev gegenüber seinen Kritikern den Eindruck zu großer Nachgiebigkeit entkräften wollte, möglicherweise versuchte er aus dem Bewusstsein der Stärke heraus die Position der Sowjetunion offensiv zu konsolidieren und sein Prestige als erfolgreicher Staatsmann zu erhöhen, indem die immer noch offene deutsche Frage im Sinne der Zweistaatlichkeit gelöst werde.[152] Daneben mag aber auch die Befürchtung zum Tragen gekommen sein, dass die DDR durch die massive Abwanderung in die

Bundesrepublik zu sehr geschwächt werde und man daher Berlin als das Tor nach Westen schließen müsse.[153] Mit Nachdruck verfolgte Chruščev die Sache jedenfalls nicht, denn trotz weiterer Drohgebärden ließ er das Ultimatum folgenlos verstreichen, ohne dass die Westmächte substanziell auf die Forderungen eingegangen wären.[154]

Das Jahr 1959 brachte sogar den Höhepunkt der Öffnung mit den gegenseitigen Ausstellungen und Chruščevs Besuch in den USA. Der ursprünglich vereinbarte Gegenbesuch von Präsident Eisenhower in der Sowjetunion fand allerdings nicht statt, weil es den Sowjets im Mai 1960 gelang, mit einer verbesserten Luftabwehrrakete ein U2-Flugzeug über dem Ural abzuschießen und den Piloten festzunehmen. Chruščev, der schon lange von den Spionageflügen wusste, nutzte den jetzt offenkundigen Beweis, um den amerikanischen Präsidenten des Vertrauensbruches zu bezichtigen, sagte den Staatsbesuch demonstrativ ab und ließ ein Gipfeltreffen in Paris platzen. Im September 1960 reiste er zur Teilnahme an der Vollversammlung der Vereinten Nationen nach New York und legte dort eine Serie bizarrer Auftritte hin. Er gab mehrmals am Tag Pressekonferenzen, hielt bei allen nur möglichen Gelegenheiten Reden, trat in einer Fernsehshow auf, traf sich zum Entsetzen der Sicherheitskräfte in Harlem mit dem kubanischen Revolutionsführer Fidel Castro und sang vom Balkon der sowjetischen Botschaft aus die «Internationale». Während der Debatten in der UNO, an denen er sich heftig beteiligte, packte ihn mehrmals die Wut. In der Versammlung am 11. Oktober 1960 trommelte er völlig unbeherrscht mit beiden Händen und am Ende sogar mit einem Schuh auf das Pult, um seine Verärgerung über ungerechte Vorwürfe gegen die Sowjetunion kundzutun.[155] Mit diesen Aktionen verschaffte er sich und der Sowjetunion allerdings keinen Respekt, sondern gab sich der Lächerlichkeit preis.

Die konfrontativen Zuspitzungen der Chruščevschen Außenpolitik erklären sich nicht nur aus seiner Impulsivität, sondern auch aus den zunehmenden Spannungen mit China. In China waren zwar nach dem Zweiten Weltkrieg die Kommunisten an die Macht gekommen, aber das Verhältnis zwischen China und der Sowjetunion trübte sich, weil die Chinesen den sowjetischen Superioritätsanspruch innerhalb der kommunistischen Staatenwelt immer mehr in Frage stellten. In den 1950er Jahren unterstützte die Sowjetunion China noch massiv mit Wirtschafts- und Militärhilfen, aber Mao hegte zu diesem Zeitpunkt bereits massive Vorbehalte gegen Chruščev, denn er lehnte dessen Entstalinisierungspolitik ab und war auch von Chruščev vor der «Geheimrede» nicht konsultiert worden.[156] Schleichend entwickelte sich ein Konflikt, in dem verschiedene Gründe zusammenwirkten. Zum einen lehnte Mao Chruščevs Politik der Entstalinisierung und der «friedlichen Koexistenz» ab. Zum anderen reagierten die Chinesen, die vor kurzem noch leidvolle Erfahrungen mit der Dominanz ausländischer Mächte in ihrem Land gemacht hatten, empfindlich auf sowjetische Bestrebungen, auf chinesischem Territorium U-Boot-Stützpunkte und militärische Funkstationen zu errichten. Umgekehrt registrierte Chruščev mit Verärgerung, dass sich die Chinesen in ihrer Wirtschafts- und Bauernpolitik vom sowjetischen Modell entfernten und dieses sogar offen kritisierten.[157] Hinzu kam, dass Mao und Chruščev sich persönlich nicht ausstehen konnten und Chruščev mehrmals Erniedrigungen hinnehmen musste. Einer von vielen Affronts bestand darin, dass Mao Chruščev bei dessen Besuch in Peking 1958 ohne Vorankündigung in einem Swimmingpool empfing, wo er seine sportliche Überlegenheit ausspielte und den korpulenten Chruščev in eine Konversation verwickelte, während dieser sich keuchend im Wasser abplagte. Wie Maos Arzt später berichtete, spielte Mao die Rolle des Kaisers und behandelte den Sowjetführer wie einen Barbaren, der gekommen war, um seinen Tribut zu zahlen. Das war eine völlige Umkehr der Verhältnisse gegenüber früher, als Stalin Mao herablassend behandelt hatte.[158] Nach mehreren Differenzen in der Außenpolitik zog Chruščev im Sommer 1960 von einem Tag auf den anderen die sowjetischen Berater aus China ab und beendete die Wirtschaftsbeziehungen. Damit war der Bruch zwischen den beiden kommunistischen Mächten vollzogen, der für das nächste Jahrzehnt die sowjetisch-chinesischen Beziehungen bestimmen sollte.[159]

Die Berlin-Krise, die Chruščev mit seinem Ultimatum von 1958 vom Zaun gebrochen hatte, fand 1961 ihre Fortsetzung. Chruščev erneuerte anlässlich seines Treffens mit Präsident John F. Kennedy in Wien im Juni 1961 sein Ultimatum für die Beendigung der alliierten Präsenz in Berlin. Kennedy zeigte in Bezug auf diese Forderung Härte, signalisierte aber im weiteren Verlauf der Krise die amerikanischen Bedingungen für eine Lösung der Berlinfrage: Die Freiheit der Bewohner West-Berlins müsse garantiert sein, die Rechte der westlichen Besatzungsmächte dürften nicht verletzt werden und der freie Zugang zur Stadt müsse gesichert sein («three essentials»). Damit eröffnete sich für die Sowjetunion und die DDR-Führung ein Ausweg aus der Krise, denn Chruščev gewann aus Kennedys Äußerungen den – zutreffenden – Eindruck, dass die USA nichts gegen eine Schließung der Sektorengrenze unternehmen würden. Dies und die Einsicht, dass die DDR bei einer ungebremst fortgesetzten Abwanderung ihrer Bürger zu kollabieren drohe, führte dazu, dass Chruščev dem Drängen Ulbrichts nachgab, das «Schlupfloch Westberlin» zu schließen. Am 13. August 1961 begann die DDR mit der Abriegelung Ostberlins und dem Bau der Berliner Mauer. Chruščev hatte damit zwar sein ursprüngliches Ziel nicht erreicht, aber durch die Eindämmung des Flüchtlingsstroms das SED-Regime stabilisiert. Propagandistisch war der Mauerbau für die kommunistischen Länder eine Katastrophe, aber in Chruščevs Kalkül hätte die Alternative darin bestanden, entweder die DDR aufzugeben oder für die Einbeziehung West-Berlins in die DDR einen Atomkrieg zu riskieren.[160]

1962 erreichte der Kalte Krieg mit der Kuba-Krise seinen dramatischen Höhepunkt. Die Krise entwickelte sich 1961 parallel zur Verschärfung der Lage in Berlin. Die USA betrachteten Kuba seit dem 19. Jahrhundert als ihr Einflussgebiet und unterhielten seit 1898 auf der Karibikinsel den Militärstützpunkt Guantánamo. Die anfängliche Sympathie für die Revolution Fidel Castros 1959 war schon 1960 der Einschätzung gewichen, die kubanische Revolution werde kommunistisch unterwandert und arbeite den Zielen Moskaus entgegen, vor der Küste Amerikas einen Stützpunkt zu errichten. Als die Regierung Castro sozialistische Wirtschaftsreformen durchführte, amerikanische Firmen enteignete und mit der Sowjetunion ein Handelsabkommen schloss, verhängten die USA ein Embargo, brachen die Beziehungen mit Kuba ab und versuchten mit Exilkubanern im Frühjahr 1961 eine Invasion der Insel, die kläglich scheiterte. Militärische und geheimdienstliche Vorbereitungen der Amerikaner führten in Moskau und Havanna zu der Einschätzung, dass ein zweiter Invasionsversuch nur eine Frage der Zeit sei. Chruščev war aber nicht gewillt, den neuen Partner in der Karibik zu verlieren, zumal die Sowjetunion bemüht war, in der Dritten Welt an Prestige zu gewinnen. Daraus und aus dem Kalkül, ein nützliches Drohpotenzial aufzubauen, begann Chruščev im Sommer 1962 mit der Stationierung von Atomraketen auf Kuba. Eine sowjetische Raketendivision mit modernsten Mittelstreckenraketen und 152 nuklearen Sprengköpfen wurde auf der Insel in Stellung gebracht. Damit bedrohte Chruščev die USA buchstäblich vor ihrer Haustür. Aus sowjetischer Sicht handelte es sich zwar nur um die Herstellung des Gleichgewichts, denn die Amerikaner hatten bereits früher Raketen in der Türkei, also in vergleichbarer Nähe zum Gegner, stationiert. Die Wahrnehmung im Westen war jedoch eine andere: Die Sowjetunion schien zur Offensive überzugehen und über ihre Einflusssphäre hinaus zu expandieren.

Nachdem amerikanische Spionageflugzeuge die Raketenstellungen auf Kuba entdeckt hatten, forderte Präsident Kennedy Chruščev ultimativ auf, die Raketen wieder abzuziehen, und verhängte eine Seeblockade über Kuba. Die Welt stand am Rande des Atomkriegs, denn die amerikanische Seite war entschlossen, Kernwaffen einzusetzen. Den Ausweg brachte ein geheimes Abkommen, wonach die Sowjets ihre Raketen von Kuba abziehen, einige Monate später aber die Amerikaner ebenfalls ihre Raketen aus der Türkei entfernen sollten. Außerdem sagten die Amerikaner zu, keinen weiteren Invasionsversuch auf Kuba zu unternehmen. So blieben die Interessen beider Seiten gewahrt, wenngleich in der internationalen Wahrnehmung der Eindruck entstand, als habe Kennedy mit seinem harten Auftreten gesiegt und Chruščev klein beigeben müssen. Von den chinesischen Kommunisten musste sich Chruščev als Feigling beschimpfen lassen. Unter dem Eindruck der überwundenen Krise, die an den Rand des Atomkriegs geführt hatte, hatten immerhin beide Seiten ein Interesse, künftig keine derartige Eskalation mehr eintreten zu lassen. Kennedy und Chruščev verkündeten im November 1962 das Ende der Atomwaffenversuche. Im Dezember wurde ein Vertrag zur Zusammenarbeit in der friedlichen Weltraumforschung unterzeichnet. Im Juni 1963 wurde zur Verbesserung der Kommunikation – in der entscheidenden Phase der Kuba-Krise hatte Chruščev in Ermangelung einer schnelleren Möglichkeit seinen Entschluss zum Abzug der Raketen über das Radio verkündet – eine Direktverbindung zwischen den beiden Staatschefs mittels Fernschreiber installiert.[161]

Eine neue Qualität gewann unter Chruščev das Engagement der Sowjetunion außerhalb Europas, denn Chruščev erkannte das Potenzial, das sich durch die Entkolonisierung und die nationalen Unabhängigkeitsbewegungen bot. Die Amerikaner hatten schon seit 1951 begonnen, im Pazifik, in Südostasien und im Mittleren Osten Bündnissysteme zur Eindämmung des Kommunismus zu schaffen und Militärstützpunkte einzurichten. Die Bandung-Konferenz der blockfreien Staaten 1955 zeigte der Sowjetunion, dass es eine «Dritte Welt» von Ländern gab, die für eine antiamerikanische Politik zu gewinnen waren. Sie führte vor Augen, dass das bisher geltende, auf der Zwei-Lager-Theorie von Ždanov beruhende Prinzip, alle nichtkommunistischen Regierungen dem feindlichen Lager zuzuschreiben, nicht mehr zeitgemäß war. Chruščev antwortete auf diese Herausforderung 1956 mit seinem Konzept einer «Zone des Friedens». Die Trennlinie verlief fortan aus sowjetischer Perspektive nicht mehr starr zwischen dem sozialistischen und dem kapitalistischen Lager, sondern zwischen «imperialistischen» und «friedliebenden» Ländern. Letztere umfassten die sozialistischen Staaten und die nicht paktgebundenen Länder Asiens, Afrikas und Lateinamerikas. Diese flexiblere Konstruktion machte es möglich, nationale Befreiungsbewegungen und Regierungen zu unterstützen, auch wenn sie nicht sozialistisch ausgerichtet waren.[162]

Die Sowjetunion begann daher 1955, über technische und wirtschaftliche Hilfe, Länder der Dritten Welt für sich zu gewinnen, ohne die Unterstützung an innenpolitische Bedingungen zu knüpfen oder ein gegen den Westen gerichtetes Bündnissystem aufzubauen. Entscheidend war, dass diese Länder dem Einfluss des Westens entzogen waren und in internationalen Organisationen nicht gegen die Sowjetunion agierten. In mittelfristiger Perspektive ging man allerdings davon aus, dass sich die Länder der «Zone des Friedens» dem sozialistischen Lager anschließen und innenpolitisch in Richtung auf den Kommunismus entwickeln würden. Chruščev reiste im November 1955 nach Indien, Burma und Afghanistan und nahm Beziehungen zu Ägypten auf. In der Suezkrise von 1956 stellte sich die Sowjetunion auf die Seite des ägyptischen Präsidenten Nasser, dessen Entscheidung, den Suez-Kanal zu nationalisieren, einen Angriff Großbritanniens und Frankreichs zur Folge gehabt hatte, und Chruščev profilierte sich auch in anderen Krisen als Verteidiger gegen den «Imperialismus». Ägypten erhielt unter Staatschef Nasser aus der Sowjetunion Wirtschafts- und Waffenhilfe in Milliardenhöhe und sowjetische Fachleute unterstützten maßgeblich den Bau des Assuan-Staudammes. Daneben bemühte sich die Sowjetunion besonders um Indien, das ebenfalls mit der Entsendung von Experten und der Errichtung eines Stahlwerks unterstützt wurde.

Dieses Engagement kann als Teil des gesteigerten Selbstbewusstseins und der Chruščevschen Forcierung des sozialistischen Projekts gesehen werden. Das sowjetische Modell sollte auch in der Dritten Welt seine Überlegenheit beweisen. Aus der Perspektive afrikanischer und asiatischer Politiker wohnte dem durchaus Überzeugungskraft inne, denn die Sowjetunion hatte seit 1928 genau das demonstriert, was sich die Entwicklungsländer wünschten: einen schnellen Sprung nach vorn in das Industriezeitalter. Dennoch erwies die Praxis, dass die sowjetischen Erwartungen hinsichtlich einer allmählichen Ausbreitung des Kommunismus enttäuscht wurden. Es gelang der sowjetischen Politik zwar, in der Dritten Welt an Prestige zu gewinnen und enge Beziehungen zu unterhalten sowie die Vereinten Nationen als propagandistisches Forum zu nutzen, die blockfreien Länder ließen sich aber dadurch nicht an Moskau binden, sondern behielten ihre politische Unabhängigkeit.[163]

Chruščevs Sturz

Die Misserfolge und Krisen, die Chruščevs Innen- und Außenpolitik zeitigte, die durch seine Reorganisationsexperimente verursachte Entfremdung zwischen ihm und der Partei sowie sein mitunter lächerliches Auftreten führten 1964 zu seinem Sturz. Die Drahtzieher des Machtwechsels waren Chruščevs politischer Zögling Leonid Brežnev, der seit 1960 das Amt des Vorsitzenden des Präsidiums des Obersten Sowjets und damit des nominellen Staatsoberhauptes ausübte, und der ZK-Sekretär Nikolaj Podgornyj. Die beiden führten einen Beschluss des ZK-Präsidiums über die Absetzung Chruščevs herbei und stellten Letzteren vor vollendete Tatsachen. Damit sich nicht das wiederhole, was Chruščev 1957 zustande gebracht hatte, war auch schon ein mit geeigneten Leuten besetztes Plenum des Zentralkomitees vorbereitet worden, das die Entscheidung bestätigte. Nach außen hin wurde die Absetzung mit angeblichen gesundheitlichen Problemen begründet. Chruščev war vor den Kopf gestoßen, aber es konnte ihm immerhin eine Genugtuung sein, dass der Machtwechsel unblutig verlief und auf diese Weise die wichtigste Errungenschaft seiner Amtszeit, nämlich die innere Befriedung des Landes bestätigt wurde. Chruščev wurde in Pension geschickt, lebte fortan auf seiner Datscha bei Moskau, baute Gemüse und Blumen an und schaffte es sogar, trotz Überwachung durch den KGB, seine Memoiren auf Band zu diktieren und die Tonbänder am Ende einem amerikanischen Verlag zukommen zu lassen, der sie zu Beginn der 1970er Jahre publizierte. Er starb am 11. September 1971 eines natürlichen Todes. Bestattet wurde er nicht neben Stalin an der Kremlmauer, sondern auf dem Friedhof des Moskauer Neujungfernklosters. Mit der Gestaltung seines Grabmals beauftragte die Familie den Bildhauer Ėrnst Neizvestnyj – denselben, den Chruščev 1962 in der Manege-Ausstellung geschmäht hatte.

12. Stabilisierung und Reformversuche 1964–1971

Stabilisierung und Konsolidierung

Nach dem Sturz Chruščevs etablierte sich nach außen hin wieder eine kollektive Führung. Chruščevs Nachfolge als Parteichef und damit die tonangebende Position sicherte sich Leonid Brežnev. Das oberste Amt in der Partei wurde wieder in «Generalsekretär» umbenannt, eine terminologische Rückbesinnung auf die Stalinzeit, das Präsidium des Zentralkomitees wieder in «Politbüro». Das Amt des Ministerpräsidenten übernahm Aleksej Kosygin, und auch als dieser 1980 starb, wurde die Trennung zwischen Partei- und Staatsführung beibehalten. Neuer Ministerpräsident wurde Nikolaj Tichonov. Mit der Übernahme der Parteiführung gab Brežnev 1964 den Vorsitz im Präsidium des Obersten Sowjets auf. Dieses Amt, das dem eines Staatsoberhauptes gleichkam, übernahm Anastas Mikojan, reichte es allerdings bereits 1965 an Nikolaj Podgornyj weiter. Erst 1977 übernahm Brežnev wieder diesen hochrangigen, aber mit wenig Macht verbundenen Posten. Die wichtigsten Personen in der kollektiven Führung waren neben den erwähnten Amtsträgern der schon unter Chruščev für Fragen der Ideologie zuständige ZK-Sekretär Michail Suslov und der ebenfalls schon unter Chruščev amtierende langjährige Außenminister Andrej Gromyko.[1]

Leonid Il'ič Brežnev (1906–1982) war als Sohn eines Stahlarbeiters in der Ukraine geboren worden, hatte eine Ausbildung zum Ingenieur erhalten und sich seit Beginn der 1930er Jahre von der lokalen Parteiorganisation der Stadt Dnepropetrovsk bis in die oberste Parteiführung hochgedient. Seinen Aufstieg hatte er Chruščev zu verdanken, der ihn 1947 mit der Leitung des Gebietsparteikomitees von Dnepropetrovsk und 1950 des Zentralkomitees der Republik Moldawien betraute. 1954 schickte ihn Chruščev zur Durchführung der Neulandkampagne nach Kasachstan und übertrug ihm die Leitung der kasachischen KP. 1957 wurde Brežnev Mitglied des ZK-Präsidiums und übernahm 1960 den Vorsitz im Präsidium des Obersten Sowjets. Brežnev war 1923 im Alter von 17 Jahren dem Komsomol beigetreten und in der Komsomol- und Parteiorganisation sozialisiert worden. Er hatte gelernt, wie wichtig es war, sich nach oben und unten der Patronagestrukturen zu bedienen. Als Gefolgsmann Chruščevs war er in hohe Ämter gelangt und hatte sich gleichzeitig zielstrebig eine eigene Hausmacht aufgebaut, indem er Gefolgsleute und Freunde aus Dnepropetrovsk in seine Nähe holte.[2]

Wenige Tage nach dem Sturz Chruščevs kritisierte ein Leitartikel der *Pravda* die Politik des «Subjektivismus», der «Phantasterei» und der «großsprecherischen Ankündigungen». Gegen wen sich diese Kritik richtete, war klar, doch fand in weiterer Folge keine Auseinandersetzung mit der Chruščevzeit statt, sondern sie wurde systematisch beschwiegen. Wer in der Sowjetunion nach 1964 aufwuchs, konnte den Eindruck gewinnen, dass nach Stalins Tod unmittelbar Brežnev die Macht übernommen hätte. Anders als Chruščev ließ sich Stalin nicht aus der Geschichte tilgen, denn dafür hatte er zu viele Spuren hinterlassen und der Zweite Weltkrieg spielte eine zu große Rolle. Gegenstand einer kritischen Auseinandersetzung war Stalin unter Brežnev jedoch nicht.[3]

Nach der Ablösung Chruščevs prägte Brežnev innerhalb kurzer Zeit einen eigenen politischen Stil, der sich deutlich von dem seines Vorgängers und politischen Ziehvaters unterschied. Brežnev hatte aus der Beobachtung Chruščevs den Schluss gezogen, dass es gefährlich und der Sache häufig nicht dienlich war, im Alleingang Entscheidungen zu treffen und unrealistische Ziele anzukündigen. Während Chruščev infolge seiner konfrontativen und impulsiven Art persönlich mit allen Maßnahmen – und mit den Fehlschlägen – identifiziert wurde, verstand es Brežnev, nach außen hin den Anschein zu erwecken, als ob die wichtigen Entscheidungen kollektiv und im Konsens getroffen würden. Das hatte für ihn den Vorteil, dass sich bei Fehlentscheidungen die Verantwortung auf mehrere Schultern verteilte. Von einer kollektiven Führung in dem Sinne, dass sich die Macht gleichmäßig auf die höchsten Ämter verteilte, konnte aber auch unter Brežnev nicht die Rede sein. Die Richtung des Weges bestimmte der Parteichef, und er befasste sich intensiv selbst mit vielen Sachfragen. Im ersten Jahrzehnt seiner Amtsführung absolvierte er ein extremes Arbeitspensum, war von frühmorgens bis spät in die Nacht in seinem Arbeitszimmer im Kreml.[4] Brežnev nahm die Mitverantwortung der anderen aber insofern ernst, als er alle wichtigen Entscheidungen mit eingehenden Beratungen vorbereitete, an denen er die betroffenen Ressorts und ihre Experten beteiligte. Seine Politik war insgesamt von der Suche nach einem Konsens gekennzeichnet und die Rolle der Politikberater wuchs enorm.[5] Dabei kam zum Tragen, dass die großen Apparate der Ministerien, der Industrien und wichtiger Behörden schon seit dem Spätstalinismus Eigeninteressen ausgebildet hatten und diese auf der Basis des bei ihnen akkumulierten Fachwissens auch vertraten. Der Komplex der Rüstungsindustrie oder derjenige der Energiewirtschaft hatten durch ihren personellen und finanziellen Umfang und ihre Bedeutung ein großes Gewicht.[6] Der integrative Führungsstil machte Brežnev bei den Ministern und den regionalen Parteiführern beliebt, denn sie fanden nun mehr Gehör als früher und gewannen an Handlungsfreiheit.[7]

Das Aushandeln und die Suche nach Kompromissen bezogen sich auf Sachfragen. Es bedeutete nicht, dass das Machtmonopol der Kommunistischen Partei in Frage gestellt werden durfte. Substanzielle Kritik am System und politische Opposition waren auch unter Brežnev nicht zulässig. Andersdenkende, die sogenannten «Dissidenten», wurden vom Staatssicherheitsdienst niedergehalten und eingeschüchtert. Das Prinzip der kollektiven Entscheidungsfindung lief auf eine Bürokratisierung hinaus, aber nicht auf eine Beteiligung gesellschaftlicher Interessengruppen im Sinne einer Pluralisierung. Die das Volk repräsentierenden Elemente in Staat und Partei wurden unter Brežnev sogar zurückgedrängt. Der Oberste Sowjet, das höchste legislative Organ, gleichsam die Volksvertretung, trat nur zweimal im Jahr für zwei bis drei Tage zusammen, um den in der Zwischenzeit von der Regierung verabschiedeten Gesetzen zuzustimmen. Parteitage fanden nur noch alle fünf Jahre statt. Die Partei war zwar eine Massenorganisation (1967 hatte sie 12,7 Millionen Mitglieder und wuchs bis 1983 auf 18,1 Millionen), aber ihre einfachen Mitglieder hatten wenige Möglichkeiten zur Mitbestimmung.[8] Die Parteizugehörigkeit bot ihnen dafür Chancen zum Aufstieg und verbesserten Zugang zu Ressourcen.

Aus der Sicht der Perestrojka ist die Breženvära rückblickend mit dem Etikett der «Stagnation» (*zastoj*) versehen worden. Das stimmt vom heutigen Standpunkt aus höchstens für die späte Brežnevzeit, Ende der 1970er, Anfang der 1980er Jahre, als sich immer deutlicher eine umfassende ökonomische Krise abzeichnete und der gealterte und gesundheitlich schwer angeschlagene Parteichef im Kreis eines ebenso gealterten und müde wirkenden Politbüros keinerlei Dynamik mehr ausstrahlte.[9] Und selbst für diese letzten Jahre der Ära Brežnev trifft «Stagnation» eigentlich nur auf die Ebene der hohen Politik zu, nicht aber auf die Gesellschaft, die sich zunehmend differenzierte. Für die 1960er und die erste Hälfte der 1970er Jahre ist es zutreffender, von Stabilisierung und Konsolidierung zu sprechen. Nach dem Ausnahmezustand der Stalinzeit und der Sprunghaftigkeit unter Chruščev wurde das Leben nun ruhiger und berechenbarer. Brežnev setzte eigentlich in vielen Bereichen das fort, was Chruščev eingeleitet, aber mit seinem Versuch, die Erreichung des Kommunismus zu beschleunigen, selbst konterkariert hatte. Er tat dies aber mit anderen Methoden. Jetzt stand nicht mehr die Mobilisierung des Enthusiasmus zur Erreichung voreilig hinausposaunter heroischer Ziele an der Tagesordnung. Die Politbüromitglieder waren sich vielmehr einig, dass nach den Aufregungen und dem Chaos der Chruščevzeit besonnenes Handeln nötig sei. Dabei war Brežnev in den ersten Jahren seiner Herrschaft durchaus agil und entbehrte nicht jeder Ausstrahlungs- und Überzeugungskraft, zumal er von den Funktionären zu Recht als kompetenter und rationaler eingeschätzt wurde als sein Vorgänger. Brežnev schwamm gerne, war ein leidenschaftlicher Jäger und besuchte häufig Fußball- und Eishockeyspiele. Bekannt war auch sein Faible für schnelle westliche Autos, von denen er mehr als 30 besaß und die er gerne für rasante Fahrten benutzte.[10]

In Meinungsumfragen, die seit Mitte der 1990er Jahre durchgeführt wurden, schnitt die Brežnevära im Vergleich mit allen anderen Epochen der russischen Geschichte im 20. Jahrhundert regelmäßig am besten ab. Auch Brežnev als Person wird positiver bewertet als Stalin, Chruščev, Gorbačev und El'cin. Insbesondere die frühe Brežnevära erscheint im Rückblick als die «goldene Zeit» der Sowjetunion. Dabei spielen sicherlich die Enttäuschungen und Negativerfahrungen der Menschen mit der Politik Gorbačevs und El'cins eine große Rolle, weil mit diesen beiden Staatsmännern der Zerfall der Sowjetunion und der Niedergang der Wirtschaft verbunden wird. Die hohe Wertschätzung für Brežnev hat aber auch viel damit zu tun, wie seine Amtszeit von den Menschen erlebt und erinnert wurde, nämlich als eine Zeit, in der man ein normales Leben führen konnte und im Vergleich mit den Jahren davor und danach relativer Wohlstand und soziale Sicherheit herrschten.[11]

Politisch war die Stabilisierung der frühen Brežnevzeit mit einer Bürokratisierung und Professionalisierung verbunden. Die Revolution wich nun endgültig der Routine, nachdem Chruščevs Versuch, sie noch einmal zu reanimieren, in die Krise geführt hatte.[12] Das hatte auch mit einem Generationenwechsel in den Behörden und Leitungsorganen zu tun, der den Charakter der Institutionen veränderte. Die ältere, nun aussterbende Generation der Funktionäre war zu einem großen Teil dem Typus des Aktionisten zuzuordnen: Personen, die häufig aus dem Dorf kamen, keine oder nur eine notdürftige Ausbildung hatten, die noch den Bürgerkrieg oder zumindest die Kollektivierung miterlebt hatten und durch diese Gewaltakte geprägt worden waren. Ihre Methode war die des Kämpfens gewesen, des Mobilisierens, des Aktionismus, des Schaffens von Ausnahmezuständen. Die jüngere Generation von Funktionären, die nun an ihre Stelle trat, war im urbanen Milieu sozialisiert und im sowjetischen Bildungssystem aufgestiegen. Typischerweise handelte es sich um Männer, die aus einfachen Verhältnissen stammten, unter Stalin in den Genuss einer höheren Ausbildung gekommen waren und als Ingenieure oder Fachleute in der Verwaltung Karrieren machten, von denen ihre Eltern nur hätten träumen können. Sie verdankten dem Regime ihren Aufstieg und stellten sich in seinen Dienst, kannten gar kein anderes System und arrangierten sich daher mit seinen Widersprüchen und Ungereimtheiten. Diese von Kind auf sowjetisch sozialisierten Funktionäre, Manager und Fachleute gingen an Politik, Verwaltung und Wirtschaftslenkung professionell und pragmatisch im Sinne des Funktionierens von Apparaten heran. Auf den unteren Ebenen und in den Betrieben waren diese Leute schon seit dem Ende der 1930er Jahre anzutreffen. Bis zum Beginn der 1960er Jahre hatten sie sich in der Partei und in den Sowjetorganen bis zu den Spitzenpositionen hochgedient. «Brežnev-Generation» hat man diesen Typus nach ihrem prominentesten Vertreter genannt. Es war kein Zufall, dass die mächtigsten Männer im Politbüro – Kosygin, Suslov, Podgornyj, Kirilenko – ebenfalls dieser Generation angehörten. Sie waren alle zwischen 1902 und 1906 geboren, verfügten im Gegensatz zu Chruščev nur noch über Kindheitserinnerungen an die vorrevolutionäre Zeit, betrachteten das Sowjetsystem als etwas Selbstverständliches und hatten in den 1930er Jahren ihren Aufstieg erlebt.[13]

Zu Brežnevs Stabilisierungsprogramm gehörte auch die Herstellung personeller Kontinuität in den Apparaten. «Vertrauen in die Kader» lautete die neue Devise. Während Chruščev zwischen 1956 und 1961 zwei Drittel der hohen Funktionäre und die Hälfte des Zentralkomitees ausgetauscht und mit der Einführung eines Rotationsprinzips die Partei gegen sich aufgebracht hatte, beließ Brežnev die Führungskräfte, die er unmittelbar nach seinem Amtsantritt installiert hatte, über viele Jahre auf ihren Posten. Wer sich loyal verhielt, konnte damit rechnen, sein Amt bis zur Pensionierung auszuüben. Diese Personalpolitik hatte zur Folge, dass sich über die Jahre stabile Vertrauensbeziehungen zwischen den Funktionären herausbildeten und sich in den Behörden, Wirtschaftsadministrationen und Regionen Patronagenetzwerke verfestigten.[14] Ein zweiter Effekt des «Vertrauens in die Kader» bestand darin, dass das Durchschnittsalter der Amtsträger immer höher wurde. Im Ministerrat stieg es zwischen 1966 und Anfang der 1980er Jahre von 58 auf 65 Jahre. Für die 1960er Jahre kann man noch nicht von einer Überalterung der Funktionäre sprechen, wie sie gegen Ende der Amtszeit Brežnevs zu konstatieren ist, aber im Vergleich mit der frühen Sowjetunion ist eine gewisse Reifung des Führungspersonals unverkennbar. Der jugendliche Überschwang, mit dem die Bolschewiki in den 1920er und 1930er Jahren agiert hatten, war einem gesetzteren Habitus gewichen. Das blieb nicht ohne Folgen für die Politik. Allein schon aufgrund ihres Alters traten die Funktionäre der Brežnevzeit deutlich weniger aggressiv und impulsiv auf als ihre Vorgänger.

Unter Brežnev verfestigte sich auch das System der sogenannten «Nomenklatur». Nomenklatur bedeutete, dass für alle wichtigeren Posten in Partei, Staat und Wirtschaft festgelegt war, welches Parteigremium über ihre Besetzung entschied. Je höher der Posten, desto höher das Gremium, das für seine Besetzung zuständig war. Auf diese Weise ließ sich die Personalpolitik umfassend steuern und es entstand eine herrschende Klasse, die sich vorwiegend durch Kooptation aus sich selbst heraus ergänzte, denn bei diesen Besetzungen waren Beziehungs- und Verwandtschaftsnetzwerke höchst wirksam. Die Zugehörigkeit zu einer der hierarchisch strukturierten Stufen der Nomenklatur war mit bestimmten Vergünstigungen verbunden, die die «klassenlose Gesellschaft» ad absurdum führten. Angehörige der Nomenklatur konnten in besser versorgten Geschäften einkaufen, die für den Normalbürger als solche gar nicht erkennbar waren, sie hatten Zugang zu gesonderten Kliniken und Erholungsheimen und wurden mit besseren Wohnungen, Dienstwagen und Luxusdatschen ausgestattet. Von dieser versteckten Hierarchisierung ausgehend lässt sich die spätsowjetische Gesellschaft als ein Cluster verschiedener Gruppen verstehen, deren Position über den gestuften Zugang zu Privilegien und durch räumliche Segregation definiert ist.[15]

Wirtschaftspolitik

Chruščevs Versuch, das kommunistische Projekt zu beschleunigen, hatte die sowjetische Kommandowirtschaft überfordert und eine Krise erzeugt. Brežnev und Kosygin lenkten die Wirtschaft wieder in ruhigere Bahnen. Sie machten die Spaltung des Parteiapparates in einen landwirtschaftlichen und einen für die Industrie zuständigen Teil, mit der Chruščev viel Chaos angerichtet hatte, rückgängig, schafften im September 1965 die von Chruščev 1957 eingeführten regionalen Volkswirtschaftsräte ab und führten wieder zentrale Wirtschaftsministerien ein. Grundsätzlich bewegten sie sich aber durchaus weiter in der Richtung, die Chruščev eingeschlagen hatte, indem sie an der Konsumorientierung festhielten und darauf abzielten, den Menschen einen bescheidenen Wohlstand zu bieten. Daneben ließen sie sich von Reformvorschlägen inspirieren, die Fachleute zu Beginn der 1960er Jahre noch unter Chruščev als Antwort auf die Krise entwickelt hatten.

Der Char'kover Wirtschaftswissenschaftler Evsej Liberman hatte 1962 für eine größere Selbständigkeit der Betriebe plädiert. Die Grundidee bestand darin, die Planwirtschaft mit marktwirtschaftlichen Elementen von Angebot, Nachfrage, Gewinn und Rentabilität zu kombinieren. Die Betriebsdirektoren sollten nicht wie bisher strikt an quantitative Planvorgaben gebunden sein, sondern die Absatzchancen ihrer Produkte mit berücksichtigen. Noch unter Chruščev war das System in zwei Textilfabriken erprobt worden. Es schien erfolgversprechend zu sein, sodass Kosygin es 1965 bis 1967 in modifizierter Form in etwa einem Viertel der Betriebe einführen ließ. Der erhoffte Erfolg blieb jedoch aus, denn die Grundprinzipien der Kommandowirtschaft erwiesen sich als unvereinbar mit dem betriebswirtschaftlichen Kalkül der Fabrikdirektoren. Aufgrund der staatlichen Preisfestsetzungen, der von oben kommenden Planziffern und der Maßgabe, dass Rationalisierungen nicht zur Entlassung von Arbeitern führen durften, konnte es keine echte Kosten-Nutzen-Rechnung geben und die Spielräume der Betriebe blieben zu gering.[16]

Die Kosygin-Reformen bewirkten immerhin eine vorübergehende Steigerung der Arbeitsproduktivität. Hatte der Zuwachs der Produktivität 1961–1965 bei durchschnittlich 4,6 Prozent pro Jahr gelegen, betrug er 1966 5 Prozent und 1967 7,3 Prozent. 1968 sank er jedoch wieder auf 5 Prozent und 1969 auf 4,4 Prozent. Der Vorsitzende von *Gosplan*, Nikolaj Bajbakov, nannte als Ursache für diesen Rückgang das «systematische Versagen bei der Umsetzung von wissenschaftlichen und technischen Innovationen in die Volkswirtschaft» sowie die Verschwendung von materiellen, finanziellen und menschlichen Ressourcen.[17] Die Reformdiskussionen offenbarten, dass die Experten davon ausgingen, dass die Direktoren ein Interesse daran haben müssten, die Produktionskosten zu senken, Überproduktionen zu vermeiden und die Effizienz durch technische Innovationen zu steigern.[18] In der Realität waren die Betriebsleiter jedoch darauf angewiesen, sich für die Erfüllung des Produktionsplans dringend benötigtes Material, Ausrüstungen und Ersatzteile auf dem Tauschweg mit anderen Betrieben zu organisieren. Dazu aber war es erforderlich, die realen Produktionskapazitäten und Ausstoßmengen sowie die Produktionskosten gegenüber der Planbehörde zu verschleiern und «schwarze» Bestände und Kassen zu unterhalten. Das konterkarierte die Erwartungen der Reformer und führte zu stetig steigenden Produktionskosten. Technische Innovationen wiederum bargen unter den Bedingungen der Mangelwirtschaft die Gefahr, den Betriebsleitern zusätzliche Probleme aufzubürden, denn sie erforderten andere Zulieferprodukte, Werkzeuge und Geräte, die erst mühsam aufgetrieben werden mussten. Daher tendierten die Fabrikdirektoren dazu, eingespielte Produktionsabläufe nicht abzuändern, auf Innovationen zu verzichten und Produkte über viele Jahre hinweg unverändert herzustellen, auch wenn das Produktionsverfahren und das Erzeugnis längst nicht mehr dem aktuellen technischen Stand entsprachen. Die Kosygin-Reformen illustrierten somit unfreiwillig die Beharrungskraft und Innovationsresistenz der administrativen Kommandowirtschaft.[19] Letztere entsprach zu keinem Zeitpunkt den ursprünglichen Vorstellungen einer rationalen Wirtschaftsplanung, denn ihre Kontroll- und Steuerungsmechanismen wirkten einer wirklichen Planung häufig diametral entgegen. Fabriken, die den Plan erfüllten, wurden zwar zunächst belohnt, aber durch höhere Plansollvorgaben in den darauffolgenden Jahren bestraft. Erfolglose Unternehmen erhielten vom Staat Subventionen, da die Entlassung von Arbeitskräften und die Schließung von Betrieben wegen mangelnder Effizienz im System nicht vorgesehen und Mindestlöhne vorgeschrieben waren.[20]

Als unlösbar erwiesen sich auch die Probleme der Landwirtschaft. Die Produktivität der Kollektiv- und Staatsbetriebe war weiterhin zu gering, sodass die landwirtschaftliche Produktion nicht mit dem Bevölkerungswachstum Schritt halten konnte. Brežnev erhöhte 1965 die Investitionen in die Landwirtschaft auf ein bisher nie dagewesenes Niveau und verbesserte die materielle und soziale Situation der Kolchosniki. Den unvollendet gebliebenen Ansatz Chruščevs fortführend wurde den Kolchosniki nun erstmals flächendeckend ein regulärer Lohn für ihre Arbeitsleistung gezahlt, statt diese wie unter Stalin als Tribut zu betrachten. Flankierend sollte die Ausstattung der Kolchosen mit Traktoren, Lastkraftwagen, Maschinen und chemischem Dünger verbessert werden. Mit diesem Investitionsversprechen sicherte sich Brežnev nebenbei das Wohlwollen der Industrieministerien, in deren Zuständigkeit diese Traktoren und Maschinen hergestellt wurden. Eine kräftige Erhöhung der staatlichen Ankaufpreise für Getreide um 12 Prozent und für Schlachtvieh um 36 Prozent reichte jedoch nicht aus, um die Produktionskosten der Kolchosen zu decken. Für die Getreidemenge, die das Plansoll überstieg, bot der Staat einen um 50 Prozent höheren

Preis, um einen Anreiz zur Überschussproduktion zu schaffen. Außerdem übernahm der Staat die hohen Schulden, die die Kolchosen belasteten, seitdem sie 1958 den Gerätepark der Maschinen- und Traktorstationen hatten erwerben müssen.

All dies verteuerte die Agrarproduktion für den Staat, aber in Anbetracht der Reaktionen der Bevölkerung auf die Preissteigerungen zu Beginn der 1960er Jahre verzichtete er darauf, die höheren Agrarpreise an die Verbraucher weiterzugeben. Das Ergebnis war eine immense Belastung des Staatshaushaltes, ohne dass der gewünschte Effekt eintrat, denn die landwirtschaftlichen Betriebe blieben ineffektiv und unrentabel. Weiterhin konzentrierten die Kolchosniki ihre Arbeitskraft auf das private Hofland, denn die dort erzielten Überschüsse durften sie auf dem Markt verkaufen. Die fehlende Motivation zur effektiven Arbeit in der Kolchose bewirkte eine katastrophal niedrige Produktivität der Kollektivwirtschaften. Investitionen in die Technisierung der Landwirtschaft erzielten nicht den gewünschten Rationalisierungseffekt, weil sie nicht, wie in den westlichen Industrieländern, mit einer starken Reduktion der Zahl der Arbeitskräfte verbunden waren. Diejenigen, die abwanderten, um außerhalb der Landwirtschaft in besser bezahlten Berufen unterzukommen und der allgemeinen Misere auf dem Land zu entrinnen, waren ausgerechnet die leistungsfähigeren jüngeren Personen. Zurück blieb eine Restbevölkerung von unqualifizierten und unmotivierten, häufig alkoholabhängigen Arbeitskräften, deren Zahl gemessen an der erbrachten Arbeitsleistung zu hoch war – ein Grundübel, das bis zum Ende der Sowjetunion ungelöst blieb.[21]

Ende der 1960er Jahre musste sich die sowjetische Führung eingestehen, dass sich das Wirtschaftswachstum mit jedem Planjahrfünft abschwächte. Die hohen Zuwächse der 1940er und frühen 1950er Jahre hatten auf der Nachkriegserholung und der Erschließung neuer Ressourcen beruht und konnten daher nicht von Dauer sein. Auf dem Dezemberplenum des Zentralkomitees 1969 wies Brežnev darauf hin, dass die Zeiten des extensiven Wirtschaftswachstums vorbei seien, da nun alle Arbeitskraftreserven in die Produktion einbezogen wären und jedes weitere Wirtschaftswachstum auf der Erhöhung der Produktivität beruhen müsse.[22] Brežnev konstatierte eine bedrohlich schwache Performanz der sowjetischen Volkswirtschaft und forderte eine Steigerung der Ressourcennutzung um das Zwei- bis Zweieinhalbfache. «Andere Möglichkeiten haben wir nicht», lautete sein Fazit, denn ein Konsumverzicht zu Lasten der Bevölkerung komme nicht in Frage. Im Wettbewerb mit dem Kapitalismus, so Brežnev, sei die Sowjetunion in einigen Bereichen, etwa in der Stahlerzeugung, schon nahe an die USA herangerückt, aber entscheidend für den Ausgang des Wettbewerbs der Systeme seien nicht die Produktionsziffern, sondern die zu ihrer Erreichung erforderlichen Kosten, und diesbezüglich stehe die Sowjetunion schlecht da. Brežnev forderte unter Verweis auf die aktuellen Tendenzen in den westlichen Industrieländern eine Modernisierung der Wirtschaftslenkung und Betriebsorganisation auf der Grundlage der elektronischen Datenverarbeitung. Er hatte erkannt, dass in den westlichen Industrieländern eine technische Revolution im Gange war und fürchtete, dass die Sowjetunion bei der Informationstechnologie ins Hintertreffen geraten könnte.[23]

Die oberste Führung realisierte die sich immer weiter öffnende Schere zwischen der Erhöhung des Lebensstandards und der ökonomischen Leistungsfähigkeit des Landes. Die Politik des Wohlfahrtsstaates war mit den sinkenden Wachstumsraten der Volkswirtschaft und der zu geringen Steigerung der Produktivität auf Dauer nicht finanzierbar. «Wir müssen die Bedürfnisse des Volkes ernsthaft befriedigen – doch stelle ich mir die Frage: Wo liegt die Grenze dieser Bedürfnisse?» fragte Brežnev und gab selbst die Antwort: «Es gibt keine.» «Wenn wir [...] keine angemessene Lösung für dieses Problem finden, könnten wir in eine brenzlige Situation geraten, vor allem, weil das Lohnwachstum das Produktivitätswachstum überholt», mahnte Brežnev. Dazu verwies er auf die internationale Lage, die der Sowjetunion außerplanmäßige Militärausgaben beschert habe: Die Kriege in Vietnam und im Nahen Osten, der Grenzkonflikt mit China sowie die aus sowjetischer Sicht bedrohliche Entwicklung in der Tschechoslowakei hatten 1968/69 die Sicherheitsinteressen der Sowjetunion tangiert und hohe Kosten verursacht.[24]

Brežnev war Ende der 1960er Jahre klar geworden, dass die sowjetische Gesellschaft, einmal auf den Pfad von steigendem Lebensstandard und Konsum gesetzt, immer größeren Appetit entwickelte, ohne sich der Schwierigkeiten bewusst zu sein, die daraus für den Staat resultierten. Nach wie vor mangelte es in der Sowjetunion an Wohnungen, Dienstleistungseinrichtungen, Geschäften und Restaurants und auch die Nachfrage nach Konsumgütern war stets höher als das Angebot. Der Staat unternahm in den 1960er Jahren Anstrengungen, diese Defizite zu verringern und investierte in die Bautätigkeit, war aber damit überfordert, alle Mangelbereiche gleichzeitig zu bedienen. 1969 befanden sich mehr als 800 Kulturhäuser, 450 Stadien, Schwimmbäder und Sportanlagen, 80 Theater und Zirkusse in Bau. Allein in der Industriestadt Sverdlovsk (heute wieder Ekaterinburg) im Ural waren eine Eiskunstbahn, zwei Kulturpaläste, einige Klubs und Schwimmbäder, ein Schauspielhaus und eine Leichtathletikarena im Entstehen begriffen. Die dafür verwendeten Ressourcen fehlten wiederum für die Erfüllung der Pläne im Wohnungsbau und bei der Errichtung von Schulen, Krankenhäusern und Kindertagesstätten. «Es besteht kein Zweifel, dass diese Anlagen gebaut werden müssen», hatte *Gosplan*-Chef Bajbakov schon im Dezember 1968 gewarnt: «Jedoch haben wir anscheinend unsere Fähigkeiten überschätzt. Die Zeit ist noch nicht gekommen, in der wir diese Objekte ohne jegliche Einschränkungen bauen könnten, zumal wir zurzeit brennendere und dringlichere Aufgaben zu bewerkstelligen haben. Diese beziehen sich vor allem auf den Wohnungsbau – und genau hierher müssen wir unsere Ressourcen lenken. Berichten zufolge benötigen mehr als 30 Millionen Menschen dringend bessere Wohnverhältnisse. Viele hausen immer noch in Baracken, verfallenen Häusern, ja gar Kellern.»[25]

Die realistische und besorgte Lagebeurteilung durch Brežnev am Ende der 1960e Jahre spiegelte im Grunde die systemimmanenten Mängel der staatlichen Kommandowirtschaft. An deren Grundprinzipien selbst zu rütteln kam allerdings aus Prinzip nicht in Frage und hätte der seit Ende der 1920er Jahre mit großen Opfern erkauften Umgestaltung ihren Sinn und der sowjetischen Politik insgesamt ihre Glaubwürdigkeit genommen. Einfacher und kurzfristig konsensfähiger war es, an dem Gleichgewicht der beiderseitigen Erwartungen festzuhalten, das sich unter Brežnev im Verhältnis zwischen dem Regime und der Bevölkerung eingestellt hatte und das in der Literatur plakativ als «Little Deal» bezeichnet wird.[26]

Der «Little Deal» (James Millar) bestand darin, dass der Staat der Bevölkerung soziale Sicherheit und einen bescheidenen Wohlstand bot und aus der Erkenntnis heraus, dass die offiziellen Wege für eine zufriedenstellende Versorgung nicht ausreichten, eine Schattenwirtschaft und korrupte Praktiken trotz fortbestehender Verurteilung in offiziellen Reden in der Praxis weitgehend tolerierte, denn sie fungierten ebenso als notwendige Ergänzung der Kommandowirtschaft wie die private Hoflandproduktion der Kolchosniki. Die Menschen verhielten sich im Gegenzug loyal zum Regime, das ihnen soziale Sicherheit bot, und stellten die offiziellen Regeln und Normen nicht in Frage – zumal man sie ohnehin partiell unterlaufen konnte. Da der Staat nicht in der Lage war, alle gewünschten Konsumgüter in ausreichender Zahl zur Verfügung zu stellen, war es selbstverständliche Praxis, nur mit halber Kraft zu arbeiten, während der Arbeitszeit privaten Besorgungen nachzugehen und den Arbeitsplatz zu benutzen, um für sich und die Familie verschiedene Dinge abzuzweigen, die sonst schwer oder gar nicht aufzutreiben waren. So stabilisierte sich im städtischen Bereich eine im Grunde seit der Stalinzeit bestehende Grauzone aus quasi privatwirtschaftlicher Tätigkeit von Kleinhändlern, Dienstleistern und Vermittlern, mit deren Hilfe gesellschaftliches Eigentum – eigentlich illegal – in persönliches Eigentum überführt wurde. Etwas «linksherum» (*nalevo*) zu besorgen, wurde zu einer weit verbreiteten und geradezu lebensnotwendigen Praxis.[27]

Geahndet wurde sie nur in Ausnahmefällen, wenn «Vermittler» allzu dreist in großem Stil agierten und sich in auffälliger Weise persönlich bereicherten. Die Schattenwirtschaft komplett zu unterdrücken hätte nicht nur den stillschweigenden Konsens zwischen Regime und Bevölkerung gefährdet, sondern auch die offizielle Wirtschaft aus den Angeln gehoben, denn beide Wirtschaftszweige waren in symbiotischer Weise aufeinander angewiesen. Die Schattenwirtschaft konnte Produkte bereitstellen, die auf legalem Wege nicht zu bekommen waren, und darauf waren nicht nur Privatkonsumenten, sondern auch die staatlichen Betriebe angewiesen. Die Unternehmen konnten vielfach ihren Plan gar nicht erfüllen, ohne auf die Dienste eines «Organisierers» (*tolkač*) und den illegalen Handel zurückzugreifen.[28] Um sich erfolgreich in diesem Feld zu bewegen, war es erforderlich, über geeignete Beziehungsnetzwerke (*blat*) zu verfügen. Die Sowjetbürger entwickelten eine Meisterschaft in der gegenseitigen Unterstützung von Verwandten und Freunden.

Außen- und Sicherheitspolitik

Ähnlich wie in der Innenpolitik trat auch in der Außenpolitik unter Brežnev eine Konsolidierung und Beruhigung ein, indem die Politik kalkulierbarer wurde. Der Verzicht auf riskante außenpolitische Manöver bedeutete aber nicht, dass Brežnev nicht weiterhin konsequent die Interessen der Sowjetunion verfolgt hätte. Diese bestanden im Wesentlichen in der Absicherung und vertraglichen Festschreibung des Status quo in Europa, also der Perpetuierung des sowjetischen Hegemonial- und Sicherheitsbereiches, in der Fortsetzung der «friedlichen Koexistenz» mit den westlichen Ländern mit den Zielen, die Kriegsgefahr zu verringern und die Einfuhr von Maschinen und Ausrüstungen zu erleichtern, die für die Modernisierung der sowjetischen Wirtschaft notwendig waren, gleichzeitig aber auch als mit den USA gleichrangige Supermacht anerkannt zu werden. In Bezug auf das sozialistische Lager ging es um die Konsolidierung und die Sicherstellung des sowjetischen Einflusses, in Bezug auf die Dritte Welt um seine Ausdehnung.[29]

Aus den Krisen um Berlin und Kuba hatten Brežnev und Außenminister Andrej Gromyko (im Amt 1957–1985) außerdem gelernt, dass sich die Sowjetunion nicht mehr in eine direkte Konfrontation mit den USA manövrieren dürfe, in der sie aus einer Position der strategischen Unterlegenheit agieren müsse. Daraus resultierten einerseits eine vorsichtigere Politik gegenüber dem Westen, andererseits eine massive Aufrüstung, die das sowjetische Arsenal der Interkontinentalraketen zwischen 1966 und 1969 jährlich um 300 Stück anwachsen ließ. Um 1970 hatte die Sowjetunion bei den Langstreckenraketen strategische Parität erreicht und gleichzeitig ihre konventionelle Streitmacht modernisiert. Analog zum Engagement in der Dritten Welt und als Antwort auf die weltweite Präsenz der USA mit Flottenstützpunkten baute die Sowjetunion außerdem ihre Marine aus. Ende der 1960er Jahre waren die sowjetischen Seestreitkräfte erstmals dauerhaft im Indischen Ozean und im Mittelmeer präsent. Bei seinem Dienstantritt 1969 anerkannte der amerikanische Präsident Richard Nixon die strategische Parität der beiden Supermächte, und Brežnev erklärte im Jahr darauf, dass auf der ganzen Welt keine wichtige Frage mehr ohne die Beteiligung der Sowjetunion und ohne Berücksichtigung ihres ökonomischen und militärischen Gewichts entschieden werden könne. Die erzielte Parität bildete die Grundlage für die beiden wichtigsten Stränge der Breževschen Außenpolitik in den 1970er Jahren: «Entspannung» zwischen den Supermächten und gleichzeitig Ausweitung des sowjetischen Einflusses in der Dritten Welt.[30]

Während sich die Beziehungen mit den westlichen Ländern wesentlich ruhiger entwickelten als unter Chruščev, hielten die sozialistischen Länder Herausforderungen für die Sowjetunion bereit. In der Tschechoslowakei, wo in den 1950er und frühen 1960er Jahren keine Entstalinisierung stattgefunden hatte, unternahm im Frühjahr 1968 der Reformkommunist Alexander Dubček Schritte zur Schaffung eines «Sozialismus mit menschlichem Antlitz». Seine Versuche, eine weniger hermetische Variante des Kommunismus zu schaffen, wurden in der Sowjetunion und in anderen sozialistischen Ländern misstrauisch beobachtet. Abschaffung der Zensur, öffentliche Diskussionen über politische Probleme, eine allgemeine Liberalisierung und Öffnung nach Westen ließen Brežnev und andere kommunistische Partei- und Staatschefs befürchten, dass die Bewegung auf die Nachbarländer übergreife, die kommunistischen Regime destabilisiere und möglicherweise sogar die Tschechoslowakei aus dem östlichen Bündnissystem ausschere. Eine solche Veränderung des Status quo in der Mitte Europas konnte aus Sicht Brežnevs nicht geduldet werden. Am 21. August 1968 ließ er Truppen des Warschauer Paktes in die Tschechoslowakei einmarschieren und den «Prager Frühling» niederschlagen. Gerechtfertigt wurde dieser Schritt mit einem Hilferuf von Teilen der tschechoslowakischen Parteiführung und mit der sogenannten «Brežnev-Doktrin», gemäß der die Souveränität der sozialistischen Länder durch ihre gegenseitige Loyalität und Verpflichtung beschränkt und jeder Angehörige des sozialistischen Lagers verpflichtet sei, die Errungenschaften des Sozialismus im eigenen und in den anderen Ländern zu festigen und zu verteidigen. Aus Brežnevs Lagebeurteilung heraus war die bewaffnete Intervention in der Tschechoslowakei notwendig; ihre Umstände jedoch fügten der Sowjetunion in der Außenwahrnehmung Schaden zu und bewirkten auch im Inneren eine Aktivierung von regimekritischen Kräften. Propagandistisch verbrämt als Ausdruck der Solidarität unter den sozialistischen Ländern, handelte es sich beim Einmarsch in die Tschechoslowakei um einen Akt der Gewalt. Die Bilder von verzweifelten Prager Bürgern, die sich den sowjetischen Panzern mit entblößter Brust entgegenstellten, demaskierten in der Weltöffentlichkeit die offizielle Legitimierung der Aggression als «brüderliche Hilfe» gegen die drohende «Konterrevolution».[31]

Der Einsatz militärischer Mittel beschränkte sich in Europa allerdings nur auf die Bewahrung des Status quo. Eine Ausdehnung des sowjetischen Einflussbereichs war das nicht, und selbst im Verhältnis zu einzelnen sozialistischen Staaten musste Brežnev Sonderentwicklungen akzeptieren: Titos Jugoslawien steuerte weiterhin seinen eigenen Kurs, ohne sich von Moskau bevormunden zu lassen. Albanien, das 1961 mit Moskau gebrochen und sich an China orientiert hatte, trat 1968 aus dem Warschauer Pakt aus. Rumänien, von wo Chruščev 1958 die sowjetischen Truppen abgezogen hatte, emanzipierte sich unter dem seit 1965 amtierenden Staats- und Parteichef Nicolae Ceauşescu zunehmend von der Außenpolitik der Sowjetunion. Ceauşescu wahrte im sowjetisch-chinesischen Konflikt Neutralität, betrieb gegenüber dem Westen eine eigenwillige Diplomatie und widersetzte sich einer stärkeren ökonomischen Integration der Länder des «Rates für gegenseitige Wirtschaftshilfe» (RGW), dem wirtschaftlichen Pendant zum Warschauer Pakt. An der Niederschlagung des «Prager Frühlings» nahmen keine rumänischen Truppen teil.[32]

Gegenüber China, das am Tage der Absetzung Chruščevs seinen ersten Atombombentest durchführte, versuchte Brežnev eine Aussöhnung, aber seine Bemühungen waren nicht von Erfolg gekrönt. Die chinesische Führung akzeptierte weiterhin die Führungsrolle der Sowjetunion in der kommunistischen Bewegung nicht, und die Interessen der beiden Staaten kollidierten mehrfach. Im Krieg zwischen Indien und Pakistan standen sie auf unterschiedlichen Seiten und im Vietnamkrieg geriet die Unterstützung der kommunistischen Nordvietnamesen zu einer sowjetisch-chinesischen Konkurrenz. Maos «Große Proletarische Kulturrevolution» wurde mit ihren Exzessen in der Sowjetunion misstrauisch beobachtet, während umgekehrt die Chinesen in der «Brežnev-Doktrin» und ihrer Anwendung gegen die Tschechoslowakei eine Bedrohung sahen. Hinzu kamen seit 1962 Streitigkeiten über den Verlauf der gemeinsamen Grenze. Der Konflikt über eine unbewohnte Insel im Grenzfluss Ussuri mündete 1969 in bewaffnete Auseinandersetzungen zwischen den Grenzschutzverbänden beider Länder, die einige hundert Todesopfer forderten und darin gipfelten, dass Brežnev mit einem Atomschlag drohte. In der Folge streckten sowohl die Sowjets als auch die Chinesen diplomatische Fühler in Richtung der USA aus. Die Dreiecksbeziehung zwischen der Sowjetunion, den USA und China blieb bis zum Ende des Ost-West-Konflikts delikat.[33]

Mit dem sowjetisch-chinesischen Konflikt hing die Politik der Sowjetunion gegenüber Vietnam eng zusammen. Die Eskalation des Vietnamkriegs fiel mit dem Amtsantritt Brežnevs zusammen. Damit die Nordvietnamesen nicht völlig ins Lager Chinas drifteten, das ihnen starken Rückhalt gab, intensivierte Brežnev seinerseits die sowjetische Unterstützung. Während die USA ihr direktes militärisches Engagement in Vietnam teuer bezahlten und insbesondere in der Dritten Welt viel Ansehen einbüßten, konnte sich die Sowjetunion mit verhältnismäßig wenig Aufwand als Unterstützerin einer «Befreiungsbewegung» gerieren, ohne dass außenpolitische Ziele höherer Priorität darunter litten. 1972 wurde der amerikanische Präsident Nixon in Moskau zu einem Staatsbesuch freundlich empfangen, obwohl die Amerikaner gleichzeitig nordvietnamesische Häfen verminten und Luftangriffe gegen die Versorgungslinien zwischen Vietnam und China flogen. Ein Problem stellten aus Moskauer Sicht allerdings die vietnamesischen Kommunisten dar, denn sie spielten China und die Sowjetunion gegeneinander aus und erwiesen sich als unkontrollierbar. Angesichts dieser komplizierten und unberechenbaren Konstellation hatte die sowjetische Politik eher ein Interesse an Deeskalation denn an weiterer Zuspitzung. So ergab sich die paradoxe Lage, dass der Vietnamkrieg mit dazu beitrug, in Moskau das Interesse an der Entspannung des Verhältnisses zwischen den Supermächten gegen Ende der 1960er Jahre wieder größer werden zu lassen.[34]

Ermutigend waren auch Entwicklungen in Westeuropa: Der französische Präsident Charles de Gaulle betrieb eine eigenständige Politik, zu der die Verständigung mit der Sowjetunion gehörte, und ab 1966 verfolgte die Bundesrepublik Deutschland unter dem neuen Außenminister Willy Brandt eine neue Ostpolitik, die dem sowjetischen Ziel der Anerkennung der bestehenden Grenzen und der Zweistaatlichkeit Deutschlands entgegenkam. Diese Entwicklungen führten im Zusammenwirken mit dem chinesisch-sowjetischen Konflikt und der erzielten Parität in der Atomrüstung dazu, dass 1968/69 die Weichen auf «Entspannung» gestellt wurden. Diese außenpolitische Entscheidung hatte auch einen ökonomischen Hintergrund: Ende der 1960er Jahre wurde sich die sowjetische Führung der wachsenden technologischen Kluft zu den westlichen Industrieländern immer stärker bewusst und benötigte zur Modernisierung ihrer Wirtschaft dringend Technologieimporte.[35]

Die ersten Schritte erfolgten im Sommer 1968. Im Juli 1968 schlossen die UdSSR, Großbritannien und die USA einen Vertrag über die Nichtverbreitung von Atomwaffen. Die Invasion in die Tschechoslowakei wenige Wochen später tat dem Entspannungsprozess keinen grundsätzlichen Abbruch. Breženv ließ deutlich erkennen, dass er kein Interesse daran hatte, wegen der Militäraktion im eigenen Machtbereich die Beziehungen mit dem Westen eskalieren zu lassen und eine neue Krise in den Ost-West-Beziehungen heraufzubeschwören: Am Vorabend des Einmarsches sicherte er sich mit einer Anfrage beim amerikanischen Präsidenten Johnson ab und erkundigte sich, ob die amerikanische Regierung noch zu den Ergebnissen der Konferenzen von Jalta und Potsdam stehe. Nach der positiven Antwort aus Washington konnte Brežnev davon ausgehen, dass die USA die tschechoslowakischen Reformkommunisten nicht ernsthaft unterstützen würden.[36]

Im März 1969 bekräftigten die Warschauer Paktstaaten auf ihrer Tagung in Budapest ihren Willen zu Verhandlungen und Kooperation mit dem Westen, und im November 1969 begannen Gespräche zwischen den USA und der UdSSR über die Begrenzung strategischer Waffen (*Strategic Arms Limitation Treaty* – SALT). Vor 1968 hatte die sowjetische Seite grundsätzliche Vorbehalte gegen Rüstungskontrollen gehegt, weil sie fürchtete, dass das eigene militärische Potenzial durch vertragliche Bindungen auf einem gegenüber den USA unterlegenen Niveau eingefroren werde. Seitdem der Gleichstand erreicht war, bestand diese Gefahr nicht mehr und man konnte sich auf Verhandlungen über die Rüstungsbegrenzung einlassen.[37] Das sowjetische Interesse an Entspannung traf sich mit einem ebensolchen der amerikanischen Außenpolitik unter dem neuen Präsidenten Nixon und seinem Außenminister Kissinger. Im Mai 1972 konnte in Moskau das SALT-I-Abkommen unterzeichnet werden. Es hatte zwar eher symbolischen Charakter, da die vereinbarte Rüstungsbegrenzung durch technische Innovationen unterlaufen wurde, signalisierte aber einen grundsätzlichen Verständigungswillen und wurde von einer Reihe weiterer Vereinbarungen über die Zusammenarbeit in verschiedenen Bereichen flankiert.[38]

Das Verhältnis zur Bundesrepublik Deutschland verbesserte sich entscheidend durch den Moskauer Vertrag vom 12. August 1970, der die durch den Zweiten Weltkrieg in Europa geschaffenen Grenzen faktisch als «unverletzlich» bestätigte und ihre gewaltsame Veränderung einvernehmlich ausschloss. Als die Bundesrepublik Deutschland im Dezember 1970 einen analogen Vertrag mit Polen schloss, war ein zentrales Ziel der sowjetischen Außenpolitik der Nachkriegszeit, nämlich die vertragliche Absicherung der Grenzen und des sowjetischen Sicherheitsgürtels erreicht.[39] Mit dem Viermächteabkommen über Berlin vom September 1971 wurde auch für diesen sensiblen Bereich eine Übereinkunft getroffen, wenngleich die Sowjetunion weiterhin die Zugehörigkeit West-Berlins zur Bundesrepublik Deutschland nicht anerkannte. Im Dezember 1972 folgte der «Grundlagenvertrag» zwischen den beiden deutschen Staaten und im Dezember 1973 der Vertrag zwischen der Bundesrepublik Deutschland und der Tschechoslowakei.[40]

«Entspannung» und «friedliche Koexistenz» beseitigten nicht die grundsätzliche Frontstellung zwischen Ost und West. Die gegenseitigen Feindbilder und das Denken in Blöcken war weiterhin präsent. In Asien und Afrika setzte Brežnev die von Chruščev begonnenen Bestrebungen fort, die Weltmachtstellung der Sowjetunion auszubauen und dem internationalen Kommunismus neue Anhänger zu gewinnen. In Indien konnte die Sowjetunion ihre Position festigen, in Nordvietnam waren seit Mitte der 1960er Jahre 300 bis 500 sowjetische Militärberater tätig, die eine effektive Flugabwehr aufbauten. Ansonsten war den sowjetischen Versuchen, außerhalb Europas an Boden zu gewinnen, in der frühen Brežnevära wenig Glück beschieden. In Ghana und Indonesien waren die prosowjetischen Regime nicht von langer Dauer und auch im Nahen Osten, wo in der zweiten Hälfte der 1960er Jahre der Schwerpunkt des außereuropäischen sowjetischen Engagements lag, konnte die Sowjetunion nur wenig nachhaltigen Erfolg verbuchen. Die amerikanische Unterstützung Israels bot der Sowjetunion zwar die Gelegenheit, in den arabischen Ländern Partner zu finden. Interessant war hier besonders Ägypten, denn seine Häfen konnten der sowjetischen Flotte den nötigen Rückhalt für die Präsenz im Mittelmeer geben. Die sowjetischen Waffenlieferungen verhinderten allerdings nicht die Niederlage Ägyptens und Syriens im Sechstagekrieg 1967 gegen Israel. 1972 mussten die sowjetischen Militärberater Ägypten verlassen sowie die Luftwaffen- und Flottenstützpunkte in Ägypten aufgeben.[41]

13. Die Sowjetunion um 1966

Die Sowjetunion auf der Weltausstellung in Montreal 1967

Die Weltausstellung des Jahres 1967 beziehungsweise die «Expo 67», wie sie offiziell hieß, fiel mit dem 50-jährigen Jubiläum der Oktoberrevolution zusammen. Noch unter Chruščev hatte sich Moskau als Veranstaltungsort beworben und im Mai 1960 tatsächlich den Zuschlag erhalten. Unumstritten war die Entscheidung nicht. Erst im fünften Wahldurchgang entschied sich das *Bureau International des Expositions* für die Sowjetunion und gegen die Mitbewerber Österreich und Kanada. Zwei Jahre später zog die Sowjetunion jedoch überraschend ihre Kandidatur wieder zurück. Unter dem Eindruck der wirtschaftlichen und sozialen Krise von 1962 wollte man das Risiko der zusätzlichen finanziellen Belastung nicht eingehen. Hinzu kamen Bedenken, dass die sowjetische Bevölkerung über die zu erwartenden Millionen ausländischer Besucher und die Präsentationen der kapitalistischen Staaten in unkontrollierbarer Weise mit der kapitalistischen Welt in Berührung komme. Nach diesem unerwarteten Rückzieher gelang es dem Bürgermeister von Montreal, die Ausstellung nach Kanada zu holen, wo sie zur Hauptveranstaltung des *Canadian Centennial* wurde.[1]

Wie eine Reihe anderer europäische Länder nahm die Sowjetunion nicht an der New Yorker Weltausstellung von 1964/65 teil, setzte sich aber 1967, inzwischen innenpolitisch und ökonomisch wieder konsolidiert, in Montreal gehörig in Szene.[2] Der sowjetische Pavillon war mit 13 Millionen Besuchern der am meisten frequentierte der gesamten Ausstellung und beherbergte ein Kino mit 600 Sitzplätzen und das größte Restaurant der Weltausstellung für 1100 Gäste.[3] Der Pavillon der Sowjetunion in Montreal war eines der größten Gebäude der Ausstellung und architektonisch interessant gestaltet, mit einem auf zwei V-Stützen ruhenden, schwungvoll hochgezogenen, konvexen Dach, das an eine Schisprungschanze erinnerte, und einer Fassade aus Glas und Aluminium. Entworfen hatte ihn Michail Posochin, der Chefarchitekt Moskaus von 1961 bis 1980. Mit der Ausführung hatten die Sowjets eine italienische Baufirma beauftragt. Nach dem Ende der Ausstellung wurde der Pavillon nach Moskau transportiert.

Seit der Konfrontation des nationalsozialistischen Deutschland und der Sowjetunion auf der Pariser Weltausstellung 1937 stand die sowjetische Repräsentation auf diesen Ausstellungen im Zeichen der zur Schau gestellten Konkurrenz mit dem jeweiligen Hauptprotagonisten der Gegenseite – damals war es Hitler-Deutschland gewesen, nun waren es die Vereinigten Staaten von Amerika. Der sowjetische Pavillon in Montreal stand dem amerikanischen genau gegenüber, wie 1937 in Paris dem deutschen, und wie damals waren die beiden Pavillons aufeinander bezogen. Die Besucher, die, vom amerikanischen Pavillon her kommend, sich dem sowjetischen näherten, stießen als erstes auf ein großes Monument mit den Symbolen Hammer und Sichel, das in drei Sprachen verkündete: «Alles im Namen des Menschen, alles zum Wohle des Menschen». Auf der Rückseite war eingraviert: «Frieden, Freiheit, Gleichheit, Brüderlichkeit und Glück für alle Völker der Erde».[4] So wie 1937 die Skulpturengruppe «Arbeiter und Kolchosbäuerin» Hammer und Sichel emporgestreckt hatte, so bildete auch nun die kommunistische Symbolik Begrüßung und Rahmen der sowjetischen Präsentation zugleich.

Die Ausstellung im Inneren des Pavillons zeigte auf drei Etagen Errungenschaften der sowjetischen Wirtschaft und Technik, den inzwischen erreichten Lebensstandard der Bevölkerung sowie die landschaftliche und ethnisch-kulturelle Vielfalt des Landes. Filme über verschiedene Unionsrepubliken ergänzten die Exponate ebenso wie folkloristische Darbietungen und kulinarische Spezialitäten. Den Bezug zum 50-jährigen Jubiläum der Oktoberrevolution stellten ein Relief Lenins und eine Karte der Sowjetunion her, auf der die Elektrifizierung des Landes illustriert wurde. Den Gipfel der Verwirklichung von Lenins Elektrifizierungsplan verkörperte ein Modell des gigantischen Wasserkraftwerks von Krasnojarsk.[5] Weitere Schwerpunkte der Präsentation bildeten die Raumfahrt, die Luftfahrt und die friedliche Nutzung der Atomenergie. Nachbildungen des Raumschiffs «Vostok-1», mit dem Jurij Gagarin den ersten Flug in den Weltraum unternommen hatte, sowie von Satelliten wurden ebenso gezeigt wie Modelle der atomaren Meerwasserentsalzungsanlage auf der Halbinsel Mangyšlak und des ersten Überschall-Passagierflugzeugs der Welt, der «Tupolev 144».[6] In einem anderen Teil der Ausstellung konnten sich die Besucher über die Möglichkeiten der Versorgung einer stetig wachsenden Bevölkerung durch die Erschließung von Bodenschätzen und Nahrungsmitteln aus dem Meer informieren.[7]

Die Sowjetunion stellte in Anbetracht der Konkurrenz nicht mehr wie in den 1920er Jahren das revolutionäre Experiment in den Vordergrund, sondern die bereits erzielten Errungenschaften. Auf der Brüsseler Weltausstellung 1958, der ersten nach Stalins Tod, hatte sich die Sowjetunion mit einem riesigen quaderförmigen Pavillon aus Glas und Stahl präsentiert, den zwar einige Kritiker als Kühlschrank verspotteten, der aber nichtsdestoweniger von außen modern wirkte. Im Inneren des Brüsseler Pavillons hatte noch die stalinistische Ästhetik dominiert, mit monumentalen Figuren und Fresken, die in plakativer Überdeutlichkeit davon kündeten, dass die Sowjetunion ein Staat der Arbeiter und Bauern sei und seine fröhliche und dynamische Bevölkerung den Frieden wolle. Auch damals war die Raumfahrt schon mit Modellen des «Sputnik» und anderer sensationeller Technik präsent gewesen. Die Präsentation in Brüssel hatte sich als so großer Publikumserfolg erwiesen, dass die Amerikaner sich ernsthaft Sorgen machten, nicht nur in der Raumfahrt, sondern auch propagandistisch ins Hintertreffen zu geraten. Dabei standen die Sowjets 1958 und 1967 ihrerseits unter dem Druck, ihre technischen Errungenschaften vorteilhaft in Szene zu setzen, um nicht gegenüber den Amerikanern abzufallen. «Jeder weiß, was die Amerikaner können; wir müssen zeigen, was wir können», bemerkte ein sowjetischer Funktionär 1967. Und so zeigte die Sowjetunion, dass sie den USA ebenbürtig und in einigen Bereichen sogar überlegen war, dass es ihren Bürgern gut ging und dass sich die Atomenergie nicht nur für Vernichtungswaffen, sondern auch zum Wohle der Menschen nutzen ließ. Das «Zeigen, was wir können» beinhaltete auch ein Stück Utopie: Ähnlich wie man auf der Pariser Weltausstellung im Jahre 1900 eine virtuelle Fahrt mit der noch nicht fertiggestellten Transsibirischen Eisenbahn nach Peking unternehmen konnte, so schickte man die Besucher des sowjetischen Pavillons in Montreal 1967, in Lehnstühlen sitzend, auf einen simulierten Flug zum Mars. Wie damals wurde eine in die nahe Zukunft projizierte Vision antizipiert, um die bereits erzielten Erfolge noch weiter zu erhöhen.[8]

Die Modifikation der «sowjetischen Moderne»

Die Präsentation der Sowjetunion in Montreal stand völlig im Zeichen der Konkurrenz mit den USA. Die ökonomische und technische Leistungsfähigkeit der USA und die Lebensverhältnisse ihrer Einwohner bildeten den zentralen Referenzpunkt der sowjetischen Selbstwahrnehmung. Was die Sowjets in Montreal zeigten, diente nicht nur der propagandistischen Außendarstellung, sondern auch der Selbstvergewisserung. 50 Jahre nach der Oktoberrevolution konnte die Staats- und Parteiführung darauf verweisen, das Land näher an die Verhältnisse in den fortgeschrittenen Industrieländern herangebracht und den Lebensstandard der eigenen Bevölkerung gehoben zu haben. Verglichen damit, wie Chruščev 1959 mit der Systemkonkurrenz umgegangen war, agierte man nun aber vorsichtiger. Die Sowjetführer gingen – zumindest in dem, was sie sagten und schrieben – weiterhin von der prinzipiellen Überlegenheit des Sowjetsystems gegenüber dem Kapitalismus aus, aber Chruščevs Konkretisierung, in 20 Jahren die USA zu überholen und in das Stadium des entwickelten Kommunismus zu gelangen, hatten sie ad acta gelegt, in der realistischen Einsicht, dass die Wirtschaft der Sowjetunion diese Überanstrengung nicht verkraften würde.

Neben dem Verzicht auf riskante Versprechungen ist Mitte der 1960er Jahre auch eine inhaltliche Modifikation dessen zu beobachten, was die Führung als das zu erreichende Ziel beschrieb. Chruščevs Vision vom Leben im Kommunismus war noch stark von der Ideologie der Revolutionszeit geprägt gewesen. Die Verbesserung des Lebensstandards hatte für ihn ein wichtiges, aber nicht das einzige Element dargestellt. Der kommunistische Gegenentwurf zur westlich-kapitalistischen Moderne hatte für ihn auch die Veränderung der Lebensweise und die Überwindung der noch verbliebenen «bürgerlichen», individualistischen, religiösen und privatwirtschaftlichen Elemente in der Gesellschaft beinhaltet. Was Brežnev Mitte der 1960er Jahre in seinen Reden über die Gegenwart und Zukunft des Lebens in der Sowjetunion sagte, führte den Chruščevschen Ansatz der Erhöhung des Lebensstandards weiter, wirkte aber verglichen mit den kühnen Versprechungen Chruščevs bieder. Brežnev postulierte zwar ebenfalls die Überlegenheit des Sowjetsystems und den Niedergang des Kapitalismus, aber seine Zukunftsvorstellungen wirkten deutlich konventioneller. Was er beschrieb, hörte sich nicht mehr nach dem großen revolutionären Wurf an, sondern nach nüchterner Kalkulation. Hier sprach nicht mehr der idealistische Enthusiast, der in bolschewistischer Selbstüberschätzung alles für möglich hielt, sondern der Bürokrat.

In Brežnevs Reden erscheint die sowjetische Moderne Mitte der 1960er Jahre im Wesentlichen als Versprechen von Wohlstand und sozialer Sicherheit: «Alles im Namen des Menschen, alles zum Wohle der Menschen» – die Losung auf dem Eingangsmonument des sowjetischen Pavillons in Montreal – hatte Brežnev bereits im November 1964 in einer Ansprache zum 47. Jahrestag der Oktoberrevolution zum zentralen Gesetz des Handelns der Partei erhoben. Seine erläuternden Ausführungen, die als typisch für Brežnevs Reden gelten können, illustrieren die Konzentration auf das Wohlstandsniveau der Sowjetbürger und eine Engführung des kommunistischen Projekts, die mehr an einen Buchhalter als an einen Parteichef erinnert:

«Gestützt auf die Erfolge in der materiellen Produktion, treffen Partei und Regierung Maßnahmen zur Hebung des Wohlstands und der Kultur der Sowjetmenschen. [...] In diesem Jahr hat sich der Verbrauch der Bevölkerung erhöht. Die Bevölkerung konnte mehr solche notwendigen Dinge wie Kleidung, Schuhwerk, Trikotagen, Kühlschränke, Fernsehgeräte, Fahrräder, Uhren und andere Waren kaufen. Eine gute Sache war das in diesem Jahr verabschiedete Gesetz über die Erhöhung der Gehälter für die Mitarbeiter des Bildungs- und Gesundheitswesens, des Handels und anderer Bereiche. Auch die Frage der Rentenversorgung der Kolchosbauern ist gelöst. Ebenso wie in den vergangenen Jahren werden die Sowjetmenschen viele neue Wohnungen erhalten. Mit der Entwicklung des kommunistischen Aufbaus gewinnen die Fonds für gesellschaftliche Konsumtion im Leben unseres Volkes immer größere Bedeutung. Das heißt, daß immer mehr Mittel bei uns für unentgeltliche Ausbildung und das Gesundheitswesen, für Kinderkrippen und -gärten, für Renten und für die Erholung der Werktätigen verwendet werden. Es genügt zu sagen, daß die Fonds für gesellschaftliche Konsumtion heute über 36 Milliarden Rubel betragen.»[9] In ganz ähnlicher Weise hob 1967 der 71-jährige Anastas Mikojan in einem Interview mit dem Journalisten Harrison Salisbury diejenigen zwei Dinge hervor, auf die er besonders stolz war: seine Rolle bei der Entstalinisierung 1956 und bei der Versorgung der Sowjetbürger mit Kühlschränken. 2,8 Millionen Kühlschränke würden schon jetzt, 1967, in der Sowjetunion produziert, sagte er stolz, und bald würden es fünf Millionen sein.[10]

Breževs Aussagen zur Konkurrenz von Kommunismus und Kapitalismus wirkten stereotyp und erschöpften sich in wenigen, ständig wiederholten Phrasen, bei denen, zumindest was das Ökonomische betrifft, Zweifel angebracht sind, ob er selbst noch daran glaubte: Brežnev verwies in regelmäßigen Abständen auf die tiefe Krise des kapitalistischen Systems und den unaufhaltsamen Lauf der Geschichte, der die Überlegenheit des sozialistischen Systems erweisen werde.[11] Was den Kommunismus im eigenen Land betrifft, zählte er eindrucksvolle Produktionsziffern auf und untermauerte die Erfolgsbilanzen durch endlose Statistiken für alle Bereiche der Volkswirtschaft, begleitet von der Forderung nach mehr Mechanisierung und Automatisierung, um die Produktivität und die Qualität zu steigern. Der «wissenschaftlich-technische Fortschritt» wurde in diesem Kontext zum neuen Zauberwort.[12] Das spezifisch Kommunistische stand in Brežnevs Ausführungen nicht an erster Stelle, war stets mit dem Wohlstandsversprechen kombiniert und wurde aus der Zukunft in die Gegenwart geholt. In seiner Bilanz über 50 Jahre Sowjetmacht fasste Brežnev im November 1967 zusammen, was den Kern der Errungenschaften seit der Revolution ausmache und die Sowjetunion von den kapitalistischen Ländern unterscheide: In der «entwickelten sozialistischen Gesellschaft» herrsche das Prinzip «Jeder nach seinen Fähigkeiten, jeder nach seiner Leistung». Die sozialistischen Produktionsverhältnisse, mit dem kollektiven Eigentum an den Produktionsmitteln und der zentralen Planwirtschaft, sicherten «eine planmäßige und stabile Entwicklung der ganzen Volkswirtschaft auf modernem technischem Niveau». Die Frauen seien befreit und die Völker der Sowjetunion lebten wie eine Familie in Freundschaft und Brüderlichkeit zusammen. Der Sowjetstaat sei, «da die Ausbeuterklassen schon längst liquidiert sind», von einer Diktatur des Proletariats zu einem Staat des ganzen Volkes geworden, in dessen Mittelpunkt die Verbesserung der Lebensverhältnisse seiner Einwohner stehe. Er habe für steigende Einkommen und eine bessere Versorgung mit Konsumgütern gesorgt, er biete kostenlose Gesundheitsfürsorge, Kinderbetreuung und Bildung und habe es geschafft, die Lebenserwartung der Menschen auf ein Niveau zu heben, das im internationalen Vergleich zu den höchsten zähle. Vor allem aber biete die sowjetische Ordnung den Menschen soziale Sicherheit: «Der Sozialismus hat unserem Volk das gegeben, was den Werktätigen auch der reichsten kapitalistischen Länder fehlt: die Befreiung von der Unterdrückung durch die Kapitalisten, das Gefühl der Sicherheit für den morgigen Tag. Die Sowjetmenschen wissen nicht, was Ausbeutung, was Arbeitslosigkeit ist, und sie werden das auch niemals kennenlernen.»[13] «Nur im Sozialismus ist das gerechte Prinzip der Verteilung der materiellen Güter nach Quantität und Qualität der Arbeit möglich, weil hier das gesellschaftliche Eigentum herrscht, weil es hier keine Ausbeutung des Menschen durch den Menschen gibt und die Gleichheit aller Mitglieder der Gesellschaft in ihrer Stellung zu den Produktionsmitteln verwirklicht wurde.»[14]

Indem Brežnev die Vorzüge des «entwickelten Sozialismus» bereits unter den Aktiva verbuchte, beschränkte sich seine Zukunftsvision vom Kommunismus im Wesentlichen auf die Perpetuierung von vagen Ankündigungen, die schon seit den 1920er Jahren im Raum standen. Als das wichtigste Ziel benannte er die Schaffung der materiell-technischen Basis für den Kommunismus durch Steigerung der Effektivität der Wirtschaft und der Arbeitsproduktivität. Darauf aufbauend müsse der Volkswohlstand weiter verbessert werden durch höhere Löhne, mehr Konsumgüter, mehr Wohnungen und mehr soziale Einrichtungen. Eher am Rande fügte er noch hinzu, dass sich die Annäherung von Stadt und Land und von geistiger und körperlicher Arbeit bereits vollziehe und noch weiter gefördert werden müsse und dass es wichtig sei, die Menschen für die Sache des Kollektivs zu erziehen.[15] Bei anderer Gelegenheit benannte er 1966 als das Hauptziel der ideologischen Arbeit der Partei die «Erziehung einer allseitig entwickelten Persönlichkeit», die über hohe moralische und sittliche Eigenschaften verfüge und mit Kollektivgeist und Hingabe ihre Pflichten gegenüber dem Volk erfülle.[16]

Die Art und Weise, wie Brežnev über die Ziele kommunistischer Politik sprach, zeigt, dass sich das Verhältnis zwischen Parteiführung und Volk verändert hatte. Das Volk war nun nicht mehr wie unter Stalin die rückständige Masse, die erzogen werden musste, der man Arbeitsleistungen und Tribute abpresste, der man Entbehrungen auferlegte und die man mit Drohungen und Repressionen einschüchterte, sondern es bestand aus Sowjetmenschen mit legitimen Ansprüchen auf ein sozial abgesichertes und gutes Leben. Der paternalistische Anspruch, der an sich immer schon zum Selbstverständnis der sowjetischen Machthaber gehört hatte, aber bis in die 1950er Jahre gegenüber der Bevölkerung mehr mit Forderungen und Ansprüchen denn mit Angeboten aufgetreten war, hatte sich seit Chruščev in Richtung auf eine Fürsorgepflicht des Staates gewandelt, der sich nun als «Staat des ganzen Volkes» verstand. Die Partei- und Staatsführung sah sich in der Rolle des Garanten für soziale Sicherheit und einen gewissen Wohlstand ihrer Bürger. Im Gegenzug für diese Garantien erwartete der Staat von den Bürgern, dass sie ihm Loyalität entgegenbrachten und sein in der kommunistischen Ideologie verankertes Deutungsmonopol nicht in Frage stellten. Das Regime blieb weiterhin autoritär und prinzipiell gegenüber jedem Pluralismus intolerant, es duldete keine abweichenden politischen Meinungen, unterdrückte sie aber nicht mehr wie unter Stalin mit tödlicher Gewalt, sondern mit subtileren Mitteln.[17]

Mit dem veränderten Selbstverständnis von Partei und Staat wandelte sich auch die sowjetische Moderne, indem sie Elemente der westlichen Konsumgesellschaft und des Wohlfahrtsstaates integrierte. Es griffe allerdings zu kurz, diese Modifikation lediglich unter dem Gesichtspunkt abhandengekommener revolutionärer Gestaltungsvisionen zu betrachten. Sie stellte gewissermaßen eine Zähmung und Vermenschlichung der Revolution dar und bildete den Kern dessen, was die Sowjetbürger als «goldene Jahre» empfanden. Den sich vom Heilsversprechen für die Zukunft abwendenden Ansatz Chruščevs weiterführend, verlegte Brežnev den Sozialismus gänzlich in die Gegenwart, stellte die Bedürfnisse der Bevölkerung in den Vordergrund und baute die staatlichen Sozialleistungen weiter aus. Der Begriff «Sozialpolitik» hielt damit in den 1960er Jahren Einzug in den sowjetischen politischen Diskurs. Erstmals wurde über «soziale Gerechtigkeit» und «soziale Garantien» diskutiert – Themen, die bis dahin verpönt gewesen waren, weil man sie als sozialdemokratische Reparaturarbeiten am kapitalistischen System abqualifiziert hatte und davon ausgegangen war, dass so etwas in der Sowjetunion nicht nötig sei.[18]

Der Versuch, den Konsum- und Wohlfahrtsstaat in das sozialistische Projekt zu integrieren, war mit dem Anspruch verbunden, der eigenen Bevölkerung eine soziale Sicherheit zu bieten, die über das Niveau der kapitalistischen Länder hinausging. Das Kernstück dieses Systems bildete zweifellos die Garantie des Arbeitsplatzes und das ursächlich damit zusammenhängende Fehlen von Leistungsdruck und Existenzängsten. Der Staat garantierte und subventionierte Vollbeschäftigung, unabhängig davon, wie produktiv die bezahlte Arbeit war, und er gewährleistete ein Grundniveau der Versorgung zu staatlich festgesetzten Preisen. Diese beiden zentralen Versprechen, in Kombination mit kostenloser Bildung und Krankenversorgung, bedeuteten den Menschen in der Sowjetunion viel. Als Mitte der 1960er Jahre über die Wirtschaftsreformen diskutiert wurde, erhielten die Zeitungen zahlreiche Briefe besorgter Arbeiter, die fragten, ob sie denn nun entlassen werden könnten.[19]

Alle anderen Ankündigungen, die einen Konsum- und Wohlfahrtsstaat suggerierten, relativieren sich bei näherem Hinsehen stark: Die Altersversorgung bewegte sich auf einem äußerst niedrigen Niveau, der Dienstleistungssektor war stark unterentwickelt, die Gesundheitsfürsorge war insbesondere jenseits der Hauptstadt qualitativ ebenso schlecht wie die Versorgung mit Medikamenten und zu einem von Frauen dominierten Niedriglohnbereich geworden. Wohnungen und Konsumgüter waren zwar billig, aber knapp. Die erstrebenswertesten Güter und Dienstleistungen waren nur über Warteschlangen, Wartelisten und «Beziehungen» zu ergattern. Integraler Bestandteil der Breževschen Politik war notgedrungen die stillschweigende Duldung schattenwirtschaftlicher Aktivitäten, denn nur sie konnten die Defizite der offiziellen Wirtschaft abmildern.[20]

Revolutionäre Dynamik wohnte diesem System nicht mehr inne, aber gerade weil die Utopie in die Gegenwart geholt und erfahrbar gemacht worden war, stellte die modifizierte sowjetische Moderne für die Menschen in der Sowjetunion durchaus ein Alternativmodell zum Kapitalismus dar. Lange genug waren sie «mobilisiert» und auf die leuchtende Zukunft vertröstet worden. Nun waren sie endlich in der Gegenwart angekommen und auch wenn diese nur einen Abglanz der ursprünglichen Verheißungen darstellte, so konnte man immerhin besser leben als jemals zuvor. Für das Regime war dieser Weg insofern riskant, als es sich nun über die Garantie von sozialer Sicherheit und Wohlstand legitimierte und sich damit in hohem Maße vom ökonomischen Erfolg und der Zufriedenheit der Menschen abhängig machte. Diese empfanden die Sozialleistungen bald als selbstverständlich und waren sich ihrer immensen Kosten gar nicht bewusst. Zwischen 1950 und 1980 verfünffachten sich die Sozialausgaben pro Kopf.[21] Brežnevs 1969 vor dem Zentralkomitee nicht öffentlich geäußerte Befürchtung, dass die hohen Kosten dieser Politik auf Dauer nicht zu verkraften seien, wenn es nicht gelinge, die Produktivität der Volkswirtschaft dramatisch zu steigern, brachte das Kernproblem auf den Punkt.

Der Rückgriff auf die Vergangenheit

Zum zweiten Legitimationspfeiler des Sowjetregimes baute Brežnev dessen zurückliegende Leistungen auf. Im Gegensatz zu seinen Vorgängern sprach er weniger über die Zukunft als über die Vergangenheit: über die Errungenschaften der Revolution, die erfolgreiche Kollektivierung und Industrialisierung, die bereits erzielten Erfolge in Raumfahrt, Wissenschaft und Technik – und über den Zweiten Weltkrieg. Letzterer erfuhr unter Brežnev eine starke Aufwertung. Bis dahin war der Zweite Weltkrieg im offiziellen Gedenken vernachlässigt worden. Der Tag des Sieges war nur von 1945 bis

1948 ein arbeitsfreier Feiertag gewesen. Seine Geringschätzung zeigt sich etwa daran, dass Chruščev den 9. Mai 1964 nicht einmal im eigenen Land verbrachte, sondern in Ägypten unterwegs war.[22] Für die Familien, die praktisch alle vom Krieg betroffen waren und Opfer zu beklagen hatten, war der Zweite Weltkrieg hingegen ein zentraler Bezugspunkt der Erinnerung. Insofern befriedigte Brežnev auch hier ein Bedürfnis der Menschen, wenn er den «Großen Vaterländischen Krieg» in neuer Weise würdigte und in den Mittelpunkt der staatlichen Erinnerungskultur stellte.

Den Auftakt für einen neuen Umgang mit dem Krieg bildeten die Feierlichkeiten anlässlich des 20. Jahrestags des Sieges über Hitler-Deutschland am 8. und 9. Mai 1965. Es war das erste Mal, dass die Sowjetunion den Tag des Sieges, der nun auch wieder zum arbeitsfreien Feiertag erklärt wurde, in der Form öffentlich zelebrierte, wie er seither bis heute begangen wird: mit Massenveranstaltungen, Militärparaden, Kundgebungen und öffentlichen Ordensverleihungen an Veteranen. Beginnend mit den Siegesfeiern von 1965 entstand eine Erinnerungskultur, die sich auf alle Bereiche der Gesellschaft erstreckte: Literatur, Kunst, Film, Fernsehen, populärwissenschaftliche Bücher, Kinder- und Jugendbücher, Memoiren von Generälen, Gedenkstätten, Ewige Flammen an neu errichteten Grabmälern des Unbekannten Soldaten, die Ernennung von mehreren Städten zu sogenannten «Heldenstädten». Der Großteil dessen, was seither in Russland zur kollektiven Erinnerung an den Zweiten Weltkrieg gehört, wurde zwischen 1965 und 1970 ins Leben gerufen.[23] 1965 wurde ein neues Museum der Streitkräfte eröffnet, 1967 das Grab des Unbekannten Soldaten in der Nähe der Kremlmauer errichtet und auf dem Mamaev-Hügel vor den Toren Volgograds, wie Stalingrad seit 1961 hieß, eine monumentale Gedenkstätte eröffnet, die mit einer 52 Meter hohen, ihr Schwert in den Himmel reckenden und mit der ausgestreckten linken Hand nach Westen weisenden «Mutter Heimat» das einprägsamste Motiv der Kriegspropaganda aufgriff.[24]

In seiner Rede auf der zentralen Festveranstaltung zum «großen Sieg des sowjetischen Volkes» am 8. Mai 1965 umriss Brežnev die Eckpunkte dessen, was nun die Bedeutung des Krieges für die Sowjetunion ausmachte: «Die entscheidende Rolle bei der Niederwerfung dieses schlimmsten Feindes der Menschheit spielten das Sowjetvolk und seine ruhmreiche, heldenhafte Armee, die von der Leninschen Partei der Kommunisten geführt wurden.»[25] Ausgiebig würdigte er die Heldentaten aller Gruppen der Bevölkerung, penibel darauf achtend, neben den Rotarmisten auch die Partisanen, die Werktätigen in Industrie und Landwirtschaft, die Künstler und Intellektuellen, die Frauen und die nichtrussischen Nationalitäten aufzuzählen und ein

Bild des einmütigen und heroischen Kampfes des gesamten Sowjetvolkes zu zeichnen.[26] Kollaboration, Überläufer, Strafbataillone, sinnlos verheizte Soldaten, deportierte Nationalitäten, die Niederlagen der ersten Kriegsmonate – all das kam in dieser Darstellung nicht vor.[27] Dafür erwähnte er Stalin, und zwar nicht wie Chruščev unter Hinweis auf die Fehler der ersten Kriegswochen, sondern im positiven Kontext des Staatlichen Verteidigungskomitees, «das alle Aktionen zur Organisierung der Abwehr des Feindes leitete».[28]

Diese subtile Aufwertung Stalins signalisierte das Ende der kritischen Auseinandersetzung mit dessen Verbrechen, stand aber nicht im Vordergrund. Wichtiger war die Klammer, die Brežnev zwischen dem «historischen Sieg des Sowjetvolkes», der sozialistischen Ordnung und der Kommunistischen Partei herstellte: «Das Gesellschaftssystem des Sozialismus, seine ökonomischen und organisatorischen Möglichkeiten, die geistige und politische Einheit der Sowjetgesellschaft, der Sowjetpatriotismus und der proletarische Internationalismus, die Freundschaft der Völker der UdSSR, ihre Geschlossenheit um die Kommunistische Partei, der beispiellose Heldenmut und die Tapferkeit der Sowjetarmee – sie sind die Hauptfaktoren, die den Sieg des Sowjetvolkes im Großen Vaterländischen Krieg bestimmten. Der große Führer, Organisator und Heerführer des Sowjetvolkes in diesem Kriege war unsere ruhmreiche Kommunistische Partei. [...] Die besten Kräfte der Partei wurden an die gefährlichsten und verantwortungsvollsten Abschnitte des Kampfes geworfen. Etwa ein Drittel der Mitglieder des Zentralkomitees der Partei stand an den Fronten des Großen Vaterländischen Krieges. Sekretäre der Rayonskomitees, der Stadtkomitees, der Gebiets- und Regionskomitees und der Zentralkomitees der Partei in den Unionsrepubliken wurden in die Fronttruppe oder in das Hinterland des Feindes entsandt. Ende 1941 waren 1 300 000 Parteimitglieder in der Roten Armee. Zum höchsten Grundsatz, zum Gesetz des Lebens und Handelns eines jeden Parteimitglieds wurde die Losung: ‹Kommunisten voran!› Drei Millionen ihrer Söhne hat die Partei an den Fronten verloren.»[29] Mit dem eindringlichen Hinweis auf die Opfer, die die Partei an vorderster Front gebracht hatte, und der Suggestion, dass der Krieg nur gewonnen werden konnte, weil der sozialistische Aufbau die Sowjetunion stark gemacht, die Partei das Volk geschlossen zum Sieg geführt und die sozialistische Ordnung ihre Überlegenheit gezeigt hatte, erhielten die Partei und das Sowjetsystem eine starke Legitimation aus der Vergangenheit, die vieles Negative überstrahlte.

Das geschönt-selektive öffentliche Erinnern mit der Fiktion vom einmütigen Kampf aller Sowjetbürger unter der Führung der Partei musste eigentlich im Widerspruch zum subjektiven Erleben vieler Menschen stehen. Trotzdem erwies sich die Strategie als erfolgreich. Die harmonisierende Form der kollektiven Erinnerung, die alle Sowjetbürger pauschal in den Pantheon der Helden aufnahm und die nicht ins Bild passenden Komplikationen ausblendete, kam in der Bevölkerung gut an. In der Gemeinschaft derer zu sein, die den Krieg gewonnen hatten, machte das Erlittene erträglicher, verlieh den Opfern der Vorkriegs- und Kriegszeit im Nachhinein einen Sinn und integrierte unausgesprochen auch diejenigen, die sich auf der anderen Seite befunden hatten. Das staatlich geförderte Erinnern an den Krieg wirkte nicht nur auf die Erlebnisgeneration, sondern auch auf die in der Breževzeit Aufwachsenden, die in der Schule intensiv damit in Berührung kamen. Wie sehr auch sie dafür empfänglich waren, illustriert der 1971 in Moldawien geborene Schriftsteller Vasilij Ernu: «Die Erinnerung an den Krieg war in unserem Bewusstsein immer sehr lebendig. [...] Der Kult des Krieges, der Veteranen und Militärfeiertage wurde geradezu heilig unterstützt. Diejenigen, die im Krieg gekämpft hatten, wurden mit riesiger Wertschätzung umgeben. Seit der Kindheit haben wir Filme über den Krieg, Partisanen und Helden gesehen, die im Namen der Heimat gestorben waren. Seit der Kindheit haben wir Bücher gelesen und haben an Exkursionen in die Heldenstädte teilgenommen. Wir haben echte Pilgerfahrten gemacht, Museen besucht und uns mit Veteranen getroffen, die von den Schrecken des Krieges berichteten. Für den Sowjetbürger waren die ersten deutschen Worte immer: ‹Hände hoch, schnell, Hitler kaputt.› [...] Wir haben Lieder gesungen und Gedichte vorgetragen, die dem Krieg gewidmet waren. Manchmal schien es so, dass der Krieg in unseren Seelen noch nicht beendet war, er dauerte an.»[30]

Raum und Bevölkerung

Der Ausgang des Krieges hatte die Annexionen von 1939/40 bestätigt und weitere kleine Gebietsgewinne gebracht: Im Westen hatte sich die Sowjetunion den nördlichen Teil Ostpreußens sowie die Karpatoukraine einverleibt und Grenzkorrekturen gegenüber Finnland und Polen vorgenommen. Im Osten hatte sie Japan Südsachalin und die Kurilen abgenommen. Der Gesamtstaat war Mitte der 1960er Jahre in 15 Unionsrepubliken organisiert, wobei die Russländische Föderative Sowjetrepublik (RSFSR) und einige andere Unionsrepubliken weiterhin sogenannte «Autonome Republiken» umfassten.

Die verkehrstechnische Erschließung des Landes war weiterhin unbefriedigend, vor allem im Hinblick auf das Straßennetz. Die großen Entfernungen konnten mit der Eisenbahn und zunehmend auch mit dem Flugzeug gut überbrückt werden, aber der ländliche Raum war abseits der Eisenbahnlinien immer noch schlecht versorgt. Das Straßennetz der Sowjetunion war seit dem Krieg nicht gewachsen. Gewisse Fortschritte hatte die Ausstattung der Fernstraßen mit einem festen Belag gemacht, aber in vielen Regionen versanken die Fahrzeuge im Frühjahr und Herbst wie früher im Schlamm. Nach einer sowjetischen Statistik aus dem Jahre 1967 waren 1965 immer noch etwa 72 Prozent aller Straßen als «Erdstraßen» klassifiziert. 18 Prozent der Straßen waren geschottert und nur knappe zehn Prozent hatten eine feste Decke. Immerhin besserten sich die Verhältnisse: 1928 hatte es gar keine Überlandstraßen mit festem Belag gegeben, 1950 hatten sie nur wenig mehr als ein Prozent ausgemacht, 1960 fünf bis sechs Prozent.[31] Trotz der infrastrukturellen Mängel hatte der Güter- und Personentransport seit den 1930er Jahren stetig zugenommen. Der Gütertransport hatte sich 1966 gegenüber 1953 etwa verdreifacht, gegenüber 1940 versechsfacht, der Personenverkehr gegenüber 1953 ebenfalls verdreifacht, gegenüber 1940 vervierfacht. Zwei Drittel des Güterverkehrs entfielen auf die Eisenbahn, 20 Prozent auf den Schiffstransport, nur fünf Prozent auf die Straße, 0,05 Prozent auf Flugzeuge. Der Personenverkehr erfolgte zu 54 Prozent mit der Eisenbahn, aber bereits zu einem Drittel mit Autobussen und zu 11 Prozent mit dem Flugzeug.[32] Der insgesamt schlechte Zustand des Transportwesens bescherte der Wirtschaft hohe Verluste, weil vor allem landwirtschaftliche Produkte die Empfänger nicht schnell genug erreichten. Ein beträchtlicher Teil der Ernte verdarb auf dem Weg zwischen Erzeuger und Verbraucher.[33] Große Fortschritte hatte die Sowjetunion unter Chruščev und Brežnev hingegen beim Bau von Erdöl- und Erdgaspipelines gemacht. Seit 1950 war ein Erdgasversorgungsnetz mit einer Gesamtlänge von 47 000 Kilometern gebaut worden.[34]

Von allen anderen Industrieländern unterschied sich die Sowjetunion darin, dass der Kraftfahrzeugverkehr immer noch von Lastkraftwagen dominiert war.[35] Das lag in erster Linie an den Prioritäten der Ressourcenverteilung für die Volkswirtschaft und weniger an ideologischen Vorbehalten gegenüber dem privaten Auto als Symbol der Individualisierung und der sozialen Distinktion. Dieses Argument war in den Diskussionen der 1920er und 1930er Jahre, als die Weichen zugunsten der Lastwagenproduktion gestellt wurden, nicht aufgetaucht. Seit Mitte der 1920er Jahre hatte es sogar mehrere Anstöße zur Herstellung eines für breitere Käuferschichten erschwinglichen Kleinwagens gegeben,[36] und zu dem seit Mitte der 1930er Jahre vom stalinistischen Regime propagierten kultivierten Leben und materiellen Wohlstand gehörte durchaus auch das eigene Automobil. Exemplarisch wurde das an privilegierten Funktionären und prämierten «Stoßarbeitern» demonstriert. Da der Besitz eines PKW für die allermeisten Sowjetbürger außerhalb des Möglichen lag, fungierte er als soziales Distinktionsmittel für Privilegierte. Ein eigenes Auto stellte das ultimative Statussymbol dar und erzeugte bis in die 1960er Jahre bei vielen gewöhnlichen Sowjetbürgern Neid und Aversionen gegenüber seinem Besitzer.[37]

Die Kleinwagenproduktion für den Individualverkehr blieb bis Ende der 1960er Jahre äußerst bescheiden. Sie begann 1948 mit dem «Moskvič-400» («Moskauer»), einer Kopie des Opel Kadett von 1938, der in Moskau mit den Produktionsanlagen gebaut wurde, die nach dem Krieg in Rüsselsheim demontiert worden waren. 1960 folgte der «Zaporožec», der im Mähdrescherwerk von Zaporož'e bei Dnepropetrovsk nach dem Vorbild des FIAT-600 produziert wurde. Der Ausstoß an Personenkraftwagen blieb aber, verglichen mit anderen Industrieländern, sehr gering: 1960 wurden in der Sowjetunion 138 800 Personenkraftwagen produziert, 1968 280 300. In den USA waren es (nach sowjetischen Angaben) 1967 7,4 Millionen, in der Bundesrepublik Deutschland 2,3 Millionen, in Frankreich 1,8 Millionen, in England 1,6 Millionen. Dafür lag der Ausstoß von Lastkraftwagen in der Sowjetunion 1968 bei 478 100 (USA 1,6 Millionen, Bundesrepublik Deutschland 185 200, Frankreich 257 900, England 395 300).[38]

Chruščev hatte nach der Rückkehr von seiner Amerikareise 1959 eine «sozialistische Automobilisierung» in Form von Taxis und staatlichen Pools von Personenkraftwagen propagiert, die der privaten Nutzung offenstehen sollten. Das korrespondierte mit seinem Bemühen, den Individualismus zu überwinden und einen neuen Anlauf zur Verwirklichung der sozialistischen Gesellschaft zu unternehmen. Er erklärte ausdrücklich, dass es nicht Ziel der Sowjetunion sei, die USA in der Produktion von Privatautos einzuholen, denn im Sozialismus werde die Mobilität anders gewährleistet.[39] Das sozialistische Car-Sharing traf aber wegen seiner umständlichen Handhabung auf nur wenig Resonanz. Brežnev – selbst ein begeisterter Autofahrer – verfolgte diesen Ansatz nicht weiter. Er stellte vielmehr in Fortführung der auf die Befriedigung der Konsumansprüche der Bevölkerung zielenden Maßnahmen die Weichen auf eine Massenproduktion von Personenkraftwagen zur Versorgung der Bevölkerung. Kosygin kritisierte 1965, dass die sowjetische Industrie Autos herstelle, die im Westen niemand kaufen würde. Die Fachleute waren sich einig, dass die einheimische Automobilproduktion ihre Rückständigkeit gegenüber den internationalen Standards nicht mit eigener Kraft überwinden könne und eine Kooperation mit westlichen Partnern erforderlich sei.[40] Im August 1966 wurde ein Vertrag mit dem italienischen Automobilhersteller FIAT über die Errichtung einer Autofabrik in der Sowjetunion unterzeichnet, die jährlich 660 000 Einheiten liefern sollte. Im Ergebnis entstand bei Samara an der Wolga eine nach dem italienischen Kommunistenführer Togliatti benannte Autostadt, in der ab 1970 ein modifiziertes Modell des FIAT-124, der «Žiguli», gebaut wurde, das sich später unter dem Markennamen «Lada» sogar in westlichen Ländern verkaufen ließ. Eine Diskussion in der *Literaturnaja gazeta* zeigte 1970/71, dass der Privatbesitz an Autos inzwischen auch gesellschaftlich weithin akzeptiert war.[41] Das Charakteristische am damit beginnenden (langsamen) Eintritt der sowjetischen Gesellschaft in das Zeitalter der Massenmotorisierung war seine Inkonsequenz und Widersprüchlichkeit: Der Staat produzierte zwar nun Autos für den privaten Bedarf, aber er überließ die zum Betrieb dieser Autos erforderliche Infrastruktur in Gestalt etwa von Tankstellen, Ersatzteilgeschäften und Reparaturbetrieben der Schattenwirtschaft beziehungsweise der Praxis des illegalen «Abzweigens».[42]

Brežnevs Aussage, dass die Sowjetunion den Zustand eines rückständigen Agrarlandes überwunden und zu den fortgeschrittenen Industrienationen aufgeschlossen habe, findet in den demographischen Daten eine Bestätigung. 1962 überstieg – auf die Sowjetunion als Ganzes bezogen – erstmals der Anteil der Stadtbevölkerung den der Landbevölkerung. In der RSFSR war dieser Punkt schon 1958 erreicht worden. Dabei ist eine auffallende Konzentration der Bevölkerung in den Großstädten zu beobachten. Die Zahl der Städte mit mehr als 100 000 Einwohnern erhöhte sich stark, während die Bevölkerungsdichte des Landes insgesamt gering blieb. Sie hatte sich nach den Angaben der Volkszählung von 1959 für die Sowjetunion gegenüber 1926 von 6,9 Einwohnern pro Quadratkilometer nur auf etwa zehn Einwohner erhöht, in der RSFSR (einschließlich Sibirien) von 5,1 auf 6,9 Einwohner. Sehr viel dichter waren einige südliche Unionsrepubliken besiedelt: Moldawien verzeichnete rund 86 Einwohner je Quadratkilometer, die Ukraine 70, Armenien 59 und Georgien 58. Der Großteil der Bevölkerung der Sowjetunion konzentrierte sich weiterhin auf das fruchtbare Dreieck zwischen Riga, Čeljabinsk und Odessa. In diesem Dreieck befanden sich auch die meisten Großstädte.[43]

Das Wachstum der Großstädte beruhte vor allem auf einer starken und sich nur langsam abschwächenden Zuwanderung vom flachen Land. Das Jahrfünft 1966–1970 verzeichnete den Höhepunkt der Wanderungsaktivität.[44] Für die Großstädte war die anhaltende Zuwanderung mit schweren Belastungen verbunden, denn der Wohnungsbau und die Bereitstellung der erforderlichen Infrastrukturen hielten mit dem Bevölkerungszuwachs nicht Schritt. Schon im Oktober 1953 hatte die Regierung daher das von

Stalin 1932 eingeführte Regulativ des Inlandspasses wirksamer gemacht, indem die mit dem Eintrag eines Meldestempels (*propiska*) in den Pass gekoppelte Aufenthaltserlaubnis an den Nachweis einer Mindestgröße von Wohnraum gebunden wurde. Diese nachzuweisende «sanitäre Norm» betrug für Wohnhäuser neun, für Studentenwohnheime sechs und für Arbeiterwohnheime 4,5 Quadratmeter pro Person. Auf diese Weise entstanden «geschlossene Städte» – zusätzlich zu denjenigen, die schon unmittelbar nach dem Krieg wegen militärischer Geheimhaltung gegen Zuzug abgeschottet worden waren. Chruščev sprach 1956 auf dem 20. Parteitag von der Notwendigkeit, den Zustrom von Menschen in die Städte einzudämmen, um die miserablen Wohnverhältnisse in den Städten verbessern zu können.[45] Die Verschärfung der Migrationsgesetzgebung entfaltete allerdings nur eine geringe Wirksamkeit. Der Nettomigrationsgewinn der Städte belief sich in den 1950er Jahren auf 3,4 Millionen, in den 1960er Jahren auf 3,2 Millionen Zuwanderer jährlich.[46]

Unmittelbar nach dem Krieg war die Bevölkerung stark gewachsen, allerdings nicht mehr mit so hohen Geburtenraten wie vor dem Krieg. Danach schwächte sich das Wachstum ab. Die Bevölkerungszahl belief sich Mitte der 1960er Jahre auf einen Wert zwischen 208,8 Millionen (Volkszählung von 1959) und 241,7 Millionen (Volkszählung von 1970).[47] Durch große Unterschiede im natürlichen Bevölkerungswachstum verschoben sich langsam, aber stetig die Gewichte zwischen den Nationalitäten. Der Anteil der Slawen und der Nationalitäten des Westens verringerte sich, während der Anteil der zentralasiatischen Muslime stieg: Hatten die Russen 1959 noch 54,6 Prozent der Gesamtbevölkerung der Sowjetunion ausgemacht, so sank ihr Anteil bis 1970 auf 53,4 Prozent. Die Usbeken überholten im selben Zeitraum die Weißrussen und rückten auf den dritten Platz vor. Die Entwicklung verlief allerdings weniger dramatisch, als manche Darstellungen suggerieren. Die Russen bildeten bis zum Ende der Sowjetunion die absolute Mehrheit der Bevölkerung, der Anteil der Zentralasiaten stieg zwischen 1959 und 1989 von 6,3 auf 12 Prozent. Politisch ebenso bedeutsam war der prozentuale Anstieg des russischen Bevölkerungsanteils in einigen nichtrussischen Republiken. Das betraf vor allem die Ukraine, Weißrussland, Moldawien, Litauen, Lettland und Estland, also die westlichen Republiken, in denen der Lebensstandard höher und die klimatischen Bedingungen günstiger waren, sowie Kasachstan, wohin im Zuge der Neulandkampagne viele Siedler aus dem Westen gelangt waren. Die Zahl der Kasachen lag in der Kasachischen Sowjetrepublik unter derjenigen der Russen.[48]

Die Daten zur Reproduktion verweisen auf den vollzogenen demographischen Wandel zur Industriegesellschaft. Hatte die Geburtenrate 1940 noch 33 Promille betragen, so war sie 1965 auf 18,4 Promille gesunken. Dieser Wert lag nur mehr wenig über dem Niveau westlicher Industrieländer. Die Säuglingssterblichkeit, die vor dem Krieg und besonders während des Krieges extrem hoch gewesen war (1940: 214 Promille), konnte durch bessere Ernährung und medizinische Versorgung auf 30 Promille (RSFSR: 25–26) gesenkt werden. Zum Vergleich: In der Bundesrepublik Deutschland lag sie 1970 bei 23 Promille. Die mittlere Lebenserwartung war zwischen 1940 und 1965 ebenfalls dramatisch gestiegen: bei Männern von 35,7 auf 66,1 Jahre, bei Frauen von 41,9 auf 73,8 Jahre. Damit hatte die Sowjetunion in etwa das Niveau der westlichen Industrieländer erreicht: In Deutschland betrug die durchschnittliche Lebenserwartung bei Männern 67,5 und bei Frauen 73,5 Jahre.

Allerdings war damit in der Sowjetunion der Höhepunkt überschritten. Während in allen anderen Industrieländern die Lebenserwartung weiter stieg, begann sie in der Sowjetunion ab 1966 wieder zu sinken. Das betraf vor allem die Männer und ist in erster Linie auf übermäßigen Konsum von Alkohol und Tabak zurückzuführen. In den 1970er Jahren sank die Lebenserwartung sowjetischer Männer wieder auf knapp 63 Jahre. Insbesondere die männlichen Landbewohner flüchteten aus der Tristesse und Perspektivlosigkeit der Kolchosen in den Alkoholrausch und tranken sich häufig schon in vergleichsweise jungen Jahren zu Tode beziehungsweise kamen bei Unfällen und Gewalttaten, die sich im alkoholisierten Zustand ereigneten, ums Leben. Weitere Faktoren, die zur Verringerung der Lebenserwartung beitrugen, aber das signifikante Gefälle zwischen Frauen und Männern sowie zwischen Stadt und Land nicht erklären können, waren die einseitige und minderwertige Ernährung, die Luftverschmutzung, die schlechtere medizinische Versorgung und wahrscheinlich auch gesundheitliche Langzeitschäden durch die in den 1930er und 1940er Jahren infolge von Hunger und Krieg durchgemachten Belastungen. Das Ansteigen der Säuglingssterblichkeit ab 1970 ist hingegen wenigstens partiell ein statistisches Phänomen, denn Todesfälle von Kleinkindern wurden nun sorgfältiger dokumentiert als früher. Zusätzlich verzerrt wurde die Statistik durch die hohen Geburtenraten und die höhere Sterblichkeit in den zentralasiatischen Republiken, wo die hygienischen und medizinischen Bedingungen schlechter waren als im europäischen Teil der Sowjetunion. Daneben kamen aber für die gesamte Sowjetunion auch andere Ursachen zum Tragen: die gesundheitliche Belastung der Frauen durch schwere körperliche Arbeit und durch viele Schwangerschaftsabbrüche, die schlechten Wohnbedingungen und auch hier der extreme Alkoholkonsum der Männer.[49]

In Bezug auf den Bildungsstand hatte die Sowjetunion seit dem Krieg große Fortschritte erzielt. Es ging nun nicht mehr wie in der Zwischenkriegszeit um Alphabetisierung, sondern um mittlere Schulbildung und Hochschulbildung. 1939 verfügten in der RSFSR nur 11 Prozent der Bevölkerung über eine mittlere oder höhere Bildung. 1959 waren es schon 36 Prozent, 1970 48 Prozent.[50] Mehr als die Hälfte der Hochschulabsolventen und fast zwei Drittel der Fachschulabsolventen waren Frauen.[51] Der Anteil der Analphabeten war auf 0,2 Prozent gesunken.[52]

Der demographische Wandel war mit einer Veränderung der Lebensumstände verbunden. Zwar blieb in der Sowjetunion das Heiratsalter weiterhin niedrig (Frauen heirateten mit durchschnittlich 21 Jahren, Männer mit 24), doch wurden die Familien kleiner, weil sie im Schnitt nur noch ein bis zwei Kinder hatten. Hinter dem statistischen Durchschnittswert verbergen sich allerdings große regionale Unterschiede, die durch ein Ost-West-Gefälle gekennzeichnet sind: In Zentralasien waren die Familien durch die hohe Kinderzahl – bei immer noch steigender Tendenz – am größten, im Baltikum am kleinsten. Die Verkleinerung der Familien außerhalb des zentralasiatisch-muslimischen Bereichs war neben der sinkenden Geburtenrate durch den Trend zur Auflösung der Mehr-Generationen-Familie bedingt. Die sich seit den ausgehenden 1950er Jahren verbessernde Wohnungsversorgung machte es möglich, dass die jungen Leute einen eigenen Hausstand gründeten. Wie in anderen sozialistischen Ländern auch war das Streben nach einer eigenen Wohnung mit ein Grund für das frühe Heiratsalter, denn nur eine Familie hatte eine realistische Chance auf eine eigene Wohnung. Bemerkenswert ist, dass das Heiratsverhalten trotz der Ideologie von der «klassenlosen Gesellschaft» durch die Verfestigung sozialer Schichten geprägt war.[53]

Seit den späten 1950er Jahren verabschiedete sich das Regime endgültig von der Vorstellung, die Familie mittelfristig durch andere Formen des Zusammenlebens und ihre Aufgaben durch staatliche Institutionen zu ersetzen. Die neue Ehe- und Familiengesetzgebung vom September 1968 erkannte die Familie nun als «sozial notwendig» an und band sie ideologisch in die sozialistische Gesellschaft ein. Als Aufgaben wurden ihr zugewiesen: die biologische Reproduktion, die Erziehung der Heranwachsenden, die Hausarbeit und die alltäglichen wirtschaftlichen Dinge. Parallel dazu wurde jedoch das Scheidungsverfahren vereinfacht, indem man die 1944 verfügte Erschwernis wieder rückgängig machte. Im Ergebnis stieg die Scheidungsrate stark an und blieb bis zum Ende der Sowjetunion auf einem hohen Niveau. 1960 waren 104 von 1000 Ehen geschieden worden, 1966 309, in den 1970er Jahren pendelte sich die Zahl um 280 ein.

«Sowjetvolk» und «sowjetische Identität»

In Bezug auf die Sowjetunion als Vielvölkerstaat vermittelte Brežnev bei jeder Gelegenheit ein Bild von Eintracht und Harmonie. Er sprach von den «sowjetischen Menschen» und vom «Sowjetvolk» und suggerierte, dass die nationale Frage in der sozialistischen Gesellschaft gelöst sei. Im Gegensatz zu Chruščev, der vom baldigen «Verschmelzen» der Nationalitäten zum Sowjetvolk geträumt hatte, vertagte Brežnev diese Vision auf einen Zeitpunkt in weiterer Ferne und betonte stärker die beiden anderen Eckpunkte des Leninschen Nationalitätenkonzeptes, das «Aufblühen» und die «Annäherung» der Nationalitäten.[54]

Die Vorstellung eines «Sowjetvolkes» und der «Annäherung» der dieses Sowjetvolk bildenden Nationalitäten erforderte ein gewisses Maß an Gemeinsamkeit. Auf dem 23. Parteitag erklärte Brežnev 1966, wie er diese Gemeinsamkeit auffasste: «Es gibt bei uns keine einzige Sowjetrepublik, die nicht stolz sein könnte auf die großartigen Errungenschaften und die hervorragenden Talente auf verschiedenen Gebieten der Kunst und Literatur. Die nationalen und daher in ihrer Form außerordentlich vielfältigen Kulturen der in der brüderlichen Familie der Union der Sozialistischen Sowjetrepubliken vereinten Völker bilden zugleich eine ihrem sozialistischen Inhalt nach einheitliche Kultur, die durchdrungen ist vom Pathos des sozialistischen Aufbaus und von der gemeinsamen Fürsorge um das Wohlergehen und das Aufblühen unsrer großen multinationalen Heimat.»[55]

Eine wichtige Gemeinsamkeit bildete die Sprache. Daher setzte Brežnev die von Chruščev eingeschlagene Sprachenpolitik fort. Russisch gewann im Bildungswesen weiter an Bedeutung. Während die große Mehrheit der Nichtrussen das Russische als Zweitsprache erlernte, zeigten die Russen wenig Interesse an den anderen Sprachen der Sowjetunion. Die Förderung des Russischen hatte eine gewisse sprachliche Russifizierung zur Folge, die besonders in der Ukraine, in Weißrussland und in den nichtrussischen Territorien der RSFSR zum Tragen kam, während Kaukasier und Zentralasiaten in hohem Maße an ihren Muttersprachen festhielten.[56] Parallel zur Propagierung des Russischen aktivierte Brežnev aber auch das Instrument der Indigenisierung, im Einklang mit seiner auf Stabilität und Konsens bedachten Personalpolitik. Lokale Posten in Partei, Verwaltung und Bildungsinstitutionen wurden wieder bevorzugt mit Angehörigen der jeweiligen Titularnation besetzt.[57] In 12 von 14 Unionsrepubliken waren die nichtrussischen Titularnationen in den regionalen Eliten überrepräsentiert. Ausnahmen bildeten nur Weißrussland und Moldawien.[58]

Im Kaukasus und in Mittelasien begünstigte das die Herausbildung einheimischer Territorialbürokratien, die nach eigenen Regeln funktionierten, auch wenn Russen bestimmte Schlüsselpositionen innehatten. Typischerweise wurden die Ämter des Zweiten Parteivorsitzenden, der unter anderem für die Auswahl der Kader zuständig war, des Oberkommandierenden des jeweiligen Militärbezirks und des regionalen KGB-Chefs mit Russen besetzt.[59] Unter der sowjetisierten Oberfläche bestanden traditionelle Strukturen in neuem Gewande weiter fort. Auf diese Weise entstand eine seltsame Mischung aus islamisch-traditionellen Herrschaftsmustern und Parteidiktatur. Die Zentrale in Moskau duldete diese Entwicklung, solange die lokalen Machthaber loyal blieben und sich an gewisse Spielregeln hielten. Brežnev hielt sich im Verglich zu Chruščev mit Eingriffen der Zentrale in die Angelegenheiten der Unionsrepubliken zurück.[60]

In den zentralen Parteigremien hingegen dominierten die Russen stark überproportional zu ihrem Bevölkerungsanteil. Im Politbüro betrug der Anteil der slawischen Mitglieder (Russen, Ukrainer, Weißrussen) 1965–1990 zwischen 78 und 89 Prozent. Es war zwar seit Chruščev üblich, je einen bis zwei Kaukasier und Asiaten zu kooptieren, aber deren politischer Einfluss blieb marginal. Auch im Zentralkomitee lag der Anteil der Slawen seit 1952 bei über 80 Prozent, derjenige der Russen bei über 60 Prozent, mit steigender Tendenz.[61]

Schwierig ist die Frage zu beantworten, inwieweit es gelang, eine gemeinsame «sowjetische» Identität zu vermitteln. Die Politik verlangte von den Nationalitäten nicht die Aufgabe ihrer ethnischen Identität. Insofern brauchten sich die Menschen nicht zwischen ihrer nationalen und der sowjetischen Identität zu entscheiden, sondern konnten beides miteinander verbinden. Der sowjetischen Identität förderlich waren Eheschließungen zwischen Angehörigen verschiedener Nationalitäten, das Bewusstsein, in einem gemeinsamen Staat zu leben, der ein Set von Gemeinsamkeiten bereitstellte: vom gemeinsamen Sieg im «Großen Vaterländischen Krieg» und dem Stolz, einer Großmacht anzugehören, über das einheitliche Bildungssystem, die zentralisierte Medienlandschaft, gemeinsam und «sowjetisch» zelebrierte Feiertage und Jubiläen, die Orientierung der besten Karriere- und Aufstiegsperspektiven auf die Hauptstadt Moskau, die einheitliche «sowjetische Zivilisation», die von Riga bis Vladivostok einen gemeinsamen Erfahrungs- und Handlungsraum prägte, bis hin zum Sport und zu den Erfolgen in der Raumfahrt.[62] Infolge der hohen überregionalen Migration wurden in zunehmendem Maße Mischehen zwischen Angehörigen unterschiedlicher Nationalitäten geschlossen. 1959 machten sie 10,2 Prozent aller Ehen aus, 1989 17,5 Prozent. Besonders viele Mischehen entfielen auf Gebiete, in denen russische Migranten in einer andersnationalen Umgebung lebten. Das betraf vor allem die Ukraine, Kasachstan, Moldawien und Lettland.[63]

Alltag und Lebenswelten

Die Lebensbedingungen der Sowjetbürger hatten sich Mitte der 1960er Jahre gegenüber früher deutlich verbessert, waren aber noch weit von den ständig zum Vergleich bemühten Verhältnissen in den USA oder in Westdeutschland entfernt. Besonders deutlich wird das im Bereich des Wohnens. Trotz der massiven Investitionen des Staates in den Wohnungsbau wuchs die Pro-Kopf-Wohnfläche nur langsam, zumal nicht nur die Versäumnisse der Jahrzehnte unter Lenin und Stalin, sondern auch die steigende Bevölkerungszahl kompensiert werden mussten. Drei Viertel des gesamten sowjetischen Wohnungsbaus entfielen auf die Jahre zwischen 1956 und 1985, als 66 Millionen neue Wohnungen errichtet wurden. Im Weichbild der großen Städte fand durch die Entstehung von Satellitenstädten eine Suburbanisierung und Agglomerationsbildung statt. Der Wohnraum pro Kopf erhöhte sich um mehr als das Doppelte von vier auf 10,5 Quadratmeter, aber Letzteres bedeutete immer noch, dass eine vierköpfige Familie mit wenig mehr als 40 Quadratmetern auskommen musste. Die eigene Wohnung wurde allmählich für die Mehrheit der Bevölkerung zur Normalität, aber noch zu Beginn der 1970er Jahre lebte ein Viertel aller Haushalte in einer Kommunalka und eine Familie musste viele Jahre auf die Zuteilung einer Wohnung warten.[64] Im Unterschied zu den kapitalistischen Ländern war das Wohnen in der Sowjetunion zwar extrem billig (die Mieten waren auf dem Niveau von 1928 eingefroren worden und betrugen nur drei bis vier Prozent eines durchschnittlichen Einkommens), aber quantitativ und qualitativ deutlich schlechter. Ende der 1960er Jahre musste ein Fünftel aller städtischen Wohnungen ohne fließend Wasser auskommen, ein Viertel ohne Kanalanschluss, zwei Drittel ohne Badezimmer. Noch viel einfacher waren die Verhältnisse auf dem Land: Schätzungsweise drei Viertel der Familien lebten in Holzhäusern, die zwar über elektrischen Strom, sonst aber über keine Anschlüsse an kommunale Versorgungseinrichtungen verfügten. Der Wohnungsmangel und die Modalitäten der Wohnungsvergabe hatten gravierende Auswirkungen auf das Alltagsleben. Junge Familien lebten häufig mit den Eltern zusammen in einer Wohnung oder zogen mit den Eltern aus der Kommunalka in eine Neubauwohnung. Dieses Zusammenleben auf engstem Raum war mit ein Grund für die hohe Scheidungsrate. Mit der Ehescheidung wiederum drohte der Entzug der Wohnung, denn das System sah keine Wohnungen für Alleinstehende vor. Die

Geschiedenen zogen in diesem Fall wieder zu ihren Eltern – oder blieben weiterhin in der gemeinsamen Wohnung. Die Wohnungsvergabe erfolgte zu einem guten Teil über «Beziehungen» (*blat*).[65]

Hatte Chruščev gehofft, durch geeignete Angebote in den Mikrorayons der Vereinzelung der Familien entgegenzuwirken und das Leben im Kollektiv zu fördern, so zeigte sich in der Praxis, dass die Neubauwohnungen neue nichtöffentliche Kommunikationsräume schufen, die sich dem Zugriff des «Kollektivs» entzogen. Der Küchentisch wurde zum Ort der privaten Interaktion, wo man sich mit Freunden traf, diskutieren konnte, ohne dass jemand mithörte, und wo auch Lyriker und «Barden» ihre Werke zu Gehör brachten. So entstanden eine private und eine halböffentliche, aber vom Staat nicht kontrollierbare Sphäre, in der sich Individualität und Nonkonformität herausbilden konnten.[66] «Hier haben wir Gitarre gespielt und haben Tonbänder gehört. Hier wurden große Pläne besprochen, Strategien geschmiedet, man belehrte über den wahren Weg, las Gedichte, tratschte, meditierte über den besonderen Sinn des Lebens. Die Küche spielte die Rolle des Klubs, des Salons, des Zirkels. Die Küche war das wichtigste Laboratorium für Mythen und Wahrheiten. Wenn man uns die Küche genommen hätte, so hätte man uns fast alles genommen. Man konnte uns alles nehmen, nur nicht die Küche. Unser Leben, unsere Seele wurden Teil der Küche, und die Küche wurde Teil unserer Seele.»[67] Indem der Staat seinen Bürgern Wohnungen baute, beraubte er sich derjenigen sozialen Kontrollmechanismen, die auf dem engen Zusammenleben in Gemeinschaftsunterkünften beruht hatten.[68]

Zum Chruščevschen und Brežnevschen Wohlstandsversprechen gehörte die Steigerung der Realeinkommen. Die Hebung der Durchschnittseinkommen ging in den 1960er Jahren mit einer weiteren Nivellierung der Einkommensunterschiede einher. Beide Tendenzen hatten schon unter Chruščev begonnen und wurden von Brežnev fortgesetzt. Durch die Anhebung der unteren Einkommen und das Einfrieren der höheren Einkommen wurden die Unterschiede geringer. Entscheidende Differenzierungen resultierten in der Alltagspraxis aus regionalen Zulagen für klimatisch unwirtliche Gebiete, aus inoffiziellen Nebeneinkommen (Schattenwirtschaft) und dem über Privilegien oder «Beziehungen» realisierten Zugang zu knappen Ressourcen und Vergünstigungen. Mitte der 1960er Jahre änderte sich die Entlohnung der Kolchosbauern. Den Anstoß dazu hatte schon Chruščev gegeben, aber infolge der ruinösen finanziellen Lage der Kolchosen nach 1958 konnte die Reform erst 1966 abgeschlossen werden. Erst jetzt erhielten die Kolchosniki reguläre Tageslöhne, die nach der jeweiligen Tätigkeit bemessen waren. Die Löhne der Kolchosbauern lagen fortan immer noch deutlich unter den Durchschnittslöhnen in der Industrie, aber verglichen mit dem alten System war die neue Regelung eine bedeutende Verbesserung und verringerte die Kluft zwischen den Lebensverhältnissen in der Stadt und auf dem Land.

Neben den individuellen Löhnen gab es indirekte Einkommen in Gestalt der sogenannten «gesellschaftlichen Verbrauchsfonds». Darunter wurden die kostenlosen sozialen Leistungen verstanden, die sich zu einer beträchtlichen Höhe summierten. Zum Komplex der «gesellschaftlichen Verbrauchsfonds» rechnete der sowjetische Sprachgebrauch auch die Renten. Im internationalen Vergleich war das Renteneintrittsalter in der Sowjetunion niedrig: Männer konnten mit 60 Jahren und Frauen mit 55 in Rente gehen, arbeiteten aber häufig weiter, weil sich die Renten in der Nähe des Existenzminimums oder deutlich darunter bewegten. Letzteres gilt vor allem für die Kolchosniki, die zwar 1964 in die staatliche Altersversorgung einbezogen worden waren, aber extrem niedrige Renten erhielten, die nicht zum Leben reichten, auch wenn die Aufwendungen des Staates für die Renten der Kolchosbauern zwischen 1965 und 1969 von acht auf mehr als 22 Milliarden Rubel stiegen.[69]

Obwohl die Löhne insgesamt eher niedrig waren, gab es einen Kaufkraftüberhang, weil das Warenangebot hinter der Nachfrage herhinkte. Die Preise wurden staatlich festgelegt und bestimmten sich nicht durch die Gestehungskosten, sondern dienten der Regulierung der Mangelwirtschaft. Die Preise für Grundnahrungsmittel und für das Wohnen wurden künstlich niedrig gehalten, diejenigen für dauerhafte Konsumgüter hingegen hoch gehalten, um die Nachfrage zu drosseln.[70] Die Spareinlagen bei den staatlichen Sparkassen stiegen zwischen 1965 und 1975 schneller als die Einkommen und auf dem Land – trotz niedrigerer Einkommen – schneller als in der Stadt. Bedingt durch das zu geringe Warenangebot hatte Geld in der Sowjetunion einen viel geringeren Stellenwert als in kapitalistischen Ländern. Für die meisten war nicht entscheidend, wie viel sie verdienten, sondern ob es die Dinge zu kaufen gab, die sie erwerben wollten. Dementsprechend war die Wirkung von monetären Leistungsanreizen begrenzt.[71] Bezeichnenderweise benutzten die Sowjetbürger beim Erwerb von Waren häufiger die Wörter «nehmen» (*vzjat'*) oder «ergattern» (*dostat'*) statt «kaufen» (*kupit'*).[72]

Trotz der Verbesserungen in den 1960er Jahren blieben Konsumgüter auch unter Brežnev «defizitär», wie der sowjetische Sprachgebrauch lautete, und sie waren unterschiedlich auf das Land verteilt. Mit Abstand am besten versorgt waren Moskau und die Republikhauptstädte, während die übrigen Städte, auch wenn es sich um Großstädte mit mehreren Hunderttausend Einwohnern wie etwa Saratov handelte, nur ein stark eingeschränktes Warenangebot bieten konnten.[73] Zwar stieg der Verbrauch an Konsumgütern zwischen 1950 und 1975 auf das Zwölffache. Diese imponierende Zahl muss jedoch vor dem Hintergrund der ärmlichen Verhältnisse von 1950 gesehen werden. Wirklicher Wohlstand war das nicht, wohl aber eine deutliche relative Verbesserung gegenüber früher. Mit mehr als sieben Prozent jährlichem Zuwachs im Pro-Kopf-Verbrauch an Konsumgütern bildete das Jahrfünft von 1966 bis 1970 den absoluten Höhepunkt in der Verbrauchsstatistik der Sowjetunion. Nach 1970 war der jährliche Zuwachs mit drei Prozent nicht einmal mehr halb so groß. Der Verbrauch an Lebensmitteln stieg zwischen 1950 und 1975 um mehr als das Doppelte und gleichzeitig veränderten sich die Ernährungsgewohnheiten: Traditionell hatten in Russland und in der Sowjetunion unter Lenin und Stalin Getreide und Kartoffeln die Grundlage der Ernährung gebildet. Seit den 1950er Jahren aßen die Sowjetbürger zunehmend höherwertige Lebensmittel wie Fleisch, Milch und Milchprodukte sowie Gemüse. 1950 hatte der durchschnittliche Pro-Kopf-Verbrauch an Fleisch mit 26 Kilogramm noch unter dem Wert von 1913 gelegen, stieg aber bis 1975 auf mehr als das Doppelte (57 Kilogramm). Bei Milch und Milchprodukten war die Entwicklung ähnlich.[74] Die große Nachfrage nach Fleisch war ein Nebeneffekt des Kaufkraftüberhangs bei Konsumgütern im Zusammenwirken mit den auf niedrigem Niveau garantierten Lebensmittelpreisen. Auf diese Weise entstand ein künstlicher Fleischmangel, denn es wurde ständig mehr Fleisch nachgefragt als vorhanden war.[75]

Die Ausstattung mit langlebigen Verbrauchsgütern war in den 1960er Jahren noch bescheiden. 1965 besaß nur jeder zehnte Haushalt einen Kühlschrank, jeder fünfte eine Waschmaschine, immerhin jeder vierte einen Fernseher, jeder zweite eine Nähmaschine, 60 Prozent der Haushalte verfügten über einen Radioempfänger. Bei Kühlschränken, Fernsehern und Waschmaschinen fand in der zweiten Hälfte der 1960er Jahre ein sprunghafter Anstieg statt, sodass 1975 61 Prozent der Haushalte über einen Kühlschrank, drei Viertel über einen Fernseher und zwei Drittel über eine Waschmaschine verfügten.[76] Bei den Waschmaschinen handelte es sich allerdings in der Regel nicht um Waschvollautomaten, wie sie in den 1960er Jahren in westlichen Industrieländern schon üblich waren, sondern um einfache mechanische Waschtrommeln, die im Laufe des Waschvorgangs mehrfaches manuelles Eingreifen erforderten – wenn man nicht auf einen öffentlichen Waschsalon auswich, wie das bis zum Ende der Sowjetunion für viele Familien gängige Praxis war. Generell war das technische Niveau der in der Sowjetunion hergestellten Gebrauchsgüter niedrig und die Qualität schlecht. Bei Defekten war es häufig schwierig, Ersatzteile aufzutreiben. In Ermangelung von Alternativen wurden die Produkte dennoch nachgefragt. Zum Einkaufen gehörte weiterhin die Warteschlange.[77]

Trotz des ideologischen Postulats von der Angleichung des städtischen und des ländlichen Lebens bestand zwischen beiden weiterhin eine Kluft. «Den Menschen auf dem Land geht es in allen Bereichen schlechter», schrieb ein amerikanischer Journalist, der sich zu Beginn der 1970er Jahre länger in der Sowjetunion aufgehalten hatte. «Einkommen, Schulen, Gesellschaftsleben, Fürsorge, Transportwesen und Verkehr – alles liegt erheblich unter Stadtniveau. Millionen leben auf oder unter dem Existenzminimum. Artikel und Glossen in der sowjetischen Presse deuten darauf hin, daß es in Rußland auf dem Land die gleiche demoralisierende Kombination von Lebensbedingungen gibt, wie man sie in besonders armen Landstrichen in Amerika vorgefunden hat: gesellschaftliches Außenseitertum, schlechte Schulen, physische Isolation, schlechte Arbeitsbedingungen, niedrige Löhne, schlechte Moral, wenig Freizeit und chronischen Alkoholismus. Aufgrund dieser Bedingungen ist die Armut auf dem Land in Rußland ein so bedrängendes Problem (das seit Generationen besteht), weil die begabtesten und dynamischsten jungen Leute in die Städte abwandern [...].»[78]

Die Aufwertung der Kolchosniki durch die Einbeziehung in das Rentensystem und die Anhebung ihrer Einkommen hatte zwar gewisse Verbesserungen gebracht. Attraktiv war es jedoch weiterhin nicht, ein Kolchosnik oder ein Arbeiter in der Sowchose (Staatsgut) zu sein. 1966/67 flammte in der sowjetischen Presse eine Diskussion über die Lebensverhältnisse in den Kolchosen auf, in deren Verlauf deutlich wurde, wie sehr es auf dem flachen Land im Argen lag. Die Zeitschrift *Oktjabr'* («Oktober») stellte im Mai 1966 einen Zusammenhang zwischen den Verhältnissen auf dem Land und der Abwanderung her:

«Die Dorfbewohner, besonders die jungen, wissen, wie man in unserer Zeit leben kann und wie anderswo Menschen schon leben. Das zeigt ihnen fast jeder Film und jede Zeitschrift, die dem Dorfleben gewidmet sind. Blicken sie auf die Filmleinwand, so denken sie unwillkürlich, daß es im Lande schon nirgends mehr alte, altersschiefe kleine Isbas [Hütten] gibt, daß nirgends die Dächer undicht sind [...]. Und es kränkt sie, daß es in ihrem eigenen Dorf noch ganz anders steht, daß das Aussehen ihres Dorfs und auch des Nachbardorfs sich sehr wenig verändert hat. Natürlich gibt es auch entgegengesetzte Beispiele. Doch in ihrer Mehrzahl sind die Dörfer des Gebiets von Wologda während dieser Jahre nicht schöner geworden.

Im Gegenteil, sie wurden unansehnlicher. Manche sind schon ganz verschwunden, manche haben sich in bedrückendem Ausmaß gelichtet, das eine um die Hälfte [seiner Häuser], ein anderes noch mehr. [...] In der Provinz Wologda gibt es gegenwärtig zwölftausend Dörfer, und in jedem leben durchschnittlich zehn bis zwölf Menschen. Es gibt Weiler mit nur noch zwei bis drei Familien. Dabei liegen diese Siedlungen viele Kilometer auseinander, durch Wälder und Sümpfe getrennt, in der Wegelosigkeit des Herbstes oder Frühjahrs sind die kleinen Weiler von der Außenwelt abgeschnitten. Zwar wohnen alte Leute noch in diesen Winkeln oder, wie man bei uns sagt, bei des Teufels Großmutter, doch die jungen Burschen und Mädchen wollen dort nicht leben: Sie zieht es näher an die belebten Orte, zu Klubhaus, Laden und Schule.»[79]

Die Verbindungen zwischen den ländlichen Siedlungen waren nach wie vor miserabel. Die meisten Überlandstraßen waren im Frühjahr und Herbst und nach starken Regenfällen nicht oder nur mit geländegängigen Fahrzeugen passierbar. Nur ein kleiner Teil der Dörfer verfügte über einen Bahnhof oder über eine gute Straßenverbindung zum nächsten Bahnhof. Auch die Dorfstraße selbst war in der Regel nicht befestigt, sondern sehr breit, mit vielen Fahrrinnen und Grasbewuchs dazwischen – nicht viel anders, als es hundert Jahre vorher auch schon ausgesehen hatte. Die Häuser waren je nach Region in traditioneller Holzblock- oder Lehmbauweise errichtet und bestanden aus einem oder aus zwei Räumen, häufig auch mit Anbauten. Häuser mit zwei Räumen galten bereits als «komfortabel». Etwa ein Drittel der Häuser stammte aus der Zeit vor 1917. Dort stand im Hauptraum häufig immer noch der charakteristische große Ofen. In den neueren Häusern war er nicht mehr anzutreffen, weil man nicht mehr auf ihm schlief und das Brot im Laden kaufte.[80]

Durch die Anlage von Staatsgütern (Sowchosen) und Großkolchosen, mit denen Chruščev die sozialistische Umgestaltung des Landes weiter vorangetrieben hatte, war der gewachsene Zusammenhang zwischen Wirtschafts- und Siedlungseinheiten zerstört worden. Auf eine Sowchose kamen im Schnitt zwei bis drei Dörfer, und auch die überwiegende Mehrheit der Kolchosen bestand nun aus mehreren Dörfern. Eines der Dörfer wurde jeweils zur Zentralsiedlung bestimmt und bevorzugt mit Elektrizität, Wasserleitung, Straßenanschluss, Telefon, Werkstätten, Geschäften, Schulen sowie typischerweise mit einem Kulturhaus und einer Sanitätsstation ausgestattet. Die Außendörfer hingegen verödeten, sodass die Bewohner sukzessive in die Zentralsiedlung oder in die Stadt abwanderten. Diese Förderung der einen und Vernachlässigung der anderen Dörfer hatte System, denn die staatliche Raumordnung unterschied zwischen sogenannten «Perspektivsiedlungen» und «Nichtperspektivsiedlungen» und lenkte alle Investitionen in erstere. Während der 1960er Jahre verschwanden in der RSFSR mehr als ein Viertel der ländlichen Siedlungen.[81]

Diese Differenzierung hatte ihren Ursprung in Chruščevs Idee von den «Agrostädten». Zusammenlegung von Siedlungen und Dorferneuerung sollten zu einer Angleichung der Lebensverhältnisse in Stadt und Land führen und die private Hofwirtschaft zurückdrängen. Daher wurden in den Perspektivdörfern gemauerte neue Häuser errichtet, die zwar geräumigere Wohnungen städtischen Typs boten, aber keine Ställe, Wirtschafts- und Vorratsräume, die man für die private Nebenwirtschaft benötigte. Die zu den Wohnungen gehörigen Parzellen waren meist erheblich kleiner als bei traditionellen dörflichen Wohnhäusern. Außerdem befanden sich die Parzellen nicht direkt bei den Gebäuden, sondern am Rand der Siedlungen, sodass ihre Bestellung einen größeren Aufwand erforderte.[82] Das Parteiprogramm von 1961 hatte die Richtung dieser Politik bestätigt und angekündigt, die Kolchosdörfer würden sich allmählich «in größere Ortschaften von städtischem Typus mit modern eingerichteten Wohnhäusern, kommunalen und sonstigen Dienstleistungsbetrieben, Kulturstätten und Einrichtungen des Gesundheitsschutzes verwandeln».[83] Nach 1964 wurde die Politik etwas abgemildert und vermied den Eindruck, gegen die private Hofwirtschaft gerichtet zu sein, behielt aber die Grundlinie der Förderung von Zentralsiedlungen und der Errichtung von Häusern städtischen Typs bei. Verstärkt errichtete man nun sogar mehrgeschossige standardisierte Wohnblocks, die trotz ihrer besseren Ausstattung bei vielen Kolchosniki auf Ablehnung stießen, weil sie die Haltung von Tieren erschwerten oder unmöglich machten.[84]

1967/68 wurde in der Landwirtschaftszeitung des Zentralkomitees *Sel'skaja žizn'* («Landleben») und dann sogar in der *Literaturnaja gazeta* («Literaturzeitung»), einem der intellektuell anspruchsvollsten Presseorgane der Sowjetunion, über die Richtung der Dorferneuerung und die den Bedürfnissen der ländlichen Bevölkerung am besten entsprechende Bauweise kontrovers diskutiert. Dabei wurde deutlich, dass die bis dahin selbstverständliche Praxis, die ländliche Bevölkerung ohne Rücksicht auf ihre eigenen Wünsche durch Veränderung der ökonomischen und infrastrukturellen Rahmenbedingungen nach ideologisch motivierten Vorstellungen umzuformen, unter den Eliten nicht mehr auf allgemeine Zustimmung stieß.[85] Im Ergebnis der Diskussion räumte der stellvertretende Ministerpräsident Ignatij Novikov im Juli 1968 ein, dass man mehr Rücksicht auf die Wünsche der Dorfbewohner nehmen müsse und nicht «mechanisch die Prinzipien städtischer Bebauung auf das Dorf übertragen» dürfe, bestand aber darauf, dass die Dorferneuerung nach zentral gebilligten Plänen erfolgen müsse.[86] In den Folgejahren kam man wieder davon ab, in den Kolchosen Wohnblöcke zu errichten, sondern baute stattdessen Einfamilien- und Reihenhäuser, damit die Bewohner einen direkten Zugang zu ihren privaten Landparzellen hatten.[87]

Das Leben in den Kolchosen und Sowchosen wurde als trist und langweilig empfunden, weil man vielerorts weitgehend von der Zivilisation abgeschnitten war. Die meisten Häuser verfügten weder über eine Wasserleitung noch über Kanalisation. Das Wasser musste beim Ziehbrunnen oder bei einer Pumpe, manchmal sogar aus dem Fluss geholt werden; die Notdurft verrichtete man in einem Plumpsklo außerhalb des Hauses. In vielen Dörfern gab es Mitte der 1960er Jahre noch keinen elektrischen Strom und kein Telefon.[88] 1961 waren 40 Prozent damit ausgestattet gewesen, seither hatte sich die Versorgung etwas gebessert.[89] Etwas besser waren die Lebensbedingungen in den «Perspektivsiedlungen», sodass in den 1960er Jahren auf dem Land zwei parallele Lebenswelten entstanden, «eine begrenzte ‹moderne› in den stadtnahen oder verkehrsgünstig gelegenen Dörfern und eine vom Fortschritt weitgehend vergessene in den allmählich verfallenden Ortschaften der Peripherie».[90] Die Abgeschnittenheit von der Außenwelt, der niedrige Lebensstandard und der Mangel an Dienstleistungen, kulturellen Angeboten und Konsumgütern veranlassten zusammen mit den niedrigeren Löhnen, schlechteren Bildungs- und fehlenden Aufstiegsmöglichkeiten viele zur Abwanderung. Das betraf vor allem die jüngeren und besser Gebildeten, sodass auf den Dörfern eine Restbevölkerung zurückblieb, die immer älter wurde und partiell eine Negativauslese darstellte.[91] Der steigende Alkoholkonsum unter den Männern stand damit im Zusammenhang und wurde zusätzlich dadurch begünstigt, dass die Kolchosniki nun Geldlohn erhielten. «Die Brigaden fingen zu trinken an», erinnerte sich ein ehemaliger Kolchosbewohner. «Und sie fingen deshalb zu trinken an, weil sie jetzt Geld verdienten. [...] Geld war da, [...] aber man konnte nichts dafür kaufen. Wohin damit? Lass es uns versaufen. [...] Der eine bekam Leberzirrhose, der andere wurde am Magen krank und so weiter. Und sehr viele starben bei uns.»[92]

Trotz der kollektivierten Arbeitsweise und der Gleichberechtigung beim Zugang zu Bildungseinrichtungen hatten sich die Geschlechterrollen nur wenig verändert. Obwohl Frauen häufig über eine längere Schulbildung verfügten als Männer und wie diese hauptberuflich in der Kolchose oder in der Sowchose arbeiteten, waren unhinterfragt überwiegend sie für den Haushalt und die Kinder zuständig. Der Haushalt erforderte aufgrund der schlechten Ausstattung der Häuser einen höheren Aufwand als in der Stadt. Hinzu kam die Arbeitsbelastung durch die private Nebenwirtschaft, die ebenfalls zu einem großen Teil auf die Frauen entfiel. Die Belastung durch Haushalt, Kinder und Nebenwirtschaft hinderte die Frauen wiederum, Leitungsposten zu übernehmen.[93]

Die Perpetuierung der sozialistischen Agrarverfassung und die partielle Urbanisierung der Zentralsiedlungen setzten die Entbäuerlichung des Dorfes, die mit der Kollektivierung begonnen hatte, weiter fort. Aus den ehemaligen Bauern waren spezialisierte Landarbeiter geworden, die gar nicht mehr wussten, wie man einen Hof bewirtschaftet, und an den unternehmerischen Entscheidungen keinen Anteil hatten, sondern nur mehr jeweils für einen Ausschnitt der landwirtschaftlichen Tätigkeiten zuständig waren. Die Dorfgemeinde als Instanz der Selbstverwaltung und der Sozialkontrolle existierte nicht mehr. An ihre Stelle war die Kolchos- oder Sowchosverwaltung getreten, die ebenso wenig wie die Parteiorganisation oder der Dorfsowjet als Interessenwahrerin der Bevölkerung fungierte, sondern von Funktionären dominiert wurde, die nicht aus dem Dorf kamen, sondern die Fremdbestimmung des Staates über die Landbevölkerung verkörperten. Ob mit dem Verlust der gewachsenen Instanzen der Sozialkontrolle und der traditionellen Werte ein moralischer Verfall verbunden war und sich das Gesamtbild des Lebens im kollektivierten Dorf tatsächlich so desolat darstellt, wie in einer Studie anklingt, müssen Detailforschungen noch zeigen.[94]

Die starke Abwanderung aus den Kolchosen führte in den 1960er Jahren viele Millionen ländlicher Migranten in die Städte. Einen wichtigen Anstoß hatte die Auflösung der Maschinen-Traktoren-Stationen 1958 gegeben, weil die bis dahin bessergestellten Traktoristen nicht zu Kolchosniki absteigen wollten und sich neue Beschäftigungen suchten. Die Abwanderung setzte sich in den 1960er Jahren weiter fort, weil die jungen Leute auf dem Land keine Zukunftsperspektiven sahen. Sie betraf auch die schlecht versorgten kleinen und mittleren Städte in der Provinz, von wo viele in die Republikzentren oder nach Moskau aufbrachen, wo das Leben am erstrebenswertesten war.[95] Die Versuche des Staates, die Migration zu begrenzen, um die Wohnungsnot in den Städten in den Griff zu bekommen, hatten wenig Erfolg, denn die an sich strengen Vorschriften wurden systematisch unterlaufen. Das von Stalin 1932 erlassene Passgesetz war immer noch in Kraft (bis 1974!) und unter Chruščev sogar verschärft worden. Dennoch gelang es vielen Migranten, ohne Pass oder ohne Aufenthaltsbewilligung in einer Stadt unterzukommen. Als eine der wichtigsten Schleusen für illegale Migranten erwiesen sich die Arbeiterwohnheime der Betriebe. Die Milizverwaltung der Stadt Minsk berichtete im Mai 1966, dass in den Wohnheimen eine starke Fluktuation zu beobachten sei und die Meldevorschriften vielfach nicht beachtet würden. Verstöße gegen das Passregime wurden nur mit geringen Strafen geahndet. Die Behörden drückten oft ein Auge zu.[96] Der Zustrom vom Land war weniger als in den Jahrzehnten davor mit einer «Verbäuerlichung» der Städte verbunden, denn erstens trafen die Migranten auf ein gefestigteres urbanes Milieu und zweitens handelte es sich bei einem beträchtlichen Teil der Neuankömmlinge in den Städten um Bildungsmigranten. Das waren nicht mehr die analphabetischen ungelernten Arbeiter des ersten Fünfjahresplans, sondern Fachhochschüler und Studenten, die mit einer befristeten Aufenthaltserlaubnis und dem Ziel in die Stadt gingen, dort eine höhere Qualifikation zu erwerben.[97] Sie, aber auch andere Migranten strebten nach einer schnellen Akkulturation an die städtische Lebensweise.[98]

Renaissance des Privaten und Medienkonsum

Der Umstand, dass ein großer Teil der Stadtbevölkerung vom Land zugewandert war, ist möglicherweise einer der Gründe für den starken Trend, sich vor der Stadt im Grünen eine Datscha zuzulegen. Die Datscha war in der vorrevolutionären und frühsowjetischen Zeit ein Elitenphänomen gewesen. Das hatte sich unter Stalin geändert, weil die städtischen Arbeiter in den 1930er Jahren Gartenparzellen am Stadtrand oder außerhalb der Städte zugeteilt bekamen, um sich selbst mit Lebensmitteln versorgen zu können. In weiterer Folge waren im Umland der Städte Datschensiedlungen entstanden, meist entlang der Eisenbahnlinien, denn in Ermangelung von Privatautos waren die Menschen für das Pendeln auf die Eisenbahn angewiesen. Diese Datschen hatten mit den luxuriösen Zweitwohnsitzen der hohen Funktionäre und privilegierten Schriftsteller wenig gemein. Sie bestanden üblicherweise aus einem Kleingarten mit einer Holzhütte. Die Datscha war ein Rückzugsort für das Private, ein individuell gestaltetes Stück Land abseits der standardisierten Plattenbauten, vor allem aber ein wichtiges Element der Selbstversorgung mit Kartoffeln, Gemüse, Geflügel und Kaninchen. Sie wurde gemietet oder in Eigenregie errichtet, in der Regel mit Material, das man irgendwo abzweigte oder über Bekannte «organisierte». Im Zusammenhang mit der Einführung des arbeitsfreien Samstags 1967 gab es einen Gründungsboom von Kleingarten- und Datschengenossenschaften. In der warmen Jahreszeit fuhren 1967 im Schnitt jedes Wochenende 2,9 Millionen Moskauer hinaus auf ihre Datscha, und in den anderen Großstädten war es ähnlich.[99]

Die beschauliche Welt der Datscha ist ein Symbol für die Sehnsucht vieler Stadtbewohner nach einem ruhigen Landleben in Reichweite der Stadt. Sie steht gleichzeitig für einen Wandel der Lebensweise. Die Hektik und Aufgeregtheit der Zeit, als man ständig für irgendetwas «mobilisiert» worden war, gehörte der Vergangenheit an. Der Journalist Harrison Salisbury stellte bei einem neuerlichen Aufenthalt anlässlich der Feiern zum 50. Jahrestag der Revolution 1967 fest, dass die Sowjetbürger eine gewisse bürgerliche Bequemlichkeit entwickelt hätten und dazu tendierten, «sich im Polstersessel zurückzulehnen, den Fernseher anzuschalten und ein gutes Unterhaltungsprogramm anzusehen. Keine Reden, bitte. Keine Parteiermahnungen!»[100] Schon 1958 hatte Klaus Mehnert, der die Sowjetunion der 1920er und 1930er Jahre infolge längerer Aufenthalte gut kannte, eine Abkehr der Bevölkerung von der Politik und einen Rückzug ins Private konstatiert, einen biedermeierartigen Lebensstil, der sich im Geschmack der Wohnungseinrichtungen ausdrückte und besonders von der staatsnahen Oberschicht gepflegt wurde.[101] Die Jugend zeige ein geringeres Interesse an der sowjetischen Ideologie als die ältere Generation, verbunden mit einer Offenheit gegenüber dem Ausland.[102] Sowjetische Soziologen, die Mitte der 1960er Jahre im Auftrag der *Komsomol'skaja pravda* Meinungsumfragen unter Jugendlichen machten, registrierten einen Verlust an Idealismus und romantischer Begeisterungsfähigkeit zugunsten eines «zynischen Konformismus». Im Vergleich zu früher sei die gegenwärtige Studentengeneration materialistischer orientiert und gleichgültig gegenüber Ideen und Prinzipien. «Die junge Intelligenz ist vom Zynismus verseucht»,[103] resümierten die Soziologen. Einer von ihnen, der 40 Jahre später die Ergebnisse der damaligen Umfragen erneut auswertete, kam zu dem Ergebnis, dass die Jugendlichen der 1960er Jahre ihre Gegenwart als selbstverständliche Normalität betrachteten. Sie legten absolute Loyalität gegenüber dem System, gleichzeitig aber auch Untätigkeit und Initiativlosigkeit als Komsomolmitglieder an den Tag, und der Aufbau der kommunistischen Gesellschaft gehörte nicht zu den Themen, die sie bewegten.[104] Ausländische Beobachter konstatierten unter den sowjetischen Studenten im Vergleich zu den 1950er Jahren ideologische Indifferenz und Angepasstheit. Im Gegensatz zu den Studenten von 1956, die sich in der Entstalinisierung engagiert hatten und aus denen etliche Dissidenten hervorgegangen waren, zeigten diejenigen von 1965–1968 wenig Bereitschaft, den Platz im Studentenwohnheim oder gar ihre Karriere wegen kritischer Äußerungen aufs Spiel zu setzen. Umgekehrt brannte in ihnen aber auch kein Feuer mehr für den Aufbau des Kommunismus, sondern sie arrangierten sich in einem System, das sie als gegeben betrachteten und nicht hinterfragten.[105]

Die von Brežnev vermittelte Stabilität und soziale Wärme förderten in der Bevölkerung Anpassung und Passivität.[106] Indem Brežnev das Wohlstandsversprechen aus der utopischen Zukunft in die Gegenwart holte, richteten sich die Menschen auf ein gutes Auskommen im Hier und Jetzt ein. Dazu gehörte es, die Verhältnisse so zu nehmen, wie sie waren, und für sich selbst das Beste daraus zu machen. Mehr als früher wurden die Menschen in Ruhe gelassen und verhielten sich gegenüber dem politischen System und der Ideologie gleichgültig. Das Leben verlagerte sich aus der Öffentlichkeit in private und halbprivate Räume und das materielle Wohlergehen der Familie stand im Vordergrund des Strebens.[107] Der offizielle Diskurs, der in den «entwickelten Sozialismus» gleichzeitig mit der kollektivistischen Ethik auch das Streben nach Wohlstand und Selbstverwirklichung packte, leistete einer Wahrnehmung Vorschub, die «Sozialismus» nicht mehr notwendigerweise auf die Ideologie oder den Staat bezog, sondern ihn als die Realität eines «normalen Lebens» auffasste.[108] Die Reprivatisierung des Lebens wiederum war nur möglich, weil die Familie und der Freundeskreis durch die Ausstattung mit einer eigenen Wohnung wieder über einen abgegrenzten Kommunikationsraum verfügten. Verwandtschaftliche und freundschaftliche Beziehungen spielten auch eine zentrale Rolle beim Agieren in der Schattenwirtschaft. Man unterstützte sich gegenseitig bei der Vermittlung von attraktiven Posten, bevorzugtem Zugang zu Dienstleistungen und beim Auftreiben von «defizitären» Gütern. Die Bedeutung von Nachbarschaftsbeziehungen, die in der Kommunalka dominiert hatten, nahm hingegen ab, analog zum Bestreben der Familien, sich gegenüber der Beobachtung und Einmischung von außen abzuschotten.[109]

Auch das Freizeitverhalten war von zunehmender Privatisierung und Individualisierung gekennzeichnet. Öffentliche Unterhaltungsangebote verloren gegenüber der im Freundes- oder Familienkreis gestalteten Freizeit an Attraktivität. Man ging weniger als früher in den Arbeiterklub, ins Theater oder ins Museum. Einzig das Kino behielt seine Anziehungskraft, wenngleich der Fernseher ebenfalls zur Privatisierung der Unterhaltung beitrug und in den späten 1960er Jahren – ähnlich wie in den USA und in westeuropäischen Ländern – zur zeitaufwändigsten Freizeitbeschäftigung wurde.[110] Die zunehmende Zahl der individuellen Radio- und Fernsehempfänger veränderte den Medienkonsum ebenso wie die Verbreitung von Schallplatten und von Tonbandgeräten, mit denen man Radiosendungen, Livekonzerte oder ausgeliehene Schallplatten mitschneiden und das Aufgenommene an Freunde weitergeben konnte. Über Tonbänder und behelfsmäßig aus gebrauchten Röntgenbildern hergestellte Schallplatten (im Volksmund *kosti* – «Knochen» oder *rebra* – «Rippen» genannt) verbreiteten sich Jazz und andere offiziell verpönte Musik aus dem In- und Ausland. An die Stelle des früher üblichen kollektiven Radiohörens über fest montierte Lautsprecher in öffentlichen Räumen oder auf Plätzen trat der indivuelle, selbstbestimmte Medienkonsum, der sich infolge dieser Individualisierung ausdifferenzierte und stark ausdehnte.[111]

Das Regime befriedigte – ganz im Sinne des «Little Deal» – diese Bedürfnisse, indem die Industrie die erforderlichen Geräte in großer Zahl herstellte, und nahm damit in Kauf, dass sie nicht nur im Sinne des staatlichen Informationsmonopols genutzt wurden. Geschickte Bastler modifizierten die handelsüblichen Mittelwellen-Radiogeräte bei Bedarf so, dass sie auch ausländische Kurzwellensender empfangen konnten, die vor allem wegen ihres westlichen Musikprogramms attraktiv waren. Die russischsprachigen Programme von *Radio Free Europe, BBC* oder der *Voice of America* wurden vor allem im intellektuellen Milieu und in der Jugend rezipiert. Das Regime reagierte mit dem verstärkten Einsatz von Störsendern, aber auch mit einer Attraktivitätssteigerung des eigenen Medienangebotes. 1964 wurde zu diesem Zweck der Radiosender *Majak* («Leuchtturm») ins Leben gerufen, der ein Musik- und Informationsprogramm sendete, das besonders die städtischen Intellektuellen ansprach. Eine weitere Strategie, um den Einfluss ausländischer Sender zu verringern, war die Förderung des Fernsehens, denn dieses konnte aus technischen Gründen nur im näheren Umkreis der Sendetürme empfangen werden. Lediglich in den Grenzregionen war der Empfang ausländischer Fernsehprogramme möglich.[112] Der von Chruščev begonnene Ausbau des Fernsehens wurde unter Brežnev fortgesetzt. 1967 wurde der Fernsehturm von Ostankino in Moskau fertiggestellt. Über Kabel und Satellitentechnik wurden auch abgelegene Regionen in Sibirien und Zentralasien an das Moskauer Fernsehen angeschlossen. Ende der 1960er Jahre erreichte das sowjetische Fernsehen 70 Prozent der Bevölkerung.[113]

Die Absicht, das Fernsehen als Vehikel von staatlich monopolisierter Erziehung, Bildung und Beeinflussung einzusetzen, kollidierte allerdings mit der Eigendynamik des neuen Mediums. Das Fernsehen entwickelte sich von Anfang an ähnlich wie in den westlichen Ländern. Analog zum internationalen Trend war das sowjetische Fernsehen der 1960er Jahre von einer Mischung aus Unterhaltung, Information und Kultur geprägt, wobei zunächst die Unterhaltungssendungen dominierten.[114] Ein Symptom war die von 1961 bis 1972 ausgestrahlte Quiz- und Spielshow «Klub der Fröhlichen und Findigen» (KVN). Die Sendung war im Kontext der Entstalinisierung entstanden und als Integrations-, Mobilisierungs- und Erziehungsprojekt konzipiert gewesen, entwickelte aber durch den Umstand, dass sie live ausgestrahlt wurde, ein schwer zu kontrollierendes Eigenleben. Der Zuspruch der Bevölkerung war überwältigend, die Sendung erwies sich als Straßenfeger und hatte nebenbei eine Aktivierung der Jugendlichen zur Folge, indem sich allerorten KVN-Klubs bildeten und Aufgaben lösten. Hinter den Aufgaben steckte einerseits ein Idealbild des neuen sozialistischen Menschen, die Teilnehmer nutzten aber ihrerseits gleichzeitig die sich durch das Sendeformat bietenden Möglichkeiten, mit witzigen und geistreichen Beiträgen Kritik an den bestehenden Verhältnissen zu üben. In KVN konnten Dinge artikuliert werden, die in keiner Zeitung abgedruckt worden wären. Indem sich diese Kritik an gewissen Spielregeln orientierte, diente sie wiederum der Systemkonsolidierung, weil sie Unzufriedenheit auf konkrete, aber nicht grundsätzlich-systemische Mängel kanalisierte.[115] Die KVN-Klubs gehören gleichzeitig in den Kontext der Herausbildung von informellen Öffentlichkeiten, in denen sich offizielle und inoffizielle Normen vermischten.[116]

Loyalität und Kritik

Das Beispiel der modernen Massenmedien zeigt, dass die sowjetische Gesellschaft in den 1960er Jahren nicht unberührt blieb von kulturellen Veränderungen und Trends, die sich über die westlichen Industrieländer verbreiteten. Wenn sowjetische Kulturfunktionäre in den 1960er Jahren über die «Verdummung» durch Unterhaltungssendungen im Fernsehen klagten,[117] dann zielte das in eine ähnliche Richtung wie die in Westdeutschland oder Frankreich gleichlautend artikulierte Kritik an der «Amerikanisierung». Im Unterschied zu den westeuropäischen Gesellschaften aber, die den amerikanischen Kultureinfluss integrieren konnten, ohne dass er die Legitimität ihrer politischen Systeme in Frage stellte, hatte das sowjetische Regime den Anspruch erhoben, der «kapitalistischen» Massenkultur und Lebensweise etwas substanziell Anderes und Überlegenes entgegenzustellen. In dem Maße, in dem sich abzeichnete, dass dieser Anspruch stillschweigend unterlaufen wurde, drohte das gesamte sozialistische Projekt in Frage gestellt zu werden.[118]

Für die gewöhnlichen Sowjetbürger hatte der kulturelle Wandel hingegen keine politische Dimension. Der «Westen» war in den 1960er Jahren für die meisten Sowjetbürger eine Terra incognita, weil ihn kaum jemand aus eigener Anschauung kannte. Wenn Sowjetbürger ins Ausland reisen durften, dann in der Regel in die sozialistischen Länder des östlichen Europa. An dem, was sie dort sahen, maßen sie den eigenen Lebensstandard.[119] «Der Westen war etwas weit Entferntes, Abstraktes», erinnerte sich eine Einwohnerin der Stadt Saratov an der Wolga an ihre Schulzeit in den 1960er Jahren. «Er war etwas Unreales, denn Saratov war eine geschlossene Stadt und man hatte praktisch keine Kontakte [zu Ausländern].»[120]

Die Vorstellungen vom Leben in Westeuropa und in den USA waren in hohem Maße von der systematischen Desinformation durch die sowjetische Propaganda geprägt. Eine im Januar und Februar 1968 von Soziologen der Akademie der Wissenschaften durchgeführte repräsentative Umfrage in der südrussischen Stadt Taganrog illustriert die aus der sowjetischen Informationspolitik und Schulbildung resultierende Quasi-Informiertheit[121] der Menschen. Die Befragten sollten ausländischen Staaten verschiedene wertende Aussagen zuordnen. Sie taten dies mit scheinbarer Sicherheit im Urteil, weil sie glaubten, Bescheid zu wissen, reproduzierten aber in Wirklichkeit das verzerrte Bild der sowjetischen Propaganda. Eine große Mehrheit war der Ansicht, dass sich Demokratie und Lebensstandard in den sozialistischen Ländern generell auf einem höheren Niveau befänden als im Westen. Weitaus am besten schnitt bei der Frage nach der Demokratie die Tschechoslowakei ab. Mit großem Abstand folgten Frankreich, Bulgarien, die DDR und Polen. In Bezug auf den Lebensstandard war ebenfalls die Tschechoslowakei Spitzenreiter, gefolgt mit großem Abstand von den USA, der DDR, Schweden, Bulgarien und der Bundesrepublik Deutschland. Die Bundesrepublik Deutschland wurde zusammen mit den USA als Kriegstreiber und größte Bedrohung für den Weltfrieden betrachtet. Sie war zwar nach Ansicht der Befragten in ökonomischer Hinsicht ähnlich erfolgreich wie die DDR, aber im Lebensniveau der Bevölkerung weit abgeschlagen. Besonders schlecht schnitt sie in Bezug auf das politische System ab. Die Freiheit der Bürger sei in Westdeutschland arg eingeschränkt, meinten die Befragten. Ähnlich war das Urteil über die USA, wobei dort immerhin der Lebensstandard als hoch eingeschätzt wurde. Das einzige westliche Land, das in der Umfrage im Hinblick auf die politischen Fragen gut beurteilt wurde, war Frankreich. Hier spiegelte sich die wohlwollende Behandlung Frankreichs in der offiziellen sowjetischen Berichterstattung vor dem Hintergrund dessen, dass Frankreich 1966 aus den Militärstrukturen der NATO ausgetreten war. Das weitaus positivste Verhältnis hatten die Befragten zur Tschechoslowakei. Sie galt ihnen als das wirtschaftlich erfolgreichste, im Hinblick auf die Lebensverhältnisse und die Demokratie höchstentwickelte Land und zugleich als der verlässlichste Freund der Sowjetunion.[122] – Die Umfrage fand zu einem Zeitpunkt statt, als die Reformen in der Tschechoslowakei in der sowjetischen Berichterstattung noch positiv bewertet wurden.

Besser informiert als über die politischen Verhältnisse und das Lebensniveau im Ausland waren die Sowjetbürger über westliche Filme, Literatur und Unterhaltungsmusik – Elemente der westlichen Kultur, die sie sich begierig aneigneten. Jeans und Lederjacken standen bei den Jugendlichen hoch im Kurs. Unter der Jugend, der Intelligenz und in der Funktionärsschicht war die Imitation von Kleidung und Verhaltensweisen, die man aus Filmen als «westlich» gelernt hatte, verbreitet. In den sowjetischen Kinos und im Fernsehen wurden nur wenige westliche Filme gezeigt, aber diese zählten zu den populärsten.[123] «Die Sechziger kannten Amerika nicht, aber sie glaubten daran», heißt es in einer (später in der Emigration verfassten) Skizze über das Lebensgefühl in der Sowjetunion der 1960er Jahre.[124] Amerika war für die Sowjetbürger ein Mythos, in dem unterschiedliche Suggestionen verschwammen: einerseits die aus den Reden Chruščevs verfestigte Suggestion vom negativen Gegenbeispiel zum Kommunismus, (das es gleichwohl ökonomisch zu überholen galt); andererseits das Konglomerat von Suggestionen, die von den Produkten der amerikanischen Kultur ausgingen: Jazz, Rockmusik, aber etwa auch der 1962 in den sowjetischen Kinos gezeigte Western «Die glorreichen Sieben» und die Werke von Ernest Hemingway, die ab 1959 in der Sowjetunion in Übersetzung gedruckt wurden und sich im Hinblick auf Mode und Lebensstil als einflussreich erwiesen.[125]

Für die wenigsten war die kulturelle Attraktivität der Suggestion vom «Westen» mit einem Loyalitätskonflikt gegenüber dem Regime oder mit Kritik am sowjetischen System verbunden. In der zweiten Hälfte der 1960er Jahre erfuhren große Teile der Bevölkerung eine relative Verbesserung ihrer materiellen Situation und waren daher gegenüber dem Regime positiv gestimmt. Die Steigerung des Realeinkommens, die Verbesserungen im Wohnungs- und Konsumgüterbereich und der Ausbau der Sozialleistungen wurden als Errungenschaften gewürdigt, die man nicht missen wollte. 1966/67 befand sich diese optimistisch-positive Grundstimmung auf dem Höhepunkt.[126]

Nur eine kleine Minderheit ging in den 1960er Jahren bewusst auf Distanz zum Regime. Sie werden gemeinhin als «Dissidenten» bezeichnet, nannten sich selbst aber «Andersdenkende» (*inakomysljaščie*), weil sie nicht als von der Norm abweichende, pathologische Figuren erscheinen wollten.[127] Das Phänomen der Dissidenten existierte im Spannungsfeld zweier Parameter: Einerseits hatte der Staat aufgehört, «Feinde» zu töten beziehungsweise durch mörderischen Terror einzuschüchtern. Andererseits unterdrückte er weiterhin jeden echten Pluralismus und hielt an seinem Informations- und Machtmonopol fest.

Die Dissidenten kamen vorwiegend aus dem Milieu der hauptstädtischen Wissenschaftler und Kulturschaffenden, denn als solche kollidierten sie eher als andere Sowjetbürger mit den offiziellen Vorgaben, Dogmen und Denkverboten. Im Umgang mit ihnen knüpfte Brežnev an die Methoden der späten Chruščevzeit an. Die Prozesse und Verurteilungen erwiesen sich allerdings wie schon unter Chruščev als kontraproduktiv. Das zeigte schon 1965/66 das Verfahren gegen die beiden Schriftsteller Andrej Sinjavskij und Julij Daniėl', die der antisowjetischen Agitation und Propaganda bezichtigt wurden, weil sie satirische Erzählungen im Ausland (unter den Pseudonymen Abram Terc und Nikolaj Aržak) veröffentlicht hatten. Sie wurden zu sieben beziehungsweise fünf Jahren Arbeitslager verurteilt. Der Umstand, dass sich die Angeklagten nicht schuldig bekannten und die Rituale der Unterwerfung verweigerten, verdeutlichte, dass Schauprozesse nicht mehr so funktionierten wie in der Stalinzeit. Die offensichtliche juristische Farce dieses Prozesses veranlasste Studenten, Schriftsteller und Wissenschaftler, öffentlich gegen die Rechtsbeugung zu protestieren. Den Anfang machte im Dezember 1965 eine Kundgebung von etwa 100 Studenten, die am Puškindenkmal demonstrierten und für einige Minuten Transparente mit der Aufschrift «Achtet die sowjetische Verfassung!» und «Wir verlangen Öffentlichkeit (*glasnost'*) für den Prozess gegen Daniėl' und Sinjavskij!» entrollten. Die Berufung auf die Verfassung sowie die Forderung nach Einhaltung der in der Sowjetunion geltenden Gesetze und von ihr anerkannten internationalen Abkommen sollten fortan zu einem Eckpfeiler der Taktik der Dissidenten werden.[128]

Den Studenten folgten einige Schriftsteller und hochrangige Akademiemitglieder, darunter der Atomphysiker Andrej Sacharov. Sie alle riskierten mit dem offenen Protest ihre Karriere und mussten sogar Strafen befürchten. Naturwissenschaftler waren stärker vertreten als Geisteswissenschaftler, denn sie waren ideologisch nicht so eng mit dem Regime verbunden. Außerdem wurde ihre Forschungskapazität für Wirtschaft, Raumfahrt und Rüstung so dringend benötigt, dass der Staat sich kaum erlauben konnte, sie zu entlassen. Im Januar 1968 folgte der «Prozess der Vier». Die Angeklagten hatten über den Prozess gegen Sinjavskij und Daniėl' ein Protokoll verbreitet und wurden nun ebenfalls zu Haftstrafen verurteilt. Abermals brachte der Prozess die Opposition nicht zum Schweigen, sondern fachte sie erst recht an. Etwa 800 Personen unterzeichneten Petitionen oder Protestbriefe. Wenige Monate später trug die Niederschlagung des «Prager Frühlings» zur Ausweitung der Dissidentenbewegung bei. Am Tag des Einmarsches der Truppen des Warschauer Paktes (21. August 1968) demonstrierten einige wenige auf dem Roten Platz, wurden aber schnell verhaftet.

Rückhalt in der Bevölkerung hatten die Dissidenten nicht, aber sie ließen sich durch Einschüchterungen nicht mundtot machen. Wirksamer als öffentliche Aktionen, die nur von kurzer Dauer sein konnten und nur von wenigen überhaupt registriert wurden, war die Publikationstätigkeit im *samizdat* («Selbstverlag»), das heißt in Form von Manuskripten, die in Eigenregie auf Schreibmaschinen vervielfältigt und abseits der Zensur illegal verbreitet wurden. Ganze Bücher kursierten auf diese Weise in zum Teil mehreren Tausend Exemplaren. Fanden sie ihren Weg ins Ausland, wurden manche von ihnen in westlichen Verlagen publiziert und gelangten dann wieder in die Sowjetunion. Die am häufigsten vervielfältigten Werke waren der autobiographische Bericht von Evgenija Ginzburg über ihr Leben in den Straflagern unter Stalin, Manuskripte von Solženicyn, Boris Pasternaks Roman «Doktor Živago», das 1966/67 verfasste Buch von Andrej Amal'rik «Kann die Sowjetunion das Jahr 1984 erleben?» und die 1968 geschriebene und auch im Ausland erschienene Denkschrift des Atomphysikers Andrej Sacharov «Gedanken über Fortschritt, friedliche Koexistenz und intellektuelle Freiheit».[129]

Die Staatsorgane verfolgten den Dissens, wo sie konnten, verfeinerten aber gleichzeitig ihr Instrumentarium. Die Sanktionen waren nicht mehr so undifferenziert brutal wie früher, aber in einem abgestuften System dennoch existenzbedrohend. Sie reichten von Repressalien am Arbeitsplatz, Bespitzelung und Vorladung zu Verhören bis zu Lagerhaft und Zwangspsychiatrisierung. Vor allem Letzteres war eine Innovation des Brežnev-Regimes, die in großem Stil praktiziert wurde.[130] Eine ebenfalls häufig angewandte Methode war die sogenannte «Prophylaxe» (*profilaktirovanie*), von der zwischen 1967 und 1971 13 602 Personen betroffen waren: Sie wurden vom KGB registriert und zu einem Gespräch vorgeladen, das ihnen bewusst machte, dass sie unter Beobachtung standen und bei Fehlverhalten mit schlimmeren Konsequenzen zu rechnen hätten. Obwohl deutlich unterhalb der Schwelle der Verhaftung erwies sich die «Prophylaxe» als ein wirkungsvolles Instrument der Einschüchterung. Die Zahl der Verurteilungen wegen «antisowjetischer Propaganda» ging im Vergleich zur Chruščevzeit hingegen deutlich zurück: Im Jahrfünft 1966–1970 wurden 697 Sowjetbürger wegen dieses Deliktes verurteilt. Im Jahrfünft 1961–1965 waren es 1072 gewesen, im Jahrfünft 1956–1960 sogar 4676. Unter Brežnev wurde nicht mehr die bloße «antisowjetische» Äußerung bestraft, sondern deren vorsätzliche Verbreitung.[131]

14. Wohlstand und Ende der Dynamik 1971–1982

«Entwickelter Sozialismus» und «Stagnation»

Der 24. Parteitag im März 1971 verkündete den «entwickelten Sozialismus». Seit 1966 war in der Partei über diese Formel diskutiert worden, mit der man nun den seit 1964 praktizierten Verzicht auf die beschleunigte Erreichung des Kommunismus ideologisch unterfütterte. Damit war Chruščevs Diktum, bis 1980 den Kommunismus aufgebaut zu haben, auch theoretisch ad acta gelegt. Völlig aufgeben konnte man das Endziel der kommunistischen Gesellschaft nicht – das hätte die Partei desavouiert, aber mit der neuen Begrifflichkeit wertete man die Phase des Sozialismus auf: Sie war jetzt nicht mehr nur eine kurze Übergangsstufe zwischen Kapitalismus und Kommunismus, sondern ein eigenständiges Entwicklungsstadium, dem bereits ein hoher Eigenwert zugeschrieben wurde, das von längerer Dauer war und durch kontinuierliche graduelle Verbesserungen langsam auf den Kommunismus hinführen sollte. Die Doktrin vom «entwickelten Sozialismus» war seit 1971 ein zentrales Element des ideologischen Diskurses und wurde 1977 auch in der neuen Verfassung der Sowjetunion verankert.[1] Die zeitliche Streckung des Weges zum Kommunismus befreite die Partei vom Druck, überprüfbare Fristen einhalten zu müssen. Sie korrespondierte mit der Erkenntnis, dass sich das Wachstum der Volkswirtschaft abgeschwächt hatte. Die Zeiten der Euphorie und des grenzenlosen Optimismus, in denen Chruščev noch geschwelgt hatte, waren endgültig vorbei.[2]

Als Kennzeichen des «entwickelten Sozialismus» nannte Brežnev die hohe Entwicklung der Produktivkräfte, das Vorhandensein einer modernen Industrie und mechanisierten Landwirtschaft mit kollektivierten Großbetrieben und das zunehmende Verschwinden der sozialen Unterschiede zwischen Stadt und Land sowie zwischen körperlicher und geistiger Arbeit. Die klassenlose Gesellschaft sei zwar noch nicht verwirklicht, aber alle Mitglieder der Gesellschaft hätten sich nun stärker als früher den «proletarischen Klassenstandpunkt» zu eigen gemacht und die Gesellschaft werde langsam immer homogener. In Bezug auf den Staat griff Brežnev eine Formulierung auf, die Chruščev geprägt hatte, nämlich den «Staat des gesamten Volkes», der an die Stelle der Diktatur des Proletariats getreten sei. Damit rückte auch das Absterben des Staates, das eigentlich einen zentralen Bestandteil der kommunistischen Vision bildete, in die weitere Ferne. Die «entwickelte sozialistische Gesellschaft» bedurfte des Staates, um die Wirtschaft zu planen und zu leiten und die materielle Basis für den Kommunismus zu schaffen, die innere Ordnung aufrechtzuerhalten und die Sicherheit der Bürger gegenüber Bedrohungen von außen zu gewährleisten.[3]

Die offizielle Rhetorik kombinierte das Konzept vom «entwickelten Sozialismus» mit dem von der «wissenschaftlich-technischen Revolution». Auch dieser Begriff war schon seit Mitte der 1960er Jahre im Gespräch gewesen und gewann in den 1970er Jahren offiziell an Bedeutung. Der Diskurs von der «wissenschaftlich-technischen Revolution» kann als Versuch interpretiert werden, Antworten auf die Fragen zu finden, die sich durch den gegenüber der frühen Sowjetunion in allen Bereichen vollzogenen Wandel ergaben. Es ging dabei nicht nur um die Wirtschaftsleitung, sondern um die Steuerungs- und Leitungsprozesse in der Gesellschaft als Ganzes. Die in den 1920er und 1930er Jahren geprägte Vorstellung vom Gemeinwesen als einer zentral gesteuerten Maschine wich der von einem komplexeren «kybernetischen» System, in dem verschiedene Elemente miteinander in Wechselbeziehung standen und daher differenziertere Regelungstechniken notwendig machten.

Mit Demokratisierung oder Pluralisierung hatte dieses Konzept nichts zu tun. Es steht vielmehr für den Versuch, einen Weg zu finden, trotz der komplizierter gewordenen Wirklichkeit in Administration, Wirtschaft und Gesellschaft weiterhin die Leitung von oben aufrechtzuerhalten. Mit den Methoden der 1930er Jahre – Mobilisierung, Militarisierung und Aktionismus – ließ sich das Land nicht mehr regieren. Der zentrale Leitungsanspruch sollte nun durch ein wissenschaftlich begründetes Steuerungssystem gewährleistet werden. In der Praxis erwies sich dieses Konzept jedoch als eine Selbsttäuschung. Statt Rationalität und Effizienz prägten Bürokratie, Schlendrian, Patronage, Korruption und Repressivität die späte Brežnevzeit. Nicht umsonst hat sich für sie das Etikett der «Stagnation» eingebürgert – ein Begriff, den Gorbačev erfolgreich zur Legitimierung seiner Reformpolitik in Abgrenzung zur späten Brežnevzeit einsetzte. Die Amtszeit Brežnevs hatte zwar ihrerseits mit Reformen begonnen, aber diese wurden zu Beginn der 1970er Jahre eingestellt, und die Innenpolitik lief fortan auf Systemerhaltung hinaus.

Die bürokratische Erstarrung und der Verlust der Dynamik hatten viel mit Brežnev selbst und dem Führungspersonal zu tun. Brežnev war ab 1974 gesundheitlich schwer angeschlagen. Die häufig kolportierten Mutmaßungen über mehrere Schlaganfälle und Herzattacken, die ihn in den Jahren vor seinem Tod heimgesucht hätten, treffen jedoch nicht zu. Brežnev, der seit seiner Jugend Kettenraucher war, erlitt vielmehr bereits 1952 und 1957 Herzinfarkte. Danach hatte er keine Herzprobleme mehr, klagte aber seit seinem Amtsantritt als Parteichef über Schlaflosigkeit und wurde von

Schlafmitteln abhängig. Der jahrelange Schlafmittelmissbrauch führte zu einem Zustand der dauerhaften Überreizung und Übermüdung. Während Brežnev bis dahin extrem viel gearbeitet hatte, konnte er in der zweiten Hälfte der 1970er Jahre nur noch wenige Stunden am Tag seinen Amtsgeschäften nachgehen.[4] Sein stichwortartiger Dienstkalender deutet darauf hin, dass er seit 1972/73 stark mit seinem Körper und seiner Gesundheit beschäftigt war. Er machte zahlreiche Notizen über seinen Gesundheitszustand, Arztbesuche, Krankenhausaufenthalte. 1976 begann er, Massagen, Spaziergänge und Bäder zu verzeichnen, seit April 1977 trug er täglich sein Körpergewicht ein und verfolgte penibel alle Veränderungen. Ebenso penibel schrieb er auf, wann und von wem er sich die Schlaftabletten besorgen ließ: «Mit Ju. V. Andropov gesprochen – bekommen»; «Mit S. K. Cvigun gesprochen – 4 Stück»; «Cvigun, S. K. – am 19. Packung»; «Die gelblichen bis 28. einschließlich bekommen. Cvigun Sem. Kuz'mič»; «Von Ju. V. die gelblichen bekommen.»[5]

Angesichts seiner nur mehr stark eingeschränkten Amtsfähigkeit konzentrierte sich Brežnev in seinen letzten Lebensjahren auf Personalfragen. Sein Dienstkalender dokumentiert, dass er die Entscheidung über wichtige Posten bis zuletzt nicht aus der Hand gab. Noch in den Wochen unmittelbar vor seinem Tod verzeichnete er penibel Ordensverleihungen und Auszeichnungen von Funktionären. Dem Ritual der Ordensverleihung maß er gerade im Angesicht der eigenen Schwäche und Abhängigkeit von loyalen Gefolgsleuten eine gesteigerte Bedeutung bei.[6] Auch er selbst akkumulierte Ämter, Titel und Orden und wurde zum Mittelpunkt eines Personenkultes. Zusätzlich zum Amt des Generalsekretärs der Kommunistischen Partei übernahm er den Vorsitz im Verteidigungsrat, in der Kommission zur Vorbereitung der neuen Verfassung und 1977 wurde er auch noch Vorsitzender des Obersten Sowjets, was dem Staatsoberhaupt entsprach. Den Vorsitz im Ministerrat gab er an seinen Vertrauten Nikolaj Tichonov weiter. Verteidigungsminister Dmitrij Ustinov und seinen jahrzehntelangen Schützling Konstantin Černenko holte Brežnev ins Politbüro. Ustinov, Černenko und Tichonov bildeten zusammen mit KGB-Chef Jurij Andropov, dem Ideologen Michail Suslov und dem Außenminister Andrej Gromyko eine Gruppe, die gemeinsam die Macht ausübte, indem sie den kranken Brežnev im Amt hielt. Sie wussten über die mannigfaltigen Probleme im Land Bescheid, lehnten aber unter dem Eindruck der tschechoslowakischen Ereignisse von 1968 alle Reformvorschläge ab. Den «Prager Frühling» hatten sie als bedrohliche Dynamisierung von ursprünglich begrenzten Reformen erlebt, die sich nicht wiederholen durfte.[7]

Zum 1. Mai oder zum Jahrestag der Oktoberrevolution prangten auf den Hausfassaden der Paradeplätze riesige Transparente mit Brežnevs Konterfei, in Anlehnung an Stalin wurde er bisweilen auch als «Führer» (*vožd'*) tituliert. 1976 ernannte er sich selbst zum Marschall der Sowjetunion und zeigte sich gerne in prächtiger Uniform, mit breiten Schulterstücken und mit zahllosen Orden behängt. Seine Eitelkeit und Empfänglichkeit für Ehrungen und Orden waren legendär. Zum 60. Geburtstag 1966 war ihm der Titel «Held der Sowjetunion» verliehen worden. 1976, 1978 und 1981 erhielt er diesen Titel noch dreimal, 1973 den Leninorden «für die Festigung des Friedens zwischen den Völkern», 1979 den Leninpreis für Literatur (für seine Memoiren, in denen er seine Rolle während des Krieges aufbauschte) sowie unzählige Auszeichnungen aus der Hand von Staatschefs sozialistischer Länder. Nicht zuletzt wegen dieser Eitelkeit wurde Brežnev gegen Ende seiner Amtszeit Gegenstand von Witzen und Anekdoten – deren Grundtendenz in einem nicht unbedingt feindseligen Spötteln über einen senil-vertrottelten, aber gutmütigen Onkel bestand.[8] Diese Witze sind ein Symptom für den Autoritätsverlust und schleichenden Machtverfall Brežnevs. Er führte zwar nominell weiterhin die Partei und den Staat, aber er war ein alter, gebrechlicher Mann geworden, der keinen Optimismus mehr ausstrahlte, sondern mit dem man Mitleid haben konnte, wenn man zusah, wie er mühsam Haltung bewahrte und Schwierigkeiten hatte zu sprechen.[9] In dieser Situation kam die kollektive Führung zum Tragen, sodass das System weiter funktionierte, auch wenn der Mann an der Spitze nicht mehr arbeitsfähig war.

Die zunehmende Gebrechlichkeit Brežnevs trug umso mehr zu seinem Autoritätsverlust in der Bevölkerung bei, als sie für Millionen Menschen sichtbar war. In seine Amtszeit fiel der Aufstieg des Fernsehens zum wichtigsten Massenmedium, und die Parteiführung maß diesem Medium große Bedeutung als Instrument der Macht bei, denn es ermöglichte eine bis dahin ungekannte Intensität der Präsenz von Partei und Staat in der Gesellschaft. In Bezug auf die Herausbildung einer «sowjetischen» Identität und die suggestive Beeinflussung der Menschen durch gesteuerte Informationen spielte das Fernsehen eine das Regime stabilisierende Rolle. Im Hinblick auf die Person des Parteichefs war jedoch das Gegenteil der Fall. Seit Ende der 1960er Jahre wurde Brežnev fast täglich in der abendlichen Nachrichtensendung gezeigt. Wirkte er zunächst durchaus telegen, so änderte sich das mit der Verschlechterung seines Gesundheitszustandes gravierend. Nun konnte jeder dabei zusehen, wie der Parteichef zunehmend gebrechlich wurde, wie es ihm Mühe bereitete, die vorbereiteten Texte abzulesen, wie er sich beim Sprechen abplagte und merkwürdige Schnalzlaute von sich gab, weil seine Zahnprothese nicht hielt. Diese tägliche öffentliche Selbstdemontage begann 1972 und wurde im Laufe der Jahre immer verheerender. Während Stalin die totale Kontrolle über seine bildliche Darstellung gewahrt hatte und jedes neue Foto oder Porträt vor der Veröffentlichung seiner ausdrücklichen Bestätigung bedurfte, trug das Fernsehen den körperlichen Verfall Brežnevs in jedes Wohnzimmer.[10]

Mit Brežnev alterte die gesamte Führung, denn getreu seiner Devise «Vertrauen in die Kader» wurde kaum jemand ausgewechselt, dafür aber die Größe der Gremien durch Kooptationen ausgeweitet. Das Zentralkomitee wuchs von 195 (1966) auf 319 Vollmitglieder (1981), wobei fast die Hälfte derjenigen, die 1966 schon im Zentralkomitee gesessen hatten, 1981 ihr Amt immer noch ausübten. Mehr als 90 Prozent der Mitglieder des Zentralkomitees waren am Ende der Amtszeit Brežnevs älter als 50 Jahre. Im Ministerrat war das Durchschnittsalter auf 65, im Politbüro auf 70 Jahre gestiegen.[11] Es handelte sich um die Generation der ab 1905 Geborenen, die ihre Blütezeit in den 1930er bis 1950er Jahren erlebt hatte und nun in der Sowjetunion wie in anderen kommunistischen Ländern mit dem von ihnen getragenen System alterte. Ihre Sozialisierung und ihr Erfahrungshorizont blieben immer mehr hinter dem zurück, wie die Jüngeren, die den Krieg nicht mehr erlebt hatten, ihr Leben wahrnahmen und ihre Bedürfnisse definierten.[12]

Wirtschaft

Ende der 1960er Jahre stufte die Parteiführung die Kosyginschen Wirtschaftsreformen als gescheitert ein. Unter dem Eindruck des «Prager Frühlings» schwand die Bereitschaft, einen Teil der Kontrolle über die Volkswirtschaft abzugeben und den Kräften des Marktes zu überlassen, weil das Risiko zu groß schien, dass die Veränderungen ähnlich wie in der Tschechoslowakei eine Eigendynamik entwickeln könnten. Daraus resultierte auf dem Dezemberplenum des Zentralkomitees 1969 der Entschluss, die Reformen abzubrechen.[13] Ab 1971 bestand das Ziel der Wirtschaftspolitik darin, die administrative Kommandowirtschaft aufrechtzuerhalten und ihre Effektivität durch kleinere Modifikationen zu verbessern, aber keine neuen grundlegenden Experimente mehr in Angriff zu nehmen. Die vielen kleinen halbherzigen Refőrmchen, die im Laufe der 1970er Jahre erlassen wurden, verpufften wirkungslos, weil sie von den Managern, Betriebsdirektoren und selbst in den Branchenministerien weitgehend ignoriert wurden.[14]

Die Abneigung gegen marktwirtschaftlich orientierte Reformen war nicht nur eine Sache der obersten Führung, sondern weit in der Gesellschaft verbreitet. Das Abgehen von den Prinzipien der sozialistischen Kommandowirtschaft hätte dem gesamten System von informellen Netzwerken, subventionierten Preisen, Sozialleistungen und Privilegien den Boden entzogen. Das war aber insofern nicht erstrebenswert, als die in den Betrieben Beschäftigten sich inzwischen gut damit arrangiert hatten, dass von ihnen nur eine geringe Arbeitsleistung erwartet wurde und es trotzdem Wege gab, sich das zu besorgen, was man brauchte. Die Manager und Betriebsleiter wiederum hatten Strategien entwickelt, wie sie mit der Kommandowirtschaft zurechtkamen, ohne für Fehler bestraft zu werden. Die vorsätzliche Nichterfüllung des Produktionsplans bewirkte für den nächsten Planungszeitraum die Zuteilung realistischer Quoten. Die geringe Effizienz der Wirtschaft wurde von den Fachleuten, von den Managern und den Fabrikdirektoren als ein stabiler Dauerzustand wahrgenommen, in dem man sich eingerichtet hatte.[15] Objektiv betrachtet befand sich jedoch die sowjetische Wirtschaft seit den ausgehenden 1960er Jahren in einer latenten Krise, weil ihre geringe und stagnierende Produktivität und Effizienz sowie die Innovationsschwäche und das Festhalten am Industrialisierungsmodell der Jahrhundertwende die Gefahr in sich bargen, auf Dauer die soziale Sicherheit und den Konsum nicht finanzieren zu können. Als «soziale Überdehnung» ist diese unterschwellige Krise in Anlehnung an die «imperiale Überdehnung» («imperial overstretch») – die Überforderung durch die mit der Aufrechterhaltung der Sicherheitszone im östlichen Europa verbundenen Militärausgaben – plastisch beschrieben worden,[16] wenngleich diese Metapher die Sozialleistungen des sowjetischen Staates gegenüber ihrem realen Umfang stark überhöht.

Dass es dem Regime dennoch gelang, das System bis zum Ende der 1970er Jahre stabil zu halten und sogar den USA im Rüstungswettlauf Paroli zu bieten, lag daran, dass die Sowjetunion von den Ölkrisen 1973 und 1979 profitierte.[17] Das rapide Ansteigen der Ölpreise nutzte der Sowjetunion, da sie selbst Erdöl und Erdgas förderte und exportierte – im Gegensatz zu den sozialistischen Ländern Ostmitteleuropas, die sich schwer verschulden mussten, um den Lebensstandard aufrechtzuerhalten. Die Sowjetunion hatte während der 1960er Jahre in Sibirien große Erdöl- und Erdgasvorkommen erschlossen und konnte nun zu hohen Preisen Öl und Gas exportieren. Damit wurde sie zum weltgrößten Öl- und Gasexporteur und erwirtschaftete 1973–1985 aus diesen Geschäften 80 Prozent ihrer Devisen. Hinzu kam, dass die arabischen Staaten einen beträchtlichen Teil ihrer Einnahmen aus dem Ölgeschäft für Waffenkäufe in der Sowjetunion verwendeten. Die Einnahmen aus den Exporten nutzte die Sowjetunion zur Milderung der Ölkrise in den Satellitenstaaten, zur Aufrüstung, zum

Ankauf von Industrieausrüstungen und Maschinen, zum Import von Getreide und zur Subvention der Lebensmittel- und Konsumgüterindustrie.[18]

Auf diese Weise halfen die Ölkrisen der Sowjetunion, die strukturellen Schwächen ihrer Wirtschaft zu verdecken. Indem die Deviseneinnahmen den Reformdruck im Inneren reduzierten, trugen sie zur Vergrößerung des Abstandes zu den westlichen Ökonomien bei, denn die westlichen Industrieländer wurden durch die Krise gezwungen, ihre Wirtschaften umzustrukturieren und radikal zu rationalisieren. Dieser grundlegende Wandel weg von der klassischen Schwerindustrie hin zum Dienstleistungssektor, stärkerer Rationalisierung und dem Einsatz der elektronischen Datenverarbeitung fand in der Sowjetunion nicht statt. Hier setzte man weiterhin auf die klassische Industrie alten Typs, hielt am Gesellschaftsmodell des Massenarbeiters und der rauchenden Schlote fest und geriet dadurch strukturell ins Hintertreffen. Das gilt vor allem für die «digitale Revolution», die in den 1970er Jahren in den westlichen Ländern ihren Siegeszug antrat. Was Brežnev Ende der 1960er Jahre als Gefahr an die Wand gemalt hatte, nämlich auf dem Gebiet der elektronischen Datenverarbeitung den Anschluss zu verlieren, trat nach 1970 tatsächlich ein. Der Rückstand der Sowjetunion in der Computertechnik und in der Nutzung der digitalen Technik betrug acht bis 15 Jahre.[19] Er war nicht nur technologisch, sondern auch systembedingt. Da die Computertechnik mit ihrem verbesserten Informationsfluss zwischen den verschiedenen Ebenen des Managements die Symbiose von Kommandowirtschaft und den zu ihrer Aufrechterhaltung notwendigen korrupten Praktiken beeinträchtigt und damit das Funktionieren der Wirtschaft bedrohlich gestört hätte, zeigten die Akteure auf den unteren und mittleren Ebenen wenig Interesse an der Einführung der neuen Technologie.[20]

Wenn die Sowjetunion die Importe aus dem Westen nicht durch das Öl- und Gasgeschäft hätte finanzieren können, wäre sie aufgrund der geringen Leistungsfähigkeit ihrer Landwirtschaft in große Schwierigkeiten geraten. Die Getreideproduktion konnte zwar gegenüber den 1950er Jahren gesteigert werden, aber ein beträchtlicher Teil des Getreides wurde als Futtermittel benötigt, um die durch die niedrig gehaltenen Lebensmittelpreise hohe Nachfrage nach Fleisch befriedigen zu können. Im internationalen Vergleich war die Produktivität der sowjetischen Landwirtschaft weiterhin niedrig und die Ernteergebnisse unterlagen großen Schwankungen. Neben Getreide mussten in den 1970er Jahren auch Fleisch und Butter importiert und in den meisten Industriestädten, ausgenommen Moskau, Leningrad und einigen ausgewählten Großstädten, rationiert werden. Angesichts der sich verschlechternden Versorgungslage erweiterte die Regierung 1978 die Rechtsgrundlagen für die Selbstversorgung und gestattete Betrieben, Organisationen und Institutionen, für den Eigenbedarf Lebensmittel zu produzieren.[21] Das Wachstum der sowjetischen Wirtschaft tendierte um 1980 gegen null, die Investitionsquote ebenfalls, obwohl eine Erneuerung der Produktionsanlagen dringend notwendig gewesen wäre, und die Steigerung der Arbeitsproduktivität gelang nicht im erforderlichen Maße. Von einer Verringerung des Abstandes zu den westlichen Industrieländern konnte seit 1958 nicht mehr die Rede sein. Die sowjetische Wirtschaft hielt von 1958 bis 1986 zwar ziemlich konstant ein Niveau von etwa 35 Prozent der Pro-Kopf-Wirtschaftsleistung der USA, denn auch die westlichen Ökonomien hatten in den 1970er und 1980er Jahren mit Wachstumseinbrüchen zu kämpfen,[22] aber sie erwies sich als prinzipiell unfähig, den Übergang vom extensiven zum intensiven Wachstum zu vollziehen. Das System der administrativen Kommandowirtschaft hatte so lange funktioniert, wie das Wachstum durch eine Ausweitung des Einsatzes von Arbeitskräften und materiellen Ressourcen erzielt werden konnte. Als es im Zuge der globalen Wandlungen in der Wirtschaft in den 1970er Jahren aber darum ging, durch Innovationen und Umstrukturierungen die vorhandenen Ressourcen sparsamer und effizienter einzusetzen, stieß das System an seine Grenzen.[23]

Umwelt

Die Ölkrise von 1973 gilt international als umwelthistorische Zäsur. Auch in der Sowjetunion stieg in den 1970er Jahren die Sensibilität für Umweltfragen, ohne dass diese allerdings politisch einen ähnlich hohen Stellenwert wie in den westlichen Ländern erreichten. Virulent werdende ökologische Probleme erzeugten in dieser Dekade ein neues Problembewusstsein und letztlich eine Zivilisationskritik, die auch vom Gedankengut der in den USA und in Westeuropa entstehenden Ökologiebewegung beeinflusst war.[24] Ein gewisser Wandel in der Einstellung zur Natur hatte sich bereits Ende der 1950er Jahre abzuzeichnen begonnen. Unter Stalin hatte die Natur als Feind gegolten, der unterworfen werden musste. In den 1950er Jahren wandelte sich die Natur in der Wahrnehmung vom Feind zur Ressource, die es rationell zu nutzen galt. Zwischen 1957 und 1963 wurden in den Sowjetrepubliken erste Naturschutzgesetze erlassen und auch der Gesamtstaat verabschiedete Grenzwerte für die Verunreinigung von Luft, Wasser und Boden. Der Umweltschutz war mit dieser Stoßrichtung Teil der Chruščevschen Kampagne zum Übergang vom extensiven zum intensiven Wirtschaftswachstum.[25]

Zum Katalysator einer Umweltschutzbewegung in der Gesellschaft wurde der 1959 verkündete Plan, am Baikalsee große Papier- und Zellulosefabriken zu errichten. Der größte Süßwassersee der Welt eignete sich aufgrund seines fast mineralstofffreien Wassers besonders gut für die Papierindustrie, galt aber zugleich mit seiner einzigartigen Pflanzen- und Tierwelt als Symbol für die vom Menschen bedrohte Natur. 1961 warnten zunächst Wissenschaftler vor der Zerstörung des Ökosystems und in weiterer Folge formierte sich Mitte der 1960er Jahre eine breite Koalition von Schriftstellern, Filmemachern, der Sibirischen Abteilung der Akademie der Wissenschaften, regionalen und zentralen Behörden sowie von großen Zeitungen, die den Stellungnahmen ein Forum boten. Zum ersten Mal nahm eine von der Presse unterstützte Öffentlichkeit mit massiver und offen vorgetragener Kritik Einfluss auf die Politik. Die Pläne zur Ansiedlung der Industriebetriebe konnten zwar nicht verhindert, wohl aber abgemildert werden. Die Dimension der Produktionsanlagen wurde deutlich verringert und die beiden Papierkombinate, die am Ende errichtet wurden (und den See mit ihren Abwässern massiv verunreinigten), erhielten Umweltschutzauflagen. Der Staat hatte auf die öffentliche Kritik Rücksicht genommen. Der Vorgang wiederholte sich in ähnlicher Form bei anderen Großprojekten.[26]

Abgesehen von diesen Einzelfällen war die sowjetische Industrialisierung und Urbanisierung allerdings weiterhin von einem zerstörerischen Umgang mit der Natur gekennzeichnet, der zu Beginn der 1970er Jahre in Aufsehen erregende Umweltkatastrophen mündete: 1970 brach in Astrachan' aufgrund der Verschmutzung der Wolga mit Abwässern die Cholera aus und auf dem Fluss trieben große Ölteppiche, die von spielenden Kindern in Brand gesetzt wurden.[27] Unter dem Eindruck dieser und ähnlicher Katastrophen sowie des durch die Ölkrise ausgelösten internationalen Trends zum sparsameren Umgang mit natürlichen Ressourcen verabschiedete der Oberste Sowjet eine Reihe von Gesetzen über Landnutzung (1968), Gewässerschutz (1970), Ausbeutung von Bodenschätzen (1975), Waldschutz (1977), Luftverschmutzung (1980) und Wildtierschutz (1980). 1975 nahm die Regierung auch in den Fünfjahresplan Umweltschutzmaßnahmen mit auf und investierte mehrere Milliarden Rubel in die Bekämpfung von Luft- und Wasserverschmutzung.[28]

Auf den ersten Blick erweckte die sowjetische Umweltpolitik der 1970er Jahre einen dynamischen Eindruck. Manche westliche Beobachter sprachen damals sogar davon, dass die Sowjetunion mit ihrer zentralistischen Planwirtschaft und ihren Kontrollmechanismen einen strukturellen Vorteil bei der Lösung von Umweltproblemen und der Einführung ökologischer Standards habe, weil sie der Wirtschaft Auflagen diktieren könne und nicht auf den guten Willen der Unternehmer angewiesen sei. Bei näherer Betrachtung erweisen sich jedoch die umweltpolitischen Initiativen weitgehend als wirkungslose Fassade. Die offiziellen Statistiken und Berichte verschleierten die Probleme. Erst im Zuge von Gorbačevs *glasnost'* kamen Ende der 1980er Jahre das schockierende Ausmaß der Zerstörung und Vergiftung ganzer Landstriche und die durch die Umweltverschmutzung verursachten gesundheitlichen Schäden ans Licht.[29]

Für die Halbherzigkeit und Ineffektivität der sowjetischen Umweltpolitik sind mehrere Faktoren verantwortlich. Einer liegt sicherlich in dem Glauben der hohen Funktionäre, dass Umweltprobleme lediglich ein Übergangsphänomen seien, das sich mit dem Eintritt in den Kommunismus von selbst lösen werde. Diese Haltung begünstigte das Vor-sich-Herschieben des Problems ebenso wie die bis heute in Russland zu beobachtende Haltung, das Land sei so riesig und seine Ressourcen seien so unerschöpflich, dass man damit sorgloser und verschwenderischer umgehen könne als im dicht besiedelten Westeuropa. Hinzu kam die Sozialisierung der Brežnev-Generation unter dem dominanten Paradigma, die Sowjetunion schnell zu industrialisieren und die kapitalistischen Länder in der Produktion einzuholen. Unter dieser Prämisse hatte der rasche Bau von Fabriken, Staudämmen und Kraftwerken klare Priorität vor dem Schutz der Umwelt. Daraus resultierten schwammige Gesetze, deren Umsetzung nicht klar geregelt war und nicht mit Sanktionen erzwungen wurde. Bei einer Umfrage unter Betriebsdirektoren erklärten zu Beginn der 1980er Jahre fast 90 Prozent der Befragten, die Umweltschutzbestimmungen zwar zu kennen, aber nicht zu beachten, weil man nicht zur Verantwortung gezogen werde. Außerdem maß die administrative Kommandowirtschaft den Erfolg der Betriebe in quantitativen Kriterien, nicht in der Effizienz der eingesetzten Mittel. Wasser, Energie und Rohstoffe waren billig, in Ressourcen sparende Produktionstechniken wurde nicht investiert. Während die westlichen Industrien in den 1970er Jahren unter dem Druck steigender Energiepreise und staatlicher Auflagen den Energie- und Ressourcenverbrauch senken und umweltschonendere Techniken einführen mussten, produzierte die sowjetische Industrie im Großen und Ganzen unverändert mit den alten verschwenderischen Methoden. Das sowjetische System erwies sich somit auch im Hinblick auf die Ökologie und den postindustriellen Wandel gegenüber dem kapitalistischen als weniger anpassungsfähig und flexibel.[30]

Lebensverhältnisse

Die latente strukturelle Krise der sowjetischen Wirtschaft blieb dem durchschnittlichen Sowjetbürger bis in die zweite Hälfte der 1970er Jahre verborgen, denn dank der Einnahmen aus den Öl- und Gasexporten verbesserte sich der Lebensstandard zunächst weiter, wenn auch mit abnehmender Geschwindigkeit. Gegen Ende der 1970er Jahre schlug die Wahrnehmung ins Negative um. 54 Prozent der im *Soviet Interview Project* Befragten – eine Interviewreihe, die 1983–1988 in den USA mit jüdischen Emigranten aus der Sowjetunion durchgeführt wurde, die zwischen 1968 und 1984, überwiegend aber zwischen 1978 und 1981 die Sowjetunion verlassen hatten – gaben an, dass sich die Versorgung mit Konsumgütern in der zweiten Hälfte der 1970er Jahre verschlechtert hätte. Dieser Befund widerspricht der Konsumstatistik, die für die zweite Hälfte der Dekade noch ein geringes Wachstum des Pro-Kopf-Verbrauchs von 2,4 Prozent verzeichnet,[31] und lässt sich mit enttäuschten Erwartungen, Preisanstiegen und gewissen Eigenheiten des Konsumgüterangebots (siehe unten) erklären.[32] Möglicherweise ist aber auch die Konsumstatistik geschönt – das war in den kommunistischen Ländern nicht ungewöhnlich, denn auch die Erinnerungen von in der Sowjetunion gebliebenen Zeitzeugen weisen darauf hin, dass sich in der zweiten Hälfte der 1970er Jahre die Versorgungslage insgesamt spürbar verschlechterte und es in den Geschäften immer weniger zu kaufen gab. Die Kühlschränke waren zwar häufig trotzdem voll, weil man gelernt hatte, über «Beziehungen» Waren zu erstehen, bevor sie regulär verkauft wurden, oder weil man auf dem Markt zu höheren Preisen einkaufte, aber in der Wahrnehmung der Menschen herrschte eine Warenknappheit.[33]

Obwohl es offiziell in der Sowjetunion keine Inflation gab, klagten viele Bürger über steigende Preise. Die Preise für viele Lebensmittel und Produkte des Grundbedarfs waren zwar auf einem niedrigen Niveau eingefroren worden, der Staat nutzte jedoch die Einführung neuer Produkte oder ihre Modifikation für Preiserhöhungen, und daneben stiegen die Preise auf dem Markt, wo die Kolchosniki ihre Überschüsse verkauften, entsprechend der Nachfrage.[34] Um die Preise für Lebensmittel und Konsumgüter niedrig zu halten, gab der Staat immense Summen aus. Der Fünfjahresplan für 1976–1980 sah allein für die Subvention der Fleisch- und Milchpreise 100 Milliarden Rubel vor – viermal so viel wie 1975 an Investitionen in die Landwirtschaft geflossen war. 1979 machten die Subventionen für Fleisch und Milch mehr als neun Prozent des Staatshaushaltes aus.[35]

Wegen der im Vergleich zu den geweckten Erwartungen nur langsamen Verbesserung der Lebensumstände war schon in der ersten Hälfte der

1970er Jahre in der Bevölkerung Ungeduld entstanden. Örtlich traten Arbeiter in den Streik, weil es manchmal wochenlang kein Fleisch zu kaufen gab. Sensibilisiert durch die Krise in Polen, wo 1970 Versorgungsengpässe Unruhen ausgelöst hatten, griff die Partei in solchen Fällen schnell mit Sonderlieferungen ein. «Wir bringen das Fleisch zu den Fabriken und verkaufen direkt von den Lastzügen an die Arbeiter», erklärte ein Parteifunktionär in der Stadt Ufa im Ural im Dezember 1973, nachdem es monatelang kein Fleisch gegeben hatte.[36]

Die Ausstattung mit langlebigen Konsumgütern verbesserte sich, von einem niedrigen Niveau ausgehend, weiter: Eine von Soziologen der Akademie der Wissenschaften 1971 durchgeführte repräsentative Studie ergab, dass 74 Prozent der befragten städtischen Haushalte, aber nur 45 Prozent der ländlichen einen Fernseher besaßen, 48 Prozent der städtischen und 8 Prozent der ländlichen einen Kühlschrank, 61 Prozent der städtischen und 50 Prozent der ländlichen eine Waschmaschine. Selbst die Ausstattung mit den elementarsten Möbeln war dürftig: In 10 Prozent der städtischen und 25 Prozent der ländlichen Haushalte gab es keinen Kleiderschrank, in 22 Prozent der städtischen und 41 Prozent der ländlichen kein Sofa. Ein Motorrad hatten acht Prozent der städtischen und 13 Prozent der ländlichen Haushalte, ein Auto nur vier Prozent der städtischen und ein Prozent der ländlichen.[37]

1975 kamen auf 100 Familien 74 Fernseher, 61 Kühlschränke und 65 Waschmaschinen. Am Ende der Breževära 1982 waren es 92 Fernseher, 89 Kühlschränke und 70 Waschmaschinen.[38] Bei fast allen langlebigen Konsumgütern war die ländliche Bevölkerung deutlich benachteiligt. Lediglich Motorräder, Mopeds und Fahrräder waren auf dem Land in größerer Dichte als in der Stadt vorhanden, weil sie in Anbetracht der schlechten Überlandverbindungen des öffentlichen Verkehrs dringender benötigt wurden.[39] Dabei war die Sowjetunion auch in den 1970er Jahren weit von einer Vollversorgung ihrer Bevölkerung mit Gütern und Dienstleistungen des täglichen Bedarfs entfernt und konnte sich mit dem Konsumniveau westlicher Industrieländer und auch der ostmitteleuropäischen kommunistischen Staaten hinsichtlich der meisten Produkte nicht messen. Es gab ständig Engpässe und «defizitäre» Produkte, bei deren Auftauchen sich Warteschlangen vor den Geschäften bildeten. Ärger verursachten die schlechte Qualität vieler Produkte und der mangelhafte Service. Häufig funktionierten Geräte schon beim Kauf nicht und ihre Reparatur konnte mehrere Monate dauern. Vielfach konnten Produkte nur eingeschränkt oder gar nicht genutzt werden, weil es an Zubehör oder anderen Voraussetzungen fehlte, etwa, wenn es zwar Brillengläser, aber zu wenig Gestelle gab oder wenn Ende der 1970er Jahre ein Waschvollautomat produziert wurde, der in den meisten Wohnungen nicht betrieben werden konnte, weil die elektrischen Installationen zu schwach waren.[40] Im Hinblick darauf ist die Sowjetunion als «Reparaturgesellschaft» charakterisiert worden, in der die Bürger unter dem Eindruck konstanten Mangels und schlechter Qualität zu Improvisation und Erfindungsreichtum gezwungen wurden und sich so vom Staat tolerierte Handlungsspielräume schaffen konnten.[41]

Die Eigenheiten des Angebots an Konsumgütern und das Fehlen der vielen kleinen Dienstleistungsbetriebe, die anderswo den Alltag erleichterten, erklären zu einem gewissen Teil die Diskrepanz zwischen steigender Produktion und der subjektiven Wahrnehmung von Mangel, denn die monetäre Gesamtsumme dessen, was in die Geschäfte gelangte, sagt wenig darüber aus, in welchem Maße die Nachfrage befriedigt wurde. Wenn der Mangel zu Beginn der 1970er Jahre vor allem langlebige Gebrauchsgüter, Fleisch und Wurst sowie importierte Waren betraf, so erfasste er in der Folgezeit immer mehr Produkte: In periodischen Abständen verschwanden nun zeitweilig auch Eier, Zucker oder Sonnenblumenöl aus den Regalen. Immer häufiger bildeten sich vor Geschäften Warteschlangen. Der normale Einkauf für den täglichen Bedarf kostete im Schnitt eine Stunde pro Tag. Um ein Kind zum Schulbeginn mit dem Nötigsten auszurüsten, waren zwei bis drei Tage erforderlich.[42] Der amerikanische Journalist Hedrick Smith, der ab 1971 drei Jahre als Korrespondent der *New York Times* in Moskau lebte, beschrieb dieses Dilemma anschaulich: «Man produziert nicht, um zu verkaufen, sondern um den Plan zu erfüllen, was manchmal groteske Folgen hat. So kann es in Leningrad stapelweise Langlaufskier geben, während man monatelang kein Geschirrspülmittel bekommt. In der armenischen Hauptstadt Eriwan sah ich in den Schaufenstern unglaublich viele Akkordeons, aber die Einheimischen beklagten sich darüber, dass seit Wochen keine gewöhnlichen Kochlöffel und Samoware zu haben waren. Ich kannte eine Moskauer Familie, die einen Monat lang nach einem Töpfchen für ihr Kleinkind jagte; Radios dagegen gab es in Hülle und Fülle.»[43] Aus dieser Spezifik des Angebots und der Diskrepanz zwischen den verfügbaren Waren und dem Kaufkraftüberhang resultierte ein angepasstes Kaufverhalten. Es wurde zur Gewohnheit, sich vorsorglich bei einer Warteschlange anzustellen und erst dann zu fragen, was es denn überhaupt gebe. Produkte, die billig waren, aber nur kurzzeitig im Sortiment auftauchten, wurden auf Vorrat gekauft, auch wenn man sie gerade nicht brauchte. Zu diesem Zweck hatten viele ständig eine Tasche und genügend Geld dabei und wussten die Schuh- und Kleidergrößen der Verwandten und Arbeitskollegen, denn es galt als unverzeihlich, wenn man diese im Falle, dass etwa überraschend ostdeutsche Anzüge oder polnische Büstenhalter auftauchten, nicht bedachte. Insbesondere auf Importwaren fand eine regelrechte Jagd statt.[44]

Weitere Strategien, die ihrerseits eine (scheinbare) Warenknappheit erzeugen konnten, waren das Besorgen von begehrten Produkten über «Beziehungen» und das private Weiterverkaufen durch die Angestellten der Geschäfte. Das satirische Magazin *Krokodil* karikierte diese Praxis mit einer fiktiven Reklame für neu eingetroffene Waren: «Verehrte Kundinnen! In unserer Lederabteilung ist soeben eine Lieferung von fünfhundert importierten Damenhandtaschen angekommen. Vierhundertfünfzig sind von Angestellten des Hauses gekauft worden. Neunundvierzig liegen unter dem Ladentisch, da man sie für Freunde und Bekannte reserviert hat. Eine Handtasche ist im Schaufenster ausgestellt. Kommen Sie in unsere Lederabteilung, um diese Handtasche zu kaufen!»[45]

Die Produktion von Personenkraftwagen erlebte seit 1970 einen Aufschwung und überholte die Lastkraftwagenproduktion. 1974 wurden in der Sowjetunion 1,119 Millionen Personenkraftwagen und 666 000 Lastkraftwagen gebaut.[46] Bedingt durch den späten Beginn der Massenfertigung und die geringe Priorität, die der privaten Motorisierung eingeräumt wurde, war die Sowjetunion bei der Versorgungsdichte mit Autos im internationalen Vergleich jedoch weit abgeschlagen. 1977 kam statistisch ein Auto auf 52 Personen, 1987 eines auf 20 Personen. In den USA und in Westdeutschland kamen in den 1970er Jahren auf einen Wagen nur zwei Personen und auch im Vergleich mit den sozialistischen Ländern Osteuropas lag die Sowjetunion an vorletzter Stelle vor Rumänien. Um ein Auto zu erwerben, mussten zwei Familienmitglieder je 20 Monatslöhne sparen und mehrere Jahre auf die Zuteilung warten. Ohne «Beziehungen» (*blat*) standen die Aussichten, ein Auto zu ergattern, schlecht, obwohl viele den Preis hätten aufbringen können. Dies erklärt auch das paradoxe Phänomen, dass Gebrauchtwagen teurer waren als Neuwagen. Bis zum Ende der Sowjetunion gab es mehr private Motorräder und Mopeds als Autos, während in Westeuropa die Zweiräder schon in den 1950er Jahren vom Auto abgelöst worden waren.[47]

Auf dem Wohnungssektor verbesserte sich die Lage kontinuierlich. Der Staat investierte weiterhin hohe Summen in den Wohnungsbau, sodass etwa die Hälfte aller Sowjetbürger nach 1971 eine neue oder bessere Wohnung beziehen konnte. Die durchschnittliche Größe der neu gebauten Wohnungen wuchs zwischen 1960 und 1976 von 42 auf 50,3 Quadratmeter. Der im Schnitt pro Kopf zur Verfügung stehende Wohnraum überstieg in den 1970er Jahren endlich die «sanitäre Norm» von neun Quadratmetern. 1980 standen den Stadtbewohnern im Schnitt 13,3 Quadratmeter pro Kopf zur Verfügung, den Landbewohnern 13,7 Quadratmeter. Bis zum Ende der Sowjetunion 1991 vergrößerte sich die Pro-Kopf-Wohnfläche weiter: auf 16,0 Quadratmeter in der Stadt und 17,9 Quadratmeter auf dem Land.[48] Die neuen Plattenbausiedlungen am Stadtrand waren allerdings schlecht mit Einkaufsmöglichkeiten und Dienstleistungsangeboten ausgestattet. Am Ende der Breževära lebte immer noch ein Fünftel aller Familien in einer Kommunalka. Viele Städte erhielten in den 1970er Jahren eine Kanalisation und die Ausstattung der Wohnungen verbesserte sich: 1980 hatten nur noch zehn Prozent aller städtischen Wohnungen keinen Wasseranschluss, 12 Prozent keine Kanalisation, 20 Prozent kein Badezimmer. Auf dem Land waren die Verhältnisse sehr viel primitiver. 71 Prozent hatten kein fließend Wasser, 78 Prozent keine Kanalisation, 81 Prozent kein Badezimmer.

Die Beschwerlichkeiten des Alltagslebens belasteten vor allem den weiblichen Teil der Bevölkerung, denn es waren auch in der Sowjetunion überwiegend die Frauen, die Wäsche wuschen, einkauften und den Haushalt führten. Die Lage der Frauen wurde in den 1970er Jahren in zweierlei Hinsicht von der Politik thematisiert. Das eine war die Doppelbelastung durch Beruf und Hausarbeit. Auf dem 24. Parteitag 1971 kündigte Brežnev an, den Alltag der Frauen durch den Ausbau der staatlichen Kinderbetreuung und andere Erleichterungen zu verbessern. Sowohl diese Äußerungen als auch die kurz darauf geführte Diskussion über die Möglichkeit von Teilzeitbeschäftigung für Mütter zeigte, dass Haushalt und Kindererziehung nach wie vor in traditioneller Rollenverteilung ausschließlich den Frauen zugeordnet wurde.[49] Das zweite von der Führung aufgegriffene Thema war der Geburtenrückgang, den man auf die hohe Scheidungsquote zurückführte. Anfang der 1970er Jahre wurde das Problem angesprochen. 1976 forderte Brežnev ein Konzept für die Bevölkerungspolitik und auf dem 26. Parteitag 1981 wurde ein solches vorgestellt. Eheberatungsstellen und Vorbereitungskurse für Jugendliche sollten die Stabilität der Ehen erhöhen, verbesserte Mutterschutzbestimmungen mit der Möglichkeit eines längeren Babyurlaubs sollten Berufstätigkeit und Mutterschaft besser vereinbar machen. Erstmals wurde offiziell eingestanden, dass die Gleichberechtigung der Geschlechter zwar juristisch dekretiert worden, aber im Alltag und im Bewusstsein der Menschen keineswegs vollzogen war.[50]

Das Leben im verwalteten Mangel zeitigte für die Gesellschaft als Ganzes negative Folgeerscheinungen. Die Sowjetunion war das einzige Industrieland, in dem sich während der 1970er Jahre der Gesundheitszustand der Bevölkerung verschlechterte und die Lebenserwartung zurückging. Das hatte mit dem schlechten Zustand des Gesundheitswesens zu tun, mit einseitiger Ernährung, aber auch mit den wenigen Möglichkeiten, Sport zu treiben und sich zu erholen. Besonders schädlich wirkte sich der zunehmende Alkoholismus aus, der vor allem auf dem Land eine Folge der tristen Verhältnisse war. Der Staat veranstaltete in periodischen Abständen Antialkoholkampagnen, steigerte aber gleichzeitig die Produktion von Wodka, weil er aus ihr einen beträchtlichen Teil seiner Einnahmen bestritt. Der extensive Genuss von harten Getränken zugunsten der Staatskasse hatte in Russland eine lange Tradition, erfuhr aber in den 1970er Jahren einen merklichen Schub. 1980 trank jeder Sowjetbürger im statistischen Durchschnitt 8,6 Liter Alkohol, was einer Menge von 22 Litern Wodka entsprach. Das durchschnittliche Einstiegsalter in den regelmäßigen Konsum von Wodka war seit 1960 von 24 auf 19 Jahre gesunken, und auch unter den Frauen breitete sich der Alkoholmissbrauch zusehends aus. Eine Zunahme erfuhren auch der Drogenkonsum und die Prostitution, Letztere bevorzugterweise im Umkreis der von Ausländern frequentierten Hotels und Restaurants, denn sie war eine der wenigen Möglichkeiten, an Devisen zu kommen.[51]

Von der Lebenswirklichkeit der gewöhnlichen Sowjetbürger unterschied sich diejenige der Privilegierten ganz erheblich. Hohe Funktionäre, Manager, Generäle und die Prominenz aus Kultur und Wissenschaft, hochdekorierte Arbeitshelden, leitende Journalisten und andere für das Regime wichtige Personen genossen Vergünstigungen, von denen Normalsterbliche nur träumen konnten. Sie verfügten exklusiv über Dienstwagen, größere Wohnungen, Hauspersonal, eigene Geschäfte, in denen es vieles gab, was sonst nicht aufzutreiben war, besser ausgestattete Krankenhäuser und Sanatorien, abgeschirmte Datschensiedlungen und Ferienorte, und sie hatten sogar die Chance, Dienstreisen ins westliche Ausland zu unternehmen. Daneben gab es spezielle Geschäfte für Personen, die – etwa als Schriftsteller oder Journalisten – im Ausland Devisen verdienten oder einen Teil ihres Gehalts in Form von besonderen Gutscheinen ausbezahlt erhielten. In diesen Läden, *Berezka* («Birke») genannt, konnte man Importwaren und höherwertigere sowjetische Produkte kaufen, die für den Export vorgesehen waren. Dieses System war hochgradig formalisiert und sah abgestufte Vorrechte je nach dem Rang des Betreffenden vor. Es schrieb somit die Hierarchisierung der Gesellschaft materiell fest und war ein höchst wirksames Mittel des Regimes, sich die Loyalität der für das Funktionieren des Staates wichtigen Kräfte zu sichern. Auf diese Weise entstand eine privilegierte Klasse, die es verstand, ihren Status auch an die Kinder weiterzugeben.

Ämter und Privilegien konnten zwar nicht vererbt werden, aber dank Brežnevs Prinzip der «Stabilität der Kader» waren Minister und Manager häufig zehn Jahre oder länger auf einem Posten und konnten Netzwerke knüpfen, über die ihre Kinder Zugang zu karriereförderlichen angesehenen Instituten und später attraktive Posten in der Partei, in Behörden und Organisationen erhielten.[52]

Sowjetische und westliche Moderne

In den 1970er Jahren gerieten die Sowjetbürger stärker als jemals zuvor in Kontakt mit dem Ausland. Die Zahl derer, die Westeuropa oder die USA aus eigener Anschauung kennen lernen konnten, blieb zwar äußerst gering, aber in die verbündeten sozialistischen Staaten reisten schon mehr Sowjetbürger, studierten dort oder waren als Soldaten und Offiziere stationiert. Hinzu kamen Informationen über Radio, Fernsehen und Kinofilme sowie der Kontakt mit Produkten und Unterhaltungskultur aus dem sozialistischen und dem kapitalistischen Ausland. Das Informationsmonopol hatte das Regime nicht aus der Hand gegeben, aber trotz der Kontrolle erwiesen sich die Massenmedien als Fenster nach draußen. Seitdem sich in den 1960er Jahren Radiogeräte mit Antennenempfang durchgesetzt hatten, war das Radiohören nicht mehr in dem Maße kontrollierbar wie in der Zeit davor, als die Bevölkerung auf bloße Lautsprecher oder im besseren Fall auf Geräte angewiesen war, die über Kabel eine oder zwei Moskauer Stationen empfangen konnten. 1975 verfügten an die 80 Prozent der Haushalte über einen Radioempfänger, 1982 waren es 90 Prozent. Etwa auf demselben Niveau befand sich die Versorgung mit Fernsehgeräten.[53] Die Sowjetunion bemühte sich zwar weiterhin, den Nachrichtenteil der ausländischen Propagandasender zu stören, aber vielen Sowjetbürgern gelang es dennoch, sich auf diesem Wege Informationen zu beschaffen.

Hinzu kamen Bilder von Konsumgütern und Lebensweisen, die das Fernsehen ins Haus brachte. Ab Mitte der 1970er Jahre erlaubten die Behörden die Ausstrahlung von synchronisierten britischen, französischen und anderen westlichen Familienserien (*The Forsyte Saga*, *David Copperfield*, *Les Thibault*). Solche Serien wurden – wie die in immer größerem Maße zugänglichen ausländischen Kinofilme – nicht nur zum Zwecke der Unterhaltung angesehen, sondern auch als Fenster zur materiellen Welt des Westens benutzt. Man sah, wie die Menschen in Wohnungen und Häusern mit zahlreichen Zimmern lebten, dass sie jeden Tag anders gekleidet waren, große Autos fuhren und ihre Kühlschränke übervoll waren, wusste aber aus dem Vergleich von sowjetischen Filmen mit dem eigenen Leben durchaus über den Unterschied zwischen virtueller und realer Welt und nahm daher das Vorgeführte nicht unbedingt als Abbild der Wirklichkeit. Dennoch war es nicht unwichtig, in solchen Filmen zu sehen und zu hören, welche Mode und welcher Haarschnitt angesagt waren, welche Produkte es im Ausland gab und welche Musik dort als modern galt.[54]

Insgesamt war das Fernsehen in den 1970er Jahren aber stärker von dem dominiert, was das Regime an Bildern verbreitete. 1970 wurde das Medium durch die Gründung der *Staatlichen Fernseh- und Radioanstalt* (*Gosteleradio*) zentralisiert und unter eine striktere Aufsicht gestellt. Die beliebte Unterhaltungsshow «KVN» war schon 1968 wegen ihrer Unberechenbarkeit unter Beschuss von oben geraten und wurde nun nicht mehr live gesendet, sondern vor der Ausstrahlung aufgezeichnet, sodass unliebsame Passagen herausgeschnitten werden konnten. 1972 wurde die Show trotz ihres Publikumserfolgs abgesetzt. Die KVN-Bewegung bestand dennoch weiter fort, auch wenn die Wettbewerbe nun nicht mehr im zentralen, sondern nur noch in manchen lokalen Fernsehprogrammen ausgestrahlt wurden.[55]

Die Kontrolle über die Kommunikationsmittel war ebenfalls straff. Nur eine Minderheit der Haushalte verfügte in den 1970er Jahren über einen Telefonanschluss, und bis zum Ende der Sowjetunion hatte der Normalbürger bestenfalls einen Telefonanschluss ins Ortsnetz. Ferngespräche mussten über die Vermittlung angemeldet werden. Auslandsgespräche waren von Privatwohnungen aus nur selten möglich. Normalerweise musste man dazu ein Postamt aufsuchen, mehrere Stunden im Vorhinein das Gespräch bestellen und konnte dann ein paar Minuten telefonieren – während die Dame an der Vermittlung und der KGB mithörten. Schreibmaschinen mussten bei der Polizei registriert sein. Der Zugang zu Vervielfältigungsgeräten war streng beschränkt.[56]

Das Interesse der Sowjetbürger an Informationen über das Ausland war größer als das Angebot, zumal die sowjetischen Medien nur ein gefiltertes Bild mit ausgewählten Nachrichten boten. Wenn die *Literaturnaja gazeta* Artikel über Kultur und Geschichte anderer Länder abdruckte, wurden sie begierig gelesen.[57] Der Mangel an Informationen und eigener Anschauung führte in Kombination mit einer gewissen Verklärung des Exotischen dazu, dass das Ausland (russ. *zagranica* – «jenseits der Grenzen») in der Vorstellung doppelt existierte: Neben dem realen Ausland, das man bereisen konnte, gab es ein imaginäres, unerreichbares, das an keinem spezifischen Ort lokalisiert war, aber den «Westen» verkörperte. Dieser imaginierte Westen war das selbstproduzierte Anderswo der späten Sowjetunion, eine Projektion der eigenen Identität und der eigenen Träume. Er beruhte auf einem selektiven Wissen, das mit dem «Westen» assoziiert wurde, sich aber nicht notwendigerweise auf einen realen Westen bezog, und wurde als Außenwelt zum konstitutiven Bestandteil der eigenen Kultur.[58]

Die Symbole des imaginierten Westens fanden besonders unter der Jugend große Verbreitung. In den Schulen waren englische Spitznamen wie Mike, Jim oder Bob beliebt, Schulbands gaben sich englische Namen, auch Cafés, in denen sich Jugendliche trafen, wurden in der Umgangssprache mit englischen Bezeichnungen versehen. Viele Jugendliche tapezierten die Wände ihrer Zimmer mit ausländischen Werbepostern, sammelten leere westliche Spirituosenflaschen, Prospekte und Plastiktüten mit englischen Aufschriften. Solche Requisiten stellten, selbst wenn es sich um die Adresse einer Autowaschanlage einer amerikanischen Provinzstadt handelte, eine Verbindung zum imaginierten Westen her.[59] Westliche Filme, Kleidung und Unterhaltungsmusik übten eine starke Anziehungskraft aus und wurden regelrecht idealisiert. Jeans, T-Shirts, Marlboro-Zigaretten und andere als Ausdruck des «amerikanischen» oder «westlichen» Lebensstils symbolhaft aufgeladene Attribute standen ebenso hoch im Kurs wie westliche Markenprodukte. Auslandsreisen von Bekannten oder Kontakte zu Ausländern wurden gezielt genutzt, um an solche Dinge zu gelangen.[60] Schüler taxierten einander anhand ihrer Jeans, wobei die «echten» westlichen Marken am höchsten zählten. Große Teile der sowjetischen Jugend sogen in den 1960er und besonders in den 1970er Jahren begierig mehrere Wellen des kulturellen Einflusses aus dem Westen auf, von der «Beatles-Manie» über die «Deep-Purple-Manie» und die «Disco-Verrücktheit» bis zur «faschistischen Punk- und Heavy-Metal-Hysterie», wie KGB-Mitarbeiter in der ukrainischen Industriestadt Dnepropetrovsk ihre Beobachtungen entsetzt beschrieben. Sie sahen in diesen dekadenten Verirrungen eine fortschreitende geistige Vergiftung der sowjetischen Jugend mit antisowjetischem Gedankengut, eine ernste Gefahr für die Zukunft der Sowjetunion.[61] Einwohner der Wolgastadt Saratov, die ebenso wie Dnepropetrovsk wegen großer Rüstungsbetriebe eine «geschlossene Stadt» war, beschrieben später in Interviews, wie verbreitet unter der Jugend die Begeisterung für die Beatles und für Rockmusik war, obwohl nur Tonbänder und aus Röntgenbildern gefertigte Ersatzschallplatten mit miserabler Tonqualität verfügbar waren und die Schüler und Studenten Angst vor Strafen hatten. «Da gab es nur ein paar wahllose Bänder mit Rockmusik. Aber dieses verbotene, gut situierte und interessante Leben im Westen zog uns an.»[62] «Die Beatles werden von Millionen meiner Altersgenossen verstanden und stehen ihnen nahe», schrieb 1971 ein Mädchen aus Kujbyšev (heute wieder: Samara) an der Wolga in einem Leserbrief an die Zeitschrift *Sovetskaja kul'tura* («Sowjetische Kultur»).[63]

Die Führungen von Partei und Komsomol sahen in der Attraktivität amerikanischer Musik das Risiko der mentalen Entfremdung der Jugendlichen von den Idealen des Sozialismus. In einer Denkschrift, die 1968 im Kontext der Ereignisse in der Tschechoslowakei entstand, wurde beklagt, dass sich die sowjetische Jugend leicht von der westlichen Propaganda beeinflussen lasse: «Die Jungen und Mädchen, die noch nicht mit der Erfahrung des Klassenkampfes bereichert sind, die noch nicht mit der marxistisch-leninistischen Theorie bewaffnet sind, sind durch die vergifteten Pfeile der bourgeoisen Propaganda leicht verwundbar. Die Ereignisse in der Tschechoslowakei haben das nur bestätigt. Unsere Aufgabe besteht nicht nur darin, die Jugend gegenüber den Lügen des West-Radios immun zu machen, sondern auch sie zu aktiven Kämpfern gegen alle Arten von bourgeoiser Ideologie zu machen, zu Patrioten, die dem Vaterland gegenüber absolut treu sind, zu Internationalisten, die Lenins Ziele verinnerlicht haben.»[64] «Unsere Jugend ist entfremdet», sagte ein Parteijournalist gegenüber dem Korrespondenten der *New York Times*. «Wir haben im Spanischen Bürgerkrieg und dann gegen Hitler gekämpft. Wir wussten, auf welcher Seite wir standen. Diese Generation tut so, als sei Ideologie irrelevant. [...] Sie haben keine Umwälzungen erlebt. Sie engagieren sich nicht.»[65]

Derartige Äußerungen gehören in den Chor der damals vielfach von Funktionären und in der Presse artikulierten Klagen über die Gleichgültigkeit der Jugendlichen in ideologischen Fragen, ihre Konsumorientiertheit, ihre naive Selbstauslieferung an die verderbte Unterhaltungskultur des Klassenfeinds einerseits und die Abwesenheit von emotionalen Bindungen an die Partei und das Ziel, den Kommunismus zu errichten, andererseits. Diese Klagen zeigen, dass die Kommunikation zwischen der älteren Generation, die den Krieg miterlebt hatte, und den Nachgeborenen gestört war, denn beide lebten in unterschiedlichen mentalen Welten. Den in der Nachkriegszeit Geborenen fehlte die elementare Erfahrung des Hungers, des existenzbedrohenden Krieges und der Angst vor dem staatlichen Terror. Sie gingen furchtloser, kalkulierender und auch zynischer mit dem System um und wussten, was sie sich herausnehmen durften, ohne ihrer Karriere zu schaden. Dadurch, dass die nach dem Krieg Geborenen Mitte der 1970er Jahre die absolute Mehrheit der Bevölkerung stellten, die Mächtigen in Partei und Staat aber der immer kleiner werdenden Minderheit der über 60-Jährigen angehörten, tat sich eine Kluft auf zwischen der mentalen Welt der Führung und der im kulturellen Wandel begriffenen Gesellschaft.[66]

Konfrontiert mit Vorwürfen, Rockmusik sei ein Instrument des Kapitalismus in seinem propagandistischen Kampf gegen den Kommunismus, reagierten sowjetische Rockfans mit Verwunderung und Unverständnis, denn die meisten sahen gar keinen Zusammenhang zwischen ihrer Vorliebe für Rockmusik und der ideologischen Gesinnung. «Dass wir auf Jimi Hendrix stehen, bedeutet noch lange nicht, dass wir deswegen weniger bereit sind, für unser Land zu kämpfen», sagte ein Moskauer Rockfan und Komsomolführer gegenüber seinem irritierten amerikanischen Gesprächspartner. Die wenigsten interessierten sich für die englischen Texte, verstanden sie häufig auch gar nicht, sondern waren fasziniert von der Musik an sich und dem durch sie vermittelten Lebensstil. Rockmusik, lange Haare und das Tragen von Jeans waren in der Sowjetunion – anders als (anfangs) im Westen – kein Ausdruck des Protestes, sondern des Wunsches nach einem angenehmen Leben im Wohlstand. Echte Jeans waren ein begehrtes und teures Statussymbol, das typischerweise Funktionäre und andere Privilegierte von Auslandsreisen mitbrachten.[67] Sowjetische Soziologen gewannen angesichts dieser Entwicklungen den Eindruck, die Jugend sei zu naiv, um den Zusammenhang zwischen bürgerlicher Massenkultur und Antikommunismus zu erkennen. «Diese Musik ist eine Waffe der bürgerlichen Ideologie geworden, sie entführt die Hörer in eine Welt unrealisierbarer Illusionen und wirkt wie eine Musikdroge, eine Musikschlaftablette, eine Musiktäuschung», schrieb die *Komsomol'skaja pravda* 1981 alarmiert vor dem Hintergrund dessen, dass die Begeisterung für Rockmusik ein Massenphänomen geworden war.[68]

Dabei war Rockmusik in der Sowjetunion der 1970er Jahre keineswegs mehr eine ausschließlich «westliche» Angelegenheit. Seit den 1960er Jahren hatte sich in Moskau, Leningrad und Sverdlovsk eine eigene sowjetische Rockszene etabliert, die zwar von dem, was aus dem Westen kam, inspiriert war, aber ihren eigenen Stil entwickelte. Ihre Texte thematisierten reale Alltagsprobleme, jedoch nicht unbedingt das Sowjetsystem oder die Ideologie.[69] Der Komsomol bemühte sich, die bedenklichen Tendenzen in der Jugendkultur zu bekämpfen, ging aber angesichts der großen Nachfrage notgedrungen seit Ende der 1960er Jahre dazu über, selbst Angebote bereitzustellen, um die Bedürfnisse der Jugendlichen auf kontrollierte Weise zu befriedigen. Fast jede Schule und Fabrik hatte bald ihre eigene Rockband, die der Komsomol für offizielle Feiern engagierte, und der Komsomol unterhielt eigene Diskotheken, die er zum Bestandteil seiner Jugendarbeit machte und als Instrument kommunistischer Propaganda einzusetzen versuchte.[70] Die Komsomolaktivisten hatten selbst schon eine Transformation hinter sich. Die sozialistischen Ideale wurden zwar noch hochgehalten, verschmolzen aber bereits mit Materialismus und einer Hingabe an die westliche Populärkultur beziehungsweise das, was man sich darunter vorstellte. Die politische Aktivität war zur rituellen Performanz verkommen. Diese Komsomolaktivisten waren nicht mehr ein der kommunistischen Utopie verschriebener harter Kern wie ihre Vorgänger in den 1930er und 1940er Jahren. Sie verkörperten das Abdriften vom revolutionären Elan zu Bequemlichkeit, Konsum und Pragmatismus.[71]

Diese Phänomene der Aneignung, Adaptation und Umcodierung zeigen, dass die Hingabe an amerikanische Musik und das Tanzen in der Disco nicht mit einer antisowjetischen oder gar «demokratischen» Einstellung gleichgesetzt werden können. Ein und dieselbe Person konnte durchaus an die sozialistische Idee glauben und das sowjetische System bejahen und gleichzeitig einem westlichen Lebensstil nacheifern.[72] Dennoch ist zu Recht die Frage gestellt worden, was es bedeutet, wenn die Sowjetbürger kulturellen und materiellen Produkten aus dem kapitalistischen Ausland den Vorzug vor eigenen gaben und das Etikett «importiert» zu einem Qualitätsmerkmal wurde, während das im eigenen Land Produzierte als minderwertig, hässlich, rückständig und nicht erstrebenswert empfunden wurde.[73] Es drehte sich nämlich nicht nur um die Anziehungskraft von bestimmten Markenprodukten, sondern um eine prinzipielle Wahrnehmung. Die Integration und Adaptation von außen kommender Einflüsse kann als Zeichen von Flexibilität und Anpassungsfähigkeit der sozialistischen Moderne, aber auch als ihre inhaltliche Aushöhlung und als Verlust von Ausstrahlungskraft interpretiert werden, denn im Gegensatz zu den ersten Jahrzehnten ihres Bestehens konnte die Sowjetunion der westlichen Lebensweise und Massenkultur in den 1960er und 1970er Jahren nichts substanziell Originäres mehr entgegenhalten, sondern die aus dem Westen kommenden Einflüsse nur noch integrieren und bestenfalls modifizieren – ähnlich wie sie das Modell der westlichen Konsumgesellschaft adaptiert hatte. Auch die Lieder der «offiziellen» sowjetischen Unterhaltungskultur der 1970er Jahre orientierten sich im Stil und in der Art der Darbietung stark an westlichen Vorbildern. Die Auftritte von Alla Pugačeva, der sowjetischen Popdiva der Breževzeit, hatten mit dem stalinistischen Massenlied gar nichts, mit der westlichen Popkultur aber sehr viel gemein. Etwas originär Sowjetisches waren hingegen die «Barden», allen voran Bulat Okudžava, Vladimir Vysockij und Aleksandr Galič, die mit ihren tiefgründigen, zur Gitarre vorgetragenen Chansons den Nerv der Zeit trafen – aber sie verkörperten nicht den offiziellen, sondern einen subversiven Diskurs.

Der Verlust an Ausstrahlungskraft und Dynamik, der zweifellos zu den Kennzeichen der späten Sowjetunion gehört, darf wiederum nicht darüber hinwegtäuschen, dass die Rezeption des «Westens» durch die Sowjetbürger nur eine selektive war. Nach der Öffnung der Grenzen während der

Perestrojka und erst recht nach dem Ende der Sowjetunion wurde vielen klar, wie sehr sich der imaginierte vom realen «Westen» unterschied.[74] Wenn Sowjetbürger den Lebensstandard im westlichen Ausland in eigener Anschauung kennen lernten, musste das keineswegs bedeuten, dass sie die dortigen Verhältnisse besser fanden. Gorbačev zum Beispiel, sozialisiert als Aufsteiger aus einer bäuerlichen Familie in der Moskauer Universität der 1950er Jahre und beeindruckt von den Erfolgen der Sowjetunion in Raumfahrt und Technik, durfte in den 1960er Jahren, nachdem er zum Gebietsparteisekretär von Stavropol' ernannt worden war, mit seiner Frau Reisen nach Frankreich und Italien unternehmen. Er schrieb später, nach seiner Rückkehr sei er – trotz des hohen Lebensstandards, den er gesehen hatte – weiterhin von den Vorzügen der Sowjetunion überzeugt gewesen. Der Wohlstandsunterschied habe ihn nur noch mehr darin bestärkt, dass es notwendig sei aufzuholen. Er verglich die sowjetische Gegenwart nicht nur mit der westlichen, sondern vor allem mit der eigenen Vergangenheit – und wenn man die primitiven Verhältnisse und Entbehrungen der Nachkriegszeit erlebt hatte, ließen die unter Chruščev und Brežnev erzielten Fortschritte und Verbesserungen eine klare Aufwärtsentwicklung erkennen.[75]

Obwohl die sowjetische Bevölkerung zunehmend merkte, dass es ein Wohlstandsgefälle gegenüber den USA, Japan und Westeuropa gab und das angekündigte Verfaulen des Kapitalismus nicht auszumachen war, stellte sie das politische System und die sozialistische Gesellschaftsordnung in der Sowjetunion nicht in Frage. Die Verantwortung des Staates für soziale Sicherheit war den meisten wichtiger als der Umstand, dass in den USA jede Familie ein eigenes Auto besaß.[76] Das *Soviet Interview Project* förderte trotz des Faktums, dass es sich bei den Befragten um Personen handelte, die aus der Sowjetunion emigriert waren, ein hohes Maß an Identifizierung mit dem Sowjetsystem zutage. Etwa 60 Prozent der Interviewpartner bezeichneten sich als zufrieden mit dem Lebensstandard in der Sowjetunion Ende der 1970er Jahre. Dazu trug vor allem die Zufriedenheit mit den Bedingungen am Arbeitsplatz bei, während drei Viertel der Befragten die Konsumgüterversorgung als unbefriedigend empfanden.[77] Das sowjetische System an sich beurteilten sie mit großer Mehrheit als «warm» und «freundlich», während sie die kapitalistische Ordnung als «kalt» und «feindlich» wahrnahmen, weil dort Leistungsdruck, Arbeitslosigkeit und Armut drohten.[78] Da unter den befragten jüdischen Emigranten Stadtbewohner und Personen mit höherer Bildung überproportional vertreten waren, sind die Ergebnisse vermutlich etwas verzerrt. In der Grundtendenz erscheinen sie aber als plausibel. Die Teilnehmer eines

2002–2004 in Saratov durchgeführten Interviewprojekts äußerten sich zwar deutlich negativer über den Lebensstandard am Ende der 1970er Jahre, nannten aber auf die Frage, was die sowjetische Gesellschaft zusammengehalten habe, Faktoren, die ebenfalls mit «Wärme» umschrieben werden können: das Fehlen von Ausbeutung, die Abwesenheit von Privateigentum an Produktionsmitteln, die Sicherheit und Stabilität der Verhältnisse und den Glauben an künftiges Wohlergehen im Kommunismus.[79]

Der Optimismus, der die Stimmung Mitte der 1960er Jahre gekennzeichnet hatte, war allerdings geschwunden. Bereits Ende der 1960er Jahre hatte sich in der Mittelschicht eine skeptische Sicht auf die Zukunft ausgebreitet. Das hatte mit den Prozessen gegen die Dissidenten, vor allem aber mit der Niederschlagung des «Prager Frühlings» zu tun, die zutreffend als Ende der Reformbereitschaft des Regimes verstanden wurde.[80] «Am 21. August 1968 [...] gingen in der Sowjetunion die 1960er Jahre vorzeitig zu Ende», heißt es in einem von zwei damals in der Sowjetunion lebenden Publizisten verfassten retrospektiven Zeitbild über diese Epoche.[81] Viele Angehörige der Intelligenz erlebten den Tag des Einmarsches in die Tschechoslowakei als einen Schock. Dubček hatte in ihren Augen das verwirklicht, was sie von Chruščev erwartet hatten, nämlich einen Kommunismus auf der Grundlage der Freiheit der Person. Nicht nur in Moskau, sondern auch in Provinzstädten diskutierten Studenten und Intellektuelle über die Ereignisse in der Tschechoslowakei. Die von der sowjetischen Propaganda verbreiteten Gerüchte, dass man einem Einmarsch westdeutscher Truppen zuvorgekommen wäre, wurden von vielen als Lüge zurückgewiesen.[82] Mit der Intervention in der Tschechoslowakei mussten die Hoffnungen auf eine Liberalisierung in der Sowjetunion begraben werden. Einige Intellektuelle zogen daraus die Konsequenz, sich den Dissidenten anzuschließen, die meisten aber arrangierten sich und schwiegen.[83] Vielfach machte sich unter den Enttäuschten in den 1970er Jahren Zynismus breit.[84]

1974 unternahm das Regime einen letzten Anlauf, an die großen Mobilisierungsprojekte der Stalin- und Chruščevzeit anzuknüpfen und eine neue Aufbruchsdynamik zu erzeugen. Die Baikal-Amur-Magistrale (BAM), eine Eisenbahnlinie, deren Bau in den 1930er Jahren begonnen, aber im Krieg abgebrochen worden war, wurde unter Brežnev mit großem propagandistischen Aufwand wieder auf die Tagesordnung gesetzt.[85] In alter Manier schickte man Jugendliche aus der ganzen Sowjetunion auf die Baustellen entlang der mehr als 4000 Kilometer langen Trasse in Sibirien und im Fernen Osten. Etwa eine halbe Million Mitglieder des Komsomol befanden sich zwischen 1974 und 1989 jeweils für einige Wochen im Arbeitseinsatz. Während die westlichen Industrieländer und Japan den Sprung ins Dienstleistungs- und Informationszeitalter vollzogen und die Computertechnologie ihren Siegeszug antrat, baute man in der Sowjetunion mit verschwenderischem Einsatz von menschlicher Arbeitskraft eine Eisenbahn im Stil der Raumerschließung des 19. Jahrhunderts und des Aktionismus der 1930er Jahre. Die Bahnlinie an sich machte ökonomisch durchaus Sinn, denn sie trug zur Erschließung des Fernen Ostens und der Bodenschätze Jakutiens bei. Die Art und Weise, wie sie gebaut und als Mobilisierungskampagne inszeniert wurde, war allerdings ein Anachronismus. Man schickte unausgebildete und unerfahrene Jugendliche auf den Bau, die mit «Enthusiasmus» das mangelnde Können kompensieren und sich durch die gemeinsame Anstrengung zu beispielhaften Sowjetbürgern transformieren sollten. Die Propaganda überhöhte das Unternehmen zum «Jahrhundertprojekt» und zum «Weg in die Zukunft». Als die ersten Komsomolbrigaden 1974 auf den Baustellen eintrafen, wurde von ihnen erwartet, einen mustergültigen Mikrokosmos der sozialistischen Gesellschaft zu schaffen. Die Jugendlichen gingen jedoch nicht zur BAM, weil sie den Sozialismus aufbauen wollten, sondern um Geld zu verdienen und ihre Karrierechancen zu verbessern. Auf den BAM-Baustellen entstand keine sozialistische Mustergesellschaft, sondern häuften sich Alkoholismus, Kriminalität, Arbeitsverweigerung und Korruption. Es zeigte sich, dass die Mobilisierungstechniken, die in den 1950er Jahren beim Neuland-Projekt noch funktioniert hatten, unter den Bedingungen des «entwickelten Sozialismus» nicht mehr griffen. Der Appell an Enthusiasmus und Opferbereitschaft passte nicht in eine Zeit, in der die Menschen eine Konsumentenmentalität entwickelt und sich daran gewöhnt hatten, den Sozialismus als Dienstleistung des Staates zu begreifen.

Die wirtschaftlichen Verhältnisse in der Sowjetunion beurteilte ein Teil der Mittelschichten schon seit Beginn der 1970er Jahre mit Blick auf die sich öffnende Schere zwischen dem Wohlstandsversprechen des Regimes und der Produktivität der Volkswirtschaft pessimistisch. Wer Gelegenheit hatte, in ein sozialistisches «Bruderland» zu fahren, maß das Warenangebot und das Lebensniveau in der Sowjetunion an den dortigen Verhältnissen. Diese Vergleiche fielen stärker ins Gewicht als die Imaginationen vom «Westen», denn sie beruhten auf realen eigenen Erfahrungen. In den 1960er und 1970er Jahren bereisten viele Millionen Sowjetbürger die ostmitteleuropäischen Länder oder die DDR (allein 1976 waren es 1,3 Millionen, mit steigender Tendenz) und deckten sich dort mit Waren ein, die es in der Sowjetunion nicht oder nur in schlechterer Qualität gab. Die Beobachtung, dass die Menschen in der DDR oder in der Tschechoslowakei besser lebten als in der Sowjetunion, hatte etwas Deprimierendes und Demütigendes.[86] Diese Erfahrung intensivierte sich gegen Ende der 1970er Jahre, als sich in der Sowjetunion die Versorgungsengpässe häuften und insbesondere in den Provinzstädten und auf dem Land das Warenangebot der staatlichen Läden prekär wurde. «Bei uns waren die Geschäfte leer, und dort gab es alles im Überfluss», erinnerte sich eine Ärztin aus Saratov an einen Aufenthalt in Rumänien 1979/80. «Und da sah ich diese vielen Geschäfte in Rumänien und roch die Düfte meiner Kindheit und sah Schokolade und Instantkaffee und, jawohl, Toilettenpapier – Sie können sich ja nicht vorstellen, wie wir damals zu leben gewohnt waren.» Mit ihrem geringen Gehalt als Ärztin konnte sie es sich daheim nicht leisten, auf dem Markt einzukaufen, wo die Kolchosniki ihre Überschüsse zu hohen Preisen feilboten.[87] Die leeren Geschäfte erzeugten zusammen mit dem kranken alten Brežnev, dem keiner mehr die Lösung von Problemen zutraute, bei vielen das Bewusstsein, dass es so nicht weitergehen könne. «Zu Beginn der achtziger Jahre ging es mit der Wirtschaft bergab und die Engpässe wurden unerträglich. [...] Es war eine richtige Agonie. Selbst in Moskau wurde das Leben schlechter.»[88]

Der Unmut über die sich häufenden Versorgungsengpässe war allerdings nicht mit einer inneren Abwendung vom System verbunden, weder in der breiten Bevölkerung noch bei den Wirtschaftsfachleuten, die in den ausgehenden 1970er Jahren zu der Einsicht gelangten, dass sich eine ökonomische Krise anbahne. Sie standen im Kontakt mit Michail Gorbačev und anderen jüngeren Parteifunktionären, die wegen der Überalterung der Führung und der abhandengekommenen Dynamik besorgt waren.[89] Aufsehen erregte 1983 ein Vortrag der Soziologin Tat'jana Zaslavskaja von der Sibirischen Abteilung der Akademie der Wissenschaften, in dem sie den gegenwärtigen Entwicklungsstand der Planwirtschaft scharf kritisierte. Der Text kursierte eine Zeitlang mit dem Vermerk «Nur für den Dienstgebrauch», wurde vom KGB aus dem Verkehr gezogen, fand aber seinen Weg ins Ausland, wo er als «Novosibirsker Manifest» publiziert wurde. Zaslavskaja forderte darin zwar radikale Reformen, um die Ineffektivität der Kommandowirtschaft zu überwinden, bewegte sich mit ihrer Argumentation aber innerhalb der Parameter der sozialistischen Planwirtschaft.[90] Die Innenpolitik Breževs hatte es geschafft, den Menschen langfristige Stabilität zu suggerieren. Die politische, ökonomische und soziale Verfasstheit der Sowjetunion wurde inzwischen als eine auf ewig angelegte Normalität empfunden und von den wenigsten in Frage gestellt. Wie das Beispiel der BAM zeigt, funktionierten Appelle an den «Enthusiasmus» inzwischen nicht mehr, aber gerade weil sich die Kommunikation zwischen dem Regime und der Bevölkerung ins Performative verschoben hatte, trug sie zur Stabilisierung bei: Der ideologische Diskurs war hochgradig vorhersehbar geworden und hatte seine Funktion als Quelle der Deutungshoheit zugunsten einer bloßen Reproduktion formelhafter Worthülsen verloren. Die immer wiederkehrenden Rituale (Jahrestag der Oktoberrevolution, Erster Mai, Tag des Sieges usw.) wurden zur selbstverständlich mitvollzogenen Routine und zum festen Bestandteil des Jahresablaufs, so wie anderswo der kirchliche Festkalender. Auf diese Weise gerann das sowjetische System in den Köpfen der Menschen zur nicht hinterfragten Normalität. Das gilt insbesondere für die nach 1960 Geborenen, die Angehörigen der letzten sowjetischen Generation, die in den 1970er Jahren sozialisiert wurden und vor allem an Konsum und Wohlstand dachten, ohne sich über die in ihrer Wahrnehmung ohnehin unveränderliche Politik und Ideologie den Kopf zu zerbrechen.[91]

Opposition und alternative Konzepte

Nur eine Minderheit war auf Distanz zum Regime gegangen und hatte sich nicht von Breževs Sozialpolitik einlullen lassen, sondern prinzipielle Fragen der Meinungsfreiheit aufgeworfen. Die kritischen und oppositionellen Intellektuellen, die in den 1960er Jahren begonnen hatten sich zu artikulieren, setzten ihre Aktivitäten fort, erhielten Zulauf und formierten sich in Gruppen und Netzwerken.[92] Sie traten zunehmend aus der Anonymität und erzeugten eine Gegenöffentlichkeit, die allerdings im westlichen Ausland mehr Beachtung fand als in der Sowjetunion selbst. 1968–1982 wurde im *samizdat* die «Chronik der laufenden Ereignisse» in Form von 64 Zeitschriftenheften produziert. Ihr Ziel bestand in der systematischen Dokumentation der Rechtsverstöße des Staates. Sie stützte sich auf Artikel 19 über die Freiheit der Information der 1948 von der UNO verabschiedeten Erklärung der allgemeinen Menschenrechte. Damit begann Ende der 1960er Jahre eine neuartige Menschenrechtsbewegung, die zugleich den Übergang von vereinzelten Aktionen zur organisierten Dissidentenbewegung markiert. Im Mai 1969 wandte sich eine *Initiativgruppe zur Verteidigung der Menschenrechte in der UdSSR* an die Vereinten Nationen. Im November 1970 gründete Andrej Sacharov zusammen mit zwei anderen Physikern in Moskau das *Komitee für Menschenrechte in der UdSSR*.[93] Die Menschenrechtsgruppen hofften allerdings zunächst vergeblich darauf, aus der UNO offizielle Unterstützung zu bekommen. Ihre Taktik bestand darin, diejenigen Rechte einzufordern, die in den sowjetischen Gesetzen und in der Verfassung auf dem Papier garantiert, aber in der Praxis systematisch verletzt wurden. Neben diesem auf bürgerliche Grundrechte ausgerichteten intellektuellen Dissens, der sich zu einem großen Teil als sozialistisch begriff, gab es einen religiösen und einen nationalen. Ersterer forderte Religionsfreiheit und blieb vergleichsweise schwach. Der nationale Dissens umfasste Bewegungen der unter Stalin deportierten Nationalitäten sowie nationalistische Strömungen, zum Beispiel in der Ukraine, die von den Behörden mit Festnahmen und Prozessen geahndet wurden.[94]

Das Regime antwortete mit den Praktiken, die es in den 1960er Jahren erprobt hatte: Überwachung, Einschüchterung, Hausdurchsuchungen, «Prophylaxe» und in den schlimmeren Fällen Einweisung in psychiatrische Kliniken, Verhaftungen und Gerichtsprozesse wie etwa 1972 der gegen den Schriftsteller Vladimir Bukovskij, der wegen «antisowjetischer Propaganda» zu zwölf Jahren Haft verurteilt wurde, nachdem er seine Erfahrungen mit der Psychiatrie international bekannt gemacht hatte. Allerdings musste die Sowjetunion gewisse Rücksichten auf ihre Wahrnehmung im Ausland nehmen, denn das Image eines repressiven Regimes schadete den gleichzeitig verfolgten Bemühungen um eine Entspannung des Ost-West-Konflikts und dem Ausbau der wirtschaftlichen Beziehungen mit den westlichen Ländern. Die Zahl der Verurteilungen wegen «antisowjetischer Propaganda» ging im Laufe der 1970er Jahre zurück. Im Jahrfünft 1971–1975 wurden 803 Personen wegen dieses Deliktes verurteilt, im Jahrzehnt 1976–1985 nur noch 450.[95] Die Einschüchterung von Regimekritikern funktionierte nun zunehmend über das subtilere Instrument der «Prophylaxe». Straflager existierten weiterhin und in ihnen saßen nach Schätzungen von Dissidenten etwa 10 000 bis 20 000 politische Häftlinge ein.[96]

Um Solidarisierungseffekte, wie sie bei den großen Prozessen der 1960er Jahre aufgetreten waren, und allzu peinliche Berichte der ausländischen Medien über politische Verfolgungen in der Sowjetunion zu vermeiden, verzichtete man in den 1970er Jahren auf Schauprozesse, intensivierte die weniger auffällige Zwangspsychiatrisierung und schob besonders prominente Dissidenten auf dem Wege der Ausbürgerung ins Ausland ab. Die bekanntesten Ausgebürgerten waren Iosif Brodskij (1973), Andrej Sinjavskij (1973), Aleksandr Solženicyn (1974), Aleksandr Galič [Ginzburg] (1974), Andrej Amal'rik (1976) und Vladimir Bukovskij (1976). Die Ausweisungen sorgten zwar kurzfristig im Ausland für erhöhte Aufmerksamkeit, erwiesen sich aber trotzdem als erfolgreiche Strategie, weil das Interesse für die Betroffenen, sobald sie im Westen waren, rasch abflaute.

Neue Möglichkeiten für die Dissidenten eröffnete hingegen die offizielle Anerkennung des internationalen Menschenrechtskatalogs durch die Sowjetunion in «Korb 3» der Schlussakte von Helsinki 1975. Das eigentliche Ziel der sowjetischen Teilnahme an der Konferenz für Sicherheit und Zusammenarbeit in Europa (KSZE) war die Garantie der Nachkriegsgrenzen in Osteuropa. Indem sich die Sowjetunion zur Erreichung dieses Ziels zur Einhaltung der Menschenrechte verpflichtete, eröffnete sie den Dissidenten und dem Ausland unangenehme Möglichkeiten der Argumentation. Andrej Sacharov gründete bereits 1976 die Moskauer *Helsinki-Gruppe* und auf der KSZE-Folgekonferenz in Belgrad 1977 wurde die Sowjetunion auch international der Verletzung der Menschenrechte bezichtigt.[97]

Zeitgleich mit dem Ende der Entspannungspolitik und der sich zuspitzenden Krise in Polen ging das Regime im November 1979 dazu über, die Dissidentengruppen zu zerschlagen und ihre Mitglieder zu verhaften. Der Schaden für das Prestige der Sowjetunion im Ausland erschien in Anbetracht der neuerlichen Verschärfung des Ost-West-Konflikts nachrangig. In den Jahren 1979 bis 1981 wurden rund 500 Dissidenten verhaftet und die Bewegung damit nachhaltig mundtot gemacht.

Hinter der pauschalen Sammelbezeichnung «Dissidenten» verbarg sich eine Vielzahl unterschiedlicher und zum Teil unvereinbarer politischer Überzeugungen. Es gab Reformkommunisten, Sozialisten, Liberale, Slawophile, Stalinisten, Konstitutionalisten, russische und nichtrussische Nationalisten und religiöse Dissidenten. Gemeinsam war ihnen nur die Kritik am bestehenden Regime, während sie untereinander harte ideologische Auseinandersetzungen führten. Dabei zeichneten sich zwei Hauptlager ab, in denen sich die im 19. und beginnenden 20. Jahrhundert geführte Kontroverse zwischen «Westlern» und «Slawophilen» wiederholte. Die «Neo-Westler» stellten die Mängel des Sowjetsystems in die Kontinuität russischer Rückständigkeit und repressiver Tendenzen des Zarismus. Wie ihre Vorläufer im 19. Jahrhundert sahen sie das Heil in der Orientierung an westlichen Modellen, also der Übernahme einer pluralistischen Gesellschaftsordnung und eines parlamentarisch-demokratischen politischen Systems. Ein dezidierter Vertreter westlich-liberaler Ideen war etwa Andrej Sacharov. Die «Neo-Slawophilen», als deren bedeutendste Figur Aleksandr Solženicyn gelten kann, lehnten die Vorstellung einer russischen Rückständigkeit ab und betrachteten die Spezifika der russischen Kultur als das eigentlich Wertvolle. Das Sowjetsystem erschien in ihrer Wahrnehmung nicht als Fortsetzung des Zarismus, sondern als Bruch mit den russischen Traditionen und eine aus dem Westen importierte, Russland wesensfremde Erscheinung. Die Lösung konnte folgerichtig nicht in der Orientierung an einem anderen westlichen System liegen, sondern musste in den russischen Traditionen gesucht werden. Die Neo-Slawophilen waren daher wie ihre Vorgänger antiwestlich, antimodernistisch und zum Teil auch antisemitisch ausgerichtet. Die moderne westliche Industriegesellschaft mit ihren sozialen Konflikten und ihrem kulturellen und politischen Pluralismus hielten sie für nicht geeignet für Russland.[98]

Nationalitäten

Zu den Dissidenten gehörten auch Vertreter nationalistischer und autonomistischer Strömungen in den Unionsrepubliken. Die Helsinki-Gruppen, die sich nach 1975 in etlichen Städten bildeten, traten an der nichtrussischen Peripherie außer für Menschenrechte auch für nationale Selbstbestimmung ein.[99] Das Streben nach einer gewissen Eigenständigkeit kennzeichnete aber auch die Politik des Führungspersonals einiger Republiken. Die Breževsche Nationalitätenpolitik, die auf die Loyalität dauerhaft im Amt befindlicher Kader und auf integrativen Konsens setzte, hatte den Nebeneffekt, dass diese langfristig agierenden Kader ihrerseits Machtstrukturen aufbauen konnten und an Handlungsfreiheit gewannen. Nach den Intentionen der Zentrale sollte die stabile Einbindung lokaler Führungskräfte einem nationalistischen Aufbegehren der Völker an der Peripherie vorbeugen und ihre Integration in die gemeinsame sowjetische Nation fördern. Gegenüber dem partikularen Nationalismus herrschten weiterhin und aus einleuchtenden Gründen Misstrauen und Ablehnung. Das äußerte sich 1973 im Sturz des ukrainischen Parteichefs Petro Šelest. Weil er ukrainische Interessen artikuliert hatte, wurde er des Nationalismus beschuldigt und abgesetzt. Die erhöhte Sensibilität gegenüber nationalistischen Tendenzen hing wahrscheinlich auch mit der Volkszählung von 1970 zusammen, die eine Schere zwischen dem Bevölkerungswachstum der Slawen und der Asiaten sowie das Festhalten der nichtslawischen Nationalitäten an ihren Sprachen offenbart hatte. Diese Tendenzen konnten in längerfristiger Perspektive den russischen Führungsanspruch und die angestrebte innere sprachliche Angleichung in Frage stellen.[100] Dass man dieses Ziel keineswegs aufgegeben hatte, demonstrieren die ideologischen Äußerungen der 1970er Jahre. Der 24. Parteitag 1971 verkündete die Entstehung des «Sowjetvolks». Mit diesem Begriff, der 1977 auch in die neue Verfassung der Sowjetunion Eingang fand, versuchten die Ideologen die von ihnen behauptete Abfolge des «Aufblühens», der «gegenseitigen Annäherung» und schließlich der «Verschmelzung» der Völker zumindest verbal zu beschleunigen. Aufblühen, Annäherung und Verschmelzen würden nicht nacheinander, sondern gleichzeitig als dialektischer Prozess erfolgen, argumentierte man und untermauerte das Wunschdenken mit Statistiken über nationale Mischehen.[101]

Der 1991 erfolgte Zerfall der Sowjetunion verlockt dazu, im Rückblick ein kontinuierliches Erstarken der zentrifugalen Kräfte auszumachen.

Auch die westlichen Sowjetunionexperten maßen in den 1970er und 1980er Jahren dem erstarkenden Nationalismus eine große Bedeutung bei und erwarteten auf diesem Gebiet am ehesten Probleme für den Gesamtstaat. Eine solche hohe Gewichtung der partikularen Tendenzen übersieht jedoch, dass sich im Bewusstsein vieler Menschen eine supranationale, auf die Sowjetunion als Ganzes bezogene Identität herausgebildet hatte. Sie beruhte auf dem Sieg im Zweiten Weltkrieg, der Größe des Landes, seinen Erfolgen in Raumfahrt und Sport, seiner Bedeutung als Supermacht und wurde durch eine gemeinsame Erlebens- und Bedeutungswelt gefördert. Brežnev hatte seit Beginn seiner Amtszeit darauf geachtet, positive identitätsstiftende Leistungen der Sowjetunion stets in einer integrativen Weise zu präsentieren, damit sich nicht nur die Russen, sondern auch die Angehörigen anderer Nationalitäten angesprochen und repräsentiert fühlten. Bei der Aufzählung von Kriegshelden durften die Namen von Nichtrussen ebenso wenig fehlen wie bei ökonomischen und technischen Erfolgsbilanzen. Nicht zuletzt sorgten die Unionspresse, Radio, Fernsehen und das einheitliche Bildungswesen dafür, dass sich die Sowjetunion in die Köpfe ihrer Bewohner als vorgestellte Gemeinschaft einschrieb. Sich als Kasache oder Tatare zu fühlen, schloss nicht aus, gleichzeitig eine sowjetische Identität zu besitzen. Bei einer in der späten Brežnevzeit durchgeführten Umfrage antwortete ein Großteil der Respondenten auf die Frage, was sie als ihre Heimat (*rodina*) empfänden: «die UdSSR und die Republik der eigenen Nationalität».[102]

Gleichzeitig mit dem gemeinsamen Bewusstsein als Sowjetbürger und dem Sowjetpatriotismus schwelten aber in manchen Republiken unter der Oberfläche ethnische Konflikte. Brežnevs Nachfolger, Jurij Andropov, war als ehemaliger KGB-Chef über die vom ideologischen Diskurs zugedeckten Nationalitätenprobleme informiert und sprach 1982 von «Fehlern», die zu «negativen Erscheinungen in den Nationalitätenbeziehungen» geführt hätten. Um die zentrifugalen Kräfte in den Peripherien zu neutralisieren, ergriff die Partei sogenannte «internationalisierende» Maßnahmen. Dieser «Internationalismus» äußerte sich zum Beispiel darin, dass die lokalen Partei- und Staatsorgane nicht mehr bevorzugt aus der jeweiligen Titularnation, sondern möglichst aus anderen Regionen der Union rekrutiert werden sollten. Vor allem in den asiatischen Republiken wurde in der Personalpolitik der unter Brežnev eingetretenen Entwicklung gegengesteuert. Die Bevölkerung nahm die Entsendung von Funktionären aus der Zentrale allerdings als Russifizierung oder Kolonialismus wahr.[103]

Im Zuge der Industrialisierungspolitik waren in der gesamten Sowjetunion ökonomischer und sozialer Wandel sowie die Urbanisierung vorangeschritten. In den ersten Jahrzehnten nach 1917 hatte sich der Abstand zwischen den Regionen verringert, doch blieb tendenziell das schon in der Zarenzeit bestehende Gefälle vom Baltikum im Nordwesten über Russland, Weißrussland und die Ukraine bis zu den zentralasiatischen Republiken im Südosten bestehen. Dazu trug – neben anderen Faktoren – auch die eine gesamtstaatliche Arbeitsteilung praktizierende Wirtschaftspolitik bei: Indem den zentralasiatischen Republiken die Rolle von Baumwollproduzenten zugewiesen und eine entsprechende Monokultur betrieben wurde, vergrößerte sich seit den 1960er Jahren der Abstand zum europäischen Teil der Sowjetunion. Umgekehrt bewahrten die baltischen Republiken ihre traditionelle Rolle als «Fenster nach Europa» und waren aufgrund des hohen Lebensstandards ein begehrtes Ziel der Binnenmigration. Daraus resultierte im Baltikum eine bedeutende Vergrößerung des Anteils der russischsprachigen Bevölkerung. Die Volkszählung von 1979 verzeichnete in Estland 28 Prozent und in Lettland 33 Prozent Russen.[104]

Außen- und Sicherheitspolitik

Im Hinblick auf die Außenpolitik waren die 1970er Jahre für die Sowjetunion keineswegs eine Phase der Stagnation, sondern eines Wechselspiels von Entspannung und Versuchen, ihre geostrategische Position auszubauen.[105] Die 1969/70 begonnene Entspannungspolitik konnte zunächst erfolgreich fortgesetzt werden. Die Sowjetunion hatte ein Interesse an der dauerhaften Stabilisierung der 1945 gezogenen Grenzen in Europa und an der Intensivierung der Wirtschaftsbeziehungen mit den westlichen Industrieländern. Hinzu kamen die enormen Kosten, die der Unterhalt von 3,65 Millionen Soldaten und der Rüstungswettlauf mit den USA erzeugten. Ein großer Teil der ökonomischen und wissenschaftlichen Kapazitäten der Sowjetunion waren im militärisch-industriellen Komplex gebunden. Das war ein hoher Preis für den Supermachtstatus und die Aufrechterhaltung eines weiträumigen Sicherheitsgürtels im östlichen Europa. Von daher machte es Sinn, eine neuerliche Eskalation des Kalten Krieges zu vermeiden und Gespräche über die Rüstungsbegrenzung zu führen.

Im Mai 1972 konnte das SALT-I-Abkommen über die Begrenzung des Baus strategischer Atomwaffen unterzeichnet werden, dem nach jahrelangen Verhandlungen im Juni 1979 das SALT-II-Abkommen folgte. Parallel dazu wurden seit Oktober 1973 in Wien Gespräche zur Truppenreduzierung in Europa (MBFR) geführt. Schon 1967 hatte der Warschauer Pakt eine Konferenz für Sicherheit und Zusammenarbeit in Europa (KSZE) vorgeschlagen. Im Juli 1973 begannen in Helsinki die Verhandlungen, an denen die sowjetische Seite mit mehreren Zielen teilnahm: Neben der endgültigen Festschreibung der Grenzen in Europa ging es ihr darum, die westeuropäische Integration zu bremsen und stattdessen ein gesamteuropäisches Organ ins Leben zu rufen, in dem sie mitreden konnte. Damit sollte ein Keil zwischen Europa und die USA getrieben und die Voraussetzung für eine Ausweitung der Handelsbeziehungen geschaffen werden, denn die Modernisierung der sowjetischen Wirtschaft bedurfte des Imports westlicher Hochtechnologie. Die westeuropäischen Vertreter legten im Gegenzug Wert auf die Verankerung der Menschenrechte und Grundfreiheiten. Die Verhandlungen gestalteten sich schwierig, aber am Ende konnte im August 1975 die Schlussakte von Helsinki unterzeichnet und die Fortsetzung der Gespräche vereinbart werden.[106]

Die Entspannung des Ost-West-Konflikts wurde von der Intensivierung des beiderseitigen Handels und der kulturellen Kontakte begleitet. Außerdem durfte in dieser Phase eine größere Zahl von Juden und Russlanddeutschen ausreisen. Seit Mitte der 1970er Jahre wurde die Entspannungspolitik allerdings durch mehrere Entwicklungen getrübt. Zum einen engagierte sich die Sowjetunion zunehmend – und aus westlicher Sicht in besorgniserregender Weise – in der Dritten Welt und in Asien, zum anderen versuchte Brežnev durch die Stationierung von Mittelstreckenraketen in Europa die rüstungstechnische Position zu verbessern.

Das Engagement in der Dritten Welt und in Asien erfolgte zum Teil mittelbar, damit sich die Sowjetunion selbst nicht in kriegerische Konflikte verwickeln musste. Der Kalte Krieg verlagerte sich an die Peripherie, wo die Sowjetunion, die USA und China um Einfluss konkurrierten. Dabei ging es nicht nur um Außenpolitik, sondern auch um die Konkurrenz der Systeme. Die Entwicklungsländer hatten die Wahl zwischen dem auf schnelle Industrialisierung zielenden sowjetischen Modell, dem stärker auf die Landwirtschaft orientierten chinesischen und dem westlich-kapitalistischen und sie versuchten, die verschiedenen Optionen in pragmatischer Weise zu kombinieren. Dem sowjetischen Einfluss in der Dritten Welt leistete vor allem das kommunistisch regierte und von der Sowjetunion wirtschaftlich abhängige, aber zugleich blockfreie Kuba Vorschub. Fidel Castro unterstützte die antiwestlichen Befreiungsbewegungen in Angola und Äthiopien und griff 1975 mit Truppen in den angolanischen Bürgerkrieg ein. Die Aussicht auf die Errichtung kommunistischer und mit der Sowjetunion verbündeter Regime in Afrika drohte aus westlicher Sicht das globale Gleichgewicht zu verschieben. Vor allem das südliche Afrika hatte durch seine Bodenschätze und die Kontrolle über den Seeweg zwischen Asien und Europa eine enorme strategische Bedeutung und es war nicht gleichgültig, ob die Sowjets dort Fuß fassten oder nicht. Es gelang der Sowjetunion in den 1970er Jahren, mit einer Reihe von Ländern des Nahen Ostens, Asiens und Afrikas Freundschaftsverträge abzuschließen. Dabei ging es weniger um den Export des kommunistischen Systems als um die Stärkung der internationalen strategischen Position der Sowjetunion gegenüber den USA, die weltweit über Flottenstützpunkte und Partner verfügten. Auf diesem Gebiet holte die Sowjetunion auf und schloss 1971 Verträge mit Ägypten und Indien, 1972 mit dem Irak, 1974 mit Somalia, 1976 mit Angola, 1977 mit Mosambik, 1978 mit Äthiopien, Vietnam und Afghanistan, 1979 mit der Volksrepublik Jemen, 1980 mit Syrien und 1981 mit der Volksrepublik Kongo.[107] Nicht alle diese Kooperationen waren dauerhaft – im Falle Ägyptens kam es bereits 1972 wieder zum Bruch, aber insgesamt baute die Sowjetunion ihre Position in der Dritten Welt in einer für den Westen beunruhigenden Geschwindigkeit aus. Sie trat als Unterstützerin der antikolonialen und nationalen Befreiungsbewegungen auf, leistete den befreundeten Ländern Entwicklungshilfe, entsandte Militärberater und lieferte Rüstungsgüter. Der Preis dafür bestand in einer hohen finanziellen Belastung und im Glaubwürdigkeitsverlust der Entspannungspolitik.[108]

Die geostrategische Expansion trug zusammen mit dem Versuch, die Verhandlungen über die Rüstungsbegrenzung durch die Stationierung neuer Mittelstreckenraketen mit nuklearen Mehrfachsprengköpfen (SS-20) zu unterlaufen, dazu bei, dass die Entspannungspolitik gegen Ende der 1970er Jahre in eine neue Verhärtung der Ost-West-Beziehungen überging. Auf die neuen sowjetischen Raketen reagierte die NATO im Dezember 1979 mit dem Doppelbeschluss, mit dem Warschauer Pakt über die beidseitige Begrenzung der Mittelstreckenraketen zu verhandeln und parallel dazu die amerikanischen Raketen in Westeuropa zu «modernisieren». Nach dem Scheitern der Verhandlungen wurde 1983 mit der Stationierung amerikanischer Mittelstreckenraketen (Pershing-II) und Marschflugkörper in Westeuropa begonnen.

Im Dezember 1979 beschloss die sowjetische Führung, mit Truppen in Afghanistan einzumarschieren, um den drohenden Zusammenbruch des dortigen kommunistischen Regimes zu verhindern und einem Übergreifen des islamischen Fundamentalismus auf Zentralasien vorzubeugen. In der zeitgenössischen westlichen Interpretation strebte Brežnev in Fortsetzung der russischen Politik des 19. Jahrhunderts eine Expansion in Richtung auf den Indischen Ozean an. Die USA erließen ein Handelsembargo und boykottierten zusammen mit etlichen anderen Ländern die Olympischen Sommerspiele von 1980 in Moskau.[109] Im Gesamtkontext der sowjetischen Außenpolitik erscheint heute wahrscheinlicher, dass für die Entscheidung zum Einmarsch sicherheitspolitische Abwägungen ausschlaggebend waren. Es ging darum, den sowjetischen Einfluss in einem Nachbarland aufrechtzuerhalten, in dem sich die Sowjetunion seit Mitte der 1950er Jahre mit großem Aufwand wirtschaftlich und militärisch engagiert hatte, und unter dem Eindruck der kurz vorher stattgefundenen iranischen Revolution den islamischen Fundamentalismus zu bekämpfen, der auf die zentralasiatischen Republiken auszustrahlen drohte.[110] Der Einmarsch in Afghanistan im Dezember 1979 endete in einem doppelten Fiasko: Er ließ die Sowjetunion international als Aggressor und in der UNO isoliert dastehen, und der jahrelange verlustreiche Krieg in Afghanistan, der letztendlich unter Gorbačev erfolglos abgebrochen werden musste, bewirkte auch innenpolitisch einen massiven Vertrauensschwund.[111]

Zu allem Überfluss spitzte sich auch noch die Lage in Polen zu. Die schon seit Jahren schwelende Wirtschafts- und Versorgungskrise mündete 1980 in Streiks und in die Gründung der unabhängigen Gewerkschaft *Solidarność*. Trotz der prekären Situation des kommunistischen Regimes entschied sich die sowjetische Führung gegen eine militärische Intervention. Sie übte aber auf Polen so großen Druck aus, dass Staats- und Parteichef General Jaruzelski im Dezember 1981 über Polen das Kriegsrecht verhängte. Mit dieser Druckausübung stellte die Sowjetunion, zwar nicht so drastisch wie 1968 gegenüber der Tschechoslowakei, aber doch unmissverständlich klar, dass sie nicht bereit war, ihren Sicherheitsgürtel in Osteuropa durch demokratische Aufweichungen der politischen Systeme zu gefährden.[112]

Das sozialistische Lager bereitete der Sowjetunion auch außerhalb Europas Probleme. China und Jugoslawien stellten den Führungsanspruch Moskaus in Frage und bemühten sich, der Sowjetunion in der Dritten Welt den Rang abzulaufen. Tito engagierte sich erfolgreich in der von ihm mitbegründeten Blockfreien-Bewegung, und die auf die 1950er Jahre zurückgehende sowjetisch-chinesische Rivalität setzte sich weiter fort und bildete ein starkes Motiv für die Entspannungspolitik gegenüber den USA. Nach dem Grenzkonflikt von 1969 war das Verhältnis zwischen der Sowjetunion und China schwierig. Brežnev versuchte 1972 vergeblich, die Annäherung Chinas an die USA durch den Vorschlag eines sowjetisch-amerikanischen Paktes gegen aggressive Drittländer zu neutralisieren. Auch nach dem Tode Maos 1976 wurden die sowjetisch-chinesischen Beziehungen nicht besser. 1977 propagierte die chinesische Führung unter Deng sogar die Bildung einer antisowjetischen «Einheitsfront», bestehend aus den USA, Westeuropa, China und Japan.[113]

In der Gesamtschau ergibt sich der Eindruck, dass die sowjetische

Außenpolitik der 1970er Jahre zwar vorübergehend Erfolge erzielte, diese aber insofern nicht nachhaltig waren, als es nicht gelang, für die verschiedenen Ebenen und Schauplätze ein konsistentes Gesamtkonzept zu verfolgen. Dieses Unvermögen hatte mit der Struktur der außenpolitischen Entscheidungsprozesse in Moskau zu tun. Das sowjetische Außenministerium verfügte zwar über Expertenstäbe, aber die Entscheidungen traf am Ende das Politbüro, dessen Mitglieder mit dem gebrechlichen Brežnev an der Spitze Ende der 1970er Jahre Probleme hatten, die Informationen und Gutachten, die von den verschiedenen Stellen geliefert wurden, zusammenzufügen. Daraus resultierten Fehlentscheidungen, als deren folgenreichste sich der Einmarsch in Afghanistan erweisen sollte.[114]

FÜNFTER TEIL

Scheitern und Neubeginn 1982–1999

15. Umbauversuche und Zusammenbruch 1982–1991

Zwischen Brežnev und Gorbačev

Als Leonid Brežnev am 10. November 1982 starb, befand sich die Sowjetunion außenpolitisch und ökonomisch in einer schwierigen Lage. Mit dem Krieg in Afghanistan und ihrer die USA provozierenden Weltpolitik hatte sie international das in der ersten Hälfte der 1970er Jahre gewonnene Kapital wieder verspielt. Die Phase der «Entspannung» war einem neuen «Kalten Krieg» gewichen, und die Sowjetunion hatte an Ansehen verloren.[1] Die wirtschaftliche und finanzielle Lage in den sozialistischen Ländern im Sicherheitsgürtel der Sowjetunion war äußerst angespannt und die Autorität der kommunistischen Regime angeschlagen. Das galt vor allem für Polen, aber auch in der DDR zeichnete sich eine fortschreitende Krise ab. Allein schon der Umstand, dass die ostmitteleuropäischen Länder inzwischen auf westliche Kredite in Milliardenhöhe angewiesen waren, um ihren Lebensstandard aufrechterhalten zu können, ließ die weiterhin behauptete Systemüberlegenheit immer weniger glaubwürdig erscheinen. Für die Sowjetunion wurden die ostmitteleuropäischen Satellitenstaaten allmählich nicht nur zur finanziellen, sondern auch zur politischen Bürde, denn die sich dort zusammenbrauende Unzufriedenheit drohte früher oder später überzuschwappen.

In der Sowjetunion selbst hatten sich die Strukturprobleme vertieft. Die administrative Kommandowirtschaft erwies sich unter den Bedingungen der komplexen Vollindustrialisierung als noch weniger effektiv als während der Phase des extensiven Aufbaus unter Stalin. Die sowjetische Wirtschaft war nicht in der Lage, die gestiegene Nachfrage der Bevölkerung nach Konsumgütern und höherwertigen Lebensmitteln adäquat zu befriedigen, und war selbst beim Getreide schon seit Jahren auf Importe angewiesen. Die Modernisierung der Wirtschaft, die in den kapitalistischen Ländern als Antwort auf die Krise der 1970er Jahre eingeleitet worden war, hatte in der Sowjetunion nicht stattgefunden. Hier dominierte weiterhin die Schwerindustrie alten Typs. Die meisten dieser Werke waren in den

1930er Jahren oder nach dem Krieg errichtet worden und inzwischen längst veraltet. Das Gros der sowjetischen Industrie bestand aus Fabriken, wie man sie in den USA, in Westeuropa und in Japan während der 1970er Jahre stillgelegt oder grundlegend rationalisiert hatte. Diese veralteten Anlagen waren international nicht konkurrenzfähig, verschwendeten Energie, Arbeitskraft und Rohstoffe und belasteten die Umwelt. Für die Zukunft war weiterhin bedenklich, dass sich der technologische Abstand zu den westlichen Industrieländern nicht mehr wie früher verkleinerte, sondern wieder vergrößerte.[2]

Die Verkehrs- und Kommunikationsnetze waren unterentwickelt und in einem schlechten Zustand, was immense Verluste beim Transport und bei der Lagerung verderblicher Waren zur Folge hatte, die Ressourcennutzung war ineffektiv, die Arbeitsproduktivität gering, die administrativen und ökonomischen Apparate waren personell aufgebläht und überbürokratisiert. Die durchaus unternommenen Versuche zur Rationalisierung und Steigerung der Effizienz waren allesamt gescheitert, weil das System an seinen grundlegenden Konstruktionsfehlern krankte. Lange Zeit hatte man die geringe Effektivität durch die Steigerung des Einsatzes von Arbeitskräften, Rohstoffen und Kapital auffangen können, aber inzwischen war diese Methode aufgrund gestiegener Kosten nicht mehr finanzierbar und die Zahl der Arbeitskräfte ließ sich kaum noch steigern.[3] Die weitere Finanzierung des erreichten Lebensniveaus hing in hohem Maße von den Erlösen aus den Öl- und Gasexporten ab. Als jedoch 1983 die sibirische Ölförderung zurückging, 1986 der Ölpreis auf dem Weltmarkt um fast 70 Prozent sank und gleichzeitig der Dollar stark nachgab, verlor die Sowjetunion praktisch über Nacht ihre wichtigste Einnahmequelle.[4]

Die strukturellen Mängel, die Innovationsschwäche und hohe Abhängigkeit von den aus Rohstoffexporten erzielten Deviseneinnahmen lassen aus rückblickender Perspektive die mittelfristige Zukunftsfähigkeit des gesamten Systems zu Beginn der 1980er Jahre bereits als fraglich erscheinen. Der Zustand wurde damals allerdings weder in der Sowjetunion selbst noch im Ausland als akute existenzbedrohende Krise wahrgenommen. Westliche Experten konstatierten zwar 1982/83, dass die sowjetische Wirtschaft einen krisenhaften Zustand erreicht habe und es künftig nicht mehr schaffen werde, die unzureichende Produktivitätssteigerung durch den Mehreinsatz von Kapital, Arbeitskräften oder Rohstoffen aufzufangen, beschrieben aber nicht das Szenario einer unmittelbar bevorstehenden Katastrophe. In der Sowjetunion selbst war man noch weit davon entfernt, die bestehende Ordnung an sich bedroht zu sehen oder grundsätzlich in Frage zu stellen.[5]

In der schwierigen Situation nach Breznevs Tod wählte das Politbüro den 68-jährigen Jurij Andropov zum neuen Generalsekretär. Er übernahm wie Breznev ebenfalls den Vorsitz im Verteidigungsrat und im Juni 1983 auch das Amt des Vorsitzenden des Präsidiums des Obersten Sowjets. Andropov, 1914 im Gouvernement Stavropol' geboren und somit ebenfalls Angehöriger der «Breznev-Generation», hatte die Laufbahn eines typischen Apparatschiks absolviert: Mit 22 Jahren hatte er als Funktionär im Kommunistischen Jugendverband anfangen, war mit 25 in die Partei eingetreten und hatte sich langsam die Stufenleiter emporgearbeitet. Zwischendurch war er in den diplomatischen Dienst gewechselt. In seine Amtszeit als Botschafter in Ungarn fiel der Aufstand von 1956, bei dessen Niederschlagung er eine wichtige Rolle spielte. Danach stieg er in der Partei weiter auf und leitete ab 1967 den Staatssicherheitsdienst (KGB). Seit 1973 war er Vollmitglied des Politbüros.[6] Andropov war von Chruščev ins Zentralkomitee geholt worden, galt als Antistalinist und hatte in den 1960er Jahren ein Team von kompetenten Beratern um sich geschart, von denen einige nach seinem Tod zu den Architekten der Perestrojka gehören sollten.[7]

Andropovs Amtsantritt bedeutete eine gewisse Überwindung des unter Breznev eingetretenen Realitätsverlustes in der Parteiführung, denn durch seine langjährige Tätigkeit an der Spitze des KGB war Andropov über die Vorgänge im Land gut informiert. Er galt als reformorientiert, übte bald nach seinem Amtsantritt Kritik an den Verhältnissen unter seinem Vorgänger und tauschte auf allen Ebenen der Partei und des Staates zahlreiche Funktionäre aus. Unter den Aufrückern waren einige Männer aus seiner Klientel im Sicherheitsdienst, ansonsten hatte er aber das Handicap, in der Parteiorganisation über keine Hausmacht zu verfügen. Noch unter Breznev hatte Andropov auf dem 26. Parteitag 1981 gefordert, es müsse wieder mehr Schwung in die Wirtschaft gebracht werden. Die Stoßrichtung, in die seine Maßnahmen zielten, verrät allerdings, dass er nicht die eigentlichen, systemimmanenten Konstruktionsfehler der administrativen Kommandowirtschaft anging, sondern die Probleme in bester sowjetischer Manier personalisierte. «Antikorruptionskampagne» und «Disziplin» waren die Zauberworte, mit denen Andropov das Steuer herumreißen wollte. Seine Vorstellung war die, dass man Korruption, Nepotismus und Schlendrian bei den Funktionären bekämpfen müsse, um in weiterer Folge auch von der Bevölkerung mehr Disziplin und Leistung einfordern zu können. Drei hohe Funktionäre wurden wegen Korruption zum Tode verurteilt und etliche weitere landeten im Gefängnis. In Anlehnung an die unter Stalin während des Krieges ergriffenen Maßnahmen zur Verbesserung der Arbeitsdisziplin erhöhte Andropov die Strafen für Abwesenheit vom Arbeitsplatz und ließ in Geschäften und auf den Straßen Kontrollen durchführen, um Personen, die während der Arbeitszeit privaten Besorgungen nachgingen, zu bestrafen. Hinzu kamen eine Antialkoholkampagne und Aufrufe zur «Wachsamkeit», das heißt zur Denunziation. Auf diese Weise wurde das Regime repressiver und aus Sicht der Bevölkerung ungemütlicher, ohne dass die eigentlichen Probleme gelöst wurden. Weder die Mängel der Kommandowirtschaft noch die ihnen angepassten Verhaltensweisen der Bevölkerung ließen sich durch Strafandrohungen abstellen.[8]

Außerdem blieb Andropov nicht viel Zeit, um sein Konzept umzusetzen. Schon nach drei Monaten im Amt bekam er gravierende gesundheitliche Probleme und wurde im November 1983 ins Krankenhaus eingeliefert, das er nicht mehr verließ. Angesichts seiner schweren Krankheit delegierte er Aufgaben an ein neues Führungsteam. Hoffnungen setzte er insbesondere in seinen jungen Schützling Michail Gorbačev, der im Zentralkomitee für die Landwirtschaft zuständig war und als unbestechlich galt. Ihm übertrug er die Verantwortung für die gesamte Wirtschaft und holte, um ihn zu stärken, Nikolaj Ryžkov von *Gosplan* in die Wirtschaftsabteilung des Zentralkomitees sowie Egor Ligačev, einen Bekannten von Gorbačev, in die Personalabteilung. Am Krankenbett beriet sich Andropov mit Gorbačev – der später einige der damals eingeleiteten Maßnahmen wiederaufgreifen sollte.[9]

Am 9. Februar 1984 starb Andropov. Schon vor seinem Tod waren Gerüchte umgegangen, dass Gorbačev die Nachfolge antreten könne. Im Hintergrund tat sich jedoch die Brežnev-Clique, bestehend aus Verteidigungsminister Ustinov, dem Vorsitzenden des Ministerrates Tichonov, Außenminister Gromyko und Konstantin Černenko, einem Gefolgsmann Brežnevs seit den 1950er Jahren, noch einmal zusammen. Es dauerte vier Tage, bis sich das Politbüro auf einen neuen Generalsekretär einigen konnte. Die Wahl fiel auf den 72 Jahre alten Černenko. Dieser war bereits in der Spätzeit Brežnevs als dessen potentieller Nachfolger gehandelt worden. Seine Wahl erscheint als ein Kompromiss zwischen den alten Gefolgsleuten Brežnevs, die alles beim Alten belassen wollten, und denjenigen, die eine Fortsetzung der Reformen wünschten. Černenko stand für die Perpetuierung der traditionellen Politik, aber als Stellvertreter wurde ihm Michail Gorbačev an die Seite gestellt. Gorbačevs Position als Zweiter Sekretär wurde aufgrund von Meinungsverschiedenheiten im Politbüro nie bestätigt, er übte sie aber gleichwohl aus und leitete die Politbürositzungen, als Černenko bettlägerig wurde. Černenko war bei seinem Amtsantritt nämlich schon schwer krank, konnte aufgrund eines Lungenleidens nur unter großen Anstrengungen sprechen und starb nach nur 13 Monaten am 10. März 1985. Die Politik in diesen Monaten war ambivalent: Einerseits waren Versuche erkennbar, die Reformansätze Andropovs zu entschärfen und traditionelle Politik im Stile Breževs zu machen. Andererseits zog hinter den Kulissen bereits Gorbačev die Fäden.[10]

Perestrojka

Gorbačev war nach dem Tode Černenkos in einer starken Position, zumal Verteidigungsminister Ustinov im Dezember 1984 verstorben war und damit von der Brežnev-Clique nur noch Tichonov und Gromyko übrig waren. Gorbačev war mit 54 Jahren der einzige Vertreter einer jüngeren Generation im Politbüro, und dass die Zeit für einen Generationenwechsel gekommen war, war jetzt die Ansicht der Mehrheit. Bereits am 11. März 1985 wurde er als Nachfolger von Černenko zum Generalsekretär der Kommunistischen Partei bestimmt.[11]

1931 in der Region Stavropol' geboren, absolvierte Michail Gorbačev sein Studium an der juristischen Fakultät der Moskauer Staatlichen Universität. Als Student war er 1952 in die Partei eingetreten, zunächst als Jurist tätig, dann als Funktionär beim Komsomol, von wo er zur Partei überwechselte. Ab 1962 kletterte er in der Parteihierarchie nach oben, bis er 1980 Vollmitglied des Politbüros wurde. Er profilierte sich besonders als Agrarspezialist und beteiligte sich schon in der Endphase der Breževära an der Diskussion von Reformen.[12] Gorbačev verkörperte einen neuen Politikertyp und bildete mit seiner jungen und dynamischen Art einen starken Kontrast zu seinen Vorgängern im Amt. Er sprach anders als seine Vorgänger, er trat anders auf, er suchte den Kontakt zur Gesellschaft und erweckte Vertrauen. Auf diese Weise gelang es ihm bald, in der Bevölkerung und besonders unter der Intelligenz Sympathien zu gewinnen und neuen Optimismus auszustrahlen. Er nannte die Probleme beim Namen, anstatt sich hinter den ewig gleichen Phrasen zu verstecken, und man nahm ihm ab, dass er von dem, was er sagte, überzeugt war. Seine Forderung nach Veränderung traf sich mit einem Bedürfnis vieler Menschen. «Veränderungen! fordern unsere Herzen. Veränderungen! fordern unsere Augen. In unserem Lachen, in unseren Tränen und im Puls der Adern: Veränderungen! Wir erwarten Veränderungen!» – So sang der Rockmusiker Viktor Coj 1986 in seinem damals populärsten Lied und brachte damit die Stimmung eines großen Teils der Gesellschaft zum Ausdruck.[13] War beim Amtsantritt Gorbačevs 1985 die Haltung der Bevölkerung gegenüber Reformen noch eher skeptisch gewesen, so dokumentieren Meinungsumfragen für 1987 und 1988 einen hohen Grad von Optimismus und Unterstützung für Gorbačevs Programm.[14]

Der neue Generalsekretär glaubte an die Reformierbarkeit des sowjetischen Systems. Wie seine Vorgänger das Kernproblem der administrativen Kommandowirtschaft verkennend, war er überzeugt, man könne dieses Wirtschaftssystem durch Reformen effektiv machen, ohne das Privateigentum an Produktionsmitteln zuzulassen und ohne eine echte Preisbildung über den Markt einzuführen, die auf Gestehungskosten, Angebot und Nachfrage beruhte. Er glaubte daran, dass die Kommunistische Partei demokratisiert werden könne, ohne ihr Machtmonopol aufgeben zu müssen, und dass sich über eine Lockerung der Zensur und ein Klima der Offenheit die Zustimmung der Bevölkerung zum Sozialismus erhöhen und ihr Engagement für die gemeinsame Sache steigern lasse.[15] Dass ausgerechnet seine Politik, die zunächst große Hoffnungen weckte, im ökonomischen Kollaps, dem Zusammenbruch der Sowjetmacht und im Auseinanderfallen des Imperiums endete, lag nicht an ungünstigen Umständen, sondern an der prinzipiellen Verkennung der Problemlage durch Gorbačev selbst.

Seine Politik des «Umbaus» (*perestrojka*) bestand aus mehreren Elementen, die zwischen 1985 und 1991 in unterschiedlicher Gewichtung zum Tragen kamen: Austausch der Eliten, Beschleunigung (*uskorenie*) des Fortschritts, Transparenz und Offenheit (*glasnost'*) im Umgang mit den Problemen der Gegenwart und mit der Vergangenheit, begrenzte Liberalisierung der Wirtschaft und Demokratisierung der politischen Strukturen.

In der Personalpolitik setzte Gorbačev zunächst das fort, was Andropov begonnen hatte. Binnen kurzer Zeit löste er auf allen Ebenen einen Großteil der Funktionäre und Amtsträger in Partei und Administration durch neue Leute ab. Bis März 1987 wurden fünf von zehn Politbüromitgliedern sowie 90 Prozent der Abteilungsleiter, 84 Prozent der Sekretäre und 40 Prozent der Mitglieder des Zentralkomitees ausgetauscht. Die Gebiets- und Kreisparteisekretäre waren ebenso von dieser Erneuerung der Kader betroffen wie die Regierung: In den ersten beiden Amtsjahren wurden 73 der 116 Ministerposten neu besetzt. Der alte Ministerpräsident Tichonov wurde im September 1985 durch Gorbačevs Gefolgsmann Nikolaj Ryžkov abgelöst, Außenminister Gromyko zum Vorsitzenden des Obersten Sowjets gemacht und mit diesem formal höchsten, aber praktisch mit wenig Macht verbundenen Amt im Staat neutralisiert und der Posten des Außenministers mit dem Georgier Eduard Ševardnadze besetzt. Im März 1986 übertrug Gorbačev dem reformfreudigen Boris El'cin die Leitung der Parteiorganisation der Hauptstadt.[16] Den intellektuellen Stab Gorbačevs bildeten der Leiter der Propagandaabteilung des Zentralkomitees Aleksandr Jakovlev, der Leiter von Gorbačevs Sekretariat Valerij Boldin und der Philosoph und Journalist Nail' Bikkenin. Jakovlev äußerte schon 1985 geradezu revolutionäre Ideen, indem er vorschlug, ein Zweiparteiensystem einzuführen, den Posten eines Präsidenten der UdSSR zu schaffen, freie Wahlen abzuhalten und das Land in demokratischem Sinne umzugestalten – Ideen, die damals Gorbačev noch als utopisch ablehnte.[17]

Eine derartige Erneuerung der obersten Parteigremien und Ämter im Staat hatte es seit den 1930er Jahren nicht mehr gegeben. Zuletzt war es Stalin gewesen, der im Zuge der Säuberungen und des Großen Terrors zwischen 1936 und 1938 eine ähnliche Umwälzung der Personalstruktur herbeigeführt hatte – allerdings mit anderen Mitteln. Ähnlich wie in den 1930er Jahren katapultierte dieser Elitentausch eine Kohorte von Funktionären nach oben, die dem Parteichef Loyalität entgegenbrachten, denn schließlich verdankten sie ihm den Aufstieg. Die «Neuen» waren allesamt etwa um 1930 geboren, somit Altersgenossen Gorbačevs und Angehörige der Generation der «Sechziger» (*šestidesjatniki*), die sich in den 1960er Jahren für Reformen geöffnet hatte und der auch die meisten Dissidenten entstammten. Gorbačev sah sich tatsächlich selbst als *šestidesjatnik* und war mit dem tschechoslowakischen Dissidenten Zdeněk Mlynář befreundet, mit dem er in den 1950er Jahren in Moskau Jura studiert hatte.[18]

Boris El'cin, der Gorbačev zunächst unterstützte, bald aber zu seinem Gegenspieler werden sollte, verkörperte eine etwas andere Mischung aus Parteikarriere und Expertentum als Gorbačev. Er war 1931 im Ural als Kind von Bauern geboren worden, hatte Bauwesen studiert und war bis 1968 als Ingenieur in der Bauindustrie tätig gewesen. Erst im Alter von 30 Jahren war er 1961 in die Partei eingetreten und hatte sich von lokalen Posten bis ins Zentralkomitee hochgedient. Von 1976 bis 1985 war er Gebietsparteisekretär von Sverdlovsk (heute wieder: Ekaterinburg), 1981 wurde er Mitglied des Zentralkomitees. In dem Jahrzehnt als Provinzfürst in Sverdlovsk verfügte El'cin über eine große Machtfülle. In seiner Autobiographie bezeichnete er sich später selbst als «Gott, Zar und Herr» des Gebietes, dessen Wort Gesetz war und der über alle wichtigen Fragen entschied.[19]

Der Elitentausch, den Gorbačev in den ersten Monaten nach der Amtsübernahme betrieb, korrespondierte mit einem Beschleunigungsprogramm für die wirtschaftliche Entwicklung. «Beschleunigung» (*uskorenie*) war Gorbačevs erste plakative Parole, bevor er Mitte 1986 den Slogan *Perestrojka* aufbrachte. Die Forderung nach Beschleunigung des ökonomischen Fortschritts resultierte aus der Wahrnehmung von Ineffizienz der sowjetischen Wirtschaft und technologischer Rückständigkeit gegenüber dem Westen. Diese Wahrnehmung teilte Gorbačev mit vielen Angehörigen der Eliten, die während der 1970er und 1980er Jahre Gelegenheit hatten, den

Westen zu bereisen. Was sie dort sahen, empfanden sie als erniedrigend – nicht so sehr wegen des materiellen Wohlstandsgefälles an sich, sondern weil es gang und gäbe war, dass hochrangige Funktionäre ihre Positionen benutzten, um Auslandsreisen zu unternehmen und mit Luxusgütern beladen zurückzukommen oder sich solche besorgen zu lassen.[20] Aber auch die Stellung der Sowjetunion in der Weltpolitik und im Wettbewerb der Systeme schien durch die ökonomische Rückständigkeit gefährdet, denn Gorbačev erkannte, dass auf lange Sicht in der Konkurrenz mit den kapitalistischen Mächten nicht die momentane militärische Stärke, sondern die Leistungsfähigkeit der Wirtschaft entscheidend war. Dazu trug insbesondere die technologisch-ökonomische Herausforderung durch das amerikanische Programm einer weltraumgestützten Raketenabwehr (SDI, siehe unten) bei.[21] Das Programm der «Beschleunigung» war schon seit 1983 entwickelt worden, und der Begriff selbst entstand im Zusammenhang mit der Begutachtung der von der staatlichen Planbehörde erstellten Entwürfe für einen Perspektivplan bis zum Jahr 2000. Demnach sollte bis dahin die Industrieproduktion der USA eingeholt werden.[22]

Schon gleich nach seinem Amtsantritt übte Gorbačev herbe Kritik am Zustand der Wirtschaft. Was er an Forderungen daraus ableitete, war im Prinzip nicht neu und beruhte nicht auf einem konsequent durchdachten Gesamtplan von Reformen: Die Notwendigkeit der Beschleunigung von Wirtschaftswachstum und technischem Fortschritt hatte schon Brežnev im Munde geführt. Auch die damit verbundene Forderung nach mehr Disziplin und Ordnung zum Zwecke der Steigerung der Arbeitsproduktivität war seit den 1930er Jahren ein wiederkehrendes Motiv. Neu waren allerdings die Schonungslosigkeit, mit der Gorbačev die Mängel und Missstände öffentlich anprangerte, und die Direktheit, mit der er versuchte, die Menschen zu höherer Leistung und mehr Engagement zu motivieren. Zu seinen ersten Maßnahmen gehörten eine Kampagne gegen den Alkohol, dem er immense Schäden für die Volkswirtschaft und die Gesundheit der Sowjetbürger zuschrieb, die Schaffung von Leistungsanreizen im Lohnsystem, die Einführung des Rentabilitätsprinzips für die Unternehmen und die Dezentralisierung der Wirtschaftsverwaltung.[23]

Keine dieser Maßnahmen erreichte ihr Ziel. Die Beschränkung der Wodkaproduktion führte bloß dazu, dass Zucker und Konfekt knapp wurden und Methanolvergiftungen auftraten, weil die Leute dazu übergingen, selbst Schnaps zu destillieren, und alkoholhaltige Industrieprodukte konsumierten – und dass dem Staatshaushalt eine der wichtigsten Einnahmequellen wegbrach. Außerdem machte sich Gorbačev in der Bevölkerung damit lächerlich und unbeliebt, denn auch jenseits des Alkoholismus war der Genuss von Wodka ein integraler Bestandteil der russischen Alltagskultur.[24] Die Appelle an Arbeitsdisziplin und Leistungsbereitschaft prallten an den in Jahrzehnten eingeübten Verhaltensstrategien ab. Wozu sollte man sich abrackern, wenn dem zusätzlich verdienten Geld keine adäquate Warenmenge gegenüberstand? Der Kaufkraftüberhang war inzwischen nur noch größer geworden. Die Unternehmen wiederum konnten das Rentabilitätsprinzip in entscheidenden Punkten gar nicht umsetzen, denn dazu hätten sie überschüssige Arbeitskräfte entlassen und Freiheit der Preisgestaltung erhalten müssen. Beides stand aber nicht zur Debatte, weil für Gorbačev nicht in Frage kam, an den Prinzipien der sozialistischen Wirtschaftsweise zu rütteln. So musste sich im Grunde das Schicksal der Kosygin-Reformen der 1960er Jahre wiederholen. Argumentativ knüpfte Gorbačev allerdings nicht an Kosygin an, sondern spannte den Bogen weiter. «Zurück zu Lenin» war seine Devise, und in ökonomischer Hinsicht meinte er damit die Neue Ökonomische Politik der 1920er Jahre und ihre Grundidee, die Kräfte des Marktes und das Gewinnstreben der Produzenten im Rahmen einer sozialistisch organisierten Wirtschaft zu nutzen. «Zurück zu Lenin» kann aber auch jenseits eines inhaltlichen Bezugs als diskursive Formel verstanden werden, die geplanten Veränderungen den Anschein einer langfristigen Kontinuität verleihen sollte. Indem Gorbačev seinen Kurswechsel auf die Autorität «Lenin» bezog und damit suggerierte, zu den eigentlichen Wurzeln sozialistischer Politik zurückzukehren, legitimierte er seine Politik und vermied gleichzeitig eine Desavouierung des Sowjetsystems. Lenin, die Partei und der Kommunismus waren die drei untrennbar miteinander verbundenen Säulen des Diskurses, mit dem sich Gorbačev in die Kontinuität der sowjetischen Geschichte stellte.[25]

Die ökonomischen Ziele, die in das neue Parteiprogramm vom Herbst 1985 geschrieben wurden und die Gorbačev in den Folgemonaten in seinen Reden bekräftigte, erinnern wiederum in gewisser Weise an Chruščevs euphorische Ankündigungen. Zwar verzichtete man jetzt auf die abgestandene Phrase vom Ein- und Überholen der USA, doch liefen die mittelfristigen Planziele auf einen neuerlichen Anlauf hinaus, die sozialistische Moderne beschleunigt zu erreichen. «Wir halten fest Kurs auf den Kommunismus», hieß es im Parteiprogramm und das bedeutete in Zahlen, dass man bis zum Jahr 2000 die Wirtschaftsleistung verdoppeln, die Produktivität um 250 Prozent steigern und die Realeinkommen um bis zu 80 Prozent erhöhen wollte. Diese Ziele erscheinen rückblickend nicht weniger realitätsfern als seinerzeit Chruščevs Vision.[26]

Das Prinzip der *glasnost'* veränderte ab 1986 den offiziellen Diskurs und die Öffentlichkeit in der Sowjetunion von Grund auf. *Glasnost'* bedeutete, dass wichtige Probleme nicht wie bis dahin üblich vor der Öffentlichkeit verborgen oder phrasenhaft verschleiert, sondern offen diskutiert wurden, dass über Tabuthemen wie die hohe Säuglingssterblichkeit, Umweltkatastrophen, Alkoholismus, Prostitution und Kriminalität in der Presse berichtet und das systematische Manipulieren von Statistiken und Informationen beendet wurde. Die Lockerung der Zensur und des staatlichen Informationsmonopols stieß auf große Resonanz, besonders in den Bildungsschichten, und setzte neue gesellschaftliche Kräfte frei. Gorbačev gab damit allerdings auch ein Machtinstrument der Partei aus der Hand, an dem sie bis dahin aus gutem Grund eisern festgehalten hatte.[27] Die Partei und der staatliche Apparat waren nun nicht mehr vor öffentlicher Kritik geschützt und mussten sich daran gewöhnen, Entscheidungen zu begründen und Fehler zu erklären. Zu Recht vertrat Gorbačev die Ansicht, dass Kritikmöglichkeit und Transparenz der Entscheidungen wichtige Voraussetzungen für das Engagement der Menschen seien. Öffentlichkeit sei die Voraussetzung von Demokratie, und das Land brauche die Demokratie «wie die Luft zum Atmen», erklärte er auf dem Plenum des Zentralkomitees im Januar 1987.[28] Eng verbunden mit *glasnost'* war eine Kampagne gegen Korruption und Amtsmissbrauch. Was unter Brežnev stillschweigend geduldet und unter den Tisch gekehrt worden war, wurde nun publik gemacht und angeprangert – aber nicht konsequent gerichtlich geahndet. Den Übergang zur konsequenten *glasnost'* markierte der Unfall im Atomkraftwerk von Černobyl' im April 1986. In den ersten Tagen noch von den sowjetischen Massenmedien verschwiegen, wurde das bis dahin schwerste Unglück in der Geschichte der friedlichen Nutzung von Kernenergie bald zum Fanal und zur Illustration für grundlegende Fehlentwicklungen des Sowjetsystems und verstärkte bei den Reformorientierten den Wunsch nach schnellem Wandel.[29]

Glasnost' entfaltete eine ungeahnte Dynamik. Ein Ruck ging durch die sowjetische Gesellschaft, von einfachen Bürgern, deren kritische Leserbriefe in den Zeitungen jetzt auch abgedruckt wurden und nicht wie früher in den Schubladen verschwanden, bis zu Schriftstellern und Künstlern, die nun völlig neue Publikations- und Betätigungsfreiheiten genossen. Im Dezember 1986 durfte Andrej Sacharov, die Symbolfigur der Dissidenten, aus der Verbannung in Gor'kij (heute wieder Nižnij Novgorod) nach Moskau zurückkehren. Ab Februar 1987 wurden fast alle, die aus politischen Gründen in Lagern und Gefängnissen einsaßen, freigelassen und rehabilitiert. Innerhalb kürzester Zeit entstand in der Sowjetunion eine Presse- und Meinungsvielfalt, wie es sie seit 1917 nicht mehr gegeben hatte. Die Zensur wurde zwar formell erst durch das neue Pressegesetz vom Juni 1990 aufgehoben, aber de facto herrschte seit 1987 Pressefreiheit und auch ausländische Zeitungen konnten nun in der Sowjetunion offen verkauft werden. Es entstanden neue Zeitungen und Zeitschriften sowie zehntausende unabhängige Organisationen, in denen die Zivilgesellschaft nach jahrzehntelanger Unterbrechung wieder aktiv wurde und von denen sich einige in der Folge zu politischen Parteien weiterentwickelten.[30]

Langsam erfasste das neue Denken auch den Umgang mit der Vergangenheit. Bei den Siegesfeiern des Jahres 1985 pries Gorbačev noch Stalin als den Retter des Vaterlandes. Im Februar 1987 forderte er in einer berühmt gewordenen Rede vor Journalisten und Wissenschaftlern, dass es an der Zeit sei, die «weißen Flecken» in der sowjetischen Geschichte zu beseitigen. So ganz klar waren die Verhältnisse aber keineswegs, denn es kostete den Generalsekretär selbst Überwindung, die heiklen Punkte der Geschichte offen anzusprechen. Anlässlich des 70. Jahrestags der Oktoberrevolution 1987 verteidigte Gorbačev in gewohnter Manier die Zwangskollektivierung und sprach über den Hitler-Stalin-Pakt, ohne das Geheime Zusatzprotokoll zu erwähnen. (Dessen Existenz wurde offiziell erst Ende 1989 notgedrungen eingeräumt.) Trotz der Zurückhaltung bei besonders heiklen Themen war jedoch die Veränderung im Umgang mit der Geschichte unübersehbar: Erstmals begann eine umfassende und schonungslose Aufarbeitung des stalinistischen Terrors, Historiker durften bis dahin geheim gehaltene Archivdokumente einsehen und Opfer des Stalinismus wurden rehabilitiert. Die kritische Aufarbeitung der Geschichte hatte ihre Grenzen dort, wo die Substanz der Sowjetunion und ihres Systems bedroht war: An der Notwendigkeit des «sozialistischen Aufbaus» unter Stalin durfte ebenso wenig gerüttelt werden wie an der Rechtmäßigkeit der Annexion der baltischen Staaten.[31]

1988 begann eine dritte Phase der Perestrojka, die von tiefer greifenden ökonomischen und politischen Reformen gekennzeichnet war. Ein neues Betriebsgesetz vom Januar 1988 sah die Umstellung von etwa 60 Prozent der Industrie auf «wirtschaftliche Rechnungsführung» und «Selbstfinanzierung» vor. Die Betriebe erhielten außerdem die Befugnis, unter bestimmten Umständen Arbeitskräfte zu entlassen und ihre Produktionspläne selbständig festzulegen. Damit verbunden waren eine Beschränkung der zentralen Wirtschaftsplanung auf unverbindliche «Kontrollziffern» und die Erleichterung von Wirtschaftskontakten mit dem Ausland. Schrittweise wurden auch privatwirtschaftliche Aktivitäten legalisiert. Im Mai 1987 wurde den Sowjetbürgern gestattet, neben ihrer offiziellen Arbeit in der Freizeit Dienstleistungen anzubieten oder handwerklichen Tätigkeiten nachzugehen. Zum Jahresende 1987 gab es bereits 300 000 nebenberufliche Gewerbetreibende. Im Mai 1988 folgte ein Gesetz, das privatwirtschaftliche Betätigung im Rahmen von «Kooperativen» ermöglichte. Mindestens drei Personen konnten sich als Kooperative registrieren lassen und kollektiv unternehmerisch tätig werden. In der Landwirtschaft war die mentale Hürde, das sozialistische System aufzuweichen, höher. Erst im Juli 1989 wurde gestattet, Grund und Boden sowie Betriebe zu pachten, um unrentable Kolchosen und Sowchosen in privatwirtschaftliche Unternehmen zu überführen.[32]

Das waren weit reichende Reformen und Zugeständnisse an den Markt, wie es sie seit 1921 nicht mehr gegeben hatte. Dennoch scheiterten die Bemühungen, denn die sowjetische Wirtschaft erwies sich als prinzipiell unreformierbar, solange die sie vom Kapitalismus unterscheidenden Prinzipien nicht über Bord geworfen wurden. Genau dazu war Gorbačev aber nicht bereit. Er wollte nicht den Kapitalismus einführen, sondern die sozialistische Wirtschaftsweise mit ausgewählten Elementen der Marktwirtschaft kombinieren, ohne sie grundsätzlich aufzugeben. Die «sozialistische Marktwirtschaft» krankte aber daran, dass es nach wie vor kein Privateigentum an Grund und Boden gab, keine Rechtssicherheit für potentielle Unternehmer, kein funktionierendes Bank- und Kreditsystem und keine freie Preisgestaltung durch Angebot und Nachfrage. Die Reformen liefen im Grunde auf eine begrenzte Neuauflage der Neuen Ökonomischen Politik Lenins von 1921 hinaus, aber mit vergleichsweise weniger kapitalistischen Elementen als damals und vor dem Hintergrund völlig gewandelter struktureller, sozioökonomischer und mentaler Rahmenbedingungen: Lenins Neue Ökonomische Politik konnte an diejenigen Personen appellieren, die wenige Jahre zuvor eigenverantwortlich wirtschaftende Bauern oder freie Unternehmer gewesen waren. Gorbačev hatte es mit Menschen zu tun, die in zweiter oder dritter Generation unter den Bedingungen des Sowjetsystems aufgewachsen waren, über keinerlei Erfahrung in eigenverantwortlicher unternehmerischer oder bäuerlicher Tätigkeit verfügten, dafür aber die Regeln der administrativen Kommandowirtschaft verinnerlicht hatten. Auch die gesellschaftliche Akzeptanz unternehmerischer Tätigkeit und der damit zwangsläufig verbundenen Gewinnorientierung war recht gering. Die Menschen waren in einem Normensystem aufgewachsen, in dem Profitstreben negativ konnotiert war.

Im Rückblick wird deutlich, dass es gerade Gorbačevs Reformversuche waren, die den Zusammenbruch der sowjetischen Wirtschaft beschleunigten. Gorbačev griff massiv in ein System ein, das aufgrund seiner systemischen Strukturschwäche und geringen Effizienz in einer prekären Symbiose von offizieller Wirtschaft und Schattenwirtschaft funktionierte, und brachte es damit zum Einsturz. Er schwächte die administrativen Planungs- und Regelmechanismen, ohne sie konsequent durch die Regelmechanismen des Marktes zu ersetzen. Die Reformen scheiterten, weil sie zwischen den einander ausschließenden Zielen, das Wirtschaftssystem zu reparieren oder es zu überwinden, lavierten.[33] Hinzu kam, dass er mit seiner Antikorruptionskampagne diejenigen Verhaltensweisen anprangerte, ohne die das System nicht funktionierte, gleichzeitig jedoch die repressive staatliche Kontrolle aufgab, sodass die bisher indirekt zur Aufrechterhaltung des Regimes beitragenden korrupten Praktiken in Formen der Korruption umschlugen, die das System schädigten.[34]

Die Reformen beschränkten sich nicht auf das Ökonomische, sondern erfassten seit dem Sommer 1988 auch das politische System. Schon bei den im Sommer 1987 durchgeführten Neuwahlen der Sowjets auf regionaler und lokaler Ebene waren erstmals probeweise in ausgewählten Bezirken mehr Kandidaten aufgestellt worden, als Mandate zu vergeben waren. Bis dahin waren die alle zwei Jahre durchgeführten Wahlen eine Farce gewesen, nun gab es immerhin eine begrenzte Auswahl. Gorbačev sprach im November 1987 in seiner Rede zum 70. Jahrestag der Oktoberrevolution von der Notwendigkeit der Demokratisierung. Im Februar 1988 konkretisierte er seine Vorstellungen: Die Sowjetorgane sollten analog zur ursprünglichen Idee des Rätesystems wieder den eigentlichen Kern des politischen Systems bilden und den direktdemokratischen Ansatz verkörpern, der schon bald nach der Revolution durch die diktatorisch-autoritären Herrschaftselemente ausgehöhlt worden war. Auch hier ist das diskursive Bemühen erkennbar, eine substantielle Veränderung des politischen Systems mit der Parole «Zurück zu Lenin» zu legitimieren, obwohl es eigentlich um die Herstellung von Pluralismus und Demokratie ging, die mit Lenins diktatorischer Praxis wenig gemein hatte.

In weiterer Folge berief Gorbačev für Juni 1988 eine Parteikonferenz ein, auf der er ein «Programm für die radikale Demokratisierung des gesellschaftlichen Lebens und die Reform des politischen Systems» vorlegte.[35] Die Sowjets sollten fortan durch echte Wahlen mit einer neuen Legitimation ausgestattet werden. Ergänzend sollte auf Unionsebene als neues höchstes Vertretungsorgan ein «Kongress der Volksdeputierten» gewählt werden, der seinerseits einen erneuerten und stark verkleinerten Obersten Sowjet beschicken sollte, dessen Befugnisse an ein Parlament erinnerten. Nach außen hin bewegte sich das innerhalb der bestehenden Institutionen, aber bei näherem Hinsehen bedeutete es ein Unterlaufen der Allmacht der Partei, denn richtige Wahlen statteten die neuen Räte und den Kongress der Volksdeputierten mit einem Mandat des Volkes aus.[36] Der vom Kongress der Volksdeputierten gewählte Vorsitzende des neuen Obersten Sowjets sollte sich nicht mehr auf repräsentative Aufgaben beschränken, sondern als Staatspräsident fungieren.[37]

Die Wahlen zu diesem Kongress der Volksdeputierten fanden im März und Mai 1989 statt. Ein kompliziertes Wahlrecht sorgte für die Einhaltung gewisser Quoten, und die Wahlkommissionen hatten im Vorfeld viele Kandidaten ausgesondert, aber für sowjetische Verhältnisse handelte es sich um relativ freie Wahlen. Zwar gehörten 87,6 Prozent der Gewählten der Kommunistischen Partei an, doch waren einige Parteisekretäre und andere exponierte Funktionäre spektakulär gescheitert und die Zugehörigkeit zur Partei bedeutete nicht mehr bei allen Konformität. Zahlreiche unabhängige Kandidaten, die von informellen Gruppen unterstützt wurden, hatten sich gegen kommunistische Mitbewerber durchgesetzt.[38] Unter den Abgeordneten waren der Dissident Andrej Sacharov, Boris El'cin, der sich einige Monate zuvor mit Gorbačev überworfen und seine Parteiämter verloren hatte, und einige weitere radikale Reformer. In seiner ersten Sitzung wählte der Kongress der Volksdeputierten im Mai 1989 Michail Gorbačev zum Staatspräsidenten. Radio und Fernsehen übertrugen die Debatten des Kongresses, die sich über eine Vielzahl brisanter Themen erstreckten. Ähnlich wie seinerzeit die Staatsduma, demonstrierte der Kongress der Volksdeputierten seinen Anspruch auf Mitsprache und Gestaltung der Politik und stellte eine neue Form der politischen Öffentlichkeit her, wie sie 70 Jahre lang nicht mehr existiert hatte. So wie die Duma die Autokratie herausgefordert hatte, thematisierten Abgeordnete des Volkskongresses das immer noch bestehende Machtmonopol der Kommunistischen Partei.

Am Einparteiensystem und an der führenden Rolle der Kommunistischen Partei, die in der Verfassung von 1977 festgeschrieben war, wollte Gorbačev festhalten und nur den «Pluralismus innerhalb der Partei» zulassen. In der Gesellschaft und in der nichtrusssischen Peripherie waren aber inzwischen Kräfte am Werk, die weiter dachten. Gorbačev hatte mit seinen Reformen eine Lawine losgetreten, die ihn nun überrollte. Die Möglichkeit, frei über die Mängel des Systems und die Fehler und Versäumnisse zu sprechen, führte zu einem rasch fortschreitenden Legitimationsverlust der Partei. Eine aus 300 bis 400 Abgeordneten des Kongresses der Volksdeputierten bestehende oppositionelle *Interregionale Abgeordnetengruppe*, die von Sacharov, El'cin, dem Historiker Jurij Afanas'ev, dem späteren Moskauer Bürgermeister Gavriil Popov und dem estnischen Akademiemitglied Viktor Pal'm geführt wurde, forderte seit dem Sommer 1989 die Streichung des Führungsanspruchs der Kommunistischen Partei aus der Verfassung.[39] Eine Umfrage vom Dezember 1989 ergab, dass nur noch

19 Prozent der Befragten der Kommunistischen Partei, 34 Prozent Gorbačev, aber 57 Prozent Sacharov vertrauten. Unter der Bevölkerung zeichnete sich der Bankrott der sozialistischen Idee und ein Meinungsumschwung zugunsten einer parlamentarischen Demokratie und eines Mehrparteiensystems ab. Einschränkend ist allerdings festzuhalten, dass die in den Meinungsumfragen dokumentierte Umorientierung der Gesellschaft auf westlich-liberale Werte nur eine oberflächliche war und mehr die Unzufriedenheit mit den existierenden Verhältnissen als eine bewusste und reflektierte Auseinandersetzung mit dem «Westen» zum Ausdruck brachte.[40] Die Debatten im Volksdeputiertenkongress ließen immerhin bereits unterschiedliche weltanschauliche Richtungen erkennen. Neben Kommunisten und westlich-liberal orientierten Reformern gab es auch eine russisch-nationale Strömung, als deren prominentester Vertreter der sibirische Schriftsteller Valentin Rasputin auftrat. Er knüpfte unverkennbar an das Gedankengut der Slawophilen an, wenn er westlichen Lebensstil, Parlamentarismus und Werteverfall anprangerte und für die Rückkehr zur Dorfgemeinschaft und die Bindung an die Orthodoxie eintrat. Dass er mit dieser Haltung nicht allein war, bewies eine wachsende einschlägige Publizistik.[41]

Unter dem Eindruck der erodierenden Macht der Partei betrieb Gorbačev den Übergang zu einem Präsidialsystem, um seine Politik mit den Befugnissen eines Staatspräsidenten fortführen zu können. Den Vorschlägen Gorbačevs folgend, der das Amt des Staatspräsidenten aufwerten wollte, um ein Gegengewicht sowohl zum Parlament als auch zur Partei zu schaffen, verabschiedete der Kongress der Volksdeputierten im März 1990 eine Verfassungsänderung, die den Staatspräsidenten mit einer Machtfülle ausstattete, die an die Präsidialsysteme Frankreichs oder der USA erinnerte. Zugleich wurde die führende Rolle der Kommunistischen Partei aus der Verfassung gestrichen und die Möglichkeit der Gründung anderer Parteien eröffnet.[42] Im Laufe des Jahres 1990 traten 260 000 Mitglieder (von 19,5 Millionen) aus der Partei aus,[43] darunter auch prominente Funktionäre wie Boris El'cin und die Bürgermeister von Moskau (Popov) und Leningrad (Sobčak). Die Gründung von Parteien und Fraktionen im Volksdeputiertenkongress ließ ebenfalls nicht lange auf sich warten.

Imperium und Nationalitäten

Mit der Aufgabe des Führungsanspruchs der Partei und der Verlagerung ihrer Macht auf den Kongress der Volksdeputierten und den Staatspräsidenten war eine entscheidende Schwächung der gesamtstaatlichen Kohärenz der Sowjetunion verbunden, denn nun fiel die stärkste Klammer weg, die bis dahin das Imperium zusammengehalten hatte. Die Sowjetunion war seit ihrer Gründung föderal aufgebaut und bestand aus 15 Unionsrepubliken, die formal jeweils eine eigene staatliche Struktur bildeten. Die Verfassung von 1977 bezeichnete die nichtrussischen Sowjetrepubliken als «souverän» und sprach ihnen ausdrücklich «nationale Staatlichkeit» und das Recht auf «freien Austritt aus der UdSSR» zu. In der Praxis waren die «Souveränität» und die «nationale Staatlichkeit» bisher nicht zum Tragen gekommen, denn die föderale Struktur des Staates war durch die strikt auf das Moskauer Zentrum ausgerichtete Kommunistische Partei kompensiert worden, der es laut derselben Verfassung zustand, «die Linie der Innen- und Außenpolitik der UdSSR festzulegen». Die Partei bildete zusammen mit der zentralistisch organisierten administrativen Kommandowirtschaft die maßgebliche gesamtstaatliche Struktur. Als 1989/90 die Bindekraft von Partei, Ideologie und Kommandowirtschaft schwand, begannen die Obersten Sowjets der Republiken wie Parlamente unabhängiger Staaten zu agieren.[44]

Gorbačev behielt zwar die Kontrolle über drei weitere wichtige Säulen der Sowjetunion: den KGB, das Innenministerium und die Armee. Alle drei konnten wie die Partei als Verkörperung der Einheit gelten, denn die Innenministerien der Republiken waren völlig auf das Unions-Innenministerium ausgerichtet, und der KGB und die Armee waren Institutionen der Union. Allerdings hatte *glasnost'* die Angst der Menschen vor dem KGB und den Exekutivorganen verringert, und dass es schwierig war, die Armee im Inneren einzusetzen, machte im April 1989 die gewaltsame Niederschlagung einer Demonstration in Tiflis deutlich. Die etwa zwanzig Toten heizten die Stimmung in Georgien nur noch mehr an. Außerdem entsprach es nicht Gorbačevs Auffassung von einem humanen Sozialismus, Gewaltmittel einzusetzen.[45]

Der Verlust an gesamtstaatlicher Bindekraft verband sich mit der seit 1988 akut gewordenen «Explosion des Ethnischen»[46] und mündete 1991 in den Zerfall der Union. Die plötzliche Brisanz der Nationalitätenproblematik überraschte die sowjetische Gesellschaft und besonders Gorbačev, der diesen Faktor völlig unterschätzt hatte. Das neue Parteiprogramm von 1986 hatte lapidar die alte Formel fortgeschrieben, dass die nationale Frage in der Sowjetunion «erfolgreich gelöst» sei. Während Gorbačev auf anderen Gebieten dafür warb, die Augen nicht länger vor der Realität zu verschließen und sich selbst zu täuschen, gab er sich in seinen spärlichen Äußerungen zur Nationalitätenfrage dem Wunschdenken von der harmonischen Gemeinschaft des Sowjetvolkes hin.[47] *Glasnost'* erwies sich jedoch gerade hinsichtlich der Nationalitäten als unkontrollierter Selbstläufer.

Die Möglichkeit der freien Meinungsäußerung ließ Konflikte aufbrechen und eröffnete nationalen Unabhängigkeitsbewegungen Handlungsspielräume. Die Perestrojka war nicht die Ursache für die nationalen Unabhängigkeitsbewegungen, aber sie verhalf ihnen zur Artikulation und zum Durchbruch. *Glasnost'* verbesserte die Möglichkeiten, Meinungen und Interessen zu äußern, und verbreiterte die Öffentlichkeit, der diese Kundgebungen zugänglich wurden. Was vorher nur kleine Kreise tangiert hatte, griff nun auf die Massen über.[48] Hinzu kamen die schweren ökonomischen Probleme, die es für einige Republiken immer weniger erstrebenswert machten, im gemeinsamen Verbund zu verbleiben.

Entgegen der Prognosen westlicher Experten, die schon seit den 1970er Jahren die wachsende Bedeutung des zentralasiatisch-muslimischen Faktors betont hatten, erwiesen sich die zentralasiatischen Republiken keineswegs als die treibenden und entscheidenden Kräfte. Die Initialzündung kam vielmehr von den drei baltischen Republiken Estland, Lettland und Litauen, wo sich das Unabhängigkeitsstreben am frühesten und am heftigsten manifestierte. Dass die stärksten Impulse von den baltischen Republiken ausgingen, lag an deren besonderer völkerrechtlicher Situation: Ihre 1940 erfolgte Annexion durch die Sowjetunion war international nicht allgemein anerkannt und viele Esten, Letten und Litauer hatten sich nie damit abgefunden. Die nationale Mobilisierung nahm im Baltikum 1988 ihren Anfang mit der Bildung von sogenannten *Volksfronten* zur Unterstützung der Perestrojka. Die Volksfronten verbanden die Forderung nach Reformen mit nationalen und regionalen Anliegen, die immer stärker in den Vordergrund traten, zumal das Zentrum auf diese Anliegen nicht mit einem Konzept für eine Neuordnung der Beziehungen zwischen Republiken und Union antwortete.[49] Der regionale Protest entzündete sich zunächst an Umweltfragen und richtete sich gegen Kraftwerksprojekte der Moskauer Zentralregierung, Luft- und Wasserverschmutzung. Eng mit den Umweltproblemen verbunden war die Frage regionaler ökonomischer Selbstbestimmung. Das eigentlich heiße Thema war aber die Auseinandersetzung über den Charakter der Annexionen im Gefolge des Hitler-Stalin-Paktes. In Estland und Lettland kam noch das Problem der starken Zuwanderung von Russen hinzu.

Anfang Oktober 1988 versammelten sich mehr als 3500 Vertreter kultureller und politischer Gruppen in der Stadthalle von Tallinn und gründeten die Volksfront Estlands. Kurze Zeit später folgten die Gründungskongresse der Volksfronten Lettlands und Litauens. Nach dem Vorbild der baltischen Volksfronten wurden auch in anderen Sowjetrepubliken analoge Organisationen ins Leben gerufen. Die Programmatik war überall ähnlich: Man pochte auf Selbstbestimmung und Souveränität, wenngleich man darunter noch nicht den Austritt aus der Union, sondern den Vorrang der Republiks- vor den Unionsgesetzen verstand, und forderte einen neuen Unionsvertrag.[50] Parallel zur Bildung der Volksfronten vollzog sich im Baltikum ein Machtwechsel, indem Reformkommunisten die Führung der Republiken übernahmen und sich die nationalen Forderungen zu eigen machten. Als erste Unionsrepublik erklärte Estland im November 1988 seine Souveränität und forderte den Abschluss eines gesonderten Vertrags mit Moskau, worauf Gorbačev schroff ablehnend reagierte. Im Mai 1989 folgte die Souveränitätserklärung Litauens, im Juli diejenige Lettlands.

Im Frühjahr 1990 spitzte sich die Lage im Baltikum zu. Estland schaffte im Februar das Machtmonopol der Kommunisten ab und führte ein Mehrparteiensystem ein. Im März konstituierte sich ein neu gewähltes litauisches Parlament, in dem die Volksfront die Mehrheit stellte, und Litauen erklärte als erste Republik seine Unabhängigkeit. Kurz darauf erklärte sich Estland für unabhängig, im Mai Lettland. Gorbačev versuchte vergeblich, mit Drohungen und im Januar 1991 sogar mit der Entsendung von Militäreinheiten die staatliche Einheit aufrechtzuerhalten. Im Laufe des Jahres 1990 übernahmen auch die Parteiführungen anderer Republiken die Programmatik der Volksfronten, und nach dem Vorbild der baltischen Republiken gaben auch andere Unionsrepubliken Souveränitätserklärungen ab, beginnend mit Aserbaidschan (September 1989) und Georgien (November 1989), über Russland, Usbekistan, Moldawien (alle im Juni 1990), die Ukraine und Weißrussland (Juli 1990), Turkmenistan, Armenien und Tadschikistan (August 1990) bis hin zu Kirgisistan und Kasachstan (Oktober 1990). Innerhalb der Russländischen Föderativen Sowjetrepublik erklärten bis Oktober 1990 zehn von 16 Autonomen Republiken, zwei von fünf Autonomen Gebieten und vier von zehn Autonomen Kreisen ihre Souveränität.[51] Die Souveränitätserklärungen hatten neben dem Symbolisch-Nationalen eine ökonomische Komponente, denn die Entscheidungskompetenzen der Union waren durch die zentrale Wirtschaftslenkung im Ökonomischen besonders stark ausgeprägt. Zu den Forderungen der nach Souveränität strebenden Republiken zählte die Übertragung wirtschaftspolitischer Hoheitsrechte, die bisher bei der Union gelegen hatten.[52]

Die Chronologie der Souveränitätserklärungen zeigt, dass nicht nur die nichtrussischen Republiken zum Zerfall der Sowjetunion beitrugen, sondern auch Russland, und zwar schon zu einem recht frühen Zeitpunkt. Die Russländische Föderative Sowjetrepublik (RSFSR) stellte in zweierlei Hinsicht einen Sonderfall dar: Erstens war sie im Gegensatz zu den anderen Republiken nicht als Nationalstaat, sondern als multinationale Föderation definiert. Zweitens war sie als bei weitem größte Republik institutionell mit der Union verflochten und hatte zum Beispiel keine eigene Parteiorganisation und keine eigenen nationalen Wissenschaftsapparate.[53] Indem sich die RSFSR unter der Führung von Boris El'cin am 11. Juni 1990 für souverän erklärte, trat sie zwar nicht aus der Union aus, stellte aber fest, dass ihre Republikgesetze Vorrang vor Unionsgesetzen hätten. Dieser Akt war Teil des Konfliktes zwischen Gorbačev und El'cin, gleichzeitig aber ein Signal für die übrigen Republiken, ein Gleiches zu tun.

Gorbačev, der die zentrifugalen Tendenzen lange Zeit nicht ernst genug genommen hatte, reagierte mit der Ankündigung, einen neuen Unionsvertrag (der alte stammte noch aus dem Jahr 1922) ausarbeiten zu lassen. Mitte September 1990 vollzog er allerdings einen Schwenk, widerrief die in Aussicht gestellte Umwandlung der Sowjetunion in eine Konföderation und ließ sich vom Obersten Sowjet mit Notvollmachten ausstatten. Zu dieser Zeit wurde ein erster Entwurf für den neuen Unionsvertrag veröffentlicht. Er entsprach bei weitem nicht den Vorstellungen, die inzwischen in den Republiken verbreitet waren, denn er sah weiterhin den Vorrang von Unionsgesetzen und die russische Staatssprache vor und erwähnte das Recht auf Sezession, das im alten Unionsvertrag ausdrücklich geschrieben stand, mit keinem Wort.

Im März 1991 wurde eine neue Version des Unionsvertrags bekannt. Er enthielt nun die Möglichkeit des Austritts, wenngleich unter schwierigen Bedingungen, aber etliche Republiken verharrten in ihrer Verweigerungshaltung.[54] Im selben Monat ließ Gorbačev ein Referendum über den Fortbestand einer «erneuerten Föderation gleichberechtigter Souveräner Republiken» abhalten, in dem eine große Mehrheit von 76 Prozent zustimmend votierte. Allerdings hatten sechs Republiken die Teilnahme an der Abstimmung verweigert (Estland, Lettland, Litauen, Moldawien, Armenien und Georgien) und ihr grundsätzliches Desinteresse an der Union bekundet. Russland und die Ukraine hatten das Referendum um zusätzliche Fragen ergänzt, die auf die Stärkung der eigenen Souveränität zielten, und damit eine hohe Zustimmung erhalten. Zur Stärkung der Souveränität Russlands gehörte, dass Boris El'cin im Juni 1991 mit großer Mehrheit zum Präsidenten der RSFSR gewählt wurde. Damit gab es zwei Präsidenten, wobei El'cin die stärkere Legimitation vorweisen konnte, denn er war im Gegensatz zu Gorbačev vom Volk direkt gewählt worden.

Vor diesem Hintergrund hatte El'cin in den seit April 1991 von neun Republiken mit dem Zentrum geführten Verhandlungen über den neuen Unionsvertrag eine starke Position. Ende Juli 1991 einigten sich die Republikführer und Gorbačev «im Prinzip» auf einen Text, der die Beziehungen innerhalb der Union substantiell verändert hätte: Die Sowjetunion sollte in eine «Union Souveräner Sowjetrepubliken» umgewandelt werden, deren Mitgliedsstaaten ihre Angelegenheiten weitgehend selbständig regelten. Die meisten Kompetenzen lagen bei den Republiken, die Republikgesetze sollten Vorrang haben, der Oberste Sowjet der Union aufgelöst werden und das Prinzip der freiwilligen Zugehörigkeit zur Union gelten.[55] Statt von Sozialismus war von Souveränität der einzelnen Staaten, vom Vorrang der Menschenrechte und vom «Aufbau der Zivilgesellschaft als wichtigste Voraussetzung für Freiheit und Wohlstand des Volkes und der Persönlichkeit» die Rede. Die Mitgliedsstaaten sollten danach streben, «die menschlichen Bedürfnisse aufgrund der freien Wahl der Eigentumsformen und der Wirtschaftsmethoden, der Entwicklung des Unionsmarktes und der Realisierung der Grundsätze sozialer Gerechtigkeit und Sicherheit zu befriedigen». Anfang August 1991 kündigte Gorbačev an, dass der Vertrag beginnend mit 20. August von den Republiken unterzeichnet werde. Dazu sollte es aber nicht mehr kommen, weil die Entwicklung kurz davor eine dramatische Wendung nahm.[56]

Sicherheits- und Außenpolitik

Erfolgreicher als im Inneren war Gorbačev mit seiner Sicherheits- und Außenpolitik. Es gelang ihm, die Sowjetunion aus der Isolation herauszuführen, indem er eine neue Vertrauensbasis herstellen konnte. Mit Brežnev hatten die Amerikaner zwar über Rüstungsbegrenzung verhandelt, aber es war stets ein Misstrauen im Raum gestanden, ob er es denn ehrlich meinte oder ob die Sowjetunion nicht doch eigentlich auf Expansion abzielte. Erst Gorbačev und seinem Außenminister Eduard Ševardnadze gelang es, dieses Misstrauen zu entkräften. Zum ersten Mal stellten sich die Repräsentanten der sowjetischen Führung dem Westen als vertrauenserweckende Persönlichkeiten dar. «Sein Gesicht und sein Benehmen strahlten Wärme aus, nicht die an Hass grenzende Kälte, die mir von den meisten der höheren Sowjetvertreter, die ich bis dahin getroffen hatte, entgegengeschlagen war», schrieb der amerikanische Präsident Ronald Reagan über seine erste Begegnung mit Gorbačev auf dem Wiener Gipfel im November 1985,[57] und auch Außenminister George Shultz fand Gorbačev «völlig anders als alle Sowjetführer, die ich jemals kennengelernt habe».[58]

Die sowjetische Führung stand außenpolitisch zweifach unter Druck: Zum einen hatte sich der Afghanistankrieg als eine schwere Belastung erwiesen. Längst hatte sich herausgestellt, dass er militärisch nicht zu gewinnen war, und mit jedem Soldaten, der in Afghanistan sein Leben verlor, büßte das Regime in der eigenen Bevölkerung an Rückhalt ein. Zudem erzeugte der Krieg immense Kosten, und zwar auch indirekt, weil die Sowjetunion nach wie vor mit einem Handelsembargo belegt und international als Aggressor isoliert war. Zum anderen stellte das Wettrüsten für die Sowjetunion ökonomisch schon länger eine schwere Belastung dar. Im Oktober 1986 – noch vor dem massiven Durchschlagen der Wirtschaftskrise – erklärte Gorbačev vor dem Politbüro, dass die Sowjetunion das Wettrüsten verlieren werde, weil sie die Grenzen ihrer Leistungsfähigkeit erreicht habe: «Wenn eine neue Runde beginnt, wird der Druck auf unsere Wirtschaft unvorstellbar.»[59] Es war also sinnvoll, aus der Rüstungsspirale auszusteigen. Argumentativ erforderte das keine Kehrtwende, denn die Sowjetunion hatte schon unter Chruščev und Brežnev wiederholt auf die Sinnlosigkeit der beiderseitigen Vorbereitung auf einen Atomkrieg hingewiesen, von dem alle wussten, dass er eigentlich gar nicht führbar war.

Dass die Sowjetunion im Rüstungswettlauf und in der internationalen Konkurrenz mit den USA in den 1980er Jahren in Bedrängnis geriet, war das Ergebnis der Politik des amerikanischen Präsidenten Ronald Reagan. Der strikt antikommunistische Reagan betrieb eine massive Aufrüstungspolitik, um das «Reich des Bösen», wie er die Sowjetunion 1983 nannte, wirtschaftlich in die Knie zu zwingen. Er war davon überzeugt, dass sie diese Belastung nicht aushalten und zusammenbrechen werde. Die Militärausgaben der USA explodierten zwischen 1981 und 1986 von 171 auf 376 Milliarden Dollar, in Afghanistan unterstützten die USA den antisowjetischen Widerstand mit modernen Luftabwehrraketen, in Lateinamerika intervenierten sie, um kommunistische Regime zu beseitigen, in Westeuropa wurden 1983 amerikanische Mittelstreckenraketen und Marschflugkörper stationiert und im selben Jahr gab Reagan die Entwicklung eines neuen Raketenabwehrsystems im Weltraum (*Strategic Defense Initiative*, SDI) in Auftrag. Das SDI-Programm, von dem zum Zeitpunkt der Verkündung noch gar nicht klar war, ob es jemals funktionieren könnte, forderte die Sowjetunion doppelt heraus: Zum einen hätte ein solches Raketenabwehrprogramm das sowjetische Nuklearpotential, in das so viele Ressourcen geflossen waren, schlagartig entwertet. Zum anderen signalisierte es eine umfassende Modernisierung der Rüstungstechnik im Sinne der digitalen Revolution, also auf dem Gebiet, auf dem die Sowjetunion technologisch nicht mehr mithalten konnte. Die sowjetische Führung war alarmiert und hielt es vorübergehend sogar für möglich, dass die USA einen nuklearen Erstschlag planten. Der sowjetische Geheimdienst führte in den Jahren 1981–1984 eine seiner aufwändigsten Auslandsoperationen durch. Im Zuge der «Operation RJaN» (*Raketno-jadernoe napadenie* – «Atomraketenüberfall») sollten weltweit alle verdächtigen Aktivitäten registriert werden, um die Anzeichen eines bevorstehenden amerikanischen Nuklearangriffs frühzeitig zu erkennen.[60]

In Anbetracht solcher Probleme verschob Gorbačev die Prioritäten von der Dominanz einer auf militärische Stärke und Abschreckung zielenden Sicherheitspolitik zu qualitativen Verbesserungen der internationalen Beziehungen, um die Sowjetunion auf diese Weise abzusichern. Er reduzierte die Budgetzuwendungen an den militärisch-industriellen Komplex, der sich in seinem Ressourcenverbrauch als unersättlich erwiesen hatte und einen großen Teil der hochwertigen Forschungs- und Produktionskapazitäten beanspruchte, und wechselte die gesamte Führung der sowjetischen Außenpolitik aus. Die Ablösung des langjährigen Außenministers Andrej Gromyko durch den unerfahrenen, aber gegenüber Gorbačev loyalen Eduard Ševardnadze gab Gorbačev die Möglichkeit, die Außenpolitik selbst in die Hand zu nehmen.[61]

Gorbačev schaffte es, durch sein persönliches Auftreten und durch demonstrative sowjetische Vorleistungen die sowjetische Außenpolitik im Ausland auf eine neue Vertrauensbasis zu stellen. «Neues Denken» war sein Schlagwort, um aus der alten Ost-West-Konfrontation herauszukommen. Für den Erfolg der sowjetischen Außenpolitik waren aber letztlich nicht die Verbalbekundungen ausschlaggebend – an ihnen hatte es zu keiner Zeit gemangelt –, sondern Handlungen, mit denen Gorbačev bewies, dass er es ernst meinte. Unmittelbar nach seinem Amtsantritt nahm die Sowjetunion im März 1985 die Rüstungskontrollgespräche wieder auf und erklärte ihre Bereitschaft, in die START-Verhandlungen die lange umstrittene Frage der Mittelstreckenraketen einzubeziehen. Der Verbesserung des Gesprächsklimas mit westlichen Verhandlungspartnern waren auch die Aufhebung der Verbannung von Andrej Sacharov im Dezember 1986 und die Freilassung anderer Dissidenten förderlich. Schon im September 1986 war es auf dem Gipfeltreffen in Reykjavík zu einer überraschenden Annäherung zwischen Gorbačev und Reagan gekommen. Sie sprachen über die Beseitigung aller Mittelstreckenraketen in Europa und die Reduzierung aller strategischen Waffen um die Hälfte, entzweiten sich zwar zunächst über SDI, einigten sich aber auf dem nächsten Gipfeltreffen in Washington über die Beseitigung aller Mittelstreckenraketen in Europa und die Reduzierung aller strategischen Waffen um die Hälfte. Das entsprechende Abkommen (INF-Vertrag) wurde am 8. Dezember 1987 in Washington unterzeichnet.[62] Zum Zustandekommen dieses und weiterer Abkommen trug die sowjetische Seite mit Zugeständnissen und Vorleistungen bei. Sie verzichtete auf ihre Forderung nach Einstellung des SDI-Programms, reduzierte ihre Streitkräfte einseitig um zehn Prozent und zog Panzer aus Osteuropa ab. Zwischen Mai 1988 und Februar 1989 zogen sich die Sowjets aus Afghanistan zurück und auch in Lateinamerika und Afrika beendeten sie militärische und finanzielle Engagements.[63]

Geradezu sensationelle außenpolitische Konzessionen machte Gorbačev 1989/90 bei der Abschüttelung der kommunistischen Regime in Ostmitteleuropa und bei der deutschen Wiedervereinigung. Schon 1986 hatte er erklärt, dass jedes sozialistische Land die Freiheit habe, seinen «eigenen Weg» zu gehen, und damit die bis dahin gültige Brežnev-Doktrin von der begrenzten Souveränität der sozialistischen Staaten verworfen. Damit machte er, ohne die Folgen abschätzen zu können und ohne zu ahnen, wie schnell sich die Ereignisse überstürzen würden, den Weg frei für die Überwindung der kommunistischen Herrschaft in Ostmitteleuropa und in der DDR. Ohne die Zuversicht, dass die Sowjetunion diesmal nicht militärisch intervenieren werde, wie sie das 1953 in der DDR, 1956 in Ungarn und 1968 in der Tschechoslowakei getan hatte, hätte die Opposition 1989 in den Satellitenstaaten nicht so zielstrebig in Richtung auf die Beseitigung des Machtmonopols der Kommunisten hinarbeiten und die Demokratisierung bewirken können. Gorbačev ließ die demokratischen Revolutionen im ostmitteleuropäischen Machtbereich der Sowjetunion gewähren ohne einzugreifen und akzeptierte 1991 sogar die Wiedervereinigung Deutschlands und dessen Einbeziehung in die NATO.[64] «Kennen Sie Frank Sinatras Song ‹My Way›?», hatte Gennadij Gerasimov, der Pressesprecher des sowjetischen Außenministeriums im Oktober 1989 auf die Frage, was von der Brežnev-Doktrin geblieben sei, geantwortet. «Ungarn und Polen gehen ihren Weg. Wir haben jetzt die Sinatra-Doktrin.»[65]

Im Ergebnis der friedlichen Revolutionen von 1989 und der vertraglichen Lösung der Wiedervereinigung Deutschlands ging das Zeitalter des Kalten Krieges zu Ende. Gorbačev hatte mit seiner Außenpolitik nichts weniger als eine weltgeschichtliche Wende bewirkt. «Wir haben den Kalten Krieg auf dem Grund des Mittelmeeres begraben», erklärte Gennadij Gerasimov im Dezember 1989 auf der gemeinsamen amerikanisch-sowjetischen Pressekonferenz nach dem Gipfeltreffen zwischen Gorbačev und dem US-Präsidenten George Bush.[66] Der obsolet gewordene Warschauer Pakt wurde 1991 aufgelöst. Für seine historischen Verdienste um die Beendigung des Ost-West-Konflikts erhielt Gorbačev 1990 den Friedensnobelpreis.

In der Wahrnehmung des Westens und der ostmitteleuropäischen Länder hatte sich Gorbačev um den Frieden verdient gemacht. In den Augen seiner Gegner im eigenen Land hatte er ohne Not die Früchte des Sieges von 1945 verschenkt und bis dahin feststehende Positionen der sowjetischen Sicherheitspolitik, um deren Anerkennung seine Vorgänger jahrzehntelang gerungen hatten, ohne erkennbare Gegenleistungen preisgegeben. Dass die deutsche Bundesregierung der sowjetischen Führung die Entscheidung mit milliardenschweren Krediten erleichtert hatte,[67] konnte Gorbačev daheim nicht unter den Aktiva verbuchen, denn die darin zum Ausdruck kommende Abhängigkeit von ausländischem Kapital machte nur noch deutlicher, wie ernst inzwischen die wirtschaftliche Lage der Sowjetunion war. Die Rückwirkungen der Wende von 1989 auf die Sowjetunion beschränkten sich aber nicht auf den Prestige- und Autoritätsverlust von Gorbačev. Der rasche Zusammenbruch der kommunistischen Regime in den Satellitenstaaten beschleunigte daneben die Delegitimierung der kommunistischen Macht und der sozialistischen Gesellschaftsordnung. Der weltgeschichtliche Trend, den die Kommunisten stets zu ihren Gunsten ins Treffen geführt hatten, hatte sich umgekehrt.[68]

Der Zustand des Landes 1990/91

Die Hoffnung, durch die Beendigung der außenpolitischen Konfrontation die marode Wirtschaft zu entlasten und im Inneren den Rücken frei zu machen, wurde enttäuscht, denn erstens reichte die Zeit nicht, um die finanziellen Entlastungseffekte für die Wirtschaft nutzbar zu machen, und zweitens war gerade der Rüstungssektor derjenige Teil der sowjetischen Wirtschaft gewesen, der relativ noch am besten funktionierte und qualitativ auf dem Weltmarkt konkurrieren konnte. Die Konversion der hypertrophen Rüstungsindustrie war allein ein Reformprojekt, das größter Anstrengungen bedurfte, und konnte in der Amtszeit Gorbačevs gar nicht mehr in Angriff genommen werden.

Die wirtschaftliche Lage der Sowjetunion entwickelte sich vielmehr 1989/90 krisenhaft. Das Bruttosozialprodukt stagnierte 1988–1990 und begann 1991 dramatisch zu schrumpfen. Das Gleiche galt für die Investitionen in Industrie und Landwirtschaft.[69] Die Versorgung mit Lebensmitteln und Konsumgütern verschlechterte sich zusehends, zumal die Menschen auf Vorrat einkauften und in den staatlichen Läden immer mehr Produkte zeitweilig fehlten. Dazu trugen der Lohnanstieg und die Antialkoholkampagne bei, als deren Folge der Zucker als Ausgangsstoff für selbst gebrannten Schnaps rationiert werden musste. Die Ernährungsgewohnheiten passten sich zwangsläufig der Krise an, indem hochwertige und eiweißreiche Nahrungsmittel zugunsten von Kohlehydraten reduziert wurden: Zwischen 1989 und 1991 ging der Fleischverbrauch pro Kopf zurück, während der Verbrauch an Kartoffeln und Brot anstieg.[70] Im Winter 1990/91 befürchteten viele eine Hungersnot. Aus dem Ausland, vor allem aus Deutschland, das seine Dankbarkeit für die Wiedervereinigung demonstrierte, trafen Hilfslieferungen ein. Laut offiziellen Angaben fehlten 1000 von 1200 Produkten des statistischen Musterwarenkorbs.[71]

Leere Regale selbst in den Lebensmittelgeschäften, lange Warteschlangen, explodierende Preise auf dem Schwarzmarkt und eine immer weiter um sich greifende Unzufriedenheit der Menschen kennzeichneten den Alltag. Viele Schwarzhändler nahmen gar keine Rubel mehr an, sondern nur noch Dollar, D-Mark oder Marlboro-Zigaretten. Für alle sichtbar und spürbar hatte die Wirtschaftspolitik versagt. Dementsprechend groß war die Enttäuschung und Demotivation der Menschen, die zu Beginn der Amtszeit Gorbačevs noch auf Verbesserungen gehofft hatten. Von einer Erhöhung des Engagements am Arbeitsplatz konnte unter diesen Bedingungen nicht mehr die Rede sein. Die Produktivität sank vielmehr, weil es subjektiv noch weniger Sinn als früher machte, sich anzustrengen. Seit 1989 kam es zu großen Streiks und Protestkundgebungen gegen die schlechten Lebensbedingungen. Allein in der RSFSR beteiligten sich 1990 100 000 und 1991 237 000 Personen an Arbeitsniederlegungen.[72] Die Preise in den staatlichen Läden blieben zwar reguliert, aber de facto sanken dennoch die Reallöhne, weil viele Produkte in den staatlichen Läden gar nicht mehr zu bekommen waren. Man konnte sie bei Privatanbietern kaufen, die an Straßenecken, bei Metrostationen Kioske oder einfach nur Tische aufstellten, musste dafür aber horrende Preise bezahlen.[73] Indem das Regime nicht mehr die von ihm erwarteten Leistungen und die soziale Sicherheit bot, verlor es den Rückhalt in der Gesellschaft.[74]

Die Probleme waren zum Teil eine unmittelbare Folge der fehlgeschlagenen Reformen. Es wäre aber zu kurz gegriffen, sie überwiegend aus den Fehlern der Perestrojka zu erklären. Die grundsätzlichen Widersprüche und strukturellen Probleme waren vielmehr im sowjetischen System an sich begründet und nun zum Tragen gekommen oder überhaupt erst an die Öffentlichkeit gelangt. Das gilt auch für die immensen Umweltprobleme, die sich in der späten Sowjetunion akkumuliert hatten, aber erst jetzt unter den Bedingungen von *glasnost'* bekannt wurden. Aleksej Jablokov, Biologe, Umweltaktivist und später auch Politiker, trug 1990 Informationen aus offiziellen Berichten zusammen, die ein erschreckendes Bild vom Zustand der Umwelt und ihren Folgen für die Gesundheit vermittelten:

Der Zustand der Luft war vor allem in Industriestädten aufgrund der rückständigen Technik besorgniserregend. Die Grenzwerte bei gefährlichen Stoffen wurden in den meisten Städten um das Drei- bis Vierfache, in 16 Städten sogar um mehr als das 50-fache überschritten. Nur die Hälfte aller luftverschmutzenden Betriebe war mit Abgasreinigungsanlagen ausgestattet, die zudem wenig effektiv waren, häufig versagten oder nachts abgeschaltet wurden. Nicht besser stand es um die Gewässer und die Landwirtschaft. Die extensive Bewässerung der Baumwollfelder Zentralasiens ließ die Böden versalzen und den Aralsee teilweise austrocknen, weil den ihn speisenden Flüssen zu viel Wasser entnommen wurde. Aralsee und Kaspisches Meer wurden zudem durch die eingespülten Pflanzenschutzmittel stark belastet. Die Errichtung von Staudammkaskaden hatte Volga und Dnepr in Ketten von gigantischen Stauseen verwandelt. Unter der verringerten Fließgeschwindigkeit litt die Selbstreinigungskraft der Flüsse, sodass sich die Wasserqualität dramatisch verschlechterte. 75 Prozent der Gewässer in der Sowjetunion waren in einem katastrophalen Zustand, weil der Großteil der Abwässer ungeklärt eingeleitet wurde. Selbst in Moskau wurde weniger als die Hälfte der Industrieabwässer gereinigt. In vielen Großstädten wurden die Haushaltsabwässer gar nicht oder nur zu einem geringen Teil gereinigt. Das führte zur Vergiftung und bakteriellen Verseuchung der Flüsse. 1988 verendeten in der Unteren Wolga Zehntausende Störe und Millionen anderer Fische. Die einst fischreichen Gewässer des Asowschen Meeres, des Kaspischen Meeres und der Barentssee waren durch Überfischung und Verschmutzung für die Fischerei weitgehend unbrauchbar geworden. Nach Angaben des sowjetischen Gesundheitsministeriums war fast ein Drittel aller Nahrungsmittel aufgrund der übermäßigen Anwendung von Pflanzenschutzmitteln und chemischen Düngern in einem für die Gesundheit gefährlichen Maße mit chemischen Giften belastet. Die Katastrophe im Atomkraftwerk von Černobyl' im Frühjahr 1986 hatte riesige Mengen Radioaktivität über die nähere und weitere Umgebung verstreut. Aus dem am stärksten verseuchten Gebiet rund um das Kraftwerk waren bis 1990 116 000 Menschen evakuiert worden, weitere 230 000 lebten immer noch in der Gefahrenzone und warteten auf ihre Umsiedlung. Trotz ihrer Belastung mit radioaktivem Cäsium gelangten landwirtschaftliche Produkte aus den stark verseuchten Regionen Weißrusslands in den Handel. Daneben bildeten Atomwaffentestgelände und Deponien radioaktiven Materials beträchtliche Quellen für die Strahlenbelastung der Bevölkerung. Die Umweltschäden waren mit verantwortlich für die im internationalen Vergleich miserablen statistischen Werte zum Gesundheitszustand der Sowjetbürger. Die Lebenserwartung lag um sechs bis acht Jahre unter derjenigen der meisten Industrieländer. Nur ein Viertel der Kinder unter sieben Jahren und nur ein Siebtel der Oberschüler galten als gesund. Jede fünfte bis sechste Schwangerschaft endete mit einer Fehlgeburt, jeder dritte Mann erkrankte an Krebs. In der Region um den Aralsee war die Säuglingssterblichkeit mit 70 Promille eine der höchsten in der ganzen Welt. In der Region Krasnodar nördlich des Kaukasus, wo beim Reisanbau besonders viele Pflanzenschutzmittel eingesetzt wurden, gab es Ortschaften, in denen 1990 kein einziger Wehrpflichtiger für tauglich befunden wurde und in denen praktisch alle Bewohner vorzeitig an Krebs starben.[75]

Hinwendung zu westlichen Konzepten

Die schonungslose Offenlegung der Umweltzerstörungen und der durch sie hervorgerufenen Gesundheitsschäden war mit einer der Gründe dafür, dass die Kommunistische Partei und das sozialistische Gesellschaftsmodell um 1990 ihre Glaubwürdigkeit einbüßten. «Die KPdSU ist voll und ganz für die ökologische Katastrophe in der Sowjetunion verantwortlich», resümierte Aleksej Jablokov seinen Bericht.[76] Eine noch stärkere Wirkung hatten die zahlreichen anderen Enthüllungen über die Verbrechen, Versäumnisse und Fehler der Vergangenheit. Auf diese Weise führte *glasnost'* zu einer ideologischen Selbstzerstörung und Delegitimierung der Kommunistischen Partei. Was man nun über das eigene Land erfuhr, entzog – kombiniert mit einem idealisierten Gegenbild vom «Westen» – dem Sozialismus seine Grundlage. Chruščev war es seinerzeit gelungen, alle Schuld auf die Person Stalins abzuladen, ohne die Partei zu beschädigen. Nach seiner Ablösung wurde er selbst wiederum zum Sündenbock für alles, was schiefgelaufen war, gemacht. Das, was durch Gorbačevs *glasnost'* über Fehler, Versäumnisse, Missstände und Verbrechen der Vergangenheit bekannt wurde, diskreditierte nicht einzelne Personen, sondern die Partei als Ganzes. Bis in das Jahr 1989 hinein war die Zustimmung zum Regime noch hoch gewesen. Die Menschen wünschten sich Reformen, aber nicht im Sinne der Abschaffung des sowjetischen Systems und der Einführung der Marktwirtschaft, sondern in der Vorstellung, man könne bestimmte Elemente des Marktes in die sozialistische Ordnung integrieren, ohne deren Grundprinzipien aufzugeben. Im November und Dezember 1989 kippte jedoch die Stimmung angesichts des offenkundigen Scheiterns der Reformen und der spürbaren Verschlechterung der Versorgungslage.[77] Von der Richtigkeit des kommunistischen Konzeptes war 1990 nur noch eine Minderheit überzeugt. Die meisten jüngeren Menschen hatten kein Interesse mehr an einer Reform des Sozialismus, sondern strebten nach einem Leben wie im Westen. Von diesem machten sie sich ein rosiges Bild und träumten von einer Kombination aus Überfluss und Wohlfahrtsstaat. Unter den Eliten fand eine historische Umorientierung auf das westlich-pluralistische Modell statt.[78]

Hatte sich unter Breznev die Attraktivität des Westens auf Konsumgüter,

Mode und Musik beschränkt, so vollzog sich nun ein tiefer gehender Wertewandel, der mit einer Entfremdung von den bisher bejahten Normen der sozialistischen Gesellschaftsordnung verbunden war. «Der Oberst Vasin kam an die Front / mit seiner jungen Frau. / Der Oberst Vasin rief sein Regiment zusammen / und sagte ihm: Gehen wir nach Hause. / Wir führen den Krieg schon 70 Jahre lang, / man hat uns beigebracht, dass das Leben ein Kampf ist, / aber nach den neuen Aufklärungsergebnissen / haben wir mit uns selbst gekämpft.»[79] – Der Liedtext der Rockgruppe «Akvarium», die 1987 nach 15 Jahren im Untergrund ihr erstes legales Album herausbrachte und während der Perestrojka Kultstatus erlangte, ist ein frühes Beispiel für diesen Wertewandel und die Abkehr vom bisher Selbstverständlichen. Die Publikationen und Äußerungen oppositioneller Gruppen und reformorientierter Politiker zeigten, dass ab 1988/89 ein Teil der politischen Öffentlichkeit westlich-liberal orientiert war und nach parlamentarischer Demokratie, pluralistischer Gesellschaft, freier Marktwirtschaft und Privatisierung strebte. Zu denjenigen, die so dachten, gehörte spätestens ab 1990 auch Boris El'cin. Er prangerte die Halbherzigkeit von Gorbačevs Politik an, versprach radikale Reformen, einschließlich der Einführung der Marktwirtschaft. El'cin wusste zwar kaum etwas über Marktwirtschaft, aber er und seine Anhänger stellten sich darunter das bessere Leben und die soziale Gerechtigkeit vor, die einst das Versprechen des Sozialismus gewesen waren.[80]

Seit dem Herbst 1989 verbreitete sich unter den Politikern und Wirtschaftsfachleuten die Einsicht, dass die bisherigen Ansätze fehlgeschlagen seien und die wirtschaftliche Katastrophe radikalere Konzepte erfordere.[81] Sobald man aber über radikalere Konzepte nachzudenken begann, stellte sich die grundsätzliche Frage nach dem Weiterbestehen der sozialistischen Ordnung, denn konsequente marktwirtschaftliche Reformen, verbunden mit der Zulassung von privatem Eigentum an Produktionsmitteln, waren mit den sozioökonomischen Prinzipien, auf denen die Sowjetunion beruhte, nicht vereinbar. Das sowjetische System durch ein anderes zu ersetzen entsprach aber nicht den Vorstellungen Gorbačevs.[82] Der Oberste Sowjet verabschiedete im Oktober 1990 «Richtlinien für die Stabilisierung der Volkswirtschaft und den Übergang zur Marktwirtschaft». Dieser Kompromiss vertagte die grundlegenden Entscheidungen, stellte niemanden wirklich zufrieden und war ungeeignet, die Probleme zu lösen. Den Verfechtern einer sozialistischen Ordnung gingen die anvisierten Veränderungen zu weit, die Befürworter der Marktwirtschaft kritisierten hingegen die fehlende Substanz.[83]

Im Januar 1991 wurde Premierminister Ryžkov durch Finanzminister

Valentin Pavlov abgelöst, der den Westen beschuldigte, die Sowjetunion destabilisieren zu wollen, und wenig Sympathien für die Einführung der Marktwirtschaft an den Tag legte. Die Wirtschaftspolitik der folgenden Monate beschränkte sich auf improvisierte Maßnahmen, die keine klare Linie erkennen ließen und jedenfalls nicht auf den freien Markt und auf Privatisierung hinausliefen. Die sich mit der Ablösung von Ryžkov abzeichnende Distanzierung von radikalen Wirtschaftskonzepten korrespondierte mit Gorbačevs Festhalten an der Idee, das sozialistische System reformieren und damit bewahren zu können.[84] Indem er sich von der Bindung an die kommunistische Ideologie nicht löste, entfernten er und die Regierung sich immer weiter von den radikalen Reformern und Demokraten. Diese hatten sich bereits von der Vorstellung einer Reform innerhalb des bestehenden Systems verabschiedet und überholten Gorbačev in der Popularität.

Das Ende der Sowjetunion

Die Vertreter des alten Systems versuchten im August 1991 ein letztes Mal, das Ruder herumzureißen und die in ihrer Wahrnehmung verhängnisvolle Entwicklung aufzuhalten. Der unmittelbare Anlass zum Handeln war die für den 20. August anberaumte Unterzeichnung des neuen Unionsvertrags, der den gemeinsamen Staat der noch verbliebenen neun Unionsrepubliken zu einem Staatenbund umgestaltet hätte. KGB-Chef Vladimir Krjučkov, Verteidigungsminister Dmitrij Jazov, Premierminister Valentin Pavlov, Vizepräsident Gennadij Janaev und weitere Verschwörer aus höchsten Regierungskreisen nutzten die urlaubsbedingte Abwesenheit Gorbačevs aus Moskau für einen Putschversuch. Sie schickten am 18. August eine Delegation zu Gorbačev auf die Krim und forderten von ihm die Ausrufung des Ausnahmezustandes. Als sich Gorbačev dem Ansinnen verweigerte, verkündeten die Putschisten in Rundfunk und Fernsehen, dass Vizepräsident Janaev wegen einer Erkrankung Gorbačevs die Führung der Geschäfte übernommen habe. Sie ließen den Text des neuen Unionsvertrags in der Presse publizieren, in der Hoffnung, sein Bekanntwerden würde breiten Protest hervorrufen. Am 19. August schickten sie Panzer nach Moskau, präsentierten sich im Fernsehen als «Staatliches Notstandskomitee» und erklärten als ihre Ziele die Aufrechterhaltung der Integrität der Union, die Wiederherstellung der Arbeitsdisziplin und einen Preisstopp.

Boris El'cin, der sich in Kasachstan aufhielt, schaffte es, nach Moskau zu fliegen, vom Flughafen in seine Datscha zu fahren, und von dort – obwohl der KGB die Datscha umstellt hatte – ungehindert mit einer kleinen Mannschaft zum «Weißen Haus», dem Sitz des Obersten Sowjets der

RSFSR, zu fahren. Dort erließ er ein Dekret, mit dem er das Agieren des Komitees als verfassungswidrig und als Staatsverbrechen verurteilte[85] – und die Putschisten ließen ihn gewähren. Sie hatten zwar das Militär nach Moskau und Leningrad einrücken lassen, hatten aber offensichtlich Skrupel, es einzusetzen. Jedenfalls erhielten die Soldaten, die das Weiße Haus mit Panzern umstellt hatten, keinen Befehl einzugreifen, sondern warteten ab. Überhaupt agierten die Putschisten unentschlossen und unprofessionell: Janaev wirkte auf einer Pressekonferenz alkoholisiert, und das «Notstandskomitee» versäumte es, die staatlichen Medien effektiv zu kontrollieren und einzusetzen. Das sowjetische Fernsehen zeigte Bilder, wie Bürger auf den Straßen Moskaus Barrikaden errichteten, westliche Fernsehteams konnten ungehindert filmen und nicht einmal die Telefone des Weißen Hauses wurden abgeschaltet. El'cins neu ernannter KGB-Chef der RSFSR konnte mit allen möglichen Behörden telefonieren und sie auffordern, sich nicht mit den Putschisten einzulassen. El'cin selbst demonstrierte eindrucksvolle Zivilcourage, gab eine Pressekonferenz, ging den rund um das Weiße Haus aufmarschierten Soldaten entgegen, erkletterte einen der Panzer und schüttelte den Soldaten die Hand, ohne dass ihn irgendjemand daran gehindert hätte. Daraufhin hielt er, auf dem Panzer stehend, eine Ansprache an die Menschenmenge, die sich inzwischen eingefunden hatte, um das Weiße Haus zu schützen. Zwei Tage später, am 21. August, gaben die Putschisten auf, als sie erkannt hatten, dass ihnen der Rückhalt in der Bevölkerung fehlte.[86]

Als Gorbačev am 22. August nach Moskau zurückkehrte und zum Erstaunen aller die Kommunistische Partei verteidigte, war seine Autorität zerstört. Der Hauptakteur war nicht mehr er, sondern Boris El'cin, der jetzt entschlossen vorging und mit wirksamen symbolischen Handlungen die alte Ordnung und mit ihr die Sowjetunion als Staat systematisch demontierte. Über dem Weißen Haus wehte nun nicht mehr die rote sowjetische Flagge mit Hammer und Sichel, sondern die alte russische Trikolore. El'cin nutzte eine Ansprache Gorbačevs vor dem Obersten Sowjet der RSFSR, um vor seinen Augen demonstrativ und in demütigender Weise ein Dekret zu unterzeichnen, das jede weitere Tätigkeit der KPdSU auf dem Territorium der RSFSR verbot. Er ließ das Gebäude des Zentralkomitees versiegeln und die Parteizeitung *Pravda* einstellen. Gorbačev blieb nichts anderes übrig, als das Amt des Generalsekretärs der KPdSU niederzulegen.

Der misslungene Putsch beschleunigte die Auflösung der Sowjetunion. Während des Putsches und unmittelbar danach hatten alle Unionsrepubliken außer Russland und Kasachstan ihre Unabhängigkeit erklärt. Die beiden verbliebenen Republiken versuchten, bei den anderen um eine Erneuerung der Union zu werben. Da die nach Russland wichtigste Republik, die Ukraine, keine Anstalten machte, in den gemeinsamen Staatsverband zurückzukehren, verlor dessen Erneuerung ihren Sinn und Russland schickte sich an, die Nachfolge der Union anzutreten. El'cin betrieb die Übernahme der Unionsinstitutionen, verhandelte aber weiterhin mit anderen Republikchefs und mit Gorbačev. Im Oktober 1991 bestätigte der Kongress der Volksdeputierten der RSFSR El'cin als kommissarischen Vorsitzenden der Regierung und nahm dessen Programm zur Wirtschaftsreform an. Dieses stammte von einer Arbeitsgruppe unter der Leitung des 35-jährigen Ökonomieprofessors Egor Gajdar, den El'cin im November zum stellvertretenden Regierungschef ernannte und mit der Wirtschaftspolitik beauftragte. Gajdar strebte einen schnellen Übergang zur Marktwirtschaft an und unterstellte die zentrale Plankommission der RSFSR. Das Finanzministerium der UdSSR und die Akademie der Wissenschaften wurden ebenfalls von der RSFSR übernommen.

Auch andere Republiken höhlten die Union aus. Der Vorsitzende der Obersten Rada (Parlament) der Ukraine, Leonid Kravčuk, bildete aus sowjetischem Militärpersonal auf dem Boden der Ukraine eine eigene Armee und ließ am 1. Dezember 1991 ein Referendum über die im August erklärte Unabhängigkeit der Ukraine abhalten. 90 Prozent stimmten für die Unabhängigkeit und Kravčuk wurde zum Präsidenten der Ukraine gewählt. Weißrussland bekräftigte ebenfalls seine Unabhängigkeit und änderte den Namen in «Belarus'».

Am 8. Dezember 1991 trafen sich die Präsidenten Russlands und der Ukraine sowie der Vorsitzende des Obersten Sowjets von Belarus', Stanislav Šuškevič, in Minsk und erklärten, «da die UdSSR aufgehört habe zu bestehen», die Errichtung der «Gemeinschaft Unabhängiger Staaten» (GUS). Die GUS hatte kein gemeinsames Parlament, keinen Präsidenten, keine gemeinsame Staatsbürgerschaft, sondern beinhaltete im Wesentlichen nur eine vage Absichtserklärung, gemeinsame Sicherheitspolitik zu betreiben. Am 21. Dezember fand in der kasachischen Hauptstadt Almaty ein weiteres Treffen statt, auf dem die GUS um die zentralasiatischen Staaten erweitert wurde. Ende Dezember schlossen sich ihr die restlichen ehemaligen Sowjetrepubliken außer Estland, Lettland, Litauen und Georgien an. Georgien trat der GUS 1993 bei. Aserbaidschan und Moldawien ratifizierten den Vertrag ebenfalls erst 1993. Am 24. Dezember wurde die rote Flagge auf dem Kreml eingeholt und die russische Trikolore gehisst, am 25. Dezember trat Gorbačev als Präsident der Sowjetunion zurück. Am 31. Dezember 1991 war die Sowjetunion Geschichte.[87]

Interpretationen und Wertungen

Neuerdings erfährt eine Deutung großen Zuspruch, gemäß der die Sowjetunion bis Mitte der 1980er Jahre ökonomisch und politisch stabil funktioniert und es bis zu Gorbačevs Amtsantritt gar keine Krise gegeben habe, sondern Gorbačev mit unvernünftigen Reformen ohne Notwendigkeit das System aus den Angeln gehoben habe. Das Sowjetregime habe sozusagen fahrlässig Suizid begangen. Die Vertreter dieser These wenden sich gegen teleologische Betrachtungsweisen, die, ausgehend vom stattgefundenen Zusammenbruch der kommunistischen Regime, diesen aus systemischen Gründen oder aus der Annahme einer historischen Gesetzmäßigkeit von Modernisierung im kapitalistisch-demokratischen Sinne als etwas Zwangsläufiges interpretierten.[88] Sie plädieren zu Recht dafür, die Reformansätze der Perestrojka kritisch zu bewerten und das Ende der Sowjetunion und der kommunistischen Herrschaften nicht als das natürliche Ergebnis einer Kausalkette zu betrachten, das zwangsläufig eintreten musste. Immerhin hatten der Staat und seine politische, ökonomische und gesellschaftliche Ordnung über sieben Jahrzehnte Bestand gehabt und existentielle Krisen überdauert, in denen es der Bevölkerung erheblich schlechter gegangen war als in den 1980er Jahren.

Die Ursachen für den ökonomischen und politischen Zusammenbruch des Sowjetkommunismus vollständig in die Perestrojka zu verschieben, wäre jedoch eine zu starke Verkürzung. Wie so oft in der Geschichte erscheint auch in diesem Fall ein monokausaler Erklärungsversuch als unzureichend. Dass die Krise nur eine von Gorbačev 1985/86 erzeugte Suggestion gewesen sein soll, mit der er seine eigene Politik legitimierte, lässt sich mit dem Erleben der Zeitgenossen nicht so recht in Einklang bringen, die schon um 1980 die Situation im Land als zunehmend unbefriedigend empfanden, wenngleich sie nicht mit einem unmittelbar bevorstehenden Zusammenbruch der Wirtschaft rechneten. Davon unabhängig wäre es der Sache unangemessen, die Frage nach der Existenz einer Krise nur von der Wahrnehmung der Zeitgenossen abhängig zu machen, denn längerfristige, sich schleichend verschärfende Strukturprobleme bleiben den Menschen häufig verborgen und werden erst im Nachhinein erkennbar.

Die strukturellen Schwächen der sowjetischen Wirtschaft sind an sich unbestritten. Die kollektivierte Landwirtschaft hatte eine geringe Produktivität; die administrative Kommandowirtschaft war nicht effizient, von der Symbiose mit der Schattenwirtschaft und deren korrupten Praktiken abhängig und erwies sich in den 1970er Jahren als unfähig, den Wandel zur Dienstleistungsgesellschaft mit Ressourcenschonung und intensiverer Nutzung von Arbeit und Kapital zu vollziehen. Möglicherweise hätte eine

Politik des «Durchwurstelns» im Stil der 1970er Jahre tatsächlich den Bankrott verhindern oder um Jahrzehnte aufschieben können, wie das manche Autoren nahelegen. Die Beispiele Nordkoreas oder Kubas zeigen, dass eine schwache Wirtschaftsleistung per se nicht den Untergang des Regimes herbeiführen muss, solange es gelingt, durch Repressionen bzw. durch Vergünstigungen für die Unterstützer der Herrschaft deren Stabilität aufrechtzuerhalten.[89] Im Falle der Sowjetunion hatten aber Gorbačevs Vorgänger seit den 1950er Jahren Erwartungen geweckt und die Legitimierung des Regimes geradezu an die Gewährleistung von Wohlstand gebunden und die Superiorität des eigenen Systems gegenüber dem Kapitalismus behauptet. Damit machten sie sich und ihre Nachfolger von der Einlösung der Versprechen abhängig, und je weniger die sowjetische Wirtschaft in der Lage war, die wachsenden Ansprüche zu befriedigen, umso prekärer wurde die Begründung für das Machtmonopol der Kommunistischen Partei und die Existenz der administrativen Kommandowirtschaft, zumal die Rückkehr zu stalinistischen Methoden der Einschüchterung und Terrorisierung keine reale Option mehr darstellte. Die Menschen verglichen 1980 ihren Lebensstandard nicht nur mit dem ihrer Eltern und Großeltern, sondern auch mit dem in anderen Ländern.

Die Reformbemühungen Gorbačevs waren der Versuch einer Antwort auf dieses Dilemma. Die ökonomische Misere, in der sich die Sowjetunion zu Beginn der 1980er Jahre befand, machte die Politik grundlegender Veränderungen überhaupt erst möglich und ließ sie als notwendig erscheinen. Die Reformversuche bewirkten aber das Gegenteil von dem, worauf Gorbačev abzielte. Sie erzeugten erst recht Instabilität, weil sie die eingespielten Abläufe der Wirtschaft aus dem Takt warfen und die Legitimation des Regimes untergruben. Sie wirkten somit als Katalysator für den Zusammenbruch zunächst der Wirtschaft, dann der kommunistischen Regime in den Satellitenstaaten und zuletzt der Herrschaft der KPdSU und der Sowjetunion als Imperium. Indem Gorbačev den performativ-symbolisch erstarrten offiziellen Diskurs wieder mit inhaltlichen Bedeutungen füllte, untergrub er dessen systemstabilisierende Funktion, die unter Brežnev gerade über die Routine gewordene Normalität gewirkt hatte. Die Partei verzichtete auf ihr Deutungsmonopol, während die im Rahmen von *glasnost'* entstehenden neuen Öffentlichkeiten und konkurrierenden Diskurse eine Eigendynamik gewannen, die nicht mehr zu beherrschen war, und mit ihrer Kritik und den Enthüllungen dem Machtanspruch der Kommunistischen Partei die Grundlage entzogen. Die Partei gab den Anspruch auf den Besitz der Wahrheit und das Wissen um den rechten Weg, den sie bis dahin sorgfältig gehütet hatte, auf und signalisierte damit und mit den nun sichtbaren Fehlern der Vergangenheit und der Gegenwart, dass sie gar nicht über das nötige Wissen verfügte, um die anstehenden Fragen zu beantworten.[90] Das Machtmonopol der Kommunistischen Partei war mit dieser Form des öffentlichen Diskurses nicht vereinbar. Ohne das Machtmonopol wiederum konnte die Partei das sozialistische Ordnungsmodell nicht aufrechterhalten, zumal dessen ökonomische Basis rapide verfiel und sein Ansehen in der Bevölkerung und unter den Eliten geschwunden war. Gorbačev agierte gewissermaßen als der Zauberlehrling, der Kräfte freisetzte, die seiner Kontrolle entglitten und ein Eigenleben entfalteten.

Diese Mechanismen der unbeabsichtigten Selbstentmachtung sind überzeugend beschrieben worden. Die Perestrojka aber als den eigentlichen Grund für das Ende der kommunistischen Herrschaften in Osteuropa zu betrachten und in ihr die Ursache für die Wirtschaftskrise zu identifizieren, erscheint trotz ihrer wichtigen Funktion als Katalysator zu kurz gegriffen und stellt die Kausalbeziehungen auf den Kopf. Es bedurfte der ökonomischen Voraussetzungen, dass die Perestrojka zustande kam, und die ihr zugeschriebenen Wirkungen konnten nur eintreten, weil die schon viel länger bestehenden Systemfehler nun voll zum Tragen kamen und Gorbačev den sie schützenden stillschweigenden Konsens, die eigentlichen Probleme hinter der Fassade einer künstlichen zweiten Wirklichkeit zu verbergen, aufbrach.

Abgesehen von der Verengung der Kausalitäten auf die kurze Zeitspanne von wenigen Jahren schreiben die Interpretationen, die Gorbačev zum Hauptverantwortlichen für den Zusammenbruch des Sowjetsystems erklären, seiner Politik zwischen den Zeilen eine Destruktivität zu, die ihr in der Gesamtbetrachtung nicht gerecht wird. Die Länder des ehemaligen Ostblocks verdankten der Perestrojka immerhin die Freiheit, und auch in Russland eröffnete sie – wenn auch unbeabsichtigt – die Chance auf die Wiederaufnahme einer pluralistischen und gegenüber der Außenwelt aufgeschlossenen Entwicklung, wie sie sieben Jahrzehnte zuvor von den Bolschewiki gewaltsam unterbrochen worden war. Gorbačev wurde zum unfreiwilligen Konkursverwalter des Kommunismus in Osteuropa und der Sowjetunion als Imperium, aber er wurde es deswegen, weil er von der jahrzehntelangen Unterdrückung der Meinungsfreiheit und der Aufrechterhaltung eines verlogenen Diskurses abrückte. Die Selbstabschaffung des Sowjetsystems 1991 war in historischer Perspektive ein ähnlicher Vorgang wie die Abdankung des Zaren im Februar 1917. Beide Male ging ein Herrschaftssystem unter, fiel in weiterer Folge ein Vielvölkerimperium auseinander und entstand vorübergehend eine ungeklärte und offene Situation. Aus der Perspektive derjenigen, die die Macht verloren hatten, und aus der

Perspektive des zerbrochenen Imperiums handelte es sich um einen Untergang. Aus der Perspektive derjenigen, die Unabhängigkeit und Gestaltungsfreiheit gewonnen hatten, war es jedoch der Anbruch einer neuen Epoche mit neuen Chancen.

Auch wenn es möglicherweise den Eindruck eines zielgerichteten historischen Prozesses suggeriert, ist es durchaus sinnvoll, das Scheitern des Sowjetkommunismus nicht nur aus den 1980er Jahren heraus verstehen zu wollen, sondern auch in einen längerfristigen Erklärungszusammenhang zu stellen. Der Zusammenbruch des Sowjetkommunismus hatte eine tiefere Ursache im Unvermögen, auf die neuen Herausforderungen zu antworten, die im globalen Maßstab seit den ausgehenden 1960er Jahren die Welt veränderten. Das sowjetische System folgte weiterhin dem Modell der klassischen Industriemoderne, wie sie sich im ausgehenden 19. Jahrhundert formiert hatte. Eine mit der elektronischen Datenverarbeitung verbundene konsequente Rationalisierung der Produktionsprozesse unter Inkaufnahme der Stilllegung unrentabler Anlagen hatte wegen der damit untrennbar verbundenen Entlassungen einer großen Zahl von Arbeitskräften keinen Platz im sowjetischen Wirtschafts- und Gesellschaftsmodell. Somit vollzog die Sowjetunion grundlegende globale Weichenstellungen der 1970er Jahre nicht mit, sondern perpetuierte ein System, dessen Aufrechterhaltung in so hohem Maße vom hochpreisigen Erdöl- und Erdgasexport abhängig war, dass ein Wegbrechen dieser Finanzierungsquelle das Risiko eines ökonomischen Totalabsturzes in sich barg. Nicht nur das Experiment der Perestrojka, sondern das große Experiment, die kommunistische Gesellschaft als Gegenentwurf zum Kapitalismus und zum pluralistisch-demokratischen System aufzubauen, war an sich selbst gescheitert.

16. Neubeginn mit Schwierigkeiten 1991–1999

Systemwechsel

Mit dem Untergang der Sowjetunion im Herbst und Winter 1991 wurde nicht einfach eine Regierung durch eine andere ersetzt, sondern es fand eine grundlegende Neuausrichtung Russlands statt. Was sich zwischen 1989 und 1993 an Umwälzungen im politischen System, in Wirtschaft und Gesellschaft ereignete, rechtfertigt es, von einer Revolution zu sprechen, auch wenn der Machtwechsel gewaltlos vonstatten ging.[1]

Unter dem Eindruck des wirtschaftlichen Niedergangs und des Autoritätsverlustes der Kommunistischen Partei hatten sich Eliten und Gesellschaft vom Leitbild der kommunistischen Gesellschaft und der staatlichen

Planwirtschaft abgewandt. In den Diskussionen von 1990/91 sprachen und schrieben zwar viele von «Marktwirtschaft» und «Demokratie», aber ob alle eine konkrete Vorstellung davon hatten, was die Anwendung dieser Begriffe in der Praxis bedeuten sollte, darf bezweifelt werden. An der Jahreswende 1991/92 herrschte keineswegs Klarheit, wie die neuen Prinzipien in praktische Politik umgesetzt und rechtlich-institutionell verankert werden sollten. Staat, Wirtschaft und Gesellschaft mussten nach neuen Gesichtspunkten reorganisiert und umgebaut werden. Mit dem Verbot der Kommunistischen Partei, der Abdankung Gorbačevs und der Auflösung der Sowjetunion war die Wende zwar eingeleitet, aber noch nicht vollzogen. Die Demokratie war 1991/92 in Russland vorerst nicht viel mehr als eine Absichtserklärung, denn es fanden weder Neuwahlen statt noch wurden die von der Sowjetunion geerbten Institutionen konsequent durch neue, demokratische ersetzt. Da das alte Regime weder durch einen gewaltsamen Umsturz noch durch einen äußeren Feind, sondern auf friedlichem Wege abgelöst worden war, fand auch kein systematischer Austausch der Funktionseliten statt. Die Russländische Föderation erbte so gut wie alles, was den Zusammenbruch der Sowjetunion verursacht hatte, und auch der wirtschaftliche Kollaps setzte sich zunächst weiter fort.

Die Vorstellung, dass der Zusammenbruch des Sowjetsystems im Dezember 1991 abrupt endete und ab dem Januar 1992 mit einem Male «Demokraten» an der Macht waren, geht ebenso an der Realität vorbei wie die, dass der Wille einiger Reformer ausgereicht hätte, um das gesamte Wirtschafts- und Gesellschaftssystems eines riesigen Landes innerhalb weniger Jahre komplett umzugestalten. Die Transformation musste vielmehr erst in den Köpfen der Menschen vollzogen werden und sich in ihren Verhaltensstrategien und Handlungsmustern manifestieren. Auch wenn der aus der Sowjetunion geerbte Bestand an Funktionären der Behörden, Administrationen und Betriebsleitungen mit neuen Leuten ergänzt wurde, so hatten auch die «Neuen» ihre Bildung und Sozialisation in der Sowjetunion erhalten, kamen von sowjetischen Eliteschulen oder aus dem Kommunistischen Jugendverband. Sie dachten und handelten ab 1992 nicht plötzlich ganz anders.[2] Die vielfältigen Kontinuitäten, die sich über den Systemwechsel hinüberretteten, wogen umso schwerer, als die Probleme, an denen die Sowjetunion gescheitert war, mit deren Untergang keineswegs gelöst waren. Vor allem in ökonomischer Hinsicht mussten die Verhältnisse neu geordnet und tragfähige rechtliche und institutionelle Grundlagen für eine funktionierende Marktwirtschaft – eine Alternative gab es nun nicht mehr – geschaffen werden. Auch das Verhältnis zwischen Staat und Nationalitäten erforderte eine Regelung, denn Russland blieb selbst nach der Trennung von den 14 anderen Republiken ein Vielvölkerstaat.

Auf den Zusammenbruch der Sowjetunion folgte die Übergangszeit einer Doppelherrschaft des Präsidenten und des Obersten Sowjets der RSFSR, der weiterhin in der Zusammensetzung, wie er 1990 nach dem damaligen sowjetischen Wahlrecht gewählt worden war, existierte. Nicht nur die Bezeichnung, sondern auch die Funktionsweise der Volksvertretung war noch sowjetisch geprägt, denn die Verfassung war noch nicht durch eine neue ersetzt worden. Die eigentliche, vom Volk gewählte Vertretung, der Kongress der Volksdeputierten der RSFSR, trat nach sowjetischem Muster nur für wenige Tage im Jahr zusammen. Die übrige Zeit waren seine Aufgaben an den Obersten Sowjet delegiert, der eine Art Ausschuss des Kongresses darstellte, aber de facto die höchste Repräsentativgewalt verkörperte. 1990/91 hatte El'cin im Einklang mit dem Obersten Sowjet der RSFSR agiert, vor allem während des Augustputsches 1991, als er praktisch den Widerstand des Obersten Sowjets gegen die Putschisten angeführt hatte. Im Oktober 1991 hatte der Kongress der Volksdeputierten El'cin bis zum Dezember 1992 mit besonderen Vollmachten zur Durchführung der Wirtschaftsreformen ausgestattet, damit es nicht zu Verzögerungen durch den regulären Gesetzgebungsprozess komme. Erlasse des Präsidenten traten demnach eine Woche nach ihrer Verkündung in Kraft, wenn der Oberste Sowjet nicht innerhalb dieser Frist Einspruch erhob. Auf diese Weise erhielt das oberste Exekutivorgan legislative Kompetenzen.[3] Um bei der Durchführung der radikalen Reformen nicht von alten politischen Strukturen blockiert zu werden, ernannte El'cin neue Chefs der örtlichen Administration, schaffte die zahlreichen Branchenministerien zugunsten von vereinigten Ministerien für Industrie, Wirtschaft und Finanzen, Verkehr und Handel ab. Zwei neue außerordentliche Leitungsorgane – das *Staatliche Komitee für antimonopolistische Politik und Unterstützung der neuen ökonomischen Strukturen* sowie das *Staatliche Komitee zur Leitung der Staatsgüter* sorgten für die Durchsetzung der Politik des Präsidenten.[4]

Über das Ziel, nämlich die Schaffung einer funktionierenden Marktwirtschaft, herrschte weitgehende Einigkeit. Strittig waren aber die Geschwindigkeit und die Reihenfolge der Maßnahmen. Dabei geriet El'cin, der die Reformen vorantrieb, zunehmend in Konflikt mit dem Obersten Sowjet. In Abhängigkeit vom Kräftespiel zwischen der El'cin-Administration und dem Obersten Sowjet wechselten sich bis zum Herbst 1993 Phasen beschleunigter Reform mit solchen von Stagnation ab.[5] Aufgrund der ungeklärten Machtfrage ergaben sich immer wieder Pattsituationen zwischen der Volksvertretung und dem Präsidenten, die beide nur über eine Legitimation aus der sowjetischen Zeit verfügten. Die Brežnev-Verfassung von 1977, in ihrer 1990 abgeänderten Version, war keine geeignete Grundlage für einen pluralistisch-demokratischen Rechtsstaat, der Russland nun sein wollte. Ähnlich wie 1917 die Provisorische Regierung, verschob El'cin die Verfassungsfrage auf einen späteren Zeitpunkt. Statt den Kongress der Volksdeputierten und mit ihm den Obersten Sowjet aufzufordern, sich selbst aufzulösen – seine Auflösung zu dekretieren, stand dem Präsidenten laut der geltenden Verfassung nicht zu –, um danach möglichst schnell Wahlen zu einer konstituierenden Versammlung anberaumen zu können, ließ El'cin die Dinge beim Alten und holte sich lieber zwischendurch im April 1993 über ein Referendum die Legitimation für seine Wirtschaftspolitik. Am Ende dieses Lavierens sollte schließlich im Oktober 1993 die gewaltsame Konfrontation zwischen dem Präsidenten und dem Obersten Sowjet stehen, aus der El'cin siegreich hervorging.[6]

Die Umstellung auf die Marktwirtschaft begann offiziell im Januar 1992 auf der Basis des von Egor Gajdar entwickelten Programms. Gajdar, ein 35-jähriger Ökonom und Wirtschaftsjournalist, hatte sich als Leiter des von ihm gegründeten Instituts für Wirtschaftspolitik bei der Akademie der Volkswirtschaft der UdSSR als Experte profiliert und nach dem Augustputsch 1991 das Amt des Wirtschafts- und Finanzministers der RSFSR übernommen. El'cin hatte ihn wegen seiner festen Überzeugungen und der klaren, einfachen Antworten in sein Team geholt. Gajdar hatte schon während der Perestrojka die Klassiker des Liberalismus studiert und sich die Ideen von Friedrich von Hayek und Milton Friedman zu eigen gemacht. Praktische Erfahrung in der Wirtschaftspolitik fehlte ihm, sein Zugang war ein theoretisch-radikaler. Nach den Erfahrungen mit Gorbačevs zögerlichen und inkonsequenten Reformen verordneten El'cin und Gajdar dem Land eine Schocktherapie. Die Marktwirtschaft sollte nicht allmählich, sondern schnell eingeführt werden. Die Stimmung im Land duldete angesichts des ökonomischen Chaos, das in der Perestrojka entstanden war, keinen Aufschub. Äußerungen einzelner Experten, dass die Implementierung der Marktwirtschaft 15 schwierige Übergangsjahre erfordere, riefen Enttäuschung und Missmut in der Bevölkerung hervor, denn niemand wollte so lange warten. Gajdars Programm hingegen weckte die Hoffnung, innerhalb kürzester Zeit die Wirtschaft zu stabilisieren. Der sofortige Übergang zur Marktwirtschaft wurde zur Chiffre für die schnelle Überwindung aller Probleme und Nöte. «Ungefähr ein halbes Jahr lang wird es allen schlechter gehen, dann werden die Preise sinken und wieder genügend Konsumgüter verfügbar sein. Zum Herbst 1992 [...] wird die

Wirtschaft stabilisiert sein [...], und danach geht es bergauf», versprach Präsident El'cin den Bürgern.[7]

In das Wirtschaftsreformprogramm waren auch Empfehlungen ausländischer Fachleute eingeflossen, die vom Weltwährungsfonds, der Internationalen sowie der Europäischen Bank für Wiederaufbau und Entwicklung nach Moskau entsandt oder von der russischen Regierung eingeladen worden waren.[8] Den Kern des ökonomischen Systemwechsels bildeten die Liberalisierung (Freigabe der Preise, Schaffung eines Kapitalmarktes, Freigabe des Handels, Öffnung der Märkte nach außen) und die Privatisierung (Überführung des Staatseigentums, in Privateigentum). Damit die Wirtschaft funktionieren konnte, mussten außerdem die Staatsfinanzen konsolidiert, die Inflation bekämpft und die für eine Marktwirtschaft erforderlichen Institutionen (Zentralbank, Kreditinstitute) und gesetzlichen Grundlagen geschaffen werden.[9] In der Praxis war die Politik durch ständige Widersprüche zwischen den marktwirtschaftlichen Grundsatzerklärungen und deren inkonsistenter Umsetzung sowie dem Unterlaufen wirtschaftspolitischer Vorgaben in der ökonomischen Realität gekennzeichnet.[10]

Die ökonomische Transformation begann im Januar 1992 mit der Freigabe der Preise und Löhne und der Aufhebung der planwirtschaftlichen Mengenregulierungen für die Produktion sowie der Freigabe des Handels. Um diesen Schritt sozial abzufedern, behielt der Staat die Kontrolle über die Preise für Energie und die wichtigsten Grundnahrungsmittel. Indem die Mechanismen von Angebot und Nachfrage nun den Markt bestimmten und jedermann das Recht hatte, beliebige Waren frei zum Verkauf anzubieten, wurde der Warenmangel, der die späte Perestrojka gekennzeichnet hatte, schnell überwunden. An gut frequentierten Straßen und Plätzen in den Städten tauchten Kioske auf und standen Händler mit Schachteln und Verkaufstischen, um Lebensmittel und Güter des täglichen Bedarfs feilzubieten, und auch die Regale der Geschäfte füllten sich schnell. Allerdings schnellten gleichzeitig die Preise in die Höhe, denn die Reformer hatten das Ausmaß des während des Warenmangels der Sowjetzeit kumulierten Kaufkraftüberhangs unterschätzt. Die Menschen hatten mehr Bargeld gehortet als angenommen und waren zunächst bereit, hohe Preise für bis dahin nicht erhältliche Waren zu bezahlen. Die aus dieser Konstellation resultierende extrem hohe Inflation erzeugte bereits im Frühjahr 1992 Unzufriedenheit in der Bevölkerung.[11] Als die Regierung den Regionen im März 1992 erlaubte, das Liberalisierungsprogramm nach ihren Bedürfnissen abzuändern, wurden vielerorts wieder behördliche Preisregelungen eingeführt, die staatliche Subventionen erforderten. In der Folge traten beträchtliche regionale Preisunterschiede auf und die Zuständigkeiten blieben zwischen zentralen und regionalen Organen unklar. Die Gesetzgebung der Russländischen Föderation und ihrer einzelnen «Subjekte», wie ihre unterschiedlichen territorialen Untergliederungen nun zusammenfassend genannt wurden, war inkonsistent.[12]

Die zweite große Aufgabe, die Überführung der staatlichen Betriebe in Privateigentum, wurde ab der Mitte des Jahres 1992 großflächig in Angriff genommen. Anders als in der ehemaligen DDR und den Ländern Ostmitteleuropas, wo frühere Eigentümer die Restitution ihrer durch die Kommunisten enteigneten Grundstücke und Betriebe beantragen konnten, fehlte dafür in Russland nach 70 Jahren Sowjetherrschaft die Grundlage. Die Privatisierungsbehörde unter Anatolij Čubajs löste die Frage, indem sie als ersten Schritt einen Teil der Staatsbetriebe in das Eigentum der Bevölkerung überführte. Das geschah über die Umwandlung der zur Privatisierung freigegebenen Staatsbetriebe in Aktiengesellschaften. Jeder russische Staatsbürger, einschließlich der Kinder, erhielt einen Privatisierungsscheck («Voucher») im Nominalwert von 10 000 Rubel, was etwa dem Vierfachen eines durchschnittlichen Monatsgehalts entsprach.[13] Die Privatisierungsschecks konnten auf Auktionen zum Erwerb von Aktien benutzt oder frei veräußert werden. Energie-, Verkehrs- und Rüstungsbetriebe sowie Bodenschätze und Landbesitz waren von der Aktion ausgeschlossen. Kleinbetriebe wurden über Ausschreibung oder direkten Verkauf in private Hände übergeben. Bis Ende 1993 waren 70 Prozent der Kleinbetriebe privatisiert. Daneben wurden viele neue Betriebe gegründet, vor allem im Dienstleistungsbereich und im Handel, wo der größte Nachholbedarf bestand.

Die Phase der «kleinen» Privatisierung über das Vouchersystem dauerte bis zum 31. Juli 1994. Zwei Drittel der ehemaligen Staatsbetriebe befanden sich nun in Privatbesitz, 45 Millionen Bürger waren Aktionäre geworden und häufig Miteigentümer des Betriebs, in dem sie arbeiteten. Viele hatten aber mit den Privatisierungsschecks nichts anzufangen gewusst und sie schnell weiter verkauft, was angesichts der hohen Inflation dem Totalverlust gleichkam. Gerissene Geschäftsleute kamen so durch den Aufkauf von Privatisierungsschecks innerhalb kurzer Zeit mit vergleichsweise geringem Kapitaleinsatz zu großen Industrievermögen. Unter denjenigen, die auf diese Weise zu Profiteuren der Privatisierung wurden, waren viele Betriebsdirektoren und Manager, mithin Angehörige der sowjetischen «Nomenklatur», die der Belegschaft ihrer Betriebe die Anteilsscheine abkauften oder es auf anderen Wegen schafften, Anteile zu akkumulieren.[14]

Außerdem beseitigte die Privatisierung nicht automatisch alle Charakteristika der Sowjetwirtschaft. Der Wettbewerb zwischen den Betrieben musste sich erst allmählich entwickeln, viele Betriebe erhielten weiterhin Subventionen, andere wirtschafteten in alter Manier, machten Verluste und wichen bei Liquiditätsproblemen auf den Naturaltausch aus.[15] Die dringend nötige Erneuerung und Modernisierung der Produktionsanlagen fand nicht statt, weil die Privatisierung keine Investitionen zur Folge hatte. Viele Betriebe wurden weit unter ihrem Wert verschleudert. Die große Automobilfabrik AvtoVAZ in Tol'jatti zum Beispiel wurde für umgerechnet 45 Millionen Dollar versteigert, während noch 1991 ein Kaufangebot des italienischen FIAT-Konzerns über zwei Milliarden Dollar abgelehnt worden war.[16] Umgekehrt hatten sich viele von den nun 45 Millionen Aktionären unwissend in bankrotte Unternehmen eingekauft.

In den Jahren 1995–1998 folgte die zweite Phase der Privatisierung. Sie betraf strategische Industriekomplexe, die von den Voucher-Auktionen ausgenommen gewesen waren. Der Staat benutzte diese zweite Privatisierung, um das Haushaltsdefizit zu verringern, indem er die Betriebe als Sicherheit für Kredite einsetzte, die er bei den neu entstandenen privaten Banken aufnahm. Für jeden Kredit, der nicht zurückgezahlt werden konnte, gingen Staatsbetriebe in das Eigentum der Banken über. Die Modalitäten dieser Geschäfte waren hochgradig dubios. Die Banken erwarben die Betriebe mit Kapital, das aus der ihnen vom Staat übertragenen kommerziellen Bewirtschaftung von Staatseinnahmen stammte. Absprachen und Insidergeschäfte sorgten überdies dafür, dass die Auktionen den Wettbewerb nur vortäuschten und im Endergebnis viele Großbetriebe zu einem Bruchteil ihres Werts in private Hände übergingen. Eine schmale Schicht von Neureichen akkumulierte innerhalb kurzer Zeit über das Prinzip «Kredit für Aktien» ein riesiges Vermögen an lukrativen Energie- und Rüstungsbetrieben. Der Vorgang hatte auch eine politische Dimension, da er im Vorfeld der Wahlen von 1996 begann und die aus diesen Machenschaften profitierenden Geschäftsleute (die «Oligarchen») die Wiederwahl El'cins unterstützten, von dem sie die Aufrechterhaltung dieser für sie günstigen Rahmenbedingungen erwarteten, und der El'cin-Clan selbst an den Geschäften beteiligt war.[17]

Positive Auswirkungen hatte die Wirtschaftspolitik im Dienstleistungssektor, der zu Sowjetzeiten chronisch defizitär gewesen war. Neben Banken und Versicherungen wurden in den 1990er Jahren zahlreiche private Dienstleistungsfirmen gegründet, die das Angebot vervielfachten und an die Verhältnisse in den westlichen Industrieländern anglichen.[18] Für die breite Bevölkerung hatte die Privatisierung überdies den häufig übersehenen, aber höchst bedeutsamen Effekt, dass die Datschen, Hofparzellen und Wohnungen in das Privateigentum ihrer Nutzer übergingen.[19] Per Dekret wurden Millionen Menschen zu Immobilienbesitzern, ohne jemals in Wohneigentum investiert zu haben, und profitierten bald von den besonders in den attraktiven Lagen der Metropolen rapide steigenden Mieten und Immobilienpreisen. Viele Moskauer zogen in einen billigen Außenbezirk und vermieteten ihre Wohnung im Stadtzentrum zu Höchstpreisen. Auch wer diese Möglichkeit eines sicheren Zusatzeinkommens nicht nutzen konnte, hatte zumindest selbst ein Dach über dem Kopf, während rundherum die Wirtschaft zusammenbrach.[20]

Wirtschaftliche Probleme

Der Übergang zur Marktwirtschaft war in den ersten Jahren gleichbedeutend mit einem beispiellosen Absturz der russischen Volkswirtschaft. Bis Mitte der 1990er Jahre brachen die Industrieproduktion und das Bruttosozialprodukt auf die Hälfte des Wertes von 1989 ein. Selbst die Öl- und Gasindustrie, deren Exporte für die russische Wirtschaft und die Zahlungsbilanz überlebenswichtig waren, verzeichnete einen Rückgang um 13 (Gas) bzw. 31 (Erdöl) Prozent. Das Volumen des Außenhandels verringerte sich zwischen 1989 und 1993 fast auf die Hälfte.[21] Am stärksten vom Produktionsrückgang betroffen war die Konsumgüterindustrie: Textil-, Konfektions-, Leder- und Schuhindustrie wurden auf ein Fünftel ihres früheren Niveaus zurückgeworfen.[22] Das Bruttoinlandsprodukt pro Kopf betrug 1996 nach Angaben der OECD nur rund 6750 Dollar (nach Berechnungen der Weltbank sogar nur rund 4200 Dollar). Es entsprach damit etwa dem Niveau von Brasilien und machte nur ein Drittel des Wertes für die westeuropäischen Industrieländer und ein Viertel desjenigen für die USA aus.[23]

Erstmals seit Jahrzehnten gab es wieder Arbeitslose. Nach offiziellen russischen Angaben waren Ende Oktober 1995 6,7 Millionen Menschen arbeitslos (9,5 Prozent der arbeitsfähigen Bevölkerung). Die Zahl der Arbeitslosen stieg bis zum Jahr 2000 auf 7,1 Millionen (9,8 Prozent) und ging in den folgenden fünf Jahren nur langsam zurück (2005: 5,2 Millionen bzw. 7,1 Prozent).[24] Da es in der Sowjetunion keine Arbeitslosen gegeben hatte, musste erst wieder eine Arbeitslosenversicherung eingeführt werden. Die Unterstützungszahlungen waren gering: Ein registrierter Arbeitsloser hatte nur für zwölf Monate Anspruch auf Arbeitslosengeld, für die ersten vier Monate in Höhe von 75 Prozent des letzten Lohns, für die nächsten vier Monate 60 und die letzten vier Monate nur noch 45 Prozent.[25]

Hinzu kam in der ersten Hälfte der 1990er Jahre eine Hyperinflation. 1992 lag sie jenseits von 2000 Prozent, 1993 betrug sie 840 Prozent. Erst ab 1994 konnte sie mit Unterstützung des Internationalen Währungsfonds gesenkt werden (1994: 400 Prozent, 1995: 200 Prozent).[26] Ganz so verheerend, wie diese Zahlen suggerieren, waren die sozialen Auswirkungen allerdings nicht, denn die Gehälter waren indexiert und stiegen somit ebenfalls, wenngleich nicht so schnell wie die Preise,[27] und die aus der sowjetischen Zeit stammenden Sparguthaben, die durch die Inflation vernichtet wurden, repräsentierten keine Reichtümer. Die Überschreibung der Wohnungen in das private Eigentum wog diese Verluste bei weitem auf. Die Menschen empfanden die Hyperinflation dennoch als dramatisch und betrachteten sie nicht als Spätfolge der sowjetischen Vergangenheit, sondern als Ergebnis der marktwirtschaftlichen Reformen. Ministerpräsident Gajdar, der Architekt der ökonomischen Schocktherapie, musste im Dezember 1992 zurücktreten.[28] Laut dem Ende Oktober 1992 publizierten Bericht der Regierung über die Lage im Land lebte ein Drittel der Bürger Russlands unterhalb des Existenzminimums, das mit dem Rubeläquivalent von fünf (!) US-Dollar pro Person und Monat festgelegt worden war. Nach internationalen Standards wäre die überwiegende Mehrheit der Bevölkerung unter die Armutsgrenze gefallen.[29] Viele fühlten sich betrogen, mutmaßten dunkle Machenschaften und empfanden den «wilden Markt», wie er bald genannt wurde, als bedrohlich. Aus Sowjetzeiten daran gewöhnt, Engpässe zu meistern, fanden jedoch viele einen Weg, um sich Zusatzeinkommen zu verschaffen. Das meiste Geld winkte im «Business». Bis zum Jahresende ließen sich 190 000 Kleinunternehmen registrieren und daneben gab es unzählige nicht registrierte Geschäftsaktivitäten.[30]

Die Probleme können nur zum Teil der nach 1991 verfolgten Wirtschaftspolitik angelastet werden. Sie resultierten überwiegend aus den geerbten Schwächen der sowjetischen Wirtschaft, dem unvollständigen institutionellen Rahmen für die Marktwirtschaft, dem Agieren vieler Unternehmer und nicht zuletzt aus dem Kaufverhalten der Menschen, die nun Produkte vergleichen konnten und grundsätzlich ausländischen Waren den Vorzug vor einheimischen gaben. Die Kunden kauften keine russischen Fernseher und Kühlschränke mehr, sondern japanische und amerikanische, sie bevorzugten deutsche Autos vor solchen aus einheimischer Produktion. Selbst im Lebensmittelbereich verdrängten importierte Produkte die inländischen, weil sie von den Kunden als höherwertig wahrgenommen wurden. «Einheimische Produktion» war in den 1990er Jahren in der Wahrnehmung der Menschen gleichbedeutend mit «minderwertig», «nicht auf dem letzten Stand». Das führte zu so absurden Erscheinungen, dass in den Lebensmittelläden Joghurt aus Deutschland, Butter aus Neuseeland, Cornflakes aus Amerika und vieles mehr angeboten und trotz hoher Preise verkauft wurde, während russische Lebensmittel, die qualitativ nicht schlechter und billiger waren, aus dem Sortiment verschwanden. Die Überschwemmung des russischen Marktes mit Importen wurde nicht, wie hundert Jahre zuvor, mit Schutzzöllen verhindert.[31]

Einen wesentlichen Anteil an den wirtschaftlichen Problemen hatten die strukturellen Erblasten, die Russland von der Sowjetunion übernommen hatte: Die Schwer- und Rüstungsindustrie war überdimensioniert, die Industrie insgesamt wegen ausgebliebener Ersatzinvestitionen auf einem veralteten technischen Stand, die Landwirtschaft unproduktiv, und in der gesamten Wirtschaft wie in den Verwaltungsapparaten gab es große Personalüberhänge. Hinzu kam, dass sich die Produktionsanlagen sehr ungleichmäßig über das Land verteilten, weil die Planwirtschaft einen hohen Grad an Konzentration und Arbeitsteilung zwischen Regionen und Republiken vorgesehen hatte. Viele Städte hingen von einem einzigen Großbetrieb ab («Monostädte»). Viele Industriestandorte im hohen Norden waren politisch bestimmt gewesen und ökonomisch nicht lebensfähig. Am Weltmarkt konkurrenzfähig waren nur wenige Produkte der russischen Industrie, sodass sich der Export im Wesentlichen auf Rohstoffe beschränkte. Eine weitere Erschwernis bildeten die personellen Ressourcen. Nach siebzig Jahren Sowjetherrschaft gab es keine Tradition selbständiger Unternehmer und Bauern mehr. Auch in der breiten Bevölkerung musste erst wieder ein positives Bewusstsein für Unternehmertum, gewinnorientiertes Wirtschaften, leistungsorientiertes Arbeiten und die Gesetze von Angebot und Nachfrage sowie Akzeptanz für die sozialen Begleiterscheinungen der Marktwirtschaft wie sozialen Auf- und Abstieg und im Vergleich zur Sowjetgesellschaft extreme Einkommens- und Besitzunterschiede geschaffen werden. Der Neuanfang erzeugte zwar eine gewisse Aufbruchsstimmung nach der Frustration der «Katastrojka», aber die wenigsten hatten 1991/92 eine klare Vorstellung davon, was Marktwirtschaft in der Praxis bedeutete. Als die Menschen nach 1992 merkten, dass der Übergang zur Marktwirtschaft mit massiven Preisanstiegen, Arbeitslosigkeit, Armut und anderen sozialen Problemen verbunden war, machten sich in weiten Kreisen Unzufriedenheit und Enttäuschung breit.[32]

Eines der Haupthindernisse für die unternehmerische Betätigung und für Investitionen war die anhaltende Rechtsunsicherheit beim Besitz von Grund und Boden. Wer einen Staatsbetrieb erworben hatte, war damit nicht Besitzer der Immobilie, auf der sich dieser Betrieb befand, sondern musste den Grund und Boden pachten. Das stellte vor allem für ausländische Investoren eine erhebliche Hemmschwelle dar. Der Oberste Sowjet und später die Duma verhinderten acht Jahre lang die Verabschiedung eines neuen Bodengesetzes. Erst 1997 konnte ein neues Bodenrecht erlassen werden, das wieder Privateigentum an Grund und Boden ermöglichte, und selbst dieses Bodenrecht bezog sich nicht auf landwirtschaftliche Flächen, Wälder, Seen und Flüsse. Ein einheitliches Grundbuch wurde in Russland erst 2008 eingeführt. Bis dahin waren Immobilien und die auf ihnen stehenden Gebäude in getrennten Katastern erfasst. Auch das Bankensystem erreichte lange Zeit nicht die für eine moderne Marktwirtschaft nötigen Standards. Es mangelte an langfristigen Krediten, was unter anderem damit zusammenhing, dass das Bodenrecht die Vergabe von Krediten gegen Hypotheken auf Grund und Boden unmöglich machte. Die staatliche Bankenaufsicht war unzureichend und es bestanden Verflechtungen zwischen Banken und organisiertem Verbrechen.[33]

Zur Rechtsunsicherheit gesellten sich Korruption und organisierte Kriminalität. Der Staatsapparat war in den 1990er Jahren in hohem Maße korrupt, was besonders Unternehmer zu spüren bekamen. Studien der Weltbank ergaben Mitte der Dekade, dass fast die Hälfte der befragten Unternehmer im Umgang mit Behörden Schmiergelder zahlen musste, weil die Staatsbediensteten für ihre Amtshandlungen inoffizielle Gebühren verlangten. Neben dieser Alltagskorruption gab es auch politische Korruption in Form der Bestechung von Politikern zum Zwecke der Erlangung von Vorteilen. Das reichte bis zur obersten Ebene im Staat. Die Beziehungen zwischen Präsident El'cin und den sogenannten «Oligarchen», der Gruppe der mächtigsten und reichsten Unternehmer, waren durch die korrupte Verflechtung unternehmerischer Interessen mit der Politik gekennzeichnet. Hatte das «Schmieren» im Umgang mit den Behörden in Russland und in der Sowjetunion eine lange Tradition, so kam in den 1990er Jahren als neues Phänomen die Schutzgelderpressung durch mafiöse Organisationen hinzu. Infolge der Schwäche der staatlichen Strukturen und des allgemeinen ökonomischen Umbruchs bildete sich in Russland eine blühende organisierte Kriminalität heraus. Etwa die Hälfte der Moskauer Unternehmer hatte Mitte der 1990er Jahre regelmäßig mit Schutzgelderpressern zu tun. Allein im Laufe des Jahres 1994 wurden 600 Geschäftsleute, Journalisten und Politiker ermordet.[34]

Kennzeichnend für die Entwicklung der russischen Wirtschaft in den ersten Jahren nach dem Systemwechsel war das Fortbestehen von informellen Netzwerken aus der Sowjetzeit. Strukturen der Schattenwirtschaft wurden in die legale Marktwirtschaft übernommen. Teilweise damit im Zusammenhang entwickelte sich ein eigentümliches Unternehmertum, das sich auf Einkommen ohne produktive Leistung spezialisierte, die Gesetze systematisch unterlief und die Gewinne ins Ausland transferierte, statt sie in Russland zu investieren.[35] Investitionen in Produktionsanlagen lohnten sich nicht, weil man mit Handel, Schwarzmarktgeschäften und Spekulationen erheblich schneller Geld verdienen konnte. Viele nutzten die im Zuge der Voucher-Auktionen billig erworbenen Betriebe dazu, um sie auszuplündern und ohne Investitionen kurzfristigen Gewinn zu machen. Andere verdienten ihr Geld mit Spekulationen, Rohstoffexporten oder Importgeschäften.

Der Rückgang der Produktion war aber auch mit Strukturveränderungen der russischen Volkswirtschaft gekoppelt, die als nachholende Modernisierung begriffen werden können: Landwirtschaft und Industrie verloren an Bedeutung, während der Dienstleistungssektor nicht nur relativ, sondern auch in absoluten Zahlen stärker wurde. Damit wurde die russische Wirtschaft den westlichen Volkswirtschaften, wo der tertiäre Sektor schon seit den 1970er Jahren den primären und sekundären überholt hatte, strukturell ähnlicher. Ein gravierender Unterschied bestand allerdings darin, dass der Hochtechnologiebereich schwach blieb.[36]

Der Westen unterstützte die ökonomische Transformation Russlands mit Krediten. Das beinhaltete aber durchaus problematische Aspekte: Erstens wurde die Kreditvergabe immer wieder mit politischen Zielen verknüpft, zum Beispiel um 1996 die Wiederwahl von El'cin zu unterstützen. Zweitens orientierten sich der Internationale Währungsfonds und die Weltbank einseitig an einem Entwicklungsmodell, das für Schwellen- und Entwicklungsländer konzipiert worden war und zu wenig darauf Rücksicht nahm, dass die Umwandlung einer sozialistischen Staatswirtschaft in eine Privatwirtschaft die Veränderung von Normen und Verhaltensweisen erforderte, die jahrzehntelang eingeübt worden waren.[37]

Die Ära El'cin 1993–1999

1993 verschärfte sich der Konflikt zwischen dem Präsidenten und dem Obersten Sowjet bzw. Kongress der Volksdeputierten. Im März versuchte der Volkskongress, El'cin des Amtes zu entheben, scheiterte aber damit. El'cin ließ im April ein Referendum durchführen, das ihm neue Unterstützung für seine Wirtschaftspolitik verlieh, und setzte die Reformen weiter fort. Der Oberste Sowjet wiederum verabschiedete einen Haushalt, der die Wirtschaftspolitik der Regierung konterkarierte.[38] Der Konflikt zwischen dem Präsidenten und der Volksvertretung, in der inzwischen die Reformgegner die Oberhand gewonnen hatten, blockierte die Innenpolitik Russlands und erwies sich als unlösbar, weil beide Seiten auf ihre verfassungsmäßigen Rechte pochten. Im Herbst 1993 unternahm El'cin einen

Befreiungsschlag. Am 21. September löste er den Kongress der Volksdeputierten und den Obersten Sowjet auf und kündigte für den 12. Dezember Neuwahlen sowie ein Referendum über eine neue Verfassung an. Die Volksvertretung aufzulösen stand dem Präsidenten allerdings laut Verfassung gar nicht zu, kam daher rechtlich einem Staatsstreich gleich. Der Oberste Sowjet weigerte sich unter Verweis auf die Verfassung, den Anweisungen des Präsidenten Folge zu leisten, erklärte diesen seinerseits für abgesetzt und wählte Vizepräsident General Aleksandr Ruckoj zum neuen Präsidenten. Es entstand eine Pattsituation, die nach einigen Tagen Anfang Oktober 1993 in gewaltsame Auseinandersetzungen mündete. Bewaffnete Parteigänger des Obersten Sowjets stürmten strategisch wichtige Positionen in der Stadt Moskau und die Fernsehstation Ostankino. Der ebenfalls mit Waffen ausgerüstete Oberste Sowjet verschanzte sich unter der Führung seines Vorsitzenden Ruslan Chasbulatov und des Gegenpräsidenten Ruckoj im Weißen Haus, das somit zum zweiten Male innerhalb von zwei Jahren zum Brennpunkt eines Staatsstreiches wurde. Damals hatte Ruckoj die Verteidigung des Weißen Hauses an der Seite El'cins organisiert, nun verteidigte er es gegen ihn. El'cin wiederum hatte das Militär auf seiner Seite und ließ Panzer in die Stadt einrücken. Anders als 1991 wurden sie diesmal eingesetzt und feuerten Granaten auf das Weiße Haus. Auch an anderen Orten in der Stadt kam es zu Schusswechseln. Als eine Eliteeinheit das Weiße Haus stürmte, gaben die Mitglieder des Obersten Sowjets und General Ruckoj auf. El'cin hatte gesiegt und den Weg für eine neue Verfassung frei gemacht, durch seinen Rechtsbruch und die Gewaltanwendung aber einen Ansehensverlust erlitten. Die Opfer des Machtkampfes beliefen sich auf 147 Tote und 372 Verletzte.[39]

Am 12. Dezember fanden das Referendum über die eilig ausgearbeitete Verfassung sowie gleichzeitig Wahlen zum Parlament statt, das nun wieder wie vor 1917 «Staatsduma» hieß. Mit Zustimmung von 57 Prozent der abgegebenen Stimmen trat die neue Verfassung der Russländischen Föderation in Kraft. Die Dumawahlen hingegen gingen für den Präsidenten enttäuschend aus. Stärkste Kraft wurde die rechtsextreme *Liberal-demokratische Partei* von Vladimir Žirinovskij mit 22,8 Prozent der Stimmen. Der den Kreml unterstützende Block *Wahl Russlands* unter der Führung von Gajdar kam mit 15,4 Prozent nur auf Platz zwei. Die im Februar 1993 neu gegründete Kommunistische Partei mit Gennadij Zjuganov landete mit 12,4 Prozent auf dem dritten Platz.[40] Die Reformpolitik fand in der Duma daher nur wenig Rückhalt. Der Präsident selbst, durch die neue Verfassung mit starker Macht ausgestattet, stellte sich erst zweieinhalb Jahre später einer Wahl. Da die erste Legislaturperiode der Duma auf zwei Jahre begrenzt war, fanden im Dezember 1995 neuerlich Parlamentswahlen statt, die den Parteigängern El'cins eine weitere Niederlage bescherten. Die Partei des Ministerpräsidenten Viktor Černomyrdin, der im Dezember 1992 Egor Gajdar abgelöst hatte, errang nur zwölf Prozent der Sitze, während die Kommunisten mit mehr als einem Drittel der Abgeordneten nun die stärkste Fraktion bildeten.[41]

Die Mehrheitsverhältnisse in der Duma hatten zwar für die praktische Politik wenig zu besagen, weil der Präsident durch die Verfassung gegenüber der Duma großen Handlungsspielraum hatte. Dennoch musste El'cin die Wahlergebnisse als Warnung auffassen und für die Präsidentenwahlen 1996 Schlimmes befürchten. In Reaktion auf die Stimmung in der Bevölkerung, die offensichtlich die Rosskur der radikalen Wirtschaftsreformen nicht honorierte, vollzog El'cin eine Kurskorrektur. Fast alle exponierten Reformer mussten die Regierung verlassen und diese schwenkte auf einen vorsichtigeren Kurs ein.

Die entscheidende Unterstützung für El'cins Wiederwahl im Juli 1996 kam von den Wirtschaftsmagnaten, die im Interesse der Sicherung ihrer eigenen inzwischen errungenen wirtschaftlichen und politischen Machtposition an der Fortsetzung seiner Präsidentschaft interessiert waren. Die Umfrageergebnisse im Vorfeld der Wahlen waren für El'cin katastrophal gewesen, doch gelang es ihm, im Wahlkampf wieder Boden zu gewinnen. Das hatte er einer von den «Oligarchen» finanzierten Werbekampagne, der Unterstützung durch die Mehrheit der Gouverneure und Regionalverwaltungen sowie dem Umstand zu verdanken, dass der wichtigste Konkurrent ein Kommunist war. Das machte die Wahl zu einem hochgradig emotionsgeladenen Ereignis, zumal der Erfolg der Kommunisten bei der Parlamentswahl Ängste vor ihrem weiteren Erstarken und einer Restauration des Sowjetsystems erzeugt hatte. Im zweiten Wahlgang gewann El'cin mit 53 Prozent der Stimmen gegen den Kommunistenführer Gennadij Zjuganov.[42]

Der Wahlkampf von 1996 hatte deutlich gemacht, dass sich die politischen Verhältnisse geändert hatten. Durch die Transformation der Wirtschaft, insbesondere die zweite Phase der Privatisierung, war eine neue Oberschicht aus reichen Bankiers und Unternehmern entstanden, die ihr wirtschaftliches Gewicht in politisches umzumünzen bestrebt waren. Sie suchten auf politische Entscheidungsprozesse Einfluss zu nehmen, um ihre eigenen Positionen abzusichern. Einige der Wirtschaftsmagnaten gehörten zur sogenannten «Kreml-Familie», dem engsten Kreis um El'cin, bestehend aus Familienmitgliedern und Freunden, die den Präsidenten berieten und beeinflussten.[43]

Im November 1996 musste sich El'cin einer Herzoperation unterziehen. Während er operiert wurde, fanden in Moskau und in anderen Städten Massendemonstrationen von Arbeitern der staatlichen Betriebe statt, die zusammen mit Ärzten und Lehrern seit Monaten keine Löhne mehr erhalten hatten. Obwohl der Internationale Währungsfonds Russland im August 1996 eine 330-Millionen-Rate des gewährten Kredits über 10,2 Milliarden Dollar freigegeben hatte, war der Staat nicht in der Lage, die ausstehenden Lohn- und Rentenzahlungen zu begleichen.[44] El'cin kehrte im Dezember 1996 in den Kreml zurück, war aber gesundheitlich schwer angeschlagen. Premierminister Černomyrdin übernahm zwischendurch für ihn die Amtsgeschäfte. Gegenüber dem Ausland beteuerte er, dass Russland trotz der Probleme den Weg Richtung Marktwirtschaft weiter beschreiten werde. Die Kommunisten versuchten in mehreren Anläufen, die Amtsenthebung El'cins aus Gesundheitsgründen durchzusetzen. Allgemein wuchsen die Zweifel, ob der Präsident seine zweite Amtszeit durchstehen würde.

Ein wichtiger Schritt war die Verabschiedung eines neuen Bodengesetzes im Juni 1997. Eigentümer von Betrieben und Wohnhäusern sollten nun den Boden, auf dem diese gebaut waren, kaufen dürfen. Der Verkauf von Agrarland blieb verboten, doch durften Bauern bei der Reorganisation von Kolchosen Land für die landwirtschaftliche Nutzung erwerben. Die Privatisierung landwirtschaftlich genutzten Bodens war weiterhin politisch umstritten. Unter dem Druck von Gegnern der Privatisierung unterstellte der Staat die Abgabe von Kolchosland an Bauern einer strengen behördlichen Kontrolle und setzte eine Maximalgröße der Grundstücke fest. Prinzipiell war das Dekret über den Boden, das die Bolschewiki 1917 erlassen hatten, immer noch in Kraft. Während sich auf Gesamtstaatsebene in dieser Frage wenig bewegte, erlaubte das Gebietsparlament von Saratov im November 1997 eigenmächtig den Verkauf und Kauf von Agrarland.[45]

Die letzten beiden Jahre der Amtszeit El'cins waren von dessen gesundheitlichem Verfall und ständigen Regierungsumbildungen gekennzeichnet. Die Ministerpräsidenten wechselten in schneller Folge: Im März 1998 wurde Viktor Černomyrdin durch Sergej Kirienko ersetzt. Im August 1998 wurde Kirienko entlassen und Černomyrdin kehrte für drei Wochen wieder in sein früheres Amt zurück. Im September 1998 folgte ihm Evgenij Primakov, der aber bereits im Mai 1999 von Sergej Stepašin abgelöst wurde. Im August 1999 schließlich wurde Vladimir Putin zum Ministerpräsidenten ernannt.

Diese extreme personelle Instabilität der Regierung war ein Symptom für die allgemeine Krise, in der sich das Land befand. 1996/97 war es zwar gelungen, die Währung zu stabilisieren und die Talfahrt der Wirtschaft zu stoppen, aber die hohen Schulden und das immense Haushaltsdefizit führten im Mai 1998 zu einer neuerlichen Währungs- und Finanzkrise, sodass Russland westliche Länder um Hilfe bitten musste. Nach Verhandlungen mit dem Internationalen Währungsfonds verabschiedete die Regierung ein Sparprogramm, das unter anderem die Entlassung von 20 Prozent der 6,5 Millionen Staatsbediensteten und die radikale Kürzung der Subventionen für Landwirtschaft und Industrie vorsah. Russland erhielt neue Kredite, aber die Duma lehnte wesentliche Teile des Notprogramms ab. Nicht nur in dieser Frage verschärfte sich nun wieder der Machtkampf zwischen Regierung und Duma. Der Rubel erlebte im Sommer 1998 einen Kurssturz und die wirtschaftliche Lage Russlands verschlechterte sich weiter. Hunderttausende Menschen protestierten im Herbst 1998 gegen die katastrophalen sozialen und wirtschaftlichen Bedingungen und forderten den Rücktritt des Präsidenten. Aus Sorge vor dem nahenden Winter bat Ministerpräsident Primakov die Europäische Union um Nahrungsmittelhilfe. Die EU und die USA lieferten gegen langfristige Kredite Lebensmittel.[46] Russland war abermals an einem Tiefpunkt angelangt, wenngleich sich ab 1999 eine Erholung abzeichnete und – begünstigt durch steigende Energie- und Rohstoffpreise auf dem Weltmarkt, die Russland einen großen Außenhandelsüberschuss bescherten – ein anhaltender Wirtschaftsaufschwung einsetzte, der das erste Jahrzehnt des neuen Jahrhunderts kennzeichnete.[47]

In der schweren Krise von 1998/99, die von den Menschen als demütigend empfunden wurde, suchte die «Kreml-Familie» im Hinblick auf die Anfang 2000 anstehenden Präsidentenwahlen nach einem Nachfolger für El'cin. Die Wahl fiel auf Vladimir Putin, den El'cin als Kandidaten aufbaute, indem er ihn im August 1999 zum Ministerpräsidenten ernannte. Vladimir Putin war 1952 in Leningrad geboren, hatte Jura studiert und war schon während des Studiums in die Kommunistische Partei eingetreten. Nach dem Studium war er im Staatssicherheitsdienst tätig gewesen, darunter einige Jahre in der DDR. Nach einem Zwischenspiel auf verschiedenen Posten in der Leningrader Kommunalpolitik 1990–1995 hatte er 1996/97 hohe Positionen in der Präsidialadministration inne und wurde 1998 zum Chef des Inlandsgeheimdienstes (FSB) bestellt. Bei seinem Amtsantritt als Ministerpräsident im August 1999 hatte er einen geringen Bekanntheitsgrad und kaum jemand traute ihm zu, tatsächlich einmal die Nachfolge El'cins anzutreten. Putin schaffte es jedoch mit einer Politik der harten Hand innerhalb weniger Monate in der Bevölkerung populär zu werden. Seine Beliebtheitswerte stiegen von zwei auf über 40 Prozent.[48]

Am 31. Dezember 1999 erklärte El'cin in seiner Neujahrsansprache seinen Rücktritt. Auf eine sehr persönliche und emotionale Weise wandte er sich an die Bürger und bat sie um Verzeihung, weil er die «Hoffnungen derer nicht erfüllt habe, die glaubten, mit einem Schlag, mit einem Sprung würden wir das Grau, die Stagnation, den Totalitarismus der Vergangenheit verlassen und in eine glänzende, wohlhabende und zivilisierte Zukunft treten können. Ich habe es selber geglaubt. Es schien, alles würde mit einem Schlag erreicht sein. Das war nicht der Fall.» Gleichzeitig erinnerte er jedoch auch an die erfolgreiche Weichenstellung für eine neue Zukunft: «Niemals wird Russland in die Vergangenheit zurückgehen. Von nun an wird Russland nur noch vorwärtsschreiten, und ich darf den natürlichen Lauf der Geschichte nicht behindern.»[49] El'cin übertrug die Amtsgeschäfte provisorisch dem Ministerpräsidenten und empfahl diesen gleichzeitig als einen würdigen Nachfolger. Vor laufender Kamera übergab er ihm die Insignien der Herrschaft – den Aktenkoffer mit den Codes für die Atomraketen. Als eine seiner ersten Amtshandlungen unterzeichnete Putin ein Dekret, mit dem er den zurückgetretenen Präsidenten unter den Schutz des Staates stellte und ihm Immunität vor Strafverfolgung garantierte. Am 26. März 2000 wurde Vladimir Putin im ersten Wahlgang mit 52,6 Prozent der Stimmen zum neuen Präsidenten der Russländischen Föderation gewählt.[50]

Außenpolitik

Die Krise der 1990er Jahre war nicht nur eine ökonomische, sondern auch eine des russischen Selbstbewusstseins. Die Russländische Föderation erklärte sich zwar zum Hauptrechtsnachfolger der Sowjetunion, war aber um einiges kleiner und musste sich in der internationalen Politik neu positionieren. Als Supermacht wurde Russland in den 1990er Jahren nicht mehr wahrgenommen, und sowohl die Abhängigkeit von westlichen Wirtschaftshilfen als auch das Agieren der USA in der Weltpolitik machten den Russen schmerzhaft bewusst, dass sie mit der Sowjetunion ein gutes Stück Macht und Prestige verloren hatten.

1991/92 war die russische Außenpolitik von einer starken Hinwendung zum Westen gekennzeichnet. In der Literatur ist auch von der kurzen «romantischen Phase» die Rede.[51] Nach der Überwindung des Ost-West-Konflikts setzten Präsident El'cin und sein Außenminister Andrej Kozyrev in radikalisierter Form das fort, was Gorbačev begonnen hatte, und strebten nach einer Öffnung Russlands nach Westen, insbesondere nach Europa. Sie präsentierten Russland als friedliebende Demokratie, erhoben keinen Anspruch auf Fortsetzung der sowjetischen Vorherrschaft im östlichen Europa und betrachteten die Interessen Russlands als prinzipiell identisch mit den Interessen der westlichen Demokratien. Mittelfristiges Ziel war die Integration Russlands in die europäisch-westlichen Strukturen, in die Europäische Gemeinschaft und die Herstellung einer «besonderen» institutionellen Verbindung zur NATO.[52] Gegenüber den westlichen Ländern argumentierte die russische Außenpolitik, dass die schnelle und umfassende Integration des Landes in die euro-atlantischen Strukturen Voraussetzung für die erfolgreiche Implementierung von Demokratie und Marktwirtschaft sei. Die erfolgreiche Transformation wurde im Westen umgekehrt als Voraussetzung für die partielle Integration Russlands in die westlichen Zusammenschlüsse betrachtet. Bereits im Frühjahr 1992 wurde Russland in den Internationalen Währungsfonds und in die Weltbank aufgenommen. Präsident El'cin wurde nach München zu den Gesprächen der Regierungschefs der sieben führenden Industrieländer (G7) eingeladen. Damit begann die sukzessive Einbindung Russlands in dieses Gremium, die im Jahr 2000 mit der Vollmitgliedschaft besiegelt wurde. Die Zusammenarbeit war mit der Gewährung eines internationalen Hilfspakets in Höhe von 28 Milliarden Dollar verbunden.[53] Trotz dieser Erfolge konnte man sich des Eindrucks nicht erwehren, dass Russland in die Position des Juniorpartners der USA oder gar Bittstellers gegenüber dem reichen Westen abgesunken sei. Der russische Wunsch, enge institutionalisierte Beziehungen zur NATO herzustellen und einen Bündnisvertrag mit den USA zu schließen, wurde in Brüssel und Washington ignoriert. Damit waren zwei wichtige Interessen Russlands verletzt worden: das russische Streben, als Großmacht anerkannt und behandelt zu werden und ein gewisses Mitspracherecht bei Aktionen der NATO zu haben. Auch in die europäischen Strukturen wurde Russland zunächst nicht einbezogen. In der Europäischen Gemeinschaft gab es dafür triftige Gründe – in Russland, das seine Zugehörigkeit zu Europa so dezidiert wie selten zuvor erklärte, wurde die Haltung der Westeuropäer als Ausgrenzung empfunden.[54]

Die Opposition, bestehend aus Kommunisten und Rechten, warf El'cin vor, sich dem Westen anzubiedern und die Interessen Russlands zu verraten. El'cin verteidigte sich gegen diese Vorwürfe mit dem Hinweis, dass sich Russland seit dem 18. Jahrhundert von Europa angezogen gefühlt habe, und bezeichnete die Vorstellung, Russland habe sich stets der westlichen Welt entgegengestellt, als ahistorisch: «Rußland schloss Bündnisse mit England und Österreich, mit Deutschland und Frankreich – jeweils nach den gegebenen Umständen. Nur einmal, im Krimkrieg, schlossen sich alle diese Mächte gegen Rußland zusammen. Wir kehren dorthin zurück, wo wir immer waren – in die Entente, wenn man so will, in das Konzert der Westmächte. Aber wir kehren stärker und weiser dorthin zurück, weil wir die bitteren Lehren des Totalitarismus (des Stalinschen kommunistischen Faschismus) am eigenen Leib verspürt haben. Es gab eine Zeit, da sich die UdSSR in Konfrontation mit der ganzen westlichen Welt befand, vielen Ländern ihren Willen aufzwingen, sie in ihre Einflußsphäre ziehen wollte. Damals spielte sie die Rolle des Weltgendarmen. Das war eine angemaßte Rolle in einer Posse.»[55]

Trotz dieser rhetorischen Verteidigung der Kooperation mit dem Westen wandte sich El'cin seit 1993 verstärkt den Nachfolgestaaten der Sowjetunion zu. Einerseits lebten in diesen Ländern starke russische Minderheiten – eine völlig neue Erfahrung für die Russen –, für deren Interessen sich Russland stark machte, andererseits sah El'cin hier die Chance, Russland als regionale Führungsmacht zu positionieren und einen Raum zusammenzuhalten, der historisch jahrhundertelang von Russland dominiert gewesen war. Das besondere Interesse für das «nahe Ausland», wie die GUS-Länder in der russischen Diktion genannt wurden, war mit einem bestimmteren Auftreten gegenüber den westlichen Ländern verbunden. Russland versuchte, mehr Gewicht in die Waagschale zu legen, um die eigenen Interessen zu schützen.[56] Den Anlass dazu lieferte die Osterweiterung der NATO. Als die amerikanische Regierung 1993 den Wunsch von Ungarn, Tschechien, der Slowakei und Polen unterstützte, der NATO beizutreten, führte das zu einer Vertrauenskrise zwischen Russland und dem Westen. Die Einbeziehung der ostmitteleuropäischen Länder in die NATO bedeutete aus russischer Perspektive, dass – solange Russland selbst die Mitsprache in diesem Bündnis verwehrt blieb – sein einstiger Sicherheitsgürtel aus einer neutralen Zone in die Kontrolle des Westens überging und das westliche Militärbündnis bis unmittelbar an die Grenzen Russlands vorgeschoben wurde. Damit waren die Sicherheitsinteressen Russlands empfindlich verletzt. Außerdem hatten die USA, Deutschland, Großbritannien und Frankreich 1990 gegenüber Gorbačev versichert, dass die NATO nach der Wiedervereinigung Deutschlands nicht nach Osten expandieren werde. Der Bruch dieser Zusage war für die russische Führung ein Hinweis, dass der Westen heimtückisch handle und Russland nur für seine eigenen Zwecke benutze.[57] Die russische Außenpolitik versuchte vergeblich, die Organisation für Sicherheit und Zusammenarbeit in Europa (OSZE) anstelle der NATO zur Hauptstütze einer neuen europäischen Sicherheitspolitik zu machen.[58] Im Dezember 1994 warnte El'cin vor der Gefahr, dass Europa «in einen kalten Frieden stürzen» könne, wenn die NATO nach Osten erweitert werde.[59]

Zur Verschlechterung des Klimas zwischen Russland und dem Westen trugen die Kriege im ehemaligen Jugoslawien maßgeblich bei. Die historischen Sympathien der Russen für die orthodoxen Serben führten zusammen mit der einseitigen Parteinahme des Westens für die Kroaten und Muslime zu einer völlig konträren Berichterstattung und Bewertung der Ereignisse. Die Luftangriffe der NATO gegen die Serben und die Vertreibung der Serben aus der Krajina konnte Russland 1995 nur protestierend zur Kenntnis nehmen. Am Ende wurden russische Friedenstruppen in die NATO-Operation in Bosnien einbezogen, aber sie standen unter amerikanischem Kommando. Überhaupt war in Russland der Eindruck entstanden, dass die Amerikaner und Westeuropäer Russland arrogant übergingen, in wichtige Entscheidungen nicht mit einbezögen und dass die NATO entgegen der Beteuerungen, sie sei ein reines Verteidigungsbündnis, offensiv außerhalb des eigenen Gebietes agiere.[60] Umgekehrt war der Westen enttäuscht über den 1994 begonnenen russischen Feldzug in Tschetschenien, der freilich auch im eigenen Land von vielen verurteilt wurde.[61]

Die Ablösung von Außenminister Andrej Kozyrev durch Evgenij Primakov im Januar 1996 gehört in den Kontext der sich verhärtenden Beziehungen zum Westen. Primakov betrieb eine neue Großmachtpolitik, die das Konzept der geopolitischen Multipolarität in den Vordergrund stellte. Primakov leugnete nicht, dass die USA zurzeit der mächtigste Staat der Welt seien, wies aber gleichzeitig darauf hin, dass sie nicht das einzige Zentrum darstellten. Die Zweipoligkeit des Ost-West-Konflikts sei einer «multipolaren Welt»[62] gewichen. In der Praxis bedeutete das für Russland, ein gewisses Gegengewicht zu den USA aufzubauen, weiterhin eine führende Rolle in der Welt zu beanspruchen und in globalem Maßstab Positionen zu besetzen, die den Aktionsradius der USA einschränkten. In Fortführung der sowjetischen Politik pflegte Russland weiterhin gute Beziehungen zu Ländern in der Dritten Welt, insbesondere zu Indien sowie zu muslimischen Ländern im Nahen und Mittleren Osten. Das unter Brežnev schwierige Verhältnis zu China hatte schon Gorbačev verbessern können. 1996 verkündete Russland eine «strategische Partnerschaft» mit dem Nachbarn im Osten. Die erhofften ökonomischen Vorteile traten kurzfristig jedoch nicht ein, weil sich die russischen Exporte auf Rüstungsgüter beschränkten.[63]

Im Einklang mit diesem Konzept arbeitete Russland darauf hin, das «nahe Ausland» (die ehemaligen Sowjetrepubliken) durch wirtschaftliche und politische Verträge unter seiner Führung enger zusammenzuschließen.[64] Als die wichtigsten Ziele der russischen Außenpolitik bezeichnete Primakov die Konsolidierung der GUS-Länder und die Verhinderung der NATO-Osterweiterung. Ein Ergebnis dieser Politik war die Union mit Belarus' im Dezember 1999. Der Unionsvertrag sah eine Zollunion und einen gemeinsamen Wirtschaftsraum mit einheitlicher Währung sowie eine koordinierte Sicherheits- und Außenpolitik vor.[65]

In Bezug auf den Westen wurde das Hauptziel nicht erreicht. 1997 erhielten Polen, Tschechien und Ungarn die lange erwartete Einladung aus Brüssel, der NATO beizutreten. Um diesen Schritt für Russland akzeptabler zu machen, wurde im Mai 1997 der NATO-Russland-Rat ins Leben gerufen, der über gegenseitige Konsultationen und Informationen Vertrauen aufbauen sollte.[66] Die «Gruppe der Sieben» (G7) wurde durch die Aufnahme Russlands zur «Gruppe der Acht» erweitert und Russland erhielt Perspektiven für den Beitritt zur Welthandelsorganisation und zur OECD. Die Anfang 1996 erfolgte Aufnahme Russlands in den Europarat war ebenfalls ein integratives Signal und ermöglichte nebenbei, dass künftig die Menschenrechte auch in Russland über den europäischen Gerichtshof einklagbar waren.[67] Die Aufnahme in die Welthandelsorganisation (WTO) hingegen, die Russland seit 1993 anstrebte, wurde ihm – im Gegensatz zu China – wegen seiner protektionistischen Politik verwehrt. Erst 2011 sollte Russland Mitglied der WTO werden.

Während Russland mit der Überwindung seiner Finanzkrise von 1998 beschäftigt war, kam es im ehemaligen Jugoslawien im Frühjahr 1999 durch den Kosovo-Konflikt abermals zu einer Eskalation, die aus russischer Perspektive nach dem gleichen Muster ablief wie einige Jahre zuvor. Abermals musste Russland zusehen, wie sich NATO und USA einmischten und die Serben mit Bombardements zwangen, das gewaltsame Vorgehen gegen die separatistischen Kosovo-Albaner zu beenden. Das eigenmächtige Agieren der Westmächte unter Umgehung des UN-Sicherheitsrates wurde in Russland als Affront und als Verlust seines Großmachtstatus empfunden. Der NATO-Russland-Rat hatte seine Bewährungsprobe nicht bestanden. In Reaktion darauf wandte sich die russische Außenpolitik vom Westen ab. Zum Symbol für diesen Schwenk wurde die «Primakovsche Schleife»: Evgenij Primakov, inzwischen Ministerpräsident, befand sich am 24. März 1999 auf dem Flug nach Washington, als er von den NATO-Bombardements erfuhr. Daraufhin ließ er das Flugzeug mitten über dem Atlantik wenden und sagte den Besuch in den USA ab. Präsident El'cin erinnerte die Amerikaner, sie sollten «nicht für eine Minute, nicht für eine Sekunde» vergessen, dass Russland über Nuklearwaffen verfüge. Der Rekurs auf die Atomwaffen war kein Zeichen von Stärke, sondern Ausdruck der Hilflosigkeit und des Scheiterns der russischen Politik gegenüber dem Westen.[68]

Der Krieg in Tschetschenien

Dass Russland in Bezug auf das Eingreifen der NATO im Kosovokonflikt so empfindlich reagierte, hatte auch mit der Situation im eigenen Land zu tun. Ähnlich wie die Serben versuchten, die abtrünnigen Kosovo-Albaner mit Gewalt in ihrem Staat zu halten, agierte der russische Staat nämlich gegenüber den separatistischen Bestrebungen der Tschetschenen. Wenn die Amerikaner und ihre Verbündeten im ehemaligen Jugoslawien einseitig für die Separatisten Partei ergriffen, war aus russischer Sicht nicht auszuschließen, dass sie das auch im Nordkaukasus tun könnten.

Der Nordkaukasus erwies sich für Russland in den 1990er Jahren als Brennpunkt der Nationalitätenpolitik. Das hatte mit historisch gewachsenen Konflikten und mit den komplizierten ethnischen Verhältnissen in dieser Region zu tun. Durch die staatliche Unabhängigkeit von Georgien, Armenien und Aserbaidschan waren zwar die ethnischen Konflikte Transkaukasiens für Russland nicht mehr virulent, in der Russländischen Föderation waren aber die Territorien nördlich des Kaukasus-Hauptkammes verblieben, die sich in ethnischer Hinsicht extrem bunt darstellten. Es gibt hier, bei einer Bevölkerung von nur 6,5 Millionen Menschen, sieben autonome Republiken mit nichtrussischen Titularnationalitäten: Adygien, Karatschai-Tscherkessien, Kabardino-Balkarien, Nordossetien-Alanien, Inguschetien, Tschetschenien und Dagestan. Die ethnographischen Verhältnisse sind noch viel komplizierter. Allein im kleinen Dagestan leben mehr als dreißig Ethnien mit jeweils einer eigenen Sprache.[69]

Die sowjetische Nationalitätenpolitik hatte mit der Schaffung ethnisch-territorialer Einheiten versucht, diese komplizierte Gemengelage übersichtlicher zu machen, aber bei der Konstruktion der binationalen Territorien Karatschai-Tscherkessien und Kabardino-Balkarien jeweils nicht verwandte Ethnien zusammengekoppelt und verwandte voneinander getrennt. Die Deportationen der Tschetschenen, Inguschen, Karatschaier und Balkaren unter Stalin, verbunden mit der Auflösung ihrer Territorien und später der Repatriierung und Wiedererrichtung der nationalen Gebilde, hatten ein Konfliktpotential erzeugt, das auf die Widerstandstradition aufbaute, die bei den kaukasischen Völkern seit den Kämpfen im 19. Jahrhundert bestand.[70] Vor diesem Hintergrund eskalierte in den 1990er Jahren die Situation in Tschetschenien. Nach der Rückkehr der Tschetschenen und Inguschen aus der Deportation war unter Chruščev eine «Tschetscheno-Inguschetische Autonome Sowjetrepublik» geschaffen worden. Im Zuge der Dekomposition der Sowjetunion erklärte im November 1991 die «Tschetschenische Republik Itschkeria» (tschetsch. *Nóxçiyn Respúblik Içkéri*) ihre Unabhängigkeit von der Sowjetunion und trennte sich vom inguschetischen Republikteil. Treibende Kraft der Nationalbewegung war Džochar Dudaev, ein ehemaliger Fliegergeneral der sowjetischen Streitkräfte, der kurz zuvor zum Präsidenten der Republik gewählt worden war. Die Regierung der RSFSR erklärte die Präsidentenwahlen und die Unabhängigkeitserklärung für illegal, scheiterte aber mit dem Versuch, die Autorität Moskaus wiederherzustellen. Im Frühjahr 1992 mussten die in Tschetschenien stationierten russischen Truppen abziehen.

In den folgenden zwei Jahren blieben die Verhältnisse ungeklärt. Russland hielt den Hoheitsanspruch über Tschetschenien aufrecht, während Tschetschenien sich als unabhängig betrachtete und nicht an der verfassungsmäßigen Neuregelung des Verhältnisses zwischen der Föderation und den Regionen teilnahm, sondern sich eine eigene Verfassung gab. 1993 kam es zum Konflikt zwischen Präsident Dudaev und dem Parlament, woraufhin Dudaev ein autoritäres Präsidialregime errichtete. Das führte zur Spaltung des Landes in einen an Russland orientierten Norden und den gebirgigen Süden, der Dudaev und den harten Unabhängigkeitskurs unterstützte. Dudaev schaffte es unter diesen Verhältnissen nicht, eine funktionierende Verwaltung aufzubauen und eine Verständigung mit der partiell islamistisch orientierten Opposition herbeizuführen. Russland versuchte, diese Spaltung sowie die Unzufriedenheit der Bevölkerung mit der ökonomischen Lage in Tschetschenien auszunutzen und durch Unterstützung der Opposition Dudaev zu stürzen.[71] Im Sommer 1994 misslang der Versuch, mit Hilfe russischer Panzer und angeworbener Soldaten ein moskautreues Regime zu installieren. Die brennenden russischen Panzer in Tschetscheniens Hauptstadt Groznyj wurden in Russland als Demütigung empfunden. Ende November 1994 entschloss sich Moskau zu einer Militärintervention, um die abtrünnige Republik mit Gewalt in den Verbund der Föderation zurückzuholen.[72]

Der Feldzug begann im Dezember 1994 mit Luftangriffen gegen Groznyj und dem Einmarsch der Armee. Entgegen der Erwartung, nach dem Vorbild der wenige Wochen davor erfolgten Intervention der USA in Haiti, die Kampfhandlungen innerhalb kurzer Zeit erfolgreich abschließen zu können, entwickelte sich der Krieg für beide Seiten zu einem Desaster mit riesigen Zerstörungen, zigtausenden Toten und großen Flüchtlingsströmen. Die russischen Truppen waren zwar zahlenmäßig und materiell sehr viel stärker als ihre Gegner: 100 000 russische Soldaten kämpften gegen nur wenige Tausend Tschetschenen, doch letztlich setzten sich – ähnlich wie in Afghanistan – die materiell unterlegenen, aber verbissen kämpfenden Tschetschenen durch. Unter den Bedingungen des Häuser- und Gebirgskampfes konnte die russische Armee ihre technische Überlegenheit nicht ausspielen. Der Krieg in Tschetschenien fügte der politischen und ökonomischen Stabilisierung Russlands schweren Schaden zu, denn er polarisierte die Gesellschaft und kostete viel Geld, das für Investitionen, Sozialausgaben und die Bekämpfung der Inflation dringend gebraucht worden wäre. Er war unpopulär und brachte überdies gravierende Missstände in der Armee ans Tageslicht. Das liberal-demokratische Lager war gespalten: Ein Teil stand hinter El'cin, der andere lehnte den Krieg ab.[73]

Russlands Intervention in Tschetschenien hatte auch negative außenpolitische Folgen, denn sie verstärkte den Wunsch der ostmitteleuropäischen Länder, der NATO beizutreten, was wiederum Russlands geostrategische Lage in Europa verschlechterte. Die Ukraine benutzte den tschetschenischen Präzendenzfall, um die Autonomie der Krim zu beseitigen, die einen beträchtlichen russischen Bevölkerungsanteil aufweist. Die westlichen Regierungen übten angesichts der eskalierenden Gewalt Druck auf El'cin aus, den Krieg zu beenden. In Tschetschenien selbst war die militärische Intervention kontraproduktiv, denn die Tschetschenen begannen den Kampf nun als nationalen Befreiungskrieg zu betrachten und scharten sich um Dudaev. Angesichts der verfahrenen Lage ließ sich El'cin 1996 auf Verhandlungen mit der tschetschenischen Führung ein. Es wurde ein Waffenstillstand geschlossen, und die russische Armee zog sich aus Tschetschenien zurück. Gemäß dem im August 1996 unterzeichneten Abkommen von Chasavjurt (eine Stadt in Dagestan) sollten die Kampfhandlungen für 20 Monate unterbrochen und bis 2001 eine Einigung über den Status Tschetscheniens erzielt werden.[74] Tschetschenien betrachtete sich weiterhin als unabhängig, während die Moskauer Regierung davon ausging, dass die Republik immer noch Bestandteil des Gesamtstaates sei. Der im Januar 1997 gewählte tschetschenische Präsident Aslan Maschadov konnte weder das Gewaltmonopol seiner Regierung im eigenen Land gegenüber den unterschiedlichen militanten Gruppen durchsetzen noch international Anerkennung der Unabhängigkeit erlangen. Tschetschenien war durch den Krieg verwüstet und befand sich in einem chaotischen Zustand. Bombenanschläge, Geiselnahmen und Überfälle standen auf der Tagesordnung. Die Führer der tschetschenischen Kampfverbände entwaffneten ihre Gefolgschaften nicht, sondern bildeten lokale Herrschaften und schwenkten unter dem Einfluss radikaler Bewegungen in anderen muslimischen Ländern zunehmend auf einen militant islamistischen Kurs ein.[75]

Als Reaktion auf einen Überfall islamistischer Verbände auf Dagestan im August 1999 und Bombenanschläge in Moskau, bei denen 228 Menschen ums Leben kamen, unternahm die russische Regierung eine zweite militärische Intervention in Tschetschenien. Die Militäraktion stand nach außen hin im Zeichen des Kampfes gegen Terroristen und das Eindringen radikaler islamischer Bewegungen aus dem Ausland. Sie bewirkte aber nicht den behaupteten Schutz der Bevölkerung vor gewaltsamen Übergriffen, sondern das Gegenteil: Die Hauptstadt Groznyj wurde schwer zerstört und die Bevölkerung zwischen den russischen Truppen und den tschetschenischen Untergrundkämpfern, die beide rücksichtslos vorgingen, aufgerieben.

Der zweite Tschetschenienkrieg gehörte bereits in den Kontext der Politik von Vladimir Putin, der als Ministerpräsident und seit 2000 als Präsident der Russländischen Föderation auf ein hartes Durchgreifen setzte. Im Februar 2000 verkündete er nach massiven Bombenangriffen und heftigen Straßenkämpfen die Einnahme von Groznyj und unterstellte Tschetschenien der direkten Administration durch die Moskauer Regierung. Als Verwaltungschef und verlängerter Arm Moskaus wurde der muslimische Geistliche Achmat Kadyrov eingesetzt.[76] 2001 erklärte Putin das Ende der Militäraktion und übertrug die «Anti-Terror-Operation» in Tschetschenien dem Inlandsgeheimdienst FSB. Die Moskauer Regierung versuchte den Eindruck zu erwecken, dass die Lage sich normalisiere, konnte aber Tschetschenien nicht vollständig unter ihre Kontrolle bringen. Fast täglich ereigneten sich Anschläge und die russischen Soldaten antworteten mit Gegengewalt. Nach den Terrorangriffen auf das World Trade Center in New York am 11. September 2001 stellte Putin den Kampf gegen die tschetschenischen Rebellen unter Hinweis auf Verbindungen zum Terrornetzwerk al Qaida in den Kontext der internationalen Terrorbekämpfung. Diese Legitimierungsstrategie war nicht völlig erfolglos. Die bis dahin heftige Kritik des Auslandes an der russischen Tschetschenienpolitik ließ spürbar nach. Im Jahre 2003 wurden ein Verfassungsreferendum, sowie Präsidentschafts- und Parlamentswahlen in Tschetschenien abgehalten. Putin setzte auf das Statthalterregime unter Kadyrov, der im Oktober 2003 mit mehr als 80 Prozent zum Präsidenten gewählt wurde. Dieses Wahlergebnis kam aber nur dadurch zustande, dass aussichtsreichere Bewerber von der Wahl ausgeschlossen wurden. Die Lage in Tschetschenien war weiterhin verfahren: Die Bevölkerung hatte kein Vertrauen, Wirtschaft und Infrastruktur lagen darnieder, die eigentlichen Konfliktgegner wurden als Terroristen abgestempelt und aus dem Friedensprozess ausgegrenzt. Eine Lösung des Konflikts war in Anbetracht seiner historischen und emotionalen Aufladung nicht in Sicht. Auf der einen Seite war die kollektive Erinnerung an den Widerstandskampf gegen die gewaltsame Eroberung des Landes durch die Russen im 19. Jahrhundert und an die stalinistischen Deportationen wirksam, auf der anderen Seite gibt es in Russland bis heute massive Vorurteile gegen die Tschetschenen, die vielen Russen als kriminell veranlagt und als der Inbegriff kaukasischer Widersetzlichkeit gelten.[77]

17. Russland um 1995

Russland auf den Weltausstellungen der 1990er Jahre

Zwischen 1992 und 2000 fanden vier Weltausstellungen statt. Für die «Expo 1992» in Sevilla hatte noch die Sowjetunion einen Pavillon geplant. Da sie sich aber vier Monate vor der Eröffnung der Weltausstellung auflöste, wurde aus dem sowjetischen Pavillon ein russischer. Die übrigen ehemaligen Unionsrepubliken präsentierten sich getrennt.[1] Einer der Entwürfe für den sowjetischen Pavillon war mit geradezu philosophischen Erläuterungen versehen worden, die angesichts der Verhältnisse in der späten Perestrojka von einem gewissen Realitätsverlust zeugen: «Wir sind der Ansicht, dass das Erscheinungsbild des Pavillons den Menschen Stolz und Hoffnung vermitteln und die stärksten Momente unserer großen Epoche unseres großen Landes bewusst machen soll. Das sind, nach unserem Dafürhalten: die wechselseitige Verflechtung der Welt, die Revolution und die Perestrojka, ihre Dramatik, Dynamik und Unausweichlichkeit, die Vielschichtigkeit des Bewusstseins und der Seele, die Ewigkeit des reinen Beginnens in der Menschheit, der Weg zum Triumph des Verstandes, die Einheit aller Menschen auf diesem Weg.»[2]

Im April 1992 war dieses Programm obsolet. Stolz und Hoffnung, Revolution und Perestrojka standen nicht mehr auf der Tagesordnung. Der russische Pavillon in Sevilla kann keine der großen Attraktionen gewesen sein, denn in den Berichten über die «Expo 92» wird er entweder gar nicht oder nur beiläufig erwähnt. Abbildungen zeigen eine große schräge Konstruktion mit einem Dach in den Landesfarben Weiß, Blau und Rot. Auf dem Dach waren bewegliche Anzeigen montiert, die abwechselnd den Schriftzug «Russia», die russische Staatsflagge und andere Symbole Russlands zeigten. Im Inneren wurde man über das russische Raumfahrtprogramm informiert und konnte einen Satelliten bewundern. Daneben waren aber auch das Modell einer alten Holzkirche sowie Ikonen ausgestellt.[3] Der Pavillon Russlands war nicht, wie bei früheren Weltausstellungen, an exponierter Stelle und nicht in Konfrontation mit dem der USA positioniert, sondern in einer Reihe mit den Pavillons der USA, Neuseelands, Großbritanniens, Deutschlands, Venezuelas, Saudi-Arabiens und Japans.

Bereits ein Jahr später fand 1993 in der südkoreanischen Stadt Taejon die nächste Weltausstellung statt. Die Präsentation Russlands war trotz der Talfahrt seiner Wirtschaft eine der größten und am stärksten frequentierten. Sie nahm je 1000 Quadratmeter Innen- und Außenfläche ein. Gezeigt wurden Errungenschaften der russischen Forschung und Technik zur Erkundung des Weltraums und der Ozeane, Fahrzeuge der Zukunft, Methoden der umweltfreundlichen Stromgewinnung und andere wissenschaftliche Themen. Publikumsmagnet war ein Modell der Raumstation «Mir» in Originalgröße.[4]

Auf der «Expo 98» in Lissabon verfügte Russland über einen Pavillon mit 1300 Quadratmetern Ausstellungsfläche, der wiederum in den Landesfarben dekoriert war. Als Beitrag zum Ausstellungsthema «Ozeane» hatten die Russen ursprünglich geplant, einen Eisberg aus der Arktis an die Mündung des Tejo zu schleppen, mussten dieses Vorhaben jedoch aus finanziellen Gründen aufgeben.[5] Im Mittelpunkt der Präsentation stand der Beitrag der russischen Wissenschaft und Technik zur Erforschung der Ozeane sowie der Arktis und Antarktis. Auch Raumfahrttechnik war wieder vertreten. Am 12. Juni beging Russland auf der Ausstellung seinen «Tag der Unabhängigkeit» mit einem offiziellen Festprogramm und Kulturdarbietungen klassischer und folkloristischer Art.[6]

«Vom Kreml in den Weltraum, zum Frieden», lautete das Motto der russischen Präsentation auf der «Expo 2000» in Hannover. «Friede» (russ. *mir*) bezog sich auf die gleichnamige Weltraumstation, die abermals gezeigt wurde. Russland hatte in Hannover keinen eigenen Pavillon, sondern einen Stand in einer großen Halle, wo sich Armenien, Georgien, Moldawien, Belarus', Ägypten und das Internationale Olympische Komitee im kleineren Rahmen präsentierten. Die Konzeption der Präsentation hatte die Russische Akademie der Wissenschaften ausgearbeitet. Man orientierte sich an dem, was man bei mitteleuropäischen Besuchern an Wissen und Vorstellungen über Russland vermutete: nämlich Raumfahrt, Atomenergie, Kirchen, Bären, Samoware und Pluderhosen. Zeigen wollte man, dass Russland einen «organisierten Raum mit vielfältigen klimatischen, biologischen und ethnographischen Gegebenheiten» darstellt, «ein historisch gewordenes, zusammengehöriges, vielfältiges und für Kontakte attraktives Natur- und Staatssystem».[7] Gezeigt wurden Modelle von Kernkraftwerken und Raumfahrttechnik, ein Modell von St. Petersburg und viele Fotos von touristischen Destinationen. Zu sehen war außerdem ein animiertes Modell der nördlichen Seewege, das illustrierte, wie die Menschen erfolgreich mit den extremen Temperaturen und Gefahren in den subpolaren Gebieten umgehen und es schaffen, trotz dieser widrigen Bedingungen ganzjährig Bodenschätze abzubauen. Der eigentliche Blickfang der Ausstellung war aber ein künstlerisches Objekt: ein mehrere Meter hohes Osterei, das eigens für die Expo entworfen worden war. Es handelte sich um eine überdimensionale Nachbildung des berühmten Fabergé-Eis der gleichnamigen St. Petersburger Manufaktur, das für Zar Nikolaus II. angefertigt worden war. Außerdem konnten die Besucher ein 60 Meter langes Modell der zweistufigen Trägerrakete «Ėnergija» bestaunen und sich darüber informieren, dass diese Rakete sechsmal so viel Nutzlast in den Weltraum transportieren konnte wie ihr westeuropäisches Gegenstück «Ariane».[8]

Trotz seiner schweren wirtschaftlichen Probleme war Russland auf all diesen Ausstellungen präsent. In der Phase der Transformation und Neupositionierung war es nicht unwichtig, sein Image nach außen hin zu pflegen. Die Auftritte des neuen Russland hatten bei weitem nicht mehr die Ausstrahlungs- und Anziehungskraft wie die großen sowjetischen Präsentationen in Brüssel und Montreal. Damals hatte die Sowjetunion noch eine geschlossene Gegenwelt zum Kapitalismus dargestellt und sich als solche offensiv und konfrontativ in Szene gesetzt. Russland nach 1991 war in einer völlig anderen Situation. Der Wettbewerb der Systeme war entschieden. Es konnte nun nicht mehr darum gehen, einen Gegenentwurf zur westlichen Welt zu präsentieren und sich mit den USA zu messen, sondern Russland als ein Mitglied der internationalen Staatengemeinschaft zu zeigen. Den ökonomischen Niedergang überspielte man mit Wissenschaft, Technik und Kultur, wobei die Kontinuität und Hervorhebung des Themas Raumfahrt eine Brücke zur Sowjetunion herstellte. Neu waren Bezüge zum vorrevolutionären Russland. Das alte Russland war nun nicht mehr wie zu Zeiten der Sowjetunion die Projektionsfläche für Rückständigkeit, sondern ein positiv konnotierter Anknüpfungspunkt. Wenn in Sevilla altrussische Kirchenarchitektur und Ikonen oder in Hannover ein nachgebildetes Fabergé-Ei ausgestellt wurden, dann war das nicht nur eine Frage von Ästhetik oder Äußerlichkeit, sondern ein Teil der russischen Selbstfindung und Identifikation. So wie die anderen postkommunistischen Länder wollte auch Russland an seine vorsowjetische Vergangenheit anknüpfen. Die 70-jährige Unterbrechung der Traditionen machte das allerdings nicht leicht.

Raum und Bevölkerung

Leicht war es auch nicht, die durch den Zerfall der Sowjetunion eingetretene territoriale Schrumpfung des Staates mit der mentalen Landkarte in Einklang zu bringen. Die Russländische Föderation *(Rossijskaja Federacija)*, wie der Staat nun offiziell hieß, umfasste das Territorium der ehemaligen RSFSR, einschließlich der räumlich durch Belarus' und Litauen davon getrennten Enklave Kaliningrad. Mit 17,1 Millionen Quadratkilometern war Russland immer noch der größte Flächenstaat der Erde,[9] aber gegenüber der Sowjetunion und dem Russischen Reich (beide hatten 22,4 Millionen Quadratkilometer umfasst) erheblich kleiner. Weggefallen waren die Ukraine, Weißrussland, das Baltikum, Transkaukasien, Kasachstan und Zentralasien. Mit der Ukraine und dem Baltikum war ein großer Teil der Zugänge zu eisfreien Meeren verloren gegangen. Von den zwanzig größten Hafenstädten der Sowjetunion erbte Russland nur drei. Damit war Russland territorial in etwa auf den Stand des Moskauer Reiches im 17. Jahrhundert zurückgekehrt und hatte die seitdem erworbenen nichtrussischen Gebiete wieder verloren. Im Staatsverband Russlands ganz selbstverständlich verblieben war hingegen die riesige Landmasse Sibiriens, deren Eroberung um die Mitte des 17. Jahrhunderts im Wesentlichen zum Abschluss gekommen war. Sibirien hatte, obwohl ursprünglich ein kolonialer Ergänzungsraum, im Laufe des 19. und 20. Jahrhunderts in ethnisch-kultureller Hinsicht einen russischen Charakter angenommen, sodass seine Zugehörigkeit zur Russländischen Föderation nicht in Frage gestellt wurde.

Hinsichtlich der verkehrstechnischen Erschließung des Raumes bestand Mitte der 1990er Jahre nach wie vor großer Nachholbedarf. Angesichts der angespannten Finanzlage des Staates erfolgten nur geringe Investitionen in den Ausbau von Verkehrswegen und Verkehrsmitteln. Das Großprojekt der Breževzeit, die Baikal-Amur-Magistrale, die riesige Summen verschlungen hatte, war hingegen nicht ausgelastet. Insgesamt umfasste das Eisenbahnnetz der Russländischen Föderation rund 87 000 Kilometer, von denen 38 000 Kilometer elektrifiziert waren. Das Eisenbahnnetz konzentrierte sich aber – wie schon hundert Jahre zuvor – auf den mittleren und südlichen Teil des europäischen Russlands und einen schmalen Gürtel quer durch das südliche Sibirien. Gerade vor dem Hintergrund, dass riesige Regionen im Norden von der Eisenbahn nicht berührt wurden und auch im Landesinneren die Dichte des Netzes geringer war als in westeuropäischen Ländern, war die Erweiterung und Modernisierung des Straßennetzes dringend geboten.[10] Die Überlandstraßen bildeten aber nach wie vor die große Schwachstelle der Verkehrsinfrastruktur. Die amtliche Statistik gibt zwar für 1995 an, dass 90 Prozent der öffentlichen Autostraßen einen festen Belag hatten, weist aber ergänzend darauf hin, dass 40 Prozent der ländlichen Siedlungen und selbst sieben Prozent der Rayonszentren nicht durch eine Straße mit festem Belag erreichbar waren.[11]

In der Telekommunikation war eine Revolution im Gange. Zu Zeiten der Sowjetunion war die Briefpost äußerst langsam und unzuverlässig und die Nutzung von Telefon und Telefax, vor allem für den Kontakt mit dem Ausland, stark eingeschränkt gewesen. Der beginnende Ausbau des Mobilfunknetzes bot nun neue Möglichkeiten, die besonders die Isolation der ländlichen Bevölkerung zu überwinden versprachen. Mit Festnetztelefonen war nämlich Mitte der 1990er Jahre nur eine Minderheit der Bevölkerung ausgestattet: Im städtischen Bereich kamen auf 100 Haushalte rund 49 Telefone, im ländlichen Bereich sogar nur 20. Die Zahl der Auslandsferngespräche (allerdings einschließlich derer ins «nahe Ausland», also in die ehemaligen Sowjetrepubliken) stieg zwischen 1990 und 1996 von 41 auf 269 Millionen.[12] 90 Prozent der privaten Telefone in den Städten, aber nur 38 Prozent derjenigen auf dem flachen Land hatten Zugang zum Selbstwählfernverkehr ins Ausland. 56 Prozent der kleinen ländlichen Siedlungen hatten noch im Jahre 2005 überhaupt keinen Festnetz-Telefonanschluss.[13]

Die Identifikation der Bewohner der Russländischen Föderation mit ihrem verkleinerten Staat war Mitte der 1990er Jahre noch schwach ausgeprägt. In den Köpfen war immer noch die Sowjetunion als größere Einheit präsent. Man war es gewohnt, Kiev, die Krim und das Baltikum, aber auch Baku und Taškent als Teil des Eigenen zu betrachten. Der Verlust von 14 Unionsrepubliken in die Unabhängigkeit und die damit verbundene völlig neue Erfahrung, dass viele Russen als Minderheit außerhalb des russischen Staates lebten (11 Millionen allein in der Ukraine), sowie der Verlust des Supermachtstatus und das Gefühl, vom Westen nicht mehr auf Augenhöhe mit dem angemessenen Respekt behandelt, sondern über den Tisch gezogen zu werden, erschwerten zusammen mit dem ökonomischen Desaster die Identifikation mit dem neuen Staatswesen.[14]

Mit 148,3 Millionen Einwohnern (1995) war die Russländische Föderation demographisch nur noch halb so stark wie die Sowjetunion. Für die Sowjetunion war zuletzt (1991) eine Gesamtbevölkerung von 290 Millionen ermittelt worden. Die Bevölkerungszahl Russlands hatte 1993 mit 148,7 Millionen ihren Zenit überschritten und war seither im Schrumpfen begriffen, denn seit 1992 überstieg die Zahl der Sterbefälle diejenigen der Geburten deutlich. Das Durchschnittsalter hatte sich gegenüber 1960 von 30 auf etwa 35 Jahre erhöht.[15] Die Bevölkerungsdichte lag bei 8,7 Einwohnern je Quadratkilometer (RSFSR 1959: 6,9).[16] Die Geburtenrate war dramatisch zurückgegangen. Sie lag 1995 bei 9,3 Promille (Sowjetunion 1965: 18,4 Promille, 1989: 14,6 Promille) und sank bis 1999 noch weiter auf 8,3 Promille.[17] Die mittlere Lebenserwartung betrug 1995 bei Männern 58,1 und bei Frauen 71,6 Jahre. Sie war bei den Männern zwischen 1966 und 1990 geringfügig gesunken und hatte mit kleineren Schwankungen von den ausgehenden 1950er Jahren bis 1990 bei etwa 63–64 Jahren gelegen. Zwischen 1990 und 1995 war sie dramatisch um 5,6 Jahre abgesackt. Bei den Frauen hatte es bis 1990 einen leichten Anstieg auf 74,3 Jahre gegeben und dann ebenfalls zwischen 1990 und 1995 einen Einbruch. Das

Jahr 1995 markiert bei den demographischen Kennziffern den absoluten Tiefstand. Danach ging es wieder leicht bergauf. Die Lebenserwartung russischer Männer erhöhte sich bis 2005 aber nur auf 58,9 Jahre und lag damit niedriger als in Indien und weit unter den Vergleichswerten westlicher Industrienationen (Deutschland 2001: 75,5 Jahre, Frankreich 2002: 75,8 Jahre).[18]

Die katastrophale demographische Entwicklung der 1990er Jahre wurde von der russischen Regierung und in der Gesellschaft als Ausdruck der Krise wahrgenommen. Fachleute und Politiker diskutierten über die Ursachen, Folgen und mögliche Maßnahmen. Pessimisten malten das drohende Aussterben des russischen Volkes an die Wand. Eine sinkende Geburtenrate war an sich ein normales Element des demographischen Wandels, wie er in allen Industriegesellschaften im Zuge des Übergangs zur urbanen Lebensweise und der Verbreitung von höherer Bildung eintrat. Die Zahl der kinderreichen Familien war in Russland schon seit Jahrzehnten im Rückgang begriffen. Auf eine Frau kamen in der RSFSR 1965 2,14 Kinder, 1989 2,01 und 1995 nur noch 1,3. Über die Jahrzehnte hinweg betrachtet war das eine ähnliche Entwicklung wie in den westlichen Industrieländern (Deutschland 1964: 2,51 Kinder pro Frau, 1984: 1,29; Frankreich 1964: 2,85, 1984 1,8).[19] Die Geburtenziffer stürzte in Russland allerdings zwischen 1989 und 1999 innerhalb weniger Jahre dermaßen steil ab, dass die langfristige Erklärung des demographischen Wandels nicht ausreicht. Demographen brachten diesen abrupten Rückgang in Zusammenhang mit der instabilen wirtschaftlichen Situation, der steigenden Zahl von Scheidungen und alleinerziehenden Müttern, der zunehmenden Unfruchtbarkeit infolge von Alkoholismus, Geschlechtskrankheiten und Abtreibungen (Russland nahm 1995 bei den Abtreibungen den ersten Platz in Europa ein), der Auswanderung von Frauen im heiratsfähigen Alter und einer erhöhten Müttersterblichkeit seit den 1980er Jahren. Der Übergang zu Demokratie und Marktwirtschaft führte außerdem dazu, dass in der Lebensplanung der Menschen die berufliche Karriere, das Erreichen von materiellem Wohlstand und die Selbstverwirklichung einen höheren Stellenwert erlangten, während die Wertschätzung für Kinder als Lebensaufgabe zurückging. Weitere Faktoren waren die Liberalisierung der Sexualmoral und die zunehmende Anwendung von Verhütungsmitteln.[20]

Die gestiegene Sterblichkeit wird auf die allgemeine Verschlechterung des Gesundheitszustandes der Bevölkerung zurückgeführt, die aus unzureichender und unausgewogener Ernährung infolge der Preissteigerungen und des Absinkens in die Armut sowie aus den Unterbrechungen der Energie- und Fernwärmeversorgung resultierte. Außerdem befand sich die staatliche Gesundheitsfürsorge in einer Krise und die Versorgung mit Medikamenten war schlechter geworden, weil die vormals aus der DDR bezogenen Arzneien nun nicht mehr bezahlt werden konnten. Das auffallendste Phänomen war aber die extrem hohe Sterblichkeit der Männer im arbeitsfähigen Alter. Sie übertraf die Sterblichkeit der Frauen in derselben Altersgruppe um das Vierfache – eine Diskrepanz wie in Kriegszeiten. Sie hatte ihre Ursachen, neben dem Alkoholismus und der Verbreitung von schweren Infektionskrankheiten wie Tuberkulose und Syphilis, in einem starken Ansteigen unnatürlicher Todesfälle (Unfälle, Morde, Suizide, Vergiftungen), die zwischen 1992 und 1995 um 35 Prozent zunahmen und Krebserkrankungen als bis dahin zweithäufigste Todesursache überholten.[21] Die Säuglingssterblichkeit entwickelte sich weniger dramatisch, allerdings vollzog Russland die starke Reduktion, die in den westlichen Industrieländern zwischen 1970 und 1990 gelungen war, nicht mit. Mitte der 1960er Jahre hatte die Säuglingssterblichkeit in der RSFSR mit 25 Promille westeuropäisches Niveau erreicht. Während sie aber in Westeuropa bis 1992 auf weniger als ein Drittel gesenkt werden konnte (Deutschland 1992: 7 Promille, Italien: 8 Promille), verringerte sie sich in Russland nur geringfügig. 1995 lag sie bei 18,1 Promille bei leicht sinkender Tendenz.[22]

73 Prozent der Bevölkerung lebten in der Stadt (RSFSR 1965: 58 Prozent), 27 Prozent auf dem Land. Bis 1989 hatte sich der Anteil der städtischen Bevölkerung kontinuierlich erhöht, seither stagnierte er.[23] Weiterhin war für die Urbanisierung Russlands die Dominanz der Großstädte typisch. 1996 gab es in Russland 168 Städte mit mehr als 100 000 Einwohnern. In ihnen lebten 62 Prozent der städtischen und 45 Prozent der gesamten Bevölkerung. 31 Städte hatten mehr als 500 000 Einwohner, davon 15 mehr als eine Million, wobei Moskau mit neun Millionen und St. Petersburg mit fünf Millionen weit vorne lagen. Die übrigen Großstädte hatten zwischen 1 und 1,4 Millionen Einwohner. Wie zur Sowjetzeit boten die Großstädte mit Abstand die beste Lebensqualität in Bezug auf Infrastruktur und Versorgung und übten dementsprechend eine hohe Anziehungskraft aus. In allen Regionen konzentrierte sich die Bevölkerung auf die jeweils größte Stadt, die in der Regel mit dem administrativen Zentrum identisch war. Völlig anders als in den Metropolen stellte sich das Leben in den 2941 Städten mit weniger als 100 000 Einwohnern dar. Sie verfügten nach wie vor über eine schlechte Ausstattung mit Dienstleistungsbetrieben und kommunalen Infrastrukturen und waren häufig ökonomisch einseitig auf einen Großbetrieb ausgerichtet und von dessen Gedeihen abhängig – eine Folge der sowjetischen Industrialisierungspolitik.[24] In Anbetracht der niedrigen Lebensqualität in den kleinen und mittleren Städten sprechen man-

che Geographen von einer «Pseudo-Urbanisierung» und verweisen auf die in einigen Regionen (Nordrussland, Ferner Osten, Ostsibirien) stark ausgeprägte Diskrepanz zwischen dem offiziellen Status einer Stadt und der geringen Urbanität des Lebens und der Kultur.[25]

Die Auflösung der Sowjetunion in Einzelstaaten, die Wirtschaftskrise und die Abschwächung oder Aufhebung administrativer Migrationsbeschränkungen bewirkten zusammen eine starke Steigerung der räumlichen Mobilität, die ihren Höhepunkt etwa in der Mitte des Jahrzehnts erreichte. Zwischen 1992 und 1998 registrierte die russische Migrationsstatistik 26 Millionen Zuzüge aus dem Ausland und 22,7 Millionen Fortzüge ins Ausland. Der weitaus größte Teil dieser Migrationen war allerdings nicht dauerhaft. Die Migrationsbilanz war gegenüber dem «nahen Ausland» mit einer Nettozuwanderung von 3,6 Millionen positiv, gegenüber dem «fernen Ausland» mit einer Nettoabwanderung von 0,7 Millionen negativ.[26] Bei den Zuwanderern aus den ehemaligen Unionsrepubliken handelte es sich überwiegend um Russen aus Kasachstan, Zentralasien und Transkaukasien, wo politische Instabilität, ethnische Konflikte und die Situation als Minderheit in muslimischen Milieus einen Migrationsdruck erzeugten. Hinzu kamen aber auch nichtrussische Arbeitsmigranten, die in Russland ihr Glück versuchten. Die Abwanderer ins «ferne Ausland» waren zu einem großen Teil Russlanddeutsche, die nach Deutschland übersiedelten, und Juden, die nach Westeuropa, Israel oder in die USA ausreisten. Unter den Auswanderern waren überproportional viele hochqualifizierte Personen, die wegen der besseren Verdienstmöglichkeiten und des höheren Lebensstandards nach Westeuropa oder in die USA gingen. Für Russland bewirkte das einen Braindrain-Effekt.[27]

Noch größere Ausmaße nahm die Binnenwanderung an, wobei sich die Migrationsrichtungen in zweifacher Hinsicht umkehrten: Hatte die Sowjetunion mit großem finanziellen Aufwand die unwirtlichen Gebiete im hohen Norden besiedelt, um die dortigen Naturreichtümer zu erschließen, so wanderten die Menschen nun von dort in die benachbarten südlichen Regionen oder zurück nach Zentralrussland. Den Hintergrund dafür bildete die Verschlechterung der Versorgungslage bei gleichzeitigem Verlust der Lohnzuschläge, mit denen man die Arbeitskräfte zum Umzug in den Norden motiviert hatte. Der zweite Richtungswechsel bezog sich auf die Land-Stadt-Wanderung, die sich zwischen 1991 und 1993 vorübergehend zur Stadt-Land-Wanderung umkehrte – in Russland ein klassisches Krisenphänomen. Das Ausmaß des ländlichen Bevölkerungsgewinns war mit knapp unter 300 000 Personen allerdings eher bescheiden. Zu denjenigen, die aus der Stadt zurück aufs Land gingen, kamen auch Flüchtlinge aus dem «nahen Ausland» und demobilisierte Soldaten aus den ehemaligen Garnisonen in den Satellitenstaaten. Ab 1993 kehrte sich die Wanderung wieder um, aber die Land-Stadt-Migration erreichte seither keine großen Dimensionen mehr. Die statistischen Zuwächse der Städte gingen auf das Konto von Übersiedlern aus Kasachstan, Zentralasien und dem Baltikum. Der ländliche Raum Russlands gab infolge der demographischen Erschöpfung kaum noch Menschen ab, obwohl die ländliche Peripherie bis heute im Hinblick auf Lebensqualität und Lebenschancen gegenüber den Großstädten benachteiligt ist.[28]

Mit der Lebensqualität hängt auch die Frage nach dem Zustand der Umwelt in Russland zusammen. Er hatte sich Mitte der 1990er Jahre gegenüber der Bestandsaufnahme von 1990 nicht verbessert. Russland war in Bezug auf die Zerstörung und Vergiftung der Umwelt weltweit Spitzenreiter. Durch den Produktionsrückgang sanken zwar der Schadstoffausstoß in die Luft und die Belastung der Flüsse mit Industrieabwässern, aber die Altlasten aus der sowjetischen Zeit waren gewaltig. Ein großer Teil der russischen Bevölkerung lebte unter unverändert miserablen Umweltbedingungen. Etwa 70 Prozent der Menschen nutzten Trinkwasser, das nicht den internationalen Mindeststandards entsprach. Durch verunreinigtes Wasser übertragene Infektionskrankheiten wie Cholera, Typhus und Hepatitis A breiteten sich wieder aus. Ein Drittel bis die Hälfte der Lebensmittel war mit Schadstoffen belastet. Zwei Drittel der Bevölkerung lebten in Gebieten, in denen die Luftqualität nicht den offiziellen Grenzwerten genügte. Die Müllbeseitigung war weiterhin ungelöst. Es gab in ganz Russland nur zehn Müllverbrennungsanlagen, die gerade einmal fünf Prozent des anfallenden Mülls entsorgten. Der viel größere Teil wurde in regulären und wilden Deponien gelagert oder in Eigenregie verbrannt. Qualmende Müllcontainer in Hinterhöfen waren selbst in den Großstädten keine Seltenheit. Große Mengen an Erdöl und Erdgas gingen auf dem Transport durch undichte Pipelines verloren und verseuchten die Wälder, Sümpfe und Seen Sibiriens. Radioaktiver Müll und radioaktive Verseuchungen infolge der Katastrophe von Černobyl' und durch militärische Anlagen stellten (und stellen bis heute) Zeitbomben für die Gesundheit der Einwohner Russlands dar. Trotz dieser katastrophalen Zustände war (und ist) das Umweltbewusstsein in Russland schwach ausgeprägt. Umweltaktivisten und Umweltthemen waren gerade Mitte der 1990er Jahre, als die meisten Menschen und auch die Politik von anderen Sorgen umgetrieben wurden, nicht in der Lage, viele Anhänger zu mobilisieren. Hatte die Umweltbewegung in der Perestrojka noch einen beträchtlichen Teil der Reform- und Demokratiebewegung ausgemacht, so gingen nach dem Ende der Sowjetunion politische Parteien und Umweltgruppen getrennte Wege. Die Umweltbewegung büßte ihre politische Bedeutung weitgehend ein. Zwar wurden auch in Russland «grüne» Parteien ins Leben gerufen, aber sie blieben sehr klein. Für die russische Politik der 1990er Jahre hatte der Umweltschutz nur eine geringe Priorität gegenüber dem Bemühen, die Wirtschaft wieder in Gang zu bringen.[29]

Russland als Föderation und Vielvölkerstaat

Die Russländische Föderation war wie die Sowjetunion ein Vielvölkerstaat, allerdings stellten die Russen mit etwa 80 Prozent einen deutlich höheren Anteil an der Bevölkerung. An zweiter Stelle standen die Tataren mit nur 3,8 Prozent, danach kamen Ukrainer (drei Prozent), Baschkiren und Tschuwaschen (jeweils etwa ein Prozent). Alle anderen Nationalitäten machten jeweils weniger als ein Prozent aus.[30]

Die Verfassung vom Dezember 1993 definierte Russland als einen demokratischen föderativen Rechtsstaat und gliederte ihn in 89 Regionen, die sogenannten «Föderationssubjekte», wobei sie sechs Arten von Föderationssubjekten beschrieb, die jeweils einen anderen Rechtsstatus hatten. Dieses komplizierte System gestufter territorialer Einheiten war in Anlehnung an die territoriale Organisation der früheren RSFSR konstruiert worden. Es unterschied den russischen Föderalismus von dem der meisten anderen Länder. Der überwiegend von Russen besiedelte Teil des Staates gliederte sich in 49 Gebiete (*oblast'*), sechs Regionen (*kraj*) und zwei «Städte von föderaler Bedeutung» (Moskau und St. Petersburg). Die gemischtnational besiedelten Teile der Föderation gliederten sich in 21 autonome Republiken, zehn autonome Bezirke (*okrug*) und das im Fernen Osten am Amur gelegene jüdische autonome Gebiet (*oblast'*) Birobidžan.[31]

In den autonomen Republiken, Bezirken und im Gebiet Birobidžan genossen jeweils ein oder mehrere nichtrussische Völker sprachlich-kulturelle Autonomie, wobei der Autonomiestatus nicht von den ethnographischen Mehrheitsverhältnissen abhing. Die Titularethnie stellte sogar eher selten die Mehrheit der Bevölkerung in «ihrem» autonomen Territorium. Die meisten dieser Territorien waren multiethnisch strukturiert und verfügten über eine relative oder sogar absolute russische Bevölkerungsmehrheit. Das setzte der Selbstbestimmung und einem eventuellen Separatismus der territorialen Einheiten enge Grenzen. Nur wenige nationale Gebietseinheiten waren stärker von der Titularnation geprägt: Tschetschenien zu 75 Prozent, Tuva zu 64 Prozent, Tschuwaschien zu 68 Prozent und auch in Dagestan stellten die Angehörigen der dagestanischen Ethnien eine große

Mehrheit. Da die nichtrussischen Nationalitäten nicht geschlossen siedelten, sondern ihre Angehörigen im ganzen Land anzutreffen waren, lebte außerdem nur etwa ein Drittel der Nichtrussen in ihren jeweiligen autonomen territorialen Einheiten. Diese Zerstreuung war mit ein Grund dafür, dass die nichtrussische Bevölkerung einen hohen sprachlich-kulturellen Russifizierungsgrad und einen hohen Anteil an gemischten Ehen aufwies.[32]

Die Verfassung bezeichnete die 89 Föderationssubjekte als «staatliche Gebilde» und sprach ihnen Territorialhoheit sowie eine unabhängige Gesetzgebung zu, wobei sie an Vorgaben der föderalen Verfassung gebunden waren. Jedes Föderationssubjekt erhielt ein gewähltes Vertretungsorgan sowie eine eigene Exekutive, je nach Status mit einem Gouverneur oder Präsidenten an der Spitze.[33] Die 21 autonomen Republiken duplizierten den auf der Föderationsebene existierenden Dualismus von Regierung und Präsidialverwaltung. Quer durch das Land war die Tendenz zu beobachten, dass das Führungspersonal zu drei Vierteln der sowjetischen «Nomenklatur» entstammte. Es waren allerdings nicht die vormals mächtigen Gebietsparteisekretäre, die nun das Ruder übernahmen, sondern eine jüngere Generation von ehemaligen lokalen Partei- und Komsomolfunktionären.[34] Sie bauten sich stabile Zentren der politischen Macht auf, brachten erfolgreich profitable Betriebe und attraktive Immobilien unter ihre Kontrolle und betrachteten ihre Amtsbereiche als eine Art feudales «Lehen». Dies war ein Grund dafür, dass Putin später die «Machtvertikale» stärkte, indem er die Chefs der regionalen Exekutive nicht mehr wählen ließ, sondern von Moskau aus ernannte, um sie von der Zentrale abhängig zu machen.[35]

Auf föderaler Ebene waren die 89 Subjekte gleichberechtigt repräsentiert, wobei der in der Verfassung festgeschriebene Grundsatz der Gleichberechtigung der Subjekte gegenüber dem Zentrum in einem gewissen Widerspruch zu der Abstufung in sechs Kategorien stand. Hinsichtlich der Kompetenzenverteilung zwischen der Föderation und ihren Subjekten gab es in der Praxis ebenfalls Unstimmigkeiten. Laut Verfassung zählten zu den Gemeinschaftsaufgaben, die die Föderation und die Subjekte gemeinsam wahrnahmen, die Außenpolitik, Verteidigung, Geldpolitik, die Gewährleistung übereinstimmender Rechtsordnungen, der Schutz der Menschenrechte, die Nutzung der Naturressourcen, die Aufteilung des Staatseigentums, Bildungs-, Gesundheits- und Familienpolitik, Steuergrundsätze, Personalfragen im Polizei- und Gerichtswesen, die Festlegung von Verwaltungsgrundsätzen und die Koordination der Wirtschaftspolitik. Allerdings kam es immer wieder vor, dass einzelne Föderationssubjekte ihre Zuständigkeiten überschritten oder Gesetze erließen, die im Widerspruch zu föderalen Gesetzen standen.

Das gilt im Besonderen für die nichtrussischen autonomen Territorien. Die Verfassungen aller 21 Republiken enthielten Bestimmungen, die der Verfassung der Russländischen Föderation widersprachen, wenngleich die meisten Republiken ihren Status als Teil des Gesamtstaates definierten und auch das Prinzip der Zweisprachigkeit hochhielten. Alle Republiken begründeten für ihre Einwohner eine eigene Staatsbürgerschaft und einige gingen sogar von der Priorität der Republikgesetze vor den föderalen Gesetzen aus. Ein besonders heikler Fall war die Verfassung von Tschetschenien, die von der Eigenstaatlichkeit der Republik sprach.[36] Die verfassungsrechtliche Binnenorganisation der Russländischen Föderation war somit von vielen Ungereimtheiten gekennzeichnet, die sich in der praktischen Politik negativ auswirkten, wie das Beispiel der Wirtschaftsreformen der Jahre 1992 und 1993 zeigte. Von daher war es nicht nur ein Akt der Machtakkumulation, wenn der neue Präsident Putin nach der Jahrhundertwende den russischen Staat systematisch zentralisierte.

Russland als Präsidialdemokratie

Nicht erst unter Putin, sondern schon unter El'cin erwies sich der Präsident als eine übermächtige Institution im Staat. Der in Russland praktizierte «Superpräsidentialismus» war allerdings so in der Verfassung nicht vorgesehen. Stärker als in den anderen ehemals kommunistischen Ländern klafften in Russland Verfassungsrecht und Verfassungswirklichkeit auseinander. Der Grund dafür lag vor allem im Denken und Verhalten der politischen Amtsträger, die sich überwiegend aus der sowjetischen «Nomenklatur» rekrutierten und ein Stück sowjetischer politischer Kultur ins postsowjetische Russland hinüberretteten. El'cin selbst war überzeugt, dass Russland nur durch eine starke Vormacht des Präsidenten gegenüber dem Parlament regiert werden könne. Dazu trugen sicherlich seine Erfahrungen mit dem Obersten Sowjet aus den Jahren 1992 und 1993 bei, El'cins Äußerungen zeugen aber auch von einem historisierenden Glauben an eine russische Affinität zu autoritären Regimes: «Aber was wollen Sie?», sagte er im November 1993 in einem Interview. «In einem Land, das an Zaren und Führer gewöhnt ist; in einem Land, in dem sich keine klaren Interessengruppen herausgebildet haben, in dem die Träger der Interessen nicht bestimmt sind, sondern gerade erst normale Parteien in der Entstehung begriffen sind; in einem Land, in dem der rechtliche Nihilismus überall zu Hause ist – wollen Sie in einem solchen Land das Hauptgewicht allein oder in erster Linie auf das Parlament legen? [...] Jede Zeit hat ihr eigenes Machtgleichgewicht in einem demokratischen System. Heute schlägt in Russland dieses Gleichgewicht zugunsten des Präsidenten aus.»[37]

Die Verfassung der Russländischen Föderation war im Frühjahr 1993 in einer Verfassungsversammlung vorbereitet und im Herbst nach der Eskalation des Konflikts zwischen dem Präsidenten und dem Obersten Sowjet fertig gestellt worden. Am 12. Dezember 1993 wurde sie durch ein Plebiszit angenommen. An der Abstimmung beteiligten sich allerdings nur 54,4 Prozent der Wahlberechtigten und von ihnen votierten 57 Prozent für die Verfassung. Diese schwache Legitimierung war insofern prekär, als die Verfassung unter den Eliten heftig umstritten war und der Konsens über die Grundordnung des Staates zu den wichtigsten Voraussetzungen einer demokratischen Konsolidierung zählt.[38]

Die Verfassung vom Dezember 1993 besiegelte den Triumph des Präsidenten über die Volksvertretung, umriss aber eindeutig den Rahmen für ein demokratisches Staatswesen und orientierte sich dabei an Westeuropa. Nach dem Vorbild des deutschen Grundgesetzes standen die Grundrechte der Bürger am Anfang der Verfassung. Damit wurden die Menschenrechte, einschließlich des Rechtes auf Privateigentum, erstmals in der russischen Geschichte als konstitutiver Bestandteil russischen Rechts anerkannt und konnten vor einem Verfassungsgericht eingeklagt werden. Das war ein substantieller Fortschritt, wenngleich die Praxis zeigte, dass es weiterhin in großem Maßstab Verletzungen der Menschenrechte gab und nur wenige Betroffene den Gang vor Gericht riskierten.[39] In formaler Hinsicht war der normative Wandel zum Rechtsstaat fundamental, die Verfassungs- und Rechtswirklichkeit wich aber häufig von den hehren Prinzipien ab. Das betrifft etwa die Abhängigkeit vieler Printmedien vom Staat, die fortbestehende staatliche Kontrolle über das Fernsehen, die Freizügigkeit der Bürger (Moskau und St. Petersburg hielten Zuzugsbeschränkungen aufrecht), die nur formal unabhängige Justiz und die Willkür von Polizei und Sicherheitsorganen.[40]

Im Hinblick auf das Institutionengefüge lehnten sich die Schöpfer der russischen Verfassung an die französische Fünfte Republik an, statteten aber den Präsidenten mit einer noch stärkeren Stellung aus.[41] Die Verfassung definierte Russland als eine demokratische, föderale und rechtsstaatliche Republik mit einer unabhängigen Justiz.[42] Der für vier Jahre vom Volk direkt gewählte Präsident ist Oberbefehlshaber der Streitkräfte, «legt die Hauptrichtung der Außen- und Innenpolitik fest», ernennt mit Zustimmung der Duma den Ministerpräsidenten, wobei er die Duma auflösen und Neuwahlen ansetzen kann, wenn sie den Kandidaten des Präsidenten dreimal ablehnt. Der Präsident ernennt und entlässt die Regierung, die nicht der Duma, sondern ihm verantwortlich ist. Er hat ein Vetorecht gegen Gesetze, das von der Duma nur mit Zweidrittelmehrheit zurückgewiesen werden kann. Er kann darüber hinaus selbständig Dekrete mit Gesetzeskraft erlassen, sofern diese nicht der Verfassung oder den geltenden Gesetzen widersprechen. Damit hat er de facto eine von der Duma unabhängige gesonderte legislative Kompetenz. Zur Ausübung seiner Kompetenzen verfügt der Präsident über zwei Institutionen: die Administration des Präsidenten und den nach dem Vorbild der USA geschaffenen Sicherheitsrat, dem der Ministerpräsident, die wichtigsten Minister und die Vorsitzenden der beiden Häuser des Parlaments angehören. Über diese Institutionen nimmt der Präsident direkten Einfluss auf die Regierungsgeschäfte und die Exekutive. Ungefähr zwei Drittel der wichtigen politischen Entscheidungen wurden in der ersten Hälfte der 1990er Jahre in der Präsidialadministration vorbereitet.[43] In gewisser Weise reproduzierte damit das präsidentielle System den Dualismus von Regierung und Politbüro, wie er in der Sowjetunion bestanden hatte. Die Administration des Präsidenten duplizierte mit ihren Abteilungen in ähnlicher Weise die Ministerien wie das beim Zentralkomitee der Kommunistischen Partei der Fall gewesen war. Sie residiert mit ihren fast 2000 Mitarbeitern sinnigerweise im ehemaligen ZK-Gebäude und besitzt ein Imperium von Immobilien und Unternehmen mit mehr als 100 000 Beschäftigten im In- und Ausland, einschließlich der exklusiven Krankenhäuser, Sanatorien und Datschen für die Privilegierten.[44]

Der Machtfülle des Präsidenten stellte die Verfassung ein nur mit eingeschränkten Möglichkeiten ausgestattetes Parlament gegenüber. Die Föderalversammlung *(Federal'noe sobranie)* besteht aus zwei Häusern, der Staatsduma *(Gosudarstvennaja duma)* und dem Föderationsrat *(Sovet Federacii)*. Die 450 Abgeordneten der Staatsduma werden alle vier Jahre gewählt, die Hälfte von ihnen über Direktmandate, die andere Hälfte über Parteilisten. Die Duma verfügt über das Gesetzgebungsrecht und entscheidet über den Staatshaushalt. Auf die Regierung hat sie keine direkte Einwirkungsmöglichkeit, außer bei der Ernennung des Ministerpräsidenten. Sie kann zwar der Regierung das Vertrauen entziehen, muss aber in diesem Fall damit rechnen, vom Präsidenten aufgelöst zu werden. Der Föderationsrat besteht aus 178 Abgeordneten, jeweils zwei aus den 89 Föderationssubjekten. 1993 wurden sie direkt gewählt, seit 1996 waren der Gouverneur bzw. Präsident und der Sprecher des Regionalparlaments von Amts wegen im Föderationsrat vertreten. In der Gesetzgebung wirken die beiden Häuser des Parlaments und der Präsident zusammen. Gesetze werden in der Duma beraten und verabschiedet, müssen danach vom Föderationsrat und vom Präsidenten bestätigt werden, der über ein Vetorecht verfügt. Mit der Unterzeichnung durch den Präsidenten treten die Gesetze in Kraft. Zur Schwächung der Duma und der demokratischen Elemente trug neben den konstitutionellen Setzungen auch der Umstand bei, dass sich in Russland kein solides Mehrparteiensystem entwickelte. Es gab zwar Parteien, aber die meisten von ihnen waren programmatisch, organisatorisch und personell instabil. Auf der einen Seite standen viele kleine Splitterparteien, auf der anderen große, aber heterogene Sammelparteien ohne klares Profil.[45] Die Fluktuation der Abgeordneten zwischen den Fraktionen war groß und es entstanden keine kalkulierbaren Mehrheitsverhältnisse. Die demokratischen Kräfte waren zersplittert und brachten keine tragfähige Zusammenarbeit zustande.[46]

Die Machtfülle des Präsidenten leistete einer Entwicklung Vorschub, die als das «System El'cin» bezeichnet wird.[47] Immer stärker traten nämlich Kräfte und Mechanismen auf den Plan, die in der Verfassung gar nicht vorgesehen waren. El'cin installierte in alter sowjetischer Manier in den Regierungen und hohen Staatsämtern Netzwerke aus Vertrauensleuten und positionierte unterschiedlich rekrutierte Seilschaften so, dass sie einander gegenseitig in Schach hielten.[48] Die Regierungen konnten dadurch in hohem Maße von ihm bzw. der Präsidialadministration gesteuert werden, zumal sie von den sowjetischen Regierungen den Charakter von Technokratenkabinetten geerbt hatten, die sich überwiegend mit ökonomischen Fragen beschäftigten.

Nach seiner Wiederwahl 1996 erwies sich El'cin zunehmend als überfordert. Das hatte mit seinem sich verschlechternden Gesundheitszustand und mit Alkoholproblemen zu tun. Dadurch gewannen unter dem Dach der präsidialen Macht andere Kräfte an Einfluss, nämlich die Präsidialverwaltung, die Wirtschaftsmagnaten («Oligarchen») und die sogenannte «Kreml-Familie». Die Präsidialverwaltung übernahm Mitte der 1990er Jahre unter der Leitung von Anatolij Čubajs die Rolle einer Nebenregierung. Außerdem substituierte Čubajs zeitweilig den Präsidenten während dessen krankheitsbedingter Ausfälle. Laut Verfassung hätte eigentlich bei einer Amtsunfähigkeit des Präsidenten der Ministerpräsident die Vertretung übernehmen müssen, aber de facto führte Čubajs als Leiter der Präsidialverwaltung über mehrere Monate hinweg die Staatsgeschäfte. Im März 1997 entließ El'cin jedoch Čubajs aus seiner Schlüsselstellung und verkleinerte die Präsidialverwaltung. Nun gewann die Regierung mehr Gewicht, insbesondere in Bezug auf die Wirtschafts- und Sozialpolitik.[49] Der eigentliche Machtschwerpunkt verschob sich in die «Kreml-Familie». Damit bezeichnete man einen einflussreichen Kreis von Leuten um den Präsidenten, in dem seine Tochter Tat'jana D'jačenko, der Leiter der Präsidialadministration, El'cins Ghostwriter und die mächtigsten «Oligarchen» eine wichtige Rolle spielten und auf diese Weise mit der Politik eine symbiotische Beziehung eingingen.[50] Die Kommunisten bezeichneten den Kreis um El'cin als sein «hauseigenes Politbüro». Die informellen Strukturen, die Günstlingswirtschaft und die Verquickung von politischen und privaten Interessen erinnern aber eher an einen vormodernen Fürstenhof.[51] Der Machterhaltung waren diese Strukturen dienlich, einem effektiven Regieren und einer demokratischen politischen Kultur waren sie abträglich.

Gesellschaft und Lebenswelten

«Unsere Gesellschaft ist auf der Suche nach einer angemesseneren, vernünftigeren und moderneren Lebensweise», hatte Boris El'cin 1994 geschrieben. «Wieder einmal müssen wir aufholen, uns anstrengen, über uns selbst hinauswachsen – um so zu werden wie alle anderen.»[52] – Die Angleichung der russischen Gesellschaft an «alle anderen» meinte die Umstellung vom sozialistischen System auf die freie Marktwirtschaft. Diese Transformation brachte erhebliche gesellschaftliche Veränderungen mit sich. Die überkommene soziale Ordnung löste sich auf und viele Menschen erfuhren einen Verlust ihrer bisherigen gesellschaftlichen Position. Große Bevölkerungsgruppen verarmten, die breite Mittelschicht, die sich in der späten Sowjetunion etabliert hatte, zerfiel und an ihrer Stelle begann sich eine neue Mittelschicht auf der Grundlage des Privateigentums zu bilden. Vielen Angehörigen der «Nomenklatur» gelang es, in der neuen Führungsschicht ihren Platz zu finden, in die aber auch Reformpolitiker, Unternehmer und Spekulanten aufstiegen. Die soziale Hierarchie bestimmte sich nun in erster Linie durch Besitz.[53]

Die Akkumulation von Besitz hatte schon in den 1970er Jahren begonnen, als viele Angehörige der «Nomenklatur» ihre Kontrolle über das Staatseigentum dazu benutzten, um selbst Besitz zu erwerben. Demokratisierung und Privatisierung öffneten in den 1990er Jahren dann neuen Gruppen den Zugang zur Macht und schufen neue Möglichkeiten, sich zu bereichern. Obwohl ein großer Teil der hohen Einkommen illegal erzielt und nicht versteuert wurde, ließen die Reformpolitiker diese Vermögensakkumulation gewähren, denn sie betrachteten die neue Schicht von Besitzenden als Garanten der Demokratie – von ihnen war eine Restauration des Sowjetsystems nicht zu erwarten.[54]

Innerhalb von wenigen Jahren kam es in Bezug auf die materielle Lage zu einer extremen Differenzierung der Gesellschaft, die 1994 eine stabile Form annahm. In der ausgehenden Sowjetunion war der Einkommensunterschied zwischen dem obersten und dem untersten Fünftel der Gesellschaft vergleichsweise gering gewesen: 1991 verfügte das reichste Fünftel über etwa 30 Prozent der gesamten Einkommen, das ärmste Fünftel über etwa 12 Prozent. 1995 verfügte das reichste Fünftel über mehr als 46 Prozent der Einkommen, das ärmste nur noch über sechs Prozent. Die dazwischen liegenden 60 Prozent der Bevölkerung mussten ebenfalls deutliche Einkommenseinbußen hinnehmen. 1991 machte ihr Anteil an den Einkommen 57,4 Prozent aus, 1995 nur noch 47,6 Prozent.[55] Die Polarisierung zwischen Reichen und Armen ging mit einer Milieubildung und Segregation einher. Sie betraf die Wohngegend, Automarken, Freizeitgestaltung, Kommunikationsnetzwerke, das Studium in bestimmten Bildungseinrichtungen und Ähnliches mehr. Die Zugehörigkeit zu einem Milieu hatte erheblichen Einfluss auf die Bildungsmöglichkeiten und Karrierechancen der Kinder.[56]

Das oberste Fünftel war in Bezug auf das Einkommen in sich extrem heterogen. Die vermögenden Magnaten bildeten nur eine kleine Minderheit. Die Mehrheit waren vielmehr Personen, die nach westlichen Maßstäben höchstens als gut verdienend eingestuft worden wären. Als «reich» galt schon, wer umgerechnet mehr als 3000 Dollar im Monat verdiente. Das war nur bei etwa fünf Prozent der Bevölkerung der Fall. 15 Prozent zählten zu den «Wohlhabenden» – sie verdienten 1000–3000 Dollar. 20 Prozent verfügten über «mittlere Einkommen» – 100–1000 Dollar, ebenfalls 20 Prozent über «niedrige Einkommen» – 50–100 Dollar. In der Größenordnung der letztgenannten Kategorie bewegten sich die Einkommen der meisten Arbeiter, Ingenieure, Ärzte, Lehrer, Wissenschaftler, Offiziere und Polizisten, also derjenigen Berufe, die üblicherweise die Mittelschichten bilden. 40 Prozent der Bevölkerung hatten ein Einkommen von weniger als 50 Dollar im Monat: Arbeitslose, Landbewohner, Rentner, Invaliden, alleinerziehende Mütter, Obdachlose und verschiedene Randgruppen.[57] Mit diesen Angaben korrespondierten die sich wandelnden Selbsteinschätzungen der Menschen. 1992 hatte sich jeweils nur eine Minderheit der Oberschicht bzw. der Unterschicht zugeordnet, während sich eine klare Mehrheit als Angehörige der Mittelklasse gefühlt hatte. In der zweiten Hälfte der 1990er Jahre verortete sich die Mehrheit der Befragten in der Unterschicht bzw. Erst nach der Überwindung der Finanzkrise von 1998 und dem nach der Jahrhundertwende eingetretenen Wirtschaftsaufschwung stieg ein großer Teil der Bevölkerung in der Selbstzuordnung wieder in die Mittelschicht auf.[58]

Hauptursachen für diesen sozialen Wandel waren die Preissteigerungen nach dem Ende der staatlichen Preisregulierung, die Hyperinflation von 1992/93 und die Privatisierung. Zu den Gewinnern zählten Geschäftsleute und Unternehmer, die die Privatisierung nutzten, um schnell zu immensen Vermögen zu gelangen. Zu den Verlierern zählten insbesondere große Teile der Bildungsschichten und ehemalige Funktionäre, die im öffentlichen Dienst oder in unrentablen Großbetrieben beschäftigt waren und dort nur wenig verdienten. Viele Wissenschaftler an den Universitäten und Akademien konnten von ihrem offiziellen Gehalt ihre Familien nicht ernähren und mussten über Nebenbeschäftigungen zusätzliches Geld verdienen.[59] Am stärksten betroffen waren Rentner, denn die Rentenzahlungen wurden nicht an die Inflation angepasst, sodass von ihrer Kaufkraft kaum etwas übrig blieb. Die durchschnittliche Monatsrente belief sich 1999 umgerechnet auf weniger als 20 US-Dollar.[60] Die Renten waren auch zur Sowjetzeit sehr niedrig gewesen, aber nun verschärften die Preisanstiege die Lage zusätzlich. Mitte der 1990er Jahre konnte man in Moskau auf der Straße pensionierte Professoren stehen sehen, die in ihrer Not Bücher aus ihren Privatbibliotheken zum Verkauf anboten. Ein Viertel der Bevölkerung (rund 37 Millionen) musste 1995 nach offiziellen Schätzungen mit einem Einkommen unterhalb des Existenzminimums auskommen.[61] Zweit- und Drittjobs waren eine Möglichkeit, unter diesen Bedingungen seine Familie zu ernähren, die Selbstversorgung mit Lebensmitteln aus dem eigenen Garten war eine andere. Etwa die Hälfte aller Haushalte besaß ein Stück Land, auf dem Kartoffeln und Gemüse angepflanzt wurden. Ein Drittel aller Haushalte bezog diese Produkte 1996 ausschließlich aus dem eigenen Anbau.[62]

Die großen Einkommensunterschiede äußerten sich in einer starken Differenzierung des Konsumniveaus – ein fundamentaler Wandel gegenüber der sowjetischen Zeit, als die Unterschiede im Lebensstandard gering gewesen waren, wenn man von den privilegierten Angehörigen der «Nomenklatura» absieht, die Zugang zu geschlossenen Versorgungssystemen gehabt hatten. 1993 gaben Bezieher niedriger Einkommen zwölfmal weniger für Güter des täglichen Bedarfs aus als Bezieher hoher Einkommen, bei dauerhaften Konsumgütern wie Fernsehern, Kühlschränken oder Autos war das Verhältnis sogar eins zu zwanzig.[63] Im Durchschnitt musste eine Familie 1995 fast die Hälfte ihres Einkommens für Lebensmittel ausgeben. Dafür waren die Wohnungskosten – wie in Sowjetzeiten – weiterhin extrem niedrig: Nur 4,3 Prozent der Ausgaben eines Haushaltes entfielen auf Wohnen einschließlich Strom, Heizung und Gas.[64]

Waren die Geschäfte, in denen nur die Privilegierten einkaufen durften, in der Sowjetunion verschämt hinter unauffälligen Wohnungstüren verborgen gewesen, so stellten die Bezieher hoher Einkommen nun ihren Wohlstand offen zur Schau – ein Verhalten, das zu Sowjetzeiten verpönt gewesen war. Es entwickelte sich eine regelrechte Kultur der Statussymbole: Luxusuhren, Schmuck, große Autos bevorzugterweise deutscher Provenienz, teure Kleidung und Auslandsreisen hatten nun einen wichtigen Stellenwert. Wer es besonders weit gebracht hatte, baute sich an der «Rublevka» am Stadtrand von Moskau eine abgeschirmte Residenz. Von der hohen Bedeutung der materiellen Statussymbole zeugen Grabmäler auf Moskauer Friedhöfen, die den Verstorbenen am Steuer seines Mercedes oder mit der Rolex-Uhr am Handgelenk darstellen.

Der freie Markt veränderte das Angebot und das Konsumverhalten. Aufgrund der gestiegenen Lebensmittelpreise wurden mehr Kartoffeln und Brot gegessen, aber weniger Fleisch, Obst, Gemüse und Milchprodukte. Generell fiel der Konsum von Lebensmitteln pro Kopf auf den Stand von vor 1970 zurück. Auch der Konsum von Gütern des täglichen Bedarfs ging stark zurück.[65] Andererseits waren nun die vormals gähnend leeren Auslagen und Regale der Geschäfte mit einem Warenangebot gefüllt, das es in dieser Vielfalt in Russland nie zuvor gegeben hatte. Wer genügend Geld hatte, konnte nun all das kaufen, was er bis dahin vermisst hatte. Überall schossen neue Läden und kleine Dienstleistungsunternehmen aus dem Boden, die eine über Jahrzehnte angestaute Nachfrage befriedigten. Die Zahl der Personenkraftwagen stieg bis Ende 1995 auf 14,2 Millionen, von denen sich 13,7 Millionen in Privatbesitz befanden.[66] 18 Prozent der Haushalte besaßen Ende 1995 ein Auto, bei steigender Tendenz (2000: 27 Prozent, 2004: 33 Prozent). Bei Fernsehern, Radioapparaten, Kühlschränken und Waschmaschinen war schon in den 1980er Jahren Vollversorgung erreicht worden, sodass hier in den 1990er Jahren keine weitere Steigerung erfolgte. Staubsauger waren nur in drei Vierteln der Haushalte vorhanden. Gehobene Unterhaltungselektronik (Stereoanlagen, Videokameras, Videorekorder) begann sich gerade erst in den Haushalten zu etablieren und verzeichnete nach 1995 größere Zuwächse. Personalcomputer scheinen in der Statistik erst ab dem Jahr 2000 auf, als sechs Prozent der Haushalte damit ausgestattet waren.[67]

Die Wohnverhältnisse verbesserten sich leicht: 1990 standen pro Kopf im Schnitt etwa 16,5 Quadratmeter zur Verfügung, 1995 18 Quadratmeter, obwohl der staatliche Wohnungsbau 1990 praktisch zum Erliegen gekommen war. Nur noch fünf Prozent der Haushalte entfielen auf eine Kommunalka. Die Privatisierung, die 1992 einsetzte, bewirkte eine Umverteilung von Wohnraum, weil sich die Reicheren neue Häuser bauten oder Wohnungen kauften oder mieteten, während es für Familien mit niedrigen Einkommen lukrativ war, die Wohnung im Zentrum für viel Geld zu vermieten oder zu verkaufen und selbst in einen Plattenbau am Stadtrand zu ziehen. Ohne fließend Wasser mussten in den Städten jetzt nur noch weniger als sechs Prozent auskommen, ohne Kanalisation acht Prozent, ohne Badezimmer drei Prozent. Auf dem Land hatte hingegen die Hälfte der Behausungen kein fließend Wasser, mehr als 60 Prozent hatten keine Kanalisation und zwei Drittel kein Badezimmer.[68]

Die subjektive Zufriedenheit der Menschen mit ihrem Leben verringerte sich bis Mitte der 1990er Jahre stark. 1988 hatten sich 73 Prozent der Moskauer als zufrieden mit ihrer Arbeit bezeichnet, 42 Prozent als zufrieden mit dem Einkommen. 1991 waren bereits 55 Prozent mit ihrem Leben als Ganzes unzufrieden. 1992 sagten 60 Prozent, ihre Lebensverhältnisse hätten sich verschlechtert.[69] Das lag vor allem daran, dass sich die Lebensentwürfe und Wertvorstellungen verschoben hatten: 1988 hatten nur zehn Prozent der Bevölkerung den Erwerb von Konsumgütern als den Hauptzweck ihres Lebens bezeichnet. 1993 waren es 37 Prozent.[70] Zukunftsängste hatten schon in der Endphase der Perestrojka eingesetzt. 90 Prozent der Bevölkerung machten sich bereits 1989 Sorgen um die Zukunft. Die erste Hälfte der 1990er Jahre waren eine Zeit des Pessimismus.[71]

Zu den elementaren Erfahrungen der 1990er Jahre gehörte die ausufernde Kriminalität. Insbesondere die Gewaltkriminalität erlebte geradezu eine Explosion: Die Zahl der registrierten Fälle von Mord, Totschlag und Raub verdoppelte sich zwischen 1990 und 1995 und blieb auch in den Folgejahren auf diesem hohen Niveau.[72] Die hohe Kriminalität war eine Folge der mangelnden staatlichen Autorität, der sozialen Umstände und des Wucherns krimineller Organisationen. Gegenüber der Sowjetzeit wurden die Verhältnisse im Russland der 1990er Jahre als ein herber Verlust an öffentlicher Sicherheit empfunden. Bandenkriege, Morde auf offener Straße und nächtliche Schießereien gehörten um 1995 zum «normalen» Alltag.

Schwierig war die Lage auf dem Land. Die Reformer in Moskau hatten sich dem Glauben hingegeben, es reiche aus, die Landwirtschaft zu privatisieren, um alle ihre bisherigen Probleme zu lösen. Die Visionen der Reformer für eine zukünftige russische Landwirtschaft waren vom marktorientierten Familienbetrieb, wie er in den USA und in Westeuropa bestand, inspiriert. Damit knüpften die Reformer nicht an die Tradition der russischen Dorfgemeinde (*obščina*) mit gemeinschaftlichen Elementen, sondern an die Idee der Stolypinschen Agrarreform von 1906 an.[73] Bereits im April 1991 war in der RSFSR ein Gesetz erlassen worden, gemäß dem alle Kolchosen und Sowchosen bis zum Ende des Jahres 1992 zu privatisieren waren. Das Dekret eröffnete den Betrieben vier Optionen: Sie konnten sich (a) auflösen und ihren Besitz dem Staat oder einer Privatperson verkaufen, (b) in private Landwirtschaften aufgeteilt werden, (c) sich an ein Unternehmen oder an eine Organisation verkaufen und zu einem Zulieferbetrieb werden oder (d) sich als Gesellschaft mit beschränkter Haftung, Aktiengesellschaft oder Kooperative neu konstituieren. Letztere Möglichkeit änderte an den faktischen Gegebenheiten am wenigsten und erwies sich als die am häufigsten praktizierte.[74] In Bezug auf den Grund und Boden war die besitzrechtliche Umwandlung zunächst nur eine unvollständige. Auf die Probleme und Widerstände seitens der Betriebsleitungen Rücksicht nehmend, schränkte ein Dekret des Präsidenten vom Oktober 1993 die privaten Verfügungs- und Besitzrechte über Grund und Boden so stark ein, dass sich nur in einzelnen Gebieten, wo die regionalen Verwaltungen eigenes Recht setzten, ein freier Bodenmarkt entwickelte. Die endgültige Liberalisierung des landwirtschaftlichen Bodenmarktes erfolgte erst unter Präsident Putin im Oktober 2001.[75]

In den 1990er Jahren existierten drei Typen von Agrarproduzenten nebeneinander. Der erste und verbreitetste Typ waren Großbetriebe: Kolchosen, die als Kooperativen weiter existierten, sowie privatwirtschaftliche Betriebe, die durch die Umwandlung von Kolchosen und Sowchosen in Aktiengesellschaften oder andere Formen von Firmen entstanden waren. An der Wirtschaftsweise und am Verhältnis zwischen Arbeitskräften und Betriebsleitung änderte sich durch den Wechsel der Rechtsform praktisch nichts. Der zweite Typ waren «Farmer» (russ. *fermer*), bäuerliche Kleinunternehmer, die auf der Basis von Familienbetrieben wirtschafteten. Sie galten den liberalen Reformern als die Hoffnungsträger – ähnlich wie seinerzeit Stolypin auf die gewinnorientierten größeren Bauern gesetzt hatte. Die «Farmer» blieben jedoch eine marginale Erscheinung. Nach einer ersten Welle der Betriebsgründungen erhöhte sich ihre Zahl zwischen 1994 und 1996 nur noch unwesentlich. 1995 gab es rund 280 000 private Farmer. Mit einer Durchschnittsgröße von 43 Hektar waren die «Farmen» viel zu klein, um rentabel wirtschaften zu können. Nur in wenigen Regionen mit besonders fruchtbaren Böden (Krasnodar, Stavropol') war die Farmwirtschaft profitabel. Dort konzentrierte sich auch der größte Teil dieser Wirtschaften.[76] Der dritte Typ war die private Nebenwirtschaft der ehemaligen Kolchosniki.[77]

Somit brachte die Privatisierung im Agrarbereich kein starkes Mittelbauerntum hervor, wie sich die Reformer das gewünscht hatten, sondern ein Nebeneinander von Großbetrieben und einem Nebenerwerbs-Kleinbauerntum, wie es vor der Kollektivierung die russische Landwirtschaft gekennzeichnet hatte. Die Ursachen lagen in den unklaren Rechtsverhältnissen in Bezug auf Grundeigentum, im unterentwickelten Kreditwesen, in einer Schere zwischen den Preisen für Agrarprodukte und denjenigen für moderne landwirtschaftliche Maschinen und vor allem im fehlenden Willen der Landbevölkerung. Die wenigsten wagten den Schritt in die eigenverantwortliche, marktorientierte Landwirtschaft. Angesichts der unwägbaren Risiken schien es sicherer zu sein, in den gewohnten Strukturen zu verbleiben, im Großbetrieb zu arbeiten oder nur eine kleine Nebenerwerbslandwirtschaft zu betreiben.[78] Nur 10 bis 25 Prozent der ländlichen Bevölkerung bezeichneten es 1993 als wünschenswert, das Ackerland wieder zum Privateigentum zu machen.[79] Wer sich dennoch auf das Risiko der Selbständigkeit einließ, war häufig mit großen Problemen konfrontiert: Die schlechten Straßen und Kommunikationsverhältnisse erschwerten den Betrieb, wichtige Dienstleistungen waren von den Kolchosen und Sowchosen angeboten worden und schufen nun ein Abhängigkeitsverhältnis gegenüber deren Nachfolgebetrieben.

55 Prozent der Agrarproduktion entfielen 1995 auf die Großbetriebe, 43 Prozent kamen von den privaten Nebenwirtschaften der in den Großbetrieben angestellten Arbeiter (90 Prozent der Kartoffeln, 73 Prozent des Gemüses, 48 Prozent des Fleisches, 42 Prozent der Milch, 30 Prozent der Eier), nur zwei Prozent entfielen auf die «Farmer». Somit hatte sich die Grundstruktur der sowjetischen Landwirtschaft mit verschobenen Gewichten fortgesetzt. 1990, bevor die Privatisierung einsetzte, waren 74 Prozent der Agrarproduktion auf die Kolchosen und Sowchosen sowie 26 Prozent auf die privaten Nebenwirtschaften entfallen. Die Bedeutung der Letzteren hatte zugenommen, weil es nun möglich war, die Fläche der Nebenwirtschaft zu vergrößern, und weil auch Stadtbewohner seit der Perestrojka verstärkt Parzellen bewirtschafteten, um sich selbst zu versorgen. Ein beträchtlicher Teil der russischen Landwirtschaft war somit Mitte der 1990er Jahre Subsistenzwirtschaft.[80]

Durch den Einbruch der Nachfrage nach Lebensmitteln aus einheimischer Herstellung verzeichnete die Landwirtschaft in den 1990er Jahren einen Produktionseinbruch. Etwa die Hälfte der Lebensmittel wurde importiert. Die Getreideproduktion sank zwischen 1990 und 1995 von 104 auf 63 Millionen Tonnen, die Fleischproduktion von 9,7 auf 5,8 Millionen Tonnen, die Eierproduktion von 48 auf 34 Milliarden Stück. Eine geringe Zunahme war bei Kartoffeln und Gemüse zu verzeichnen – Produkten, die auf den privaten Hofparzellen angebaut wurden.[81] Die Dörfer Russlands boten um die Mitte der 1990er Jahre ein tristes Bild: verfallende Häuser und Wirtschaftsgebäude, vor sich hin rostende Gerätschaften, brachliegende Felder, geschlossene Kindergärten, Sanitätsstationen und Kulturhäuser, grassierender Alkoholismus und eine hohe Selbstmordrate.[82] Die ländliche Lebenswelt war somit über das Jahr 1991 hinweg von großer Kontinuität gekennzeichnet. Den Ton gaben weiterhin häufig ehemalige

Funktionäre und Kolchosvorsitzende an, die nun als Firmenleiter fungierten. Die jahrzehntelange Abwanderung der jungen und dynamischeren Kräfte hatte eine überalterte und träge Restbevölkerung zurückgelassen, die wenig Initiative an den Tag legte.

Im Kontrast zu dieser ländlichen Misere wirkten die russischen Großstädte in den 1990er Jahren überaus dynamisch. Besonders Moskau veränderte sein Gesicht (im Stadtzentrum) zu einer boomenden Weltstadt, zumal sich die in- und ausländischen Investitionen hier konzentrierten. In Moskau wurden 1997 fast elf Prozent des russländischen Bruttoinlandsprodukts erwirtschaftet. Russische und ausländische Großkapitalisten errichteten weithin sichtbare Wahrzeichen ihrer ökonomischen Macht. Das Straßenbild amerikanisierte sich: Filialen internationaler Fast-Food-Ketten, überbordende Reklame auf Schritt und Tritt, kommerzielle Videowände, wo früher sowjetische Parolen geprangt hatten, Luxusgeschäfte und teure Restaurants, bevölkert von Neureichen, die ihren Wohlstand zur Schau stellten. Am Stadtrand, entlang der Ausfallstraßen, auf denen sich nun morgens und abends die Autokolonnen in mehreren Spuren nebeneinander stauten, wuchsen riesige Einkaufszentren, Baumärkte, Möbelhäuser, Autosalons und Fitnesszentren aus dem Boden. Metrostationen, Parks und stark frequentierte Plätze und Straßen im Zentrum wiederum wurden von Kiosken gesäumt, in denen Lebensmittel und Konsumgüter aller Art feilgeboten wurden.

Neben dieser Verwestlichung und Kommerzialisierung fand aber auch eine Rückbesinnung auf das vorsowjetische russische Erbe statt. Allerorten wurden Kirchen restauriert oder wiederaufgebaut und einzelne historische Bauwerke, die der stalinistischen Umgestaltung in den 1930er Jahren zum Opfer gefallen waren, wiedererrichtet. Das spektakulärste Beispiel war die Christerlöserkathedrale in Moskau: 1932 gesprengt, um Platz für den Palast der Sowjets zu schaffen, danach jahrzehntelang ein Freiluftschwimmbad, wurde sie in den 1990er Jahren rekonstruiert. Die Grundsteinlegung erfolgte im Januar 1995 am Tag des orthodoxen Weihnachtsfestes, der Öffentlichkeit übergeben wurde sie symbolisch zum 2000. Jahrestag der Geburt Christi am 31. Dezember 1999. In nur drei Jahren hatte man den Kern in moderner Stahlbetonbauweise errichtet und anschließend so verkleidet, dass die Kirche dem Original optisch sehr nahe kam. Finanziert wurde der Bau durch Spenden von Banken und Geschäftsleuten.

Der Glanz der gläsernen Bürotürme und goldenen Kirchenkuppeln überstrahlte eine soziale Wirklichkeit, die von der Polarisierung der 1990er Jahre gekennzeichnet war: Seit Jahrzehnten waren die Großstädte nicht von so vielen Bettlern, Obdachlosen, Drogensüchtigen und verwahrlosten

Kindern bevölkert gewesen.[83] Angesichts der schweren sozialen Verwerfungen bedurfte die russische Gesellschaft dringend integrativer Impulse, denn «Demokratie» und «Marktwirtschaft» waren in den Augen vieler gleichbedeutend mit Niedergang, Armut, Chaos und Unsicherheit und damit fürs erste diskreditiert. Die politische Führung griff in dieser Situation auf das Brežnevsche Konzept der Erinnerung an den Zweiten Weltkrieg zurück. Der 50. Jahrestag des Sieges 1995 bot dafür einen geeigneten Anlass. Zum Jubiläum wurde der «Park des Sieges» fertig gestellt, eine gewaltige Anlage auf dem «Verneigungsberg» *(Poklonnaja gora)* im Westen der Stadt, unweit des Triumphbogens, der an den Sieg über Napoleon erinnert. Der Bau der Gedenkstätte war schon Ende der 1950er Jahre begonnen, aber in der Perestrojka gestoppt worden. Nach einer neuerlichen Ausschreibung vollendete man sie in den 1990er Jahren mit Hochdruck. In seiner Monumentalität und Bildsprache folgte der Gedenkkomplex den sowjetischen Vorbildern. Ergänzt wurde die Reminiszenz an einstige sowjetische Größe allerdings durch eine religiöse Komponente, verkörpert durch eine neu errichtete orthodoxe Kirche und ein gewaltiges Reiterstandbild des heiligen Georg, des Drachentöters und Schutzheiligen von Moskau.[84]

Normen und Werte im Umbruch

Die religiöse Aufladung des Erinnerns an den Zweiten Weltkrieg griff auf eine im zarischen Russland begründete Praxis zurück, als große Siege mit der Stiftung von Kirchen sakralisiert worden waren. Die Moskauer Christerlöserkathedrale etwa war zur Erinnerung an den Sieg gegen Napoleon errichtet worden. Der Bezug zur Religion entsprach aber auch einem Trend in der Gesellschaft. In den späten 1980er Jahren hatten sich nur zehn Prozent der Bevölkerung als religiös bezeichnet, 1993 waren es 40 Prozent. Besonders groß war der Anteil unter den Jugendlichen. In der Mitte der 1990er Jahre flaute der religiöse Boom aber bereits wieder ab. Er war Teil der Rückbesinnung auf russische Traditionen gewesen. Religiöse Feiertage und orthodoxe Kirchen wurden als von den Kommunisten unterdrückter Bestandteil der russischen Kultur betrachtet. Außerdem hatte Religiosität zu Beginn der 1990er Jahre einen symbolischen Charakter und füllte das ideologische Vakuum, das nach dem Zusammenbruch des Kommunismus eingetreten war. Religiös zu sein bedeutete für viele einfach, den Glauben an höhere menschliche Ideale hochzuhalten. Nur die Minderheit derer, die sich als religiös bezeichneten, besuchte mindestens einmal im Jahr einen Gottesdienst.[85]

Die Religion war zu Beginn der 1990er Jahre an die Stelle des kommunistischen Heilsversprechens getreten, das für die überwiegende Mehrheit der Bevölkerung im Desaster der Perestrojka seine Glaubwürdigkeit verloren hatte. Die schweren ökonomischen und sozialen Probleme im Gefolge des Übergangs zur Marktwirtschaft verschafften aber den Kommunisten wieder neuen Zulauf. Bei den Dumawahlen im Dezember 1995 wurden sie mit 22,3 Prozent der abgegebenen Stimmen die stärkste Fraktion und hatten damit ihren Anteil gegenüber den Wahlen 1993 fast verdoppelt. 1999 konnten sie mit 25,6 Prozent sogar noch etwas zulegen. Trotz dieses relativen Erfolges repräsentierten die Kommunisten nur ein Fünftel bis ein Viertel der Wähler. In etwa der gleiche Anteil bezeichnete sich in Meinungsumfragen gegen Ende der 1990er Jahre mit steigender Tendenz als Anhänger eines wiederhergestellten oder reformierten sozialistischen Gesellschaftsmodells. Die Anhänger radikaler Marktreformen und einer weiteren Annäherung an den Westen nahmen hingegen von 1993 bis 2000 kontinuierlich von 24 auf 7,8 Prozent ab. Starken Schwankungen unterlag der Anteil derer, die einem russisch-nationalen Sonderweg anhingen (1995 und 2000 um die zehn Prozent, 1997 vorübergehend 22 Prozent). Die größte Gruppe (30–40 Prozent) stellten diejenigen, die kein Interesse an Politik hatten.[86]

Die Frustration über die Ergebnisse der Demokratisierung reichte tief in die Gesellschaft hinein. In Kombination mit der Persistenz von Einstellungen, die sich in der sowjetischen Zeit verfestigt hatten, erzeugte sie eine Gemengelage widersprüchlicher Wertehaltungen. In der Sowjetunion war es verpönt gewesen, das Streben nach Wohlstand und Konsumgütern in den Mittelpunkt des Lebens zu stellen, denn ein solches Verhalten galt als «kleinbürgerlich» oder als «besitzfixiert». Die Einkommen hatten sich nicht über die Wertschöpfung durch die individuelle Arbeit, sondern über politische Prioritäten definiert. Das individuelle Niveau an Einkommen und Wohlstand resultierte also nur zu einem geringen Teil aus dem Grad an persönlichem Fleiß. Das erklärt, warum zu Beginn der 1990er Jahre ein Viertel der Bevölkerung der Ansicht war, dass der Wohlstand einer Person nicht von ihr selbst abhänge, sondern vom Grad an sozialer Gerechtigkeit in einer Gesellschaft.

Die nach der Einführung der Marktwirtschaft ab 1992 sichtbar werdenden großen Einkommensunterschiede beurteilten viele als ungerecht. Etwa 40 Prozent der Befragten waren zu Beginn der Privatisierung der Ansicht, dass die Einkommensunterschiede verringert werden sollten. Ebenso viele unterstützten aber auch die ökonomische Differenzierung. Mitte der 1990er Jahre, als sich die ökonomische Lage und die Lebensverhältnisse für viele verschlechtert hatten, waren mehr als 80 Prozent der Ansicht, dass die gegenwärtige Einkommensverteilung ungerecht sei. Was die Menschen am meisten störte, waren die hohen Preise, der Anstieg der Kriminalität, niedrige Einkommen, Unsicherheit über die Zukunft und die soziale Ungerechtigkeit. Erst allmählich setzte sich das Bewusstsein durch, dass man Geld und Konsumgüter nicht selbstverständlich vom Staat empfange, sondern sich durch Arbeit verdienen müsse. Das wollte erst gelernt werden, denn bis 1991 war es anders gewesen: Bis zum Ende der Sowjetunion hatte die Erfahrung dominiert, dass sich das Einkommen durch effektiveres Arbeiten und mehr Fleiß nicht steigern ließ.

Das Verhältnis der Bevölkerung zu «Business» und Profit war in den 1990er Jahren ambivalent. Umfrageergebnisse ergeben ein heterogenes Bild: 1992 äußerte schon mehr als die Hälfte der Bevölkerung den Wunsch, ein «Business» (russ. *biznes*) zu betreiben. Andererseits lehnten 80 Prozent der Moskauer die neuen Geschäftsleute ab. 85 Prozent waren der Ansicht, dass Geschäftsleute ihren Gewinn auf Kosten der anderen machten. Die Wörter «Profit» und «Gewinn» waren weiterhin negativ besetzt. Gleichzeitig stieg jedoch auch die Zahl derer, die der Privatisierung der Wirtschaft grundsätzlich positiv gegenüberstanden. 75 Prozent hielten es für akzeptabel, auf ehrliche Weise zu Reichtum zu kommen, 70 Prozent waren der Ansicht, der Staat solle jedem die Möglichkeit geben, so viel zu verdienen, wie er möchte.[87]

Diese und andere Ergebnisse von Meinungsumfragen zeichnen ein Bild von einer Gesellschaft, in der es viele Menschen gab, deren Grundwerte recht diffus und zum Teil in sich widersprüchlich waren. Die prinzipielle Akzeptanz der Marktwirtschaft verband sich bei vielen mit Nostalgie für das sowjetische System.[88] Bei einer im Januar 1996 durchgeführten Befragung zur Bewertung einer Palette wirtschaftspolitischer Maßnahmen verhielt sich noch eine Mehrheit positiv bis neutral zu den Reformen. Bei der Wiederholung der Umfrage im Februar 2000 bewerteten zwei Drittel die Marktreformen negativ. Schon bei der ersten Befragung 1996 hatten 64 Prozent dafür plädiert, dass der Staat wieder stärker in die Preisgestaltung eingreifen solle. Die Zurücknahme der Privatisierung, Wiederherstellung der führenden Rolle des Staatssektors in der Wirtschaft und der staatlichen Wirtschaftsplanung wünschten sich 1996 etwa 38 Prozent der Befragten. Im Februar 2000 waren es 70 Prozent, die für derartige Elemente einer staatssozialistischen Wirtschaftspolitik plädierten.[89]

Der wachsende Wunsch nach mehr Einmischung des Staates in die Wirtschaft ging parallel mit einer zunehmenden Sehnsucht nach einem starken Führer, der die Ordnung im Lande wiederherstelle, wobei die meisten unter «Ordnung» nicht eine Diktatur, sondern die Macht der Gesetze verstanden. Da das politische System der 1990er Jahre bei der Herstellung von Ordnung versagt hatte, waren mehr als drei Viertel der Befragten im März 2000 der Ansicht, Russland brauche jetzt eine «eiserne Hand». Die Ordnungssehnsucht war bei den Anhängern der verschiedenen Parteien unterschiedlich ausgeprägt: bei den Kommunisten mit 95 Prozent am stärksten, aber selbst unter den Liberalen hielt eine knappe Mehrheit die Herstellung von Ordnung für wichtiger als die Bewahrung der errungenen politischen Freiheiten.

Trotz des Wunsches nach Ordnung und einer «eisernen Hand» verwarf sowohl 1995 als auch 2000 nur eine kleine Minderheit zentrale demokratische Prinzipien: Nur 10 bis 12 Prozent waren für ein Verbot politischer Parteien, nur 17 bis 18 Prozent für die vorübergehende Schließung der Duma und Konzentration aller Machtbefugnisse in der Hand des Präsidenten und der Regierung.[90] Dennoch zeigt dieses Stimmungsbild, dass die autoritären Tendenzen, die der neue Präsident Vladimir Putin in seiner Amtszeit einführte, der Erwartungshaltung einer breiten Mehrheit entsprachen und als Reaktion auf die chaotischen Verhältnisse der «wilden» 1990er Jahre zu verstehen sind.

Eine vergleichende soziologische Untersuchung der Wertesysteme in Russland und in den westlichen Ländern ergab, dass die russische politische Kultur im Gegensatz zur westlichen Mitte der 1990er Jahre durch einen hohen Grad an Passivität der Bürger gekennzeichnet war. Die Transformation hatte noch keine Zivilgesellschaft von politisch aktiven Bürgern hervorgebracht. Außerdem erlebten nach einer Phase der Individualisierung und Selbstverwirklichung unter dem Eindruck der Wirtschaftskrise traditionelle Werte der Gemeinschaftlichkeit sowie der Respekt vor Autoritäten eine Renaissance. 65 Prozent der befragten Russen gaben der Gleichheit den Vorrang vor der Freiheit, während es in Westeuropa genau umgekehrt war.[91] Das kumulierte Erbe der russischen Geschichte – die nur unvollständig von der autokratischen Staatsmacht emanzipierte Gesellschaft der Zarenzeit, der orthodoxe Gemeinschaftsgedanke und der Kollektivismus und Autoritarismus der Sowjetzeit – erwies sich in der Krise des Übergangs zu Marktwirtschaft und Demokratie weiterhin als wirkungsmächtig. Die russische Gesellschaft konnte nicht von einem Tag auf den anderen über den Schatten ihrer Vergangenheit springen.

Bilanz und Ausblick

«Wir wollten das Beste, aber es kam wie immer.» Dieser Satz, mit dem Ministerpräsident Viktor Černomyrdin im August 1993 die Währungsreform kommentierte, ist in Russland zum geflügelten Wort geworden. Er bringt in sarkastisch-fatalistischer Weise auf den Punkt, was als gemeinsamer Nenner aller Anfänge gelten kann, die in Russland im langen 20. Jahrhundert unternommen wurden. Alle hatten das Beste für Russland im Sinn: die reformorientierten zarischen Staatsmänner ebenso wie die konservativen Slawophilen, die liberalen Demokraten wie die revolutionäre Bewegung, diejenigen, die das Sowjetsystem aufbauten und vom Kommunismus träumten, ebenso wie diejenigen, die es zugunsten von Demokratie und Marktwirtschaft wieder abschafften. Und alle erlebten ihre Fehlschläge und Frustrationen und mussten hilflos zusehen, wie sehr sich das, was herauskam, von dem unterschied, was sie sich ausgemalt hatten.

Vergleicht man Anfangs- und Endpunkt der in diesem Buch beschriebenen Geschichte, so ist die Bilanz des 20. Jahrhunderts auf den ersten Blick positiv: Das Russland von 1900 verzeichnete eine Analphabetenquote von 80 Prozent, eine Säuglingssterblichkeit von 27 Prozent und eine durchschnittliche Lebenserwartung von 32 Jahren. Hundert Jahre später gab es praktisch keine Analphabeten mehr, die Säuglingssterblichkeit lag bei zwei Prozent und die durchschnittliche Lebenserwartung bei 65 Jahren. 1900 hatten 87 Prozent der Bevölkerung auf dem Land gelebt, nun wohnten 73 Prozent in der Stadt. War der Bauer 1900 noch barfuß oder mit um die Füße gewickelten Lappen gelaufen, so trug sein Urenkel im Jahr 2000 Stiefel oder Schuhe. Wirtschaft, Lebensverhältnisse und Bildungsniveau hatten sich den westlichen Industrieländern, mit denen sich Russland stets maß, angenähert. – So weit könnte diese Geschichte auf viele Länder zutreffen, die sich im 20. Jahrhundert industrialisierten. Das Spezifische an Russland ist aber der Weg, der in jenen 100 Jahren zurückgelegt wurde. Die Verwandlung Russlands war kein kontinuierlicher Prozess, sondern sie erfolgte in mehreren Anläufen mit zwischendurch wechselnden Zielvorstellungen, und sie war mit immensen Opfern und Verwerfungen verbunden. Dreimal wurde Russland im betrachteten Zeitraum neu erfunden: das erste Mal im Zuge der Reformen und der Industrialisierung im ausgehenden Zarenreich, das zweite Mal mit der Machtergreifung der Bolschewiki und das dritte Mal nach dem Ende der Sowjetunion, wobei hier partiell wieder an die 1917 gekappten Stränge angeknüpft wurde. Keine dieser drei Neuerfindungen war unumstritten. Stets gab es konkurrierende Konzepte, das kommunistische Projekt konnte sogar nur unter Einsatz massiver Gewalt umgesetzt werden. Und keine der drei Neuerfindungen schaffte es, die Kluft zwischen den Elitendiskursen und der gelebten Praxis zu überbrücken.

Das Russländische Reich um 1900 verstand sich als eine europäische Großmacht, die den anderen Großmächten in ökonomischer Hinsicht nacheiferte und auf allen Gebieten – ausgenommen das System der Autokratie – in dynamischem Wandel begriffen war. Bereits mit den unter Alexander II. in den 1860er und 1870er Jahren unternommenen Reformen hatte Russland den Weg in Richtung auf einen Rechtsstaat mit modernen Institutionen nach westeuropäischem Vorbild eingeschlagen. Um die Jahrhundertwende erzeugte der gesellschaftliche und ökonomische Wandel durch Industrialisierung, Urbanisierung und eine beginnende gesellschaftliche Politisierung bei gleichzeitigem Festhalten der Autokratie am überkommenen politischen System Widersprüche und Konflikte, die in die Revolutionen von 1905 und 1917 mündeten.

Im Vergleich mit West- und Mitteleuropa war die russische Entwicklung phasenverschoben. In Russland setzte sich zwischen 1890 und 1917 die Industriegesellschaft noch nicht auf breiter Grundlage durch, aber die Industrialisierung erlebte einen kräftigen Aufschwung. Die Wandlungsdynamik war stark, vollzog sich aber auf einem anderen Entwicklungsniveau als in West- und Mitteleuropa. Indem die Autokratie 1905 Zugeständnisse in Richtung auf ein konstitutionelles System machen musste, entstand mit der Staatsduma – bei aller Beschränktheit dieser Volksvertretung – eine neue Qualität von Politik und Öffentlichkeit. Die Gesellschaft begann sich vom Staat zu emanzipieren und gleichzeitig Verantwortung für das Gemeinwohl zu übernehmen. Als Problem erwies sich neben dem politischen System die zweifache kulturelle Kluft zwischen der Denk- und Lebenswelt der städtischen Eliten, der überwiegend bäuerlichen Bevölkerung und dem noch sehr kleinen, aber stetig anwachsenden und sich radikalisierenden Industrieproletariat. Die Kommunikation zwischen diesen drei Akteuren funktionierte häufig nicht oder war durch Missverständnisse beeinträchtigt. Neuerungen kamen in den Dörfern und an der Peripherie vielfach bis zur Unkenntlichkeit entstellt an. Es fanden zwar durchaus auch im ländlichen Bereich Adaptionen an das Neue statt, aber vielfach verhielten sich die Bauern anders, als es die Architekten der

Reformen erwartet hatten. Die Dorfgemeinde funktionierte nach eigenen Regeln und schottete sich gegen Einmischungen von außen ab.

Aus diesen Friktionen den Schluss zu ziehen, dass das Projekt der Modernisierung des Zarenreiches nach westlichen Vorbildern unausweichlich zum Scheitern verurteilt war, würde die vielen Veränderungen übersehen, die im Gange waren, und jeder Politik, die darauf abzielt, historisch gewachsene Strukturen aufzubrechen und Neuerungen gegen Widerstände durchzusetzen, die Erfolgschancen absprechen. Das späte Zarenreich hatte durchaus ein Potential aufzuweisen, das bei ausreichend kontinuierlicher Entwicklung über einen längeren Zeitraum hinweg zur allmählichen Angleichung an die Verhältnisse in Westeuropa hätte führen können. Die in der älteren Literatur verbreiteten Metaphern von Stillstand und Verfall führen jedenfalls in die Irre. Selbst die Autokratie blieb nicht völlig starr: Das Konzept des politisch konservativen, aber zugleich strukturell modern denkenden Ministerpräsidenten Stolypin zielte darauf ab, Russland in einen effektiven und ökonomisch leistungsfähigen Staat umzuwandeln, es zu einer Nation zu integrieren und auf diese Weise die monarchische Ordnung aufrechtzuerhalten sowie die revolutionären und liberalen Kräfte einzudämmen. Es zeigt, dass Autokratie und Modernisierung im Sinne von Effizienzsteigerung nicht prinzipiell unvereinbar waren.

Dass die Autokratie schließlich dennoch in der Februarrevolution 1917 zusammenbrach, lag in erster Linie am fortschreitenden Autoritätsverlust, den sie während des Ersten Weltkriegs erlebte, der das Land militärisch, ökonomisch und politisch überforderte. Dem Verfall der Autokratie parallel ging eine Dynamisierung und Aktivierung der Gesellschaft. Die Februarrevolution erscheint somit als die logische Weiterentwicklung des 1905 von den Liberalen und Demokraten eingeschlagenen Weges in Richtung auf einen demokratischen Verfassungsstaat. Die Abschüttelung der Zarenherrschaft eröffnete Russland für einige Monate die Perspektive auf einen demokratischen Entwicklungspfad, wie ihn nach dem Ersten Weltkrieg viele Länder einschlugen. Dass es letztlich anders kam, lag an einer Vielzahl von Faktoren – von der Polarisierung der Gesellschaft über die Unfähigkeit der Provisorischen Regierung bis hin zum entschlossenen und die Gewalt nicht scheuenden Handeln der Bolschewiki und der fehlenden Verwurzelung der demokratischen und liberalen Ideen in der breiten Bevölkerung. Die Machtergreifung und erfolgreiche Machtbehauptung der Bolschewiki im Herbst und Winter 1917/18 sowie im Bürgerkrieg war jedenfalls kein zwangsläufiger oder gar gesetzmäßiger Vorgang, sondern eine von mehreren möglichen Varianten der historischen Entwicklung.

Ihre Bedeutung war gleichwohl gewaltig. Sie bewirkte einen radikalen

Richtungswechsel und Zivilisationsbruch. Die bolschewistische Revolution verstand sich als eine politische, ökonomische, soziale und kulturelle Umwälzung, als Ansatz zur Überwindung tradierter Lebensweisen, Normen und Kulturformen. Das gesamte Leben der Menschen sollte von Grund auf verändert werden. Der Sowjetkommunismus war der Versuch, ein als rückständig wahrgenommenes Agrarland innerhalb kürzester Zeit auf ein höheres Niveau zu katapultieren. Das politische Programm der Bolschewiki speiste sich aus dem Marxismus, ihre Radikalität aus der Tradition der russischen revolutionären Bewegung, wie sie sich zwischen 1860 und 1880 formiert hatte. Die Ziele und Methoden der Bolschewiki waren nicht nur von den russischen Verhältnissen, sondern von ihrer Wahrnehmung der kapitalistischen Welt bestimmt. Ihr Gesellschaftsentwurf war keine Antwort auf die Probleme Russlands im gegenwärtigen Entwicklungsstadium, sondern auf das, was sie in den fortgeschrittenen kapitalistischen Ländern beobachteten. Er wurde in einer Situation auf die Tagesordnung gesetzt, als die kapitalistische Moderne im Ersten Weltkrieg ihre umfassende Katastrophe erlebt hatte. Die Bolschewiki zogen aus diesem Desaster den Schluss, dass in Russland ein grundsätzlich anderer Weg eingeschlagen werden müsse. Damit warfen sie gleichzeitig vieles über Bord, was in den Jahrzehnten davor mühsam aufgebaut worden war. Russland erlebte im Hinblick auf Rechtswesen, Institutionen und politische Kultur nach 1917 einen Rückschritt.

Die Bolschewiki ignorierten in den ersten Jahren ihrer Herrschaft die realen Probleme der russischen Agrargesellschaft weitgehend zugunsten einer Utopie, für deren Verwirklichung noch jegliche Grundlagen fehlten. Sie wollten etwas völlig Neues aufbauen, ihre eigene, andere Moderne schaffen, die sich über den Marxismus und die Abgrenzung vom demokratisch-kapitalistischen Modell definierte und vorgab, ein überlegenes, weil wissenschaftlich begründetes und mit historischer Gesetzmäßigkeit ablaufendes, Programm zu besitzen. Der Versuch einer Neuformatierung führte unter den Bedingungen des Bürgerkriegs in eine Katastrophe, sodass die Bolschewiki 1921 genötigt waren, auf die wirtschaftliche und soziale Realität Rücksicht zu nehmen, um nicht komplett zu scheitern. Zwischen 1921 und 1928 stellten sie die radikalen Konzepte zurück, ohne sie aus den Augen zu verlieren. 1928 griffen sie das ursprüngliche Projekt der radikalen Umgestaltung wieder auf, diesmal aus einer stärkeren Machtposition heraus und konsequenter. Was Stalin seit 1928 mit brutaler Gewalt durchsetzte, war eine militante Antwort auf das, was die Bolschewiki als Rückständigkeit, Kulturlosigkeit und Unordnung wahrnahmen. Sie zwangen der Bevölkerung ihre Vorstellungen von Kultur, Modernität und Fortschritt auf. Die Beschleunigung des kommunistischen Projekts um 1930 erfolgte vor dem Hintergrund dessen, dass der Kapitalismus in der Weltwirtschaftskrise abermals vor dem Zusammenbruch zu stehen schien.[1]

Mit der sozialistischen Umgestaltung von Wirtschaft, Gesellschaft, Lebensweise und Kultur unter Stalin gewann die sowjetische Entwicklung eine Eigendynamik, die sie vom westlichen Entwicklungsmodell abkoppelte. Vordergründig übernahm die Sowjetunion Elemente des industriell-technischen Fortschritts der westlichen Länder, baute diese Elemente aber in ein spezifisches Gesamtsystem ein, das sich als fundamentaler Gegenentwurf zum demokratisch-kapitalistischen System verstand, von dessen baldigem Untergang die Bolschewiki, bestärkt durch die Weltwirtschaftskrise und das Aufkommen faschistischer Bewegungen, überzeugt waren. Trotz der völlig unterschiedlichen Zielsetzung hatte die sozialistische Umgestaltung eines gemein mit der Industrialisierungspolitik von Finanzminister Sergej Vitte in den 1890er Jahren: den Bezug auf die fortgeschrittenen westlichen Industrieländer. Sowohl Vitte als auch Stalin sprachen eindringlich von der Rückständigkeit Russlands und von der Notwendigkeit, schnell zu industrialisieren, um nicht zur Kolonie abzusinken.

Die Ergebnisse des Stalinschen «Sprungs nach vorn» waren eindrucksvoll und katastrophal zugleich: Die Industrialisierung ging mit Riesenschritten voran, aber sie barg in sich gravierende Disproportionen, die noch Jahrzehnte später für Probleme sorgten. Die Idee der zentralen Planwirtschaft mutierte schnell zu einer administrativen Kommandowirtschaft, die sich als dysfunktional herausstellte und auf die enge Symbiose mit einer geduldeten Schattenwirtschaft angewiesen war. Die Kollektivierung der Landwirtschaft hatte katastrophale Auswirkungen, sowohl kurz- als auch langfristig. Eine Bilanz der Herrschaft Lenins und Stalins wäre zudem unvollständig, wenn nicht die menschlichen Opfer Eingang fänden. Die Millionen Erschossener, Deportierter und Verhungerter sind untrennbarer Bestandteil der stalinistischen Herrschaftstechnik und des mit ihr gekoppelten rücksichtslosen Modernisierungskonzepts.

Nachdem Stalin und seine Gefolgsleute seit Mitte der 1930er Jahre auf Konsolidierung gesetzt hatten, bestärkte sie nach 1945 der gewonnene Krieg gegen Deutschland in dem Glauben, dass sie als Vollstrecker einer historischen Gesetzmäßigkeit handelten. Sie unternahmen einen neuerlichen Anlauf zur beschleunigten Verwirklichung der kommunistischen Gesellschaft und glaubten, dieser Zustand könne in 20 bis 30 Jahren erreicht werden. In diesen Kontext gehört unter anderem die Vision des «Stalin-Plans zur Umgestaltung der Natur». Siegesgewiss und selbstbewusst verkündete er eine Fortschrittsbotschaft von blühenden Landschaften, die an die Stelle bisheriger Steppen und Wüsten treten würden. Diese Vision stand in krassem Gegensatz zu dem armseligen Leben, das die meisten Sowjetbürger in den Nachkriegsjahren führten, und zu den Enttäuschungen, die sie empfanden, als das Regime nach den versöhnlichen Signalen während des Krieges wieder die repressiven Vorkriegsverhältnisse restaurierte. Mit dem Vorrücken nach Mitteleuropa in der Endphase des Krieges hatten erstmals Millionen Sowjetbürger das Ausland mit eigenen Augen gesehen, und in der Nachkriegszeit ließ sich das Überschwappen von Informationen, Moden und Unterhaltungskultur aus den sozialistischen Ländern des östlichen Europa und aus dem Westen nicht mehr völlig unterbinden. Unter diesen Bedingungen entstanden trotz der Repressivität des stalinistischen Systems in der Jugend nonkonforme Subkulturen und von den offiziellen Vorgaben abweichende Identifikationsmuster, die sich an westlicher Kultur und Lebensweise orientierten.

Nikita Chruščev rechnete zwar mit Stalins Fehlern und Verbrechen ab und beendete den Terror, erneuerte aber die Idee der Beschleunigung. Überzeugt von der Überlegenheit des Kommunismus und des sowjetischen Wirtschaftssystems verkündete er, dass die Sowjetunion in zehn Jahren die USA überholt und in zwanzig Jahren den Kommunismus erreicht haben werde. Unter dem Einfluss der Systemkonkurrenz im Kalten Krieg und des Bewusstseins, dass die Sowjetbürger nach den Entbehrungen der Stalinzeit ein Recht auf ein normales Leben hätten, verband sich bei Chruščev die kommunistische Utopie mit der amerikanischen Konsumgesellschaft. Das Heilsversprechen des Kommunismus sollte mit dem materiellen Lebensstandard des Westens kombiniert werden. 1962 stellte sich jedoch bereits das Scheitern der Chruščevschen Versprechungen heraus. Die sowjetische Wirtschaft verkraftete die Anstrengung nicht und es kam zu einer Versorgungs- und Vertrauenskrise. Leonid Brežnev zog daraus ab 1964 die Konsequenz, das System zu stabilisieren. Das Anliegen Chruščevs, die Lebensverhältnisse der Menschen zu verbessern, setzte er konsequent weiter fort, verzichtete aber auf spektakuläre Zukunftsversprechen und die bei Chruščev noch deutlich zu spürende kulturrevolutionäre Komponente des kommunistischen Projekts. Brežnev modifizierte die sowjetische Moderne in dem Sinne, als Wohlstand und soziale Sicherheit nun höchste Priorität erhielten. Mit dem Konstrukt des «entwickelten Sozialismus» holte er das Heilsversprechen aus der nicht greifbaren Zukunft in die Gegenwart und sprach in logischer Konsequenz weniger über Zukunftsvisionen als über das in der Vergangenheit Geleistete und bereits Erreichte.

Die Menschen honorierten den relativen Wohlstand und die soziale Sicherheit, die sie in den 1960er und 1970er Jahren genossen, mit Loyalität und Zustimmung. Revolutionäre Dynamik wohnte dem «entwickelten

Sozialismus» nicht mehr inne, aber gerade weil die Menschen nun nicht mehr auf eine künftige Utopie vertröstet wurden, konnte die modifizierte sowjetische Moderne erfolgreich als Gegenmodell zum Kapitalismus präsentiert werden. Das funktionierte allerdings nur so lange, wie die in der Bevölkerung geweckten Erwartungen hinsichtlich der weiteren Verbesserung des Lebensniveaus erfüllt wurden. Gegen Ende der 1970er Jahre hin war das immer weniger der Fall, denn die Ansprüche der Menschen stiegen – nicht zuletzt, weil sie bei Reisen ins sozialistische Ausland mit einem, verglichen mit der Lage im eigenen Land, frustrierend höheren Lebensstandard konfrontiert waren.

Gesellschaftlich und kulturell wurde die Sowjetunion seit den 1960er Jahren von Veränderungen und Trends berührt, die sich über die westlichen Industrieländer verbreiteten, und wurde Letzteren dadurch in manchen Bereichen ähnlicher. Das betraf das staatlich ermunterte Konsumstreben, aber auch die dem kollektivistischen Gesellschaftsentwurf eigentlich widersprechende Tendenz zur zunehmenden Individualisierung und höheren Gewichtung des Privatlebens. Indem der Staat Anstrengungen unternahm, um die Wohnungsnot zu lindern, leistete er dieser Tendenz Vorschub, denn nun lebte schon die Mehrheit der Familien in einer eigenen Wohnung. Eine Annäherung an den Westen fand auch in der Unterhaltungs- und Freizeitkultur und bei der Gestaltung und Nutzung des neuen Massenmediums Fernsehen statt. Insbesondere die Jugend wandte sich in großer Zahl der westlichen Populärkultur zu.

Diese alltagskulturellen Wandlungen erfassten zwar große Teile der Bevölkerung, waren aber bis weit in die 1970er Jahre hinein nicht mit einer Umorientierung auf das westliche kapitalistisch-demokratische Ordnungsmodell verbunden. Die Identifikation mit den Grundprinzipien der sozialistischen Ordnung war hoch und die Vorstellungen vom «Westen» waren diffus. So wenig die Menschen das Sowjetsystem hinterfragten, weil sie es für sie inzwischen eine selbstverständliche Normalität darstellte, so indifferent standen sie nun dem Regime und ideologischen Themen gegenüber. Das gilt insbesondere für die Generationen, die nach dem Krieg aufgewachsen waren und weder existentielle Not noch Terror am eigenen Leib erfahren hatten. Wer Konformität an den Tag legte, brauchte keine Angst mehr zu haben, denn die Kommunistische Partei hielt zwar an ihrem Macht- und Informationsmonopol fest, verteidigte es aber nicht mehr mit den terroristischen Mitteln der ersten Jahrzehnte. Oppositionelle Kräfte reizten die sich bietenden Spielräume aus, verkörperten eine Variante der Pluralisierung, blieben aber ein Randphänomen und wurden Ende der 1970er Jahre mundtot gemacht.

Die seit den 1960er Jahren im globalen Kontext auftauchenden neuen Herausforderungen (effizientere Nutzung der Rohstoffe und Energieträger, Umweltverschmutzung, Umstrukturierung der Wirtschaft im Sinne der dritten industriellen Revolution) konnte der Sowjetkommunismus nicht bewältigen. Darin liegt der eigentliche Grund für sein Scheitern. Die administrative Kommandowirtschaft war ein geeignetes Konzept gewesen, um eine auf Großbetriebe konzentrierte Industrialisierung quantitativ schnell voranzutreiben und die im Land verfügbaren Arbeitskräfte zu diesem Zweck zu mobilisieren. Sie hatte so lange funktioniert, als das Wachstum durch eine Ausweitung des Einsatzes von Arbeitskräften und materiellen Ressourcen erzielt werden konnte. Als es im Zuge der globalen Wandlungen in der Wirtschaft in den 1970er Jahren aber darum ging, durch Innovationen und Umstrukturierungen die vorhandenen Ressourcen sparsamer und effektiver einzusetzen, stieß das System an seine Grenzen. Die Kombination von zentraler Planung, Machtmonopol der Kommunistischen Partei und der hermetischen Ideologie erschwerte angesichts der fortschreitenden Komplexität der Volkswirtschaft Anpassungs- und Lernprozesse.[2]

Die Wirtschaftsstruktur der Sowjetunion entsprach in den 1970er Jahren immer noch dem, was in Anlehnung an die in Henry Fords Automobilfabrik zu Beginn des 20. Jahrhunderts erfundenen Produktionsprinzipien als «Fordismus» beschrieben wurde: der Produktion von standardisierten Massengütern in großen Industriekomplexen und auf der Grundlage eines «scientific management». Der «Fordismus» war seit den 1920er Jahren in der Sowjetunion rezipiert und mit der Idee einer zentralen Planung und Leitung der Wirtschaft kombiniert worden. Die sowjetische Industrialisierung erfolgte über Industriegiganten, die auf der aus dem Westen übernommenen Technologie der Massenproduktion basierten. Auf diese Weise wurden einander die sowjetische und die kapitalistische Wirtschaft bis in die 1960er Jahre immer ähnlicher, weil beide vom fordistischen Modell beeinflusst waren. Seitdem wichen die westlichen Industrieländer aber von diesem Modell ab: Die Bedeutung der rohstoffgewinnenden und verarbeitenden Industrie sowie der großen Industriekomplexe ging zurück, die Zahl der Beschäftigten im Dienstleistungssektor stieg, die durchschnittliche Größe der Industriebetriebe verringerte sich, der Fokus lag nun auf Investitionen, die Arbeitskräfte und den Verbrauch von Ressourcen einsparten, der Trend ging zur Flexibilisierung der Produktionsprozesse und zur Ausgliederung von Arbeitsschritten und Dienstleistungen auf andere Betriebe sowie zu weniger staatlicher Einmischung in die Wirtschaft.[3]

Die Sowjetunion, die bis dahin stets bestrebt gewesen war, technologisch mit dem Westen gleichzuziehen, stieß nun auf unüberwindbare Hindernisse, weil die «post-fordistischen» Trends mit der administrativen Kommandowirtschaft und der aus ihr resultierenden starken vertikalen, aber schwachen horizontalen Integration der Betriebe nicht vereinbar waren. Das starre und bürokratische sowjetische Wirtschaftssystem hatte mit den strukturellen Innovationen, die die westlichen Ökonomien in den 1970er Jahren stark veränderten, ein grundsätzliches Problem. Im Ergebnis entwickelten sich die Wirtschaften in West und Ost nun wieder auseinander. Während in den westlichen Industrieländern Landwirtschaft und Industrie nach 1970 stark an relativer Bedeutung verloren und 1985 der Anteil der im Dienstleistungssektor Beschäftigten auf 57 Prozent stieg, blieb in den kommunistischen Ländern Osteuropas die Industrie auf dem ersten Platz. 1985 entfielen nur 38 Prozent der Beschäftigten auf den Dienstleistungssektor.[4] Infolge seiner begrenzten Fähigkeit zur Rationalisierung und Effizienzsteigerung und der Innovationsschwäche konnte das sowjetische System den Übergang vom extensiven zum intensiven Wachstum nicht mitvollziehen. Es verharrte im Konzept der Industriemoderne des ausgehenden 19. und beginnenden 20. Jahrhunderts und geriet dadurch strukturell und technologisch ins Hintertreffen. Das gilt vor allem für die «digitale Revolution», die in den 1970er Jahren in den westlichen Ländern ihren Siegeszug antrat. Die Probleme konnten allerdings zunächst verdeckt werden, weil die Sowjetunion als weltgrößter Öl- und Gasexporteur von den infolge der Ölkrisen von 1973 und 1979 sprunghaft steigenden Energiepreisen profitierte. Dennoch tat sich seit Ende der 1970er Jahre eine zunehmende Kluft zwischen den propagandistischen Versprechungen und der Realität auf, die auch insofern an Brisanz gewann, als sich – jenseits der offiziellen kollektivistischen Leitbilder – in der Gesellschaft der Trend zur Fragmentierung und Pluralisierung fortsetzte. Auf diese Weise geriet das Sowjetsystem tendenziell doppelt unter Druck: wirtschaftlich, weil sich der Abstand zu den kapitalistischen Ländern vergrößerte; gesellschaftlich, weil die zunehmende Heterogenität und Fragmentierung das monopolistisch angelegte Machtsystem herausforderte.

Die geringe Produktivität der Wirtschaft war der Hauptauslöser für Gorbačevs Reformpolitik ab 1986. Gorbačev war überzeugt, man könne das sowjetische Wirtschaftssystem durch Reformen effizient machen, ohne das Privateigentum an Produktionsmitteln zuzulassen und ohne den freien Markt einzuführen. Er hielt weiterhin das Ideal der kommunistischen Gesellschaft aufrecht und verkannte die prinzipiellen Fehler im System der administrativen Kommandowirtschaft. Die neue Praxis des Publikmachens von Missständen, verbunden mit der Möglichkeit der freien Meinungsäußerung, machte die Defizite und Konstruktionsfehler offenkundig. Die Reformversuche zeitigten nicht den erhofften Erfolg, sondern versetzten der maroden Wirtschaft endgültig den Todesstoß, sodass die Perestrojka in eine schwere Versorgungskrise mündete, die wiederum zusammen mit den Enthüllungen über die Fehler und Verbrechen der Vergangenheit der Kommunistischen Partei die Legitimationsgrundlage entzog. Die neue Offenheit entwickelte eine Eigendynamik, die der Kontrolle Gorbačevs entglitt und zum Machtverlust der Kommunistischen Partei sowie zur Auflösung der Sowjetunion führte. Die außenpolitischen Erfolge Gorbačevs konnten den Niedergang des Regimes im Inneren nicht kompensieren, obwohl es ihm als erstem sowjetischen Staatsmann gelungen war, ein vertrauensvolles Verhältnis mit den USA herzustellen und das Wettrüsten zu beenden, das die sowjetische Wirtschaft mit seinen hohen Kosten und der Bindung wichtiger Ressourcen stets zusätzlich schwer belastet hatte.

In dieser Situation kamen Rückkoppelungseffekte zwischen der Sowjetunion und ihren ostmitteleuropäischen Satellitenstaaten zum Tragen. Die Perestrojka strahlte dorthin aus und ermutigte oppositionelle Kräfte zu offensiverem Agieren. Indem Gorbačev die Breźnev-Doktrin für ungültig erklärte und signalisierte, dass die Sowjetunion im Falle gravierender innenpolitischer Veränderungen in den kommunistischen Ländern nicht wie früher intervenieren werde, machte er die Bahn frei für die weltgeschichtliche Wende weg vom Kommunismus hin zur demokratisch-pluralistischen Gesellschaft westlichen Typs. Dieser mächtige Trend, der bis zum Ende des Jahres 1989 alle Staaten im ostmitteleuropäischen Sicherheitsgürtel der Sowjetunion erfasst hatte, konnte nicht ohne Rückwirkung auf die Sowjetunion selbst bleiben. In dieser historischen Umbruchphase fand eine Neuorientierung der Gesellschaft statt. Während Gorbačev noch am Kommunismus festhielt, schwenkten andere Politiker, die zunehmend an Einfluss und Macht gewannen, auf eine grundsätzlich andere Linie um, denn das sowjetische Wirtschafts- und Gesellschaftsmodell hatte Ende der 1980er Jahre seine Glaubwürdigkeit weithin eingebüßt. Hatte sich unter Brežnev die Attraktivität des Westens auf Konsumgüter, Mode und Musik beschränkt, so vollzog sich nun ein tiefer gehender Wertewandel, der mit einer Entfremdung von den bisher bejahten Normen der sozialistischen Gesellschaftsordnung verbunden war. Demokratie und Marktwirtschaft entfalteten eine starke Anziehungskraft, auch wenn viele nur vage Vorstellungen vom «Westen» hatten.

Mit der Machterosion der Kommunistischen Partei und dem Auseinanderbrechen des Vielvölkerreiches 1991 war der Gegenentwurf zum demokratisch-kapitalistischen Modell gescheitert und wurde in einer radikalen

Neuorientierung über Bord geworfen. Russland beschritt nun in Windeseile den Weg Richtung Demokratie, Marktwirtschaft und schnellstmögliche Annäherung an die Verhältnisse im Westen. Dieser Kurswechsel konnte nicht ohne Friktionen erfolgen, denn er betraf so gut wie alle Bereiche von Politik, Wirtschaft, Gesellschaft und Kultur. Dienstleistungen und Handel erfuhren einen Aufschwung, das Warenangebot verbesserte sich innerhalb kürzester Zeit und die Metropolen Moskau und St. Petersburg entwickelten sich dynamisch in Richtung auf Verwestlichung und Kommerzialisierung. Gleichzeitig bewirkte der mit der Einführung des Marktes verbundene Preisanstieg in Verbindung mit einer starken Spreizung der Einkommen eine neue und extreme Differenzierung der Gesellschaft nach Besitz und Einkünften. An die Stelle der sozialen «Wärme» und Sicherheit, wie sie das Brežnevsche System gekennzeichnet hatte, trat der harte kapitalistische Wettbewerb. Auch wenn die Menschen die neuen Freiheiten, den Warenüberfluss und die Chancen, die der Markt nun bot, nicht mehr missen wollten, so war der «wilde» Kapitalismus der 1990er Jahre doch für große Teile der Bevölkerung mit der Erfahrung von sozialem Abstieg, Unsicherheit, materieller Not und der Abwesenheit des Staates als Ordnungsinstanz verbunden. Unter dem Eindruck von Hyperinflation, Niedergang der Industrieproduktion, sinkenden Realeinkommen und explodierender Kriminalität wünschten sich um die Wende vom 20. zum 21. Jahrhundert viele wieder einen interventionistischen Staat und eine «eiserne Hand».

* * *

Die «eiserne Hand» kam in Gestalt von Vladimir Putin, der im Jahr 2000 die Nachfolge El'cins als Präsident der Russländischen Föderation antrat. Im Westen ob seiner autoritären Züge bald mit Misstrauen und Sorge beobachtet, genoss Putin in Russland anfangs einen hohen Grad an Zustimmung in der Bevölkerung. Sie erklärte sich aus den Enttäuschungen und Frustrationen der 1990er Jahre, die mit «Demokratie» und «Liberalisierung» in Verbindung gebracht wurden. Putin gelang es, Russland zu konsolidieren und auch außenpolitisch wieder mehr Respekt zu verschaffen.

Zugute kam ihm dabei der schon kurz vor seiner Amtsübernahme einsetzende Wirtschaftsaufschwung. Putin beschritt in ökonomischer Hinsicht keinen grundsätzlich neuen Weg. Er setzte die marktwirtschaftlichen Reformen weiter fort, investierte in den Ausbau der Infrastrukturen, baute das Haushaltsdefizit ab und unterstützte die Stabilisierung der Volkswirtschaft durch geschickte fiskalpolitische und rechtliche Maßnahmen (zum Beispiel das neue Bodengesetz von 2002). Die russische Wirtschaft war seit

1999 eine der am schnellsten wachsenden großen Volkswirtschaften der Welt. Das Wirtschaftswachstum beruhte allerdings zu einem beträchtlichen Teil auf dem Export von Rohstoffen. Erdöl, Erdgas, Metalle und Edelsteine dominierten weiterhin die russische Ausfuhr. Dank der hohen Weltmarktpreise für Energieträger konnte der Staat seine Exporteinnahmen enorm steigern, die Auslandsschulden begleichen und große Devisenreserven akkumulieren. Die Gründung der Volkswirtschaft auf den Export von Rohstoffen verweist aber gleichzeitig auf ein fortbestehendes strukturelles Problem. Die russische Industrie ist mit veralteten Produktionsanlagen nach wie vor auf dem Weltmarkt nur eingeschränkt konkurrenzfähig, und auch die Staatseinnahmen sind hochgradig von den Erlösen aus den Öl- und Gasexporten abhängig.[5]

In politischer Hinsicht arbeitete Putin systematisch daran, die Autorität der Staatsmacht zu stärken, die Macht des Präsidenten auszubauen und das politische System im Sinne der «Machtvertikale» effizienter zu gestalten. Dabei ging es nicht nur um Machterhalt und Herrschaftsinteressen, sondern um das politische Ziel einer «Wiedergeburt Russlands» als in sich gefestigter und international respektierter Großmacht.

Putin reformierte das Regierungssystem, indem er die politische Entscheidungsmacht beim Präsidenten konzentrierte. Das Kabinett trat mehr als früher in den Hintergrund und fungierte nun als beratendes und ausführendes Organ des Präsidenten. Die Gewaltenteilung zwischen Exekutive und Legislative wurde spürbar reduziert, indem es Putin gelang, das Abstimmungsverhalten des nominell unabhängigen Parlaments faktisch zu beeinflussen. Politische Instrumentalisierung der Justiz und Einschränkung der Medienfreiheit taten ein Übriges, um die Kontrolle der Exekutive zu reduzieren. Der Stärkung der zentralen Exekutive diente auch die schrittweise Neuordnung des Verhältnisses zwischen dem Zentralstaat und den Föderationssubjekten. Die Gouverneure wurden seit 2004 nicht mehr direkt vom Volk gewählt, sondern vom Präsidenten nominiert.[6]

In den Kontext der Wiederherstellung staatlicher Autorität und der präsidialen Machtkonzentration gehört Putins Politik gegenüber den «Oligarchen», also denjenigen Großunternehmern, die in den 1990er Jahren die Hand nach der politischen Macht ausgestreckt hatten. Kurz nach seiner ersten Wahl zum Präsidenten im März 2000 verwies Putin einzelne «Oligarchen» in die Schranken, insbesondere solche, die wie Boris Berezovskij und Vladimir Gusinskij im Bereich der einflussreichen Massenmedien Fuß gefasst hatten. Er zerschlug das Medienimperium von Gusinskij und brachte die wichtigsten Fernsehsender unter seine Kontrolle. An dem Milliardär Michail Chodorkovskij, der auf der ökonomischen Grundlage des

Mineralölriesen Jukos weiterhin politische Ambitionen verfolgte, statuierte Putin ein abschreckendes Exempel. Er sorgte dafür, dass Chodorkovskij 2005 wegen Steuerhinterziehung und Betrugs zu einer mehrjährigen Freiheitsstrafe verurteilt wurde und stellte mit dieser Machtdemonstration klar, dass der Staat politische Einflussnahmen von Großunternehmern und Verhältnisse, wie sie in den 1990er Jahren geherrscht hatten, nun nicht mehr duldete. Die «Oligarchen» waren damit aus der Politik verdrängt und auf die ökonomische Sphäre verwiesen, und der Staat hatte seine Handlungsautonomie gegenüber den Großunternehmern durchgesetzt.

Beschränkungen erfuhr auch die Zivilgesellschaft. Putin schuf geeignete Instrumente, um nichtstaatliche Organisationen bei Bedarf einzuschüchtern und zu disziplinieren. Die Liberalisierungs- und Pluralisierungsprozesse, die nach 1991 in Russland Platz gegriffen hatten, wurden somit wieder zurückgedrängt. Das Ergebnis dieser Politik war zweifellos eine Ent-Demokratisierung des politischen Systems.[7] Ob es sich dabei um ein Übergangsregime handelt, das nach der Konsolidierungsphase wieder zu mehr Demokratie zurückkehrt, oder ob sich die «gelenkte Demokratie» dauerhaft als eine autoritäre russische Variante des marktwirtschaftlichen Systems etablieren wird, wird die Zukunft weisen. Der Historiker wagt hier jedenfalls keine Prognose.

ANHANG

Anmerkungen

Einleitung

1 Vgl. Michael David-Fox, Multiple Modernities vs. Neo-Traditionalism: on Recent Debates in Russian and Soviet History, in: Jahrbücher für Geschichte Osteuropas 54 (2006); Eisenstadt, Shmuel N., Multiple Modernities in an Age of Globalization, in: Candian Journal of Sociology 24 (1999).

ERSTER TEIL

Unterwegs in die Moderne 1890–1917

1. Russland um 1900

1 Im Russischen wird zwischen den Adjektiven «russkij» und «rossijskij» unterschieden. «Russkij» bezieht sich auf das Volk und die Sprache, «rossijskij» auf das Gemeinwesen, in dem neben Russen auch viele andere Nationalitäten lebten. Die offizielle Bezeichnung des Zarenreiches als «Rossijskaja imperija» ist somit korrekt nicht mit «Russisches Reich», sondern mit «Russländisches Reich» zu übersetzen. Daneben existierte allerdings die Selbstbezeichnung «Rossija» – «Russland». Die Termini «Rossijskaja imperija» und «Rossija» wurden von den Zeitgenossen synonym und abwechselnd verwendet. Vgl. zum Beispiel den Artikel «Rossija» in Brokgauz / Efron (Hg.), Ėnciklopedičeskij slovar', Bd. 54–55. Im Sinne der Lesbarkeit des Textes wird im vorliegenden Buch von «russischer Geschichte», «russischer Politik» u. dgl. gesprochen, obwohl auch hier das Adjektiv «russländisch» korrekter wäre.

2 Des Cars / Caracalla, Die Transsibirische Bahn, S. 78.

3 Zabel, Europäische Fahrten, S. 51–58.

4 Poulsen, Die Transsibirische Eisenbahn, S. 58.

5 Zabel, Europäische Fahrten, S. 51.

6 Kanzlei des Ministercomitets (Hg.), Pariser Weltausstellung des Jahres 1900. Die Große Sibirische Eisenbahn.

7 Ebd., S. 6.

8 Ministerium der Wegekommunikation / Dmitrijew-Mamonow / Zdziarski (Hg.), Wegweiser auf der Großen Sibirischen Eisenbahn, S. 86 u. 90–93.

9 Vgl. Mark Bassin, Imperialer Raum / nationaler Raum: Sibirien auf der kognitiven Landkarte Rußlands im 19. Jahrhundert, in: Geschichte und Gesellschaft 28 (2002), S. 378–403, hier S. 382–384.

10 Dmitriev-Mamonov / Zdzjarskij (Hg.), Putevoditel' po Velikoj sibirskoj železnoj doroge, S. 78.

11 Ronald Grigor Suny, The Empire Strikes Out: Imperial Russia, «National» Identity, and Theories of Empire, in: Suny / Martin (Hg.), A State of Nations, Empire and Nation-Making in the Age of Lenin and Stalin, S. 23–66, hier S. 52. Vgl. auch Jörg Baberowski, Auf der Suche nach Eindeutigkeit: Kolonialismus und zivilisatorische Mission im Zarenreich und in der Sowjetunion, in: Jahrbücher für Geschichte Osteuropas 47 (1999), S. 482–504, hier S. 489.

12 Austin Lee Jersild, From Savagery to Citizenship: Caucasian Mountaineers and Muslims in the Russian Empire, in: Brower / Lazzerini (Hg.), Russia's Orient. Imperial Borderlands and Peoples, S. 101–114, hier S. 101 u. 108.
13 Crawford (Hg.), Siberia and the Great Siberian Railway, S. III.
14 Ebd., S. 262–264.
15 Zabel, Europäische Fahrten, S. 82.
16 Des Cars / Caracalla, Die Transsibirische Bahn, S. 92.
17 Vgl. Michael David-Fox, Multiple Modernities vs. Neo-Traditionalism: On Recent Debates in Russian and Soviet History, in: Jahrbücher für Geschichte Osteuropas 54 (2006), S. 535–555; Eisenstadt, Shmuel N., Multiple Modernities in an Age of Globalization, in: Canadian Journal of Sociology 24 (1999), S. 283–295.
18 Vgl. Katzer, Die weiße Bewegung in Rußland, S. 33.
19 Žiromskaja / Poljakov, Naselenie Rossii, Bd. 1, S. 7–8. Die heutige Russländische Föderation umfasst 17,1 Mio. Quadratkilometer.
20 Bauer / Kappeler / Roth (Hg.), Nationalitäten, Bd. B, S. 34. Vgl. auch Žiromskaja / Poljakov, Naselenie Rossii, Bd. 1, S. 10–11.
21 Vgl. Žiromskaja / Poljakov, Naselenie Rossii, Bd. 1, S. 11–12.
22 Brokgauz / Efron (Hg.), Ėnciklopedičeskij slovar', Rossija, S. 115–128.
23 Žiromskaja / Poljakov, Naselenie Rossii, Bd. 1, S. 12–15 u. 148.
24 Ebd., S. 21–23.
25 Schmidt, Stände, S. 378–380.
26 Bauer / Kappeler / Roth (Hg.), Die Nationalitäten, Bd. B, S. 198.
27 Ebd., S. 202.
28 Zu den folgenden Ausführungen über die Stände siehe Schmidt, Stände, S. 381–387; Melville / Steffens, Die Bevölkerung, S. 1114–1117.
29 Zum Adel siehe Melville / Steffens, Die Bevölkerung, S. 1153–1161; Mironov, Social'naja istorija, Bd. 1, S. 95–98; Goehrke, Russland, S. 171; Becker, Nobility, S. 39; Grenzer, Adel, S. 84.
30 Vgl. Žiromskaja / Poljakov, Naselenie Rossii, Bd. 1, S. 26–27.
31 Ebd., S. 27.
32 Melville / Steffens, Die Bevölkerung, S. 1016.
33 Žiromskaja / Poljakov, Naselenie Rossii, Bd. 1, S. 46. Gregory, Before Command, S. 22.
34 Gestwa, Proto-Industrialisierung in Rußland, S. 410–412; V. A. Fedorov, Mat' i ditja v russkoj derevne (konec XIX – načalo XX v.), in: Vestnik Moskovskogo universiteta, serija 8, istorija (1994), H. 4, S. 3–21.
35 Dazu grundlegend: Bauer / Kappeler / Roth (Hg.), Die Nationalitäten.
36 Žiromskaja / Poljakov, Naselenie Rossii, Bd. 1, S. 21.
37 Carsten Goehrke, Das Rußländische Imperium im Windschatten. Geographie, Geschichte und globale Entwicklungsdynamik, in: Osteuropa 57 (2007), H. 4, S. 3–32, hier S. 3–7.
38 Vgl. ebd., S. 21.
39 Vgl. Gottfried Schramm, Weiträumigkeit als Problem, in: ders. (Hg.), Rußlands langer Weg, S. 7–18, hier S. 17–18.
40 Goehrke, Das Rußländische Imperium im Windschatten, S. 11–12.
41 Dietrich Geyer, «Gesellschaft» als staatliche Veranstaltung. Sozialgeschichtliche Aspekte des russischen Behördenstaates im 18. Jahrhundert, in: ders. (Hg.), Wirtschaft und Gesellschaft im vorrevolutionären Russland, S. 20–52.
42 Vgl. Schramm, Weiträumigkeit als Problem, in: ders. (Hg.), Rußlands langer Weg, S. 16.
43 Hausmann, Mütterchen Wolga, S. 355.
44 Cvetkovski, Modernisierung durch Beschleunigung, S. 249.
45 Kupczanko, Russland in Zahlen, S. 124–127.
46 Cvetkovski, Modernisierung durch Beschleunigung, S. 148.
47 Ebd., S. 133–140. Nach anderen Angaben kam eine Poststation auf 15 000 Einwohner und 2585 Quadratkilometer. Vgl. Kupczanko, Russland in Zahlen, S. 123–127.

48 Kupczanko, Russland in Zahlen, S. 123–127.
49 Anfimov / Korelin, Rossija 1913 god, S. 109.
50 Vgl. die Karten bei Schenk, Imperiale Raumerschließung, vor S. 33.
51 Kupczanko, Russland in Zahlen, S. 110–114.
52 Schenk, Imperiale Raumerschließung, S. 39–42.
53 Zum Folgenden grundlegend: Šljachtinskij, Avtomobil' v Rossii.
54 Neutatz, Die Moskauer Metro, S. 26–28.
55 Cvetkovski, Modernisierung durch Beschleunigung, S. 79–80 u. 166–169.
56 Marks, Road to Power, S. 47–49; Des Cars / Caracalla, Die Transsibirische Bahn, S. 17.
57 Marks, Road to Power, S. 86, 94 u. 104–106; Poulsen, Die Transsibirische Eisenbahn, S. 51.
58 Des Cars / Caracalla, Die Transsibirische Bahn, S. 32.
59 Vgl. das sehr kritische Urteil bei Marks, Road to Power, S. 223–224.
60 Des Cars / Caracalla, Die Transsibirische Bahn, S. 34–44; Poulsen, Die Transsibirische Eisenbahn, S. 54–60.
61 Marks, Road to Power, S. 148–154.
62 Vgl. z. B. Colquhoun, Overland to China, S. 3; Fraser, The Real Siberia, Vorwort.
63 Krahmer, Sibirien, S. 128; Nansen, Sibirien, ein Zukunftsland; Gleiner, Sibirien, das Amerika der Zukunft; Gerrare, Greater Russia, S. 27.
64 Charles Raymond Beazley, The Siberian Railway, in: Scottish Geographical Magazine 16 (1900), S. 617–630, hier S. 629.
65 Colquhoun, Overland to China, S. 145 u. 97–98.
66 Des Cars / Caracalla, Die Transsibirische Bahn, S. 88; Taft, Strange Siberia, S. 64; Westwood, Geschichte der russischen Eisenbahnen, S. 117–118; Kanzlei des Ministercomitets (Hg.), Pariser Weltausstellung des Jahres 1900, S. 11–12.
67 Westwood, Geschichte der russischen Eisenbahnen, S. 117; Kanzlei des Ministercomitets (Hg.), Pariser Weltausstellung des Jahres 1900, S. 10.
68 Marks, Road to Power, S. 196 u. 208.
69 Baedeker, Rußland nebst Teheran, Ausgabe 1904, S. 469.
70 Baedeker, Rußland nebst Teheran, Ausgabe 1912, S. 501.
71 Marks, Road to Power, S. 196.
72 Ebd., S. 222.
73 Schenk, Imperiale Raumerschließung S. 36–44; ders., Russlands Fahrt in die Moderne; Wortman, Repräsentationen der russischen Monarchie, S. 53–54. Zur Identitätsstiftung durch die Eisenbahn siehe auch Sperling, Der Aufbruch der Provinz.
74 Schenk, Imperiale Raumerschließung, S. 44–45.
75 Vgl. zum Folgenden ausführlich Cvetkovski, Modernisierung durch Beschleunigung, besonders S. 297–298. Optimistischere Deutung bei Schenk, Russlands Fahrt in die Moderne.
76 Cvetkovski, Modernisierung durch Beschleunigung, S. 242–243.
77 Vgl. Jobst / Obertreis / Vulpius, Neuere Imperiumsforschung, S. 28–35. Vgl. ferner Miller (Hg.), Rossijskaja Imperija. Für eine zeitlich weiter gespannte Perspektive siehe Hosking, Russland, Nation und Imperium 1552–1917.
78 Frank, «Innere Kolonisation», S. 1659. Vgl. Haslinger, Nation und Territorium.
79 Jobst / Obertreis / Vulpius, Neuere Imperiumsforschung, S. 39–40.
80 Frank, «Innere Kolonisation», S. 1662–1666.
81 Miller, The Romanov Empire and Nationalism, S. 163–165; Wortman, Scenarios of Power.
82 Vgl. Kappeler, Rußland als Vielvölkerreich, S. 134–138.
83 Leonhard / von Hirschhausen, Empires und Nationalstaaten, S. 11.
84 Theodore R. Weeks, Official and Popular Nationalisms: Imperial Russia 1863–1914, in: von Hirschhausen / Leonhard (Hg.), Nationalismen in Europa, S. 411–432, hier S. 414–415. Vgl. auch Golczewski / Pickhan, Russischer Nationalismus.

85 Vgl. Tuminez, Russian Nationalism, S. 38.
86 Ebd., S. 40–41.
87 Weeks, Official and Popular Nationalisms. Ausführlich dazu: Brooks, When Russia Learned to Read.
88 Vgl. Kappeler, Rußland als Vielvölkerreich, S. 211–215. Siehe auch Thaden, Russia's Western Borderlands.
89 Vgl. Kappeler, Rußland als Vielvölkerreich., S. 226. Kritische Auseinandersetzung mit dem Begriff: Alexey Miller, «Russifications»? In Search for Adequate Analytical Categories, in: Hausmann / Rustemeyer (Hg.), Imperienvergleich, S. 123–143.
90 Tuminez, Russian Nationalism, S. 39–40.
91 Jobst / Obertreis / Vulpius, Neuere Imperiumsforschung, S. 40.
92 Miller, The Romanov Empire and Nationalism, S. 166–168 u. 175–176. Instruktiv für die Wolgaregion: Hausmann, Mütterchen Wolga, S. 363–378.
93 Geyer, Der russische Imperialismus, S. 76–81.
94 Crews, For Prophet and Tsar, S. 233.
95 Ebd., S. 243–268.
96 Sahadeo, Russian Colonial Society in Tashkent, S. 64–68 u. 82–84.
97 Dazu: Khalid, The Politics of Muslim Cultural Reform.
98 Vgl. die Gegenüberstellung zwischen russischer und britischer Kolonialherrschaft bei Morrison, Russian Rule in Samarkand, S. 1868–1910. Zu der Rolle der Bewässerungssysteme siehe Obertreis, Imperial Desert Dreams.
99 Crews, For Prophet and Tsar, S. 287.
100 Ebd., S. 282.
101 Jörg Baberowski, Auf der Suche nach Eindeutigkeit: Kolonialismus und zivilisatorische Mission im Zarenreich und in der Sowjetunion, in: Jahrbücher für Geschichte Osteuropas 47 (1999), S. 482–504, hier S. 482–484. Siehe auch Kotsonis, Making Peasants Backward.
102 Vitte, Sobranie sočinenij, Bd. 4, S. 180–181.
103 Zu Vittes Modernisierungsansatz siehe Löwe, Von der Industrialisierung zur ersten Revolution, S. 204–205 u. 213–215.
104 Wortman, Repräsentationen der russischen Monarchie, S. 50.
105 Effi Böhlke, Endzeit. Zukunftsvorstellungen im russischen politisch-philosophischen Denken um 1900, in: Neitzel (Hg.), 1900: Zukunftsvisionen der Großmächte, S. 31–54, hier S. 32.
106 Vgl. Walicki, The Slavophile Controversy, S. 245–247; Lukashevich, Ivan Aksakov, S. 10–11.
107 Zu den Ideen von Dostoevskij und Danilevskij siehe Böhlke, Endzeit, S. 38–48.
108 Dietrich Geyer, Rußland an der Jahrhundertwende. Zeitdiagnosen und Zukunftsprojektionen aus östlicher Perspektive, in: Frevert (Hg.), Das neue Jahrhundert, S. 244–264, hier S. 247–248.
109 Raphael, Recht und Ordnung, S. 67–68.
110 Vgl. die Beispiele bei Sperling (Hg.), Jenseits der Zarenmacht.
111 Vgl. Wortman, Repräsentationen der russischen Monarchie, S. 52–53.
112 Kappeler, Russische Geschichte, S. 49.
113 Kupczanko, Russland in Zahlen, S. 62–66 u. 72–74.
114 Ebd., S. 74–76; Gaudin, Ruling Peasants, S. 61–69.
115 Baberowski, Autokratie und Justiz, S. 772.
116 Vgl. Kappeler, Russische Geschichte, S. 50; Heinz-Dietrich Löwe, Stärken und Schwächen des ausgehenden Zarenreiches, in: Schramm (Hg.), Rußlands langer Weg, S. 44–57, hier S. 53.
117 Siehe dazu die Fallstudie Schnell, Ordnungshüter auf Abwegen.
118 Raphael, Recht und Ordnung, S. 135.
119 Ryavec, Russian Bureaucracy, S. 53.

120 Schattenberg, Die korrupte Provinz, S. 33–37.
121 Baberowski, Autokratie und Justiz, S. 772–773.
122 Vgl. ebd., S. 615–616, 631 u. 778–779.
123 Zur *krugovaja poruka* ausführlich: Alena Ledeneva, The Genealogy of Krugovaya Poruka: Forced Trust as a Feature of Russian Political Culture, in: Marková (Hg.), Trust and Democratic Transition in Post-Communist Europe, S. 85–108.
124 Nikolaj Plotnikov, Staat und Individuum. Antagonismen der russischen Ideengeschichte, in: Osteuropa 59 (2009), H. 4, S. 3–16, hier S. 12.
125 Schedewie, Selbstverwaltung und sozialer Wandel in der russischen Provinz. Zur Perspektive der Bauern siehe auch Julia Herzberg, «Selbstbildung» und Gemeinwohl: Das Aushandeln eines besseren Russlands in bäuerlichen Briefen und Autobiographien, in: Sperling (Hg.), Jenseits der Zarenmacht, S. 255–278.
126 Tebarth, Geschichte der Volkszählung, S. 33.
127 Semenov-Tjan-Šanskij / Imperatorskoe russkoe geografičeskoe obščestvo (Hg.), Geografičesko-statističeskij slovar' Rossijskoj imperii; Semenov-Tjan-Šanskij / Lamanskij (Hg.), Rossija. Polnoe geografičeskoe opisanie našego otečestva; Semenov-Tjan-Šanskij / Central'nyj statističeskij komitet Ministerstva vnutrennych del (Hg.), Spiski naselennych mest Rossijskoj imperii; Semenov-Tjan-Šanskij, Statistika pozemel'noj sobstvennosti i naselennych mest Evropejskoj Rossii.
128 Glavnyj General'nyj Štab (Hg.), Materialy dlja geografii i statistiki Rossii, sobrannye oficerami General'nogo Štaba. Trechverstnaja voennaja topografičeskaja karta Rossijskoj imperii. http://kartolog.ru/2010/01/trexverstnaya-voennaya-topograficheskaya-karta-rossijskoj-imperii/, Stand: 18.06.2012; Karta putej soobščenija Rossiijskoj Imperii, 1916 g. http://kartolog.ru/2009/07/karta-putej-soobshheniya-rossiijskoj-imperii-1916-g/#more-211, Stand: 18.06.2012.
129 François Georgen, Le dernier sursaut (1878–1908), in: Robert Mantran (Hg.), Histoire de l'Empire Ottoman, Paris 1989, S. 523–576, hier S. 543.
130 Zur Planung und Durchführung der Volkszählung: Tebarth, Geschichte der Volkszählung.
131 Bauer / Kappeler / Roth (Hg.), Die Nationalitäten, Bd. B, S. 189. Anfimov / Korelin, Rossija 1913 god, S. 221.
132 Lehmann / Parvus, Das hungernde Rußland.
133 Fraser, The Real Siberia, S. 54–55.
134 Ebd., S. 48 u. 54–55. Deutsch bei: Gleiner, Sibirien, das Amerika der Zukunft, S. 21–22.
135 Anfimov / Korelin, Rossija 1913 god, S. 80–81.
136 Kerans, Toward a Wider View, S. 671–672.
137 Ebd., S. 661; Moshe Lewin, The Obshchina and the Village, in: Bartlett (Hg.), Land Commune, S. 20–35, hier S. 26; Esther Kingston-Mann, Peasant Communes and Economic Innovation: A Preliminary Inquiry, in: Kingston-Mann / Mixter (Hg.), Peasant Economy, S. 23–51, hier S. 35–36 u. 43. Vgl. die ähnlich optimistische Interpretation bei Robert Bideleux, Agricultural Advance Under the Russian Village Commune System, in: Bartlett (Hg.), Land Commune, S. 196–218.
138 Typisch für Reisende aus dem Westen: Sir Mackenzie Wallace, Rußland, Bd. 1, S. 266. Vgl. die Kritik bei Frierson (Hg.): Aleksandr Nikolaevich Engelgardt's Letters from the Country, S. 83–86.
139 Lebedeva, Arbeitsethik und Wirtschaftsverhalten, S. 59.
140 Dazu ausführlich Gestwa, Proto-Industrialisierung in Rußland, S. 403–450.
141 Lebedeva, Arbeitsethik und Wirtschaftsverhalten, S. 61. Dazu grundlegend: Herlihy, The Alcoholic Empire.
141 Kerans, Toward a Wider View, S. 663–664.
143 Vgl. Dietmar Neutatz, Ländliche Unternehmer im Schwarzmeergebiet. Die südukrainische Landmaschinenindustrie vor dem Ersten Weltkrieg, in: Dahlmann / Scheide (Hg.), «... das einzige Land in Europa», S. 541–574.

144 Vgl. Wirtschafter, Social Identity in Imperial Russia, S. 161; Lebedeva, Arbeitsethik und Wirtschaftsverhalten, S. 59.
145 Mironov, Social'naja istorija, Bd. 2, S. 305–306.
146 Lebedeva, Arbeitsethik und Wirtschaftsverhalten, S. 54–57.
147 Hildermeier, Russische Revolution (2004), S. 19.
148 Löwe, Von der Industrialisierung zur ersten Revolution, S. 234.
149 Ebd., S. 237 u. 328. Grundlegend dazu: Löwe, Die Lage der Bauern. Moritsch, Landwirtschaft und Agrarpolitik.
150 Scott J. Seregny, A Different Type of Peasant Movement: The Peasant Unions in the Russian Revolution of 1905, in: The Slavonic and East European Review 47 (1988), S. 51–67.
151 Bonwetsch, Die Russische Revolution 1917, S. 43.
152 Ebd., S. 20; Löwe, Von der Industrialisierung zur ersten Revolution, S. 329, 238 u. 243.
153 Goehrke, Russischer Alltag, Bd. 2, S. 178.
154 Gregory, Russian National Income, S. 130–131; Anfimov, Ėkonomičeskoe položenie, S. 105–111.
155 Boris N. Mironov, New Approaches to Old Problems: The Well-Being of the Population of Russia from 1821 to 1910 as Measured by Physical Stature, in: The Slavonic and East European Review 58 (1999), S. 1–26, hier S. 21–25; S. L. Chok / St. L. Hoch, Mal'tus: Rost naselenija i uroven' žizni v Rossii, 1861–1914 gody, in: Otečestvennaja istorija (1996), H. 2, S. 28–54, hier S. 41–45.
156 Bonwetsch, Die Russische Revolution 1917, S. 49.
157 Vgl. die Zahlenangaben für 1891/92 bei Robbins, Famine in Russia, S. 170–171.
158 Goehrke, Russischer Alltag, Bd. 2, S. 178.
159 Vgl. Hildermeier, Russische Revolution (2004), S. 19–24.
160 Lehmann / Parvus, Das hungernde Rußland, S. 104.
161 Ebd., S. 108.
162 Pipes, Rußland vor der Revolution, S. 150.
163 Vgl. die Abbildung bei Goehrke, Russischer Alltag, Bd. 2, S. 225; ebd., S. 178–289 eine anschauliche und quellennahe Beschreibung der dörflichen Lebenswelt um die Jahrhundertwende.
164 Vgl. Neutatz, Die «deutsche Frage», S. 417–419.
165 Benecke, Militär, Reform und Gesellschaft, S. 95–96 u. 114–117.
166 Vgl. Melville / Steffens, Die Bevölkerung, S. 1124–1129.
167 Mironov, The Russian Peasant Commune, S. 447; Goehrke, Russischer Alltag, S. 248.
168 Bonwetsch, Die Russische Revolution 1917, S. 26–27. Genauer ausgeführt bei Shanin, The Awkward Class.
169 Zur Begrifflichkeit des «Kulaken» ausführlich: Klaus Heller, Wer sind eigentlich die Kulaken gewesen?, in: Gießener Universitätsblätter (1989), S. 79–91.
170 Mironov, The Russian Peasant Commune, S. 452–453.
171 Ebd., S. 450.
172 Vgl. Christine D. Worobec, Horse Thieves and Peasant Justice in Post-Emancipation Russia, in: Journal of Social History 21 (1987), S. 281–291.
173 Mironov, The Russian Peasant Commune, S. 444.
174 Frierson, Peasant Icons, S. 54–75; Baberowski, Autokratie und Justiz; Stephen P. Frank, Popular Justice, Community and Culture among the Russian Peasantry, 1870–1900, in: The Russian Review 46 (1987), S. 239–266.
175 Frank, Popular Justice, S. 239–266.
176 Vgl. Burbank, Russian Peasants Go to Court; Gaudin, Ruling Peasants, S. 85–92.
177 Scott J. Seregny, Peasants and Politics: Peasant Unions During the 1905 Revolution, in: Kingston-Mann / Mixter (Hg.), Peasant Economy, S. 341–342.
178 Christian, Imperial and Soviet Russia, S. 120–121.
179 Zur Lage der Frauen und Mädchen in den russischen Dörfern vgl. Christine D. Worobec,

Victims or Actors? Russian Peasant Women and Patriarchy, in: Kingston-Mann / Mixter (Hg.), Peasant Economy, S. 177–206.

180 Jeffrey Burds, The Social Control of Peasant Labor in Russia: The Response of Village Communities to Labor Migration in the Central Industrial Region, 1861–1905, in: Kingston-Mann / Mixter (Hg.), Peasant Economy, S. 52–100.

181 Barbara A. Engel, The Women's Side: Male Out-Migration and the Family Economy in Kostroma Province, in: The Slavonic and East European Review 45 (1986), S. 257–271.

182 Barbara A. Engel, Russian Peasant Views of City Life, 1861–1914, in: The Slavonic and East European Review 52 (1993), S. 446–459.

183 Zu den Veränderungen der bäuerlichen Kultur durch den Kontakt mit der Stadt siehe Burds, Peasant Dreams, Kap. 6 sowie Smith / Kelly, Commercial Culture.

184 Ben Eklof / Nadezhda Peterson, Laska i Poriadok: The Daily Life of the Rural School in Late Imperial Russia, in: The Russian Review 69 (2010), S. 7–29, hier S. 7–8.

185 Neutatz, Die «deutsche Frage», S. 383–389.

186 Zur Wandlungsdynamik der bäuerlichen Lebenswelt und ihrer Spiegelung in Selbstzeugnissen siehe Herzberg, Gegenarchive.

187 Löwe, Von der Industrialisierung zur ersten Revolution, S. 204; Polunov, Russia in the Nineteenth Century, S. 196.

188 Alexander Gerschenkron, Problems and Patterns of Russian Economic Development, in: Black (Hg.), The Transformation of Russian Society, S. 42–72.

189 Gregory, Before Command, S. 30. Die ältere Literatur nannte sogar einen Wert von 8 Prozent jährlich. Vgl. Falkus, The Industrialization of Russia, S. 46.

190 Vgl. Ju. A. Petrov, Die Bourgeoisie Rußlands zu Beginn des 20. Jahrhunderts: Versuche einer politischen Konsolidierung, in: Berliner Jahrbuch für osteuropäische Geschichte (1998), S. 49–68. Vgl. ders., Moskovskaja buržuazija. Vgl. auch die Studie zu den St. Petersburger Putilov-Werken: Grant, Big Business in Russia.

191 A. P. Korelin, S. Ju. Vitte i bjudžetno-finansovye reformy v Rossii konca XIX – načala XX veka, in: Otečestvennaja istorija (1999), H. 3, S. 42–64.

192 John P. McKay, Ausländische Unternehmer im zarischen Rußland 1860–1914, in: Dahlmann / Scheide (Hg.), «... das einzige Land in Europa», S. 65–86, hier S. 65–69; Walther Kirchner, Über das deutsche Unternehmertum und die ökonomische Europäisierung Rußlands, in: Dahlmann / Scheide (Hg.), «... das einzige Land in Europa», S. 49–64.

193 Alexander Gerschenkron, The Rate of Growth in Russia Since 1885, in: Journal of Economic History 7 (Supplement) (1947), S. 144–174, hier S. 145–146 u. 152–153; Löwe, Von der Industrialisierung zur ersten Revolution, S. 231.

194 Anfimov / Korelin, Rossija 1913 god, S. 51; Gregory, Economic Growth, S. 36; Gregory, Before Command, S. 26; Goehrke, Russland, S. 131–132.

195 Gregory, Before Command, S. 30.

196 Goehrke, Russischer Alltag, Bd. 2, S. 170–171.

197 Gestwa, Konfrontation und Kooperation, S. 447. Grundlegend: ders., Proto-Industrialisierung in Rußland.

198 Gestwa, Konfrontation und Kooperation, S. 450–452. Zahl für 1897 aus Roth, Region, S. 527.

199 Schlögel, Petersburg. Das Laboratorium der Moderne.

200 Goehrke, Russischer Alltag, Bd. 2, S. 290.

201 Auflistung der Städte bei Roth, Region, S. 526–538.

202 Maria Deppermann, Rußland um 1900: Reichtum und Krise einer Epoche, in: Metzger (Hg.), Aleksandr Skrjabin, S. 61–106, hier S. 64–65.

203 Hubertus F. Jahn, Der St. Petersburger Heumarkt im 19. Jahrhundert. Metamorphosen eines Stadtviertels, in: Jahrbücher für Geschichte Osteuropas 44 (1996), S. 162–177, hier S. 173–177.

204 Louise McReynolds / Cathy Popkin, The Objective Eye and the Common Good, in: Shepherd / Kelly (Hg.), Constructing Russian Culture, S. 57–105.

205 Hausmann (Hg.), Gesellschaft als lokale Veranstaltung, S. 44–46.
206 Smith / Kelly, Commercial Culture.
207 Ebd., S. 106–165.
208 Vgl. die Forschungsresümees bei Bonwetsch, Die Russische Revolution 1917, S. 54–94, Hildermeier, Russische Revolution (2004), S. 24–33 und Melville / Steffens, Die Bevölkerung, S. 1142–1153.
209 Bonwetsch, Die Russische Revolution 1917, S. 56–57.
210 Melville / Steffens, Die Bevölkerung, S. 1146. Anfimov / Korelin, Rossija 1913 god, S. 223.
211 Bonwetsch, Die Russische Revolution 1917, S. 57.
212 Hildermeier, Russische Revolution (2004), S. 27 u. 29.
213 Gestwa, Konfrontation und Kooperation, S. 447–448.
214 Melville / Steffens, Die Bevölkerung, S. 1148.
215 Vgl. Cvetkovski, Modernisierung durch Beschleunigung, S. 283–288.
216 Melville / Steffens, Die Bevölkerung, S. 1149–1150.
217 Die Lebensbedingungen beschreibt eindrücklich Goehrke, Russischer Alltag, Bd. 2, S. 290–393; von Puttkamer, Fabrikgesetzgebung in Russland vor 1905; ders., Die Anfänge der russischen Arbeiterschutzgesetzgebung und ihre westeuropäischen Vorbilder, in: Beyrau / Čičurov / Stolleis (Hg.), Reformen im Rußland, S. 85–108.
218 David Moon, The Problem of Social Stability in Russia, 1598–1998, in: Hosking / Service (Hg.), Reinterpreting Russia, S. 54–74, hier S. 58.
219 Vgl. Lindner, Unternehmer und Stadt in der Ukraine; Schlögel, Petersburg. Das Laboratorium der Moderne.
220 Christian, Imperial and Soviet Russia, S. 117–118.
221 Lutz Häfner, Städtische Eliten und ihre Selbstinszenierung: Die Dreihundertjahrfeier Saratovs 1891, in: Jahrbücher für Geschichte Osteuropas 48 (2000), S. 17–40, hier S. 18 u. 30–34.
222 Louise McReynolds / Cathy Popkin, The Objective Eye and the Common Good, in: Shepherd / Kelly (Hg.), Constructing Russian Culture, S. 57–105.
223 Häfner, Gesellschaft als lokale Veranstaltung. Die Wolgastädte Kazan' und Saratov.
224 Guido Hausmann, Stadt und lokale Gesellschaft im ausgehenden Zarenreich, in: Hausmann (Hg.), Gesellschaft als lokale Veranstaltung, S. 13–166, hier S. 14–15.
225 Vgl. Manfred Hildermeier, Zwischen Bürgertum und Adel: Unternehmer im Zarenreich, in: Dahlmann / Scheide (Hg.), «... das einzige Land in Europa», S. 87–99, hier S. 96–98.
226 Dittmar Dahlmann, Einleitung. Die Unternehmerschaft des Russischen Reiches vom Beginn des 19. Jahrhunderts bis zum Ausbruch des Ersten Weltkrieges, in: Dahlmann / Scheide (Hg.), «... das einzige Land in Europa», S. 13–23, hier S. 16–23.
227 Vgl. Seton-Watson, Der Verfall des Zarenreiches 1855–1914.
228 Eine wichtige und wegweisende Rolle spielte dabei das unter der Leitung von Gottfried Schramm erstellte Handbuch der russischen Geschichte: Hellmann / Zernack / Schramm (Hg.), Handbuch der Geschichte Rußlands.
229 Baberowski, Autokratie und Justiz; ders., Staat und Gesellschaft im wilhelminischen Kaiserreich und im vorrevolutionären Rußland. Ein Strukturvergleich, in: Zeitschrift für Geschichtswissenschaft 44 (1996), S. 197–122.

2. Neue Herausforderungen 1890–1905

1 J. Y. Simms, The Crop Failure of 1891: Soil Exhaustion, Technological Backwardness and Russia's Agrarian Crisis, in: Slavic Review 41 (1982), S. 236–250.
2 Vgl. Bonwetsch, Die russische Revolution, S. 40–41.
3 Vgl. Löwe, Von der Industrialisierung, S. 233; Šacillo, Russkij liberalizm, S. 32; Robbins, Famine in Russia, S. 14–30.
4 Figes, A People's Tragedy, S. 162.

5 Hildermeier, Russische Revolution (2004), S. 42.
6 Ebd., S. 43; Leontovitsch, Geschichte des Liberalismus, S. 262.
7 Leontovitsch, Geschichte des Liberalismus, S. 265–269; Šacillo, Russkij liberalizm, S. 33.
8 Vgl. Leontovitsch, Geschichte des Liberalismus, S. 269–271.
9 Terence Emmons, The Beseda Circle, 1899–1905, in: The Slavonic and East European Review 32 (1973), S. 461–490. Vgl. Hildermeier, Russische Revolution (2004), S. 43–44.
10 Riha, A Russian European, S. 40–42; Pipes, Struve, Liberal on the Left.
11 Ot russkich konstitucionalistov, in: Osvoboždenie 1 (18.6.1902), S. 7–12.
12 Šacillo, Russkij liberalizm, S. 109–114.
13 Ebd., S. 147 u. 182–208.
14 Schramm, Fünf Wegscheiden der Weltgeschichte, S. 13–14 u. 43–44.
15 Manfred Hildermeier, Zur terroristischen Strategie der Sozialrevolutionären Partei Rußlands (1900–1914), in: Wolfgang J. Mommsen / Gerhard Hirschfeld (Hg.), Sozialprotest, Gewalt, Terror. Gewaltanwendung durch politische und gesellschaftliche Randgruppen im 19. und 20. Jahrhundert, Stuttgart 1982, S. 100–107. Grundlegend: ders., Die Sozialrevolutionäre Partei Rußlands.
16 Donnert, Das russische Zarenreich, S. 293; Torke, Einführung, S. 178.
17 Vgl. Polexe, Netzwerke und Freundschaft, besonders S. 168–169.
18 Lenin, Was tun?, Zitate S. 191, 193 u. 197.
19 Donnert, Das russische Zarenreich, S. 337–339; Torke, Einführung, S. 179.
20 Heinz-Dietrich Löwe, Parteien, in: Torke (Hg.), Lexikon der Geschichte Rußlands, S. 286–294, hier S. 287–288; Hildermeier, Russische Revolution (2004), S. 40–41. Text des Parteiprogramms in Meissner, Das Parteiprogramm der KPdSU, S. 115–120.
21 Beispielhaft für den Bereich der Justiz: Jörg Baberowski, Das Justizwesen im späten Zarenreich 1864–1914, in: Zeitschrift für Neuere Rechtsgeschichte 13 (1991), S. 156–172.
22 Zur Charakteristik der Person siehe Heinz-Dietrich Löwe, Alexander III. 1881–1894, in: Torke (Hg.): Die russischen Zaren, S. 339–353, hier S. 339–343.
23 A. Ju. Polunov, Konstantin Petrovič Pobedonoscev – čelovek i politik, in: Otečestvennaja istorija (1998), H. 1, S. 42–55; ders., Pod vlast'ju ober-prokurora; Rainer Lindner, K. P. Pobedonoscev und die russische Reformbürokratie. Ein Beitrag zur Rechtsgeschichte des späten Zarenreiches, in: Jahrbücher für Geschichte Osteuropas 43 (1995), S. 34–57.
24 Polunov, Russia in the Nineteenth Century, S. 188–189.
25 Vgl. Stadelmann, Die Romanovs, S. 207–208.
26 Löwe, Nikolaus II., S. 354–357.
27 Ebd., S. 359; Polunov, Russia in the Nineteenth Century, S. 190–193.
28 Geyer, Rußland an der Jahrhundertwende, S. 263.
29 Löwe, Nikolaus II., S. 360; Z. I. Peregudova / I. M. Puškareva, Koronacionnye toržestva 1896 goda v Moskve, in: Otečestvennaja istorija (1997), H. 4, S. 13–24, hier S. 21.
30 Vgl. Leonhard / von Hirschhausen, Empires und Nationalstaaten, S. 40–41.
31 Vgl. Geyer, Rußland an der Jahrhundertwende, S. 263; Donnert, Das russische Zarenreich, S. 343. Zu Rasputin siehe auch Kap. 3.
32 Vgl. Geyer, Rußland an der Jahrhundertwende, S. 264.
33 Albrecht Martiny, Nationalitäten und Nationalitätenpolitik, in: Hellmann / Zernack / Schramm (Hg.), Handbuch der Geschichte Rußlands, Bd. 3/2, S. 1744–1778, hier S. 1749; Kappeler, Rußland als Vielvölkerreich, S. 181.
34 Borodziej, Geschichte Polens, S. 55–58.
35 Zu den Nationalitäten siehe Kappeler, Rußland als Vielvölkerreich, S. 182–227.
36 Tolstoj, Polnoe sobranie sočinenij, Bd. 73, S. 184–185. Zitiert auch bei Donnert, Das russische Zarenreich, S. 341.
37 Fröhlich, The Emergence of Russian Constitutionalism, S. 15–25.
38 Löwe, Von der Industrialisierung, S. 231.
39 Für das Folgende siehe Fröhlich, The Emergence of Russian Constitutionalism, S. 15–25.
40 Zum Pogrom von 1903 siehe Judge, Ostern in Kischinjow.

41 Geyer, Rußland an der Jahrhundertwende, S. 261–263.
42 Ludmila Thomas, Russische Außenpolitik vor dem Ersten Weltkrieg. Kontinuität und Brüche, in: Vyslonzil / Leifer (Hg.), Russland – Sowjetunion – Russland, S. 27–43, hier S. 30.
43 Schimmelpenninck van der Oye, Russian Foreign Policy, S. 568. Zum imperialistischen Abenteuer in Fernost grundlegend: Geyer, Der russische Imperialismus, S. 148–157, sowie Schimmelpenninck van der Oye, Toward the Rising Sun.
44 Geyer, Der russische Imperialismus, S. 99.
45 Löwe, Von der Industrialisierung, S. 207 u. 273–277.
46 Vgl. Jan Kusber, Siegeserwartungen und Schuldzuweisungen. Die Autokratie und das Militär im Russisch-Japanischen Krieg 1904/05, in: Kreiner (Hg.), Der Russisch-Japanische Krieg, S. 99–116; Geyer, Der russische Imperialismus, S. 158. Zur Rolle des Militärs siehe Kusber, Krieg und Revolution.
47 Vgl. Schimmelpenninck van der Oye, Toward the Rising Sun, S. 81–102.
48 Vgl. Anatoli V. Ignatiev, Russian Foreign Policy from 1897–1914, in: Vyslonzil / Leifer (Hg.), Russland – Sowjetunion – Russland, S. 13–25, hier S. 16–17.
49 Heinz-Dietrich Löwe, Der Russisch-Japanische Krieg und die russische Innenpolitik: Vom «kleinen erfolgreichen Krieg» in die erste Revolution von 1905, in: Sprotte / Seifert / Löwe (Hg.), Der Russisch-Japanische Krieg, S. 147–171, hier S. 147–148 u. 157–158.
50 In Russland galt bis zum 1.2.1918 der julianische Kalender, der hinter dem in den westlichen Ländern üblichen gregorianischen Kalender im 20. Jahrhundert um 13 Tage zurückliegt.
51 Vgl. dazu ausführlich Susanne Schattenberg, Die Sprache der Diplomatie oder Das Wunder von Portsmouth. Überlegungen zu einer Kulturgeschichte der Außenpolitik, in: Jahrbücher für Geschichte Osteuropas 56 (2008), S. 3–26.

3. Politisierung und Polarisierung 1905–1917

1 Vgl. Donnert, Das russische Zarenreich, S. 356–357.
2 Šacillo, Russkij liberalizm, S. 287; Riha, A Russian European, S. 65.
3 Fischer, Russian Liberalism, S. 185–187; Belokonskij, Zemskoe dviženie, S. 214–228.
4 Riha, A Russian European, S. 64.
5 Hildermeier, Russische Revolution (1989), S. 58.
6 Hausmann, Lokale Öffentlichkeit, S. 231.
7 Hildermeier, Russische Revolution (1989), S. 59.
8 Šacillo, Russkij liberalizm, S. 304–310.
9 Vgl. Hösch, Geschichte Rußlands, S. 305–306.
10 Reskript Nikolaus II. an Innenminister Bulygin, 18.2.1905. Zitiert nach Belokonskij, Zemskoe dviženie, S. 264.
11 Janin et al. (Hg.), Otečestvennaja istorija, Bd. 1, S. 308–309.
12 Anan'ič et al. (Hg.), Vlast' i reformy, S. 465–489.
13 Vgl. z. B. den Verfassungsentwurf des *Bundes der Befreiung* vom Oktober 1904, in: A. N. Meduschevskij, Konstitutionelle Projekte in Rußland am Anfang des 20. Jahrhunderts und ihre deutschen Prototypen, in: Beyrau / Čičurov / Stolleis (Hg.), Reformen, S. 237–260, hier S. 243–245.
14 Belokonskij, Zemskoe dviženie, S. 389–390.
15 Ebd., S. 281; Gogolevskij, Očerki istorii russkogo liberalizma, S. 130.
16 Hildermeier, Russische Revolution (1989), S. 54–55, 61 u. 68.
17 Vgl. die Vielfalt der Erfahrungen in Smele / Heywood (Hg.), The Russian Revolution.
18 Hildermeier, Russische Revolution (1989), S. 62.
19 Beryl Williams, 1905: the View from the Provinces, in: Smele / Heywood (Hg.), The Russian Revolution, S. 34–54.
20 Anna Geifman, Psychohistorical Approaches to 1905 Radicalism, in: Smele / Heywood (Hg.), The Russian Revolution, S. 13–33.
21 Hildermeier, Russische Revolution (1989), S. 63–65.

22 Anan'ič et al. (Hg.), Vlast' i reformy, S. 500–503.
23 Das Oktobermanifest des Zaren Nikolaus II. (30. Oktober 1905), in: Scheibert (Hg.), Die russischen politischen Parteien, S. 29–30.
24 Hildermeier, Russische Revolution (1989), S. 62.
25 Ebd., S. 89–90.
26 S. J. Seregny, A Different Type of Peasant Movement: The Peasant Unions in the Russian Revolution of 1905, in: Slavic Review 47 (1988), S. 51–67. Vgl. auch Shanin, Russia as a Developing Society, Bd. 2; Hosking, Russland. Nation und Imperium, S. 463–471.
27 Franziska Schedewic, Peasant Protest and Peasant Violence in 1905: Voronezh Province, Ostrogozhskii Uezd, in: Smele / Heywood (Hg.), The Russian Revolution of 1905, S. 137–155.
28 Riha, A Russian European, S. 103; A. Ya. Avrekh / A. Ya. Grunt, Duma of Imperial Russia, Soviet Treatment of, in: Wieczynski (Hg.), The Modern Encyclopedia of Russian and Soviet History, Bd. 48, S. 21–35, hier S. 22.
29 Ausführlich zu den Grundgesetzen, mit englischer Übersetzung des Gesetzeswerkes: Szeftel, The Russian Constitution of April 23, 1906. Russischer Originalwortlaut: Polnoe sobranie zakonov Rossijskoj imperii. Daraus in der Folge: Nr. 27424 (Dumastatut vom 20.2.1906), 27425 (Statut über den reformierten Reichsrat vom 20.2.1906), 27805 (Staatsgrundgesetze vom 23.4.1906).
30 Riha, A Russian European, S. 110; Heinz-Dietrich Löwe, Grundgesetze, in: Torke (Hg.), Lexikon der Geschichte Rußlands, S. 147.
31 Hildermeier, Russische Revolution (1989), S. 92–93.
32 A. P. Borodin, Reforma gosudarstvennogo soveta 1906 goda, in: Voprosy istorii (1999), H. 4–5, S. 82–96, hier S. 85 u. 92. Ausführlich zum Reichsrat: Borodin, Gosudarstvennyj sovet; Jurtaeva, Gosudarstvennyj sovet.
33 Art. 86 (44) der Staatsgrundgesetze, in: Szeftel, The Russian Constitution, S. 99. Polnoe sobranie zakonov, Nr. 27805. Die divergierende Zählung bezieht sich auf unterschiedliche Ausgaben des Gesetzeswerkes.
34 Vgl. Jurtaeva, Gosudarstvennyj sovet, S. 117. Etwas positiver die ältere Beurteilung bei Maurach, Der russische Reichsrat, S. 243.
35 Art. 87 (45) der Staatsgrundgesetze, in: Szeftel, The Russian Constitution, S. 99; Polnoe sobranie zakonov, Nr. 27805.
36 Vgl. Hildermeier, Russische Revolution (1989), S. 94; Riha, A Russian European, S. 110; Meduschevskij, Konstitutionelle Projekte in Rußland, in: Beyrau / Čičurov / Stolleis (Hg.), Reformen, S. 237–260, hier S. 257–258.
37 Art. 8 der Staatsgrundgesetze, in: Szeftel, The Russian Constitution, S. 85; Polnoe sobranie zakonov, Nr. 27805.
38 Max Weber, Rußlands Übergang zum Scheinkonstitutionalismus, in: Archiv für Sozialwissenschaft und Sozialpolitik 23 (1906), Heft 1, Beilage, S. 165–401.
39 Heinz-Dietrich Löwe, Scheinkonstitutionalismus, in: Torke (Hg.), Lexikon, S. 339. Vgl. Dittmar Dahlmann, Die gescheiterte Revolution – Russland 1905 bis 1907, in: Kreiner (Hg.), Der Russisch-Japanische Krieg, S. 117–136, hier S. 135. Vgl. den historiographischen Überblick bei Hildermeier, Geschichte der Sowjetunion, S. 52.
40 Vgl. Caspar Ferenczi, Funktion und Bedeutung der Presse in Rußland vor 1914, in: Jahrbücher für Geschichte Osteuropas 30 (1982), S. 362–397; ders., Außenpolitik und konstitutionelles Experiment in Rußland. Die außenpolitischen Dumadebatten von 1910 und 1911, in: Österreichische Osthefte 29 (1987), S. 169–204. Umfassend dazu: Hagen, Die Entfaltung.
41 Hagen, Die Entfaltung, S. 203–204 u. 304.
42 Hildermeier, Russische Revolution (1989), S. 94; A. Ya. Avrekh / A. Ya. Grunt, Duma of Imperial Russia, Soviet Treatment of, in: Wieczynski (Hg.), The Modern Encyclopedia of Russian and Soviet History, Bd. 48, S. 23; James A. Malloy Jr. / Jane E. Good, Duma, in: ebd., Bd. 10, S. 39–51, hier S. 40.

43 Nikolaus Katzer, Der erste Tag. Parlamentseröffnung und demokratische Tradition in Rußland im 20. Jahrhundert, in: Osteuropa 49 (1999), S. 836–849, hier S. 838 u. 841; Hildermeier, Russische Revolution (1989), S. 95.
44 Malloy / Good, Duma, in: Wieczynski (Hg.), The Modern Encyclopedia of Russian and Soviet History, Bd. 10, S. 42–43.
45 M. G. Vandalkovskaya, Russia and the West. The Culture of Russian Parliamentarism at the Beginning of the 20th Century, in: Coexistence 32 (1995), S. 49–56, hier S. 52–54.
46 Avrekh / Grunt, Duma of Imperial Russia, Soviet Treatment of, in: Wieczynski (Hg.), The Modern Encyclopedia of Russian and Soviet History, Bd. 48, S. 26.
47 Vgl. Riha, A Russian European, S. 150–153.
48 Vgl. Marc Szeftel, The Reform of the Electoral Law to the State Duma on June 3, 1907, in: Liber Memorialis Georges de Lagarde, S. 323–324 u. 346.
49 Hagen, Die Entfaltung politischer Öffentlichkeit, S. 336–337. Vgl. Vandalkovskaya, Russia and the West, S. 54–55.
50 Hosking, The Russian Constitutional Experiment, S. 131–134; Jurtaeva, Gosudarstvennyj sovet, S. 131–132.
51 Hosking, The Russian Constitutional Experiment, S. 200–205.
52 Hagen, Die Entfaltung politischer Öffentlichkeit, S. 303–337. Ausführlich dazu: Dietmar Neutatz, Das russische Verfassungsexperiment 1906–1918: Zum Verhältnis von Tradition und Modernität, in: Journal of Modern European History 6 (2008), S. 88–115.
53 Hagen, Die Entfaltung politischer Öffentlichkeit, S. 322–326, 333–334 u. 345–347; Szeftel, The Russian Constitution, S. 366 u. 380.
54 Manfred Hildermeier, Rußland oder Wie weit kam die Zivilgesellschaft?, in: ders. / Kocka (Hg.), Europäische Zivilgesellschaft, S. 113–148; ders., Liberales Milieu in russischer Provinz. Kommunales Engagement, bürgerliche Vereine und Zivilgesellschaft 1900–1917, in: Jahrbücher für Geschichte Osteuropas 51 (2003), S. 498–548; Häfner, Gesellschaft als lokale Veranstaltung; ders., Öffentlichkeit, Zensur und lokale Gesellschaft im spätzaristischen Rußland. Überlegungen am Beispiel der Presselandschaft Saratovs, in: Jahrbuch zur Liberalismusforschung 12 (2000), S. 77–120; Guido Hausmann, Lokale Öffentlichkeit.
55 Hildermeier, Liberales Milieu in russischer Provinz, S. 520, 523 u. 525–526.
56 Ebd., S. 531–535, 540 u. 543.
57 Vgl. Hausmann, Lokale Öffentlichkeit, S. 233–234.
58 Vgl. Häfner, Gesellschaft als lokale Veranstaltung, S. 491 u. 493–494; Manfred Hildermeier, Bürgerliche Eliten im ausgehenden Zarenreich?, in: Jahrbücher für Geschichte Osteuropas 48 (2000), S. 1–4, hier S. 4.
59 Dahlmann, Die Provinz wählt, S. 173.
60 Ebd., S. 310–312.
61 Joachim von Puttkamer, Die Vertretung der Bauernschaft in der Dritten Duma und ihr Beitrag zur Debatte über die Stolypinschen Agrarreformen, in: Jahrbücher für Geschichte Osteuropas 41 (1993), S. 44–80, hier S. 75–77.
62 Dahlmann, Die Provinz wählt, S. 135–138.
63 Dazu und zum Folgenden: Ascher, P. A. Stolypin, S. 391–399.
64 Moritsch, Landwirtschaft und Agrarpolitik, S. 47.
65 Vgl. Goehrke, Russischer Alltag, Bd. 2, S. 250.
66 Helmut Gross et al., Über die Revolution zur Modernisierung im Zeichen der eingeschränkten Autokratie (1904–1914), in: Hellmann / Zernack / Schramm (Hg.), Handbuch der Geschichte Rußlands, Bd. 3/1, S. 337–474, hier S. 466–470.
67 Gatrell, Russia's First World War, S. 3.
68 David A. Macey, The Peasant Commune and the Stolypin Reforms: Peasant Attitudes, 1906–14, in: Bartlett (Hg.), Land Commune and Peasant Community, S. 219–236.
69 Dazu eindrücklich: Pallot, Land Reform in Russia, 1906–1917.
70 Voronežcev, Bauernschaft, Bauerngemeinde und Geistlichkeit, S. 121–126.

71 Ebd., S. 128.
72 Helmut Gross et al., Über die Revolution zur Modernisierung im Zeichen der eingeschränkten Autokratie (1904–1914), S. 419–424; Heinz-Dietrich Löwe, Stolypinsche Agrarreform, in: Torke (Hg.), Lexikon der Geschichte Rußlands, S. 368.
73 Kappeler, Rußland als Vielvölkerreich, S. 281.
74 Zum «Völkerfrühling» von 1905 siehe ausführlich ebd., S. 268–277.
75 Tuminez, Russian Nationalism since 1856, S. 120–123 u. 126–127.
76 Weeks, Official and Popular Nationalisms, S. 427–430.
77 Zitiert nach Kappeler, Rußland als Vielvölkerreich, S. 279–280. Für das Folgende: ebd., S. 280–283.
78 Ronald Grigor Suny, The Empire Strikes Out: Imperial Russia, «National» Identity, and Theories of Empire, in: Suny / Martin (Hg.), A State of Nations, Empire and Nation-Making in the Age of Lenin and Stalin, S. 23–66, hier S. 55–56.
79 Weeks, Official and Popular Nationalisms, S. 430–431.
80 Heinz-Dietrich Löwe, Nationalismus und Nationalitätenpolitik als Integrationsstrategie im zarischen Rußland, in: Kappeler (Hg.), Die Russen, S. 55–79, hier S. 71–72. Vgl. Freeze, Subversive Piety, S. 309–313.
81 Anschaulich dazu: Konstantin Tsimbaev, Die Orthodoxe Kirche im Einsatz für das Imperium. Kirche, Staat und Volk in den Jubiläumsfeiern des ausgehenden Zarenreiches, in: Jahrbücher für Geschichte Osteuropas 52 (2004), S. 355–370, Zitat S. 368.
82 Pospelovskij, Russkaja pravoslavnaja cerkov', S. 17 u. 26–32; Freeze, The Parish Clergy, S. 469–474; Freeze, Russian Orthodoxy, S. 302–303.
83 Sanborn, Drafting the Russian Nation, S. 204.
84 Weber, Peasants into Frenchmen.
85 Anders lautet das Urteil von Sanborn, das sich aber mit guten Gründen anzweifeln lässt.
86 Benecke, Militär, Reform und Gesellschaft im Zarenreich, S. 383–384, 397 u. 403–405.
87 Voronežcev, Bauernschaft, Bauerngemeinde und Geistlichkeit, S. 129.
88 Ebd.
89 Ebd., S. 134.
90 Löwe, Von der Industrialisierung zur ersten Revolution, S. 238.
91 I. D. Koval'čenko, Sootnošenie krest'janskogo i pomeščič'ego chozjajstva v zemledel'českom proizvodstve kapitalističeskoj Rossii, in: Ivanov / Družinin (Hg.), Problemy social'no-ėkonomičeskoj istorii Rossii, S. 171–194, hier S. 186 u. 190. Ähnliche Zahlen bei Antsiferov / Bilimovich (Hg.), Russian Agriculture, S. 354 auf der Basis des landwirtschaftlichen Zensus von 1916. Vgl. dazu Löwe, Lage der Bauern, S. 103 u. 109. Anfimov / Korelin, Rossija 1913 god, S. 63–64.
92 Hildermeier, Geschichte der Sowjetunion, S. 38–41.
93 Ebd., S. 39–41.
94 L. M. Ivanov, Strachovoj zakon 1912 goda i ego praktičeskoe primenenie, in: Otečestvennaja istorija (1995), H. 5, S. 73–87; Christian, Imperial and Soviet Russia, S. 159–160.
95 Für die These von der Wahrnehmung des Jahres 1913 als Epochenbruch siehe Ingold, Der große Bruch. Rußland im Epochenjahr 1913.
96 Vgl. Rosamund Bartlett, Russian Culture: 1801–1917, in: Lieven (Hg.), The Cambridge History of Russia. Vol. II, S. 92–115.
97 Maria Deppermann, Rußland um 1900: Reichtum und Krise einer Epoche, in: Metzger (Hg.), Aleksandr Skrjabin und die Skrjabinisten, S. 61–106, hier S. 64–67 u. 105–106.
98 Instruktiv dazu Schlögel, Petersburg. Laboratorium der Moderne, S. 91–120.
99 Ebd., S. 93–107, Zitat S. 107.
100 Geyer, Der russische Imperialismus, S. 221.
101 Ebd., S. 190; Schimmelpenninck van der Oye, Russian Foreign Policy, S. 569.
102 Geyer, Der russische Imperialismus., S. 198–199 u. 222–227. Vgl. Katrin Boeckh, Rußland und die Balkanstaaten am Vorabend des Ersten Weltkrieges, in: Südostforschungen 55 (1996), S. 287–310.

103 Geyer, Der russische Imperialismus, S. 233.
104 Gatrell, Russia's First World War, S. 11–13; Geyer, Der russische Imperialismus, S. 235; Anatoli V. Ignatiev, Russian Foreign Policy from 1897–1914, in: Vyslonzil / Leifer (Hg.), Russland – Sowjetunion – Russland, S. 13–25, hier S. 20–21.
105 Vgl. Tuminez, Russian Nationalism since 1856, S. 117; Geyer, Der russische Imperialismus, S. 236–238.
106 Geyer, Der russische Imperialismus, S. 152 u. 257.
107 Grundlegend zu den inneren Problemen Russlands während des Ersten Weltkriegs: Gatrell, Russia's First World War sowie Eric Lohr, War and Revolution, 1914–1917, in: Lieven (Hg.), The Cambridge History of Russia, Bd. 2, S. 655–669.
108 Bonwetsch, Die Russische Revolution 1917, S. 95–97.
109 Stephen Kotkin, Modern Times. The Soviet Union and the Interwar Conjuncture, in: Kritika 2 (2001), S. 111–164, hier v. a. S. 127–128.
110 Dönninghaus, Die Deutschen in der Moskauer Gesellschaft, S. 370–467; Lohr, Nationalizing the Russian Empire; ders., Patriotic Violence and the State: The Moscow Riots of May 1915, in: Kritika. Explorations in Russian and Eurasian History 4 (2003), S. 607–626.
111 Vgl. Lohr, War and Revolution, S. 661.
112 Christian, Imperial and Soviet Russia, S. 162–164.
113 Ebd., S. 164; Gatrell, Russia's First World War, S. 171.
114 Bonwetsch, Die Russische Revolution 1917, S. 98–100; Gernot Erler et al., Zwei Umbrüche im Ersten Weltkrieg: vom zarischen zum bolschewistischen Russland (1914–1918), in: Hellmann / Zernack / Schramm (Hg.), Handbuch der Geschichte Rußlands, Bd. 3/1, S. 475–622, hier S. 514–519; Lohr, War and Revolution, S. 659–661; Gatrell, Russia's First World War, S. 170.
115 Vgl. Šljachtinskij, Avtomobil' v Rossii, S. 92.
116 Adfel'dt et al., Istorija Moskovskogo avtozavoda, S. 121 u. 149–180.
117 Peter Gatrell, Modernisation Strategies and Outcomes in Pre-revolutionary Russia, in: Kangaspuro (Hg.), Modernisation in Russia since 1900, S. 21–37, hier S. 36.
118 Thomas Porter / William Gleason, The Zemstvo and Public Initiative in Late Imperial Russia, in: Russian History 21 (1994), S. 419–437.
119 M. F. Hamm, Liberal Politics in Wartime Russia. An Analysis of the Progressive Bloc, in: Slavic Review 33 (1974), S. 453–468, hier S. 453–455.
120 Pearson, The Russian Moderates, S. 50–51, 57–58 u. 63.
121 Zur Rolle der Gerüchte anschaulich: Figes / Kolonitskii, Interpreting the Russian Revolution, S. 9–29.
122 G. Z. Ioffe, «Rasputiniada»: bol'šaja političeskaja igra, in: Otečestvennaja istorija (1998), H. 3, S. 103–118.
123 Siehe dazu die wegweisenden Beiträge von Leopold Haimson, The Problem of Social Stability in Urban Russia, 1905–1917 (Part I), in: Slavic Review 23 (1964), S. 619–642; ders., The Problem of Social Stability in Urban Russia, 1905–1917 (Part II), in: Slavic Review 24 (1965), S. 1–22; ders., Reply, in: Slavic Review 24 (1965), S. 47–56. Gekürzte deutsche Fassung: Leopold Haimson, Das Problem der sozialen Stabilität im städtischen Rußland 1905–1917, in: Geyer (Hg.), Wirtschaft und Gesellschaft im vorrevolutionären Rußland, S. 304–332.
124 Hildermeier, Russische Revolution (2004), S. 11.
125 Bonwetsch, Die Russische Revolution, S. 120–126.
126 Ebd., S. 126–129; Lohr, War and Revolution, S. 655–656.
127 Hildermeier, Russische Revolution (2004), S. 12–13.
128 Hildermeier, Russische Revolution (1989), S. 144–146.
129 Figes / Kolonitskii, Interpreting the Russian Revolution, S. 43–48.
130 Oberučev, Die Morgenröte, S. 88.
131 Figes / Kolonitskii, Interpreting the Russian Revolution, S. 30–70; Dmitry Shlapentokh,

The Images of the French Revolution in the February and Bolshevik Revolutions, in: Russian History 16 (1989), S. 31–54. Steinberg, Voices of the Revolution, S. 59–60.
132 Hildermeier, Russische Revolution (2004), S. 15.
133 Vgl. Katzer, Die weiße Bewegung, S. 57.
134 Vgl. die detaillierten Analysen bei Hildermeier, Russische Revolution (1989), S. 147–182 und Bonwetsch, Die Russische Revolution, S. 129–161.
135 Figes / Kolonitskii, Interpreting the Russian Revolution, S. 127–152.
136 John Channon, The Peasantry in the Revolutions of 1917, in: Frankel / Frankel / Knei-Paz (Hg.), Revolution in Russia, S. 105–130.
137 Vgl. Gaudin, Ruling Peasants, S. 208–210.
138 Für das Folgende: Kappeler, Rußland als Vielvölkerreich, S. 289–299.
139 Vgl. Steinberg, Voices of Revolution, S. 11–12.
140 Ebd., S. 18–21.
141 Bonwetsch, Die Russische Revolution, S. 152–155 u. 164–169.
142 Hildermeier, Russische Revolution (2004), S. 27.
143 Ebd., S. 29.
144 Hildermeier, Russische Revolution (1989), S. 226–227.
145 Katzer, Die weiße Bewegung in Rußland, S. 8–9.
146 Figes / Kolonitskii, Interpreting the Russian Revolution, S. 71–103.

ZWEITER TEIL

Utopie und Kompromisse 1917–1928

4. Richtungswechsel und Katastrophe 1917–1921

1 Vgl. Raleigh, Revolution on the Volga, S. 262–266; Koenker, Moscow Workers, S. 330–331.
2 Vgl. Hildermeier, Russische Revolution (2004), S. 32.
3 Genaue Chronologie der Ereignisse bei Alexander Rabinowitch, The Bolsheviks Come to Power, in: Miller (Hg.), The Russian Revolution, S. 106–146, hier S. 106–139.
4 Vgl. Hildermeier, Russische Revolution (2004), S. 39.
5 Vgl. ebd., S. 43.
6 Vgl. ebd., S. 38.
7 Altrichter, Kleine Geschichte der Sowjetunion, S. 32–33.
8 Koenker, Moscow Workers, S. 332.
9 Vgl. Raleigh, Revolution on the Volga, S. 286–290.
10 Karsch, Die bolschewistische Machtergreifung, S. 160–164.
11 Ebd. ausführlich zu den ersten Monaten der Sowjetherrschaft in der Provinz.
12 Heiko Haumann, Das Jahr 1917 in den Metropolen und in den Dörfern, in: Haumann (Hg.), Die Russische Revolution, S. 59–72, hier S. 71.
13 Narskij, Der Ural im russischen Bürgerkrieg, S. 105.
14 Lohr, War and Revolution, S. 660.
15 Hildermeier, Russische Revolution (2004), S. 37 u. 42.
16 Bonwetsch, Die Russische Revolution, S. 206.
17 Lenin, Werke, Bd. 25, Juni-September 1917, S. 194–195.
18 Ebd., S. 200–201.
19 Lenin, Werke, Bd. 9, Juni-November 1905, S. 122–123.
20 Boris Meissner, Einführung zum «ABC des Kommunismus», in: Bucharin / Preobraschenskij, ABC des Kommunismus, S. 5–31, hier S. 6–10.
21 Reed, Zehn Tage, S. 164. Ähnlich: de Robien, Russisches Tagebuch, S. 146.
22 Vgl. etwa die Lagebeurteilung bei Oberučev, Die Morgenröte, S. 252–268.
23 Hildermeier, Geschichte der Sowjetunion, S. 132; Katzer, Die weiße Bewegung, S. 68–69.

24 Kluke, Selbstbestimmung, S. 46.
25 Kappeler, Rußland als Vielvölkerreich, S. 289–299.
26 Luks, Geschichte Russlands, S. 74–83. Umfassend: Baumgart, Deutsche Ostpolitik.
27 Häfner, Revolution und Bürgerkrieg, S. 173.
28 Sheila Fitzpatrick, Origins of Stalinism: How Important was the Civil War?, in: Acta Slavica Japonica 2 (1984), S. 105–116.
29 Israel Getzler, Lenin's Conception of Revolution as Civil War, in: Slavonic and East European Review 74 (1996), S. 464–472, hier S. 464–469.
30 Häfner, Revolution und Bürgerkrieg, S. 174.
31 Hildermeier, Russische Revolution (1989), S. 267–274.
32 Vgl. Häfner, Revolution und Bürgerkrieg, S. 176.
33 Narskij, Der Ural im russischen Bürgerkrieg, S. 96–99.
34 Ebd., S. 94–95.
35 Narskij, «Žizn' v katastrofe», S. 226.
36 Bucharin / Preobraschenskij, Das ABC des Kommunismus, S. 132–155.
37 Vgl. Figes, Die Flüsterer, S. 44–45.
38 Narskij, Der Ural im russischen Bürgerkrieg, S. 101.
39 Beyrau, Petrograd, S. 50; Kondrašin, Krest'janstvo Rossii, S. 333–340; Landis, Bandits and Partisans, S. 93–94.
40 Zum Folgenden: Hildermeier, Geschichte der Sowjetunion, S. 302–337.
41 Lenin, Werke, Bd. 19, S. 124.
42 Hildermeier, Geschichte der Sowjetunion, S. 339–344; Helmut Altrichter: Proletkult, in: Torke (Hg.), Historisches Lexikon der Sowjetunion, S. 257. Ausführlich zum Proletkult: Gorsen / Knödler-Bunte, Proletkult; Gorzka, A. Bogdanov und der russische Proletkult.
43 Manfred Hildermeier, Revolution und Kultur: Der «neue Mensch» in der frühen Sowjetunion, in: Jahrbuch des Historischen Kollegs (1996), S. 51–68, hier S. 55–57.
44 Stites, Russian Popular Culture, S. 46.
45 Lutz Häfner, Revolution und Bürgerkrieg, S. 176.
46 Otečestvennye vedomosti, 15.5.1919. Zit. nach Urussowa, Das neue Moskau, S. 27.
47 Baberowski, Der rote Terror, S. 54–55.
48 Dietmar Neutatz, Die Suggestion der «Front». Überlegungen zu Wahrnehmungen und Verhaltensweisen im Stalinismus, in: Studer / Haumann (Hg.), Stalinistische Subjekte, S. 67–80, hier S. 71–75. Siehe auch Nikolaus Katzer, Räume des Schreckens. Leben und Überleben im russischen Bürgerkrieg, in: Forum für osteuropäische Ideen- und Zeitgeschichte 10 (2006), S. 55–90, hier S. 78.

5. Umgestaltung mit Kompromissen 1921–1928

1 Wehner, Bauernpolitik, S. 49–50.
2 Donald J. Raleigh, A Provincial Kronstadt. Popular Unrest in Saratov at the End of the Civil War, in: Raleigh (Hg.), Provincial Landscapes, S. 82–104.
3 Figes, Die Flüsterer, S. 45.
4 Zur Neuen Ökonomischen Politik siehe Heiko Haumann, Sozialismus als Ziel: Probleme beim Aufbau einer neuen Gesellschaftsordnung (1918–1928/29), in: Hellmann / Zernack / Schramm (Hg.), Handbuch der Geschichte Rußlands, Bd. 3/1, S. 623–780; Fitzpatrick / Rabinowitch / Stites (Hg.), Russia in the Era of NEP.
5 Narskij, «Žizn' v katastrofe», S. 553–554.
6 Vgl. Patenaude, The Big Show in Bololand, v. a. S. 49–51, 221–235 u. 262–270; Weissman, Herbert Hoover, S. 1–45.
7 Davies / Wheatcroft, The Years of Hunger, S. 400.
8 Figes, Die Flüsterer, S. 46.
9 Grundlegend dazu Haumann, Beginn der Planwirtschaft.
10 Rassweiler, The Generation of Power.

11 Vgl. die Deutung bei Juri S. Woronkow, Technostruktur und Stalinismus, in: Beyrau (Hg.), Im Dschungel der Macht, S. 275–299.
12 Wehner, Bauernpolitik, S. 329–333.
13 Ebd., S. 363–366.
14 Zum Ordnung-Schaffen vgl. Baberowski / Doering-Manteuffel, Ordnung durch Terror, S. 15; Bauman, Moderne und Ambivalenz, S. 29–30.
15 Lynne Viola, The Peasant's Kulak: Social Identities and Moral Economy in the Soviet Countryside in the 1920s, in: Canadian Slavonic Papers 42 (2000), S. 431–460.
16 Vgl. Brovkin, Russia after Lenin, S. 30–36.
17 Sheila Fitzpatrick, Social Identities – Introduction, in: Fitzpatrick (Hg.), Stalinism, S. 15–16; dies., The Problem of Class Identity in NEP Society, in: Fitzpatrick / Rabinowitch / Stites (Hg.), Russia in the Era of NEP, S. 12–33, hier S. 25–28.
18 Dazu ausführlich die Fallstudie von Alexopoulos, Stalin's Outcasts.
19 Vgl. die reiche Sammlung an Briefen bei Livšin / Orlov (Hg.), Pis'ma vo vlast': 1917–1927.
20 Vgl. Rüting, Pavlov und der Neue Mensch, S. 33–76; Koenen, Utopie der Säuberung, S. 125–127.
21 Bogdanov, Red Star: The First Bolshevik Utopia; Bogdanov, Der rote Planet: utopische Romane.
22 Steve Smith, Taylorism Rules OK? Bolshevism, Taylorism and the Technical Intelligentsia in the Soviet Union, 1917–41, in: Radical Science Journal 10–14 (1983), H. 13, S. 3–27, hier S. 3–11.
23 Trotzki, Literatur und Revolution, S. 215.
24 Lynne Attwood / Catriona Kelly, Programmes for Identity: The «New Man» and the «New Woman», in: Shepherd / Kelly (Hg.), Constructing Russian Culture, S. 256–290.
25 Rüting, Pavlov und der Neue Mensch.
26 Kirill Rossijanow, Gefährliche Beziehungen. Experimentelle Biologie und ihre Protektoren, in: Beyrau (Hg.), Im Dschungel der Macht, S. 340–359, hier S. 345–349.
27 Susan Gross Solomon, Vergleichende Völkerpathologie auf unerforschtem Gebiet: Ludwig Aschoffs Reise nach Rußland und in den Kaukasus im Jahre 1930, in: Solomon / Richter (Hg.), Ludwig Aschoff, S. 1–48, hier S. 1–43.
28 Auch für das Folgende: Beate Fieseler, Geschlechter, Familie, in: Bohn / Neutatz (Hg.), Studienhandbuch, Bd. 2, S. 59–68, hier S. 63; Hildermeier, Geschichte der Sowjetunion, S. 315–316; Wendy Z. Goldman, Working-Class Women and the «Withering Away» of the Family: Popular Responses to Family Policy, in: Fitzpatrick / Rabinowitch / Stites (Hg.), Russia in the Era of NEP, S. 125–143, hier S. 128–130.
29 Insgesamt gab es im Politbüro zwischen 1917 und 1991 nur zwei Frauen: Ekaterina Furceva von 1957 bis 1961 und Galina Semenova von 1990 bis 1991.
30 Scheide, Kinder, Küche, Kommunismus, S. 194.
31 Obertreis, Tränen des Sozialismus, S. 343.
32 Figes, Die Flüsterer, S. 58–59.
33 Stadelmann, Isaak Dunaevskij, S. 27 u. 54–55. Das Folgende ebd, S. 38–51.
34 Boris Meissner, Nationalitätenfrage und Sowjetideologie, S. 11–13.
35 Dekrety sovetskoj vlasti, Bd. 1, S. 113.
36 Simon, Nationalismus und Nationalitätenpolitik in der Sowjetunion, S. 35. Vgl. Hans Mommsen / Albrecht Martiny, Nationalismus, Nationalitätenfrage, in: Kernig (Hg.), Sowjetsystem und demokratische Gesellschaft. Bd. 4, S. 623–695, hier S. 671–674.
37 Simon, Nationalismus und Nationalitätenpolitik, S. 35–36.
38 Kappeler, Rußland als Vielvölkerreich, S. 301.
39 Ebd., S. 302.
40 Albrecht Martiny, Nationalitäten und Nationalitätenpolitik, in: Hellmann / Zernack / Schramm (Hg.), Handbuch der Geschichte Rußlands. Bd. 3/2, S. 1744–1778, hier S. 1773.

41 Baberowski / Doering-Manteuffel, Ordnung durch Terror, S. 16.
42 Simon, Nationalismus und Nationalitätenpolitik, S. 38–39.
43 Zur *korenizacija* vgl. Martin, The Affirmative Action Empire; Carrère d'Encausse, The Great Challenge.
44 Simon, Nationalismus und Nationalitätenpolitik, S. 38–39.
45 Baberowski, Der Feind ist überall, S. 206.
46 KPSS v rezoljucijach i rešenijach s-ezdov, konferencij i plenumov CK. Bd. 2, S. 252.
47 Vgl. Brandes / Savin, Die Sibiriendeutschen im Sowjetstaat 1919–1939, S. 193.
48 Detlef Brandes, Die Wolgarepublik: Eigenstaatlichkeit oder nationales Gouvernement?, in: Rothe (Hg.), Deutsche in Rußland, S. 103–130; Andrej Savin, Verordnete Autonomie. Die Entstehung des Deutschen Rayons in Sibirien 1924–1928, in: Forschungen zur Geschichte und Kultur der Rußlanddeutschen 4 (1994), S. 89–97.
49 Vgl. Brandes / Savin, Die Sibiriendeutschen im Sowjetstaat, S. 184–188 u. 195–196.
50 Viktor L. Malkov, New Deal or Old Deal? Russian Foreign Policy 1917/1918–1922, in: Vyslonzil / Leifer (Hg.), Russland – Sowjetunion – Russland, S. 79–89, hier S. 80 u. 88.
51 Rede Lenins vom 26.11.1920, in: Lenin, Werke, Bd. 25, S. 623–624.
52 Für eine Diskussion der Grundlagen und Grundsätze sowjetischer Außenpolitik nach wie vor instruktiv: Dietrich Geyer, Voraussetzungen sowjetischer Außenpolitik in der Zwischenkriegszeit, in: ders. (Hg.), Osteuropa-Handbuch, Sowjetunion, Außenpolitik I, S. 1–85.
53 Wolfgang Eichwede, Der Eintritt Sowjetrusslands in die internationale Politik, 1921–1927, in: Geyer (Hg.), Osteuropa-Handbuch, Sowjetunion, Außenpolitik I, S. 150–212.
54 Malkov, New Deal or Old Deal?, S. 89.
55 Dazu ausführlich Zeidler, Reichswehr und Rote Armee 1920–1933.
56 Stefan Creuzberger, Grundzüge sowjetischer Außenpolitik in den Jahren 1922 bis 1939, in: Vyslonzil / Leifer (Hg.), Russland – Sowjetunion – Russland, S. 91–103, hier S. 96.
57 Ebd., S. 98–99.
58 Grundlegend dazu Beyrau, Intelligenz und Dissens. Die russischen Bildungsschichten in der Sowjetunion 1917 bis 1985; ders. (Hg.), Im Dschungel der Macht.
59 Dietrich Beyrau, Broken Identities: The Intelligentsia in Revolutionary Russia, in: Palat (Hg.), Social Identities in Revolutionary Russia, S. 134–160.
60 Lyandres / Wulff (Hg.), A Chronicle of the Civil War in Siberia, Bd. 2, S. 9–10.
61 Hildermeier, Geschichte der Sowjetunion, S. 348.
62 Dietrich Beyrau, Einführung, in: Beyrau (Hg.), Im Dschungel der Macht, S. 9–44, hier S. 17.
63 Semenov-Tjan-Šanskij, To, čto prošlo, Bd. 1, S. 17.
64 Ebd., Bd. 2, S. 10 u. 18–19.
65 Hildermeier, Geschichte der Sowjetunion, S. 348.
66 Dietrich Beyrau, Einführung, in: Beyrau (Hg.), Im Dschungel der Macht, S. 17; ders., Die Intelligenz und die Macht. Bildungsschichten unter totalitären Bedingungen, in: Vetter (Hg.), Terroristische Diktaturen, S. 16–41, hier S. 30–31.
67 Hildermeier, Geschichte der Sowjetunion, S. 348–350.
68 Beyrau, Die Intelligenz und die Macht, S. 18 u. 31.
69 Hildermeier, Geschichte der Sowjetunion, S. 345–347.
70 Zum Lebenslauf Stalins siehe Sebag Montefiore, Der junge Stalin; Löwe, Stalin.
71 Erlich, Die Industrialisierungsdebatte in der Sowjetunion, 1924–1928.

6. Die Sowjetunion um 1926

1 Starr, Melnikov, S. 81–87.
2 Pavil'on SSSR na Meždunarodnoj vystavke sovremennych dekorativnych i promyšlennych iskusstv. http://ru.wikipedia.org, Stand: 26.07.2012. Abbildungen des Pavillons auch bei Starr, Melnikov, S. 95–98.
3 Vgl. Mattie, Weltausstellungen, S. 144.
4 Das Gebäude befindet sich im Stadtteil Sokol'niki an der ulica Stromynka, Nr. 6.

5 Anke Zalivako, Siedlungen und Wohnungsbauten des Russischen Konstruktivismus. http://www.ak-berlin.de/publicity/ak/internet.nsf/tindex/de_veranstaltungen.htm, Stand: 27.07.2012.

6 Barbara Kreis, Bruno Tauts Verhältnis zum Bauen in der Sowjetunion und seine Tätigkeit in Moskau, in: Volkmann (Hg.), Bruno Taut 1880–1938, S. 104–119, hier S. 108.

7 Urussowa, Das neue Moskau, S. 40–43. Siehe auch Helmut Altrichter, «Living the Revolution». Stadt und Stadtplanung in Stalins Rußland, in: Hardtwig (Hg.), Utopie und politische Herrschaft im Europa der Zwischenkriegszeit, S. 57–75; Rüthers, Moskau bauen von Lenin bis Chruščev.

8 Aleksej Tolstoj, Golubye goroda. Maj 1925, in: Tolstoj, Sobranie sočinenij, S. 46–88, hier S. 51–52; Urussowa, Das neue Moskau, S. 43.

9 Urussowa, Das neue Moskau, S. 46–47 u. 87.

10 Lopatin, Gorod buduščego, S. 30.

11 Urussowa, Das neue Moskau, S. 88.

12 Beschluss des Plenums des Zentralkomitees der VKP(b) «Über die Moskauer städtische Wirtschaft und die Entwicklung der städtischen Wirtschaft in der UdSSR», 15. Juni 1931, in: www.1000dokumente.de, Stand: 15.2.2013.

13 Bodenschatz / Post (Hg.), Städtebau im Schatten Stalins, S. 19 u. 24; Stephen V. Bittner, Green Cities and Orderly Streets: Space and Culture in Moscow, 1928–1933, in: Journal of Urban History 25 (1998), S. 22–56.

14 Carmen Scheide, Die Gartenstadt Sokol. Eine antiurbanistische Enklave in der Metropole, in: Rüthers (Hg.), Moskau. Menschen – Mythen – Orte, S. 142–147.

15 Bodenschatz / Post (Hg.), Städtebau im Schatten Stalins, S. 24.

16 Poletaev, Na putjach k novoj Moskve, S. 47.

17 Miljutin, Sozgorod. Die Planung der neuen Stadt, S. 9–11.

18 Guido Hausmann, Osteuropäische Stadt oder Stadt in Osteuropa? Ein Beitrag zur Diskussion über die europäische Stadt im 20. Jahrhundert, in: Bohn / Calic (Hg.), Urbanisierung und Stadtentwicklung in Südosteuropa, S. 25–64.

19 Vgl. Colton, Moscow, S. 174.

20 Blair A. Ruble, Failures of Centralized Metropolitanism. Inter-war Moscow and New York, in: Planning Perspectives 9 (1994), S. 353–376, hier S. 357.

21 Chase, Workers, Society and the Soviet State, S. 17–31.

22 Hoffmann, Peasant Metropolis, S. 133–136.

23 Benjamin, Moskauer Tagebuch, S. 98–99.

24 Merridale, Moscow Politics and the Rise of Stalin, S. 11.

25 Rüthers, Moskau bauen von Lenin bis Chruščev, S. 80–81.

26 Zoščenko, Der Verwandlungskünstler.

27 «Die Reize der Kultur», ebd., S. 113–116, hier S. 113.

28 Hildermeier, Geschichte der Sowjetunion, S. 280.

29 Colton, Moscow, S. 154–158.

30 Die Berichte der Geheimpolizei erwähnen für 1926 zahlreiche Streiks und Protestkundgebungen von Arbeitslosen. Sevost'janov / Sacharov / Pogonij (Hg.), «Soveršenno sekretno», T. 4, z. B. S. 24–25, 90, 169, 372–377, 711, 906.

31 Joseph Roth, Reise in Russland, 1926, in: Roth, Das journalistische Werk, 1924–1928, Köln 1990, S. 591–696, hier S. 612–614.

32 Colton, Moscow, S. 798.

33 Obertreis, Tränen des Sozialismus, S. 222–226.

34 Urussowa, Das neue Moskau, S. 92.

35 Ebd., S. 80–81.

36 Für eine eingehende Beschreibung der Verhältnisse in einem russischen Dorf siehe Borders-Lynch (Hg.), Two Years in Russia.

37 Zum Folgenden siehe vor allem die grundlegende Studie von Altrichter, Die Bauern von Tver sowie Hildermeier, Geschichte der Sowjetunion, S. 282–297.

38 Merl, Bauernprotest in Sowjet-Rußland, S. 20–21.

39 T. H. Preston, Memorandum Respecting Political and Economic Situation at Leningrad. o. D. [1925], in: Watt / Lieven (Hg.), British Documents on Foreign Affairs. Reports and Papers from the Foreign Office Confidential Print. Part II, Series A, Vol. 8, S. 1–4.

40 Anschauliche Beschreibung der Wahlen zu einem Dorfsowjet und dessen Arbeitsweise bei Borders-Lynch (Hg.), Two Years in Russia, S. 94–104.

41 Helmut Altrichter, Insoluble Conflicts. Village Life between Revolution and Collectivization, in: Fitzpatrick / Rabinowitch / Stites (Hg.), Russia in the Era of NEP, S. 192–209.

42 Vgl. den Bericht der Geheimpolizei über die politische Lage in der UdSSR, 28.4.1926, in: Sevost'janov / Sacharov / Pogonij (Hg.), «Soveršenno sekretno», T. 4/1, Nr. 3, S. 176–178. Desgleichen Nr. 4, 22.5.1926, S. 235 u. Nr. 5, 5.7.1926, S. 312 sowie Nr. 9, 27.10.1926, S. 634 (Zitate). Zu den kirchlichen Festen vgl. die Geschichte der Familie Gračev in Kovalev (Hg.), Golosa krest'jan, S. 41–76, hier S. 65–66.

43 Bericht der Geheimpolizei über die politische Lage in der UdSSR, 9.11.1926, ebd., T. 4/2, Nr. 10, S. 715.

44 Heiko Haumann, Sozialismus als Ziel: Probleme beim Aufbau einer neuen Gesellschaftsordnung (1918–1928/29), in: Hellmann / Zernack / Schramm (Hg.), Handbuch der Geschichte Rußlands, Bd. 3/1, S. 623–780, hier S. 729–731.

45 Vgl. Merl, Bauernprotest in Sowjet-Rußland, S. 21.

46 Vgl. Kisch, Zaren, Popen, Bolschewiken, S. 191–192.

47 Vgl. Merl, Bauernprotest in Sowjet-Rußland, S. 21.

48 Kuhr-Korolev, «Gezähmte Helden», S. 46–49.

49 Mehnert, Die Jugend in Sowjetrußland, S. 64.

50 Kuhr-Korolev, «Gezähmte Helden», S. 67–71.

51 Gorsuch, NEP Be Damned!, S. 574–575.

52 Ebd., S. 565–566.

53 Zitiert nach Kuhr-Korolev, «Gezähmte Helden», S. 70 und Gorsuch, NEP Be Damned!, S. 567.

54 Gorsuch, NEP Be Damned!, S. 572.

55 Stefan Plaggenborg, Gewalt und Militanz in Sowjetrußland 1917–1930, in: Jahrbücher für Geschichte Osteuropas 44 (1996), S. 409–430, hier S. 423.

56 Vgl. Kuhr-Korolev, «Gezähmte Helden», S. 7–9. Zur Jugend in den 1920er Jahren siehe auch Gorsuch, Youth in Revolutionary Russia; Kuhr-Korolev / Plaggenborg / Wellmann (Hg.), Sowjetjugend 1917–1941.

57 Sir Robert Hodgson an Sir Austen Chamberlain, Moskau 20.5.1926, in: Watt / Lieven (Hg.), British Documents on Foreign Affairs. Part II, Series A, Vol. 8, S. 316.

58 Lebina, Povsednevnaja žizn' rossijskogo goroda, S. 51.

59 Neutatz, Moskauer Metro, S. 329–330.

60 Vgl. A. O. Ėdel'štejn, Opyt izučenija sovremennogo chuliganstva, in: Chuliganstvo i ponožovščina. Sbornik, Moskva 1927, S. 28–80; Bor'ba s prestupnost'ju v detskom i junošeskom vozraste. Statističeskij obzor, Moskva 1923; Chuliganstvo i prestuplenie. Sbornik statej, Leningrad 1926. Zitiert nach Anselm, «Hooligan-Problem», S. 48–67.

61 Siehe Kobelt, Anton Makarenko.

62 Lebina / Čistikov, Obyvatel' i reformy, S. 102–104; Naiman, Sex in Public, S. 250–256.

63 Lebina / Čistikov, Obyvatel' i reformy, S. 98.

64 Natal'ja B. Lebina, Tenevye storony žizni sovetskogo goroda 20-30-ch godov, in: Voprosy istorii (1994), H. 2, S. 30–42, hier S. 31.

65 Transport SSSR, S. 197–198.

66 Ebd., S. 197.

67 Vgl. Šljachtinskij, Avtomobil' v Rossii, S. 92.

68 Kurt S. Schultz, Building the «Soviet Detroit». The Construction of the Nizhnii-Novgorod Automobile Factory, 1927–1932, in: Slavic Review 49 (1990), S. 200–212 (Zitat

Osinskij: S. 201). Die Fabrik besteht heute noch unter dem Namen «GAZ» (*Gor'kovskij avtomobil'nyj zavod*, denn Nižnij Novgorod hieß von 1932 bis 1990 Gor'kij). Dort wurden und werden Lastwagen sowie PKWs der Marke «Volga» gebaut.

69 Šugurov, Razvitie avtomobilestroenija, S. 43–48.
70 Plaggenborg, Revolutionskultur, S. 148.
71 Ebd., S. 148–159. Über die Sendungen und Inhalte siehe Gorjaeva, Radio Rossii.
72 Plaggenborg, Revolutionskultur, S. 186–191.
73 Ebd., S. 191–192.
74 Ebd., S. 196–197.
75 Diese und die folgenden demographischen Angaben nach Žiromskaja / Poljakov, Naselenie Rossii, Bd. 1, S. 144–165, hier 149.
76 Mummelthey, Die Nationalitätenzusammensetzung des Russischen Reiches.
77 Dietmar Wulff, Staat, Herrschaft, Institutionen, in: Bohn / Neutatz (Hg.), Studienhandbuch östliches Europa, Bd. 2, S. 41–49, hier S. 46–47.
78 Šapiro, Kommunističeskaja partija Sovetskogo Sojuza, S. 331–334.
79 Baberowski, Verbrannte Erde, S. 122.
80 Šapiro, Kommunističeskaja partija Sovetskogo Sojuza, S. 440.
81 Vgl. Baberowski, Verbrannte Erde, S. 118–119.
82 Vgl. Neutatz, Die Moskauer Metro, S. 401–402.
83 Dazu grundlegend: Chlewnjuk, Das Politbüro; Baberowski, Verbrannte Erde, S. 117–119.
84 Mączak, Ungleiche Freundschaft, S. 326.
85 Ebd., S. 325.
86 Vgl. Easter, Reconstructing the State, S. 162–164.

DRITTER TEIL

Kriegszustand 1928–1953

7. Der große Umbruch 1928–1941

1 Suny, The Soviet Experiment, S. 233–234.
2 Vgl. Chlevnjuk, Chozjain, S. 32–33.
3 Wehner, Bauernpolitik, S. 374–382.
4 Stefan Creuzberger, Grundzüge sowjetischer Außenpolitik in den Jahren 1922 bis 1939, in: Vyslonzil / Leifer (Hg.), Russland – Sowjetunion – Russland, S. 91–103, hier S. 98.
5 Stalin, Werke, Bd. 11, S. 218.
6 Stalin, Werke, Bd. 13, S. 36.
7 Stephen G. Wheatcroft / Robert W. Davies / Julian M. Cooper, Soviet Industrialization Reconsidered: Some Preliminary Conclusions about Economic Development between 1926 and 1941, in: Economic History Review 39 (1986), S. 264–294, hier S. 272; Wehner, Bauernpolitik, S. 367–373.
8 Sheila Fitzpatrick, Cultural Revolution as Class War, in: dies. (Hg.), Cultural Revolution in Russia, S. 8–40; Michael David-Fox, Mentalité or Cultural System: A Reply to Sheila Fitzpatrick, in: The Russian Review 58 (1999), S. 210–211; Sheila Fitzpatrick, Cultural Revolution Revisited, in: The Russian Review 58 (1999), S. 202–209; Michael David-Fox, What Is Cultural Revolution?, in: The Russian Review 58 (1999), S. 181–201.
9 Dietrich Beyrau, Geiseln und Gefangene eines visionären Projekts: Die russischen Bildungsschichten im Sowjetstaat, in: Hildermeier (Hg.), Stalinismus vor dem Zweiten Weltkrieg, S. 55–77, hier S. 65. Vgl. Markus Wehner, Stalinismus und Terror, in: Plaggenborg (Hg.), Stalinismus, S. 365–390, hier S. 376–377.
10 Hildermeier, Geschichte der Sowjetunion, S. 411–413.
11 Stalin, Werke, Bd. 13, S. 47–72.

12 Schröder, Industrialisierung und Parteibürokratie, S. 276–277; Schulze, Herrschaft und Klassen in der Sowjetgesellschaft, S. 72.
13 Dietrich Beyrau, Einführung, in: ders. (Hg.), Im Dschungel der Macht, S. 9–44, hier S. 23.
14 Grundlegend zur Mentalität der sowjetischen Ingenieure: Schattenberg, Stalins Ingenieure.
15 Vgl. hierzu S. F. Starr, Visionary Town Planning during the Cultural Revolution, in: Fitzpatrick (Hg.), Cultural Revolution in Russia, S. 207–240. Über die Stadtplanung für Moskau bis 1931 siehe ausführlich Colton, Moscow, S. 215–247. Als gute zeitgenössische Übersicht: Gornyj, Socialističeskaja rekonstrukcija Moskvy.
16 Starr, Visionary Town Planning during the Cultural Revolution, S. 209–210.
17 Obertreis, Tränen des Sozialismus, S. 344–349.
18 Ebd., S. 351–352.
19 Bodenschatz / Post (Hg.), Städtebau im Schatten Stalins, S. 29, 54.
20 L. M. Kaganovič, Za socialističeskuju rekonstrukciju Moskvy i gorodov SSSR. Doklad na plenume CK VKP(b) 15 ijunja 1931 g., in: Kommunal'noe delo (1931), H. 7, S. 42–91, hier S. 80–83.
21 Hildermeier, Geschichte der Sowjetunion, S. 370.
22 Stalin, Werke, Bd. 12, S. 119–120.
23 Hildermeier, Geschichte der Sowjetunion, S. 376–377.
24 Vgl. ebd., S. 372–373.
25 Applebaum, Der Gulag, S. 47–48.
26 Ebd., S. 60 u. 90.
27 Klaus Gestwa, Auf Wasser und Blut gebaut. Der hydrotechnische Archipel Gulag, 1931–1958, in: Osteuropa 57 (2007), S. 239–266, hier S. 246.
28 The White Sea Canal, S. 333.
29 Dnevnye zapiski ust'-kulomskogo krest'janina I. S. Rassychaeva. 1902–1953 gody, Moskva 1997, S. 70. Zitiert nach Herzberg, Gegenarchive, S. 369.
30 Manfred Hildermeier, Stalinismus und Terror, in: Osteuropa 50 (2000), S. 593–605.
31 Figes, Die Flüsterer, S. 173. Ausführlich zu den Sondersiedlungen: Viola, The Unknown Gulag.
32 Figes, Die Flüsterer, S. 174–180.
33 Poljakov / Žiromskaja (Hg.), Naselenie Rossii, Bd. 1, S. 277–287.
34 Hildermeier, Stalinismus und Terror.
35 Merl, Bauernprotest, S. 22–27. Vgl. Fitzpatrick, Stalin's Peasants, S. 70–75; Lynne Viola, Bab'i Bunty and Peasant Women's Protest During Collectivization, in: The Russian Review 45 (1986), S. 23–42.
36 Chlevnjuk, Chozjain, S. 40–41. Deutsche Übersetzung von Stalins Artikel: www.1000dokumente.de, Stand: 15.2.2013.
37 Merl, Bauernprotest, S. 29.
38 Rittersporn, Das kollektivierte Dorf in der bäuerlichen Gegenkultur, S. 148.
39 Merl, Bauernprotest, S. 27.
40 Baberowski, Der rote Terror, S. 123.
41 Guter Überblick über die Diskussion zur Hungersnot: Chlevnjuk, Chozjain, S. 129–153. Siehe auch das Themenheft Sapper / Weichsel / Gebert (Hg.), Vernichtung durch Hunger sowie Kondrašin, Golod 1932–1933 godov.
42 Stalin an das Regionskomitee der VKP(b) in Alma-Ata, 21.11.1932, in: Antipova (Hg.), Golod v SSSR, Nr. 68, S. 197.
43 Gološčekin an Stalin, 22.11.1932, ebd., Nr. 69, S. 198.
44 Kovalev (Hg.), Golosa krest'jan, S. 149.
45 Chlevnjuk, Chozjain, S. 131 u. 152. Vgl. Kuromiya, Stalin, S. 111–112.
46 Kondrašin, Golod 1932–1933 godov, S. 174.
47 Ebd., S. 174–182.
48 Ebd., S. 176–177.

49 Lebensgeschichte der Familie Tolmačeev, in: Kovalev (Hg.), Golosa krest'jan, S. 194–232, hier S. 217.
50 Figes, Die Flüsterer, S. 172–173.
51 Merl, Bilanz der Unterwerfung, S. 133; Nathalie Moine, Passeportisation, statistique des migrations et contrôle de l'identité sociale, in: Cahiers du Monde Russe 38 (1997), S. 587–600.
52 Grundlegend zum Kolchossystem: Merl, Bilanz der Unterwerfung.
53 Vgl. Davies, Popular Opinion in Stalin's Russia, S. 50.
54 Merl, Bauernprotest in Sowjet-Rußland, S. 29–30.
55 Zu den bäuerlichen Verhaltensformen siehe Rittersporn, Das kollektivierte Dorf in der bäuerlichen Gegenkultur; Scott, Weapons of the Weak; Merl, Bauernprotest in Sowjet-Rußland, S. 11–36; Fitzpatrick, Stalin's Peasants.
56 Lebensgeschichte der Familie Semenov, in: Kovalev (Hg.), Golosa krest'jan, S. 135–193, hier S. 169.
57 Rittersporn, Das kollektivierte Dorf in der bäuerlichen Gegenkultur, S. 151–156.
58 Derartige Briefe sowie andere Quellen, die über die Stimmungen in der Bevölkerung Auskunft geben, sind in großer Zahl dokumentiert in Sokolov (Hg.), Obščestvo i vlast'.
59 Rittersporn, Das kollektivierte Dorf in der bäuerlichen Gegenkultur, S. 156–158; Davies, Popular Opinion in Stalin's Russia, S. 50–58.
60 Straus, The Transformation of the Soviet Working Class, S. 74; Hoffmann, Peasant Metropolis, S. 46–47; ders., Moving to Moscow: Patterns of Peasant In-Migration during the First Five-Year Plan, in: Slavic Review 50 (1991), S. 847–857.
61 Colton, Moscow, S. 341. Vgl. Hoffmann, Peasant Metropolis, S. 52–53.
62 John Barber, The Development of Soviet Employment and Labour Policy, 1930–41, in: Lane (Hg.), Labour and Employment in the USSR, S. 50–65, hier S. 63.
63 Schröder, Industrialisierung und Parteibürokratie, S. 294; Straus, The Transformation of the Soviet Working Class, S. 207; Hoffmann, Peasant Metropolis, S. 208.
64 Colton, Moscow, S. 343–344; Hoffmann, Peasant Metropolis, S. 133 u. 137.
65 Falk, Sowjetische Städte in der Hungersnot, S. 21–39. Ausführlich zur Versorgungshierarchie: Osokina, Ierarchija potreblenija.
66 John Barber, The Standard of Living of Soviet Industrial Workers, 1928–1941, in: Bettelheim (Hg.), L'industrialisation de l'URSS dans les années trente, S. 109–122, hier S. 110–111.
67 Lyons, Assignment in Utopia, S. 492; Deutsche Botschaft Moskau, Bericht des Lettischen Gesandten in Moskau, Beilage zum Bericht an das Auswärtige Amt, 15.6.1933. Politisches Archiv des Auswärtiges Amtes (PA AA), R 31961.
68 Smith, I Was a Soviet Worker, S. 92.
69 Utley, Lost Illusions, S. 121–124; Barmine, Einer der entkam, S. 289.
70 Smith, I Was a Soviet Worker, S. 127.
71 Hoffmann, Peasant Metropolis, S. 154–156.
72 Ward, Stalin's Russia, S. 83 u. 91. Vgl. Penter, Kohle für Stalin und Hitler, S. 87–90. Den Begriff der «drei guten Jahre» prägte Jasny, Soviet Industrialization.
73 Schröder, Industrialisierung und Parteibürokratie in der Sowjetunion, S. 280; Gábor T. Rittersporn, From Working Class to Urban Laboring Mass: On Politics and Social Categories in the Formative Years of the Soviet System, in: Siegelbaum / Suny (Hg.), Making Workers Soviet, S. 253–273, hier S. 259.
74 Das bekannteste Beispiel für einen Kulakensohn, der in seinem Tagebuch Zeugnis von seinem Bemühen ablegte, ein guter Sowjetbürger zu sein: Hellbeck (Hg.), Tagebuch aus Moskau 1931–1939.
75 Hoffmann, Peasant Metropolis, S. 4–5.
76 Ebd., S. 213–217.
77 Neutatz, Die Moskauer Metro, S. 291–311.
78 Straus, The Transformation of the Soviet Working Class, S. 494–539.
79 Kopelew, Und schuf mir einen Götzen, S. 340–341 u. 344–345.
80 Žukov, Vospominanija i razmyšlenija, S. 242.

81 Lynne Viola, Popular Resistance in the Stalinist 1930s. Soliloquy of a Devil's Advocate, in: Viola (Hg.), Contending with Stalinism, S. 17–43, hier S. 42–43.
82 Ulrich Herbert, Arbeiterschaft im «Dritten Reich». Zwischenbilanz und offene Fragen, in: Geschichte und Gesellschaft 15 (1989), S. 320–360, hier S. 344; Morsch, Arbeit und Brot, S. 471.
83 Sokolov (Hg.), Obščestvo i vlast', S. 15; Lyons, Assignment in Utopia, S. 474; Philipp E. Mosely, 1930–1932. Some Vignettes of Soviet Life, in: Survey 55 (1965), S. 52–63, hier S. 57.
84 Šinkarčuk, Obščestvennoe mnenie v Sovetskoj Rossii v 30-e gody, S. 28.
85 Dietmar Neutatz, Die Suggestion der «Front». Überlegungen zu Wahrnehmungen und Verhaltensweisen im Stalinismus, in: Studer / Haumann (Hg.), Stalinistische Subjekte, S. 67–80.
86 Neutatz, Die Moskauer Metro, S. 344–355.
87 Sokolov (Hg.), Golos naroda, S. 315–320; ders. (Hg.), Obščestvo i vlast', S. 18.
88 Bericht der Deutschen Botschaft Moskau, 10.6.1931. PA AA, Botschaft Moskau 68.
89 Funk, 3 Jahre unter Hammer und Sichel, S. 67.
90 Utley, Lost Illusions, S. 174.
91 Lyons, Assignment in Utopia, S. 474–475.
92 Rossman, Worker Resistance under Stalin, S. 236.
93 Šinkarčuk, Obščestvennoe mnenie v Sovetskoj Rossii v 30-e gody, S. 140–142.
94 Sokolov (Hg.), Obščestvo i vlast', S. 70–71.
95 Davies, Popular Opinion in Stalin's Russia, S. 35–43.
96 Sokolov (Hg.), Obščestvo i vlast', S. 204–206.
97 Davies, Popular Opinion in Stalin's Russia, S. 42–47.
98 Neutatz, Die Moskauer Metro, S. 453–466.
99 Gestwa, Die Stalinschen Großbauten des Kommunismus, S. 392–393.
100 Mehnert, Der Sowjetmensch, S. 220; Walther Schulz, Russe und Technik, in: Osteuropa 10 (1934), S. 44–49.
101 Kotkin, Armageddon Averted, S. 32.
102 Information der Bundespolizeidirektion Wien über die Lage in der Sowjetunion, 1931. Österreichisches Staatsarchiv Wien, Bundesministerium für Auswärtige Angelegenheiten, Neue Politische Administratur, Karton 664.
103 Neutatz, Die Moskauer Metro, S. 545–552; Žuravlev, Fenomen «Istorii fabrik i zavodov»; Aris, Die Metro als Schriftwerk.
104 Vgl. John Barber, Working-Class Culture and Political Culture in the 1930s, in: Günther (Hg.), The Culture of the Stalin Period. London 1990, S. 3–14, hier S. 8–13.
105 Vgl. Kotkin, Magnetic Mountain, S. 228–229.
106 Hellbeck, Revolution on my Mind; ders. (Hg.), Tagebuch aus Moskau; ders., Working, Struggling, Becoming: Stalin Era Autobiographical Texts, in: The Russian Review 60 (2001), S. 340–359.
107 Davies, Popular Opinion in Stalin's Russia, S. 7 u. 183–185.
108 Sarah Davies, «Us against Them»: Social Identity in Soviet Russia, 1934–1941, in: The Russian Review 56 (1997), S. 70–89, hier S. 71–73.
109 Neutatz, Die Moskauer Metro, S. 250 u. 269–272.
110 Dazu ausführlich Neutatz, Die Moskauer Metro, S. 249–273.
111 Neutatz, Die Suggestion der «Front».
112 Sheila Fitzpatrick, The Legacy of the Civil War, in: Koenker / Rosenberg / Suny (Hg.), Party, State and Society in the Russian Civil War, S. 385–398, hier S. 396. Vgl. Hellbeck (Hg.), Tagebuch aus Moskau 1931–1939, S. 22–23.
113 Kopelew, Und schuf mir einen Götzen, S. 282–283.
114 Schlögel, Terror und Traum, S. 138–145.
115 Vgl. Neutatz, Die Moskauer Metro, S. 254–258 u. 274–275. Vgl. auch die Überlegungen bei Gábor T. Rittersporn, Between Revolution and Daily Routine: Youth and Violence in

the Soviet Union in the Interwar Period, in: Kuhr-Korolev / Plaggenborg / Wellmann (Hg.), Sowjetjugend 1917–1941, S. 63–82, hier S. 64; Sheila Fitzpatrick, The Civil War as a Formative Experience, in: Gleason / Kenez / Stites (Hg.), Bolshevik Culture, S. 57–76.

116 Dazu grundlegend Petrone, Life Has Become More Joyous; Rolf, Das sowjetische Massenfest.

117 Zum Folgenden siehe Kucher, Der Gorki-Park.

118 Vgl. ebd., S. 140–141 u. 175–177.

119 Merridale, Moscow Politics and the Rise of Stalin, S. 97.

120 Resolution des Zentralkomitees der VKP(b), 11.–15.6.1931, in: Direktivy KPSS i Sovetskogo pravitel'stva po chozjajstvennym voprosam 1917–1957 gg., Bd. 2, S. 291–303.

121 Grundlegend zum Generalplan: Bodenschatz / Post (Hg.), Städtebau im Schatten Stalins, S. 134–193.

122 Dietmar Neutatz, Zwischen Planung und Chaos. Moskaus Aufstieg zur Megastadt des Sozialismus 1900–1940, in: Schwentker (Hg.), Megastädte im 20. Jahrhundert, S. 56–79.

123 SNK SSSR und CK VKP(b). Resolution über den Generalplan zur Rekonstruktion Moskaus, 10.7.1935, in: General'nyj plan rekonstrukcii goroda Moskvy. Postanovlenija i materialy, S. 1–20. Der Generalplan ist auch publiziert in: Direktivy KPSS i Sovetskogo pravitel'stva po chozjajstvennym voprosam 1917–1957 gg., Bd. 2, S. 463–475.

124 Colton, Moscow, S. 280.

125 Rüthers, Moskau bauen von Lenin bis Chruščev, S. 42–43.

126 Monica Rüthers, The Moscow Gorky Street in Late Stalinism. Space, History and Lebenswelten, in: Fürst (Hg.), Late Stalinist Russia, S. 247–268, hier S. 248–249.

127 Colton, Moscow, S. 341–342.

128 Bodenschatz / Post (Hg.), Städtebau im Schatten Stalins, S. 190–193.

129 Kotkin, Magnetic Mountain, S. 108–118; Landau, Wir bauen den großen Kuzbass, S. 232–235.

130 Zitiert bei Landau, Wir bauen den großen Kuzbass, S. 238–239. Das Folgende ebd., S. 239–245.

131 Neutatz, Die Moskauer Metro, S. 513–567.

132 Rabočaja Moskva Nr. 113, 18.5.1935, S. 1; Komsomol'skaja Pravda Nr. 111, 16.5.1935, S. 1.

133 Toržestvennoe zasedanie, posvjaščennoe pusku Metropolitena, S. 22–23.

134 Pavel Sizikov, Na metro ja vyros, in: Ventiljator 11 (1.5.1935), S. 2.

135 Dietmar Neutatz, «Schmiede des neuen Menschen» und Kostprobe des Sozialismus: Utopien des Moskauer Metrobaus, in: Hardtwig (Hg.), Utopie und politische Herrschaft im Europa der Zwischenkriegszeit, S. 41–56.

136 Hoffmann, Was There a «Great Retreat» from Soviet Socialism?, S. 653.

137 Zur These des «Big Deal» siehe Dunham, In Stalin's Time. Zum «Großen Rückzug» siehe den immer noch lesenswerten Klassiker Timasheff, The Great Retreat. Modifikation der Thesen von Timasheff bei Hoffmann, Was There a «Great Retreat» from Soviet Socialism? Ausführliche Darstellung im größeren Kontext bei Hoffmann, Stalinist Values. Vgl. auch die Kritik am «Big Deal» bei Shepherd / Kelly (Hg.), Constructing Russian Culture in the Age of Revolution, S. 227–238.

138 Figes, Die Flüsterer, S. 249–251.

139 Hoffmann, Was There a «Great Retreat» from Soviet Socialism?, S. 656–657.

140 Figes, Die Flüsterer, S. 253–256.

141 Hoffmann, Was There a «Great Retreat» from Soviet Socialism?, S. 660–661.

142 Vgl. Beyrau, Die Intelligenz und die Macht, S. 37; Beyrau, Einführung, S. 21.

143 Lauer, Geschichte der russischen Literatur, S. 680.

144 Matthias Stadelmann, Kunst, Literatur, Musik, in: Bohn / Neutatz (Hg.), Studienhandbuch östliches Europa, Bd. 2, S. 108–117, hier S. 113.

145 Dietrich Beyrau, Die Intelligenz und die Macht, S. 37; ders., Einführung, S. 20–21.

146 Fitzpatrick, Everyday Stalinism, S. 168.
147 Beyrau, Einführung, S. 21.
148 Stadelmann, Isaak Dunaevskij, S. 104–140.
149 Simon, Nationalismus und Nationalitätenpolitik in der Sowjetunion, S. 171–173.
150 Hoffmann, Was There a «Great Retreat» from Soviet Socialism?, S. 670.
151 Petrone, Life Has Become More Joyous, Comrades, S. 113–148; Schlögel, Moskau 1937, S. 198–217.
152 Martin, The Affirmative Action Empire, S. 75–122 u. 362–372.
153 Baberowski, Der Feind ist überall, S. 316, 347–349 u. 397.
154 Dönninghaus, Minderheiten in Bedrängnis, S. 148–150.
155 Ebd., S. 199.
156 Vgl. Baberowski / Doering-Manteuffel, Ordnung durch Terror, S. 49–50.
157 Brown, A Biography of No Place, S. 102.
158 Kappeler, Rußland als Vielvölkerreich, S. 307.
159 Grundlegend: Chlevnjuk, Politbjuro; Chlewnjuk, Das Politbüro; Chlevnjuk, Chozjain.
160 Chlewnjuk, Das Politbüro, S. 96–97.
161 Khlevniuk, Master of the House, S. 79.
162 Chlewnjuk, Das Politbüro, S. 101–102.
163 Ebd, S. 217–218.
164 Vgl. Mączak, Ungleiche Freundschaft, S. 331; Easter, Reconstructing the State, S. 164–165.
165 Werth, Ein Staat gegen sein Volk, S. 206.
166 Vgl. die Einleitung der Herausgeber in Resis (Hg.), Molotov Remembers, S. 159.
167 Zur Stalinsche Machttechnik: Baberowski, Verbrannte Erde.
168 Chlewnjuk, Das Politbüro, S. 336; Khlevniuk, Master of the House, S. 217–218.
169 Chlewnjuk, Das Politbüro, S. 336–338; Sebag Montefiore, Am Hof des Roten Zaren, S. 667–674.
170 Einleitung der Herausgeber in Resis (Hg.), Molotov Remembers, S. 159–160.
171 Khlevniuk, Master of the House, S. 82.
172 Ebd., S. 328.
173 Werth, Ein Staat gegen sein Volk, S. 217.
174 Rolf Binner / Marc Junge, Wie der Terror «Groß» wurde: Massenmord und Lagerhaft nach Befehl 00447, in: Cahiers du Monde Russe 42 (2001), S. 557–614, hier S. 560–564.
175 Rolf Binner / Marc Junge, «S ėtoj publikoj ceremonit'sja ne sleduet». Die Zielgruppen des Befehls Nr. 00447 und der Große Terror aus der Sicht des Befehls Nr. 00447, in: Cahiers du Monde Russe 43 (2002), S. 181–228, hier S. 215–228.
176 Zu dieser Aktion ausführlich: Werth, Die Insel der Kannibalen.
177 Nikita Ochotin / Arseni Roginski, Zur Geschichte der «Deutschen Operation» des NKWD 1937–1938, in: Jahrbuch für Historische Kommunismusforschung (2000), S. 89–125. Siehe auch Dönninghaus, Minderheiten in Bedrängnis, S. 538–575.
178 Terry Martin, Modernization or Neo-Traditionalism? Ascribed Nationality and Soviet Primordialism, in: Fitzpatrick (Hg.), Stalinism, New Directions, S. 348–367, hier S. 358. Dokumentation der Deportationen: Pobol' / Poljan (Hg.), Stalinskie deportacii 1928–1953.
179 Dönninghaus, Minderheiten in Bedrängnis, S. 549–554. Zur «deutschen Operation» des NKVD siehe N. Ochotin / A. Roginskij, Iz istorii «nemeckoj operacii» NKVD 1937–1938 gg., in: Ščerbakova, I. L. (Hg.), Nakazannyj narod. Repressii protiv rossijskich nemcev, Moskva 1999, S. 35–74.
180 Terry Martin, Terror gegen Nationen in der Sowjetunion, in: Osteuropa 50 (2000), S. 606–616, hier S. 612–614.
181 Dönninghaus, Minderheiten in Bedrängnis, S. 548.
182 Baberowski, Der rote Terror, S. 201–204.
183 Figes, Die Flüsterer, S. 408–409.

184 «Diese Inquisition!» Tagebuch von Ljubow Wassiljewna Schaporina, in: Garros / Korenewskaja / Lahusen (Hg.), Das wahre Leben, S. 313–398, hier S. 353.
185 «Verwelkt ist mein Leben». Tagebuch des Stepan Filipowitsch Podlubny, in: Garros / Korenewskaja / Lahusen (Hg.), Das wahre Leben, S. 399–440, hier S. 425.
186 Sokolov (Hg.), Obščestvo i vlast', S. 177–178.
187 Figes, Die Flüsterer, S. 406.
188 Ebd., S. 410–431.
189 Chlevnjuk, 1937-j, S. 210; Davies, Popular Opinion, S. 119; Sheila Fitzpatrick, How the Mice Buried the Cat: Scenes from the Great Purges of 1937 in the Russian Provinces, in: The Russian Review 52 (1993), S. 299–320.
190 Solschenizyn, Der Archipel Gulag, S. 160.
191 Davies, Popular Opinion, S. 47 u. 113.
192 Chlevnjuk, 1937-j, S. 210–211. Eindrücklich zu der Schizophrenie des Jahres 1937: Schlögel, Terror und Traum.
193 Žiromskaja / Poljakov (Hg.), Naselenie Rossii, Bd. 1, S. 316–317.
194 Werth, Ein Staat gegen sein Volk, S. 214.
195 Markus Wehner, Stalinismus und Terror, in: Plaggenborg (Hg.), Stalinismus, S. 365–390, hier S. 379–380.
196 Werth, Ein Staat gegen sein Volk, S. 221.
197 Schlögel, Terror und Traum, S. 138–145.
198 Vgl. ebd., S. 239–266. Auf den Zusammenhang zwischen der Verfassung und dem Terror hat schon hingewiesen J. Arch Getty, State and Society under Stalin: Constitutions and Elections in the 1930s, in: Slavic Review 50 (1991), S. 18–35.
199 Resis (Hg.), Molotov Remembers, S. 254.
200 Wladislaw Hedeler / Ruth Stoljarowa, Ein unbekannter Brief Nikolai Bucharins an Josef Stalin vom 10. Dezember 1937, in: Internationale wissenschaftliche Korrespondenz zur Geschichte der deutschen Arbeiterbewegung 29 (1993), S. 20–25.
201 Zum Folgenden immer noch instruktiv: Hans-Adolf Jacobsen, Primat der Sicherheit, 1928–1938, in: Geyer (Hg.), Osteuropa-Handbuch, Sowjetunion, Außenpolitik 1917–1955, S. 213–269, hier S. 219–231.
202 Ebd., S. 228–231.
203 Izvestija v. 31.1.1933. Zitiert nach Hilger, Wir und der Kreml, S. 242.
204 Gespräch Litvinovs mit Łukasiewicz, 23.3.1933, in: Dokumenty vnešnej politiki SSSR, Bd. 16, S. 182.
205 Creuzberger, Grundzüge sowjetischer Außenpolitik in den Jahren 1922 bis 1939, S. 100.
206 Alexander Fischer, Sowjetische Außenpolitik in der Weltwirtschaftskrise 1929–1933, in: Becker / Hildebrand (Hg.), Internationale Beziehungen in der Weltwirtschaftskrise, S. 65–83, hier S. 81–82.
207 Zur Frage des Regionalpaktes: Kobljakov, Die UdSSR im Kampf für den Frieden gegen die Aggression, S. 62–73; Sipols, Sovetskij Sojuz v bor'be za mir i bezopasnost' 1933–1939, S. 60–73; Sipols, Vnešnjaja politika Sovetskogo Sojuza, S. 177–183.
208 Sipols, Vnešnjaja politika Sovetskogo Sojuza, S. 272–280.
209 Sipols, Sovetskij Sojuz v bor'be za mir i bezopasnost' 1933–1939, S. 85; Stoecker (Hg.), Handbuch der Verträge 1871–1964, S. 276.
210 Hildermeier, Geschichte der Sowjetunion, S. 590–591.
211 Rede Stalins auf der Plenartagung des Zentralkomitees, 19.1.1925, in: Stalin, Werke, Bd. 7, S. 11.
212 Vgl. Bianka Pietrow-Ennker, «Mit den Wölfen heulen...». Stalinistische Außen- und Deutschlandpolitik 1939–1941, in: Pietrow-Ennker (Hg.), Präventivkrieg, S. 77–94, hier S. 78–79.
213 Bernd Bonwetsch, Vom Hitler-Stalin-Pakt zum «Unternehmen Barbarossa». Die deutsch-russischen Beziehungen von 1939–1941 in der Kontroverse, in: Osteuropa 41 (1991), S. 562–579; Chruščev, Vremja, ljudi, vlast', T. 1, S. 227–228.

214 Dazu und zum Folgenden siehe L. A. Bezymenskij, Sovetsko-germanskie dogovory 1939 g.: novye dokumenty i starye problemy, in: Novaja i novejšaja istorija (1998), H. 3, S. 3–26. Siehe auch Jan Lipinsky, Der Hitler-Stalin-Pakt, seine Vorgeschichte und dessen unmittelbare Wirkungen auf die Völker Ost-, Mittel- und Südosteuropas, in: Erinnern! (2010), H. 2, S. 29–41; Bonwetsch, Vom Hitler-Stalin-Pakt zum «Unternehmen Barbarossa».

215 Dazu erschöpfend Lipinsky, Das Geheime Zusatzprotokoll zum deutsch-sowjetischen Nichtangriffsvertrag.

216 Zur sowjetischen Politik in Polen Sergej Slutsch, 17. September 1939: Der Eintritt der Sowjetunion in den Zweiten Weltkrieg. Eine historische und völkerrechtliche Bewertung, in: Vierteljahrshefte für Zeitgeschichte 48 (2000), S. 219–254.

8. Existenzkampf 1941–1945

1 Gorodetsky, Die große Täuschung, S. 100–110.

2 Ebd., S. 275–297.

3 Als Einstieg in die umfangreiche Forschung zur Präventivkriegsfrage: Pietrow-Ennker, Präventivkrieg? sowie Ueberschär / Bezymenskij (Hg.), Der deutsche Angriff auf die Sowjetunion 1941. Quellenedition: Rešin / Naumov (Hg.), 1941 god.

4 Bernd Bonwetsch, Der «Große Vaterländische Krieg». Kriegsgeschehen und Kriegserinnerung, in: Gotzes (Hg.), Krieg und Vernichtung 1941–1945, S. 13–30, hier S. 14–16.

5 Grundlegend zum deutsch-sowjetischen Krieg: Overy, Russlands Krieg: 1941–1945.

6 Berkhoff, Harvest of Despair, S. 20–28; Penter, Kohle für Stalin und Hitler, S. 269.

7 Robert W. Thurston, Cauldrons of Loyalty and Betrayal. Soviet Soldiers' Behavior, 1941 and 1945, in: Thurston / Bonwetsch (Hg.), The People's War, S. 235–257. Zu den deutschen Verlusten: Heim et al. (Hg.), Die Verfolgung und Ermordung der europäischen Juden, Bd. 7, S. 23.

8 Overy, Russlands Krieg: 1941–1945, S. 125–133; Mikojan, Tak bylo, S. 389–391. Baberowski, Verbrannte Erde, S. 417–418, zieht die Aussagen Mikojans in Zweifel, weil sie den Aufzeichnungen in Stalins Besucherbuch widersprächen. Mikojan datiert den Besuch in Stalins Datscha aber unbestimmt auf den Abend des 30. Juni oder 1. Juli. Wenn er am 30. Juni stattfand, korrespondieren seine Aussagen durchaus mit den Angaben im Besucherbuch, wonach Stalin am 1. Juli nachmittags im Kreml wieder die ersten Besucher empfing. Lediglich ein von Mikojan auf den Abend des 29. Juni datiertes Gespräch mit Stalin im Kreml widerspricht den Angaben im Besucherbuch. Černobaev (Hg.), Na prieme u Stalina, S. 340–341.

9 Volltext der Rede in der digitalen Sammlung «100(0) Schlüsseldokumente zur russischen und sowjetischen Geschichte»: http://www.1000dokumente.de. Vgl. Overy, Russlands Krieg: 1941–1945, S. 134; Bernd Bonwetsch: Der «Große Vaterländische Krieg»: Vom deutschen Einfall bis zum sowjetischen Sieg (1941–1945), in: Hellmann / Zernack / Schramm (Hg.), Handbuch der Geschichte Rußlands, Bd. 3/2, S. 910–1008, hier S. 934–936.

10 Overy, Russlands Krieg, S. 134.

11 Michail Gorinov, Budni osaždennoj stolicy: žizn' i nastroenija moskvičej (1941–1942 gg.), in: Otečestvennaja istorija (1996), H. 3, S. 3–28.

12 Vgl. Boterbloem, Life and Death under Stalin, S. 55.

13 Gennadi Bordiugov, The Popular Mood in the Unoccupied Soviet Union: Continuity and Change during the War, in: Thurston / Bonwetsch (Hg.), The People's War, S. 54–70, hier S. 59.

14 Figes, Die Flüsterer, S. 563–565.

15 Vgl. Dallin, Deutsche Herrschaft in Rußland 1941–1945; Herbert (Hg.), Nationalsozialistische Vernichtungspolitik 1939–1945; Pohl, Die Herrschaft der Wehrmacht; Hartmann (Hg.), Der deutsche Krieg im Osten 1941–1944; ders., Wehrmacht im Ostkrieg; Quinkert (Hg.), «Wir sind die Herren dieses Landes». Zur Einführung in den Forschungs-

stand siehe Jörg Ganzenmüller, Besatzer und Besetzte. Neue Forschungen zum deutsch-sowjetischen Krieg 1941–1945, in: Neue Politische Literatur (2008), S. 43–55.

16 Snyder, Bloodlands, S. 174–175.

17 Ganzenmüller, Das belagerte Leningrad, S. 36–38; Pohl, Herrschaft der Wehrmacht, S. 183.

18 Snyder, Bloodlands, S. 180–181.

19 Pohl, Herrschaft der Wehrmacht, S. 184–194.

20 Berkhoff, Harvest of Dispair, S. 127–131.

21 Penter, Kohle für Stalin und Hitler, S. 192–193. Vgl. Berkhoff, Harvest of Despair, S. 164–186.

22 Klemann / Kudryashov, Occupied Economies, S. 150–151. Penter, Kohle für Stalin und Hitler, S. 198–199.

23 Poljan, Žertvy dvuch diktatur, S. 258, errechnet auf der Grundlage der im Kriegstagebuch des Wirtschaftsstabs Ost für einige Monate angegebenen Todesfälle eine Gesamtzahl von 80 000–100 000 Todesopfern unter den «Ostarbeitern». Zemskov, K voprosu o masštabach ljudskich poter', S. 253–254, verweist darauf, dass die deutsche Dokumentation lückenhaft ist, und hält 200 000 für realistisch. Die in der Literatur ebenfalls anzutreffende Größenordnung von mehr als zwei Millionen (so z. B. Ivlev, «... a v otvet tišina», S. 451: 2,7 Millionen) lehnt er als unbegründet ab. Goeken-Haidl, Der Weg zurück, S. 39–40, schätzt die Zahl der ums Leben gekommenen «Ostarbeiter» auf 750 000–800 000 und zitiert eine sowjetische Statistik, die 1,135 Millionen Tote angibt. – Die Zahl der nach Deutschland verbrachten «Ostarbeiter» ist ebenfalls unklar. Nach deutschen Angaben befanden sich am 30.9.1944 2,17 Millionen zivile Arbeitskräfte aus der Sowjetunion im Deutschen Reich. Die Gesamtzahl ist aber höher anzusetzen, weil es eine beträchtliche Fluktuation gab. Siehe Herbert, Fremdarbeiter, S. 316.

24 Christian Gerlach, Deutsche Wirtschaftsinteressen, Besatzungspolitik und der Mord an den Juden in Weißrußland, 1941–1943, in: Herbert (Hg.), Nationalsozialistische Vernichtungspolitik, S. 263–291.

25 Auch zum Folgenden: Overy, Russlands Krieg, S. 220–224. Detaillierte Dokumentation bei Heim et al. (Hg.), Die Verfolgung und Ermordung der europäischen Juden, Bd. 7, hier besonders S. 14–45; Berkhoff, Harvest of Despair, S. 59–89.

26 Gotzes (Hg.), Krieg und Vernichtung, S. 49.

27 Overmans / Hilger / Polian (Hg.), Rotarmisten in deutscher Hand, S. 15–17.

28 Ebd., S. 23 u. 38.

29 Vgl. Alexander Brakel, «Das allergefährlichste ist die Wut der Bauern». Die Versorgung der Partisanen und ihr Verhältnis zur Zivilbevölkerung. Eine Fallstudie zum Gebiet Baranowicze 1941–1944, in: Vierteljahrshefte für Zeitgeschichte 55 (2007), S. 393–424, hier S. 424.

30 Figes, Die Flüsterer, S. 591–592.

31 Mehnert, Über die Russen heute, S. 82.

32 Figes, Die Flüsterer, S. 592–593.

33 Ebd., S. 602–603.

34 Stites, Russian Popular Culture, S. 106.

35 Hildermeier, Geschichte der Sowjetunion, S. 665–667.

36 Bernd Bonwetsch, War as a «Breathing Space». Soviet Intellectuals and the «Great Patriotic War», in: Thurston / Bonwetsch (Hg.), The People's War, S. 137–153. Zitat: S. 137.

37 Figes, Die Flüsterer, S. 616–626.

38 Bordiugov, The Popular Mood in the Unoccupied Soviet Union, S. 63–68.

39 Hellbeck, Die Stalingrad-Protokolle, S. 26.

40 Bordiugov, The Popular Mood in the Unoccupied Soviet-Union, S. 60–61; Bonwetsch, War as a «Breathing Space», S. 142–143.

41 Bonwetsch, War as a «Breathing Space», S. 147–149.

42 Hoffmann, Stalins Vernichtungskrieg 1941–1945, S. 108–109.

43 Figes, Die Flüsterer, S. 590–591. Žiromskaja / Poljakov (Hg.), Naselenie Rossii v XX veke, Bd. 2, S. 26. Merridale, Iwans Krieg, S. 176–179.

44 Hoffmann, Stalins Vernichtungskrieg 1941–1945, S. 102–104.
45 Vgl. Hellbeck, Die Stalingrad-Protokolle, S. 27.
46 Brandes / Sundhaussen (Hg.), Lexikon der Vertreibungen, S. 226, 391, 398, 508 u. 611–612. N. F. Bugaj, 40-e gody: «Avtonomiju nemcev Povolž'ja likvidirovat' ...», in: Istorija SSSR (1991), H. 2, S. 172–180. Ders., 20-40-e gody: deportacija naselenija s territorii Evropejskoj Rossii, in: Otečestvennaja istorija (1992), H. 4, S. 37–49. Gesamtübersicht über die Deportationen: Polian, Against Their Will. Quellendokumentation: Pobol' / Poljan (Hg.), Stalinskie deportacii 1928–1953.
47 Brandes / Sundhaussen (Hg.), Lexikon der Vertreibungen, S. 612.

9. Die Sowjetunion um 1942

1 Overy, Russlands Krieg, S. 243.
2 Ebd., S. 245–250.
3 Vgl. Wolfgang Eichwede, Der Eintritt Sowjetrusslands in die internationale Politik, 1921–1927, in: Geyer (Hg.), Osteuropa-Handbuch, Sowjetunion, Außenpolitik I, S. 207–208.
4 Zum Generalplan Ost siehe: Madajczyk / Biernacki (Hg.), Vom Generalplan Ost zum Generalsiedlungsplan; Müller, Hitlers Ostkrieg und die deutsche Siedlungspolitik; Rössler / Schleiermacher (Hg.), Der «Generalplan Ost»; Heinemann, Wissenschaft und Homogenisierungsplanungen für Osteuropa; Konrad Meyer, der «Generalplan Ost» und die Deutsche Forschungsgemeinschaft, in: Isabel Heinemann / Patrick Wagner (Hg.), Wissenschaft – Planung – Vertreibung. Neuordnungskonzepte und Umsiedlungspolitik im 20. Jahrhundert, Stuttgart 2006, S. 45–72.
5 Overy, Russlands Krieg, S. 286.
6 Žiromskaja / Poljakov (Hg.), Naselenie Rossii, Bd. 2, S. 12–14.
7 Ebd., S. 312–316 u. 326.
8 Ebd., S. 30.
9 Ebd., S. 87–102.
10 Ebd., S. 219–223.
11 Ebd., S. 76–81.
12 Ebd., S. 197–199.
13 Overy, Russlands Krieg, S. 131.
14 Hildermeier, Geschichte der Sowjetunion, S. 619–623.
15 Ganzenmüller, Das belagerte Leningrad, S. 230–235.
16 Leonhard, Die Revolution entläßt ihre Kinder, S. 74–75.
17 Sokolov (Hg.), Obščestvo i vlast', S. 204–206; Leonhard, Die Revolution entläßt ihre Kinder, S. 82–84; Davies, Popular Opinion, S. 44–47.
18 Žiromskaja / Poljakov (Hg.), Naselenie Rossii, Bd. 2, S. 62.
19 Hildermeier, Geschichte der Sowjetunion, S. 635.
20 Vgl. Overy, Russlands Krieg, S. 244; Bonwetsch, Der «Große Vaterländische Krieg»: Vom deutschen Einfall bis zum sowjetischen Sieg (1941–1945), S. 970.
21 Zur sowjetischen Kriegsindustrie siehe Harrison (Hg.), Guns and Rubles.
22 Vgl. Bonwetsch, Der «Große Vaterländische Krieg». Kriegsgeschehen und Kriegserinnerung, S. 17; Figes, Die Flüsterer, S. 604–610.
23 Poljakov / Žiromskaja (Hg.), Naselenie Rossii, Bd. 2, S. 183.
24 Figes, Die Flüsterer, S. 604–610.
25 Bonwetsch, Der «Große Vaterländische Krieg»: Vom deutschen Einfall bis zum sowjetischen Sieg (1941–1945), S. 970.
26 Vgl. Hildermeier, Geschichte der Sowjetunion, S. 638–642.
27 Boguslav Šnajder, Neizvestnaja vojna, in: Voprosy istorii (1995), H. 1, S. 104–113. Umfassende Darstellung des Kriegsalltags bei Merridale, Iwans Krieg.
28 Eisenhower, Kreuzzug in Europa, S. 532.
29 Žiromskaja / Poljakov (Hg.), Naselenie Rossii, Bd. 2, S. 28.
30 Hoffmann, Stalins Vernichtungskrieg, S. 116.

31 Vgl. Mark Edele, Veterans and the Village: The Impact of Red Army Demobilization on Soviet Urbanization, 1945–1955, in: Russian History. Histoire Russe 36 (2009), S. 159–182, hier S. 166.
32 Overmans / Hilger / Polian (Hg.), Rotarmisten in deutscher Hand, S. 23, 38 u. 739 (Befehl v. 16.8.1941); Streit, Sowjetische Kriegsgefangene, S. 747, nennt die in der deutschsprachigen Literatur am häufigsten anzutreffende Zahl von 5,7 Millionen, von denen 3,3 Millionen nicht überlebten. Poljakov / Žiromskaja (Hg.), Naselenie Rossii, Bd. 2, S. 143–144, beziffert die Zahl der sowjetischen Kriegsgefangenen sogar auf 6,3 Millionen, von denen 3,9 Millionen ums Leben gekommen seien. Zemskov, K voprosu o masštabach ljudskich poter', S. 255, schätzt die Zahl der ums Leben gekommenen Kriegsgefangenen auf 4 Millionen. Ivlev, «... a v otvet tišina», S. 504–506, kommt sogar auf eine Gesamtzahl von 7,45 Millionen sowjetischen Kriegsgefangenen, von denen 5,363 Millionen nicht überlebt hätten. Zu den methodischen Problemen der Statistik siehe Alexander Haritonow / Klaus-Dieter Müller, Die Gesamtzahl sowjetischer Kriegsgefangener – Eine weiterhin ungelöste Frage, in: Vierteljahrshefte für Zeitgeschichte 58 (2010), S. 393–401. Vgl. auch die kontroverse Diskussion über die Zahl der sowjetischen Kriegsopfer in Kap. 10. Vgl. Bonwetsch, Der «Große Vaterländische Krieg». Kriegsgeschehen und Kriegserinnerung, S. 19.
33 Merridale, Iwans Krieg, S. 161.
34 Ebd., S. 147.
35 Susanne Conze / Beate Fieseler, Soviet Women as Comrades-in-Arms. A Blind Spot in the History of the War, in: Thurston / Bonwetsch (Hg.), The People's War, S. 211–234.
36 Zur Problematik der Frauen im Krieg siehe Conze, Sowjetische Industriearbeiterinnen.
37 Vgl. Penter, Kohle für Stalin und Hitler, S. 269.
38 Pohl, Die Herrschaft der Wehrmacht, S. 181.
39 Dallin, Deutsche Herrschaft in Rußland, S. 231.
40 Gotzes (Hg.), Krieg und Vernichtung, S. 103.
41 Ebd., S. 173–176.
42 Chiari, Alltag hinter der Front, S. 159.
43 Pohl, Die Herrschaft der Wehrmacht, S. 176–177.
44 Overy, Russlands Krieg, S. 204–205.
45 Ebd., S. 208–209.
46 Pohl, Die Herrschaft der Wehrmacht, S. 178–180. Vgl. Chiari, Alltag hinter der Front, S. 156–157.
47 Gotzes (Hg.), Krieg und Vernichtung, S. 44.
48 Penter, Kohle für Stalin und Hitler, S. 235–236.
49 Uwe Gartenschläger, Living and Surviving in Occupied Minsk, in: Thurston / Bonwetsch (Hg.), The People's War, S. 13–28, hier S. 20.
50 Alexander Brakel, Gewalt der sowjetischen Partisanen gegen die Zivilbevölkerung, in: Richter / Arnold (Hg.), Krieg und Verbrechen, S. 147–155, hier S. 147–150. Siehe auch Peter Klein, Zwischen den Fronten. Die Zivilbevölkerung Weißrusslands und der Krieg der Wehrmacht gegen die Partisanen, in: Quinkert (Hg.), «Wir sind die Herren dieses Landes», S. 82–103.
51 Overy, Russlands Krieg, S. 226.
52 Vgl. Dieter Pohl, Die deutsche Militärbesatzung und die Eskalation der Gewalt in der Sowjetunion, in: Hartmann (Hg.), Der deutsche Krieg im Osten, S. 73–93, hier S. 88.
53 Overy, Russlands Krieg, S. 232–233; Chiari, Alltag hinter der Front, S. 149.
54 Gogun, Stalinskie kommandos, S. 433–449.
55 Musial, Sowjetische Partisanen; Gogun, Stalinskie kommandos; Grelka, Die ukrainische Nationalbewegung.
56 Chiari, Alltag hinter der Front, S. 148–149.
57 Musial, Sowjetische Partisanen, S. 338–349.
58 Armstrong (Hg.), Soviet Partisans in World War II, S. 170.

10. Neufundierung und Ernüchterung 1945–1953

1 Vgl. Katzer, Die belagerte Festung, S. 282–283.

2 Vgl. Stefan Plaggenborg, Später Stalinismus, Wiederaufbau und Kalter Krieg 1945–1953. Grundzüge, in: ders. (Hg.), Handbuch der Geschichte Rußlands, Bd. 5/1, S. 29–35, hier S. 30–31.

3 Für verschiedene Interpretationen der sowjetischen Deutschlandpolitik siehe Wettig, Bereitschaft zur Einheit in Freiheit; Hilger / Schmeitzner / Vollhals (Hg.), Sowjetisierung oder Neutralität; Laufer, Pax Sovietica; Loth, Die Sowjetunion und die deutsche Frage; Zarusky (Hg.), Stalin und die Deutschen.

4 Vgl. Donal O'Sullivan, Die Sowjetunion, der Kalte Krieg und das internationale System 1945–1953, in: Plaggenborg (Hg.), Handbuch der Geschichte Rußlands, Bd. 5/1, S. 131–173, hier S. 132. Zur Sowjetunion in der Anfangsphase des Kalten Krieges: Grogin, Natural Enemies; Wettig, Stalin and the Cold War; Gori / Pons (Hg.), The Soviet Union and Europe in the Cold War; Zubok / Pleshakov, Inside the Kremlin's Cold War; Leffler / Westad (Hg.), The Cambridge History of the Cold War, Vol. 1: Origins; Stöver, Der Kalte Krieg; Gaddis, Der Kalte Krieg; Zubok, A Failed Empire, S. 29–61.

5 Hogan, Marshall Plan, S. 51–53; Wettig, Stalin and the Cold War, S. 138–139; Grogin, Natural Enemies, S. 117. Zur sowjetischen Osteuropapolitik grundlegend: O'Sullivan, Stalins «Cordon sanitaire».

6 Zum Stand der neueren Diskussion über die Stalin-Noten siehe Bernd Bonwetsch, Die Stalin-Note 1952 – kein Ende der Debatte, in: Jahrbuch für Historische Kommunismusforschung (2008), S. 106–113; Thorsten Ripper, Die Stalin-Note vom 10. März 1952. Die Entwicklung der wissenschaftlichen Debatte, in: Zeitgeschichte 26 (1999), S. 372–396; Ruggenthaler, Stalins großer Bluff; Zarusky (Hg.), Die Stalinnote vom 10. März 1952.

7 Vgl. Boterbloem, Life and Death under Stalin, S. 64.

8 Bonwetsch, Sowjetunion – Triumph im Elend, S. 56.

9 Krivošeev (Hg.), Rossija i SSSR v vojnach XX veka, hier S. 237–238; Žiromskaja / Poljakov (Hg.), Naselenie Rossii, Bd. 2, S. 28, rechnen noch 500 000 unklare Fälle («Verluste von noch nicht mobilisierten Wehrfähigen») hinzu, die Krivošeev auflistet, aber nicht in die Bilanz einbezieht, und gelangen damit zu einer Gesamtzahl von 9,168 Millionen. Diese Zahl nennt Krivošeev selbst in einer anderen Publikation: G. F. Krivošeev, Ob itogach statističeskich issledovanij poter' Vooružennych Sil SSSR v Velikoj Otečestvennoj vojne, in: Evdokimov (Hg.), Ljudskie poteri SSSR, S. 71–81, hier S. 75.

10 Zemskov, K voprosu o masštabach, S. 252.

11 Erläutert bei Ivlev, «… a v otvet tišina», S. 479–506.

12 Zemskov, K voprosu o masštabach, S. 242.

13 Ivlev, «… a v otvet tišina», S. 454–455 u. 506.

14 Žiromskaja / Poljakov (Hg.), Naselenie Rossii, Bd. 2, S. 132.

15 Overmans, Deutsche militärische Verluste, S. 228.

16 Die offizielle Statistik der sowjetischen Hauptverwaltung für Kriegsgefangene und Internierte (GUPVI) verzeichnet 356 678 verstorbene deutsche Kriegsgefangene. Diese Zahl auch bei Overmans, Deutsche militärische Verluste, S. 135 u. 140. Sie ist allerdings als deutlich zu niedrig anzusetzen, denn GUPVI registrierte nur diejenigen Gefangenen, die in den Lagern im Hinterland ankamen. Es ist davon auszugehen, dass viele Gefangene den Transport in die Lager nicht überlebten. Die in der deutschen Literatur anzutreffende (auf Schätzungen beruhende) Zahl von 1,1 Millionen verstorbenen Kriegsgefangenen scheint hingegen überhöht. Siehe dazu Boris L. Chavkin, Die deutschen Kriegsgefangenen in der Sowjetunion: 1941–1955, in: Forum für osteuropäische Ideen- und Zeitgeschichte 1 (1997), H. 2, S. 163–203, hier S. 168 u. 170.

17 Zubkova, Die sowjetische Gesellschaft nach dem Krieg, S. 365–367.

18 Zur Hungersnot siehe Ganson, The Soviet Famine of 1946–47.

19 Bonwetsch, Sowjetunion – Triumph im Elend, S. 60–61. Zum Kampf der ukrainischen Nationalisten nach 1944 siehe Boeckh, Stalinismus in der Ukraine, S. 327–366.

20 Feest, Zwangskollektivierung im Baltikum.
21 Vgl. Bonwetsch, Sowjetunion – Triumph im Elend, S. 62–64.
22 Victor Dönninghaus / Dietmar Neutatz, Sowjetunion, in: Brandes / Sundhaussen (Hg.), Lexikon der Vertreibungen, S. 608–615, hier S. 613.
23 Umfangreiches Material zu Wahrnehmungen, Gerüchten und Stimmungen in der Bevölkerung der Nachkriegszeit bei Zubkova, Russia after the War; dies., Die sowjetische Gesellschaft nach dem Krieg. Siehe auch Timothy Johnston, Subversive Tales? War Rumours in the Soviet Union, 1945–1947, in: Fürst (Hg.), Late Stalinist Russia, S. 62–78.
24 Boris Galin, V odnom naselennom punkte. Rasskaz propagandista, in: Novyj mir (1947), Nr. 11, S. 162. Zit. nach: Zubkova, Die sowjetische Gesellschaft nach dem Krieg, S. 368.
25 Vgl. Zubkova, Die sowjetische Gesellschaft nach dem Krieg, S. 368–369; Katzer, Die belagerte Festung, S. 288.
26 Žiromskaja / Poljakov (Hg.), Naselenie Rossii, Bd. 2, S. 28.
27 Katzer, Die belagerte Festung, S. 288–289; Beate Fieseler, Arme Sieger. Die Invaliden des «Großen Vaterländischen Krieges», in: Osteuropa 55 (2005), H. 4–6, S. 207–217. Monographische Untersuchung: Fieseler, Arme Sieger. Die Invaliden des «Großen Vaterländischen Krieges». Siehe auch Edele, Soviet Veterans.
28 Bonwetsch, Sowjetunion – Triumph im Elend, S. 68–69. Zu den Repatriierungen: Polian, Deportiert nach Hause; Poljan, Žertvy dvuch diktatur; Goeken-Haidl, Der Weg zurück.
29 V. I. Zemskov, K voprosu o repatriacii sovetskich graždan 1944–1951 gody, in: Istorija SSSR (1990), H. 4, S. 26–41; Žiromskaja / Poljakov (Hg.), Naselenie Rossii, Bd. 2, S. 153. Goeken-Haidl, Der Weg zurück, S. 545 u. 551 nennt eine Gesamtzahl von 5,45 Millionen Repatriierten und geschätzten 330 000 Personen, die außerhalb des sowjetischen Machtbereichs verblieben.
30 Žiromskaja / Poljakov (Hg.), Naselenie Rossii, Bd. 2, S. 154–161.
31 L. E. Rešin / V. S. Stepanov, Sud'by general'skie, in: Voenno-istoričeskij žurnal (1993), H. 6, S. 21–28.
32 Žiromskaja / Poljakov (Hg.), Naselenie Rossii, Bd. 2, S. 161–164.
33 Zit. nach Mark Edele, Veterans and the Village: The Impact of Red Army Demobilization on Soviet Urbanization, 1945–1955, in: Russian History. Histoire Russe 36 (2009), S. 159–182, hier S. 159–160.
34 Ebd., S. 162.
35 Figes, Die Flüsterer, S. 628.
36 Gotzes (Hg.), Krieg und Vernichtung 1941–1945, S. 118–119.
37 Elke Scherstjanoi, «Vot ona prokliataia Germaniia!». Germany in Early 1945 through the Eyes of Red Army Soldiers, in: Schlögel (Hg.), Russian-German Special Relations, S. 165–190.
38 Kotkin, Armageddon Averted, S. 33.
39 Zubkova, Poslevoennoe sovetskoe obščestvo, S. 4.
40 Figes, Die Flüsterer, S. 630–631.
41 Vgl. Weiner, Making Sense of War, S. 366–367; Zubkova, Russia after the War, S. 5, 23–27 u. 97–98.
42 Weiner, Making Sense of War, S. 46–50.
43 Ebd., S. 7.
44 Ebd., S. 364–369.
45 Bonwetsch, Sowjetunion – Triumph im Elend, S. 73.
46 Weiner, Making Sense of War, S. 43.
47 Bonwetsch, Der «Große Vaterländische Krieg». Kriegsgeschehen und Kriegserinnerung, S. 21–22.
48 Juliane Fürst, Introduction. Late Stalinist Society: History, Policies and People, in: Fürst (Hg.), Late Stalinist Russia, S. 1–19, hier S. 1–2 u. 15. Juliane Fürst / Polly Jones / Susan Morrissey, The Relaunch of the Soviet Project, 1945–64. Introduction, in: The Slavonic and East European Review 86 (2008), S. 201–207. Aleksandr V. Pyzhikov, Soviet Post-

war Society and the Antecedents of the Khrushchev Reforms, in: Russian Studies in History 50 (2011), H. 3, S. 28–43.

49 Beide Zitate nach Weiner, Making Sense of War, S. 32–34. Siehe auch Weiner, Robust Revolution, S. 210.

50 Stephen Brain, The Great Stalin Plan for the Transformation of Nature, in: Environmental History 15 (2010), H. 4, S. 670–700, hier S. 671.

51 Dazu grundlegend Gestwa, Die Stalinschen Großbauten des Kommunismus, S. 22–24.

52 Vgl. Salay, The Soviet Union River Diversion Project.

53 Gestwa, Die Stalinschen Großbauten des Kommunismus, S. 17–25 u. 35–45. Zum 1950er-Syndrom siehe Arne Andersen, Das 50er Jahre Syndrom. Umweltfragen in der Demokratisierung des Technikkonsums, in: Technikgeschichte 65 (1998), S. 329–344; Christian Pfister (Hg.), Das 1950er Syndrom. Der Weg in die Konsumgesellschaft, Bern, Stuttgart, Wien 1995; ders., Energiepreis und Umweltbelastung. Zum Stand der Diskussion über das «1950er Syndrom», in: Wolfram Siemann (Hg.), Umweltgeschichte. Themen und Perspektiven, München 2003, S. 61–86.

54 Gestwa, Die Stalinschen Großbauten des Kommunismus, S. 562.

55 Klaus Gestwa, Herrschaft und Technik in der spät- und poststalinistischen Sowjetunion. Machtverhältnisse auf den «Großbauten des Kommunismus», 1948–1964, in: Osteuropa 51 (2001), S. 171–198, hier S. 176.

56 Trotzki, Literatur und Revolution, S. 173–174. Zit. nach Klaus Gestwa, Ökologischer Notstand und sozialer Protest. Ein umwelthistorischer Blick auf die Reformunfähigkeit und den Zerfall der Sowjetunion, in: Archiv für Sozialgeschichte 43 (2003), S. 349–383, hier S. 350.

57 Gestwa, Ökologischer Notstand, S. 351. Feliks R. Shtil'mark, The Evolution of Concepts about the Preservation of Nature in Soviet Literature, in: Journal of History of Biology 25 (1992), S. 429–447, hier S. 432.

58 Vgl. Gestwa, Die Stalinschen Großbauten des Kommunismus, S. 77–90.

59 Marina Dmitrieva, Einholen und Überholen. Amerikanismus in der Architektur des «Sozblocks», in: Osteuropa 61 (2011), H. 1, S. 223–241, hier S. 224–226.

60 Rüthers, Moskau bauen von Lenin bis Chruščev, S. 45–46.

61 Bohn, Minsk – Musterstadt des Sozialismus, S. 37 u. 303.

62 Vgl. ebd., S. 81–88 u. 308–309.

63 Rüthers, Moskau bauen von Lenin bis Chruščev, S. 95.

64 Colton, Moscow, S. 798.

65 Filtzer, Standard of Living, S. 82–89. Ders., The Hazards of Urban Life, S. 337–341, auch für das Folgende.

66 Filtzer, Standard of Living, S. 83–84 u. 89–95.

67 Boterbloem, Life and Death under Stalin, S. 224–231.

68 Jean Lévesque, «Into the Grey Zone». Sham Peasants and the Limits of the Kolkhoz Order in the Post-War Russian Village, 1945–1953, in: Fürst (Hg.), Late Stalinist Russia, S. 103–119, hier S. 103–117.

69 Mark Edele, Veterans and the Village: The Impact of Red Army Demobilization on Soviet Urbanization, 1945–1955, in: Russian History. Histoire Russe 36 (2009), S. 159–182, hier S. 173.

70 Brüggemeier, Geschichte Großbritanniens, S. 227.

71 Ivan Mefodievich Volkov, The Drought and Famine of 1946–47, in: Russian Studies in History 31 (1992), H. 2, S. 31–60, hier S. 45–46.

72 Stephen G. Wheatcroft, The Soviet Famine of 1946–1947, the Weather and Human Agency in Historical Perspective, in: Europe-Asia Studies 64 (2012), S. 987–1005, hier S. 987 u. 1004–1005. Wheatcroft verwirft die Deutung von Zima, Golod v SSSR, dass der Staat 1946/47 über genügend Getreidereserven verfügt hätte, Stalin aber den Hunger als Waffe gegen die Bauern einsetzte. Ebd., S. 988–990.

73 Michael Ellman, The 1947 Soviet Famine and the Entitlement Approach to Famines, in:

Cambridge Journal of Economics 24 (2000), S. 603–630, hier S. 603; Filtzer, Standard of Living, S. 81–83; Volkov, The Drought and Famine of 1946–47, S. 31 u. 54; Ganson, The Soviet Famine of 1946–47, S. 58–59.

74 Fürst, Stalin's Last Generation, S. 3–4.

75 Dies., Prisoners of the Soviet Self? Political Youth Opposition in Late Stalinism, in: Europe-Asia Studies 54 (2002), S. 353–375.

76 Dies., Stalin's Last Generation, S. 23–24.

77 Rüthers, Moskau bauen von Lenin bis Chruščev, S. 103–105; Edele, Strange Young Men.

78 Juliane Fürst, The Importance of Being Stylish. Youth, Culture and Identity in Late Stalinism, in: dies. (Hg.), Late Stalinist Russia, S. 209–230, hier S. 210.

79 Vgl. Edele, Strange Young Men, S. 49.

80 Vgl. Dunham, In Stalin's Time; Fieseler, Innenpolitik der Nachkriegszeit, S. 52. Zubkova, Russia after the War, S. 94 und Boterbloem, Life and Death under Stalin, S. 26–27, sehen hingegen einen Widerspruch zwischen Dunhams These vom «Big Deal» und der repressiven Politik gegenüber der Intelligenz.

81 Edele, Strange Young Men, S. 49 u. 57.

82 Bonwetsch, Sowjetunion – Triumph im Elend, S. 86–87.

83 Vgl. Edele, Strange Young Men, S. 51–55.

84 Fürst, The Importance of Being Stylish, S. 225–226.

85 Edele, Strange Young Men, S. 46.

86 Figes, Die Flüsterer, S. 654–655.

87 Fieseler, Innenpolitik der Nachkriegszeit, S. 50; Hildermeier, Geschichte der Sowjetunion, S. 716.

88 Vgl. Fieseler, Innenpolitik der Nachkriegszeit, S. 51–52; Hildermeier, Geschichte der Sowjetunion, S. 721; Katzer, Die belagerte Festung, S. 292–295.

89 Vgl. Fieseler, Innenpolitik der Nachkriegszeit, S. 52–53.

90 Ebd., S. 53–54.

91 Figes, Die Flüsterer, S. 698–700; Baberowski, Der rote Terror, S. 250–251; Wassili Grossman / Ilja Ehrenburg (Hg.), Das Schwarzbuch. Der Genozid an den sowjetischen Juden. Hg. der deutschen Ausgabe: Arno Lustiger, Hamburg 1994. Zur Geschichte des Schwarzbuchs: Joshua Rubenstein / Ilya Altman (Hg.), The Unknown Black Book. The Holocaust in the German-Occupied Soviet Territories, Bloomington, Ind. u. a. 2008.

92 Figes, Die Flüsterer, S. 736–737; Baberowski, Der rote Terror, S. 251–252.

93 Fieseler, Innenpolitik der Nachkriegszeit, S. 57.

94 Salisbury, American in Russia, S. 16–20 u. 38.

95 Figes, Die Flüsterer, S. 690–691; Fieseler, Innenpolitik der Nachkriegszeit, S. 56.

96 Stephen Brain, The Great Stalin Plan for the Transformation of Nature, in: Environmental History 15 (2010), S. 670–700, hier S. 683.

97 Žiromskaja / Poljakov (Hg.), Naselenie Rossii, Bd. 2, S. 171 u. 183.

98 Markus Wehner, Stalinismus und Terror, in: Plaggenborg (Hg.), Stalinismus, S. 365–390, hier S. 386.

99 Vgl. Hildermeier, Geschichte der Sowjetunion, S. 685–686.

100 Baberowski, Der rote Terror, S. 255–256. Benjamin Tromly, The Leningrad Affair and Soviet Patronage Politics, 1949–1950, in: Europe-Asia Studies 56 (2004), S. 707–729.

101 Benno Ennker, Politische Herrschaft und Stalinkult 1929–1939, in: Plaggenborg (Hg.), Stalinismus, S. 151–182; Plamper, The Stalin Cult.

102 Hildermeier, Geschichte der Sowjetunion, S. 671–678.

103 Allilueva, Zwanzig Briefe an einen Freund, S. 42.

104 Sebag Montefiore, Am Hof des roten Zaren, S. 606.

105 Die Atmosphäre auf Stalins Datscha ist anschaulich dargestellt bei N. S. Chruščev, Chruschtschow erinnert sich, S. 273–292. Siehe auch Sebag Montefiore, Am Hof des Roten Zaren, S. 598–607.

106 Mikojan, Tak bylo, S. 353.

107 Ilizarov, Tajnaja žizn' Stalina, S. 124 u. 169.
108 Gusljarov, Stalin v žizni, S. 548.
109 Chruščev, Vremja, ljudi, vlast', Bd. 2, S. 57; Gusljarov, Stalin v žizni, S. 548; Mikojan, Tak bylo, S. 354.
110 Elena Iarskaia-Smirnova / Pavel Romanov, At the Margins of Memory. Provincial Identity in Oral Histories, 1940–53, in: Raleigh (Hg.), Provincial Landscapes, S. 299–329, hier S. 322–325.
111 Baberowski, Verbrannte Erde, S. 497.
112 Fieseler, Innenpolitik der Nachkriegszeit, S. 76–77 mit zahlreichen Quellenangaben zu Selbstzeugnissen, in denen die Reaktionen auf Stalins Tod beschrieben werden.
113 Figes, Die Flüsterer, S. 744.

VIERTER TEIL

Konkurrenz mit dem Westen 1953–1982

11. Höhenflüge und Rückschläge 1953–1964

1 Mirjam Sprau, Entstalinisierung verortet. Die Lagerauflösung an der Kolyma, in: Jahrbücher für Geschichte Osteuropas 57 (2009), S. 535–562.
2 Vgl. Figes, Die Flüsterer, S. 756–757.
3 Merl, Entstalinisierung, S. 184.
4 Weiner, Robust Revolution, S. 214–219.
5 Figes, Die Flüsterer, S. 747–748.
6 Taubman, Khrushchev, S. 251–257; Weiner, Robust Revolution, S. 220; Delo Berija. Plenum CK KPSS, 2–7 ijul' 1953 g. Stenografičeskij otčet, in: Izvestija CK KPSS (1991), H. 1, S. 139–214, H. 2, S. 141–208. Das Juli-Plenum des Zentralkomitees ist ausführlich dokumentiert in Naumov / Sigačev (Hg.), Lavrentij Berija.
7 Weiner, Robust Revolution, S. 221–222.
8 Torke, Einführung in die Geschichte Russlands, S. 228.
9 Vgl. Merl, Entstalinisierung, S. 191.
10 Vgl. ebd., S. 175 u. 314–315. Für eine umfassende neue Biographie siehe Taubman, Khrushchev.
11 Zur Außenpolitik siehe Oleg Troyanovsky, The Making of Soviet Foreign Policy, in: Taubman / Khrushchev / Gleason (Hg.), Nikita Khrushchev, S. 209–241; Zubok, A Failed Empire, S. 94–153.
12 Vgl. Steininger, Der Kalte Krieg, S. 26.
13 Merl, Entstalinisierung, S. 274.
14 Vgl. Taubman, Khrushchev, S. 332–354.
15 Kozlov / Mironenko (Hg.), Kramola, S. 20–26 u. 36.
16 Grundlegend: Naumov, Zur Geschichte der Geheimrede; Jurij Aksjutin, Der XX. Parteitag der KPdSU, in: Jahrbuch für Historische Kommunismusforschung (1996), S. 36–68.
17 Mikojan, Tak bylo, S. 590–591.
18 Taubman, Khrushchev, S. 278.
19 Wortlaut des Berichts in Artizov et al. (Hg.), Reabilitacija: kak ėto bylo, Bd. 1, S. 317–348.
20 Taubman, Khrushchev, S. 279–280.
21 Naumov, Zur Geschichte der Geheimrede, S. 170. Dokumentation der Diskussion und frühere Textfassungen der Rede in Artizov et al. (Hg.), Reabilitacija: kak ėto bylo, Bd. 1, S. 348–380.
22 Taubman, Khrushchev, S. 270.
23 Naumov, Zur Geschichte der Geheimrede, S. 147.
24 Text der Rede im Original mit deutscher Übersetzung und Einführung: 100(0) Schlüsseldokumente zur sowjetischen Geschichte. http://www.1000dokumente.de.

25 Figes, Die Flüsterer, S. 835.
26 Susanne Schattenberg, «Democracy» or «Despotism»? How the Secret Speech was Translated into Everyday Life, in: Jones (Hg.), The Dilemmas of de-Stalinization, S. 64–79, hier S. 65.
27 Jones, From the Secret Speech, S. 42–47.
28 Schattenberg, «Democracy» or «Despotism», S. 66.
29 Jones, From the Secret Speech, S. 48–51.
30 Karl E. Loewenstein, Re-emergence of Public Opinion in the Soviet Union. Khrushchev and Responses to the Secret Speech, in: Europe-Asia Studies 58 (2006), S. 1329–1346.
31 Erik Kulavig, Evidence of Public Dissent in the Khrushchev Years, in: Mette Bryld / Erik Kulavig (Hg.), Soviet Civilization between Past and Present, Odense 1998, S. 77–93.
32 Merl, Entstalinisierung, S. 196–199.
33 Žiromskaja / Poljakov (Hg.), Naselenie Rossii, Bd. 2, S. 183.
34 Merl, Entstalinisierung, S. 197.
35 Salisbury, Diesseits und jenseits von Moskau, S. 32–34 u. 39.
36 Hildermeier, Die Sowjetunion, S. 71.
37 Merl, Entstalinisierung, S. 200–201.
38 Ebd., S. 201.
39 Jones, From the Secret Speech, S. 51–57. Siehe auch Polly Jones, Memories of Terror or Terrorizing Memories? Terror, Trauma and Survival in Soviet Culture of the Thaw, in: The Slavonic and East European Review 86 (2008), S. 346–371.
40 Vgl. Figes, Die Flüsterer, S. 847.
41 Zur Kulturpolitik siehe Nancy Condee, Cultural Codes of the Thaw, in: Taubman / Khrushchev / Gleason (Hg.), Nikita Khrushchev, S. 160–176; Kretzschmar, Die sowjetische Literaturpolitik; Laß, Vom Tauwetter zur Perestrojka.
42 Laß, Vom Tauwetter zur Perestrojka, S. 26–28.
43 Ebd., S. 45.
44 Kretzschmar, Die sowjetische Literaturpolitik, S. 1156.
45 Laß, Vom Tauwetter zur Perestrojka, S. 50–51.
46 Vgl. Kretzschmar, Die sowjetische Literaturpolitik, S. 1158; Laß, Vom Tauwetter zur Perestrojka, S. 53–62.
47 Kretzschmar, Die sowjetische Literaturpolitik, S. 1162.
48 Übersetzung zitiert nach Altrichter / Haumann (Hg.), Die Sowjetunion, Bd. 2, S. 486–489.
49 Kretzschmar, Die sowjetische Literaturpolitik, S. 1162–1163. Differenzierte Darstellung auf der Basis zweier unterschiedlicher Berichte: Laß, Vom Tauwetter zur Perestrojka, S. 129–134.
50 Vgl. Karl Eimermacher: Ėrnst Neizvestnyj als Künstler und Rebell. Die Kunst als Provokation und Mission, in: Eimermacher / Waschik (Hg.), Wie grell, wie bunt, wie ungeordnet, S. 539–545.
51 Susan E. Reid, In the Name of the People. The Manege Affair Revisited, in: Kritika: Explorations in Russian and Eurasian History 6 (2005), S. 673–716.
52 Laß, Vom Tauwetter zur Perestrojka, S. 173–184.
53 Der Spiegel, 30.5.1962.
54 Rüthers, Moskau bauen von Lenin bis Chruščev, S. 118.
55 Vgl. ebd., S. 117–121.
56 Starr, Red and Hot, S. 220–221.
57 Vgl. Weiner, Robust Revolution, S. 222–223.
58 Merl, Entstalinisierung, S. 264; ders., The Soviet Economy, S. 34.
59 Merl, Entstalinisierung, S. 264–265; ders., The Soviet Economy, S. 34.
60 Vgl. Merl, Entstalinisierung, S. 266–267; ders., The Soviet Economy, S. 36.
61 Programma Kommunističeskoj Partii Sovetskogo Sojuza, S. 27 u. 35. Deutscher Text bei Meissner, Das Parteiprogramm der KPdSU, S. 160 u. 166. Siehe auch Titov, The 1961 Party Programme.

62 Programma Kommunističeskoj Partii Sovetskogo Sojuza, S. 56–61.
63 Ebd., S. 65. Meissner, Das Parteiprogramm der KPdSU, S. 188.
64 Zubkova, Russia after the War, S. 175–177.
65 Merl, The Soviet Economy; ders., Entstalinisierung, S. 267.
66 Field, Private Life and Communist Morality, S. 9.
67 Ebd., S. 4–5 u. 9–19.
68 Vgl. ebd., S. 20–23.
69 Juliane Fürst, The Arrival of Spring? Changes and Continuities in Soviet Youth Culture and Policy between Stalin and Khrushchev, in: Jones (Hg.), The Dilemmas of de-Stalinization, S. 135–153, hier S. 140–150. Siehe auch Kharkhordin, The Collective and the Individual, S. 287; Miriam Dobson, The Post-Stalin Era. De-Stalinization, Daily Life, and Dissent, in: Kritika: Explorations in Russian and Eurasian History 12 (2011), S. 905–924, hier S. 912–915.
70 Sheila Fitzpatrick, Social Parasites. How Tramps, Idle Youth, and Busy Entrepreneurs Impeded the Soviet March to Communism, in: Cahiers du Monde Russe 47 (2006), S. 377–408, hier S. 377.
71 Ebd., S. 384–385 u. 394–395.
72 Ebd., S. 388–396, 399 u. 407.
73 Andrew B. Stone, «Overcoming Peasant Backwardness»: The Khrushchev Antireligious Campaign and the Rural Soviet Union, in: The Russian Review 67 (2008), S. 296–320, hier S. 297–306 u. 316–319.
74 Vgl. Halbach, Das sowjetische Vielvölkerimperium, S. 50–53.
75 Vgl. Simon, Nationalismus, S. 265–280.
76 Vgl. ebd., S. 280–285. Halbach, Das sowjetische Vielvölkerimperium, S. 58–59.
77 Boris Meissner, Nationalitätenfrage und Sowjetideologie, in: Brunner / Meissner (Hg.), Nationalitätenprobleme in der Sowjetunion, S. 11–44, hier S. 16.
78 Merl, Entstalinisierung, S. 204 u. 208.
79 William J. Tompson, Industrial Management and Economic Reform under Khrushchev, in: Taubman / Khrushchev / Gleason (Hg.), Nikita Khrushchev, S. 138–159, hier S. 142.
80 Merl, Entstalinisierung, S. 226–233.
81 Ledeneva, Russia's Economy of Favours, S. 25–27.
82 Ivan Mefodievich Volkov, The Drought and Famine of 1946–47, in: Russian Studies in History 31 (1992), H. 2, S. 31–60, hier S. 38.
83 Strelianyi, Khrushchev and the Countryside, S. 113–114.
84 Merl, Entstalinisierung, S. 215–218. Vgl. Hildermeier, Die Sowjetunion, S. 73.
85 Merl, Entstalinisierung, S. 218–219. Vgl. Strelianyi, Khrushchev and the Countryside, S. 114–115.
86 Taubman, Khrushchev, S. 228–229; Meissner, Das Parteiprogramm der KPdSU, S. 203; Wädekin, Sowjetische Dörfer, S. 607.
87 Strelianyi, Khrushchev and the Countryside, S. 115; Specovius, Die Russen sind anders, S. 323–325; Hildermeier, Geschichte der Sowjetunion, S. 792.
88 Merl, Entstalinisierung, S. 220–221; Strelianyi, Khrushchev and the Countryside, S. 119.
89 Vgl. Hildermeier, Geschichte der Sowjetunion, S. 795.
90 Plaggenborg, Lebensverhältnisse und Alltagsprobleme, S. 790–792.
91 Merl, Entstalinisierung, S. 209.
92 Pörzgen, So lebt man in Moskau, S. 109.
93 Thorez, Moskau, S. 80–81. Zitiert nach Rüthers, Moskau bauen von Lenin bis Chruščev, S. 101–102.
94 Vgl. die Bilder bei Rüthers, Moskau bauen von Lenin bis Chruŝĉev.
95 Salisbury, Diesseits und jenseits von Moskau, S. 66–68. Siehe auch Larissa Zakharova, Dior in Moscow: A Taste for Luxury in Soviet Fashion under Khrushchev, in: Crowley / Reid (Hg.), Pleasures in Socialism, S. 95–120.

96 Salisbury, Diesseits und jenseits von Moskau, S. 69–70.
97 Specovius, Die Russen sind anders, S. 62.
98 Merl, Entstalinisierung, S. 222–223; Vladimir Naumov, Repression and Rehabilitation, in: Taubman / Khrushchev / Gleason (Hg.), Nikita Khrushchev, S. 85–112, hier S. 110–111; Joshua C. Andy, The Soviet Military at Novocherkassk. The Apex of Military Professionalism in the Khrushchev Era?, in: Ilic / Smith (Hg.), Soviet State and Society under Nikita Khrushchev, S. 181–196, hier S. 182–190; Kozlov, Mass Uprisings, S. 238–250. Ausführliche Darstellung der Ereignisse: Baron, Bloody Saturday. KGB: *Komitet gosudarstvennoj bezopasnosti* – Komitee für Staatssicherheit.
99 Smith, Khrushchev's Promise, S. 27–29.
100 Vgl. Plaggenborg, Lebensverhältnisse und Alltagsprobleme, S. 806; Merl, Entstalinisierung, S. 257–258. Field, Private Life and Communist Morality, S. 28, nennt als Durchschnittsgröße 33 Quadratmeter.
101 Reid, Khrushchev Modern, S. 232–233.
102 Specovius, Die Russen sind anders, S. 76–77.
103 Reid, Khrushchev Modern, S. 230.
104 Rüthers, Moskau bauen von Lenin bis Chruščev, S. 230.
105 Ebd., S. 246.
106 Smith, Khrushchev's Promise, S. 29–34.
107 Field, Private Life and Communist Morality, S. 30–31.
108 Vgl. Smith, Khrushchev's Promise, S. 34–37.
109 Reid, Khrushchev Modern, S. 227–229.
110 Salisbury, Diesseits und jenseits von Moskau, S. 56–59. Die Operette «Moskva – Čeremuški» ist Šostakovičs einziges Werk dieses Genres.
111 Field, Private Life and Communist Morality, S. 28.
112 Aksjutin, Chruščevskaja «Ottepel'», S. 333–339.
113 Vajl' / Genis, 60-e, S. 517–521.
114 Aleksandr Tvardovskij, Rabočie tetradi 60-ch godov, in: Znamja (2000), Nr. 6, S. 161. Zitiert nach Titov, The 1961 Party Programme, S. 20.
115 Nina Nikolaevna Cvetaeva, Biografičeskie narrativy sovetskoj ėpochy, in: Sociologičeskij Žurnal (2000) Nr. 1–2, S. 150–163. Zit. nach Rüthers, Moskau bauen von Lenin bis Chruščev, S. 238.
116 Specovius, Die Russen sind anders, S. 175 u. 243–244.
117 Vgl. Pörzgen, So lebt man in Moskau, S. 46–49.
118 Weiner, Robust Revolution, S. 226–227.
119 Aleksandr Vladimirovich Trubnikov, in: Raleigh (Hg.), Russia's Sputnik Generation, S. 234.
120 Anne E. Gorsuch, From Iron Curtain to Silver Screen. Imagining the West in the Khrushchev Era, in: Péteri (Hg.), Imagining the West, S. 153–171, hier S. 153–170.
121 Vgl. Rüthers, Moskau bauen von Lenin bis Chruščev, S. 69–70.
122 Magnúsdóttir, Keeping up Appearances, S. 204–213.
123 Pia Koivunen, The 1957 Moscow Youth Festival. Propagating a New, Peaceful Image of the Soviet Union, in: Ilic / Smith (Hg.), Soviet State and Society under Nikita Khrushchev, S. 46–65. Vgl. Rüthers, Moskau bauen von Lenin bis Chruščev, S. 70. Pilkington, Russia's Youth, S. 69.
124 Zitiert nach Rüthers, Moskau bauen von Lenin bis Chruščev, S. 108–109.
125 Caute, The Dancer Defects, S. 33–40.
126 Ebd., S. 41.
127 Ebd., S. 44–47.
128 Salisbury, Diesseits und jenseits von Moskau, S. 105.
129 Für den Dialog: http://teachingamericanhistory.org/library/index.asp?document=176, Stand: 17.10.2012.
130 Rüthers, Moskau bauen von Lenin bis Chruščev, S. 70–71.

131 Caute, The Dancer Defects, S. 49.
132 Susan E. Reid, Who Will Beat Whom? Soviet Popular Reception of the American National Exhibition in Moscow, 1959, in: Péteri (Hg.): Imagining the West, S. 194–236, hier S. 207–233.
133 Ebd., S. 200–202.
134 György Péteri, Introduction, in: Péteri (Hg.), Imagining the West, S. 1–12, hier S. 11.
135 Vgl. Magnúsdóttir, Keeping up Appearances, S. 255.
136 Kristin Joy Roth-Ey, Finding a Home for Television in the USSR, 1950–1970, in: Slavic Review 66 (2007), S. 278–306, hier S. 288.
137 Roth-Ey, Mass Media and the Remaking of Soviet Culture, S. 261–268.
138 Vgl. Rüthers, Moskau bauen von Lenin bis Chruščev, S. 69.
139 Vgl. ebd., S. 204 u. 211.
140 Ebd., S. 212–213.
141 Zitiert nach ebd., S. 204–207.
142 Ingo Grabowsky, Motor der Verwestlichung. Das sowjetische Estrada-Lied 1950–1975, in: Osteuropa 62 (2012), H. 4, S. 21–36.
143 Vgl. Stites, Russian Popular Culture, S. 124–134. In Max Gregers Bigband spielte der damals 25-jährige Udo Jürgens als Pianist. Zur Tournee von Goodman: Penny Marie van Eschen, Satchmo Blows up the World. Jazz Ambassadors Play the Cold War, Cambridge, Mass. 2004.
144 Salisbury, Diesseits und jenseits von Moskau, S. 109–110.
145 Ebd., S. 113.
146 Vgl. Rüthers, Moskau bauen von Lenin bis Chruščev, S. 110.
147 Vgl. ebd., S. 111–112.
148 Altrichter, Kleine Geschichte der Sowjetunion, S. 146.
149 Steininger, Der Kalte Krieg, S. 32.
150 Gaddis, Der Kalte Krieg, S. 95–97.
151 Taubman, Khrushchev, S. 396–397.
152 Michael Lemke, Die Berlinkrisen von 1948/49 und 1958 bis 1963, in: Greiner / Müller / Walter (Hg.), Krisen im Kalten Krieg, S. 204–243, hier S. 215–216.
153 Vgl. Hildermeier, Geschichte der Sowjetunion, S. 994.
154 Lemke, Die Berlinkrisen, S. 226.
155 Taubman, Khrushchev, S. 475–476.
156 Ebd., S. 336–338.
157 Stöver, Der Kalte Krieg, S. 348–350.
158 Taubman, Khrushchev, S. 389–391.
159 Ebd., S. 470–471 u. 505–506; Stöver, Der Kalte Krieg, S. 350.
160 Vgl. Lemke, Die Berlinkrisen, S. 236–237; Stöver, Der Kalte Krieg, S. 129–136; Steininger, Der Kalte Krieg, S. 68–71; Vladislav Zubok, The Case of Divided Germany, 1953–1964, in: Taubman / Khrushchev / Gleason (Hg.): Nikita Khrushchev, S. 275–300, hier S. 292–300.
161 Vgl. Stöver, Der Kalte Krieg, S. 374–380; Steininger, Der Kalte Krieg, S. 72–90.
162 Boden, Die Grenzen der Weltmacht, S. 105–106.
163 Merl, Entstalinisierung, S. 304–308.

12. Stabilisierung und Reformversuche 1964–1971

1 Vgl. Altrichter, Kleine Geschichte der Sowjetunion, S. 152–153; Luks, Geschichte Russlands, S. 460–462.
2 Vgl. Bacon, Reconsidering Brezhnev, S. 6–7. Eine wissenschaftlichen Ansprüchen genügende, moderne Biographie Brežnevs liegt noch nicht vor. Informativ und gut recherchiert, aber mit literarischem Duktus und ohne Angabe von Belegen: Mlečin, Brežnev.
3 Vgl. Luks, Geschichte Russlands, S. 460–462.
4 Vgl. Mlečin, Brežnev, S. 550.

5 Bacon, Reconsidering Brezhnev, S. 10–13; Ian D. Thatcher, Brezhnev as Leader, in: Bacon / Sandle (Hg.), Brezhnev Reconsidered, S. 22–37, hier S. 26.
6 Vgl. Gestwa, Die Stalinschen Großbauten des Kommunismus, S. 173–177, der das gestiegene Gewicht der Apparate schon für die Chruščevzeit überzeugend darlegt.
7 Thatcher, Brezhnev as Leader, S. 27.
8 Hildermeier, Geschichte der Sowjetunion, S. 855.
9 Hanson, The Brezhnev Era, S. 293–294. Dort auch eine knappe Skizze über die verschiedenen Interpretationsansätze der Breževära.
10 Vgl. ebd., S. 297–298. Vgl. auch Plaggenborg, «Entwickelter Sozialismus», S. 319 u. 325; Bacon, Reconsidering Brezhnev, S. 9.
11 Bacon, Reconsidering Brezhnev, S. 4–6.
12 Hanson, The Brezhnev Era, S. 296.
13 Vgl. Ganson, The Brezhnev Era, S. 295 u. 297. Für eine Kollektivbiographie der Ingenieure dieser Generation siehe Schattenberg, Stalins Ingenieure.
14 Yoram Gorlizki, Too Much Trust. Regional Party Leaders and Local Political Networks under Brezhnev, in: Slavic Review 69 (2010), S. 676–700; Bacon, Reconsidering Brezhnev, S. 11.
15 Zur Nomenklatur siehe Voslensky, Nomenklatura sowie Weeks, Nomenklatura und T. H. Rigby, Staffing USSR Incorporated: Origins of the Nomenklatura System, in: Soviet Studies (1988), H. 40, S. 523–537. Zur gestuften Gesellschaft: Zaslavsky, In geschlossener Gesellschaft, S. 70–76.
16 Vgl. Luks, Geschichte Russlands, S. 462.
17 I. V. Ivanova / O. V. Ivanova, «Naši nedostatki, trudnosti i problemy ne takie melkie, čtoby možno bylo sebe pozvolit' zakryvat' na nich glaza»: Zasekrečennoe vystuplenie L. I. Brežneva na Plenume CK KPSS 15 dekabrja 1969 g. http://www.alexanderyakovlev.org/almanah/inside/almanah-intro/1014759, Stand: 23.10.2012.
18 Vgl. Gregory / Stuart, Russian and Soviet Economic Performance, S. 226–230.
19 Ebd., S. 188–189; Merl, The Soviet Economy, S. 49–50.
20 Harrison, Economic Growth and Slowdown, S. 53–55.
21 Vgl. Plaggenborg, «Entwickelter Sozialismus», S. 333–338.
22 Volltext der Rede mit Einführung in der digitalen Sammlung Al'manach «Rossija. XX vek»: http://www.alexanderyakovlev.org/almanah/inside/almanah-doc/1014781, Stand: 23.10.2012.
23 Harrison, Economic Growth and Slowdown, S. 53–55.
24 Brežnev, Naši nedostatki.
25 Ebd.
26 Siehe James R. Millar, The Little Deal: Brezhnev's Contribution to Acquisitive Socialism, in: Slavic Review 44 (1985), S. 694–706.
27 Ebd., S. 697–698.
28 Ebd., S. 701; Merl, The Soviet Economy, S. 52–54. Für plastische Beschreibungen der Tätigkeit von «Organisierern» siehe Wladimirow, Die Russen privat, S. 135–136 und Udgaard, Der ratlose Riese, S. 124–125.
29 Zum Folgenden siehe Tompson, The Soviet Union under Brezhnev, S. 35–48; Plaggenborg, «Entwickelter Sozialismus», S. 444–483; Hildermeier, Geschichte der Sowjetunion, S. 997–998. Für die Außenpolitik Brežnevs siehe auch: Richard D. Anderson, Public Politics in an Authoritarian State. Making Foreign Policy during the Brezhnev Years, Ithaca 1993.
30 Tompson, The Soviet Union under Brezhnev, S. 35–35.
31 Jan Pauer, 1968 in der Tschechoslowakei. Aufbruch und zweimaliges Begräbnis, in: Osteuropa 58 (1968), H. 7, S. 31–46, hier S. 42. Siehe dazu ausführlich: ders., Prag 1968; Karner, Prager Frühling; Čubarjan et al. (Hg.), «Pražskaja vesna»; Latyš, «Pražskaja vesna»; Muraško, 1968 god; Lev Gudkov, Posttotalitäre Amnesie. Der Prager Frühling in Russlands öffentlicher Meinung, in: Osteuropa 58 (2008), H. 7, S. 57–66; Alfred Missong, Der «Prager Frühling» aus Moskauer Sicht, in: Europäische Rundschau 36 (2008), H. 2, S. 57–

64; R. G. Pichoja, Čechoslovakija, 1968 god. Vzgljad iz Moskvy. Po dokumentam CK KPSS, in: Novaja i Novejšaja Istorija (1994), H. 6, 3–20; Mark Kramer, The Czechoslovak Crisis and the Brezhnev Doctrine, in Fink / Gassert / Junker (Hg.), 1968: The World Transformed, S. 111–171; Kieran Williams, The Prague Spring and its Aftermath. Czechoslovak Politics, 1968–1970, Cambridge 1997; ders., New Sources on Soviet Decision Making during the 1968 Czechoslovak Crisis, in: Europe–Asia Studies 48 (1996), H. 3, S. 457–470.

32 Tompson, The Soviet Union under Brezhnev, S. 37.

33 Ebd., S. 42–43. Zubok, A Failed Empire, S. 209–210.

34 Tompson, The Soviet Union under Brezhnev, S. 39–40.

35 Ebd., S. 40–41.

36 Luks, Geschichte Russlands, S. 470.

37 Tompson, The Soviet Union under Brezhnev, S. 36.

38 Plaggenborg, «Entwickelter Sozialismus», S. 449.

39 Zubok, A Failed Empire, S. 212.

40 Plaggenborg, Entwickelter Sozialismus, S. 444–450; Hildermeier, Geschichte der Sowjetunion, S. 999–1000.

41 Tompson, The Soviet Union under Brezhnev, S. 44–45.

13. Die Sowjetunion um 1966

1 Expo 67 – Wikipedia. http://de.wikipedia.org/wiki/Expo_67, Stand: 24.10.2012.

2 Tony Swift, The Soviet Union at the 20th-Century World's Fairs. http://www.factotum.org.uk/projects/thefair/fair08.html, Stand: 24.10.2012.

3 Mattie, Weltausstellungen, S. 231; The pavilion of the U.S.S.R. Expo 67 in Montreal. http://expo67.ncf.ca/expo_ussr_p1.html, Stand: 2.11.2012.

4 Schriefers, Für den Abriss gebaut, S. 139.

5 Pavil'on SSSR na ĖKSPO-67 v Monreale. http://www.indianart.ru/art/Dekorativno-oformitelskoe_iskusstvo/p2_articleid/253, Stand: 2.11.2012.

6 Die «Tupolev 144» besaß große Ähnlichkeit mit der «Concorde», die 1966 nur wenige Wochen später ihren Jungfernflug absolvierte. Die beiden Flugzeuge waren parallel entwickelt worden. Die Ähnlichkeiten sind die Folge aerodynamischer und technischer Vorgaben für ein Überschallflugzeug, möglicherweise aber auch gegenseitiger Industriespionage bzw. der Übernahme von Ideen aus Publikationen in Fachzeitschriften.

7 Kretschmer, Geschichte der Weltausstellungen, S. 244; Schriefers, Für den Abriss gebaut, S. 139; Expo 67 – Wikipedia (24.10.2012).

8 Vgl. Swift, The Soviet Union.

9 Ansprache Breževs zum 47. Jahrestag der Großen Sozialistischen Oktoberrevolution, 6.11.1964, in: Breshnew, Auf dem Wege Lenins, Bd. 1, S. 13–37, hier S. 19.

10 Weiner, Robust Revolution, S. 230–231.

11 Siehe zum Beispiel Brežnevs Rechenschaftsbericht an den 23. Parteitag, 29.3.1966, in: Breshnew, Auf dem Wege Lenins, S. 279–386, hier v. a. S. 280–314.

12 Ebd., S. 314–348.

13 50 Jahre große Siege des Sozialismus. Rede auf der gemeinsamen Festsitzung des ZK und des Obersten Sowjet, 3.–4.11.1967, in: Breshnew, Auf dem Wege Lenins, Bd. 2, S. 81–154, hier S. 99–104.

14 Brežnevs Rechenschaftsbericht an den 23. Parteitag, 29.3.1966, in: Breshnew, Auf dem Wege Lenins, Bd. 1, S. 279–386, hier S. 341–342.

15 50 Jahre große Siege des Sozialismus, S. 107–114.

16 Rechenschaftsbericht des Zentralkomitees an den 23. Parteitag, 29.3.1966, S. 378.

17 Zur Interpretation dieser Politik im Sinne eines «Gesellschaftsvertrags» siehe ausführlich Cook, Soviet Social Contract and Why It Failed.

18 Plaggenborg, Experiment Moderne, S. 227–228. Vgl. Hanson, The Brezhnev Era, S. 300–303.

19 Udgaard, Der ratlose Riese, S. 112.

20 Vgl. Hanson, The Brezhnev Era, S. 302; Udgaard, Der ratlose Riese, S. 113.
21 Vgl. Plaggenborg, Experiment Moderne, S. 221–244.
22 Weiner, Robust Revolution, S. 209–210; Bernd Bonwetsch, Der «Große Vaterländische Krieg». Vom öffentlichen Schweigen unter Stalin zum Heldenkult unter Breschnew, in: Quinkert (Hg.), «Wir sind die Herren dieses Landes», S. 166–187, hier S. 170.
23 Boris Dubin, Erinnern als staatliche Veranstaltung. Geschichte und Herrschaft in Russland, in: Osteuropa 58 (2008), H. 6, S. 57–67, hier S. 59–62.
24 Figes, Die Flüsterer, S. 867.
25 Rede Brežnevs zum 8. Mai 1965, in: Breshnew, Auf dem Wege Lenins, Bd. 1, S. 125–163, hier S. 127.
26 Ebd., S. 139–145.
27 Dubin, Erinnern als staaliche Veranstaltung, S. 61.
28 Rede Brežnevs zum 8. Mai 1965, S. 131.
29 Ebd., S. 136–137.
30 Ernu, Roždennyj v SSSR, S. 180.
31 Transport SSSR. Itogi za pjat'desjat let i perspektivy razvitija, S. 198. Nach einer anderen sowjetischen Statistik belief sich der Anteil der Straßen mit festem Belag 1965 auf 42 Prozent. Kuškina (Hg.), Transport i svjaz' SSSR, S. 273.
32 Kuškina (Hg.), Transport i svjaz' SSSR, S. 25 u. 28.
33 Vgl. Johannes Grützmacher, Verkehr, in: Plaggenborg (Hg.), Handbuch der Geschichte Russlands, Bd. 5/2, S. 1117–1141, hier S. 1128.
34 Kuškina (Hg.), Transport i svjaz' SSSR, S. 30.
35 Transport SSSR. Itogi za pjat'desjat let i perspektivy razvitija, S. 190.
36 Vgl. E. A. Čudakov, Perspektivy avtostroitel'stva v SSSR, in: Doroga i avtomobil' (1930), H. 8–9, S. 28–31, hier S. 30; I. Osipov, Bližajšie puti razvitija avtomobilja v SSSR, in: Doroga i avtomobil' (1931), H. 12, S. 55–56, hier S. 56.
37 Vgl. Gatejel, The Wheels of Desire, S. 33; Gronow / Zhuravlev, Soviet Luxuries, S. 121–127.
38 Šugurov, Avtomobili Rossii i SSSR, Bd. 2, S. 26–28; Bol'šaja Sovetskaja Ėnciklopedija, 3. Aufl., Artikel «Avtomobil'naja promyšlennost'», S. 153–154; Siegelbaum, Cars, Cars, and More Cars, S. 84–85. Für eine ausführliche Darstellung siehe Siegelbaum, Cars for Comrades.
39 Gronow / Zhuravlev, Soviet Luxuries, S. 134.
40 Nordica Nettleton, Driving towards Communist Consumerism. Avto VAZ, in: Cahiers du Monde Russe 47 (2006), H. 1–2, S. 131–152, hier S. 133.
41 Vgl. Grützmacher, Verkehr; Šugurov, Avtomobili Rossii i SSSR, Bd. 2, S. 39–40; Gatejel, The Wheels of Desire, S. 36–37.
42 Vgl. Siegelbaum, Cars, Cars, and More Cars, S. 84 u. 93. Die Praxis des «Abzweigens» ist anschaulich beschrieben bei Udgaard, Der ratlose Riese, S. 126.
43 Vgl. Bohn, Bevölkerung und Sozialstruktur, S. 599–600 u. 623.
44 Žiromskaja / Poljakov (Hg.), Naselenie Rossii, Bd. 3/1, S. 113.
45 Bohn, Minsk – Musterstadt des Sozialismus, S. 164–165.
46 Bohn, Bevölkerung und Sozialstruktur, S. 621–623.
47 Ebd., S. 598.
48 Vgl. Bohn, Bevölkerung und Sozialstruktur, S. 602–608.
49 Vgl. ebd., S. 610–620. Geringfügig abweichende Daten, aber mit gleicher Tendenz bei Žiromskaja / Poljakov (Hg.), Naselenie Rossii, Bd. 3/1, S. 31–35 u. 65–67.
50 Bohn, Bevölkerung und Sozialstruktur, S. 645.
51 Žiromskaja / Poljakov (Hg.), Naselenie Rossii, Bd. 3/1, S. 187.
52 Ebd., S. 201 u. 208.
53 Zu Heiratsverhalten und Familienstrukturen siehe ebd., S. 618 und Plaggenborg, Lebensverhältnisse und Alltagsprobleme, S. 840–848.
54 Ben Fowkes, The National Question in the Soviet Union under Leonid Brezhnev: Policy and Response, in: Bacon / Sandle (Hg.), Brezhnev Reconsidered, S. 68–89, hier S. 72.

55 XIII s-ezd KPSS. Reč' tovarišča L. I. Brežneva, in: Pravda v. 30.3.1966. Zitiert nach Ost-Probleme (1966), S. 282. Siehe auch Eggeling, Die sowjetische Literaturpolitik zwischen 1953 und 1970, S. 681.
56 Fowkes, The National Question in the Soviet Union under Leonid Brezhnev, S. 74.
57 Vgl. Kappeler, Russland als Vielvölkerreich, S. 312.
58 Ebd., S. 69.
59 Hildermeier, Geschichte der Sowjetunion, S. 877; Hanson, The Brezhnev Era, S. 304.
60 Vgl. Simon, Nationalismus und Nationalitätenpolitik, S. 62–69.
61 Hildermeier, Geschichte der Sowjetunion, S. 875–876.
62 Vgl. Jobst / Obertreis / Vulpius, Neuere Imperiumsforschung, S. 51–53.
63 Plaggenborg, Lebensverhältnisse und Alltagsprobleme, S. 841.
64 Smith, Die Russen, S. 110.
65 Plaggenborg, Lebensverhältnisse und Alltagsprobleme, S. 805–810.
66 Rüthers, Moskau bauen von Lenin bis Chruščev, S. 237–238.
67 Ernu, Roždennyj v SSSR, S. 45.
68 Timothy Nunan, Soviet Gradostroitel'stvo and Late Soviet Socialism, in: Journal of Eurasian Studies 3 (2012), S. 106–115.
69 Plaggenborg, Lebensverhältnisse und Alltagsprobleme, S. 797–804; ders., Experiment Moderne, S. 231–240; Udgaard, Der ratlose Riese, S. 117.
70 Merl, Staat und Konsum, S. 218; ders., Konsum in der Sowjetunion: Element der Systemstabilisierung?, in: Geschichte in Wissenschaft und Unterricht 58 (2007), S. 519–538.
71 Plaggenborg, Lebensverhältnisse und Alltagsprobleme, S. 790–797.
72 Ernu, Roždennyj v SSSR, S. 120.
73 Vgl. Udgaard, Der ratlose Riese, S. 110.
74 Zum Konsum siehe Plaggenborg, Lebensverhältnisse und Alltagsprobleme, S. 811–821.
75 Merl, Staat und Konsum, S. 218–219.
76 Lane, Soviet Economy and Society, S. 58. Ähnliche Zahlen bei Merl, Staat und Konsum, S. 227.
77 Ernu, Roždennyj v SSSR, S. 203.
78 Smith, Die Russen, S. 271.
79 Oktjabr' (1966), H. 5, S. 178. Zitiert nach ebd., S. 605.
80 Vgl. Wädekin, Sowjetische Dörfer, S. 604–607; Goehrke, Russischer Alltag, Bd. 3, S. 310–311.
81 Vgl. Wädekin, Sowjetische Dörfer, S. 608–609; Goehrke, Russischer Alltag, Bd. 3, S. 312.
82 Vgl. Wädekin, Sowjetische Dörfer, S. 606; Carol Nechemias, Recent Changes in Soviet Rural Housing Policy, in: Gray (Hg.), Soviet Agriculture, Comparative Perspectives, S. 155–175, hier S. 160–161.
83 Meissner (Hg.), Das Parteiprogramm der KPdSU, S. 203.
84 Vgl. Wädekin, Sowjetische Dörfer, S. 611–612.
85 Wiedergabe der Diskussion in Osteuropa (1968), H. 8–9, S. 616–627.
86 Wädekin, Sowjetische Dörfer, S. 615.
87 Vgl. Goehrke, Russischer Alltag, Bd. 3, S. 313.
88 Ioffe / Nefedova / Zaslavsky, The End of Peasantry, S. 23.
89 Specovius, Die Russen sind anders, S. 74; Pörzgen, So lebt man in Moskau, S. 43. Wladimirow, Die Russen privat, berichtet für 1966, dass 60 Prozent der Dörfer keine Elektrizität und kein Telefon gehabt hätten.
90 Goehrke, Russischer Alltag, Bd. 3, S. 308.
91 Vgl. Stephen K. Wegren, Rural Migration and Agrarian Reform in Russia: A Research Note, in: Europe-Asia Studies 47 (1995), S. 877–888; Hanson, The Brezhnev Era, S. 303.
92 Lebensgeschichte der Familie Kuz'min, in: Kovalev (Hg.), Golosa krest'jan, S. 351–396, hier S. 381.
93 Bridger, Women in the Soviet Countryside, S. 101.
94 Vgl. Goehrke, Russischer Alltag, Bd. 3, S. 316–329.
95 Vgl. Hanson, The Brezhnev Era, S. 303–304.

96 Vgl. Bohn, Minsk – Musterstadt des Sozialismus, S. 175–187.
97 Vgl. ebd., S. 158–164.
98 Vgl. Felix Ackermann, Vom Dorf nach Grodno. Die Sowjetisierung Westweißrusslands als Akkulturationsprozess dörflicher Migranten, in: Bohn (Hg.), Von der «europäischen» Stadt zur «sozialistischen» Stadt und zurück?, S. 335–359.
99 Vgl. Bert Hoppe, «Hinaus zur Datscha!» Zur Spannung zwischen industriellem Alltag und selbstbestimmtem Wochenende in der Sowjetunion der 1950er – 1980er Jahre, in: Bohn (Hg.), Von der «europäischen» Stadt zur «sozialistischen» Stadt und zurück?, S. 361–375, hier S. 364–365.
100 Harrison E. Salisbury, Fifty Years that Shook the World, in: ders. (Hg.), The Soviet Union: The Fifty Years, S. 3–32, hier S. 28–29. Zitiert nach Weiner, Robust Revolution, S. 228.
101 Mehnert, Der Sowjetmensch, S. 101–102 u. 122. Ähnlich auch Pörzgen, So lebt man in Moskau, S. 56.
102 Ist die Sowjet-Jugend kommunistisch? Ein Gespräch mit Professor Klaus Mehnert über die Zukunft der sowjetischen Welt, in: Der Rheinische Merkur (25.10.1963), S. 4.
103 Zubok, Zhivago's Children, S. 316.
104 Grušin, Četyre žizni Rossii, žizn' 2-ja: ėpocha Brežneva, S. 103 u. 108–111.
105 Zubok, Zhivago's Children, S. 317–318.
106 Dubin, Gesellschaft der Angepassten, S. 65–69.
107 Vgl. Shlapentokh, Public and Private Life of the Soviet People, S. 153–163.
108 Vgl. Yurchak, Everything Was Forever, S. 8–11.
109 Vgl. Shlapentokh, Public and Private Life of the Soviet People, S. 164–182; Fürst, Stalin's Last Generation, S. 26–27.
110 Shlapentokh, Public and Private Life of the Soviet People, S. 183–184.
111 Roth-Ey, Mass Media and the Remaking of Soviet Culture, S. 5–11; Kotkin, Armageddon Averted, S. 42.
112 Roth-Ey, Mass Media and the Remaking of Soviet Culture, S. 257–260.
113 Ebd., S. 261–268.
114 Ebd., S. 11–13.
115 Ermantraut, Das Fernsehen in der späten Sowjetunion, S. 68–77.
116 Vgl. E. Zdravomyslova / V. Voronkov, The Informal Public in Soviet Society: Double Morality at Work, in: Social Research 69 (2002), H. 1, S. 49–69; Kharkhordin, The Collective and the Individual, S. 321.
117 Verordnung des Staatskomitees für Fernsehen und Rundfunk v. 27.5.1970, in: Svod Zakonov SSSR, T. 3, Moskva 1989, S. 741–742.
118 Vgl. Roth-Ey, Mass Media and the Remaking of Soviet Culture, S. 43–44.
119 Vgl. Tobias Rupprecht, Die sowjetische Gesellschaft in der Welt des Kalten Krieges. Neue Forschungsperspektiven, in: Jahrbücher für Geschichte Osteuropas 58 (2010), S. 381–399.
120 Natalia P. in: Raleigh (Hg.), Russia's Sputnik Generation, S. 112.
121 Mit diesem Begriff *(kvaziinformirovannost')* fasste der damalige Leiter der Umfrage und führende sowjetische Meinungsforscher vierzig Jahre später die Ergebnisse dieser Studie zusammen. Grušin, Četyre žizni Rossii, žizn' 2-ja: ėpocha Brežneva, S. 853.
122 Ebd., 806–807 u. 837–838.
123 Shlapentokh, Public and Private Life of the Soviet People, S. 140–150.
124 Vajl' / Genis, 60-e, S. 64.
125 Ebd., S. 64–66.
126 Bushnell, The «New Soviet Man», S. 179–182.
127 Plaggenborg, «Entwickelter Sozialismus», S. 352. Für das Folgende ebd., S. 349–361. Für eine umfassende Dokumentation siehe Kozlov / Mironenko (Hg.), Kramola.
128 Rüthers, Moskau bauen von Lenin bis Chruščev, S. 125.
129 Sacharov, Wie ich mir die Zukunft vorstelle.
130 Plaggenborg, «Entwickelter Sozialismus», S. 360–361.
131 Kozlov / Mironenko (Hg.), Kramola, S. 36 u. 51–56.

14. Wohlstand und Ende der Dynamik 1971–1982

1 Vgl. Mark Sandle, Brezhnev and Developed Socialism: The Ideology of Zastoi?, in: Bacon / Sandle (Hg.), Brezhnev Reconsidered, S. 165–187, hier S. 165–166.
2 Vgl. ebd., S. 182.
3 Dazu und zum Folgenden siehe Plaggenborg, «Entwickelter Sozialismus», S. 389–393.
4 Čazov, Zdorov'e i vlast', S. 11 u. 73; Mlečin, Brežnev, S. 550–556.
5 Viktor Denningchaus / Andrej Savin, «Ėpocha Brežneva» glazami genseka. Rabočie zapisi Leonida Il'iča kak istoričeskij istočnik, in: Rodina (2012), H. 2, S. 120–123, hier S. 123.
6 Ebd., S. 121.
7 Kotkin, Armageddon Averted, S. 49.
8 Vgl. Bacon, Reconsidering Brezhnev, in Bacon / Sandle (Hg.), Brezhnev Reconsidered, S. 1–21, hier S. 8–9. Vgl. Ian D. Thatcher, Brezhnev as Leader, in: ebd., S. 22–37, hier S. 30; Altrichter, Kleine Geschichte der Sowjetunion, S. 163.
9 Arkadii Olegovich Darchenko, in: Raleigh (Hg.), Russia's Sputnik Generation, S. 145; Natalia Aleksandrovna Belovolova, in: ebd., S. 179.
10 V. Denningchaus / A. I. Savin, Leonid Brežnev: Publičnost' protiv sakral'nosti vlasti, in: Rossijskaja istorija (2012), H. 4, S. 179–194.
11 Altrichter, Kleine Geschichte der Sowjetunion, S. 156.
12 Vgl. Ruffley, Children of Victory, S. 12. Siehe auch Raleigh (Hg.), Russia's Sputnik Generation.
13 Pichoja / Sokolov, Istorija sovremennoj Rossii, 1970–1991, S. 41.
14 Merl, The Soviet Economy, S. 50–51.
15 Ebd., S. 56–58.
16 Plaggenborg, Experiment Moderne, S. 236, in Anlehnung an Adomeit, Imperial Overstretch.
17 Merl, The Soviet Economy, S. 53.
18 Kotkin, Armageddon Averted, S. 11–16. Pichoja / Sokolov, Istorija sovremennoj Rossii, 1970–1991, S. 46–47.
19 Amann / Cooper / Davies (Hg.), The Technological Level of Soviet Industry.
20 Merl, The Soviet Economy, S. 59.
21 Plaggenborg, «Entwickelter Sozialismus», S. 380–381.
22 Maddison, Monitoring the World Economy, S. 196–212; Merl, The Soviet Economy, S. 46. Gregory / Stuart, Russian and Soviet Economic Performance, S. 236.
23 Hildermeier, Geschichte der Sowjetunion, S. 887–888; Plaggenborg, «Entwickelter Sozialismus», S. 372–375; Hanson, The Brezhnev Era, S. 310. Merl, The Soviet Economy, beurteilt die Perspektiven der sowjetischen Wirtschaft optimistischer und geht davon aus, dass sie bis 1985 stabil funktionierte und der Zusammenbruch erst durch die Reformversuche Gorbačevs verursacht wurde.
24 Vgl. Feshbach / Friendly, Ecocide in the USSR; Julia Obertreis, Der «Angriff auf die Wüste» in Zentralasien. Zur Umweltgeschichte der Sowjetunion, in: Osteuropa 58 (2008), H. 4–5, S. 37–56, einer S. 50–52.
25 Gestwa, Ökologischer Notstand, S. 353–354.
26 Ebd., S. 368–369; Ziegler, Umweltschutz in der Sowjetunion, S. 94; Marshall I. Goldman, Umweltverschmutzung in der Sowjetunion: Die Abwesenheit einer aktiven Umweltbewegung und die Folgen, in: Schreiber (Hg.), Umweltprobleme in Mittel- und Osteuropa, S. 162–183.
27 Gestwa, Ökologischer Notstand, S. 354.
28 Ziegler, Umweltschutz in der Sowjetunion, S. 94–95.
29 Gestwa, Ökologischer Notstand, S. 355–356.
30 Ebd., S. 358–366.
31 Gertrude E. Schroeder, Soviet Living Standards. Achievements and Prospects, in: United States Congress Joint Economic Committee (Hg.), Soviet Economy in the 1980's, Part 2. Washington D. C. 1983, S. 367–387, hier S. 370.

32 Vgl. Merl, The Soviet Economy, S. 55.
33 Vgl. die 2002–2004 durchgeführten Interviews mit Saratover Bürgern in: Raleigh (Hg.), Russia's Sputnik Generation, S. 82, 113–114, 144–145, 179, 205–206, 216, 243, 245 u. 268.
34 Udgaard, Der ratlose Riese, S. 108–109.
35 Plaggenborg, Lebensverhältnisse und Alltagsprobleme, S. 816.
36 Udgaard, Der ratlose Riese, S. 110.
37 Grušin, Četyre žizni Rossii, žizn' 2-ja: ėpocha Brežneva, S. 324 u. 353.
38 Lane, Soviet Economy and Society, S. 58.
39 Plaggenborg, Lebensverhältnisse und Alltagsprobleme, S. 821.
40 Ebd., S. 818–819.
41 Ekaterina Gerasimova / Sof'ia Chuikina, The Repair Society, in: Russian Studies in History 48 (2009), H. 1, S. 58–74.
42 Pichoja / Sokolov, Istorija sovremennoj Rossii, 1970–1991, S. 69–70.
43 Smith, Die Russen, S. 89–90.
44 Ebd., S. 91–93. Pichoja / Sokolov, Istorija sovremennoj Rossii, 1970–1991, S. 62–64.
45 Zitiert nach Smith, Die Russen, S. 127.
46 Gronow / Zhuravlev, Soviet Luxuries, S. 132.
47 Plaggenborg, Lebensverhältnisse und Alltagsprobleme, S. 819–820; Siegelbaum, The Impact of Motorization, S. 24; Luminita Gatejel, A Good Buy – If You Can Get One. Purchasing Cars under Socialist Conditions, San Domenico di Fiesole 2010 (Max Weber Paper 2010/14); Smith, Die Russen, S. 130–131.
48 Boutenko / Razlogov, Recent Social Trends in Russia, 1960–1995, S. 228. Plaggenborg, Lebensverhältnisse und Alltagsprobleme, S. 806–807, gibt auf der Grundlage einer russischen Studie geringere Daten an: Demnach überstieg die Pro-Kopf-Wohnfläche erst in den 1980er Jahren die «sanitäre Norm» und erreichte 1989 10,4 Quadratmeter.
49 Rosenbaum, Frauenarbeit und Frauenalltag in der Sowjetunion, S. 28.
50 Ebd., S. 29–30.
51 Pichoja / Sokolov, Istorija sovremennoj Rossii, 1970–1991, S. 67–69.
52 Der Lebensstil der Privilegierten ist einprägsam beschrieben bei Smith, Die Russen, S. 43–79. Knappe Skizze bei Udgaard, Der ratlose Riese, S. 121.
53 Lane, Soviet Economy and Society, S. 58.
54 Kotkin, Armageddon Averted, S. 41–42.
55 Ermantraut, Das Fernsehen in der späten Sowjetunion, S. 77–82.
56 Kotkin, Armageddon Averted, S. 41–42.
57 Shlapentokh, Public and Private Life, S. 142–147.
58 Yurchak, Everything Was Forever, S. 158–165 u. 288.
59 Ebd., S. 194–195.
60 Shlapentokh, Public and Private Life, S. 148–151.
61 Sergei I. Zhuk, The ‹Closed› Soviet Society and the West – The Consumption of Western Cultural Products, Youth and Identity in Soviet Ukraine During the 1970s, in: Calic / Neutatz / Obertreis (Hg.), The Crisis of Socialist Modernity, S. 87–117. Siehe auch Zhuk, Rock and Roll in the Rocket City; Sergei I. Zhuk, Religion, «Westernization» and Youth in the «Closed City» of Soviet Ukraine, 1964–84, in: The Russian Review 67 (2008), S. 661–679.
62 Raleigh (Hg.), Russia's Sputnik Generation, S. 38 (Zitat), 69, 139 u. 237.
63 Zitiert nach Smith, Die Russen, S. 231.
64 Weiner, Robust Revolution, S. 229–230.
65 Smith, Die Russen, S. 255.
66 Vgl. Udgaard, Der ratlose Riese, S. 175–177.
67 Smith, Die Russen, S. 247–249.
68 Yurchak, Everything Was Forever, S. 191 u. 207–208.
69 Ernu, Roždennyj v SSSR, S. 139–143.

70 Kotkin, Armageddon Averted, S. 43.
71 Weiner, Robust Revolution, S. 230.
72 Yurchak, Everything Was Forever, S. 289.
73 Dubin, Gesellschaft der Angepassten, S. 69.
74 Vgl. Yurchak, Everything Was Forever, S. 205.
75 Kotkin, Armageddon Averted, S. 38–40.
76 Ebd., S. 43–44.
77 James R. Millar / Elizabeth Clayton, Quality of Life, in: Millar (Hg.), Politics, Work and Daily Life in the USSR, S. 31–57, hier S. 33 u. 45.
78 Ebd., S. 57.
79 Raleigh (Hg.), Russia's Sputnik Generation, S. 85, 113 u. 246.
80 Bushnell, The «New Soviet Man», S. 179–182.
81 Vajl' / Genis, 60-e, S. 310.
82 Arkadii Olegovich Darchenko, in: Raleigh (Hg.), Russia's Sputnik Generation, S. 137.
83 Ebd., S. 310–318.
84 Shlapentokh / Shiraev / Carroll (Hg.), The Soviet Union, S. 120.
85 Siehe dazu Ward, Brezhnev's Folly; Johannes Grützmacher, Vielerlei Öffentlichkeiten: Die Bajkal-Amur-Magistrale als Mobilisierungsprojekt der Brežnev-Ära, in: Jahrbücher für Geschichte Osteuropas 50 (2002), S. 205–223; ders., Die Baikal-Amur-Magistrale.
86 Bushnell, The «New Soviet Man», S. 191–194.
87 Olga Vladimirovna Kamaiurova, in: Raleigh (Hg.), Russia's Sputnik Generation, S. 205–206.
88 Aleksandr Vladimirovich Trubnikov, in: Raleigh (Hg.), Russia's Sputnik Generation, S. 243 u. 245. Fast alle der in diesem Band abgedruckten Interviews zeichnen das Bild eines Niedergangs, aus dem nach der Meinung der Befragten notwendigerweise die Perestrojka resultierte. Vgl. S. 82, 113–114, 144–145, 179, 205–206, 216 u. 268.
89 Merl, The Soviet Economy, S. 56–58.
90 Tat'jana I. Zaslavskaja, O soveršenstvovanii socialističeskich proizvodstvennych otnošenij i zadačach ėkonomičeskoj sociologii, in: M. Yanovitch / M. E. Sharp (Hg.), A Voice of Reform. Essays by Tatiana Zaslavskaya, Armonk, NY 1989, S. 158–184.
91 Vgl. Zubok, Zhivago's Children, S. 315; Schattenberg, Das Ende der Sowjetunion, S. 11–12. Yurchak, Everything Was Forever, S. 1–8 u. 286.
92 Zum Folgenden siehe Plaggenborg, «Entwickelter Sozialismus», S. 429–443.
93 Ebd., S. 430–431.
94 Zur Ukraine siehe Zhuk, Rock and Roll in the Rocket City, S. 31–52.
95 Kozlov / Mironenko (Hg.), Kramola, S. 36.
96 Plaggenborg, «Entwickelter Sozialismus», S. 432–433.
97 Vgl. Pichoja / Sokolov, Istorija sovremennoj Rossii, 1970–1991, S. 84–85.
98 Luks, Geschichte Russlands, S. 463–466. Zur Auseinandersetzung der Dissidenten mit der Intelligencija des 19. Jahrhunderts siehe Jay Bergman, Soviet Dissidents on the Russian Intelligentsia, 1956–1985: The Search for a Useable Past, in: The Russian Review 51 (1992), S. 16–35. Vgl. Zubok, Zhivago's Children.
99 Halbach, Das sowjetische Vielvölkerimperium, S. 55.
100 Ebd.
101 Vgl. Boris Meissner, Nationalitätenfrage und Sowjetideologie, in: Brunner / Meissner (Hg.), Nationalitätenprobleme in der Sowjetunion und in Osteuropa, S. 11–44, hier S. 21–22.
102 Jobst / Obertreis / Vulpius, Neuere Imperiumsforschung, S. 51–53. Für das in der Nationalismusforschung etablierte Konzept der «vorgestellten Gemeinschaft» siehe Anderson, Imagined Communities.
103 Halbach, Das sowjetische Vielvölkerimperium, S. 57–58.
104 Kappeler, Rußland als Vielvölkerreich, S. 310–312.
105 Boden, Soviet World Policy in the 1970s, S. 184.
106 Vgl. ebd., S. 186–188.

107 Vgl. Zubok, A Failed Empire, S. 249–253.

108 Vgl. Boden, Soviet World Policy in the 1970s, S. 192–195. Für eine skeptischere Beurteilung der sowjetischen Erfolge in der Dritten Welt siehe Pichoja / Sokolov, Istorija sovremennoj Rossii, 1970–1991, S. 93–94.

109 Helmut Sonnenfeldt, Die Afghanistan-Krise und die amerikanisch-sowjetischen Beziehungen, in: Europa-Archiv 35 (1980), S. 169–178.

110 Martin Ewans, Afghanistan. A New History, Richmond 2001, S. 151; Hans Bräker, Islam in der Sowjetunion – sowjetische Iran- und Afghanistanpolitik, in: Heinrich Vogel (Hg.), Das «Unternehmen Afghanistan». Eine erste Analyse von Ereignissen und Hintergründen, Köln 1980, S. 18–24; Helmut Hubel, Das Ende des Kalten Krieges im Orient. Die USA, die Sowjetunion und die Konflikte in Afghanistan, am Golf und im Nahen Osten, 1979–1991. Auswirkungen auf Europa und Deutschland, München 1995.

111 Hanson, The Brezhnev Era, S. 311–312; Erwin Orywal, Krieg und Kampf in Afghanistan, in: Bernhard Chiari (Hg.), Afghanistan. Wegweiser zur Geschichte, Paderborn u. a. 2006, S. 110–116.

112 Vgl. Zubok, A Failed Empire, S. 266–270; Hanson, The Brezhnev Era, S. 312–313.

113 Boden, Soviet World Policy in the 1970s, S. 188–190.

114 Vgl. Arutjun Ulunjan, Sowjetische Einschätzungen der politischen Entwicklung in Osteuropa 1956–1991, in: Forum für osteuropäische Ideen- und Zeitgeschichte 1 (1997), H. 1, S. 179–195; Klaus Wiegrefe, Honecker und Brežnev auf der Krim. Eine Aufzeichnung über das Treffen vom 19. August 1976, in: Vierteljahrshefte für Zeitgeschichte 41 (1993), S. 589–619.

FÜNFTER TEIL

Scheitern und Neubeginn 1982–1999

15. Umbauversuche und Zusammenbruch 1982–1991

1 Segbers, Der neue Blick auf die Welt, S. 203–204.

2 Vgl. Kotkin, Armageddon Averted, S. 17–18.

3 Plaggenborg, «Entwickelter Sozialismus», S. 490–501.

4 Kotkin, Armageddon Averted, S. 16–17.

5 Vgl. Bundesinstitut für ostwissenschaftliche und internationale Studien (Hg.), Sowjetunion 1982/83, S. 113–118. Zitiert nach Philipps, Die Sowjetunion in der Einschätzung westdeutscher Experten, S. 70–71. Vgl. Barbara Dietz (Hg.), Zukunftsperspektiven der Sowjetunion. Programm und Wirklichkeit, München 1984. Hans-Joachim Veen (Hg.), Wohin entwickelt sich die Sowjetunion? Zur außenpolitischen Relevanz innenpolitischer Entwicklungen, Melle 1984. – Zur Gesamteinschätzung der Wirtschaftslage aus späterer Perspektive siehe auch Mark Harrison, Economic Growth and Slowdown, in: Bacon / Sandle (Hg.), Brezhnev Reconsidered, S. 38–67, hier S. 63 und Merl, The Soviet Economy in the 1970s, S. 61.

6 Torke, Historisches Lexikon der Sowjetunion, S. 23.

7 Brown, The Gorbachev Era, S. 316.

8 Ebd., S. 317. Plaggenborg, «Entwickelter Sozialismus», S. 484–488.

9 Kotkin, Armageddon Averted, S. 51–52.

10 Vgl. ebd., S. 52–56. Vgl. Plaggenborg, «Entwickelter Sozialismus», S. 489. Brown, The Gorbachev Era, S. 318.

11 Kotkin, Armageddon Averted, S. 52–56. Brown, The Gorbachev Era, S. 319.

12 Altrichter, Russland 1989, S. 16–17.

13 Pichoja / Sokolov, Istorija sovremennoj Rossii, 1970–1991, S. 140.

14 Shlapentokh / Shiraev / Carroll, The Soviet Union, S. 128.

15 Vgl. Kotkin, Armageddon Averted, S. 2–3.

16 Altrichter, Der Zusammenbruch der Sowjetunion, S. 534 u. 552.
17 A. N. Jakovlev, Gor'kaja čaša, Jaroslavl' 1994, S. 205–212. Zitiert nach Pichoja / Sokolov, Istorija sovremennoj Rossii, 1970–1991, S. 141.
18 Schattenberg, Das Ende der Sowjetunion, S. 12. Vgl. Mikhail Gorbachev / Zdeněk Mlynář, Conversations with Gorbachev. On Perestroika, the Prague Spring, and the Crossroads of Socialism, New York 2002.
19 Colton, Yeltsin, S. 81.
20 Vgl. Kotkin, Armageddon Averted, S. 27–28.
21 Vgl. Segbers, Der neue Blick auf die Welt, S. 204.
22 Pichoja / Sokolov, Istorija sovremennoj Rossii, 1970–1991, S. 128.
23 Dazu und zum Folgenden siehe Altrichter, Der Zusammenbruch der Sowjetunion, S. 526–528.
24 Brown, The Gorbachev Era, S. 332. Pichoja / Sokolov, Istorija sovremennoj Rossii, 1970–1991, S. 134–135.
25 Vgl. Yurchak, Everything Was Forever, S. 73.
26 Vgl. Altrichter, Der Zusammenbruch der Sowjetunion, S. 528–529. Informationen zum Parteiprogramm in: Archiv der Gegenwart 55 (1985), Nr. 29340, 8.11.1985. Rede Gorbačevs v. 25.2.1986, in: Gorbatschow, «Zurück dürfen wir nicht», S. 101.
27 Vgl. Stefan Creuzberger, Perestrojka, in: Bohn / Neutatz (Hg.), Studienhandbuch östliches Europa, Bd. 2, S. 191–194, hier S. 191–192.
28 Altrichter, Der Zusammenbruch der Sowjetunion, S. 534–535.
29 Vgl. Brown, The Gorbachev Era, S. 323.
30 Vgl. Hildermeier, Geschichte der Sowjetunion, S. 1027. Altrichter, Russland 1989, S. 25–26. Brown, The Gorbachev Era, S. 232–324.
31 Hildermeier, Geschichte der Sowjetunion, S. 1026–1029.
32 Altrichter, Der Zusammenbruch der Sowjetunion, S. 530–533. Vgl. Brown, The Gorbachev Era, S. 333–334.
33 Brown, The Gorbachev Era, S. 335.
34 Merl, The Soviet Economy in the 1970s, S. 61. Ders., Politische Kommunikation, S. 150–151.
35 Altrichter, Der Zusammenbruch der Sowjetunion, S. 536–538.
36 Kotkin, Armageddon Averted, S. 75–76.
37 Altrichter, Der Zusammenbruch der Sowjetunion, S. 538.
38 von Saal, Die Folgen des KSZE-Prozesses, S. 263 u. 271.
39 Altrichter, Der Zusammenbruch der Sowjetunion, S. 557–558.
40 von Saal, Die Folgen des KSZE-Prozesses, S. 289. Dies., Die Folgen des KSZE-Prozesses in der Sowjetunion der Perestroika. Der KSZE-Faktor in der Eigendynamik des Wertewandels, in: Matthias Peter / Hermann Wentker (Hg.), Die KSZE im Ost-West-Konflikt. Internationale Politik und gesellschaftliche Transformation 1975–1990, München 2012, S. 285–304, hier S. 286.
41 von Saal, Die Folgen des KSZE-Prozesses, S. 279.
42 Altrichter, Der Zusammenbruch der Sowjetunion, S. 540–541 u. 558–559.
43 Boutenko / Razlogov, Recent Social Trends in Russia, S. 197.
44 Kotkin, Armageddon Averted, S. 76–80.
45 Ebd., S. 83–84.
46 Halbach, Nationalitätenfrage und Föderation, S. 1011.
47 Halbach, Das sowjetische Vielvölkerimperium, S. 59.
48 Ebd., S. 61.
49 Dazu und zum Folgenden siehe ebd., S. 93–109.
50 von Saal, Die Folgen des KSZE-Prozesses, S. 183–206.
51 Ebd., S. 206–208.
52 Halbach, Nationalitätenfrage und Föderation, S. 1019.
53 Halbach, Das sowjetische Vielvölkerimperium, S. 108.

54 Kotkin, Armageddon Averted, S. 90–92.
55 Ebd., S. 96–97.
56 Altrichter, Der Zusammenbruch der Sowjetunion, S. 574–575.
57 Ronald Reagan, Erinnerungen. Ein amerikanisches Leben, Berlin 1990, S. 670.
58 George P. Shultz, Turmoil and Triumph. My Years as Secretary of State, New York 1993, S. 532–533.
59 Zubok, A Failed Empire, S. 307.
60 Vgl. Stöver, Der Kalte Krieg, S. 417. Steininger, Der Kalte Krieg, S. 47–49.
61 Archie Brown, The Gorbachev Factor Revisited, in: Problems of Post-Communism 58 (2011), H. 4–5, S. 56–65, hier S. 60–61.
62 Brown, The Gorbachev Era, S. 339. Gaddis, Der Kalte Krieg, S. 286–287.
63 Steininger, Der Kalte Krieg, S. 50–51. Stöver, Der Kalte Krieg, S. 439–441.
64 Brown, The Gorbachev Era, S. 340–341.
65 Gaddis, Der Kalte Krieg, S. 308–309.
66 Michael R. Beschloss / Strobe Talbott, At the Highest Levels. The Inside Story of the End of the Cold War, London 1993, S. 165.
67 Hanns Jürgen Küsters / Daniel Hofmann (Hg.), Deutsche Einheit. Sonderedition aus den Akten des Bundeskanzleramtes 1989/90, München 1998, S. 170.
68 Vgl. Brown, The Gorbachev Era, S. 341–342. Stöver, Der Kalte Krieg, S. 458–459.
69 Boutenko / Razlogov, Recent Social Trends in Russia, S. 12.
70 Ebd., S. 225.
71 Hildermeier, Geschichte der Sowjetunion, S. 1042.
72 Boutenko / Razlogov, Recent Social Trends in Russia, S. 178.
73 Vgl. Hildermeier, Geschichte der Sowjetunion, S. 1042–1043.
74 Plaggenborg, Experiment Moderne, S. 244.
75 Alexej Jablokov, Die ökologische Situation in der UdSSR, in: Segbers (Hg.), Perestrojka, S. 266–297.
76 Ebd., S. 292.
77 Shlapentokh / Shiraev / Carroll, The Soviet Union, S. 129–130.
78 Vgl. Kotkin, Armageddon Averted, S. 67–73 u. 115.
79 Ernu, Roždennyj v SSSR, S. 143.
80 Kotkin, Armageddon Averted, S. 96.
81 Brown, The Gorbachev Era, S. 333.
82 Gorbatschow, Das Volk braucht die ganze Wahrheit, S. 28–29, 72 u. 214.
83 Vgl. Brown, The Gorbachev Era, S. 334–335. Hildermeier, Geschichte der Sowjetunion, S. 1044–1046.
84 Vgl. Hildermeier, Geschichte der Sowjetunion, S. 1046.
85 Text bei Pichoja / Sokolov, Istorija sovremennoj Rossii, 1970–1991, S. 381.
86 Kotkin, Armageddon Averted, S. 97–103. Hildermeier, Geschichte der Sowjetunion, S. 1056–1057.
87 Cohen, «Vopros voprosov», S. 108–111. Brown, The Gorbachev Era, S. 342–351.
88 So der Tenor bei Kotkin, Armageddon Averted. Merl, The Soviet Economy. Ders., Politische Kommunikation. Gregory, Der Kalte Krieg. Jörg Baberowski, Criticism as Crisis, or Why the Soviet Union Still Collapsed, in: Journal of Modern European History 9 (2011), S. 148–166. Jane Zavisca, Explaining and Interpreting the End of Soviet Rule, in: Kritika: Explorations in Russian and Eurasian History 12 (2011), S. 925–940.
89 Vgl. Gregory, Der Kalte Krieg, S. 312, 320 u. 325.
90 Vgl. Yurchak, Everything Was Forever, S. 291–294. Merl, Politische Kommunikation, S. 144–146.

16. Neubeginn mit Schwierigkeiten 1991–1999

1 Vgl. Hildermeier, Die Sowjetunion, S. 100.
2 Kotkin, Armageddon Averted, S. 6–7.

3 Pichoja / Žuravlev / Sokolov, Istorija sovremennoj Rossii, 1991–1999, S. 29.
4 Ebd., S. 38.
5 Schröder, Politisches System und politischer Prozess, S. 16.
6 Anders Aslund, Revisiting the End of the Soviet Union, in: Problems of Post-Communism 58 (2011), H. 4–5, S. 46–55, hier S. 51–53.
7 Pichoja / Žuravlev / Sokolov, Istorija sovremennoj Rossii, 1991–1999, S. 27–33 u. 35 (Zitat).
8 Ebd., S. 36.
9 Vgl. Schröder, Politisches System und politischer Prozess, S. 16.
10 Vgl. Höhmann, Die «russische» Marktwirtschaft, S. 123.
11 Pichoja / Žuravlev / Sokolov, Istorija sovremennoj Rossii, 1991–1999, S. 38–39 u. 58. Sutela, Die russische Wirtschaft, S. 297.
12 Höhmann, Die «russische» Marktwirtschaft, S. 128–129.
13 Pichoja / Žuravlev / Sokolov, Istorija sovremennoj Rossii, 1991–1999, S. 50.
14 Shaw, Russia in the Modern World, S. 87.
15 Höhmann, Die «russische» Marktwirtschaft, S. 125–126. Wagensohn, Russland nach dem Ende der Sowjetunion, S. 24 u. 60.
16 Kotkin, Armageddon Averted, S. 131 u. 134.
17 Vgl. ebd. S. 133.
18 Sutela, Wirtschaftspolitik, S. 138.
19 Pichoja / Žuravlev / Sokolov, Istorija sovremennoj Rossii, 1991–1999, S. 53.
20 Der Verfasser hat diesen in den wissenschaftlichen Darstellungen merkwürdig abwesenden Aspekt in eigener Anschauung erfahren.
21 Boutenko / Razlogov, Recent Social Trends in Russia, 1960–1995, S. 16.
22 Meyer, Rußland, Ergebnisse der gesellschaftlichen Transformation, S. 5 u. 19.
23 Götz, Die wirtschaftliche Kluft, S. 139.
24 Rossija v cifrach 2006, S. 82.
25 Rinck, Lebensstandard, S. 166.
26 http://de.inflation.eu/inflationsraten/russland/historische-inflation/vpi-inflation-russland.aspx [12.3.2013]. Kotkin, Armageddon Averted, S. 124. Pichoja / Žuravlev / Sokolov, Istorija sovremennoj Rossii, 1991–1999, S. 175, geben für 1994–1996 erheblich niedrigere Werte an.
27 Vgl. Pichoja / Žuravlev / Sokolov, Istorija sovremennoj Rossii, 1991–1999, S. 63.
28 Kotkin, Armageddon Averted, S. 121.
29 Ševcova, Režim Borisa El'cina, S. 96.
30 Pichoja / Žuravlev / Sokolov, Istorija sovremennoj Rossii, 1991–1999, S. 64–65.
31 Vgl. Meyer, Rußland, Ergebnisse der gesellschaftlichen Transformation, S. 5.
32 Vgl. Götz, Die wirtschaftliche Kluft, S. 141. Höhmann, Wirtschaftssystem und ökonomische Entwicklung.
33 Vgl. Höhmann, Die «russische» Marktwirtschaft, S. 127–128.
34 Heiko Pleines, Korruption und organisierte Kriminalität, in: Höhmann / Schröder (Hg.), Russland unter neuer Führung, S. 271–290, hier S. 283–287. Kotkin, Armageddon Averted, S. 127.
35 Vgl. Höhmann, Wirtschaftssystem und ökonomische Entwicklung, S. 48.
36 Shaw, Russia in the Modern World, S. 90–92.
37 Höhmann, Wirtschaftssystem und ökonomische Entwicklung, S. 49.
38 Colton, Yeltsin, S. 275–276. Schröder, Politisches System und politischer Prozess, S. 17.
39 Colton, Yeltsin, S. 277–279 (187 Tote und 437 Verletzte). Pichoja / Žuravlev / Sokolov, Istorija sovremennoj Rossii, 1991–1999, S. 118–141.
40 Pichoja / Žuravlev / Sokolov, Istorija sovremennoj Rossii, 1991–1999, S. 156.
41 Schröder, Politisches System und politischer Prozess, S. 17–18.
42 Wagensohn, Russland nach dem Ende der Sowjetunion, S. 107. Pichoja / Žuravlev / Sokolov, Istorija sovremennoj Rossii, 1991–1999, S. 201.

43 Schröder, Politisches System und politischer Prozess, S. 18. Wagensohn, Russland nach dem Ende der Sowjetunion, S. 109.
44 Wagensohn, Russland nach dem Ende der Sowjetunion, S. 114–116.
45 Ebd., S. 121 u. 125.
46 Ebd., S. 154–160.
47 Meyer, Rußland, Ergebnisse der gesellschaftlichen Transformation, S. 5–6. Sutela, Die russische Wirtschaft, S. 299.
48 Schröder, Politisches System und politischer Prozess, S. 20.
49 http://archive.kremlin.ru/appears/1999/12/31/0003_type82634_119554.shtml [12.3.2013].
50 Wagensohn, Russland nach dem Ende der Sowjetunion, S. 179 u. 187.
51 Baur, Zurück zur Großmacht, S. 97.
52 Trenin, Die Entwicklung der russischen «Westpolitik», S. 194. Smith, Partnerschaft, S. 22.
53 Meier, Russland und die Welt, S. 53–54.
54 Vgl. Trenin, Die Entwicklung der russischen «Westpolitik», S. 195. Smith, Partnerschaft, S. 22.
55 Jelzin, Auf des Messers Schneide, S. 175.
56 Vgl. Meier, Russland und die Welt, S. 55.
57 Trenin, Die Entwicklung der russischen «Westpolitik», S. 195–196.
58 Meier, Russland und die Welt, S. 55.
59 Smith, Partnerschaft, S. 22.
60 Vgl. Pichoja / Žuravlev / Sokolov, Desjatiletie liberal'nych reform, S. 203. Baur, Zurück zur Großmacht, S. 100.
61 Trenin, Die Entwicklung der russischen «Westpolitik», S. 196–197.
62 Yevgenii Primakov, A Multipolar World and the United Nations, in: International Affairs (1997), H. 6, S. 4–10.
63 Baur, Zurück zur Großmacht, S. 99–100.
64 Meier, Russland und die Welt, S. 55.
65 Wagensohn, Russland nach dem Ende der Sowjetunion, S. 81.
66 Smith, Partnerschaft, S. 22.
67 Meier, Russland und die Welt, S. 55–56.
68 Trenin, Die Entwicklung der russischen «Westpolitik», S. 198–199.
69 Halbach, Nordkaukasien, S. 3.
70 Ebd., S. 4.
71 Ebd., S. 6–7.
72 Pichoja / Žuravlev / Sokolov, Istorija sovremennoj Rossii, 1991–1999, S. 190.
73 Ebd., S. 191–197, auch für das Folgende.
74 Heidemann, Die offene Wunde Russlands, S. 10.
75 Halbach, Nordkaukasien, S. 7–8.
76 Heidemann, Die offene Wunde Russlands, S. 10.
77 Halbach, Nordkaukasien, S. 8.

17. Russland um 1995

1 Tony Swift, The Soviet Union at the 20th-Century World's Fairs. http://www.factotum.org.uk/projects/thefair/fair08.html [23.02.2010].
2 Proekt – pavil'on SSSR. Konkurs. http://www.proa2.ru/ [07.07.2013].
3 Vgl. Seville Expo '92. http://en.wikipedia.org/w/index.php?oldid=509586566 [14.09.2012]. Vgl. WorldExpositions.info. http://worldexpositions.info/phpalbum/main.php?cmd=imageview&var1=1992_Seville%2FRussland%2F872_innen.jpg [14.09.2012].
4 Russia at World Expo – World exhibition EXPO-2012, 12 may – 12 august 2012, Yeosu. http://expo2012korea.ru/en/expo/russia/ [14.09.2012].
5 Die Weltausstellung 1998 in Lissabon. http://www.expo2000.de/expo2000/geschichte/detail.php?wa_id=20&lang=2 [14.09.2012].

6 Istorija učastija Rossii vo vsemirnych universal'nych vystavkach ĖKSPO. http://expo2010.formika.ru/about/history.php [14.09.2012].
7 Rossija na ĖKSPO. http://vestnikrata.travel.ru/expo2000/rus.htm [06.02.2011].
8 Breuel, Das EXPO-Buch, S. 161 u. 460.
9 Rossija v cifrach 1996, S. 5.
10 Götz / Halbach, Politisches Lexikon GUS, S. 259.
11 Rossija v cifrach 1996, S. 352–353.
12 Goskomstat Rossii, Rossijskij statističeskij ežegodnik 1997. Oficial'noe izdanie, Moskva 1997, S. 458 u. 463.
13 Rossija v cifrach 2006, S. 270.
14 Götz / Halbach, Politisches Lexikon GUS, S. 254–256.
15 Rossija v cifrach 1996, S. 16. Vgl. Meyer, Rußland, S. 10.
16 Eigene Berechnung aus Einwohnerzahl und Staatsfläche. Götz / Halbach, Politisches Lexikon GUS, S. 255, gibt für 1994 neun Einwohner pro Quadratkilometer an.
17 Žiromskaja / Poljakov, Naselenie Rossii, Bd. 3/3, S. 60.
18 Meyer, Rußland, S. 27.
19 Žiromskaja / Poljakov, Naselenie Rossii, Bd. 3/2, S. 52–53, Bd. 3/3, S. 68.
20 Ebd., Bd. 3/3, S. 14–17 u. 63.
21 Rossija v cifrach 1996, S. 28. Žiromskaja / Poljakov, Naselenie Rossii, Bd. 3/3, S. 10–11 u. 16–17.
22 Žiromskaja / Poljakov, Naselenie Rossii, Bd. 3/2, S. 71, Bd. 3/3, S. 76.
23 Rossijskij statističeskij ežegodnik 1996, S. 37.
24 Shaw, Russia in the Modern World, S. 163–164. Götz / Halbach, Politisches Lexikon GUS, S. 254.
25 Shaw, Russia in the Modern World, S. 167.
26 Dazu und zum Folgenden siehe Jörg Stadelbauer, Raum, Ressourcen und Bevölkerung, in: Bundeszentrale für politische Bildung (Hg.), Russland, S. 4–8, hier S. 7.
27 Pichoja / Žuravlev / Sokolov, Istorija sovremennoj Rossii, 1991–1999, S. 263.
28 Vgl. Višnevskij (Hg.), Naselenie Rossii 1994, S. 130–135.
29 Vgl. Hans-Christoph Neidlein, Ein Fass ohne Boden?, in: Internationale Politik 10 (2002), S. 49–54, hier S. 49–50.
30 Meyer, Rußland, S. 28 mit den Prozentangaben nach den Volkszählungen von 1989 und 2002.
31 Heinemann-Grüder, Der asymmetrische Föderalismus, S. 78.
32 Götz / Halbach, Politisches Lexikon GUS, S. 260–261.
33 Heinemann-Grüder, Der asymmetrische Föderalismus, S. 79. Schröder, Politisches System und politischer Prozess, S. 17.
34 Grävingholt, Rußlands Regionen, S. 69–70.
35 Kotkin, Armageddon Averted, S. 156–157.
36 Heinemann-Grüder, Der asymmetrische Föderalismus, S. 79–80.
37 Mommsen, Russlands politisches System, S. 48.
38 Ebd., S. 45.
39 Schneider, Funktionieren die zentralen staatlichen Institutionen, S. 37–38.
40 Luchterhandt, Zum Entwicklungsstand von Rechtsstaat, S. 75–84.
41 Mommsen, Russlands politisches System, S. 46. Kotkin, Armageddon Averted, S. 150.
42 Zur Verfassung siehe Schröder, Politisches System und politischer Prozess, S. 17 sowie Mommsen, Russlands politisches System, S. 46–47 und Pichoja / Žuravlev / Sokolov, Istorija sovremennoj Rossii, 1991–1999, S. 143–152.
43 Schneider, Funktionieren die zentralen staatlichen Institutionen, S. 39.
44 Ebd., S. 40. Kotkin, Armageddon Averted, S. 151–152.
45 Ellen Bos, Entwicklung und Funktion der politischen Parteien, in: Höhmann / Schröder (Hg.), Russland unter neuer Führung, S. 55–66. Mommsen, Das politische System unter Jelzin, S. 64.

46 Mommsen, Russlands politisches System, S. 49.
47 Zum «System El'cin» siehe Schröder, Politisches System und politischer Prozess, S. 18–20 sowie Mommsen, Russlands politisches System, S. 48–51.
48 Margareta Mommsen, Präsident, Regierung und Sicherheitsrat als konkurrierende Machtträger in Moskau, in: Meier-Walser / Wagensohn (Hg.), Rußland und der Westen, S. 15–20.
49 Schneider, Funktionieren die zentralen staatlichen Institutionen, S. 40.
50 Hans-Henning Schröder, Mächte im Hintergrund. Die Rolle von «Familie» und «Oligarchen» im politischen Kräftespiel, in: Höhmann / Schröder (Hg.), Russland unter neuer Führung, S. 67–77. Shaw, Russia in the Modern World, S. 169.
51 Vgl. Mommsen, Das politische System unter Jelzin, S. 63.
52 Jelzin, Auf des Messers Schneide, S. 15 u. 205.
53 Schröder, Gesellschaft im Umbruch, S. 361–362.
54 Ebd., S. 362.
55 Rossija v cifrach 2006, S. 114. Meyer, Rußland, S. 35.
56 Pichoja / Žuravlev / Sokolov, Istorija sovremennoj Rossii, 1991–1999, S. 261. Vgl. Boutenko / Razlogov, Recent Social Trends in Russia, S. 216–217.
57 Pichoja / Žuravlev / Sokolov, Istorija sovremennoj Rossii, 1991–1999, S. 258–259.
58 Ševcova, Režim Borisa El'cina, S. 310.
59 Vgl. Rafael Mrowczynski, Russlands Mittelschichten im Umbruch, in: russlandanalysen.de (19.11.2004), H. 46, S. 2–5.
60 Pleines, Sozialer Wandel, S. 24–25.
61 Schröder, Gesellschaft im Umbruch, S. 367.
62 Pleines, Sozialer Wandel, S. 26.
63 Boutenko / Razlogov, Recent Social Trends in Russia, S. 225.
64 Rossija v cifrach 1996, S. 116–117.
65 Boutenko / Razlogov, Recent Social Trends in Russia, S. 235.
66 Goskomstat Rossii, Rossijskij statističeskij ežegodnik 1996. Oficial'noe izdanie, Moskva 1996, S. 594–595.
67 Rossija v cifrach 2006, S. 118. Niedrigere Zahlen gibt die zeitgenössische Ausgabe derselben Edition an: Rossija v cifrach 1996.
68 Boutenko / Razlogov, Recent Social Trends in Russia, S. 226. Rossija v cifrach 2006, S. 119. Rossija v cifrach 1996, S. 108.
69 Boutenko / Razlogov, Recent Social Trends in Russia, S. 329.
70 Ebd., S. 346.
71 Ebd., S. 341.
72 Rossija v cifrach 2006, S. 146–149. Meyer, Rußland, S. 29.
73 Shaw, Russia in the Modern World, S. 176.
74 Ebd., S. 177.
75 Goehrke, Russischer Alltag, Bd. 3, S. 427–428.
76 Shaw, Russia in the Modern World, S. 179–181.
77 Vgl. Goehrke, Russischer Alltag, Bd. 3, S. 428.
78 Ebd., S. 428–429.
79 Boutenko / Razlogov, Recent Social Trends in Russia, S. 205.
80 Rossijskij statističeskij ežegodnik 1996, S. 550 u. 555. Shaw, Russia in the Modern World, S. 178–179. Rossija v cifrach 1996, S. 317.
81 Rossijskij statističeskij ežegodnik 1996, S. 572. Shaw, Russia in the Modern World, S. 180.
82 Vgl. Goehrke, Russischer Alltag, Bd. 3, S. 430–432. Boutenko / Razlogov, Recent Social Trends in Russia, S. 321–322.
83 Vgl. Goehrke, Russischer Alltag, Bd. 3, S. 433–434.
84 Altrichter, Kleine Geschichte der Sowjetunion, S. 201–202.
85 Boutenko / Razlogov, Recent Social Trends in Russia, S. 211–213.

86 Tschepurenko, Die Akzeptanz von Demokratie und Marktwirtschaft, S. 210.
87 Boutenko / Razlogov, Recent Social Trends in Russia, S. 202–206.
88 Tschepurenko, Die Akzeptanz von Demokratie und Marktwirtschaft, S. 209.
89 Ebd., S. 206.
90 Ebd., S. 211–214.
91 Peter Ester / Loek Halman / Vladimir Rukavishnikov, From Cold War to Cold Peace? A Comparative Empirical Study of Russian and Western Political Cultures, Tilburg 1997, S. 86–87 u. 228. Zitiert nach Götz, Die wirtschaftliche Kluft, S. 144.

Bilanz und Ausblick

1 Vgl. Arnason, Communism and Modernity, S. 82.
2 Ebd., S. 76.
3 Im Detail ausgeführt bei Scott Lash / John Urry, The End of Organized Capitalism, Cambridge 1987.
4 A. I. Treyvish / K. K. Pandit / A. R. Bond, Macrostructural Employment Shifts and Urbanization in the Former USSR: an International Perspective, in: Post-Soviet Geography 34 (1993), H. 3, S. 157–171, hier S. 161. Shaw, Russia in the Modern World, S. 48–49.
5 Sutela, Die russische Wirtschaft, S. 301–313
6 Stykow, Die autoritäre Konsolidierung, S. 72–75. Für eine ausführliche Analyse siehe auch Mommsen / Nußberger, Das System Putin.
7 Ebd., S. 72.

Zitierte Literatur und Quellen

Adfel'dt, N. V. et al.: Istorija Moskovskogo avtozavoda imeni I. A. Lichačeva, Moskva 1966.
Adomeit, Hannes: Imperial Overstretch. Germany in Soviet Policy From Stalin to Gorbachev, Baden-Baden 1998.
Aksjutin, Ju V.: Chruščevskaja «Ottepel'» i obščestvennye nastroenija v SSSR v 1953–1964 gg., Moskva 2004.
Alexopoulos, Golfo: Stalin's Outcasts. Aliens, Citizens, and the Soviet State, 1926–1936, Ithaca 2003.
Allilueva, Svetlana I.: Zwanzig Briefe an einen Freund, Wien 1967.
Altrichter, Helmut: Die Bauern von Tver. Vom Leben auf dem russischen Dorfe zwischen Revolution und Kollektivierung, München 1984.
Ders.: Kleine Geschichte der Sowjetunion 1917–1991, 2. Aufl., München 2001.
Ders.: Der Zusammenbruch der Sowjetunion 1985–1991, in: Plaggenborg (Hg.): Handbuch der Geschichte Rußlands. Bd. 5/1, S. 519–593.
Ders.: Russland 1989. Der Untergang des sowjetischen Imperiums, München 2009.
Ders. / Haumann, Heiko (Hg.): Die Sowjetunion. Von der Oktoberrevolution bis zu Stalins Tod. 2 Bde. Bd. 2: Wirtschaft und Gesellschaft, München 1987.
Amann, Ronald / Cooper, Julian / Davies, Robert W. (Hg.): The Technological Level of Soviet Industry, New Haven 1977.
Anan'ič, B. V. et al (Hg).: Vlast' i reformy: ot samoderžavnoj k sovetskoj Rossii, S.-Peterburg 1996.
Anderson, Benedict R.: Imagined Communities. Reflections on the Origin and Spread of Nationalism, London 2006.
Anfimov, A. M.: Ėkonomičeskoe položenie i klassovaja bor'ba krest'jan evropejskoj Rossii. 1881–1904 gg., Moskva 1984.
Ders. / Korelin, A. P.: Rossija 1913 god. Statistiko-dokumental'nyj spravočnik, S.-Peterburg 1995.
Anselm, Artur: Das «Hooligan»-Problem in der Sowjetunion der zwanziger Jahre. Magisterarbeit, Freiburg 2007.
Antipova, O. A. et al. (Hg.): Golod v SSSR 1930–1934 gg. Famine in the USSR 1930–1934, Moskva 2009.
Antsiferov, Alexis N. / Bilimovich, Alexander D. (Hg.): Russian Agriculture during the War, New Haven 1930.
Applebaum, Anne: Der Gulag, Berlin 2003.
Aris, Nancy, Die Metro als Schriftwerk. Geschichtsproduktion und industrielles Schreiben im Stalinismus, Berlin 2005.
Armstrong, John A. (Hg.): Soviet Partisans in World War II, Madison 1964.
Arnason, Johann P.: Communism and Modernity, in: Daedalus 129 (2000), S. 61–90.
Artizov, A. N. et al. (Hg.): Reabilitacija: kak ėto bylo. Fevral' 1956 – načalo 80-ch godov. Dokumenty Prezidiuma CK KPSS i drugie materialy. 3 Bde., Bd. 1: Mart 1953 – fevral' 1956, Moskva 2000.
Ascher, Abraham: P. A. Stolypin. The Search for Stability in Late Imperial Russia, Cambridge 2001.
Auch, Eva-Maria / Halbach, Uwe (Hg.): Kaukasus-Region, Bonn 2003.
Baberowski, Jörg: Autokratie und Justiz. Zum Verhältnis von Rechtsstaatlichkeit und Rückständigkeit im ausgehenden Zarenreich 1864–1914, Frankfurt a. M. 1996.

Ders.: Der Feind ist überall. Stalinismus im Kaukasus, Stuttgart 2003.
Ders.: Der rote Terror. Die Geschichte des Stalinismus, München 2003.
Ders.: Verbrannte Erde. Stalins Herrschaft der Gewalt, München 2012.
Ders. / Doering-Manteuffel, Anselm: Ordnung durch Terror. Gewaltexzesse und Vernichtung im nationalsozialistischen und stalinistischen Imperium, Berlin 2006.
Ders. (Hg.): Moderne Zeiten? Krieg, Revolution und Gewalt im 20. Jahrhundert, Göttingen 2006.
Ders. / Feest, David / Gumb, Christoph (Hg.): Imperiale Herrschaft in der Provinz. Repräsentationen politischer Macht im späten Zarenreich, Frankfurt a. M. 2008.
Bacon, Edwin: Reconsidering Brezhnev, in: ders. / Sandle (Hg.): Brezhnev Reconsidered, S. 1–21.
Ders. / Sandle, Mark (Hg.): Brezhnev Reconsidered, Houndmills 2002.
Baedeker, Karl: Rußland nebst Teheran, Leipzig, Ausgaben 1901, 1904, 1912.
Barmine, Alexandre: Einer der entkam. Lebensgeschichte eines Russen unter den Sowjets, Wien 1945.
Baron, Samuel H.: Bloody Saturday in the Soviet Union. Novocherkassk 1962, Stanford 2004.
Bartlett, Roger (Hg.): Land Commune and Peasant Community in Russia. Communal Forms in Imperial and Early Soviet Society, London 1990.
Bauer, Henning / Kappeler, Andreas / Roth, Brigitte (Hg.): Die Nationalitäten des Russischen Reiches in der Volkszählung von 1897, Bd. A: Quellenkritische Dokumentation und Datenhandbuch, Bd. B: Ausgewählte Daten zur sozio-ethnischen Struktur des Russischen Reiches – Erste Auswertungen der Kölner NFR-Datenbank, Stuttgart 1991.
Bauman, Zygmunt: Moderne und Ambivalenz. Das Ende der Eindeutigkeit, Frankfurt a. M. 1995.
Baumgart, Winfried: Deutsche Ostpolitik von Brest-Litovsk bis zum Ende des Ersten Weltkrieges, Wien 1966.
Baur, Johannes: Zurück zur Großmacht? Ziele und Handlungsoptionen der Außenpolitik, in: Höhmann / Schröder, (Hg.): Russland unter neuer Führung. Politik, S. 97–106.
Becker, Josef / Hildebrand, Klaus (Hg.): Internationale Beziehungen in der Weltwirtschaftskrise 1929–1933, München 1980.
Becker, Seymour: Nobility and Privilege in Late Imperial Russia, DeKalb 1985.
Belokonskij, I. P.: Zemskoe dviženie, Moskva 1914.
Benecke, Werner: Militär, Reform und Gesellschaft im Zarenreich, Paderborn u. a. 2006.
Benjamin, Walter: Moskauer Tagebuch, Frankfurt a. M. 1980.
Berkhoff, Karel Cornelis: Harvest of Despair. Life and Death in Ukraine under Nazi Rule, Cambridge 2004.
Bettelheim, Charles (Hg.): L'industrialisation de l'URSS dans les années trente, Paris 1982.
Beyrau, Dietrich: Intelligenz und Dissens. Die russischen Bildungsschichten in der Sowjetunion 1917 bis 1985, Göttingen 1993.
Ders. (Hg.): Im Dschungel der Macht. Intellektuelle Professionen unter Stalin und Hitler, Göttingen 2000.
Ders.: Petrograd, 25. Oktober 1917. Die russische Revolution und der Aufstieg des Kommunismus, München 2001.
Ders. / Čičurov, Igor' / Stolleis, Michael (Hg.): Reformen im Rußland des 19. und 20. Jahrhunderts. Westliche Modelle und russische Erfahrungen, Frankfurt a. M. 1996.
Black, C. E. (Hg.): The Transformation of Russian Society. Aspects of Social Change since 1861, Cambridge 1960.
Boden, Ragna: Die Grenzen der Weltmacht. Sowjetische Indonesienpolitik von Stalin bis Brežnev, Stuttgart 2006.
Dies.: Soviet World Policy in the 1970s – A Three Level Game, in: Calic / Neutatz / Obertreis (Hg.): The Crisis of Socialist Modernity, S. 184–203.
Bodenschatz, Harald / Post, Christiane (Hg.): Städtebau im Schatten Stalins. Die internationale Suche nach der sozialistischen Stadt in der Sowjetunion 1929–1935, Berlin 2003.

Boeckh, Katrin: Stalinismus in der Ukraine. Die Rekonstruktion des sowjetischen Systems nach dem Zweiten Weltkrieg, Wiesbaden 2007.

Bogdanov, Alexander A.: Red Star: The First Bolshevik Utopia, Bloomington 1984.

Ders.: Der rote Planet: utopische Romane, Berlin 1989.

Bohn, Thomas M.: Bevölkerung und Sozialstruktur, in: Plaggenborg (Hg.), Handbuch der Geschichte Rußlands. Bd. 5/2, S. 595–657.

Ders.: Minsk – Musterstadt des Sozialismus. Stadtplanung und Urbanisierung in der Sowjetunion nach 1945, Köln 2008.

Ders. (Hg.): Von der «europäischen» Stadt zur «sozialistischen» Stadt und zurück? Urbane Transformationen im östlichen Europa des 20. Jahrhunderts, München 2009.

Ders. / Neutatz, Dietmar (Hg.): Studienhandbuch östliches Europa, Bd. 2: Geschichte des Russischen Reiches und der Sowjetunion, 2. Aufl., Köln u. a. 2009.

Ders. / Calic, Marie-Janine (Hg.): Urbanisierung und Stadtentwicklung in Südosteuropa vom 19. bis zum 21. Jahrhundert, München u. a. 2010.

Bonwetsch, Bernd: Die Russische Revolution 1917. Eine Sozialgeschichte von der Bauernbefreiung 1861 bis zum Oktoberumsturz, Darmstadt 1991.

Ders.: Sowjetunion – Triumph im Elend, in: Herbert / Schildt (Hg.): Kriegsende in Europa, S. 52–88.

Borders Lynch, Anne (Hg.): Two Years in Russia, 1925–1927. A Joint Venture in a Soviet Village. Village Life Under the Soviets, by Karl Borders. A Mother Remembers, by Mary Gayle Borders. A Child Remembers, by Anne Borders, Raleigh 1999.

Borodin, A. P.: Gosudarstvennyj sovet Rossii (1906–1917), Kirov 1999.

Borodziej, Włodimierz: Geschichte Polens im 20. Jahrhundert, München 2010.

Boterbloem, Kees: Life and Death under Stalin: Kalinin Province, 1945–1953, Montreal u. a. 1999.

Boutenko, Irene A. / Razlogov, Kirill E.: Recent Social Trends in Russia, 1960–1995, Montreal 1997.

Brandes, Detlef / Savin, Andrej: Die Sibiriendeutschen im Sowjetstaat 1919–1939, Essen 2001.

Ders. / Sundhaussen, Holm (Hg.): Lexikon der Vertreibungen. Deportation, Zwangsaussiedlung und ethnische Säuberung im Europa des 20. Jahrhunderts, Wien u. a. 2010.

Breshnew, Leonid I.: Auf dem Wege Lenins. Reden und Aufsätze. 9 Bde., Bd. 1: Oktober 1964 – April 1967, Bd. 2: April 1967 – April 1970, Berlin 1971.

Breuel, Birgit (Hg.): Das EXPO-Buch. Offizieller Katalog zur EXPO 2000, Hannover 2000.

Bridger, Susan: Women in the Soviet Countryside. Women's Roles in Rural Development in the Soviet Union, Cambridge 1987.

Brokgauz, F. A. / Efron, I. A. (Hg.): Ėnciklopedičeskij slovar', S.-Peterburg 1898.

Brooks, Jeffrey: When Russia Learned to Read. Literacy and Popular Literature. 1861–1917, Princeton 1985.

Brovkin, Vladmir: Russia after Lenin. Politics, Culture and Society, 1921–1929, London 1998.

Brower, Daniel / Lazzerini, Edward J. (Hg.): Russia's Orient. Imperial Borderlands and Peoples, 1700–1917, Bloomington 1997.

Brown, Archie: Der Gorbatschow-Faktor. Wandel einer Weltmacht, Frankfurt a. M., Leipzig 2000.

Ders.: The Gorbachev Era, in: Suny (Hg.): The Cambridge History of Russia. Vol. 3, S. 316–352.

Ders.: The Gorbachev Factor Revisited, in: Problems of Post-Communism 58 (2011), H. 4/5, S. 56–65.

Brown, Kate: A Biography of No Place. From Ethnic Borderland to Soviet Heartland, Cambridge 2005.

Brüggemeier, Franz-Josef: Geschichte Großbritanniens im 20. Jahrhundert, München 2010.

Brunner, Georg / Meissner, Boris (Hg.): Nationalitätenprobleme in der Sowjetunion und in Osteuropa, Köln 1982.

Bucharin, Nikolaj I. / Preobraschenskij, Jewgenij A.: Das ABC des Kommunismus. Populäre

Erläuterung des Programms der Kommunistischen Partei Rußlands (Bolschewiki), Zürich 1985.
Bundesinstitut für ostwissenschaftliche und internationale Studien (Hg.): Sowjetunion 1982/83. Ereignisse, Probleme, Perspektiven, München 1983.
Bundesinstitut für ostwissenschaftliche und internationale Studien (Hg.): Rußland in Europa? Innere Entwicklungen und internationale Beziehungen – heute, Köln 2000.
Bundeszentrale für politische Bildung (Hg.), Russland, Bonn 2003.
Burbank, Jane: Russian Peasants Go to Court. Legal Culture in the Countryside, 1905–1917, Bloomington 2004.
Burds, Jeffrey: Peasant Dreams and Market Politics, Pittsburgh 1998.
Bushnell, John: The «New Soviet Man» Turns Pessimist, in: Cohen / Sharlet / Rabinowitch (Hg.): The Soviet Union since Stalin, S. 179–199.
Calic, Marie-Janine / Neutatz, Dietmar / Obertreis, Julia (Hg.): The Crisis of Socialist Modernity. The Soviet Union and Yugoslavia in the 1970s, Göttingen 2011.
Carrère d'Encausse, Hélène: The Great Challenge. Nationalities and the Bolshevik State 1917–1930, New York 1992.
Caute, David: The Dancer Defects. The Struggle for Cultural Supremacy During the Cold War, Oxford 2005.
Čazov, Evgenij I.: Zdorov'e i vlast'. Vospominanija «kremlevskogo vrača», Moskva 1992.
Černobaev, Anatolij Aleksandrovič (Hg.): Na prieme u Stalina. Tetradi (žurnaly) zapisej lic, prinjatych I. V. Stalinym (1924–1953 gg.), Moskva 2010.
Chan-Magomedow, S.: Pioniere der sowjetischen Architektur, Wien u. a. 1983.
Chase, William J.: Workers, Society and the Soviet State. Labor and Life in Moscow, 1918–1929, Champaign 1987.
Chiari, Bernhard: Alltag hinter der Front. Besatzung, Kollaboration und Widerstand in Weißrußland 1941–1944, Düsseldorf 1998.
Chlevnjuk, Oleg V.: 1937-j: Stalin, NKVD i sovetskoe obščestvo, Moskva 1992.
Ders.: Politbjuro. Mechanizmy političeskoj vlasti v 30-e gody, Moskva 1996.
Ders.: Chozjain. Stalin i utverždenie stalinskoj diktatury, Moskva 2010.
Chlewnjuk, Oleg: Das Politbüro. Mechanismen der Macht in der Sowjetunion der dreißiger Jahre, Hamburg 1998.
Christian, David: Imperial and Soviet Russia. Power, Privilege and the Challenge of Modernity, Basingstoke 1999.
Chruščev, N. S.: Vremja, ljudi, vlast'. Vospominanija v 4-ch tomach, Moskva 1999.
Cohen, Stephen: «Vopros voprosov». Počemu ne stalo Sovetskogo Sojuza, Moskva 2007.
Ders. / Rabinowitch, Alexander / Sharlet, Rorbert (Hg.): The Soviet Union since Stalin, London 1980.
Colquhoun, Archibald Ross: Overland to China, New York u. a. 1900.
Colton, Timothy J.: Moscow. Governing the Socialist Metropolis, Cambridge 1995.
Ders.: Yeltsin. A Life, New York 2008.
Conze, Susanne: Sowjetische Industriearbeiterinnen in den vierziger Jahren. Die Auswirkungen des Zweiten Weltkrieges auf die Erwerbstätigkeit von Frauen in der UdSSR 1941–1950, Stuttgart 2001.
Cook, Linda J.: Soviet Social Contract and Why It Failed. Welfare Policy and Workers' Politics from Brezhnev to Yeltsin, Cambridge 1993.
Crawford, John Martin (Hg.): Siberia and the Great Siberian Railway, St. Petersburg 1893.
Creuzberger, Stefan: Perestrojka, in: Bohn / Neutatz (Hg.): Studienhandbuch östliches Europa, Bd. 2, S. 191–194.
Crews, Robert D.: For Prophet and Tsar: Islam and Empire in Russia and Central Asia, Cambridge 2006.
Crowley, David / Reid, Susan E. (Hg.): Pleasures in Socialism. Leisure and Luxury in the Eastern Bloc, Evanston 2010.

Čubar'jan, A. O. et al. (Hg.): «Pražskaja vesna» 1968 goda i sovetskie respubliki. Reakcija vlasti i obščestva. Sbornik naučnych statej, Moskva u. a. 2009.
Cvetkovski, Roland: Modernisierung durch Beschleunigung. Raum und Mobilität im Zarenreich, Frankfurt a. M. u. a. 2006.
Dahlmann, Dittmar: Die Provinz wählt. Rußlands Konstitutionell-Demokratische Partei und die Dumawahlen 1906–1912, Köln 1996.
Ders. / Scheide, Carmen (Hg.): «... das einzige Land in Europa, das eine große Zukunft vor sich hat.» Deutsche Unternehmen und Unternehmer im Russischen Reich im 19. und frühen 20. Jahrhundert, Essen 1998.
Dallin, Alexander: Deutsche Herrschaft in Rußland 1941–1945. Eine Studie über Besatzungspolitik, Düsseldorf 1980.
David-Fox, Michael: Multiple Modernities vs. Neo-Traditionalism. On Recent Debates in Russian and Soviet History, in: Jahrbücher für Geschichte Osteuropas 54 (2006), S. 535–555.
Davies, Sarah: Popular Opinion in Stalin's Russia. Terror, Propaganda and Dissent, 1934–1941, Cambridge 1997.
Dekrety sovetskoj vlasti, 2 Bde., Bd. 1, Moskva 1957.
Des Cars, Jean / Caracalla, Jean-Paul: Die Transsibirische Bahn. Geschichte der längsten Bahn der Welt, Zürich u. a. 1987.
Direktivy KPSS i Sovetskogo pravitel'stva po chozjajstvennym voprosam 1917–1957 gg. Sbornik dokumentov. 3 Bde., Moskva 1957.
Dmitriev-Mamonov, Aleksandr Ippolitoovič / Zdzjarskij, A. F. (Hg.): Putevoditel' po Velikoj sibirskoj železnoj doroge. S 2 fototipijami, 360 foto-tipogravjurami, 4 kartami Sibiri i 3 planami gorodov, S.-Peterburg 1900.
Dokumenty vnešnej politiki SSSR. 24 Bde., Moskva 1957–1977, 1995, 2000.
Donnert, Erich: Das russische Zarenreich. Aufstieg und Untergang einer Weltmacht, München 1992.
Dönninghaus, Victor: Die Deutschen in der Moskauer Gesellschaft. Symbiose und Konflikte (1494–1941), München 2002.
Ders.: Minderheiten in Bedrängnis. Sowjetische Politik gegenüber Deutschen, Polen und anderen Diaspora-Nationalitäten 1917–1938, München 2009.
Dubin, Boris: Gesellschaft der Angepassten. Die Breznev-Ära und ihre Aktualität, in: Osteuropa 57 (2007), H. 12, S. 65–78.
Dunham, Vera S.: In Stalin's Time: Middleclass Values in Soviet Fiction, Cambridge 1976.
Easter, Gerald M.: Reconstructing the State. Personal Networks and Elite Identity in Soviet Russia, Cambridge 2000.
Edele, Mark: Strange Young Men in Stalin's Moscow: The Birth and Life of the Stiliagi, 1945–1953, in: Jahrbücher für Geschichte Osteuropas 50 (2002), S. 37–61.
Ders.: Soviet Veterans of the Second World War. A Popular Movement in an Authoritarian Society, 1941–1991, Oxford / New York 2008.
Eggeling, Wolfram: Die sowjetische Literaturpolitik zwischen 1953 und 1970. Zwischen Entdogmatisierung und Kontinuität, Bochum 1994.
Eimermacher, Karl / Waschik, Klaus (Hg.): Wie grell, wie bunt, wie ungeordnet. Modelltheoretisches Nachdenken über die russische Kultur, Bochum 1995.
Eisenhower, Dwight D.: Kreuzzug in Europa, Amsterdam 1948.
Eisenstadt, Shmuel N.: Multiple Modernities in an Age of Globalization, in: Canadian Journal of Sociology 24 (1999), S. 283–295.
Eklof, Ben / Frank, Stephen P. (Hg.): The World of the Russian Peasant: Post-Emancipation Culture and Society, Boston 1990.
Erlich, Alexander: Die Industrialisierungsdebatte in der Sowjetunion, 1924–1928, Frankfurt a. M. 1971.
Ermantraut, Oxana: Das Fernsehen in der späten Sowjetunion: Zwischen ideologischer Unterwerfung und Autonomie. Magisterarbeit, Freiburg 2012.
Ernu, Vasilij: Roždennyj v SSSR, Moskva 2007.

Evdokimov, R. B. (Hg.): Ljudskie poteri SSSR v period vtoroj mirovoj vojny. Sbornik statej, S.-Peterburg 1995.
Falkus, Malcolm Edward: The Industrialization of Russia, 1700–1914, London 1972.
Feest, David: Zwangskollektivierung im Baltikum. Die Sowjetisierung des estnischen Dorfes 1944–1953, Köln 2007.
Fedorov, V.A.: Mat' i ditja v russkoj derevni (konec XIX – načalo XX v.), in: Vestnik Moskovskogo universiteta, serija 8, istorija (1994), H. 4, S. 3–21.
Feshbach, Murray / Friendly, Alfred: Ecocide in the USSR. Health and Nature under Siege, New York 1992.
Field, Deborah A.: Private Life and Communist Morality in Khrushchev's Russia, New York 2007.
Fieseler, Beate: Innenpolitik der Nachkriegszeit, in: Plaggenborg (Hg.): Handbuch der Geschichte Rußlands. Bd. 5/1, S. 36–77.
Dies.: Arme Sieger. Die Invaliden des «Großen Vaterländischen Krieges» der Sowjetunion 1941–1991, Köln u. a. 2006.
Figes, Orlando: A People's Tragedy. The Russian Revolution 1891–1924, London 1996.
Ders.: Die Flüsterer. Leben in Stalins Russland, Berlin 2008.
Ders. / Kolonitskii, Boris Ivanovich: Interpreting the Russian Revolution. The Language and Symbols of 1917, London 1999.
Filtzer, Donald: Standard of Living versus Quality of Life. Struggling with the Urban Environment in Russia during the Early Years of Post-war Reconstruction, in: Fürst (Hg.): Late Stalinist Russia, S. 81–102.
Ders.: The Hazards of Urban Life in Late Stalinist Russia. Health, Hygiene, and Living Standards, 1943–1953, Cambridge 2010.
Fischer, George: Russian Liberalism. From Gentry to Intelligentsia, Cambridge 1958.
Fitzpatrick, Sheila (Hg.): Cultural Revolution in Russia, 1928–1931, Bloomington u. a. 1978.
Dies.: Stalin's Peasants. Resistance and Survival in the Russian Village after Collectivization, New York 1994.
Dies.: Everyday Stalinism. Ordinary Life in Extraordinary Times. Soviet Russia in the 1930s, Oxford u. a. 1999.
Dies. (Hg.): Stalinism. New Directions, London u. a. 2000.
Dies. / Rabinowitch, Alexander / Stites, Richard (Hg.): Russia in the Era of NEP, Bloomington 1991.
Frank, Susi K.: «Innere Kolonisation» und *frontier*-Mythos. Räumliche Deutungskonzepte in Rußland und den USA, in: Osteuropa 53 (2003), S. 1658–1675.
Frankel, Edith Rogovin / Frankel, Jonathan / Knei-Paz, Baruch (Hg.): Revolution in Russia. Reassessments of 1917, Cambridge 1992.
Fraser, John Foster: The Real Siberia. Together With an Account of a Dash Through Manchuria, London 1902, 3. Aufl. 1911.
Freeze, Gregory L.: The Parish Clergy in Nineteenth-Century Russia. Crisis, Reform, Counter-Reform, Princeton 1983.
Ders.: Subversive Piety. Religion and the Political Crisis in Late Imperial Russia, in: Journal of Modern History 68 (1996), S. 309–313.
Ders.: Russian Orthodoxy: Church, People and Politics in Imperial Russia, in: Lieven (Hg.): The Cambridge History of Russia, Vol. 2, S. 284–305.
Frevert, Ute (Hg.): Das neue Jahrhundert. Europäische Zeitdiagnosen und Zukunftsentwürfe um 1900. Geschichte und Gesellschaft Sonderheft 18, Göttingen 2000.
Frierson, Cathy A.: Peasant Icons. Representations of Rural People in Late Nineteenth-Century Russia, New York u. a. 1993.
Dies. (Hg.): Aleksandr Nikolaevich Engelgardt's Letters from the Country, 1872–1887, New York u. a. 1993.
Fröhlich, Klaus: The Emergence of Russian Constitutionalism 1900–1904. The Relationship

Between Social Mobilisation and Political Group Formation in Pre-Revolutionary Russia, Den Haag 1981.
Funk, Fritz: 3 Jahre unter Hammer und Sichel. Tagebuch eines Ingenieurs, Berlin 1933.
Fürst, Juliane (Hg.): Late Stalinist Russia. Society between Reconstruction and Reinvention, London 2006.
Dies.: Stalin's Last Generation. Soviet Post-war Youth and the Emergence of Mature Socialism, Oxford 2010.
Gaddis, John Lewis: Der Kalte Krieg. Eine neue Geschichte, München 2007.
Ganson, Nicholas: The Soviet Famine of 1946–47 in Global and Historical Perspective, New York 2009.
Ganzenmüller, Jörg: Das belagerte Leningrad 1941–1944. Die Stadt in den Strategien von Angreifern und Verteidigern, Paderborn 2005.
Gatejel, Luminita: The Wheels of Desire. Automobility Discourses in the Soviet Union, in: Grieger (Hg.): Towards Mobility, S. 31–41.
Gatrell, Peter: Russia's First World War. A Social and Economic History, Harlow 2005.
Gaudin, Corinne: Ruling Peasants. Village and State in Late Imperial Russia, DeKalb 2007.
General'nyj plan rekonstrukcii goroda Moskvy. Postanovlenija i materialy, Moskva 1936.
Gerrare, Wirt: Greater Russia. The Continental Empire of the Old World, London u. a. 1903.
Gestwa, Klaus: Proto-Industrialisierung in Rußland. Wirtschaft, Herrschaft und Kultur in Ivanovo und Pavlovo, 1741–1932, Göttingen 1999.
Ders.: Konfrontation und Kooperation, Adaption und Tradition. Arbeiterkultur zwischen bürgerlicher und bäuerlicher Welt, Ivanovo 1800–1905, in: Hausmann (Hg.): Gesellschaft als lokale Veranstaltung, S. 447–480.
Ders.: Ökologischer Notstand und sozialer Protest. Ein umwelthistorischer Blick auf die Reformunfähigkeit und den Zerfall der Sowjetunion, in: Archiv für Sozialgeschichte 43 (2003), S. 349–383.
Ders.: Die Stalinschen Großbauten des Kommunismus. Sowjetische Technik- und Umweltgeschichte, 1948–1967, München 2010.
Geyer, Dietrich (Hg.): Osteuropa-Handbuch. Sowjetunion. Außenpolitik I: 1917–1955, Köln 1972.
Ders. (Hg.): Wirtschaft und Gesellschaft im vorrevolutionären Rußland, Köln 1975.
Ders.: Der russische Imperialismus. Studien über den Zusammenhang von innerer und auswärtiger Politik 1860–1914, Göttingen 1977.
Ders.: Rußland an der Jahrhundertwende. Zeitdiagnosen und Zukunftsprojektionen aus östlicher Perspektive, in: Frevert (Hg.): Das neue Jahrhundert, S. 244–264.
Glavnyj General'nyj Štab (Hg.): Materialy dlja geografii i statistiki Rossii, sobrannye oficerami General'nogo Štaba. 25 Bde., S.-Peterburg 1859–1869.
Gleason, Abbott / Kenez, Peter / Stites, Richard (Hg.): Bolshevik Culture. Experiment and Order in the Russian Revolution, Bloomington u. a. 1985.
Gleiner, A.: Sibirien, das Amerika der Zukunft. Nach John Foster Fraser's The Real Siberia, Stuttgart 1904.
Goehrke, Carsten: Russischer Alltag: Eine Geschichte in neun Zeitbildern vom Frühmittelalter bis zur Gegenwart. 3 Bde., Bd. 1: Die Vormoderne, Bd. 2: Auf dem Weg in die Moderne, Bd. 3: Sowjetische Moderne und Umbruch, Zürich 2003–2005.
Ders.: Russland. Eine Strukturgeschichte, Paderborn u. a. 2010.
Goeken-Haidl, Ulrike: Der Weg zurück. Die Repatriierung sowjetischer Kriegsgefangener und Zwangsarbeiter während und nach dem Zweiten Weltkrieg, Essen 2006.
Goehrke, Carsten: Das Rußländische Imperium im Windschatten. Geographie, Geschichte und globale Entwicklungsdynamik, in: Osteuropa 57 (2007), H. 4, S. 3–32.
Gogolevskij, A. V.: Očerki istorii russkogo liberalizma XIX – načala XX veka, S.-Peterburg 1996.
Gogun, Aleksandr S.: Stalinskie kommandos. Ukrainskie partizanskie formirovanija, maloizučennye stranicy istorii, 1941–1944, Moskva 2008.

Golczewski, Frank / Pickhan, Gertrud: Russischer Nationalismus. Die russische Idee im 19. und 20. Jahrhundert. Darstellung und Texte, Göttingen 1998.
Gorbatschow, Michail S.: Das Volk braucht die ganze Wahrheit, Berlin 1990.
Ders.: «Zurück dürfen wir nicht!». Programmatische Äußerungen zur Umgestaltung der sowjetischen Gesellschaft; eine kommentierte Auswahl der wichtigsten Reden M. S. Gorbatschows aus den Jahren 1984–1987, hg. v. Horst Temmen, Bremen 1987.
Gori, Francesca / Pons, Silvio (Hg.): The Soviet Union and Europe in the Cold War, 1943–1953, Basingstoke 1996.
Gorjaeva, T. M.: Radio Rossii. Političeskij kontrol' sovetskogo radioveščanija v 1920–1930-ch godach. Dokumentirovannaja istorija, Moskva 2000.
Gornyj, S. M.: Socialističeskaja rekonstrukcija Moskvy, Moskva 1931.
Gorodetsky, Gabriel: Die große Täuschung: Hitler, Stalin und das Unternehmen «Barbarossa», Berlin 2001.
Gorsen, Peter / Knödler-Bunte, Eberhard: Proletkult. Zur Praxis and Theorie einer proletarischen Kulturrevolution in Sowjetrußland 1917–1925. Dokumentation. 2 Bde., Stuttgart u. a. 1975.
Gorsuch, Anne E.: NEP Be Damned! Young Militants in the 1920s and the Culture of Civil War, in: The Russian Review 56 (1997), S. 564–580.
Dies.: Youth in Revolutionary Russia: Enthusiasts, Bohemians, Delinquents, Bloomington 2000.
Gorzka, Gabriele: A. Bogdanov und der russische Proletkult. Theorie und Praxis einer sozialistischen Kulturrevolution, Frankfurt a. M. 1980.
Götz, Roland: Die wirtschaftliche Kluft zwischen Rußland und dem Westen, in: Bundesinstitut für ostwissenschaftliche und internationale Studien (Hg.): Rußland in Europa?, S. 135–150.
Ders. / Halbach, Uwe: Politisches Lexikon GUS, 3. Aufl., München 1996.
Gotzes, Andrea (Hg.): Krieg und Vernichtung 1941–1945. Sowjetische Zeitzeugen erinnern sich, Darmstadt 2006.
Grant, Jonathan A.: Big Business in Russia. The Putilov Company in Late Imperial Russia, 1868–1917, Pittsburgh 1999.
Grävingholt, Jörn: Rußlands Regionen in der Ära Jelzin: Institutionelle Konsolidierung und Organisation der Macht, in: Bundesinstitut für ostwissenschaftliche und internationale Studien (Hg.): Rußland in Europa?, S. 61–74.
Gray, Kenneth R. (Hg.): Soviet Agriculture. Comparative Perspectives, Ames 1990.
Gregory, Paul R.: Economic Growth and Structural Change in Czarist Russia and the Soviet Union: a Long-Term Comparison, in: Rosefielde (Hg.): Economic Welfare and the Economics of Soviet Socialism, S. 25–52.
Ders.: Russian National Income. 1885–1913, Cambridge 1982.
Ders.: Before Command. An Economic History of Russia from Emancipation to the First Five-Year Plan, Princeton 1994.
Ders.: Der Kalte Krieg und der Zusammenbruch der Sowjetunion, in: Greiner / Müller / Weber (Hg.): Ökonomie im Kalten Krieg, S. 311–325.
Ders. / Stuart, Robert C.: Russian and Soviet Economic Performance and Structure, 7. Aufl. Boston u. a. 2001.
Greiner, Bernd / Müller, Christian Th. / Walter, Dierk (Hg.): Krisen im Kalten Krieg, Bonn 2009.
Greiner, Bernd / Müller, Christian Th. / Weber, Claudia (Hg.): Ökonomie im Kalten Krieg, Hamburg 2010.
Grelka, Frank M.: Die ukrainische Nationalbewegung unter deutscher Besatzungsherrschaft. 1918 und 1941/42, Wiesbaden 2005.
Grenzer, Andreas: Adel und Landbesitz im ausgehenden Zarenreich. Der russische Landadel zwischen Selbstbehauptung und Anpassung nach Aufhebung der Leibeigenschaft, Stuttgart 1995.
Grieger, Manfred (Hg.): Towards Mobility. Varieties of Automobilism in East and West, Wolfsburg 2009.
Grogin, Robert C.: Natural Enemies. The United States and the Soviet Union in the Cold War 1917–1991, Lanham 2001.

Gronow, Jukka / Zhuravlev, Sergei V.: Soviet Luxuries from Champagne to Private Cars, in: Crowley / Reid (Hg.): Pleasures in Socialism, S. 121–146.

Grušin, Boris Andreevič: Četyre žizni Rossii v zerkale oprosov obščestvennogo mnenija. Očerki massovogo soznanija rossijan vremen Chruščeva, Brežneva, Gorbačeva i El'cina. Žizn' 1-ja: ėpocha Chruščeva, Moskva 2001. Žizn' 2-ja: ėpocha Brežneva, Moskva 2006.

Grützmacher, Johannes: Die Baikal-Amur-Magistrale, München 2012.

Günther, Hans (Hg.): The Culture of the Stalin Period, London 1990.

Gusljarov, Evgenij Nikolaevič: Stalin v žizni. Sistematizirovannyj svod vospominanij sovremennikov, dokumentov ėpochi, versij istorikov, Moskva 2003.

Häfner, Lutz: Gesellschaft als lokale Veranstaltung. Die Wolgastädte Kazan' und Saratov (1870–1914), Köln u. a. 2004.

Ders.: Revolution und Bürgerkrieg, in: Bohn / Neutatz (Hg.): Studienhandbuch östliches Europa, Bd. 2, S. 172–179.

Hagen, M.: Die Entfaltung politischer Öffentlichkeit in Rußland 1906–1914, Wiesbaden 1982.

Halbach, Uwe: Nationalitätenfrage und Föderation. Die «Explosion des Ethnischen» in der Sowjetunion, in: Osteuropa 40 (1990), S. 1011–1024.

Ders.: Das sowjetische Vielvölkerimperium. Nationalitätenpolitik und nationale Frage, Mannheim u. a. 1992.

Ders.: Nordkaukasien – von Widerstand geprägt, in: Auch / Halbach (Hg.): Kaukasus-Region, S. 3–9.

Hanson, Stephen: The Brezhnev Era, in: Suny (Hg.): The Cambridge History of Russia, Vol. 3, S. 291–315.

Hardtwig, Wolfgang (Hg.): Utopie und politische Herrschaft im Europa der Zwischenkriegszeit, München 2003.

Harrison, Mark (Hg.): Guns and Rubles. The Defense Industry in the Stalinist State, New Haven 2008.

Hartmann, Christian: Wehrmacht im Ostkrieg. Front und militärisches Hinterland 1941/42, München 2009.

Ders. (Hg.): Der deutsche Krieg im Osten 1941–1944. Facetten einer Grenzüberschreitung, München 2009.

Haslinger, Peter: Nation und Territorium im tschechischen politischen Diskurs. 1880–1938, München 2010.

Haumann, Heiko: Beginn der Planwirtschaft. Elektrifizierung, Wirtschaftsplanung und gesellschaftliche Entwicklung Sowjetrußlands 1917–1921, Düsseldorf 1974.

Ders. (Hg.): Die Russische Revolution 1917, Köln u. a. 2007.

Hausmann, Guido: Lokale Öffentlichkeit und städtische Herrschaft im Zarenreich: Die ukrainische Stadt Charkiv, in: Hofmann / Wendland (Hg.): Stadt und Öffentlichkeit in Ostmitteleuropa 1900–1939, S. 214–234.

Ders. (Hg.): Gesellschaft als lokale Veranstaltung. Selbstverwaltung, Assoziierung und Geselligkeit in den Städten des ausgehenden Zarenreiches, Göttingen 2002.

Ders.: Mütterchen Wolga. Ein Fluss als Erinnerungsort vom 16. bis ins frühe 20. Jahrhundert, Frankfurt a. M. 2009.

Ders. / Rustemeyer, Angela (Hg.): Imperienvergleich. Beispiele und Ansätze aus osteuropäischer Perspektive, Wiesbaden 2009.

Heidemann, Malte: Die offene Wunde Russlands, in: Das Parlament Nr. 42, 13.10.2003, S. 10.

Heim, Susanne et al. (Hg.): Die Verfolgung und Ermordung der europäischen Juden durch das nationalsozialistische Deutschland 1933–1945, Bd. 7: Sowjetunion mit annektierten Gebieten I: Besetzte sowjetische Gebiete unter deutscher Militärverwaltung, Baltikum und Transnistrien, bearb. v. Bert Hoppe u. Hildrun Glass, München 2011.

Heinemann-Grüder, Andreas: Der asymmetrische Föderalismus Russlands und die Rolle der Regionen, in: Höhmann / Schröder (Hg.): Russland unter neuer Führung, S. 78–86.

Hellbeck, Jochen (Hg.): Tagebuch aus Moskau 1931–1939, München 1996.

Ders.: Revolution on my Mind. Writing a Diary under Stalin, Cambridge 2006.

Ders., Die Stalingrad-Protokolle. Sowjetische Augenzeugen berichten aus der Schlacht, Frankfurt a. M. 2012.

Hellmann, Manfred / Zernack, Klaus / Schramm, Gottfried (Hg.): Handbuch der Geschichte Rußlands. Bd. 3/1–2: Von den autokratischen Reformen zum Sowjetstaat (1856–1945), Stuttgart 1981, 1992.

Herbert, Ulrich (Hg.): Nationalsozialistische Vernichtungspolitik 1939–1945. Neue Forschungen und Kontroversen, Frankfurt a. M. 1998.

Ders.: Fremdarbeiter. Politik und Praxis des «Ausländer-Einsatzes» in der Kriegswirtschaft des Dritten Reiches, Berlin / Bonn 1985, Neuausg. Bonn 1999.

Ders. / Schildt, Axel (Hg.): Kriegsende in Europa. Vom Beginn des deutschen Machtzerfalls bis zur Stabilisierung der Nachkriegsordnung 1944–1948, Essen 1998.

Herdt, Victor / Neutatz, Dietmar (Hg.): Gemeinsam getrennt. Bäuerliche Lebenswelten des späten Zarenreiches in multiethnischen Regionen am Schwarzen Meer und an der Wolga, Wiesbaden 2010.

Herlihy, Patricia: The Alcoholic Empire: Vodka and Politics in Late Imperial Russia, New York 2001.

Herzberg, Julia: Gegenarchive. Bäuerliche Autobiographik zwischen Zarenreich und Sowjetunion, Bielefeld 2013.

Hildermeier, Manfred: Die Sozialrevolutionäre Partei Rußlands. Agrarsozialismus und Modernisierung im Zarenreich, Köln, Wien 1978.

Ders.: Die Russische Revolution 1905–1921, Frankfurt a. M. 1989.

Ders.: Geschichte der Sowjetunion 1917–1991. Entstehung und Niedergang des ersten sozialistischen Staates, München 1998.

Ders. (Hg.): Stalinismus vor dem Zweiten Weltkrieg, München 1998.

Ders.: Stalinismus und Terror, in: Osteuropa 50 (2000), H. 6, S. 593–605.

Ders.: Die Sowjetunion 1917–1991, München 2001.

Ders.: Russische Revolution, Frankfurt a. M. 2004.

Ders. / Kocka, Jürgen (Hg.): Europäische Zivilgesellschaft in Ost und West, Frankfurt a. M. u. a. 2000.

Hilger, Andreas / Schmeitzner, Mike / Vollhals, Clemens (Hg.): Sowjetisierung oder Neutralität? Optionen sowjetischer Besatzungspolitik in Deutschland und Österreich 1945–1955, Göttingen 2006.

Hilger, Gustav: Wir und der Kreml. Deutsch-sowjetische Beziehungen 1918–1941. Erinnerungen eines deutschen Diplomaten, Frankfurt a. M. u. a. 1955.

Hirschhausen, Ulrike von / Leonhard, Jörn (Hg.): Nationalismen in Europa. West- und Osteuropa im Vergleich, Göttingen 2001.

Hoffmann, David L.: Peasant Metropolis. Migration to Moscow and the Politics of Social Identity, 1929–1941, Ithaca 1994.

Ders.: Stalinist Values. The Cultural Norms of Soviet Modernity, Ithaca 2003.

Ders.: Was There a «Great Retreat» from Soviet Socialism? Stalinist Culture Reconsidered, in: Kritika. Explorations in Russian and Eurasian History 5 (2004), S. 651–674.

Hoffmann, Joachim: Stalins Vernichtungskrieg 1941–1945, München 1995.

Hofmann, Andreas R. / Wendland, Anna Veronika (Hg.): Stadt und Öffentlichkeit in Ostmitteleuropa 1900–1939. Beiträge zur Entstehung moderner Urbanität zwischen Berlin, Charkiv, Tallinn und Triest, Stuttgart 2002.

Hogan, Michael J.: The Marshall Plan. America, Britain and the Reconstruction of Western Europe 1947–1952, Cambridge 1987.

Höhmann, Hans-Hermann: Die «russische» Marktwirtschaft. Übergangsordnung oder Wirtschaftssystem auf Dauer?, in: ders. / Schröder (Hg.): Rußland unter neuer Führung, S. 120–133.

Ders.: Wirtschaftssystem und ökonomische Entwicklung, in: Bundeszentrale für politische Bildung (Hg.): Russland, S. 48–54.

Ders. / Schröder, Hans-Henning (Hg.): Russland unter neuer Führung. Politik, Wirtschaft und Gesellschaft am Beginn des 21. Jahrhunderts, Münster 2001.

Hösch, Edgar: Geschichte Rußlands. Vom Kiever Reich bis zum Zerfall des Sowjetimperiums, Stuttgart u. a. 1996.

Hosking, Geoffrey: The Russian Constitutional Experiment: Government and Duma 1907–1914, Cambridge 1973.

Ders.: Russland. Nation und Imperium 1552–1917, Berlin 2003.

Ders. / Service, Robert (Hg.): Reinterpreting Russia, London 1999.

Ilič, Melanie / Smith, Jeremy (Hg.): Soviet State and Society under Nikita Khrushchev, London 2009.

Ilizarov, Boris Semenovič: Tajnaja žizn' Stalina. Po materialam ego biblioteki i archiva; k istoriosofii stalinizma, Moskva 2003.

Ingold, Felix Philipp: Der große Bruch. Rußland im Epochenjahr 1913. Kultur, Gesellschaft, Politik, München 2000.

Ioffe, Grigorii Viktorovich / Nefedova, Tat'iana Grigor'evna / Zaslavsky, Ilya: The End of Peasantry? The Disintegration of Rural Russia, Pittsburgh 2006.

Ivanov, Leonid M. / Družinin, Nikolaj M. (Hg.): Problemy social'no-ėkonomičeskoj istorii Rossii. Sbornik statej k 85-letiju so dnja roždenija akademika Nikolaja Michajloviča Družinina, Moskva 1971.

Ivlev, I. I.: «... a v otvet tišina – on včera ne vernulsja iz boja!», in: Pychalov, Igor' V. (Hg.): «Umylis' krov'ju»? Lož' i pravda o poterjach v Velikoj Otečestvennoj vojne. Moskva 2012, S. 260–509.

Janin, V. L. et al. (Hg.): Otečestvennaja istorija s drevnejšich vremen do 1917 goda. Ėnciklopedija, bisher 3 Bde. Bd. 1, Moskva 1994.

Jasny, Naum: Soviet Industrialization 1928–1952, Chicago 1961.

Jelzin, Boris: Auf des Messers Schneide. Tagebuch des Präsidenten, Berlin 1994.

Jobst, Kerstin S. / Obertreis, Julia / Vulpius, Ricarda: Neuere Imperiumsforschung in der Osteuropäischen Geschichte: die Habsburgermonarchie, das Russländische Reich und die Sowjetunion, in: Comparativ 18 (2008), S. 27–56.

Jones, Polly: From the Secret Speech to the Burial of Stalin. Real and Ideal Responses to de-Stalinization, in: dies. (Hg.), The Dilemmas of de-Stalinization, S. 41–63.

Dies. (Hg.): The Dilemmas of de-Stalinization. Negotiating Cultural and Social Change in the Khrushchev Era, London 2006.

Judge, Edward H.: Ostern in Kischinjow. Anatomie eines Pogroms, Mainz 1994.

Jurtaeva, E. A.: Gosudarstvennyj sovet v Rossii (1906–1917 gg.), Moskva 2001.

Kangaspuro, Markku (Hg.): Modernisation in Russia since 1900, Helsinki 2006.

Kanzlei des Ministercomitets (Hg.): Pariser Weltausstellung des Jahres 1900. Die Große Sibirische Eisenbahn, St. Petersburg 1900.

Kappeler, Andreas (Hg.): Die Russen. Ihr Nationalbewußtsein in Geschichte und Gegenwart, Köln 1990.

Ders.: Rußland als Vielvölkerreich, München 1992.

Ders.: Russische Geschichte, München 1997.

Ders. / Meissner, Boris / Simon, Gerhard (Hg.): Die Deutschen im Russischen Reich und im Sowjetstaat, Köln 1987.

Karner, Stefan: Prager Frühling. Das internationale Krisenjahr 1968, Köln 2008.

Karsch, Stefan: Die bolschewistische Machtergreifung im Gouvernement Voronež (1917–1919), Stuttgart 2006.

Katzer, Nikolaus: Die weiße Bewegung in Rußland. Herrschaftsbildung, praktische Politik und politische Programmatik im Bürgerkrieg, Köln u. a. 1999.

Ders.: Die belagerte Festung. Wiederaufbau, Nachkriegsgesellschaft und innerer Kalter Krieg in der Sowjetunion, 1945 bis 1953, in: Osteuropa 50 (2000), H. 3, S. 280–299.

Kelly, Catriona / Shepherd, David (Hg.): Constructing Russian Culture in the Age of Revolution, 1881–1940, Oxford 1998.

Kerans, David: Toward a Wider View of the Agrarian Problem in Russia, 1861–1930, in: Kritika. Explorations in Russian and Eurasian History 1 (2000), S. 657–678.

Kernig, Claus Dieter (Hg.): Sowjetsystem und demokratische Gesellschaft. Eine vergleichende Enzyklopädie, 6 Bde., Bd. 4, Freiburg u. a. 1971.

Khalid, Adeeb: The Politics of Muslim Cultural Reform. Jadidism in Central Asia, Berkeley 1998.

Kharkhordin, Oleg: The Collective and the Individual in Russia. A Study of Practices, Berkeley 1999.

Khlevniuk, Oleg Vital'evich: Master of the House. Stalin and his Inner Circle, New Haven 2009.

Kingston-Mann, Esther / Mixter, Timothy (Hg.): Peasant Economy, Culture, and Politics of European Russia. 1800–1921, Princeton 1991.

Kisch, Egon Erwin: Zaren, Popen, Bolschewiken. Der rasende Reporter in Rußland, Berlin 1927.

Kiselev, Ja. L. / Malkin, S. E. (Hg.): Sbornik važnejšich postanovlenij po trudu, Moskva 1932.

Klemann, Hein / Kudryashov, Sergei: Occupied Economies. An Economic History of Nazi-occupied Europe, 1939–1945, London / New York 2012.

Kluke, Paul: Selbstbestimmung. Vom Weg einer Idee durch die Geschichte, Göttingen 1963.

Kobelt, Karl: Anton Makarenko – ein stalinistischer Pädagoge. Interpretationen auf dem Hintergrund der russisch-sowjetischen Bildungspolitik, Frankfurt a. M. 1996.

Kobljakov, Ivan K.: Die UdSSR im Kampf für den Frieden gegen die Aggression. 1933–1941, Moskau 1977.

Koenen, Gerd: Utopie der Säuberung. Was war der Kommunismus?, Berlin 1998.

Koenker, Diane P.: Moscow Workers and the 1917 Revolution, Princeton 1981.

Dies. / Rosenberg, William G. / Suny, Ronald G. (Hg.): Party, State and Society in the Russian Civil War. Explorations in Social History, Bloomington u. a. 1989.

Kondrašin, Viktor V.: Golod 1932–1933 godov. Tragedija rossijskoj derevni, Moskva 2008.

Ders.: Krest'janstvo Rossii v Graždanskoj vojne. K voprosu ob istokach stalinizma, Moskva 2009.

Kopelew, Lew: Und schuf mir einen Götzen. Lehrjahre eines Kommunisten, Hamburg 1979.

Kotkin, Stephen: Magnetic Mountain. Stalinism as a Civilization, Berkeley u. a. 1995.

Ders.: Armageddon Averted. The Soviet Collapse 1970–2000, New York 2008.

Kotsonis, Yanni: Making Peasants Backward: Agricultural Cooperatives and the Agrarian Question in Russia, 1861–1914, New York 1999.

Kovalev, E. M. (Hg.): Golosa krest'jan. Sel'skaja Rossija XX veka v krest'janskich memuarach, Moskva 1996.

Kozlov, Vladimir A.: Mass Uprisings in the USSR: Protest and Rebellion in the Post-Stalin Years, New York, London 2002.

Ders. / Mironenko, S. V. (Hg.): Kramola. Inakomyslie v SSSR pri Chruščeve i Brežneve 1953–1982 gg.; rassekrečennye dokumenty Verchovnogo suda i Prokuratury SSSR, Moskva 2005.

KPSS v rezoljucijach i rešenijach s-ezdov, konferencij i plenumov CK, Bd. 2, Moskva 1970.

Krahmer, Gustav: Sibirien und die große sibirische Eisenbahn, 2. Aufl., Leipzig 1900.

Kreiner, Josef (Hg.): Der Russisch-Japanische Krieg (1904/05), Göttingen 2005.

Kretschmer, Winfried: Geschichte der Weltausstellungen, Frankfurt a. M. 1999.

Kretzschmar, Dirk: Die sowjetische Literaturpolitik 1953–1991, in: Plaggenborg (Hg.): Handbuch der Geschichte Rußlands, Bd. 5/2, S. 1153–1197.

Krivošeev, G. F. (Hg.): Grif sekretnosti snjat. Poteri vooružennych sil SSSR v vojnach, boevych dejstvijach i voennych konfliktach. Statističeskoe issledovanie, Moskva 1993.

Ders. (Hg.): Rossija i SSSR v vojnach XX veka. Poteri vooružennych sil; statističeskoe issledovanie, Moskva 2001.

Krupinski, Kurt (Hg.): Rückkehrer berichten über die Sowjetunion, Berlin 1942.

Kucher, Katharina: Der Gorki-Park. Freizeitkultur im Stalinismus 1928–1941, Köln u. a. 2007.

Kuhr-Korolev, Corinna: «Gezähmte Helden». Die Formierung der Sowjetjugend 1917–1932, Essen 2005.

Dies. / Plaggenborg, Stefan / Wellmann, Monica (Hg.): Sowjetjugend 1917–1941. Generation zwischen Revolution und Resignation, Essen 2001.
Kupczanko, Gregor I.: Russland in Zahlen. Statistisches Sammelwerk. Mit einer Eisenbahnkarte, Leipzig 1902.
Kuromiya, Hiroaki: Stalin, Harlow 2005.
Kusber, Jan: Krieg und Revolution in Rußland 1904–1906. Das Militär im Verhältnis zu Wirtschaft, Autokratie und Gesellschaft, Stuttgart 1997.
Kuškina, R. I. (Hg.): Transport i svjaz' SSSR, Moskva 1967.
Lampe, F.: Die transsibirische Eisenbahn, Berlin 1897.
Landau, Julia Franziska: Wir bauen den großen Kuzbass! Bergarbeiteralltag im Stalinismus 1921–1941, Stuttgart 2012.
Landis, Erik C.: Bandits and Partisans. The Antonov Movement in the Russian Civil War, Pittsburgh 2008.
Lane, David: Soviet Economy and Society, Oxford 1985.
Ders. (Hg.): Labour and Employment in the USSR, Brighton 1986.
Laß, Karen: Vom Tauwetter zur Perestrojka. Kulturpolitik in der Sowjetunion 1953–1991, Köln u. a. 1999.
Latyš, M. B.: «Pražskaja vesna» 1968 g. i reakcija Kremlja, Moskva 1998.
Lauer, Reinhard: Geschichte der russischen Literatur. Von 1700 bis zur Gegenwart, München 2000.
Laufer, Jochen: Pax Sovietica. Stalin, die Westmächte und die deutsche Frage 1941–1945, Köln 2009.
Lebedeva, Elena: Arbeitsethik und Wirtschaftsverhalten der russischen, deutschen und finnischen Bauern in der St. Petersburger Region, in: Herdt / Neutatz (Hg.): Gemeinsam getrennt, S. 41–64.
Lebina, Natal'ja B.: Povsednevnaja žizn' rossijskogo goroda: normy i anomalii. 1920–1930-e gg., S.-Peterburg 1999.
Dies. / Čistikov, Aleksandr N.: Obyvatel' i reformy. Kartiny povsednevnoj žizni gorožan v gody NĖPa i chruščevskogo desjatiletija, S.-Peterburg 2003.
Ledeneva, Alena V.: Russia's Economy of Favours. Blat, Networking and Informal Exchange, Cambridge 1998.
Leffler, Melvyn P. / Westad, Odd Arne (Hg.): The Cambridge History of the Cold War. Vol. 1: Origins, Vol. 2: Crises and Détente, Vol. 3: Endings, Cambridge 2010.
Lehmann, Carl / Parvus: Das hungernde Rußland. Reiseeindrücke, Beobachtungen und Untersuchungen, Stuttgart 1900.
Lenin, N. [sic]: Čto delat'? Nabolevšie voprosy našego dviženija, Stuttgart 1902.
Lenin, W. I.: Was tun? Brennende Fragen unserer Bewegung, Berlin 1946.
Ders.: Werke, Bd. 9, Juni – November 1905, Berlin 1982.
Ders.: Werke, Bd. 25, Juni – September 1917, Berlin 1977.
Leonhard, Jörn / Hirschhausen, Ulrike von: Empires und Nationalstaaten im 19. Jahrhundert, Göttingen 2009.
Leonhard, Wolfgang: Die Revolution entläßt ihre Kinder, Köln u. a. 1955.
Leontovitsch, Victor: Geschichte des Liberalismus in Rußland, Frankfurt a. M. 1957.
Liber Memorialis Georges deLagarde, Paris u. a. 1970.
Lieven, Dominic (Hg.): The Cambridge History of Russia, Vol. 2: Imperial Russia, 1689–1917, Cambridge 2006.
Lindner, Rainer: Unternehmer und Stadt in der Ukraine, 1860–1914. Industrialisierung und soziale Kommunikation im südlichen Zarenreich, Konstanz 2006.
Lipinsky, Jan: Das Geheime Zusatzprotokoll zum deutsch-sowjetischen Nichtangriffsvertrag vom 23. August 1939 und seine Entstehungs- und Rezeptionsgeschichte von 1939 bis 1999, Frankfurt a. M. u. a. 2004.
Livšin, Ja. I. / Orlov, I. B. (Hg.): Pis'ma vo vlast': 1917–1927. Zajavlenija, žaloby, donosy, pis'ma v gosudarstvennye struktury i bol'ševistskim voždjam, Moskva 1998.

Lohr, Eric: Nationalizing the Russian Empire. The Campaign against Enemy Aliens during World War I, Cambridge 2003.

Ders.: War and Revolution, 1914–1917, in: Lieven (Hg.): The Cambridge History of Russia, Vol. 2, S. 655–669.

Lopatin, Pavel Ivanovič: Gorod buduščego, Moskva 1928.

Loth, Wilfried: Die Sowjetunion und die deutsche Frage. Studien zur sowjetischen Deutschlandpolitik, Göttingen 2007.

Löwe, Heinz-Dietrich: Von der Industrialisierung zur ersten Revolution, 1890 bis 1904, in: Hellmann / Zernack / Schramm (Hg.): Handbuch der Geschichte Rußlands. Bd. 3/1, S. 203–335.

Ders.: Die Lage der Bauern in Rußland 1880–1905: Wirtschaftliche und soziale Veränderungen in der ländlichen Gesellschaft des Zarenreiches, St. Katharinen 1988.

Ders.: Stalin. Der entfesselte Revolutionär. 2 Bde., Göttingen u. a. 2002.

Ders.: Nikolaus II. 1894–1917, in: Torke (Hg.): Die russischen Zaren 1547–1917, S. 354–375.

Luchterhandt, Otto: Zum Entwicklungsstand von Rechtsstaat und Bürgergesellschaft, in: Bundesinstitut für ostwissenschaftliche und internationale Studien (Hg.): Rußland in Europa?, S. 75–86.

Lüdtke, Alf: Eigen-Sinn. Fabrikalltag, Arbeitererfahrungen und Politik vom Kaiserreich bis in den Faschismus, Hamburg 1993.

Lukashevich, Stephen: Ivan Aksakov 1823–1886. A Study in Russian Thought and Politics, Cambridge 1965.

Luks, Leonid: Geschichte Russlands und der Sowjetunion. Von Lenin bis Jelzin, Regensburg 2000.

Lyandres, Semion / Wulff, Dietmar (Hg.): A Chronicle of the Civil War in Siberia and Exile in China: The Diaries of Petr Vasil'evich Vologodskii, 1918–1925, 2 Bde., Stanford 2002.

Lyons, Eugene: Assignment in Utopia, New York 1937.

Mackenzie Wallace, Donald Sin: Rußland. 2 Bde. Würzburg 1906.

Mączak, Antoni: Ungleiche Freundschaft. Klientelbeziehungen von der Antike bis zur Gegenwart, Osnabrück 2005.

Madajczyk, Czesław / Biernacki, Stanisław (Hg.): Vom Generalplan Ost zum Generalsiedlungsplan, München 1994.

Maddison, Angus: Monitoring the World Economy 1820–1992, Paris 1995.

Magnúsdóttir, Rósa: Keeping up Appearances: How the Soviet State Failed to Control Popular Attitudes toward the United States of America, 1945–1959, Dissertation University of North Carolina, Chapel Hill 2006.

Marková, Ivana (Hg.): Trust and Democratic Transition in Post-communist Europe, Oxford u. a. 2004.

Marks, Steven G.: Road to Power. The Trans-Siberian Railroad and the Colonisation of Asian Russia, 1850–1917, London 1991.

Martin, Terry Dean: The Affirmative Action Empire. Nations and Nationalism in the Soviet Union, 1923–1939, Ithaca 2001.

Mattie, Erik: Weltausstellungen, Stuttgart 1998.

Maurach, Reinhart: Der russische Reichsrat, Berlin 1939.

Mehnert, Klaus: Die Jugend in Sowjetrußland, Berlin 1932.

Ders.: Der Sowjetmensch. Versuch eines Porträts nach zwölf Reisen in die Sowjetunion 1929–1957, Stuttgart 1958.

Ders.: Über die Russen heute. Was sie lesen, wie sie sind, Stuttgart 1983.

Meier, Christian: Russland und die Welt, in: Bundeszentrale für politische Bildung (Hg.): Russland, S. 54–61.

Meier-Walser, Reinhard C. / Wagensohn, Tanja (Hg.): Rußland und der Westen, München 1999.

Meissner, Boris: Das Parteiprogramm der KPdSU 1903–1961, 3. Aufl. Köln 1965.

Ders.: Nationalitätenfrage und Sowjetideologie, in: Brunner / Meissner (Hg.): Nationalitätenprobleme in der Sowjetunion und Osteuropa, S. 11–44.

Melville, Ralph / Steffens, Thomas: Die Bevölkerung, in: Hellmann / Zernack / Schramm (Hg.): Handbuch der Geschichte Rußlands, Bd. 3/2, S. 1009–1191.
Merl, Stephan: Bauernprotest in Sowjet-Rußland zwischen 1917 und 1941, in: Zeitschrift für Sozialgeschichte des 20. und 21. Jahrhunderts 8 (1993), H. 4, S. 11–36.
Ders.: Staat und Konsum in der Zentralverwaltungswirtschaft. Rußland und die ostmitteleuropäischen Länder, in: Siegrist / Kaelble / Kocka (Hg.): Europäische Konsumgeschichte, S. 205–241.
Ders.: Bilanz der Unterwerfung – die soziale und ökonomische Reorganisation des Dorfes, in: Hildermeier (Hg.): Stalinismus vor dem Zweiten Weltkrieg, S. 119–145.
Ders.: Entstalinisierung, Reformen und Wettlauf der Systeme 1953–1964, in: Plaggenborg (Hg.): Handbuch der Geschichte Rußlands, Bd. 5/1, S. 175–318.
Ders.: The Soviet Economy in the 1970s – Reflections on the Relationship Between Socialist Modernity, Crisis and the Administrative Command Economy, in: Calic / Neutatz / Obertreis (Hg.): The Crisis of Socialist Modernity, S. 28–65.
Ders.: Politische Kommunikation in der Diktatur. Deutschland und die Sowjetunion im Vergleich, Göttingen 2012.
Merridale, Catherine: Moscow Politics and the Rise of Stalin. The Communist Party in the Capital, 1925–32, London 1990.
Dies.: Iwans Krieg. Die Rote Armee 1939–1945, Frankfurt a. M. 2006.
Metzger, Heinz-Klaus (Hg.): Aleksandr Skrjabin und die Skrjabinisten, München 1984.
Meyer, Gert: Rußland. Ergebnisse der gesellschaftlichen Transformation. 30 Tabellen, Marburg 2007.
Michalka, Wolfgang (Hg.): Der Zweite Weltkrieg. Analysen, Grundzüge, Forschungsbilanz. München 1989.
Mikojan, Anastas J.: Tak bylo. Razmyšlenija o minuvšem, Moskva 1999.
Miljutin, Nikolaj A.: Sozgorod. Die Planung der neuen Stadt, 1930, Basel u. a. 1992.
Millar, James R.: The Little Deal: Brezhnev's Contribution to Acquisitive Socialism, in: Slavic Review 44 (1985), S. 694–706.
Ders. (Hg.): Politics, Work and Daily Life in the USSR. A Survey of Former Soviet Citizens, Cambridge, New York u. a. 1987.
Miller, Aleksej: The Romanov Empire and Nationalism. Essays in the Methodology of Historical Research, Budapest 2008.
Ders. (Hg.): Rossijskaja Imperija v sravnitel'noj perspektive. Sbornik statej, Moskva 2004.
Miller, Martin Alan (Hg.): The Russian Revolution: the Essential Readings, Malden 2001.
Ministerium der Wegekommunikation / Dmitrijew-Mamonow, A. I. / Zdziarski, A. F. (Hg.): Wegweiser auf der Großen Sibirischen Eisenbahn, Berlin 1901.
Mironov, Boris: The Russian Peasant Commune after the Reforms of the 1860's, in: Slavic Review 44 (1985), S. 438–467.
Ders.: Social'naja istorija Rossii perioda Imperii (XVIII – načalo XX vv.). Genezis ličnosti, maloj sem'i, graždanskogo obščestva i pravovgo gosudarstva, 2 Bde., S.-Peterburg 1999.
Mlečin, Leonid M.: Brežnev, Moskva 2008.
Mommsen, Margareta: Russlands politisches System des «Superpräsidentialismus», in: Höhmann / Schröder (Hg.): Rußland unter neuer Führung, S. 44–54.
Mommsen, Margareta / Nußberger, Angelika: Das System Putin. Gelenkte Demokratie und politische Justiz in Russland, München 2007.
Dies.: Das politische System unter Jelzin – ein Mix aus Demokratie, Oligarchie, Autokratie und Anarchie, in: Pleines / Schröder (Hg.): Länderbericht Russland, S. 55–70.
Moritsch, Andreas: Landwirtschaft und Agrarpolitik in Rußland vor der Revolution, Wien 1986.
Morrison, Alexander Stephen: Russian Rule in Samarkand, 1868–1910. A Comparison with British India, Oxford 2008.
Morsch, Günter: Arbeit und Brot. Studien zu Lage, Stimmung, Einstellung und Verhalten der deutschen Arbeiterschaft 1933–1936/37, Frankfurt a. M. 1993.
Muggeridge, M.: Winter in Moscow, London 1934.

Müller, Rolf-Dieter: Hitlers Ostkrieg und die deutsche Siedlungspolitik, Frankfurt a. M. 1991.

Mummelthey, Reinhard: Die Nationalitätenzusammensetzung des Russischen Reiches und der Sowjetunion von 1897 bis 1989, München 1996.

Muraško, Galina P.: 1968 god. «Pražskaja vesna», istoričeskaja retrospektiva. Sbornik statej, Moskva 2010.

Musial, Bogdan: Sowjetische Partisanen 1941–1944. Mythos und Wirklichkeit, Paderborn u. a. 2009.

Naiman, Eric: Sex in Public: The Incarnation of Early Soviet Ideology, Princeton 1997.

Nansen, Fridtjof: Sibirien, ein Zukunftsland, Leipzig 1914.

Narskij, Igor': «Žizn' v katastrofe». Budni naselenija Urala v 1917–1932 gg., Moskva 2001.

Ders.: Der Ural im russischen Bürgerkrieg, in: Baberowski (Hg.): Moderne Zeiten?, S. 94–110.

Naumov, Vladimir P.: Zur Geschichte der Geheimrede N. S. Chruščevs auf dem XX. Parteitag der KPdSU, in: Forum für osteuropäische Ideen- und Zeitgeschichte 1 (1997), H. 1, S. 137–177.

Ders. / Sigačev, Ju (Hg.): Lavrentij Berija. 1953. Stenogramma ijul'skogo Plenuma CK KPSS i drugie dokumenty, Moskva 1999.

Neitzel, Sönke (Hg.): 1900: Zukunftsvisionen der Großmächte, Paderborn 2002.

Neutatz, Dietmar: Die «deutsche Frage» im Schwarzmeergebiet und in Wolhynien. Politik, Wirtschaft, Mentalitäten und Alltag im Spannungsfeld von Nationalismus und Modernisierung (1856–1914), Stuttgart 1993.

Ders.: Die Moskauer Metro. Von den ersten Plänen bis zur Großbaustelle des Stalinismus (1897–1935), Köln u. a. 2001.

Obertreis, Julia: Tränen des Sozialismus. Wohnen in Leningrad zwischen Alltag und Utopie 1917–1937, Köln u. a. 2004.

Dies.: Imperial Desert Dreams. Cotton Growing and Irrigation in Uzbekistan and Turkmenistan, 1860s – 1991. Habilitationsschrift Universität Freiburg 2012.

Oberučev, Konstantin M.: Die Morgenröte: Erinnerungen des Obersten Oberutschew an die russische Revolution von 1917, Zürich 1918.

Osokina, E. A.: Ierarchija potreblenija o žizni ljudej v uslovijach stalinskogo snabženija 1928–1935 gg., Moskva 1993.

O'Sullivan, Donal: Stalins «Cordon sanitaire». Die sowjetische Osteuropapolitik und die Reaktionen des Westens 1939–1949, Paderborn 2003.

Overmans, Rüdiger: Deutsche militärische Verluste im Zweiten Weltkrieg, München 1999.

Ders. / Hilger, Andreas / Polian, Pavel (Hg.): Rotarmisten in deutscher Hand. Dokumente zu Gefangenschaft, Repatriierung und Rehabilitierung sowjetischer Soldaten des Zweiten Weltkrieges, Paderborn u. a. 2012.

Overy, Richard: Russlands Krieg: 1941–1945, Reinbek bei Hamburg 2003.

Palat, Madhavan K. (Hg.): Social Identities in Revolutionary Russia, Basingstoke 2001.

Pallot, Judith: Land Reform in Russia, 1906–1917. Peasant Responses to Stolypin's Project of Rural Transformation, Oxford 1998.

Parkins, Maurice Frank: City Planning in Soviet Russia. With an Interpretative Bibliography, Chicago 1953.

Patenaude, Bertrand M.: The Big Show in Bololand: The American Relief Expedition to Soviet Russia in the Famine of 1921, Stanford 2002.

Pauer, Jan: Prag 1968. Der Einmarsch des Warschauer Paktes. Hintergründe – Planung – Durchführung, Bremen 1995.

Pearson, Raymond: The Russian Moderates and the Crisis of Tsarism 1914–1917, London 1977.

Penter, Tanja: Kohle für Stalin und Hitler. Die Bergleute im Donbass, 1929 bis 1953, Essen 2010.

Péteri, György (Hg.): Imagining the West in Eastern Europe and the Soviet Union, Pittsburgh, 2010.

Petrone, Karen: Life Has Become More Joyous, Comrades. Celebrations in the Time of Stalin, Bloomington 2000.

Petrov, Ju. A.: Moskovskaja buržuazija v načale XX veka. Predprinimatel'stvo i politika, Moskva 2002.

Philipps, Kathrin: Die Sowjetunion in der Einschätzung westdeutscher Experten von den frühen siebziger Jahren bis 1991. Wissenschaftliche Arbeit für das Staatsexamen, Freiburg 2007. Online publiziert unter www.ostdok.de.

Pichoja, R. G. / Sokolov, A. K.: Istorija sovremennoj Rossii. Krizis kommunističeskoj vlasti v SSSR i roždenie novoj Rossii; konec 1970-ch – 1991 gg., Moskva 2008.

Ders. / Žuravlev, S. V. / Sokolov, A. K.: Istorija sovremennoj Rossii. Desjatiletie liberal'nych reform; 1991–1999 gg., Moskva 2011.

Pietrow-Ennker, Bianka (Hg.): Präventivkrieg? Der deutsche Angriff auf die Sowjetunion, Frankfurt a. M. 2000.

Pilkington, Hilary: Russia's Youth and Its Culture: A Nation's Constructors and Constructed, New York 1994.

Pipes, Richard: Struve, Liberal on the Left 1870–1905, Cambridge 1970.

Ders.: Rußland vor der Revolution. Staat und Gesellschaft im Zarenreich, München 1977.

Ders.: Struve, Liberal on the Right, 1905–1944, Cambridge 1980.

Plaggenborg, Stefan: Revolutionskultur. Menschenbilder und kulturelle Praxis in Sowjetrußland zwischen Oktoberrevolution und Stalinismus, Köln u. a. 1996.

Ders. (Hg.): Stalinismus. Neue Forschungen und Konzepte, Berlin 1998.

Ders. (Hg.): Handbuch der Geschichte Rußlands, Bd. 5/1–2: 1945–1991. Vom Ende des Zweiten Weltkrieges bis zum Zusammenbruch der Sowjetunion, Stuttgart 2002, 2003.

Ders.: «Entwickelter Sozialismus» und Supermacht 1964–1985, in: ders. (Hg.): Handbuch der Geschichte Rußlands, Bd. 5/1, S. 319–517.

Ders.: Lebensverhältnisse und Alltagsprobleme, in: ders. (Hg.): Handbuch der Geschichte Rußlands, Bd. 5/2, S. 787–848.

Ders.: Experiment Moderne: Der sowjetische Weg, Frankfurt a. M. u. a. 2006.

Plamper, Jan: The Stalin Cult. A Study in the Alchemy of Power, New Haven 2012.

Pleines, Heiko: Sozialer Wandel, in: Bundeszentrale für politische Bildung (Hg.): Russland, S. 23–28.

Ders. / Schröder, Hans-Henning (Hg.): Länderbericht Russland, Bonn 2010.

Pobol', N. L. / Poljan, P. M. (Hg.): Stalinskie deportacii 1928–1953, Moskva 2005.

Pohl, Dieter: Die Herrschaft der Wehrmacht. Deutsche Militärbesatzung und einheimische Bevölkerung in der Sowjetunion 1941–1944, München 2008.

Poletaev, Vladimir Evgen'evič: Na putjach k novoj Moskve. Načalo rekonstrukcii stolicy (1917–1935), Moskva 1961.

Polexe, Laura: Netzwerke und Freundschaft. Sozialdemokraten in Rumänien, Russland und der Schweiz an der Schwelle zum 20. Jahrhundert, Göttingen 2011.

Polian, Pavel: Deportiert nach Hause. Sowjetische Kriegsgefangene im «Dritten Reich» und ihre Repatriierung, München 2001.

Ders.: Žertvy dvuch diktatur: Žizn', trud, uniženie i smert' sovetskich voennoplennych i ostarbajterov na čužbine i na rodine, Moskva 2002.

Ders.: Against Their Will. The History and Geography of Forced Migrations in the USSR, Budapest 2004.

Polnoe sobranie zakonov Rossijskoj imperii, S.-Peterburg 1906.

Polunov, A. Ju.: Pod vlast'ju ober-prokuratora. Gosudarstvo i cerkov' v ėpochu Aleksandra III, Moskva 1996.

Ders.: Russia in the Nineteenth Century. Autocracy, Reform and Social Change 1814–1914, Armonk 2005.

Pörzgen, Hermann: So lebt man in Moskau, Berlin 1958.

Pospelovskij, Dmitrij V.: Russkaja pravoslavnaja cerkov' v XX veke, Moskva 1995.

Poulsen, John: Die Transsibirische Eisenbahn: die längste Eisenbahn der Welt, Malmö 1986.

Programma Kommunističeskoj Partii Sovetskogo Sojuza, Moskva 1961.

Puttkamer, Joachim von: Fabrikgesetzgebung in Rußland vor 1905. Regierung und Unternehmerschaft beim Ausgleich ihrer Interessen in einer vorkonstitutionellen Ordnung, Köln 1996.
Pychalov, Igor' V. (Hg.): «Umylis' krov'ju»? Lož' i pravda o poterjach v Velikoj Otečestvennoj vojne, Moskva 2012.
Quinkert, Babette (Hg.): «Wir sind die Herren dieses Landes». Ursachen, Verlauf und Folgen des deutschen Überfalls auf die Sowjetunion, Hamburg 2002.
Raleigh, Donald J.: Revolution on the Volga. 1917 in Saratov, Ithaca 1986.
Ders. (Hg.): Provincial Landscapes. Local Dimensions of Soviet Power, 1917–1953, Pittsburgh 2001.
Ders. (Hg.): Russia's Sputnik Generation. Soviet Baby Boomers Talk about Their Lives, Bloomington 2006.
Raphael, Lutz: Recht und Ordnung. Herrschaft durch Verwaltung im 19. Jahrhundert, Frankfurt a. M. 2000.
Rassweiler, Anne D.: The Generation of Power. The History of Dneprostroi, New York u. a. 1988.
Reed, John: Zehn Tage, die die Welt erschütterten, Berlin (Ost) 1957.
Reid, Susan E.: Khrushchev Modern. Agency and Modernization in Soviet Home, in: Cahiers du Monde Russe 47 (2006), S. 227–268.
Rešin, L. E. / Naumov, V. P. (Hg.): 1941 god. V 2-ch tomach, T. 1: Dokumenty s ijuna 1940 goda po mart 1941 goda, T. 2: Aprel' 1941 goda – 22 ijunja 1941 goda, Moskva 1998.
Resis, Albert (Hg.): Molotov Remembers. Inside Kremlin Politics. Conversations with Felix Chuev, Chicago 1993.
Richter, Timm C. / Arnold, Klaus Jochen (Hg.): Krieg und Verbrechen. Situation und Intention: Fallbeispiele, München 2006.
Riha, Thomas: A Russian European. Paul Miliukov in Russian Politics, Notre Dame u. a. 1969.
Rinck, Sabine: Lebensstandard und soziale Sicherung, in: Höhmann / Schröder (Hg.): Russland unter neuer Führung, S. 159–169.
Rittersporn, Gábor T.: Das kollektivierte Dorf in der bäuerlichen Gegenkultur, in: Hildermeier (Hg.): Stalinismus vor dem Zweiten Weltkrieg, S. 147–167.
Robbins, Richard G.: Famine in Russia 1891–1892. The Imperial Government Responds to a Crisis, New York, London 1975.
Robien, Louis de: Russisches Tagebuch 1917–1918. Aufzeichnungen eines französischen Diplomaten in Petersburg, Stuttgart 1967.
Rolf, Malte: Das sowjetische Massenfest, Hamburg 2006.
Rosefielde, Steven (Hg.): Economic Welfare and the Economics of Soviet Socialism. Essays in Honor of Abram Bergson. Cambridge 1981.
Rosenbaum, Monika: Frauenarbeit und Frauenalltag in der Sowjetunion, Münster 1991.
Rossija. Ėnciklopedičeskij slovar', Leningrad 1991.
Rossija v cifrach 1996. Kratkij statističeskij sbornik, Moskva 1996.
Rossija v cifrach 2006. Kratkij statističeskij sbornik, Moskva 2006.
Rössler, Mechthild / Schleiermacher, Sabine (Hg.): Der «Generalplan Ost». Hauptlinien der nationalsozialistischen Planungs- und Vernichtungspolitik, Berlin 1993.
Rossman, Jeffrey J.: Worker Resistance under Stalin. Class and Revolution on the Shop Floor, Cambridge 2005.
Roth, Brigitte: Region, in: Bauer / Kappeler / Roth (Hg.): Die Nationalitäten des Russischen Reiches in der Volkszählung von 1897, Bd. A, S. 513–538.
Rothe, Hans (Hg.): Deutsche in Rußland, Köln u. a. 1996.
Roth-Ey, Kristin Joy: Mass Media and the Remaking of Soviet Culture, 1950s–1960s. Dissertation, Princeton University, Princeton 2003.
Ruffley, David L.: Children of Victory. Young Specialists and the Evolution of Soviet Society, Westport 2002.
Ruggenthaler, Peter: Stalins großer Bluff. Die Geschichte der Stalin-Note in Dokumenten der sowjetischen Führung, München 2007.

Rüthers, Monica (Hg.): Moskau. Menschen – Mythen – Orte, Köln u. a. 2003.
Dies.: Moskau bauen von Lenin bis Chruščev. Öffentliche Räume zwischen Utopie, Terror und Alltag, Wien 2007.
Rüting, Torsten: Pavlov und der Neue Mensch. Diskurse über die Disziplinierung in Sowjetrussland, München 2002.
Ryavec, Karl W.: Russian Bureaucracy. Power and Pathology, Lanham 2003.
Saal, Yuliya von: Die Folgen des KSZE-Prozesses in der Sowjetunion der Perestrojka: wachsender Demokratisierungsdruck, Werteumbruch und der Zerfall der Sowjetunion. Typoskript Dissertation Universität Erlangen-Nürnberg 2012.
Sabsovič, Leonid Moiseevič: Goroda buduščego i organizacija socialističeskogo byta, Moskva 1929.
Sacharov, Andrej: Wie ich mir die Zukunft vorstelle. Gedanken über Fortschritt, friedliche Koexistenz und geistige Freiheit, Frankfurt a. M. 1968.
Šacillo, K. F.: Russkij liberalizm nakanune revoljucii 1905–1907 gg., Moskva 1985.
Sahadeo, Jeff: Russian Colonial Society in Tashkent, 1865–1923, Bloomington 2007.
Salay, Jürgen: The Soviet Union River Diversion Project. From Plan to Cancellation 1976–1986, Uppsala 1988.
Salisbury, Harrison Evans: American in Russia, New York 1955.
Ders.: Diesseits und jenseits von Moskau. Ein Reisebericht, Frankfurt a. M. 1962.
Sanborn, Joshua A.: Drafting the Russian Nation: Military Conscription, Total War, and Mass Politics, 1905–1925, DeKalb 2003.
Šapiro, Leonard: Kommunističeskaja partija Sovetskogo Sojuza, Firenze 1975.
Sapper, Manfred / Weichsel, Volker / Gebert, Agathe (Hg.): Vernichtung durch Hunger. Der Holodomor in der Ukraine und der UdSSR. = Osteuropa 54 (2004), H. 12 (Themenheft).
Schattenberg, Susanne: Stalins Ingenieure. Lebenswelten zwischen Technik und Terror in den 1930er Jahren, München 2002.
Dies.: Die korrupte Provinz? Russische Beamte im 19. Jahrhundert, Frankfurt a. M. 2008.
Dies.: Das Ende der Sowjetunion in der Historiographie, in: Aus Politik und Zeitgeschichte 61 (2011), H. 49/50, S. 9–15.
Schedewie, Franziska: Selbstverwaltung und sozialer Wandel in der russischen Provinz. Bauern und Zemstvo in Voronež, 1864–1914, Heidelberg 2006.
Scheibert, Peter (Hg.): Die russischen politischen Parteien von 1905–1917. Ein Dokumentenband, Darmstadt 1972.
Scheide, Carmen: Kinder, Küche, Kommunismus. Das Wechselverhältnis zwischen sowjetischem Frauenalltag und Frauenpolitik von 1921 bis 1930 am Beispiel Moskauer Arbeiterinnen, Zürich 2002.
Schenk, Frithjof Benjamin: Imperiale Raumerschließung. Die Beherrschung der russischen Weite, in: Osteuropa 55 (2005), H. 3, S. 33–45.
Ders.: Russlands Fahrt in die Moderne. Mobilität und sozialer Raum im Eisenbahnzeitalter. Habilitationsschrift Universität München 2010.
Schimmelpenninck van der Oye, David: Toward the Rising Sun. Russian Ideologies of Empire and the Path to War with Japan, DeKalb 2001.
Ders.: Russian Foreign Policy: 1815–1917, in: Lieven (Hg.): The Cambridge History of Russia. Vol. 2, S. 554–574.
Schlögel, Karl: Petersburg. Das Laboratorium der Moderne 1909–1921, München u. a. 2002.
Ders.: Terror und Traum. Moskau 1937, München 2008.
Schmidt, Christoph: Stände, in: Bauer / Kappeler / Roth (Hg.): Die Nationalitäten des Russischen Reiches in der Volkszählung von 1897, Bd. A, S. 377–429.
Schneider, Eberhard: Funktionieren die zentralen staatlichen Institutionen?, in: Bundesinstitut für ostwissenschaftliche und internationale Studien (Hg.): Rußland in Europa?, S. 37–46.
Schnell, Felix: Ordnungshüter auf Abwegen? Herrschaft und illegitime polizeiliche Gewalt in Moskau 1905–1914, Wiesbaden 2006.
Schramm, Gottfried (Hg.): Rußlands langer Weg zur Gegenwart, Göttingen 2001.

Ders.: Fünf Wegscheiden der Weltgeschichte. Ein Vergleich, Göttingen 2004.
Schreiber, Helmut (Hg.), Umweltprobleme in Mittel- und Osteuropa, Frankfurt a. M. 1989.
Schriefers, Thomas: Für den Abriss gebaut? Anmerkungen zur Geschichte der Weltausstellungen, Hagen 1999.
Schröder, Hans-Henning: Industrialisierung und Parteibürokratie in der Sowjetunion. Ein sozialgeschichtlicher Versuch über die Anfangsphase des ‹Stalinismus› 1928–1934, Berlin 1988.
Ders.: Politisches System und politischer Prozess, in: Bundeszentrale für politische Bildung (Hg.): Russland, S. 16–23.
Ders.: Gesellschaft im Umbruch. Schichtung, demografische Entwicklung und soziale Ungleichheit, in: Pleines / Schröder (Hg.): Länderbericht Russland, S. 361–378.
Schulze, Peter W.: Herrschaft und Klassen in der Sowjetgesellschaft. Die historischen Bedingungen des Stalinismus, Frankfurt a. M. 1977.
Schwentker, Wolfgang (Hg.): Megastädte im 20. Jahrhundert, Göttingen 2006.
Scott, J. C.: Weapons of the Weak. Everyday Forms of Peasant Resistance, New Haven 1985.
Sebag Montefiore, Simon: Am Hof des Roten Zaren, Frankfurt a. M. 2007.
Ders.: Der junge Stalin, Frankfurt a. M. 2007.
Segbers, Klaus: Der neue Blick auf die Welt und auf die eigene Sicherheit, in: Gorbatschow: «Zurück dürfen wir nicht!», S. 202–211.
Semenov-Tjan-Šanskij, Petr Petrovič: Statistika pozemel'noj sobstvennosti i naselennych mest Evropejskoj Rossii, 8 Bde., S.-Peterburg 1880–1886.
Ders. / Central'nyj statističeskij komitet Ministerstva vnutrennich del (Hg.): Spiski naselennych mest Rossijskoj imperii, 43 Bde., S.-Peterburg 1861–1885.
Ders. / Imperatorskoe russkoe geografičeskoe obščestvo (Hg.): Geografičesko-statističeskij slovar' Rossijskoj imperii, 5 Bde., S.-Peterburg 1863–1885.
Ders. / Lamanskij, V. P. (Hg.): Rossija. Polnoe geografičeskoe opisanie našego otečestva, 11 Bde., S.-Peterburg 1899–1913.
Semenov-Tjan-Šanskij, Veniamin P.: To, čto prošlo, 2 Bde., Moskva 2009.
Seton-Watson, Hugh: Der Verfall des Zarenreiches 1855–1914, München 1954.
Ders.: The Russian Empire 1801–1917, Oxford 1967.
Ševcova, Lilija F.: Režim Borisa El'cina, Moskva 1999.
Sevost'janov, G. N. et al. (Hg.): «Soveršenno sekretno»: Lubjanka – Stalinu o položenii v strane (1922–1934 gg.). 6 Bde., Moskva 2001–2008.
Shanin, Teodor: The Awkward Class. Political Sociology of Peasantry in a Developing Society: Russia 1910–1925, Oxford 1972.
Ders.: Russia as a Developing Society. Vol. 2: Russia, 1905–1907; Revolution as a Moment of Truth, London 1986.
Shaw, Denis: Russia in Modern World. A New Geography, Oxford 1999.
Shlapentokh, Vladimir: Public and Private Life of the Soviet People. Changing Values in Post-Stalin Russia, New York 1989.
Ders. / Shiraev, Eric / Carroll, Eero (Hg.): The Soviet Union. Internal and External Perspectives on Soviet Society, Basingstoke 2008.
Siegelbaum, Lewis H.: Cars, Cars, and More Cars: The Faustian Bargain of the Brezhnev Era, in: Ders. (Hg.): Borders of Socialism. Private Spheres of Soviet Russia, Basingstoke 2006, S. 83–103.
Ders.: Cars for Comrades. The Life of the Soviet Automobile, Ithaca 2008.
Ders.: The Impact of Motorization on Soviet Society after 1945, in: Grieger (Hg.): Towards Mobility, S. 21–29.
Ders. / Suny, Ronald Grigor (Hg.): Making Workers Soviet. Power, Class, and Identity, Ithaca 1994.
Siegrist, Hannes / Kaelble, Hartmut / Kocka, Jürgen (Hg.): Europäische Konsumgeschichte. Zur Gesellschafts- und Kulturgeschichte des Konsums (18.–20. Jahrhundert), Frankfurt a. M. 1997.

Simon, Gerhard: Nationalismus und Nationalitätenpolitik in der Sowjetunion. Von der totalitären Diktatur zur nachstalinistischen Gesellschaft, Baden-Baden 1986.
Šinkarčuk, S. A.: Obščestvennoe mnenie v Sovetskoj Rossii v 30-e gody (Po materialam Severo-zapada), S.-Peterburg 1995.
Sipols, Vilnis Janovič: Sovetskij Sojuz v bor'be za mir i bezopasnost' 1933–1939, Moskva 1974.
Ders.: Vnešnjaja politika Sovetskogo Sojuza. 1933–1935 gg., Moskva 1980.
Šljachtinskij, K. V.: Avtomobil' v Rossii. Istorija avtomobilja, Moskva 1993.
Smele, Jonathan D. / Heywood, Anthony (Hg.): The Russian Revolution of 1905. Centenary Perspectives, New York 2005.
Smith, Andrew: I Was a Soviet Worker, New York 1937.
Smith, Hedrick: Die Russen. Wie die russischen Menschen wirklich leben, wovon sie träumen, was sie lieben und wie ihr Alltag wirklich aussieht, Bern / München 1976.
Smith, Mark B.: Khrushchev's Promise to Eliminate the Urban Housing Shortage. Rights, Rationality and the Communist Future, in: Ilič / Smith (Hg.): Soviet State and Society under Nikita Khrushchev, S. 26–45.
Smith, Martin A.: Partnerschaft, Kalter Krieg oder Kalter Frieden?, in: Aus Politik und Zeitgeschichte (6.4.2009), H. 15/16, S. 21–27.
Smith, Steve / Kelly, Catriona: Commercial Culture and Consumerism, in: Kelly / Shepherd (Hg.): Constructing Russian Culture in the Age of Revolution, S. 106–164.
Snyder, Timothy: Bloodlands. Europa zwischen Hitler und Stalin, 4. Aufl., München 2012.
Sokolov, A. K. (Hg.): Golos naroda. Pis'ma i otkliki rjadovych sovetskich graždan o sobytijach 1918–1932 gg., Moskva 1998.
Ders. (Hg.): Obščestvo i vlast': 1930-e gody. Povestvovanie v dokumentach, Moskva 1998.
Solomon, Susan Gross / Richter, Jochen (Hg.): Ludwig Aschoff. Vergleichende Völkerpathologie oder Rassenpathologie. Tagebuch einer Reise durch Rußland und Transkaukasien, Pfaffenweiler 1998.
Solschenizyn, Alexander: Der Archipel GULAG, Bern 1974.
Specovius, Günther: Die Russen sind anders. Mensch und Gesellschaft im Sowjetstaat, Düsseldorf 1963.
Sperling, Walter (Hg.): Jenseits der Zarenmacht. Dimensionen des Politischen im Russischen Reich, 1800–1917, Frankfurt a. M. u. a. 2008.
Ders.: Der Aufbruch der Provinz. Die Eisenbahn und die Neuordnung der Räume im Zarenreich, Frankfurt a. M. / New York 2011.
Sprotte, Maik Hendrik / Seifert, Wolfgang / Löwe, Heinz-Dietrich (Hg.): Der Russisch-Japanische Krieg 1904/05. Anbruch einer neuen Zeit?, Wiesbaden 2007.
Stadelmann, Matthias: Isaak Dunaevskij – Sänger des Volkes. Eine Karriere unter Stalin, Köln u. a. 2003.
Ders.: Die Romanovs, Stuttgart 2008.
Stalin, J. W.: Werke, Bd. 2, Berlin (Ost) 1953.
Ders.: Werke. Bd. 7, Berlin (Ost) 1952.
Ders.: Werke. Bd. 11: 1928 – März 1929, Stuttgart 1954.
Ders.: Werke. Bd. 12: April 1929 – Juni 1930, 2. Aufl. Dortmund 1976.
Ders.: Werke. Bd. 13: Juli 1930 – Januar 1934, Stuttgart 1955.
Starr, S. Frederick: Melnikov. Solo Architect in a Mass Society, Princeton 1978.
Ders.: Red and Hot. Jazz in Rußland von 1917-1990, Wien 1990.
Steinberg, Mark D.: Voices of Revolution, 1917, New Haven 2002.
Steininger, Rolf: Der Kalte Krieg, 4. Aufl., Frankfurt a. M. 2006.
Stites, Richard: Russian Popular Culture: Entertainment and Society since 1900, Cambridge 1992.
Stoecker, Helmuth (Hg.): Handbuch der Verträge 1871–1964. Verträge und andere Dokumente aus der Geschichte der internationalen Beziehungen, Berlin (Ost) 1968.
Stöver, Bernd: Der Kalte Krieg. Geschichte eines radikalen Zeitalters 1947–1991, München 2007.

Straus, Kenneth M.: The Transformation of the Soviet Working Class, 1929–1935. The Regime in Search of a New Social Stability, Dissertation Pennsylvania State University (1990), Ann Arbor 1991.
Streit, Christian: Sowjetische Kriegsgefangene – Massendeportationen – Zwangsarbeiter, in: Michalka (Hg.): Der Zweite Weltkrieg, S. 747–760.
Strelianyi, Anatolii: Khrushchev and the Countryside, in: Taubman / Khrushchev / Gleason (Hg.): Nikita Khrushchev, S. 113–137.
Studer, Brigitte / Haumann, Heiko (Hg.): Stalinistische Subjekte. Individuum und System in der Sowjetunion und der Komintern 1928–1953, Zürich 2006.
Šugurov, L. M.: Razvitie avtomobilestroenija SSSR v 1918–1929 gg., Moskva 1969.
Ders.: Avtomobili Rossii i SSSR. 2 Bde. Bd. 2, Moskva 1994.
Suny, Ronald Grigor: The Soviet Experiment. Russia, the USSR, and the Successor States, New York, Oxford 1998.
Ders. (Hg.): The Cambridge History of Russia, Vol. 3: The Twentieth Century, Cambridge 2008.
Ders. / Martin, Terry (Hg.): A State of Nations. Empire and Nation-Making in the Age of Lenin and Stalin, Oxford 2001.
Sutela, Pekka: Die russische Wirtschaft von 1992 bis 2008 – Entwicklungen und Herausforderungen, in: Pleines / Schröder (Hg.): Länderbericht Russland, S. 289–314.
Swift, Tony: The Soviet Union at the 20th-Century World's Fairs. http://www.factotum.org.uk/projects/thefair/fair08.html, Stand: 23.02.2010.
Stykow, Petra: Die autoritäre Konsolidierung des politischen Systems in der Ära Putin, in: Pleines / Schröder (Hg.): Länderbericht Russland, S. 71–94.
Szeftel, Marc: The Russian Constitution of April 23, 1906. Political Institutions of the Duma Monarchy, Bruxelles 1976.
Taft, Marcus L.: Strange Siberia. Along the Trans-Siberian Railway. A Journey from the Great Wall of China to the Skyscrapers of Manhattan, New York 1911.
Talbott, Strobe (Hg.): Chruschtschow erinnert sich, Reinbek 1971.
Taubman, William: Khrushchev. The Man and His Era, London 2005.
Ders. / Khrushchev, Sergei / Gleason, Abbot (Hg.): Nikita Khrushchev, New Haven 2000.
Tebarth, Hans-Jakob: Geschichte der Volkszählung, in: Bauer / Kappeler / Roth (Hg.): Die Nationalitäten des Russischen Reiches in der Volkszählung von 1897, Bd. A, S. 25–87.
Thaden, Edward C.: Russia's Western Borderlands, Princeton 1984.
The White Sea Canal. Being an Account of the Construction of the New Canal between the White Sea and the Baltic Sea. Written by L. Auerbach, B. Agapov, S. Alimov, A. Berzin, […], London 1935.
Thurston, Robert W. / Bonwetsch, Bernd (Hg.): The People's War. Responses to World War II in the Soviet Union, Urbana 2000.
Timasheff, N. S.: The Great Retreat. The Growth and Decline of Communism in Russia, New York 1946.
Titov, Alexander: The 1961 Party Programme and the Fate of Khrushchev's Reforms, in: Ilič / Smith (Hg.): Soviet State and Society under Nikita Khrushchev, S. 8–25.
Tolstoj, Aleksej: Sobranie sočinenij, Moskva 1976.
Tolstoj, Lev Nikolaevič.: Polnoe sobranie sočinenij. Bd. 73, Moskva 1954.
Tompson, William: The Soviet Union under Brezhnev, London 2003.
Torke, Hans-Joachim (Hg.): Lexikon zur Geschichte Rußlands. Von den Anfängen bis zur Oktoberrevolution, München 1985.
Ders. (Hg.): Historisches Lexikon der Sowjetunion 1917/22 bis 1991, München 1993.
Ders.: Einführung in die Geschichte Rußlands, München 1997.
Ders. (Hg.): Die russischen Zaren 1547–1917, München 2005.
Toržestvennoe zasedanie, posvjaščennoe pusku Metropolitena, Moskva 1935.
Transport SSSR. Itogi za pjat'desjat let i perspektivy razvitija, Moskva 1967.
Trenin, Dmitrij: Die Entwicklung der russischen «Westpolitik» und ihre Lehren, in: Pleines / Schröder (Hg.): Länderbericht Russland, S. 193–216.

Trotzki, Leo: Literatur und Revolution, Berlin 1968.
Tschepurenko, Alexander: Die Akzeptanz von Demokratie und Marktwirtschaft in der russischen Gesellschaft, in: Höhmann / Schröder (Hg.): Russland unter neuer Führung, S. 201–215.
Tuminez, Astrid S.: Russian Nationalism since 1856. Ideology and the Making of Foreign Policy, Boston 1999.
Udgaard, Nils Morten: Der ratlose Riese. Alltag in der Sowjetunion, Hamburg 1979.
Ueberschär, Gerd R. / Bezymenskij, Lev A. (Hg.): Der deutsche Angriff auf die Sowjetunion 1941. Die Kontroverse um die Präventivkriegsthese, Darmstadt 1998.
United States Congress Joint Economic Committee (Hg.), Soviet Economy in the 1980's: Problems and Prospects. Selected Papers. 2 Bde., Washington D. C. 1983.
Urussowa, Janina: Das neue Moskau. Die Stadt der Sowjets im Film. 1917–1941, Köln 2002.
Utley, Freda: Lost Illusions, London 1949.
Vajl', Petr / Genis, Aleksandr: 60-e. Mir sovetskogo čeloveka, Moskva 1996.
Vetter, Matthias (Hg.): Terroristische Diktaturen im 20. Jahrhundert. Strukturelemente der nationalsozialistischen und stalinistischen Herrschaft, Opladen 1996.
Viola, Lynne (Hg.): Contending with Stalinism. Soviet Power and Popular Resistance in the 1930s, Ithaca 2002.
Dies.: The Unknown Gulag. The Lost World of Stalin's Special Settlements, New York u. a. 2009.
Višnevskij, Anatolij G. (Hg.): Naselenie Rossii 1994, Moskva 1994.
Vitte, S. Ju.: Sobranie sočinenij i dokumental'nych materialov. V pjati tomach. Tom 4. Promyšlennost', torgovlja i sel'skoe chozjajstvo Rossii. Kniga pervaja. Organizacija torgovo-promyšlennogo vedomstva. Programmy ėkonomičeskogo razvitija. Akcionernoe učreditel'stvo, Moskva 2006.
Volkmann, Barbara (Hg.): Bruno Taut 1880–1938. Ausstellung der Akademie der Künste vom 29. Juni bis 3. August 1980, Berlin 1980.
Voronežcev, Aleksej: Bauernschaft, Bauerngemeinde und Geistlichkeit im Wolgagebiet während der Stolypinschen Agrarreform (am Beispiel von Quellen aus dem Staatsarchiv des Gebietes Saratov), in: Herdt / Neutatz (Hg.): Gemeinsam getrennt, S. 119–139.
Voslensky, Michail S.: Nomenklatura: die herrschende Klasse der Sowjetunion, Wien 1980.
Vyslonzil, Elisabeth / Leifer, Paul (Hg.): Russland – Sowjetunion – Russland. Hundert Jahre russische Außenpolitik, Frankfurt a. M. u. a. 1999.
Wädekin, Karl-Eugen: Sowjetische Dörfer – Gestern, Heute, Morgen, in: Osteuropa 18 (1968), H. 8/9, S. 602–615.
Wagensohn, Tanja: Russland nach dem Ende der Sowjetunion, Regensburg 2001.
Walicki, Andrzej: The Slavophile Controversy. History of a Conservative Utopia in Nineteenth-Century Russian Thought, Oxford 1975.
Ward, Chris: Stalin's Russia, London u. a. 1993.
Ward, Christopher John: Brezhnev's Folly. The Building of BAM and Late Soviet Socialism, Pittsburgh 2009.
Watt, D. Cameron / Lieven, Dominic (Hg.): British Documents on Foreign Affairs. Reports and Papers from the Foreign Office Confidential Print, Part II: From the First to the Second World War, Series A: The Soviet Union 1917–1939, Vol. 8: The Soviet Union, Mar. 1925 – Dec. 1926, Frederick 1986.
Weber, Eugen: Peasants into Frenchmen. The Modernization of Rural France 1870–1914, Stanford 1976.
Weeks, Albert L. (Hg.): The Soviet Nomenklatura. A Comprehensive Roster of Soviet Civilian and Military Officials. 3. Aufl., Washington 1991.
Wehner, Markus: Bauernpolitik im proletarischen Staat. Die Bauernfrage als zentrales Problem der sowjetischen Innenpolitik, 1921–1928, Köln 1998.
Weiner, Amir: Making Sense of War. The Second World War and the Fate of the Bolshevik Revolution, Princeton 2001.
Ders.: Robust Revolution to Retiring Revolution: The Life Cycle of the Soviet Revolution, 1945–1968, in: The Slavonic and East European Review 86 (2008), S. 208–231.

Weissman, Benjamin M.: Herbert Hoover and Famine Relieves to Soviet Russia: 1921–1923, Stanford 1974.

Werth, Nicolas: Ein Staat gegen sein Volk. Gewalt, Unterdrückung und Terror in der Sowjetunion, in: ders. (Hg.): Das Schwarzbuch des Kommunismus, S. 51–295.

Ders. (Hg.): Das Schwarzbuch des Kommunismus. Unterdrückung, Verbrechen und Terror, München 1998.

Ders.: Die Insel der Kannibalen. Stalins vergessener Gulag, München 2006.

Westwood, John N.: Geschichte der russischen Eisenbahnen, Zürich 1966.

Wettig, Gerhard: Bereitschaft zur Einheit in Freiheit? Die sowjetische Deutschlandpolitik 1945–1955, München 1999.

Ders.: Stalin and the Cold War in Europe. The Emergence and Development of East-West Conflict 1939–1953, Lanham 2008.

Wieczynski, Joseph L. (Hg.): The Modern Encyclopedia of Russian and Soviet History. 58 vol., Gulf Breeze 1976–1994.

Wirtschafter, Elise Kimerling: Social Identity in Imperial Russia, DeKalb 1997.

Wladimirow, Leonid: Die Russen privat. So lebt man heute in der Sowjetunion, Wien, München, Zürich 1969.

Wortman, Richard S.: Scenarios of Power: Myth and Ceremony in Russian Monarchy. 2 vol., vol. 2: From Alexander II to the Abdication of Nicholas II, Princeton 2000.

Ders.: Repräsentationen der russischen Monarchie und die Szenarien der Macht, in: Baberowski / Feest / Gumb (Hg.): Imperiale Herrschaft in der Provinz, S. 38–55.

Yurchak, Alexei: Everything Was Forever, Until It Was No More. The Last Soviet Generation, Princeton 2006.

Zabel, Eugen: Europäische Fahrten. 2 Bde., Oldenburg / Leipzig 1901.

Zarusky, Jürgen (Hg.): Die Stalinnote vom 10. März 1952. Neue Quellen und Analysen, München 2002.

Ders. (Hg.): Stalin und die Deutschen. Neue Beiträge der Forschung, München 2006.

Zaslavsky, Viktor: In geschlossener Gesellschaft. Gleichgewicht und Widerspruch im sowjetischen Alltag, Berlin 1982.

Ders.: The Neo-Stalinist State. Class, Ethnicity and Consensus in Soviet Society, Armonk 1982.

Zeidler, Manfred: Reichswehr und Rote Armee 1920–1933. Wege und Stationen einer ungewöhnlichen Zusammenarbeit, München 1993.

Zemskov, V. N.: K voprosu o masštabach ljudskich poter' SSSR v Velikoj Otečestvennoj Vojne (v poiskach istiny), in: Pychalov (Hg.): «Umylis' krov'ju»?, S. 242–259.

Zhuk, Sergei Ivanovich: Rock and Roll in the Rocket City. The West, Identity, and Ideology in Soviet Dniepropetrovsk, 1960–1985, Baltimore 2010.

Zima, V. F.: Golod v SSSR 1946–1947 godov: proischoždenie i posledstvija, Moskva 1996.

Žiromskaja, Valentina Borisovna / Poljakov, Jurij Aleksandrovič: Naselenie Rossii v XX veke. Istoričeskie očerki. 3 Bde., Bd. 1: 1900–1939, Bd. 2: 1940–1959, Bd. 3: 1960–2000, Moskva 2000, 2001, 2005, 2012.

Zoščenko, Michail: Der Verwandlungskünstler oder Ein Vorfall in der Provinz. Humoresken und Satiren, Berlin 1984.

Zubkova, Elena: Russia after the War: Hopes, Illusions, and Disappointments, 1945–1957, Armonk 1998.

Dies.: Die sowjetische Gesellschaft nach dem Krieg. Lage und Stimmung der Bevölkerung 1945/46, in: Vierteljahrshefte für Zeitgeschichte 47 (1999), S. 363–383.

Dies.: Poslevoennoe sovetskoe obščestvo: politika i povsednevnost', 1945–1953, Moskva 1999.

Zubok, Vladislav Martinovich: A Failed Empire. The Soviet Union in the Cold War from Stalin to Gorbachev, Chapel Hill 2007.

Ders.: Zhivago's Children. The Last Russian Intelligentsia, Cambridge u. a. 2009.

Ders. / Pleshakov, Constantine: Inside the Kremlin's Cold War: From Stalin to Khrushchev (1945–1962), Cambridge / London 1996.

Žukov, G. K.: Vospominanija i razmyšlenija. 3 Bde., Moskva 1995.
Žuravlev, S. V.: Fenomen «Istorii fabrik i zavodov»: Gor'kovskoe načinanie v kontekste ėpochi 1930-ch godov, Moskva 1997.

Hinweise zu Aussprache und Datumsangaben

Für die Wiedergabe russischer Namen, Begriffe und Literaturangaben wurde der Eindeutigkeit und Einheitlichkeit halber durchgängig die wissenschaftliche Transliteration verwendet. Nur die Zarennamen und gebräuchliche topographische Bezeichnungen wurden in der an das Deutsche angepassten Form geschrieben (z. B. Alexander statt Aleksandr, Moskau statt Moskva, Wolga statt Volga).

Hinweise zur Aussprache:

č	tsch
š	stimmloses sch (wie in «Schule»)
ž	stimmhaftes sch (wie in «Journal»)
šč	schtsch
c	z (wie in «Zahn»)
e	wird manchmal als «o» ausgesprochen, insbesondere beim Suffix «–ev» (Gorbačev = Gorbatschow, Chruščev = Chruschtschow); seltener als «jo» (Berezka = Berjoska) Am Wortanfang wird «e» als «je» gesprochen (Ekaterinoslav = Jekaterinoslaw).
ė	offenes e (wie in «Herz»)
s	stimmloses s (wie in «Wissen»)
z	stimmhaftes s (wie in «Besen»)
v	w
y	ein Laut ähnlich wie «ui»
'	Apostroph erweicht (palatalisiert) den vorangehenden Konsonanten

In Russland galt bis zum 1. Februar 1918 der julianische Kalender, der hinter dem in den westlichen Ländern üblichen gregorianischen Kalender im 19. Jahrhundert um 12 und im 20. Jahrhundert um 13 Tage zurückliegt. Bei wichtigen Ereignissen wurden vor 1918 beide Datierungen angegeben.

Register

Gebietserwerbungen bis 1689
Gebietserwerbungen 1689–1855
Städte (1897)
mehr als 1 Mio. Einwohner
mehr als 200 000
mehr als 100 000
mehr als 10 000 (Auswahl)
Gebietserwerbungen 1855–1905
Grenze Russlands 1914
Russische Einflussgebiete 1914
Wichtige Eisenbahnlinie
Nordsee
SCHWEDEN
Stockholm
Finnland
Ladoga-See
Onega-See
Ostsee
Berlin
Riga
Wien
Warschau
Łodź
Vil'na
Budapest
Minsk
Smolensk
St. Petersburg
Archangel'sk
Dvina N.
Tver'
Jaroslavl'
Moskau
Tula
Oka
Nižnij Novgorod
Kama
Kiev
Dnestr
Kišinev
Odessa
Char'kov
Kazan'
Perm'
Ekaterinburg
Tobol'sk
Tobol
Samara
Ufa
Ekaterinoslav
Saratov
Don
Konstantinopel
Rostov
Caricyn
Orenburg
Kustanaj
Omsk
Schwarzes Meer
Volga
Astrachan'
OSMANISCHES REICH
Kaspisches Meer
Tiflis
Aralsee
Baku
Krasnovodsk
CHIVA
BUCHARA
Buchara
Taškent
Teheran
PERSIEN
AFGHANISTAN
Kabul
TURKESTAN
Vernyj
Irtyš
Semipalatinsk
Barents-see
Kara-see
Novaja Zemlja
Ural
Ob
Westsibirisches Tiefland
Enisej
Lena
Tomsk
Krasnojarsk
Angara
Baikalsee
Irkutsk
Čita
TANNU-TUWA
Ulan Bator
Äußere Mongolei
Sinkiang
CHINA
Ost-sibirische See
Indirka
Kolyma
Anadyr
Kamtschatka
Jakutsk
Aldan
Ochotskisches Meer
Kurilen
18 Jhd. russ.
1875 jap.
1875 russ.
Sachalin
süd. Teil 1905 jap.
Amur Region
Blagoveščensk
Chabarovsk
Mandschurei (1900–1905 besetzt)
Charbin
Vladivostok
Mukden
Innere Mongolei
Peking
KOREA
Port Arthur
JAPAN
0 200 400 600 800 1000 km
Russland um 1900

Sowjetunion um 1926
Autonome Republiken
1 Karelische ASSR
2 Tschuwaschische ASSR
3 Tatarische ASSR
4 Baschkirische ASSR
5 ASSR der Wolgadeutschen
6 Adscharische ASSR
7 Dagestanische ASSR
8 Nachitschewane ASSR
9 Moldawische ASSR
Städte (1926)
mehr als 1 Mio. Einwohner
mehr als 200 000
mehr als 100 000 (Auswahl)
0 200 400 600 800 1000 km
Russländische Sozialistische Föderative Sowjetrepublik
Jakutische ASSR
Burjat-Mongolische ASSR
Kasachische ASSR
Kirgisische ASSR
Tadschikische ASSR
Usbekische SSR
Turkmenische SSR
Aserbaidschan SSR
Armen. SSR
Georgische SSR
Ukrainische SSR
Weißrussische SSR
NORWEGEN
SCHWEDEN
FINNLAND
TUWINISCHE VOLKSREP.
MONGOLISCHE VOLKSREPUBLIK
CHINA
KOREA
JAPAN
AFGHANISTAN
PERSIEN
IRAK
Nordsee
Ostsee
Schwarzes Meer
Kaspisches Meer
Aralsee
Balchašsee
Baikalsee
Ochotskisches Meer
Sachalin
Nördlicher Polarkreis
Lena
Ob
Amur
Volga
Ural
Oslo
Stockholm
Berlin
Tallinn
Helsinki
Riga
Königsberg
Warschau
Minsk
Kiev
Odessa
Dnepropetrovsk
Char'kov
Rostov
Stalingrad
Saratov
Samara
Astrachan'
Stavropol'
Tiflis
Erevan
Baku
Teheran
Bagdad
Leningrad
Murmansk
Archangel'sk
Tver'
Moskau
Tula
Jaroslavl'
Ivanovo-Voznesensk
Nižnij Novgorod
Kazan'
Perm'
Ufa
Orenburg
Sverdlovsk
Omsk
Tomsk
Novosibirsk
Barnaul
Semipalatinsk
Karaganda
Alma-Ata
Frunze
Taškent
Samarkand
Dušanbe
Aschabad
Noril'sk
Krasnojarsk
Irkutsk
Ulan-Ude
Čita
Ulan Bator
Peking
Blagoveščensk
Chabarovsk
Vladivostok
Seoul
Petropavlovsk

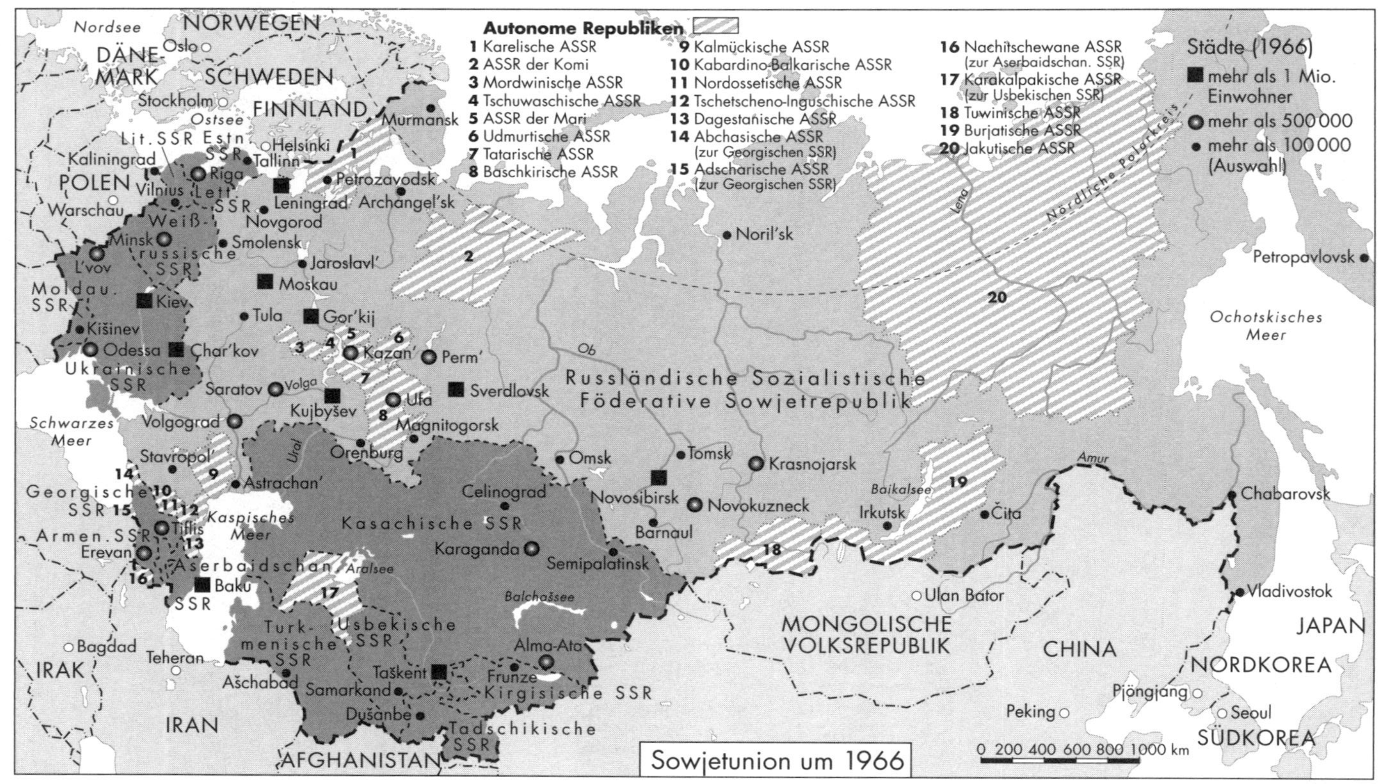
Sowjetunion um 1966
Autonome Republiken
1 Karelische ASSR
2 ASSR der Komi
3 Mordwinische ASSR
4 Tschuwaschische ASSR
5 ASSR der Mari
6 Udmurtische ASSR
7 Tatarische ASSR
8 Baschkirische ASSR
9 Kalmückische ASSR
10 Kabardino-Balkarische ASSR
11 Nordossetische ASSR
12 Tschetscheno-Inguschische ASSR
13 Dagestanische ASSR
14 Abchasische ASSR (zur Georgischen SSR)
15 Adscharische ASSR (zur Georgischen SSR)
16 Nachitschewane ASSR (zur Aserbaidschan. SSR)
17 Karakalpakische ASSR (zur Usbekischen SSR)
18 Tuwinische ASSR
19 Burjatische ASSR
20 Jakutische ASSR
Städte (1966)
mehr als 1 Mio. Einwohner
mehr als 500 000
mehr als 100 000 (Auswahl)
0 200 400 600 800 1000 km
Russländische Sozialistische Föderative Sowjetrepublik
Kasachische SSR
Ukrainische SSR
Weißrussische SSR
Moldau. SSR
Lit. SSR
Lett. SSR
Estn. SSR
Georgische SSR
Armen. SSR
Aserbaidschan SSR
Turkmenische SSR
Usbekische SSR
Kirgisische SSR
Tadschikische SSR
NORWEGEN
SCHWEDEN
FINNLAND
DÄNEMARK
POLEN
IRAN
IRAK
AFGHANISTAN
CHINA
MONGOLISCHE VOLKSREPUBLIK
NORDKOREA
SÜDKOREA
JAPAN
Nordsee
Ostsee
Schwarzes Meer
Kaspisches Meer
Aralsee
Balchaŝsee
Baikalsee
Ochotskisches Meer
Nördlicher Polarkreis
Ob
Lena
Amur
Volga
Ural
Oslo
Stockholm
Helsinki
Tallinn
Riga
Vilnius
Kaliningrad
Warschau
Minsk
Kiev
L'vov
Kišinev
Odessa
Char'kov
Leningrad
Novgorod
Smolensk
Moskau
Tula
Jaroslavl'
Gor'kij
Kazan'
Petrozavodsk
Archangel'sk
Murmansk
Saratov
Volgograd
Kujbyšev
Ufa
Perm'
Sverdlovsk
Magnitogorsk
Orenburg
Astrachan'
Stavropol'
Tiflis
Erevan
Baku
Teheran
Bagdad
Aŝchabad
Samarkand
Taškent
Dušanbe
Frunze
Alma-Ata
Karaganda
Celinograd
Semipalatinsk
Omsk
Novosibirsk
Barnaul
Tomsk
Novokuzneck
Krasnojarsk
Noril'sk
Irkutsk
Ulan Bator
Čita
Chabarovsk
Vladivostok
Petropavlovsk
Peking
Pjöngjang
Seoul

Russland um 1995

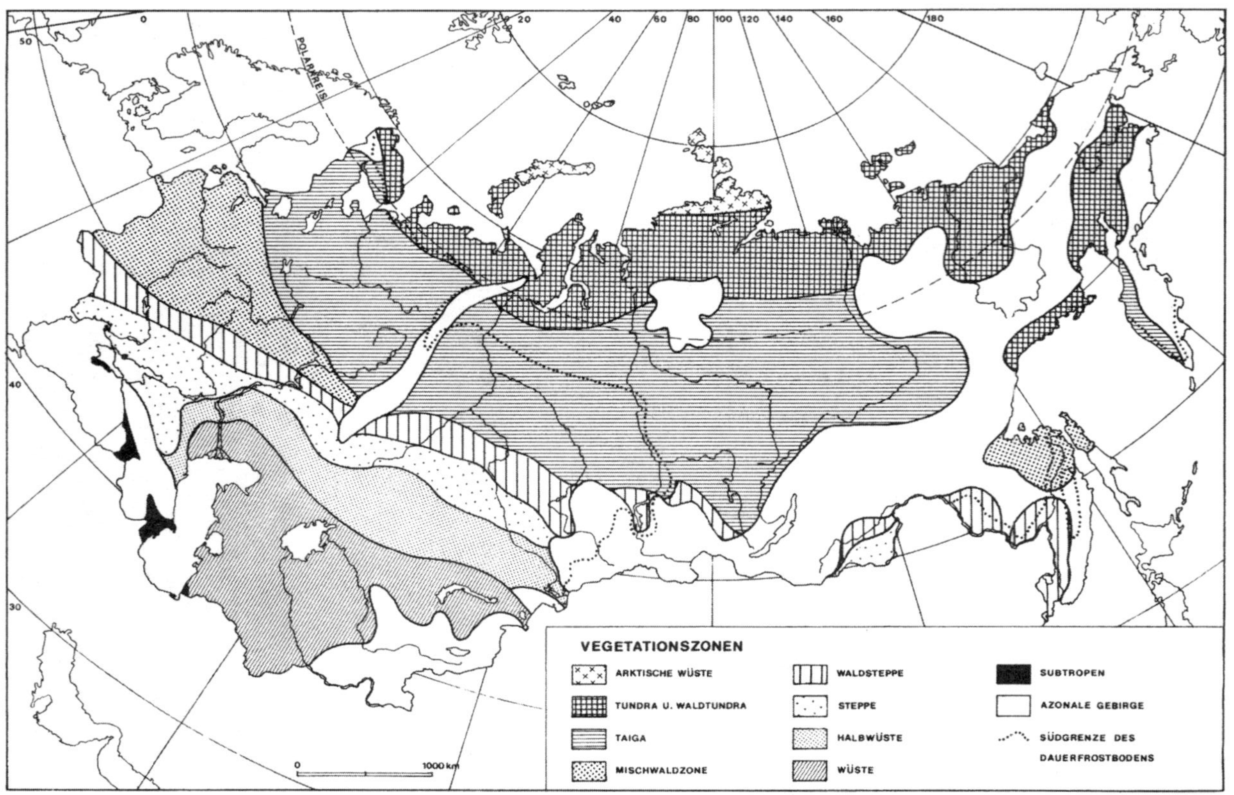
POLARKREIS
0
1000 km
VEGETATIONSZONEN
ARKTISCHE WÜSTE
TUNDRA U. WALDTUNDRA
TAIGA
MISCHWALDZONE
WALDSTEPPE
STEPPE
HALBWÜSTE
WÜSTE
SUBTROPEN
AZONALE GEBIRGE
SÜDGRENZE DES DAUERFROSTBODENS